行为原理

（第7版）

Principles of Behavior: 7 ed

[美] 理查德·W. 马洛特（Richard W. Malott） / 著
约瑟夫·T. 沙恩（Joseph T. Shane）

秋爸爸　陈墨 / 译

华夏出版社
HUAXIA PUBLISHING HOUSE

简要目录

第一部分　基本的行为依联

第 1 章　强化物（正强化物） …………………………………………………………… 3

第 2 章　强化（正强化） ………………………………………………………………… 17

第 3 章　逃避（负强化） ………………………………………………………………… 36

第 4 章　惩罚（正惩罚） ………………………………………………………………… 58

第 5 章　处罚（负惩罚） ………………………………………………………………… 82

第 6 章　（强化之后的）消退和（惩罚之后的）恢复 ………………………………… 103

第 7 章　差别强化和差别惩罚 …………………………………………………………… 123

第 8 章　塑造 ……………………………………………………………………………… 144

第二部分　动因

第 9 章　非习得性强化物、非习得性厌恶刺激和动因操作 …………………………… 161

第 10 章　特殊的动因操作 ……………………………………………………………… 172

第 11 章　习得性强化物与习得性厌恶刺激（条件强化物与条件厌恶刺激） ……… 183

第三部分　刺激控制

第 12 章　区辨 …………………………………………………………………………… 207

第 13 章　复杂的刺激控制 ……………………………………………………………… 225

第 14 章　模仿 …………………………………………………………………………… 247

第四部分　复杂的行为依联

第 15 章　回避 …………………………………………………………………………… 263

第 16 章　由避免而带来的惩罚［对其他行为的差别强化（DRO）］ ……………… 278

第 17 章　比率程序表 …………………………………………………………………… 285

第 18 章　时距程序表 …………………………………………………………………… 294

第 19 章　并存依联 ··· 307

第 20 章　行为链与对低频率行为的差别强化 ··· 327

第五部分　应答式条件作用

第 21 章　应答式条件作用 ··· 347

第六部分　复杂的人类行为

第 22 章　规则掌控的行为：概念 ·· 367

第 23 章　规则掌控的行为：应用 ·· 380

第 24 章　规则掌控的行为：理论 ·· 395

第 25 章　为表现付出代价 ··· 412

第 26A 章　性 ··· 413

第 26B 章　道德与法律控制 ··· 414

第七部分　跨时间与空间的行为稳定性

第 27 章　维持 ·· 417

第 28 章　迁移 ·· 424

第八部分　研究方法

第 29 章　研究方法 ·· 441

第九部分　工作与研究生院

第 30 章　工作与研究生院 ··· 460

详细目录

写给教师的前言 1

第一部分 基本的行为依联

第 1 章 强化物（正强化物）① 3
  强化物 4
  行为 8
  行为分析 9
  行为分析师 9
  技能库 10
  行为干预 10
  确保你以为的强化物当真是强化物 10
  "孤独症"标签 12
  生物进化与强化物 15

第 2 章 强化（正强化） 17
  强化依联 19
  行为依联 20
  "非依联"地给予强化物 22
  在行为前给予强化物 23
    行为分析与贿赂 23
  循环论证与实物化错误 29
  医学模型的迷思 29
  循环论证与医学模型的迷思 31
  怎样谈论行为 32
  强化行为，而非强化人 33
  强化物与强化 34
  关于强化的讨论 34

第 3 章 逃避（负强化）② 36
  厌恶刺激 37
    "令人厌恶的"和"反向的" 38
  逃避依联 38
  "强化物呈现的强化"与"厌恶刺激去除的强化" 39
  不良行为的维持靠的是去除厌恶刺激带来的强化 42
  功能评估可不是一步到位的办法 45
  恶性社交循环（受害者逃避模型） 47

---

① 本书在第 21 章中讨论应答式条件作用，原因我们将在前言里加以讨论。然而，想要遵循引入操作式条件作用时伴随着引入应答式条件作用这一更为传统方法的教师可以很容易地将第 21 章的头九个小节与第 1 章组合在一起，然后，在学生们学习完本书余下部分直至第 21 章的时候再讨论更为复杂的议题。

② 本书在第 15 章中讨论回避，因为我们探讨诸如警告刺激与区辨刺激之间的不同是由阅读第 12 章而加以推进的。然而，想要遵循在同一章里结合回避与逃避这一更为传统方法的教师可以很容易地将第 15 章的头七个小节与第 3 章组合在一起，然后，在学生学习完本书余下部分直至第 15 章的时候再讨论更为复杂的议题。

	无意识的学习	52
	恐惧、简约与典雅	54
	精神病学与心理学	54
	精神分析与行为分析	55
	异常行为的牙膏理论	55
	正强化物和负强化物，正强化和负强化	56
第4章	惩罚（正惩罚）	58
	惩罚依联	59
	逃避与惩罚	62
	逃避：厌恶刺激的去除而带来的强化	62
	惩罚：厌恶条件的呈现而带来的惩罚	62
	过偿纠正	65
	恶性社交循环（受害者惩罚模型）	67
	惩罚与强化	70
	惩罚与攻击之间的混淆	75
	因变量与自变量	75
	多基线设计	76
	知情同意与社会效度	79
	负强化与惩罚	80
	对惩罚无效的误解	80
第5章	处罚（负惩罚）	82
	处罚依联	83
	反应代价	87
	罚时出局	88
	处罚与其他三种基本的行为依联	90
	效果律	94
	处罚与强化	97
	处罚、反应代价以及罚时出局	98
	倒返设计	100
第6章	（强化之后的）消退和（惩罚之后的）恢复	103
	强化之后的消退	104
	消退爆发和自发性恢复	108
	强化之后的消退与处罚依联（反应代价和罚时出局）	109
	惩罚之后的恢复	113
	消退与餍足	116
	消退与恢复	116
	强化之后的消退	116
	逃避训练之后的消退	117
	道德上对干预进行评估的必要性	119
	惩罚之后的恢复与消退之后的自发性恢复	120

混杂的变量 ··· 121
　　对照条件 ··· 121
第 7 章　差别强化和差别惩罚 ··· 123
　　对替代行为的差别强化（DRA）··· 123
　　任务分析 ··· 126
　　反应维度 ··· 127
　　反应类 ··· 130
　　差别强化程序 ··· 131
　　差别强化与强化 ··· 133
　　差别惩罚 ··· 135
　　频率图 ··· 140
　　对照组 ··· 142
第 8 章　塑造 ·· 144
　　通过强化进行的塑造 ·· 145
　　差别强化与通过强化进行的塑造 ·· 148
　　通过惩罚进行的塑造 ·· 150
　　可变结果的塑造 ··· 151
　　固定结果的塑造与可变结果的塑造 ·· 152
　　塑造与塑型 ··· 156
　　塑造与行为串链 ··· 156

第二部分　动因

第 9 章　非习得性强化物、非习得性厌恶刺激和动因操作 ······························· 161
　　非习得性强化物与非习得性厌恶刺激 ·· 161
　　剥夺与餍足 ··· 162
　　强化依联的有效性 ·· 164
　　处罚依联的有效性 ·· 164
　　动因操作 ··· 164
　　反身性动因操作 ··· 165
　　强化物和厌恶刺激的性质 ·· 165
　　普雷马克原理 ··· 166
　　直接和间接的生物学相关性理论 ·· 169
第 10 章　特殊的动因操作 ··· 172
　　攻击 ··· 172
　　　疼痛动因的攻击 ·· 172
　　　消退动因的攻击 ·· 172
　　微妙精巧的攻击 ··· 175
　　药物成瘾 ··· 177
　　成瘾性强化物 ··· 178
　　攻击的行为分析理论 ·· 180

第 11 章　习得性强化物与习得性厌恶刺激（条件强化物与条件厌恶刺激） …… 183

- 习得性强化物是怎样学习来的？ …… 185
- 代币经济 …… 187
- 习得性厌恶刺激 …… 191
- 消退与习得性强化物/习得性厌恶刺激的去匹配 …… 193
- 条件型刺激 …… 193
- 习得性强化物与语言学习 …… 194
- 享乐型和工具型习得性强化物和厌恶刺激 …… 194
- 习得性强化物的证明 …… 202
- 确定代币作为强化物的有效性 …… 203

第三部分　刺激控制

第 12 章　区辨 …… 207

- 基于强化（正强化）的区辨训练 …… 207
- 基于逃避（负强化）的区辨训练 …… 209
- 基于惩罚（正惩罚）的区辨训练 …… 211
- 基于强化的区辨刺激与基于惩罚的区辨刺激 …… 211
- 差别强化程序与刺激区辨程序 …… 213
- 差别惩罚程序和基于惩罚的刺激区辨程序 …… 214
- 训练迁移 …… 216
- 语言行为（A.K.A. 语言） …… 217
  - 辅助 …… 218
- 有效的区辨训练所需的几项要求 …… 219
- 区辨刺激与之前条件 …… 221
- 区辨刺激与操作物 …… 222
- 区辨刺激与非区辨型强化依联 …… 223

第 13 章　复杂的刺激控制 …… 225

- 刺激类、刺激泛化以及概念训练 …… 227
- 概念控制和其他概念 …… 229
- 区辨与泛化 …… 230
- 刺激维度和渐褪 …… 230
- 反应塑造、刺激渐褪和强化物减少 …… 231
- 刺激泛化梯度 …… 237
  - 使用间歇强化进行的训练 …… 237
  - 在消退中进行测试 …… 238
- 泛化的数量与区辨的数量 …… 239
- 科学与客观性 …… 239
- 模板配对 …… 241
- 刺激等价 …… 243
  - 符号性模板配对 …… 243

	对称性	243
	传递性	244
	反身性	245
	等价类与刺激类	246

第 14 章 模仿 · 247
建立模仿 · 247
　　泛化型模仿 · 248
模仿的外加依联与内在依联 · 250
模仿的重要性 · 253
怎么知道这真的是模仿？ · 255
泛化型模仿的理论 · 255
模仿是学习语言的先决条件 · 257
充分显示强化作用的对照条件 · 258

第四部分　复杂的行为依联

第 15 章 回避 · 263
回避依联 · 264
对厌恶条件的回避 · 266
回避失去的依联 · 267
逃避与回避 · 269
有提示回避 · 269
连续反应回避 · 270
无提示回避 · 270
对强化物失去的回避 · 271
对厌恶条件的回避与厌恶条件的呈现带来的惩罚 · 272
差别惩罚与差别回避 · 273
对强化物失去的回避与强化物的去除带来的惩罚 · 273
警告刺激与区辨刺激 · 274
有提示回避和条件型厌恶刺激 · 275
目的论 · 276

第 16 章 由避免而带来的惩罚［对其他行为的差别强化（DRO）］· 278
避免厌恶刺激的去除而带来的惩罚 · 278
避免强化物的呈现而带来的惩罚依联 · 279
避免强化物的呈现与去除强化物 · 280
四种基本的行为依联与它们的避免 · 280
由避免而带来的惩罚与对其他行为的差别强化（DRO）· 283

第 17 章 比率程序表 · 285
强化程序表 · 285
固定比率强化程序表 · 286
累积图 · 287

  可变比率强化程序表 ………………………………………………………………… 288
  逃避和处罚的比率程序表 ……………………………………………………………… 289
  日常生活中的强化与惩罚的比率程序表 ……………………………………………… 290
  回合尝试程序与自由操作程序 ………………………………………………………… 291

第 18 章 时距程序表 …………………………………………………………………… 294
  固定时距强化程序表 …………………………………………………………………… 294
  鸽子的迷信 ……………………………………………………………………………… 300
  固定时间程序表与迷信行为 …………………………………………………………… 301
  可变时距强化程序表 …………………………………………………………………… 301
  消退与强化的程序表 …………………………………………………………………… 302
  时距强化程序表与时间强化程序表 …………………………………………………… 303
  比率强化程序表与时距强化程序表 …………………………………………………… 304
    反应频率与强化频率之间的关系 ………………………………………………… 304
  间歇强化与消退阻抗 …………………………………………………………………… 305
  消退阻抗与反应强度 …………………………………………………………………… 305

第 19 章 并存依联 ……………………………………………………………………… 307
  并存依联 ………………………………………………………………………………… 308
    四类并存依联 ……………………………………………………………………… 309
  并存依联与干扰语言学习的因素 ……………………………………………………… 310
  干扰语言学习的生理问题 ……………………………………………………………… 313
  对不兼容行为的差别强化 ……………………………………………………………… 318
  对不兼容行为的差别强化与对替代行为的差别强化 ………………………………… 319
  症状取代 ………………………………………………………………………………… 320
  针对肢体上不兼容的反应的并存的强化依联 ………………………………………… 323
  干预（治疗）集成包 …………………………………………………………………… 323
  并存依联与匹配律 ……………………………………………………………………… 325

第 20 章 行为链与对低频率行为的差别强化 ………………………………………… 327
  行为链 …………………………………………………………………………………… 328
  双重功能链接刺激 ……………………………………………………………………… 329
  顺向串链 ………………………………………………………………………………… 330
  全任务呈现法 …………………………………………………………………………… 331
  逆向串链 ………………………………………………………………………………… 332
  对低频率行为的差别强化 ……………………………………………………………… 333
  减少或消除不当行为的方法 …………………………………………………………… 334
    动因操作 …………………………………………………………………………… 337
  非链接式行为序列 ……………………………………………………………………… 341
  对低频率行为的差别强化（DRL）与固定时距（FI）……………………………… 343

第五部分　应答式条件作用

第 21 章　应答式条件作用 ····· 347
　　伊万·巴甫洛夫 ····· 349
　　应答式条件作用 ····· 349
　　应答式条件作用与操作式条件作用 ····· 350
　　　　应答式匹配与操作式匹配 ····· 351
　　条件化恐惧 ····· 352
　　高阶应答式条件作用 ····· 354
　　应答式消退与操作式消退 ····· 354
　　　　对恐惧症的操作式干预 ····· 356
　　系统脱敏 ····· 357
　　免疫系统的应答式条件作用 ····· 360
　　应答式条件作用中的刺激泛化 ····· 360
　　条件刺激与区辨刺激 ····· 362

第六部分　复杂的人类行为

第 22 章　规则掌控的行为：概念 ····· 367
　　立即强化物与延迟强化物的问题 ····· 370
　　截止时间 ····· 370
　　规则掌控的、直接作用的行为依联的类似物 ····· 373
　　规则、指导、请求和不完整规则 ····· 375
　　描述直接作用的行为依联的规则 ····· 375
　　规则掌控的行为的概念与对延迟结果控制的解释 ····· 376
　　间接作用的回避依联类似物 ····· 379

第 23 章　规则掌控的行为：应用 ····· 380
　　反馈与表扬 ····· 380
　　多基线设计 ····· 389
　　对内隐行为的强化与对规则掌控的行为的强化 ····· 390
　　从规则控制转移至依联控制 ····· 391
　　可强化的反应单元 ····· 392
　　回避依联类似物为什么不是直接作用的依联 ····· 393

第 24 章　规则掌控的行为：理论 ····· 395
　　规则如何掌控我们的行为？ ····· 398
　　作为语言（类似的）匹配程序的规则陈述 ····· 398
　　自我管理失败的错误归因 ····· 399
　　微小但累积式的结果 ····· 400
　　不可能的结果 ····· 401
　　自我管理失败的真正原因 ····· 401
　　关于微小但累积起来会有重大影响的结果以及不可能的结果，有什么问题吗？ ····· 402

	我们为什么错过截止时间?	403
	表现管理的秘密:无效的自然依联	403
	有效的间接作用的表现管理依联	405
	对拖延的分析	407
	结果的可能性与重要性的交互作用	409
	我们可以建立起一个没有厌恶控制的世界吗?	410
第25章	为表现付出代价(网上可获得的章节)	412
第26A章	性(网上可获得的章节)	413
第26B章	道德与法律控制(网上可获得的章节)	414

第七部分 跨时间与空间的行为稳定性

第27章	维持	417
	永久行为的神话以及间歇强化的神话	418
	设置行为圈套来维持表现	420
	运用间歇依联来维持表现	422
	维持住依联,就能维持住表现	422
	永久表现契约	422
	表现管理者回家之后或者博士生完成博士毕业论文之后,要做什么呢?	423
第28章	迁移	424
	训练迁移	424
	降低刺激控制而增加迁移	425
	刺激泛化是不够的	427
	规则掌控的行为可否支持训练的迁移?	428
	卡尔的多个行为问题的矫正	428
	班级里的规则掌控的行为	432
	训练吉米进行自我指导	433
	为训练的迁移而进行的训练	434
	针对内隐的自我指导的训练	434
	关于维持与迁移的总结	435
	干预集成包	437

第八部分 研究方法

第29章	研究方法	441
	为什么应该做行为分析?	441
	应该如何开展行为分析?	442
	如何进行功能评估	443
	应该开展功能评估吗?	445
	应该如何评价行为分析?(预备知识)	445
	社会效度	445

侵入式观察与非侵入式观察	446
测量单元	447
观察者间一致性	448
技术上所说的客观性和主观性	449
应该如何评价行为分析？（研究设计）	449
个案研究	450
简单基线设计	451
倒返设计	452
多基线设计	453
变标准设计	454
交替处理设计	455
结果的普遍性	457
伦理	457

第九部分　工作与研究生院

第 30 章　工作与研究生院（网上可获得的章节） ········· 460

术语表	461
行为分析师认证委员会第 4 版任务清单	469
译后记	475

写给教师的前言

本书的编写目的就是为**大学本科新生乃至研究生**提供一个学习"行为分析"的入门课程和中级课程。在写作过程中,一方面,我们力求让本书通俗易懂,趣味横生,引人入胜,励志心灵;另一方面,我们也确保本书具有学术性、理论性以及行为分析所特有的严谨性。我们将这本书设计为**大众通用**且具有**人文气息**的**行为分析导读用书**,并让它成为**专业行为分析师**在攻读**本科**、**硕士**、**博士**学位过程中的入门教材。

针对大多数学生的兴趣点,我们特地将此书编写成一本迈向**认证行为分析师**(Board Certified Behavior Analyst, BCBA)的优秀的入门教材,它不仅能够指导学生跨出实践培训的第一步,还能为家长或专业人员在帮助**孤独症孩子**的过程中提供强有力的技术性支持。与此同时,本书坚持保证学术上的严谨性,并兼顾那些日后准备投身于**基础性实验室研究**的学生的兴趣,向他们提供了有价值的行为分析的入门指导。此外,本书的章节写作形式非常简洁清晰,重点突出,易于阅读,我们从开篇起就杜绝浮华。

奇妙之处在于,上述两种看起来多少有点儿相互矛盾的著书目的,我们都实现了!本书第 1 版于 1968 年面世,随后经历过 6 版的修订。这期间,一代又一代无数学习过本书的学生给出了证明。这些学生中,如今有的已经成长为专业的实践工作者,有的成长为专业教师,有的成长为专业的研究人员,有的成长为行为分析协会(Association for Behavior Analysis)的主席,甚至还有人撰写了同领域的其他著作。如果不是当初遇到了这本《行为原理》,如果没有这本书的指导,他们当中的很多人不可能在行为分析道路上坚定地走到今天。

王婆卖瓜,自卖自夸?不!我们说的,只是事实。

数据

我们撰写了一篇长达 26 页的详尽的前言,用一页一页的论述、图表和推理,从科学上证明了($p < 0.01$)这本《行为原理》(Principles of Behavior, POB)是世界上最伟大的行为分析教科书,可以排进有史以来最牛课本的前十名。然而由于篇幅所限,你在这里读到的前言只是那个 26 页前言的精编版,不过别急,在我们的网站上,你可以阅读它的完整版。(在这里,我们为你提供的是针对本书第 6 版的评估数据,你肯定能从中认识到现在拿到手中的这一版有多么优秀了……不是吗?)

对本书第 6 版的匿名书评

本书中有两个系列的举例讲解,"疯子对话"和"吉米的社交学习",它们都非常棒。这种用叙述性故事来开篇的写法要比那种先讲解原理再举例说明的方式强大得多。我个人非常喜欢本书作者这种出色的讲述方式。它先给学生描绘出鲜活的现实例子,然后再引导他们学习理论,并运用理论对例子进一步加以分析……

我由衷地认定,马洛特的这种讲解结构实在很有价值,它能够有效地帮助学生正确地分析行为依联(behavioral contingency)……

"条件型刺激"（conditional stimulus）是一个很让人困惑的概念，但马洛出色地将这部分内容用清晰简洁的文字向学生做了讲解……

"语言行为"（verbal behavior）这部分内容属于非常复杂的课题，可马老举重若轻，化繁为简，讲得很清楚……

本书内容遒劲有力，其原因之一就是它单纯地只遵循了一门理论——我们可以称之为激进行为主义（Radical Behaviorism）……

作为临床心理学家，我个人对"回避"（avoidance）这部分的内容尤为关注，而在我所读过的所有相关书籍资料当中，此书涉及该部分内容的章节可以说是最棒的……

在各式各样的学习资料中，关于"规则掌控的行为"（rule-governed behavior）的治疗，以及关于"语言行为"的行为控制方面的内容很少见，而且，我尚未读到过任何一本在这些方面的讲解能比老马这本更深入的书。

匿名的学生数据

我们在美国西密歇根大学（Western Michigan University）做的学生调查得到了一些社会效度和表现数据。第一个图表显示，在评价我们这本《行为原理》时，低年级的本科生中，大多数人选择了"非常有价值"这个选项；研究生中，大多数选择了"非常有价值"和"有价值的"的选项；尽管研究生的评价不错，但他们多数都不是才开始了解行为分析的，因而评价时也就不像他们如果是第一次接触的话那样反响热烈了。我怀疑这一点比他们本身是研究生的事实要更为关键，这在后面的数据中将会有所体现。同样，大多数本科生评价"×××品牌的行为原理"书籍（那是对除POB之外的其他多种书籍的统称）时，也选了"非常有价值"和"有价值"的选项，也还算不错了，但表示"非常有价值"的程度不及对POB高。如今，我们将此书用作众多本科新生的教科书，引导他们从一个门外汉永久性地变身为行为分析专业人士，而在这期间他们对本书的评价一直很好。哪怕你是个绝对的新手，只要用本书作为课本，你就会被深深地吸引。

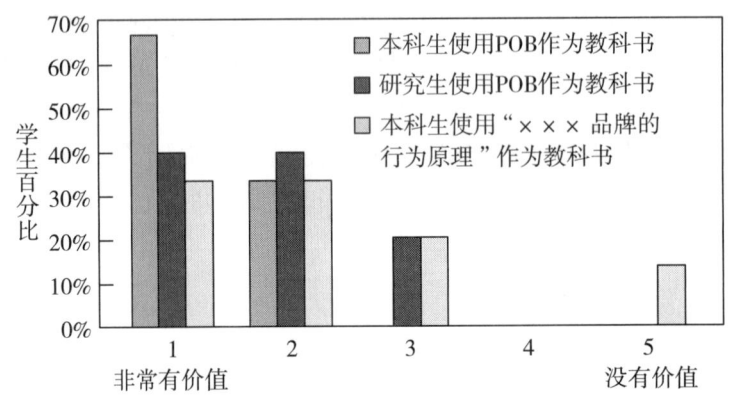

你对自己所用的行为原理教科书的整体价值如何

下面的数据来自我们对本科学生进行的测试，包括课程开始前的测试和课程结束时的测试。在第一组数据图表中，测试包含50道多选题，是对非专业概念的普通测试；在第二组数据图表中，测试包含20道多选题，是对专业概念的测试，要求学生对他们之前从未读过的行为案例进行分析。我的经历告诉我，如果不采用我们的课本进行教学，在任何高等教育院校里要想在普通测试中取得比我们更大的进步，虽然也不是不可能，但很困难；要想提高专业概念测试的成绩，就更不容易了。总之，有谁想要超越我们在此为你建议的教学方案，那可是很有难度的事情哟。

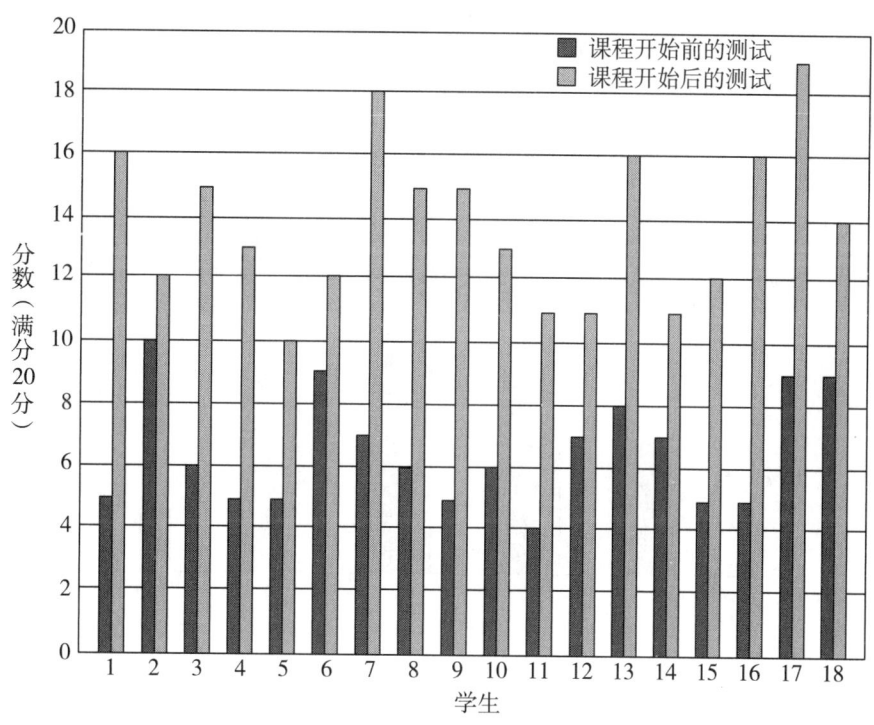

课程前后的普通测试成绩的对比

课程前后的专业概念测试成绩的对比

本书的神奇之处

为什么本书不侧重实验行为分析（experimental analysis of behavior, EAB），而其他行为分析课本大都会那么做？

其他品牌的行为原理书籍很强调 EAB 内容，对此，本科生是这么看的：大约 34% 的人表示"喜欢"或者"非常喜欢"，但是约有 40% 的人表示"不喜欢"。我的经验告诉我，凡是负面评价过多的教学内容，就不是好内容。

此外，在对本书第 6 版的 8 个独立评审人里有 6 个认为，尽管不像传统教科书那样重视 EAB 内容，但本书仍然以其宽广的领域覆盖而表现出强大的力量（本书虽然不侧重 EAB 内容，但还是在各处穿插讲到了）。

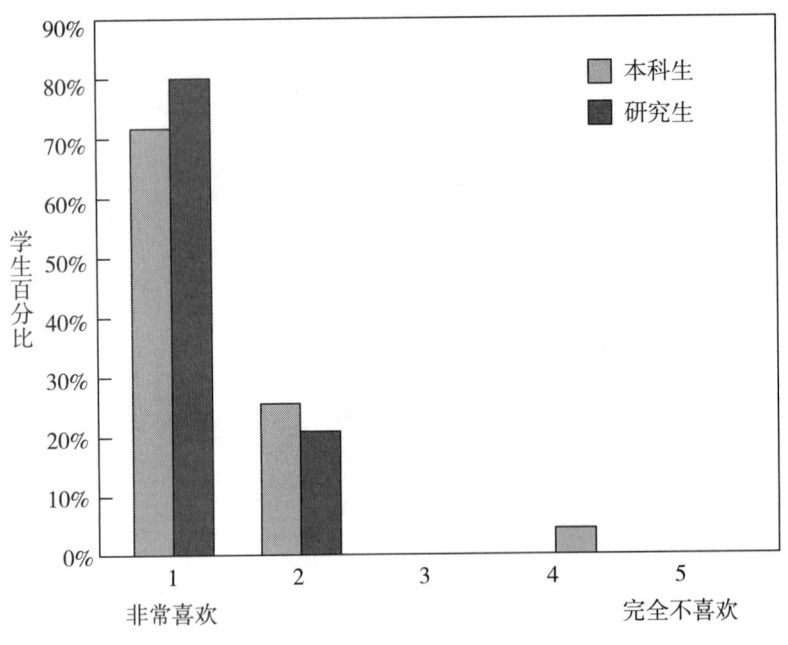

你有多喜欢个案研究的使用

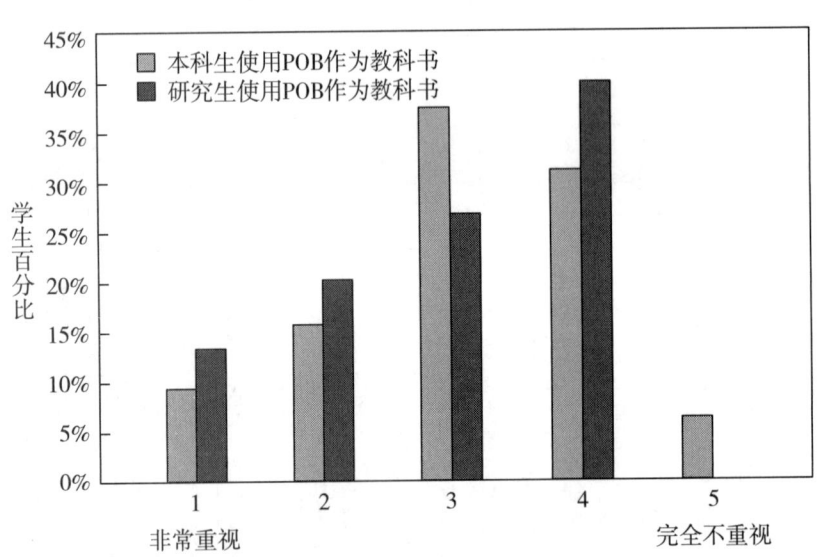

我们应该多重视使用动物进行的基础研究

本书在内容的选择上是不是不够兼顾？为什么不能既取悦本科生，又讨好研究生？

数据告诉我们，恰恰相反。相比于其他的心理学教科书，本书在本科生中是 No.1，而在研究生中又是一个绝对有实力的竞争者。无论在大学本科层次上，还是在研究生层次上，作为行为分析的入门教材，本书都是出类拔萃的。

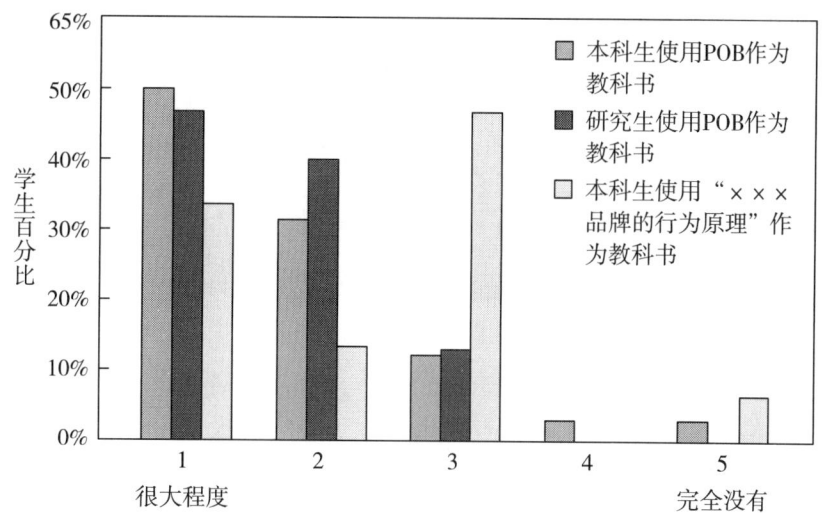

你所使用的行为原理教科书在多大程度上增加了你想成为行为分析师的渴望

给教师的提示

为什么本书在第 21 章才讲解"应答式条件作用"（respondent conditioning）方面的内容？对此，我们的在线网站所提供的完整的前言中写明了原因。不过，如果有人希望按照较为传统的方法在讲解操作式条件作用（operant conditioning）的同时也讲解应答式条件作用的话，那其实也很简单，只需先将我们在第 21 章中所提供的头 9 小节内容提前，合并到第 1 章里去做讲解，然后再带领学生按部就班地逐章学习下去就行了，到第 21 章的时候再讲解有关应答式条件作用的更为复杂的问题。

本书直到第 15 章才涉及"回避"的内容，这是因为我们在这章中讲到了"警告刺激"（warming stimulus）与"区辨刺激"（discriminative stimulus）之间的不同之处，而在学习了第 12 章的"区辨"之后才会更有助于理解这部分内容。不过，如果教师希望按照较为传统的顺序，将"逃避"与"回避"放在同一章里讲授，那也好办，只需将第 15 章的头 7 小节内容合并到第 3 章去，然后再按部就班逐章地教学就行了，到第 15 章的时候再讲解有关回避的更为复杂的问题。

本书第 7 版的主要变化

我们在这一版中添加了两个内容：

孤独症

我们在多章内容当中都增加了专门的"孤独症进阶"一节。当然，我们并不是打算将此书从"行为分析教科书"改写为"孤独症教科书"。那些深怀保守倾向的读者也不用因此而害怕，我们会像往常一样，为您提供大量的非孤独症的案例，并将它们作为讲解行为分析的主要例子。我们还增添了一些新的通用的案例，并且对早先版本中的一些案例进行了更新。但是，本版特别添加并着重编写了与孤独症相关的一些内容，我们之所以这么做，不仅是因为目前绝大部分的行为分析师都会走进孤独症这一领域，也因为我们充分认识到，孤独症这一领域总体上为行为分析这门科学带来的重要且有趣的知识与理论发展。在帮助孤独症人士时，要想恰当地运用好行为分析，就必须掌握行为原理。本书中"孤独症进阶"这部分所提供的新内容，被安排在每章的"基础知识"一节之后，这样，对孤独症感兴趣的学生可以连续地学习相关内容，而那些对此兴趣不大的读者，也可以很方便地跳过这个部分，丝毫不会影响到学习本书的连贯性。

行为分析师认证委员会认证考试

我们在本版的附录中提供了一份行为分析师认证委员会（The Behavior Analysis Certification Board, BACB）的任务清单（Task List），并在每一章的开头部分列出了本章内容所对应的任务清单条目，而且在每章正文的相关部分也做了提示。关于 BACB 任务清单的更多内容，以及为什么我们要在每一章开头处以及正文处提到它，可以参考第 1 章（pp.1-2）的解释。

特别感谢

非常感谢本版的审稿人帮助我们修订和完善这一版本，他们是诺格塔克谷社区学院（Naugatuck Valley Community College）的劳伦斯·韦努卡（Lawrence Venuk）、斯特雷耶大学（Strayer University）的大卫·菲尼（David Feeney）、杨百翰大学（Brigham Young University）的舍曼·索比（Sherman Sowby）。还要感谢之前各版的审稿人，没有你们的意见，就没有《行为原理》的今天。

特别感谢西密歇根大学的研究生，他们参加了 2011 年和 2012 年西密歇根大学行为分析培训系统的行为集训，为本书贡献出了自己深邃的思想，还参与了拼写和语法的校对工作，并对第 6 版旧内容和第 7 版新内容提出了宝贵意见。

DickMalott.com 网站上的热点讨论

本书为什么如此神奇？
- 为什么本书不侧重 EAB，而其他行为分析课本大都会那么做？（第二部分）
- 尽管对本科生强调学习 ABA 或许很有必要，可是对于研究生来说也真的有必要吗？
- 《行为原理》在内容上是不是未能兼顾本科生和研究生的使用？（第二部分）
- 本书第 1 章怎么不是概论？
- 本书第 1 章怎么不是关于本领域的研究方法？
- 本书第 1 章怎么不讲应答式条件作用？
- 本书的参考文献中为什么只提作者的名却不提姓？
- 本书为什么要将文献研究中的内容改写为小故事？
- 本书的写作风格为什么显得不够一本正经呢？
- 本书为何更爱用脚注而不是用 APA 的标准的参考文献格式呢？
- 本书为何排版这么紧凑，况且有那么多不同的内容？

第 7 版《行为原理》的其他亮点
- 每章内容分为基础与进阶两大块
- 斯金纳箱
- 精简而严谨
- 灵活性
- 规则掌控的行为
- 由第 6 版至第 7 版的改进

第 7 版《行为原理》中的其他相关信息
- 定义上的变化
- 网上的读者群
- 审稿人

- 致谢
- 行为原理的发展史
- 作者简历
- 纪念唐纳德·L. 惠利（Donald L. Whaley）

可以从 DickMalott.com 网站上下载的课程资料
- 第 25、26A、26B 和 30 章
- 闪卡
- 高级进阶的部分
- 高阶学习目的
- 老鼠实验室手册
- 纸质版的学习计划指南（家庭作业）
- 电子版的学习计划指南
- 本书的社会效度调查问卷

理查德·W. 马洛特　约瑟夫·T. 沙恩
行为分析培训系统（Behavior Analysis Training System）
行为分析项目（Behavior Analysis Program）
西密歇根大学心理系
2013 年 5 月 1 日

第一部分

基本的行为依联

第 1 章　强化物（正强化物）

第 2 章　强化（正强化）

第 3 章　逃避（负强化）

第 4 章　惩罚（正惩罚）

第 5 章　处罚（负惩罚）

第 6 章　（强化之后的）消退和（惩罚之后的）恢复

第 7 章　差别强化和差别惩罚

第 8 章　塑造

第 1 章 强化物（正强化物）

行为分析师认证委员会第 4 版任务清单[①]

D-01　运用正强化与负强化。
G-04　使用非技术性语言解释行为学概念。[②]
FK-09　区分行为的概念分析、行为的实验分析、应用行为分析与行为服务提供。
FK-10　行为、反应、反应类
FK-11　环境、刺激、刺激类

简介

在你们当中，肯定有很多人学习这门课只不过是为了达到自己的某种目的而已。你可能会翻着白眼说："那又怎么样？"好吧，不过，你可要当心了，因为我这门课、我这本书会轻而易举地钻入你的身体中，在你根本还没来得及留神的时候，就会紧紧地抓住你的心。当你读完这本书，上完本门课时，你们中间的一些家伙肯定会说："哇噢！我真的被洗脑了呢！刚开始读第 1 章的时候，我压根儿就不知道什么叫行为分析，也根本就不关心它，可现在，我不仅知道了，而且我打算做下去了。也许我这辈子就一直做它了，我要成为一名专业的行为分析师！"不过眼下呢，你脑袋里的想法没准儿是："好啦好啦，老师，休息一下好吗？"好吧，但请你小心记住我的这些警告哟！

我们写这本书，是要让你掌握行为原理和行为分析；我们写这本书，是要让你理解关于行为的各种原理；我们写这本书，是想让你了解行为学领域以及心理学领域是如何开展工作的；我们写这本书，是要你做好准备运用行为原理来建设一个更加美好的世界；我们写这本书，是要让你觉得在需要时可以更上一层楼，成长为专业的行为分析师。你们当中一定会有很多人将继续攀登行为分析的高峰的。

你们当中的一部分人很清楚自己的未来，知道自己将要成长为一名专业的行为分析师，而这意味着什么呢？要想成为一名行为分析师实战者，你可能需要在获得本科学位之后成为认证助理行为分析师（Board Certified Assistant Behavior Analyst, BCaBA），或者在取得硕士学位之后成为认证行为分析师（Board Certified Behavior Analyst, BCBA）。你们中还会有一少部分人继续修炼，获得博士学位，并成为认证行为分析师-博士级（BCBA-D）。

要想获得上述任何一级的认证资格，都必须通过各自级别的认证考试，而只有真正地掌握行为原理，才有可能通过这类考试。不过，你实在是太幸运了，因为你眼前摆着的这本书能够为你出色地讲解行为原理；不仅如此，你的幸运还因为本书为你提供了那些认证考试的绝大部分的内容，就写在每一章的"基础知识"一节当中。就算那些为考试做准备的人，或者教别人准备考试的人，也会认为这本书是一个最佳的学习资源。从开始撰写《行为原理（第 7 版）》起，我们就力求让它更贴近那些认证考试。你可以轻而易举地在本书中查到与附录中列出的 BACB 第 4 版任务清单的每一条相关的内容。

什么？你对成为认证行为分析师根本就不感兴趣？那也不成问题！我们为认证考试所提供的索引丝毫不会干扰你的学习，你完全可以略过它们，只专注于你那纯粹的、高端的、大气的、上档次的求知过程。

[①] 任务清单中有很多概念和术语，它们将会贯穿本书。我们会针对各章讲授的新内容，在每一章的开头部分列出与之相关的任务清单。这些概念与术语在其他章节中也会经常出现，所以，我们强烈建议，要想更全面地理解行为分析的基本原理，必须通读全书。

[②] 本书尽力使用日常用语来解释行为学概念。我们已经看到，在学习完本书之后，学生在讨论复杂的行为原理时，能够用所有人都能听得懂的表述方式来讨论，而不是说些只有书虫级别的行为分析师才能理解的话。不过，你也别担心，看完此书，只要你愿意，你也能用书虫语言对行为分析高谈阔论一番。

基础知识

强化物的例子：行为问题儿童和家庭辅导

家庭生活（第一部分）①

孩子尖利的哭声传来，如同有人用指甲划过玻璃黑板。希德·菲尔茨只好猛拍了一下面前正在使用的电脑，离开了自己的书桌，跑进婴儿室。

好在唐恩·贝克已经比他先到了一步。她抱起哭闹的婴儿，搂着摇着，轻声哄劝着，然后对丈夫说："希德，你冷静些，罗德马上就睡着了。"

"这熊孩子快把我搞疯了，"希德说，"我在写博士论文，这已经够烦的了，还得对付罗德没完没了的哭闹。"

"希德，他只是个婴儿啊！"

"可是这个婴儿的老爹就要失业啦！要是我写不好论文的话……你知道的，系主任已经跟我说了，要是再写不好论文，今年再拿不到博士学位，他就不再留我当助教了。"

"你会写好论文的，希德，我知道你一定能的。"唐恩用右臂搂着希德的腰，左臂继续摇晃着怀中的罗德。

"嘘，罗德睡着了。"唐恩边说边轻柔地将孩子放回到小床上。

唐恩搂着希德的手臂，望着熟睡中的儿子，夫妻俩都露出了笑容。随后，他们轻轻地离开房间。可是，就当他们要走出房门的时候，罗德又开始啼哭了。于是，他们只好坐在婴儿室的地板上，再次等着孩子入睡。他们脸上的笑容消失了。

概念

强化物（正强化物）（D-01）

希德·菲尔茨和唐恩·贝克坐在儿子房间的地板上，轻声地交谈。"你知道吗？唐恩，我觉得每次他哭的时候你就给予关注并哄他，这增加了他啼哭的次数。"②

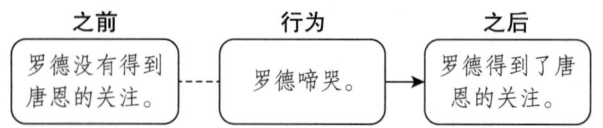

"我觉得，罗德哭是因为每次他一哭，我们就给予

---

① 改写自 Williams, C.D. (1959). The elimination of tantrum behavior by extinction procedures. *Journal of Abnormal and Social Psychology*, 59(2), 269.

② 学生贴士1。如果你想将这些示意图与其背后的行为学概念紧密结合、放在一起以加深理解的话，可以到 DickMalott.com 网站免费下载"依联示意图核查表"（Contingency Diagramming Checklist）。

他关注，他只要一哼哼唧唧我们就跑进他的房间。"③

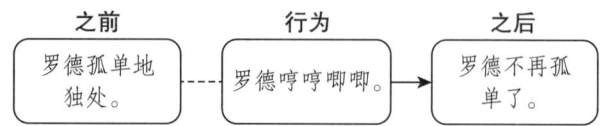

"可是，每当你为论文感到头痛而大发牢骚的时候，我就会给你一个拥抱安抚，对此你又怎么说呢？难道这也是你总发牢骚的原因吗？"唐恩挽着希德手臂微笑着说。

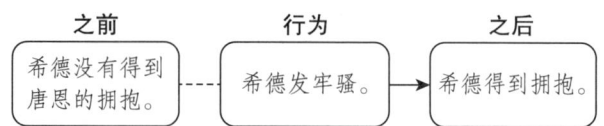

"我那可不是在对我的论文抱怨或发牢骚，我是在陈述一些事实。"

唐恩想，帽子就算再适合，可希德就是拒绝戴上，这没办法。她只好说："我拥有行为分析专业的博士学位，你也会有的，用不了多久……"

"那就让我们一起向前看吧！"

唐恩继续说道："我运用行为分析帮助他人，并靠此养家糊口。我怎么就不能用行为分析来帮助我们自己的家庭呢？我们肯定能运用行为分析找到办法让罗德不再哭闹、不再惹麻烦。我们俩一起努力，肯定能找到办法让我们这个三口之家的小日子轻松起来。"

"你还是先找个办法，来帮我的论文写作好不好？"

"没问题，我们也一定能找到办法，帮你摆脱你自称的'文思枯竭'，帮你完成你的学位论文，帮你保住在心理系的职位。"

两个小时之后，罗德睡得很甜很熟了，他的父母终于可以溜出婴儿房而不会惹他再哭起来了，不过这时候的希德已经筋疲力尽，没法继续写论文了。

假如希德和唐恩这对行为分析师小夫妻知道你们正在阅读他俩的对话，那么，他俩就很可能会在对话中使用一个专业术语强化物（reinforcer），用这个词来谈论

---

③ 这类依联示意图会贯穿本书，对本书中各部分内容都做出了详细的讲解。现在，请你注意文本框之间的连线。虚线表示一种时间上的关系（在第一个之前文本框中的内容，它是在第二个行为文本框的"行为"内容*之前出现的*）。实线箭头表示行为*导致了*之后出现了什么。在本例中，罗德在他哭之前没有得到关注，而哭的行为*导致了*之后发生的他得到了关注的情形。对于那些已经对行为分析多少有所了解的学生，我们这里所说的之前条件（before condition）并不完全等同于传统定义的前提条件（antecedent condition）[前提（antecedent）⇒ 行为（behavior）⇒ 后果（consequence）模型（ABC模型）]。例如，这里的之前条件并不包含我们将在第12章中专门讲解的区辨刺激（discriminative stimuli）。

罗德哭啼以及希德发牢骚时所获得的关注。

> **定义：概念**
>
> **强化物（正强化物）[Reinforcer (positive reinforcer)]**
> - 紧跟一个反应之后出现的、能够增加该反应发生频率的一个刺激。

例如，希德和唐恩的关注和安抚，是紧随罗德的哭闹反应的，并且增加了罗德哭闹的发生频率。这种关注与安抚就是罗德行为的强化物。[1] 希德发牢骚时，唐恩紧随其后的关注和安抚，很有可能成为希德发牢骚的强化物，会增加它出现的频率。

再举一个例子：在阅读本书时，你用黄色荧光笔划出某些重要的概念，这对你来说可能就是一个很有力的强化物。如果我说得对的话，就请你现在马上动手，做出反应，拿起你的黄色荧光笔，划出书上那些重要的概念吧！可见，"反应"（response）就是我们说的"行为"（behavior）或者"行动"（activity）。在本书中，我们倾向于这三个术语可以互换使用。[2]

刺激的其他说法（FK-11）

强化物是一种刺激，而刺激可以是任何一种物理变化，诸如声音、光亮、压力或者温度的变化。刺激可以来自任何事件，比如聚会当中的光线或声响或味道和气味。刺激也可以是来自某项活动的声响和感觉，比如演奏吉他的声响，或者篮球比赛中触摸到汗渍渍的对手的感觉。（刺激的单数形式stimulus，复数是stimuli，当你在与朋友谈论到"刺激"时，如果你在自己的谈吐中能够正确地使用这个词的复数形式，而不是错误地说成stimuluses，那样你就能显得特别牛，肯定能震住你的朋友。）

因此，为了尽可能简单化，我们对刺激的理解可以是广义上的。谈到刺激，它可以包括事件、活动、条件，所以，强化物可以是下列中的任何一种。

- 刺激（狭义上的）——美丽的日落，水果奶昔的美味，或者友好的微笑。
- 事件——房车大赛，酷玩乐队摇滚演唱会，我们或多或少被动参与其中的事情。
- 活动——弹吉他或者打篮球。
- 条件——太热太冷太累，或者与最要好的朋友坐在高山之巅一起欣赏美丽日落时的那些幸福和喜悦的情形（感觉）。[不过，虽然我们这里只是在不太正式的情况下谈论情感、幸福和欣喜，那些方法论行为学家（methodological behaviorists）听到了也会坐也不是，站也不是。详见第26章。]

我曾经也对事件（events）、活动（activities）和条件（conditions）下过正式的定义，但那显得太过呆板，因此，我索性把它们全都合并了，希望你从此就能牢牢记住刺激这个概念中已经包含了那些内容。

问题

名词解释：强化物，并举出一个"关注"作为强化物的例子。（当我要求你举例时，通常，我会很高兴地看到你举课本中的例子。除非特别要求，我可不需要你举出一个原创的例子来，但你的授课老师也许会要求你所举的例子是原创的，你最好事先问清楚哟。）

强化物需要多快地跟随反应？

如果强化物要想强化某个反应，那它一定要在反应之后的60秒之内出现。我们对此并没有针对人类的研究的实验数据，但是有针对没有语言的动物进行的研究。研究数据表明，1分钟或者2分钟就是极限了（其实30秒就已经很困难了[3]）。那些与无语言儿童打交道的行为分析师们大多数也是这么认为的。假如他们只在60秒钟之后才能向孩子提供强化物，那他们的工作根本做不下去。长时间的延迟，带来的结果只能是让学习无效，对所有人都如此，至少不会达成我们所期望的学习。（需要说明一下，当我们说我们强化了一个反应时，意思就是我们在这个反应之后立刻给予了一个强化物，并且该反应在以后出现的频率增加了。）

因此，如果你想要强化一个反应，那就别靠向60秒的上限，而要尽力向0秒下限靠拢。随着延迟时间的增加，强化物的直接效应会急速下降，甚至3秒或4秒

---

[1] 婴儿的啼哭带给我们一个有趣的问题——"哭狼现象"。婴儿的啼哭是一种功能性的逃避反应，因为这可以让有警觉性的父母将自己的孩子从湿湿的尿片中解救出来。有警觉性的父母还可能强化孩子在饿的时候的哭啼。如果父母无意中在孩子每次哭啼时都给予关注和安抚的强化，那么孩子可能会用哭啼来控制父母，表现出不良的功能。外人并不容易甄别出某一次啼哭到底是功能良好的哭啼还是功能不良的哭啼，而大多数父母自己可以学会做出甄别。不过，就算对父母来说，这也不那么容易。

[2] 学生贴士2。如果你打算将这些概念和原理（文本框中的定义）牢牢记住，你可能需要闪卡；如果你打算搞定这本书中的测验题，也要用到闪卡。当然，这要看你的授课老师在测验时会有多苛刻。不过，要是你打算对这本书中出现的200多个定义全都做出闪卡来，那这项工作实在太繁重了，你的授课老师不会爱你爱到帮你制作闪卡的地步呢。但是，迪克大叔我可是真心爱你的。来吧，登录DickMalott.com网站，点击本书的图片，在那里你就能找到这些闪卡了。全都是免费的哟！

[3] Lattal, K, A., & Gleeson, S. (1990). Response acquisition with delayed reinforcement. *Journal of Experimental Psychology: Animal Behavior Process*, 16, 27-39.

之后就会降低很多。而且，即便只延迟了1秒钟，你强化的都可能是一个错误行为。如果你让一个好动的孩子看着你，然后你在他做出这个反应之后1秒给出强化物，你都很容易强化他朝相反方向看的行为。所以，延迟强化的一个问题就是，它有可能强化错误行为——刚好在给予强化物之前出现的那个行为。大体上来说，强化物的给予，其延迟时间不得超过1秒钟，可以叫作**立即强化**（immediate reinforcement），并且越趋近于0秒越好；超过1秒，但大约在60秒内的强化，都叫作**延迟强化**（delayed reinforcement）；如果超过了60秒才给予强化物，那它很可能就不能强化目标反应，只能叫作**强化物的延迟给予**（delayed delivery of a reinforcer）。

问题

1. 要取得最佳的学习效果，应该多快速地给予强化物，才能强化一个反应？
2. 在任何学习过程中，你在强化物与反应之间的最长延迟时间大约是多少？
3. 多快才算"立即"？

强化物的例子？
你是明星！

你跟朋友说，她每告诉你一道你的家庭作业题的答案，你就会在她的额头上贴一个金色的五角星贴纸，以此作为强化物。但是，你这套把戏很可能不灵。虽然你自己管这个金星贴纸叫强化物，但这并不意味着它真的就是。要判断它是否真的是，得看：你朋友后来有没有更频繁地帮你做家庭作业了呢？她额头上的金星贴纸最终帮你成为班上的学霸吗？如果答案是肯定的，那好，在你手上的那些金星贴纸极有可能就是强化物，至少贴在她额头上的就是。

强化物的例子：行为学学校心理学[①]
埃里克在课堂上发脾气（第一部分）[②]

在一间教室里，老师拉图亚正在上课，11岁的埃里克安静地坐着，乖巧的样子简直可以登上《星期六晚报》上诺曼·罗克韦尔画的早期封面。他一看就是个典型的美国中部地区的孩子，一头无拘无束的红发，脸上有雀斑，有酒窝，脚上穿着一双匡威牌运动鞋，花格衬衫的下摆垂在李维斯牌牛仔裤外边，纽扣半敞开着。此时此刻，他环顾了一下教室，开始时只是小心翼翼地动两下身子，随后整个身体都扭动起来，已经有点儿要捣乱的架势了，但总体上这时候的他还算乖巧。可接下来，他的眉头开始紧锁，嘴里发出了轻微的声响，他变得有点儿不乖了。他那种轻微的声响不久就演变成了抽泣，进而变成了啼哭，最后成了大声的哭喊："我恨它！我恨它！我想出去！让我出去！我恨你们！"这孩子开始边哭边用拳头敲击课桌。随后，他从座位上翻倒躺地，用拳头敲击地板，双脚乱蹬乱踹。这一切表现与他以往所做的一模一样，他哭着喊着，激烈程度似乎超出了他那幼小的、颤抖的身体应有的能量："我恨！我恨！我恨！"

与以往其他老师所做的一样，拉图亚在埃里克倒地的第一时间就立刻冲了过去。现在我该怎么办？她停了一下，让自己做好准备，然后走近埃里克，试图将他拉起来，可是，埃里克的动作更激烈了，他开始猛击老师的肚子。拉图亚吃痛不起，只好放弃了。

"埃里克，埃里克，怎么回事啊？"她尽全力克制自己，用最为平和的语气问道。

"我恨！我恨！我要出去！"

与以往在其他课上出现此种情形时一样，拉图亚的课堂立刻混乱了。对于其他孩子来说，这情景当然比电视节目更为精彩，于是大家开始盯着埃里克，没人再学习了。

而埃里克可不仅仅影响了这一个课堂，他的闹腾惊动了整个学校。所有老师以及职工都来到拉图亚的班上，都想帮助这位新来的老师。拉图亚手足无措，呆站在那里，感到既无助又尴尬，还觉得非常羞愧。她沮丧地想，自己工作的第一天就这么失败。

男老师鲍伯向埃里克走了过去，他的举动让拉图亚感觉好些了，因为鲍伯是位有经验的老师，也是她的上级领导。然而，他也从埃里克的攻击中败退下来。如果鲍伯都治不了埃里克，谁还能指望她能做到呢？

这时，教职工只好与埃里克保持一定距离，一边小心地防止被他攻击到，一边对他开展心理治疗。"没事的，埃里克。""埃里克，你是想妈妈了吗？""埃里克，究竟是怎么回事呀？"最后，有人用严厉的口吻对他下令道："好了！埃里克，你闹腾够了，现在立刻回到你的座位上去坐好！"话一出口，说话的人自己也感到有些愧疚，只好接着补了一句："我们都很爱你，埃里克！"

[①] 本书中，行为学学校心理学（behavioral school psychology）和行为学特殊教育（behavioral special education）这两个术语基本上是同义词，尽管这两个领域所使用的传统方法相当不一样。传统的学校心理学侧重对学生进行各类心理学测验，多用以判断学生是否应该进入特殊教育班，但行为学学校心理学和行为学特殊教育都侧重对行为技术的应用，以提高学生尤其是有困难的学生的课堂教学效果。

[②] 改编自 Zimmerman, E. H., & Zimmerman, J. (1962). The alteration of behavior in a special classroom situation. *Journal of the Experimental Analysis of Behavior*, 5, 59-60.

他们也在一旁纷纷议论:"这个可怜的孩子到底怎么了?""这就是一种极端的焦虑症发作吧!""也可能是阅读障碍。""也许是学校恐惧症?""大概是因为他很有挫折感。""他这是在表达自己内心深处的不安全感。""没准儿是因为有其他孩子戏弄他了。""我们才没有呢!"——旁边一位同学为了维护自己童子军的节操而大声否认道。

分析

就在埃里克在教室里大发脾气的时候,梅·鲁宾逊博士正在学校的停车场上停自己的丰田普瑞斯。她在下车时回想着不久前与西詹姆斯小学校长的会面场景。上周,这位校长向她介绍了埃里克的情况,向她所在的罗莎·帕克斯学院(Rosa Parks Academy)发出了求助,并将埃里克转到该学院。当时她从这位校长身上感到了他对自己抱以的敬仰和期待之意。对于埃里克的状况,西詹姆斯小学的心理咨询师和特殊教育老师都已经无计可施。在此情况下,校长找到她,认为她也许能够帮到埃里克。她面带微笑,但想不通他们为什么会来寻求一位非洲裔女性①的专业帮助,而且自己还是本学区里最年轻的一位校长。他们有可能只是想把埃里克推给她,从而解决掉一个麻烦,而没有真正指望她能帮助到这个孩子。搞教育的嘛,在付出多年努力却幻想破灭的时候,常常就会变得玩世不恭起来。她竭力让自己别去这么想。她要努力为他们提供一次机会,这其实也是他们给她的一次机会。不过,眼下……

至于埃里克,她当然得去看看他,况且她认为自己很清楚这孩子的问题所在,那并不是什么通过发脾气来表达自己的内心需求,也不是什么扭曲的潜意识让埃里克与现实世界出现了分裂。埃里克之所以学会了这种令人讨厌又令人同情的破坏性行为,原因在于这些行为所带来的后果。从校方对埃里克的情况描述中就可以听得

出,他似乎得到了很多具有强化作用的后果。在发脾气的那5分钟内,他所得到的关注超过其他人整整一天所能得到的关注。这种关注依联(contingent)于埃里克的发脾气(埃里克的发脾气导致了这种关注)。这些关注极有可能强化了他发脾气的行为。要是没人关注他发脾气的状况,他可能还会发更大的脾气。

这样的分析对梅来说很简单,只不过从校长到学校心理学家(school psychologist),乃至特殊教育老师,他们都从未这么想过。梅认为自己很清楚问题的原因,可是怎么治疗呢?她得好好想一想。

梅穿过用砾石铺就的停车场,走向这座有80年历史的两层砖木结构的教学楼。她从拆迁施工队手里救下了这座小楼,用它开办了一所特殊教育学校。当她走近教室时,埃里克的哭喊声让她慢慢地不再回想关于埃里克问题的讨论会,而开始琢磨着当前所面临的关于他的具体问题。随后,她加快了脚步,快速步入这座破旧教学楼的大厅,沿着楼梯上到二楼,走进了拉图亚的教室。

梅在那里站了几分钟,颇感吃惊。此时此刻的教室已经挤满了围观者,其中不仅有其他班级的教师在边围观边七嘴八舌地出主意,而且其他班级的学生也都涌了进来。此时的梅已经没时间去仔细思考可怜的埃里克的问题的成因了,她必须马上采取行动,她要解决问题。

梅将会怎么做?她能成功吗?或者,我们人类真的会邪恶到把表现得很失败的学生都赶出学校吗?别走开,亲爱的读者,我们会在后面的章节里为你揭晓答案。

问题

请你给出一个在课堂上发脾气而有可能获得社会强化物(social reinforcers)的例子。请注意,我们说"有可能",这是因为我们还没有通过实验的方式证明社会强化(social reinforcement)真的维持了埃里克的发脾气行为。到目前为止,我们所有的都只是来自梅凭经验的推测。

例子和非例子

强化物

下面列出了一组问题,并且我们还给出了答案。假如我指望你不去看书中提供的答案,而是先凭自己的思考去回答这些问题,你们会不会认为我很傻很天真?谁都知道,用脑袋思考永远比只用眼睛阅读辛苦得多,但是,我还是怀有希望,希望你能试着先用用自己的脑袋。

---

① 在编写第7版时,我曾向两位非洲裔女性校友提出这样的问题:我该怎么用词才好?非洲裔女性(African-American woman)、女性有色人种(woman of color),还是黑人女性(Black woman)?请你为本书提供宝贵建议,这对建立书中梅的形象和身份很重要。谢谢你们的意见。——马洛特

回信一:我的第一选择是非洲裔女性,第二选择是黑人女性。无论采用哪种,我认为在对她的描述中提及这一点是完全有意义的。在这一段落里,你恰好提到了行为分析领域中涉及种族比例优势的相关问题,而你的学生对此也许还不了解,而在其他课本中也不会遇到这些内容。女性有色人种通常是指来自任何一种文化/种族背景的女性,在本书的上下文中并不贴切,不能表述清楚你的意思。

此外,我特别记住了这位梅女士。很高兴能在你的第7版中见到这样一位人物!——费利西亚

回信二:我个人偏爱使用非洲裔女性,但在我自己的出版商那里,他们通常坚持认为我应该换用黑人女性这个称谓。有的时候我会胜利,有的时候他们会胜利。——海伦

问题

你的推测是什么？你朋友额头上的那些金星贴纸在正常情况下会起到强化物的作用吗？

我们的推测

极有可能不会，除非你这位朋友年龄差不多只有3岁，或者她极度痴迷于叛逆的朋克式打扮，或者前面这两种情况同时存在。当然，我们只是在推测，依据的是自己的经验。只有当你真的去试着这么做一做，看她以后会不会因为其额头的星星贴纸而更加频繁地帮你，那时候你才真的敢确定。（当然，某个事物是不是一个有效的强化物取决于许多因素，比如，你在试图强化谁的行为，或者你在试图强化的是哪个特定的反应。）

问题

她脸上的其他东西怎么样，比如她的睫毛膏、眼影、腮红或者唇膏？这些东西有可能成为强化物吗？

我们的答案

通常要看你这位女性朋友平时在自己的脸上会用到哪几样。如果她自己平时会化妆，那么她往脸上涂抹的化妆品就极有可能是涂抹化妆品行为的强化物。而且，如果她会为那些化妆品花费银子，那么，占有这些东西就是她这种消费行为的强化物。

问题

梅认为埃里克得到的所有关注极有可能起到了强化物的作用，会导致发脾气行为的出现。至少，在他开始发脾气之后，这种强化物极有可能导致了发脾气行为的持续。但是，又是什么样的强化物在维持大家给予埃里克关注呢？大家盯着可怜的埃里克的强化物又是什么呢？

我们的答案

我推测，强化物就是那种有人在捣乱的现场场景。记住，**像观看或关注某件事情这样的行为之所以出现，是因为观看或关注本身得到了强化**。因此，如果他们关注埃里克的发脾气行为，这种混乱的现场场景极有可能就是关键的强化物。而且，就算罗莎·帕克斯学院的老师们未来将会成长为专业的行为分析师，但现在在一些情况下他们还需要不断地修炼自己。这些老师未能足够敏锐地注意到自己对埃里克发脾气的关注是该行为的强化物，会导致这一问题行为的发生。认识到这一点非常不容易。

请你把下面这句话记在脑子里：本节中的例子，我们只是在推测可能的强化物是什么。你必须进行实际的实验才能确定。

问题

1. 举出一个例子：对一些人极有可能是强化物而对另一些人不是强化物的事物，并加以说明。

2. 举出几个例子来说明某件事物的场景极有可能会强化观看该事物的行为。

你需要认真了解的几个概念

下面的几个概念，一半带有专业技术的含义，一半又带有显见的自然含义，对它们做些讲解依然是有用的，这样它们不会在以后给你的理解带来麻烦。

行为（FK-10）

什么是行为？我的学生发现下面这条规则很有助于回答这个问题。

> **定义：通用规则**
>
> **死人测验（Dead-man test）**
> - 如果一个死人也**能**做到，那它极有可能**不算**行为。

我们发现这个**死人测验**最大的用途在于确定什么不是行为。离了它，我们往往会栽倒在对错误对象——非行为（nonbehavior）的分析上。例如，在每一章的学习中，我都会要求学生针对该章中涉及的主要概念和原理举一些原创的例子。① 而如果没能认真地应用死人测验，学生们往往会举出一些这样的例子：卢茨先生的舞跳得太差劲了，所以，他的太太就强化他别去跳舞，这样卢茨太太就能够保护好自己的脚不被他踩坏了；我的狗以前总是很大声地叫，后来我就强化他别乱吠，现在它安静多了。显然，这里的两种"行为"都是死人（或者死狗）能做到的，所以它们通不过死人测验，都不是我们应该去分析的"行为"。

死人不跳舞，死狗不吠叫。当然，这只是一个粗糙的、通用的规则，所以，如果哪天你发现了一两个例外的情况，你可别气急败坏啊。

死人测验只可用在行为上，不能用在强化物上。例如，有时候，当你周围空无一人、非常安静时，沉默就是一个极具含金量的强化物。这里，你可别将死人测验用在沉默这个强化物上。

---

① 学生贴士3。如果你打算掌握足够的技术，独立地开展行为分析，你也许需要看看我们写的《行为原理概念作业》（*Principles of Behavior Conceptual Homework*）。再次点拨你一下，只要登录DickMalott.com网站，你就能免费得到它。其实，你为什么不把DickMalott.com当成你浏览器的主页？你只在需要时才输入网址吗？你至少也该把它加到你的收藏夹里去呀！

死人测验的一个推论是：如果死人做不到，那它极有可能**是**行为。就是说，行为是死人做不到的，如挖鼻子、谈话、微笑、哭泣、思考、做梦。行为甚至可以只是神经系统中一个神经元上的冲动。行为是动物（包括人这种动物）所能做出的任何事情。

下面给出的是一个更为常见的对行为的定义。

定义：概念

行为（Behavior）
- 肌肉的、腺体的或者神经电子的活动。

老鼠压动一个横杆，或者你转动汽车的方向盘，这些都是某种肌肉运动，显然也都是行为。看电影时，出现某个恐怖画面，你的肾上腺就会向身体里释放出肾上腺素，这就是一种腺体活动，也是一种行为。然而，比起使用这种正式的定义，我更多的还是用死人测验，因为我知道，下面这些都是行为：思考，做梦，合上眼睛想象男朋友或女朋友的帅气脸庞或花容月貌，关上 iPod 却仍能感觉刚才那些曲调还在耳边回响。虽然我不确定这些行为是不是涉及了肌肉活动或腺体活动，但我很确定它们都涉及神经电子的活动（不过，在第 26 章里，我们会谈到方法论行为学家的看法，他们认为由于无法观察到这些情况，因而我们也就不应该去分析它们）。而且，我推测强化物会增加这些活动的频率，所以就更有理由认定它们都是行为。再者，环境事件，如提供强化物，不仅能够影响或调控显而易见的肌肉活动，而且类似的环境事件也会影响或调控那些腺体的和神经电子的活动，甚至很有可能会影响或调控诸如消化活动等生物过程。因而，虽然不敢十足地确定，但我们或许可以认为这些生物过程也是行为。

有些事情也许会令很多学生感到困惑：**在行为分析师那里，反应（response）和行为这两个术语基本上可以互换使用**。比如，在我们前面讲的例子中，我们可以说罗德的啼哭是一个**行为**，也可以说它是一个**反应**。但是，当我们说罗德的啼哭是一个反应时，并不一定是指它是针对某个刺激（如尿湿了纸尿裤）而做出的反应。他的啼哭也有可能是被关注所强化出来的，就算他的纸尿裤没湿，他也不饿。也就是说，我们不必将反应的含义限定于只是对某个事物的回应，比如，限定它是对尿湿了的纸尿裤做出的回应。

行为 = 反应

此外，还有很多词汇，它们的意思与行为或反应的含义或多或少是一样的，如行动（act）、运动（movement）、回应（reaction）。当我们谈论行为时，它的意思并不局限于"举动"（comportment）或"举止"（manners），例如，我们在使用这个术语时，绝不会说出"我希望你能有高尚的行为"或者"她的行为举止真糟糕"这类话。《行为原理》可不是一本教你怎样举止优雅或者谈吐礼貌而不被妈妈责骂的书。

注意：前面关于行为、死人测验、做梦等内容的讨论都属于擦边球，你的老师有可能并不完全同意。如果真的遇到这样的情况，你就且听且珍惜吧。

行为分析

行为分析（behavior analysis）是对人类和其他动物的行为的研究，这也就是本书的内容。

定义：概念

行为分析（Behavior analysis）
- 关于行为原理的研究。

行为分析师（FK-09）

当你了解了什么是行为分析，那么下面的话你也就自然而然地理解了：**行为分析师**（behavior analyst）**就是研究或者切实应用行为原理的人**。

一般来讲，行为分析师有的可以称为**实验行为分析师**（experimental behavior analysts），因为他们会进行实验研究，常常利用动物研究行为的基本原理；他们也可以是**理论行为分析师**（theoretical behavior analysts），靠纸和笔，靠键盘，靠脑袋思考，去理解行为分析的各种概念和原理，在这些概念和原理之间牵线搭桥，并与整个世界做连接。他们还可以是**应用行为分析师**（applied behavior analysts），通常以人作为研究对象，研究如何将行为原理应用到具有重要社会意义的问题上；还有一些是**服务提供者**（service providers）**或实践工作者**（practitioners），他们直接应用行为原理去解决具有重要社会意义的问题。当然，有一些行为分析师可能会兼具上面所说的几重身份。

很多行为分析师都是心理学家，但也有很多不是。他们可能是从事特殊教育的老师、社会工作者、护士、工商业管理者或组织管理者，不一而足，这些人都以切实而具体的方式探究着行为程序所产生的效果。

行为分析师也常常会以表现管理者（performance managers）的身份出现。表现管理者是各行各业中学习修炼过行为原理的人，比如老师、家长、教练、督导、临床医生、社会工作者、护士、商业人士、动物训练师，以及那些只为了管理好自己个人事务的人（别小看自我行为管理，那可不是一件容易的事哟①）。当然，大多数的老师、家长以及其他各行各业的人不能被称作表现管理者（我们姑且在此使用这样一个术语），因为他们并未系统地了解也不能自觉地应用行为原理。

本书略倾向于用表现管理者或行为管理者（behavior manager），而不用行为矫正者（behavior modifier），为什么呢？因为管理者的目标有可能是支持一个已经令人满意的表现，而无须再加以矫正。换个说法，没破就不需要去补——不需要矫正。行为工程师（behavioral engineer）也是一个我很乐于接受的说法，它表达了同样的意思，虽然这个词会让某些人反感。在这些人的脑子里，工程师是用来对付机器的，不是对付人的，他们甚至会联想到我们将人当机器一样地对待，那会让他们更加不开心。

不管使用什么说法，我们必须牢记的是：我们所讨论的是如何应用行为的原理，例如，运用强化的原理去管理各种表现。当谈及管理表现和矫正行为的时候，我们可不是在讨论什么脑外科手术或者药物。

也许你认为行为治疗师（behavior therapist）指的是那些专门对付有不正常行为的病人、一般只出现在精神病院或精神卫生诊所里的行为分析师，但事实上，行为治疗师通常都是临床心理学家（clinical psychologists）或社会工作者（social workers），虽然也不全是。我们通常不会把应用强化程序来提高工厂生产效率的行为分析师叫作行为治疗师。

技能库

你的**技能库**（repertoire）就是你的能力口袋。如果你是在阅读本书的英文版，那么，你的技能库就肯定包含阅读英语的能力；如果你不能读英文原版书，你也可以迅速成为一位"谷歌翻译"的使用高手。当你读完本书时，我希望你的技能库里增添了使用行为分析的能力。跳舞可能是你的技能库里的一项，棒球可能也是，最不济还有谈论棒球的能力，这都是你的技能库的一部分。如果你不会跳舞，总该会跳脚发脾气吧？就像埃里克那样。发脾气可以算作你技能库的一部分吗？

强化新行为会将该行为添加进你的技能库里——这就是学习。强化已有的行为会将该行为维持在你的技能库里。学习了西班牙语，要是不练习，你的技能库里就会失去该技能。"用进废退"这个成语就是一条不错的大众熟知的行为原理。

但是，技能库不是一件东西。你并不会有一个技能库，里面装着你所有的技能。这个词只是一种说法，使

用这种说法有点儿冒险但是颇为方便。你的技能库就是所有你能做的，是一个能力集合。别把它当作可随时供你查询提取存货的仓库。

> **定义：概念**
>
> **技能库（Repertoire）**
> - 一整套的能力。

技能库就是一个人或动物所能做到的。

如果在读完本书之后，你能正确且优雅地发出技能库的英文单词的音，那你可就做到了大多数人做不到的事。在这个词中，"reper"部分问题不大，无须你费太多力气，只不过你要把"re"发得像"represent"的开头，而不能像发"repeat"的开头那样。现在就练习一下"reper"，记住别发成了"reaper"，这个英文单词的意思可是冷酷的、拿着镰刀的死神哟。后半部分的"toire"比较难，读音像"twar"，发出类似"car"的音，你可别发成了"war"。好了，现在连起来练习一下这个词的发音"repertoire"。嗯，你发得还不错，继续努力哟！

行为干预

提到行为干预（behavioral intervention），我们指的是行为程序的应用，可没有要搞什么军事干预的意思，例如，梅计划干预埃里克在教室里发脾气的行为。但是，别认为用行为干预只是为了消除或者减少某种行为，梅也有可能会通过行为干预增加埃里克专心学习的时间（我们不打算大费周章地给行为干预下一个正式的定义，那会增加你背书的负担，我们只想让你习惯这个术语）。

我们更倾向于使用中性的说法，即行为分析师对行为问题或表现问题开展干预。我们对行为问题不大使用"治疗"一词，因为我不是在运用什么医疗模式（参见第2章，在那里你会读到我们激昂的演说词，抨击医疗模式忽悠人的神话）。

强化物评估：确保你以为的强化物当真是强化物

还记得我们是如何定义强化物的吗？紧跟一个反应之后出现的、能够增加该反应未来发生频率的一个刺激。我们做会让我们获得强化物的事情，同时，我们不再做会损耗我们强化物的事情。例如，我们对别人礼貌得体，就可以得到强化物，诸如微笑和鼓掌，而当我们表现得粗俗下流，就会失去这些强化物。因此，要想不失去那些强化物，就需要停止粗鄙的表现。

然而，我们并不确切地知道别人的微笑对我们是不是强化物，至少，我们得看看自己，是不是会去做那些

---

① 参见 Malott, R. W., & Harrison, H. (2005). *I'll stop procrastinating when I get around to it*. Kalamazoo, MI: Behaviordelia. 登录 DickMalott.com 可以下载。

能赢得别人微笑的事情，或者不再做那些会失去别人微笑的事情，这样才比较确定。

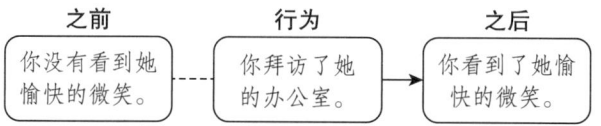

例如，一只鳄鱼向你微笑或许就不是强化物，除非你是另一只鳄鱼。

我们总是倾向于用强化物这个词描述某个我们尚未证明其强化效力的刺激，倾向于假设某个刺激将会强化某个人的某个反应，仅仅因为这个刺激曾经强化过其他人的某个反应，或者仅仅因为我们认为如果自己是那个人，就会被强化。作为入门阶段，你这样做还算凑合，但如果不去核实你假设的强化物的话，要想进一步走下去，那就很危险。行为矫正中大量所谓的失败，都是败在没能使用真正的强化物这一环节上。

定义：通用规则

首先要对假设的强化物进行核实（Check the assumed reinforcer first）
- 在打算花大量时间去强化某个行为之前，
- 要确认所使用的是真正的强化物。

例如，假如你计划使用葡萄干强化一个有智力障碍的女孩说话，那你首先得确定这个女孩会吃掉你的葡萄干。葡萄干的美味会强化这个女孩拿起葡萄干并放进嘴里的行为吗？

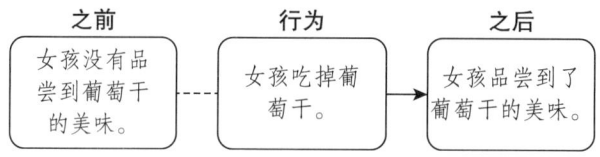

这会强化她吃葡萄干的行为吗？

如果不是这样的，那么在试图强化这个女孩说话的过程中，你就会陷入长久而乏味的、自以为是的"强化"环节，却得不到任何进展。在很多行为分析师及其所服务帮助的"服务对象"①那里，被浪费的时间有很大一部分都可以归因于未能贯彻上述的"通用规则"。有一次，我去处理一个存在严重学业问题的孩子，当他每读对一句课文时，我就给他一粒M&M巧克力豆。当他的嘴里和口袋里都塞满了巧克力豆时，他说："好吧，我会继续读这本该死的课本，但你可别再给我巧克力豆了。"

记住，我们将强化物定义在对行为的效力上，而不是定义在这个家伙怎么说上。他也许自己并不知道，也许是在说谎。例如："儿子，看成人图片会是你的强化物吗？""哦，妈妈，当然不是的。"

近年来，许多行为分析师为了确定预想的强化物是真正的强化物，花了不少心思，甚至研究了如何确保他们所假定的强化物是可以获得的最有效的强化物。他们发展出了一套程序，叫作**强化物评估程序**（reinforcer assessment procedures），有的为有语言的服务对象而设计，有的适用于无语言的服务对象。②例如，为了找出学龄前孤独症儿童的有效强化物，我们拿出一系列的玩具给孩子玩，并记录下他从中挑选出来的那一个，然后再重复几次这个程序，以确定孩子的偏好很稳定。

一种更为正式的程序叫强化物评估的迫选法（forced choice method of reinforcer assessment）。③我们从一系列的潜在强化物（potential reinforcers）当中拿出两种来，让孩子二选一；然后，用这两个刺激重复几次，以确定孩子在两项之间的明确偏好；随后，将各种潜在强化物两两成对地如此测试孩子，从而排列出孩子对各种刺激的偏好程度，其中他最为偏好的可能也就是最有效的强化物。在与孩子工作时，我们就可以使用那些他最偏爱的强化物了。警告：你需要经常性地做这种强化物评估，因为孩子的偏好每天都会变化，甚至每个小时，乃至在一堂课内，都会变化，这种变化会让原本最偏好的强化物失去它的强化价值。

问题

1．说出"首先要对强化物进行核实"这条通用规则的含义，并举出一个例子说明在何时何地你将会如何应用这条规则。

2．举出一个强化物评估的例子。

---

① 有各种表述可以描述那些接受心理学家以及广义上行为分析师服务的人。在学校课堂上，学生（student）这个词已经广为接受了，并且会沿用，但在其他场合，合适的说法却常常带有闪烁其词的色彩。最初，病人（patient）一词占主导，但是这个词更多地意味着他的问题需要医学病因的解释，而很多问题却可能是因为习得了不良行为或者没有学会良性行为。因此，服务对象（client）这个词就显得很合适也很中性了。现在，消费者（consumer）一词的使用开始变得越来越多，所以在本书第4版的编写过程中，我就曾经做过一次"查找－替换"的工作，将所有的服务对象都替换成了消费者，但是，这样反而显得有点儿古怪了。于是，我向本书的读者以及老师和学生们征询意见，几乎所有人都说要坚持使用服务对象一说法或类似的说法，说要我把消费者一词收起来。最终，我只好又反向做了一次"查找－替换"的工作，我自己至少在相当一段时期内感觉服务对象这个词顺眼多了。

② Roscoe, E.M., Iwata, B.A., & Kahng, S. (1999). Relative versus absolute reinforcement effects: Implications for preference assessments. *Journal of Applied Behavior Analysis*, 32, 479-493.

③ 例如，可以登录 http://www.intervention-central.org/index.php/developmentally-disabled/125-foreced-choice-reinforcer-assessment-guidenlines 查看上面的内容，也可以参看 Berg, W.K., Wacker, D. P., & Steege, M. W. (1995). Best practices in assessment with persons who have severe or profound handicaps. In A. Thomas & J. Grime (Eds). *Best practices in school psychology-III* (3rd ed., pp.805-816). Washington, DC: National Association of School Psychologists.

孤独症进阶[1]

"这就是吉米一天到晚大部分时间里的所作所为。真是太令我沮丧了……"

"我很难过，李维斯太太。我深知您作为孤独症儿童的家长有多么艰难。"

吉米·李维斯在2岁的时候被确诊为孤独症，他现在3岁了。此时此刻，他正坐在起居室中间的地板上。

吉米的妈妈和新来的作业治疗师（occupational therapist）凯特在一旁观察着。吉米坐在那里，一会儿扑动一下手臂，一会儿摇动一下头，一会儿斜着眼睛看着什么，一会儿又摆动身体来回晃动。日复一日地，这些复杂但似乎毫无意义的**行为**让他的父母看在眼里、痛在心里。像许多孤独症孩子一样，吉米的**技能库**里还包括一些自我刺激的行为——从行为中获得的某些感觉刺激自动强化了这些行为，比如，自言自语地哼唱歌曲或自己原地转圈。而很多普通的3岁孩子已经掌握的技能，吉米却明显缺乏。吉米不会目光接触，不会对话，不会像大多数孩子那样玩自己的玩具。别的孩子会在坡道上推动玩具小汽车，而他只是将小汽车举在眼前，死死地盯着它正在旋转的轮子。

"我以前请来的作业治疗师说，吉米存在感知觉处理方面的功能紊乱。"艾米·李维斯说，"所以他才会出现这些行为。"

"李维斯太太，那位作业治疗师有没有说过那种感知觉处理紊乱是怎么回事？"这位新来的作业治疗师凯特问道。她去年获得了比格斯特大学（Big State University, BSU，本书虚构的大学）的硕士学位，也是这座小镇上最新获取资质认证的行为分析师。

"哦，他就那么一说，我就这么一听，具体的我也不是很清楚，我又不是神经生物学家。"

"为什么你儿子总是做这些自我刺激行为，也许我能够给你一个简单的解释。"凯特说，"而且，这些解释非常有用，你可能会为此感到惊讶。"

学习了**行为分析**与作业治疗之后，凯特掌握了基本的行为原理，因此，她觉得与其根据假设性的感知觉处理紊乱这些概念［一种虚构的解释（explanatory fiction）］去解释吉米的行为，不如从**强化物**的概念入手，为艾米讲解。当吉米扑动自己的手臂或者做出其他刻板行为时，那带来了很多**刺激**。他会看到自己的手臂在眼前快速地运动，他的脸上会感觉到带动而过的气流。他反复地晃动自己的头，会让他从晕眩中获得某种有趣的感觉。他只要表现出这些重复刻板行为就会带来这些刺激。吉米就这么不停地让自己兴奋再兴奋[2]。凯特推测，正是由于这些刺激大大增加了后来这些刻板行为的出现，它们极有可能具有强化这些刻板行为的功能。

"也就是说，我儿子的感觉处理上没问题？"

"我是说，对于他的行为，我有更简单的解释。"凯特说，"我在工作中，在与其他孩子的接触中，也曾遇到这种情况，也见识过其他各种行为原理在生活中的体现。其实，不仅仅是在我服务过的孩子那儿，就连我自己或者其他任何有生命的生物，也都是如此。"

"但是，如果这些强化物对所有人都有用，为什么我们不会像吉米那样找刺激呢？"艾米问道。

"哦，其实我们同样也会的！"凯特说，"我坐下之后，就一直在不停地抖腿，而你也在一直捻你的长发。"

"那是因为我感到有点儿紧张，而且我这种无害的行为可不比吉米的那些行为，他那很糟糕。"

"没错，但是你我极有可能也会那么做，只不过你和我很清楚那样的话别人会怎么看待我们。在我们的生活中，如果我们出现一些明显的寻找刺激的行为，肯定会从周围的人那里得到很多社会性否定。即使这样，我们仍然会保留下一些细微的、不惹人眼的此类行为，这其实跟吉米是一样的，只不过他做得太明显了。这就是强化物的力量。"

在这里，凯特其实直接跳到了本书第4章要讲的内容，可是我们不能因此怪罪她，她讲得不错。一言以蔽之，凯特清楚地知道，强化物会有力地增加行为，而她将会尽自己全力去利用那种力量来帮助吉米减少这些不当行为，并增加那些适合的行为。跟着我们走下去，我们将会在本书的后面看到吉米的进步过程。

"孤独症"标签

由于行为分析是帮助孤独症儿童最有效的方法，也由于你们当中的很多人，日后将会运用自己所学到的行为分析知识为他们提供服务，所以，我们才决定特别增加一些适用于该领域的应用行为分析的内容（不过也别担心，我们这本书的内容其实是普遍适用的）。因此，

---

[1] MacDonald, et al. (2007). Stereotype in young children with autism and typically developing children. *Research in Developmental Disabilities*. 28(3), 266-277.

[2] 兴奋（stimming），这是行为分析在描述"开展自我刺激行为"时使用的一种听起来聪明漂亮的说法。

有必要在此就"孤独症"多说两句。

儿童所表现出的良性行为和不良行为,无论从种类上看,还是从程度上看,不同儿童之间的差异会非常大。有的孩子高频率地表现出良性行为,而很少出现不良行为、功能紊乱和不恰当的行为;但是也有些孩子几乎缺乏良性行为,总是表现出不良行为、功能紊乱和不恰当的行为。这些高频率出现不良行为而低频率出现良性行为的孩子,尤其是在语言行为(verbal behavior)方面如此表现的孩子,往往就是那些带有"孤独症"标签的孩子。①

恰当行为的例子:目光接触、与他人社交互动、与年龄相符的谈吐。

不恰当行为的例子:极端哭闹、大发脾气、攻击、拍手、磨牙、无意义地说话、用脚尖走路。

如果孩子的技能库在功能上紊乱到让他们被贴上"孤独症"标签的话,除非接受密集的行为分析训练,否则很难帮助他们获得改善。

---

① 很多人,包括我在内,不愿意给别人贴标签,比如说吉米是个孤独症,更准确的说法应该是吉米有孤独症的行为。近年来,人们开始使用这样的表达方式:患有孤独症或患有智力障碍。而在我看来,不再给人贴标签是一种崇高的品德,但我还是怕这种"患有……"的说法仍有可能带来更多的问题。这种说法意味着孤独症是一件东西,就像一种疾病,一次感冒,被人得上了。但是,你将会在第2章里看到,从一个人的行为推断造成该行为的实体,这是一种循环论证(circular reasoning),是一种叫作实物化(reification)的不符合逻辑的分析方法。吉米为什么表现古怪?因为他患有孤独症。为什么说吉米患有孤独症?因为他表现古怪。吉米为什么表现古怪?因为他患有……你就这么转着圈圈地绕吧!更好的说法就是他有孤独症行为,并独立地去解释每一项行为——例如,分析这个孩子过去及现在的强化依联(reinforcement contingencies)和逃避依联(escape contingencies)。不过,在现实世界里,患有孤独症这种表述也许对你来说不会太过刺耳。

初级进阶

"基础"与"进阶"之间的关系

在此书中,我们将各章里的内容分成了两大块,后面的部分为"进阶",在此之前的是"基础"。你必须掌握每一章"基础"部分中讲授的全部问题、概念、程序、分析和例子,才能理解之后各章中"基础"部分的课程。"基础"是本书的主干骨架。你并不一定需要掌握"进阶"部分的内容,不掌握也不会影响你对后面其他各章"基础"部分的理解。但是,很多教授和学生都认为"进阶"部分是本书最棒的部分。你的老师可能会将"进阶"里的部分内容或全部内容拿到你的考试中去。他很有可能真的这么做哟。在很多章里,我们还将"进阶"部分分解成两个档次的内容,"初级进阶"和"中级进阶",甚至有时还有"高级进阶"。我尽力控制初级进阶的难度,将其保持在与"基础"部分相当的水平上。中级进阶会难一些,但依然会将读者视为初次接触行为分析知识的学生来对待。偶尔出现的"高级进阶"的内容将会很难(如果你想要阅读更多"高级进阶"的内容,请登录DickMalott.com网站查找)。经过多年的实践,我们删除了一些内容,同时也增添了一些新的内容。我们一直想多讲一些,但一本书的厚度有限,写不下。幸运的是,我们找到了个好地方,那就是DickMalott.com网站,在那里,我们将所有的内容都放了进去。所以,你只要登录DickMalott.com,点击本书的图标,就能进入在线"进阶",那样也会让我们见到你这个好学生,看到你是多么优秀。

为什么只用行为学的眼光看问题?②

希德的学术研讨课

迈克斯:我已经读了一些后面的内容,这本书好像主要只涉及了行为分析,并没有讲其他的心理学方法。干吗不讲讲精神分析、弗洛伊德、皮亚杰、信息加工、认知心理学,还有人本主义心理学呢?

乔:瞧你这样子,你知道得太多了!可你没看见这本书就叫《行为原理》吗?

汤姆:固然书名如此,可难道我们就不该在这门课程中,用更开阔的视野来了解各种心理学理论吗?

希德:嗯,这个话题挺有意思的。心理学从来就不缺少各式各样的理论。我们有弗洛伊德,有荣格,有皮亚杰,有认知心理学派,有人本主义心理学派,有格式塔心理学派,等等。

乔:加利福尼亚的那帮家伙,差不多每个星期都能发明出一个崭新的心理学理论呢!

---

② 我宁愿被人看作在无耻地自吹,也要让你们见识像希德(Sid)、唐恩(Dawn)、梅(Mae)、朱克(Juke)、罗德(Rod)这样的一帮人,你们当中会有人爱上他们的,他们曾经和你们一样是大学生(不包括罗德)。关于他们早年的故事,参见我在1976年编写的一本书《心理学》(Malott, R.W.&Whaley, D.L. *Psychology*. Kalamazoo, MI: Behaviordelia),也可以登录DickMalott.com网站阅读其中的内容。

希德：我们在教授这门课的实践中，也曾试图全面地讲解各个理论流派，但结果是，学生们学到的东西都是短斤缺两的。他们不会充分学习任何一个理论，也无法做到真正理解，更别谈去应用了。他们最多不过掌握了几句陈词滥调，用于八卦聊天。对那些理论，大家并不真爱，也不理解。学生们没有掌握坚实的知识，也没学到有用的技能。然而，当我全身心地将整个课程着力于教授单一的心理学理论时，学生们就会理解它，真爱它，对于这个理论学派的长处和弱点都能有充分的了解。

汤姆：好吧。但为什么教行为分析？干吗不教精神分析？

希德：废话！我的专业就是行为分析，我教行为分析才可能教得好。不过，我也曾经专门拿出一章内容来讲解弗洛伊德，我自己讲得挺开心的，但是学生们听不进去那套理论（在DickMalott.com网站上，有"弗洛伊德"这一章）。

乔：此外，行为分析比起其他心理学理论学派有着更多的科学数据支持，也有着更广泛的应用领域。

苏：哈珀（Haper）教授说，如果你真想学习弗洛伊德那套理论，那得去英文系。他说，如今在北美的主要心理学系当中，没人再认真对待弗洛伊德那套东西了。

希德：我还能提供更多的理由，告诉你们我为什么要集中教行为分析，而不去考虑那些包罗万象的学派。如果你毕业时只有一个普通心理学的学士学位，那么你凭借自己所学的心理学知识几乎找不到工作。但是，如果你接受过行为分析的训练，比如，你参加过我这门课程的学习，那你一毕业就能找到工作，凭借的就是应用行为分析。只要你想，走遍全美国，乃至走遍全世界，你都能找到这样的工作机会。绝大部分拿到学士学位的此类工作，都涉及为孤独症儿童、智力障碍人士和脑损伤人士提供服务（DickMalott.com网站为你提供了行为分析的工作机会列表），而在这门课程当中，你能学到很多与这些服务对象一起工作的内容。

怎样利用本书中的"问题"

现在就要开始学习了，但在匆匆开始之前，在我们失控之前，先休息一下，用两段文字来讲讲如何更好地利用本书，然后我们再加快学习速度。我们现在的暂停，为的是向你提供一些必要的信息，使你随后能够高效地读懂本书的各个章节。

问题：

前面几节的主要问题是什么？

要点有哪些？主要目的是什么？

你的老师在接下来的测验中有可能要你回答的主要问题是什么？

答案：

就是本书各章节内的小标题"问题"之下所列出的问题（你的老师极有可能会告诉你，本书中所列出的那些问题与他在小测验和正式考试中的考题之间存在着某种关系）。

每当你读完一节的内容，你应该能够回答该节末尾所列出的那些问题；如果不能的话，试着再读一遍。每当你读完一章的内容，你应该依然能够回答出那些问题。所以，只要快速地回翻复习一下就行了。每当你参加一场考试或小测验的时候，你也应该能够回答出这些问题。所以，在每一章小测验之前，你都需要花上至少半个小时来复习一下这些问题。

但是，人生可不只有考试哟！你也应该认真阅读问题所涉及的课本内容。只是有一件事，记住那些看似没什么道理的答案实在是太难了！快速的浏览是不够的，仔细地阅读相关章节的内容才能让这些问题、答案的意义和你自己的人生意义得以显现。另一件事情是，你的老师很可能会拿一些本书之外的问题考你，他觉得那样做能让你保持清醒；或者，从长远的角度看，本书列出的问题涉及的只不过是一些要点，而不是所有的知识点，我们希望你能够从本书中学到更多的东西，多过我们对你的考试，比如，学到对行为分析这个领域的真爱。

简单的问题、枯燥的背诵，这很有必要

谈到这些学习问题的难度，我的看法可能会让你们大吃一惊。掌握这些问题，你根本不需要什么智力，是个人就能做到。不过记牢各个问题的答案，的确需要你花些工夫，不自重的大学生做不到。这些学习问题，根本不需要你思考，只需要你死记硬背，记住每一条概念、原理、通用规则，应该一字不差地背下来。（如果你能完美回答，当然也不一定非要一字不差，只不过一字不差的记忆最保险。）

真有必要这样做吗？我们有令人吃惊的研究报告，数据来自我们最优秀、最深思熟虑、最有创新意识的学生。这些年我们积累下来的数据显示，这些优秀学生认为对自己帮助最大的就是，他们先将该背下来的东西都背下来了。这如同你在学习西班牙语的课程时先要把单

词记牢的情形一样。先将概念记牢，你才能更轻松地应用它，你才能在需要的时候用到它。这些概念和理论也只有在使用了一段时间后，才会更好地理解它们，而那时候你也将不再为记住那些定义而苦恼了。但现在，你得背下这些概念和原理，这是迈入行为分析领域小小的但很有益的一步。

如果你的老师是个对考试一丝不苟的人，那他将会为你的牢牢记忆提供点儿动力。可能你对考试中一个术语的名词解释的答题原本自我感觉良好，但老师却说："错！你少写了一个字，让整个定义的意思都走样了！"

"不就少了一个字吗！"

"是的，但那可是一个关键的字。"

"但我答得已经很接近完美了！"

"不够完美。"

"我本来是要写那个字的，只是考试当中给忘了。"

"这就是啦。咱们下周上课时再见吧！"

事情的关键就是，即使我们有着多年行为分析的经验，我们也要花很多时间来界定这些专业术语的定义，为的就是让这些术语能够精准地表达所应该表达的内容（我们甚至要从许多朋友、同事和学生那里为此寻求帮助）。如果这是你初次接触行为分析的话，你能够随意给术语下定义的可能性并不是太大（要记得，在DickMalott.com 网站上可以获得免费的闪卡）。

当然，你应该与授课老师充分沟通，了解他考试时的问题与本书中列出的问题之间有怎样的关系。

此外，在我们要你举例子的时候，你只要把这本书中给的例子举出来就行，我们对此毫无意见。举例时，不需要你原创，我在考试中一般也不会要求学生原创。因为仅仅凭这样一本书，不可能让你的技能库飞越高峰，不能让你有十足把握去区分某个概念的例子和非例子，更不能保证你可以自造出正确的原创例子，所以我认为，你记住书中的例子就够了，这足以把握住正确的学习方向。我们为学习本书的读者也提供了参考资料——《怎样分析行为依联》（*How to Analyze Behavioral Contingencies*，可以登录 DickMalott.com 网站阅读它）。在那本参考书里，我才会告诉你如何创造性地写出原创例子，教你通过一些新例子来分析我们的概念。让人担心的是，你的老师，就算他不用那本参考书，也保不齐他在考试时，不满意你只使用本书中的例子，而希望你写出原创例子来。这种事他有可能考前会告诉你，不过，你懂的，教授向来不会那么主动讨好你的，你最好自己主动去找他讨教。

如何阅读课本

以下内容可以当作你阅读所有教材时的指南。

- **知道教材的书名**。这有助于你在读教材时清楚该书是讲什么的，有助于你把握全局。本书不是连环画，也不是八卦传奇，它是《行为原理》。我熟悉的一位教授，杰里·默滕斯（Jerry Mertens）就会在本课的考试中考学生所用教材的书名是什么。他深信这很重要，我觉得他的做法太棒了。
- **知道每一章和每一节的标题**。阅读各章各节的时候，牢记标题，这有助于理解课文中所举例子的目的，也有助于在考试中回答问题，比如，考题问：罗德的睡眠问题这个例子是要说明什么概念？
- **要将例子与概念和原理联系起来**。在你阅读一个例子之前与之后，都要好好看看所讲解的概念和原理，并且好好看看这个例子是如何被用来讲解这个概念和原理的。这样做有助于你更好地理解刚刚读过的课文，也有助于你考试答题。

中级进阶

生物进化与强化物

生命充满了各种刺激、事件、活动和环境条件，我们得益于此（它滋养我们的身体细胞，帮助我们的群体生存）。幸运的是，绝大多数动物，包括我们人类，进化到今日，这些非常有用的生物学上的刺激往往都起着强化物的作用。例如，我们会反复地从事能够带来食物、水和性活动的行为。饮食活动有助于个体的生存，性活动则有助于种群的繁衍。

性对于个体是件乐事，但它的好处可并不仅仅体现在个体水平。我们之所以能够进化到今日，食物和水是强化物，因为食物和水的消费可以让个体生存得足够长，长到能够繁殖并抚育后代。我们之所以能够进化到今日，性刺激是强化物，因为性刺激能够让个体去交配，并因而产生后代。

不幸的是，并非所有有益的刺激都能成为大多数人

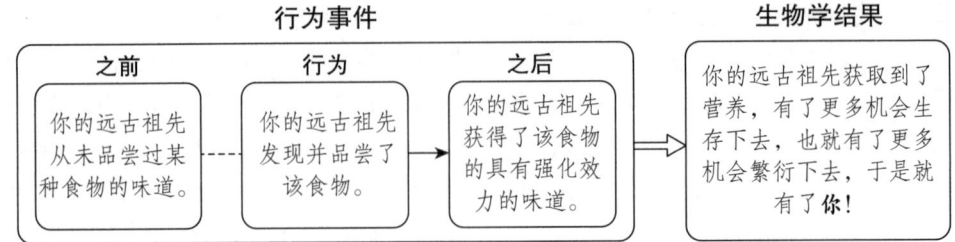

的强化物，例如，在美国，大多数成年人（也包括数量多到足以值得警惕的儿童）都不会觉得体育锻炼是什么强化物，因而也就很难靠锻炼来让自己保持良好的体型。

同样不幸的是，并非所有强化物都对我们是有益的，至少，我们很多人在一些物质上的消费太过头了，食盐、食糖和反式脂肪就是最简单的例子。"吃完这些玉米饼，我就给自己上一份圣代冰淇淋。"或者，你一边抽着烟，一边把大量的时间花费在高奶、高糖的咖啡上。这类有害的强化物在现代生活中很明显，比比皆是，所以，我们才有必要贴一条警示标语：

> 如果你感觉太好，那么小心了，有可能会有东西悄悄地从你的身后偷袭你，会伤害到你自己！

问题

给出下列例子：
A. 对你有帮助的强化物
B. 有帮助但不是强化物
C. 有害的强化物

> 在 DickMalott.com 网站上
> 其他 BACB 的信息
> 第 1 章　高级进阶部分
> • 概率、速率和频率
> • 操作式条件作用

第 2 章　强化（正强化）

行为分析师认证委员会第 4 版任务清单

D-01　运用正强化与负强化。
FK-10　行为、反应、反应类
FK-15　操作式条件作用 ①
FK-17　非条件强化
FK-18　条件强化
FK-23　自动强化与自动惩罚
FK-31　行为依联

基础知识

强化的例子：行为学社会工作外公 ②（FK-18）

约翰·朱克·杰克逊会很自豪地告诉别人自己是第一位从比格斯特大学组织行为管理专业拿到硕士学位的非洲裔美国人。听他这么说的人一般都会对他所取得的成就表示钦佩，接着还会对 BSU 叨叨几句，批评这所大学居然还存在着种族歧视的情况，不然怎么直到今天才让第一位非洲裔美国学生从该专业毕业呢？这时候，朱克就会大笑起来，然后告诉人家，不分白人黑人，他都是学习这个专业的首位学生。

不过，有些事情他就不打算向大家炫耀了。他不会告诉别人自己只花了 16 个月的时间，就以全 A 的成绩修完了原本需要 24 个月才能完成的全部课程，而这么优秀的成绩令他成了该校当之无愧的学霸；他也不会告诉别人，他是该校心理学系有史以来第一位橄榄球校队运动员，而且他还专门去辅修了运动心理学专业的研究生学位。

他还不会炫耀的是，他现在开的是一辆最新款的奔驰，住在该城第二昂贵的高档小区；他不会炫耀的还有，他将一半的时间都花在当体育教练上了，义务为孩子们辅导而分文不取，而他的另一半时间则受聘于多家工商企业，为职业经理人提供组织行为管理方面的督导培训，并因而赚得了他以前未敢想象的高薪。

朱克更不会向外人说的是，当他接到母亲的电话，得知外公由于中风而导致右侧偏瘫的时候，他痛哭了好几个小时。正是外公教会了朱克投掷橄榄球。在中学和大学时代里，每当有橄榄球比赛时，外公都会到场为他助威。也正是外公为他支付了研究生期间的学费和书费。也只有外公，才会经常给他讲笑话听。

当朱克在重症监护室里再次见到外公时，外公躺在病床上的样子让朱克的心都碎了。现在，外公再也不能给任何人讲笑话了，他只能一动不动地躺在那儿，谁也不知道他在呆呆地盯着什么。可是，眼前这位不是别人，他依然是自己的外公啊！朱克痛哭起来，他自己也没料到，他这样一位橄榄球明星，一位组织行为管理领域的专家，竟然会哭得这么悲伤。他在球场上运动起来时，机动灵活，花样繁多，可眼下，他只能待在一旁痛哭。

4 周之后，朱克身穿一套价值 1700 美元的西装，驾驶着他那辆耀眼的奔驰车，向南急驶了 3 个多小时，回到了自己的家乡小镇。此时，他的外公已经出院住回了家里，正坐在一把古董般的摇椅上。几个月之前，总是朱克还未从自己的车中钻出来，这位老人就会冲出来迎接他；而如今，他不可能从摇椅上下来了，只能一动不

---

① 在本章里，我们不引入操作式条件作用（operant conditioning）这个术语，要到第 22 章讲应答式条件作用（respondent conditioning）之后才会讲解它。这是因为条件作用（conditioning）这个术语常常会给学生增加困惑，让他们误以为斯金纳的压动杠杆的老鼠与巴普洛夫的流口水的狗是一回事。对于那些用本书来准备 BCBA 考试的学生来说，在谈及应答式条件作用的第 22 章之前，本书的内容基本上都属于操作式条件作用的范畴。

② 改写自 Green, G.R., Linsk, N. L., & Pinkston, E. M. (1986). Modification of verbal behavior of the mentally impaired elderly by their spouses. *Journal of Applied Behavior Analysis*, 19, 329-336.

动地坐在那里，眼睛依然直勾勾的，谁也不知道他在盯着什么。

"这就是他现在的样子。"朱克的外婆说，"他每天只是呆坐在那儿，就算偶尔说两句话，也全都是些无意义的词。他的状况并不比在医院时有多大好转。亲爱的约翰，你说他难道就永远这样下去了，再也好不了了吗？"

朱克自己都不知道回答了些什么，他抱了抱外婆，却把目光躲闪到了一旁。

外婆走进厨房为他准备午餐。朱克坐在外公的旁边陪着他。在随后的一个小时里，老人只主动发出过一次声音，好像在说外面下雪了，而此时此刻正值5月份。朱克问了外公好几次，试图引导他说话，虽然老人似乎做了回答，但是说的几乎都是类似5月雪之类的无意义的句子。

与他那帮BSU毕业出来的哥们儿一样，朱克是个彻底的、纯粹的、每周7天每天24小时工作的行为分析师。他天真地相信，依靠行为分析，努力付出，他能够解决天下所有的问题。至少，他还没遇到自己不能解决的问题。于是，这位一贯行动性强的人决心要行动起来。

"外婆，我想我们应该这么办。"

"亲爱的，你说的我都会照办。我不能就这么傻看着，否则他不可能好起来，只会一直这么坐着。"

"好。外婆，我们现在就要启动一个强化方案。我想让你每天拿出一个小时来执行这个方案。每次外公说出一句话，你就做一次记录。我还希望你问他一些问题，引他做出回应。跟踪记录下他有意义的话语的数量，也记录下那些没意义话语的数量。"

朱克本想向外婆解释，这是在以一段时间作为基线期（baseline period），但他实际上说的是："我们要先跟踪并记录一段时间，这样就可以看出外公是不是依靠自己的力量就能够有所好转。接下来我们还能根据这些记录，看出我们的帮助是不是真的对他有用。"

"孩子，我觉得你外公一直都没有一点儿好转。"

外婆说得对，尽管朱克坚持了几个星期的基线记录，但外公的主动语言平均每小时不到一次，在他所有的语言中，有意义的句子只占67%。

接下来，朱克开始了下一步行动。他设计了自己所期望的一套强化程序。每天一小时，外婆都会试着强化外公的主动语言和有意义的语言。每当外公有恰当的反应时，外婆就对他微笑，说些好话，并且抚摸他。当然，她只抚摸他的左侧脸颊和左侧身体，因为他只有这半边才有感觉。朱克希望这些微笑、好话和抚摸能够成为外公的强化物。

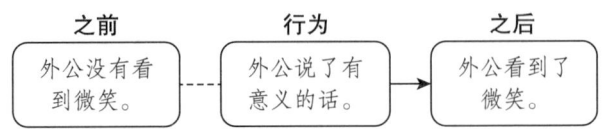

朱克就像平日指导运动员和企业经理那样，向外婆传授着方法。他告诉外婆应该做些什么，向外婆演示应该怎么做。当外婆做对了就赞扬她；当外婆做错了就给出改进建议。经过一段时间的训练，外婆已经可以做到在外公说了有意义话语时立刻给予他强化物了。朱克非常有耐心也很有经验，就像训练其他人一样，他一直保持这份耐心，细致地训练着外婆。朱克是位专家，谙熟赞扬依联（praise contingency）的技巧，总能在最恰当的时间、最恰当的地方给予外婆赞扬鼓励——每当外婆有正确反应或接近正确的反应出现时，他都会立刻赞扬她。

每个周末，朱克都会驾驶着大奔疾驰3小时，到外公家收集外婆记录的数据并作出图表，向外婆讲解这些图表，查看外婆对外公所开展的工作情况，表扬外婆正确的努力所取得的效果，然后再根据情况，对需要调整的地方给出一些具体的建议。每次来这里，朱克都能吃上一餐外婆亲手做的饭菜。几周下来，朱克的体重长了好几斤。

随后的6周里，外公的主动语言多了，从每小时不到1句增加到2.5句；有意义的回应比例也从原来的67%增加到了84%。现在，朱克该帮助外婆独立地维持这个强化方案了。于是，他不再每个周末跑过来了，而是改为打电话；再后来，他也不打电话了，而是让外婆每当遇到问题时随时打给他。到了圣诞节，外婆依旧信心十足地独立维持着这个强化程序，而外公的主动语言和有意义的语言频率也一直合理地保持在高位水平上，与朱克亲自指导开展强化程序时的表现一样。

这一年的圣诞节是苦乐参半的。朱克的外公度过了一个与往年不同的圣诞节，但是他的状况比五六月份的时候好多了。外婆说："约翰啊，感谢上天把你这个好孙子赐给了我，要是没你，我真不知道该做什么！"听到外婆的话，朱克偷偷地拭去了眼角的泪水。

问题

简要描述如何对中风病人使用强化物来改善他们的行为。请在描述中说明行为、强化物、程序和结果各是什么。

概念

强化依联（D-01）
[正强化依联（positive reinforcement contingency）]①

我们在前面讨论了强化物的概念，那可是行为分析当中最基础的一个概念。现在，我们要讲解强化物作用于行为的原理了。**强化原理**：如果在过去相似的环境下，强化物或者强化物的增加紧跟在一个反应之后，那么该反应将会更高频率地出现。定义当中值得注意的是"相似的环境下"这个限定。你和你哥们儿在一块儿的时候，你讲黄段子的行为所得到的强化，并不会增加该行为在你父母面前的发生频率。对此，我们将会在第12章讲解区辨（discrimination）时，讨论你是如何区辨出在什么情况下才会去讲黄段子这个行为的。

不过，与关注强化原理相比，更值得关注的是强化依联这个定义，因为这才是你用得更多的。

> **定义：概念**
>
> **强化依联**（Reinforcement contingency）
> - 依联于反应，
> - **呈现出**
> - 一个强化物，
> - 导致该反应出现的频率**增加**。

技能库就是一个人或动物所能做到的。

定义中最后一条说的"导致该反应出现的频率增加"，也可以被看作多余的，因为根据定义，只要有强化物出现，反应频率就应该会增加。不过，从教学效果上看，定义里的这种多余对你有益无害。

但是，这个宏大的定义到底意味着什么呢？

依联于反应（response contingent）意味着由反应导致或者由反应产生。例如，外公出现有意义话语的反应，导致外婆出现了具有强化效力的微笑。这是一个由反应导致的强化性微笑的呈现。即强化物的呈现（presentation of a reinforcer）是依联于反应的。外婆具有强化效力的微笑依联于外公的反应（由外公的反应导致的）。外婆的微笑就是依联于反应的。

> 反应 = 行为（FK-10）

需要再说一次的是，我们需要多快地给予强化物才能确保强化的成功，才能确保这种依联成为一种强化依

---
① 我们所用的术语"强化"（reinforcement）与传统的"正强化"（positive reinforcement）意思等同。在本书最初的几章里，我们会介绍并使用这些我们认为更加清晰的术语，而将传统的术语放在括号里。我们会在第5章里讨论这些术语的差异。

联呢？没错，要在60秒之内。理想的状态是用毫秒来计的。但是这并非"全或无"的关系，随着反应与强化物之间的时间延迟加大，强化依联的效力将会急剧下降。接下来，我们对此进行一些讲解，其原理叫作**延迟梯度**（delay gradient）——强化依联或惩罚依联的效果随着反应与其后果的间隔时间增加而下降。此外，正如我们一直强调的，强化物延迟超过了60秒，那它就几乎或者丝毫没有强化效果了。这在惩罚上也是同样的。

每一次外公说了有意义的话语，外婆就说些好话并抚摸他——通过强化物的呈现而给予强化。每一次外婆恰当地强化了外公的有意义言语，朱克就立刻表扬外婆的做法——这也是通过强化物呈现而给予强化。

在第1章里，罗德哭与唐恩冲进卧室——通过强化物的呈现而给予了无意的强化。唐恩无意地强化了啼哭，这种强化增加了罗德以后的夜哭频率。

同样道理，同学们和老师们的关注强化了埃里克的发脾气。

我很希望你从本书中学到的这些新概念能够强化你的阅读，让你成长为行为分析师大家——或者，至少能让你读完本书。

你可以通过在水泥中嵌入钢筋而加固它，于是你就有了强化的混凝土；你可以通过在一个行为之后给予强化物来加固该行为，于是你就有了强化的行为。当然，在建筑工程师那里强化的意思不同于咱们行为工程师所说的，但两者之间还是有些相似的地方。

这里我再举个虚构的例子：你的教授点名叫你回答问题，强化了你的举手示意；你对教授讲的笑话报以大笑，强化了教授讲笑话；教授的笑话强化了你在课堂上保持头脑清醒——不过可惜，最后还是瞌睡虫赢了；你的犯困反应强化了教授讲出刻毒的笑话，来挖苦在后排睡觉的那名学生。

还有更多的例子：我们咬了一口香甜的苹果——强化物是尝到的美味，通过强化物的呈现而带来的强化；我们来一次亲嘴——这也是强化物的呈现而带来的强化；我们看电视剧——强化，没错，看电视带来的强化物通常没什么价值——你不会从中得到多少好处，但你也不会从中失去什么，只需要坐在那里，像个灵魂出窍的僵尸，呆呆地盯着俗套而幼稚的节目，诸如《甄嬛传》《芈月传》。可耻啊！你干吗不把时间花在读我这本《行为原理》上呢？这里可有着奇妙新知的呈现而带来的强化呀！（当然，我们这只不过是在拿日常生活做讲解。为了确保我们讲解得正确，我们必须要证明我们假设的强化物真的是强化物。如果我们没有核实，仅仅靠自己的假设而认为它们是强化物，那就会导致在矫正行

问题

1. 名词解释：强化依联，并用它造句，然后举出3个例子，并画出依联示意图来讲解它。

警告：定义框中的每一行都是单独的、重要的组成部分，缺了任何一行都意味着你没有掌握它。切记，精准是王道。

2. 延迟梯度原理是什么？

概念

行为依联（FK-31）

现在，让我们进一步看看一个更为通用的概念：**依联**（contingency）。罗德的啼哭与唐恩的关注之间就存在**依联**。换一个说法，罗德的啼哭造成、带来或导致了妈妈的关注。啼哭导致关注：没有啼哭，就没有关注，或者很少的关注。在这里，**依联**就是一种因果关系（causal relationship）。**与其依联**（to be contingent）的意思就是由其导致。

我们说：取得好成绩依联于认真学习；希德的开心依联于唐恩的示爱；汽车启动依联于你用钥匙点火。

所以说，唐恩的关注通常是依联于罗德的啼哭（取决于啼哭或由啼哭导致的）。当然，她也会有在罗德没哭时去关注他，在这种情况下，她的关注就不是依联于罗德的啼哭的。

定义：概念

行为依联（Behavioral contingency）
- 一个反应出现的场合，
- 该反应与
- 该反应的结果。

这里有几个其他的行为依联与**场合**（occasion）这个概念有关。

男朋友与你在一起，这就是一个场合。在这种**场合**下，或哭或笑总会产生某些后果——比如亲嘴儿。老师在看你，这也是一种**场合**，你举手就会导致你被叫起来回答问题这个后果。**场合**就是一种刺激，在该刺激存在的情况下，特定的反应（行为）将会产生出特定的后果。

在第12章中，我们将会介绍区辨刺激（discriminative stimulus），它是行为分析师用来指称场合这个概念的专业术语。因此，我们现在不必深究，到第12章自然会详细讲解；但要注意，场合与之前条件是两个**不同**的概念。①

我们一般还是会在依联示意图里标出"之前条件"，虽然这并不是行为依联定义中正规、标准的部分。之所以强调这个"之前条件"，是因为它能帮助学生对随后几章中将会遇到的各种类型的依联做出分辨。

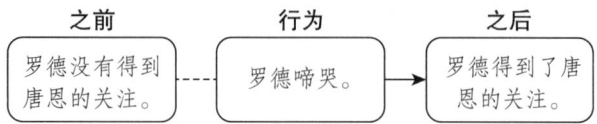

现在你看到了，行为与强化物之间的依联是件大事。强化物**依联**于行为，也就是说，强化物是由行为**导致**的。而行为-强化物的依联结果，导致了对该行为的强化，也就是说，强化让该行为在未来出现得更加频繁。

当行为分析师谈论强化依联时，它指的是在行为与其结果之间存在的一种**相依关联或依联关系**（contingent relation）。强化物总是一种结果。当然还存在其他的因果关系，不过那些就不属于行为学家要讨论的范围了。在某种意义上，行为依联于某个场合，也就是说，在该适当的场合下，某个行为出现的频率会更高。同样地，从某种意义上说，未来某个反应的出现，是由于或依联于过去对该反应的强化。因此，我们可以说，外婆的微笑依联于外公讲了有意义的话语，但是，我们通常不会说，外公的话语依联于外婆的微笑，尽管在某种程度上是这样的。

然而，当行为分析师谈及行为依联时，习惯上并不会着重讨论这两种类型的依联。

外公的状况好转的确是基于强化的作用，但是我们不大会说强化与状况好转之间存在着行为依联，而只会说行为与强化物的呈现之间存在着行为依联。

为了真正理解一个概念，你不仅应该掌握这个概念

---
① 尽管示意图都画有3个文本框，但也别将其与传统的"三项依联"（three-term contingency）搞混了。传统的三项依联包括一个区辨刺激［discriminative stimulus，又称"线索"（cue）］、一个行为和一个后果。但是，我们发现现在就这样讲太容易出乱子了，它需要过早地引入区辨刺激（它是场合或者线索的正式术语）。所以，示意图中的第一个方框只是简单地标为"之前条件"，而不是区辨刺激。不过，在第12章之前，我们将会巧妙地探讨非区辨依联（nondiscriminated contingencies），并小心翼翼地规避区辨依联（discriminated contingencies）里的区辨刺激（discriminative stimulus）。在第12章里，我们将会严肃认真地给出区辨刺激的严格定义。

再有，非区辨依联指的是反应在任何情况下都会产生强化物的那种依联。例如，你每次呼吸总会获得氧气。而且，在日常生活中，很多依联都是非区辨性的；过早地引入区辨刺激的概念会导致学生试图给每个依联都强加一个区辨刺激，即使在并不恰当的时候也这么做。

最后，那些熟悉动因操作概念的人应该知道，"之前条件"也不一定等同于动因操作，除非是在反身性动因操作的情况下，关于这方面的内容，你将在第9章中读到。尽管乍看上去我们并不是必须要有"之前条件"，但我们教过的本科生和研究生都很感激我们把它标出来。

的例子，与此同时，你还需要掌握不属于这个概念的例子。现在，就让我们看一些非依联的事件。所谓**非依联事件**（noncontingent event）是指该事件并不取决于什么东西。我们最感兴趣依联类型是反应依联（response contingencies），即事件是依联于反应的（即事件由行为导致的）。当我们谈及非依联事件时，是指该事件并不是依联于我们所感兴趣的行为的。

理论上讲，至少父母的爱应该是非依联的（无条件的爱）；换句话说，父母不会将自己的爱依联于孩子的行为。而有智慧的父母只会在孩子表现好的时候才给予赞许。这样的话，赞许就是依联式的。①

你也许会想，我怎么这么倒霉呀，打算外出野炊却赶上下雨了，下雨是依联于我打算外出野炊的，但这极可能是非依联的。不过，你会在不下雨的时候外出野炊的，所以你外出野炊的行为是依联于没下雨这一场合的（尽管这不是我们所说的行为依联）。就在夜晚纽约城电力中断，全城灯火熄灭之前，孩子打了个喷嚏，这种情况怎么说？电力故障不依联于打喷嚏（不取决于打喷嚏）。就算孩子忍住了，不打喷嚏，灯还是会熄灭的。

问题

1. 名词解释：行为依联，并举例说明。
2. 用"依联于"造句，别造那种贱句子哟。我说的贱句子是指比如"我必须用'依联于'造句了"。也就是说，我要你造句，是要能够显示出你已经正确理解了"依联于"这个专业术语。比如"父母的关注依联于罗德的啼哭"。

希德的行为分析高级学术讨论课

希德：上一回我们的讨论课很成功，唯一缺点就是都是我在讲。当然喽，要是能找到机会，让我滔滔不绝地讲2个小时，对我来说，其实是一个很强的强化物，但对你们的行为分析课程学习来说，这绝不是一件好事。我希望你们学会像一个行为分析师那样思考和讲话。可是，如果光是听我说，那么你们学到的只不过是如何围观一个行为分析师的思考，如何聆听一个行为分析师的讲话。你们要在行动中学习，至少，如果你的行动会得到强化的话，你就会学到了。所以今天的这次讨论中，我希望你们开始思考，开始讲话。我同时也会思考，但不会说太多的话了。现在，谁先来？谁想现在就像个行为分析师一般思考和讲话？

一瞬间，六双眼睛迅速地从希德身上移开了，教室陷入一片沉寂。经过大约60秒钟令人尴尬的沉默，不知道是谁突然咳嗽了一声。随后，教室里更加安静了。

希德：好吧，我们这么开始吧。你们已经阅读了《行为原理》的前两章，谁起来说说你是如何看待强化物和强化这两个概念的。有没有什么问题或者评论？

又是60秒钟令人尴尬的沉默。

希德：这么办吧。我们刚才花了2分钟的时间做了基线，现在要开始干预了。每一次你谈及一点儿相关内容，你就能得到1分。这个分数我会计入你的周测验、学期论文、期中考试、期末考试里去。现在，谁有问题或评论？

10秒钟的沉默之后，迈克斯举起了手。

希德：很好，迈克斯。

迈克斯：现在你正在使用的这个行为干预，就是一个强化程序吗？

希德：你自己说说看法才好嘛。

迈克斯：我觉得它是。

希德：那么，这里的行为是什么呢？

迈克斯：说一些相关的内容？

希德：对，那强化物又是什么呢？

迈克斯：分数。

希德：你现在就得到了1分。接下来谁来？

乔：我并不认为你已经确定自己有强化物了。

迈克斯：为什么？

乔：你并不确切知道你的分数是强化物。要想确认它是强化物，你就必须证明，由于对它进行依联式的使用，我们的讨论数量增加了。

希德：很棒的看法！我只是假设我拥有强化物，而你也刚刚获得了一个假设的强化物。

迈克斯：那要想知道这些分数是否可能是强化物，我们要等到第11章的时候才能知道呀！

问题

1. 举出一个发生在研讨课上的假设的强化依联的例子。
2. 你怎么判断分数是不是强化物呢？

---

① 顺带说一句，有时候，学生会提出反驳说，老师的赞扬也并不总是强化物，特别是对于某些大孩子，他们才不愿意当着自己哥们儿的面被老师表扬呢。在这种情况中，我们将表扬称为条件型强化物（conditional reinforcer）——表扬成为强化物须**有条件地基于**（取决于）他的哥们儿不在场的情况。换个说法，这个条件型强化物是一个包含赞扬**和**哥们儿不在场的复合刺激（compound stimulus）。

行为学特殊教育的例子
"非依联"地给予强化物

斯基普·拉森是斯翠特学校的校长,这是本学区里一所很特殊的高中,专门招收那些街头流浪的弃学孩子,这些孩子平日里大部分时间都在四处游荡,这所学校为他们提供了替代性的安置。校长与梅正在聊天。

梅问:"学校最近还好吗?"

斯基普答道:"还成。学校最大的问题就是糟糕透顶的出勤率。要想让这些孩子留在学校里,简直就如同想把水储存在筛子上一样困难。"

"你是说他们会从学校里跑出去?"

"是的,可是前提是他们还能到校的话。我们现在只有大约30%的出勤率,是全学区最低的学校。"

"他们的家长怎么说?"

"根本没说什么。这些家长,要想联系上他们,困难程度跟联系上这些孩子一样。你有没有什么好主意?"

"我现在还说不好。看来,真够难为你的。"梅停了一下,想给对方留下一个她正在进行思考的印象。然后开始给出建议,这是她之前经常会向其他校长或老师给出的建议。"我现在还不能确定。不过,我认为你必须要让斯翠特学校变成这个小镇上最好玩的地方,让它成为孩子能找到的最具强化效力的地方。那样的话,您学校的吸引力就会胜过街头了。"

"是的,可是在学校里,这些孩子还必须学习,不能全是乐子呀。"

梅心想,这个校长也是个很爱说"是的,可是……"的家伙。她说:"你说得有道理,可是也许你依然有必要让这所学校充满强化物。"

"是的,可是我听你说过,非依联性的强化物是不会起作用的。"

"没错。"梅说,"如果强化物不依联于那些在校的学习行为,他们就什么也学不到。但是,如果你简单地让学校充满各种免费的强化物,这些强化物虽然不依联于学习行为,但仍然会依联于某个核心行为。"梅暂停了一下,故意留出时间给斯基普校长提问,校长问:"什么核心行为?"

"来上学。"梅答道,"制造出一个整体上具有强化效力的环境,这本身就会强化人们进入这个环境。"梅微笑着说,她这个微笑强化了斯基普与她的交谈,虽然他们两个人谁都没有意识到这种发生在四目之间的强化。

"也就是说,我们应该确保的是,即便是最差的学生也能接触到大量的强化物,这样,无须施压,那些孩子们就能来上学了。"

"我想你说得太对了,斯基普。"

现在,斯基普笑了,这也许表明他刚刚得到了一个强化物。

梅继续道:"当然,让强化物依联于学习,这方面做得越多,对学习的强化就越频繁,落后的学生也就能学得更多了。"

这个例子讲的就是**环境富饶的通用原则**(environmental-enrichment general rule)——通过在某个场所中放入更多的强化物,我们就可以增加进入该场所的频率,但如果想增加该场所内某个有建设性行为的频率,我们还必须让一些强化物依联于那个有建设性的行为。

在我们看来,对环境富饶原则的错误理解是一个很大的问题,因为我们发现,这种误解常常会让人成为失败者,而不会成为赢家。大多数人会出于错误看法而只是加大环境的丰富程度,错误地以为那样就可以增加建设性,而事实上那样只会增加进入该环境的频率。其实,这些人的问题在于他们未能清楚地理解强化原理——必须要让强化物**依联**于想要增加的行为。这个基本原则虽然不是行为分析中最基本的一条,但它也是我们应该清晰理解的一条,这样才能够让我们避免在此产生困惑。

(此外,在批评环境富饶原则所造成的误导时,我们这里所使用的词汇和短语,其含义可不同于环保领域的用法。当然,我们也认为,一个清洁、健康、受到良好保护的环境对拯救人类非常重要。)

组织行为管理的例子[①]
"非依联"地给予强化物

多拉·多尔(怪物机器有限公司总裁):上个月的生产效率下降了25%。如果我们生产不足,还怎么指望充满爱国主义精神的美国人能买到我们的汽车?要是生产继续这样下降,用不了多久,我们就只好去开外国人制造的汽车了!你们这些拿着高额咨询费的咨询师们,是时候了!你们要给我想想办法了!这也是为了保住你们自己的收入呀!现在你们该出手为我分忧了!

弗雷迪·菲尔古德(敏感灵魂有限公司代表):好的,多尔先生。坦率地说,有谁乐意在一间令人厌烦的工厂里工作呢?它是那么灰暗,那么冰冷。您需要在工厂里增加一些暖色调,再来些音乐。没错,活泼动感的音乐会让工人们乐于工作的。而且,还要经常办一些公司聚餐活动,那样的话,工人们就能够有更多机会更好地了解您了。

---

① 本书中,我们倾向于可以互换使用组织行为管理(organizational behavior management, OBM)和工商行为管理/组织心理学(behavioral industrial/organizational psychology, behavioral I/O)这两个术语。

多拉·多尔：这听起来让我感觉不错。现在，让我听听这位新来的伙计有什么说的。你管你自己叫什么来着？行为分析师？好吧，你觉得弗雷迪的建议怎么样？

你（行为分析无限公司的代表，这是你大学毕业后第一天工作）：_____（现在，请你自己填上对多尔的提问的回答吧，指出弗雷迪的建议存在怎样的错误，说明他的建议是对环境富饶的通用原则的一种误解，然后阐明你是如何运用依联式强化物来提高生产效率的。）

多拉·多尔：太精彩啦！虽然这位年轻人在谈吐上显得有点儿不够圆滑，但这是我听到的最棒的批评意见。你愿意考虑一下吗？来我们人力资源部门当个头儿吧！当然啦，你要是来的话，我会让你的薪酬翻番的。

弗雷迪·菲尔古德：我现在就把这儿的活转交给你了。小毛孩儿，你知道你吃几碗干饭吗？

你：咔！谢啦！我肚子里的干饭都是来自《行为原理》这本书。

多拉·多尔：哦？你说的这本书，从哪儿能帮我也弄一本来？

问题

关于环境富饶的通用原则，请你给出几个例子。

在行为前给予强化物

还记得强化原理吗？如果在一个反应之后跟随有强化物或者强化物的增加，那么该反应将会更高频率地出现。仔细看看这里面的"之后跟随"这几个字，记牢它们，这会为你减少很多麻烦。要想让强化发生，强化物就必须在行为之后的几秒钟内（小于60秒）紧跟着。

"谢谢！"是不是一个强化物？很可能是。那么，在应该感谢的行为之前就谢呢？那它就肯定不是。强化物必须跟随在行为之后，而不能在行为之前。

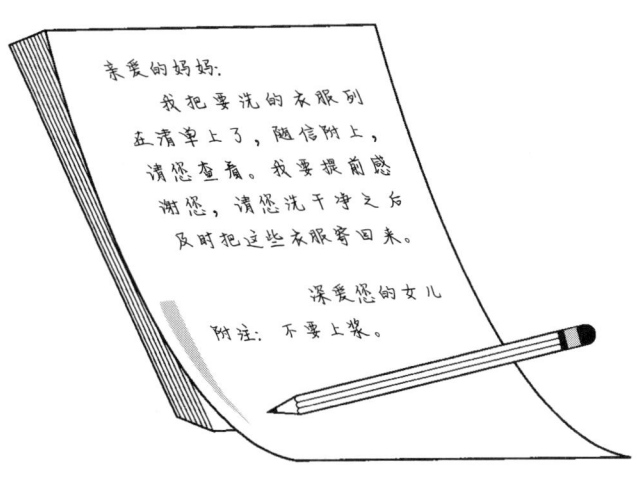

贿赂

一个猥琐的中年人从口袋里掏出一个信封，迅速地塞进另一个高高瘦瘦的年轻女子的手里。然后，他并未抬眼看对方，嘴里叼着雪茄，眉头紧锁地说道："这场排球冠军赛，你们球队赢的赔率是5∶1。我们老大可押了大笔的钱，押你们输。这里是给你的一万美金，你去搞定这场比赛。"

这是强化吗？不是。因为这一万美金在无耻的打假球之前就给出了，而不是在比赛之后。

这是贿赂吗？是的。贿赂通常（也不全是）是在非法或不道德的举动之前就给出的强化物。

但是，预先支付报酬对于一项好的作为，并不是贿赂。例如，在某人为你平整草坪之前，你就付给她20美金，这不是强化，因为它发生于除草之前。但这也不是贿赂，因为整理草坪并不是非法或不道德的。

作恶之后为其支付报酬也是贿赂。例如，懒惰的拉兹在勤奋的史蒂夫帮助自己期末考试中作弊之后，付给了史蒂夫报酬。

我把贿赂当作一件大事来看待，因为批评家经常谴责行为分析师使用贿赂。但是，这些批评家的脑子有水。没错，贿赂的确往往会涉及强化物；没错，行为分析师的强化也会用到强化物，但不能因此就将强化等同于贿赂。

这里有一个重要的道德界限：贿赂所使用的强化物都是针对**非法行径**（illegal deeds）的，而行为分析师运用的强化，以及大多数工作报酬所使用的强化物都只针对**善行**（good deeds）。

注意，我们通常假设钱财是个强化物，即使它不用于强化当中。例如，在行为之前给钱对于那个行为来说不是强化，但钱极有可能是强化物。这也就是说，我们可以用钱强化行为，只要我们将钱依联于该行为。

你真的本就该这么想的

在这里，可能有些问题会带来困惑：从某种简单的想法或者错误的价值观出发，很多人并不想由于别人做了事就给予人家强化物，而只是认为那本来就是应该做的，不需要另给什么强化物。

家长往往就是这样想的，他们不想在孩子表现好时给予特别奖励，认为孩子在没有奖励的情况下本来就该表现得好。老师往往也不想为学生的优秀表现和考出的好成绩而提供给他们特殊的优待，认为学生在没有特殊优待的依联（special-privilege contingency）下也应该努力学习考出好成绩。老板也往往不想在员工完成了生产目标时给他们更多的休息时间，认为工人们本就该努力完成生产目标，即使他们没有休假依联（time-off contingency）时也应该这么想这么做。

这才是一种错误的道德观念。以这些依联的方式使用强化物可以让每个人的生活都更加美好，而且不会伤害到任何人。拒绝这么做纯属跟自己过不去。然而，很多人就是拒绝这么做，他们就算真这么做了，也还往往会说，我可不想贿赂我的孩子、我的学生、我的员工。我们认为，他们只不过将自己的文化偏见与贿赂混乱地搅和在了一起。当然，他们对于自己劳动所得的报酬，从来不会认为是贿赂呢。（附带说明一下，"真的本就该这么想"这句话取自罗伯特·马杰和皮特·派普的文章《分析表现问题：或者，你真的本就该这么想的——该做的却不去做，我们应该怎么看待，怎么对付？》[1]。）

问题

举出两个一眼看上去像强化而实际上不是的例子，因为例子中貌似的强化物实际上出现在反应之前。

强化的例子：儿童和家庭行为咨询

泡泡糖与排便（第一部分）[2]

唐恩刚走进心理诊所的办公室，电话就响了。

她接起电话："你好，我是贝克博士，有什么能帮你的吗？"

"是的，贝克博士，我是马里奥·阿科斯塔，是尤尼佛斯特医院儿童部的医生。打电话是想向你求助，是关于一个3岁男孩的事。过去的一年里，陶德平均每周只排一次大便，有时甚至10天都不排便。他说他很痛苦。"

"这事我得一周之后才好说。"唐恩心里这么想。

"我们已经把该做的检查都做了，包括钡餐灌肠X光造影。"

唐恩听到这儿，打了个寒战。她自己曾经做过这个检查，再也不想做这种检查了。

"所有检查都没发现问题。我们调整过好几次他的饮食，但都只管用一两周。这个可怜的孩子很痛苦，而我们已经做了所有能做的。你能来看看他吗？"

第二天，唐恩就与陶德以及他妈妈见面了。在听陶德妈妈描述陶德所经受的不舒服时，她想到自己的小孩。她还想起了希德，想到他对她仔细制订的简单方案曾经表示不以为然的嘲笑。如果一项行为出现得不足，你该怎么办？对，你可以在它出现的时候强化它。强化

---

[1] 这是一篇很简单、很有趣、很值得一读的文章，去读读吧，你肯定会喜欢上它：Mager, R. F., & Pipe, P. (1997). *Analyzing performance problems: or, you really oughta wanna-How to figure out why people aren't doing what they should be, and what to do about it* (3rd ed.). Atlanta: CEP Press.

[2] 改写自 Tomlinson, J. R. (1970). Bowel retention. *Journal of Behavior Therapy and Experimental Psychiatry*, 1, 83-85.

排便？这听上去有点儿疯狂，但愿陶德妈妈听到这个建议时不会也觉得这是个疯狂的主意。

她们聊了一会儿，唐恩说："我希望你这么做，每当陶德有了一次排便时，就给他一次奖励。我认为这会对他很有帮助。几周之后，他就差不多每天都能够排便了。"她以非常自信的语气对陶德妈妈说，其实她并没有十足的把握。

"你是认真的吗？贝克博士。我实在看不出，对于陶德这种自然的生理活动，就算奖励，又能有什么帮助。"

"我也不担保肯定有帮助，但这是我们现在最值得一试的。除此之外，马里奥医生还会开些温和的泻药，以帮助他减轻痛苦。还有，这些泻药有助于他去排便，这样你就有机会给出你的奖励了。"

"那我该怎么奖励呢，博士？"正在妈妈向唐恩询问的时候，陶德拉住了妈妈的衣袖，嘴里咕噜着什么，唐恩没听懂，但陶德妈妈立刻掏出了自己的皮包，抽出了一块泡泡糖，剥开递给儿子——这一连串动作看上去非常熟练。

唐恩说："这泡泡糖很好！"

"哦，不好意思。"妈妈说，"我太没礼貌了。博士，要不要来一块泡泡糖？"

"不，谢谢。我是想说你就拿泡泡糖当作奖励吧。"

陶德妈妈按照唐恩教的程序，拿泡泡糖作为强化物，每次陶德排便后就立刻给他一片，但在那之前不再给他。

唐恩的简单干预奏效了！要想让一个行为发生的频率增加，那就强化它。第2周，陶德一周里排了6次便。他成长为一名小男子汉了，一个有控制力的小男子汉。从第4周开始，他每周的排便数量达到了6～7次（见图2.1）。

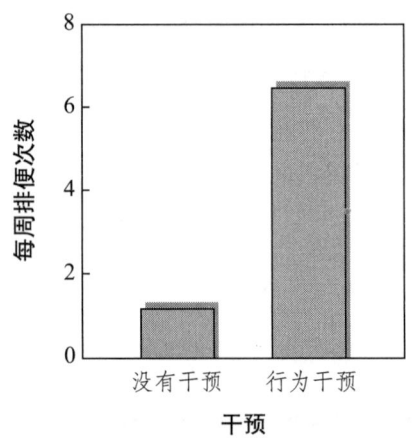

图 2.1 排便的泡泡糖强化

接下来每周都是如此，除了第14周，陶德去了外婆家，而妈妈忘了告诉外婆这套泡泡糖干预程序，结果，陶德又回到了痛苦且丢脸的状态，他在那一周只有2次排便。回到自己家里后，家里恢复了泡泡糖依联（bubblegum contingency），陶德又开始每周 6～7 次的自控排便了。

陶德妈妈还承认，泡泡糖依联还带来了另一项成就。"贝克博士，我以前没有告诉你，陶德和我相处得并不好，我经常为排便的事呵斥他，逼他长时间地去坐马桶，但是一点儿用也没有，而我的脾气却因此越来越坏了。如今，我们俩又相处得很融洽了，我又有当妈妈的幸福感了。我现在喜欢给他……你们叫什么来着……强化物！"

陶德很开心，他的妈妈爸爸很开心，外婆也很开心，唐恩也很开心。所有人都开心，除了一个人，希德。"好吧，你现在让一个 3 岁孩子对泡泡糖成瘾啦？他是泡泡糖瘾君子啦！等到他上大学时，难道他每取得一个小进步，他妈妈就要跑去学校里给他送泡泡糖吗？"

有时候唐恩真希望希德能少叨叨这类扫兴的话，但是，希德嘲讽的话语里总是会带出一些有意思的观点来。那么现在，她该怎么办呢？且听下回分解。

问题

假设你有一个孩子，他有排便次数过少的问题，你将如何运用强化原理来帮助这个孩子？请你具体说出其中的：

A. 行为
B. 依联
C. 强化物
D. 期望的结果

强化的例子：行为学校心理学

贫困儿童（第一部分）[①]

梅的父亲罗宾逊先生是一位牧师，他的价值观在梅的灵魂深处留下了深深的烙印。梅会按照"十一奉献"的规矩，将自己 10% 的财产捐给教堂，更多的时候捐给黑人社区。作为一个黑人，要是忘记了自己是从哪儿来的，那真是一件可耻的事。在大家的祈祷祝福中，你接受了良好的教育，拿到了博士学位；在大家的祈祷祝福中，你有了一份好工作，能够去实践自己的追求。现在，饮水思源，该你回报了。梅知道，应该回报的不仅仅是自己的父母。

[①] 改写自 Hart, B. M., & Risley, T. R. (1968). Establishing use of descriptive adjectives in the spontaneous speech of disadvantaged preschool children. *Journal of Applied Behavior Analysis*, 1, 109-120. 该研究之后在学习语言的行为历史中有着重要意义，可以参见 Hart, B. M., & Risley, T. R. (1968). *Meaningful differences in the everyday experience of young American children*. Baltimore, MD: Paul H. Brooks.

罗宾逊牧师已经从他那小小的布道讲坛上退休了，但他从未停止过布道。每个星期天的晚上，梅打电话回家时都会听他长长的说教。他从不会直截了当地问她这一周都为黑人社区做了些什么，但是他的鞭策一直在。

因此，当姊妹会里的朋友问梅，能不能为 15 个低收入黑人家庭的学龄前孩子提供一间教室的时候，她毫不犹豫地答应了。她不仅提供了教室，还找来了一些经费运作这个项目，并且，亲自出马帮助管理。

姊妹会的朋友一共招收了 15 个 4～5 岁的学龄前孩子，随后，梅的同事按照惯例给这些孩子进行了"皮博迪图片词汇测验"（Peabody Picture Vocabulary Test）。测验成绩在梅预料之中，这些孩子的平均成绩只有 79 分，比全国平均分低了 21 分。无疑，这意味着他们的语言能力很糟糕。贫穷几乎会导致一个人正规的语言能力降低，如果这个人是一个身处贫困环境的四五岁孩子，那他必然会丧失很多发展语言能力的机会，至少在学校里，这样的发展机会完全缺乏。

尽管梅有所预料，但摆在面前的测验结果还是让她非常沮丧。她痛恨这类心理学测验，这些测验并不能直接帮到孩子们，它们的作用只是把这些牺牲品挑出来，随后，当老师在对这些孩子的教学中遇到困难时，那些当权者又会把这个测验拿出来当作挡箭牌。

梅把这些测验结果告诉了自己的男朋友朱克，朱克提醒她这类心理学测验存在文化上的偏倚（cultural bias）。例如，那些源自白人语言的测验并不能测量出黑人孩子所特有的、丰富的表达性语言。

虽然他说得没错，但是这个测验的的确确能够预测出这些孩子未来的在校状况。只有 79 分，那表明他们正规的语言能力很糟，极有可能在进入小学后学业成绩不及格。

朱克还提醒她，IQ 测验测量的只是习得的行为，而非天生的智力。他甚至怀疑是否真的存在天生的智力这么个东西。

没错。

梅要做的就是教给这 15 个孩子他们需要的、能够让他们上小学后取得学业成功的东西。她不是这个学区教学系统里最棒的行为分析师吗？眼下这里就有需要帮助的孩子，要是她不能提供帮助，还能有谁呢？没多少人能像她这样，既掌握了行为分析又真正关注这些非洲裔美国孩子。只有她了！感谢上帝，身边还有个朱克，她一定能做好这件事。

当晚，梅无法入睡。测验表明孩子们的语言能力太差了，而全美的统计资料表明，如果语言能力差，那就极有可能在小学里学业成绩不及格。如果你是一个贫穷的黑人孩子，你的机会就很渺茫了；如果你是一个贫穷的黑人孩子，在学校里学业成绩不及格，就不会找到一份好工作，甚至找不到工作（黑人的失业率是白人的将近两倍①）。黑人死于他杀的数量是白人的6倍②。黑人有更高的可能性在监狱中度日（根据2008年年中的统计，每21个美国黑人男性就有1个被收监，相比之下，138个白人中才有1个③）。黑人有更多可能接触到海洛因，孩子也更有可能在进学前班之前就夭折了（美国黑人的婴儿死亡率是14‰，相比之下白人婴儿是6‰④）。那些幸免下来的婴儿的命运又将如何呢？他们仍然很有可能逃不出穷困黑人的宿命。同样的悲惨命运，还将在他们的下一代那里继续，还有他们下一代的下一代……

梅的心里很清楚这些恐怖的统计数字，也很清楚这些统计并不适用于像她这样的中产阶级美国黑人。这些统计适用于占35%的贫困线之下的美国黑人妇女的孩子们，也适用于占12%的贫困线下的美国白人妇女的孩子⑤。她知道，统计数据适用于眼前自己的这15名学生（他们都是贫困的受害者）；她还知道，那些听上去有点儿夸张得像肥皂剧中的情节，正在真实地发生在自己身边，所有关于贫困与种族的统计数字都是这么表明的，虽然她也看到太多对这些统计的质疑；她清楚地知道，贫困虽然不是这些问题的直接原因，但直接原因是与贫困有千丝万缕联系的现实条件，她必须做点儿什么来改变这些现实条件。

现在，只有梅能救助这15个孩子，以及这些孩子的后代了。梅告诉自己，虽然推论有些夸大，但统计数字不会说谎。眼下只有她能够帮助这些孩子获得所需要的能力，帮助他们把自己从贫困和贫困的宿命中拯救出来。这些想法虽然让她感到有点儿害怕，但也让她兴奋起来。这就是她要追求的生活。

第二天，梅和学前班的老师们启动了一项帮助这些孩子的计划。他们的语言缺陷究竟在什么地方？为了启动工作，老师们进行了一些观察，得出了结论，这些孩子很少使用形容词。他们会说"汽车"，但不会说"红色的汽车"；他们会说"皮球"，但不会说"小皮球"。他们不会使用表示颜色、大小、形状和数量的词。

那么，应该怎么做呢？当然是强化！使用形容词是一个行为，如果行为发生的频率不足，那就强化它。每当老师听到孩子伴随着名词而正确地使用了一个形容词时（红色的汽车），就立刻对孩子露出微笑并给予赞扬性的评论。老师们在每天上午3小时的课程里，在早餐时段，在结构化的教学时段，在自由活动时段，全都采用这种强化程序——对形容词的使用做全覆盖的强化。

结果怎么样？没有改善！28个课时过去了，没有改善。每个小时仍然只有零零落落的3~4个形容词出现。没有改善。

我们是否能够由此得出结论说，这些孩子就是遗传学上的次品，正如种族主义者宣称的那样？他们太笨了，根本就学不好吗？梅当然知道那是错的。那么，我们应该得出结论说，强化对这些孩子不起作用吗？梅知道这也不对，强化对所有上帝创造的生命都起作用。那么，该得出结论说，老师的赞扬不是强化物吗？也许吧，但梅不这么看，她还没听说哪个人不把赞扬当作很受用的强化物呢。那么，究竟从中得到了什么结论呢？梅自己也吃不准。

她和老师们一起讨论起这个问题。也许孩子们的词汇中就不含有那些形容词，他们的技能库里就是缺少这个。虽然他们有的能说那些词，但还是不会正确地使用它们。即使他们会说"汽车"，他们也不会说"两辆汽车""红色的汽车""小汽车""长长的汽车"，至少不会在恰当的时候说出来。这虽然听上去令人难以置信，但完全有可能。

他们能得出的暂时的结论是，这些孩子正确使用形容词的基线水平（干预前的水平）太低了，以致强化难以获得很大的效果。也许，形容词的使用率过低，以致难以有足够的机会给予强化。这些孩子必须至少能做出正确的反应，老师才能经常性地强化这些反应，强化也才能奏效。因此，他们也许并没有做到真正的全覆盖的强化。

贫困在这一回合里赢了，但是梅和老师们以及这15个孩子并未在战斗中退却。你将会在后面的章节中读到他们与贫困作战的英勇故事。

问题

1．贫困与语言能力和IQ分数有怎样的联系？语言能力与学校的学业成绩，学业成绩与就业，就业与你勉强维持的生活，以及就业与你的孩子勉强维持的生活，就业与你的孙子、孙女勉强维持的生活，就业与你的曾孙子、曾孙女勉强维持的生活之间都有怎样的联系？

2．如果初次通过强化程序改进行为的尝试失败了，我们**不应该**由此对人的遗传质量、智力、学习能力以及行为被强化的能力做出哪些判断？

---

① 统计数据源自 http://www.bls.gov/news.release/empsit.t02.htm
② 统计数据源自 http://www.cecsus.gov/ 和 http://factfinder.census.gov/
③ 统计数据源自 http://www.ojp.usdoj.gov/
④ 统计数据源自 http://www.cdc.gov/
⑤ 统计数据源自 http://www.npc.umich.edu/poverty/

孤独症进阶

"好的,李维斯太太,我们今天又完成了很棒的一节课。"凯特说。

统计好当日的教学数据之后,凯特走进厨房找到艾米·李维斯,看到她拿家庭开支簿盘算着什么。吉米此时正坐在妈妈身边的地板上玩耍。

"你的话真让我开心,凯特。太好了,只不过……哦,对不起,凯特……请你稍等一下……"艾米的声音里有点儿恼怒。

艾米转过身去,面对吉米,此时的吉米已经站了起来,正在拉扯她的裙子,并且开始尖叫。她快速地对他说了几句安抚的话,但这没能让吉米平静下来,于是,她翻了翻自己的口袋,掏出一块小士力架巧克力。剥开包装的时候,吉米已经开始趋于平静。当艾米将士力架递给吉米时,他发出的声音就只剩下咬下士力架和满意地吧嗒嘴的声音了。

"对不起,凯特,我们刚才说到哪儿了?"

"我说吉米和我今天又完成了一次很棒的课程,李维斯太太。此外,我还有一些想法。我记得你曾经说过,你希望我能够在行为分析方面给你各种建议。"

"我也记得。"艾米说,"自打我读了《让我听见你的声音》①这本书,我就确信行为分析能帮我拯救我儿子。事实上,我也已经跟杰克商量好了,我也许会去BSU的夜校学习行为分析呢。"

"那真是太好了!我很高兴你这么有心。"凯特说,"现在我就有另一条行为分析的建议想传递给你。几周前,我们谈论过强化物,比如吉米从眼前扑动手臂中获得的强化物。那么好,我感觉你在家里四处存有的那些士力架也是吉米强有力的强化物。而且,我想我刚才就目睹了一个行为依联,它也许会给你带来一些压力。"

凯特和艾米先是复习了一下**行为依联**这个概念,它涉及行为的场合、行为、行为的结果。在一个行为依联中,结果总是依联于反应(由反应导致的)。

随后,凯特描述她刚刚看到的**强化依联**。当妈妈与别人谈话时,吉米尖叫并拉扯妈妈的衣服,每次这样,艾米都会给他一块士力架,好让他安静下来。他也的确安静下来了,至少在他吃士力架的那段时间内。但过不了多久,他就又回来了,拉扯并尖叫。同样的情形,凯特已经见到过很多次了。她解释道:士力架(强化物)的呈现总是依联于吉米的坏行为(由坏行为导致的),而这种依联强化了该行为,导致它越来越频繁地发生。

"我可从来没想过自己有可能在强化吉米的坏行为啊!"艾米说,"我只是想让他安静下来,让我能好好与人谈话。"

"你不必太内疚了。"凯特说,"这些循环类型(参见第3章恶性循环的社交)很容易被启动,而且也很难去除。"(但我们会在第6章讲解如何去除它。)

---

① 《让我听见你的声音:一个家庭战胜孤独症的故事》(*Let Me Hear Your Voice: A Family's Triu-mph over Autism*),凯瑟琳·莫里斯著,梁海军译,华夏出版社,2018年(译注:原注中用的是这本书的英文资料)。在参与孤独症实习时,我要求我的本科生和研究生必须阅读此书。凯瑟琳·莫里斯当年在写这本书时,为孤独症的治疗付出的努力可能超过其他所有人。

初级进阶

斯金纳箱:实验行为分析
用水强化(FK-17)

透过有机玻璃,你可以看见一只名叫鲁道夫的实验小白鼠在鼠箱里的活动。鼠箱大约30厘米见方,在距离地面8厘米的高度上,有一支杠杆从鼠箱的墙壁上伸进来。杠杆下方的地板上,有一个硬币大小的孔。老鼠用它的前爪压动杠杆,就会发出"咔嗒"一声,并且从地上的孔里会涌上一小洼水。这个凹洼不大,只能存住一滴水。老鼠听到"咔嗒"声就会松开杠杆,立刻冲到水洼前,将水舔掉。然后,它会再一次立起来去压动杠杆,这个过程反反复复地循环着。你所看到的这些就是通过强化物(一滴水)的呈现对鲁道夫压杠杆反应的强化。

这一幕的发生场所叫作"斯金纳箱"(Skinner box)。[这套测验装置是道格拉斯·埃尔森(Douglas Ellson)最早发明的,而伯勒斯·弗雷德里克·斯金纳(Burrhus Frederick Skinner)让它成了心理学历史上最有名的实验装置。斯金纳自己喜欢将这套装置称为"实验空间"

（experimental space），但我们都愿意用更简单、更通俗的说法来称呼它。]

如果你有机会在工作中使用到斯金纳箱进行老鼠实验，那就好好地把玩它吧。就如同阅读了关于性的内容一样，我们阅读了关于强化的内容，感觉总会很不错，可就是没机会来真的。再没有什么地方能比得上这个斯金纳箱了，它是一个行为分析的显微镜，能够让你更清晰、更震撼地见识到强化的过程。我这里并不是说你对斯金纳箱的兴趣将会超过对性的兴趣，我是说，如果你亲眼见到了强化的效力，比如像这样亲眼看到老鼠每压一次杠杆就能得到一滴水的情境的话，你就会成为行为分析的真正的信徒。事实上，南茜·尼夫（Nancy Neef）的经历就是这样的。当她还是大学生的时候，她在我们当年的实验室看到斯金纳箱里发生的惊奇一幕，因而下决心从宇航专业转到心理学专业，最终，她成长为全世界最有成就的行为分析专家之一。

你的学校里没有老鼠实验室？那也没关系，你可以登录 DickMalott.com 网站，下载一本免费提供的关于如何应用斯金纳箱的《老鼠实验入门手册》。当然，我们不提供斯金纳箱。然后，去宠物商店买只宠物鼠或者沙鼠或者老鼠或者鸽子或者金鱼什么的①，建立起你自己的动物实验室。没有斯金纳箱？这也不成问题，做一个就是了。你可以做一个精巧华丽的箱子，或者就简单地在鼠笼里插一支铅笔，用它当反应杠杆，并用眼药水瓶子给老鼠提供饮用水作为强化物，或者……想必你还有其他的能充分地展示出你创造力的好点子。用不着什么高深的技巧，你就能玩得很开心，而且也不用多费口舌，你就会让你的老师刮目相看，让他觉得应该给你加分以奖励你的努力，尤其是当你把老鼠和斯金纳箱带进课堂时，你的所作所为，还有你的老鼠的所作所为，必定会风光无限，酷得能震翻你的老师和同学。

斯金纳教授以及他的追随者，先用老鼠，后来用鸽子，在斯金纳箱里进行了所有早期行为分析的开创性研究。他的研究最早起步于 20 世纪 30 年代初。直至今日，最为基础的行为分析研究，大多都发生在斯金纳箱里，只不过与以往不同的是，如今的实验已经发展到极为复杂、极为精细的地步了，复杂精密到即使你见到了也未必能联想到最初的那种简单的老鼠箱。

之所以在此介绍斯金纳箱，是因为它为我们提供了一个最为简单的、可以观察行为理论的最基本原理的场所。虽然你们当中有的人以后也许没有机会去亲手实践斯金纳箱，但贯穿本书的全部内容，都与斯金纳箱有着不可分割的联系，因为它真的能够帮助我们简化概念。正如现在，你已经从斯金纳箱中看到了强化是怎么回事一样，老鼠每压动一次杠杆，就能得到一滴水，而且它越来越频繁地压动杠杆（每分钟好几次）。

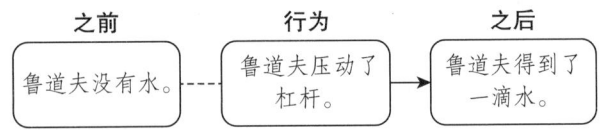

水依联于鲁道夫的压动杠杆，但是，我们一般不会说，压动杠杆依联于水。有谁会怪怪地这么说吗？

斯金纳箱就是一个带有反应装置和强化物来源的测验箱。（当然，也有人认为整个世界就是一个大斯金纳箱，但还有一些人认为这种说法有点儿令人生厌，甚至极度厌恶这种说法。）

问题

举出一个应用斯金纳箱的例子，在例子中，请你描述：
A. 装置
B. 过程
C. 结果

通用规则
避免循环论证

这里我先给出另一种对斯金纳箱实验的看法：为什么鲁道夫喝了水？因为它想喝。可是，你怎么知道它想喝水？因为它去喝了水。那么，为什么它去喝了水？因为它想喝水。你怎么知道……如此，绕来绕去，就形成了一种循环论证（circular reasoning），就像鲁道夫在追着自己的尾巴跑。

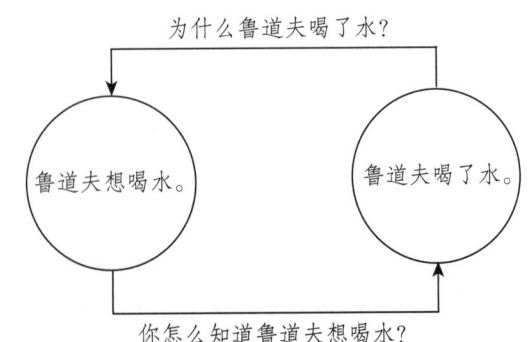

也就是说，这只不过是在试图让一种解释看上去像一种解释，但其实不是。当我们说"鲁道夫想喝水"的时候，其实并没有添加进任何新的信息，只不过给别人制造了一种理解上的假象。"鲁道夫想喝水"这句话所

---

① 如果你想成为一位水族馆大师的话，也可以登录 DickMalott.com 或者 clickertraining.com，在那里，你可以找到如何建立名为奥格登·林斯利（Ogden Lindsley）的金鱼训练系统的资料。（译注：奥格登·林斯利是美国的一位心理学家，因精准教学方面的工作而为人所熟知。）

描述的全是我们已经知道的东西，仍然是在讲鲁道夫喝水了。这就是循环论证。

那么，非循环论证应该怎样做解释呢？鲁道夫喝水是因为箱内温度高达50℃了。你怎么知道温度高达50℃了？那是温度计显示的读数。

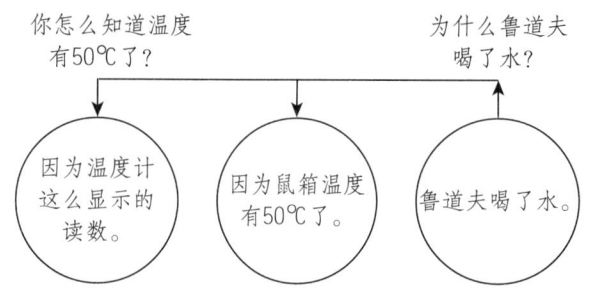

所以，无论你的谈吐多么有技术含量，也不要使用"想"这个词，因为这个词意味着你很有可能正在陷入循环论证的怪圈。

当仅有的证据只不过是你正在试图证明的事件本身的时候，循环论证就发生了。

> 一定要避免循环论证！

问题

1. 使用"想"这类词进行推理，这种推理叫什么？
2. 举出一个循环论证的例子，并用示意图加以说明。

循环论证与实物化错误

下面再给出另一个循环论证的例子：涂德医生，为什么珍妮举止古怪（**一个行为**）？很简单，因为她有精神疾病（**一件东西**）。那么，涂德医生，你怎么知道珍妮有精神疾病呢？因为她举止古怪呗！可是，涂德医生，为什么珍妮举止古怪？因为她有……好了，你懂的。这位涂德医生正在做的，就是发明出一件东西（精神疾病）来解释一个行为（举止古怪），而他发明的这件东西存在的证据恰恰就是这件东西要去解释的行为。涂德先生所做的一切就是将行为（举止古怪）叫作一件东西（精神疾病）。这种情况被斯金纳称作解释性虚构（explanatory fiction），更为专业的说法叫作实物化（reification）。涂德医生所犯的错误就是实物化错误（error of reification）。

> **定义：概念**
> **实物化错误（Error of reificattion）**
> · 将一个行为或过程称为一个东西。

在对推测出来精神疾病下判断时，我们就是通过看一系列行为是否指向一种症状，而该症状就是用来证明潜在精神疾病的存在的。

心理学面临的主要问题，也许就在于某些心理学家和精神病学家常常会发明出一套对行为（心理）问题的解释，而他们在发明这些解释时，却似乎全都犯了**实物化错误**。

通常，当你听到某个专业心理学家使用"人格"这个术语时，他其实就正在犯严重的"实物化错误"。为什么她会以功能紊乱的方式做出这些举动？因为她具有功能紊乱的人格。为什么他在醉酒高速驾车却还不系好安全带？因为他有一个追求刺激的人格。

另外，还有心理学家以实物化作为根据开发出一个重要的产业来（诸如智力测验和人格测验）。他为什么举止如此木讷（活动）？因为他有很低的IQ（IQ是一个推测出来的东西）。

问题

1. 名词解释：实物化错误，并举例说明。
2. 说明实物化错误为什么是一种循环论证。

概念

医学模型的迷思

行为分析学家一直在与**医学模型的迷思**（medical-model myth）作战。传统的心理学家是如此将医学模式应用于心理学的：他们说一种不受欢迎的行为就是一种症状，而且，他们说症状就表明有潜在的心理疾病，就如同发烧表明可能有感染一样。因此，根据医学模型，埃里克的发脾气就表明他存在很突出的、根本性的心理问题，那有可能是一种不安全感。我们行为学家才不相信这种解释呢！我们怀疑埃里克的发脾气是一种习得的行为，得到了紧随其后的后果的强化——比如他父母给予的关注。行为学研究表明，问题行为通常并不是什么大毛病的表面症状，而行为本身**才是**最值得我们认真对待的大毛病。

> 你看到的就是你所拥有的。
> 或者说，你看到的可能就是他所拥有的。

这并不是在否认行为问题在有些时候是由潜藏的生物学问题而导致的——例如，脑损伤或唐氏综合征，但是，传统的心理学家仅仅通过猜测或通过发明潜在心理学病因来解释可观察到的行为，那就误用了医学模型，他们也因此就不再去关注真切的问题——行为了，而是更多地转头去关注他们自己发明的那些所谓病因去了。

> **定义：概念**
>
> **医学模型的迷思**（Medical-model myth）
> - 对于人类行为的一种错误观点——
> - 认为行为只是一种潜在心理病症
> - 而带来的一种症状。

医学模型认为行为本身并不怎么重要，而行为分析学家不同意这种观点。（顺便说一下，我们这里使用的模型一词更多的只是一种象征性的表述。这里的意思是，一个医学疾病有可能被看作一个心理问题的模型，这有点儿类似于将玩具飞机看作真飞机的模型。）

这并不意味着那些使用医学模型的传统心理学家真的将使用医药来治愈这些问题。相反，他们只不过是在推测明显的行为问题的原因，推测出其隐蔽的、深层的、潜藏的心理问题，行为问题只不过是这些潜藏的心理问题的一种症状而已。而行为分析学家认为，心理学中使用的医学模型绝大多数都是错误的，总体上应该避免使用这种模型。

问题

名词解释：医学模型的迷思，并举个例子。

例子

医学模型的迷思[①]

学生们反映，医学模型是个很难理解的概念，那就让我们来看看下面这些例子吧。

消极的攻击

一位教师曾经抱怨自己带的一名研究生助手："那个家伙简直是在对我进行一种消极的攻击。"

"你说的是什么意思？"我问。

这位教授回答说："好嘛，我布置给他的任务，他表示全都愿意去做，可接下来却又不做。他这是在消极地攻击我，因为他不喜欢我。"

我这里有另外一种解释，行为分析的解释：教授的赞扬是一个很强的强化物，它能够强化这名研究生执行任务，但是，如果没有明确的时间限制，即使最有力的强化物也无法控制这名助手的行为，最终，邪恶的拖沓接管了控制。他虽然精神上有意愿，但肉体上却没了干劲儿。

我在这里不是仅仅八卦一下我与另一位教授两人之间无趣的学术争论，更多要讲的是：医学模型的意见总是这样要让我们去矫正那些假设的、深层的、潜藏的问题，比如在本例当中，就是要我们去帮助这位助手确信自己的教授是个好人而不应该伤害教授。

只有应用行为学方法才会让我们取得更大的成功：巴布·富尔顿的博士论文[②]曾经做过这方面的一个实验，实验结果更支持行为学方法。她测量了其助手的任务完成度，基线的情况是，使用传统的方法，口头布置任务，而且即使助手没完成，也不再追逼。行为干预的情况是，每周都召开会议，将任务布置以书面形式写下来，给出完成期限，并在截止日期前的一周进行检查。她的实验结果如图2.2所示[③]。

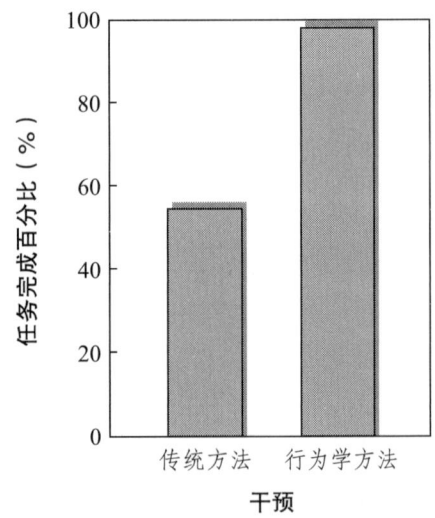

图2.2　助手的任务完成度

在全书当中，我们会用到很多这样的图表，所以，你一定要知道如何读懂它，这非常重要。通常，纵轴显示我们得到的测量结果，而横轴显示我们的干预。从巴布的这张数据图中可以看到两种方法——传统方法和行为学方法。传统方法的结果如何呢？从图上你可以看到，传统方法的柱形高度对应于纵轴约为50%处，也就是说，巴布使用传统方法时，助手完成了大约50%的任务。同样，你可以看到在行为学方法下，助手完成了接近100%的任务。这就是说，巴布的行为学方法的有效程度几乎是传统方法的两倍。用行为学的方法就再也无须担心那种医学模型的解释，不会认为她的助手在消极地攻击她了。

[①] 医学模型的迷思是一个比较难掌握的概念，可能需要好几章来真正理解它，因为它存在很多灰色地带，存在难以取舍的内容，而我又不能用两章的篇幅来专门讨论这个问题。不过，这还是一个很重要的内容，我愿意在这里做一些简要讲解。这总比不讲要好。

[②] Fulton, B. J., & Malott, R. W. (1981-1982). The structured meeting system: A procedure for improving the completion of nonrecurring tasks. *Journal of Organizational Behavior Management*, 3(4), 7-18.

[③] 通常类似的简单的图表比复杂的图表更能够把故事讲清楚，不过，随着学习的深入，我会训练你学习更为复杂的图表。

对成功的恐惧和对失败的恐惧

一名女生经常不能按时完成并上交自己的家庭作业，对此，一些传统的人格理论学家会用医学模型来解释，说她这种不能完成作业只是一种根本病因的一个症状，这个根本病因是一种对成功的无意识的恐惧。他们解释说，这名女生怕自己如果成为学霸会失去女性的魅力，不再受男孩喜欢，不能赢得父母一直期待她赢得的"魅力公主"奖了。或者，他们还可能会说，这个女生正在承受的痛苦是一种对失败的恐惧，所以，她就是不完成作业，她不去努力，这样也就不会失败了。①

我这里有另外一种解释，行为分析的解释：她做其他任何事都比做作业更轻松、更具有强化效果，所以，她会去做别的而不做作业。

人们在解释人类行为时大多都会使用医学模型，但是，更简单的、行为学的解释通常才会更精准，也更有助于我们的干预取得更好的结果。

其他例子

为什么有的人抽烟？是因为他们深层次地怀有潜藏的求死的欲望吗？你饶了我吧！干吗不说是因为吸烟有强化性的生物化学效果呢？而且，烟草公司最容易在你还处于青少年时期将你轻松引上钩，因为那个时期你更容易对尼古丁成瘾，不是吗？

为什么埃里克脾气爆发？是因为他缺乏自尊吗？在医学模型的错误指导下，人们把太多的时间浪费在提高人类自尊上，希望通过这来提升人们的表现，这实在太可悲了。埃里克发脾气其实是因为这种行为被大家的关注强化了。

为什么一个"精神分裂症女孩"会一时间做出这样的举动而另一时间却做出另一举动？是因为她有一个分裂的人格吗？不！那是因为有时候这样的举动会带来强化物，而在另一时间，则是另一举动带来这种强化物。

前科学（Prescience）

医学在其发展进程中，一直在与迷信进行着战斗：人为什么会生病？因为她被魔鬼附体了。我们怎么治疗她的疾病？祛除她体内的魔鬼。今天，基于科学的医学实践早已大大地取代了那些迷信做法。

心理学也存在着类似的问题。在心理科学的发展过程中，它一直在与错误应用的医学模型进行着战斗：为什么有人会举止不当？因为她有内在的精神疾病。我们该怎么帮助她，让她举止适当？治疗她的精神疾病。今天，以科学为基础的心理学实践，正在战斗中逐步取代那些基于错误应用的医学模型的实践。

根源

医学模型道出了心理问题的根源吗？或者说，行为学模型道出的只是问题的表面症状吗？不对！医学模型只是发明了一些虚构的原因，而行为学模型才道出了真正的原因。事实上，我们行为学的真正的原因，通常（在某种意义上）要比那些心理学的精神动力学（医学模型的一种）的说法简单得多。也就是说，我们抽烟，尤其是女性抽烟，才不是因为固着于婴儿发育阶段所谓的口腔期呢，其实，抽烟行为只是因为被其结果强化了。诚然，要想清楚地找出这些强化物并不总是一件简单的事。

问题

举些例子说说医学模型与行为学的观点有哪些不同。

循环论证与医学模型的迷思

现在清楚了，心理学上大多数医学模型的应用是有问题的，问题就在于它们是建立在循环论证的基础之上的。

为什么埃里克发脾气？因为他有不安全感（一种潜藏的心理状况）。你怎么知道他有不安全感？因为他发脾气了（一个症状）。瞧，这是在循环论证！

为什么有这个行为问题？按照医学模型的说法，那是因为存在着潜藏的心理问题。可你怎么知道存在着潜藏的心理问题？因为这个行为问题就是那潜藏的心理问题的表现症状。瞧，这是在循环论证！

为什么那个研究生助手不去完成他接受的任务？因为他有潜藏的消极攻击的心理问题。可你怎么知道他存在消极攻击的心理问题？因为他没能完成他接受的任务，就是他这种消极攻击的心理问题的一种表现症状。瞧，这是在循环论证！②

问题

为什么错误地使用医学模型是循环论证的一个例子？请举例说明。

---

① 更多关于对失败的恐惧方面的资料，可以参看这篇具有积极意义的文章：Geller, E.S. (2002). Should organizational behavior management expand its content? *Journal of Organizational Behavior Management*, 22, 13-30，还有这篇行为主义批判性文章：Malott, R.W. (2002). Trait-based personality theory, ontogenetic behavioral continuity, and Behavior analysis. *Journal of Organizational Behavior Management*, 22, 61-69.

② 我认为所有医学模型的迷思的例子都是循环论证的例子，但并非所有循环论证的例子都是医学模型的迷思的例子。例如，说"鲁道夫喝水是因为它想喝水了"是一个循环论证，但它不是一个医学模型的迷思的例子。尽管我们没有在定义中这样解释，但医学模型的迷思最可能被应用于那些不当行为或者某种推测出来的不当原因上。

怎样谈论行为

在谈论科学话题时，如果使用日常生活中的语言和方法，往往会把事情搞砸。下面就是一个搞砸的例子："老鼠鲁道夫压动杠杆，因为它**期盼**着喝点儿水。"这话错在哪儿了？错就错在"期盼"这个词了，有两个原因：首先，你根本不知道老鼠期盼什么，你甚至都不知道老鼠有没有在期盼什么，或者说，它甚至有没有能力期盼。你只是在做一个没有根据的推论（一个没有根据的猜测）。而且，你这种猜测恰恰就是犯了循环论证错误的一个例子：鲁道夫压动杠杆是因为它期盼水，而你知道它期盼水是因为他压动了杠杆。就这么绕圈子吧，一圈又一圈，根本停不下来。

其次，你稍微想一想就会明白，"期盼"这个动词描述的是一项非常复杂的活动。期盼某个东西很可能会用到语言技能（语言行为），而我们没有理由认定老鼠会说话甚至会思考（因为大多数思考极有可能是基于语言的）。

那应该怎么谈论呢？你应该简单点儿，只谈你知道的。"老鼠压动杠杆，因为这个反应曾经带来了一滴水。"瞧，简单就是美。

"**知道**"这个词也存在同样的问题。不要说"老鼠知道这样做会得到一滴水"，这同样是循环论证。

类似的词汇还有"**想**"，这个词也是关于老鼠内心活动的、没有根据的循环推论，而且那对于鲁道夫来说太复杂了，因为它很可能根本就没有语言能力。

再如，希德为什么会挠痒呢？因为他心想着抓挠可以止痒吗？真是这么回事吗？"嗨，希德，你知道吗？今天在讲台上讲课的时候，你挠了自己的裤裆呢！""啊？我的天呀，我那么做了吗？太尴尬啦！"在这个例子中，不仅仅希德没有心想着自己的抓挠会止痒，甚至他都没想起自己曾经挠过。当然，以前的止痒结果很有可能强化了希德的抓挠，所以他现在才会这样做，可是，这是自然而然发生的，希德甚至都想不起来了，尽管希德拥有良好的语言能力。因此，我们不能假设希德，更别说去假设老鼠鲁道夫了，不能去假设他们知道、期盼或者心想着强化将会紧随反应而来。真相是，早先的强化物强化了反应，所以现在希德和老鼠就做出了这个反应。

同样的道理，不要说"老鼠鲁道夫**发现**它压动杠杆就可以得到一滴水"，这还是在表示鲁道夫有语言、有思考、会琢磨问题、会解决问题，而且它最终会自己给自己讲解这一依联的规律。无厘头啊！这个道理同样适用于尚未学会说话的无语言孩子，包括普通孩子和孤独症孩子。正是有这样的道理的指导，行为分析师才花了大量时间去帮助孤独症孩子掌握语言技能，而如果缺乏这种帮助，这些孩子就很有可能无法掌握语言技能。

你还应该远离"**学会了去做……**"这种说法，例如，"R先生学会压动杠杆去获得一滴水"。"学习"这个词本身并不坏，比如，我们可以说"鲁道夫学会了压动杠杆"，"你已经学会了在别人为你开门时说谢谢"，但是，"学会了做……"这句话通常还是指鲁道夫最后终于"发现了"或者"知道了"或者"心里想着"压动杠杆就能得到水。

也不要说"鲁道夫**为了获得**水而压动杠杆"，甚至别说"鲁道夫压动杠杆**以**得到水"。为什么？因为这种表述意味着他是有着特定的意图的，如同在说它发现了该做什么，并做了该做的，因为它知道它能从中得到什么。对于无语言的人也是同样的道理。不要说"罗德啼哭**以获得**关注"。罗德哭，只是因为这个行为被强化了。同理，别说"罗德**试图**通过啼哭来获得关注"。

还不要说"鲁道夫在压动杠杆与强化物之间**建立起联系**"，甚至别说"立刻给予强化物非常重要，因为那样才有利于鲁道夫在压动杠杆与强化物之间**建立起联系**"。为什么？和前面说的差不多，这种说法也是在暗指鲁道夫是一个会思考、有语言的家伙。而且，如果仔细想想，你就会发现这也是个循环怪圈。至少，它没有增加任何信息。在无语言的人那里，也是同样的道理。

同样的道理也适用于"联结"这个词，例如，"鲁道夫将杠杆与水**联结**上了"。

我们前面建议过，你可以说"鲁道夫现在压动杠杆，是因为这个反应之前被强化了"，既简单，又清楚，还特别优雅，不废话，不妄言。

同样要小心的是"**想要……**"。别说"老鼠想要一滴水"，只说出你知道的："老鼠好几个小时没水喝了，温度现在高达32℃。"

这一切不仅适用于老鼠鲁道夫，也适用于你的名叫罗弗的宠物鱼，还有隔壁正在哭的6个月大的小孩。他们都没有语言，他们都不会期盼、不会知道、不会思考。当然，普通的6个月大的孩子，以及在希望中成长的孤独症孩子，他们终将能够学会说话、学会思考、学会期待、学会很多知识……但是，现在他们还不能。事实上，即便对一个有语言的人来说，就算不是绝对的，在一般情况下，你也不应该对特定的行为使用那些妄自推理的词汇，就像我们前面举的希德抓痒的例子中所讲的。

这个不能说，那个也不能说，老师饶命啊，我还能说什么呀？好吧，我们这一系列的"不能说"，可不仅仅是在纠缠抽象的、文字上的精准。这些禁忌词汇都是你真正理解正在发生的行为的绊脚石。设想一下，你正在帮助一个无语言的孤独症孩子，这是你们当中很多人以后很可能会遇到的。假设这个孩子有一些讨厌的行为，比如咬你，或者扯你的头发，或者尖叫，或者失控地大哭大闹。再假设他很需要学会某个技能，比如对话。你需要找出哪些依联能够控制他的行为，又是哪些依联当前无法控制他的行为。你还需要设计出一些行为依联，来帮助他习得健康的技能库。在讨论他的问题时，如果你使用"知道""想""想要"等词汇的话，那么这只会让你慢下来，妨碍你对这个孩子的帮助。这时，你也许会觉得，让你自己停止使用这些混沌词汇的难度不亚于让孩子停止尖叫和哭闹。但是，当真的停用了这些词汇时，你就会发现，你能够更容易地找出孩子出乱子的强化依联，也因而能更容易找到帮助这个孩子掌握有用的技能的强化依联。我在此讲的可都是正儿八经的事。

所有这些多余的词汇只是代表着循环论证和实物化错误，而这种错误正是心理学中的大奸大恶。

当然，一旦孩子学会了说话，他们就有了"期盼、知道和思考"的工具。不过，对于此类行为的分析实在是太复杂了，而且存在着很大的争议，因而在本书的第22章之前，我们都不会去碰它。眼下，如果你正在做行为分析，在谈论一个无语言的人或者动物时，一旦用了"期盼""知道"和"思考"，以及诸如"发现""为了""试图""建立起联系""想象""联结""学会了去做"或者"理解"之类的表达词汇的话，那就去用肥皂水好好漱漱口吧！另外，至少在做行为分析的时候，对于任何人都不应该用"想要"这个词。至此，我们就有了下列的**不能说原则**。[①]

> **定义：通用规则**
>
> **不能说原则（The Don't Say Rule）**
> - 对于无语言的有机体，不能说其：
> - 期盼……
> - 知道……
> - 思考……
> - 发现……
> - 为了……（或者，这样他/她/它就能……）
> - 试图……
> - 建立起……联系
> - 联结……
> - 学会了去做……
> - 想象……
> - 理解……
> - 对于所有有机体，都不能说"想要……"

问题

1．你不应该将哪12个词或表达用于动物以及无语言的人？

2．举例说明这些词汇是怎么被误用的。

3．举例说明如何在不用这些词汇的情况下谈论同样的事。

强化行为，而非强化人

唐恩并没有强化希德，但她有可能无意中强化了希德的噘嘴行为，她也有可能通过向他微笑而强化了希德的微笑。我们常常会谈论对某个人的强化，而不是谈论对特定反应的强化，例如噘嘴和微笑，这往往会让我们偏离问题的聚焦点。例如，你并不能够"强化一个孩子拥有创造力"，但你能"强化这个孩子的创造性行为"。正确的说法才能让你找出那些你认为是有创造力的特定的行为，从而切实地强化它们，也就不会只是含糊地谈论强化孩子，却又不知该做什么了。要想理解行为学的世界是如何运作的，秘诀就是，永远只把聚焦点集中在行为依联上——既非行为本身，也非强化物本身，而是要聚焦在依联上。我们的口号就是，提高警惕，保证聚焦。我愿跟你打个赌，如果你能做到正确地使用"强化"，你就能超越95%的专业的行为分析师。你可以盯紧你的教授，看他能在此有多大的警惕性。也要盯紧我们。如果我们没有正确地使用"强化"，就不要强化我们。好吧？

> **定义：通用规则**
>
> **强化行为（Reinforce behavior）**
> - 强化的是行为
> - 而不是人。

当然喽，这个原则更为通用的版本是：强化的是行为，而不是有机体[②]。换句话说，我们同样不强化老鼠、鸽子，也不强化猴子之类的，我们只强化它们的行为。只不过有机体这个词听上去过于高大上了。

问题

在上面最后一句话里，我埋了一个冷笑话，太冷了！我的学生中只有大约15%的人能够理解它。提示一下：我们违背了自己定的规则吗？好了，请你解释一下这个笑话吧。

[①] 喜剧歌手老史派克·琼斯（Spike Jones，可能比你都老）曾经唱道：电话铃声响起，那家伙接起电话，听电话时，旁边的人说："你不能说……你不能说……你不能说……"挂上电话，旁边的人问："谁打来的？"那家伙说："他没说。"哈！我应该事先告诉你别读这则注释。

[②] 同样，我们惩罚的是行为，而不是人。

对比

强化物与强化

下面这句话有什么问题？"妹子震惊的表情对他讲黄段子是一个强化。"提示：强化这个词用错了。那该用什么呢？应该用强化物！震惊的表情是一个强化物，而不是强化。要牢记：强化物是一个刺激，会增加它所跟随的反应的发生概率。妹子表现出的震惊表情是一个事件，强化了他讲黄段子的行为。

> 强化物 = 东西、事件、条件的变化
> 强化 = 强化物的呈现及其导致的行为变化

那么，这个强化体现在哪里呢？强化描述的是整个剧情，强化是所发生的一切。记住：**强化**是增加反应未来出现概率的一个过程或程序。强化的发生是指：男孩讲了黄段子，并且身边的妹子大张着口，猛转过头去，满脸通红，全身僵硬。当然了，只有这个男孩以后这种猥琐行为增加了，我们才算确切地知道强化发生了。

也就是说，我们用强化描述的是，一个反应之后跟随着一个强化物，并且反应发生的频率后来增加了。强化涉及整个过程，而强化物只是该过程中的一个组成部分。

许多人，包括一些大腕儿，都会在该用强化物时说成强化，但这可不是你犯错的借口，我劝你还是谨慎些吧。

问题

1．强化物与强化之间有什么区别？

2．造一个句子，要求正确使用"强化"和"强化物"这两个词。

基线

在前面的课文中曾经讲过，朱克[①] 在**基线**期里测量了他外公有意义的说话；巴布·富尔顿也测量了**基线**期助手的任务完成率，在该**基线**期她运用了传统的方法。那么，什么是基线呢？

> **定义：概念**
>
> **基线（Baseline）**
> - 实验或干预中的一段时期，
> - 该时期内，在不做干预的情况下，
> - 对行为进行测量。

问题

名词解释：基线，并举例说明。

中级进阶

关于强化的讨论

反应之后的强化物要跟随多快才能确保强化的发生，对此，我可是当作一个大问题来讨论的。这么做是为了区别开强化依联与强化依联的类似物（analogs to reinforcement contingencies）。关于这些，要到第 22 章时才会讲到。对于有语言的人类，有时候反应之后好几天才出现强化物，但反应仍然会在以后出现的频率增加，我们认为这叫作强化的类似物，而不是真正的强化。

另外一点，强化物的呈现的另一种更为精确的说法是强化物的呈现或增加。例如，假设你正在用可折叠的吸管喝汽水，那么，含糖的汽水流入嘴里强化了你的吸汲反应，于是，你没喝到汽水⇒你吸汲⇒你喝到了汽水，就形成了一个强化依联。但是，假设吸管上有一个弯结，汽水无法以原来的流速很快地进入你的口中，你就会将直吸管，消除那个弯结。于是，你获得了数量增加的强化物，汽水快速地进入了。这里，你吸汲的流速低⇒将直吸管⇒你吸汲的流速提高了，就是另一种强化依联，它基于强化物数量的增加，而非仅仅是强化物的呈现。

再来看唐恩，假设在罗德啼哭的时候她增加了对罗德的关注：原先她可能只是看看他，但是现在她会把他抱起来，安抚他，和他说话。罗德得到了更多的强化物，而这种强化物的增加就会强化他的啼哭。为了让一切简单，虽然我们在正式的强化依联的定义中，没有把强化物的增加写进去，但你应该理解其中的含义。

[①] 在本书中，虚构出来的主要人物是实践工作者或服务提供者，而不是研究者。他们并没有开展基础研究或应用研究，没有对行为原理的知识和最佳循证实践做出贡献。当然，他们在为所有的动物和人的福祉而工作的时候，需要运用那些行为原理和最佳循证实践。然而，在本书中，从头到尾，你都会注意到，作为循证实践工作者，他们试图依赖基础研究工作者已经发现和"证实"的行为原理。此外，他们试图依赖应用研究工作者已经发现和"证实"的最佳实践方法。只不过，本书中的大多数参考文献是基础研究人员和应用研究人员的研究成果，这些研究成果则是我们循证实践工作者可以参考的。

再有一点，在当前的场合类似于一个反应先前被强化的场合的时候，可以看出先前强化的效果。如果在孩子先前发脾气并得到强化的场合里，都有爸爸在旁边，那么孩子发脾气的行为就更有可能只有当爸爸在场的时候才出现。

最后一点，我们讨论强化依联时，说一个反应导致了一个强化物的出现，其结果让该反应在以后出现的频率增加。但是，假如一个强化物有一两次是偶然跟随在该反应之后的，而该反应本身并不导致这个强化物的出现。也就是说，强化物只是恰巧跟随在反应之后。这种偶然跟随在反应之后的强化物，是否也会增加该反应的未来频率呢？强化会发生吗？会！这里面最重要的就是，强化物及时地紧跟在反应之后。一个依联所能做的一切就是，保证强化物会足够经常地跟随在反应之后，从而足以显著地增加该反应出现的频率。依联就是确保强化你要强化的行为的一条实践途径。在第 18 章中，我们将会谈到由那种偶然依联（accidental contingencies）所带来的迷信行为（superstitious behavior）。

总之，如果我们打算竭尽全力做到面面俱到的话，我们可以使用这样的定义：**强化依联**，即及时地跟随在一个反应之后的强化物的呈现或者增加，导致在类似场合和类似的动因操作（motivation operating）下，该反应出现的频率增加。

在 DickMalott.com 网站上
第 2 章　高级进阶部分
· 循环论证与实物化
· 效果律（Law of Effect）与循环论证

第 3 章　逃避（负强化）

行为分析师认证委员会第 4 版任务清单

D-01　运用正强化与负强化。
FK-05　简约
FK-11　环境、刺激、刺激类
FK-17　非条件强化
FK-18　条件强化
FK-23　自动强化与自动惩罚

基础知识

逃避的例子：行为医学

叶兰德博士的恐怖屋[①]

在第一次世界大战中，埃德参加了美军，在法国作战。在一次战斗中，埃德的好几个同伴都牺牲了，他最终获救活了下来，但他说感觉自己的右腿很虚弱。他经常一个小时都无法移动自己的这条腿；每次尝试移动，都会弄得全身大汗淋漓。他的这条腿僵硬了，有时还会震颤不停。

1917 年春天，埃德拄着拐杖来见叶兰德博士。叶兰德博士很认真地倾听了他的讲述，检查了他的腿，然后做出了一件奇怪的事。他走到办公室的门前，这间屋子只有一个出口，他偷偷地把门锁上了，转过身，对埃德说："埃德，我搞不清你右腿麻痹的确切原因，但这条腿的生理组织看起来还是很完好的。这是一个精细的肌肉和神经系统的问题，但是我能够治疗。我们就待在这间房间里，直到我治好你为止。"

随后，叶兰德走到房间的另一头，那里有一个金属橱柜，他小心翼翼地打开了几个抽屉，那里摆放着各式各样的器械，其中有一个发电机。在打开抽屉时，他显得很犹豫，转过身对埃德说："我现在能够知道的是，你的肌肉出现了拮抗问题。通过适当的刺激，我们就可以缓解这种状况。我现在要对你的腿使用电流刺激器。"

他拿出一个滚筒状的东西，打开了上面的开关，然后将其按在埃德那条麻痹的腿上。随着电流通过埃德的腿，那里的肌肉痉挛起来，但他的腿仍然不能动弹。叶兰德撤回了滚筒，然后再一次按了上去。经过几次这样的接触，叶兰德说："看来肌肉拮抗很严重，我得加大电流刺激的强度。"

做了一些按部就班的程序性工作之后，他转动了旋钮，再一次刺激了埃德的腿。不一会儿，他看到埃德的腿有了一个微弱的动弹，他立刻撤回了滚筒。

"啊哈！动了！"他增大了电流，再次将滚筒按了上去。这一次，埃德腿上运动得更明显了些。又一次，他立刻撤回了滚筒。

"啊哈！"他又大喊，然后，再一次加大了电流强度。

这样的治疗程序经过 10 分钟后，埃德说他能够在没有任何刺激下移动自己的腿了。叶兰德迅速地拿掉了埃德的拐杖，让他将重心移到那条腿上。埃德这样做了，一开始是小心翼翼的，但一点儿问题也没出现。

叶兰德看着埃德，微笑着说："你再也不会受此困扰了。当然，如果复发的话，我一直都在这里，随时准备给你做进一步的治疗。而如果治疗完美的话，我保证能让你快快乐乐地走出医院，回到普通人的生活中去。"

当埃德准备离开办公室时，他紧紧地握住医生的手，深情地晃动着，不停地向他道谢。他最后看了一眼留在房间角落里的拐杖，阔步走出了房门，走回到自己的病房。一周之后，他就出院返回自己在爱荷华的农场里去了。

叶兰德将这套干预方法运用在几十位老兵身上，他们都承受着与埃德一样的痛苦。除了极个别的几例，在其他患者身上都取得了成功。在那几个失败的案例中，

[①] 本节改写自 Yealland, L. R. (1918). *Hysterical disorders of warfare*. London: Macmillan.

其他医生后来发现患者存在原先未曾检查出来的生理组织损伤，那些损伤导致了肢体的麻痹。

从逃避依联的角度来分析（FK-17）

当年，人们常用"弹震症"来指那些常见于老兵当中的此类问题。弹震症并不是说炮弹爆炸带来了震荡，而是常用来指战斗场景在时间和体验上的一种延伸的病理过程。例如，医生用"弹震症"这个标签描述战斗的士兵在没有任何物理损伤情况下出现的失明、失聪或者肢体麻痹的现象。这个问题是行为学的，而不是生理学的，但它的确给士兵们带来很多痛苦。

叶兰德发展出一套复杂的理论来解释这个"弹震症"现象，我们并不打算介绍他的这套理论，因为在现代医学看来，这套理论毫无意义。但是，这并不能抹杀叶兰德在治疗上的成功。没有他的治疗，很多老兵就只能在军队医院里度日如年，只能被禁锢在轮椅上，或者只能隐居在幽暗闭塞的家里。

叶兰德的治疗程序，其实并不涉及医学的基本原理，它只涉及行为的一个基本原理——通过厌恶刺激的去除而带来的强化。电流刺激（厌恶刺激）的去除强化了埃德的腿的运动。

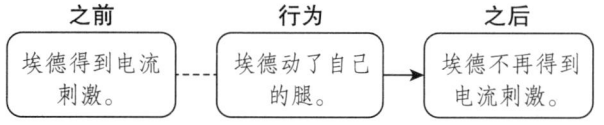

换一种说法，厌恶刺激的去除或减少依联于一个反应，强化了该反应，结果，该反应类（response class）出现的频率增加了。逃避反应就是去除或减少厌恶刺激的反应。因此，埃德麻痹的腿的运动就是一个逃避反应，它去除了讨厌的电流刺激。

你也许一开始会以为，逃避反应只是从厌恶刺激的场所走开而已。例如，你从火辣辣的太阳底下走到阴凉处，逃避了暑热。不过，再仔细想想，你就会意识到，逃避行为也可以是就在你所立之处去除掉那些讨厌的条件（厌恶刺激），比如，你可以打开几扇窗户让凉风吹进来，这样也能逃避屋内的闷热，你无须从房子里逃走。

问题

1. 举出逃避反应（行为）的实例。
2. 举出通过去除厌恶刺激而获得强化的实例，指出其中的厌恶刺激和逃避行为。

概念

厌恶刺激（FK-11）

在第1章中，我们定义了强化物——跟随在一个反应之后并增加了该反应未来出现频率的一个刺激。现在，让我们来看看与之相对的**厌恶刺激**（aversive stimulus）的定义。

> **定义：概念**
>
> **厌恶刺激（负强化物）**[Aversive stimulus (negative reinforcer)]
> - 跟随在一个反应之后的，
> - 被**去除（终止）**的一个刺激，
> - 而且增加了该反应未来出现的频率。

这两种刺激最大的不同之处在于，对于厌恶刺激（事件、活动或条件），我们讨论的是它的**去除**，而不是**呈现**。

刺激、事件、活动或条件这四个词基本上可互换使用，我们会根据上下文而灵活变通地加以使用。传统的刺激往往有所限制，例如，当众戏弄你，这对你来说是一个厌恶事件（aversive event），但如果称被当众戏弄是一个厌恶刺激，也许就显得有点儿别扭。对于大多数讲英语的人来说，把天气太热说成令人厌恶的环境条件似乎比说成厌恶刺激更容易接受一些。所以，这个术语词汇在英语中并不完美。不过，我还不至于沦落到那种成心玩弄文字修辞的地步，不会把大家惯用的形容词故意用作名词，也肯定不会把"令人厌恶的"这个词当一个名词来用（例如，不会说"我逃避了一个令人厌恶的"）。

为了帮助理解，我们可以将强化物视为我们倾向于尽可能多接触的东西，而将厌恶刺激视为我们倾向于尽可能少接触的东西。实现与厌恶刺激的最少接触的办法之一，就是做出某个反应，而该反应曾经逃避了该厌恶刺激（附带说一句，这并不是正统的厌恶刺激的定义，只是强调了它的一个特征）。

生活中充满了对我们有害的刺激（可能会损害我们的细胞）。幸运的是，大多数动物，包括人类，进化到今天，许多对生理有害的刺激也让我们从心理上感到厌恶。叶兰德的电休克就是一种生物学上可能有害的刺激，很庆幸，它也的确是一种令人厌恶的刺激。我们倾向于尽可能少地去直接接触过高或过低的温度、过响的声音（除了那种被我们称为摇滚乐的东西）、太刺眼的光亮、割伤或碰伤带来的疼痛的刺激以及散发着厌恶气味的变质食物。只是在各种社会压力之下，我们才克服了很多有害物质带来的厌恶味道，甚至还会对其成瘾，比如酒精、尼古丁和咖啡。而一旦我们成瘾了，酒精、尼古丁和咖啡之类的东西也就失去其令人厌恶的属性了。

不幸的是，并非所有的有害刺激或有害条件都是令人厌恶的，就算我们还未对其成瘾。例如，我们很多人都做不到尽可能少地或者至少适度地摄入食盐、蔗糖和反式脂肪酸。以今天美国人对这些东西的摄入水平来讲，所有这些东西都会对身体造成伤害。我们往往不会对那些有害牙齿和牙龈的累积在牙齿上的牙斑产生厌恶感，不会去尽可能少地接触它，而且这是种最亲密的接触。超速驾驶带来的惊险刺激同样往往不会令我们厌恶。我们改变世界的速度太快了，已经超过了人类生理上做出适应的速度。我们已经无法仅凭人类的动物天性去驾驭自己，让自己远离那些有害的刺激、事件和条件了。

生活也充满了对我们颇有益却让一些人感觉厌恶的刺激、事件、活动和条件，比如，体育锻炼、使用牙线，乃至认真打扫住宅卫生，等等。

问题

1．名词解释：厌恶刺激，并举例说明你是如何利用厌恶刺激来矫正行为的。

2．按要求分别举出下列例子：

A. 对你有害的厌恶刺激

B. 对你有害但并不令人厌恶的刺激

C. 对其厌恶但无害的刺激

"令人厌恶的"和"反向的"

这里我要提一句，我们使用的术语是"令人厌恶的"（aversive）而不是"反向的"（adversive）。其实adversive 并不是通用的标准的英语词汇①，而 aversive 是，它是心理学家定义的一个术语。aversive 是形容词，它的名词形式是 aversion，意思是"强烈地不喜欢"。埃德对叶兰德医生的电击有厌恶感（aversion），他不喜欢这种电击，他觉得这种电击很令人厌恶（aversive）。

但是，"不喜欢"并不是一个精准的标尺。例如，有人声称自己不喜欢看到鲨鱼追咬游泳的人，但他们还是涌进电影院去看了《大白鲨》，没准儿你父母就是这样的人。所以，为了求得一个比较安全、比较靠谱的说法，行为分析师在说一个刺激令人厌恶的时候，就没选用"不喜欢"这样的词汇来作标尺，而是对其使用了正式的定义：他们会问，如果一个条件在一个行为之后被终止，那么该条件是否能够增加该行为未来出现的可能性？简单点儿说就是，如果一个条件的终止会强化一个逃避行为，那么就说该条件或该刺激是令人厌恶的。根据这个定义，叶兰德医生的电休克就是令人厌恶的。

---

① Adversive 不是一个英文单词，但 adverse 是，而且是个形容词，意思是向对抗或相反的方向做出行动。但是，aversive 才是我们这本书要用到的词汇，无论如何别写错了，千万别写成了 adversive 或 adverse。

据此设想一下，如果有什么东西让你感觉不好，那么这个东西或这种感觉是厌恶刺激吗？有可能是，很有可能是，但也不总是。同样，你可以再想想这里是不是有厌恶刺激：有的人花了大把银子去看《泰坦尼克号》，只为让自己哭成个泪人。我们如何确定这是不是厌恶刺激，唯一的办法就是回过头再读一读正式的定义，然后问自己：终止这种悲伤的感觉是否会强化这个终止它的反应呢？如果不会，那么我们就不认为这是厌恶刺激，就算哭瞎了眼也不是。

问题

如果你在某次小测验中看到老师很愚蠢地误用了"adversive"这个词，你应该感到很兴奋，并且要立刻改正它，你会因此得到满分的。同样，如果你的教授是个狡猾但有爱心的家伙，那她有可能会在讲课当中偶然地冒出个"adversive"来，这时候，你就应该毫不迟疑地脱口而出："我刚刚听见你笨嘴拙舌地讲错了一个词！"而她很可能会因此对你印象极佳，没准儿会当场给你全额奖学金，让你去给她当助理呢！

概念

逃避依联（D-01）（负强化）

我们已经讲了"厌恶刺激"这个非常基础的行为分析概念，现在，我们正式地引入厌恶刺激相关的行为原理。**逃避原理**：如果一个反应曾经去除或减少了一个厌恶刺激，那么该反应出现的可能性就会增加。

> **定义：概念**
>
> **逃避依联（负强化依联）**[Escape contingency (negative reinforcement contingency)]
>
> · 依联于反应，
>
> · 去除
>
> · 一个厌恶刺激，
>
> · 导致该反应出现的频率**增加**。

这是一种强化的形式——通过去除一个厌恶刺激而强化（负强化）②，所涉及的过程就是**逃避依联（负强化**

---

② 关于厌恶刺激的**去除**，更准确的说法是厌恶刺激（或厌恶条件）的**去除或减少**。例如，假设室温是32℃，你把那时髦的空调打开，将室温降至26℃。这里，将厌恶刺激从32℃降低至26℃，强化了你开空调的行为，尽管你不可能完全去除这个令你厌恶的闷热。因此，你忍受32℃的高温⇒你打开空调⇒你只需忍受26℃的高温了，这就是一个减少而非去除厌恶刺激的逃避依联。与定义强化依联一样，为了让生活简单点儿，我们就不在正式定义中加入"减少"这个词了，但你得理解其中的含义。同样，在本书后面几章里，还会讲到6种依联，每一次都可以加上这样的注释，不过，为了让你的生活化繁为简，我不会再这么添加注释了，但你一定要记得我在此对你的提示。

依联）[1]（请注意，厌恶刺激去除得越快，逃避依联就越有效）。

而且要牢记：

> 反应 = 行为

所以，叶兰德医生的程序就是一个逃避依联，叶兰德关闭电休克仪依联于埃德每一次的腿部运动，而且，很肯定的是，这项原理很有效——埃德腿部运动起来的可能性会越来越高。

在此我有一个最强大的例子，是我个人曾经经历过的。很多年以前，我还在自甘堕落地有吸烟的嗜好。有一天夜里，我和一位朋友驾车行驶在俄亥俄州荒郊野外，途中我掏出了一包香烟，用嘴叼出一支，然后又掏出了一盒火柴，划着了一根，然后……哎哟……火柴燃起的火苗燎到了我左眼的角膜——那是我从未经历过的惨痛！

我们在俄亥俄州的夜色中狂奔，不顾一切地想尽快找到一座大一点儿的城镇，找到一位医生。因为疼痛，我当时哀哭不止，认定自己的左眼完了。最后我们找到了一家医院，立刻冲进那里的急诊室。当班的医生让我躺在手术台上，将一滴达汀牌硫酸盐盐水滴入我的眼睛，顷刻间，疼痛消失了，我的眼睛又完好了。我当时把那位手握魔力药水的医生视为了上帝。现在，你肯定会掏空口袋地跟我打赌，要是我再被火苗燎到了眼睛，我肯定会冲到俄亥俄州去找那位医生和他的魔力药水的。那好，就请你谈谈其中的去除厌恶刺激的强化吧。

叶兰德的电休克的去除，强化了埃德的腿部运动；在俄亥俄州医生的帮助下，我眼睛疼痛的去除强化了我躺在手术台上并顽强地睁大左眼的努力；解除痒痒的感觉强化了抓挠动作；降低膀胱内的压力可以强化一大早就爬起来上厕所的行为；逃避了不停流涕感觉可以强化擤鼻涕的行为……这些各式各样的厌恶刺激依联性地去除，强化了我们日常生活中许多重要的举动。

还有一些现实生活中的例子就发生在你驾车来上课的途中：降低车内的闷热强化了你摇下车窗或打开空调的举动；停止车内发出哔哔声强化了你扣上安全带的行为；同样，你停车熄火后关掉车灯，别人也就不再向你鸣笛……我们每天都会经历这些行为，而这些行为都受控于逃避依联。（顺带说一句，后面几页就会讲到无意识学习的概念。这些例子全都可以说明这些依联一直在

---

[1] 提醒学生们注意：我有时会在括号中重复提及术语，例如，有时我会写逃避（负强化），而不是只写一个逃避，我这么做是希望你以后除了使用我推荐的术语（例如，逃避），也能够流利地运用那些括号中的、不那么被青睐的术语（例如，负强化）。如此，你在与那些使用不太被青睐的术语的同行交流时，就会方便得多了。

控制着我们的行为，然而我们自己甚至完全没有意识到自己在做什么，更不用说我们会意识到逃避依联一直在背后控制着那些行为。）

问题

1．名词解释：逃避依联，并画出示意图，用一个例子加以说明。

2．用"逃避"这个术语造个有技术含量的句子。

对比

"强化物呈现的强化"与"厌恶刺激去除的强化"

这两种类型的强化产生的结果是一样的——增加了行为频率，但一种是通过强化物的呈现而实现，另一种是通过厌恶刺激的去除而实现。

假设收音机正在播放你最喜欢的歌曲，可音量太小，你听不清楚。这时，你就会调大音量。更大的音乐声响（强化物）强化了你调大音量的行为（反应）。

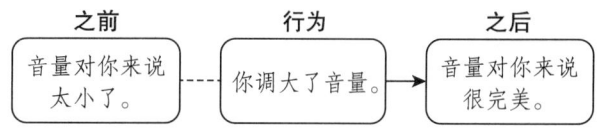

再假设，你妹妹播放的音响声音太大，快要把房顶掀掉了，你去调小音量。在此，音乐音量的减少（厌恶刺激的去除、缓解）强化了你调小音量的行为（逃避反应）。你上述的这两种反应未来在类似的场合下都更有可能出现。

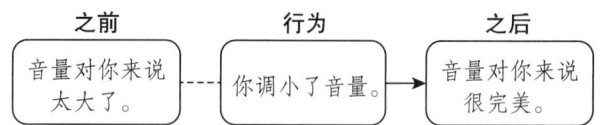

再假设，你正在看第12季《万圣节》，屏幕上出现的一个情节画面太过暴力了，你闭上眼睛。于是，不再观看到那些讨厌的画面（厌恶刺激的去除、缓解）强化了你的闭眼（反应）。你以后在类似的环境下会更有可能闭上眼睛。因此，这是一个逃避依联。

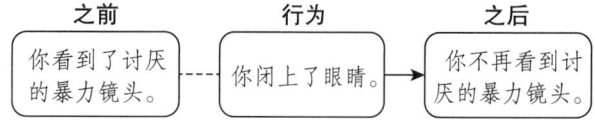

你坐在书桌前，全神贯注地阅读着《行为原理》，废寝忘食，好几个小时都没正经吃东西了。你拿来一大碗爆米花，摆在桌子上。过了一段时间，你发现碗里的爆米花全不见了，而屋内除了你之外并没有其他人。可以推测，爆米花的美味强化了你时不时地去拿取这个很

有营养的食物的反应，而你有可能根本就没意识到自己的这些动作反应，这就是一种强化物呈现的强化。①

我们在下面的表格中小结了所有这些依联。读懂这种表格的方法是：首先盯住最顶上的那一横行的某一个格子，然后，沿着最左侧的纵列看下来，最后，看横纵分别对应的中间的格子。比如，你选取了呈现和强化物，交叉点的中央格子是"强化"，这就是在说：如果你**呈现**了一个**强化物**，那么这种依联就叫**强化**，该行为的频率就会增加（↑）。还可以读出：如果你**去除**了一个**厌恶刺激**，那么这种依联就叫**逃避**，该行为的频率也会增加（↑）。而且，实际上你也可以先看中间的格子，再去对应地往外侧读这个表格：如果你想增加一个行为（↑），可以运用强化依联，呈现一个强化物，也可以运用逃避依联，去除一个厌恶刺激。

依联表（1号先期表）

刺激	呈现	去除
强化物	强化↑	参见第5章
厌恶刺激	参见第4章	逃避↑

这个表格还有如下所示的基本类似的另一种形式，不同的教授对两种表格形式有各自的偏好。

你可以这样读：如果呈现一个刺激（对应顶部那行的某格），行为频率增加了（对应最左侧那列的那格），那么你得到的就是一个强化依联（对应中间格），这时候，你就可以称之为：刺激增加带来的强化，或更为通用的说法是：正强化（S^{R+}）。例如，如果**呈现**了食物而压杆反应的频率增加了，那么你就得到了一个正强化（S^{R+}）。

类似地，如果你去除了一个刺激（对应顶部那行的某格），行为频率增加了（对应最左侧那列的那格），那么你得到的就是一个逃避依联（对应中间格），这时候，你就可以称之为：刺激减少带来的强化，或更为通用的说法是：负强化（S^{R-}）。②例如，如果**去除**了电击而压杆反应的频率增加了，那么你就得到了一个负强化（S^{R-}）。依联式呈现食物是正强化，而依联式去除电击是负强化。

依联表（1号先期表）

	呈现刺激	去除刺激
反应频率增加（↑）	强化依联 刺激增加带来的强化 正强化（S^{R+}）	逃避依联 刺激减少带来的强化 负强化（S^{R-}）

如图3.1所示，我们有两种方式来使用强化依联：

- 狭义上，它是指涉及呈现强化物的依联。
- 广义上，它是指用既包括强化也包括逃避的依联方式来强化行为（增加行为频率）。

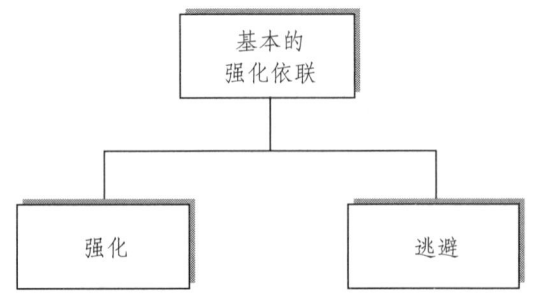

图3.1　两种基本的强化依联的分支图

复习题

行为分析师关注的是厌恶（aversive）刺激呢，还是反向（adversive）刺激呢？

我们的答案

这个正确的形容词术语是 aversive（令人厌恶的），不是 adversive。如果你的某个同学愚蠢地错用了 adversive，你可以毫不留情地让他难堪一下，这会让你的老师对你刮目相看。

问题

1. 对比呈现强化物带来的强化和去除厌恶刺激带来的强化。举例讲解你的观点。
2. 画出并讲解依联表（1号先期表）。
3. 画出两种基本的强化依联的分支图。

警告：每当你在本书中见到表格时，那也正是一道你极有可能在测验或考试中遇到的填空题。不过，事情可不会那么简单哦，你在考试中见到的表格可能会被重新编排，所以你必须真正地理解它，光靠死记硬背可不顶用。

---

① 那么，该怎么说我们的那个经典例子呢？——鲁道夫压动杠杆获得一滴水，是通过水这个强化物的呈现的强化呢，还是通过逃避讨厌的口渴、讨厌的脱水的强化呢？传统行为学里，行为分析师把这视为一个呈现水这个强化物的强化例子，因为我们直接提供的东西是水，而不是口渴。不过，同学们往往会联系到一个口干舌燥的倒霉家伙，正在爬过燥热的沙漠，真切地、痛苦地呼唤着饮水，那倒确实是一个逃避依联。因此，这个问题处于灰色地带。更多关于这种灰色地带的讨论，请你看第3章高级进阶中的相关内容（就在 DickMallot.com 网站上哟）。

② 我的学生们强烈偏爱第一种形式的表格，它是一个更为简单的版本，我也偏爱它，但是，如果这些学生需要离开我的庇护，与其他教授打交道的话，那么他们最好能同样熟悉第二种形式的表格。顺便说一句，朱莉·瓦格斯（Julie Vargus）曾经说过，她的父亲 B.F. 斯金纳曾经后悔引入正强化和负强化这些术语，因为太多人把负强化和惩罚混淆在一起了。

逃避的例子：行为学临床案例 [1]

粗口女孩 [2]

19 岁格雷丝是一位身材苗条的姑娘，有一张漂亮的面孔。她从有德国和瑞士血统的父亲那里继承了一副白皙的脸蛋，从有墨西哥血统的母亲那里继承了一双乌黑明亮的眼睛和黝黑的头发。她母亲那边的亲戚们到家里来做客，大家围坐在餐桌旁，边吃边聊，谈笑风生，红红的辣椒让桌上的食物味道火辣，唱片机里墨西哥乐队的快节奏音乐更是让气氛越来越热烈。所有人都兴高采烈，所有人，除了格雷丝。她知道不妙了，坏事就要来了。

格雷丝猛然站起身来，全身僵直。整桌人的交谈和笑声都戛然而止。寂静当中，只有墨西哥乐队的唱片还在播放着。现在，全家人都知道不妙了，坏事就要来了。

格雷丝握紧了拳头，猛然砸向自己的锁骨。她就那么用拳头对准自己的锁骨，僵直地、不停地捶打着。她表情痛苦，嘴唇歪向左侧。她的嘴里开始发出了"f-f-f-f"，直至演变成最要不得的脏话"uck" [3]。

格雷丝的身体逐渐放松了下来，她坐了回去。没有人再说话，也没有人再吃东西了。这时，她父亲开口了："好了，格雷丝，我们都知道你没法控制自己。"

格雷丝又站了起来，不过这一次她是缓缓起身的："我希望你们原谅我。我感觉非常糟糕。"随后她跑回了自己的房间，扑倒在床上，痛哭起来。整个房间里死一般地沉静，墨西哥乐队的唱片也不再播放了，没人再交谈说笑，只有格雷丝的哭泣声。

格雷丝并不是在为自己破坏了家庭晚餐而哭泣，这种事情经常发生，她的家庭已经能够应付了。她知道要不了多久就又能听到刀叉与餐盘的碰撞声，大家会慢慢开始吃那些墨西哥菜卷和煎豆了。

格雷丝之所以痛哭是因为她知道这将会毁掉自己的婚礼。她知道自己的抽动秽语综合征将会爆发，爆发在自己的婚礼上，爆发在那里的餐桌上。婚礼是最为紧张的场合，最能引发她的症状。到那时候，她的脏话会脱口而出。她将因此再也见不到格雷格了，而格雷格是她这一生愿意牺牲一切而深爱着的未婚夫。唯一值得庆幸的是，这样的场面尚未发生。

格雷丝哭着，但并未就此放弃，她也从不言弃。她的朋友们能轻松做到的事情，她都要付出额外的努力才能做到。对格雷丝来说，什么事情都不是轻而易举的，自打她出生那一天起，就已经是这样了。她一生下来就是一个"青紫婴儿"，她的心脏二尖瓣缺损，无法控制血液从心房流向心室。在教区小学里，修女们一直尽可能地像对待普通孩子一样地对待她，她的妈妈常年都会在课间休息时到操场上监护她，防止她运动过度，保证一旦出现紧急情况，能够及时照顾她。

在她 11 岁的时候，格雷丝做了一次成功的外科手术，但是医生告诉她千万不要过分勉强自己，而她基本上没把这些建议放在心里，一直在尽自己的最大努力，过着普通人的生活。她的同学们也接受了她抽动症失控时的言行，认为她控制不了那些言行，只是给她取了个读音含混的绰号，意思是"粗口女孩"。17 岁时，格雷丝去了著名的约翰·霍普金斯大学医学院，进行了进一步的诊断和治疗。然而，什么也没有改变，她什么也没有得到，除了在回家的飞机上遇见了格雷格。

现在格雷丝 19 岁了，由于血液循环的障碍，她的嘴唇和指甲都是青紫色的。她手指和脚趾的指骨都是肿大的。她要上大学了。她和格雷格也已经计划结婚。她打算不惜一切代价防止抽动秽语综合征破坏掉这一切。她甚至要再回到那个著名的大学医院了。

干预

对格雷丝来说最幸运的是，这一次她回医院复诊时，精神病学服务部门将她分诊到伊斯雷尔·戈尔戴蒙德（Israel Goldiamond）博士那里。与他一起帮助格雷丝的还有精神科住院医师谢尔顿·格拉斯（Sheldon Glass）博士。他们设计了一套行为分析的干预方案。

"大夫，"格雷丝问，"我身上是不是有那种'求死欲'的问题。"

"你怎么会问这样的问题？"也许，这个"求死欲"的荒唐说法太受传统心理分析师们的欢迎了。

"每一回当我说'这会害死我'之类的话时，那些医生都会明显地相互交换眼色，并且往自己的本子上记录下什么。"

行为分析师笑了："我对此才不会那么担心呢，格雷丝。其实你还不如多说一些你发病之前和发病之后的事情呢。"

"好吧。我是在太紧张的情况下才发作的。比如，

---

[1] 在本书中，我们使用临床行为心理学（behavioral clinical psychology）这个术语以帮助学生快速理解讲课内容，但总体上我们偏爱使用行为分析这个词，因为它描述的程序直截了当，涉及以学习为基础的行为分析。这些程序基本上不会涉及医学模式的临床心理学。在那些传统的临床心理学中，这些行为已经被人忽视了将近一个世纪了，毋庸置疑，这是一个颇具争议的话题。

[2] 改写自 Goldiamond, I. (1984). Training parent trainers and ethicists in nonlinear analysis of behavior. In R. Dangel & R. Polster. *Parent training foundations of research and practice*. New York: Guilford Press.

[3] 抱歉，这里出现了不洁的语言，但这是真实发生的研究案例，我们认为这对于让学生理解问题的严重性很有必要。

我家里墨西哥那边的亲戚来访的时候。比起我家瑞士那边亲戚来说,他们实在是太吵了。"

"你这么说,好像有种族歧视倾向啊!你不喜欢墨西哥人?"

"我不是说我有种族歧视,我很爱我的家人。我只是说……嗯……我也说不清……"

"好吧,你看我是不是可以这么理解。你的举动可能源自你生活在一个有种族主义倾向的环境中,在这个环境里,墨西哥裔的美国人会遭到歧视对待。这让你对种族和文化模式非常敏感。当处理各种事情时,你都会因此而纠结。因而,至少对于你来说,你母亲一方的亲戚好像总是太过吵闹,而且,你的感觉中至少有点儿厌恶,进而……"

"是的,这很可怕。这让我太烦乱了,所以会攻击、会抽动,会……你知道的。"

"那之后又会发生什么?"

"我想所有人都变得安静了,我就离开了房间。"

"你为什么不要求他们少弄出些噪声呢?"

"我这样要求过,但他们不听我的。"

"好吧。那你试一试这样做,你去告诉他们,就说你的医生讲的,噪声和激动对你的身体状况有害,并说如果他们能够安静一些,你会很感激他们。"

"他们才不听我的呢!"

"但你曾经不是说过嘛,你说墨西哥亲戚都特别喜欢小孩。你还说他们总是非常关心他人。"

"嗯,没错。"

"那么……"

"那么,你也许是对的。他们要是知道这对我的健康很重要,也许就会安静些的。当然,他们没准儿会的,我知道他们会的。你说得对,我要去试试,我要向他们解释。"

"太好了!我们下次见面时,会讨论让你在其他场合中减轻压力的办法。"

行为分析师另外还花了两个治疗时段,帮助格雷丝学会一种更缓和的抽动方式。这样,即便抽动出现,也可以减少一些破坏性。最后的结果呢?格雷丝按计划结婚了。没有出现问题,没有出现症状。在圣洁的婚礼仪式上,没有出现尴尬的脏话。再后来呢?正如结婚的普通美国人中的 50% 一样,几年之后,格雷丝和格雷格离婚了,这好像也是在计划之中似的。但格雷丝的抽动秽语综合征极少复发,即便复发了也很缓和。经过 15 年的行为干预,格雷丝现在有一份稳定的工作,是一名行政助理。

分析

不良行为的维持靠的是去除厌恶刺激带来的强化(FK-23)

希德的学术讨论课

苏:就这些吗?这就是戈尔戴蒙德和格拉斯帮助格雷丝所做的全部吗?

希德:就是这些。这就是他们需要做的全部。现在作为老师我还要问你们一些问题。首先,格雷丝的问题与本章本节的内容——去除厌恶刺激带来的强化——有怎样的关系?

汤姆:我知道你想要的答案是什么,但是,我怀疑那答案真的对吗。你认为格雷丝发作,于是她就可以逃避掉厌恶刺激,比如她觉得太吵闹的亲戚们。我看这也太牵强了!

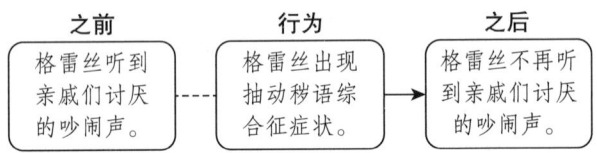

之前	行为	之后
格雷丝听到亲戚们讨厌的吵闹声。	格雷丝出现抽动秽语综合征症状。	格雷丝不再听到亲戚们讨厌的吵闹声。

乔:我说多疑的汤姆呀,我可不像你这么看。"于是她就可以逃避"听上去好像她是故意而为似的。我不相信她会想主动去展示自己的抽动秽语综合征,**我怀疑她是否真的能意识到自己的发作与逃避厌恶刺激之间存在依联**。我觉得更应该是,强化依联悄无声息地抓住了她,而她对此一无所知。而且,很快她就会发展出这样的发作,而自己对此却无能为力,只是因为这种发作可以将其带离自己所厌恶的情境。这是无意识的逃避反应。

汤姆:那好,既然这种发作对她有这么大的帮助,那她干吗还想摆脱它呢?

乔:首先,她自己并没意识到发作对自己有什么大的帮助,而且就算她意识到了,这代价也太大了。因此,才需要依靠行为干预的技术,帮助她去掌握更为恰当的逃避反应,让她不至于因此蒙羞,不至于毁掉自己的生活。

汤姆:你是在说,这种发作的出现是因为从一种厌恶环境中解脱出来,这种解脱强化了她的发作。那么,为什么她担心自己将会在婚礼现场发作呢?我真搞不懂了,她明明是想要结婚的。

苏:我来解答你这个疑惑吧,我可是已经结过婚了!我当年有过一个盛大的婚礼,而那也的确是我经历过的最让我害怕的场面,真的很厌恶。但我当时想结婚,想要盛大的婚礼。当我站在婚礼现场时,我哆嗦得厉害，甚至路都走不直了。厌恶的，就是这个词才能形容……

乔：没错，不过我们现在说的是……

苏：你让我把话说完。如果格雷丝能够理性地做出决定，她就会决定忍受对婚礼的厌恶感而与格雷格结婚。但是，她不能做出理性的决定，她甚至不能做出非理性的决定，总之她无法决定。逃避依联已经缠住了她的行为，制造出她的发作。因此，逃避厌恶条件的立即强化很可能战胜了与格雷格结婚的远期强化物，尤其是她不可能一刻不停地想着格雷格。（为什么是这样，我们在本书最后几章会讲解"规则掌控的行为"，在那里，我们会讨论一些微小的但是慢慢积累起来的行为后果，记得读那几章哟。）

希德：我来总结一下大家刚才所做的行为分析吧：立刻逃避一个厌恶条件（家中的烦乱），强化了一个不恰当的反应（发作）。这种不幸的强化可以在当事人并未意识到这种强化依联的情况下发生。强化可能维持着这种逃避反应（发作），尽管这种反应具有长期的不良后果（一种强化效力更少而蒙羞更多的生活）。尽管当事人意识到这些长期的不良后果，这种强化仍然有可能维持着逃避反应。你们分析得太棒了！这场讨论会非常棒！大家都加分，苏加一分，乔加一分，汤姆也加一分。

汤姆：我也加分？我可是站在对立面的。

希德：没错，但是你知道你的对手是怎么回事，而且你提供了有思想的、有逻辑的批评意见。我要强化这种仔细分析，不管你的结论如何。

汤姆：那么，菲尔茨先生，你最好在我们做出分析之后立刻就给出加分，而不是在讨论会的最后才给。要么，你就应该说你想要对仔细分析给予强化物，而不是空着不说，你误用了强化这个词，其实那只是强化物的延迟给予。

希德：好的，汤姆，我给你加上闪亮的一分，因为你纠正了我的术语使用。下课。

希德从教学楼里出来，走进火辣辣的阳光里，他戴上了墨镜——这是一个恰当的、自发性的逃避依联，而他自己根本就没意识到。随后，感觉有点儿痒痒的希德又挖了两下鼻孔，挠了挠左手背——这又是一个不恰当的、自发的逃避依联。

问题

举例说明一个逃避依联是如何维持着一个不良行为的。你如何利用另一个更能被接受的逃避反应作为替代，从而戒掉这个坏行为？并指出：

- 不良行为是什么？
- 厌恶刺激是什么？
- 你认为该行为的不良后果是什么？
- 可接受的另一个反应是什么？
- 对于所有这些，当事人是否意识得到？

对替代行为的差别强化的例子：行为学特殊教育

孤独症孩子吉米①（第一部分）（FK-18）

当秘书领着杰克·李维斯走进办公室时，梅·鲁宾逊站了起来迎接他。这是一位四十来岁的中年人，鬓角斑白，体型微胖，身着深蓝色的细纹正装，外面套着米黄色的驼毛大衣，举止从容而自信。他和梅的这个破旧的教学中心显得很不搭，但他看上去很放松。

双方落座后，杰克·李维斯几乎没有在社交寒暄上浪费时间。实际上，他开门见山地说："我先前在电话中已经与您谈过，鲁宾逊博士，我的儿子吉米是个孤独症孩子，现在3岁，IQ分数只相当于半岁的孩子。他几乎没有口语，不会自己穿衣服，也不会自理大小便。他还经常发脾气，有时候还会拉扯自己的头发，用拳头拍打自己的耳朵。他从来没有表现出过爱和情感。他最快乐的时光就是我们让他独自坐在地上，他会一整天在那儿旋转自己的那些陀螺玩具。就我理解，这些都是典型孤独症孩子的典型举动。

"我们曾经带着他全国跑，见过5个专家，还曾经参与过两个住院治疗项目，但都没什么用。他变得越来越糟，于是我们就带他回来了。尽管带他是个沉重的负担，但我们，尤其是孩子妈妈艾米，都心甘情愿地要他跟我们生活在一起。他妈妈现在全职在家带他。我们回来之后，主要从作业治疗师那里得到了一些帮助，但那远远不够。

"在社区教堂里，我们遇到了泰勒医生，他向我们推荐了你。他说如果这个城里能有人帮得上我们的话，那个人就是您了。鲁宾逊博士，为了帮助吉米，我们愿意做出任何付出。我们知道吉米也许永远不会成为一个普通孩子，但如果他的生活能够向普通人靠近一些，对于我们来说，那就是一种宽慰了。我们愿意做出任何付出，钱不是问题。我们只想让他进入你的干预中心，参

---

① 本节源自 Carr, E.G., & Durand, V.M. (1985). Reducing behavior problems through functional communication training. *Journal of Applied Behavior Analysis*, 8, 111-126. 在本书这一版中，我们改写了吉米的一些细节表现，为的是让各章之间关于吉米的例子连贯起来，但基本的行为学概念没有改变，其背后仍然是这篇论文的两位作者所使用的干预中所涉及的行为学原理。

加你们的特殊教育课程。"

梅坐在那里，静静地看着这位父亲，说："李维斯先生，我感到非常非常的抱歉，为你和你夫人所承受的压力，为你们经历过的种种辛苦，更为你儿子所面临的重重困难。如果我能做什么对你们有用的事，我一定会去做。但目前的问题是，几个月以来，我们的这个中心一直处于预算严重吃紧的状况。很不幸，这个学期结束之后，我们就再也没有足够的资金来维持中心的运营了。我不得不回去做全职的咨询工作来偿还创办初期所欠下的各种债务。只剩下几个月了，我们没办法让你儿子的干预有持续的进步。我的员工目前已经是超负荷工作了。真的很抱歉。"

"鲁宾逊博士，我来之前已经从泰勒医生那里了解到你们中心目前的状况，也预计到你会向我说这些。但是，正如我刚才说过的，钱不是问题。吉米是我唯一的孩子。"

李维斯继续道："我来之前是个商人，鲁宾逊博士，我想在此与你做一个交易。如果你肯接手吉米，如果他在本学期内能够显现出明显的进步，我就向你保证，你的这个中心不会关门，至少本学年内不会。如果到本学年结束的时候，吉米取得了根本性进步，我保证你这个中心将会永远开下去。我有关系网，我有富豪朋友，而且我自己也有钱。"

第二天，吉米入学了。

接下来的一周里，梅看到的吉米问题的严重性正如他父亲所说的一样。梅本想对吉米的问题搜集更多的基线数据，但时间来不及了，她需要在几个月之内让吉米取得有价值的进步。如果她不能让杰克·李维斯信服，就不能让这个学校继续办下去了。从研究者的角度来看，更多的基线数据对梅很有价值，但从一线实践者的角度看，她知道自己不得不加快步伐，尽快帮助到吉米。

但是，她的这种做法相当于在人类知识的悬崖边上跳舞。能够帮助孤独症儿童唯一靠谱的干预就是行为干预。她必须要从行为学术期刊中搜索并学习各种可以用来帮助吉米进步的相关知识。第二天，她将吉米交给了苏负责，苏是一个充满激情的实习生，来自比格斯特大学。

又过了一周，这天上午，吉米像往日一样，隔着一张小课桌坐在苏的对面接受课程。苏在桌面上摆放了3个常见物品，一个球、一个玩偶和一块积木。这是在教吉米学习接受性辨识（receptive identification）的干预项目，这项教学项目已经开展几天了，但没有多少进展。吉米很少能独立地指对物品。在教学中，苏要经常给予肢体辅助（physical prompt）才能帮助他成功地做出正确反应。缺少成功就意味着吉米不会得到足够的强化物。而苏在之前的几个小节的课程中，已经遭遇到吉米越来越多的问题行为了。

现在，一个训练小节开始了，苏给出了第一个指令："球！"吉米却什么也没做。

"吉米，球。"他还是什么也没做。

"吉米，指……"然而，就在苏自己开始示范地指向球的时候，吉米猛然一巴掌扫过来，将桌面上所有东西都扫到了地板上。

苏弯下身子捡起教具："吉米，请不要这样做。没事儿的。"苏拍拍吉米的肩膀，然后坐下自己整理了一下心绪，"现在，吉米，指球！"吉米又一次准备猛扫桌面，但苏挡住了他的手。随后，吉米开始用拳头敲击桌面，并开始尖叫。

苏叹了口气，然后开始收拾教具："好了。吉米，我们先做一会儿其他的吧。"

干预和分析

梅知道，需要找出维持吉米破坏行为的依联才能帮助到他。她一直在教室里，静静地坐在吉米身后的角落中，在那里她可以观察到所有的教学细节，又不会打扰到他们。她头上戴着一个耳塞，一直连到她腰间的一个微型音频设备上。她手里握着一支笔和一个画好表格的记录夹。

她的耳机里传来音频设备发出的一声嘀鸣和语音播报"时距15"。梅在表格中记录下在这一时距内吉米表现出捶打桌子和尖叫的行为。10秒钟后，音频设备再次嘀了一声并报"时距16"。这一次，梅记录下苏在刚才的10秒钟内不再向吉米下达任务的情况。梅继续观察，以每10秒一次的时距对整节课做了记录。随着她对吉米破坏行为的持续观察，渐渐地，她发现了维持该行为的依联。

课后，梅与苏马上一起评估了他们的干预。苏说："我想我知道你要说些什么，鲁宾逊博士，你要说我允许吉米逃避任务强化了他的破坏行为。我也知道你这么说是对的。"

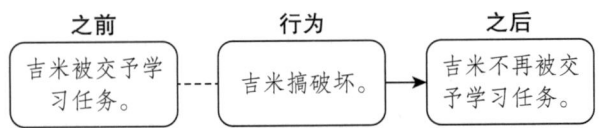

"但是，坐在那里继续去教那些他如此痛恨的东西，实在是太难了。"

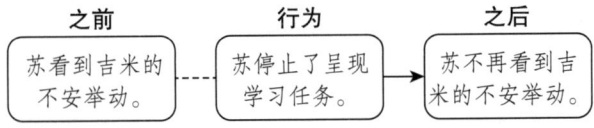

"你说得非常正确，苏。"梅说，"这也正是我所做的**功能评估**（functional assessment）中所显示出来的问题。"

功能评估可不是一步到位的办法

"功能评估？那是个什么东西？"苏问。

定义：概念

功能评估（Functional assessment）
- 对问题行为的
- 依联
- 进行的评估。

"好吧，苏，我确信你会同意，如果不知道吉米的行为的强化物，我们就无法找出帮助他的办法。以前总有人以为，行为分析师就是背着一大袋子 M&M 豆去处理问题的，他们并不真的关心问题的原因——维持问题行为的依联。但是，自从 20 世纪 90 年代布莱恩·艾瓦塔（Brian Iwata）和他的同事们开展了他们的工作①，在此之后，大家就清楚地知道了了解问题依联的重要性。有了这种了解，就能够让我们将同样的强化物依联于恰当的行为，或者，在不当行为出现之后停止提供强化物。找出问题依联，这就叫**功能评估**。"

为了发现维持一个问题行为的依联，行为分析师通常需要在设计出消除问题行为的干预计划之前，对维持该问题行为的依联做出功能评估。换句话说，他们要找出支持该问题行为的依联。进行功能评估的方法有三种②：

功能评估的三个策略

访谈：与行为问题的当事人以及他所互动或直接相关的人进行谈话。
观察：在相当长的一段时间内观察当事人的日常生活。
干预：呈现、去除或者修正那些可能会强化问题行为的依联。

当然，如果主要问题是当事人无法做出正确行为的话，行为分析师也会采用这三种策略的各种变化形式进行功能评估，但行为分析师最常使用功能评估的情况是，当事人做他不该做的，而不做他应该做的。

苏翻了翻自己最喜爱的《行为原理》（嘻嘻），笑了："哦！我明白了，你刚才是在使用功能评估的第二种策略——观察，以期发现强化吉米的问题行为的依联。逃避讨厌的学习任务强化了他的那些破坏行为。"

梅把手放在苏的肩上，说道："苏，你已经理清楚、弄懂了，现在我们知道强化物是什么了，我们可以想办法把他的那些行为去掉了。"

欲知梅和苏如何攻克吉米的问题行为依联，且看第 7 章的详情分解。

"蠢驴奖"

在继续下去之前，让我先为布莱恩·艾瓦塔大声欢呼几句吧。正是他，才让我觉得自己蠢到家了，并因此获得了正式的"蠢驴奖"。注意，他不是蠢驴，我才是。我自己也是一位很酷的行为分析师。让我们穿越一下，回到当年初出茅庐的时候，那时我已经认识到，大多数问题行为的发生都是学习来的，是被强化的。换句话说，问题行为并**不是**什么神秘的、潜藏在灵魂深处、心智底层，内在的、病态的表现。那时我还认识到，问题行为的发生是因为强化物的呈现，也许是很具体实在的强化物，比如为了让孩子分心或安抚而给予的糖果或玩具，也许是不那么具体但更细微的强化物，如在孩子难过时给予的关注、爱抚或同情，就像第 1 章里我们描述的罗德的啼哭和埃里克的发脾气时的情况一样。无论哪种情况，理智且善良的成年人并未意识到，这些具体或充满爱意的关注正在强化并进而导致孩子做出那些令人头疼的问题行为。但不管怎么说，我——迪克·马洛特已经很酷了，能对问题行为有这种洞察力，而且，我与同事们分享了自己的这种洞察力。然而，就在那时，布莱恩给我浇了一头冷水，他指出被我们忽视却又很明显的一点，那就是，问题行为当然也可能会因为去除某个厌恶条件——即逃避依联，而被强化，正如我们在吉米的例子中所看到的。在布莱恩这么指出来之后，我们才觉得这是显而易见的，可是，在布莱恩开展这方面的研究工作之前，却几乎无人想到过这一点，至少我们大多数没有这么思考过。而且，更重要的是，布莱恩以及其他人对此进一步的研究表明，就算不是全部，也可以说大多数的问题行为，实际上都是被以前忽视的逃避依联所强化的！谢谢你啊，布莱恩，你把我们从正强化的牢笼中解放了出来。

问题

1. 名词解释：功能评估。
2. 功能评估的三个策略是什么？

---

① 改写自 Iwata, B., et al. (1994). The functions of self-injurious behavior: an experimental-epidemiological analysis. *Journal of Applied Behavior Analysis*, 27, 215-240.

② 其中最后一项策略也称为功能分析（functional analysis）。功能分析是功能评估中的一个特殊的形式，其中会对各种依联进行实验性的操作。有些行为分析师会错误地将所有的功能评估称为功能分析，但这就像将所有的羊都称为绵羊一样。所有的绵羊都是羊，但并不是说所有的羊都是绵羊。所有的功能分析都是功能评估，但并非所有的功能评估都是功能分析。

功能评估的例子：学校心理学
注意力缺陷与多动障碍[①]

鲍伯·鲍尔笔直地站在罚球线上，非常放松。体育场内正高奏着林肯初中的战歌，观众们大声地叫喊："灭了它！鲍伯！灭了它！鲍伯！"他们知道他能够成功，他们知道他一定会成功，而他也的确完美地成功了：他投出的篮球未碰篮筐，直接穿心命中！鲍伯是本州初中篮球联赛的罚之王，他的罚球命中率刚刚从 82% 提升到了 84%。现在，球刚刚回到赛场，终场的哨音就响了，42：41，就凭这一分之差，林肯初中又赢了！

鲍伯笔直地站着，然后，这个高大的身影走过林肯初中教学楼大厅。可是，林肯初中不是一切都顺风顺水的，鲍伯·鲍尔也不是一切都顺风顺水的。就在鲍伯刚刚为校队赢得一场大胜的第二天，他就被球队停赛了。他的学业成绩太糟糕了，他现在没资格打球了，鲍伯·鲍尔现在只能蹲班重读七年级。

面对种种挫折，当然也有鲍伯·鲍尔的问题，学校这一回决定要找行为分析师出马了。校队的篮球教练也很关心鲍伯·鲍尔，他找到了自己当年大学橄榄球队的队友朱克，随后，球传到了梅手里。

功能评估

争得鲍尔夫妇的允许，梅准备进行一次功能评估。她先采取了访谈的策略。

特里老师：鲍伯本可以学习很好——只要他去学习的话。他能够很好地理解那些学习内容，可就是不能保持足够长的时间安静下去完成自己的学习任务。他会频繁地用一些自作聪明的骚扰语言和举动去招惹班上其他同学。每当我批评他时，他还会辱骂并威胁我。于是，我就会把他送到校长办公室去。

梅心想，鲍伯到了校长办公室，自然也就没什么学习任务了。

特里老师：据学校的心理老师说，鲍伯有注意力缺陷与多动障碍（attention deficit hyperactivity disorder, ADHD）和对立违抗障碍（oppositional defiant disorder, ODD），无法集中注意力。

梅心想，假如学校里那些心理老师不再乱贴标签，而是对问题行为进行功能评估的话，解决这些孩子的问题就会更容易些了。

梅：什么时候鲍伯会出现那些自作聪明的骚扰言行来招惹其他同学呢？

特里老师：（想了想）在进行一些写作文之类的作业时，他就会捣乱。在我每天的作文课上，我都会要求学生先写大约 6 分钟的日记，然后写 20 分钟左右的记叙文。鲍伯痛恨写作文。

接下来，梅的功能评估采取了观察策略。她花了一个星期的时间，观察了作文课上鲍伯和特里老师的表现。这一周内，每当被要求写作文时，鲍伯都会开始扰乱课堂秩序，然后，特里就会把他送到校长办公室去。

梅心想，看看这个依联吧：

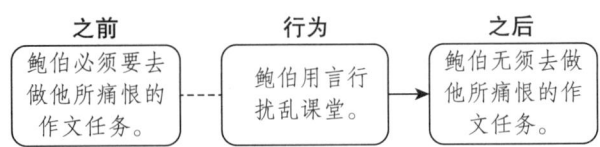

这是怎样的依联？
A. 强化物呈现带来的强化
B. 逃避——去除厌恶刺激带来的强化

随后，梅问鲍伯：我们可以帮你做什么吗？

鲍伯·鲍尔：我需要更多的时间来思考我该写什么。我承受不了这压力。

后来，特里老师说：太好啦！我们在他开始写作文之前，先与鲍伯就作文的主题进行一些讨论，这样他安心坐下来写作文的时候可能就多了，搞破坏的时候可能就少了。

干预

梅有很多种帮助鲍伯的干预程序可供选择，包括对替代行为的差别强化（differential reinforcement of alternative behavior），比如，只要他能礼貌地提出逃避写作文的要求，就能够被允许不写作文，但是，他那样可能就永远失去了学习写作文的机会。实际中，梅和特里希望降低作文任务的可恶程度，这样就可以减少鲍伯逃避的理由（你在第 9 章将会看到相关内容，这方面涉及的是动因操作的变化）。鲍伯逃避的理由减少了，就会让他更好地写作文，也会让包括鲍伯和特里在内的所有人过得更开心了。鲍伯已经说了，在开始下笔之前，也许他需要更多时间来思考怎么写。因此，每次写日记之前，老师都先让鲍伯与一名同学进行几分钟的头脑风暴。

梅记录了作文课上鲍伯埋头于学习任务的时间（比如，写作文），也记录了他从功课中分心的时间（比如，叫喊、做小动作、与其他同学说话、玩弄物品、做鬼脸）。从下面这张图中，你可以看到，头脑风暴很奏效。

[①] 改写自 Ervin, R. A., DuPaul, G. J., Kern, L., & Friman, P. C. (1998). Classroom-based functional and adjunctive assessments: proactive approaches to intervention selection for adolescents with attention deficit hyperactivity disorder. *Journal of Applied Behavior Analysis*, 31, 65-78.

鲍伯自己说得很对，他在下笔之前就是需要更多时间来思考。在梅和特里允许他进行头脑风暴的情况下，鲍伯的专注行为增加了26%（见图3.2）。

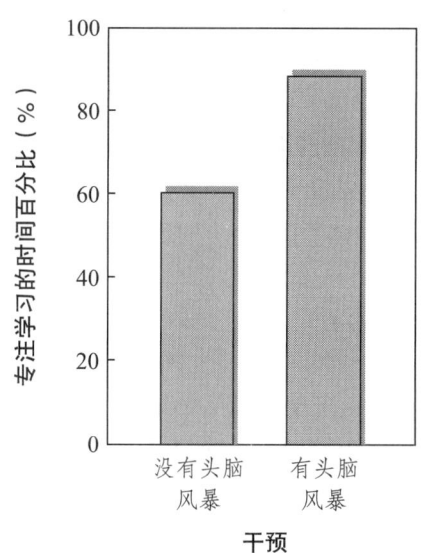

图3.2　写作之前与同学交流增加了鲍伯专注学习的行为

针对鲍伯的记叙文写作，梅和特里尝试了另一套干预方案，他们允许鲍伯（也允许其他学生）用电脑来替代手写，而这也奏效了。当鲍伯可以用电脑来写作以后，他的专注行为增加了32%（见图3.3）。

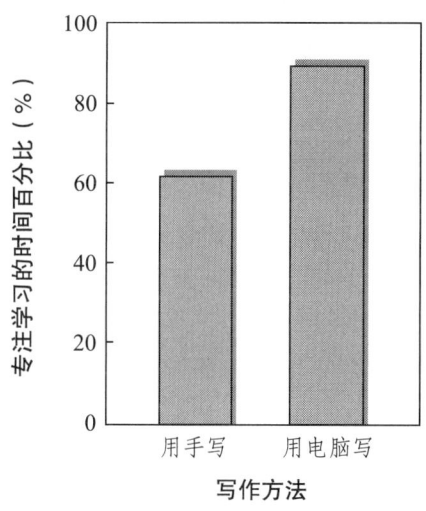

图3.3　用电脑写作文增加了鲍伯专注学习的行为

我们现在尚不清楚用电脑写作为何能起作用，不知道这是如何改变原先强化鲍伯捣乱行为的那个逃避依联的效果的。也许用电脑写作比用笔写作的厌恶程度会低一些，因而鲍伯靠捣乱来逃避任务的可能性被降低了？也有可能是电脑写作的确很好玩儿，因为这很新奇，而且电脑本来就很好玩儿。这样，尽管写作文还是一个很可恶的、有难度的任务，但鲍伯靠捣乱而逃避的可能性降低了，因为如果逃避写作文，他同时会失去在电脑上

打字的好玩儿机会（你在第5章就会看到，这种相依联的损失叫作处罚依联）。

噢吔！鲍伯·鲍尔的学习成绩提高了，他又有了足够的资格，学校撤销了他的停赛令，他又可以带领林肯初中的七年级篮球队横扫新赛季了。

恶性社交循环（受害者逃避模型）的例子：行为学家庭咨询

家庭生活（第二部分）

唐恩将罗德放回小床，然后踮着脚尖向屋外走去，可刚刚走出门，罗德又开始哭了起来。她只好转身回来，抱起儿子安抚。罗德的啼哭慢慢地变为小泣，最后他睡着了。

现在，让我们看看这里有怎样的行为依联？当分析一个行为剧情时，如果涉及两个人，那么首先要确定自己分析的究竟是哪一个人的哪一个行为，否则，你会把分析弄得一团糟。前面我们已经讨论过了罗德的啼哭，说唐恩的安抚性关注很可能强化了它。

现在，我们再来看看唐恩的行为——她抱起罗德的反应，是什么强化了她的这个反应？是从罗德的啼哭中解脱出来。这是怎样的强化依联呢？提示：没有什么比孩子的哭声更令人心烦的了，尤其是你自己孩子发出的哭声。显然，这就是一个逃避（负强化）的实例——去除一个厌恶刺激（罗德的啼哭）带来的强化。

假如我们悠闲地坐在一个单面镜后面来观察他们的生活，那么所有这些都是非常明显的，但是，当我们自己也身处单面镜的那一侧时，当我们亲临其中，要应付一个哭闹中的婴儿，尤其这个婴儿还是你的亲骨肉时，一切可就没那么明显了。①

唐恩的问题就是**恶性社交循环（受害者逃避模型）**

---

① 我猜测，悲伤的哭喊是一种非习得性厌恶刺激，这可能会有助于婴儿存活下去，让婴儿的父母做出一些适当的育儿性的逃避反应。此外，当然还有不涉及育儿方面的其他类型的反应，也能够逃避（或终止）这种来自婴儿悲伤的啼哭声。

的一个典型例子。有些人做出令人厌恶的行为（你一离开，孩子就啼哭），而你会做出逃避反应（抱起自己的孩子），以求这个人（你的孩子）停止做出厌恶表现。从一个厌恶刺激中逃脱出来，强化了你的逃避反应，因而你以后会更有可能做出这种逃避反应。但是，你的逃避反应（抱起自己的孩子）又强化了这种厌恶行为（你孩子的啼哭）。如此，这个厌恶行为此后也会更有可能发生。于是，这种恶性社交循环也就周而复始地进行下去了。①

我们将罗德和唐恩的表现结合在一起，在下面画出了一个示意图，以此反映出他们之间的相互作用，反映出这种恶性社交循环。

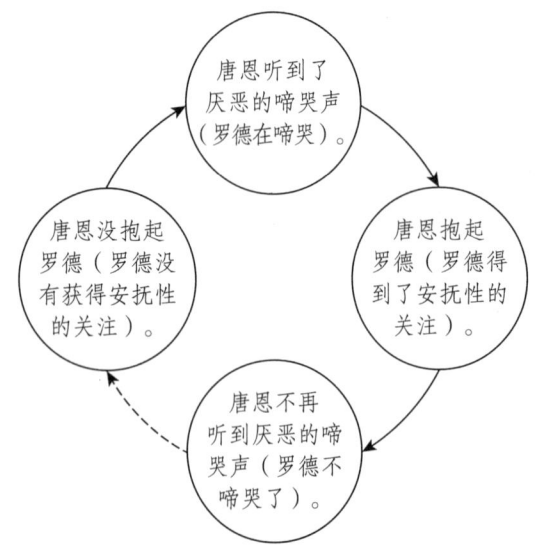

请注意：图中的虚线表示这个循环的中断处通常会大于 60 秒的时间。

我们从"唐恩没抱起罗德"的位置处看起。某种意义上说，这导致了罗德啼哭（两者之间用实线箭头表示）。而罗德的啼哭在一定程度上导致了唐恩抱起他（接下来的那个实线箭头表示）；接着唐恩抱起罗德又从某种意义上说导致他停止了啼哭（第三个实线箭头表示）。最后的连接部分，我们用了一条虚线箭头，表示这个事件篇章的结束并不会导致该循环下一次事件篇章的马上开始（唐恩没抱起罗德）；而且，在每个篇章的结束（罗德不再啼哭）与下一篇章开始之间，可能会有相当长的一段空白时间。然而，这是一种循环，因为一个篇章将会影响到下一个篇章，会增加罗德啼哭的可能性，增加唐恩抱起孩子的可能性。也许，这些箭头会让

你的教授觉得不够严谨具体，他会要求你使用"跟随在……之后"这样的说法，而不让你用"导致"这个词来描述所有 4 个箭头。

最后，我们将前面这三个示意图整合在一起，看看前两个依联示意图的内容是如何结合在一起而构成恶性社交循环的（参见下页示意图）。

我们在文本框内填充了依次加深的灰色，还用虚线和实线箭头，为的是帮助你理解前两个依联示意图如何结合在一起而形成位于它们下方的恶性社交循环的示意图。

很不幸的是，这种恶性社交循环正是大多数人对问题行为处理的典型方式。父母或者老师（受害者）试图（受害者逃避行为）安抚一个孩子或者让孩子去学习，而这种做法产生了暂时性的效果，可是，这个过程当中，大人的关注也在强化（加害者的）不良（厌恶）行为。抱起孩子强化了孩子的啼哭，孩子停止啼哭强化了抱起他的行为。恶性社交循环就这么周而复始下去了。

第 49 页给出了恶性社交循环（受害者逃避模型）的通用示意图和组成部分。

先看这个通用示意图中的前两项依联。请注意，第一项依联是描述加害者不良行为的，要注意：这个依联的行为之前和行为之后条件，是起因于受害者的行为。同样，对于描述受害者的逃避行为的第二项依联，也应该注意：该依联中行为之前和行为之后条件，是起因于加害者的行为。通常以这样的方式画出这两种依联有助于促进理解。

注意，第一项依联总是某种强化依联，要么是强化物的呈现带来的强化，要么是厌恶刺激的去除带来的强化，但无论哪种情形，都是加害者的不当行为得到了强化。

注意，第二项依联总是一种逃避依联，它让受害者不当的逃避行为得到了强化。

还要注意的是，在罗德和唐恩的恶性社交循环示意图中括号内的人名；另一个相关人物的名字出现在行为之前和之后的条件中，这是因为另一个人才是行为之后结果变化的根源。所以，在针对罗德的示意图中，行为之前和之后的条件中括号内给出的是唐恩的表现；而针对唐恩的示意图中，行为之前和之后的条件中括号内给出的是罗德的表现。当然，在文本框中，我们只标出行为分析对象的名字，也能更好地图解这个循环。以上阐述同样适用于通用示意图。

请注意，死人测验不适用于分析依联中的行为之前和行为之后的条件。所以，如果受害者在第一个依联的行为之前条件中没有行为，是可以的，因为那对于加害者来说就是一种真实的刺激条件。同样道理，在第二个依联的行为之后条件中，加害者没有厌恶行为也是可以的。

---

① 在这里，我把制造不适当的厌恶条件（厌恶刺激）的人叫作加害者（罗德），而把逃避这种厌恶条件（厌恶刺激）的人（唐恩）叫作受害者。但事实上，当然了，他们都是恶性社交循环的受害者，我在这里只不过是为了区分两种角色罢了。读了这一章以及下一章，也许你能给出一个更好的术语来。如果你真能的话，就给我发电子邮件吧，我也会给你加分的，虚拟分数。

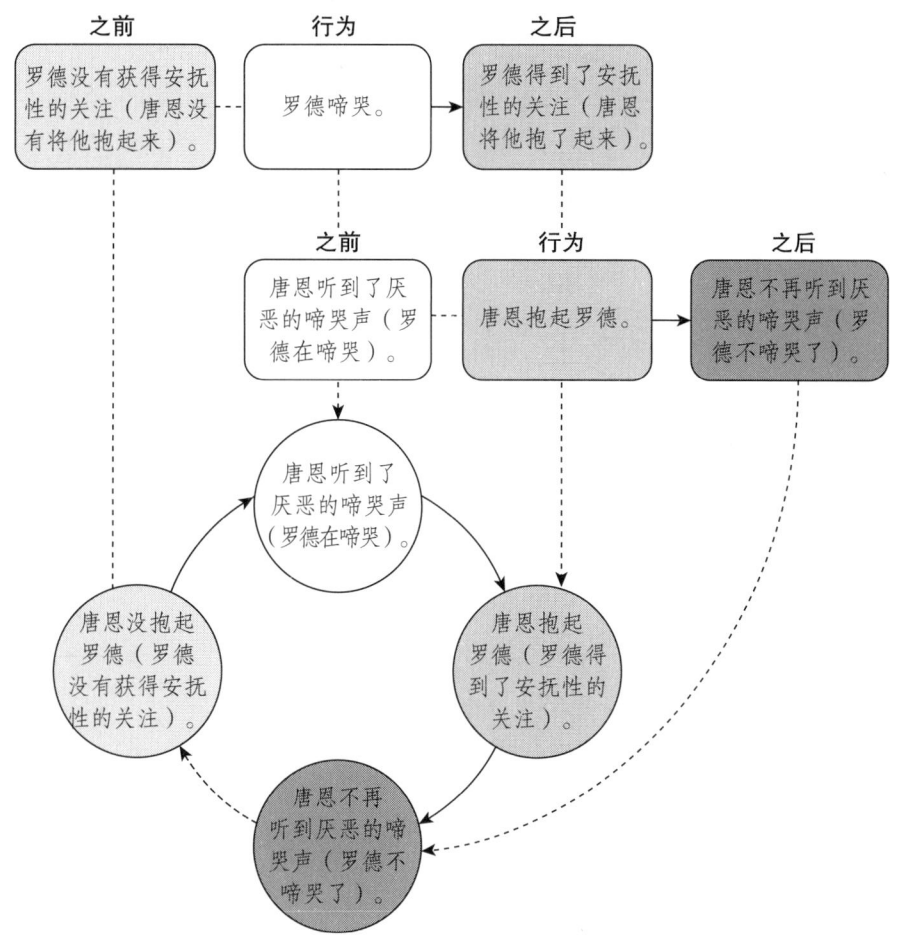

罗德和唐恩之间的恶性社交循环（受害者逃避模型）

定义：通用规则

恶性社交循环（受害者逃避模型）[The sick social cycle (victim's escape model)]
- 为了逃避
- 加害者的厌恶行为，
- 受害者无意地强化了
- 该厌恶行为。

上述这个简短的定义，在我们起初的版本中是这样说的："往往，厌恶行为的发生，是因为该行为被其他人的关注、认可或者抱怨所强化。反过来，暂时摆脱厌恶行为又强化了其他人给予此类关注、认可或者抱怨。"只不过，这个原来版本的定义太长了，长得不好记忆。所以，两个版本你都读几遍吧，较长的这个可以帮助你理解那个较短的。然后，你就背下这个微博式的简短定义吧。

大多数时间里，大多数的受害者似乎并没有意识到自己的做法会导致厌恶行为在以后出现频率的增加。例如，小狗斯波特扑跳到凯蒂的身上，凯蒂就随手扔出斯波特的牛皮咬棒，这样小狗就跑开了；再比如，小狗斯波特在餐桌下可怜巴巴地望向凯蒂，凯蒂就会逃避这种厌恶的乞求目光；爸爸在超市里为了让朱尼尔停止哭闹而给了他一块糖。我认为，大多数的加害者也并未意识到自己行为给受害者带来的麻烦。当然，有的时候加害者有可能很清楚自己的厌恶行为可以操控受害者，正如苏西·克里姆起斯（Susie Creamcheese）对她的一个朋友所说的："注意看，我会呜呜地哭，直到我爸爸给我买甜筒冰淇淋为止。"①

还有很多时候，社交循环并不是恶性的，它也可以是良性的、健康的，比如婴儿在尿布湿了的时候啼哭，这制造出来的厌恶刺激让父母做出换尿布而逃避啼哭的反应。

受害者的行为总是受控于一个逃避依联，而加害者的行为则有可能受控于逃避（例如，逃避艰苦任务），也有可能受控于强化（例如，同情及安抚）。

良性社交循环

所有的社交循环都是恶性的吗？不是，大多数都是良性的。当两个人相互之间彼此强化对方的好行为时，

---

① 感谢米歇尔·西摩（Michelle Seymour）告诉我这个真实的故事。

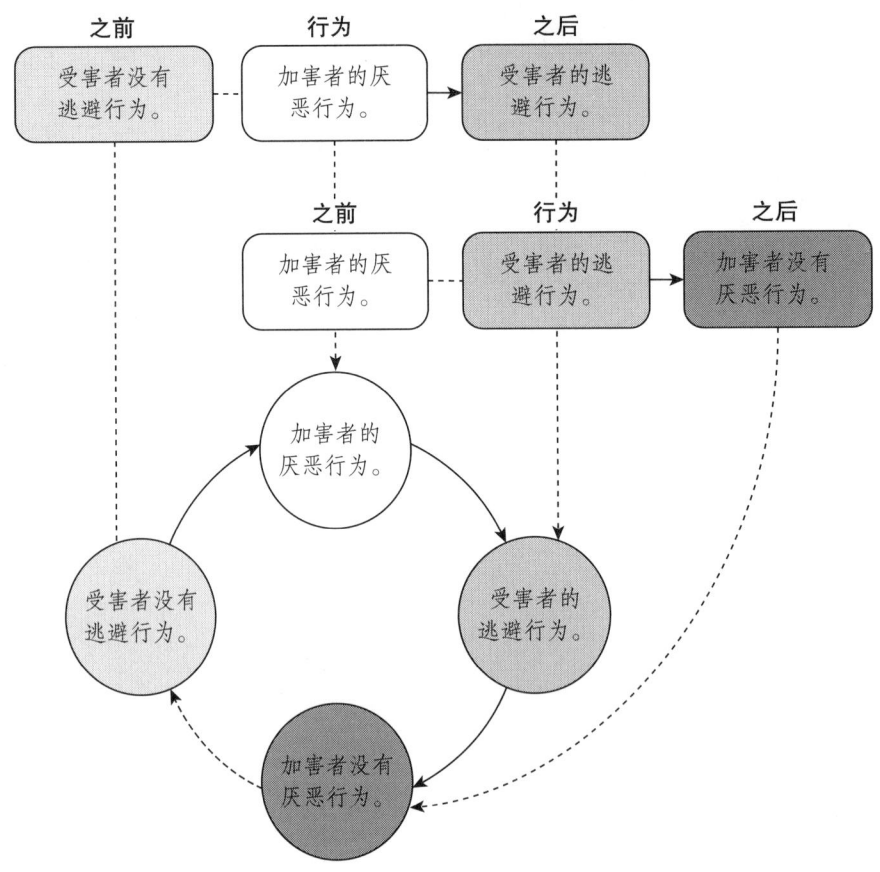

大多数情况下都是良性社交循环。

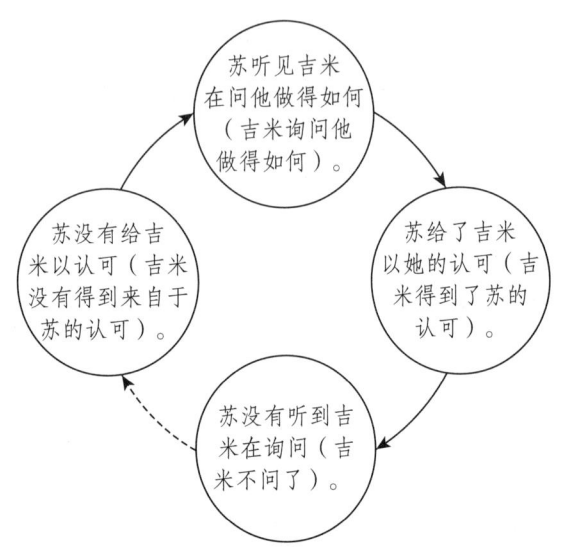

良性社交循环往往涉及两项逃避依联。尿布湿了的时候，婴儿啼哭，妈妈就会换尿布从而逃避啼哭。这算良性的社交循环，是因为双方的行为都是可以接受的。一个良性社交循环也可以涉及两项强化依联。你的朋友要搭你的车去上班，你帮了他之后得到了他诚挚感谢。或者，它也可以是逃避和强化，你进门之后帮身后进来的陌生人扶住门防止它弹回去，你得到了他们给予你的热情道谢，而他们说谢谢逃避了被视为忘恩负义的小人的厌恶条件。这些社交循环都是良性的，因为它们能让这个世界更和谐。

问题

1. 名词解释：恶性社交循环，并举例说明。

A. 为你所举的例子画出两项依联的示意图。

B. 画出这个恶性社交循环的循环示意图。

2. 现在请填空，填写你画出的社交循环示意图中的文本框内容（请将加害者的依联放在最上面一行，受害者的依联放在下面第二行中）。

孤独症进阶

我们在第2章中讲过，在妈妈与人交谈时，吉米打扰她时，他往往能从妈妈那里得到一块士力架巧克力。简单明了地说，这是对吉米坏行为的强化。但是，为什么艾米·李维斯总是要这么贱地给吉米巧克力呢？为什么不喝止他呢？大家绝对都能理解——当你与人交谈时，小孩子不停地向你喊叫，往你身上爬，这就是一个很烦人的**厌恶刺激**。在前面你也刚刚学习到可以增加行为的另一种类型的依联——**逃避依联**。因此，运用刚掌握的这两种概念，艾米的不良养育行为就有了更丰富的意义了。行为之前的条件是怎样的？吉米喊叫和拉扯艾米（这里，在"行为之前的条件"里描述了一个行为，如果你对此感到有点儿不爽，这很好，但是其实没问题，因为这个描述中的那些行为并不是我们要分析的人——艾米的反应）。吉米的拉扯，至少在艾米正在与人交谈时的确会产生很多让她颇感厌恶的刺激，随后，艾米给了吉米一块巧克力，使得他停止了喊叫和拉扯，他安静下来，品尝起美味来。

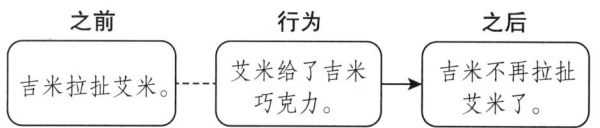

在这个强有力的逃避依联作用下，艾米自然就更有可能在类似的情况下给吉米一块巧克力了。

这也是一个**恶性社交循环**的例子。恶性社交循环中所包含的加害者的行为，被受害者的逃避反应所强化。本案例中，吉米喊叫拉扯的行为被巧克力的呈现所强化——艾米做出的逃避反应；而艾米给予巧克力之后的条件是吉米不再打扰她，至少短时间内不再打扰了。

于是，下一次当你见到某个家长在商场里向发脾气的孩子做出退让时，要知道，此时一个恶性社交循环正在起作用。"性格"的强硬程度并不能决定一位家长在何时是否会向孩子做出让步，但是，逃避依联的强度或许可以。那种情况下你能坚持多久呢？跟着我往下学吧，在本书的第6章和第7章，你就会看到李维斯一家是如何打破这个恶性循环的。

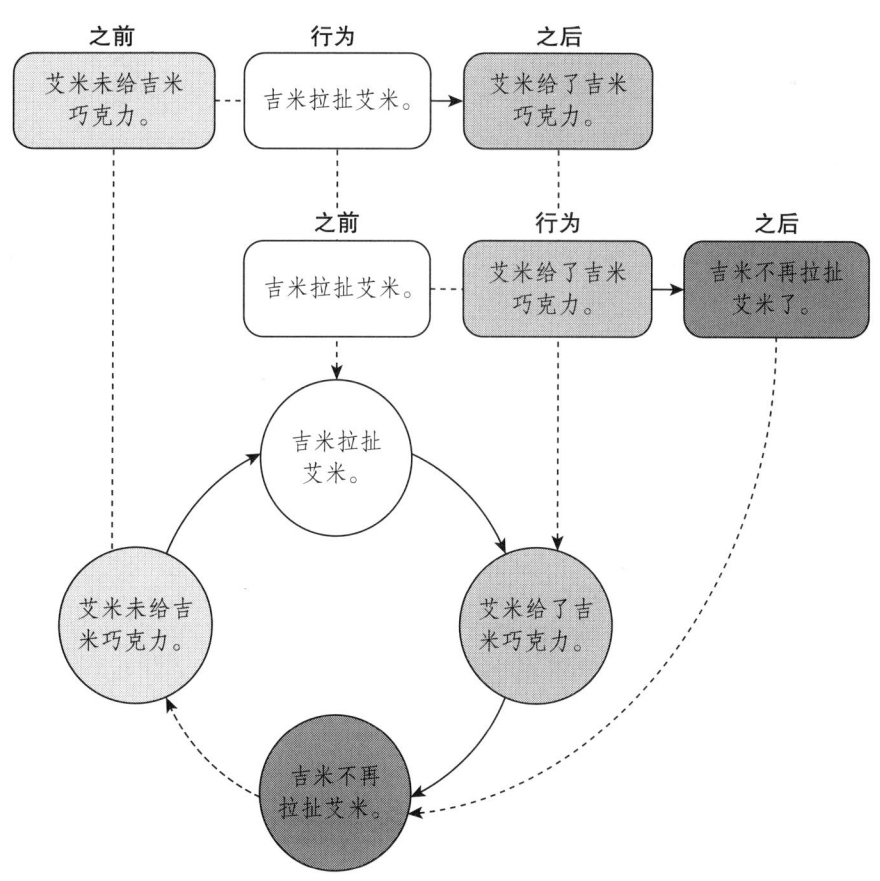

初级进阶

斯金纳盒子：实验行为分析

逃避电休克

你从斯金纳盒子的观察窗口望进去，这一回，你看到的地板是由一列平行的、6毫米粗的不锈钢条铺就的，每根钢条之间相距1厘米；里面不再有可以出水的小洞。但是你熟悉的那根从墙上穿入的反应杠杆还在。老鼠站起身，它抬起的前爪正好可以超过那根杠杆。突然间，老鼠压动这根杠杆，然后缓慢地放开。过了一会儿，同样的情形再一次出现在你眼前。

这里究竟发生了什么呢？时不时地，一股小电流就会通过这里的不锈钢条铺成的地板——一个厌恶刺激。电击会一直持续下去，直到老鼠压动了杠杆，电流才会终止。这就是电击厌恶刺激的去除而带来的对压动杠杆反应的强化。

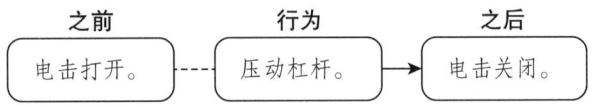

经过几次暴露在这样的依联之下，老鼠的反应就会非常迅速了，迅速到它实际上体验不到什么电击的厌恶刺激；当然，这还是一个可恶可怕的流程——尽管我们可能不愿意承认，这也正是我们日常生活中很多情况的真实写照。这就是一个逃避依联——通过去除一个厌恶刺激而带来的强化。在传统术语里，这也称为负强化依联——通过去除一个负强化物而带来的强化。之所以说这是"强化"，是因为行为频率"增加了"；之所以说这是"负"，是因为电击的"去除"增加了行为的频率。

问题

用示意图说明发生在斯金纳箱中的逃避依联。①

---

① 啰唆的说教：有些教授在头一次遇到本书中采用的简化的依联示意图时，可能会觉得有之后条件就够了，之前条件是多余的。从逻辑上说，这是一个很好的批评，但我们认为，从教学和听课的角度上说，这个批评并不好。冗余的重复恰是清晰阐述的基础。学生们在理解行为依联的属性上存在困难，难以理解反应引起的从一种条件到另一种条件的变化。在理解行为之前与之后的条件之间存在怎样的关系上，他们往往也有困难。将这一切都以超明细的形式标出来就会对他们很有帮助。为了支持我们的这些观点，我们邀请了一些有疑虑的教授进行观察，让学生将我们的这张示意图用在一些新例子上，看看他们在最初的理解上的困惑程度。我们还请这些有疑虑的教授在学期结束的时候进行了社会效度（social validity）的调查，询问学生们是否觉得这种示意图有帮助（这里还要多说一句，我们在此谈论的不仅是本科生教学，它同样适用于研究生教学）。

实验行为分析

在哥伦比亚大学无意识或不知不觉中的学习：拇指抽搐的案例②

这个例子是我这辈子最喜欢的实验之一。哥伦比亚大学的拉尔夫·赫弗林（Ralph Hefferlin）博士和他的两个研究生研究了一些非常微小的人类反应，微小到做出反应的人自己都不曾意识到它。他们研究的是细微的拇指抽搐。

他们是怎样研究这种连抽动者自己都未曾意识到的拇指抽搐呢？简单地说，即便是肉眼看不到的肌肉收缩（比如，细微的抽搐）也会产生出很弱的但是可以被测量到的电压（1~3毫伏）。因此，科学家可以将电极（小的金属片）贴在测试者的左手拇指和手上，电极连接到一个电子放大器上，将这个电压放大一百万倍，就可以通过电压表读出电压伏特值来了。

此外，他们还在被试身体上几个地方贴上了另外的几个电极（无功能的），这样，就使得拇指上的电极显得不那么扎眼。被试坐在一张休闲的躺椅上，听着头戴式耳机里播放的单一的轻音乐。在这个实验中，他们将12个接受测试的人分成了4组，每组3个人，分别进行了单独的测试。

- 第一组是毫不知情组，他们被告知说这个实验是研究叠加在音乐上的噪声对于身体紧张程度的影响。接受测试的人只需要坐在躺椅上听音乐，偶尔会有噪声叠加进来。
- 第二组是半不知情组，研究人员告诉他们一半的实验信息：有一个特别的、微小的、不可见但并不确定是什么的反应，将能暂时地关闭掉噪声。他们还被告知，没有噪声时，该反应也会暂时地延迟噪声的再次出现。
- 第三组是知情组，他们被告知有效的反应就是左手拇指的微小抽搐。
- 第四组是技术性信息知情组，被告知微小的抽搐将会奏效，而且，在头半个小时的逃避／回避阶

---

② 这部分改写自 Hefferline, R. F., Keenan, B., & Harford, R. A. (1958). Escape and avoidance conditioning in human subjects without their observation of the response. *Science*, 130, 1338-1339. 我将这部分从《行为原理》第5版的第15章移到第6版的第3章，因为无意识学习这个概念实在太重要了，不能留到第15章才讲，尽管我们要到第6章才会探讨消退，到第15章才会探讨回避。

段中，在他们面前还会摆放有一个电压表，电压表与放大器连接，指示着适当抽搐所产生出的电压值。

在基线阶段（头5分钟或10分钟）里，只播放轻音乐。

在逃避/回避阶段里，令人厌恶的噪声出现，当噪声**出现**时，每一次微小的拇指抽搐（1～3毫伏）就会关闭噪声15秒——一个逃避依联。

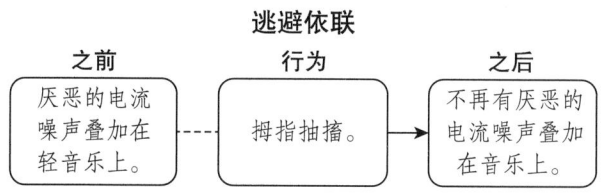

当噪声**关闭**时，每一次微小的拇指抽搐可以让噪声延迟15秒钟的时间才再次出现——我们称之为回避依联（详见第15章）。因而，每15秒钟一次的抽搐可以延迟噪声出现直至整个逃避/回避阶段的结束。

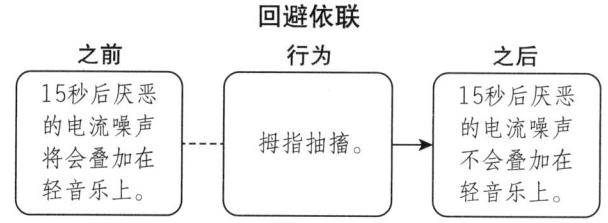

一个小时的逃避/回避依联之后，是10分钟的消退阶段（参见第6章）：噪声出现，且一直持续着，无论拇指抽搐多少下也没用。

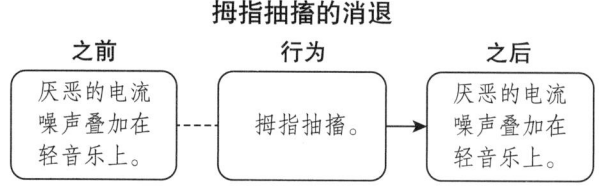

最后，他们再回到基线——没有噪声，只有轻音乐。

结果

那么，哪些人学会了拇指抽搐，哪些人没学会呢？尤其是第一组的情况如何？他们对实验内容可是一无所知的。

这组毫不知情的被试，他们抽搐表现也很好。尽管对发生的事情一无所知，但是他们有效的逃避/回避性的拇指抽搐频率极大地增加了。

你对此有质疑吗？你会不会认为他们可能在开始时的确一无所知，毫不了解内情，但随后就发现了奥秘，并开始抽搐拇指以求对噪声做出逃避或回避反应呢？赫弗林同样也有此怀疑，于是他询问了被试。3个被试都坚信自己对噪声没有影响力，而当他们得知自己曾经控制了噪声时，都很惊讶。哇！

我们对于人类能够无意识地学习无须表示惊讶，这连老鼠鲁道夫都能。因此，这里的重点在于：我们完全可以在对依联，甚至对反应本身都不知情的情况下进行学习，学习的结果可以让我们在无意识中控制自己的行为。

那组半知情的被试情况如何？他们知道某些并不确定的细微反应将会逃避或回避噪声。他们也做得很棒，但情况并不是你想象的那样。其中的两位，放弃了寻找神秘反应的企图，退回到了有效的不知情状态。还有一位说自己可能找到了控制窍门："我做的是：轻微地转动双臂，扭动膝盖，下颚向左轻移，呼气，然后就等着。"哈！瞧瞧，这都什么乱七八糟的呀！

那么，知道依联和反应的知情组呢？3个人当中只有1个人学会了这个反应，另外两个一直在忙着做出大动作的拇指抽搐，而真有强化效力的、微小的抽搐却反倒难有机会出现了。

那个有抽搐电压表的技术信息知情组呢？他们做的是最棒的一组。即便在第二个逃避/回避阶段，当把他们面前的电压表拿走，他们也以同样高的频率做出了微小抽搐。

在消退阶段，当噪声持续出现时，所有人的抽搐频率都跌回到最初的、基线期的低水平（被消除了）；而当最后返回基线阶段，不再有噪声时，抽搐依然保持在基线期的低水平上。至此，很幸运地，赫弗林没有将这些实验参与者训练成纽约暴力小巷中的那些动不动就抽搐拇指（开枪）的危险家伙。

现在再看，后三个组很有趣，但是，我们可别忘了第一组，那才是重点。**重点就是，依联可以控制我们的行为，即便我们对该依联或该行为并不知情，或者说，对正在发生的所有控制并不知情**。至少，在这种反应之后的几分之一秒内就会紧跟着有结果的情况下是这样的。

现在让我们从赫弗林的微小抽搐实验为起点，再向前跨出一大步吧。我敢这么说，我们大部分的行为都是被这种无意识的依联控制着，而且我们大部分人甚至根本没有意识到自己的大多数行为都处于这种控制当中；例如，我们在第2章里看到的："希德，你知道吗？你在讲台上讲课时，曾经当众抓挠过自己的私处。""啊，天啊，我真的这样做了吗？这也太丢人了。"

希德痒痒 → 希德抓挠 → 希德不那么痒了。

而希德自己对此并不知情。在你读到这里之前，你未曾意识到自己以前出现过的抖腿、咬铅笔、撩头发，或者其他产生某种自动强化的行为。比如，你可能每5分钟就会扭动一下自己的脖子，以放松放松那里僵硬的肌肉。尽管你在学习本书之前并不知道（未意识到）这些依联，但是它们一直都在控制着你的行为，在你尚未学会走路学会说话之前，就已经如此了。

问题

描述一个证明无意识学习的实验。
A. 实验对象是什么物种？
B. 反应是什么？
C. 依联是什么？
D. 4个组在实验程序上的区别是怎样的？
E. 4个组的实验结果是怎样的？

中级进阶

恐惧、简约与典雅（FK-05）

科学家用文字描述科学时，会很小心地避免使用那些不必要的词汇和概念。他们管这叫**简约**（parsimony）。简约就是节约。另一种说法是：科学家总是希望发展出典雅的理论。所谓典雅的理论是指，它运用尽可能少的概念、原理和假设，就能够解释尽可能多的事实。因此，我们会小心谨慎地审看每一个概念、原理和假设，只有当我们必须用到它才能让我们理解这个世界的时候，我们才会允许它进入我们的理论框架。我们认为当你读下面这句话时，你就应该很小心地审看一番了，尽管这句话是我们从一本优秀的行为学教科书中摘出来的。

"幼儿在1岁大的时候就开始对陌生人感到特别恐惧。"这句话告诉我们1岁大的孩子的厌恶刺激是什么呢？它表明陌生人是让他们厌恶的，换句话说，去除陌生人就极有可能会强化逃避反应，比如躲藏行为。对这句话，也许我们应该这么重新叙述才好："陌生人对于1岁的幼儿来说是尤为令其厌恶的。"在我们重新改写的叙述中，"恐惧"和"恐惧感"都是不必要的概念。如果我们使用已有的概念术语，例如，"厌恶的"这个概念就已经能够很好地理解幼儿行为了，那么何必还要添加进来一个别的说法呢？

定义：原理

简约（Parsimony）
- 不使用不必要的概念、原理或假设。

问题

名词解释：简约，并举例说明如何将一个不简约的分析转变成为一个简约的分析。

对比

精神病学与心理学

谁是这个世界上最著名的心理学家？弗洛伊德。没错，弗洛伊德（1856—1939）。他的全名叫什么？西格蒙德·弗洛伊德。你全都知道呀！只是，有一点你不知道，弗洛伊德并不是一位心理学家，他是一位神经学专业的医生，今天我们称他为精神病学家，而非心理学家。这两者有什么不同？精神病学是医学的一个专业，如同外科学专业。精神病学家必须拥有医学博士（MD）学位，而心理学家必须拥有哲学博士（PhD）学位、文学硕士（MA）学位、文学学士（BA）或理学学士（BS）学位，这取决于美国各州对心理学家获得工作执照的具体要求。甚至专长是行为医学的心理学家也都是PhD，而非MD。所以，精神病学是一个医学专业学科，而心理学属于人文和自然科学的一个分支学科。

我们了解了精神病学与心理学有哪些不同之处，那么它们之间的相同之处又如何比较呢？这两者都是致力于对行为或心灵的理解和改进，只不过看你是行为学家还是精神分析师了。

好吧，如果弗洛伊德不是世界上最著名的心理学家，那么谁是呢？怎么样，问题变难了吧？巴甫洛夫？好的！也许在普通人、外行人和非心理学专业的人士眼里，巴甫洛夫（1849—1936）是。他做了著名的狗流哈喇子的经典条件反射实验[1]。但是，伊万·巴甫洛夫同样不算是一个心理学家，他是一位生理学家。

---

[1] 译注：关于"巴甫洛夫的经典条件反射实验"及其相关内容在第21章中会有更多的讲解。这里需要说明的是，尽管出于历史原因，"条件反射"（classical conditioning）的说法已被广泛使用，但"反射"的含义在现代行为学里并不准确，相对于斯金纳行为理论中的"操作式条件作用"，本书将"经典条件反射"译作"应答式条件作用"。而仅在此处讲述历史故事时，暂时沿用传统的"经典条件反射实验"的通俗说法。

那么，谁才是这个世界上最著名的、**真正的**心理学家呢？我们这里所说的可是在其他心理学家眼中的人物（由美国各大学心理学系的系主任投票确定出来），而不是由《人物》杂志评选出来的。答案是：B.F.斯金纳（1904—1990）。顺带说一句，在学术期刊当中，斯金纳这个名字出现的次数早已击败了弗洛伊德——再次提醒你，我这里说的还是学术期刊，而不是《人物》杂志。

与巴甫洛夫一样，斯金纳的研究工作始于动物研究，不同的是，斯金纳在实验中用的是压动杠杆的老鼠和啄动圆片的鸽子。但是，他的研究所产生的影响范围远远超越老鼠和鸽子的简单行为。他开创了如今被我们称为**行为分析**的领域。这种心理学方法构成了我们对所有人类行为的理解基础，也正是本书所讲授的内容。

问题

1．比较精神病学与心理学的异同。
2．谁是这个世界上最著名的、真正的心理学家？

对比

精神分析与行为分析

行为分析是一套行为主义学派的、研究和改善行为的方法。它的核心思想之一是：过去的后果导致了现在的行为。

精神分析是一套心灵主义学派的、研究和促进行为和心灵的方法。它的核心思想之一是：过去的经历通过无意识的精神力量的通道导致了现在的行为。

在过去经验导致现在行为的这一点上，行为分析和精神分析很相似。两者的不同之处在于，行为分析认为过去的行为后果是关键原因，而精神分析认为无意识的精神力量（受过去经历的影响）是关键原因。

弗洛伊德是精神分析之父，斯金纳是行为分析之父。

> **行为分析的基本原理：**
> 过去的行为后果导致了现在的行为。

> **精神分析的基本原理：**
> 过去的经历通过无意识的精神力量的通道导致了现在的行为。

问题

用简单的术语比较行为分析与精神分析的异同。

异常行为的牙膏理论

还记得前面讲的格雷丝的抽动秽语综合征案例吗？还记得在讨论课上汤姆是如何用逃避行为来讲解这个案例的吗？他很可能做出了一个常见的错误假设——他认为格雷丝的异常行为反映出某种内在的精神力量，这种精神力量在她体内疯狂地成长，从她体内推动出了那些异常行为。在我们的文化中，多数人，包括多数心理学家，好像都会将异常行为看成是某人流露出来的东西，就像从牙膏管里挤出来的牙膏一样。这些人知道，也不知是怎么知道的，在某人身体中建立起内在的压力，这压力推动出了那种异常行为。

一场凶杀案导致了13个人死亡。为什么？很常见的看法就是，这是内部的压力（没准儿还有个坏了的染色体呢）所导致的，在这种压力推动之下，暴力从凶手的体内喷薄而出，就像一个精神疥疮爆开了一样。

人们倾向于忽视这种暴力的复杂属性。这些暴力会涉及一系列复杂的反应，但每一个反应都精确地受控于该行为的后果。要想搞清楚这些，我们必须去看其中起到直接作用的依联（刺激条件、反应以及行为后果）。我们还必须去看行为历史，从中发现这些行为后果作为强化物或者作为厌恶刺激的演变历程，还需要去看这些反应的学习过程所涉及的依联的行为历史。如果不这么做，那就等于什么也没做。

> **定义：错误的通用规则**
>
> **异常行为的牙膏理论**（The toothpaste theory of abnormal behavior）
> · 异常行为是病态之人的身体内流露出来的，
> · 就像从牙膏管里挤出来的牙膏一样。
> · 异常行为源自内在的压力。

人们解释孤独症孩子的奇怪行为时，经常会掉入牙膏理论的坑里，比如，在解释吉米的破坏和攻击行为时，有人会说："他在表达自己内在的敌意，要将它释放出来。"任何时候，当你听到有人在说"表达"什么时，比如表达愤怒，表达爱意，那你就要小心了，这种牙膏观点肯定会让我们分心，干扰我们去查看那些强化物的依联性的呈现以及厌恶刺激的依联性的终止，而那才是真正控制行为的因素。

问题

名词解释：异常行为的牙膏理论，并举例说明这个错误的通用原则。

正强化物和负强化物，正强化和负强化

现在，我们可以谈一下前面我们提到过的传统术语了。

基本术语

传统的	我们的
正强化物	强化物
正强化	强化物的呈现带来的强化
负强化物	厌恶刺激
负强化	厌恶刺激的去除带来的强化

行为分析师常会使用"负强化物"这个术语，而不使用"厌恶刺激"。正如上面表格中所显示的，这两种表达说的是同一件事，但我们偏爱使用"厌恶刺激"，因为它能减少困惑。在此我们先复习一下：**厌恶刺激（负强化物）**：一个刺激，紧随在一个反应之后，该刺激被终止，并增加了该反应出现的频率。

对于人类来说也好，其他动物也好，都有可以起到厌恶刺激或负强化物功能的刺激、条件和事件。换句话说，如果先前做过的某件事可以去除这些刺激、条件或事件（那些负强化物），那么，动物和人就都会更有可能做出同样的事。例如，埃德的腿部运动越来越可能出现，因为每次运动都会立刻让电击停止。

警告：负强化物指的是厌恶刺激（电击）——而不是缓解的情况（没有电击）。这个概念理解上的差别在你学习行为分析的过程中至少会把你搞蒙 10 次。这也就是我偏爱使用厌恶刺激这个术语的原因。①

但是，如果你以后会与其他行为分析师打交道，或去看他们写的文章，那你就需要下点儿苦功夫，努力掌握"负强化物"的用法，因为的确不容易把它用对了。为了让这简单些，我们再来看看斯金纳箱中发生的事吧。我们看看逃避实验中的老鼠，其中的负强化物是什么呢？

"是电击停止。是没有电击。"

歇了吧。你错得一塌糊涂。负强化物就是电击。我知道这没有道理，但是再重读一遍定义吧，或许就会变得有道理了。**负强化物**：一个刺激，紧随在一个反应之后，该刺激被**终止**，并增加了该反应出现的频率。**终止**是这里的关键词。

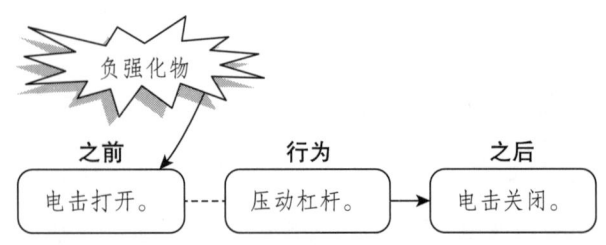

你说的是，电击的不存在是负强化物。但请问，终止电击的不存在强化了压杆反应（逃避反应）吗？换个问法，电击的呈现强化了压杆反应吗？当然不是。是电击的终止强化了压杆，而不是电击的不存在被终止强化了压杆。因此，这里的负强化物就是电击。②

我们倾向于将强化物视为好东西，但未必如此——有"负"这个前置语就未必了。负强化物就是你逃避的刺激，而不是提供缓解的刺激。在文中，"负"的意思就是"要减掉的""要去除的"，所以，负强化物就是你去除掉的东西。

还发蒙？那么就记住这句话吧：负强化物就是厌恶刺激。

因为有了负强化物，所以也就有了负强化。负强化就是去除厌恶刺激带来的强化，这里的"负"就是要去除的意思。

问题

1. 画出一个表格，比较我们的基本术语与传统的基本术语，然后使用这个表格回答下列问题。

警告：要想通过测验，只是死记硬背下这个表格是不够的，你必须理解它。如果你的老师像我这样凶，那你就还必须能够用不同于本书中那种行列形式画出它。如果你不确定要不要这样，那就去问问你的老师吧，问问他凶不凶？

2. 下列选项中，哪一个是斯金纳箱逃避实验中的负强化物？

警告：请你确保自己真的明确地理解了这道题，因为太多的学生栽在这里了！我发现，测验中的坏成绩就是一个负强化物。

A. 电击
B. 食物
C. 电击的终止
D. 食物的终止

3. 请运用定义和画出的表格，对上一道题中你选择的答案做出有逻辑的解释。

发音

你的教授爱你吗？
A. 是
B. 不是

---

① 这种困惑是我们自己所经历过的，也是我询问其他学生和老师时，大多数人承认他们自己也经历过的，尽管仍有老师似乎表示在教负强化物和正强化物这些术语时从来没有遇到过问题。

② 在其他时候，我们总会对出现的一些例外感到忧心忡忡。不过眼下，还是让我们歇口气吧。这些概念在没有例外的情况下已经够你对付的了。

如果你回答"是",那就是说你的老师关心你的学习和幸福,也就是说你的老师会给你做口头测验,以确保你能够在下列这些术语上的发音是正确的。

- aversive 可不是 adversive。
- aversive 中的 a,发音应该是轻音,就像 attention 里的 a 一样。
- 可别发成 ape 中的那个 a 的音。
- 也别发成 father 里的 a 那种超轻的音。

还有,

- 可别把 escape 发成 exscape。

可以用这些单词来比较衡量:

- 不能把缩写为 etc. 的 etcetera 发成 excetera。
- 不能把 especially 发成 exspecially。

如果你的老师真的爱你,真的关心你的幸福,那么,当你在课堂上发错音的时候,他就一定会反馈给你矫正意见。如果你的老师矫正你时面带谦逊的假笑,那么他爱不爱你,就真的有疑问了。

在 DickMalott.com 网站上

第 3 章 高级扩展部分
- 睡眠反应是什么?
- 自我表达的牙膏理论
- 来自一位流动的、激进的行为学家的笔记

第 4 章　惩罚（正惩罚）

行为分析师认证委员会第 4 版任务清单

B–08　运用多基线设计。
D–15　运用正惩罚与负惩罚。
D–16　确定并应用惩罚物。
D–17　运用适当的惩罚参数与惩罚程序表。

基础知识

案例：行为医学

磨牙症[①]

32 岁的韦尔玛一出生就有先天性耳聋，而且她的双眼都是封闭的。此外，她还被诊断有极重度的智力缺陷。她还磨牙——这种行为被称作磨牙症，已经有至少 14 年的磨牙史了。虽然下边的牙齿还都在，但上边的牙齿已经掉得只剩下了 5 颗（牙科医生认为这很可能是由于她的磨牙症而导致的）。

另一个女孩格里，16 岁了仍无法行走，放到现在也会被诊断有极重度的智力缺陷。自打最初长牙的婴儿时期起，她就开始磨牙了，虽然还没有掉牙，但是牙齿的咬合面全部都已严重受损了。

她们的磨牙带来了很多负面问题：这让她们的牙齿受损严重，而且还极有可能导致了她们的头痛；她们在磨牙的时候也更容易出现哭闹和发脾气等现象（这有可能就是源于磨牙而导致的头痛）；当她们磨牙时，她们对康复训练课程的配合程度也下降了；她们磨牙时发出的声响非常烦人，她们不配合课程也非常烦人，令老师和直接的护理人员都不愿意接近她们。

帮助韦尔玛和格里的有三位行为分析师（Ronald Drabman, Norma Wilson, & Dewanda Stewart），他们或者直接或者间接地参与这项工作。为了减少这两个人的磨牙行为，行为分析师曾经考虑过使用多种复杂的强化技术，但好像所有这些方案都不可能取得成功。于是，他们决定选用一种柔和的惩罚方案，其内容包括：每当她们出声地磨牙时，就用一个冰块接触其脸部几秒钟。为了保障接受干预的患者的权利，绝大多数研究机构都设有审查小组，必须先经过他们的批准，才能进行这类实验性或带有厌恶控制的干预项目。在着手干预之前，这些行为分析师从审查小组那里获得了批准，并且也从患者家长那里得到了他们的知情同意。

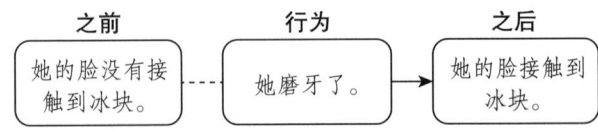

在冰块依联开始的头几天里，韦尔玛和格里磨牙次数就都减少了。经过两个月的这种依联，她们两个人几乎都不再磨牙了（见图 4.1）。

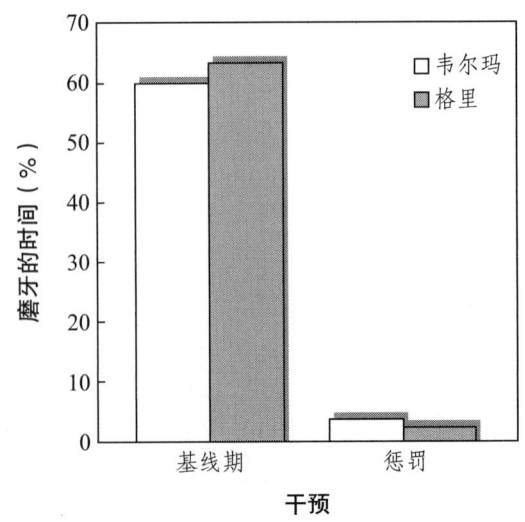

图 4.1　对磨牙的冰块惩罚

[①] 改写自 Blount, R. L., Drabman, R. S., Wilson, N., & Stewart, D. (1982). Reducing severe diurnal bruxism in two profoundly retarded females. *Journal of Applied Behavior Analysis*, 15, 655-571. 这些行为分析师来自西弗吉尼亚大学、密西西比大学医学中心和米尔萨佩学院。

磨牙的减少给这两位女性带来了很多好处。比如格里，她比以前更爱笑、更爱玩了；她妈妈也更乐于接她回家度周末了，因为格里有了更多的社交互动，而不再只是在一旁不停地磨牙并发出恼人的声响。老师和直接护理人员也和她妈妈一样很乐于亲近她了。老师们说，她变得更配合了，学习进展也就更快了。比起以前来，现在所有人都愿意花更多的时间与她在一起了。

问题

画出这个针对磨牙症的惩罚依联的示意图，其中的干预是什么？干预结果如何？

请记住：要想在测验中得到好分数，你就必须能画出本章中所有干预的示意图。

概念

惩罚依联（D-15）（正惩罚依联）

在头几章中，我们讨论了用强化依联来增加行为。现在，我们该看一看生活中灰暗的一面——用**惩罚依联**来减少行为。

> **定义：概念**
>
> **惩罚依联（正惩罚依联）**[Punishment contingency (positive punishment)]
> - 一个厌恶刺激（负强化物）
> - 依联于一个反应
> - **呈现，**
> - 导致该反应出现的频率**减少**。

我们下面会仔细讨论这个依联的定义，不过这里我们先提一下这个依联背后相应的行为原理。**惩罚原理**：如果一个厌恶刺激（或者厌恶刺激的增加）紧随在一个反应之后，那么该反应以后出现的频率将会减少（注意，跟随反应之后厌恶刺激出现得越快，惩罚依联就越有效）。

惩罚原理与强化原理一样，也是行为的基本原理，会如影随形地一直控制着我们的日常生活。而且，进一步思考，我们就会发现，惩罚并不是我们日常生活中灰暗的一面。其实，它是我们的朋友。惩罚在保护着我们，让我们远离生活中灰暗的一面。假设你是一位人到中年的大学教授；假设在家时，你把洗手间当作自己最喜欢看书的地方。你在过去的40年里，大部分的阅读都是坐在马桶上进行的。现在，假设你洗手间的马桶盖裂了，每一回你从马桶上起身时，那可恶的马桶盖都会夹到你，夹痛你的屁股。

这里有着怎样的依联？要是有人还在怀疑屁股被夹痛到底算不算是一个厌恶事件，那么这个人要么从来都小心翼翼，没受过夹到屁股的痛苦，要么他就是一个很变态的家伙。而且，如果现在用一个新盖子替换那个坏的，这位大学教授才会意识到刺激依联已经多么实实在在地控制着他自己鲁莽地从马桶上起身的行为。原先的时候他无须多想，一定会慢慢地移动自己的身体重心，小心翼翼地从马桶上抬起屁股。可此时当他再回身看到那里时，看到一个新马桶盖的时候，他才会觉得自己刚才的小心翼翼很傻，就会意识到友好的惩罚依联曾经保护了自己的屁股，让自己逃离了生活中的灰暗面。

当你不再需要厌恶刺激和惩罚的时候，你才会对它另眼相看，才能看到它的好。不仅如此，当你需要它却又得不到它的时候，你才会真正珍视它的。由于神经受损，有时人身体的某个部位，比如手指，会失去知觉。这意味着你无法让自己的手指避免灼烧、割裂、拧捏或其他更严重的伤害。某种类型的麻风病就会出现这种情况，患者肢体的严重损伤并不是由于坏疽，而是由于失去疼痛知觉，因此惩罚原理无法保护到他们。

记住：

> **厌恶刺激就是我们倾向于最少接触的刺激。**

与惩罚原理相一致：如果一个厌恶刺激或者厌恶刺激的增加跟随在一个反应之后，那么，该反应发生的频率就会降低。

如果产生这个厌恶刺激的反应频率降低了，我们也就可以最少地接触到该厌恶刺激。

如果没有惩罚原理，我们就会不断地伤害自己。惩罚原理做的善事还包括：让我们在淋浴时不至于被热水浇到头，喝咖啡时不至于被热饮烫到嘴，不至于在冬天里被冻，不至于让我们在穿过房门时一头撞到门框上。

问题

名词解释：惩罚依联，举出一个日常生活中的例子，并画出示意图加以说明。

案例：行为医学

柠檬汁与危及生命的反流[①]

桑德拉一出生就带有腭裂（口腔上颚裂开）和唇裂，因此，在她生命的最初几天里，不得不用鼻饲管来给她喂食。她来自一个贫困家庭，由姨妈抚养。事实

[①] 改写自 Sajwaj, T., Libet, J., & Agras, S. (1974). *Journal of Applied Behavior Analysis*, 7, 557-563.

上，包括邻居的小孩在内的各式各样的人都曾经照顾过她。当时的一些情况表明，她很有可能处在将被放弃的窘境中。

在桑德拉6个月大的时候，她的姨妈得到了一个机会，有幸带她住进了密西西比大学医院。她入院时是个重度低体重儿，比她出生时的体重还轻。而且，桑德拉有反流（吐出食物）行为！她只是被动地躺着，不会笑，不会发声，不会抓，不会动，甚至不会哭。桑德拉严重地营养不足，严重地脱水，处在夭亡的边缘。尽管大学医院的医生们为她进行了全面彻底的检查，但还是找不到问题的任何医学方面的原因。

帮助桑德拉的三位行为分析师（Thomas Sajwaj, Julian Libet, & Stewart Agras）发现，每次给她喂食后，桑德拉都会"张开自己的小嘴，将舌头抬起并翻折，猛力地前后推挤舌头"。不一会儿，她就把喂进去的牛奶从口里吐了出来。在反流过程中，她不会哭，也不会有任何痛苦的表情。

他们着手实施了一项温和的惩罚方案。每当桑德拉开始这种猛烈的舌部运动时，他们就立刻将一些无糖的柠檬汁挤入桑德拉的口中。

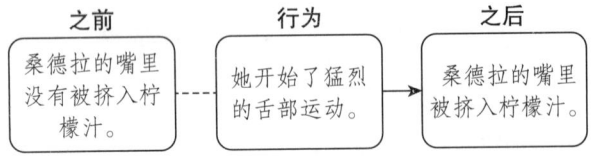

在头一次的20分钟的惩罚期里，喂食之后的桑德拉的反流次数就减少了一半。到了第12天时，她已经不再吐奶了（见图4.2）。她舌头的剧烈运动是反流的重要表现，从那时起也不再出现了。因此，这项惩罚干预的关键部分只执行了12天。

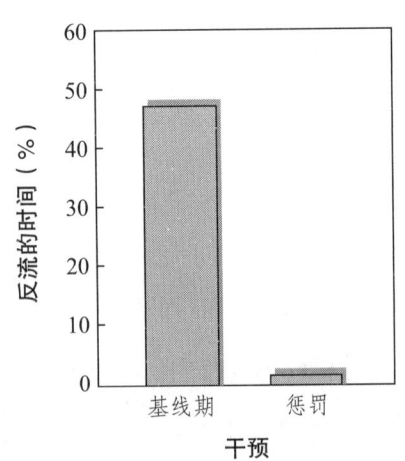

图4.2 使用柠檬水惩罚以减少反流行为

2个月之后，桑德拉的体重从8斤增加到了12斤，一年后她长到了24斤。而且，桑德拉开始关注周围了，开始笑了，出声了，会抓东西了。在她19个月的时候，评估测试表明，她与同龄孩子几乎拥有同样的行为技能库了。

问题

描述一个使用惩罚依联治疗反流的应用，其中的干预什么？干预结果如何？

案例：行为医学

自伤行为[①]

韦德是一个15岁大的有智力障碍的孩子。他没有语言，更糟糕的是，他会经常性地击打自己的头部。如果不加以限制，他击打自己头部的频率会高达每分钟100多下，差不多每秒钟两下。他还经常揪掐自己的身体，持续不断地尖叫。这种年复一年的自伤，让韦德耳朵的形状看上去像花菜；如同职业拳击手一般，他的脸上总是鼻青眼肿，布满伤疤。

在差不多两岁大的时候，韦德就开始自伤了。如今他已经15岁了，自伤已经严重影响到他的福利安置。学校的工作人员使用一种肘部束缚装置来防止他的自伤，可是这样做又让他几乎无法再去参与学习活动。在家里时，他100%的时间里都穿戴着这种束缚装置。

你也许会想，击打自己头部带来的疼痛不就是对他自伤的一种惩罚吗？不就可以让他停止下来吗？但事实是，停不下来。为什么呢？韦德在漫长的成长过程中，可能早已学会了这种危险的头部击打行为，他击打的力量也是逐步加大的，而且，当他击打自己时，他的身体也相应地做出了调整，适应了那种力量。因而，就有了这种可怜的状态，对于韦德来说，对头部的重击已经不再是一个强烈的厌恶刺激，不足以惩罚他击打头部的行为了。

尽管韦德自己好像对这种疼痛的厌恶感非常淡漠了，但行为分析师（Linscheid, Reichenbach）还是希望能够帮助他消除他的自伤行为。他们在韦德每次击打自己头部时，就向他呈现一种新引入的而且是温和的厌恶刺激。虽然韦德好像对自伤本身的惩罚已经很淡定了，但两位行为分析师还是决定把宝押在自己的干预上——一个厌恶刺激的呈现带来的惩罚。

为了看这个方案是否有机会带来转变，他们先在一个受控制的场所进行了测试。他们按每5分钟一个时

[①] 改写自 Linscheid, T., & Reichenbach, H. (2002). Multiple factors in the long-term effectiveness of contingent electric shock treatment for self-injurious behavior: a case example. *Research in Developmental Disabilities*, 23, 161-177.

段,在不同的条件下测量了韦德自击头部的行为。在每种条件下,他们让韦德坐在他妈妈和一名研究人员之间的位置上,如果情况太糟糕,他们就辅助他停止自击。在获取基线数据的过程中,他们还给韦德的双手戴上了充气护板,以降低他每次对头部重击的强度,然后,允许他随意击打头部10分钟。在这10分钟里,他击打自己的频率平均为每分钟20多下。之后,他们给韦德戴上了叫作自伤行为抑制系统(self-injurious behavior inhibiting system, SIBIS)的设备。这套特殊的设备有两个主要部分——一个是在头上的感应器,它可以侦测到每一个打击;一旦发生了打击,它就会发出信号,传递到一个手表大小的装置(通常戴在腿上)上,这个装置就会对腿部产生出一个短暂而温和的电击。

现在,每一次的头部自击都会产生一个短暂而温和的电击。这个惩罚依联带来了奇妙的效果。最初的5分钟里,韦德击打自己的频率只有大约每分钟4次了,而且每次击打都会受到温和的电击;在第二个5分钟里,他一次自击都未出现。在没有穿戴束缚装置时,他也没有出现自击。对于韦德来说,这简直是史无前例的。在戴着手部充气护垫进行了40次测试之后,他们确信,这套SIBIS能够有效地降低韦德的自伤行为。当SIBIS运作的时候,自伤次数很少,而当它关闭的时候,自伤行为又迅速回升了。

接下来,该去掉手部护垫,离开治疗室,回到自然环境——在韦德的学校里测试这个惩罚依联了。行为分析师不仅测量了自伤行为的频率,还测量了韦德的积极行为出现的频率,比如微笑、大笑、与他人的接触。他们花了几天的时间,获取了学校期间未佩戴SIBIS时的基线数据,只不过基线期自伤行为的频率还是很高,超过了平均每分钟两次(每天6个小时的在校时间里,大约有800次自击)。随后,他们只在下午时才给韦德戴上SIBIS,一共3天,而他在下午的自伤行为的频率立刻就降到了0,可上午自伤行为的频率依然很高。

获得了足够的基线测试的实验分析数据之后,是时候让韦德在校的全天时段里都佩戴着SIBIS设备了。一戴上这个设备,他的自击次数就保持为0了。太成功了!不仅他的自击头部的行为,他的其他自伤行为也都消除了,他露出微笑、大笑和亲近他人的行为也明显增加了。对韦德实施的这项短暂而温和的电击方案并没有让他变成一个更加悲惨的人物,相反,这帮助了他,让他成了更快乐的人。当韦德几乎每一秒钟都在自击头部的时候,他根本不会有时间再去做别的事情了;而通过降低自击头部的惩罚依联,如今的韦德有机会参与其他活动了,也有机会做出可以被强化的恰当行为了。

看到在校期间的成功,行为分析师们又对韦德在家的时段应用了这套系统,同样取得了很大的成功。他们一直跟踪了韦德5年,这可是很需要耐力的活儿。在这5年里,最严重时,韦德击打头部的次数为一个月120次(大约每天4次),但大多数的月份通常都远远低于这个数值。事实上,一周都没有一次自击的情况非常普遍。他的父母和老师都报告说,韦德现在快乐多了,他能摆脱肘部束缚装置自由地生活,能够更正常地参加许多活动,包括参加圣诞采购。

功能分析

你可能很难理解自伤行为,因为其后果明明是痛苦且有害的,可是该行为却仍然一直延续着。你也许会问:到底是什么在强化并维持着该有害行为呢?多种依联都会维持这种自伤行为,但因人而异,因为每个人的行为历史不同;有的时候是对某种厌恶事件的逃避,有的时候是自动的、内在的强化依联(比如,感知觉刺激);还有的时候,正是善意地给予的依联性关注在强化并维持着这种自伤行为。

两位行为分析师对韦德的自伤行为也进行了功能分析,以期确定究竟是什么在维持这一行为——这个行为的功能是什么。第3章里,我们在讨论吉米的案例时曾经讲解过,功能分析是功能评估的一种类型,为的是找出相关的强化依联。行为分析师特意为韦德击打头部的行为呈现了各种不同的行为后果,看看在不同的强化依联下行为频率是否有所变化。如果他们找到了某种造成自击行为的强化依联或者逃避依联,那么就可以通过消除该依联来消除掉韦德的自击行为。但是,不管他们所呈现或撤除的后果是什么,韦德似乎都在击打自己头部。这表明,可能与你所预期的正好相反,韦德每次击打头部之后立即获得的生理上的感觉刺激强化了他的自击,而这种刺激又是行为分析师无法消除的。因此,对于某些危及安全的自伤行为,要想减少它们,惩罚,有的时候是唯一可行的选择。

问题

1. 描述一个运用惩罚依联来防止自伤行为的应用,其中的干预是什么?干预结果如何?

2. 一个孩子是如何逐步习得因关注而获得强化的自伤行为的?请你给出解释。

对比

逃避与惩罚

逃避——厌恶刺激的去除而带来的强化

你刚刚胡吃海塞了一顿,牛仔裤的裤腰紧勒在了你的肚子上,紧得你连一根手指头都插不进去了!这种情况过去也经常发生,你也早就有了应对经验:你会偷偷地解开牛仔裤的纽扣,把拉链拉下去一半。这里,你的逃避反应就是拉低牛仔裤的拉链,它去除了你牛仔裤紧勒肚皮的厌恶条件。现在,我们有理由认为,紧勒的牛仔裤是令人厌恶的,该厌恶条件的去除(removal of aversive condition)强化了你的逃避反应——你在暴饮暴食之后经常解开牛仔裤的拉链。

惩罚——厌恶条件的呈现而带来的惩罚

你刚刚胡吃海塞了一顿,可接下来,你还要穿戴整齐,进城去参加一场晚会。你穿上了自己最喜欢的那条牛仔裤,没错,就是紧身的那一条。可是,由于刚刚吃得太多,你必须得深吸一口气,才能将拉链拉上来。这种悲惨的情况连续好几晚上都重复上演后,这时你就会有了奇怪的新看法,你会认为还是原来的那条宽松裤好。现在,我们有理由认为,紧勒的牛仔裤是令人厌恶的,我们认为,牛仔裤的紧勒感惩罚了你暴食之后再穿上它。

对于厌恶刺激的去除而带来的强化与厌恶刺激的呈现而带来的惩罚,人们常常会搞混。问题之一就是,这两种依联都涉及了厌恶刺激,而且厌恶刺激似乎应该总是带来更少的作为,但其实未必如此。

记住,强化是让一个行为的出现频率增加,而惩罚则是让一个行为的出现频率减少。厌恶刺激的去除而带来的强化,与厌恶刺激的呈现而带来的惩罚,这两者都涉及厌恶刺激。但是,要想出现强化,我们必须去除该厌恶刺激,而要想出现惩罚,我们必须呈现该厌恶刺激。

下面的依联表总结了各种依联之间的相互关系。比起我们在上一章里见到的这个表格,本章的表格多了一项。先看最顶上一行中的"呈现",再看最左侧一列中的"厌恶刺激",然后看它们交汇的中间的格子——"惩罚"(频率减少)。这也就是说,**如果呈现一个厌恶刺激,那就是惩罚依联,它将会降低反应频率**(表中用**黑体字**标出的依联将是下一章要讲的内容)。

依联表(2号先期表)

	呈现	去除
强化物	强化↑	处罚(详见第5章)↓
厌恶刺激	惩罚↓	逃避↑

记住:符号↑表示的是该反应会越来越频繁。那么↓呢?你就是个外行也应该明白它的意思吧。

下面给出的是用传统术语表达的依联表。传统上,当谈及一个负强化依联时,有人会将厌恶刺激(例如电击)称为负强化物,而当谈及一个正惩罚依联时,则会将厌恶刺激称为惩罚物。

依联表(2号先期表)

	呈现	去除
正强化物	正强化↑	负惩罚(详见第5章)↓
负强化物(惩罚物)	正惩罚↓	负强化↑

这个依联表还有基本相同的另外一种形式。如果呈现一个刺激(看最顶上一行的那个格子)而反应频率下降(看最左侧一列的那个格子),那么就叫作惩罚依联(看交汇于中间的那个格子),它可以表述为刺激加入带来的惩罚,或者更常见的说法——正惩罚(S^{P+})。

依联表(2号先期表)

	呈现刺激	去除刺激
反应频率增加↑	强化依联 刺激加入带来的强化 (正强化)(S^{R+})	逃避依联 刺激减去带来的强化 (负强化)(S^{R-})
反应频率降低↓	惩罚依联 刺激加入带来的惩罚 (正惩罚)(S^{P+})	处罚依联 (详见第5章)↓

问题

用一两个例子来对比下列两者(也请在对比中画出一个依联表并加以应用)。

A. 厌恶刺激的去除而带来的强化
B. 厌恶刺激的呈现而带来的惩罚

记住:要想在考试中获得好成绩,你就必须能够画出上面的表格并填写内容。单靠死记硬背是不会成功的,因为在试卷上这个表格有可能会被重新排列成其他形式。

案例:智力障碍人士

视觉遮蔽法与温和教学法①

大卫在一家为智力障碍人士提供服务的机构里已经居住9年多了。尽管他已经21岁了,但他的适应性行为测验的分数只相当于一个21个月大的婴儿。他会高频率地出现一些刻板行为,比如,晃动自己的头,盯着

---

① 改写自 Jordan, J., Singh, N. N., & Repp, A. C. (1989). An evaluation of gentle teaching and visual screening in the reduction of stereotype. *Journal of Applied Behavior Analysis*, 22, 9-22. 这些行为分析师来自坦普顿医院与培训中心、教育研究与服务中心有限公司以及北伊利诺伊大学。

自己的手看，嗅自己的手，重复不停地玩弄一个物件。这些高频率出现的不当行为，使得他无法参加到职业安置的服务中去，也给他的家人在周末与其一同回到社区生活时造成了很多尴尬和难堪。

有三位行为分析师（Jennifer Jordan, Nirbhay Singh, & Alan Repp）希望用一些行为干预方案来帮助大卫去除掉这些问题行为。他们为他提供了一些特殊的职业训练——工作内容是对包装材料进行面板打磨和码放纸箱板。与大卫直接打交道的训练师是一些颇有经验的北伊利诺伊大学心理系的研究生或高年级的大学生。

在基线期里，训练师告诉大卫要去做什么，然后留他单独在那里，除非他离开座位。大部分时间里，他只是在那刻板地做着那些自我刺激行为，几乎不会去做任何职业训练任务。

随后，他们开始干预，内容结合几项标准的行为训练程序，包括肢体辅助指导以及提供表扬和抚摸的强化。他们对大卫的刻板行为一直保持忽视。这些行为程序很快就降低了 50% 以上的刻板行为，并让他的任务执行时间达到了 68%。

在接下来的阶段里，他们继续运用这些标准的行为训练程序，但另外加入了两项新的方案，并且交替使用这两个方案。这两个方案一个是静默教学（teaching quietly），另一个是视觉遮蔽（visual screening）的惩罚。

在静默教学中，他们在指导大卫时，几乎不使用任何发出声音的指令，而只是通过肢体手势和信号来指导。为什么不使用发出声音的指令呢？因为静默教学的倡导者认为，如果大卫在训练过程中听到的语音只有表扬他时的话语，那么这个语音表扬就更具有强化效力。（仅仅是表扬话语发出的声音可能就更具有强化效力，因为大卫近期已经被剥夺了听到声音的机会，因而他可能就会对声音有更强的"饥渴"。另外，如果表扬的话语不是混杂于指导声和叨唠声中的话，那么表扬的话语或许就会显得更清晰，从而更具有强化效力。）

静默教学是内布拉斯加精神病学研究所的约翰·麦吉（John McGee）提出的一整套干预策略中的一部分，他称这套策略为温和教学法。麦吉的温和教学法结合了标准的行为训练技术和"静默教学"技术。其中的标准行为技术包括前面提到过的肢体辅助、对适当行为的强化，以及对不当行为的消退。但该策略绝对不包括的是：惩罚。麦吉的主要观点就是，无须惩罚，我们也可以防止智力障碍人士各式各样极端的不当行为。[1]

新加入的静默教学进一步逐渐地降低了大卫的刻板行为，并且让他完成任务的时间增加到了 81%。这很不错了。但是他们要的可不仅仅是不错，他们要的是经过努力可以获得的最好结果。于是，他们将麦吉的温和教学法与一项惩罚依联的呈现放在一起进行了比较——他们要看看哪一种更有效。

在两种方案交替比较的时段里，他们是这样运用惩罚依联的：每当大卫做出一个刻板行为时，比如嗅自己的手，训练师就立刻用一只手遮住大卫的眼睛，并用另一只手扶住他的头的后部。这样的视觉遮蔽每一次会持续 5 秒钟。他们假定这种视觉遮蔽对大卫来说是一种温和的厌恶条件。[2]

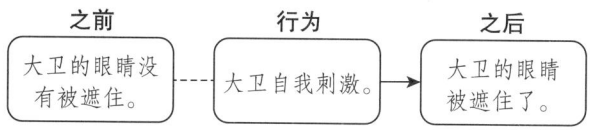

视觉遮蔽迅速将大卫刻板的自我刺激行为时间降低到了 14%，同时，他做任务的时间增加到了 88%。随后又进行了几个时段的惩罚，大卫的刻板行为进一步降低到了 7%[3]（见图 4.3）。

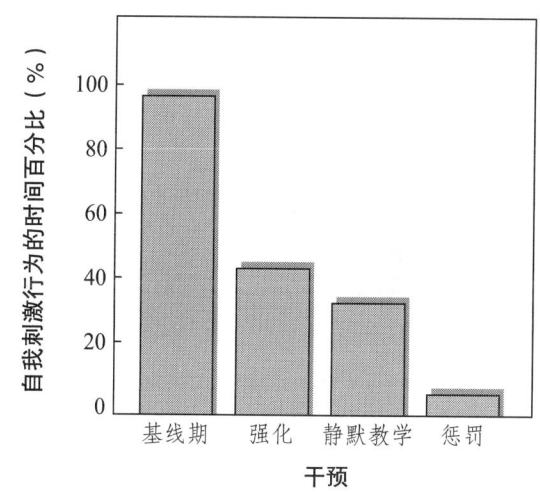

图 4.3　减少一名有发育障碍的男子的自我刺激行为

---

[1] McGee, J. J. (1985). Gentle teaching. *Mental Handicap in New Zealand*, 9, 13-24.

[2] 希瑟·海思（Heather Hass）提出了一个很有意思的问题：这种视觉遮蔽真的是呈现一种厌恶依联而带来的惩罚案例吗？换句话说，这种视觉遮蔽提供了像轻微刺痛那样的一种厌恶的东西吗？也许，这其实是一种处罚依联，是去除强化物带来的惩罚（见第 5 章）。也就是说，这种视觉遮蔽的惩罚效力是由于它让大卫无法看到那些有强化效力的视觉刺激了（处罚依联），还是只是因为视觉遮蔽所带来的约束本身就具有轻微的惩罚效力，就算大卫无法看到那些具有强化效力的视觉刺激（一种基本的惩罚依联）？这很难说，不过，我自己感觉将这个例子放在第 4 章这里会让我更为轻松，只需添加上这则注释，而将其放在第 5 章里，我的感觉就没那么轻松了。

[3] 请注意，我们在文字部分给出了大卫完成任务的时间百分比，而在这张图中，我们给出的是他进行不当刻板行为的时间百分比。这两组数据之间并不完全吻合，这是因为大卫有时会一边完成任务一边做出一些刻板行为。这两个反应类并非完全不兼容。

问题

描述一个运用惩罚依联防止自我刺激的应用，其中的干预是什么？干预结果如何？

案例：行为临床心理学
不当的习惯性行为[①]

希德盯着电脑屏幕上他写的东西有10分钟了。他坐在那里，眼盯着屏幕，左胳膊肘支撑在转椅的扶手上，左手托着腮。他用食指揉了揉自己的左眼，停了一会儿，他又揉了揉，然后又揉，又揉……

唐恩站在门外的走廊上，偷偷地观察着希德。这时她大喝道："停！不准揉眼睛！"希德一个激灵，立刻将自己的手指从眼睛上收了回来，开始在键盘上打字。随后，他停了下来，笑了。

"这回可算是被你抓个正着！我知道揉眼睛会让你很不爽，可是，我时不时轻轻地揉揉自己的眼睛，又怎么啦？"

"希德，你那样做看上去可傻了，可你却还非要一天到晚不停地这么做。"唐恩在桌边的一把椅子上坐了下来。她用右手臂的肘部支在桌面上，开始咬自己的右手拇指指甲，说道："而且，这对你的眼睛也很不好，你眼皮总是揉得红红的。"

"得了吧！唐恩，那是因为我睡眠不足好不好？"

"那会只是左眼眼皮红吗？"

"我在自己书房这样私人的地方揉我自己的眼睛，这算我的私事，不行吗？"

"不！这可不只是私事。你不应该在讲课时揉眼睛，学生们看见了就会笑你；去年行为分析协会上你演讲你的论文的时候，你就站在那里不停地揉眼睛，揉啊揉的，太丢人啦！"

"要是你不再咬你的手指甲，我就不揉我的眼睛了。"

这回轮到唐恩一激灵了。她从自己的嘴里抽回了手，把它压在大腿下藏了起来，然后咧开嘴笑着低下头，长长的棕色头发垂了下来。随后她又把自己的眼睛转向了天花板，一副天真的表情。这一招原本是个有效的逃避反应，当年在她父亲那里屡试不爽，可是现在在老公面前，这招就没那么好使了。

"你是个博士，可不再是个5岁大的小女孩啦！这一回我才不会被你的卖萌给搞酥掉呢。你说得对，我也不想揉眼睛，而你其实也不想咬手指甲。我们得面对这些。"

唐恩停止了自己的萌笑。

"你得建立一套行为干预方案了，帮助你自己的手长出一副修长典雅、优美精致的手指甲来，那可是你真正想要的。如果你能再将这套方案用在我身上，用在我的轻微的揉眼睛上，那我倒是很乐意接受你的干预。我承认，我自己也不想因为这个毛病而在心理系被人当成怪人来看笑话。"

第二天晚饭的时候，唐恩说："我今天在图书馆花了一下午时间，找到了一篇米尔滕贝格尔和富卡的论文。我觉得他们似乎给我指明了一套干预方案。但是，在告诉你他们是怎么做到的之前，我们得先花6天时间，收集好基线数据。你必须一直随身带上像这样的3×5厘米的卡片，每当你揉眼睛的时候，你就必须将它记录下来。我也会同样记录我的咬指甲行为。这样我们就能更清楚地知道米尔滕贝格尔－富卡的干预会多么有效了。"

"好的，唐恩，我会一直携带这些卡片的，除非是我光着身子洗澡时。"

6天之后，唐恩在晚餐时问希德："你准备好了吗？要听我跟你讲讲那两个作者的办法吗？"不等希德回答，她就开始说了起来："我将他们的方案解释成一个简单的自我惩罚程序。"

"哦？那我们需要用什么装置呢？我们得在自己胳膊上绑个电击用的电极吗？"

"你要用的就只是你揉眼睛的那只手。每一次你发现自己在揉眼睛，就立刻停下来，攥成拳头，一直攥3分钟。"

"你怎么认为这是一种惩罚程序呢？"希德问。

"攥紧拳头是需要花力气的，这肯定是件麻烦事，而且这有时会让你觉得很难堪。我不是说它真的是令人厌恶的，但它已经足够让你感觉不爽了。"唐恩答道，"因此，你每一次的揉眼睛反应都会立刻产生一个轻微的厌恶条件——攥拳头。这应该就是一种惩罚方案。"

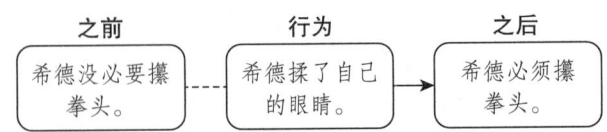

"你也打算将这套惩罚依联同样用在你自己的啃手指甲上吗？"

"当然啦！"唐恩回答道。

"那我们就这么办吧！"

结果如何？希德对自己的干预持续进行了24天的

[①] 改写自 Miltenberger, R. G., & Fuqua, R.W. (1985). A comparison of contingent vs. Noncontingent competing response practice in the treatment of nervous habits. *Journal of Behavior Therapy and Experimental Psychiatry*, 16, 195-200.

记录——数据表明效果很好。希德揉眼睛的次数从平均每天 11 次降到了 3 次。唐恩比希德多收集了 4 天的基线数据，随后收集了 20 天的干预数据。她咬指甲的次数从平均每天 20 次下降到了 5 次（见图 4.4）。

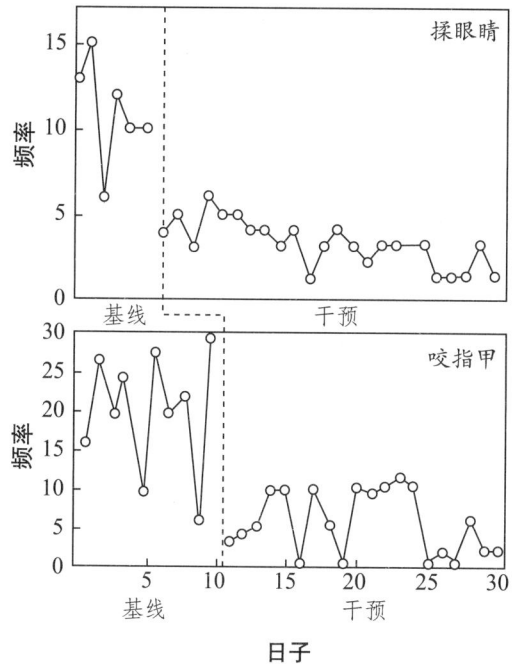

图 4.4　跨被试和行为的多基线设计

希德不再是心理系一位面相生猛的红眼怪人了，唐恩也因为有了修长的指甲而显得更成熟、更淑女了。这两口子在公共场合开心自在多了。

问题

用示意图描述一个去除习惯性行为的惩罚依联。

案例：智力障碍人士

依联式锻炼[①]

10 岁大的彼得在每天 6 个小时的在校时间段里，经常出现掐人、踢人、打人以及推拉别人的行为，次数高达平均每天 63 次。老师只好将他从智力障碍特殊班里转出，转到一个专门处理有严重捣乱行为的孩子的教室里。

在这个新教室里，帮助彼得的行为分析师有三位（Stephen Luce, Joseph Delquadri, & Vance Hall）。他们知道，有很多种惩罚攻击行为的方案会用到带来疼痛的刺激，比如电击；但他们也知道，这类方案在公立学校里

[①] 改写自 Luce, S. C., Delquadri, J., & Hall, R.V. (1980). Contingent exercise: A mild but powerful procedure for suppressing in appropriate verbal behavior and aggressive behavior. *Journal of Applied Behavior Analysis*, 13, 583-594.

通常是不被允许的。因此，他们最后选择了一种能够被接受的厌恶后果——体育锻炼。每一次彼得攻击他人时，老师就要求他在地板上做 10 次蹲起运动。之所以选择这个运动是因为他们见到彼得在游戏时间里经常这样做，而且，如果他被要求执行这个锻炼项目并重复 10 次，会很费力气，足以让他对此厌恶。选择这样费力气的项目还有另一个原因。体育咨询师认为，这个项目对提高彼得的身体素质有好处。

执行这个惩罚方案的第一天，彼得的肢体攻击就从基线期的平均每天 63 次下降到了 10 次。经过 10 天的惩罚程序，他的攻击次数下降到了平均每天 2.3 次（见图 4.5）。

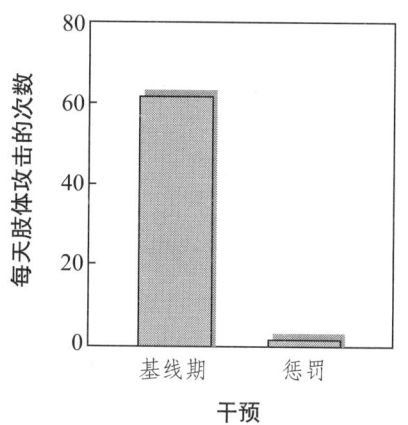

图 4.5　通过依联式体育锻炼惩罚攻击行为

这项惩罚程序成功地抑制了彼得的攻击行为，以至于最后实际上没有给他提供太多体验锻炼的机会。

问题

描述一个用惩罚依联降低攻击行为的应用，其中的干预是什么？干预结果如何？

案例：智力障碍人士

过偿纠正[②]

安是一位 50 岁的妇女，她的 IQ 只有 16 分（平均分是 100 分），且有暴力行为。从 4 岁起，安就住在一个机构里；从 13 岁起，她开始出现暴力行为。她会把自己的寝室破坏得一塌糊涂，房间里的床、椅子、桌子等家具，只要是没被钉死的，全都会被她推翻，平均每天 13 次。对于被鉴定为有智力障碍的人来说，居住在那种监护寝室里算不得有多么幸福，但是，也不能容忍安这样的闹法。

[②] Foxx, R. M., & Azrin, N. H. (1972). Restitution: A method of eliminating aggressive-disruptive behavior in retarded and brain-damaged patients. *Behavior Research & Therapy*, 10, 15-27.

理查德·福克斯（Richard Foxx）博士和内森·阿兹林（Nathan Azrin）博士对此采用了一个他们开发出来的颇为有名的叫作过偿纠正（overcorrection）的方案。在这个行为程序中，当事人会被要求过偿纠正自己的所有问题行为。当事人不仅仅要对他们所打扰的人和破坏的环境做出纠正弥补，把事情做对，而且还要把事情做得更好，比他们犯错之前还好。他们必须花力气去做，而且在没完成之前没有机会休息（必要时，工作人员会使用肢体辅助指导，以确保当事人执行过偿纠正）。

在安的这个案例中，她必须将家具摆放回去，而且她还要重新整理清扫该寝室里所有的床铺和枕头。或者，如果她将桌上的食物扫到地上的话，她就要把地上的食物打扫干净并用拖把拖干净，随后还要去清扫整个餐厅。这之后，她还要向家具被她掀翻的人去一一道歉。因为她没有语言，所以当护理人员问她是否感到抱歉的时候，她要用点头来回答"是的"。

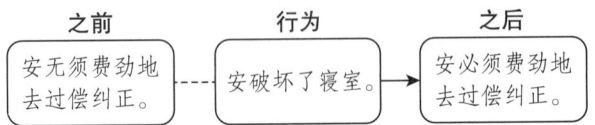

有些学生说他们不理解为什么说清理寝室是厌恶刺激。因为这是一个吃力的活儿。那些不能理解干这种吃力的活是厌恶刺激的家伙，很可能从来就没干过家务。

结果如何？在一周之内，过偿纠正程序就将有37年暴力史的安掀翻家具的行为从基线的平均每天13次降低到少于4次了。经过11周的过偿纠正，安彻底停止了她的暴力行为（见图4.6）。想想看：福克斯和阿兹林只用了11周就解决了一个37年的老问题——这可不是魔术哟！

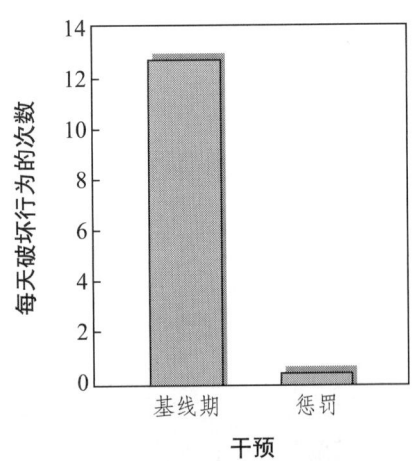

图4.6 通过过偿纠正惩罚破坏行为

这种类型的过偿纠正又称作恢复性过偿纠正（restitutional overcorrection），当事人要修复自己所造成的损坏，而且还要在这基础上多做一些事情。过偿纠正有时还具有其他一些特征。它可能涉及正向练习（positive practice）——让当事人练习正确地去做一件他刚刚做错了的事。另外，过偿纠正总是会涉及对不当行为的纠正行为，其中可能具有教育意义。但是，不少行为分析师认为，过偿纠正最主要的价值在于，它实质上是一个通常能被社会接受的、有效的惩罚程序（它具有社会效度）。换句话说，过偿纠正是一个真正的惩罚程序，而且，当其他惩罚程序被禁止使用时，它是一个经常可以被采用的方案。事实上，依联式锻炼也真的是一个比传统的惩罚形式更能被人接受的程序。

问题

名词解释：过偿纠正，并举例说明。

> **定义：概念**
>
> **过偿纠正（Overcorrection）**
> - 对于不当行为的
> - 一个行为依联，
> - 它要求当事人
> - 做出费力的反应，
> - 以完成更多的任务，而不只要纠正
> - 该不当行为所造成的影响。

结论

从上面这些实验中可以得出以下几条结论：

1. 在很多案例中，你并不需要使用电击，你可以通过某些更被人接受的厌恶结果来消除掉不当行为，例如：
   A. 费力地攥紧拳头
   B. 费力地纠正之前破坏行为造成的影响
   C. 费力地进行体育锻炼
   D. 用冰块短暂地接触脸部
   E. 挤入一点儿酸柠檬汁
   F. 斥责
   G. 视觉遮蔽

2. 这些厌恶结果可以迅速而有效地抑制行为，即使当事人已经有多年的该行为史了，例如：
   A. 习惯性行为
   B. 自伤行为
   C. 攻击行为
   D. 磨牙
   E. 偷懒
   F. 自我刺激

3. 即便有了优秀的强化方案，有时再加入惩罚依联可以极大地改善行为表现，例如：

A. 小学补习班上

B. 在针对极重度智力障碍人士的职业训练中

4. 因为惩罚依联通常会迅速而有效地抑制行为，所以当事人一般不会接触到那些厌恶结果，例如：

A. 对反流的柠檬汁惩罚

B. 对自伤行为的电击惩罚

C. 对有害的打喷嚏的电击惩罚

D. 对破坏性的自我刺激行为的视觉遮蔽

E. 对攻击他人的依联式锻炼

F. 对侵害财物的过度矫正

恶性社交循环（受害者惩罚模型）的例子：行为学特殊教育

孤独症孩子吉米①（第二部分）

还记得第3章里讲的吉米是如何通过在教学时段里的捣乱行为来逃避困难任务的吗？他和苏之间运转着一个典型的**恶性社交循环**，因为苏允许他逃避困难的训练任务，从而强化了他令人讨厌的、暴力的捣乱行为，而吉米的暴力捣乱惩罚了苏坚持要他执行学习任务的要求。在这个案例中，苏（受害者）停止了自己坚持让吉米执行任务的恰当要求，因为她的坚持受到了吉米（加害者）讨厌的捣乱行为的惩罚了（请看下面的示意图）。

我们从苏让吉米执行一项困难任务开始看起。某种意义上说，这引起了吉米的捣乱（两者圆圈之间的实线箭头）；而在一定意义上，吉米的捣乱导致苏停止继续要求他去做困难任务（下一个实线箭头）；而某种程度上，苏的不再坚持使得吉米停止了捣乱（第三个实线箭头）。在最后一个连接线，我们延续以前的做法，用一个虚线箭头，虚线的意思是，我们姑且这样解释也许更好一些：暂停了一会儿，吉米没有捣乱之后，**紧接着**苏就又让他去做困难任务了；于是，他们俩就开始沿着这个恶性社交循环一圈一圈地转下去。当然，这里的箭头都是比较抽象的，你和你的老师也许会偏爱使用跟随在其后这种表述来代替那些箭头。

这里我们不应该过度解读吉米的暴力捣乱行为，他

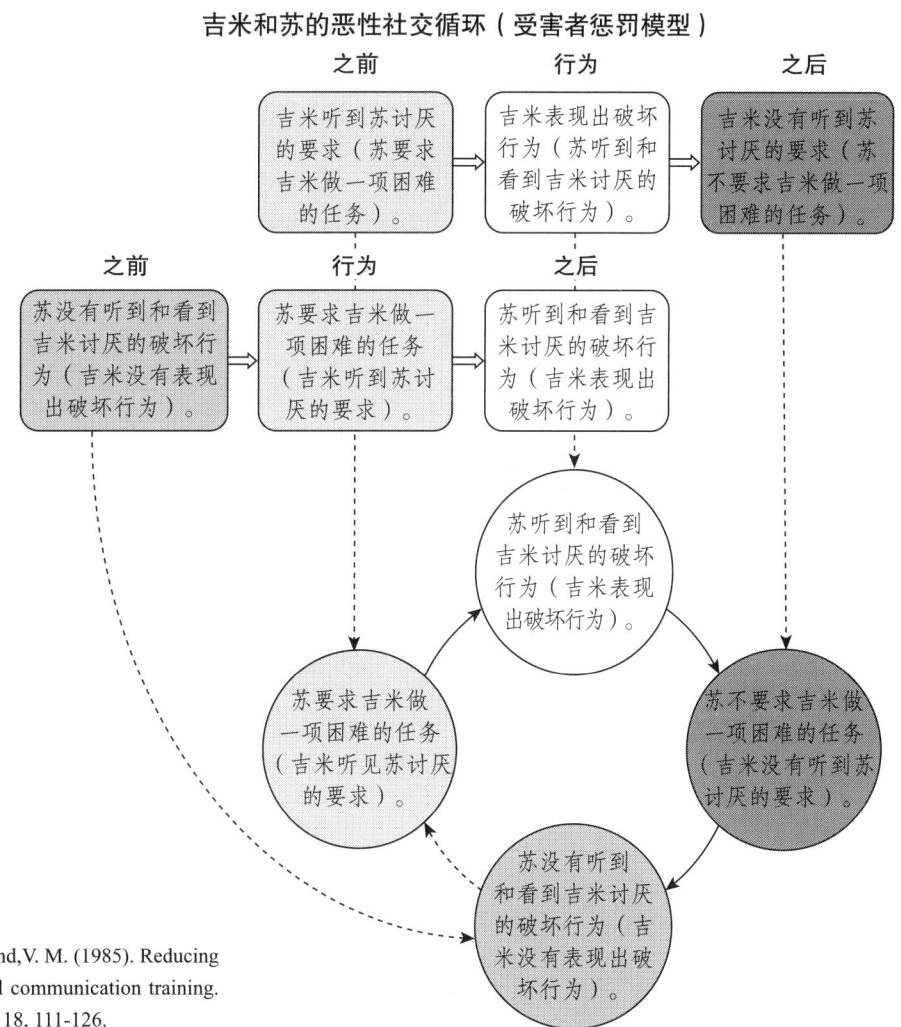

吉米和苏的恶性社交循环（受害者惩罚模型）

---

① 改写自 Carr, E. G., & Durand, V. M. (1985). Reducing behavior problems through functional communication training. *Journal of Applied Behavior Analysis*, 18, 111-126.

只是在做出一个过去被强化的反应。我们不能说"他想逃避"，或者说"他想控制苏"，或者说"他想表达自己的需求"，抑或说"他自我爆发了"。他甚至未必清楚自己在做什么，他很可能根本不知道何种依联在控制着自己的所作所为。对苏也是同样的，她可能没有意识到吉米一捣乱就使自己向其做出让步，更没意识到自己的让步强化了吉米的捣乱。这种无意识在许多老师身上肯定是很普遍的，包括特殊教育老师。

在第 3 章里，我们看到了一个基于受害者逃避依联的恶性社交循环的案例，唐恩时不时的不当安抚行为是被逃避了罗德啼哭所强化的。在吉米和苏的案例中，我们看到了另一种基于受害者不当行为的惩罚依联的恶性社交循环。这种社交互动的通用示意图如下所示。

要注意，第一个依联总是一个逃避依联，不适当的行为通过逃避一个厌恶条件而得到强化。

也要注意，第二个依联总是一个惩罚依联，适当的行为被惩罚了。

> **定义：通用规则**
>
> **恶性社交循环（受害者惩罚模型）**[The sick social cycle (victim's punishment model)]
> - 加害者的厌恶行为惩罚了
> - 受害者的适当行为，
> - 而受害者适当行为的停止
> - 无意地强化了该厌恶行为。

要记得，死人测验不适用于一个依联示意图中的之前条件和之后条件。所以，如果受害者在第一个依联的行为之后条件中没有行为，这是可以的，因为那对于加害者来说就真的是一个刺激条件。同样，在第二个依联示意图里，行为之前条件中的加害者没有厌恶行为，这也是可以的。

问题

1. 名词解释：恶性社交循环（受害者惩罚模型），

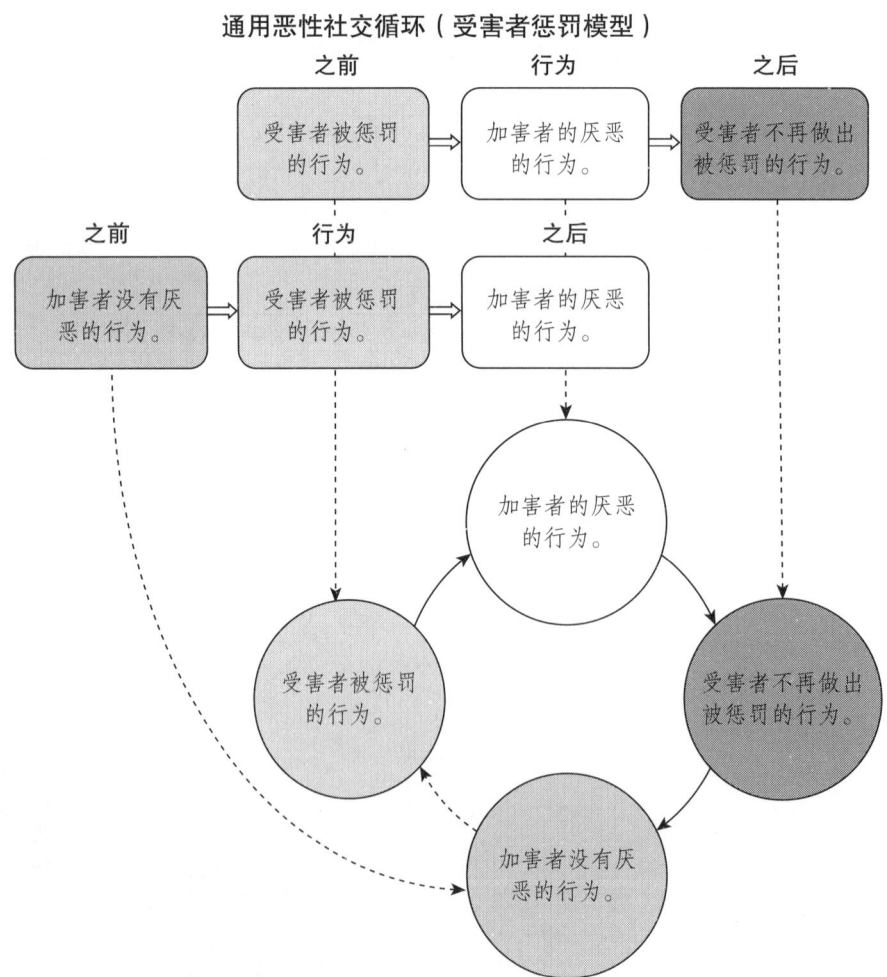

并举例说明。
- 针对你举出的例子，画出两个依联示意图。
- 画出这个恶性社交循环的循环示意图。

2．现在请在你画好的整个恶性社交循环的示意图里填充文字（加害者的依联应放在第一行，受害者的依联应放在第二行）。

- 确保第一个依联是一个逃避依联，即加害者的不当行为通过逃避一个厌恶条件而得到强化。
- 确保第二个依联是一个惩罚依联，即受害者的适当行为被惩罚了。

孤独症进阶①

在第1章里，我们曾经读到过关于吉米的过度的自我刺激行为（扑手）的描述。第一步，凯特花了几天时间，记录了观察到的描述性数据，记录下他什么时候会兴奋，以及他兴奋的结果。凯特在试图寻找他这种兴奋的原因或者功能——是什么在强化它？她发现，即使吉米独自一人的时候，他扑动手掌的次数和他与人在一起时，或者当他被要求完成一个有难度的学习任务时一样多。因此，该功能评估表明，吉米表现出这种兴奋行为的原因在于兴奋本身自动地产生了强化物［本体感觉刺激（proprioceptive stimuli），例如，扑动手掌带来的感受］。我们多少都存在一些这样的兴奋行为，会做出某种可以自动地产生强化物的小行为，比如晃脚尖、吹口哨、小声哼哼、玩弄手指或摸头发，等等。也许，许多孤独症孩子与我们的不同之处只不过在于，我们迫于不被认可的社交压力，自我兴奋行为只会偷偷地进行，而孤独症孩子则对这类社交压力的敏感性低得多。

让我们看看与吉米同龄的正常发育的普通孩子迈克的表现吧。与其他小男孩或小女孩一样，迈克也有很多自动被强化的行为。比如，他喜欢自己唱歌自己听。有时，他唱的是之前听过的歌；有时，他唱的是自己即兴创作的没有意义的歌。他可能在玩玩具火车的时候唱，也可能在洗澡盆里唱——这些都是自身就能产生强化物的自我刺激。在他边玩边唱的时候，没有人给他额外的关注，他也并没有因为唱歌而逃避掉什么厌恶刺激。

---

① 有一个关于兴奋（stimming）的功能的有趣讨论，可以参见 Kennedy, C., Meyer, M., Knowles, T., & Shukla, S. (2000). Analyzing the multiple functions of stereotypical behavior for students with autism: Implications for assessment and treatment. *Journal of Applied Behavior Analysis*, 33, 559-571.

但是在公共场合，他与爸爸妈妈在一起的时候，迈克就不会大声地给自己唱歌了。因为这么做的话，比如在饭店里，他的爸爸妈妈就会像其他所有的父母一样，做出一副"愤怒的父母"的样子来，比如向他皱眉、摇头，或者把手指放在嘴唇上。他们这么做不仅仅因为孩子的唱歌对他们来说很烦（的确是烦），更因为他们不想让饭店里的其他人对自己——带着一个吵吵闹闹的熊孩子的父母，表现出愤怒的样子来。结果如何呢？于是，迈克快速地闭上了嘴巴。当然，他还会一个人或在家里时那么唱，但他在公共场合，与父母在一起的时候，就会很乖巧地控制住自己（我们会在第12章里讲解为什么会这样）。

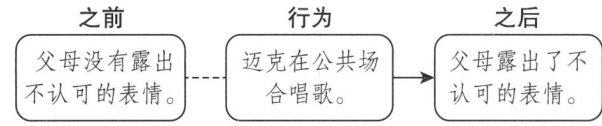

这个惩罚依联有效地控制着迈克的自我刺激，但是，为什么父母这种几乎是自动化地表露出的不认可却没能惩罚吉米的自我刺激呢？杰克·李维斯和艾米·李维斯完全可以坐在那里，每当吉米兴奋时，就甩给他一副怒气冲冲的脸色，然而，他们的生气表情成效甚微或根本无效。换句话说，生气的表情对于吉米来说就不是一个有效的厌恶刺激，不会惩罚到他的兴奋。记住，要想形成真正的惩罚依联，在行为之后条件中呈现的刺激必须是真正的厌恶刺激。从前面讲过的核实你假定的强化物的原则中，我们可以推论，在你打算应用一个惩罚依联时，核实你假定的厌恶刺激的原则，当然也同样重要。在第11章里，我们将会讨论，为什么父母的社会性不认可对有的孩子有效，而对有的孩子无效。

初级进阶

斯金纳箱：实验行为分析

对压杆的惩罚

从观察窗口向斯金纳箱里面望去，这一回，你可以看到箱子底部又有了那个出水小凹孔了，不过，那个声名狼藉的金属条铺成的地板也在那里。当然啦，要称之为斯金纳箱，里面就必须要有一个能让动物做出反应的装置。在老鼠实验中，这个装置通常就是那根杠杆，这一回，它也同样出现在箱里。

在这次的实验里，老鼠的举止很古怪。它不停地接近杠杆，随即又迅速地离开。它将自己的前爪伸过杠杆，随后又把前爪快速地抽回来。老鼠在触及杠杆时极为小心，随后会猛地跳开。最终，老鼠将杠杆压到底，并轻巧地跳开；地板上的那个水洼里有水冒出来，老鼠会快速地冲过去将水舔净。之后，它又慢慢地接近杠杆，动作像前面一样机警。

这里到底发生了什么？当然喽，你只需看看本章的标题就能知道答案。一个厌恶刺激（短暂而轻微的电击）的呈现惩罚了老鼠的压杆反应。这只老鼠身处窘境——你我其实也同样经常处于这种窘境之中：同一个反应，既产生了奖励（一滴水），又产生了厌恶刺激（电击）。就像你舀起一勺热汤，既为你带来了美味，同时又烫到了你的嘴。我们会像这只老鼠接近杠杆一样，在接近一勺热汤时，也是极度小心。

让我们再来比较一下惩罚依联与逃避依联有什么不同。

逃避，是电击的**去除**强化了压杆反应。

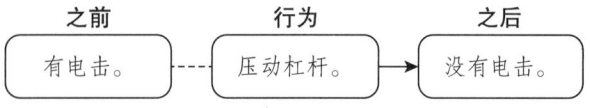

惩罚，是电击的**呈现**惩罚了压杆反应。

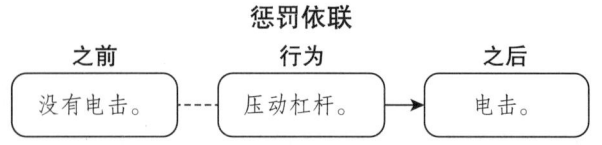

在传统术语里，逃避依联被称为负强化依联——负强化物的去除带来的强化。它之所以是强化，是因为该行为的频率增加了；它之所以是负的，是因为电击的去除增加了该行为出现的频率。同样，在传统术语中，惩罚依联被称为正惩罚依联——惩罚物的呈现带来的惩罚。它之所以是惩罚，是因为该行为的频率减少了；它之所以是正的，是因为电击的呈现减少了该行为出现的频率。

但是，无论何处，只要见到了一个抑制某个行为的惩罚程序，那么你也就知道，它一定是在对抗着一个维持该行为的强化程序。这个强化依联，要么肯定是与惩罚历史同时存在的，要么该强化依联至少在惩罚依联出现之前发挥过作用。如果不存在强化依联，或者从未有过强化依联，那么，也就不存在某个反应会被惩罚依联所惩罚。这个实验中，水的呈现强化了压杆行为，与此同时，电击的呈现抑制了压杆行为。

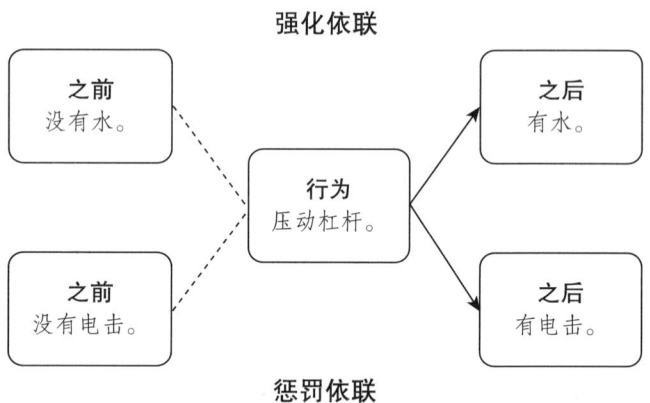

问题

利用斯金纳箱来对比惩罚和逃避。

每一个惩罚依联的身后都必定有一个强化依联

这是很重要的一点：

> 只要有一个惩罚依联，就必定有一个强化依联。

为什么说这是真理呢？假设你想在斯金纳箱里演示一遍对压杆反应的惩罚，那么在惩罚之前，你得让老鼠去压动杠杆。但是，怎么才能做到这点呢？你得强化这个行为，例如，用水做强化物。

换句话说，要让惩罚发生，你需要有行为；而要想让行为能够可靠地出现，你必须强化它。好了，如果你只看了我们在前面"基础知识"一节当中所讲解的例子，就会很容易忽略了这个要点。在前面的"基础知识"一节中所讲的大部分例子里，我们只看到了各种不当行为在高频率地出现，但是我们并没有问，它们为什么发生。但既然发生了，那你就可以肯定它们都产生了强化物。不过在那些案例里，我们并未去追究那些强化物究竟是什么，不过，我们确信它们肯定存在强化物。

你认为是什么强化了韦尔玛和格里的磨牙？是什么强化了桑德拉的反流？又是什么强化了大卫的自我刺激、希德的揉眼睛、唐恩的咬指甲、彼得的攻击行为，以及安的捣毁寝室的行为呢？喔，这一大堆的问题等着你回答呢！现在要说的是，大多数这些研究在开展前没有进行常见的**功能分析**——分析引发行为问题的依联（如今，功能分析早已是在启动干预之前通常就须正式完成的一项工作了，其目的就是查看是否有可能不使用惩罚程序就能够降低不当行为）。但在前面这些案例中，我们无法确知维持那些不当行为的相关的强化依联究竟是什么。不过，我们在这里可以大胆地做一些推测，比如，你看到下面这个依联示意图：

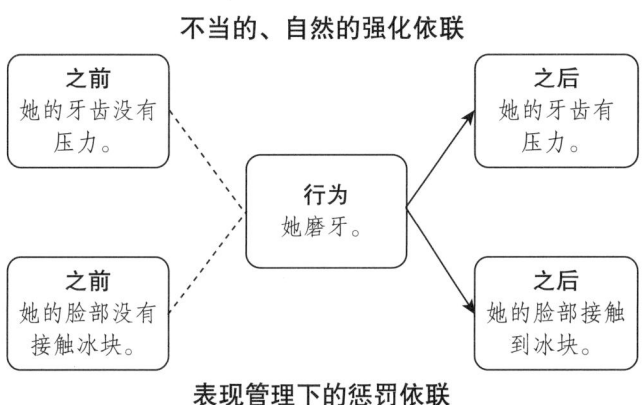

当你读到第10章时，你就会看到，在某些条件下，牙齿上的咬合压力似乎就是一个强化物。我们之所以将这种强化依联称为"不当的"，只是因为这种依联对那两位女性的行为产生了不应有的、过分的影响。

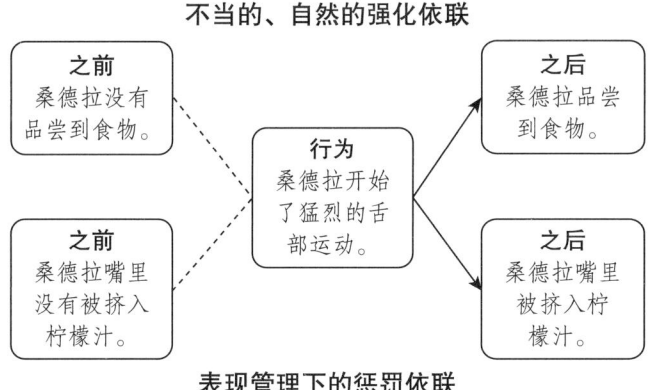

桑德拉猛烈的舌部运动让她将食物吐了出来，同时其中也品尝到了食物的美味。而且，虽然看上去有点儿不可思议，但是研究表明，反流食物的味道有时可能就是一个强化物。

在任何情况下，无论何时，只要使用了惩罚依联，你就也应该密切关注强化依联。在上面这个斯金纳箱的实验中，亮点就在于它反映了对强化依联的需求。而且，既然如今对惩罚依联的使用趋势正在大幅度地减弱，那么多关注维持不当行为的强化依联就显得尤为重要了。在很多案例中，我们都不得不集中力量进行功能分析，目的就是找到不当的强化依联。然后，我们用某种方法抵消这个不当依联的影响——例如，结合使用对不当行为的消退（extinction of inappropriate behavior）和对替代行为的差别强化的方法（参见第7章）。

斯金纳箱：实验行为分析

基础研究[①]

在韦德的自伤案例中，我们看到了强化过程与惩罚过程是如何在相反的方向上起作用的。我们推测，韦德的自击头部的行为最初出现时可能是因得到了关注而被强化的，或者那可以让他从某种条件中逃避开，也有可能这会产生某种具有强化效力的感觉刺激。我们还推测，对于韦德来说，自击头部带来的严重的生理压迫已经不再是一种令他非常厌恶的刺激了。有可能随着他击打头部强度的逐步加大，让这种击打的生理压力渐渐地失去了厌恶特性。

只不过，这些看上去都只像大胆的猜测而已，所以我们必须在实验室里用实验来检验这些说法。第一个问题：是否在某种环境下，小小的强化物就能维持一个反应，即便同时依联于这个反应的还有一项高强度的生理压迫刺激？如果答案是肯定的，那么第二个问题：为什么会这样？怎样的环境下才会这样？对于这两个问题，实验室研究的答案将有助于我们理解韦德的案例。

内森·阿兹林博士在安娜州立医院开展了相关的研究。他用的是鸽子而不是人。以往的实验表明，此类动物实验研究的结果大多数也能适用于人类，因为人就是一种动物。

如果那时我们走入内森·阿兹林的实验室，会看到一只鸽子在斯金纳箱里啄着一个小圆片，这个小圆片就是一个反应键（等同于老鼠的按压杠杆）。

每一次啄击之后，鸽子都会立刻扑动一下翅膀，身体剧烈倾斜，像快要掉下去的样子。靠近观察，我们就会注意到有一根电线与鸽子相连。每当鸽子啄击一次反应键，这根电线就会传送过来一次短暂但强烈的电击，这个电击很厉害，几乎会让鸽子跌落下去。可是，这只

[①] 改写自 Azrin, N. H. (1959). Punishment and recovery during fixed-ratio performance. *Journal of the Experimental Analysis of Behavior*, 2, 301-305.

鸽子还是不停地啄击反应键，不停地被电击。为什么？韦德会不顾生理上的压迫而不停地自击头部，这只鸽子也是同样的情形，它会不顾电击而不停地啄击圆片。

事实上，首先，这只鸽子为什么要去啄圆片呢？我们继续观察这只固执而古怪的鸽子就会注意到，有时，啄击圆片会让装满谷物的饲料槽从斯金纳箱墙壁上的凹槽处传送进来。当然，鸽子会迅速地在几秒钟之内把食物吃掉，因为饲料槽只会在凹槽处停留几秒钟。换句话说，食物强化物的呈现带来的强化维持了鸽子的啄击反应。就像韦德的自击头部可能会产生出潜在的关注强化物，鸽子的啄击会让谷物强化物不时地输送进来。

因此，我们前面提出的第一个实验问题的答案是：是的，一个动物，也可以由此推论至一个人，有时会忍受依联于某个反应每一次都带来的很大的生理上的压迫，尽管这个反应只产生了很小的强化物，甚至尽管这个强化物只是偶尔出现。

那么，我们的第二个问题呢？为什么会这样？怎样的环境下才会这样？答案是：当生理压迫的强度逐渐增大的时候，我们就能够随之忍受很大的生理压迫。

对于韦德，我们可以想象，日复一日地，韦德逐渐地增大自己的击头力度。但对于鸽子，我们确切地知道，日复一日地，内森逐渐增大了鸽子的电击强度。

其他研究也已经表明，如果内森一开始就使用高强度的电流，那么这只鸽子就会极大地减少啄击圆片的频率，并且很可能不再啄了。因此，内森·阿兹林这个仔细认真的实验支持了我们对于这个世界上每天都在发生的一些古怪行为背后的过程的猜测。

问题

对比韦德的案例与阿兹林的斯金纳箱的实验。

一个厌恶控制的支持者的自白

我本人身兼贾奇·罗滕贝格中心（Judge Rotenberg Center, JRC）的理事。这个中心也许是全世界最具争议的行为分析团体了。之所以有很大的争议，就是因为JRC在减少或消除某个极端危险的行为时，有时会在惩罚依联中使用短暂的电击。JRC邀请我进入理事会，因为我认可厌恶控制的明智运用，包括认可在惩罚中明智地运用电击。我不仅认为这么做是恰当的，而且认为这在很多时候是必要的，它能够惠及其中所涉及的方方面面的人的福祉。当然，我的看法只属于少数派意见。

从下面这个个案研究（case study）中，我们可以看到，某些极度糟糕的情况有时是可以通过电击惩罚依联得以改善的。

萨曼莎

2010年6月1日

我们想跟您讲讲我们的女儿萨曼莎，讲讲贾奇·罗滕贝格中心是如何拯救她的生活的。

我们最初发觉萨曼莎与众不同是在她大约2岁的时候。她不搭理周围的人，只有极少的语言，经常会一连好几个小时盯着自己的手或者盯着一些小物件。她经常性地哭闹和发脾气。于是，我们送她参加了一个早期行为干预项目。从那以后的10年中，她曾经走进过4所专为孤独症儿童开办的学校。除了在校的教育之外，还有数不清的治疗师和教师来我们家里给她做课外干预。所有学校都为她提供了小组形式的和一对一形式的近距离干预，而且采用的都是正强化的方法。同时，在精神病学专家的监护下，她还接受了多种精神类药物的治疗。

尽管有这么多专业的、持久的帮助，萨曼莎还是变得越来越暴力。她会攻击其他孩子、攻击老师，也攻击我们当父母的。她会咬人、抓人、踢人、打人、掐人，还会用头撞人，而且，她还自残。她会猛击自己，用自己的身体猛撞地板和其他坚硬的物体，在这种自伤过程中，她经常会把自己搞得鼻青脸肿。

此外，我们简直成了被封闭在自己家中的囚徒。由于她的行为问题，我们带着她哪儿也去不了。这个问题还严重影响到家里的其他孩子。压垮我们的最后一根稻草是她的一次自伤。那一回她用巨大的力量击打自己的头部，将她自己双眼的视网膜都打脱落了，这令她几乎双目失明。接下来，我们为她进行了6次眼科手术，尽全力挽救她的视力，但如今她的视力仍与正常视力相差甚远。她当时所在的学校最后也只好明白告知说他们对她无能为力了，请我们另找一所学校。就是在这时，我们知道了JRC，知道那里会运用电击皮肤的惩罚依联。

在那里，运用这种惩罚程序的几周时间里，奇迹发生了，我们的女儿停止击打自己了，也停止了其他暴力行为。她表现得更开心了，而且她所有的精神类药物都可以停了。

2006年6月，厌恶疗法在纽约州成了一件大事。新通过的一项法律禁止对一些强度轻微但往往会发展成为危险的攻击行为使用电击惩罚依联。因此，JRC 只好去掉了电击惩罚程序，而这让萨曼莎出现了一段时间的行为恶化。她变得更加愤怒，出现了更多的攻击行为，她的那些旧的行为问题又都回来了。几个月之后，对该项法律的废止令又发布了，电击依联又可以使用了。结果，萨曼莎又开始进步了，有了更多欢乐了，也不再攻击自己和他人了。

前段时间，她遇到了另一项挑战。由于先天性的因素，她不得不去接受一个复杂的双腿整形手术，为了矫正她的平衡问题并防止她日后患上关节炎。她在每一次去波士顿儿童医院就诊的过程中，都有 JRC 的工作人员陪同。手术之后，她在医院住了 6 天，JRC 的人在病房里 24 小时陪护着她。在术后的恢复期里，JRC 的工作人员一直在她的宿舍里陪伴着她，在各方面帮助她满足她的需要。这 6 周的术后恢复期中，她的双腿无法负重，全靠 JRC 工作人员的帮助，她才能前往学校，前往医院见医生，完成了全部的术后诊疗。令人惊奇的是，她在经历无法行走带来的所有痛苦和挫折的过程中，一直保持着平静而愉快的状态。

有时，我们觉得 JRC 也许是这个世界上最受误解的地方。我们的女儿在这里已经待了 5 年多的时间了，从 JRC 的全部员工那里，我们感受到了他们对她满满的温暖爱意，而且这种爱也温暖到了这所学校里的每一名学生身上。

电击程序只有在其他正强化方案无法成功的时候才会被选用，而且用前要得到评估委员会的许可。它的实施是非常仔细的，有着严格的操作规程。在这里的学校以及宿舍里所实施的一切干预活动都在视频监控下进行。

至少，这里的项目对我们的女儿很有帮助，而且会继续帮助到她，而在此之前的其他项目对她却未能见效。5 年前的她，简直是另外一个人，而如今，她快乐，她能集中精力学习，她招人喜欢。我女儿如今已经不再使用精神类药物了。JRC 只接受在其他项目中无法见效的孩子，帮助这些最困难的孩子取得成功。很多这样的孩子在来到 JRC 之前，都带着威胁生命的问题行为。这里所做的每一件事都是因爱而为的，绝非残酷之举。我们相信，要不是世界上还存在着这么一所优秀的学校和这样一群优秀的专业人员，萨曼莎也许早就死去了，或者只是依靠大量的镇静剂而被圈养在某个精神病院里。

很多其他家长跟我们有着同样的感觉。①

真诚地致敬

米歇尔·希尔博士和马西娅·希尔夫人

纽约

伦理

在惩罚依联里你应该运用电击吗？

希德的学术讨论课②

汤姆：我痛恨惩罚依联，尤其痛恨用电击。电击听上去就够吓人了，更别说去实践去体验了。我绝不会在惩罚程序中使用电击的。

苏：我也有同感，尤其是在对孩子强制性地使用时。不过，我不禁要问自己，如果在惩罚程序之后能让他们生活得更好的话，那该怎么看呢？从前面读到的这些案例看，我的答案会是支持。

汤姆：可是，他们的生活好到足以证明电击是合理的吗？

希德：问得好！我们需要去看获得的收益是否值得付出那样的成本。

苏：让我们看看案例。对于韦德来说，付出的成本是低频率的短暂而温和的电击，收益是他不再击打自己的头部并且不必在全天时间里用肘部束缚装置加以约束

---

① 想要了解更多有关 JRC 的信息，可以访问维基百科的网址：https://en.wikipedia.org/wiki/Judge_Rotenberg_Educational_Center，还可以直接访问其官方网站 judgerc.org/，也可以在网络上搜寻有关其争议的内容。

② 改写自 Goldiamond, I. (1984). Training parent trainers and ethicists in nonlinear analysis of behavior. In R. Dangel & R. Polster (Eds.). *Parent training foundations of research and practice* (pp.504-546). New York: Guilford Press; Griffith, R. G. (1983). The administrative issues: An ethical and legal perspective. In S. Axelrod & J Apshe (Eds.). *The effects of punishment on human behavior* (pp.317-338). New York: Academic Press; Iwata, B.A. (1988). The development and adoption of controversial default technologies. *The Behavior Analyst*, 11, 149-157; McGee, J.J. (1987). Ethical issues of aversive techniques: A response to Thompson, Gardner, & Baumeister. In J.A. Stark, F.J. Menolascino, M. H. Albarelli, & V. C. Gary (Eds.). *Mental retardation and mental health: Classification, diagnosis, treatment, services* (pp.218-228). New York: Springer-Verlag; Martin, G., & Pear, J. (1988). *Behavior modification: What it is and how to do it* (pp. 195-197). Englewood Cliffs, NJ: Prentice Hall; Thompson, T., Gardner, W.I., & Baumeister, A.A. (1987). Ethical issues in interventions for persons with retardation, autism and related developmental disorders. In J.A. Stark, F.J. Menolascino, M. H. Albarelli, & V. C. Gary (Eds.). *Mental retardation and mental health: Classification, diagnosis, treatment, services* (pp.213-217). New York: Springer-Verlag; Van Houten, R., Axelrod, S., Bailey, J.S., Favell, J.E., Foxx, R. M., Iwata, B.A., & Lovaas, O.I. (1988). The right to effective behavioral treatment. *The Behavior Analyst*, 11, 111-114. 我们在此给出了大量的参考文献，因为这是一个很重要也很有争议的问题，而且其中有些参考文献的观点与我们的观点针锋相对，但它们也都是一名严肃的行为分析师应该清楚了解的观点。

了，这也就意味着他可以有更好的机会去学习正常的行为。再看萨曼莎，付出的成本同样是偶尔的温和的电击，而收益是她的暴力行为和自残行为停止了，她也不再需要强力的精神类药物了。她变得开心，有了更高质量的生活。

乔：在这两个案例中，惩罚程序带来的生理压迫看上去要小于这些孩子承受的可怕行为带来的生理压迫。我认为收益远远足以证明付出的成本是值得的。

伊芙：虽然希德老师有分数依联的奖励，但我在学术讨论课上的发言还是不多。不过这回我得说说了。这些孩子，尤其是在韦德和萨曼莎的两个案例里，他们以往的生活看上去是非人般的，甚至让我无法想象。另外，我肯定不愿意去执行这种电击，我甚至都不愿看到医生给人打针的情景。但是，我还是会强迫自己克服掉这种矫揉造作的情绪，去帮助这些可怜的孩子过上哪怕稍微像话一点儿的日子。

汤姆：也许吧，但这就是要做的吗？就没有其他方法来帮助这些孩子了吗？

希德：这回我还要夸你问得好！我们在干预中，总是应该使用最少厌恶性、最少激烈性、最少限制性以及最少侵扰性的方法。

苏：在其他孩子的干预中，行为分析师有时会发现关注在强化着某些不当行为，于是他们就运用依联性关注来强化一个更能为人接受的替代行为。假如他们发现韦德的自击头部是给予关注而带来的结果，那么他们可能就会运用关注去强化另一个能够替代那种自残的行为。

希德：对替代行为的差别强化，这是个很棒的主意（我们会在第 7 章里学习到）。

乔：也许吧，但是，不会总能适用的。假如他们浪费了几周时间在差别强化某个替代行为或者使用其他一些激烈程度比较低的干预程序，却不起作用。再假如他们最后发现其中一个能有效果。如果我是韦德的父亲，我就会对专家们说："真见鬼！你们竟然让我儿子不必要地多受了几个星期的罪。他在自击头部的时候，你们把时间浪费在寻找什么破程序上。你们为什么不立刻来点儿短暂而轻微的电击，让他停止伤害自己呢？我儿子有权获得你手头上有的最有效、最迅速的干预。"

希德：你是在说我们不仅应该①权衡惩罚程序的成本和去掉不当行为的收益，我们还应该②权衡搜寻激烈程度低一些的干预程序所付出的成本。我们在对惩罚程序开展成本-效益分析时，这两方面的因素我们都需要考虑。

乔：是的，我要说的就是这点：我认为惩罚干预带来的生理压迫要远远小于常见的医生所采用的诸如服药、注射和外科手术带来的生理压迫。可是，大多数人并不会对后者义愤填膺。

马克斯：我曾读到布莱恩·艾瓦塔博士的一篇论文，文章中描述了类似对韦德使用 SIBIS（即自伤行为抑制系统，它会自动电击自伤行为）进行干预的其他案例。对此，他这么评说惩罚依联的必要性："在我们对自伤的治疗项目中，工作人员与患者的整体比例约为 5∶1（每 1 位患者有 5 位工作人员），其中有硕士和博士学位的工作人员与患者的比例超过了 2∶1。虽然有专业团队和专业技能，但我们在治疗中采用的以强化为基础的方案也并不能做到全都成功。我们显然需要拥有一种基于厌恶刺激的治疗方案。"他随后还说，通过阅读文献，从为患者考虑的角度出发，电击刺激通常是最好的方法。

希德：就此，让我读一段彼得·奥尔梅斯博士写的文字，这是多年前我从行为学论坛里下载的："发生在密歇根州弗林特市的一个案例也许对'使用厌恶刺激'的争论有着很广泛的意义。昨天的新闻报道说，美国的一个地方法院判决一位老奶奶获得 42500 美元的伤害赔偿金，因为学校不允许她的孙女在其特殊教育教室里穿戴 SIBIS 设备（这位小孙女在自伤过程中打瞎了自己的眼睛）。"

伊芙：哦，可怜的孩子，太令人难过了！

乔：的确令人难过，但我很高兴听到法庭开始有了法律指导，告诉人们有权利获得有效的行为干预，即使这和学校政策的制定者所持有的那套简单化的价值观有所冲突。

汤姆：也许吧！不过，惩罚的一个问题是惩罚者可能最终会成为榜样，患者可能会模仿他使用惩罚。另一个问题是，照顾者们很容易滥用惩罚。

希德：没错，孩子、智力障碍中心的患者以及精神病医院里的患者很容易被滥施惩罚，因为他们没有能力保护自己。

马克斯：这就是为什么如今许多州会立法保护那些无防卫能力的患者在使用惩罚过程中的权利。而且，大多数研究机构都有着针对惩罚的指导条例，例如：

- 此人的行为必须已经危及自己或他人。
- 此人极有可能从干预中获益。
- 已有确凿的数据表明激烈程度或侵扰性较低的干预不会有效果。
- 总体上，要运用强化来建立适当的行为，仅用惩罚来去除不当行为。
- 必须由有良好职业训练的专业行为分析师设计并监管惩罚程序。
- 程序必须获得患者权利委员会的认可，并且必须获得亲属的知情同意。

希德：所以说，我们只能将惩罚用作最后的手段，而且必须在条例的指导下充分保护患者。此外，事实上如今已经几乎不大可能从评估委员会那里获得使用电击的许可了。

马克斯：让我再加上一点，本书后面的章节里，作者描述的干预程序有时可以很好地替代惩罚。

问题

1. 对运用惩罚进行成本－效益分析时，你需要考虑哪两方面的因素？
2. 在惩罚运用指导条例里，有哪六项要求？

惩罚与攻击之间的混淆

在我们看来，如果缺乏足够的监管和问责机制的话，就不应该允许把惩罚当作表现管理或行为训练的技术加以使用。这里存在的问题是：假如，我们的孩子，或一个孤独症孩子，或智力障碍孩子，做出的不当举动，如向我们吐口水。这的确是一个让我们厌恶的举动，那么，我们该怎样做呢？我们要"实施一个惩罚依联"，我们打他耳光。为什么会这么做呢？因为这是一个经过深思熟虑而开展的行为干预吗？才不是呢！我们之所以这么做，只不过是因为我们收到一个厌恶刺激（如我们被吐了口水）而进行还击，且表现出攻击行为对我们具有强化效力。无论作为家长，还是作为老师，还是作为智力障碍患者训练中心的提供直接护理服务的工作人员，我们也许都会倾向于先动拳头再问究竟。我们会倾向于用打击冒犯者来获取自己的攻击强化物，然后，再拿"惩罚程序"这个术语来为自己的行为进行诡辩，说什么这是对需要我们帮助的服务对象（孩子或患者）最有利的一种干预方式。因此，最好的就是，我们要限制自己使用惩罚；最好的就是，我们在运用惩罚之前，要经过专门的培训，要得到专门的认可，哪怕我们只是用一点点的喷雾来喷一个孩子的脸。（有些学生会在此误读，误以为我这是在讲这样惩罚不会有用，但其实本章整体内容的要点是，小心谨慎地运用惩罚是非常有效的。下面方框里归纳了本段文字的要点。）

> 不要在愤怒中使用惩罚。不要把行为学上的惩罚运用与报应搞混了。丢掉"以牙还牙"的格言吧。报应是上帝的工作，而你的工作是让惩罚越短越好；你要做的是矫正行为，不是让人赎罪。

中级进阶

研究方法

因变量与自变量

关于原因（cause）与结果（effect）的概念很复杂，况且，并非所有的科学哲学家都认为讨论原因和结果这两个概念是有价值的。但是至少，这可以看作科学思考的一个出发点。你打开厨房的煤气灶，水开始沸腾。粗略地说，炉灶发出的热量导致了水的沸腾。热量是原因，水沸腾是结果。

老鼠每一次压动杠杆，你就给它一滴水——这强化了压杆反应。以后，老鼠会更频繁地压动杠杆。你的强化导致了老鼠压杆频率的增加。过去的强化是原因，压杆频率的增加是结果。这就是原因与结果。

科学家研究的就是这个——原因与结果。科学家会问，某件事为什么会发生？是什么导致了它？我很好奇这么做或者那么做，其结果会是怎样的。这就是原因与结果。

然而，科学家并不经常使用原因与结果这两个词，取而代之的表述是**自变量**（independent variable）和**因变量**（dependent variable）。差不多可以这么说，自变量就是"原因"，因变量就是"结果"。你可以说，当自变量达到某个值时，它会导致因变量达到某个值。

你可以说，水达到某个温度会导致水以某个速率沸腾。温度就是自变量，沸腾的速率就是因变量。你还可以说，一定数量的强化导致了老鼠以一定的频率压动杠杆。强化的数量是自变量，压杆频率是因变量。

所以，科学上的两个基本概念就是自变量和因变量。在行为分析里，因变量是对研究对象的行为的测量。自变量是行为分析师或实验人员系统操控的进而影响因变量的变量。在桑德拉反流的案例中，行为分析师所选用的自变量依联于桑德拉的反吐行为而向她嘴里挤进少量的无糖柠檬汁；随后他们观察对因变量的影响，因变量就是她反流的频率。桑德拉逐渐停止了反吐牛奶。

> **定义：概念**
>
> **自变量**（Independent variable）
> - 由实验人员系统操控的变量，
> - 能够对因变量产生影响。

她以后反流行为的出现频率取决于之前每当她反流时口中就被挤入酸柠檬汁的这个惩罚依联。实验人员可以按照自己的意愿实施这个惩罚依联，也可以不实施，因此，这个依联的实施是独立的；它是自变量。换句话说，自变量就是干预，而因变量就是目标行为。

> **定义：概念**
>
> **因变量**（Dependent variable）
> - 对客体行为的测量。

问题

1. 名词解释：
   A. 因变量
   B. 自变量
2. 用一个实验例子来解释这两个概念。

研究方法

作图

在对感兴趣的行为搜集数据时，你有可能一开始并不能看出这些数据有什么意义，这需要你对它们进行整理和分析。让我们来看看桑德拉反流案例中行为分析师整理出的数据，如图 4.7 所示。

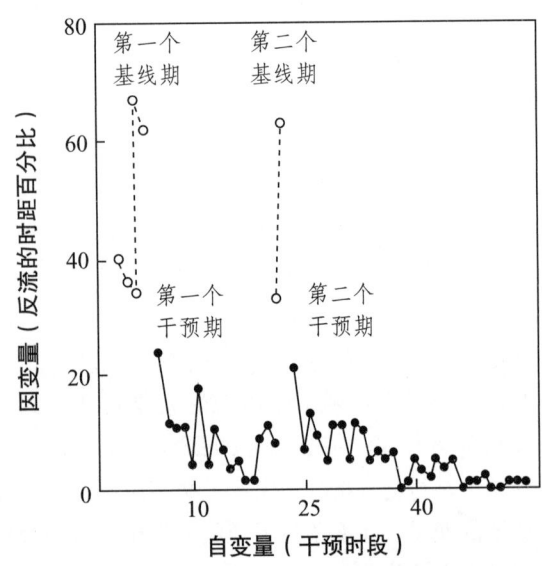

图 4.7 柠檬汁依联对反流行为的效果

图 4.7 给出了柠檬汁干预结果的细节。纵轴（y 轴或者纵坐标）表示的是桑德拉反流行为的时距百分比，横轴（x 轴或者横坐标）表示的是开始采集数据后的天数。横坐标被分成四个独立的部分，头 5 天为基线期，然后 4 天是使用柠檬汁依联的时期，随后又是两天的基线期，再跟着是 27 天使用柠檬汁依联的时期。通常，我们在纵轴方向上表示因变量，而在横轴方向上表示自变量。但是，这里并不是简单的自变量的天数，而是接受干预的天数和与之对比的处于基线状态的天数。

数据表明，伴随着自变量的变化，即我们给予了干预（依联性地将柠檬汁挤入桑德拉的嘴里），因变量的数值（即反流行为的时距百分比）降低了。①

从数据中还可以看到更多的细节，行为分析师一开始运用柠檬汁依联，桑德拉的反流行为马上就下降了。因此，数据告诉我们，柠檬汁依联控制着桑德拉的反流行为。

在本书的主要部分，我们都会使用柱状图，因为用它可以更快速生动地表示研究结果，但是，行为分析师通常每天会使用更具体的图，就像上面那张图，用来呈现行为表现随时间的变化和数据的趋势。从这种图中，他们可以就自变量对因变量的影响进行更详细的分析。在本章第一部分讲述柠檬汁依联的这个案例时，给出的就是一种柱状图。柱状图所给出的是在不同阶段中反流行为的时距百分比的平均值，也可以体现出自变量对因变量的影响。[行为分析师在桑德拉反流行为的研究中所使用的实验设计叫作**倒返设计**（reversal design）——在这种实验设计中，我们会在干预条件和基线条件之间进行倒返，以评估干预的效果。我们会在第五章里进一步讲解倒返设计。]

问题

1. 从线形图和柱状图里能获得哪些信息？
2. x 轴或者横坐标上表示的是什么信息？
3. y 轴或者纵坐标上表示的是什么信息？

研究方法

多基线设计（B-08）

在本章前面希德和唐恩这对夫妻讨论自我矫正不良行为的那部分里，我们省略了下面这些内容：

出自职业性的怀疑，希德说道："在我同意花时间和精力去执行你的干预计划之前，我想要更多地了解一下米尔滕贝格尔和富卡那两个作者是如何证明那套方法

---

① 注意，本项研究中，我们可以说自变量的数值有两个：酸柠檬汁 0% 的依联于反流行为（基线期）和酸柠檬汁 100% 的依联于反流行为（干预期）。

有效的。"

"首先，"唐恩说，"和我们所做的一样，在干预之前，他们花了至少6天的时间记录那些研究对象的不良习惯性行为。这些不良的习惯性行为在干预开始之后出现的频率都降低了。"

"巧合吧？"

"对于一项干预，进行越多次数的重复和复制①，你得到相同结果的次数越多，你就会有越多信心相信其结果来自干预而不仅仅是机缘巧合。因此，他们对这个实验进行了5次复制，收集了5位不同研究对象的基线数据，然后开展干预。他们这里使用了**多基线设计**（multiple-baseline design）。更严格地说，他们用的是**跨被试多基线设计**（multiple-baseline-across-subjects design）。5位不同的研究对象从基线期到干预期，全都表现出各自的不良习惯性行为频率的减少。"［其他类型的基线有跨行为多基线设计（multiple-baseline-across-behaviors design）和跨情境多基线设计（multiple-baseline-across-settings design）。］

定义：概念

多基线设计（Multiple-baseline design）
- 一种实验设计，
- 其复制内容涉及
- 持续时间不同的基线期，
- 并且干预开始于不同的时间。

"好。可是，也许这些研究对象本来就在好转呢。也许即使两个作者一点儿都不进行干预，那些不良的习惯性行为的频率也依然会减少呢。"

"也许吧。可是当你看到每一天的数据，你就不会这么想了。在基线期这些行为并没有减少的趋势。换句话说，基线期数据表明，无证据显示这些不良的习惯性行为的频率会越来越少。"

"可就这么一周的基线期时间，缓慢的减少是看不出来的。"

"这是不是个问题，要看从基线期到干预开始头几天之间行为变化的急剧程度。在所有的5个研究对象那里，从基线期到干预期都有了一个急剧而且相当大的降低——降低量大到无法用基线期就有缓慢改善的趋势来解释。"唐恩说。

"好吧，我可以去试一试。但是，他们的这个干预是按你说的叫作自我惩罚呢，还是只是在增加自我意识呢？"希德说，"也许，做记录并且攥拳只不过会让他

---
① 在这里，"复制"（replication）一词指的是对一项实验或程序的重复，以观察能否得到相同的结果。

们更清醒地意识到自己正在做不良的习惯性行为；而一旦他们意识到自己的行为，就会去控制它，也就能消除它。"

"我怀疑，是不是由于自我意识的增强才导致了干预期不良习惯性行为频率的减少，不过，自我意识的增强可能在基线期就已经导致了不良习惯性行为频率的减少。在基线期里，他们就对自己的行为做记录，这也许的确能增加对不良习惯性行为的自我意识，如此一来，做自我记录就会导致他们的不良行为在基线期里比他们开始做记录前更少地出现。然而，在干预期里，依联性攥拳依然降低了不良习惯性行为的出现频率，甚至低过基线期。这样，我就会猜测攥拳准是令他们厌恶的，依联性攥拳可以认定为就是一个惩罚程序。"

"是的，"希德说，"这是一个能够体现基线期价值的优秀范例。没有研究对象的自我记录，你就无法做这项研究，所以，你需要让他们在基线期里就做记录，然后才能得出结论，导致干预期里行为频率发生变化的并非只有自我记录这一项原因。"

在实验研究中，你必须清晰地表明自变量的改变造成了因变量的改变。例如，对比观察基线期与干预期中希德揉眼睛和唐恩咬手指甲频率减少的数据。为了实现这样的目标，让我们从唐恩和希德的讨论中归纳一下，看看一项优秀的研究所必需的4条标准吧！

1. 你必须有东西来比较。你必须在至少两个不同的自变量条件下记录因变量的值。在行为分析中，我们通常要比较干预期与基线期的数据（在干预期里做自我记录并且实施依联式攥拳，与在基线期里只做自我记录相比较）。

2. 你需要对自变量的改变做足够多次数的复制，才能排除巧合（例如，在5个不同的人身上进行同样的干预）。你可以对不同的被试、在不同的情境中或者对不同的行为进行这种复制。

3. 与基线做比较时，你需要记录足够长时间的基线数据，这样才能排除即便没有改变自变量，因变量也会变化的可能。而你需要记录多长时间的基线数据取决于该行为的稳定性如何，例如，行为每小时或者每天的波动程度如何。如果随时间变化测量结果没有太大变化的话，那你就不需要过长时间的基线期。

4. 如果自变量的变化会造成因变量的急剧变化，那么你需要的基线期天数可以少一些。如果预研究表明你的自变量会导致急剧而大量的因变量变化，那么你需要的基线期天数可以少一些（即便在基线期里因变量有一定的波动或者甚至有一点儿走向趋势）。

问题

1. 名词解释：多基线设计，并举例说明。
2. 列出多基线设计的三种类型。
3. 阐述一个优秀的运用简单的基线设计的研究需要遵守的4条标准。

伦理学与研究方法[①]

好的实验设计的重要性

正如你在前面希德的讨论课一节所看到的，厌恶依联的运用，这在学生当中就已经是一个存在争议的热点话题了，而在专业人士那里，这方面的争议更为激烈。约翰·麦吉，这位温和教学法的倡导者几乎认定使用惩罚依联来防止不当行为是不合伦理的。尽管已经有了本章中介绍的那些研究案例，他还是会说："20年来我们基于惩罚的研究历史是一个失败史。"他还会接着说：

> 我坚持认为，惩罚的运用……是在运用一种考虑欠周的、试验不足的、适得其反的方法……接替早年流行的锁链的是如今的强制放松；接替早年流行的额叶切除术的是如今的一些怪诞的做法，诸如对准面部、眼睛和鼻孔喷射有害物质；水疗疗法也摇身一变，成了往脸上喷水雾。这些惩罚与忽视，如今却被冠以"厌恶疗法"的堂皇术语……
>
> 最好的结果也不过是，惩罚造就出顺从驯服的人，而更常见的却是，在多种程度较严重的惩罚方式失败之后，那些人只能被束缚或被包裹在头盔之中，才能保持住他们的生命平衡。
>
> 事实就是，就算在那些正确而系统地使用惩罚的地方，惩罚依然是令人反感的、毫无必要的。

麦吉引用了自己在内布拉斯加精神病研究所开展的工作，那里住有82位有智力障碍或精神疾病的人士，他们都存在严重的自伤行为。他宣称，自己与同事将全部的82位患者的自伤行为预防或减少到了可以管理的水平上，而且他们从未使用惩罚手段。

如果麦吉对使用惩罚依联的批评是正确的，如果他关于温和教学法的有效性是正确的，那么行为分析师就面临着一个严重的伦理问题。不过，大多数行为分析师并不接受他的批评。他们反击说，麦吉将行为分析师所使用的惩罚依联和早年失败的精神病学技术进行对比，而这种类比是肤浅而错误的，而且他对惩罚研究的评估以及评估的结果也是不着边际的。他们可能还会说，他选用温和教学法这个命名本身就是一个具有误导性的煽情的做法，类似于美国广告公司一贯的做派。他们建议他使用一个表述更清晰但可能会降低兜售性质的名称，即基于强化和安静教学的行为训练。

此外，行为分析师们对麦吉提供的支持温和教学法的数据提出了质疑，主要在两个方面：首先，这些数据与已经发表出来的科学数据不一致，也与他们应对自伤行为的直接经历不一致。但是这样的反驳会带来很多种解读并且会被质疑。再有，他们质疑他的数据的效度，因为这些数据不够正规。

科学实践的历史就是人类不断寻求真理、修正偏见的历史，而科学方法的历史就是我们不断开发实践程序，以防止科学家被自身的偏见引入歧途的历史。（我们将这些有关科学研究方法的部分贯穿本书。从某种意义上说，这些部分的内容讲的就是科学家已经发展出来以防止自己掉进因自身偏见而形成的大坑里的方法。）

科学家早已学会对非正规的证据保持怀疑。愚弄我们自己太容易了（即便我们洁身自好、诚实守信）。要想避免被偏见迷惑，就必须遵循以下科学实践原则：

- 我们必须使用良好的实验设计，它要能够为我们提供在不同实验条件下的清晰的对比。当一个实验结束后，对结果产生多种解释时，我们就必须去开展另一项实验，甚至开展第三项。
- 我们必须完整且客观地描述自己的实验程序和测量方法，如此才能让其他科学家复制（重复）我们的实验来看看是否能得出同样的结果。
- 我们必须对自变量和因变量都进行**信度测量**（reliability measurements）。换句话说，我们必须有两个或两个以上的人——**独立观察者**——来测量我们作为科学家的行为，如此才能确信我们及我们的职员是按照我们所描述的程序开展工作。我们必须确保是按照自己所描述的那样进行了可靠的干预，并且，必须确保如自己宣称的那样真实地记录了应该记录的行为。要想做到这些，独立观察者就必须记录同样的因变量并比对结果。如果他们对实验被试的表现记录不能高度一致，那么这样的结果就不可靠，我们就不会相信这样的数据和结果。

[①] 改写自 Jordan, J., Singh, N. N., & Repp, A. C. (1989). An evaluation of gentle teaching and visual screening in the reduction of stereotypy. *Journal of Applied Behavior Analysis*, 22, 9-22, 以及 McGee, J. J. (1987). Ethical issues of aversive techniques: A response to Thompson, Gardner, & Baumeister. In J. A. Star, F. J. Menolascino, M. H. Albarelli, & V. C. Gray (Eds.). *Mental retardation and mental health: Classification, diagnosis, treatment, services* (pp.218-228). New York: Springer-Verlag.

> **定义：概念**
> 信度测量（Reliability measurement）
> - 对独立观察者获得的
> - 因变量
> - 和自变量的
> - 测量结果进行比较。

非正规的数据能够为我们在求知的道路上提供一个出发点，但是接下来，温和教学法的倡导者必须遵循严格的科学方法的要求去进行实验设计、描述实验程序，并进行信度测量。

伦理问题是：行为分析师的服务对象是不是受到了冷血的、非人道的对待？温和教学法的倡导者似乎就是这么指责他们的。或者也可以这样问：温和教学法的服务对象是不是被剥夺了获得有效治疗的权利？这是行为分析师反过来质疑麦吉的。这并非只是空泛的互咬。要回答这样的伦理问题，答案必须来自高质量的科学研究，如此要求，并非为了满足象牙塔里才能玩儿高智商游戏的虚荣心，而是说，针对这样的伦理问题的答案，我们必须如此要求，这样才能让答案超越身处研究当中的科学家自己的偏见。

问题

1. 名词解释：信度测量。
2. 科学实践必须遵循哪些原则才能确保我们不被自己的偏见所迷惑。

伦理学与研究方法

知情同意与社会效度①

在斯蒂芬·卢斯及其同事开始使用依联性锻炼以减少彼得的攻击性行为之前，他们与彼得的父母进行了交谈。他们描述了孩子的攻击性行为，当然，那些行为对于孩子的父母来说是很熟悉的，他们极度地想要获得帮助来去掉孩子的这些攻击性行为。行为分析师还描述了各种可能的干预方法，描述了它们的风险和收益。然后，他们向彼得的父母解释说可以随时要求行为分析师停止干预，在任何他们想要终止的时候都可以提出这一要求。在所有这些问题都讨论完了之后，行为分析师请求彼得的父母对干预给以**知情同意**（informed consent）。

---

① 关于知情同意、社会效度以及很多其他伦理话题的一本很棒的参考书是 Bailey, J. S., & Burch, M. R. (2005). *Ethics for Behavior Analysts: A practical guide to the Behavior Analyst Certification Board Guidelines for Responsible Conduct*. New York, NY: Routledge. （编注：本书第3版中文版2018年由华夏出版社出版。）

任何时候，当我们要使用一项实验性的干预或者使用厌恶控制的时候，这种知情同意的过程在伦理和法律上都是一个很关键的步骤，即便这种厌恶控制轻微到只不过是一组肢体锻炼动作。

> **定义：概念**
> 知情同意（Informed consent）
> - 对一项干预表示同意，
> - 该干预是实验性的
> - 或者是有风险的。
> - 被试或其监护人
> - 被告知了其中的风险和收益，
> - 并且被告知有权停止该项干预。

即使一项干预很有用，被试也有可能不喜欢它。例如，他们可能认为不值当，或者可能认为它有副作用。一项干预可以具有行为学效度（它有效果），但不具备**社会效度**（人们不喜欢它）。因此，行为分析师单独地询问了每个参与彼得干预的老师和助教。每个老师都说它有效果，其中有人说这个程序一般不会引发反对（使用电击就会很容易引发反对）。然后，老师才会再单独地将这种依联性锻炼作为一项有效的惩罚程序，用于减少其他孩子的其他问题行为。所有这一切表明，该程序具有社会效度。

> **定义：概念**
> 社会效度*（Social validity）
> - 干预的目标、
> - 程序，以及
> - 结果，
> - 对于服务对象、
> - 行为分析师，以及
> - 社会而言
> - 具有社会可接受性。
>
> * 源自 Bernstein, G. S. (1989). In response: Social validity and the report of the ABA task force on right to effective treatment. *The Behavior Analyst*, 12, 97.

问题

1. 名词解释：知情同意，并举例说明。
2. 名词解释：社会效度，并举例说明。

对比

负强化与惩罚

在本书第3章中，我们曾经提到过，负强化物这个概念会让大多数学生困惑。我们曾建议，你可以用厌恶刺激来替换负强化物，这有助于你摆脱困惑，至少在你能够正确地使用负强化物之前是这样的。我们还说过，负强化的意思等同于去除厌恶刺激而带来的强化。

现在，又一个大问题来了：如何区分负强化与惩罚。负强化是依联地去除一个厌恶刺激，它会增加行为的频率。惩罚是依联地呈现一个厌恶刺激，它会降低行为的频率。

驱散困惑

正强化	负强化	惩罚
呈现一个强化物	去除一个厌恶刺激	呈现一个厌恶刺激
增加反应的频率	增加反应的频率	降低反应的频率

看看你理解了没有，我们来试试看。假设你的嘴被一勺热汤烫着了，接着你毫不犹豫，一口喝下一杯凉水。

对此我们分析一下。你这里做出了两个反应，首先，我们先看你将一勺热汤放入口中的这个反应，其结果如何？热汤烫着了你的嘴巴（这极有可能是个厌恶刺激）。这是何种依联？是负强化吗？错！大错！记住，不要只因为这是件坏事，就认为它就是负性的，至少，行为分析师不会这么用词。在行为分析师那里，负性的意味着去除，而正性的则意味着呈现。因此，我们就可以说：那是惩罚——厌恶刺激的呈现带来的惩罚。

惩罚

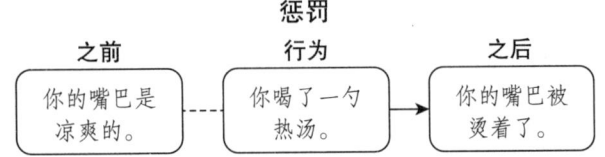

你的第二个反应是去吞下一杯凉水。负强化物是什么呢？这杯水？很遗憾，这水不是。这里的负强化物是被烫的嘴巴（这是个厌恶刺激）！这个强化物是什么类型的？它是负强化物。说它是负性的是因为它的去除会带来强化。那么，这是什么依联呢？负强化——厌恶刺激的去除带来的强化。

负强化（逃避）

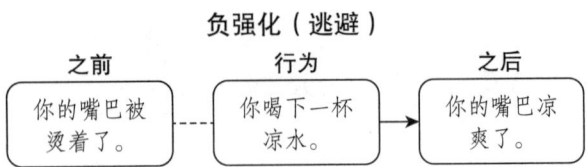

记住：勿将负强化与惩罚搞混了。在日常用语里，负性与惩罚都意味着令人不快的东西，但是负强化却与惩罚很不一样，虽然两者都涉及了厌恶刺激。在负强化依联中，该反应去除或减少了厌恶刺激；而在惩罚依联中，厌恶刺激紧随在反应之后出现。而且，负强化是增加了反应出现的频率，而惩罚是降低频率。下面是另一个例子。

当你抓住一段木棍时，被上面的小木刺刺到了。你手指上的疼痛（厌恶刺激）极有可能会减少你未来再重复这么不小心的举动的频率：一个厌恶刺激的呈现带来的惩罚。

惩罚

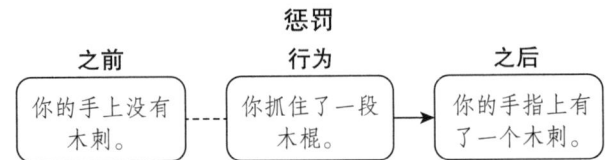

你拔出木刺。手指上痛苦（厌恶刺激）的减少很可能将会增加你未来再去拔出木刺的做法的频率：负强化或者说一个厌恶刺激的去除带来的强化。

我们写这本书就是想让你不必再痛苦地纠缠在"正性"和"负性"这些术语上，一旦你离开这本《行为原理》为你搭建的安全轨道，你就必须做好准备去应付这些困扰。

问题

比较负强化和惩罚，举出一个例子并使用依联表。

争论

对惩罚无效的误解

即使在行为分析师队伍当中也存在一种普遍的但在我看来是错误的观念，即惩罚是无效的。这种说法是，你必须持续不断地使用惩罚依联，以保持对被惩罚行为的压制，否则它就会恢复。是的，但这一点对于被强化的行为也是同样的。如果你不能持续地运用强化依联，那么被强化的行为就会停止，它就会消失。而事实上，让我印象深刻的是，在惩罚依联终止之后，惩罚效果的持续时间比强化依联终止后强化效果的持续时间要长久得多。例如，你不会去触摸火烫的灶台，而你不再犯这种错误之前被烫过几次吗？可能没有几次，就已足以一直控制着你的行为直到今日。再举一个有趣的例子，有一种在家庭院子里布设的隐形院墙，可以用来防止自家的狗乱跑出去。它其实是在院子四周埋上一套电子缆线，而给狗在脖子上戴上一个特殊的项圈，如果狗接近这道神奇的隐形边界，项圈就会发出声响。小狗如果继续往外走，离边界太近，就会得到发自项圈上的简短而轻微的电击——这种电击不足以造成任何伤害，但它足够令狗感到厌恶。小狗学习得非常快。事实上，或许只要经历几次电击，小狗就能非常可靠安稳地停留在院子之内了。小狗只是偶尔地被电了一两次，但即使我们关闭掉这套院墙防御系统，这种惩罚依联也会要花相当长的一段时间才会消失。我这里的数据只算是八卦逸事，不过我很乐意听取你在使用这套训狗系统时的成功或者失败的实践数据（请发布在 DickMalott.com 网站上）。

在 DickMalott.com 网站上
其他 BACB 的信息
第 4 章　高级进阶部分
• 自伤行为
• 打喷嚏
• 视觉遮蔽法与温和教学法
• 实验设计

第 5 章 处罚（负惩罚）

行为分析师认证委员会第 4 版任务清单

B-05　运用倒返设计。

D-15　运用正惩罚与负惩罚。

基础知识

案例：青少年行为矫正

学校手工教室里的恐惧与怨恨[①]

"马克，我非踹死你不可！"赫布喝道，他正在绞尽脑汁地玩拼图，胳膊肘却被马克撞了一下（也许是无意的，也许是有意的）。即便此刻没有马克的打扰，赫布也已经够烦的了。

马克抄起了一把锤子，回道："你敢！你试试看，我非宰了你！"

"孩子，你不能这么跟同学说话！"布鲁斯·布莱克说，他是这个五年级手工教室的老师。

赫布瞪着马克："是吗？看我砸扁你的木工作品！"

"孩子们，谁都不准这么说话！"

"布莱克先生，我偏要这么说，你也赶快给我离远点儿，不然我连你一起砸！"

教室里一连几周都出现这类问题，布鲁斯只好去找校长。"罗宾逊博士，我觉得把这帮小混混引到我们学校里可不是一个好主意。他们完全不受控制。我算是知道为什么法庭会把这些小阿飞们送进那个'少年成就之家'了。他们进了学校就会偷盗、打架、搞破坏。我从来没见过才 13 岁就这么坏的小恶棍。他们实在是吓着我了。"

"他们怎么了？"梅·鲁宾逊问。

"他们的内心深处充满了攻击性，这让他们时刻处于一种情绪爆炸的状态。"

瞧，又是那种异常行为的牙膏理论，梅这么想着。她问："你能否更明确地告诉我他们的所作所为？"

"好吧，他们非常具有攻击性。不仅他们相互之间是如此，连对我也是如此。"

要想让普通人明确地谈论行为，而不是像这样使用混沌模糊的词汇来描述行为，并不是一件容易的事，而这样的词汇只会让干预难以开展。梅这样想着，问："布鲁斯，他们做了哪些具体的事情是你所说的具有攻击性的行为？他们相互殴打吗？"

"有的时候会打架，但并不很多。更多时候他们会不停地相互威胁要使用暴力和搞破坏。"

"没错，这些孩子的确是这样的人。正是使用威胁的技能让他们当初被归类为'有犯罪倾向的'孩子。我有办法，我知道该怎样做才能帮助这些孩子。"

梅向布鲁斯讲了这些孩子居住的少年犯教养所的情况，那里使用一种叫作"少年成就之家"的方法。它是一套由堪萨斯大学（University of Kansas）的蒙特罗斯·沃尔夫（Montrose Wolf）博士和埃勒瑞·菲利普斯（Elery Phillips）博士及其团队开发的干预方案。在教养所里，这些孩子会因为良好行为和建设性行为而挣到分数，会因为不良行为而丢掉分数。这种分数是强化物，因为孩子们可以像用钱那样在团体之家里使用它。他们可以用它来买东西，比如，获准去骑自行车、看电视、吃零食、去市中心、过了熄灯时间不上床睡觉，还可以在学校放学之后晚一些时间再回教养所。

菲利普斯发表了他这篇关于运用积分系统的硕士论文。在他的另一项研究中，他还使用一个处罚程序，用失去分数来去掉这孩子们经常做出的威胁行为。

布鲁斯同意在自己的班上也试一试菲利普斯的方案。他回到了班里。

[①] 改写自 Phillips, E. L. (1968). Achievement Place: Token reinforcement procedures in a home-style rehabilitation setting for "pre-delinquent" boys. *Journal of Applied Behavior Analysis*, 1, 213-223.

"这所学校是个臭烘烘的地方,我要把这里的一切都炸飞掉!"马克说。

"马克,这句威胁的话让你丢了50分。"布鲁斯·布莱克说,他努力保持着平静的语气,其实他的心飞快地怦怦跳着。

"什么50分?"

"我们将要和你的教养所执行一项操作。那里已经许可我们在你出现暴力威胁和破坏威胁的时候扣除你50分。"

"扣50分!我连教养所一起炸掉!"

"你现在又被扣掉50分!"哦,我希望这能见效。

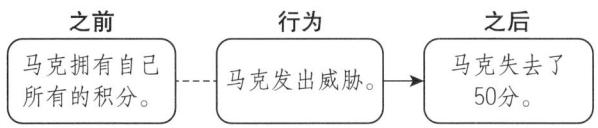

这见效了。自打布鲁斯·布莱克使用了这套处罚程序之后,几节课下来,马克的威胁次数就从每小时8次以上降到了0次。其他孩子差不多也取得了同样的进步。几节课下来,这套处罚程序彻底消除了原来弥漫在课堂上空的暴力威胁和破坏威胁(见图5.1)。

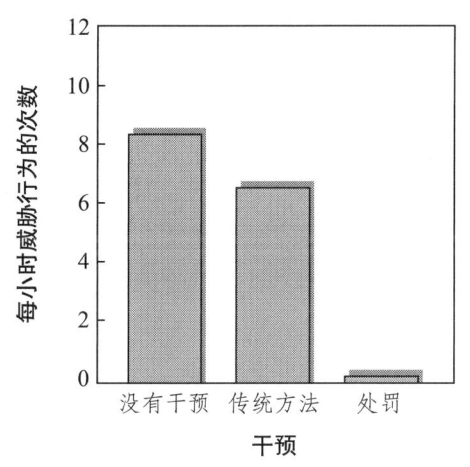

图5.1 运用处罚减少有犯罪倾向男孩的威胁行为

这些孩子在接近正确的道路上向前迈出了一小步,沿着这条路,他们将减少与这个世界的冲突,将有更多的机会过上正常而得体的生活,摆脱掉原来的小混混的状态。

问题

描述使用处罚程序减少不当的社交互动,要求描述:
- 谁的行为需要得到矫正
- 不当行为是什么
- 使用的强化物是什么
- 依联是什么
- 结果如何

概念

处罚依联(D-15)(负惩罚)

在第4章里,我们讲了通过呈现厌恶刺激带来的惩罚减少行为(正惩罚)。现在,我们要看看失去强化物带来的惩罚——**处罚依联(负惩罚)**。

> **定义:概念**
>
> **处罚依联(负惩罚)**[Penalty contingency (negative punishment)]
> - 依联于反应,
> - **去除**
> - 一个强化物(正强化物),
> - 导致该反应出现的频率**降低**。

处罚依联的背后是**处罚原理**:如果紧跟在一个反应之后强化物会失去或减少,那么该反应出现的频率将会降低。请注意,这是一种形式的惩罚——失去强化物带来的惩罚(负惩罚);另一种形式的惩罚是呈现厌恶刺激带来的惩罚。还要注意,强化物失去或减少得越迅速,处罚依联就越有效。

现在是全州高中篮球联赛决赛的第三节,你正在赛场上拼搏,此时是你人生的高光时刻。然而,对方那个可恶的后卫从比赛一开始就死死地粘着你。现在,你终于瞅准机会,从他的手中断下球,然后闪电般地快速突破到对方篮下。全场的观众都沸腾了,战鼓隆隆,欢声震天……嘟……裁判的哨声响了,他判你对那个后卫犯规了!这是你第五次犯规,你被罚出了赛场。而对方那个可恶的后卫在这个时候居然还上前跟你握手,表现出一副很谦逊、很有职业范儿的样子。现在,你失去了强化物——在全州决赛中为本队冲锋陷阵的机会。这算处罚吗?那我们得看你以后的表现,看你在大学比赛中是不是还经常向挑衅你的敌方防守队员做出犯规动作了。

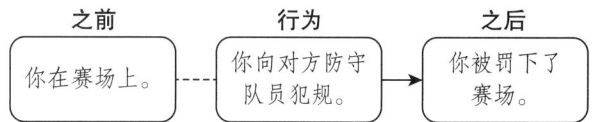

如果没有处罚,那体育比赛会怎么样?如果真是那样的话,就不会再有篮球赛了,也不再有冰球赛,不再有高尔夫球赛了。这种强化物的失去会对你的菜鸟球技有足够大的惩罚,从而帮助你成长为一名技术还过得去的球员。

我这里还有一个例子。路口的信号灯正闪着黄灯,于是你提速冲过去,这本来也没什么问题……可是,偏偏一个愣头青此时也从横向驾车冲入了路口,撞到了你的车屁股上，你失去了强化物——自己爱车原有的线条、完美的屁股，失去了爱车的美貌。这是对你鲁莽闯黄灯的惩罚吗？有可能是的。我们的一些学生认为这是一个厌恶刺激（被撞瘪的汽车）的呈现而带来的惩罚，但当他们意识到，汽车尾部原本线条完美，现在被撞瘪，也就是说，这是去除了原来有的、具有强化效力的、完整的车屁股，于是，他们也就清楚地认同了这是一个处罚依联。

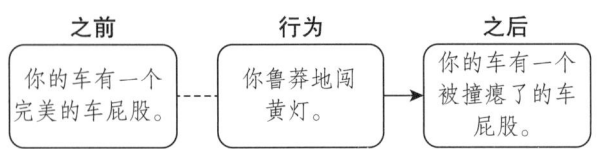

好像说起来全是些坏事呀！也不能这样看！假如从来不发生失去强化物带来的处罚，那情况会更糟糕。你这一辈子如果总是犯同样的木讷、笨拙、费力又赔钱的错误，那当然会更糟糕。如果强化物的失去不能抑制粗心，那当然就更糟糕了。

同学们啊，让我们衷心感谢惩罚先生和处罚女士这两位朋友吧！有了他们，我们的生活才更美好、更生机勃勃。让我们一起喊口号："感谢你！惩罚先生！"

另外，在处罚依联中所失去的强化物并不是维持被处罚的反应的那个强化物。请看下面的示意图，图中的一对依联是一起（同时）发挥作用的。

不当的、自然的强化依联

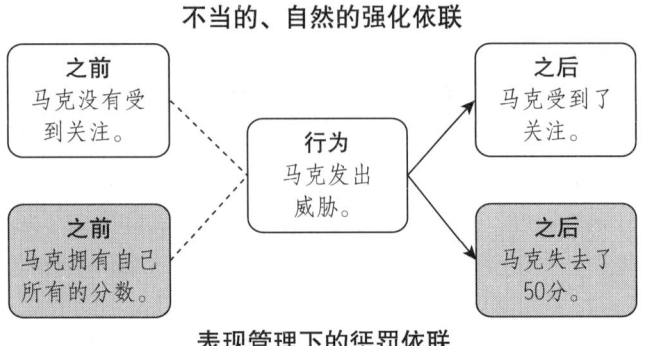

表现管理下的惩罚依联

请看维持马克威胁行为的强化物，它是在处罚依联中被去除的那个强化物吗？

A. 是

B. 不是

处罚依联中涉及的强化物不同于维持被处罚行为的那个强化物。（在下一章里，我们会讲解消退程序，在那个程序中，我们只是撤销原来维持反应的那个强化物，而那个程序不同于处罚依联。）

问题

1. 陈述失去强化物带来的处罚的原理，并举出几个日常生活中的例子。

2. 处罚所去除的强化物一定是原先维持该被处罚的行为的强化物吗？

案例：发育障碍

运用处罚减少自伤 ①

贾迈勒在自己生命的起跑线上就遇到了严重的困难。他出生没多久，父母就将他送进了医院。随后的4年里，为了缓解他的多动、尖叫和自伤，他接受了个体和团体的心理治疗，服用了多种药物，但都没见效。

从4岁起，他就开始了自伤，等到他9岁时，他的自伤行为给自己造成了严重的伤害。除了拍打自己的脸部，他还经常朝地板和墙上撞击自己的头，经常用拳头猛击自己的脸和头，用下巴撞击自己的肩膀，他还踢自己。最令人悲伤的是，他的这种自伤行为已经让自己的双眼的视网膜部分脱落。

当贾迈勒转院进入北卡罗来纳州默多克中心时，他几乎全盲了。在这个中心里，泰特博士和巴罗夫博士负责帮助他。这时候贾迈勒才9岁，要不是自伤带来满脸的伤疤，他本来是个很漂亮的男孩。他不会说话，只会发出几个词汇的音节，大部分时候都是些尖声哭闹发出的胡言乱语。

但是贾迈勒对人有反应，他总会触摸走近自己的人，会用手臂挽住他们，爬上他们的膝盖，或者依靠在他们身上，然后，他就会很安静。但是，只要他独处或自由活动时，他就会哭闹、尖叫、击打自己并撞击自己的头部。除了将他绑在床上度过他的余生之外，似乎别无他法。一旦给贾迈勒松绑，他就会在分分钟内多次击打自己。如果不绑住手脚而让他一个人待着，他就会用自己的手脚伤害自己。

通常情况下，贾迈勒都被绑住躺在自己的床上，只有每天早上洗漱或者散步的时候才会被松开。散步时，会有两位护理人员陪同他，每个人抓住他一侧的手。即便有这样的肢体接触，贾迈勒也会不断地用下巴撞击自己的肩部。在持续5天、每天20分钟的基线期里，护理人员对此不做干预的情况下，贾迈勒用下巴撞击肩部的频率高达每小时396次！行为分析师对问题行为进行了定量测量之后，决定接下来要开始干预了。可是，要怎样做呢？

还记得前面描述的吗？贾迈勒会快速抓住任何一位在他附近的人。这表明此种接触对贾迈勒来说是一个很强的强化物。为什么？也许因为他几乎全盲，其他人的

---

① 改写自 Tate, B. G., & Baroff, G. S. (1966). Aversive control of self-injurious behavior. *Behavior Research and Therapy*, 4, 281-287.

作用相当于他的眼睛，而接触那些陪护他的人总会带来很多好东西，像食品、糖果、安抚的话语，还有温暖。

泰特和巴罗夫推论，依联性地失去这个可能的强化物或许能够惩罚贾迈勒的自残行为。于是，在每天的散步当中，当贾迈勒用下巴撞击自己的肩部时，身边的两位护理人员立刻松开他的手，直到他停止撞击达 3 秒钟之后才重新拉他——他失去了与人接触的强化物。

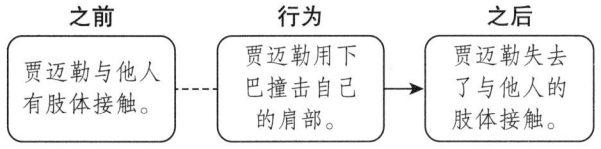

结果呢？从第二次散步开始，贾迈勒的自伤行为就从每小时 396 次降至了只有 6 次——真是一个迅速而有效的干预（见图 5.2）！贾迈勒仍然有很多其他问题（泰特和巴罗夫继续运用其他行为分析技术在帮助他），但至少他现在散步的时候很少再自伤了。对于他枯燥的生活来说，这是一个巨大的进步。

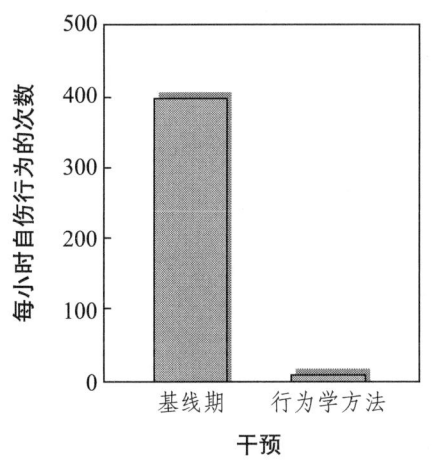

图 5.2　使用处罚减少一个 9 岁孩子的自伤行为

此外，在基线期里，贾迈勒会哀号哭叫，行走蹒跚且不顾周围环境情况，而自从他不再用下巴撞击自己的肩部之后，他也不再哀号哭叫了，也不再走得东倒西歪了。他开始关注环境，甚至开始微笑了。

问题

描述一个使用处罚依联减少自伤行为的例子，要求描述：

A. 谁的行为需要得到矫正
B. 不当行为是什么
C. 使用的强化物是什么
D. 依联是什么
E. 结果如何

案例：青少年行为矫正

说俚语不好 ①

布鲁斯·布莱克又一次走进了梅·鲁宾逊的办公室。"罗宾逊博士，还记得上次在我们班做的干预吗？那两个男孩的语言威胁已经没有了。"梅点点头："我们运用了处罚程序，而且很起作用。"布鲁斯接着说："所以我在想是不是同样可以将这个程序运用于解决其他问题上。"

"什么问题？"梅问。

"用在我们班上一名叫马克的男孩身上，他说话有问题。"布鲁斯答道。

"能不能具体一点儿？"

"好的，我是说他的语法很糟糕。"

"还能更具体一点儿吗？举个例子？"

"好的。任何时候，只要是使用否定式时，他总是不分人称、不分时态地一律说'ain't'。"布鲁斯说，"当然，我也知道，比起说话的内容来说，一个人说话的语法并不那么重要。也许这里面有我自己的某种偏见，某种中产阶级特有的偏见。有可能这更多只是我个人的问题，而不是他的。可是，这件事积压在我心里，实在是纠结。"

"嗯，就算是你存在偏见，不过，这也是很多人都有的偏见，尤其那些未来可能成为马克的雇主或者以其他形式帮助马克的人，都可能会这样。如果马克只是在街头使用这类街头口语，那倒也无妨，可是，他需要摆脱街头的流浪生活，比如要去找份工作，这时候，如果他能使用标准英语，就会容易得多。"梅说。

布鲁斯说自己试过在马克每回说"ain't"的时候，就出手纠正语法错误——这样的干预尝试有着充分的理由。

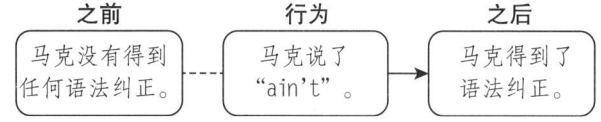

不幸的是，尝试的结果比干预之前更糟糕了。原先在布鲁斯不予理睬的基线期里，马克说"ain't"的频率是每天 55 次，而进行了语法纠正后，上升到了每天 74 次。这表明纠正程序实际上强化了马克说"ain't"的行为。梅向布鲁斯讲解，埃勒瑞·菲利普斯（Elery Phillips）也曾经在"少年成就之家"里使用反应代价的处罚依联来降低语法错误。于是，他们决定在此试着复制埃勒瑞的干预。

---

① 改写自 Phillips, E. L. (1968). Achievement Place: Token reinforcement procedures in a home-style rehabilitation setting for "pre-delinquent" boys. *Journal of Applied Behavior Analysis*, 1, 213-223.（这里呈现的每日的频率数据推导自该文中的每 3 小时数据样本的中位数。）

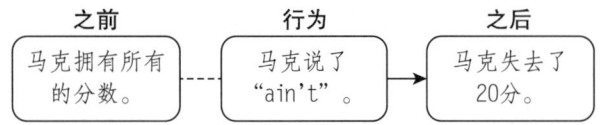

马克每说一次"ain't",布鲁斯就罚掉他 20 分。如此经过 15 天,这个孩子再也不说"ain't"了(见图 5.3)。

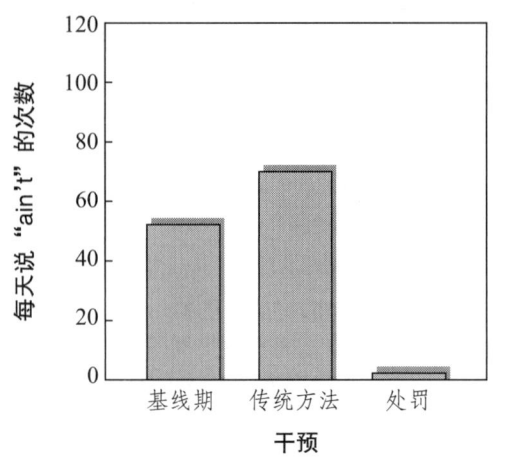

图 5.3 使用处罚减少一位有犯罪倾向的男孩说街头口语"ain't"

在"少年成就之家"里的代理家长也对马克使用了相同的处罚程序,在那里他说"ain't"的频率从每天 37 次减少到了 0 次。一个月之后,他们停止了这项干预,而马克已经改掉了这个坏毛病。

问题

描述一个使用处罚依联减少英语口语错误的例子,要求描述:

A. 谁的行为需要得到矫正

B. 不当行为是什么

C. 使用的强化物是什么

D. 依联是什么

E. 结果如何

案例:儿童家庭咨询

挤在一起①

嗯,我们再来看一个睡眠问题的例子,不过这回的主角不是罗德,而是一个 5 岁大的男孩拜伦。这个孩子不能一个人睡,他总会跳下自己的床,爬到爸爸妈妈的床上去。爸爸妈妈跟他说"不行",给他讲道理,并把他领回他自己的房间。可是不久,他们又会听到那恼人的、窸窸窣窣的、像小偷溜进来的脚步声,这孩子又进入他们的房间里来了。

---

① 改写自 Ayllon, T., Garber, S. W., & Allison, M. G. (1977). Behavioral treatment of childhood neurosis. *Psychiatry*, 40, 315-322.(本节课文只截取了他们的干预系列方案中的一部分内容。)

他们曾经试图跟他讲道理,也尝试了更为直接的做法:虽然妈妈的态度还较为宽容,但爸爸常常会直接把他逐回自己的床上去,可是第二天早上醒来时,发现拜伦夜里又偷偷溜了回来。一般情况下,他们也常会勉强地发发慈悲,挪挪身子,给拜伦腾出一块儿空间,不过他们还是觉得拜伦的存在是一种干扰,因为这让小两口儿没法亲密地睡在一起了。

他们曾经就此咨询过多位心理治疗师,希望能得到帮助,最后,他们找到了一个行为分析师团队(Ayllon, Garber, & Allison)。这个团队所使用的行为干预是:当拜伦强行上父母的床时,父母不再为他挪开一个位置。他们所要做的就是装作睡着了,舒展开身体睡着了。如果拜伦爬到他们两人中间,他们俩就都转向床铺的中间;如果拜伦爬到他俩的某一侧,那他们俩就都转向那一侧。一开始,这个战术会让拜伦不小心掉下床去,而即便这时候两人也仍假装睡着了。

这里自然的但不恰当的行为依联是一个强化依联。拜伦不恰当地爬上父母的床,是被睡觉时父母在身边所强化的。而在表现管理下的行为依联呢?它是舒适睡眠的失去而带来的处罚。

不当的、自然的强化依联

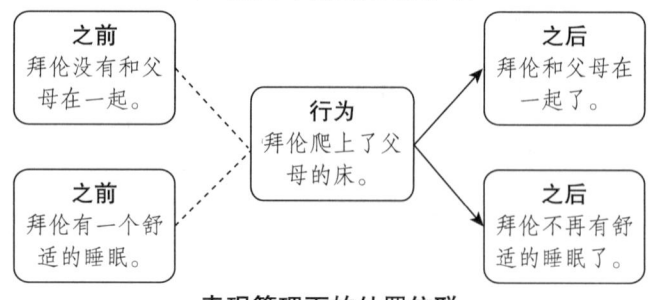

表现管理下的处罚依联

这项干预奏效了。只经过一周这样温和的处罚依联,拜伦夜间入侵的行为就从每周 13 次降到了 0 次(见图 5.4)。最后,大家全都能舒舒服服地睡觉了。

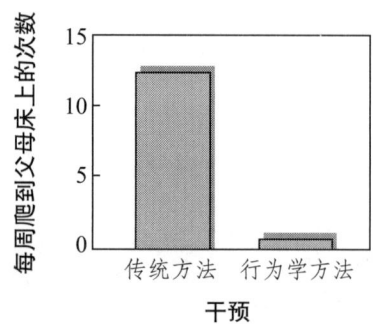

图 5.4 使用处罚减少不良的就寝行为

问:为了对付一个 5 岁大的孩子,动用了多少位专业的行为分析师?

答：三位。

问：对付这个5岁大的孩子，动用了多少位传统的心理治疗师？

答：至少两位，因为前两位的尝试都失败了。

而且，拜伦的父母可都是受过高等教育的，他们二人齐心合力也未能战胜拜伦。

顺带讲一个我大学同事告诉我的真实故事。她的侄女直到13岁还和妈妈一起睡。而到了13岁的时候，她不再需要那样的依赖了，并且成熟地和她妈妈说，妈妈你必须去另外一间房间睡觉了。

问题

画出艾龙等三人使用的处罚依联的示意图，该处罚依联是用来去掉一个孩子夜间爬上父母床铺的不当行为。

概念

反应代价

反应代价是梅和布鲁斯为了减少那些孩子的语言威胁行为和减少说"ain't"时所使用的特别的处罚程序的名字。就是说，你必须要为坏行为付出代价，而且这很像那种"先使用后付账"的营销：你须在坏行为之后，而不是之前付出代价。

> **定义：概念**
>
> **反应代价依联**（Response-cost contingency）
> - 依联于反应，
> - 去除
> - **实实在在**的强化物，
> - 导致该反应出现的频率降低。

实实在在的强化物（tangible reinforcers，也译为实物强化物、实体强化物）是指食品、钱、分数、代币和诸如此类的东西。

问题

为了获得教练的夸奖，运动员必须做100个俯卧撑。这种100个俯卧撑的要求是反应代价的一个例子吗？

我们的答案

不是。这只能叫反应要求（response requirement），而不是反应代价。这只是反应要做出的努力，而不是强化物的去除。做100个俯卧撑有可能是让人厌恶的，但这也不是反应代价的处罚程序。所做出的努力并不是行为分析师所使用的反应代价的概念。

问题

教练听到一个运动员在比赛中使用了犯规的语言，立刻将其罚出局。这个运动员再也不骂人了，至少不在这个教练耳边骂人了。这是反应代价吗？

我们的答案

不是。教练去除了一个**活动**强化物（参加比赛），但不是**实实在在**的强化物，例如钱。但是，骂人的频率的确减少了，所以，这是一个处罚程序，不过它不能成为反应代价，我们很快就会讲到它，我们把这称为罚时出局（time-out）。下面我们还会看到一个反应代价的例子。

问题

名词解释：反应代价依联。对照反应代价的三个标准，讲解那个减少威胁的干预例子，并画出该例子的依联示意图。

案例：行为学儿童家庭咨询

做母亲的喜悦①

"贝克博士，我一直努力去爱山姆，就像每一位母亲所做的那样。我努力了，可是我实在做不到。我简直恨透了我的儿子，他让我活得太悲惨了！你说，一个才4岁大的孩子，怎么就把我们整个家庭给毁掉了呢？"

即使唐恩·贝克没有行为分析专业的博士学位，她也能轻易地解答斯佩德夫人提出的这个问题。现在，她们两人面对面坐在一起，进行着咨询访谈，而在访谈开始后15分钟内，小小的山姆自己就对这个问题做出了注释。这个熊孩子不仅将父母的生活弄得一团糟，而且就这么一会儿的工夫，已经把这场访谈搞得一团糟了，他甚至几乎捣毁了唐恩新装修的办公室。尽管山姆的妈妈一直在不停地喝止他的破坏行为，可他还是打碎了一个花瓶，踢翻了一把椅子，还撕下了最新一期《应用行为分析杂志》的封面，他还舔窗户，向妈妈吐口水，尖叫，并且很明显尿湿了自己的裤子。

"斯佩德女士，要不这样吧，我们去隔壁的游戏治疗室聊吧。"唐恩说。他们三人一走进游戏治疗室，唐恩就将门锁上了，她与斯佩德在素色桌子旁边坐下，尽全力将访谈继续下去。而此时的山姆也在尽自己的全力破坏那些无法破坏的坚固的玩具。不一会儿，玩具就被他扔得满地都是了。

---

① 改写自 Mace, F. C., Page, T. J., Ivancic, M. T., & O'Brien, S. (1986). Effectiveness of brief time-out with and without contingent delay: A comparative analysis. *Journal of Applied Behavior Analysis*, 19, 79-86.

"斯佩德女士，我想我们可以对山姆试一试罚时出局程序。如果你同意的话，我现在就打算开始这个程序了。"

"那就请你马上开始吧！"

唐恩站了起来，拿过一把儿童椅来，将它放在教室的墙角处，让它的坐向面朝墙壁。此时，山姆正站在房屋的中央尖叫着，并且使劲在地板上跺脚。唐恩平静地说："不行！山姆，去坐到罚时椅上去。"然后她拉起孩子的手，将他带到那把椅子上。她将所有的玩具都收走了，并紧紧站在山姆的背后。每当孩子试图回头或者试图站起来时，她就指导他坐回到椅子原处，并令其面向墙壁。两分钟过去了，她说："好了，山姆，你现在可以安静地玩儿了。"

山姆安静地玩了 15 秒钟，然后又开始折腾了，他将一个儿童篮球砸向妈妈的脑袋。于是，他和唐恩又一次进入了罚时出局状态。就这样，反反复复，他们度过了剩下的访谈时间。唐恩向斯佩德夫人解释说，这就是针对山姆破坏行为的罚时出局，她在每一次山姆捣乱时都演示了如何使用了这一干预程序。

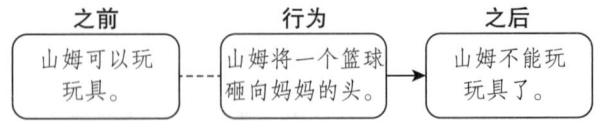

唐恩用通俗的话解释说，罚时出局是一个用来去除坏行为的程序——一个基于失去强化物的惩罚程序。也就是说，罚时出局是从正常情况下总是有强化物的场合里被定时罚了出去，比如从游戏室的玩具堆那里罚出去。

结果：当山姆还在唐恩的办公室里肆无忌惮地捣乱时，唐恩就暗自开始记录基线（这样她就有了数据，好与干预期做比较）。在游戏室里头 15 分钟的干预时段中，罚时出局让捣乱行为惊人地下降了。在将罚时出局依联于捣乱行为之后，很快，山姆就从 60% 的时间都在捣乱下降到只有 3% 的时间才那样做（见图 5.5）！

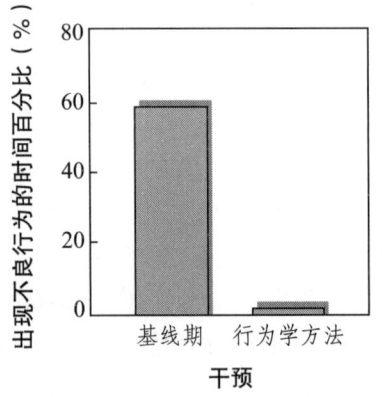

图 5.5 使用罚时出局减少儿童的捣乱和破坏行为

在接下来的干预时段里，山姆的捣乱行为一直保持在这种低水平上。斯佩德夫人高兴坏了，她简直要提名唐恩去当美国总统了。

问题

描述一个使用罚时出局降低捣乱和破坏行为的例子，要求描述：

A. 谁的行为需要得到矫正
B. 不当行为是什么
C. 使用的强化物是什么
D. 依联是什么
E. 结果如何

概念

罚时出局

无论在家里还是在学校，很多行为分析师都觉得罚时出局是去除幼儿坏行为的一个非常好的程序。通常，他们会将依联于坏行为的罚时出局与依联于好行为的强化结合使用。例如，林恩·克拉克（Lynn Clark）就建议用罚时出局来去除咬人、尖叫、骂人、顶嘴、争抢电视、挑食、欺负宠物、在街道上玩耍、浪费食物、造谣中伤以及持续纠缠等行为。①

林恩认为罚时出局很有效、很快速，也很容易被恰当地使用，可以帮助家长和老师改掉孩子的坏毛病，而且不会让自己过于生气或不安，可以促进孩子与成年人之间的关系，还可以为孩子营造出学习好行为的氛围。他倡导这种做法，说它是一种快捷、清晰的能够解决问题而又不在孩子与成人之间制造紧张的方法。所有人都觉得这比那种很多家长和孩子都曾经历过的、传统的靠唠叨和争吵的方法要好得多②。罚时出局迅速地成为一

---

① [美]林恩·克拉克著. 姚梅林，姚枫林译. SOS! 救助父母, 北京：北京师范大学出版社, 2011. 这是一本对家长和老师非常有用的书，充满了实用的建议指导，尤其在如何有效且人性化地运用罚时出局方面非常实用（编注：在该书中文版中，time-out 译为暂时隔离）。

② 罚时出局应该执行多长时间呢？一般建议根据孩子的年龄来决定执行罚时出局的时间长短。优选的做法是每长大 1 岁就增加 1 分钟，不过，我对此不以为然。在帮助一个 4 岁大的孤独症孩子时，15 秒钟通常就有很好的效果了，4 分钟就显得有些长得不必要了，会过多地占用开展回合式教学的时间。我觉得如果用在我自己身上，15 秒钟的非逐出式罚时出局就足够了，比如，每当我吸奶昔时发出了稀里哗啦的不雅声音，你就立刻捏住我的吸管，并持续 15 秒钟，这已经够狠了。

这里有一段来自经验丰富而且睿智的鲍比·纽曼（Bobby Newman）的回复：我不会使用任何公式来计算出罚时出局应该执行多长时间。我一般使用 30 秒、2 分钟或者 5 分钟，通常根据接受罚时出局的人多么地"不受控"，以及他们所离开的活动多么具有强化效力来决定。对我来说更重要的是罚时出局的终止。当罚时结束的铃声响起时，如果他们没有冷静下来的话，我会说："很抱歉，你需要冷静下来。我会再定时 1 分钟，然后我们到时候再看。"我很少需要重新设定闹铃一次以上。

种普遍被家长使用的干预手段。你可以在很多大众化的育儿电视节目中看到保育人员使用这项技术帮助很多家庭。虽然你可能对电视节目里那些保育人员的英国口音有点儿不适应，但关注的重点应该是罚时出局以及其他行为学技术在那些电视节目里极为有效地改善了儿童的行为。

当然，**罚时出局**这类技术并不是什么新鲜东西。这个原则在体育比赛中早就使用多年了。最好的例子就是曲棍球：犯规就会被从比赛场上罚时出局，并关进处罚区里。我们还能毫不费力地找到很多其他例子：棒球场上的"三振出局"，篮球比赛中的6次犯规被罚下场，在任何比赛场上，只要对裁判骂一句脏话就会被罚出赛场。

但是，不要将行为学上的罚时出局与监狱里的"单独监禁"或者体育比赛中的"罚点球"搞混淆了。在行为管理中，我们绝不会把孩子罚出去后不让他再回来了。我们甚至不会将孩子罚出游戏。**通常，只是一个简短的、只有几分钟的罚时出局就会获得成功**。我们会尽可能快地让孩子再回到正常的、更富足的环境中去，在那里，他就有机会学习到良好的行为。

下面这个是罚时出局吗？"约翰尼，你在课堂上搞出这么多的噪音！去！到操场上去，在我叫你回来之前，你就一直待在那儿！"是罚时出局吗？很可能不是！这还有可能是一个强化！对约翰尼来说，到操场上去很可能会找到更多具有强化效力的活动，要比在教室里的还多。因此，该老师对于约翰尼出现的破坏行为，依联地允许他进入另一个更具强化效力的环境中去，这很可能强化他的破坏行为。老师如果以为操场比教室的强化效力更低，那就太天真也太自以为是了。这种情况下，如果你想要使用罚时出局，一般都会很危险。

下面是罚时出局的正式定义。

> **定义：概念**
>
> **罚时出局依联**（Time-out contingency）
> - 依联于反应，
> - 去除
> - 与一个强化物的**接触机会**，
> - 导致该反应出现的频率**降低**。

行为分析师有时候会将罚时出局分成两种类型：逐出式罚时出局（exclusionary time-out）和非逐出式罚时出局（non-exclusionary time-out）。逐出式罚时出局意味着将其从现时场所中排除出去，例如，送入一间隔离屋中待上几分钟。非逐出式罚时出局是指在罚时出局的时候让其仍然留在现时场所内，例如，坐到一把椅子上去，但脱离开当时的常规活动。山姆的例子就是非逐出式罚时出局，唐恩在游戏室的一角设置了罚时椅。

问题

1．名词解释：罚时出局依联。举出几个家长使用它的例子，并画出这些例子的依联示意图。

2．对照罚时出局定义中的三个标准，讲解上述针对山姆破坏行为的干预案例。

3．罚时出局与监狱中的"单独监禁"和体育比赛中的"罚点球"有什么不同？

4．对比逐出式罚时出局和非逐出式罚时出局。

案例：行为学特殊教育

罚时出局领巾 [①]

8岁的迈克IQ评测值只有27分。他住在一家地处农村乡野附近的州立机构中，每天，他与其他4个低功能男孩会一起去设在乡村里的一间特殊教育教室接受教育。他们每天的上课时间只有一个半小时，然而，这也是混乱不堪的90分钟。迈克非常多动（过度活动），他会完全疯狂地满教室乱窜，边跑边叫，手里抓到什么就扔什么。这个课程持续了7个月，任课老师除了呵斥责骂，几乎什么也教不了。

当时在马里兰大学巴尔的摩分校的福克斯和夏皮罗接到了这里任课老师提出的求助邀请，于是过来帮忙。看上去惩罚似乎是一个合理的干预方案，但是，无论电击还是传统的罚时出局，当时对于迈克所属的这个机构来说都不太能被接受。在这种情况下，也许只有非逐出式罚时出局（不被带离现场的罚时出局）才是一项更具有社会接受性的干预策略。[②]

于是，他们用了7天时间收集基线期数据，然后，用10天时间开展了一个附加的强化干预阶段。在这个

[①] 改写自 Foxx, R. M., & Shapiro, S. T. (1978). The time-out ribbon: A nonexclusionary time-out procedure. *Journal of Applied Behavior Analysis*, 11, 125-136.

[②] 顺便说一下，有人将这种非逐出式罚时出局称为依联观察（contingent observation）。我偏爱使用非逐出式罚时出局这个词，因为依联观察意味着这个程序是在依联地加入某个东西，而不是在依联地去除某个东西。换句话说，这意味着观察活动的机会是依联于不当行为的。但事实并非如此，因为学生在出现坏行为之前，也可以观察正在参与的活动。

此类术语的混乱不仅于此，还有人用隔离式罚时出局（seclusionary time-out）的说法来替代我们这里所用的逐出式罚时出局，甚至让人感到更加混乱的是，有人用逐出式罚时出局的说法来替代我们的非逐出式罚时出局！我觉得这里的底线就是：你必须小心地确保自己与他人讨论问题或阅读材料时，双方能够理解对方说的究竟是什么。

阶段里，他们让任课老师每隔2.5分钟就给予每一个孩子微笑、表扬、爱抚或者小饼干（注意：这并不是严格意义上的强化，因为强化物的提供并不依联于任何特定的行为，而只是按时间间隔来给）。因为他们计划在接下来的干预阶段中使用罚时出局，所以他们就要确保先建立起一个具有强化效力的环境，这样到时候才能让孩子被罚出去。强化物出现的频率须足够高，这样，无法参与其中才会令孩子感觉不爽。接下来的"强化物加上罚时出局"的阶段，一共持续了12天。

在"附加强化物"和"强化物加上罚时出局"两个阶段中，每个孩子，包括迈克，都在脖子上戴上了一条彩色领巾，就像当年西部牛仔那样的着装。而每当某个孩子举止出轨时，老师就会将这条领巾取下3分钟。在这3分钟里，出轨的孩子得不到任何强化物。

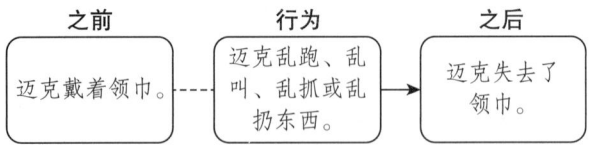

这是非逐出式罚时出局，因为孩子还待在教室里，并未被逐出去。假如教师们采用的方法是将孩子逐出教室，到走廊上待3分钟，那么这就是逐出式罚时出局了。

这套方案效果如何？非常成功！孩子们每天刚进入教室时都是吵吵闹闹、毫无规矩的，一旦戴上领巾，就会安静下来（见图5.6）。行为表现上立竿见影。（顺带说一句，对于从基线期到加入强化物后行为频率的略有上升，你大可不必太当回事，因为这种上升很可能只是由于数据的随机波动，而并不是确凿的显著变化。）

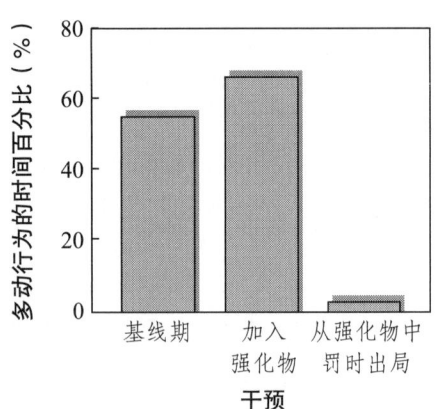

图5.6 运用罚时出局减少多动行为

要记住的一点是，任何一个罚时出局程序要想成功，就必须确保学生是从一个具有强化效力的活动或环境中被罚出的。

问题

描述一个运用非逐出式罚时出局程序减少多动行为的干预例子，讲讲其中的：

A. 被干预的反应类
B. 惩罚依联
C. 预设的强化物
D. 依联示意图
E. 干预结果
F. 这项干预中你感兴趣的其他方面

对比

处罚与其他三种基本的行为依联

下面的依联表总结了4种基本依联之间的相互关系。例如，从最顶上一行中选"去除"，再从最左侧一列中选"强化物"，然后看它们交汇的那个中间的格子——"处罚"（频率降低↓）。这就是在说，依联地去除一个强化物，那就是一个处罚依联，它将会降低反应频率。

↑和↓表示什么意思？

依联表（完全表）

	呈现	去除
强化物	强化↑ 正强化	处罚↓ 负惩罚
厌恶刺激	惩罚↓ 正惩罚	逃避↑ 负强化

下面给出的是意思基本相同的另一种表述形式的依联表。如果去除一个刺激（看最顶上一行的这个格子）而反应频率降低（看最左列的那个格子），那么，这就叫作处罚依联（看交汇于中间的那个格子），它可以表述为刺激减少带来的惩罚，或者更常见的说法：负惩罚（S^{P-}）。

依联表（完全表）

	呈现刺激	去除刺激
反应频率增加↑	强化依联 刺激加入带来的强化 （正强化）（S^{R+}）	逃避依联 刺激减去带来的强化 （负强化）（S^{R-}）
反应频率降低↓	惩罚依联 刺激加入带来的惩罚 （正惩罚）（S^{P+}）	处罚依联 刺激减去带来的惩罚 （负惩罚）（S^{P-}）

我们有两种惩罚依联：一种涉及厌恶刺激的呈现，我们称之为惩罚（或正惩罚）；另一种涉及强化物的去除或减少，我们称之为处罚依联（或负惩罚）。我们可以通过与行为依联地呈现厌恶刺激，也可以通过与行为

依联地去除强化物来减少行为。①

我们还有两种强化依联：一种涉及强化物的呈现，我们称之为强化（或正强化）；另一种涉及厌恶刺激的去除，我们称之为逃避依联（或负强化）。我们可以通过与行为依联地呈现强化物，也可以通过与行为依联地去除厌恶刺激来增加行为。

所以，使用强化物既可以增加也可以减少行为，就看我们是呈现还是去除这个强化物了。使用厌恶刺激也是同样的，既可以增加也可以减少行为，就看我们是去除还是呈现这个厌恶刺激了。

在前几章里，你已经学习到两种涉及加入刺激的依联，一种涉及的是强化物的呈现，我们称之为强化（正强化）；另一种涉及厌恶刺激的呈现，我们称之为惩罚依联（正惩罚）。我们运用呈现依联，既可以增加行为也可以减少行为，就看我们呈现的是强化物还是厌恶刺激了。

我们还有两种涉及去除刺激的依联：一种涉及厌恶刺激的去除，我们称之为逃避；另一种涉及强化物的去除，我们称之为处罚依联（学到这儿，你对此应该不会再有什么惊讶的表情了吧）。我们运用去除依联，既可以增加行为也可以减少行为，就看我们去除的是厌恶刺激还是强化物了（见图5.7）。

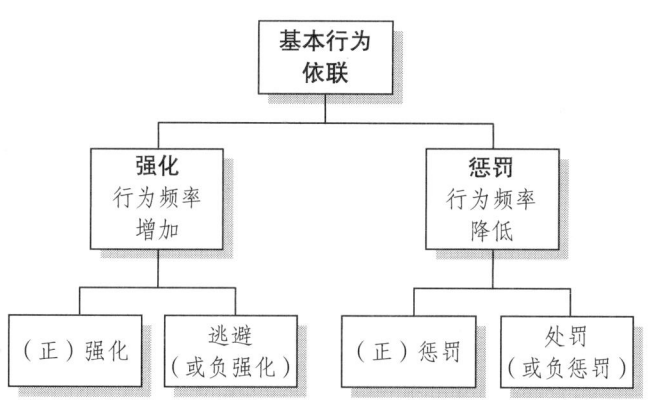

图5.7 四种基本行为依联的树状示意图

问题

1．画出并填写四项基本行为依联的完整依联表，

---

① 斯蒂芬·勒杜（Stephen Ledoux）建立了自己的另一套术语解决方案，不过，他对于传统术语带给人们困惑的看法与我们对这个问题的分析，在观点上是一致的："在日常运用当中，正性暗含的意思总是好的、愉快的，而负性暗含的意思总是坏的、不愉快的。结果，这让很多人难以理解负强化物能够增强行为，更难理解正惩罚的概念；他们很难充分想象对惩罚居然可以有正性一说。"引自 S. F. Ledoux (2002). Increasing tact control and student comprehension through such new postcedent terms as added and subtracted reinforcers and punishers. In S. F. Ledoux (Ed.). *Origins and Components of Behaviorology* (pp.199-204). Canton, NY: ABCs.

该标出的都要标出。你必须理解这个表，光死记硬背没用的。

2．将处罚依联与表中的其他三项依联做对比。

3．与上面一样，将惩罚依联与其他两个强化依联作对比。

4．画出并填写四项基本行为依联的树状示意图。

罚时出局的案例：行为医学

帮助一个有急腹痛行为的婴儿②

珍妮：阿普丽尔从生下来两周就开始没日没夜地哭闹。她一直不停地哭，那种尖利的哭声快把我逼疯了。我都被她气死了，真想揍她。我甚至都想虐待她了。

唐恩：我了解你的感受，孩子不停的哭闹的确经常会招来虐待。

珍妮：我和我的老公吉姆根本就不能睡觉。吉姆白天上班时困得差点儿从工地的脚手架上摔下去。他现在要跑到他妈妈家里去借宿。他自己倒是能有个安稳觉了，而我都准备和他离婚了。他回家吃饭的时候，我俩能做的就是一起听阿普丽尔的哭声，然后开始吵架。他说阿普丽尔的哭是我的错——他说我就是一个神经质的成天焦躁不安的母亲。

唐恩：嗯，那是最常见的一种理论——都是妈妈的错，但是科学研究并不支持这种理论。

珍妮：我不知道什么研究，我只是觉得自己有罪，好像我就是一个坏妈妈。我要求我的儿科医生要么给阿普丽尔开点儿药，要么就给我开点儿药。就这样，我们给阿普丽尔试了各种各样的药，像胃能达（Mylanta）、止痛剂（Paregoric）和颠茄（Belladonna），等等，可是都不管用，至少，那些药物的效果都不大。现在阿普丽尔已经5周大了，还是在一直不停地尖声哭着。太可怕了，我的心都碎了。

唐恩：是的，我知道，这段时间你们都过得很艰难。你所经历的放在谁身上都不容易。眼下也许是你一生中最艰难的时期。

珍妮：我真不知道该怎么做。我们的儿科医生说了，没有发现任何医学问题，既没有严重的便秘问题，也没有发现胃食管反流，也没有肠套叠，这些都是我听医生说的——没有发现究竟是什么导致阿普丽尔总是好像肚子痛得厉害而缩成一团。儿科医生说这就叫急腹

---

② 改写自 Larson, K., & Ayllon, T. (1990). The effects of contingent music and differential reinforcement on infantile colic. *Behavior Research and Therapy*. 28, 119-125. 本节的图表数据源自 Ayllon, T. & Freed, M. (1989). *Stopping Baby's Colic*. New York: Perigee. 对于所有孩子存在哭闹、进食或睡眠问题的家长来说，这是一本必备的好书。

痛。贝克博士，你也觉得我女儿是急腹痛吗？

唐恩：哦，是这样的。儿科专家威廉姆·西尔斯（William Sears）博士这么定义急腹痛：这是婴儿的一种**表现**，但它本身什么也不是。这定义提示我们一个要点，我们要讨论的应该是急腹痛行为，而不是急腹痛婴儿。这是一个行为问题，而不是医学问题。如果说一个婴儿有急腹痛，就是说他在大部分时间里总是哭闹和焦躁。

珍妮：我想这就是儿科医生向我推荐您的原因吧。她说你是个行为分析师。

唐恩：对于急腹痛般的啼哭，目前还没有生理学、解剖学或医学的解释。事实上，基本不太可能找到这一方面的原因，而研究人员也基本停止寻找这方面的原因了。

珍妮：好多人跟我说，是小阿普丽尔的肚子里有太多的气让她痛苦得不停地哭。我只能说就连我老公吉姆也已经为此尽全力想辙了。他在孩子的肚子上敷上热毛巾，把她包裹在温暖的浴巾里，甚至还深更半夜地驾车出去带孩子兜风。可这些全都帮不上她。我自己尽力做的甚至包括把她放在正在运转的衣物烘干机的上面，不停地摇晃她。我用我的全身心抱她、爱她、安抚她，可还是没用。

唐恩：有一位英国研究者（Dr. Ilingsworth）曾经证明，有急腹痛表现的婴儿并不比那些普通孩子的肚子里有更多的气，而且急腹痛看起来并不是一种疾病，它只是一种行为，这种行为的表现就是极端地哭闹。

珍妮：贝克博士，我们会按你说的做任何事情，我们只求能获得您的帮助。求您了！

唐恩：好的。我希望你按照我下面说的试一试。

- 回家拿出 CD 机来，再取一张你最喜欢的 CD。然后，在阿普丽尔醒着并且至少保持 30 秒钟的安静状态时，一直播放这个 CD。你此时可以与她互动——看看她，轻柔地跟她说话，悠悠她，跟她玩一玩，向她展示你的母爱。
- 但是，一旦她开始哭，你就立刻关掉 CD，查看一下她是不是有什么需要你帮助的事，比如喂奶或者换尿布。
- 如果她还继续哭，就把她放进你的手提婴儿篮中去。让她在那里待上 3~5 分钟——她一直哭的话就更长一些。我们管这叫作"罚时出局"。在罚时出局期间里，要撤掉音乐和关注。

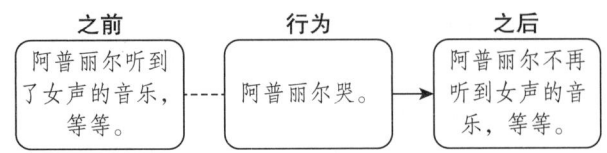

珍妮开始执行罚时出局程序的第一天就奏效了（有的情况下，这需要花上几天的时间，但很少会超过一周）。而当两个月之后，唐恩进行跟踪回访，评估行为变化的保持情况时，阿普丽尔已经是一个乖巧的女孩，哭的次数跟普通的同龄孩子没什么两样了（见图 5.8）。

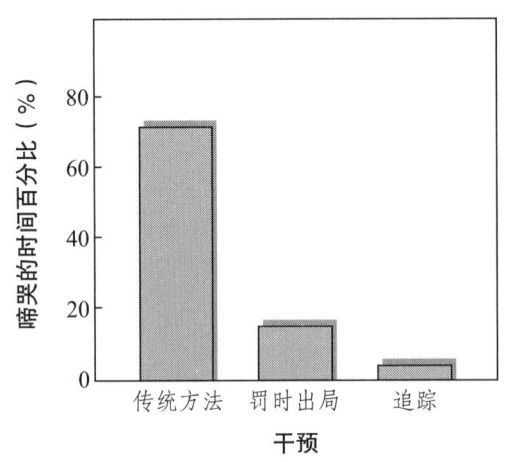

图 5.8　运用罚时出局减少急腹痛的啼哭

珍妮：我真的感谢您，贝克博士。现在，阿普丽尔、吉姆还有我，又快乐地生活在一起了。我很爱我的宝贝女儿。我现在的感觉跟一个普通妈妈一样了。我觉得我们又回到正常家庭的轨道了。

这里，我得说个有趣的观点：**在医学和心理学的历史上，还从未有人解决过急腹痛的问题——直到拉森（Larson）和艾龙（Ayllon）依靠应用行为分析拿出了解决方案。**想想看吧！多么激动人心呀！用到的只是小小的、简简单单的一个罚时出局干预——当然，这是一个极具创造性的罚时出局干预。尽管我们中的大多数人没有像拉森和艾龙那样聪明和富有创造性的头脑，但透过行为分析师的眼睛看世界，我们就能够更好地理解并解决许多问题，而那些问题依靠传统方法是无法解决的。

问题

1. 画出唐恩（拉森和艾龙）帮助阿普丽尔停止啼哭的依联的示意图。
2. 这是怎样的一种依联？
   A. 强化
   B. 逃避
   C. 惩罚
   D. 处罚

（哈，现在你得靠自己的能力来回答问题了，我可不再提示你了，你长大了，不再需要我手把手了。）

罚时出局的案例：行为医学

帮助一个发育不良的婴儿①

发育不良的婴儿中大约有七分之一会夭亡，这是一件很严重的事。这样的孩子不能好好地进食，他们会体重下降、不生长、脱水、电解质平衡紊乱，最终死亡。在这样的发育不良的婴儿里，有三分之一找不出任何已知的生理、解剖学或者医学上的原因，这被称作非器质性。**目前看来，只有行为分析对这些非器质性发育不良的婴儿有办法**，其他的都没招儿。

让我们来看看克劳德的案例。他是一个21个月大的男童，患有"小儿肾源性尿崩症"，这是一种先天性遗传疾病，他的肾无法适当地发挥作用。

克劳德因为发育不良已经住院4次了。他吃得很少，而且大部分固体食物都会被他呕吐出来。在过去的16个月里，他一直插着鼻饲管，从鼻到胃地喂食，靠这维持他的生命。每天在医院里，他需要15个小时的鼻饲管喂食，还要服用4种药物。尽管克劳德有先天性肾病，但他的发育不良却似乎仍然是非器质性的。他必须正常进食，增加体重之后，才够条件开展针对肾病的外科手术治疗。

假设你作为职业行为分析师，现在受邀来帮助克劳德。首先，你要问自己，克劳德是否需要增加什么适当的行为，或者需要减少什么不当的行为。两者都需要。克劳德需要增加对食物的接受，增加进食。那么，请你填写下面这个强化依联的示意图。

对进食的强化依联

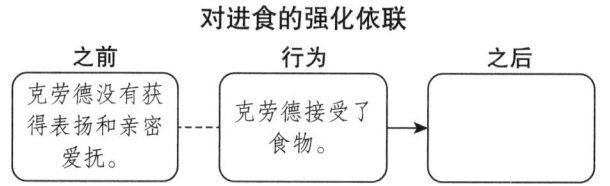

克劳德每一次接受一点儿食物并吃掉它，他妈妈就立刻表扬他，并用手在他的胳膊上来回抚摸，或者轻挠他的肚皮，或者揉揉他的膝盖。当然，在他不接受食物不进食的时候，这些全都没有。

不过，你还可以做的是使用罚时出局依联来减少克劳德对食物的拒绝（他的拒绝举动包括紧闭着嘴巴、不肯张口并且前后摇动自己的头）。这时，你可以拿出那

---

① 本案例改写自 Larson, L. L., Ayllon, T. & Barrett, D. H. (1987). A behavioral feeding program for failure-to-thrive infants. *Behavior Research and Therapy*. 25, 39-47.

本早就被你翻烂的《行为原理》教科书，从里面挖掘出妙招来。重温一下唐恩用来对付阿普丽尔的那个依联，这样，你也就能完整地填写出下面这个表现管理依联示意图了，它跟用于阿普丽尔案例中的那个依联一模一样（当然了，你要考虑克劳德的妈妈，她最喜欢的歌星可与阿普丽尔妈妈不一样，她喜欢的是猫王）。②

对拒绝进食的罚时出局依联

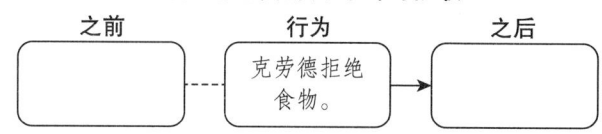

克劳德的妈妈要做的不只是立刻关掉音乐，还要严厉地说"不行！"将克劳德从椅子上移回到他的栅栏床上去，并且把自己的椅子也挪走，而且也不再看他。等克劳德不哭达3分钟之后，将他重新移回到椅子上，继续吃饭。

此外，每当克劳德呕吐的时候，她也要使用同样的依联程序。请你将下面这个依联示意图填写完整。

对呕吐的罚时出局依联

你觉得运用这三种简单的依联需要多长时间才能让克劳德的进食量接近他的发育水平呢？实际上仅仅3天之后，他就已经可以接受妈妈喂过来的89%的食物了。到了出院后的第10天时，克劳德可以进食任何给他的食物了（见图5.9）。

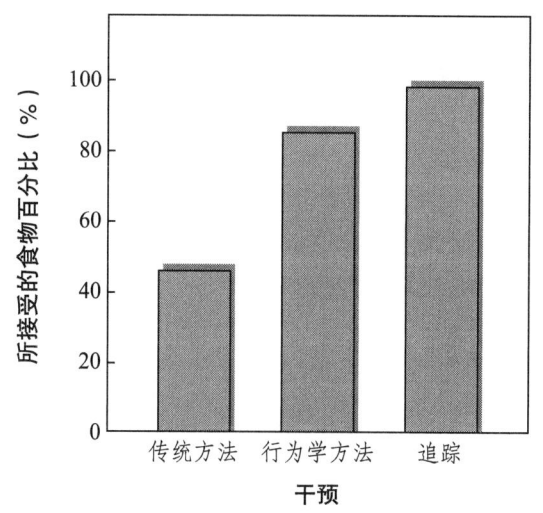

图 5.9　运用强化和罚时出局增加接受食物行为

克劳德呕吐的情况怎么样呢？同样相当成功。4天

---

② 你也许也会将此分析为对失去强化物的回避（详细内容见第15章），但是这里的行为应该是接受食物，而不是拒绝食物。

之后，他的呕吐次数从基线期的每天6次降低到了1次以下（见图5.10）。

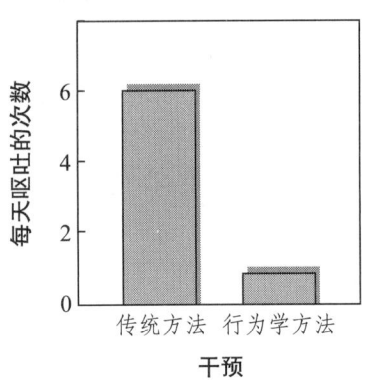

图5.10 运用罚时出局减少呕吐

在基线期（传统干预）里，克劳德"会发出深深的、大声的咳嗽和恶心的声音，而且他的腹部肌肉会出现重复的随意收缩，这些都会导致他的呕吐"。而经过5次的行为干预进食时段后，他不再出现这种诱发呕吐的行为了。此外，他在进餐过程中看上去也更开心、更愉快了，在喂食过程中不再乱踢乱叫了……住院治疗的13个月后，克劳德表现出了显著且持续的进步，顺利完成了肾移植手术。

想象一下吧，一个小小的强化依联和几个罚时出局依联竟然可以如此强大，解决了那些医生从一开始就苦战却无法攻克的难题。

如果是你，当其他人或其他家庭遇到生活难题时，也能如此出手帮助他们取得这样显著而积极的胜利，甚至拯救了他们的生命，那时候，你的感觉会怎样？好吧，咱们就这么定了吧：这个世界上，有很多很多的小克劳德，但是只有很少很少的行为分析师。你瞧，你现在知道自己接下来几年该去做什么了吧。

问题

1. 画出拉森、艾龙和巴雷特所使用的三个依联的示意图，他们用这三个依联帮助克劳德变成一个发育良好的婴儿。

2. 说说以上三个依联分别是什么依联。

原理

效果律

爱德华·桑代克（Edward Thorndike, 1874—1949）曾经做过一个经典的迷宫实验。他的那个迷宫是一个笼子，里面有挂绳、杠杆以及插闩，这些东西都可以被一只猫（或者其他动物）操控。如果猫对这些操控材料做出了正确反应，笼子的门就会打开，猫就能走出来。桑代克将猫锁在这个迷宫笼子里，并在笼子外面摆放了食物，只是猫够不到那些食物。开始时，猫花了很长时间试图接近食物，当然，它没法得到它们。可猫很快会碰巧撞到了杠杆，让门打开了，它就能吃到那些食物。经过了大约3分钟的尝试，猫就会很快地压动杠杆，走出笼子，并获得食物强化物。因此，猫减少了那些不被强化的行为，并且增加了压动杠杆走出笼子获得食物强化物的速度。桑代克把这叫作试错行为（trial-and-error behavior）。他给出结论：猫并不是通过提高自己对问题的见解而学习到了什么，而是通过试错学到了东西。用当代术语说就是，如果猫碰巧做出某个反应而产生了强化物，那么猫就会在下一次以更快的速度做出这个反应。他相信人类也是这么学习的。

桑代克的**效果律**（law of effect）简单明了地告诉我们：就在"快乐"事件之前做出的反应，会更有可能重复出现，而就在"不快"事件之前做出的反应则更可能消失。他把这些"快乐"事件称为满足物（satisfiers），把那些"不快"事件称为讨厌物（annoyers）。

我们认为，效果律是心理学中最为重要的法则。在我们看来，效果律奠定了行为分析的基础，而行为分析奠定了最具价值的心理学的基础。效果律是理解人类行为最有力的工具。不过，也有心理学家对最原始的效果律的表述提出了批评，说它要么是在循环论证，要么使用带有主观色彩的术语（快乐的和不快的）。因此，下面我们给出了摒弃循环论证和主观性的一个现代版定义。

> **定义：原理**
>
> **效果律（The law of effect）**
> - 我们的举动的效果
> - 决定了我们是否会重复这些举动。

这里的效果是指结果或后果。所以，我们也可以这样说，**结果律**（the law of results）的意思是，我们的举动的**结果**决定了我们是否会重复这些举动。

多么简单啊！对不对？这就是对我们关于强化和惩罚的四种基本行为依联的概括。如果我们的举动产生了强化物或者减少了厌恶刺激，那么我们就会趋于重复做出这些举动。如果我们的举动产生了厌恶刺激或减少了强化物，那么我们就会趋于停止做出这些举动。多么简单！——但是多么强大啊！它概括了你读到这里为止前面所有的课本内容，而且也概括了你将要读到的这本书后面的内容。它概括了生活！就是说，如果你能理解效果律是如何运作的，那么你就理解了我们生活的基本原动力，也就会有运用它的奋斗方向，有了成功的机会。

问题

当他走进教室的时候，一位女生向他抛了个媚眼，他回以微笑。下一回进入教室时，在那位女生还没有来得及抛媚眼时，他就报以微笑了。这是效果律的例子吗？

我们的答案

这里我们要分析的举动是他的微笑。他这一举动的效果或结果并不是那位女生抛媚眼，因为抛媚眼发生在他微笑之前。所以，即使他重复了微笑，那也不是因为该微笑举动的效果。这个例子中压根儿就没有提到微笑举动的效果或结果，所以，效果律在此不适用。

问题

他通常并不会留意那位女生，但这一回，在他走进教室的时候，那位女生向他抛了媚眼。他走到她身旁的位子上坐下，与她交谈起来。现在，当他走进教室时，那位女生会更频繁地向他抛媚眼了，而他一来到这个教室也通常会坐到她身旁的座位上了。这是效果律吗？

我们的答案

毫无疑问，这是。那位女生抛媚眼的效果或者结果是得到关注这一强化物。因此，她那双擅长抛媚眼的眼睛周围的肌肉群，也就会越来越发达，因为她经常使用这招儿。

问题

什么是效果律？如何评价它的价值？

希德的学术讨论课

把死人翻转过来

希德：哪位同学能给我举一个日常生活中强化的好例子？

汤姆：我和我的女朋友一起看真人秀电视节目的时候，她会一直给我做背部按摩，只要我不吐槽，不贬低她所喜爱的明星。

希德：你这里分析的行为是什么？

汤姆：我不吐槽，不贬低那些明星。

乔：不对。你掉进死人测验的坑里去了。死人也是不吐槽的。如果死人都能做的，那就不是行为。

汤姆：那我该怎么说呢？

希德：你可以把死人翻过来。首先，你先得把行为翻过来。你要把你所说的行为，从它的反面来说。你这个不吐槽的反面是什么？

汤姆：吐槽。但是，这没用。我要是做贬低性评论的话，我女朋友还能给我做背部按摩吗？

希德：没错。你这下有了行为，因为死人是不吐槽的。你也说对了，那种依联并不是你要的。所以，你现在还得把依联翻转过来，"我女朋友给我做背部按摩"的反面是什么？

伊芙：我的女朋友停止给我做背部按摩。

希德：对了。这就是行为之后的条件。它的对立面当然也就是之前的条件了——我的女友给我做背部按摩。这样，我们就能够画出这个依联的完整示意图了。

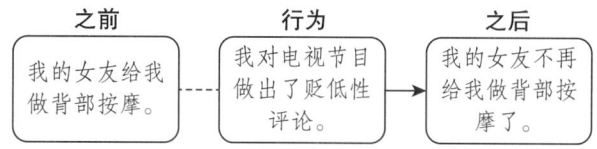

乔：于是，当我们把死人翻过来后，我们就能发现，他躺在一个惩罚依联上——失去背部按摩带来的惩罚。

汤姆：瞧瞧，女人就是这么不理性。

希德：我们把死人翻过来的步骤是，首先，翻转我们自以为是的非行为（说出它的对立面，让它变成真正的行为），然后，再翻转行为之后的条件（让它变成我们原来认为的对立面）。这样，我们就能找到正确的依联了，而且我们会发现，它与我们原来自以为是的依联也是正好相反。例如，强化的反面是惩罚。让我们再来试一试。

汤姆：好，再看看我这个例子。在女友家吃完晚饭后，我就躺到沙发上不动窝，于是她就不会让我去收拾盘子了。这样……好像……哈哈，我躲开了收拾盘子的家务活。

希德：你要分析的行为是什么？

汤姆：不动窝，这可以让我躲开讨厌的收拾盘子的家务活。

乔：这也是掉进死人测验坑里的例子。死人最擅长的就是不动窝，至少要是没有朋友帮忙的话，死人当然动不了。

苏：呵，你在讲那个经典恐怖片《活死人之夜》里的情节啊……

汤姆：那么，我该如何修改上面的说法呢？

迈克斯：这回让我来，看我是怎么把死人翻过来的吧！要想把死人翻过来，首先要翻转非行为（换成你原来自以为是的相反的行为，这样，你就找到了真行为），然后，你再翻转行为的之后条件（让他与你原来自以为是的相反）。

希德：好了，本书的读者很耐心，一直坐在那里看着呢，不如我们把下面的机会留给他们吧！

1. 亲爱的读者，你不介意根据汤姆这个"假睡美人"的故事填好下面这个依联示意图吧?

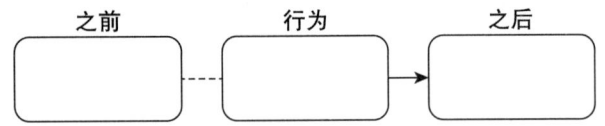

2. 我们发现正确的依联与我们原先自以为是的依联正好相反。例如,去除厌恶刺激带来的逃避,与其相反的是:

A. 强化物呈现带来的强化
B. 厌恶刺激呈现带来的惩罚
C. 强化物去除带来的处罚

希德:各位帅哥靓妹,如果我们发现了死人,怎么办?
帅哥靓妹:报告菲尔茨先生,我们会把它翻过来!
希德:我们怎么翻?
伊芙:我们先翻转行为,再翻转之前及之后条件,将其对调。这样我们最后得到的就是"不用收拾盘子,从沙发上站起来,要去收拾盘子"。

孤独症进阶

"凯特,吉米扑动双手的举动一直让我烦恼。虽然他已经取得了很多进步,但这种自我刺激的举动还是会让他显得怪怪的,那会被人指指点点的。"

艾米和凯特坐在餐桌旁,讨论最近一段时期吉米所取得的进步。这时候,吉米刚刚上完了凯特的课,正坐在客厅里看着他最喜欢的电视节目《托马斯小火车》,他跟随着电视片的主题曲哼哼着,而当熟悉的角色出现在屏幕上时,他的脸上会放出光彩来。

"我也认为他最近一段进步很大,李维斯夫人。"凯特说,"你说他仍然存在自我刺激表现,这我也同意。这是一类很难去除的行为。因为很久以来,这种行为一直都在为吉米提供着坚实的强化物来源,那样的自动强化一直存在着。"

凯特继续讲解,她介绍了一些处理此类自动强化的自我刺激行为可能采取的办法,其中之一是通过呈现后果改变原有的依联。这通常很难,但在本书的下一章里,我们会看到梅和苏在吉米在校期间如何成功地应用这种方法。当然,降低行为频率最显而易见的两类方法与惩罚有关。凯特和艾米一致认为,情况没有到彻底失控之前,他们不会使用通过呈现厌恶刺激而进行的惩罚,而且吉米这种扑动双手的行为并不会对他人或自己构成危险,因此,在考虑老套的惩罚手段之前,应该优先考虑其他的解决方案。

不过,正如我们前面刚学习到的,惩罚还有另一种类型——**处罚**。如果她们能够建立起一种环境,只要吉米一做自我刺激就会失去强化物,那就可以减少他这种举动了。

"我在想,我们该用什么作为强化物呢?我们能控制这个强化物,在需要时能够拿走它……"凯特说。

"很简单,"艾米答道,"看看吉米现在的表现就知道了。他很喜欢看电视,尤其爱看《托马斯小火车》。杰克和我必须要监督允许他看多长时间的电视,因为只要我们允许,他就会坐在那里一直看下去。"

"依联性地停止看电视,这是个好主意!"凯特说,"我们可以这样做,在任何你觉得可以的时候坐在一旁,密切关注吉米。这时候你可以允许他看电视。如果他坐在那儿很乖,他就可以想看多久就看多久,当然了,在你可以接受的限度之内;而一旦他出现自我刺激,你就立刻关掉电视。这就会形成我们要的处罚依联。当他停止自我刺激后,你就默数到5,然后再打开电视。"

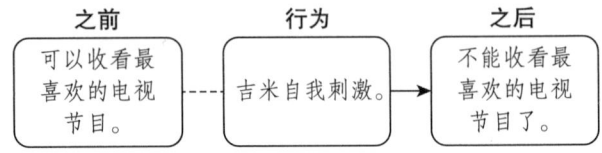

凯特还将类似的依联也应用在她给吉米上课期间,处理同样的自我刺激问题。有时她会用一个iPad作为吉米的强化物。iPad里有一些幼儿喜欢的游戏,还可以播放音乐和视频片段。凯特决定在教学过程中时不时地给吉米播放《托马斯小火车》的视频片段。可一旦他做出扑动双手的举动,她就立刻将iPad翻扣过来,让他不能再看到屏幕画面。等他停止扑动双手后,她就会等上几秒钟,再将iPad重新翻过来给他看。

这种处罚依联奏效了,至少在这类环境下取得了成功。吉米很快在看电视或iPad视频片段时不再扑动双手。当然,凯特、梅以及吉米的父母还要采用其他干预手段来停止他在其他环境中的自我刺激行为,不过在此他们迈出了很好的第一步。(在现实世界中,来自第一线的实际情况告诫我们:有时,好像很难找到一种强化物,它能够战胜自我刺激带来的自动强化物,不过,总归值得我们去试一试。)

初级进阶

斯金纳箱：实验行为分析

四项基本原则

在本章前面部分，我们对四种基本的行为依联进行了对比。掌握它们实在太重要了，所以在这里，在我们的老朋友鲁道夫老鼠的帮助下，我们再来将它们过一遍。

先从增加行为的两种依联开始。对于强化（正强化），我们首先要确认的是我们有一个强化物。一点儿糖水就可以把鲁道夫搞得团团转，这种糖水对于我们来说又何尝不是呢？每当它压动杠杆时，我们就呈现这个强化物，而这种压杆行为将来就会增加。

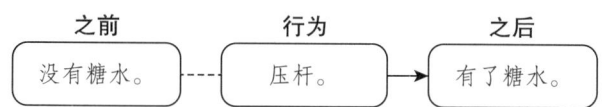

不过，还有异曲同工的其他方法。另一种增加行为的方法就是逃避（负强化）依联。这一回，我们需要确定出一个厌恶刺激。短暂而温和的电击就会相当有效。一旦电击被打开，鲁道夫可以通过压动杠杆将其关掉。经过几次锻炼，鲁道夫很快就成为一个压杆专家了。

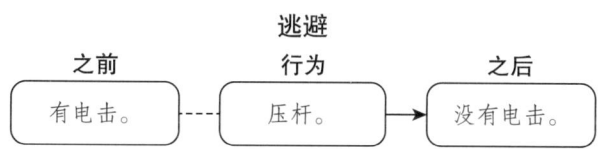

我们还有两种减少行为的基本依联。先看惩罚（正惩罚）。我们已经确认电击是一个厌恶刺激。不过这回依联于一个行为的并不是电击的去除，而是我们呈现电击。如果在它压杆之后呈现电击，那么压杆出现的频率就会减少。

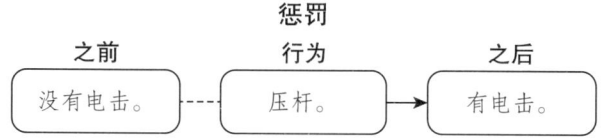

第四种依联也可以减少行为频率。处罚（负惩罚）是与行为依联地去除接触强化物的机会。在这个案例里，鲁道夫可以接近一个装满水的水槽，可以随意喝水，但是当它压动杠杆时，水被去除了，压杆行为的频率就会减少。

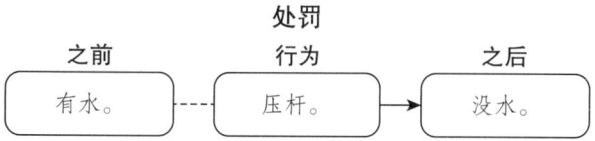

请记住：对于一个惩罚依联，其背后还有一个发生一定作用的强化依联，正是那个强化依联让原先的行为出现并维持在一定水平上。同样的道理也适用于处罚依联，下面一段我们细说。

每一项处罚依联的背后都有一个强化依联

还记得我们曾在第4章里说过的吗？同样地：

> 任何时候，只要你有一项处罚依联，就必然也有一个强化依联。

要想让惩罚发生，就得有一个目标行为；而要想让这个行为稳定地出现，该行为就必须被强化。如果你仅仅盯着我们前面在基础知识一节中讲解的那些案例，那么，这一要点就很容易被忽视。我们在那里讲到的大多数案例中可以看到，那些不当行为都以很高的频率出现。虽然我们没有问这些行为为什么会出现，但既然它们出现了，你就该信心十足地确信它们产生了强化物。在这些案例中我们不知道强化物是什么，但是，我们可以推测它们一定有强化物。下面的示意图中，我们就做了这样一个推测，用来举例说明这是一种怎样的依联。

不当的、自然的强化依联

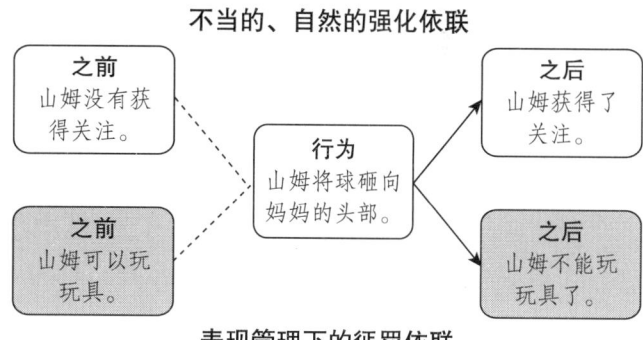

表现管理下的惩罚依联

任何情况下，当运用一个处罚依联的时候，你还应当睁大眼睛去留意背后的那个强化依联。如今，行为分析师经常会做功能评估，以求找到那个不当的强化依联。然后，他们就可以做出这样或者那样的应对来对抗这个不当的强化依联。例如，他们可以终止那个强化依联，从而消除掉不当行为，同时，他们还可以运用对替代行为的差别强化的策略（详见第7章）。

伦理

基础研究带来的利益

下面我们花些时间讨论一下基础研究（basic research）和应用研究（applied research）这两个概念。当科学家在探求这个世界是如何运作的时候，他们所做的研究就是基础研究。当科学家在探求如何让这个世界运作得更好的时候，他们所做的就是应用研究。实践者未必需要进行研究，他们致力于让这个世界运作得更好，不过，我们希望实践者所开展的实践都是那些有着坚实的研究基础的实践。有着坚实的研究基础的实践也称为**循证实践**（evidence-based practices）。好的实践者总是会竭尽全力地去开展这样的循证实践，这些实践都是已经经过大量有着良好研究设计、被证实有效的实践，而且都是经过同行评议而发表在学术期刊上的实践。循证实践就是基础研究与应用研究在具体实际工作中显示成就的典范。

大多数做基础研究的科学家们很乐意看到自己的工作成果能够有所应用，能够**对整个人类有所帮助**，这样他们也能从朋友和邻居那里得到对自己工作的认同。但是，还有很多科学家并不需要用这些应用来为自己证明什么，他们在看待自己所做的基础研究的价值时，只是考虑它能否**增长人类知识**，而不会考虑它是否会在人类事务中得到应用。

在很多年里，行为分析师一直只是宅在实验室，拿着老鼠、鸽子进行基础研究，很少关心在人类社会中的应用。在这些基础研究人员认识到可以直接造福于人类的美好生活之前，他们只是对自己的工作的纯科学价值津津乐道，有时甚至还嘲笑那些太过面向日常生活的研究。但是，尽管他们自己不关心，他们的工作却实实在在地为在人类生活中的成功应用奠定了基础。关于这些，你从本书中就能够看到。而某些传统的心理学家——只关心人类问题的那帮人所取得的成功却很微小。因此可以说，那些很少关心人类福祉的科学家们对人类福祉的贡献反而可能是最大的。

如今，行为分析领域的基础研究人员会清楚地看到自己对外面的世界能够有所作为，他们也像其他所有人一样，很渴望贡献出自己的光和热。此时，我们遇到的最大的危险可能是，基础研究人员很难抵御他们在应用行为分析工作中获得的社会认同这一强化物，所以，如果他们当中有太多人因此而离开自己的"象牙塔"的话，那么不久之后，我们在这个领域的科学发展的脚步就会放慢，而对应用于人类福祉的贡献也就会减弱。

顺便提醒一句，如果你得到了基础研究的工作机会，那就请你一定抓住它！你很快就会看到实验室基础研究中的乐趣，你所遇到的科学问题非常具有强化效力，绝不亚于你在实验室之外的世界里所碰到并解决的那些问题。

问题

基础研究有哪两种主要价值？

中级进阶

对比

处罚、反应代价以及罚时出局

在本书中，对于失去强化物带来的惩罚，我们使用了一个更为简洁但稍显非正式的说法：处罚。处罚依联是一个广义或通用的术语，它下面有两个分类：反应代价和罚时出局。

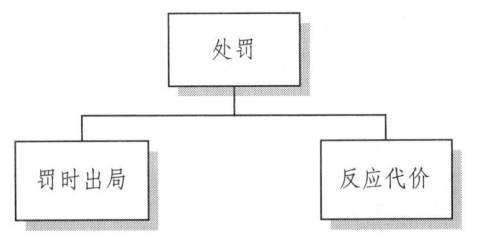

我们现在来看看这两类处罚依联——反应代价和罚时出局。它们两者之间的差别很小，只有两个词的差别。下面，我们再看看这两个定义的一般形式。①

> **定义：概念**
>
> _____
>
> • 依联于反应，
> • 去除
> • _____强化物，
> • 导致该反应出现的频率降低。

---

① 这两个概念不仅在定义的结构上只有微小的差异，而且应用中的差异也很小。很多处罚依联都落在一个灰色地带中。在这个地带里，或多或少的既是反应代价，也是罚时出局。但是，这两个概念在行为分析师那里很常用，所以，我们得尽可能一致清晰明确地运用它们。

在上面的卡片中的第一个空白下划线上，如果你填进了反应代价，那么在第二个下划线处，你就应该空着，或者填入实实在在的。即反应代价涉及的是失去实在的强化物。但是，如果你在第一个下划线上填进了罚时出局，那么第二个下划线处，你就应该填接触（强化物）的机会。即罚时出局涉及的是失去接触强化物的机会。每当马克威胁别人时，他就会失去已经获得的分数，这叫反应代价；每当山姆捣蛋时，他就会失去与地板上那些玩具的接触机会长达两分钟，这叫罚时出局。当然啦，山姆的妈妈那时要做的还包括拿走山姆手里的玩具。所以你看，在这里，区分两者的清晰边界又变得有些模糊起来了。

还有其他的说法：罚时出局通常是失去机会，无法去做那些已经被强化的反应了。比如，冰球赛场上，运动员被关进处罚区里就失去了机会，无法在这一段规定时间内再去做出已经被强化的反应了，这就是罚时出局，但他们并没有失去已经赢得的分数——否则就叫反应代价了。

我曾经访问过一个专为情绪障碍孩子设立的高中特殊教室，在那里，罗伯特·霍金斯（Robert Hawkins）博士建立起了一套行为激励系统，他称之为代币经济（token economy）。那里的学生可以因完成建设性的任务和良好的学习表现而挣得代币，他们也会因为自己的不当行为而失去分数。一位老师正在和一个男生下象棋，其间这名男生走出了一步臭棋，老师吃掉了他的兵。这个学生当时咒骂了一句。老师伸出她的手，说："这让你损失了一个代币。"这位所谓被诊断为情绪障碍的学生，从自己口袋里掏出了一个代币交给了老师，他没说一句话，甚至连目光都未从棋盘上抬起来。这就是强化物的失去，因此，这就叫反应代价依联。如果老师当时说因为他说脏话，他们两分钟内不准玩象棋，那就叫罚时出局依联。

此外，面临代币强化物的失去，这位所谓有情绪障碍的男孩为什么会表现出如此成熟、如此冷静的自我控制呢？因为他的争辩或者发脾气，或者咒骂老师等行为，在这里都不曾被老师强化；而且，那样做还会导致他失去更多的代币！医学专家在这些孩子身上贴了情绪障碍的标签，也许他们更应该贴标签的是强化这些行为的环境，给这些环境贴上情绪障碍性环境的标签。

有时，这两者之间还存在另一种差异：对于反应代价，通常是永久地失去强化物。例如，在少年成就之家里的那些男孩失分的时候，虽然他们以后可以另外再去挣取分数，但不能将失去的分数要回来了。而对于一些罚时出局，强化物的失去只是暂时的。比如，看看下面这个罚时出局的例子：当女儿在餐桌上骚扰小弟弟的时候，家长就将她从餐桌旁带离开来一段时间，但几分钟之后，她还能回到餐桌上吃完自己的晚饭，这里，她并没有永久地失去食物强化物，只是让她吃完这些食物的时间变少了。将这个罚时出局对比以下的反应代价依联：对于同样的错误，家长也有可能将女儿送上床去，不再给她吃晚餐了，那么她就是永久性地失去了这个强化物。

而在我们前面讲过的两个实际案例中，其中至少有一个涉及永久性地失去强化物。在山姆的案例中，对他罚时出局（不让他玩）是每次两分钟，可因为唐恩的干预时段是 15 分钟一节，那么这就有可能会产生永久性地失去强化物的机会，所以罚时出局有时候甚至也会带来永久性地失去强化物。但是对于反应代价，几乎就总是永久性地失去了。例如，当你得到一张交通违章罚单，交管局收取你 200 块钱的罚款，它才不会替你保管一段时间后又还给你呢，虽然你有能力另外再去挣到 200 块。

还有，反应代价**通常**涉及的是实实在在的强化物，比如代币或者钱（我们说通常，是因为反应代价涉及的也有可能是非实体的强化物，比如赞同、认可之类的，它也有可能涉及所付出努力的增加）。罚时出局**通常**涉及的是活动强化物，比如冰球的上场参赛。但是，需要再次重申，凡事都有例外。

反应代价与罚时出局

反应代价	罚时出局
去除强化物**本身**	去除与强化物的**接触**
失去强化物	失去与强化物**接触的机会**
永久失去	暂时失去
实体	活动

注意，这些都只是纲领性的标准。有时，处罚依联会同时具有反应代价和罚时出局的特征。这就是生活，这就是所谓的边缘地带。在这种情况下，不值得花太多时间去确定到底是反应代价还是罚时出局，我们只需要用一个更为概括、更为有用的术语——处罚。

这些界限大多不是那么严格的，我们也不打算大费周章地从整体上把反应代价和罚时出局区别开来。**真正重要的是反应代价和罚时出局都属于处罚依联。**

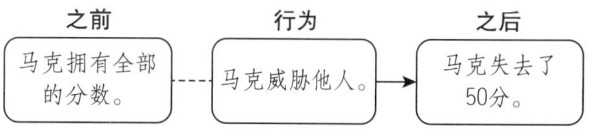

这是什么？

A. 罚时出局？

B. 反应代价？
C. 都不是——这是边缘地带？

这个示意图的依联中完全符合上面那个表格里关于反应代价的所有标准，所以这道题不难。

那么看下面这个。

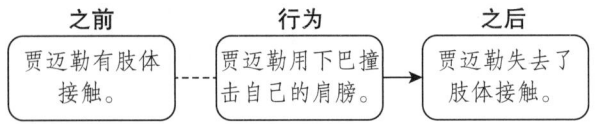

那么贾迈勒失去了强化物本身，而且它是实实在在的，但是这种失去又只是暂时的，这算什么？

A. 罚时出局？
B. 反应代价？
C. 两者或多或少都有一点儿。这是边缘地带？

问题

对比强化物的失去带来的惩罚、处罚、反应代价和罚时出局。

• 画出一个表格，对比罚时出局和反应代价。记住：如果你不理解这个表格，不能把它画出来，那么你测验的分数就会很难看。

• 识别每种依联相应的案例。

研究方法

倒返设计（B-05）

科学家需要知道，是不是自变量的改变导致了因变量的改变；表现管理的干预人员需要知道，是不是干预导致了服务对象的行为变化。而要想知道这些，科学家就必须要看自变量未做变化和做了变化的情况下的因变量的数值，并将因变量的两个数值进行比较。表现管理的干预人员则必须看服务对象在进行干预时和未进行干预时的行为，并且对两种表现进行比较。

这就是基线期很重要的原因。还记得通过对身体接触进行罚时出局以减少贾迈勒自伤的案例吗？我们给出了基线期的数据，也给出了其后干预期的数据，并对两者进行了比较。数据看上去很好，从基线期到干预期，贾迈勒的自伤频率下降了。

但是，也许这只是一个巧合呢？也许在这段时间内，有什么其他很重要的事情恰好发生在贾迈勒身上了呢？也许该其他事情才真正导致了他自伤频率的下降？例如，也许是天气变得更舒适了，而那才导致了他自伤的减少？或者，也许他的父母来看他了；或者，他的营养师改变了他的饮食；或者……某种只是千分之一概率的巧合呢？

在原始的研究中，泰特和巴罗夫对这些可能的巧合都想到了。为了排除这些巧合，这些行为分析师采用了**倒返设计**（reversal design）。就是说，他们倒返了程序：撤除所用的罚时出局依联，回到基线条件。然后，观察贾迈勒是否会再度开始那些自伤行为。他的确又自伤了。于是，他们更有信心了，相信是他们的罚时出局依联让他的自伤行为下降。当然，他们才不会让贾迈勒只停留在这种自伤的不健康状态里，所以，他们再度开始运用罚时出局依联进行干预。再一次，贾迈勒的自伤又降低到了一个很低的水平。这第二次倒返有两个好处：它改善了贾迈勒的生活质量；它让泰特和巴罗夫更加相信自己遇到的情形绝非巧合，相信是罚时出局依联导致了贾迈勒的进步。当然，有时使用这种倒返设计来证明干预有效性时，需要考虑来自问题行为本身的危险是否有可能大于这一做法带来的好处。

为什么第二次倒返能给他们增强更多的信心呢？也许贾迈勒的行为变化只是因为两次巧合呢？例如，也许贾迈勒第一次自伤减少的真正原因是天气的好转呢；而也许他的自伤增加的真正原因是天气的转坏呢。第一次干预和倒返就正好与同期的天气变化巧合了呢？有这种可能。虽然可能性不大，但总归有这个可能。所以，第二次倒返再度开始罚时出局干预才更增加了他们对罚时出局之重要性的信心。三次连续都是巧合的概率实在太低了，这种担忧实在没必要。

现在泰特和巴罗夫可以充满信心地继续使用他们的罚时出局依联了。他们还可以建议默多克中心的员工们对类似的问题也考虑使用它。而且，他们还凭着十足的自信心将自己的干预研究结果发表出来，这样，其他的行为分析师在帮助像贾迈勒这样不幸的患儿时，也可以考虑使用这种依联了。

> **定义：概念**
>
> **倒返设计（Reversal design）**
> • 一种实验设计，
> • 其中，在干预期和基线期两种条件之间，
> • 我们进行了倒返，
> • 从而评估这些条件的效果。

此外，**研究设计**（research design）是指对实验或干预的各种条件进行安排，而倒返设计属于研究设计中的一种类型。有时候我们也把倒返设计叫作 ABA 设计，其中第一个 A 代表首个基线条件，B 代表实验干预条件，后面的 A 代表再次倒返回到基线条件。而没有倒返的简单基线设计（simple baseline design）则是另一种类型的研究设计。如果没有测量基线期的表现，那么这种

干预可能只算是一个个案研究而已——这只是一种很弱的研究设计。

问题

我对我做的加法运算检查了两遍。第一遍，我从一列数据的上面加到下面，然后我倒返方向，从下面开始，加到上面。两次计算的结果一样，所以我对自己的计算结果更有信心了。这是倒返设计吗？

我们的答案

才不是呢！倒返设计是一种实验设计，是你将实验干预与基线相比较。做个加法不存在那些特征，才不会像你吹嘘得那么高大上呢。

问题

名词解释：倒返设计，并用泰特和巴罗夫的运用罚时出局减少自伤的原始研究来讲解倒返设计概念的三个组成部分。

研究方法

倒返设计

下面是拉森和艾龙在实际实验评估过程中更为详细的数据。

这项罚时出局干预的实验评估过程其实含有六个不同的阶段，每一个阶段都持续了几天（见图5.11）。

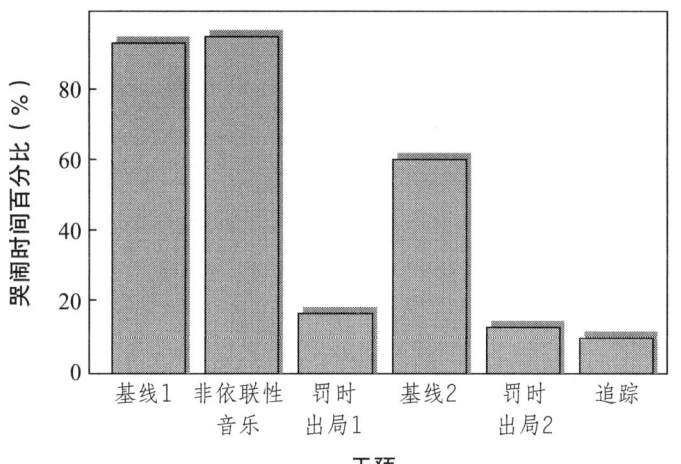

图5.11 罚时出局与急腹痛哭闹的实验评估

1．首先，基线1、罚时出局1、基线2和罚时出局2，这四个阶段是不是就代表了一个倒返设计？

A．是

B．不是

2．请解释你的答案。

3．你在第1题当中发现的倒返设计是否会让你更加相信实际上是罚时出局干预减少了急腹痛的哭闹？

A．是

B．不是

4．请解释你的答案。

为了让自己的实验设计更为出色，他们在第二个阶段使用了"音乐的非依联性呈现"。不管孩子是否在哭闹，妈妈会时不时地打开音乐。

5．这个"音乐的非依联性呈现"会减少孩子的哭闹吗？

A．会

B．不会

6．请解释你的答案。

7．在"音乐的非依联性呈现"阶段，他们并不根据孩子的哭闹与否而呈现或者去除音乐。这个阶段能够增加你的信心，认为罚时出局可以减少急腹痛的哭闹吗？换句话说，什么减少了哭闹？

A．非依联性音乐带来的安抚作用

B．音乐实际上依联于哭闹

8．请解释你的答案。

9．最后一个阶段是追踪阶段。它发生在两个月之后。在这个阶段里，他们所做的一切就是测量哭闹的次数。这个追踪阶段是否能够增强你的信心，认为罚时出局干预值得进行？

A．是

B．不是

10．请解释你的答案。

问题/主观题

解释拉森和艾龙运用罚时出局减少急腹痛哭闹的实验中的每一个阶段的功能。

研究方法

基线的重要性

让我们想象一下，如果你的研究设计不当会出现怎样的情况。有时，即便不是在进行研究，你也需要一个良好的设计，比如，当你作为一名实践者开展一线干预工作时。让我们来看一下弗兰克的例子。弗兰克是被转介到一家心理服务机构的年轻男子，每天有好几个小时都在抽自己的脸，机构里的人员不得不对他采取束缚措施。在开始行为干预之前，我们要收集基线数据，也就是他在没有被束缚的情况下抽脸这一自伤行为的频率。这是我们应该做的。

在一共 11 次、每次 30 分钟的观察时间段里，他的抽脸频率从每小时 600 次以上下降到了接近 0 次。而我们还什么都没有做呢！这只是在基线期呀。

让我们再考虑另一种假想的情况：假设我们曾经让弗兰克接受了药物干预。为了让他停止抽脸行为，他每天都会服用镇静剂。再假设，我们给他服药之前，并没有先获得基线数据。那么，数据看起来似乎反映了这些药物导致抽脸行为的减少。如此，弗兰克很有可能在他的余生之中都得服用这个原本不必服用的药物了。

道义：我们经常需要收集基线数据以确保我们的干预，即我们的自变量，确实导致了我们所观察到的因变量的改变。确认是什么导致了什么，这很重要，无论在科学上，还是在实践中。因此，科研人员需要收集基线数据，而即便对于一线实践者来说，有时也需要收集基线数据（比如，医生常常会停用几天抗生素，以观察确认你的嗓子痛是否通过服用抗生素才能痊愈）。当一位实践者尚不能确定是否需要开展一项精心设计的、费用高昂的，甚至有潜在害处的干预时，他就需要收集基线数据。

问题

请举例说明收集基线数据的重要性，并说明如果没有收集基线数据可能会发生什么情况。

在 DickMalott.com 网站上
第 5 章　高级学习目标
第 5 章　高级进阶部分
· 术语

第 6 章 （强化之后的）消退和（惩罚之后的）恢复

行为分析师认证委员会第 4 版任务清单

C-03　描述消退可能带来的不当结果并为之制订计划。
D-18　运用消退。
D-19　运用强化与惩罚及消退的组合。
FK-22　消退

基础知识

消退的案例：行为临床心理学

不安分的精神病患者露西尔①（D-18）

在加拿大一所医院里有一位名叫露西尔的精神病患者。她总是从自己的病房溜进护士站，然后，护士会拉住她并把她领回自己的病房。每天都如此，露西尔跟护士不停地重复这个过程，一天好几次。有时，护士会拉着她的手将她领回病房去；有时，护士只是将她推出办公室，但过不了不久，她总会再次溜进来。

泰德多罗·艾龙（Teodoro Ayllon）当时正好在这所医院里做博士生实习，目睹了这一幕，他就问护士是怎么回事。

"这个露西尔快把我们折腾疯了，她总是不断地闯进办公室来打扰我们。这真是个讨厌鬼，我们得不停地把她送回病房去。"护士答道。

"你们不能告诉她，请她别再随意闯进办公室打扰你们的工作吗？"

"我们好言劝过她，也斥责过她，该说的都说了，可她太木讷了，根本不理解，她只是个有精神缺陷的患者。"护士说。

"哦，这种情况有多久了？"泰德问。

"就我所知，至少两年了。"护士答道。

泰德和自己的论文导师杰克·米歇尔博士觉得，与其他行为一样，露西尔闯入护士办公室的后果极有可能控制着她的这个反应。也就是说，一定有什么强化物在维持着这个行为。对于这类问题，首先要做的就是审看不当行为之后跟随的事件，这些事件很可能强化着该行为。这里的不当行为就是露西尔闯入护士办公室，而跟随其后的事件通常就是她被赶出办公室，不管是被领出去，还是被推出去。可为什么这会是强化物呢？因为出乎很多人意料，护士那么做，其实是在给予露西尔关注。

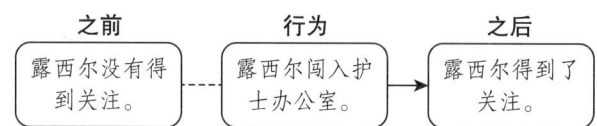

现在我们明白了，虽然这种关注看上去不像一个强化物，但实际上它很有可能是一个非常有力的强化物，这是因为精神病院的那些患者在病房里并没有得到护士足够的关注。通常，在精神病院里最能获取关注的方式就是发疯，所以从这方面来说，在精神病院中的生活可能有助于维持患者发疯的行为。假如从护士办公室里赶离露西尔这个过程中所提供的关注强化了她的闯入，那么，他们就可以通过不再提供关注——在她闯入办公室时不再赶走她，从而去除掉她的这个不当行为。这是完全可行的，虽然听上去有点儿怪：阻止露西尔闯入办公室的最好办法就是不再阻止她。我们把这种停止强化的做法叫作**消退程序**（extinction procedure）。

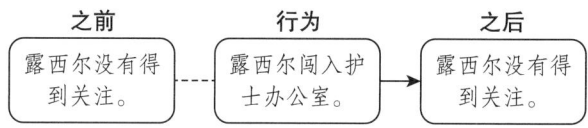

---

① 本节案例和数据改写自 Ayllon, T., & Michael, J. (1959). The psychiatric nurse as a behavioral engineer. *Journal of the Experimental Analysis*, 2, 323-334.

可以想象得出，这些护士最初去执行这样一个消退程序的时候会是多么勉强，不过她们最终还是同意这么做了。在消退中，每次露西尔闯入办公室时，护士们就只当她没进来一样，继续做自己的事。几分钟之后，露西尔会离开，护士们也就跟着放轻松下来。经过8周的消退，露西尔闯入护士办公室的频率从原先的每天16次逐渐下降到每天只有2次（见图6.1）。消退奏效了！

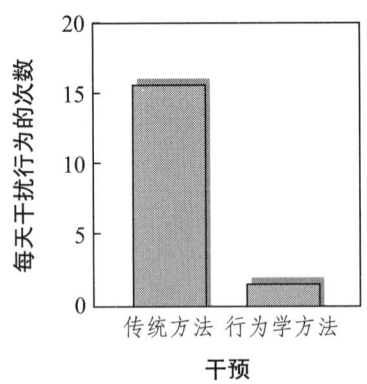

图6.1　运用消退减少一位住院精神病患者的干扰行为

问题

描述一个运用消退减少干扰行为的案例，包括：
- 干预对象
- 被撤除的强化物
- 结果

原理

强化之后的消退（FK-22）

从前面的几章里，你已经明白强化可以增加一个反应的频率。从本章上面的案例里，你也看到了，依联的关注会增加露西尔闯入办公室的频率，只不过这里我们想要做的是如何减少这个已经被强化的行为。此外，你前面还学过，我们可以通过惩罚或处罚程序来实现这个目的。但是，还有其他办法能让我们达成目标。我们可以切断强化依联或逃避依联。我们停止强化物的依联性的呈现，或者停止厌恶条件的依联性的去除。对于露西尔，护士们停止了一个强化依联；当露西尔闯入办公室时，她们不再给她关注。结果，她们去除了或者消除了（extinguished）她的不请自来的闯入行为。

定义：概念

消退（Extinction）
- 对一个先前被强化的反应，
- 停止其强化依联或逃避依联，
- 导致该反应出现的频率降低。

其实，我们每天都会遇到消退，例如，自动售货机空了，你就不再投币进去了；钢笔没水了，你就不再用它写字了；你朋友要是总不接你的电话，你也就不再给他打了；在你新买的自动挡的汽车里，你会逐渐习惯不再去踩离合踏板了；如果你的喇叭坏了，你在开车被人无理超车时，也就不会徒劳地敲击方向盘上的喇叭按钮了。消退、消退、消退，这些全是消退。

问题

名词解释：消退原理，并举出一个日常生活中的例子。

消退的案例：儿童家庭咨询

家庭生活（第三部分）：哭①

还记得第1章里罗德在晚上就寝时间啼哭的案例吗？这一幕经常发生，让唐恩和希德的夜生活过得很悲催。

"我现在认为生孩子就是一个错误。"希德说。希德和唐恩刚刚花了30分钟才让罗德重新入睡，停止了他那讨厌的啼哭。"罗德的这种哭法把我害惨了。"

"好了！别责怪罗德了，他只是个21个月大的不懂事的孩子呀！"

"没错。可是你又能拿出什么好办法来呢？凭着专业的行为分析技术，你就不能帮咱们仨摆脱这种糟糕透顶的局面吗？"希德问道。

"好吧。不久前你曾经说，我们的关注（特别是我的关注）很可能强化了罗德的啼哭。"唐恩说。

"严谨的说法应该是：我们的关注依联于他的啼哭。"希德较真道。

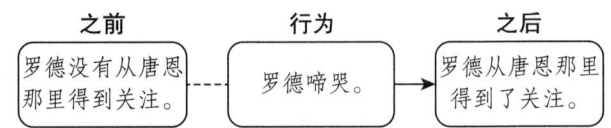

"你说得没错，好吧。我记得有一篇经典的论文，作者威廉姆斯描述了一种去除婴儿发脾气这个坏毛病的程序——一个消退程序。做法很简单：当孩子晚上哭闹的时候，父母停止给予关注。这很有效。"

"你的意思是说我们就让罗德那么醒着，就算他哭，也就那么让他自己待在卧室里？"希德问。

"是的，我就是这个意思。"唐恩答道。

---

① 本节案例及其图表改写自 Williams, C. D. (1959). The elimination of tantrum behavior by extinction procedures. *Journal of Abnormal and Social Psychology*, 59, 269.

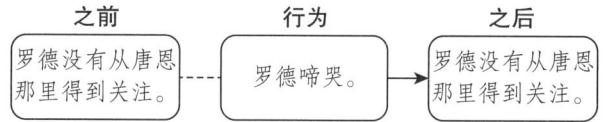

经过长时间的仔细讨论，唐恩和希德一致同意要试一试威廉姆斯的这套消退程序。在执行的第一个晚上，罗德大哭大闹了45分钟之后才睡去！虽然他哭闹的程度比以前更猛烈了，但唐恩和希德还是坚持住了。而对于我们大多数人来说，谁都很难忍受一个婴儿的哭声，哪怕他只哭了几分钟，我们都会赶快过去安抚他。可是，我们这样做其实就是在强化他的哭。唐恩和希德着实抵抗住了那种去安抚他的诱惑，而罗德的啼哭也在逐渐减少。到了第10个晚上，罗德甚至连小声啜泣都没有出现（见图6.2），当唐恩和希德离开房间时，他只是笑了笑。夫妻俩躲在门外，可以听到他在入睡过程中发出的那些愉快的声音。

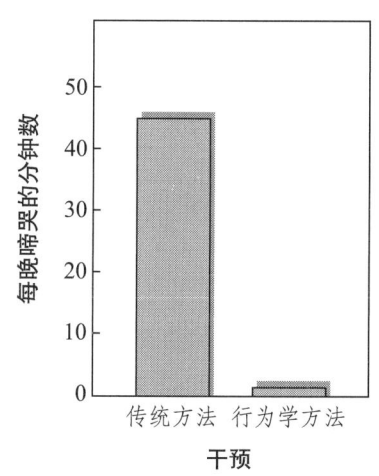

图6.2 运用消退减少婴儿的夜哭行为

又过了一周，这天晚上，希德将罗德放到小床上，像平常一样离开房间，罗德立刻开始大哭大闹起来。这回希德屈服了，他返身进屋，一直待在罗德的床边直到他睡着。罗德的啼哭本来已经不再需要强化了，可在这次倒退之后，唐恩和希德只好再一次将整个消退过程整地走一遍。接下来的那一次，罗德被放入小床后，哭了50分钟才睡着。不过，到了第9天时，一切又恢复了平静，罗德不再啼哭了。不到两周的时间，终于将这个困扰他们生活的麻烦给解决了，罗德的啼哭再也不是问题了。

这是一个经典的消退案例，它看上去是理所当然的，但在实际中却远比你想象的要艰难。希德和唐恩是两位称职的行为分析师，可就连他们在程序执行过程中也需要付出很多努力，也会有出错和失利的时候。偶尔出现的偏差就有可能让你的努力前功尽弃。因此，我们的建议是，如果你还不是一个行为分析的高手，就别考

虑在自家孩子身上去尝试，要不……你可以考虑先去拿别人家的孩子来试一试这个消退（其实，你这是在试一试自己的胆子有多大）。往往，在行为开始消除之前，恶性社交循环就会让我们打退堂鼓。也就是说，听见自己的心肝小宝贝在哭，这种厌恶刺激实在太强大了，大到多数父母都很难不屈服，消除孩子哭闹的努力也就很难不被放弃，就算有些父母本来已经下定了决心，准备好了耐心。瞧瞧希德和唐恩，连他俩都在此栽了一个跟头。

问题

1．父母试图减少孩子就寝时啼哭的传统做法是怎样的？这种传统做法有怎样的错误？

2．维持孩子就寝时极端啼哭的强化物是什么？

3．描述一个运用消退来减少孩子就寝时啼哭的案例，包括：

・被撤除的强化物

・结果

4．消退程序执行一周之后，孩子又开始在夜里啼哭了，为什么？

消退的案例：发育障碍

对逃窜的消退①（D-19）

罗莎・帕克斯学院的楼道里，弥漫着困惑和慌乱的气氛。

"抓住他！"

"他跑进了食堂了！"

喊声在校园里回荡。一位老师和他的两个班级助理老师正在追赶着一个男孩。这位一边咧着嘴乐一边狂奔的男孩名叫乔什，他11岁，有孤独症并伴随重度智力障碍，极少能够安稳地待在一个地方。此时，梅・鲁宾逊博士正好走进这所处于混乱中的学校，撞见了乔什闪电般冲进一间教室的一幕。乔什的老师叫亚齐・雅各布斯，她正和两位助理老师跟在乔什的身后穷追。看到梅走来，亚齐停了下来。

"鲁宾逊博士！谢天谢地，你可是我的大救星啊！快帮帮我吧！"亚齐呼救道。

"我们先去坐下来谈谈吧。"梅建议道，"你可以跟我讲讲遇到的问题。"

这时候，亚齐看见一位助理老师正领着乔什往教室

---

① 本节案例及其图表改写自 Piazza, C. C., Hanley, G. P., Bowman, L. G., Ruyter, J. M., Lindauer, S. E., & Saiontz, D. M. (1997). Functional analysis and treatment of elopement. *Journal of Applied Behavior Analysis*, 30, 653-672.

走回去。虽然那位助理老师已经汗流浃背，气喘吁吁，可乔什看上去却是一副轻松自如的样子，正开心地吃着薯片。亚齐深吸一口气，然后向梅讲述了目前在这个孩子身上遇到的棘手问题。

主要问题

乔什每个小时之内会从班集体当中逃窜出去至少20次。这个问题开始于一个多月前。亚齐和助理老师一直很困惑，他们不知道他为什么要跑开，也不知道该如何处理这个问题。①

亚齐说："一开始，我想可能是因为我们让他做的学习任务太难了，所以他就往外逃。但是，他在讲课过程中却从来不逃。"

梅问："乔什跑出教室之后，一般都发生了些什么？"

"哦。我们就追他，抓住他，然后把他领回教室。"亚齐答道。

"听上去他好像从逃跑中得到了很多关注。"梅说。

"没错，我觉得也是这样的。"亚齐说，"不过，这些关注好像也并不总是让他感到开心，有时候，我们甚至必须把他在逃跑过程中他找到的一些好吃的或者玩具拿给他。我们只是想让他能够平静下来，好把他领回教室。"

梅和亚齐就这样促膝交谈了好一会儿，在这期间又观察到乔什几次逃跑的情景。梅一边听亚齐说着，一边记录着。梅从中发现了好几个依联，有可能强化了乔什的逃跑。

乔什从逃跑中得到了关注。

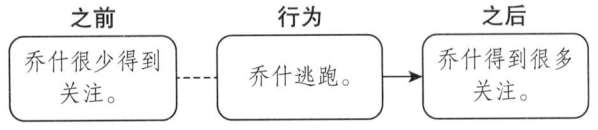

梅注意到，助理老师在领乔什走回教室的路上通常会安慰他。他们会拉着他的手，揉着他的后背，或者说些诸如"没事儿，乔什，我们回教室里玩些有趣的东西，你不用逃跑"的话。梅当然很理解为什么助理老师会这么做，当孩子似乎身处于很大压力之下时，作为一个老师，很难不去安慰他。而且，在这种时候很难不去和孩子讲道理，即使面对的是一个语言能力有限、无法理解你所讲的道理的孩子。但危险的是，这些安抚的语言以及肢体上的接触，其功能上很可能是他逃跑行为的强化物。如果是这样的话，给予额外的关注其实就是在

火上浇油。

逃跑之后，乔什还得到了实物（比如薯片）——老师允许他把这些东西带回他的教室。

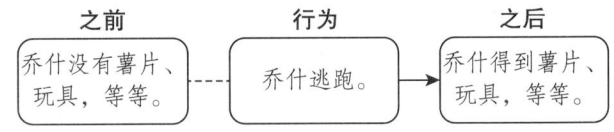

功能分析

梅做了功能分析，为了查明这些关注和实物是否强化了乔什的逃跑。她布置了一个特殊的环境，这样就可以单独对每一个依联进行分析。她使用两间相连的小房间设置了四种针对逃跑的依联。她把一个房间称为"之前"房间，这里相当于乔什的教室，呈现在下面这个依联示意图的"之前"条件中。她把另一个房间称为"之后"房间，相当于乔什逃窜后到达的地方，呈现在依联示意图的"之后"条件中。然后，梅观察乔什在每一种条件下（对应于每一种加以实施的依联）的行为。

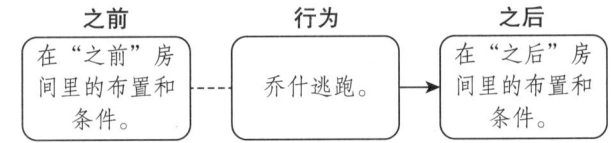

梅将要观察四种条件：在第一种条件下，乔什逃跑到另一个房间时会得到老师的责骂式的关注（尽管我们大都会避免采用责骂方式，但是责骂是关注的一种形式，对于某些人在某些时候的确具有强化效力）；在第二种条件下，乔什在"之后"房间里，能够获得他喜欢的实物；第三种条件下，乔什在两个房间里都会被忽视；第四种条件是游戏条件，只要乔什待在"之前"房间里，他就一直能接触到玩具、食品和关注。通常，功能分析中所安排的条件之一应该是一个逃避条件，这样就可以看出从一个有任务要求的场所逃离是否维持着问题行为的出现。但是，梅并没有打算测试这种依联，因为她从亚齐的报告中已经知道，乔什在讲课的过程中从来不跑。

功能分析的结果

在乔什逃跑后能得到实物强化物（例如，薯片或玩具）时，这种条件下，他会每分钟至少逃跑一次，即便他不会得到亚齐的关注。当他逃跑后能够得到亚齐的关注但不会得到实物强化物时，他也会每分钟至少逃跑一次（见图6.3）。

---

① 逃跑，在很多应用场合里也被称为逃窜（elopement），它很有害，因为儿童在逃窜时可能会陷于危险境地（比如交通安全上的危险）。

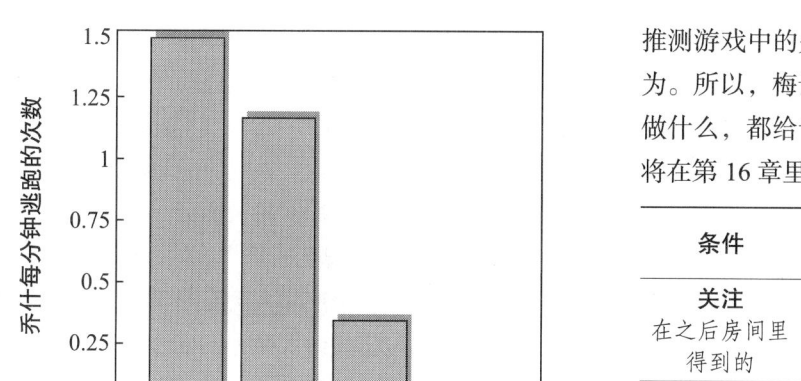

图 6.3 对逃跑的功能分析

梅对数据进行了仔细的分析。"功能分析真是个拨云见日的神奇大仙！"她暗自赞叹道，"现在我可以轻而易举地看出乔什的逃跑是被关注和实物强化物这两者强化的。我将用两个消退程序来减少乔什的逃跑行为。"①

干预

首先，梅告诉亚齐和助理老师要忽视乔什的逃跑（换句话说就是，不要用关注来强化他的逃跑）。

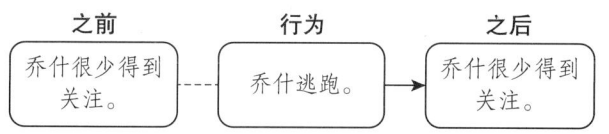

其次，梅告诉他们不能让乔什留有他在逃跑时抓到的任何实物强化物。

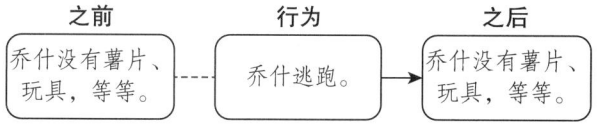

换句话说就是，他们要消退乔什的逃跑，至少在关注和实物强化物这两方面。所以，在上面这两个依联示意图中，之前与之后的条件是一样的。

此外，由于乔什在与亚齐游戏时并不逃跑，梅因此

---

① 这些年来，功能分析已经获得了广泛的认同。针对某个问题行为，一个经过良好设计的功能分析可以获取很多有用的信息。然而，我们必须始终确保收益能够大于成本，因为功能分析可以很花时间，也很花资金。因此，通常更切实际的做法是，对维持问题行为的依联做出合理的推测，并基于这种推测设计出一个干预程序。例如，在课文中的这个案例中，梅推测关注和实物强化物维持着乔什的逃跑行为。假如她采用这一合理的推测来设计干预的话，这与经过功能分析而获得的干预是类似的，如此，问题就可以更为迅速地得到解决。即使乔什并未因此停止逃跑行为，试错的干预也会提供出有关问题行为的信息。根据第一次不成功的干预中所获得的这些信息，梅可以再一次进行理性的推测。但是，要想写出一篇能够发表的论文，要想清晰地阐述背后的行为学过程，精准的、有实验的、科学的功能分析才是更为可信的方法。

推测游戏中的关注和赞扬强化了他待在房间里玩耍的行为。所以，梅让亚齐在乔什待在教室的时候，无论他在做什么，都给予他更多的积极关注（对此依联，我们还将在第 16 章里做详细分析）。

条件	之前房间（教室）	乔什逃跑到之后房间的后果
关注 在之后房间里得到的	给乔什玩具，并要求他安静地玩耍	亚齐跟着他，责怪他（一种形式的关注），并把他领回去，没有实物
实物 在之后房间里得到的	给乔什玩具，并要求他安静地玩耍	乔什被允许吃放在之后房间里的薯片和那里的玩具，没有关注
忽视 乔什在之前房间和之后房间里的行为	乔什与亚齐坐在之前房间里。没有任何其他物品	没有关注，没有实物
游戏 在之前房间里	乔什与亚齐坐在之前房间里玩玩具。乔什只要坐着玩耍不跑，亚齐就每分钟给予他表扬和薯片	没有关注，没有实物

结果

干预奏效了。乔什的逃跑频率从每分钟一次以上下降到了 0（见图 6.4）。老师在乔什待在教室时会给予他非依联的关注，而当他跑出教室时，不给予关注。后来，乔什几乎不再逃跑了。不过，这些只是在梅布置的实验性小房间里的干预结果。当亚齐和助理老师在楼上真实的教室里采用同样的程序时，乔什几乎也不再逃跑了。

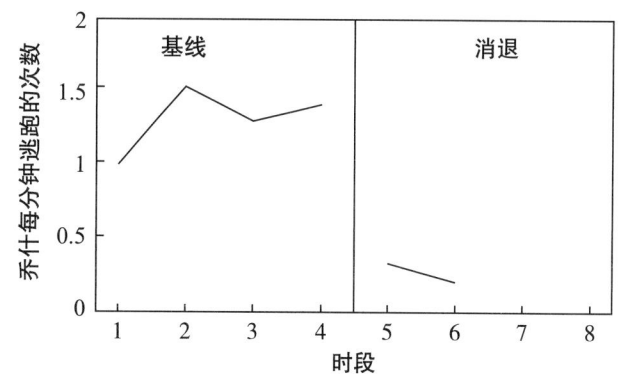

图 6.4 乔什逃跑行为的消退

乔什除了会从教室里往外逃跑，也会从家里逃跑。于是，梅在他家里也做了类似的功能分析，然后帮助他妈妈实施了一套类似的干预程序，结果也基本上消除了他从家里逃跑的现象。

乔什的逃跑曾经是个很棘手的问题，因为这不仅有可能会给他带来身体上的伤害，而且也会让学校的老师

和他的妈妈抓狂,老师会因此浪费可以花在其他孩子身上的时间,也会浪费乔什自己很多时间,他会为此失去很多在教室里学习有用技能的机会。因此,通过功能分析和消退等程序对此问题的解决,对大家都是一件幸事。

问题

描述一个通过功能分析获得干预程序以帮助一名孤独症儿童不再逃跑的案例。

原理

消退爆发和自发性恢复(C-03)

消退过程可能会涉及**消退爆发**(extinction burst)——反应频率、大小或强度在最初阶段的增加,尤其当这个反应具有"情绪化的"或者攻击性的成分时。例如,当唐恩和希德停止对罗德的啼哭给予关注时,初始阶段里罗德的啼哭增加了,然后才开始消失。这种初始阶段的增加通常像情绪化的——由于发脾气不能再像以前那样产生强化物,因而脾气发作得更厉害了。

这样的消退爆发带来一个有趣的问题。假设你的小弟弟在你与人交谈时总是打扰你,再假设你试图消退他的这个打扰行为,决定不再给予他关注。而当你第一次使用这个程序时,你很可能就会遭遇到情绪化的消退爆发——你的小弟弟很可能比平时更加捣蛋,可能会喊得更大声,可能会拉扯你的胳膊,可能会在你面前挥舞手臂,甚至可能硬挤到你和他人的中间。但是,如果你能挺住,忍受得了这些厌恶条件,那么他的干扰就会被消退。你得有信心。

定义:原理

自发性恢复(Spontaneous recovery)
- 被消退行为的暂时的恢复。

另外,除了简短的情绪化的消退爆发,消退还有另一个有趣的特点。在第一个晚上,罗德经过了 45 分钟的消退而停止了啼哭。尽管唐恩和希德打赢了当晚这场战斗,但他们深知自己尚未赢得整个战役,在这之后还会有很多场战斗在等着他们呢!可以肯定,第三天晚上,当他们刚把罗德放入小床时,罗德的啼哭就自发性地恢复。尽管罗德的父母并没有强化啼哭,但他还是恢复了这个行为。不过,这次他只哭了 9 分钟。而到了第四天晚上,罗德的啼哭只是在开始阶段**自发性恢复**了 5 分钟。

请注意,自发性恢复只发生在第一次消退时段的头几次消退中,而且发生于每次消退的最初**阶段**中。也就是说,自发性恢复并不发生在第一次消退时段。为什么这么说呢?因为那个时候还没有什么好恢复的。第一次消退时段的最初阶段,该反应的频率与强化时段的频率是一样高的,而在那个阶段之后,第一次消退时段中的反应频率就开始逐渐下降了。当然,在第二次消退时段的最初阶段里,反应频率会有所恢复,恢复到比第一次消退时段结尾阶段时要高得多的程度。这就是自发性恢复。

问题

1. 在第一次消退时段的最初阶段,容易发生什么?
2. 名词解释:自发性恢复,并举例说明。

消退的案例:行为学特殊教育

埃里克在教室里发脾气(第二部分)①

由于埃里克在教室里大发脾气(参见第 1 章),西詹姆斯小学的校长请求梅·鲁宾逊过来帮忙,请她帮助埃里克控制住发脾气的行为。他经常性的脾气发作扰乱了整个学校,也妨碍了他自己的课程学习,让他学不到任何有价值的东西。对于学校里老师们持有的那些常见的庸俗观点,梅并不以为然,她不相信埃里克的发脾气是源自其内心深处的痛苦。她知道,埃里克的哭闹在最开始的阶段也许并没有外界强化物,但随后而来的关注却是可以强化他的哭闹,并且导致这种哭闹升级,乃至变成大发脾气。

梅曾经读到过一篇研究论文,作者是位学校的老师伊莱恩·齐默尔曼(Elaine Zimmerman)和她的丈夫约瑟夫·齐默尔曼(Joseph Zimmerman)博士,他们运用消退程序成功地去除了孩子在教室里发脾气的行为。梅认为消退可能也会适用于埃里克,于是,她就将自己的计划向埃里克的班主任苏做了介绍。

当再一次遇到埃里克在教室里发脾气的时候,苏和助理老师就让他从椅子上下来,坐在地上,然后苏说:"你哭完之后,我们再开始学习。"随后,她就忙自己的去了,不再理会埃里克。他又继续哭了 8 分钟,然后说自己准备好开始学习了。苏这时立刻走到他的桌旁,开始帮助他完成英文练习题。埃里克在这节课的剩余时间里都很配合。进行了几周的消退之后,埃里克已经完全停止了在苏的课上发脾气的行为。

---
① 改写自 Zimmerman, Elaine H., & Zimmernam, J. (1962). The alteration of behavior in a special classroom situation. *Journal of the Experimental Analysis of Behavior*, 5, 59-60.

问题

描述一个运用消退减少发脾气的案例，包括：
- 服务对象
- 被撤除的强化物
- 结果

对比

强化之后的消退与处罚依联（反应代价和罚时出局）

去年夏天，希德和唐恩来到希德的妹妹家做客。希德的妹妹很担心自己的两个孩子。她还没见到他们校区里有哪个孩子会像他俩那样会说脏话，脏得让粗俗的水手听了都会脸红。于是，希德决定要把自己的专业干预技术露一手出来。

这天早上吃饭时，小男孩说："请把他妈那个熏鱼和面包递给我。"

立刻，希德以专家级的闪电速度做出了干预："嗨，这位年轻的先生，你现在被罚时出局了！去，坐到客厅去，在那儿待两分钟，时间到了我会告诉你。"

全家人都惊坐在餐桌旁，无声地度过了两分钟的时间，静等着希德的侄子拖着沉重的脚步去完成罚时。然后，希德盯着侄女说道："现在，年轻的女士，你从刚才的事情当中学到什么没有？"

"我他妈当然明白。我他妈才不要那个熏鱼和面包呢！"她回答道。

希德在这里运用了一个惩罚程序，确切地说，是一个处罚程序，更确切地说，是一个罚时出局程序。

罚时出局

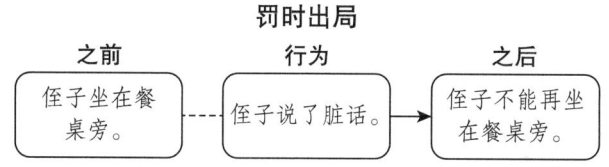

既然目的是减少粗口，那么，有没有可能运用消退来减少粗口呢？在这个处罚程序里，希德拿走了原本存在的强化物，而另一种做法是，希德可以直接撤除与侄子爆粗口相关的强化物。他可以不理睬侄子带有脏字的递熏鱼和面包的请求。

消退

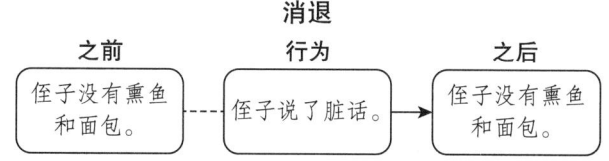

消退和处罚依联都是涉及由于强化物的缺少而带来的反应频率的降低，但是，处罚依联涉及的是依联地去除强化物，消退涉及的是停止该强化依联。在消退里，你并没有拿走任何东西，你只是停止提供某些东西。

在消退程序中，你停止提供的强化物是那个本来维持该行为的强化物。而在处罚程序里，你拿走的强化物并不是强化该行为的那个。

如果希德运用反应代价程序，也许能看得更清楚。例如，他可以说："这让你不能再吃餐后甜点了。"这里的甜点并不是维持粗口的那个强化物。①

反应代价
强化物的撤除带来的惩罚

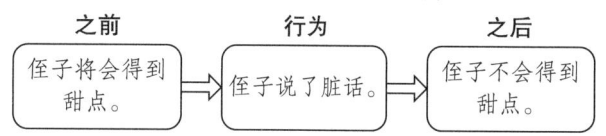

不过，这里我们已经把那盘熏鱼和面包吹得太过神奇了，因为在这个案例里，说脏话的强化物到底是什么并不那么清晰。也许，它有着某种自动强化物（你在自言自语的时候，是不是就曾经爆过粗口？）；也许，它有着某种社会性强化物（其他大人或其他孩子听到后的反应）；也许就是获得熏鱼和面包。所以，这里要稍微做些修正。我们假定，大人的震惊反应是希德侄子说脏话的最主要的强化物（换成我的话，就是这样的）。

现在，希德叔叔正坐在沙发上看《纽约时报》，他突然听到侄女说："《芝麻街》是我他妈看过的最棒的电视节目！"这时候，希德叔叔可以不理睬她的这句话——他可以忽视侄女说脏话，这就是消退。他也可以说："你的脏话让我损失了你存钱罐里的25美分！"这就是反应代价。他还可以说："关掉电视，两分钟内不准打开。"这就是罚时出局。

在消退当中，侄女说脏话的频率对于强化物也就是希德叔叔的关注产生不了影响；而在处罚依联中，侄女说脏话则会立刻导致强化物的失去，它可以是25美分，也可以是观看电视节目。她的行为能控制强化物的失去。

消退与处罚依联的另一区别在于行为改变的过程。对于消退，反应频率可能会在初始阶段增加，然后慢慢地降低；而在处罚程序中，反应频率通常会立刻迅速地降低。

让我们来看看下面这个表格。从最左边一列中选取一个格子，再从最顶上一行中选一个，我们看看它们的交叉点上的格子——例如，"消退"和"程序"交叉于"停止提供强化物"。这时候，我们可以这么连起来读：

---

① 这里我们所见到的反应代价是一种我们此前未曾讲到的、更为复杂的形式。这里所失去的是一个未来的强化物（侄子将要得到的甜点，而非他现在拥有的甜点）。在后面的第16章里，我们会讨论这种防止强化物呈现而带来的惩罚。

消退程序就是**不再提供强化物**。

强化之后的消退、反应代价和罚时出局之间的差异

	程序	过程或结果
消退	停止提供维持该行为的强化物	反应频率下降
反应代价	依联地失去当前拥有的强化物	反应频率可能迅速下降
罚时出局	依联地去除获得一个强化物的机会	反应频率可能迅速下降

问题

将消退与反应代价和罚时出局做对比。

- 说说它们之间的相似与不同。
- 举例说明你的看法。
- 画出将它们加以对比的相关表格,并填写完整。

消退的案例:行为学特殊教育

自我刺激 ①

"吉米,把玩具放到架子上。"苏重复了三遍这个指令,但吉米只是忙于扑动自己的手,他在训练课的很多时间里,都是这样一直扑动双手。这种高频率出现的自我刺激干扰了苏对吉米的教学。

像吉米这样扑手的自我刺激,占据了很多类似的不幸的孩子的时间。这样的自我刺激让他们学不了太多别的东西。心理学家会因为这些高频率的不当行为,像自我刺激、鹦鹉学舌、发脾气以及攻击行为等,将这些孩子列入精神障碍、发育迟滞、智力障碍以及孤独症等类别。

吉米的扑手与苏的强化物不相干。梅曾经读到一篇林科弗及其同事发表在《应用行为分析杂志》上的论文。这些治疗自我刺激的专家们认为,感觉刺激的自动的、内在的强化依联可能维持着这种扑手行为。我们把这种类型的刺激称为本体感觉刺激——由肌肉运动带来的刺激。

不良的自然依联

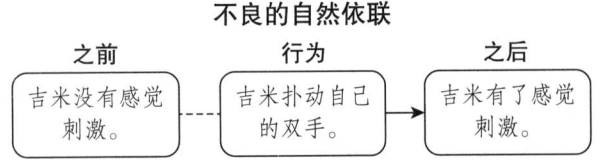

凭着超凡的想象力和创造力,林科弗和他的同事们设计了下面的消退程序:他们将一个小型的振荡器贴在一个孤独症孩子的手背上,振荡器会产生一个轻度的、

---

① 这个案例和图表数据改写自 Rincover, A., Cook, R., Peoples, A., & Packard, D. (1979). Sensory extinction and sensory reinforcement principles for programming multiple adaptive behavior change. *Journal of Applied Behavior Analysis*, 12, 221–234.

高频的脉冲振动。这套装置不会对扑手有肢体上的限制,但是,研究人员希望这种振动可以遮盖住本体感觉刺激,并因而去除掉本体感觉刺激的强化效力。换句话说,这个孩子在扑动手的时候,体验不到扑手的感觉。现在,苏就打算采取同样的程序来对付吉米。

表现管理下的依联

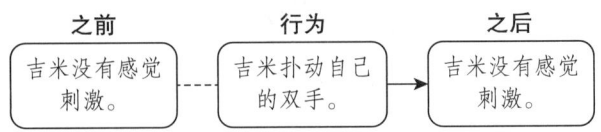

这套在林科弗那里奏效的消退程序在吉米这里也成功了。吉米绑上振动器后,扑手的频率降到了 0(见图 6.5)。

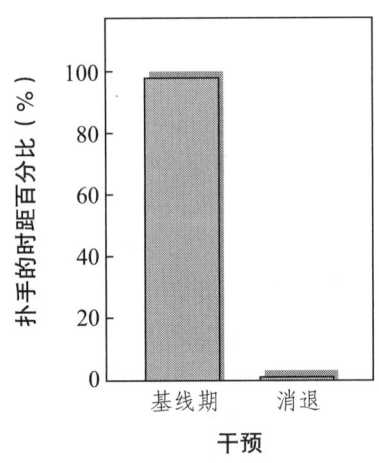

图 6.5 自我刺激的感觉消退

对其他孩子,林科弗和他的同事们也设计了同样成功的消退程序。那些孩子当中,有的几乎没有或完全没有清晰的言语,其中就包括瑞吉和凯伦。瑞吉总是旋转物体,比如在硬木桌子上旋转盘子,并聆听它转动时出现的声响。似乎听觉刺激在强化着他旋转盘子的行为。于是,他们在桌子上铺上了毯子,以杜绝声响的产生。这套程序彻底消除了他转盘子的行为。

凯伦总是捡羽毛、线头等各种衣服上的小细丝,并将其扔向空中,然后剧烈地挥舞手臂让其飞舞。可能是这种观看空中漂浮物体的视觉强化物在维持着她的这个古怪行为。于是,他们就关掉了头顶上的照明灯,这样他们使得她无法再去看那些漂浮的细小物体了,当然,窗外的阳光仍然可以让屋内保持着充足的光亮。这个消退程序彻底消除了凯伦的自我刺激。

问题

描述一个运用消退来减少扑手这一自我刺激行为的案例。

- 画出不良的自然依联的示意图。
- 画出表现管理下的依联的示意图。

消退逃避的案例：行为学特殊教育

攻击行为①

"鲍伯，坐回到你的椅子上去！我说了，坐下……你听见我说的没有？坐下！"14岁的鲍伯跳起来冲向老师，击打他，抓扯他，咬他，还踢他——老师的手臂和腿上被划出了血道子，留下了淤青。攻击过后，在这间专为精神障碍儿童设置的教室里，鲍伯坐到了他平日里最偏爱的那个角落里的地板上。在过去的9年里，鲍伯总是攻击成年人，有时候也会攻击小孩子。什么都没用。医生曾经努力过，曾经给他服用过大剂量的药物，诸如主要的镇静剂氯丙嗪、三氟拉嗪以及硫利达嗪，等等，但都未能缓解鲍伯的攻击行为。于是，行为分析师爱德华·卡尔博士和他的助手们登场了。

我们知道，行为源自强化依联。可究竟是什么强化了鲍伯的攻击行为呢？这是行为分析师们首先要回答的问题。他们推测，让老师停止发出指令强化了鲍伯的攻击。也就是说，攻击去除了一个厌恶条件而带来强化——这就是逃避。

不当的逃避依联

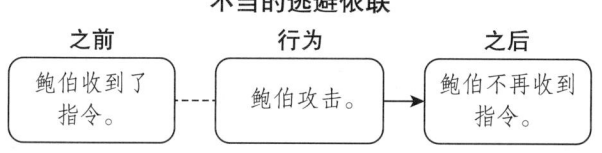

现在，他们需要对自己的推测进行测试——看看鲍伯的攻击是否真的是一个对成人指令的逃避反应。他们将要对这个逃避反应进行消退，不再允许鲍伯通过攻击而达到对指令的逃避。

表现管理下的依联

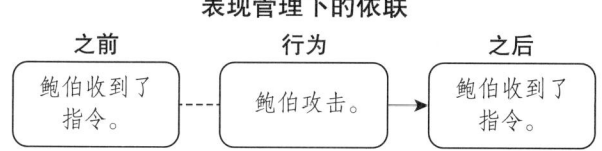

这是一个危险的任务！直接面对鲍伯的行为分析师需要保护自己。因此，在那些5分钟的观察时段里，他穿上了厚厚的灯芯绒外套，戴上了皮手套。他面对面地坐在鲍伯的椅子前，另外有两位行为分析师坐在屋内对面的安全角落里，记录着鲍伯的攻击频率。

他们要求鲍伯坐在椅子上，每当鲍伯从椅子上离身7~8厘米，他对面的行为分析师就会说："坐下！"并在必要时给予肢体辅助。这足以让鲍伯开始又踢又打，又抓又咬了。在5分钟的观察时段里，他就这么攻击了120多次。但是，在行为分析师没有提出任何要求的情况下，鲍伯一点儿都不会攻击人，他只是自发地到自己最偏爱的那个房间角落里，坐在地板上。越看越明显，鲍伯的攻击就是一个针对指令的逃避反应。

行为分析师们打算运用消退程序消除鲍伯的攻击行为以帮助他在常规教室里参加学习。在每次1小时的消退时段里，直接面对鲍伯的行为分析师还是穿着保护性的厚灯芯绒外套，戴着手套，而且还用一条安全带将鲍伯的大腿固定在椅子上，这样他就能待在原处。

"坐下！"行为分析师说道（这个指令对于鲍伯来说是个厌恶条件）。而鲍伯像往常那样，又踢又打，又抓又咬，只不过他的动作局限在安全带能够允许的范围之内（鲍伯做出了逃避反应）。"坐下，坐下，坐下！"行为分析师在鲍伯攻击的同时，一直重复下达着指令（他们不再强化这个逃避反应，他们不再停止发出指令，他们正在消退这个逃避反应）。在头3个消退时段里，每一时段里鲍伯都攻击了500多次。但是，经过了5个小时的这种令人筋疲力尽的消退程序之后，鲍伯在每个消退时段里只出现1~2次的攻击行为了（见图6.6）（他的攻击行为已经被消除了）。

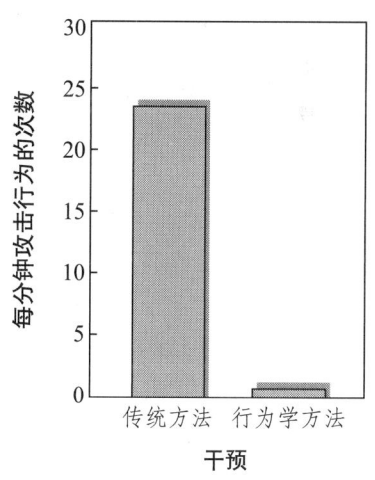

图6.6 运用消退减少一位14岁少年的攻击行为

但是，座椅安全带和保护性手套在常规教室里并不合适，所以，这些行为分析师渐渐地让干预条件接近一个常规教室的情况。他们先去掉了座椅安全带，然后再脱掉了厚外套，最后去掉了手套。同时，他们还强化鲍伯对指令的服从。最终，他们会下令说"这样做！"然后，比如行为分析师会拍一下手，并表扬鲍伯的服从，或者在他不能服从的时候给他辅助，帮助他做出正确的反应。这项干预结束的时候，鲍伯能够在97%的时间

---

① 改写自 Carr, E., Newsom, C. D., & Binkoff, J. (1980). Escape as a factor in the aggressive behavior of two retarded children. *Journal of Applied Behavior Analysis*, 13, 101-118.

里正确地对指令做出反应,而且攻击行为也下降到了接近 0。这就是对一个曾经被强化的逃避厌恶条件的反应的消退。

问题

1. 每当你在本书中看到依联示意图的时候,你就应该能够重新画出并讲解它——对于本例,请你讲解一下原来的不良依联和表现管理下的依联。
2. 行为分析师是如何让干预条件越来越接近常规教室的情景的?

消退的两种类型的案例:行为医学

一名智力障碍儿童的呕吐①

9 岁大的劳拉不会说话。在医生的诊断里她被描述成:"智力落后、脑瘫、失语症、应激性过度以及脑损伤。"她所在的雷尼尔学校是位于华盛顿州的一所专门服务于智力障碍儿童的特殊学校。劳拉刚来到这所学校时,就有经常呕吐的奇怪倾向,但是几周之内,她的呕吐行为减少了,每个月只有一两次。随后,大家都把她呕吐这件事给忘了。但是劳拉进入该学校的第 6 个月时,开始了一个每天都参加的课程。一个月后,她开始在课上时不时地呕吐。打那时起的 3 个月时间里,她几乎天天都会呕吐,甚至成为一名用呕吐当武器的女射手。她最常射击的靶子是老师的课桌,还有班上其他人的课桌。

每次呕吐时,劳拉还会尖叫,撕扯自己的衣服,摧毁周围她能碰到的任何东西。她经常会吐在自己的衣服上。一旦出现这种情况,老师就会将她领回到她的居住处。医生也曾使用药物疗法,但没有帮助到她。3 个月后,老师因为她的呕吐行为而将她永久性地从这个班级里逐出去了。

又过了两个月,一位勇敢的老师自告奋勇地将劳拉带到了自己的班上,她心想蒙特罗斯·沃尔夫博士及其同事会帮助她的,因为医生也说了,劳拉的呕吐并没有医学上的因素。

人们通常认为强化不会控制呕吐,但沃尔夫博士觉得需要考察一下,看它到底能不能。他推测呕吐的后果强化了劳拉的呕吐。正如我们能想象的,她的呕吐吸引到了关注,尽管她身处一所专门面向智力障碍儿童的学校,尽管这里是一个各式各样的奇怪行为都不足以引人注目的地方。

沃尔夫博士和同事决定要停止大家给予她的某种特别关注,也不再将她从教室里带出去,因为正是这些在强化劳拉的呕吐。她呕吐之后唯一还会有的关注只是尽可能迅速地清理掉她呕吐的污物。

不良的强化依联

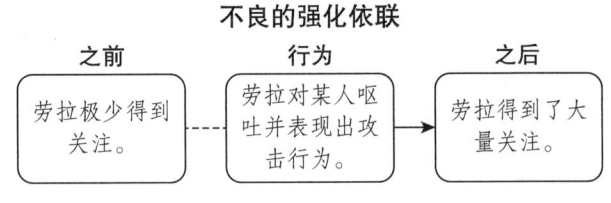

表现管理下的对关注的消退

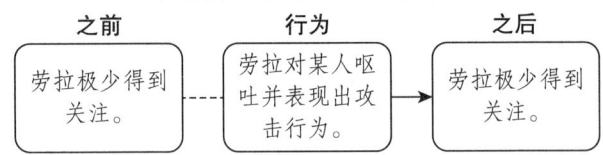

在这个消退程序执行的初期,劳拉每天在一个半小时的上课时间会呕吐很多次,其频率甚至曾经高达一节课 21 次(消退期间的最初阶段行为会增加,尤其是那些攻击性行为)。这位忍受这一切勇敢帮助劳拉的班主任应获得当年的"年度人道主义奖"。30 天之后,劳拉的呕吐频率逐渐地降为了 0。在最终将呕吐行为消灭之后,这位老师当然也轻松多了。

请注意,这里沃尔夫博士的干预结合有两种类型的消退程序,其中一种消退程序是切断一个强化依联。劳拉呕吐引起的关注可能会强化她的这个不当行为,于是,在消退过程中,劳拉的呕吐不再导致强化物的呈现——不再有关注。

另一种消退程序是切断一个逃避依联。上课,对于劳拉来说很可能是一个厌恶条件,而呕吐就会结束这个厌恶条件,老师就会将其从课堂里带走——这是一个逃避依联。

不良的逃避依联

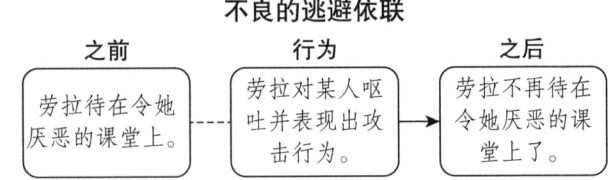

而在消退过程中,呕吐不再让她能从课上离开了。下一节,我们会看到更多关于逃避强化之后进行的消退。

表现管理下的惩罚

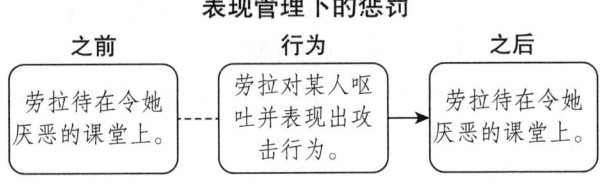

---

① 改写自 Wolf, M., Burnbrauer, J., Williams, T., & Lawler, M. (1965). A note on apparent extinction of the vomiting behavior of a retarded child. In L. P. Ullmann & L.Krasner (Eds). *Case studies in behavior modification* (pp.364-366). New York: Holt, Rinehart & Winston.

问题

1. 画出维持劳拉呕吐的不良的强化依联和不良的逃避依联的示意图。
2. 画出相关的表现管理下的逃避依联的示意图。

惩罚之后的恢复的案例：行为临床心理学

自伤行为[1]

5 岁大的朱迪总是将自己的手放入口中，会将第一节手指关节前的部分都伸进去。她的这个不良行为实在太要命了，她的手和脸都因此受到了伤害，会产生疼痛，磨出老茧，还导致了牙齿异位。这位多重残疾的女孩在医院里住三年半了，活动范围只局限于那架她自己不会控制的轮椅。她的听力和视力都有障碍，而且还患有严重的癫痫。

曾经来过好几位心理学家，试图运用各种干预方法来帮助朱迪去除她的这个自伤行为——将手塞入自己口中的行为——但是都失败了。朱迪好像没希望了。这时，迈克·多尔西（在西密歇根大学的布莱恩·艾瓦塔博士和几位同学的帮助下）同意过来帮助她。迈克的这项工作也是他硕士论文研究中的一个组成部分。

迈克无法确定究竟是什么强化了朱迪的自伤行为，因此无法通过不再提供起维持作用的强化物来消除这种自伤。于是，他准备运用惩罚程序来减少自伤频率。他想使用一种尽可能温和的厌恶刺激，因此，他采用在朱迪的脸上喷细水雾的方法。如果迈克当时来征询我的意见，我会说他简直在做梦。我才不会相信这种温和的喷雾刺激能够有效地抑制这种长期建立起来的自伤反应呢。当然了，他当时没来问我。

表现管理下的惩罚

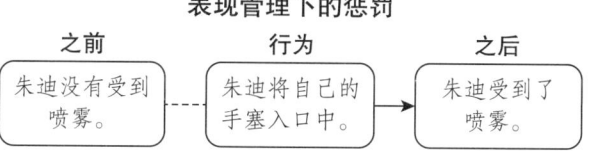

在开始干预之前，朱迪在 80% 的时间里都会将手塞入自己的口中。而这个温和的喷雾惩罚在第一个 20 分钟的干预时段里就有效地将她这个长期形成的自伤行为减少到了只在 20% 的时间里出现。经过 10 个干预时段，她几乎没有了将手放入口中的行为。幸亏迈克当时没有来咨询我。

---

[1] 改写自 Dorsey, M. F., Iwata, B. A., Ong, P., & McSween, T. (1980). Treatment of self-injurious behavior using a water mist: Initial response suppression and generalization. *Journal of Applied Behavior Analysis*, 13, 343-353.

为了证明这个惩罚依联的确导致了朱迪自伤行为的减少，迈克及其同事停止了几个时段的惩罚依联。

表现管理下的惩罚之后的恢复

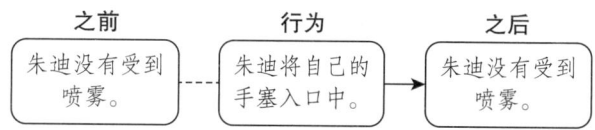

在恢复期里，朱迪在 90% 的时间里会将自己的手放入口中[2]。也就是说，朱迪的自伤行为在惩罚依联停止之后又恢复了。当他们再一次开始惩罚依联后，她的自伤立刻就掉到了接近 0%（见图 6.7）。

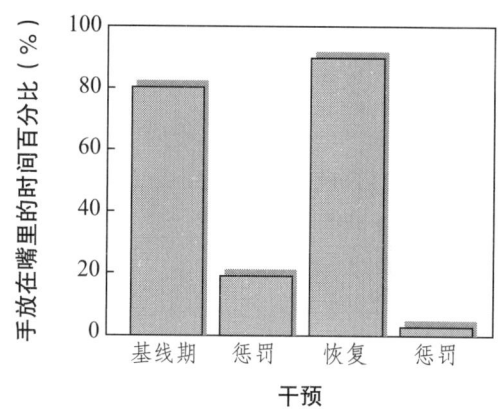

图 6.7　使用温和的喷雾惩罚一名患有多重残疾的孩子的自伤行为

顺便说一句，这个温和的喷雾惩罚不仅对朱迪有效，在迈克的硕士论文里，他还将其用在其他 6 个具有自伤行为的服务对象身上，他们有诸如咬手、抓破皮肤和撞头的行为。每个案例中，这个温和的惩罚都能快速地奏效。

问题

1. 为去除本例中的自伤行为使用了怎样的惩罚依联？
2. 描述如何使用惩罚减少自伤，包括：
   ・服务对象
   ・行为
   ・厌恶刺激
   ・结果
3. 这个惩罚依联停止后，发生了什么？
4. 这个惩罚依联重启后，发生了什么？

---

[2] 作为行为分析师，我们的一项重要的职责就是尽可能地将我们的干预渐褪（fade），直至回到正常水平。但是，我们也不能把干预褪得太快。倒返设计往往会显示，当惩罚依联停止时，如果这个行为尚未被抑制到一个极少发生的水平上，那么这个被惩罚的行为就会快速地回到更高的水平上。如果你能将它降到 0，那么，很有可能即便去掉干预支持，它也还会停留在零水平上。

原理
惩罚之后的恢复

我们前面已经看到，当我们停止一个强化依联或者停止一个逃避依联时，反应频率会降低。也就是说，消退发生了。而当我们停止一个惩罚依联或者停止一个处罚依联时，我们就会得到相反的结果，该行为的频率就会增加。这就是为什么我们要讲解朱迪的案例。行为分析师对自伤会立即呈现喷雾惩罚，但当他们停止这个惩罚依联时，自伤不再产生喷雾这一温和的厌恶刺激了，她的自伤频率就又增加了。我们把这称为**惩罚之后的恢复**（recovery from punishment）——惩罚依联或处罚依联停止而导致的反应频率的增加。

> **定义：原理**
>
> **惩罚之后的恢复（Recovery from punishment）**
> - 对一个先前被惩罚的反应，
> - 停止其惩罚依联或处罚依联，
> - 导致该反应出现的频率增加，
> - 达到惩罚依联或处罚依联之前的水平。

下面还有一个例子。假设你经常在图书馆里与朋友聊天，尽管那里挂着"安静"的提示牌。然后，有一位新来的图书管理员过来使用了一个惩罚程序对你进行干预。每一回你大声说话，她就冲到你的桌前让你安静。她一边说还一边要着令你厌恶的、居高临下的态度，就像电影《功夫》里面的包租婆那样，她让你感觉自己就像个淘气的小学生，而不是个有涵养的大学生。当然了，你说话的频率减少了。但是几周后，这位包租婆被解雇了，取代她的图书管理员不再惩罚你的喧哗，而你也就又开始不顾他人地大声说话了。天啊，你的丑态恢复了！

你可能会想，如果惩罚依联的停止会导致以前的不当行为的恢复，那么，这个惩罚程序就未能长远奏效，但是，并非只因惩罚依联的停止才让我们回到之前的行为，强化依联的停止也会让行为频率降低；也就是说，还有消退。因此，只有当维持行为的强化依联还在，惩罚依联的停止才会让行为恢复。

问题

1. 名词解释：惩罚之后的恢复。
2. 在你停止一个惩罚依联之后，该行为的频率恢复到原先水平了。只有惩罚才会这样吗？如果不是，那么请你举例说说，还有怎样的情形会在依联停止之后，该行为的频率恢复到原先水平？

处罚依联停止后恢复的案例：行为临床心理学
自我刺激和破坏行为[①]

林恩·拉森是一个6岁大的孤独症孩子，医院给她评定的IQ测验分值只有20分，她因有极重度的自我刺激和破坏行为而被转介至这家医院。

两位行为分析师坐在一扇单向镜后面观察林恩的玩耍。每隔10秒钟，他们就会在记录纸上做一次记录。在实验房间里，另一位行为分析师坐在林恩对面的沙发上。地板上有一个盒子，盒子里有各种玩具。林恩经常会停止玩耍，进行自我刺激。她用脚尖走路，弓弓腰身，扑动双手或在眼前晃动玩具。她还会扔、摔玩具，用玩具汽车在墙壁和桌子上面擦划，并敲击座椅。在每个时距为10秒钟的基线期观察期，林恩在86%的记录时距会做出自我刺激或者破坏物品的行为。

随后，玛乔丽·沙洛波（Marjorie Charlop）和她的同事们开始了一个处罚依联。每当林恩做出不当举动，房间里的行为分析师就会让她面壁5秒钟。令人难以想象，仅仅5秒钟的罚时出局就能够减少林恩的自我刺激和破坏行为吗？但是她们的确做到了！经过了4个时段这种罚时出局的干预，林恩的不当行为降到了27%。

为了观察是否的确是罚时出局导致了问题行为的减少，行为分析师们随后停止了这个罚时出局的依联。林恩的问题行为恢复了，占据了55%的时距（见图6.8）。

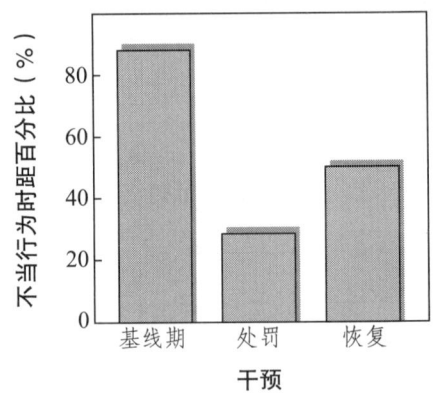

图6.8 运用罚时出局减少自我刺激和破坏行为

这个恢复程序显示了罚时出局的重要性。（在这之后，这些行为分析师又开始了另一项惩罚依联，以进一步减少林恩的自我刺激和破坏行为。）

[①] 改写自 Charlop, M. H., Burgio, L. D., Iwata, B. A., & Ivancic, M. T. (1988). Stimulus variation as a means of enhancing punishment effects. *Journal of Applied Behavior Analysis*, 21, 89-95.

分析

当行为分析师运用罚时出局程序时，林恩的问题行为减少了。这正是我们所预期的，依联地去除游戏机会，这种处罚依联让反应频率下降了。罚时出局的停止导致了行为的恢复。自我刺激和破坏行为的出现频率增加到接近处罚依联开始前的水平。再多一些时间的话，这个行为频率就很可能会一路上升而回到基线期的水平了。

我们还能通过停止一项反应代价依联而得到类似的恢复。假设一位教师用反应代价的程序减少了捣乱行为，比如说，他建立起我们称之为代币经济的系统，学生可以像用钱币那样使用他们的代币，在每天课程结束之后去购买其他强化物。老师在每天开始上课时，向每位学生发放代币，而当一个孩子捣乱时，就立刻扣除他一个代币。假如这位老师停止了这种反应代价依联，那么，那些曾经被反应代价抑制的捣乱行为就很可能会恢复到先前很高的基线期水平。所以，任何形式的处罚依联停止后，无论是罚时出局依联还是反应代价依联，我们都可以预期行为将会恢复至基线期水平。

问题

1．描述这个运用罚时出局依联减少自我刺激和破坏行为的案例，包括：
 - 服务对象
 - 罚时出局中所涉及的强化物
 - 结果
 - 这个罚时出局依联停止后，发生了什么？

2．举一个反应代价依联停止后的行为恢复的例子。

孤独症进阶

在第5章里，我们看到凯特和艾米运用处罚依联减少吉米的扑手。在本章里，我们会继续看到梅和她的同事运用消退对付同样的问题。

消退是一个强有力的工具，但它也是很难被正确应用的工具。要想让消退奏效，就必须保持一致性；如果你退缩了，让不当行为得到了偶尔的（间歇的）强化，那它实际上会出现得更频繁。而且，打算尝试运用消退去除某个不当行为的人，往往没有准备好对付消退爆发和脾气发作。但是，只要你能够对付它，能够保持一致性，而且能够控制好环境，那么消退就能够成为替代惩罚的有力手段。

在第2章里，我们看到吉米会在妈妈艾米接打电话时去打扰妈妈。他会往她身上爬，拉扯她的衣服，并且哼哼唧唧的。而大多数时候妈妈就会给他一个零食，让他别再做一个捣蛋鬼。这一切并不是孤独症特有的现象，它是所有儿童都有的现象（甚至连成人都会有）。凯特告诉艾米，她有办法让他们不再这么捣乱。

"你看，就在刚才，这些坏行为让吉米得到了一些好东西，"凯特说，"这就像直接强化一样。"

强化

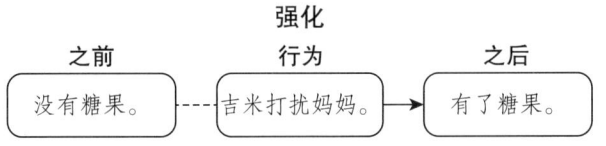

"幸运的是，我们在此可以控制强化的来源，因为你就是这个来源。我们要做的就是改变你的行为，这样他也就会改变。这可是一件你从来没有做过的事，可不容易哦！但是，如果你能做好的话，你绝对会看到它的价值。"

凯特向艾米讲解了新的计划。计划本身似乎很简单。她要做的就是忽视吉米的坏行为，确保绝不再像以前那样给他糖果了。

强化的消退

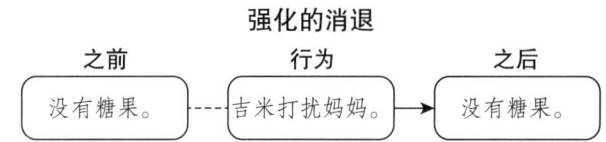

如果"之前条件"到"之后条件"不发生变化，那么行为就没有理由继续下去。与其他生物一样，人类不会在无法奏效的事情上浪费精力的。因此，只要艾米不屈服，始终如一地忽视吉米的这个坏行为，那它就一定会消失。

凯特也警告了艾米在运用消退时会遇到的常见问题。艾米需要小心，在吉米的坏行为出现之后不能偶尔地屈服，也不能提供零食。如果她做了，那就前功尽弃了。而且，艾米还需要做好准备，吉米在原来的行为不起作用时，可能会更吵闹，更具攻击性。不过，有凯特和杰克的帮助，整个团队坚信他们不用惩罚也一定能去掉吉米恼人的纠缠（在后面的章节里，我们还会学习到更为复杂的运用强化减少不当行为的方法）。

初级进阶

历史

不安分的精神病患者露西尔与作为行为工程师的病房护士

1959年，那时我还是一名研究生，还在用老鼠在斯金纳箱里做研究。就在这时，泰德·艾龙和杰克·米歇尔的文章发表了。哇！那文章简直把我给震了。作为行为分析的专业人士，我们那么多年以来一直都只是在斯金纳箱里用老鼠和鸽子做研究，而这篇论文的出现差不多算是头一次表明，我们多年的研究实际上能够真真切切地拿来帮助人类，让人类生活得更美好。当然，当时也曾经有几位研究者在实验室里搭建了人用的斯金纳箱，人可以在里面压动杠杆，反应会得到糖果或香烟，过程就像我们所热爱的那些老鼠和鸽子一样，但这还算不上是在真切地帮助这些人生活得更美好。时至今日，如果你现在再去看泰德和杰克当年的论文，也许那些工作并不会深深地打动你，原因就在于你前面已经读了5章内容了，已经看到了很多例子，已经知道从斯金纳箱中获得的知识是如何用来帮助人类的。可是，如果穿越到1959年，那时候的人对应用行为分析的了解还没有谁比得过今天的你呢，而你只不过才读了头5章导言式的内容。事实上，那时还不存在应用行为分析这个东西呢。在当时，只有一些我们这样的科学怪人，拿着老鼠和鸽子，拿着斯金纳箱，狂妄地叫嚷着自己的研究很重要，只是普遍被人们忽视了。（这是否意味着消退并非总能奏效？）2009年，杰克告诉我，在1959年，他们的这篇论文发表前曾被搁置了很长一段时间，因为当时那些只玩斯金纳箱的科学家们对论文进行评议时，认为它未能达到他们认定的科学水准。幸运的是，常识还是获胜了，它最终得以发表了！从此，我们走上了一条运用行为分析去帮助人们生活得更美好的康庄大道。

当然，还有其他美好的历史故事：泰德与其中一位精神科护士（Maurie）坠入爱河，后来他们结婚了，生了一个女儿。俩人一起幸福地生活了五十多年。

斯金纳箱：实验行为分析

消退与餍足

现在，我们该看一看斯金纳箱里的老鼠鲁道夫了。强化依联已经就位，鲁道夫每一次压动杠杆，你就会提供给它一滴水，但是，它几乎不去压杠杆。这是消退吗？不，有可能是餍足。也许有人把水瓶挂在了鼠笼上，因而鲁道夫全天一直都在喝水，它不再"渴"了，它餍足了。这样，对于鲁道夫来说，水就不再是有效的强化物了，除非等到他有一段时间没喝水之后。消退和餍足不是一回事。消退的发生是行为不再获得具有强化效力的后果（水），而餍足的发生是原先具有强化效力的后果现在却可以很轻易地获得，从而让其不再是强化物了。消退和餍足都导致了反应的减少，但是其原因却不同。不过也别着急，如果有人把水瓶拿开一段时间，你再来实验室看看，鲁道夫的水将会被充分地剥夺，水就又会成为强化物了。正如消退与餍足不是一回事，那么自发性恢复和剥夺也不是一回事（你将在本书的第9章里读到更多关于剥夺和餍足的内容）。

斯金纳箱：实验行为分析

消退与恢复

强化之后的消退

现在，我们要确认一下，看你是否真的已经完全理解了消退的概念。这一回，由你来做主。你走进动物饲养房，走近码放着一排老鼠饲养笼的架子。打开其中一个标有你名字的鼠笼——第27号鼠笼，你伸手进去，抱出你的老伙计，老鼠鲁道夫。哦，鲁道夫有一个红色的小鼻子——据说你最喜欢的颜色就是粉红色？它还有洁白的毛皮。你将他放在自己的左臂上，右手轻轻地抚摸它，带它来到了实验室。然后，你打开斯金纳箱的门，将鲁道夫放了进去。

你现在要做的就是用它来展示一下强化之后的消退，你该怎么做呢？

在此之前，你已经用水这个强化物强化了鲁道夫的压杆反应。你让鲁道夫先热了下身，做了几下这个被强化过的反应，然后，你将存水的水槽斗拿走。现在，你可以退后坐下来，把脚丫子翘在桌子上，拿出秒表、钢笔和记录本，坐在那里观察这个消退过程的展开。不用再做什么了，你已经布置好了这个消退程序。一开始的几分钟里，鲁道夫会狂压杠杆（还记得什么叫消退爆发吗？这是消退初期常见的）。鲁道夫的反应会越来越慢，到了一小时实验结束时，它已经蜷缩在角落里打起盹来了。

第二天，你将它再一次放进这个斯金纳箱里，然后继续坐下观察记录。你不再强化它任何举动了，但是，即便没有强化物，鲁道夫却又开始做出压杆反应了（见图 6.9）。不过，它的压杆反应不久之后就越来越少了（自发性恢复是短暂的，而且随着实验一个时段一个时段开展下去，会越来越短暂，直到彻底消失）。

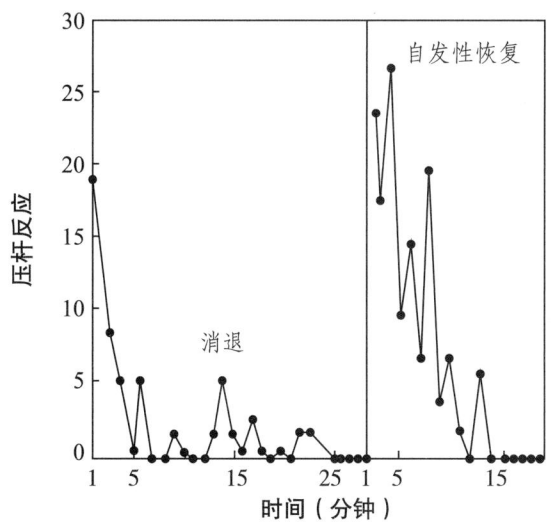

图 6.9 心理学导论课实验室中进行的老鼠压杆反应的消退和自发性恢复

逃避训练之后的消退

下面这个实验有点儿猛了，对你来说可能有点儿不容易接受，这里说的不仅是指概念上可能有难度，而且在生理感觉上你可能也会不大容易接受，因为这一回我们会用到电击。那么好吧，我们还是让专业的实验行为分析师来进行这次的斯金纳箱实验操作，你只在一旁看着吧。你会看到，老鼠每隔20秒钟就会压动一下杠杆；你还会看到，在两次反应之间，老鼠会站起身，伸出前爪，悬在杠杆上方两厘米处。你知道，每隔20秒钟，地板上的钢条就会传来一次轻微的电击，老鼠压动杠杆，这次电击才会停止，这一切都发生在瞬间。对电击的逃避强化了压杆反应（这种逃避依联通常也被称为负强化）。

现在，要进行最难接受的部分了：逃避之后的消退。给你的任务是你来告诉实验人员应该怎么去做。这没问题吧？只要关掉电击，然后观察压杆行为的消失。哦，真的是那样的话，生活是多么简单，又是多么温柔啊。但是，你错啦！将电击关闭，然后期待着鲁道夫去压动逃避杠杆，这种错误相当于给鲁道夫喂饱了水，然后再期待它去压动杠杆而获得水这个强化物一样。鲁道夫刚刚喝饱了水，那么水对鲁道夫而言就已经失去了其作为强化物的价值，因此，你也就不会把这叫作消退。同样，如果电击不存在，那么就没有什么会去强化老鼠的压杆反应了，它没有什么要逃避的。因此，你也不会把这叫作消退。①

再来，我问你，你应该怎样消除老鼠鲁道夫的逃避反应呢？你应该将电击打开，无论老鼠做什么，你都一直让电击开着！电击开启后，压杆反应不能将其关闭，这就如同剥夺鲁道夫的水之后，它的压杆反应不能产生水、不能减少水的剥夺一样。

> 强化之后或者逃避训练之后的消退，其他都不发生变化，只是该反应不再产生任何效果了。

我们可以预期的是，这个逃避训练之后的消退结果应该与强化物之后的消退结果类似。我们预期反应频率有可能起初很高，然后渐渐地减少到0，即便电击会一直打开着。我们还能预期的是，自发性恢复的数量将会随着实验时段的进行一次比一次减少。

惩罚之后的恢复

现在再去看另外一个斯金纳箱里发生的事吧。在这里，依联性的水滴强化了老鼠的压杆，同时，依联性的电击惩罚了这个反应。结果，在每次压杆反应之间的大部分时间里，这只老鼠都跑前跑后地来回窜。假如其中没有惩罚依联的话，那它压杆的反应频率会高很多。

现在怎样演示惩罚之后的恢复呢？这回简单得多，你只要把反应杠杆上连接电击发生器的那根电线断开就行了，如此，压杆反应就不会产生电击了。于是，老鼠压杆反应的频率就会逐渐上升，一直升到原先那种只有食物强化而没有电击惩罚的水平。

问题

描述几个斯金纳箱的实验，让它分别演示下列情况，并对其结果加以描述：

- 强化物的呈现带来的强化，这之后的消退
- 逃避训练之后的消退
- 惩罚之后的恢复
- 消退与恢复，以及餍足与剥夺

行为医学：复杂的干预集成包

发育不良的婴儿

玛丽出生时就是一个发育不良的婴儿，现在她5岁了，仍然是一个发育不良的儿童。她患有呼吸系统障碍，左侧声带麻痹，还患有胃食管反流（胃酸逆流），做过胃部的外科手术。因此，她一直都无法摄入足够的

---

① 下面这一段的内容有点儿吓人哦！不过我还没听说谁真的用电击做过这个消退实验呢。

食物以满足自身的生长需求。她一向拒绝进食，会将食物吐出来，或者只是含着它（含在嘴里，有时含在牙龈与脸颊之间的位置里）。除了进食方面的问题之外，这种含食行为还会经常导致玛丽出现窒息的危险。基本上，玛丽靠一根直接插入胃里的饲管来获取全部食物，即便这样，她也一直处于营养不良和低体重的状态中。

在约翰·霍普金斯大学儿童喂养与吞咽多学科诊所里，研究人员（Gulotta, Piazza, Patel, & Layer）运用一套复杂的、密集的、为时6周的干预方案，很好地改善了玛丽的进食情况[1]。每天，他们在她的三餐或四餐中的每一餐中都会有1~2个独立的干预时段。在每个干预时段中，玛丽需要吃掉20口食物。他们在她的盘子里放一点儿食物，让她吃上一口。如果她吃了，他们就表扬她（希望这是一种强化）；如果她不吃，他们就用一个勺子将食物送到她的唇边，并再次给她提示。但是，通常她都会紧闭着嘴（也许这算是回避，假定把食物放在她嘴里是令她厌恶的话），那么他们就会一直在她唇边举着勺子，直到她张开嘴，接受食物（回避的消退）。有时，她接受了食物，但会把它吐了出来（也许是逃避），这时候行为分析师就会再一次将食物送入她的口中（逃避的消退）。玛丽接受了食物后，过30秒钟，他们会对她说："让我看看。"玛丽会张口，他们就可以检查她究竟是将食物含在嘴里（含食）还是咽了下去。每次她咽下食物，他们都会表扬她并给她玩具和代币（希望这是一种延迟强化）。

这套复杂的干预让玛丽接受了食物入口而不再把它吐出来。可是她会咽下去吗？实际上，她经常并不下咽，下咽的时间百分比只有56%，而44%的时候她都含在嘴里。

于是，研究者对干预进行了细化，开始了一个更为复杂的干预：如果他们检查发现食物还在口中，就会用一把软毛刷子将她口中的食物重新拨放到她的舌头上［也许这算是一种对含食的惩罚，也许是对刷子的回避（我们会在第15章详细讲解回避）］。这个细化后的干预很有效果，玛丽含食的比率很快就从44%降到了6%。当她从这家诊所出院时，她用嘴进食的比率从以前的0%进步到50%了，她所吃的食物也都是普通材质的食物了，不再需要精制的糊状食物了。而且出院几个月之后，她很少含食了，不再需要开展这种张嘴检查并重新用刷子拨弄的干预了。

追踪

2004年，玛丽10岁了，她仍然保持着50%的自己进食的比率，仍然是普通材质的食物，她不再含食（不需要张嘴检查和用刷子重新拨弄的干预），吃饭也不再需要妈妈的帮助了。但是，由于她依然患有严重的胃食管反流，她所需的50%的食物还是需要靠饲管导入。但是胃肠道专家们希望，随着她不断长大，她的胃饲管问题会减轻，她可以自己进食更多的食物。

分析

有些事情很令人头疼，但它就是发生了。就像吃饭这么简单的事情，我们都习以为常了，但其中也存在玄机。吃东西这个技能看上去是自动的、天然的，然而事实上也许并不是自然而然的，我们也许是通过学习而学会吃东西的技能的。对于大多数人而言，进食的强化依联很有效，因此学会进食往往是一蹴而就的，是小菜一碟，但在少数婴儿那里，出于某种原因，这个行为依联却是个大麻烦，让他们无法学习进食。如同玛丽的例子，自然的强化依联缺乏效力，无法维持她的进食行为，以致威胁到她的生存。也许是因为生理上进食所需的力量的不足，也许是因为其中隐藏着一些惩罚依联，也许是因为食物根本就不足以成为强化物。

再如，有些婴儿胃的上部肌肉存在发育问题，导致他们一下咽食物就会出现呕吐，而且下咽过程还会引发疼痛。尽管随着孩子的长大，他们的胃部肌肉会强壮起来，不再呕吐，但那为时太晚，下咽可能已经受到了非常有效的惩罚，逃避或回避已经得到了非常有效的强化。因此，作为行为分析专业人士，需要同时运用多种有效的行为依联（并存依联，详见第19章），帮助这些孩子学会进食。就像玛丽的案例，我们通过一整套复杂的干预（治疗）集成包（intervention packages/treatment packages）来帮助她，也许，我们并不知道集成包里究竟哪一个成分是最关键的，但是，作为行为分析专业人士，我们能够评估我们的干预，因而我们也就能确保这种复杂的干预集成包奏效。

问题

描述这个帮助发育不良婴儿的复杂的干预集成包。
- 描述并命名导致问题的行为依联。
- 描述这个复杂的干预集成包中涉及的各种行为依联。
- 干预的直接结果怎样？后续的追踪结果又是怎样的？

---

[1] Gulotta, C. S., Piazza, C. C., Patel, M.R., & Layer, S. A. (2005). Food redistribution to reduce packing. *Journal of Applied Behavior Analysis*, 38, 39-50.

伦理
消退与惩罚

希德的学术讨论课

希德：在我们这个领域里，最火爆、最煽情的一个争议热点就是，你是否应该以及在什么时候才可以使用惩罚来减少问题行为。

汤姆：按我的理解看，本章好像要说的意思是你永远都不需要使用惩罚，你总是能够通过使用消退来替代它。

伊芙：我同意消退有时会更好些，但是在有些自伤的案例中，在自伤行为消失之前，消退会花费过长的时间，而服务对象可能会更多地伤害自己。

苏：而且在一些自我刺激的案例里，我们有可能无法停止那个强化依联，也就是说没办法使用消退。

马克斯：可林科弗和他同事所做的那项研究恰恰讲了这个问题，只要你足够聪明，你也能够运用消退来对付自我刺激。

苏：也许吧，但我可不敢打包票。你给我看更多的案例，让我看到行为分析师对于各式各样的自我刺激都成功地运用了消退，看到这些之后，我才会100%同意你说的。

希德：你们说得都很不错，每个人都能得到1分的加分。我来小结一下：也许我们至少可以在一点上达成一致：假如我们能够设计好消退程序，而且要对付的问题行为不是非常具有危害性，不会由于消退程序的缓慢而出现危险，那么，我们宁愿运用消退而不用惩罚。

乔：也许我的观点只能算少数派了。我认为，使用温和的厌恶刺激的惩罚不是什么大不了的事。看看医生，他用药的时候，是使用略带痛苦的皮下注射针头，还是使用无痛苦的药丸，这根本就不是什么大的伦理问题，只是一个实用性的问题。如果选择使用了针头，你还能确知病人用了药，而药丸呢，病人经常会忘记吃呢！

汤姆：那又怎么样？

乔：那么，就如同医生一样，我认为，行为分析师是采用消退还是采用温和的惩罚，这也不是什么大的伦理问题，它也只是一个实用性的问题。如果使用惩罚，问题行为消除得还会更快一些呢。

苏：我觉得，我们在谈及消退时不把它当作一个厌恶程序，这有点儿怪。基本上，大家都把消退看作一个温柔的、不令人厌恶的程序，但我个人认为，身处消退程序之中，那将是很令人厌恶的。比如，我在自动售货机上投币，它却不出货，只是把硬币给我吐了出来，这让我很恼火。既然连这我都认为是令人厌恶的，那么，那些有问题行为的人同样也会认为消退是令人厌恶的。

希德：苏所讲的又是一个很好的观点。消退可以是令人厌恶的，尽管一般没有人谈及这一点。

问题

在使用消退而不使用惩罚这一点上，涉及哪些伦理问题？

中级进阶

伦理
道德上对干预进行评估的必要性

在劳拉的案例中，在行为分析师的帮助下，她特殊的呕吐问题得到了改善，这本身是件很有意义的事，但是，这项研究还有另外一个更具价值的地方：类似这样的呕吐问题在幼儿身上很常见，常见程度可能超出了很多人的想象，所以，这样一个高发问题的解决方案将能惠及更多的幼儿。这项研究不仅表明我们会在无意中强化此类呕吐，还表明我们可以运用应用行为分析来解决此问题。劳拉的案例说明，消退程序是行为分析师手里的一项重要工具。

当我们准备开展一项新的行为干预时，在道德上，我们有义务收集数据，并对干预的有效性进行仔细的评估；随后，在道德上，我们还有义务将其作为一次科学实验，发表其结果，展示干预的有效性。如此，行为分析师的工作就不仅仅是在直接帮助自己所服务的一个特定的对象，也是在间接帮助其他成百上千的人。只有具备这样的长远考虑，一个行为分析师才能被称为科学家。当我们将应用行为分析的实践视作科学实验时，我们的人道关怀就不仅局限于个体，我们所关注的是整个人类的生活。

问题

对于一项新的干预，为什么说对其进行评估是一种道德上的要求？

研究方法

倒返设计[①]

蒙特罗斯·沃尔夫博士和他的同事们需要对自己的干预进行评估，这样才能让这套有效地帮助了劳拉的应用行为分析技术扩展到其他孩子身上。而且，仅对劳拉来说，他们也需要明确老师的关注以及将其带离教室对于呕吐的强化作用。明确了这些，他们才能建议其他的宿舍管理人员和未来的老师在劳拉再出现呕吐时如何帮助她做好行为管理。由于他们的这套干预方案在当时是崭新的，也是激进的，所以他们特别需要有更为严谨的数据来说服其他质疑者。你可以想象这在当时有多难，他们必须说服那些从来没听说什么强化原理的老师，必须使他们相信，让劳拉停止呕吐的办法就是：随便她吐，让她"想"吐就吐。

也有可能，消退程序对于减少劳拉的呕吐并没起什么作用，呕吐的减少只不过是一种巧合，而并不是因为老师不再无意地强化她的呕吐（老师在她呕吐时对之给予关注并将她从教室里带出，这可能就是在无意识地强化她的呕吐）。于是，他们需要采用倒返设计——在这种研究设计中，通过倒返实验条件以确认这些条件的作用。他们该怎样做呢？他们要再次强化这个反应，然后甚至可以再次尝试将这个反应消除。当他们再次强化该反应时，呕吐频率应该会增加，而再次消退时，呕吐频率应该会再次下降。如果这些情况发生了，他们就会更有信心地认定关注和将劳拉领出教室的确扮演了其呕吐行为的强化物的角色，他们也能更确切地知道自己遇到的不是什么巧合。

但是，要想强化呕吐，他们必须得等到劳拉出现呕吐行为。不过，由于前面的消退程序太有效了，他们等了 50 多个课时才等到。当时在场的老师于是开始强化劳拉的呕吐。老师强化了长达 51 个课时的呕吐。每当劳拉呕吐时，老师就将其引出教室度过这一天剩余的在校时光。这意味着在这个强化阶段，劳拉每天的呕吐次数不超过一次。在强化阶段她有呕吐的天数为 23 天，直到最后，她才开始几乎每天都呕吐。

蒙特罗斯和他的同事们，还包括老师们，当然都不会到此为止。他们已经很清楚，关注和逃避课堂正是呕吐的元凶。他们坚持再做一次倒返，坚持再一次消除这个反应。如果在最后的消退阶段里取得成功，那么他们就实现了两个目标。一个是他们更清楚地看到了关注和带离教室对劳拉呕吐的强化作用；另一个是他们再次有效地去除了劳拉的这个问题，排除了对她接受教育的严重干扰。

在最后的这次消退阶段里，老师让劳拉在一个半小时的整堂课里都留在教室中。也就是说，劳拉每节课的呕吐次数可以多于一次，她也没放过这样的机会，开始频繁地呕吐。在这次消退阶段的初期，劳拉在一节课上呕吐次数甚至高达 29 次。这看上去可能有些奇怪，怎么这初期的呕吐频率会比前面的强化阶段还要高呢？不过，要注意，劳拉在强化阶段里每天最多只呕吐一次。除非她呕吐次数无限多，不然蒙特罗斯及其同事无法证明消退程序的有效性。最终，消退程序见效了，劳拉的呕吐频率降低到了 0。经过 34 节课的消退，她的呕吐完全停止了。这里原先推测的呕吐强化物是从教室里将她带离和对她的关注。随着蒙特罗斯及同事将这些强化物撤除、呈现、再撤除，呕吐频率跟着就会下降、上升、再下降。这些证据充分有力地回应了质疑，证明了蒙特罗斯·沃尔夫小组的干预结论绝非只是在假象中的吹牛皮。

问题

如何运用倒返设计证明关注和带离教室会强化劳拉的呕吐行为？

对比

惩罚之后的恢复与消退之后的自发性恢复

有两种方法可以让我们降低行为频率：惩罚和消退。惩罚之后的恢复与消退之后的自发性恢复，这两种都涉及恢复（行为频率上升，而此前该频率已经降低了）。惩罚之后的恢复是当我们停止了惩罚依联之后出现的，这个惩罚依联过程中可以是厌恶刺激的呈现，也可以是强化物的去除。而消退之后的自发性恢复是当我们在多个连续的干预时段中运用消退程序时出现的。也就是说，这里我们并没有停止消退程序（见图 6.10）。

惩罚之后的恢复，反应频率会恢复到惩罚依联之前的水平。恢复会持续下去，除非我们再一次开始惩罚依联。但对于消退之后的自发性恢复，反应频率会低于强化依联在运作时的水平，而且这种恢复只是暂时性的。

[①] 改写自 Wolf, M., Burnbrauer, J., Lawler, M., & Williams, T. (1967). The operant extinction, reinstatement, and reextinction of vomiting behavior in the retarded child. 未发表的文稿。

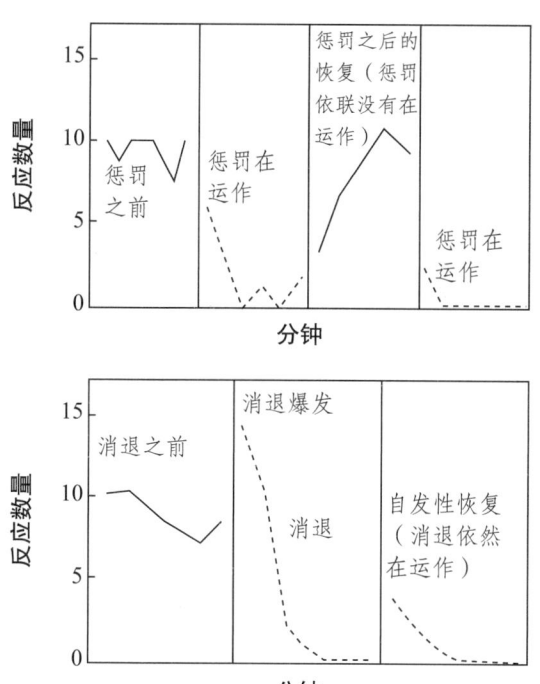

图 6.10 惩罚之后的恢复（上图）；消退之后的自发性恢复（下图）

惩罚之后的恢复与消退之后的自发性恢复

	程序	结果	要消除这种恢复
惩罚之后的恢复	停止惩罚依联	反应频率恢复到惩罚前的水平	再次开始该惩罚依联
消退之后的自发性恢复	继续消退的干预时段	反应频率在每个消退时段初期出现短暂的恢复	继续消退的干预时段

问题

1．对比惩罚之后的恢复与消退之后的自发性恢复。两者之间有哪些相似之处，又有哪些不同之处？（提示：有的学生觉得帮助自己记忆的方法是：通过两者各自的程序来看各自的恢复。）

2．前面就告诫过了，每当你看到课本中出现上面的这种表格，你就该知道自己必须得好好记住它，要是我在试卷上变换行列位置时，也能填好它。

研究方法

混杂的变量

老烟枪托比·汉娜打算试一试自己的惩罚程序，她想要改掉自己 16 岁大的儿子的吮拇指的毛病。每当儿子吮拇指的时候，她就把脸紧贴过去，对着儿子大喝"不准！"很快，儿子的拇指又变得像一根拇指了，而不再像原来那样被吮得像一根光秃秃的树枝了。

托比得出了结论，"不准"是一个有力的厌恶刺激，其依联的呈现惩罚了儿子吸吮拇指的行为，但她的牙医却告诉她，也许这中间有混杂（confounding），"不准"与她那口里喷出的烟臭味道混在一起了。也就是说，每次她喊"不准"的时候，她还直接把自己的烟臭喷到了她那可怜儿子的脸上。她可能混淆了，把自己口气的厌恶性与"不准"的厌恶性搅和在一起了。

因此，我们至少有三种方式来解读她的干预：惩罚有可能来自"不准"这个厌恶刺激，也有可能来自她的烟臭的厌恶刺激，也有可能是这两者的结合。这三种可能性混在一起了。

科学家的一项主要任务就是排除混杂变量（confounded variables）——找出究竟是哪些自变量导致了结果，而哪些不是。究竟是"不准"呢？还是烟臭呢？还是别的什么呢？

> **定义：概念**
>
> 混杂变量（To confound variables）
> · 同时改变或允许改变两个或多个自变量，
> · 因而无法确定哪个变量导致因变量的改变。

如果托比是个科学家，那么她可能就会分离这几种混杂的变量，每一次只呈现其中一个。她可能会尝试在一周里只依联性地呈现烟臭，然后在另一周里只呈现"不准"。这样，她就能看出究竟是哪种厌恶刺激足以惩罚儿子的吮拇指行为了。

如果她还希望能在《应用行为分析杂志》上发表自己的研究结果，那她还可以进一步采用倒返设计——一周的依联式烟臭，然后是一周的依联式"不准"，然后，再一周的依联式烟臭，然后……如此下去。（当然了，即便是托比完美地设计了这个实验，她的论文也很有可能被杂志拒绝。嘿嘿，我可从来没说当一个科学家是件容易的事儿。）

问题

1．名词解释：混杂变量，并举例说明。

2．使用上面你自己给出的例子，说说如何去除这种混淆。

研究方法

对照条件

惩罚之后的恢复主要是为了控制可能的混淆，预想的惩罚程序和干预对象生活中的其他变化之间可能存在混淆。你会将干预条件与基线条件进行对比。我们把这种对比条件称为**对照条件**（control condition），它能够帮助我们排除或控制可能存在的混淆。

迈克·多尔西和他的同事们想知道喷水雾的惩罚依联是否的确导致了朱迪往嘴里塞手的行为频率的下降。他们要控制实际上是朱迪生活中出现的其他变化带来频率下降这一变化的可能性。于是，他们将惩罚条件与停止惩罚的对照条件进行了对比。如果朱迪的自伤在对照条件下恢复了，那么他们就更有信心认为惩罚条件导致了自伤的减少，也就更有信心认定干预的成功不是一个巧合。

> **定义：概念**
>
> **对照条件（Control condition）**
> · 该条件中的自变量不含有预设的关键数值。

玛乔丽·沙洛波和她的同事也想知道自己的罚时出局依联是否的确导致了林恩自我刺激和破坏行为的减少。他们也想要控制林恩的其他生活变化导致该行为改变的可能性（即他们想要排除这种可能性）。于是，他们将罚时出局条件与对照条件进行了对比，在对照条件下，他们停止使用罚时出局。如果林恩的自伤在对照条件下又恢复了，那么他们就更有信心认为罚时出局导致了自伤的下降，也就更有信心认定自己的干预成功绝非一种巧合。

对照条件很重要，因为干预条件与对照条件的比较可以显示自变量的数值是否的确对获得的结果很关键。

此外，行为分析师还经常会临时使用消退作为一个对照条件。他们在倒返设计中使用消退，从而证明自己原先预想的强化物的确是强化物。例如，假设你要确定自己的微笑是否真的是一个神奇的强化物，你觉得你可以用它来奖励跟着你学习阅读的幼儿园小朋友们。假设你已经用温暖的微笑强化过小朋友们阅读句子的行为，那么，在对照条件下，你就该停止微笑一段时间，看看他们的阅读频率发生了什么变化。没有变化？那你还傻笑个什么劲儿呀！

行为分析师常常对单一的服务对象或者单一的被试进行研究。在这种单一被试的研究中，基线就是对照条件的最常见形式。不过，我们有时也会研究两组或多组的被试。在这种团体研究中，我们也会将其中一组的自变量设为阳性值（即我们对该组进行干预），而对另一组，我们会将自变量取值为0（即我们对该组不进行干预）。后面这组，我们称之为对照组（control group）。对照条件是一个更为广义的概念，其中包括了基线和对照组。

现在，我们把上述这些内容合在一起，再去看看第4章里那个假想的斯金纳箱实验吧。这里我要问的一个烧脑的问题是：鲁道夫压动杠杆是因为这会产生一滴水呢，还是因为这会产生出水槽斗的叮当声响呢？这里的水和叮当声就是**混杂变量**。我们可以使用对照组，或者使用对照条件来辨析这些变量。在对照条件下，鲁道夫压杆只能得到一声叮当声响，而在实验条件下，他得到这个叮当声响之外还得到了水。用这样的只有叮当声响的对照条件就能够辨析叮当声与水之间的混淆。在这个对照条件中，不含有预设的关键自变量，也就是说，不含有水。如果在只有叮当声的对照条件下，老鼠不那么辛勤地压杆了，那么我们就可以很有信心地得出结论说，在实验条件下，虽然它既得到了水，也得到了叮当声，但是，只是水而不是叮当声强化了它的压杆反应。就这样，科学又向前迈进了一步。啦啦啦！

问题

名词解释：对照条件，并举例说明它为什么很重要。

> 在 **DickMalott.com** 网站上
> 第6章 高级学习目标
> 第6章 高级进阶
> · 更多关于精神科护士的故事
> · 遗忘

第 7 章　差别强化和差别惩罚

行为分析师认证委员会第 4 版任务清单

- A-03　测量持续时间。
- A-04　测量潜伏期。
- B-03　系统布置自变量以呈现它们对因变量的效应。
- D-07　实施任务分析。
- D-19　运用强化与惩罚及消退的组合。
- D-21　运用差别强化（例如，对其他行为的差别强化，对替代行为的差别强化，对不兼容行为的差别强化，对低频率行为的差别强化，对高频率行为的差别强化）。
- J-10　当希望一个行为减少的时候，选择一个适当的替代行为予以建立或增加。
- FK-10　行为、反应、反应类
- FK-36　反应泛化
- FK-47　确定行为的可测量的维度（例如，频率、持续时间、潜伏期、反应之间的间隔时间）。

基础知识

对替代行为的差别强化的案例：行为学特殊教育

孤独症儿童吉米（第二部分）（D-21）

在第 3 章里，我们描述过吉米第一次到梅的干预中心时的情况。当老师向他呈现一项学习任务时，他会把教具扫到地上或者扔出去，会大叫大闹地发脾气。他的老师苏因为吉米的这些举动而很难执行教学项目。梅·鲁宾逊博士对此进行了功能评估，以确定怎样的强化依联导致了吉米的这些坏行为。她的数据表明，从厌恶的学习任务中逃避强化了他的这个行为。现在，我们接着听一听梅和苏对下一步的方案做了怎样的讨论。

"真高兴我们找出了问题症结，但是我仍不能确定自己应该如何去对付它。"苏说，"吉米发作起来的时候，很难不做出回应。我很想让他平静下来。"

"的确是这样的。"梅回应道，"我完全能体会到你的感受。我这里有一些好东西给你，我刚刚研读了一个有趣的技术——**对替代行为的差别强化**（differential reinforcement of alternative behavior）。这个技术对处理这个问题会很有帮助，我们需要马上着手来战胜它。"梅继续说："我们现在知道了，暂停学习任务对吉米有强化作用。这种逃避本身没什么错，很正常。有问题的是他用以获得那一暂停的反应。到目前为止，对困难任务的逃避强化了他的捣乱行为。结果，无论接到怎样的任务，吉米都会尖叫、抓头发、打人。他这么捣乱的时候，我们是什么也教不下去的。"

"你说得是。可你说的对替代行为的差别强化是什么呢？鲁宾逊博士，我以前从没听说过这个。"此时的苏脸上露出了笑容，这是自打评估开始之后，她头一回露出笑脸。

"这个要细说起来可是很复杂的哟！每当生活乱作一团，我就会翻一翻《行为原理》。"

苏吃不准梅此话是开玩笑还是认真的。

梅说："还是让我们看看书中的定义吧！"说着，她把书翻开到标记好的那一页。

> **定义：概念**
>
> **对替代行为的差别强化**（Differential Reinforcement of Alternative Behavior, DRA）
> - 停止对一个不当反应的强化，
> - 并转而对一个适当反应进行强化。

请注意，这里的强化既可以是强化物的呈现，也可以是厌恶刺激的去除或减少。①

"以后，你应该**有差别地强化一个更为适当的替代行为**。我们可以找出一个**功能相当的行为**（functionally equivalent behavior），并且强化它，而不强化吉米原来的不当行为。这样，只有当吉米做出一个更为适当的替代反应时，才向他提供学习任务暂停这个强化物。

"吉米的捣乱行为有很清楚的套路。他从不在图片

---

① 有时，很难完全撤除掉对不当行为的强化。在这种情况下，可以对一个适当的行为呈现一个更快速、更强有力的强化物。

匹配的教学项目中出现捣乱问题。如果你仔细看了我们记录的功能评估数据就会知道，他总是在图片命名的教学项目中出现捣乱问题。这个教学任务就是你报出物品名称，让他正确指认出相应的图片。"

"为什么会这样？"苏问道。

"我认为这个学习项目对他来说太难了。"

"很有可能。"苏承认道。

"我觉得，学习这样的较难项目对吉米来说是一个厌恶刺激，而他捣乱时又会发生什么？那时我们就会立刻让他停止继续学习那些厌恶的项目，取而代之的是我们忙着去应付他的捣乱行为，这样，很显然，在忙于应付的时候我们就会让学习任务暂停一会儿。我们无疑通过允许他暂时逃避掉厌恶的学业任务而强化了他的捣乱行为，尽管我们并不打算这样做。"

"可我不知道还能怎么做。我又不能只是坐在那里，让他抓扯自己的头发吧。"

"没错，我不是在责怪你，苏。"梅说，"在你身处的位置上，谁都会像你那么做的。"

"那我该怎么办呢？"

梅说："既然每一次吉米做出正确反应之后，你都呈现给他强化条件——你的赞扬和亲抚，那么现在，我们就再加上一个依联，来去除掉一个厌恶条件——对他来说太难的任务。帮助他学会一个正常的、非捣乱性质的、替代的、功能相当的反应，它同样能够让他从厌恶的、太难的任务中逃避出来。"

"怎么才能做到这点呢？"苏问道。

"你应该先建立起一个有益的、用以寻求帮助的替代反应。这个替代反应能够去除让他为难的学习任务这个厌恶条件。当然，我们需要教他学习这个新反应，要经常性地辅助他。"

"我有点儿明白了。"苏说着，脸上又一次露出了笑容，"那么这样吧，每隔30秒钟，我就问'你需要帮助吗？'然后提示他，比如我说'说，帮帮我！'他说出求助要求后，我不表扬他而是立刻就去帮助他。"

"我觉得你已经明白了。如果在图片命名的教学任务中，他寻求帮助，你会向他提供怎样的帮助呢？"梅问道。

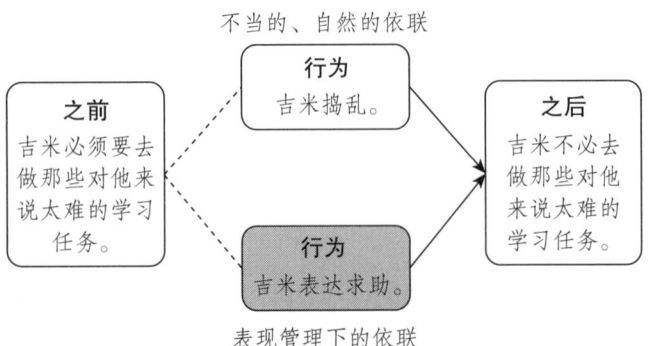

"当我说'马'这个词时他无法指出相应的图片，我就会这么回应他的求助：指着马的图片并说'马'，然后，对他说'指一指马'。"

"就是这样，苏珊。"

下面的示意图表示的是上述两种依联之间的联系，它可以帮助你理解对替代行为的差别强化。

仔细看一下上面这张图，当你使用这种对替代行为的差别强化时，请注意以下两点：

- 新的、表现管理下的依联与原来的、不当的自然的依联，这两者之前条件与之后条件是一样的。
- 在表现管理下的依联中，你只是用一个适当的行为替代了自然的依联中的那个不当行为。

结果如何？对一个适当的替代的逃避反应的差别强化去除了不当的逃避反应（捣乱行为）。苏和梅通过对一个替代性逃避行为进行差别强化，成功地去除了吉米·李维斯在教学过程中出现的大部分不当行为（见图7.1）。

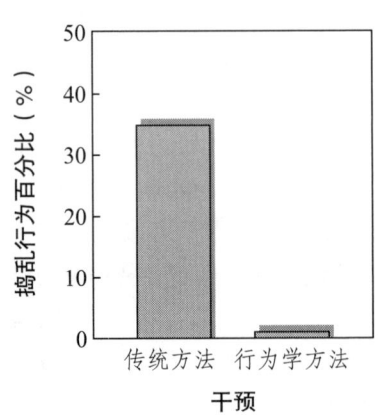

图7.1 一个孤独症男孩面对较难的学业任务时出现的捣乱性逃避反应（发脾气、自伤、对抗）

吉米的大款老爹杰克·李维斯对此怎么看？他对于吉米在梅的干预项目中所取得的进展当然非常高兴，于是，他向梅保证，她的这个干预中心至少在接下来的一个学期内绝不会因为缺少资金而被迫关闭。这下，梅的中心算是有救了。

你对此又怎么看呢？你刚刚学习了对替代行为的差别强化，这个案例讲解了对替代行为的差别强化的两种用途——它可以用来去除由强化物的呈现所强化的不当行为，也可以去除由逃避厌恶条件而被强化的不当行为（就像吉米案例讲的）。而且，这里请注意，她们并没有使用惩罚程序来消除这个不当行为。[1]

辅助替代行为

注意到了吗？苏并非只是坐等吉米做出适当的行为，比如说出"帮帮我"。她要是就这么干等着，那也许就会永远这么呆坐下去了。实际上，她使用了口语提示，她说："说'帮帮我'。"在绝大多数情况下，我们都需要使用某种辅助来帮助服务对象出现替代行为。如果孩子没有语言能力呢？你可以采用肢体辅助、肢体引导（physical guidance）的方式来提示，让诸如举手之类的替代行为出现，然后，老师再通过提供帮助或者关注来给予强化。

案例：行为运动心理学

可怕的网球[2]

校长：我要甩掉这个烂摊子！它根本就毫无益处！（他停顿了几秒钟，有些尴尬地清了清嗓子，换了一副较为缓和的口气）你是知道的，年复一年，我们这支女子网球队，成绩差得丢人，给我们整个学校丢人。

朱克：你想要废掉这支球队，对此我不会怪你。要是我在你的位置上，也会有这种想法。过去这一年，这支队伍的成绩实在太差劲了。

校长：前一年也很差！再前一年也很差！这支球队就从来没有好过！

朱克：不过，在你的这所初中里，网球不仍然是最受欢迎的一项女子运动吗？如果你解散了这支球队，将会发生什么呢？

校长：我会付出很大的代价。但是我们的球队就从来没能在复赛阶段里赢过一场球，每年都是第一轮淘汰赛就被刷掉。这在整个学区都成了笑柄。上一次学区校长会上，我就被他们半开玩笑地嘲讽过。

朱克：我明白了（他不再说话，沉默了几秒钟）。好吧，我在球队训练过程中看出了一些问题。俗话说，一分耕耘一分收获。最棒的训练才能打造最好的球队。她们打得差，这不是偶然的，她们……

校长：见鬼！朱克，去年我想解散这支球队的时候，你就跟我说过这些貌似高深的狂言乱语，你还记得吗？而且，我也按照你的建议去做了，聘请了一位新网球教练来，可到头来，还不是一团糟吗？！

朱克：你真把我给问住了，艾伯特老兄。也许，需要训练的正是这位教练呢！这样吧，我说，如果你能让这支球队再保留一个赛季，我就陪这位教练一起训练。给我个机会，看看能否让球队起死回生。

校长：朱克，你的心肠是好的，但是，坦率地说，我凭什么相信你能比一个真正的网球教练还高明呢？我跟你可是老哥们儿了，但我可从来没见你拿起过网球拍子呢！

朱克：佐治亚州立大学（Georgia State）的希拉里·布扎什（Hilary Buzas）和泰德·艾龙早就解决过此类问题。我要去做的，只是应用他们发展出来的一项行为技术而已。我们会成功的。在其他体育项目上，我已经这么实践过了，而且从未失败过。

校长：你这个吹牛不上税的家伙，朱克！这么办吧。我只给你5周的时间，到那时，学区的网球常规赛季就开始了。那几位笨蛋队员，我就交给你和克雷格教练一起带，让我看看你们能做得怎样。如果到时候能让我另眼相看，那这支球队就再保留一学期。好吧！你就去取你的布扎什—艾龙法宝吧，把你的行为矫正妙招全用到这帮家伙身上去吧。

克雷格教练很高兴与朱克合作，他们挑选了眼下最为基础的三项技术：正手击打，反手击打和发球。他们对这三项技术做了技术分解，将每一项细化为5~9个分解动作。例如，除其他行为之外，右利手球员的正手击球动作还包括：

- 击球的同时重心向网前上步，左脚在前。
- 将重心从右脚转移到左脚上。

[当然，行为分析师自己一般做不了这类任务分析（task analysis）和干预，这需要该领域内专业人士的专

---

[1] 也有一些研究认为，在这类程序中必要的成分并不是我们差别地强化了替代行为，而是我们停止强化原来的不当行为。既然没有了强化，那么无论我们是否差别强化一个替代行为，那些不当行为都会减少。不管怎么说，我们所做的都是善举——帮助我们的服务对象，帮助他们学会用适当的替代反应来获得强化物以及逃避厌恶条件。那种撤除强化的程序，叫作消退——你在第6章里已经学过了，需要的话，可以再复习一下。

[2] 改写自 Buzas, H. P., & Ayllon, T. (1981). Differential reinforcement in coaching tennis skills. *Behavior Modification*, 5, 372-385. 本文中的数据同样来自这篇论文，不过，故事里的球队的问题是虚构的。

业帮助。此外，行为分析师需要靠专业人士的帮助才能在基线期和干预期里识别出各个具体的反应是否正确。]

克雷格教练选了三位最差的初学者，朱克收集了基线数据。在基线期里，克雷格教练像往常一样指导她的队员们。对于三项技术中的各个分解动作，她在每次训练课里，有5~10分钟的讲解和示范。然后，她在队员的练习中矫正她们的动作。她主要是批评她们所犯的错误，而对正确或者接近正确的分解动作却通常不做评价。例如，在谢里身上，每次训练课中，克雷格教练平均会批评她的错误动作23次，表扬却只有5次。

看来没错，他们选的这三名队员都是些笨手笨脚的家伙。她们的三项基本网球技术都非常差劲，其中谢里算是代表了。朱克统计了谢里发球和回球的动作正确的百分比。你猜怎么着？只有12%，而且这是整整16节训练课的统计。换句话说，她毫无进步可言。

朱克是一位认认真真的科学家，收集完基线数据，他就准备好了开始下一步——行为干预。他要求克雷格教练停止一切批评，只准使用表扬，但是，不是要等球员将整个技术的所有分解动作全做正确了才表扬，朱克要求教练对任何接近正确的分解动作都给予表扬。

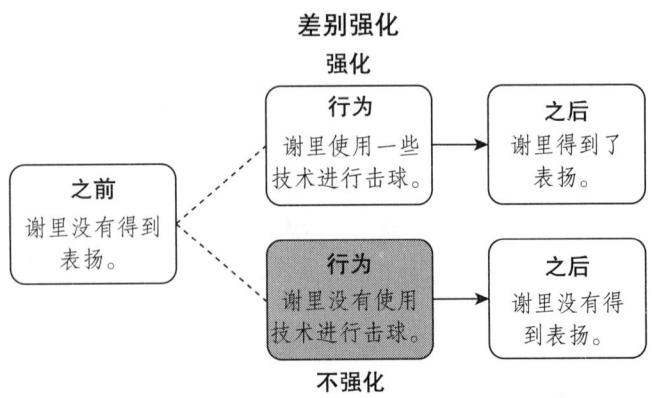

克雷格教练扎扎实实地按照朱克的程序做了。在教谢里的时候，她的批评从每节课23次降到2次，而表扬从5次上升到了21次。你可以想象，在行为干预中，谢里和其他队员都觉得日子好过多了。

但是，这些球员的技术表现如何了呢？我们还是以谢里为代表，她在15节训练课里的动作正确率从12%上升到了49%（见图7.2）。在此前传统的训练方法下，她在16节课时里都毫无进步可言；在使用强化的训练方法下，她在15节课里的表现有了4倍的进步。

这个结果已经足以让校长刮目相看了，于是，他允许球队在本赛季中继续办下去。在崭新的行为学教练技术指导下，她们在联赛中夺得了第三名！

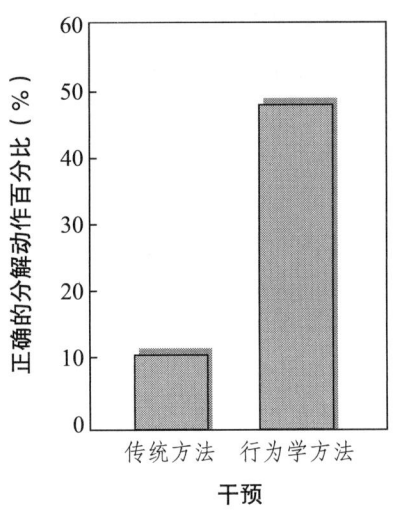

图 7.2 对网球运动技术的任务分析和差别强化

问题

描述一个改善网球运动技术的行为干预的例子，要求描述：

A. 反应
B. 强化依联
C. 预想的强化物
D. 结果
E. 这个干预中其他有意思的地方

概念

任务分析（D-07）

在对球员开始干预之前，朱克做了**任务分析**。他和教练将每一个任务或技术动作分解成更细小的分解动作，这样教练就能对球员的每一个分解动作进行评估，并给予更精准的强化和反馈。原来克雷格教练只说"好！"而现在她会说"上步上得很好！"或者"握拍握得很好！"①

在训练复杂行为时，诸如体育项目、舞蹈、桌面礼仪、诗歌写作、开展行为分析，等等，任务分析会很有帮助。而且在管理那些已经形成的行为表现时，比如体育道德、勤奋工作和愉快交往等方面，细化出分解行为也很有益处。

在进行任务分析时，我们要看的是过程（process），而非只看最终的产物（product）：要看发球或者回球的一系列动作，而非只看那只球击打到对方场地后的落点。是否迟到，专注工作的时间是多少，闲聊的时间有

---

① 在之前的一章里，我们曾警告过，对于无口语的孩子，在表扬的时候不要使用太多的语言。而在这个例子中，详细的描述性表扬是可以的，因为球员都拥有很好的语言技能，这点跟小吉米的案例不同。

多长，我们要看的是这些，而不是只看每天打字打了几页，完成了多少工作任务。

> **定义：概念**
>
> **任务分析（Task analysis）**
> - 对复杂行为
> - 以及行为序列进行分析，
> - 细化成分解反应。

有时，你只需对可以令人接受的最终表现或者产物做出强化或者反馈。对于进行行为矫正的人来说，或者对于进行表现管理的人来说，这样的生活该是多么简单啊！可是，当这样起不了作用时，你就需要更多地关注细节过程了。

> **定义：通用原则**
>
> **过程与产物（Process vs. Product）**
> - 有时你需要让
> - 强化物和反馈依联于
> - 过程中的分解反应，
> - 而不只是依联于产物（结果）。

当不能获得足够数量的高质量产物时，你就应该让强化物和反馈依联于过程中的分解反应，尽管你仍然会继续让强化物和反馈依联于最终出现的那些产物。

例如，假设一个孩子做对了一道长长的除法练习题，她每次做好，你都会表扬她。再假设，如果这孩子几乎不会做这种题，每次都做错，那么你就该进行任务分析了，对她在长长的除法运算过程中的每一个分解步骤都要给予依联性的强化物和反馈。在实际当中，也许你应该强化的第一个分解步骤是孩子坐在座位上的行为。

问题

1. 名词解释：任务分析，并举例说明。
2. 描述过程与产物的通用原则，并说一说你会如何将其应用于体育项目中。

概念

反应维度（A-03）（A-04）（FK-47）

网球中的正手击球动作与棒球中的击球动作和高尔夫球中的击球动作完全不同。棒球中，右利手球员的击打，球棒会在水平方向上移动，然后呈一弧线轨迹向左运动；而高尔夫球杆的击打则是在垂直方向上，从球座向上运动，然后停顿一下并转向。游泳运动中的手臂动作与跳舞或径赛跑步中的手臂动作也大不相同。我们把这种运动上的差异叫作**反应形态的差异**（differences in response topography）。如果你喝茶时，端起杯子的手优雅地翘起了小拇指，那么可以说，你兰花指的这个持杯的反应形态与我的持杯反应就有所不同。

> **定义：概念**
>
> **反应形态（Response topography）**
> - 相对于身体其他部位而言的，
> - 一个反应的各个分解动作的
> - 顺序（运动的路径）、
> - 形式、
> - 位置。

而下面的例子说的是在两个不同反应形态中运动顺序（sequence）或路径（path）的不同。假设你和我书写同一个单词slob，咱俩的书写笔迹会大不相同。你写得精美、灵动、飘逸、艺术，而且清晰；我写得潦草、模糊、怪异、混乱，而且带有破铅笔头的划痕和涂改留下的污渍，一看就像邋遢鬼写出来的东西。手写笔迹就是我们做出同样反应的不同结果，就是略微不同的运动顺序的结果，换句话说，有着略微不同的反应形态。

这一段的例子则讲的是相对于身体其他部位的位置（location）。你挥动手臂时，如果是举在头上挥舞，那么和你的手低举在头部以下挥舞就是不同的位置，所以，你在两个位置上的挥手反应代表着有两种不同形态。这些反应的空间位置参照的是反应者的身体位置。健身教练常常会这么下达指令："现在举起你手里的哑铃，向身体前方平举，与肩同高。"

下面举例说的是形式（form）。做俯卧撑就有很多种形式。你用正确的姿势时，背部应该是拉直的；而像我这种的，只能一拱一拱地撅着屁股做，这种形式是不正确的。其他例子还有，在奥运会赛场上比赛的两位跳水选手，对于同样的规定动作，他们可能会做出不同的姿态（比如一个踮起脚尖，另一个没有）。我在健身房里经常成为健身教练的反面教材，他会批评我糟糕的反应形态——批评我的形式："蹬自行车时，要收紧膝盖和肘部，别这么松松垮垮地下垂。""举杠铃时，要略微屈膝，也要收好腹部。"你在家时，当然也常常会遇到妈妈的呵斥，让你注意坐姿和站姿："别罗锅！瞧你这副无精打采的颓样！"——这都是我们所说的形式。

说起反应形态来，就是"不在于你做什么，而在于你怎么做"。如果老鼠鲁道夫用它的右爪压动杠杆，那么，这就与它用左爪或者用鼻子压杆具有不同的反应形态。鲁道夫反正压杆了，但是他的做法在形态上可以有不同的方式。所以，同一个反应使用了身体的不同部位，这就是有不同的反应形态。

走路的样子，在不同的文化群体中有着不同，在男女之间有不同，在小孩和老人之间也有不同。这是同一个反应类，但有着不同的形态。你走得优雅也好，猥琐也好，你都会走到具有强化效力的目的地。所谓不同之处，正是你的风格，正是你的反应形态。

最常见的一个困扰之处是，在反应形态中，对于"相对于身体其他部位的反应位置"，有的同学经常将其混淆为"相对于外部环境的反应位置"。假设你在斯金纳箱里设置了两个杠杆，老鼠鲁道夫可以压动左边的杠杆，也可以压动右边的杠杆，那么，这两个反应相对于斯金纳箱的位置是不同的（左杠杆和右杠杆），而且这两个反应相对于鲁道夫身体的位置也不同（比如，它可以直接向正前方伸出前爪压动杠杆，也可以向身体侧方伸出前爪压动那个杠杆）。是压动左边的杠杆，还是压动右边的，这里涉及的是刺激区辨（stimulus discrimination），而不是反应差异。鲁道夫对环境当中的两项要素做出了"区辨"，要么左杠杆，要么右杠杆。关于这些刺激区辨，我们将在第12章中详细学习。

然而，反应不仅仅有形态上的不同，还可以有其他不同，我们把这些可能的差异称为**反应的维度**（dimensions of the response）。除了形态，其他的维度还包括**力度**①（force，比如你在公共场所说话时的音量）、**持续时间**（duration，你使用便携式计算器时每次按键输入的时间长短），还有**潜伏期**（latency，教授念出定义内容，你花多长时间才能答出他在描述什么概念）。

你将鲁道夫放入一个斯金纳箱（让它有机会做出一个反应），在去压杆之前它会东游西逛几秒钟（反应潜伏期），然后它会将杠杆压住几秒钟（反应的持续时间）。

> **定义：概念**
>
> **潜伏期（Latency）**
> - 从提供做出反应的信号或机会开始
> - 到反应开始之间的
> - 时间。

> **定义：概念**
>
> **持续时间（Duration）**
> - 一个反应
> - 从开始
> - 到结束的
> - 时间。

---

① 在谈论说话声音大小时，我们通常使用强度（intensity）这个词，而不用力度这个词，但这两个词说的是一回事。通常，我们谈论反应时，会说反应力度，而谈论刺激时，会说刺激强度。

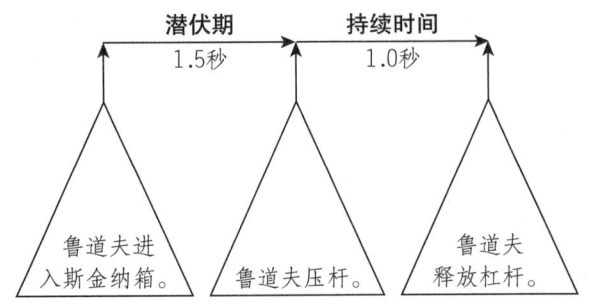

有的同学常常会将持续时间与潜伏期搞混，因此我们这里再多讲一点儿。当我下令"开始"时，你就深吸一口气，并一直尽可能地憋住气。想想看，在我说"开始"之后，直到你开始深吸一口气，这之间的时间叫什么？是反应的潜伏期还是持续时间？再想想看，从你深吸一口气到你憋不住了，吐气了，这之间的时间叫什么？是潜伏期还是持续时间？对啦，我们要测量的潜伏期就是我喊"开始"到你开始深吸一口气之间的时间，而要测量的持续时间，就是你憋气的时间。

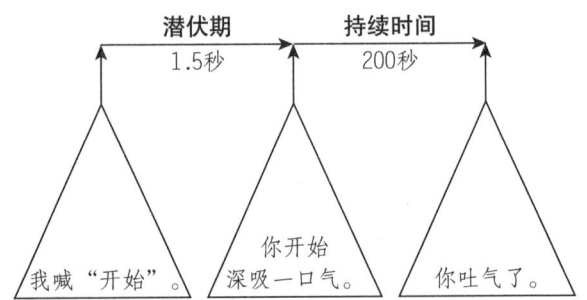

我们再来测量一个潜伏期。你老爹在餐桌上说完餐前祈祷词到你拿起餐勺舀起豆子，这之间的时间。这里，我们还可以测量你装满餐勺到你送豆子入口之间的潜伏期，但是，对于你的一个反应（装满餐勺）和你的另一个反应（送豆入口）之间的时长，我们通常不大使用潜伏期这个术语。我们通常测量的潜伏期是指外部事件（例如，你老爹念完祈祷词）和你的反应之间的时长。

问题

1. 绿灯亮起，你踩下油门，这两者之间的时长是：
   A. 反应持续时间
   B. 反应潜伏期

2. 你前面的车没有注意到绿灯亮起了，你会鸣笛。你鸣笛的时长是：
   A. 反应持续时间
   B. 反应潜伏期

> **定义：概念**
>
> **反应维度（Response dimensions）**
> - 一个反应的物理特性。

形态、持续时间和潜伏期都属于**反应维度**（response dimensions），它们都是一个反应的物理特性。一个反应还有其他的物理特性或维度，比如，**力度**（击球手击打棒球的猛烈程度，以及在球飞出场外之后你欢呼的音量），还有**音高**（你唱国歌的时候能唱多高）。谢里打网球时的发球技术就是一个由多个成分构成的反应维度，包括手臂的摆动、向前的移动，还有身体重心的转换。①

另外，关于这些专业术语的使用，有时候我们遇到的只不过是某些文学化的比喻说法或者诗意的措辞，这很需要我们加以小心。比如，唐恩可能会说："希德的学习强度很高。"她这里说的不同于我们前面讲的说话音量的强度，高强度地学习并不是什么行为维度。唐恩的意思是说希德一直在学习，没有做出其他反应而打扰自己的学习，比如没有东张西望和闲聊。

我们可以按照维度来给反应分类，不过，我们还可以按照其功能（function）来分类——反应对环境的效果，比如压动了杠杆、获得了笑声、砸了一辆汽车或者按响了一个门铃。我们绝大多数人都会用食指去按门铃，不过，我们也可以用小拇指按、用大脚趾按、用肘部、额头、鼻子、下巴，或者用屁股去按（只要你能站得了那么高）。这些反应在形态、力度、持续时间、潜伏期上虽然各不相同，但是它们对于环境的效果是一样的——都是让门铃响起来。

（注意，反应功能并**不是**一种反应维度。比如，按门铃的反应，其功能是让人来开门，但这个功能性反应有着多种维度，诸如力度和持续时间。）

在做任务分析时，根据反应维度描述反应会很有帮助，但更方便的是根据反应功能——反应产物来描述反应。例如，对孩子们在餐厅吃午餐的行为，你可以用测量噪声的分贝计设定一个界限值，超过它就定义为孩子们太过吵闹了，然后，你就无须去处理具体的、详细的反应维度了，而只需布置一个电脑控制的自动化装置来惩罚那些吵闹行为，或许可以用上处罚依联。

问题

1．名词解释，并举例说明以下概念：
  A. 反应维度
  B. 反应持续时间
  C. 反应潜伏期
  D. 反应形态
2．举例说明反应在下列反应维度上的变化：
  A. 形态
  B. 力度
  C. 持续时间
  D. 潜伏期
3．举例说明不同维度的反应拥有同样的功能。

案例：都市神话②

特别的教授

我下面讲一个神奇的故事，故事里有一位很特别的教授。他在教室里讲课时，总是站在讲台的右侧。这让坐在教室左侧的同学必须竖起耳朵才能听他讲课，而坐在教室右侧的同学们，则要在整整一节课的时间里都得顶着这位教授飞溅的吐沫星子。

有一名学生对这位教授的偏好举动做了记录。记录显示，教授在一节课的时间里，站在教室右侧讲课的时间长达 46 分钟，站到教室中间的讲台上只有 3 分钟，而走到讲台左侧的时间只有 1 分钟，那是他为了在左侧黑板上写字。

在这位教授上课的前一天晚上，同学们凑到了一起，一致商定：要强化教授站在教室左侧而不再强化教授站在教室其他位置上讲课。至于强化物嘛，他们觉得这根本不是问题。全世界的大学里，对于所有的教授来说，强化效力最强的莫过于课堂上学生跟紧讲课内容，面带微笑地望着教授了。因此，如果教授站在教室左侧讲课，全班就会有 35 张笑脸望着教授，而如果他从左侧走到右侧，那么所有同学就会突然低头，只把目光投向自己的课桌。

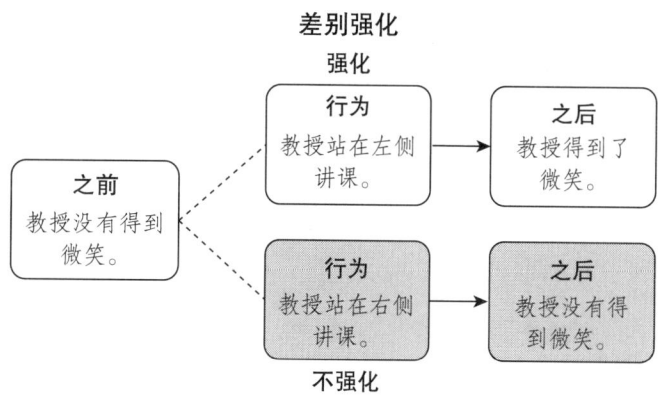

差别强化

第二天上课时，学生们开始实施这项恶作剧计划。教授一开始仍站在他最偏爱的教室右侧讲课，而全班所有同学的眼睛都低垂着，没有人看他；他在黑板右半边

---

① 如果需要更精准的话，我们也可以说发球技术的每个分解动作都是一个单独的维度。

② 都市神话或者都市传奇指的是在社会上广为流传的故事，大家都以为它是真的，但其实不是。最著名的例子就是相传有坏蛋在万圣节的糖果里偷偷放进了毒药、别针和刀片之类的害人东西，但这种事情其实从未有过记载。在我的期末考试试卷里不会出现都市神话，但这个概念也许能为你的生活增添点儿色彩。

写满了定义画满了示意图后，开始在黑板左半边写，当他转身面向学生的时候，全班35张微笑的面孔都望向他。他站在那里足足讲了5分钟。当他再走回到右侧时，底下原本全神贯注的学生又都低下了头。过了几分钟，教授又从教室的这一侧走到了另一侧。最后，他停在了教室的最左侧，站在那里一直讲了20分钟，直到下课。课后，同学们审看了记录。教授在教室"有笑脸"的那一侧总共站了28分钟，而前一天他只在那儿站了微不足道的1分钟。

问题

描述一个运用行为干预技术增加老师讲课时站在教室某个位置上的时间的例子。然后看看你现在的讲课老师，想一想为什么你没去这么恶搞他一下。

概念

反应类（FK-10）

请注意，这帮偷偷摸摸的学生还是给了这位教授/受害者一定程度的自由。教授在赢得学生们的笑容和关注之前，并没有被限定只能站在某个特定的位置上讲课。只要他站在教室左侧的任何地方，都会得到微笑。学生们将要被强化的"反应类"定义为站在左侧——左侧的任何位置都可以。在定义**反应类**时，我们可以有三种不同的方式（三种不同的标准）。

> **定义：概念**
>
> **反应类（Response class）**
>
> • 一系列反应，它们之间
>   A. 在至少一个反应**维度**上相似，或
>   B. 共享同样的强化或惩罚**效果**，或
>   C. 发挥同样的**功能**（产生同样的结果）。

因此，我们在定义一个反应类时，可以基于下列任何一个方面：

A. **维度**，或
B. **效果**，或
C. **功能**。

这帮调皮的学生对这位纯真的教授的反应类的定义是基于位置的物理**维度**，也就是当教授站在左侧时，强化就会出现。

而站在左侧的任何位置都会发挥相似的**功能**（得到同样的、具有强化效力的结果——来自学生的关注）。从这点上看，这些反应也形成了基于功能这一标准的反应类。

那么，反应类定义中的共享强化或惩罚**效果**这一条标准呢？这一条的理解可能会有点儿绕。让我们先从两个具体的站立位点来考虑：第一个位点是距离中线30厘米的左侧位置，第二个位点是距离中线60厘米的左侧位置。那么，每当这位倒霉的教授站在第一个位点上时，学生们就会用关注来强化他这个反应，而这种强化会让教授更有可能站在这第一个位点上。而且，这种强化效果还会向距离中线60厘米的位置方向延伸。也就是说，教授也有更多的可能会站到那里去。换句话说，这种强化的效果并不是完全精确的。总之，教授站在左侧，满足了定义反应类的所有三种方式——维度、效果和功能。

当对一个反应进行强化时，也强化了另一个反应，那么这两个反应就是在共享同样的强化效果。两个反应如果满足共享强化的定义标准，那它们就属于同一个反应类。这种分析也同样适用于惩罚和消退。

因此，一系列反应之所以可以被视为同一个反应类，可以从三种略有不同的方面来判断：它们应该在某个维度上具有物理相似性；或者，它们可以共享同样的强化、惩罚或消退效果；或者，它们发挥类似的功能（获得类似的结果，比如强化物或厌恶条件）。一系列反应只要满足上述三条标准里的任何一条即可被称为一个反应类，无须满足全部三条，尽管在多数情况下，它们能够同时满足这三条。例如，教授站在左侧的不同位置上，这些反应在位置维度上虽略有不同，但基本相似，而且这些反应都获得了同样的具有强化效力的结果，都赢得了学生们的关注。强化物这个反应类中的某一个反应，也会让其他类似、略有不同的反应更有可能出现。

说了这么多，反应类这个概念还是比较难掌握的，所以，我们下面再看一些例子。

前面我们已经讲了**维度**的一些例子：形态、潜伏期、持续时间以及位置。其他一些例子是老鼠鲁道夫压动杠杆的力度，它把杠杆压下的距离，以及压动杠杆的速度。老师站在教室的某一侧讲课，也是一个例子。

这里，当我们谈**效果**时，**不是**在讨论一个特定反应对于环境的影响，而是在讨论这个反应结果对于一系列反应中其他反应出现频率的影响，是强化物或者厌恶条件对于其他反应的效果。如果你讲了一个笑话，别人笑了，那么你会更有可能再讲一些类似的逗乐的笑话。如果你发牢骚的时候，别人报以同情，那你更有可能继续哀怨地叨叨自己遇到的其他麻烦事儿。然而，如果你抱怨某件事情时，别人不理会你，那么你的这种抱怨就

有可能被消退，而且这种消退还会减少你其他类似但不同的抱怨。也就是说，对一个特定反应的强化或惩罚会影响到其他类似的反应。当这种情况发生了，我们就说这些反应属于同一个**反应类**。

再有，当我们在这里谈**功能**时，**可不是**在讨论一个反应结果对于反应类中其他反应所产生的影响，我们讨论的只是该反应对环境的影响。例如，鲁道夫可能用它的右前爪压杆，也可能用左前爪，也可能双爪齐上，或者用鼻子甚至用屁股。所有这些举动都执行了同样的功能，就是压动杠杆。因此，从功能上说，它们属于同一个反应类。而且，在本科生实验室里的斯金纳箱实验中，我们有可能无意中有差别地强化了鲁道夫用鼻子或用屁股压杆，但我们后来认为让他只用双爪齐上的压杆可能更好，于是我们就让学生只强化双爪压杆。这样，其他的压杆动作就不再符合我们关于反应类定义中效果的那一条标准了，但是这些动作仍然符合关于功能的这条标准。

效果和功能的不同之处很细微，我们再来说一下：效果说的是环境对行为的影响，而功能说的是行为对环境的影响。你用右手挠鼻子，鼻子的痒痒减轻了，而这种环境的改变（痒痒得到缓解）同样会强化你用左手挠鼻子的行为，不只强化右手挠。环境的改变对于你无论是用左手还是用右手挠鼻子具有类似的效果，因此，这两个反应就属于同一个反应类。再假设，你正端着一托盘的鸡尾酒往卧室里走，你的双手都被占着，这时候你可能会很尴尬地一边端着酒，一边在门框上面为自己该死的鼻子蹭痒痒。你这时的反应虽然在形态上大不相同，却执行着同样的针对环境的功能，它同样可以缓解你鼻子的瘙痒，就像你用手挠一样，因此，这些反应属于同一个反应类。

反应维度与反应类有什么不同呢？要想知道答案，就再去看看斯金纳箱吧！鲁道夫压杆有两个反应维度，一个是它压杆的持续时间（压住杠杆不放有多久），一个是压杆的距离（它将杠杆压下多长的距离）。我们可以强化鲁道夫压杆而不管它压住多长时间，这里虽然持续时间是一个反应维度，但是跟我们是否强化压杆反应无关，也就是说，压杆持续时间长也好短也好，都属于被强化的反应类。但是，我们还可以只当鲁道夫压下杠杆3厘米的时候才强化，那么，压杆距离就不仅仅是一个反应维度的问题了，这个距离还关系到如何定义被强化的反应类的问题。

问题

名词解释：反应类，并举一个或几个例子分别说明其定义中的三个标准。

概念

差别强化程序①

这帮调皮的学生有差别地对待一类反应，比如对老师站在右侧，他们的应对方式不同于其他类反应，所以说，他们使用了**差别强化程序**（differential-reinforcement procedure）。他们强化站在左侧的一类反应，而不强化其他类反应。当然，差别强化会涉及强化物的呈现或者厌恶条件的去除（逃避）。

> **定义：程序**
>
> **差别强化程序**（The differential-reinforcement procedure）
> - 只强化一组反应
> - 而不强化另一组反应。

如果这些学生一天接一天、毫无怜悯地继续使用这套差别强化程序，会发生什么呢？这位曾经我行我素惯了的教授很可能绝大部分时间里就只站在教室左侧讲课了。教授站在左侧和站在右侧的频率会逐渐发生变化，最终，基本上100%的时间都站在教室左侧了。我们把这称为**反应差别化**（response differentiation）——被强化的反应类以更高的频率出现，高于未被强化的反应类，这通常就是差别强化的结果（后面会看到，差别惩罚也会导致这种反应差别化）。②

要想成为一名优秀的高尔夫球手，就必须经过长期的这种训练程序，经过对正确挥杆动作的差别强化。高尔夫新手在击球时有各式各样的手法，但只有某一类挥杆动作才会产生强化物——将球准确地打向球洞且杆数少。有了足够的差别强化，正确的挥杆动作就会更高比例地出现，这时，反应差别化就发生了。

在两个人的交谈中，你也许就能观察到差别强化程序。两个人会彼此差别强化对方的语言反应。这就是为什么我们与杰克或比尔在一起时谈论一个话题，而跟海蒂大妈在一起时谈论的却是另一个话题。一个善于聊天的人的谈吐会从对方的惊奇反应和感兴趣的反应中得到

---

① 本书将所谓的对其他行为的差别强化（differential reinforcement of other behavior, DRO）放在了第16章中，且本书将其看作防止强化物呈现而带来的惩罚。

② 术语说明：在本书第5版之前，我们将**差别强化程序**定义为强化一组反应而消退另一组反应。大多数情况下，也的确是这么回事，但是我的一位学生指出，这里的另一组反应通常就从未被强化过。而实际上，对第一组反应的强化通常也会增加第二组反应的频率，即使第二组行为从未被强化过。如果我们让第二组反应继续发生而不予强化，那么第二组反应的出现频率最终就会下降，关于这一点，在本章后面的中级进阶里还会讲到。

强化，来自别人对内容表现出兴趣和惊奇的反应。

注意，差别强化还暗含着差别消退：如果你差别强化某一个反应类，那么你一定是在差别消退另一个反应类。这帮偷偷摸摸的学生在恶搞时，就是强化了教授站在左侧的行为，而消退了他站在右侧的行为。

问题

名词解释：差别强化程序，并举例说明。

案例：临床心理学的行为分析

一位心理治疗师在无意中使用差别强化

在传统的心理治疗师中，有一派自称为非指导式心理治疗师。他们认为，治疗师对于治疗过程中服务对象的变化不能表现积极，而应该只奉献出一双充满同情、充满宽容的耳朵。在这样温柔和友善的影响下，服务对象就会开始理解自身的问题，进而（有可能）自我治愈。

然而，无论这种治疗是否真的有效，我们行为分析师从来都不相信服务对象会自发地以积极的方式来交谈。实际上，治疗师总是在差别强化其服务对象的言论。治疗师所说出来的那些带有欣赏、赞同和理解意味的评论，强化了服务对象清晰而乐观的言论。而当服务对象表达出混乱而悲观的言论时，治疗师跟随其后表现出的沉默和冷漠构成了消退。下面的示意图显示了在治疗过程中对差别强化的应用。

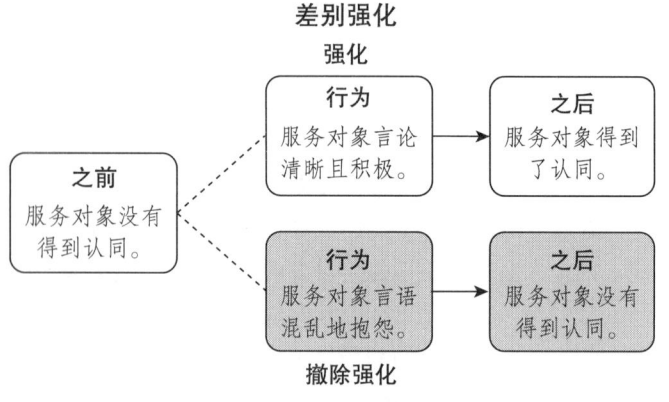

服务对象：我就是搞不懂我母亲到底是怎么回事……整个事情让我感到压抑……好像她更喜欢我姐姐而不喜欢我……可她确实又把自己的房子做了抵押，贷款来帮我上大学。

治疗师：（突然坐直了身体，很感兴趣地向前倾身，略带微笑面对来访者。）哦，我想你是说"妈妈肯定还是相当爱我的，所以才会做出那样的牺牲帮我上大学"。

服务对象：是的……是那样的。可是，每一回我姐姐带着孩子来看我们时，我母亲总是会不停地逗那小家伙玩儿。只要我姐姐和她孩子在场，我母亲就根本不关注我。

治疗师看了一眼窗外，又看了一眼挂在墙上的钟。

卡尔·罗杰斯（Carl Rogers）博士正是心理治疗师中的一位支持非指导式心理治疗观点的领袖级人物。罗杰斯把治疗过程看作一系列的"帮助"条件，帮助服务对象的个人成长和统一。查尔斯·特鲁克斯（Charles Truax）博士是一位行为分析师，他决定去看看罗杰斯所说的究竟是真是假，看看他是不是在自己都不知情的情况下差别强化了服务对象积极的、有建设性的言论。[①]

特鲁克斯听了很多个罗杰斯的治疗时段的录音，这些治疗全是向一个长期接受服务的服务对象提供的。他分析了罗杰斯对服务对象每一句话的反应，发现罗杰斯对服务对象的积极言论都会有热情的、肯定的回应，但不强化那些混乱的、自我贬低的、悲观的或总体上消极的言论。他还强化了那些条理清晰的言论，而不强化那些意思模糊的言论。因此，积极的、清楚的言论出现的频率在增加，而消极的、模糊的言论在减少。

特鲁克斯证明了是差别强化带来了罗杰斯的治疗结果，尽管罗杰斯本人并没有打算去应用这些强化原理。同时，特鲁克斯还证明了基本的行为原理也适用于这样的治疗过程。

问题

描述一个在传统的、非指导式心理治疗当中应用差别强化的例子，并画出示意图。

案例：日常生活

逃避厌恶条件而带来的差别强化

大学时代是朱克的辉煌时期。每个周六的下午，作为比格斯特大学橄榄球队的主力，朱克都会驰骋在橄榄球赛场上。可是，今天这个周六的下午，朱克只是放开来玩了一场而已，然而，今非昔比了，下午赛场上矫健的英雄，到了晚上却变成浑身酸疼的狗熊了。朱克在床上翻来覆去，试图摆脱身上的痛楚。他久未伸展的肌肉承受不住下午过度激烈的运动了。哎哟！他稍微动一动，就痛得厉害。哎哟！哎！他稍微向另一个方向动了动，哦哦！这样好点儿了，不那么痛。整个一晚上，就算他睡着了，一旦翻身，躺的姿势让他感到疼痛的话，

---

① 改写自 Truax, C. B. (1966). Reinforcement and non-reinforcement in Rogerian psychotherapy. *Journal of Abnormal and Social Psychology*, 17, 1-9.

他就会很快重新调整位置，躺成疼痛稍微轻些的姿势。他这么做的时候，甚至不用醒过来——通过逃避厌恶条件而带来的对睡姿的差别强化。

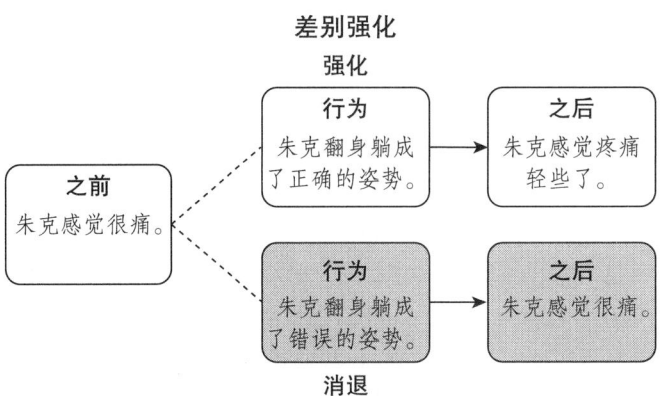

问题

用示意图描述一个涉及终止或者减少厌恶条件的差别强化的例子。

对比

差别强化与强化

本章着重讲的差别强化与你们在之前几章里早已读过的原先的、普通的、熟悉的、单纯的强化相比，有什么不同之处？这问题真够狠的啊！答案是：强化与差别强化差不多是相同的，差不多，不是绝对的。

什么时候我们会用单纯的强化呢？当我们只是想要增加一个反应的频率而不大关注其细节的时候。（在希德的学术讨论课上，一开始他对每一位发表回应的学生都给予奖励分数，不管发表的言论有多么稀奇古怪，而这只为增加学生的发言频率。）

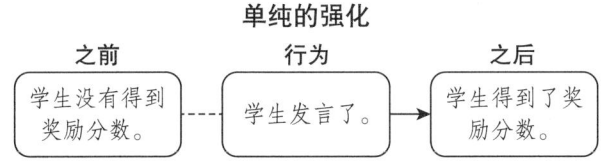

但是，当一个大的反应类高频率地出现，而我们又希望只增加这些反应中的一个反应子集并减少其他反应子集时，那么我们就可以明确地使用差别强化。例如，整体上的发言频率很高之后，希德要求发表的言论是经过深思熟虑的，能够表明发言者很好地阅读了布置的作业材料，稀奇古怪的发言则不再能获得奖分。他开始将两个相似的反应类进行反应差别化，这两个反应类是：有的放矢的发言和胡言乱语的发言。

当然，单纯强化总是会涉及差别强化，会以某种细微的方式涉及（如果迈克斯不以足够大的声音说话，希德就听不到他说什么，也就无法强化他的发言）。差别强化总是暗含在强化当中，因为其中有某些反应得到了强化，而另一些没有。然而，在单纯的强化中，排除在外的都可以定义为不被强化的反应类——任何没有资格被强化的行为。分析依联时，当我们明确地只关心增加一个反应类的频率而减少另一个类似的反应类的频率时，我们通常是从差别强化的角度进行分析的。（如果迈克斯发言时经常声音太低，没法让人听到，那么希德就有可能会差别强化他大声且清楚地发言这个反应类。）

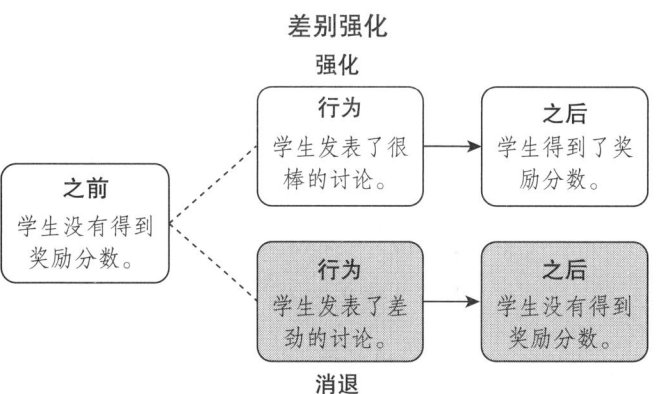

所以，单纯的强化和差别强化相比起来，它们有相似之处：它们都涉及强化依联，会导致一个反应类的高频率出现；但也有不同之处：当我们只关注于增加某一个反应类的频率时，我们会从单纯的强化的角度分析依联。当我们想要增加或维持一个反应类并减少一个相似的反应类时，我们会从差别强化的角度分析依联——此时，冠以差别消退也许更好些。

那么，强化与差别强化在涉及厌恶条件的去除时，又是怎么样的呢？一个婴儿尿湿了尿布，啼哭，然后他的父母过来换掉尿布。这就是一个通过逃避厌恶条件带来的简单强化，因为几乎任何啼哭反应都会被强化。

另一种情况，婴儿尿湿尿布，他声嘶力竭地发出了最大哭声后，父母才过来换尿布，耳朵上还挂着耳机，听重金属摇滚乐呢。这里我们看到了什么？这就是通过逃避厌恶条件而差别强化更有力度的啼哭这一类反应。在这里，只有大声的啼哭才能得到强化。

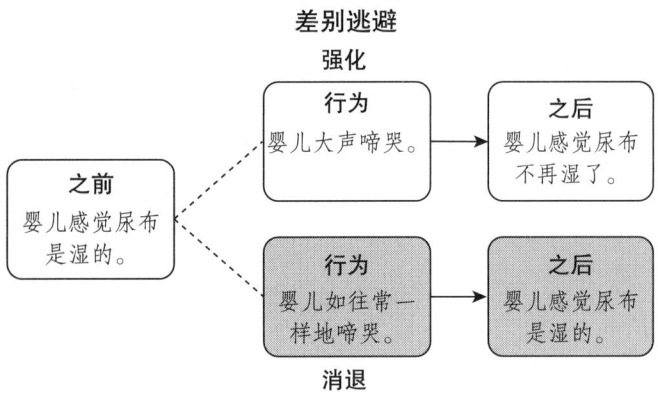

问题

对比强化和差别强化。

- 分别举出两对例子来说明两者的不同之处（一对例子涉及强化物的呈现，另一对例子涉及厌恶条件的去除）。

案例：日常生活

成为淑女

今天对于 8 岁大的卡门·罗德里格斯来说是一个极为重要的日子。她的父母要把她送入圣母玛利亚学校。那是一所天主教女子学校，卡门将要在那里生活十年。

学校坐落在墨西哥遥远边陲的一座山顶之上，俯视着山脚下的小镇波索塞科。在车穿过茂密的亚热带森林后，卡门看到了自己的学校。一开始，它看上去很小很小，比她必须留在墨西哥城家中卧室里的那个玩具城堡还小，但它越来越近，也变得越来越大。走到近前时，她才发现自己站在一座三米高的石头围墙外边。这一圈高高的围墙，宛若一条用石头打造的贞洁带，卡门仰起头也只能刚好看到围墙里面那座砖石城堡的尖顶，尖顶上面镶嵌着彩色碎玻璃，像一顶皇冠。

走进围墙，站在院子里，呈现在卡门眼前的是一座四层楼高的西班牙殖民地风格的建筑。一对高达六米的大门是这座城堡的入口。卡门的父亲上前敲动大门上的金属门环，向里面禀报他们的到来。过了大约两分钟，一位 60 岁的嬷嬷——萨比娜嬷嬷将厚重的大门打开了一条缝，向外张望。

罗德里格斯先生说明了自己的身份后，嬷嬷将门又开大了一些，刚好能让他们走进去。萨比娜嬷嬷的脸上没有笑容，也不说话，静静地站在那里。嬷嬷一身黑，长长的黑裙、黑头巾、黑长袖，还有黑裤子和黑鞋子。罗德里格斯先生自己手里拖着女儿的行李往里走的时候，她就那么静静地站着。

在这座城堡的门厅里，头顶上的天花板跟教堂一样，很高很大，三个人站在这里，显得那么渺小。卡门每向前迈一步，暗红色大理石地板上传来的脚步声都会在大厅中回响。

卡门突然看见它——从二楼伸展下来的大楼梯上面的扶手。扶手的栏杆跟外公家里的一模一样。噢，那可是她最喜欢的玩具了。

卡门甩开爸爸牵着的手，冲向楼梯，一步两级地跃上楼梯，大理石的台阶上响起了她清脆的脚步声，回响在整个大厅。爬到二层之后，她转过身来，挽起自己的长裙，抬腿跨上扶手，趴骑在精美光滑的红木扶手上，一溜到底地滑了下来。她开心地咯咯大笑起来。

这时，萨比娜嬷嬷开口了："年轻的女士，你绝对不能再这么做了！上楼梯、下楼梯，永远只能一步一个台阶。你的下巴必须与楼梯保持平行；你只能用你的右手拎住你的裙子，只准拎在膝盖处。"说完，萨比娜嬷嬷就示范着走了一遍，然后立刻要求卡门学着走上去，又走下来，做得像个淑女一样。卡门跟着做了，但心里感觉很委屈，眼泪都快涌出来了。她边走边数，走一遍一共要三十级台阶。之后，萨比娜嬷嬷的声音又响了起来："现在，走上去，走下来，再给我走五遍！"我的天，一百五十级台阶呀！

几天之后，卡门走下这个楼梯时，低着头，眼睛在四下里张望，寻找着刚刚和自己在一起的小伙伴，她希望能在大理石台阶上找到小伙伴的一些踪迹。当她走到一楼大厅时，猛然抬头看见了萨比娜嬷嬷。嬷嬷说道："年轻的女士，走上去，走下来，给我走五遍！记住了：你的下巴必须与楼梯保持平行，你只能用你的右手拎住你的裙子，拎在膝盖处。"哦，又是一百五十级台阶啊！

从那以后，卡门再也没有在上下楼梯的事情上犯过错了。

十五年后的一天，卡门 23 岁了，走上圣心大教堂的高台阶，她的左手挎着父亲的手臂，右手拎起自己的白色长裙，拎在膝盖处，下巴始终与台阶保持着平行。他们缓缓走向等在走廊另一端的新郎，周围的四百多人都在惊叹和赞美，典雅的步伐，优美的身姿，卡门天生就是一位高贵的淑女啊！

教堂的最后一排，坐着一位身穿长长黑裙的修女，她 75 岁了，静静地看着这一切。她的嘴角露出了一丝不易察觉的微笑，眼睛里闪烁着泪光。

问题

描述一个案例：运用惩罚程序教育出一位天生高贵

的淑女。包括：

A. 行为
B. 结果
C. 依联

概念

差别惩罚

大自然将自己的学生的各种举动分成了两个反应类——一类可以被放过，另一类要遭到**差别惩罚**。希德的眼睛紧紧盯着钉子，然后把手中的锤子砸了下去，敏捷、有力而且准确。钉子嵌入了木板，希德心灵上有一种很爽的满足感——内在的强化依联。希德的眼睛盯在了锤子上，用力将它砸了下去，敏捷、有力，但是砸歪了——希德，停！停！不要那么做！你的眼睛一定要看着钉子，别看锤子！然而，说什么都晚了，"哎哟！""啊！"——内在的厌恶刺激。这就是对一位业余木匠的行为（盯着锤子却不看钉子）的差别惩罚。希德只看锤子却不看钉子的这个反应类，以后再出现的可能性减少了。

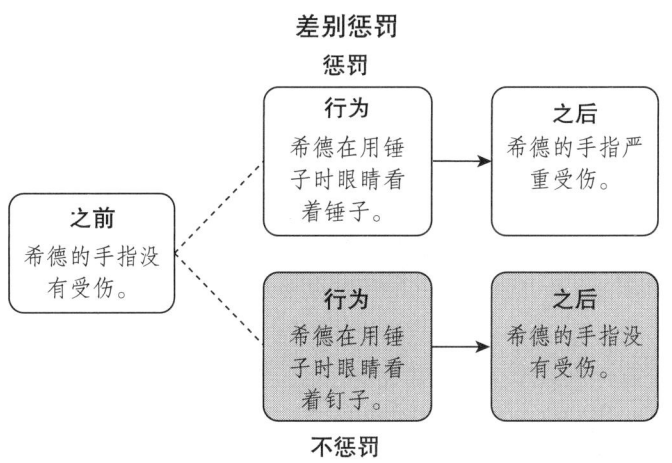

定义：概念

差别惩罚程序（The differential-punishment procedure）
- 只惩罚一组反应
- 而不惩罚另一组反应。

萨比娜嬷嬷也将自己的学生的各种举动分成了两类：一类她会放过，另一类她会惩罚。她差别惩罚了那些非淑女行为——低头看楼梯，而不是平视前方。卡门低头看地板的这个反应类日后出现的可能性也降低了。①

---

① 与其将之解释为行为恢复，将之解释为对厌恶条件的回避（参见第15章）可能是最好的。不管怎样，这个例子都是在讲一个实现反应差别化的程序。

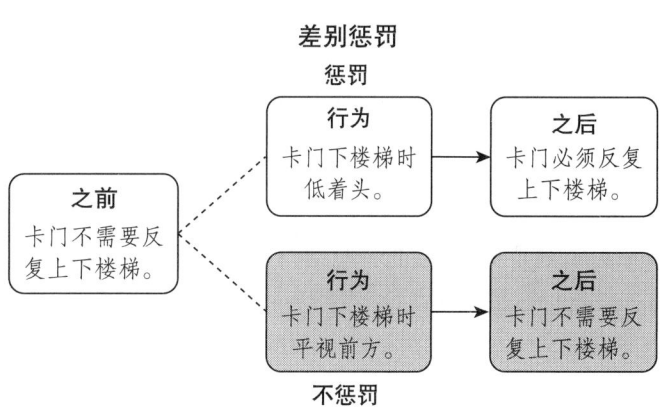

萨比娜嬷嬷差别惩罚了非淑女行为。反应差别化的结果是：非淑女行为更少了，淑女行为更多了。但是，萨比娜嬷嬷有可能还试过差别强化，可能她曾经表扬了卡门的每一个淑女行为。如果嬷嬷的这些表扬真是强化物，那么也会获得同样的反应差别化。这就如同克雷格教练所做的一样，她后来按朱克的要求指导自己的网球队球员。一开始时，她只是大量地批评球员，惩罚她们的错误技术动作，没有惩罚那些正确的动作。后来，她和朱克一起，将教学策略倒了过来，开始强化那些好的技术动作，而不强化那些错误的。当然了，并非只能选择一种程序，你完全可以同时开展差别强化和差别惩罚这两项程序。

差别惩罚与单纯的惩罚只是略有不同，正如差别强化与单纯的强化只是略有不同一样。单纯惩罚与差别惩罚有相似之处：它们都涉及一个惩罚依联，会减少一个反应类的频率。两者也有不同之处：当我们关心的只是减少一个反应类的频率时，我们会从单纯惩罚的角度分析依联；而当我们想要减少一个反应类而增加或维持一个相似的反应类时，我们会从差别惩罚的角度分析依联。

在第4章里，我们引入了**过偿纠正**（overcorrection）：安，一名有暴力行为的女性，必须在宿舍里过偿纠正她的破坏行为，她要将宿舍整理得比自己弄糟之前还要干净整洁。我们将这称作**恢复性过偿纠正**（restitutional overcorrection）——纠正不当行为的后果。嬷嬷萨比娜的差别惩罚也是过偿纠正的一种形式。我们将她所使用的这种惩罚形式称作**正向练习**（positive practice）——在做出错误反应之后重复正确的反应：上下楼梯五次，走楼梯的方式要正确。

问题

1. 名词解释：差别惩罚的原理，并举例说明。
2. 差别惩罚与单纯的惩罚之间有什么不同？

案例

古典芭蕾教学中的差别强化和差别惩罚[①]

库皮特女士：芭蕾的舞者是天生的，不是人造的，他们拥有的天赋是上帝赐予的。

朱克：你那些"天生的"芭蕾的舞者不都经过良好的训练吗？这些训练也有作用吧？

库皮特女士：某种意义上说，我认为训练起不了什么作用。如果一个舞者7岁时还未能显现出杰出的天赋，就算进行大量的高质量训练，也永远别想成功了。

朱克：我自己很相信训练，库皮特女士，但我只做过橄榄球运动员，所以对于芭蕾，我很尊重你的判断。梅告诉我，你自己也曾经在最优秀的老师手下训练过，曾经在全美最优秀的芭蕾舞团里跳过舞，如今您已经是一位著名的舞蹈教师和编舞大师了。

库皮特女士：呵，鲁宾逊博士过誉了。她跟我说你也是一位有着杰出声望的训练师，所以我才找到你，请你帮忙，杰克逊先生。我告诉鲁宾逊博士，我不得不考虑要让邦尼·李从我的芭蕾学校里退学了，但这是一件令我很尴尬的事。邦尼的妈妈是我最要好的朋友，多年以前，我们俩曾经在一起跳芭蕾。邦尼出生时她才放弃了跳舞，如今，她很想让邦尼继续自己未竟的芭蕾艺术。可惜啊，上帝没有赐予这孩子一丝天赋，她是我遇到的最差的学生。

经过多次讨论，朱克和库皮特女士决定一起合作。朱克非常推崇最早由特奥多罗·艾龙博士开发并运用在体育项目中的训练技术，因此，他很渴望试一试艾龙和詹姆斯·费特林为芭蕾开发出的一套程序，这套程序当年是费特林硕士论文中的一部分工作。

库皮特女士和朱克决定在三个基础的芭蕾舞技术动作的练习上给予邦尼帮助，这三个舞蹈动作是：上步、小弹腿和伸展。他们使用了艾龙和费特林对这几项技术动作做过的精细的任务分析。这些任务分析明确定义了正确的反应类，大多都是反应形态上的定义，比如，身体重心放在前脚掌上，胯骨既不要内缩也不要外突，臀部与肩部保持水平，前脚的脚后跟紧贴于后脚的第一和第二拇趾处，小脚趾是脚上最先离开地板的部位，大脚趾的侧部是与地板的唯一接触点，等等，可以说事无巨细，全都包括在内了。

在基线期里，库皮特女士使用的是自己传统的指导方式：先在无音乐的情况下讲解并示范技术动作，然后

[①] 改写自 Fitterling, J. M., & Ayllon, T. (1983). Behavioral coaching in classical ballet. *Behavior Modification*, 7, 345-368. 文中使用的数据来自该篇论文。

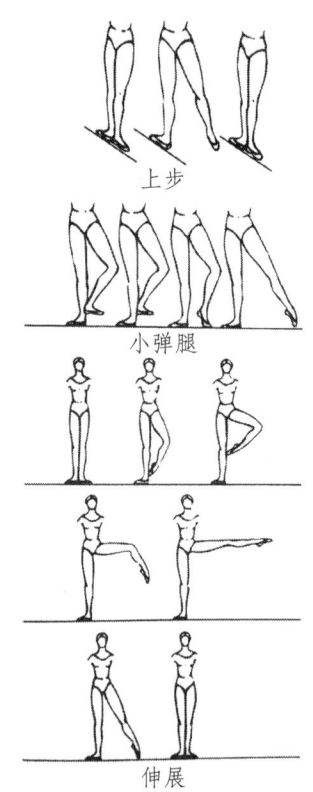

三种芭蕾动作的示意图

上步

小弹腿

伸展

在音乐背景下示范动作并数出动作的节拍，接下来再让学生做出技术动作。她很少表扬，偶尔会纠正错误动作，还会因为邦尼屡屡犯错而偶尔发火，有时候也会以躯体接触的方式帮邦尼找准肢体位置。训练之后，行为分析师通过录像分析出在基线期里邦尼练习中的动作正确率：上步是33%，小弹腿是46%，伸展是11%。正如库皮特女士所说的，邦尼实在太差了。

在干预中，朱克指导库皮特女士运用一套行为训练程序来教学生。和基线期一样，她在最开始阶段，也是先进行动作讲解（描述相关的反应类）："音乐响起时，我要大家在第一个位置上做好准备，然后，向后笔直地移动你的右腿完成上步，动作过程中要保持腿部笔直，保持身体面向正前方……"

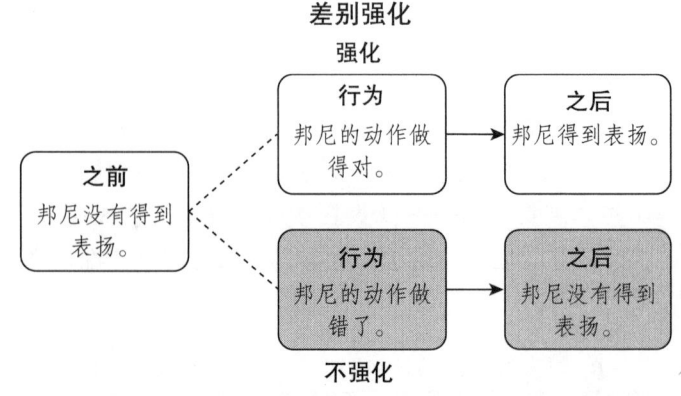

差别强化

如果邦尼的动作做得正确，库皮特女士就会赞扬她

的表现，评论她做出的正确的动作要点。

但每当邦尼出现错误时，库皮特女士就会批评，做出示范，讲解指导，肢体引导，并要求她再做更多的练习。除此之外，库皮特女士还运用了差别惩罚程序：只要邦尼一犯错，库皮特女士就会说："停！别动！"这样，邦尼就只能这么停留在一个尴尬且不舒服的固定的姿态上，这是一个预想的厌恶条件。此时，库皮特女士会上前指出她的具体错误："你的屁股落在你腿的后面了，这样你转体时就会失去重心。"邦尼就这么保持着固定的姿势。随后，库皮特女士示范一遍正确的形态，而邦尼必须继续保持着那个固定的姿势。接着，库皮特女士会讲解邦尼错误动作中失误的地方，而邦尼还要继续保持着那个固定姿势。然后，库皮特女士再上前为邦尼提供肢体上的引导，帮她从固定的姿态矫正为正确的姿态。在这个过程中，邦尼仍然必须保持着固定姿态，不准放松。在库皮特女士帮助邦尼由错到对的改正过程中，她会就邦尼需要做出改变的反应类的动作要点进行讲解，邦尼在这期间仍然必须保持固定姿态。直到最后，库皮特女士才说："现在，你再来做一遍。"邦尼这时才能解冻，有机会再做一次。如此，邦尼最终总能做出正确的技术动作。接下来，库皮特女士再开始有音乐背景的练习。每一次技术动作的纠正都会出现一个长时间的、痛苦的、厌恶的、一动不动的练习过程，至少1分钟——差别惩罚。

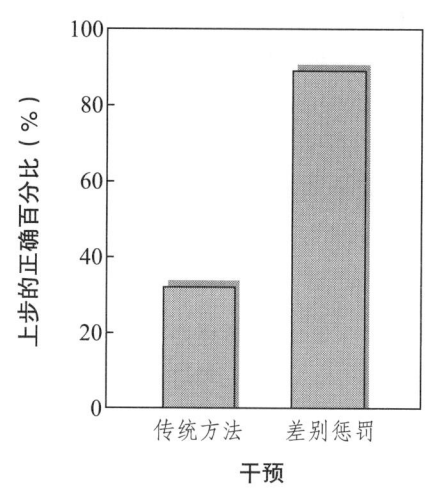

地做出的那些动作。在这里，库皮特女士和朱克一起从形态（根据舞者的运动动作）上定义了反应类。

图 7.3 运用差别惩罚提高芭蕾舞技术动作水平

问题

1．描述一个运用差别惩罚提高芭蕾舞技术动作水平的例子，要求描述反应类、反应维度、一动不动保持固定姿态的行为依联以及结果。

2．解释为什么说这是一个反应差别化的例子。

差别处罚

今天是你期终论文上交的截止日期，所以，你昨天通宵达旦地忙着赶完了它。你认为这是你有史以来写得最棒的一篇论文，这论文能为这门课赢得 A 级评分，可是，你现在必须要在 30 分钟内赶到教室去交论文，这点儿时间也就刚好够你收拾好笔记本电脑，奔到打印社，将你的杰作打印出来。但是，就在你跑上二楼直奔打印室的时候，你脚下一滑，摔了下去，你的笔记本电脑也飞了出去，摔下了二楼。这就是对粗心大意爬楼梯的差别处罚。

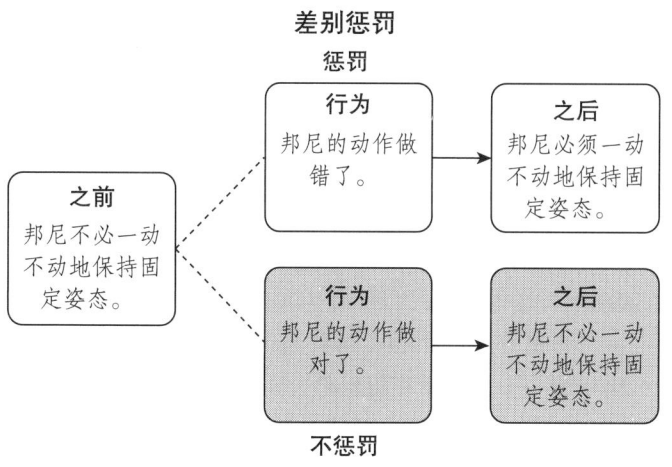

结果怎么样？行为分析师又赢了——你难道对此会产生怀疑吗？邦尼的动作正确率：上步从 33% 提高到了 92%（见图 7.3），小弹腿从 46% 提高到了 100%，伸展从 11% 提高到了 88%。

邦尼表现得近乎完美了，让她从库皮特女士的舞蹈班里退学的声音再也不会出现了。

这就是又一个运用差别惩罚降低一组反应类的频率并提高另一组反应类的频率的案例。被惩罚的反应类是三项芭蕾舞基本技术的错误动作，而不被惩罚的是正确

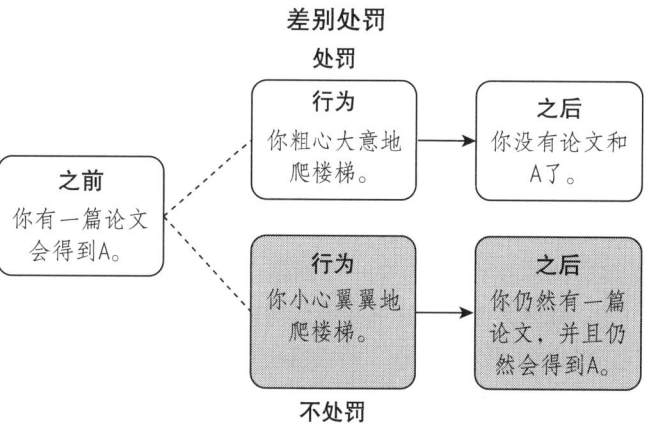

在日常生活中，强化物的失去一直在差别处罚着我们的许多行为——其中含有前面我们讲过的处罚依

联。自打我们开始学习说话，家人和朋友就一直在无意之中差别处罚着我们的口语技能。我们都曾经在说某个关键词汇时，发音很不准确，令别人听不懂，那时，别人就会让我们再说一遍，这就打断了原本流畅的交流过程。流畅交流的失去极有可能是一种强化物失去带来的惩罚——这种失去将会降低以后我们发音不准的可能性（注意，这不同于消退。消退中，父母会简单地对孩子的错误发音不做出反应）。

请将下面这个差别处罚的示意图填写完整。

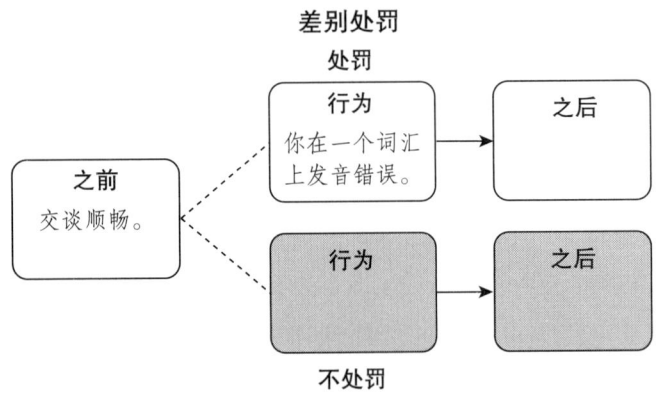

当我们谈论一个话题而别人觉得厌烦时（例如，讲自己做的梦），我们很可能会失去听者的注意力。这可能就是一个处罚，会让我们以后少在别人面前讲自己做的梦。

你手里拿着一个冰淇淋蛋筒，激动地挥舞手臂，结果冰淇淋球这一强化物从蛋筒上掉了出去，这种失去强化物的事情需要在你身上发生多少次才会抑制你激动摇晃自己手里的冰淇淋的行为呢？这种差别处罚依联导致你掌握了一项技能——小心翼翼地看牢自己的宝贝。

请你将下面这个差别处罚不好好拿冰淇淋蛋筒的示意图填写完整。

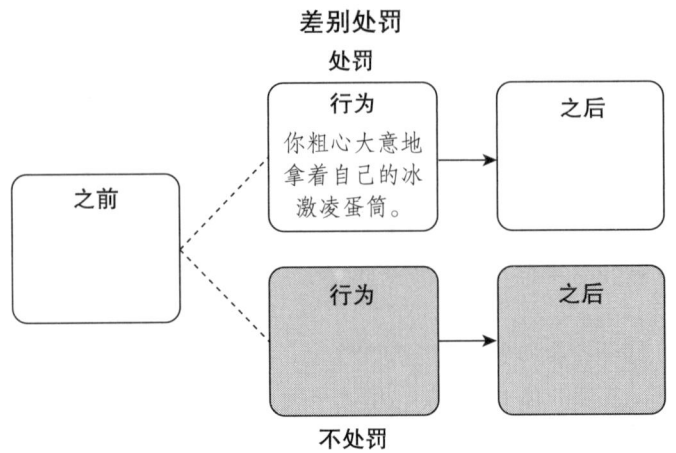

谢谢你呀，差别处罚先生！在你的帮助下，我们丰富了自己多样的技能库。如果失去强化物都不能处罚那种冒傻气的举动，那么我们的生活就会变得一塌糊涂——没了冰淇淋，也没了朋友，没了写好的期终论文，差不多什么都没了。

问题

举一个涉及处罚依联的差别惩罚的例子，要求描述其中的反应、预想的强化物、依联以及预期的结果。

孤独症进阶

"能够重返学校真是太好了，虽然这只是个夜校课程。"艾米·李维斯说道，"比格斯特大学在这十年里变化可真大，我当年就是在这里读的书。"

"我很高兴你对行为分析有这么浓厚的兴趣。"凯特说，"行为分析在我身上是职业，也是我的生活。我可以肯定，你来上这门课学到的技能会让吉米从中受益很多。"

"我也是这么认为的。"艾米说，"事实上，这些天刚学了**差别强化程序**，我觉得我找到了一个方案，能够解决我带吉米时遇到的一个问题。"

翻回第 2 章，在那里我们曾经读到过，吉米会在他妈妈接电话时打扰她。他很擅长这种捣乱，每次都能让艾米被迫屈服，在他靠近的时候给他一块想要得到的巧克力。艾米强化了他的这种纠缠，同时，吉米得到巧克力后就会安静下来，这也强化了艾米的逃避行为。凯特注意到了这个恶性社交循环，并建议艾米试着忽视儿子的纠缠，这些内容我们在第 6 章讲过。

"忽视吉米的纠缠，对我来说有点儿难。"艾米说，"比如那一天，我正在跟保险公司通电话，我终于接通，得以与一个真人说话，可这时吉米又来纠缠我了。在这之前，我都只能跟自动应答机器人通话，好不容易才接通他们的人工服务，此时我不可能让吉米打扰到我，因为我知道，如果此时忽视他，他就会发脾气，那样我就没法跟保险代理员谈事了。我只好立马屈服，尽管我很不情愿这么做。类似的事情，在过去的几周里发生了不止一次。"

"我完全能理解，艾米。"凯特说，"消退程序有时候很难彻底地实施。"

"而在这里的课程中，通过学习，我认识到，我还有办法。"艾米说,"我可以使用差别强化来教吉米,让他在我打电话时学会用一种不那么扰人的方式来寻求我的关注或零食。如果我能教给他以一个更好的方法实现同样的目的,就有助于他去掉这个不当行为了。"

在本章一开始的部分,我们曾读到过苏和梅运用差别强化对付吉米的一个逃避行为。艾米将在家里采用类似的一套方法,不同之处只是这一回她要对付的是一个被强化维持的行为。首先,她要确定一个行为,它和吉米的扰人行为在同一个**反应类**中,具有相同的功能,但在**反应形态**上很不相同。由于艾米要通电话,所以他们得找一个吉米能既保持安静又能获取妈妈关注的行为。凯特对手语有一些经验,于是他们决定从此入手。他们要教给吉米的行为是,吉米轻轻地敲打妈妈的手臂,而艾米立刻去看他,吉米再举起手指,指向自己的脸颊并转动手部——这是表示糖果的手语。接下来,他们要做的可能就是对这个复杂的行为进行一个**任务分析**了,然后进行一些行为塑造(详见第8章)来教会吉米。艾米已经算是一位初出茅庐的行为分析师了,而且她作为母亲会一直在吉米的身边,因此,这个计划取得成功的希望是很大的。这个新的依联如下所示:

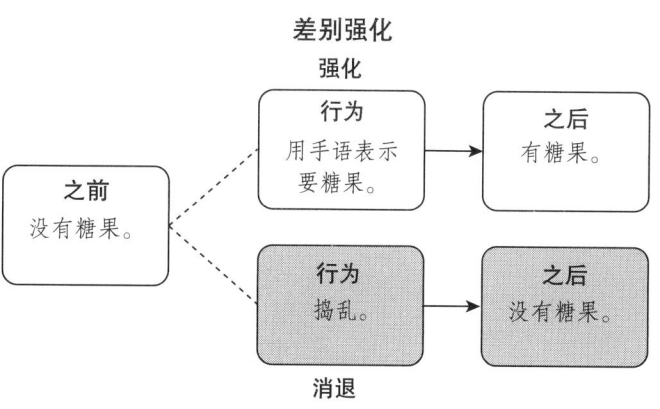

初级进阶

斯金纳箱:实验行为分析

差别强化

我们再回到斯金纳箱,看看老鼠鲁道夫——这一回,我们要看的是差别强化。这次我要从形态这一反应维度上着手,测量鲁道夫的压杆距离。我们用一滴水来强化鲁道夫下压杠杆超过2.5厘米的那一类反应,同时我们还会消退它下压杠杆不足2.5厘米的反应类。

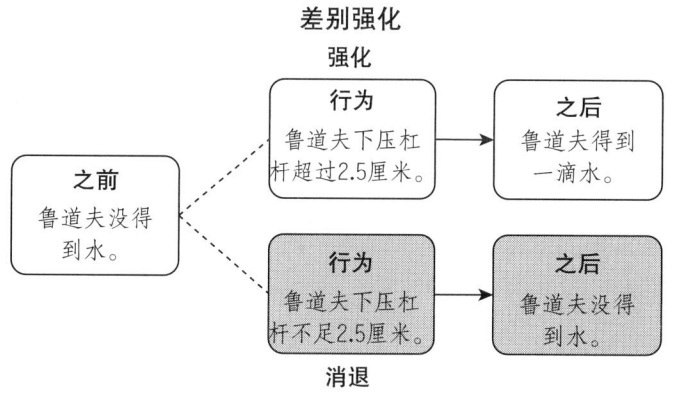

斯金纳箱里会发生什么呢?一开始,鲁道夫大多数压杆距离都不超过2.5厘米,我们要消除这些行为。但时不时地,也有的压杆距离超过了2.5厘米,我们对此进行强化。渐渐地,低于标准的压杆频率降低了,而达到标准的压杆频率上升了。过了一段时间,鲁道夫总能下压杠杆超过2.5厘米了,只有偶尔几下下压的距离低于标准。这就是反应差别化。

如果我们停止差别强化,又回到原先的低标准要求上,会发生什么呢?我们强化任何压杆反应,即便下压的距离只有头发丝那么窄,会怎样呢?那过一段时间,下压超过2.5厘米距离的反应频率就会降低,而轻微压动杠杆的频率会上升;再过一段时间,大部分压杆距离都会远远小于2.5厘米了。

问题

描述一个运用差别强化的动物实验,该实验旨在增加老鼠下压杠杆距离超过2.5厘米的反应百分比,并画出示意图。

斯金纳箱:实验行为分析

差别惩罚

现在,我们该如何展示对短距离压杆的差别惩罚呢?为了不至于混淆前面的差别强化实验,我们会继续强化所有的压杆反应,不管多么微弱的压杆反应都给予强化。但是,我们还增加了对下压小于2.5厘米的反应的惩罚。我们可以使用电击,当然了,必须是很轻微的电击。这不仅仅是出于人道主义的考虑,也考虑到我们并不想抑制所有的压杆反应。这样,短距离的压杆反应既会产生一滴水,也会带来一个温和电击,而超过2.5厘米的压杆就只产生水而没有电击。

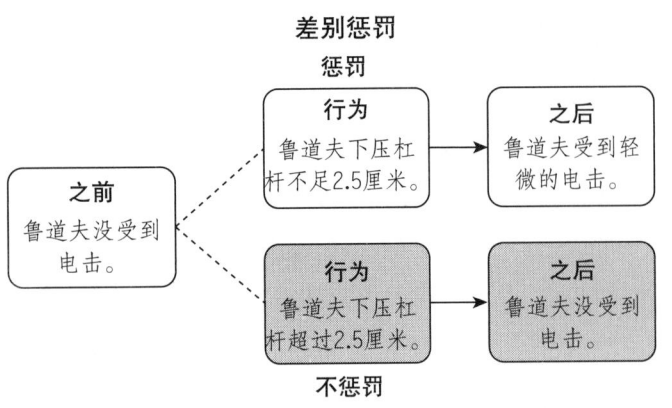

我不知道有谁做过上述这个实验，但其结果极有可能与差别强化的实验非常相似：低于标准的短距离的压杆渐渐减少，而达到标准的压杆渐渐增加。（顺便说一句，这可是一个能够为你赢得声望甚至可以写进你的硕士论文中的实验方案哟。让我拭目以待，看有谁去让这个方案付诸实施。）

问题

描述并用示意图解释一个运用差别惩罚的动物实验，该实验旨在减少老鼠下压杠杆距离不足2.5厘米的反应频率。

中级进阶

研究方法

频率图（FK-36）

我们现在回过头再来看一看上面那个鲁道夫的差别强化实验。假设你测量了每次压杆的距离并作图，你可能会这么做：最先记录差别强化开始之前的压杆距离。比如，第一次下压距离是0.25厘米，你就在数据记录表单上记下0.25。下一次是1.5，再下一次是2.75，再下一次还是1.5。你的数据记录表单最先记下的可能如下表所示。

差别强化的数据记录表

反应	距离（厘米）
1	0.25
2	1.5
3	2.75
4	1.5
5	2.0
6	2.75
7	1.5
……	……

现在，再假设你又画好了一个表格，要从中显示鲁道夫各个压杆距离出现的次数。出现次数也就是次数的频率，因此，我们把这个表格称为频率表（frequency table）。根据最开始很多次反应的记录，你可能得到一张如下所示的表格。

根据这张频率表，你可以画出一张如图7.4所示的频率图。在这张图里，所有的压杆反应都会得到强化，无论下压的距离超过还是不足2.5厘米。但当你开始强化距离超过2.5厘米的压杆时，只有在虚线右侧的那些反应才会被强化。

差别强化前的频率表

距离（厘米）	频率
0.25	1
0.5	0
0.75	0
1.0	0
1.25	0
1.5	3
1.75	0
2.0	1
2.25	0
2.5	0
2.75	2
3.0	0

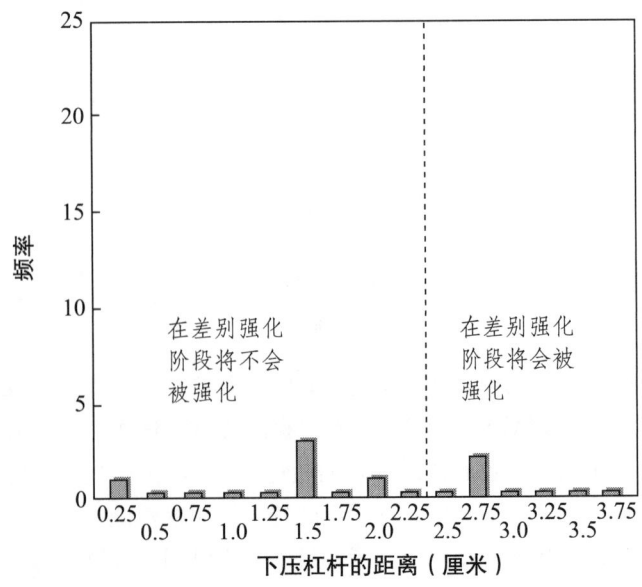

图7.4 差别强化前的少量反应的频率图

如果你在开始差别强化之前再多记录一些压杆反应的话，图 7.5 可能就会是你得到的频率图。

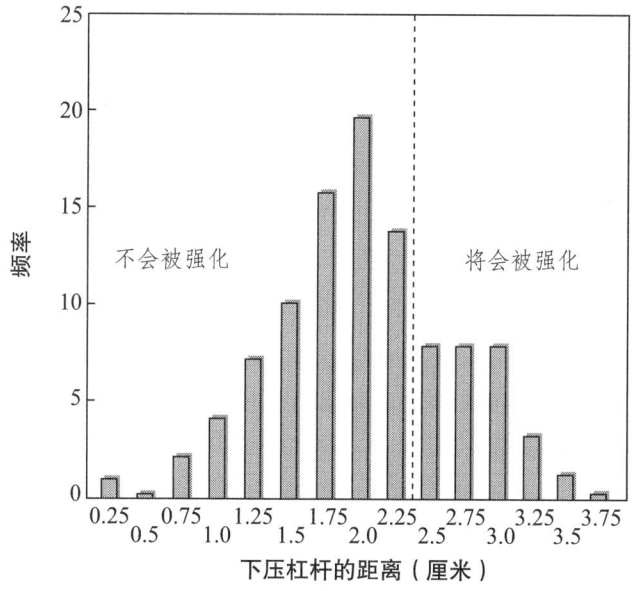

图 7.5　差别强化前的大量反应的频率图

鲁道夫为什么会毫无必要地下压那么大的距离呢？你要看到，鲁道夫不是完美的，它每次下压杠杆的距离都不一样。它有很多次下压的距离实际上都超过了 2.5 厘米。这对你来说是个好消息，因为这意味着你有东西强化，你可以开始差别强化下压 2.5 厘米以上的压杆反应了。

如果鲁道夫是一个精确的压杆机器，总是准确地下压杠杆 2.5 厘米，你就会有大麻烦了。当你开始差别强化程序的时候，你就没有什么东西强化了。

图 7.6 显示的是你对鲁道夫超过 2.5 厘米距离的下压反应的差别强化之后的频率。你可能做一段时间，也可能做几个月这种差别强化，它基本上反映了鲁道夫最终的表现情况。

可以看到，你已经成功地将鲁道夫大多数的压杆反应向虚线的右侧推移了，现在它大多数的压杆反应都是至少 2.5 厘米的下压距离了。你从图中还可以看到，随着距离的增加，下压次数也在增加，到达 2.5 厘米的时候，下压次数达到其最大值，高达 24 次。然后随着下压距离越来越大，下压频率逐渐走低。尽管超过 2.5 厘米的下压都会得到强化，但鲁道夫一般也不会徒劳地下压更大的距离来获得强化。但是，为什么虽然那些低于 2.5 厘米的下压并没有被强化，鲁道夫还是做了很多次呢？推测起来，对于鲁道夫来说，短距离下压看上去或者在感觉上跟 2.5 厘米的下压非常相似，对 2.5 厘米下压的强化，也强化了短距离的下压，至少在一定程度上是如此的。这就叫反应诱导（response induction）［反应泛化（response generalization）］——沿着某个维度（比如下压杠杆的距离）对一个反应的强化，也强化了该维度上的其他反应，尽管那些反应并不产生强化物。不过，这种诱导存在梯度，未被强化的反应与被强化的反应越是相似，它的频率也就增加得越多。例如，2 厘米的下压反应频率远高于 1 厘米的下压反应频率。

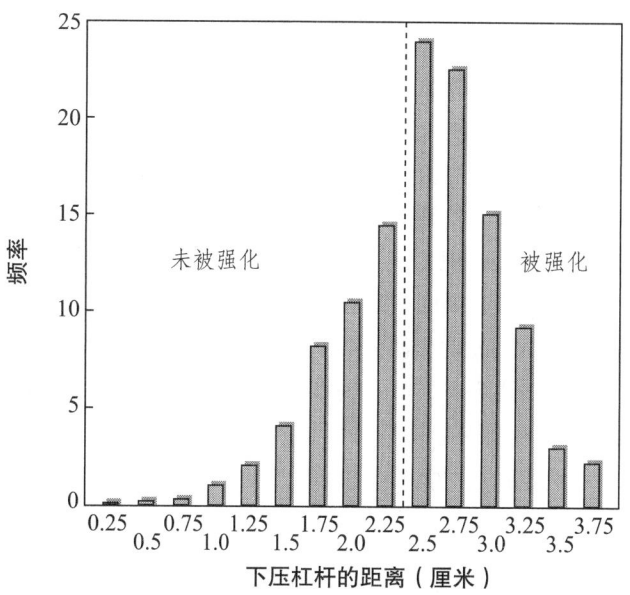

图 7.6　差别强化后的频率图

问题

根据下面给出的数据（鲁道夫下压杠杆的力度，单位：克）做出频率表，并画出频率图：1、5、2、5、4、2、5、2、3、2、4 和 3。参照前面课文中的图，给 x 轴和 y 轴命名，并在上面标出刻度和数值。

伦理

使用厌恶控制塑造高雅运动

库皮特女士：我对这个"固定"技术有担心，没准儿它本身实在太令人厌恶了，没准儿它会让邦尼感觉学习芭蕾不是一件开心的事。

朱克：是的。这个技术的确涉及了一个温和的厌恶条件。

库皮特女士：但是，芭蕾是纯粹的美，是一项完美的艺术。教一项优美的运动，却用到了你所说的"厌恶控制"，这不是很矛盾吗？

朱克：也许吧。但是我觉得传统的芭蕾教学中也使用了甚至更为令人厌恶的策略：当邦尼总是一而再再而三地犯同一个错误时，你就会说出这样的话："你耳朵聋了吗？我刚刚跟你怎么说的？"你看，难道那不是厌恶控制吗？

库皮特女士：你说得有道理。我的第一位芭蕾教练曾经只要看到我的背没直，就让我头顶着一本书连续走10分钟，而其他方法都没有这么做有成效。

朱克：不过，教育还涉及赞扬和其他非厌恶程序。尽管我们使用了温和的惩罚，学习仍然可以是快乐的。

研究方法

对照组（B-03）

西凯兰德博士通过研究证明了4个月大的婴儿可以通过强化过程学会简单的反应。① 这项工作的重要性在于，它说明了强化原理对婴儿早期的技能学习起着关键的作用。这项研究让我们对某些传统的说法产生了疑问。一种传统观点认为，婴儿躺在婴儿床上或围栏里就能发育起来，如同盆栽植物，只要栽入花盆就会生长。

西凯兰德博士研究了一组4个月大的婴儿。在实验中，每一次婴儿转头，他就用牛奶作为给予他们的强化物。他得到的结果是：婴儿转头的频率提高了。

这是强化吗？看上去像，但也有可能是我们前面提到过的某种巧合吗？不大可能是巧合，因为这些结果不是西凯兰德博士从单独一个婴儿而是从几个婴儿身上得出来的。很好，可这有可能只是由于牛奶的刺激而带给婴儿的一个兴奋的结果吗？而且，也可能他们只是在乱动，婴儿的各种乱动当中转头只不过是其中的一种。

好吧，西凯兰德博士同样也有这些疑问，但都被他排除了，因为他控制了这些可能性，只不过他用的方法与我们前面介绍的那些研究中所用的方法略有不同。在前面讲解的研究当中，我们直接应对的都是单个的服务对象，我们做研究时称之为**单一被试**（single subjects）。这样的研究设计称为**单一被试研究设计**（single-subject research designs）。

> **定义：概念**
> **单一被试研究设计**（Single-subject research design）
> • 只对一个被试实施整个实验，
> • 尽管该实验可以复制到多个其他被试上。

不过，传统的心理学家会使用分组来实验，这叫**分组研究设计**（或团体研究设计，group research designs）。一般地，他们会使用两个不同的组：实验组和对照组。

> **定义：概念**
> **分组研究设计**（Group research design）
> • 实验至少针对两组被试，
> • 对于所有被试的表现，
> • 数据通常会以各组内平均数（均值）的形式呈现，
> • 各组数据会组合在一起分析。

实验组（experimental group）是接受特定干预（比如，强化）的组。

> **定义：概念**
> **实验组**（Experimental group）
> • 暴露于预想的自变量关键数值之下的
> • 一组被试。

对照组（control group）是不接受特定干预（比如，不强化，或者换个术语，消退）的组。

> **定义：概念**
> **对照组**（Control group）
> • 不暴露于预想的自变量关键数值之下的
> • 一组被试。

对照组很重要。因为对实验组与对照组进行了比较之后，才能看出实验干预是否真的对所获得的结果起着关键作用。

［有些研究人员不使用单一被试研究设计这个术语，而偏爱使用被试内研究设计（within-subject research design）这个术语，因为后者强调的是，对每个被试在实验条件下的表现与在对照条件下的表现进行比较，当然，对于由大量单个被试组成的一组被试，也可以进行这种被试内的比较。此外，他们也不使用分组研究设计这个术语，而偏爱使用被试间研究设计（between-subject research design）这个术语。这样可以强调，将一个被试或一组被试在实验条件下的表现与另一个被试或另一组被试在对照条件下的表现进行比较。］

在西凯兰德的研究中，实验组的每个婴儿都得到了预想的强化物——牛奶，但是依联于头部的转动；而对照组中的每个婴儿也都能时不时地得到牛奶，但不管他们转头不转头都能得到。这叫作可变时间程序（variable-time schedule），即事件（给予牛奶）独立于反应（转头）。结果，实验组的婴儿转头频率增加了，而对照组的没有。两组唯一的不同之处就是依联，即牛奶的给予是否依联于转头反应。因此，这个依联对于结果是关键性的。西凯兰德控制了只因为牛奶出现可能带来的任何兴奋效果以及它可能带来的转头频率的增加。于是，西

---

① 改写自 Siqueland, E. R. (1964). Operant conditioning of head turning in 4 month old infants. *Psychological Science*, 1, 233-234.

凯兰德就此证明了强化的作用。

科学就是建立在这种通用程序之上的，它能够控制无关因素的影响。有了控制程序，诸如对照组，才让科学方法成为我们认识世界的最可靠的途径。

问题

1. 名词解释，并举例说明下列概念：

- 实验组
- 对照组
- 单一被试研究设计
- 分组研究设计

2. 对照组有什么用处？

在 DickMalott.com 网站上
第 7 章　高级学习目标

第 8 章 塑造

行为分析师认证委员会第 4 版任务清单

D-05　运用塑造。
D-06　运用串链。
D-21　运用差别强化（例如，对其他行为的差别强化，对替代行为的差别强化，对不兼容行为的差别强化，对低频率行为的差别强化，对高频率行为的差别强化）。

基础知识

案例：行为临床医学

帮助精神病院里的一位患者重新开口说话[1]

安德鲁在 21 岁时住进了比格斯特医院。从住进这家医院的那天起，他就没再说出过一个字。他年少的时候原本是能说话的。他在这家医院里住了 19 年，也沉默了 19 年。

安德鲁与其他能说话的患者一起参加了唐恩主持的团体治疗课程，他们在一起讲诉自己的感受和问题。在一次课上，唐恩从衣兜里往外掏笔时，偶然带出的一块口香糖掉在了地板上。安德鲁看了一眼那块口香糖。这是一个不寻常的举动，因为安德鲁似乎历来都只是沉浸在自己的封闭世界里，周围世界对他的行为几乎没有任何影响。因此，唐恩觉得口香糖很可能可以作为安德鲁的强化物。

在下次团体课程中，唐恩拿出一块口香糖，在安德鲁的脸前晃了晃，等到安德鲁看了它，唐恩就立刻将糖给了他。安德鲁张开嘴，嚼起了口香糖。两周之后，每当唐恩把一块口香糖举到安德鲁面前时，他都会去看它。口香糖的视觉影像强化了安德鲁看它的反应。[2]

唐恩的目标是想让安德鲁开口说话。要想强化一个行为，这个行为必须要先出现。换句话说，如果没有行为，也就没有办法去强化它。然而对于安德鲁，他已经 19 年未曾开口了。在第 3 周课程开始的头几天里，唐恩曾看到安德鲁微弱地动了动自己的嘴唇。于是，她就用口香糖强化安德鲁的嘴唇运动。

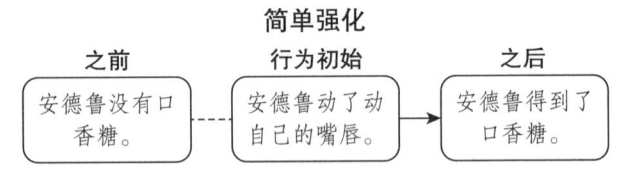

简单强化

在这周结束的时候，安德鲁看到口香糖时会动动自己的嘴唇了。

在第 4 周开始时，唐恩在安德鲁眼前举着一块口香糖，安德鲁看向这块糖，动了动嘴唇，但唐恩并没有像以前那样把糖给他。随后，安德鲁发出一声"嗯嗯"的咕噜声，这时唐恩立刻将糖递给了他。

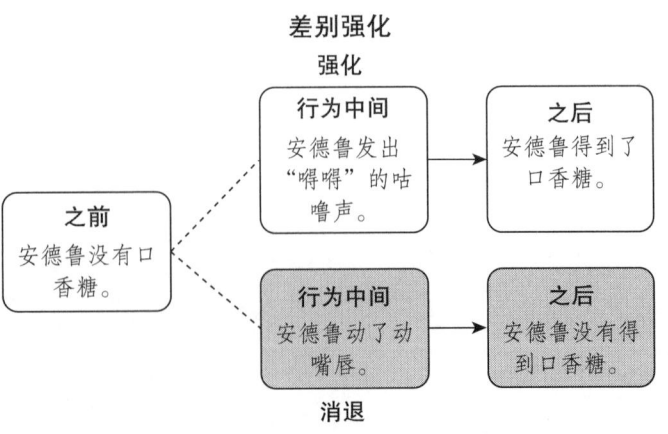

差别强化

到第 4 周结束的时候，安德鲁能够频繁地发出嗯嗯声了。

---

[1] 改写自 Isaacs, W., Thomas, J., & Goldiamond, I. (1960). Application of operant conditioning to reinstate verbal behavior in psychotics. *Journal of Speech and Hearing Disorders*, 25, 8-15.

[2] 在这之前，口香糖的视觉影像已经变成了习得性强化物（learned reinforcer），因为它已经与口香糖的甜味（非习得性强化物）相匹配了。我们会在第 11 章里讨论这种习得性强化物。

有一天，安德鲁发出了嘚嘚声，唐恩就说："说，'糖！糖！'"安德鲁开始在她的提示后发出了嘚嘚声。最初，这种嘚嘚声就像她以前听到的那样，唐恩就踌躇着不给他，直到这种嘚嘚声渐渐地转而接近糖的发音，她立刻强化这个反应。下一回，唐恩等到安德鲁的发音更接近糖的时候才强化这个反应。

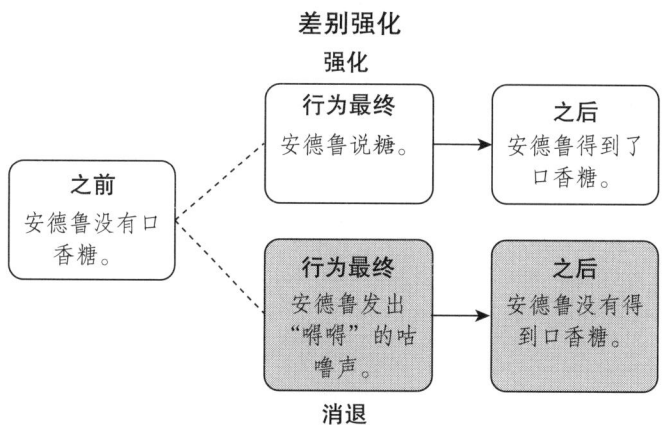

差别强化

到了第6周，唐恩只是要求安德鲁，要他说出糖，安德鲁可以清楚地说"糖！请！"在唐恩的这一期治疗课程结束之前，安德鲁已经可以回答自己的名字、年龄之类的问题了。后来，他可以回答唐恩问他的任何问题，而且开始在治疗课程以外的场合里与她对话了。

一天，一位护士走进安德鲁的房间，安德鲁微笑地看着她。于是，唐恩让这位护士每天都去看望安德鲁。一个月后，安德鲁也开始回答这位护士的提问了。这是安德鲁第一次与唐恩之外的人对话。

在一个阳光明媚的日子里，安德鲁拿起了自己的大衣和帽子，打手势表示他想要离开房屋，但他并没说一句话。一位新来的志愿者并不了解安德鲁的具体情况，见状就领着安德鲁走到了户外。唐恩注意到，安德鲁未与这位志愿者说话，因为安德鲁根本无须说话，他的手势已经给别人提供了线索。由于他以前不说话，人们也就认为他不会说，因此也只是去解读他的手势和手语。当两种反应都可以产生同一个强化物时，我们总是会偏向于去做最省力的那个。虽然我们也许并非成心专挑捷径走，可这会自然而然地发生。

安德鲁遇到的情况可能正是这样的。这样的强化依联会让安德鲁做简单的事情。没有人去刻意安排，这样的依联就是强化了比说话省事得多的反应，产生的强化物是一样的，而那却是普通人要靠语言沟通才能获得的。

好在自从唐恩走进安德鲁的生活之后，这些依联发生了变化。唐恩的依联是，在呈递给安德鲁强化物之前，要求他表现出越来越费劲的发声行为和语言行为。

唐恩让工作人员在安德鲁提出要求之前不要向他提供关注和服务。但不是所有的工作人员都要求安德鲁说话。这样，安德鲁可以继续与要求他说话的工作人员说话，而面对那些会解读他的手势的工作人员时，他可以保持沉默。

这里请注意，安德鲁只经过6周的干预就完全能够开口说话了，这是因为他在19年前是可以说话的。也就是说，说话是他技能库中本来就有的。

问题

描述这个帮助住院患者重新开口说话的程序，并画出示意图。

概念

通过强化进行的塑造

唐恩为安德鲁设计的最终行为①是清楚而流利的说话[**最终**②**行为**（terminal behavior）就是干预的最后目标]。最终行为在塑造（shaping）之前是根本不出现的，其操作水平是零[**操作水平**（operant level）就是强化之前的反应频率③]。

如果操作水平低于我们期待的但仍然显著高于零，那么我就可以使用简单强化；而如果操作水平只是零或接近零，那么我们就没有什么可以去差别强化的。因此，当反应根本就不发生时，我们需要做些更复杂的事情。

---

① 这里仅对那些最具好奇心的同学做一些术语的注解：通常情况下，反应和行为这两个术语通用，但并不总是如此。我发现我自己在下笔时就会分别写成最终行为和初始反应。为了保持一致性，我开始改变用词，写成最终反应。但是，在这个句子里这样的写法似乎总显得不合适，我觉得原因是这样的：反应更多的是指相对较窄的一个反应类，比如压杆反应，而行为更多的是指较为宽泛的反应类，比如流利地说话。

② 这里我再就另一个值得挑剔的术语做些注解：最终行为和目标行为一般可以通用，但也不总是如此。大哭大闹地发脾气往往是从小声啜泣塑造出来的。当父母习惯了某个水平的啼哭后，他们会不小心地或不经意地只在孩子哭声越大的时候才给予强化关注。我们说这个自然塑造过程中的最终行为就是大哭大闹地发脾气，但它不是目标行为，因为父母**不是**有意塑造这种大哭大闹的，它并不是父母的目标。

③ 操作水平这个概念来自斯金纳箱的研究工作。操作水平是实验者将强化依联引进并施加于压杆反应之前老鼠压动反应杠杆的频率。通常，老鼠会有一个频率很低但仍可以被测量到的压杆操作水平。这里，并不是说这种压杆没有强化物，实际的强化物可能是那种压动杠杆而撞击出来的声响，也可能是老鼠将前爪搭在杠杆上的某种感觉，或者压杆动作不小心抬高了老鼠的身体，让老鼠的鼻子和胡须碰到了箱子上端的边缘处。要想更精确地表述，我们应该说：操作水平是**实验人员/老师/家长**在加入一个强化依联之前，该反应的出现频率。不过，我们在正式的定义里还是力求更为简化些，就像你在本书中看到的定义框中的那样。操作水平与强化干预的基线期是一个意思，但对于加入一个惩罚干预依联之前的情况，我们不会使用操作水平这个说法，至少不会在有人在惩罚之前还曾引入过一个强化依联的情况下使用这个术语。通常，操作水平这个术语只适用于强化。

> **定义：概念**
>
> **最终行为（Terminal behavior）**
> - 不在技能库中的行为，或者未以我们所期待的频率发生的行为；它是干预的目标。
>
> **操作水平（Operant level）**
> - 强化之前的反应频率。

对于安德鲁的情况，唐恩就需要做些更复杂的事情。以口香糖作为强化物，她最先强化的是他的嘴唇运动，这是**初始行为**（initial behavior）。不同于最终行为，初始行为必须至少以很低的频率发生。唐恩强化这个嘴唇运动，直到它的出现频率增加为止。塑造的最初阶段往往只涉及简单强化，让初始行为高频率地发生。

然后，她选择了一个新的行为，发出任何性质的口头声音。她差别强化了这个行为，直到它的出现频率很高为止，同时消退了不产生任何口头声音的嘴唇运动。

接着，她差别强化了越来越接近糖的语音发声，同时消退了嘚嘚声和其他不像糖的发声。最后，她强化了最终行为——说话。

初始行为和**中间行为**（intermediate behaviors）都是逐步接近下一步行为的必要条件。例如，嘴唇的运动是发出声音的必要条件，而发出声音是讲出词汇的必要条件（除非你是武侠小说中会腹语的高手，否则你说话时不可能不动嘴唇）。唐恩强化了朝向说话的**逐步接近**（successive approximations），**塑造**了最终行为。①

请注意，为了塑造安德鲁说话，唐恩利用口香糖来添加强化依联，但是，一旦他能说话了，她就去除了所添加的或者人工的强化依联，因为她可以依靠自然的强化依联维持他与其他人的交谈，这种自然的强化依联维持了大多数的交谈行为。这叫作**行为圈套**（behavior trap）——自然的强化依联给行为下了圈套，在没有了初始训练时的依联的情况下维持着行为，让它继续发生，即没有口香糖时，说话行为也能够持续出现。

现在来总结一下：当你想要教会某个新反应时，可以通过强化进行塑造。要想使用强化物进行塑造，先要确定一个初始行为，它能够在某个有意义的维度上走向最终行为。这个初始行为必须至少会以很低的频率发生。强化初始行为，直到其出现频率增加；然后，放弃该初始行为，再选择另一个更为接近最终行为的中间行为，并差别强化这个中间行为。如此继续这样的程序，直到最终行为出现，强化最终行为，直到它能经常发生。

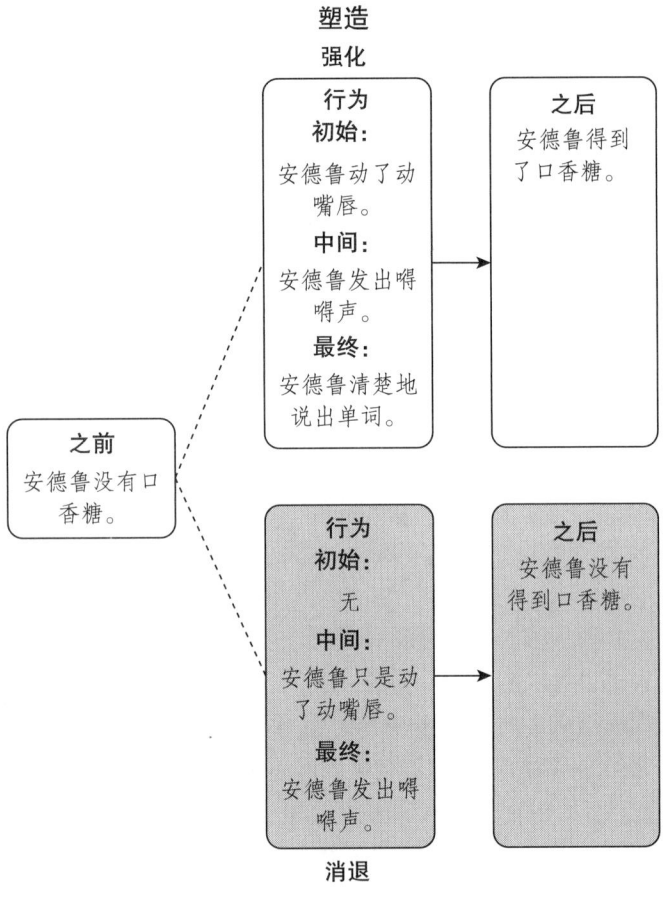

> **定义：概念**
>
> **初始行为（Initial behavior）**
> - 至少会以很低频率出现的
> - 沿着某种有意义的维度
> - 能够走向最终行为的行为。
>
> **中间行为（Intermediate behaviors）**
> - 更为接近最终行为的行为。
>
> **通过强化进行的塑造（Shaping with reinforcement）**
> - 只对越来越接近最终行为的行为
> - 做差别强化。

问题

1. 名词解释，并举例说明下列概念：
- 最终行为
- 操作水平
- 初始行为
- 中间行为

2. 描述通过强化进行的塑造，并举例说明其原理。在例子中，要说明：

---
① 逐步接近的方法和塑造说的是一个意思，可以通用，但是，塑造这个词在我们看来更具有积极主动的内涵，会让我们联想到一位目光敏锐的行为分析师首先强化一个行为然后强化另一个略有不同的行为，就像一位雕塑家用黏土塑形那样塑造着行为，而逐步接近的方法只是描述这个逻辑过程，拉低了唐恩的角色风采和重要性。

- 最终行为
- 初始行为
- 中间行为
- 反应维度
- 强化物
- 结果

案例：行为医学

帮助一个孤独症儿童戴眼镜[①]

3岁的迪基正陷于双目失明的危险境地。在9个月大的时候，白内障就遮住了迪基双目的晶状体，使得光线无法到达视网膜。迪基接受了一系列的眼科手术，最后不得不摘除双目的晶状体，那时，他只有2岁。迪基要想能看见外面的世界，就必须得戴上专门的矫正眼镜。在接下来近一年的时间里，他的父母一直试图逼迫他戴上眼镜，可迪基就是不肯戴。他们咨询了很多专家，每个专家都给出了新的诊断，可是，没有人能帮助迪基戴上眼镜。

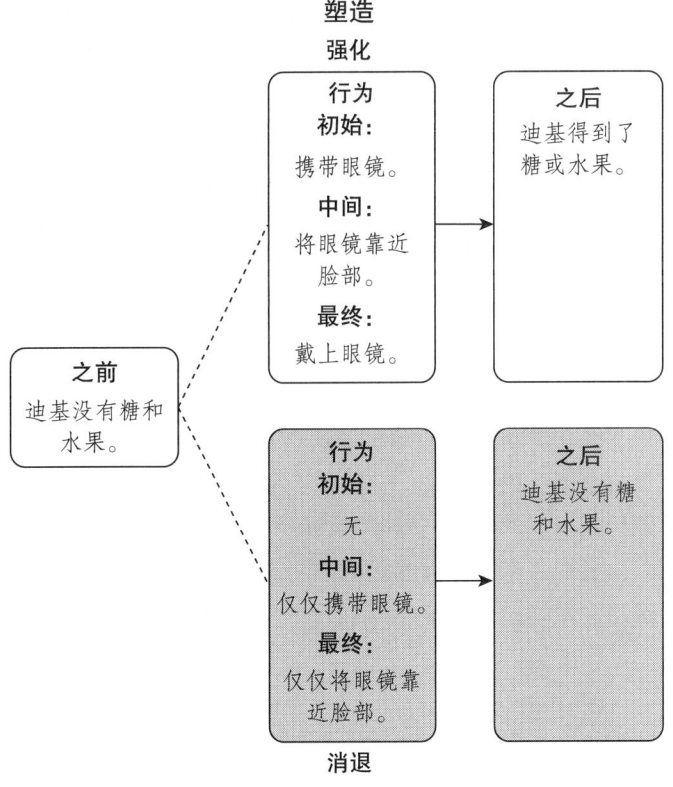

迪基3岁6个月的时候，住进了华盛顿州的西部州立医院（Western State Hospital）。蒙特罗斯·沃尔夫博士领导的一个团队来研究他的案例。通常这个年龄的孩子发育很快，很快就能学会与这个世界进行沟通互动，但如果丧失了视力，就会让他们的发育处于非常不利的处境。

对迪基来说，戴着一副眼镜可能令他非常厌恶，因为他会感到很不舒服。那么，对于他来说，摘掉眼镜就是去除了不舒服——这是一个逃避依联。换句话说，去除掉一个生理上的不适可能强化了迪基摘眼镜的行为。迪基从未戴着眼镜，让它在自己头上停留足够长的时间，因而，让看得更清楚这一自然的强化依联也就还不足以强化他戴上眼镜的行为，同样，失去更好的视力也就不足以惩罚他摘掉眼镜的行为。沃尔夫团队必须找到一个方法，帮助迪基能足够长时间地戴上眼镜，让这些自然的依联发挥作用。

沃尔夫团队从不带镜片的眼镜框入手，这样可以防止他打碎昂贵的验光镜片，以后也能更为轻松地再加入这对镜片。每天，沃尔夫团队的一位干预人员都会到迪基的病房里，跟他接触2次或3次，每次20分钟。在干预时段中，行为分析师会强化迪基携带眼镜的行为，将眼镜越来越接近他的脸部，最终真正地戴上它——这是一个渐进的塑造程序。糖果和水果是他们预设的强化物（他们沿着形态这一反应维度塑造迪基戴眼镜的行为）。

然而，迪基总是不能将眼镜戴在正确的位置上，他会翘起一边，眼镜腿没有戴在耳朵上面而是在耳朵下面。为了矫正这些佩戴位置的错误，行为分析师改造了眼镜框，做了大大的眼镜腿，并在两只眼镜腿上做了一个跨过头顶的弧形杆。可是，这没什么用。随后，行为分析师又在后面增加了一个弧形杆，这样这副眼镜看上去像一顶帽子了。

现在，迪基很容易把眼镜戴正位置了，但是进展得太慢了。糖果和水果也没有发挥强化物的功能，也许这是因为迪基在接受干预的时段里正好不饿。于是，行为分析师撤除了迪基的早餐，然后继续用糖果和水果作为预设的强化物。但还是没有用。

这一天，行为分析师试了一下冰淇淋，没想到这正中靶心！这是这一天的第三个干预时段，迪基只吃过一些燕麦粥。行为分析师在迪基每一次遵从要求后，就给他吃一口冰淇淋。在最初的几分钟里，进展非常迅速，行为分析师成功地将带有透镜镜片的眼镜替换下了没有镜片的眼镜。经过30分钟的塑造，迪基已经能够正确地佩戴眼镜了，而且透过眼镜看到了行为分析师展示的各种各样的玩具。在之后的干预中，迪基进步飞速。不久，他就能够在自己的病房里在用餐的时候佩戴上自己的眼镜了。

[①] 改写自 Wolf, M., Risley, T., & Mees, H. (1964). Application of operant conditioning procedures to the behavior problems of an autistic child. *Behavior Research and Therapy*, 1, 305-312.

这时候，沃尔夫团队开始使用其他强化物，而这些强化物不需要依靠食品剥夺了。例如，一名护理人员对迪基说："戴上你的眼镜，然后我们去散散步。"迪基遵从了。各种小恩小惠、零食、四处溜达、外出逛逛，这些东西如果他戴上眼镜而不摘掉的话就都可以获得。不久之后，迪基平均每天佩戴眼镜的时间达到了12小时。对于这个年龄的孩子，这已经非常棒了。（顺带说一下，防止迪基摘掉眼镜的依联是一个处罚依联，是一个反应代价依联——如果迪基摘掉眼镜，他就会失去各种小恩小惠、零食之类的。）

下面列出了一些我们感兴趣的问题。

1．戴着眼镜是行为吗？

A．是

B．不是

这不是，它无法通过死人测验。你可以埋葬戴着眼镜的某个人。在本书的前几版中，我们还没意识到这个问题，那时候，我们对死人测验这个原则吃得还不够透彻。

2．那么，用行为学的话来说，我们这里谈论的行为应该是怎样的呢？

A．戴上眼镜

B．摘下眼镜

C．上述两者都是

没错，沃尔夫团队必须同时做的是对戴上眼镜的塑造，以及对摘掉眼镜的惩罚。在谈及佩戴眼镜的时候，一个合适的任务分析应该是小心认真地分析这两种分解反应。有时候，我们觉得使用佩戴这个词很方便，但我们必须清楚地意识到我们说的是发生了戴上这个行为，而没发生摘下这个行为，而戴上和摘下是两个独立的行为，受控于两个独立的依联。

问题

1．如何塑造戴上眼镜的行为？要求谈及：
- 最终行为
- 初始行为
- 中间行为
- 反应维度
- 强化物
- 结果

2．戴着眼镜是行为吗？请解释你的说法。

对比

差别强化与通过强化进行的塑造

差别强化涉及的是，强化一个反应类里的某一组反应，并且撤除对该反应类里的另一组反应的强化。① 因此，与未被强化的那组反应相比，被强化的这组反应的频率会增加。于是，被强化的这组反应就与未被强化的那组产生了差别。

你可能觉得塑造和差别强化很相似。没错，两者都涉及差别强化：在一个反应类中，我们强化某一组反应，不强化另一组反应。这两个程序都是增加了某一组反应的频率，并降低了另一组反应的频率。

通过强化进行的塑造（shaping with reinforcement）包含了一系列的逐步推进的差别强化。在某组反应与另一组反应实现差别化之后，我们会提升标准，去强化更为接近最终行为的另一组反应。当我们要教会他人一个新行为或者几乎从未发生过的行为时，就会运用塑造程序。这时候，简单的差别强化不起作用。要想使用简单的差别强化，我们想要差别化的行为必须有足够的出现频率，才能让强化产生合理的效果。简单的差别强化在产生出全新的或者几乎全新的行为上是不太有效的。因此，如果反应极少出现，我们就需要使用塑造。

要很好地区分差别强化程序与塑造程序，你需要问自己两个问题。首先要问，**这个最终行为当前究竟有没有出现？** 如果没有出现，那么我们讨论的**极有可能**是塑造。如果发生，那么我们讨论的**极有可能**是差别强化。在迪基的案例中，最终行为是他能独立地戴上眼镜。迪基在干预之前并不会这么做。（注意：有时候，对于那些虽然发生但是频率很低、靠简单的差别强化会花费很长时间的反应，也可以使用塑造程序。）

其次要问的是，**这个程序有没有涉及向最终行为的逐步接近？** 如果有，那我们谈论的是塑造；如果没有，那我们谈论的是差别强化。在迪基的案例中，行为分析师强化了不同的反应形态。这些反应形态有靠近眼镜，拿起眼镜，戴上眼镜，它们各不相同。将眼镜佩戴在正确的位置上的形态与佩戴在错误的位置上的形态有所不同，虽然这个不同只有很小的位置差异。这每一个形态都是逐步接近最终行为的。

---

① 下面的注解是研究生水平的讨论：在我的行为分析学术讨论课上，一位名叫金恩宋的研究生曾提出这样的看法：在第7章里，我们对反应类的定义是一个反应的集合，这些反应要么（a）至少在一个反应**维度**上是相似的，要么（b）共享同样的强化或惩罚**效果**，要么（c）发挥着同样的**功能**（产出同样的结果）。但是，当我们塑造行为时，我们是沿着某个反应维度在一个反应类中逐步接近最终行为，而不是沿着效果或功能。如果没有某个反应维度可供我们沿着逐步接近最终行为的话，那么我们就没法塑造。例如，在一个反应类中，有两个反应，一个是手指向所要的东西，一个是用口语要求所要的东西。在教孤独症儿童时，我们会差别强化他的口语要求而抑制他的用手点指，这里，从用手点指到口语要求，没有一个反应维度可供我们沿着实施逐步接近。

差别强化与塑造		
	强化	塑造
一开始有一些最终行为	是	否
逐步接近最终行为	否	是

问题

1．画出一个表格，比较差别强化与塑造。
2．举出一对相关的例子来说明两者的不同之处。

案例：行为语言病理学

帮助一个失音症患儿提高发声强度①

13岁的梅拉妮患失音症已经好几年了，她发出的语音只是非常低沉粗糙的唇音。尽管她发音清晰，但她的说话声音非常非常小，别人根本就听不清她在说什么。梅拉妮的父母带着她看了一个又一个医生，到头来仅仅是让她对医生产生了敌视。最后，她见到了班斯和弗里丁格两位博士。他们都是专业的行为分析师，两位专家花费很大的力气才赢得梅拉妮的信任和爱戴。

当然了，表扬是一个强化物，但是，非依联性的示好、友善和表扬未必能奏效。要想起作用，它们就必须紧密跟随在你要强化的反应之后。这就是这些行为分析师做的，他们会立刻表扬和赞赏梅拉妮听从他们的要求做出的种种尝试。

一开始，他们只是强化她配合做呼吸练习，就像歌唱演员或讲演者做的那种练习。这种练习能够让她的发音力度更强，有助于说话力量的加强。

然后，他们让梅拉妮哼哼。可是她哼哼的声音太低，跟她用唇音说话一样。于是，他们就表扬她的任何依序进步，直到她的低声哼哼逐渐接近正常力度的哼哼。他们继续强化她的辅音发音，并强化她读得更大声些。可是，梅拉妮读的声音非常轻微，跟唇语一样。他们鼓励她努力发音，如果成功了，哪怕只是极小的可以感知到的进步，就立刻表扬她的这种努力。她的读音音量越来越大，直到跟普通人一样。最后，他们在对话中强化她的说话强度，只要比之前高就表扬她。不久，梅拉妮就能用正常的音量说话了。

帮助梅拉妮的过程涉及了一系列的逐步接近。首先，他们塑造了她的呼吸吐气，然后是哼哼，之后是发辅音，再后是朗读，最后是对话。我们并不清楚他们是否有必要将整个系列的全程都走一遍，例如，他们只是简单地从最后一种行为形态——对话开始，那样兴许也能取得同样辉煌的效果呢！

请注意：到中间阶段时，初始阶段被强化的行为或行为强度被消除了；到最终阶段时，中间阶段被强化的行为或行为强度也被消除了。

通过这样的塑造程序，行为分析师去除了困扰梅拉妮多年的问题。整个干预课程只有短短的10节。更重要的是，行为分析师在两年之后常规回访时看到，梅拉妮的这种变化依然保持着，她说得又响亮又清晰。

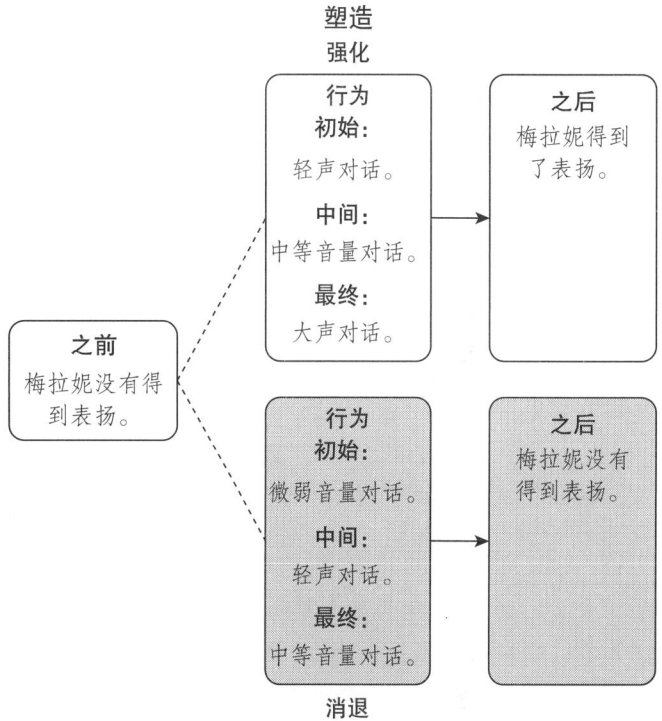

问题

1．描述一个运用塑造程序提高发声强度的例子。要求谈及：

- 最终行为
- 初始行为
- 中间行为
- 每一个行为的反应维度
- 强化物
- 依联
- 结果

2．好了，既然你已经掌握了关于塑造的基本知识，那就请你在课堂上给老师讲讲吧。就讲讲你当初作为一个棒球菜鸟是如何塑造自己的棒球技巧的。

---

① 改写自 Bangs, J. L., & Friedinger, A. (1949). Diagnosis and treatment of a case of hysterical aphonia in a thirteen-year-old girl. *Journal of Speech and Hearing Disorders*, 14, 312-317.

案例：日常生活
通过惩罚进行的塑造

希德的学术讨论课

希德：我和朱克·杰克逊打了赌，赌 20 美元。如果他输了，我这个周末就搞一场聚餐。他到现在还没有到，看起来我们赢了。

朱克：（上气不接下气地冲进教室……）等等，等等，我和你赌的可不是准时到达呀！

希德：好吧，对不起，我的伙计，你现在还算准时。

朱克把公文包放在课桌上，脱下身上的外套，将其挂在椅子背上，再将自己口袋里的东西全都掏空，解开衬衫袖口上的扣子，把袖子挽了上去。然后，他将希德的课桌推到了黑板边上，在教室的前部腾出了一块地。朱克一句话也不说，弯下腰，前倾，慢慢地，他用自己的头支撑在地面上，双手平衡着身体，双腿抬起指向空中，笔直地倒立在那里，一动不动。就这样，朱克完美地戳在那里，1 分钟，2 分钟，3 分钟，4 分钟，5 分钟，直到全班同学开始鼓掌、欢呼。最后，他优雅地翻了回来，站好，向大家庄严地鞠了一躬。

希德：哦，同学们，我们输掉了周末的聚餐，我还输给了他 20 美金！一个月前，朱克曾经试图这么头倒立来着，结果差点儿进了医院。我那时说他永远别想做出这个动作，就算让整个橄榄球队都来帮他，他也做不出。于是，我们就打了这个赌。

朱克：其实很简单的，我只不过懂得行为原理罢了，你也懂吧？（所有同学立刻把目光投向希德，嘴角都带着笑意。）

希德：（清了清嗓子）好吧，你干吗不告诉我们你是怎么做到的？

朱克：就是花点儿时间而已，多多练习，再加上那么一点点的行为分析。我早就知道自己的肌肉足够强壮，只是把握不好平衡。一开始，我将腿举过头顶，将它们靠在墙上。这并不容易，我得抵抗地球的引力，会有摔下来和差点儿摔下来的时候。但我依靠行为分析，抵抗着地球引力，就这么一直练习，直到我能将脚靠在墙上坚持 1 分钟。然后，我就提高要求，试着不接触到墙地做这个头倒立。还是会有摔下来和差点儿摔下来的时候，不过我越来越熟练了，最后不再摔下来了，也不再打晃了。经过大量的练习，我能稳稳当当地倒立着，我的腿也能笔直地伸在空中了。这太有成就感了！

希德：同学们，这是一个塑造程序的例子吗？

乔：是的。杰克逊先生在训练开始之前，他笔直地头倒立的肢体形态以及他长久的行为持续时间，操作水平都是零，而他通过练习那些逐步接近的反应，最终如刚刚展示的那样，他掌握了完美的动作技能。

希德：很好！你得到 1 分。现在，更难的问题来了：这里面的依联是什么？

苏：是惩罚。错误的表现会让杰克逊先生立刻摔下来，或者差点儿摔下来，或者打晃。

汤姆：不对，是强化。正确的表现能让朱克对自己感觉良好。是不是，朱克？

朱克：我感觉是这样的。但是，由于表现得差而带来的摔疼或者差点儿摔疼，或者看上去显得笨拙也在其中起了很大作用。

汤姆：但是目标行为是做出正确的头倒立，而不是做出错误的头倒立。

苏：那要看你怎么看待这事。

汤姆：可是，塑造带来的是新的反应，而惩罚不能带来新的反应，是不是？

希德：这么看：通过强化进行的塑造，就像雕塑家用一堆黏土不停地添添补补，用双手打造出一件作品来；而**通过惩罚进行的塑造**（shaping with punishment），就如同雕塑家在一块花岗石上不停削削凿凿地打造作品，直到成型。通过强化进行的塑造，是添加；通过惩罚进行的塑造，是删减。两种情况下，雕塑师都能打造出作品来。我觉得，我损失的 20 美元里，既付给了通过强化进行的塑造，也付给了通过惩罚进行的塑造。

定义：概念

通过惩罚进行的塑造（Shaping with punishment）
- 除了越来越接近最终行为的行为之外
- 对所有行为进行差别惩罚。

在所有惩罚程序中，这个反应类总体上都应该经过被强化的历史，而通过惩罚而进行的塑造中，至少，不被惩罚的最终行为，以及逐渐接近的行为是需要被强化的，否则，惩罚会抑制整个反应类。如果没有某个强化依联维持着朱克头倒立的尝试，那么摔下来的惩罚很快就会抑制他的所有努力。

问题

名词解释：通过惩罚进行的塑造，并举例说明。要求谈及：

- 最终行为
- 初始行为

- 反应维度
- 塑造程序
- 惩罚依联
- 强化依联
- 结果

案例：日常生活

学习走和跑：可变结果的塑造

小罗德坐在婴儿床的一角，无所事事。周围的一切都是静静的，不动的。啊！他最喜欢的那个玩具，那个拨浪鼓却挂在婴儿床另一角。他倾身向那个方向探过去，可是距离有点儿远哟，他得努力扭动自己的身体，费劲地向前探去。终于，他抓住了那个拨浪鼓。现在，罗德可以摇动这个玩具了。对他来讲，还有什么比这更具有强化效力呢？这个东西可以在他自己的摆弄下制造出声响来呢！

不过，对于小罗德来说，从婴儿床的这一头到另一头需要一个漫长而缓慢的蠕动过程。过了几周，罗德的蠕动越来越熟练了，已经可以称之为爬了。又过了几个月，这种爬行演化成了蹒跚迈步。随后，蹒跚迈步的罗德逐渐走了起来，最后他可以跑起来了。

这一切是怎么发生的呢？它是自然而然地发生的。没错，的确是自然发生的。可是，在这种自然发生的背后有着怎样的行为学过程呢？这个过程就是差别强化和塑造。

沿着力度维度的差别强化

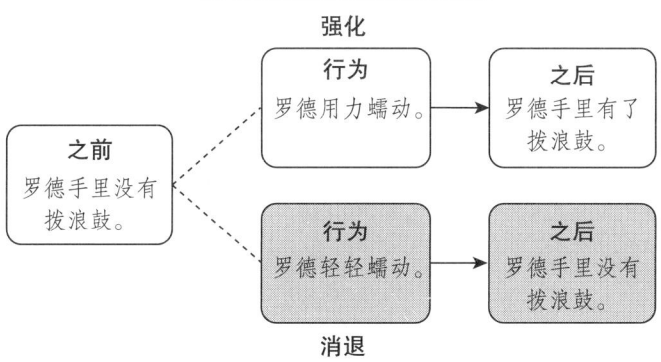

自然环境差别强化了蠕动，力度就是反应维度。只有当罗德使出足够的力量进行蠕动时，他才能得到具有强化效力的拨浪鼓。

最初，罗德要想从婴儿床的一端蠕动到另一端，要花很长的时间，但是不久，他就变成了一个很有力量的小小蠕动能手，可以很快就得到那个拨浪鼓。这里，虽然涉及某些肌肉力量的发育，但我们要谈的重点是能力的习得。换句话说，自然环境塑造出了越来越有力量的

蠕动。而这又是怎么发生的呢？在罗德成长为一个有力的蠕动能手之后，大自然母亲是不是逼他必须蠕动得更有力，否则就不提供给他拨浪鼓呢？其后，罗德成长为一个更有力的蠕动高手，此时，大自然母亲是不是逼着罗德必须成长为一个蠕动超人，否则就停止提供给他拨浪鼓呢？

不是的，大自然通常不会这样塑造的。自然的塑造只是让罗德蠕动得越有力就能越快得到那支拨浪鼓，而得到得越快，强化效力就越高。因此，罗德蠕动得越有力，就能越快地拿到拨浪鼓，强化物也就越强大。在6秒钟之内拿到拨浪鼓的强化效力大于10秒钟才拿到的；而在4秒钟之内拿到的又大于6秒钟的。

沿着力度维度进行的可变结果的塑造

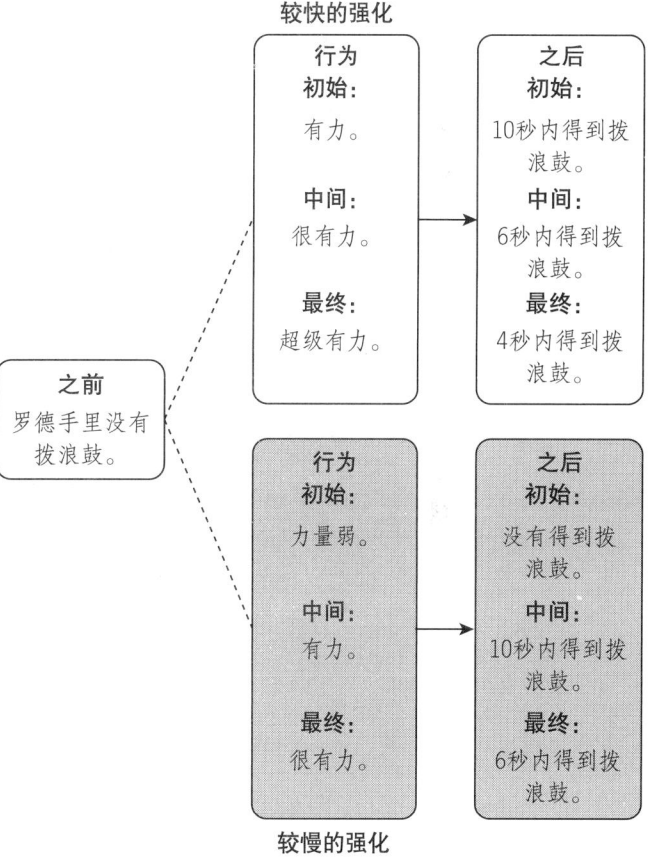

大自然母亲差别强化了罗德用力蠕动的初始行为，通过10秒钟之内拿到拨浪鼓对比于拿不到的结果。随后，大自然母亲差别强化了罗德的中间行为，即很有力的蠕动，通过6秒钟内拿到拨浪鼓对比于10秒钟才拿到的结果。最后，差别强化的罗德的最终行为是他超级有力的蠕动，他能在4秒钟之内拿到拨浪鼓，而不再要花6秒钟的时间了。这种结果出现的延迟时间当然会根据罗德蠕动的速度而变化，这种结果出现的延迟时间上的变化塑造了越来越快的蠕动——这就叫**可变结果的塑造**（variable-outcome shaping）。而罗德又是怎么一步一

步地从蠕动发展到爬行，再到蹒跚迈步，再到行走以及最终的奔跑呢？过程是一样的，也是通过了**可变结果的塑造**，就是自然环境对运动的不同形态的塑造。从蠕动到奔跑，其中的每一个形态的进步，都能让他更迅速地得到拨浪鼓，即获得更为有力的强化物。

例如，当罗德处在中间水平上的时候，他的蹒跚迈步可以让他在2秒钟内得到拨浪鼓强化物（见下面示意图中上面的两个白色的文本框内容）；但是如果他倒退回去，只是蠕动过来，那么获得拨浪鼓就需要4秒钟的延迟时间（见下面示意图中下面的两个灰色的文本框内容）。

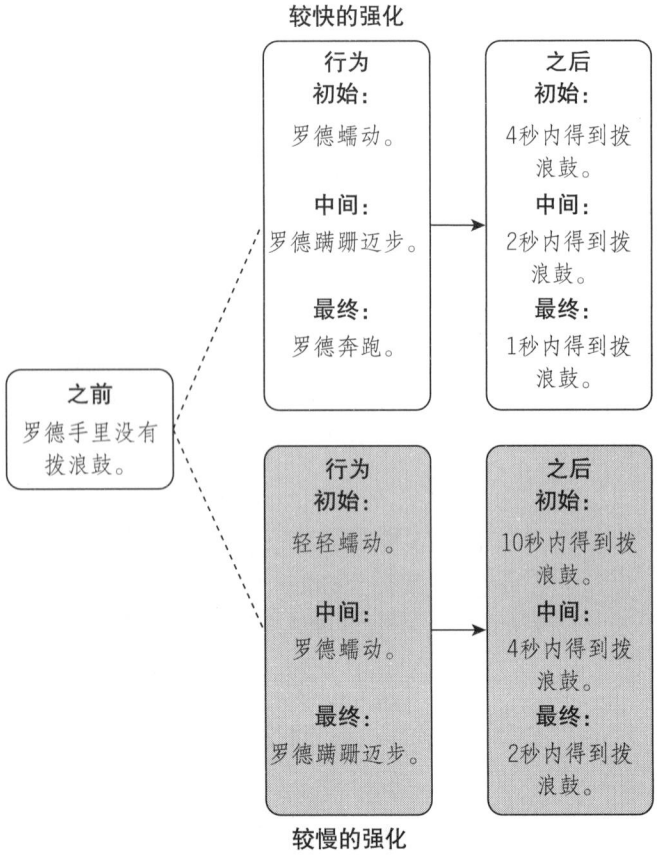

整个世界就是小罗德的技能锻造工厂，每一天，自然环境都会帮助他学习新的技能，还会帮助他提高已有的技能，这个过程往往就是通过这种可变结果的塑造来进行的。①

为什么随着时间的推移，罗德能越来越快地完成拼图呢？因为当他越快地将拼块按照正确位置拼在一起，他就能越快地得到强化物（完整拼图的视觉图像）。而且，更立竿见影的是，在他越快将又一块拼图放入正确位置上时，他就能越快地获得那块拼图在正确位置上带来的视觉强化效果，许许多多的小拼块带来的强化物，引导着他获得最终完整拼图带来的大强化物。所以这很可能也是可变结果的塑造。通常，可变结果的塑造中，如果获得强化物的速度越来越快，就能够提高该项技能。

问题

1．画出一个可变结果的塑造程序的示意图，讲解它如何提高婴幼儿蠕动的运动技能。

2．画出一个可变结果的塑造程序的示意图，讲解它如何让婴幼儿的运动技能从蠕动进步到奔跑。

对比

固定结果的塑造与可变结果的塑造

通常情况下，大自然塑造行为的过程是**可变结果的塑造**。行为越娴熟，强化物来得也就越多，越好且越快。现在让我们来对比一下，看看大自然这位母亲所做的这种可变结果的塑造与希德这位父亲所做的**固定结果的塑造**（fixed-outcome shaping）。希德致力于将自己的儿子罗德培养成为一个超级儿童，他的努力之一就是在自然的可变结果的塑造之外，加入自己的固定结果的塑造。最开始，罗德用力蠕动身体，每当他能够拿那支拨浪鼓时，希德都会欢呼雀跃，给予罗德热情的赞扬。后来，罗德蠕动技能很稳定了，虽然慢了一些，但总能成功地拿到拨浪鼓，这时候希德提高了赞扬的标准，只有

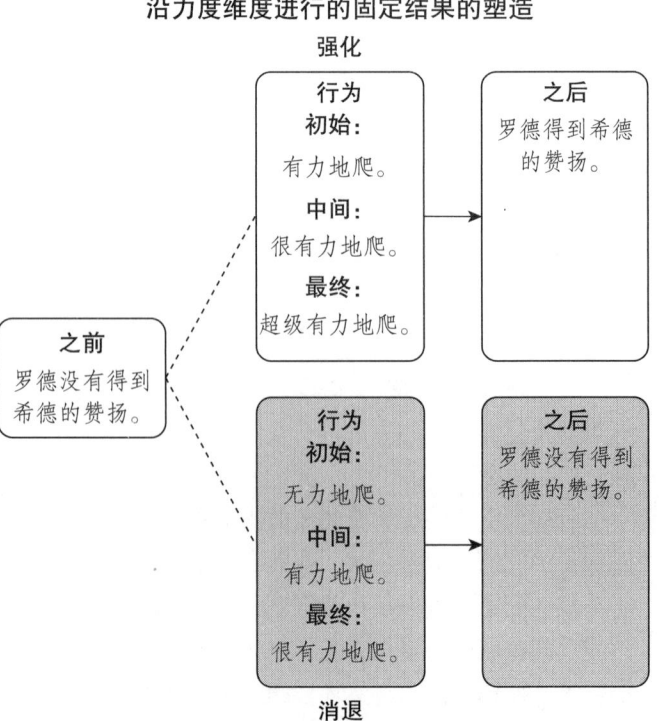

---

① 当然，我将这个例子做了一些简化，否则太复杂了，会讲不清楚。大自然做的训练过程中，强化物远不止拨浪鼓这一种，训练场所也远不止罗德的婴儿床。此外，围栏也许不是一个学习奔跑的理想场所。（顺带说一句，我没有见到谁对自然塑造某种技能进行过分析，诸如在不同场所下，用不同的强化物同时对自主移动能力进行分析。）

当罗德用力在 6 秒钟之内蠕动到拨浪鼓处，他才会激动地表扬罗德。再后来，他把表扬的标准提高到了 4 秒。但是每一回，希德用作强化物的结果都是一样的，都是他热情的表扬。

我们再看一下前面的示意图，将大自然对罗德快速蠕动行为的塑造与现在希德所做的进行对比，两者的不同之处在哪儿呢？①

自然的可变结果的塑造与人类训练师的固定结果的塑造基本是一样的，区别只在于以下三点。

    1. 就像这两个术语在文字上表述的，在可变结果的塑造中，随着表现的提高（从初始行为发展至最终行为），其结果是变化的（也提高了）；而在固定结果的塑造中，尽管表现得更好了，但结果是保持相同的。

    2. 在可变结果的塑造中，如果表现退步到低水平上（例如，从中间行为退步到初始行为），也总是有可能获得强化物的，只不过强化物会少一些；但是在固定结果的塑造中，如果表现退步到低水平上，那么这种表现就不会得到强化物。

    3. 可变结果的塑造通常是来自自然环境的非刻意互动；而固定结果的塑造通常是来自训练师（行为矫正师）的刻意互动。

固定结果的塑造与可变结果的塑造

	固定结果	可变结果
结果的数量	一个	多个
退步到之前的水平上	没有强化物	有较弱的强化物
塑造的一般来源	行为矫正师（刻意的）	大自然（非刻意的）

现在，我们再来看其他一些例子。还记得梅拉妮吗？行为分析师对她使用了经典的塑造程序，逐渐地要求她说得更好一些，才会用表扬来强化她的努力。他们逐步提高强化的标准，但是强化物的价值在整个过程中都保持一样。强化物不变而标准提高了——这就是固定结果的塑造。然而，自然塑造依联所涉及的是可变结果：她说得越好，就能越快地得到来自别人具有强化效力的回应。

我这里还有几个行为矫正师进行的刻意的或者说计划好的塑造——固定结果的塑造的例子。唐恩使用的是同样大小的强化物（一块口香糖），但强化的标准却在不断地提高（更加接近正常语言）。还有，班斯和弗里丁格似乎也使用了同样大小的强化物（表扬），但不断地提高强化的标准（梅拉妮更为接近正常的语言音量）。这两个例子中，自然的塑造依联涉及的都是可变结果：说得越好，得到来自听者的具有强化效力的回应也就越迅速。

大自然母亲所做的自然的、非刻意的或者非计划的自动塑造，通常都是可变结果的塑造。我们大多数技能的学习都是这种非计划的、自动的、可变结果的塑造：随着你弹吉他的技巧的提高，你演奏出来的曲调就越来越棒；随着你网球发球动作的提高，你发出的球角度就越来越刁钻、速度就越来越快；随着你挥杆技术的提高，你打出的高尔夫球就离球洞越来越近。

不仅限于艺术或体育技能，大自然运用可变结果的塑造，还塑造了我们的日常生活技能：我们在学习说话时，讨要饼干的话语越清晰、越洪亮，得到的就越快；我们在用勺子盛土豆泥的时候，动作越精巧，就越能吃到自己的嘴里去，不会涂得满脸都是。

虽然大多数可变结果的例子都出现在自然的、非刻意的塑造中，但是人们也会有意地运用可变结果的塑造来教某些技能。例如，在教孤独症儿童清晰地讲话时，就可以对孩子更清晰的语言有意地给予更热情的表扬。不过，我们没有见到有数据表明这种可变结果的塑造比固定结果的塑造效果要好。（事实上，如果每次孩子达到当前的清晰度标准时，老师就给予极度热情的表扬，我猜测孩子会更快地掌握清晰讲话的技能。）

> **定义：概念**
>
> **固定结果的塑造（Fixed-outcome shaping）**
>
> - 随着表现越来越接近
> - 最终行为，
> - 而强化物
> - 或者厌恶条件的
> - 价值没有变化的
> - 塑造。

> **定义：概念**
>
> **可变结果的塑造（Variable-outcome shaping）**
>
> - 随着表现越来越接近
> - 最终行为，
> - 而强化物
> - 或者厌恶条件的
> - 价值有变化的
> - 塑造。

---

① 我的一名学生指出，作为父亲的希德使用固定结果的塑造的例子要比我所讲解的复杂一点儿：是的，希德确保他表扬的数量和质量是恒定的，不管罗德蠕动的力度是多大；因此希德是在使用固定结果的塑造。可是，随着罗德蠕动得越来越有力，他能够越来越快地得到拨浪鼓和爸爸的表扬。因为他能越来越快地得到爸爸的表扬，所以这个塑造程序有固定结果的成分，也有可变结果的成分。

这两个定义中的价值,指的是具有强化效力或惩罚效力的结果的大小、强度、质量或者延迟时间。

固定结果的塑造和可变结果的塑造,这两个概念可以涉及前面讲过的所有四种基本的行为依联,而不仅限于强化,也适用于逃避、惩罚和处罚。关于这一点,在 DickMalott.com 网站上的高级进阶里有进一步的讲解。

问题

1．名词解释：固定结果的塑造和可变结果的塑造。

2．用两个相似的例子作示意图,呈现固定结果的塑造和可变结果的塑造的不同之处,并举出一个例子解释不同之处。

3．填充固定结果的塑造与可变结果的塑造的对比表格,并加以解释。

孤独症进阶

塑造是非常酷的手段,可是,当面对孤独症儿童时,即使是行为分析师也会经常犯错误,常会过于依赖辅助,过于依赖肢体引导,忘记了塑造。例如,在课堂上,我们准备给孤独症孩子发出指令,比如"摸绿色的圆形",这时候,如果他能看着我们,似乎就往往会有更好的教学效果。因而训练师通常会使用肢体引导的手段,或多或少地强制孩子看向自己。还有一种手段,训练师拿着一个强化物,比如 M&M 豆,举在自己的眼前,吸引孩子看向自己。我们在卡拉马祖孤独症中心的实践中发现,在此更有效的手段是对孩子的看人反应进行塑造：开始时,每当孩子稍微看向我们所在的方向,我们就立刻给他一个 M&M 豆；随后,我们会逐步提高要求,直至孩子必须直接看着我们的眼睛,并且保持目光注视几秒钟后才给他 M&M 豆；最后,我们要求孩子看着我们,并跟随我们的指令,完成如"摸绿色的圆形"的指令,才会给他 M&M 豆。问题往往不是出在孩子那里,而是出在我们自己身上,毕竟要想抵御住过度辅助的诱惑不是一件容易的事。

初级进阶

斯金纳箱：实验行为分析 ①

通过强化进行的塑造

第 7 章里,我们曾经差别强化了鲁道夫超过 2.5 厘米距离的压杆反应。这一回,我们不再是从压杆距离的维度上来讨论了,而是打算在压杆力度上下些功夫（这一回,我们会在图上用一组细微的竖条来表示测量出的压杆力度）。在差别强化程序开始之前,鲁道夫的压杆力度的频率图可能如图 8.1 所示。

没什么大问题吧？但是,如果你想要鲁道夫用 100 克的力度压动杠杆,那可就是个大问题了。这个力度太大了,如果你要等它做出来,然后给予强化,你就等吧,等到死也不会出现。它永远不会用这么大的力度压杆,除非你能够强化力度不断增加的压杆反应。

如果你有一双非常犀利的眼睛,或者有一个放大镜,就能够从下面的图中看到,虽然鲁道夫每次压杆

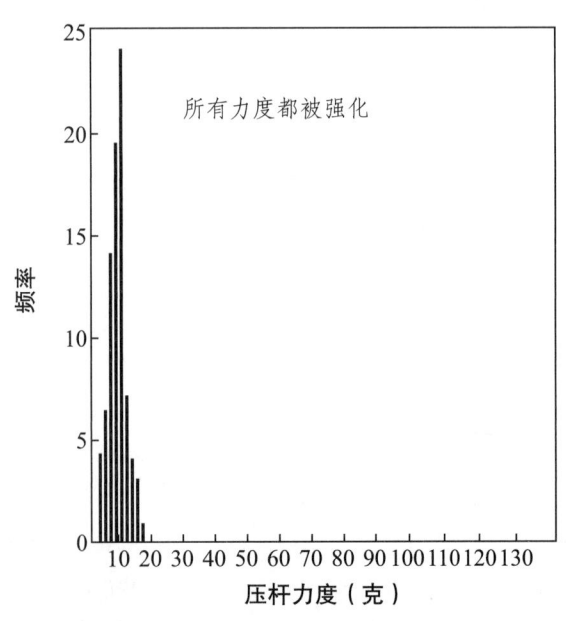

图 8.1 差别强化前的频率图

力度的出现频率不同,其中 8 克左右的力度出现频率最高,但他有好几次压杆的力度都超过了 11 克,因此,

---

① 改写自 Skinner, B. F. (1938). *The behavior of organisms* (pp. 310-311). Acton, MA: Copley Publishing Group.

你可以差别强化 11 克以上力度的压杆，而且会成功。也就是说，你强化它所有 11 克以上力度的压杆反应，并且消退 11 克以下的压杆反应。不久，它的大部分压杆力度都会在 11 克以上了（见图 8.2）。

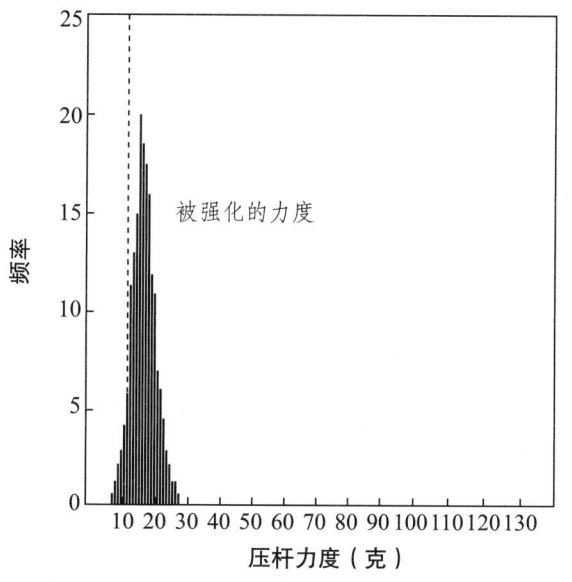

图 8.2　对 11 克压杆反应做差别强化后的频率图

你的实验做得不错，但是，要想实现让鲁道夫用 100 克的力度压杆，还有很长的路要走呢！

这次我们要注意，虽然它 14 克左右的压杆力度出现的频率最高，但是有好多次的压杆力度超过 20 克。如此，你何不把标准提高到 20 克呢？这时候，去差别强化所有力度在 20 克以上的压杆反应，并且消退其他力度的压杆反应（见图 8.3）。

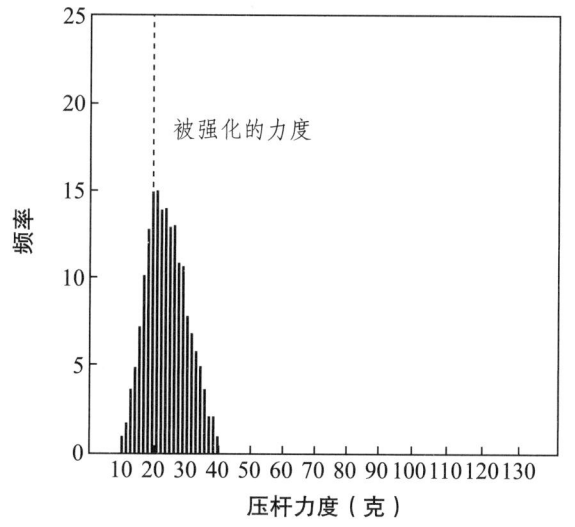

图 8.3　对 20 克压杆反应做差别强化后的频率图

不错。现在你让鲁道夫有了一些力度超过 35 克的压杆反应，你现在可以把标准提高到 35 克了。你知道你是能够成功的，最频繁出现的压杆力度将会是 35 克

左右，但也会出现一些超过 55 克的压杆反应，也就是说，你可以将标准提高到 55 克。如此下去，直到鲁道夫能达到 100 克的力度目标。你最终的结果有可能如图 8.4 所示的那样。

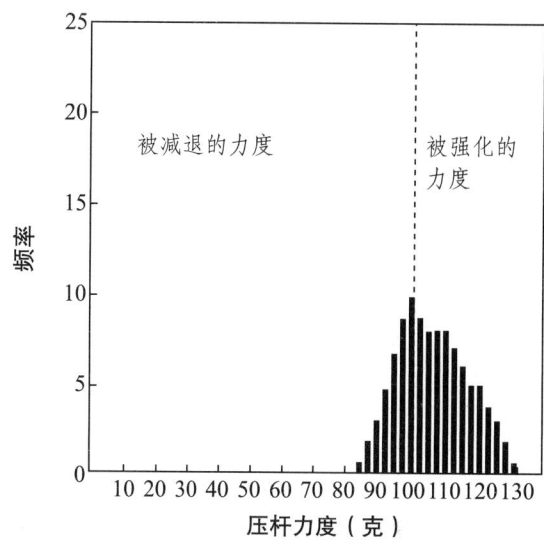

图 8.4　对 100 克压杆反应做差别强化后的频率图

你终于成功了！现在，通过强化进行的塑造得到了令人惊叹的 100 克压杆力度——在这一系列的差别强化程序中，你逐步提高力度标准。（实际情况中标准的提高速度很可能比这几张图所表示的还要快。你可以以更小的步伐增加中间等级，而在每个等级上停留的时间短一些，只要保证力度略高的反应能有一定的出现频率就好。）

问题

如何运用强化依联塑造鲁道夫用 100 克的力度来压动杠杆？

斯金纳箱：实验行为分析
通过惩罚进行的塑造

假设要运用差别惩罚，而不是使用差别强化来塑造 100 克的压杆反应，你首先需要用强化程序让压杆反应出现。可以使用食物作为强化物，而且要让食物强化贯彻整个差别惩罚程序，否则，压杆行为就会消失。

然后，你对力度小于 20 克的压杆进行差别惩罚。当鲁道夫用小于 20 克的力度压杆时，在放开杠杆的时候他能得到食物，还会得到一个厌恶的大声响；而当它用 20 克以上的力度压杆时，它只会得到食物，没有大声响。当它能够稳定地用 20 克以上的力度压杆时，你将标准提高到 40 克。这时小于 40 克的压杆力度会得到食物，还会得到大声响。当鲁道夫达到新标准的要求时，你就逐步提升标准，直到它能够用 100 克的力度压动杠杆。

问题

1. 如何运用惩罚依联塑造鲁道夫用100克的力度压动杠杆？

2. 为了用惩罚塑造鲁道夫用100克的力度压动杠杆，需要在整个塑造程序中一直贯彻强化依联吗？为什么？

对比

塑造与塑型

苏刚进入比格斯特大学时，住在学生宿舍，随后，在那里，她也不例外地陷入了传说中的"新生长肉15斤"的魔咒里——住宿舍吃食堂的新生体重都会增加15斤。大学二年级时，苏搬出了宿舍，可是身上的这15斤肉依然跟随着她。

苏可不想就这么把这15斤肉永远带在身上，她要采取行动了，她开始了塑型运动。她从朋友那里借来了一套最流行的健身操DVD。起初，她跟着录像做运动，只做到一半时，就会精疲力竭地一头栽倒在沙发里，气喘吁吁。

但是她坚持下来了，一天又一天，她的运动时间和运动强度都在增加。几个月之后，她能一口气跟着录像做完全套练习，也根本不再需要什么沙发了。她的健身运动强度已经能与片中的教练员相媲美了。哦，再加上她还执行了1200卡的节食计划，终于，苏的体重减回去了，她又能穿上自己高中时代的牛仔裤了。

问题

这是一个塑造的例子吗？

我们的答案

不是。进行形体塑造可不同于塑造行为。在这个例子里，苏在生理上或多或少无法给予足够的支撑，她的健身运动只做到一半时就会精疲力竭。她的手臂和腿部都缺乏足够的力量，她的心肺也缺乏足够的供氧能力。在前面讲到的几个案例里，安德鲁拥有说话所需的肌肉能力；迪基具有戴上眼镜的生理能力；梅拉妮也拥有用正常音量说话的生理能力；朱克也具有头倒立的生理能力。

梅拉妮的失音症是说明这种区别的一个很好的例子。她是否缺乏足够强壮的肌肉让她能发出比喃喃细语更大的声音呢？如果是的话，那么班斯和弗里丁格就是在对她的身体进行塑型。或者，梅拉妮是否缺乏大声说话所需的技能或必要呢？如果是的话，那么他们就是在对她的行为进行塑造。（我们有理由认为，塑造的是她的行为，而不是她的生理机能，因为仅仅通过10节课她就能够以正常的音量说话了，而对于生理机能的塑造，这个过程太短了。）

我们再换一个角度来看。差别强化是塑造的基石。没错，差别强化塑造了苏的体育技能，但并未塑造她的肌肉。强化、差别强化以及由此构成的塑造，增加了一个反应类出现的可能性，而有机体已经具备了表现出该反应类的生理机能上的先决条件。身体塑型塑造出的是一个反应类在生理机能上的先决条件。类似地，苏经过几个月的训练能够很快跑下1500米的路程，在这里，成功很大程度上源于她肌肉力量的增加，这是生理塑型，不是行为塑造。没错，我们可能在两种场合都会使用到"塑造"这个词，没错，这两个过程也是很类似的，但它们一个是心理学上的，一个是生物学上的。如果哪一天你的教授让你举一个塑造的例子，你可别举那种生理机能的塑造哟。

问题

1. 塑造与塑型是一回事吗？
2. 解释你的答案。

对比：斯金纳箱

塑造与行为串链（D-06）

在第20章里，我们才会正式地引入**行为链**（behavioral chains）的定义，它是指一系列用接头刺激（connecting stimuli）连接在一起的反应。例如，在斯金纳箱里，鲁道夫的压杆反应就包括了一个行为链：鲁道夫抬起头并看向那个杠杆；它走到杠杆跟前并近距离地看着它；它抬起自己的前爪，伸过杠杆并以一个新的角度看着杠杆，并且感受到自己后脚站立而带来的本体感觉刺激；它压下杠杆并听到了水槽里水滴的声响；它走进水槽并近距离看着它；它低下头舔舐并得到了滋味甘甜的、愉悦灵魂的、具有巨大强化效力的水滴。因此，当你训练鲁道夫压杆时，其实你是在打造一个缜密周详的行为链，而远远不止压一下杠杆那么简单。关于这一点，我们将会在第20章里进行深入的讨论，这里我们要提到它是因为区分塑造与串链很重要。

如今，经常有人会错误地把压杆训练程序称为塑造，但其实它不是，它是串链（chaining）或者训练一个行为链（training a behavioral chain），因为这涉及的是将一系列不同反应（反应类）从行为上串接在一起（例如，看向杠杆，接近杠杆，压动杠杆，接近水槽，以及舔舐水滴）。

当然，你也可以在训练压杆反应的过程中进行塑造。例如，跟我们一样，在没有必要的情况下，鲁道夫同样会尽可能地少做事，因此，如果你允许，他会只做出最轻微的压杆反应，只是用一只爪子摸一下杠杆，只要这样做也能够产生具有强化效力的水滴就行。但是，我们发现，这样轻微的压杆反应会让我们之后的实验做起来效果并不太好；我们还发现，实验效果更好的是那种真需要花点儿力气的压杆，就是那种鲁道夫双爪下压，力量让斯金纳箱都为之一振、让周围邻居对其产生的噪音都要抱怨的那种。当然，要想获得这种好的表现，必须塑造该反应，逐渐地提高力度标准，直到鲁道夫能够振动整个笼子。

所以，我们应该把塑造这个术语留给这样一种程序。在这个程序中，我们对于同一个反应类（比如下压杠杆）运用一系列的差别强化程序，对于该反应类我们沿着某个反应维度（比如压杆力度）逐渐改变要求。当我们针对一个由截然不同的反应组成的序列（比如接近杠杆，然后压动杠杆）时，我们应该使用的术语是串链或者训练一个行为链。

因此，当你原创一个塑造的例子时：

- 要确保你只针对一个反应类（不是由截然不同的反应构成的行为链）。
- 而且要沿着某个反应维度渐进地改变要求。

对比塑造与反应串链

	塑造	反应串链
几个截然不同的反应（反应类）	否	是
行为沿着某个单一反应维度而改变	是	否
斯金纳箱的例子	增加压杆力度	走近杠杆，压动杠杆，走近水槽

问题

请解释为什么"塑造压动杠杆"这一说法通常是错误的；再说说涉及压杆训练的塑造其实是怎样的。

希德的学术讨论课

汤姆：我就是不理解塑造与行为串链有什么不同。我是说，我很清楚斯金纳箱里的实验例子，可是在人类身上我就搞不懂了。你们谁能讲清楚这两者的区别吗？

希德：汤姆，我很高兴你提出这个问题。我们在人类身上也有很好的例子。汤姆，你现在就是实验对象，大家有谁愿意来塑造他的行为吗？

伊芙：好啊！这么好的实验机会我可不想错过。我来！

希德：好。我们下面要这么做。汤姆一会儿要离开这间教室，然后同学们一起想出一个行为来，我们塑造它。当汤姆重新走回教室时，伊芙就用敲击自己课桌的方式来强化他的每一个逐步接近目标行为的反应。这里我们预设敲击课桌的声音是一个强化物。这样好吗？

汤姆和伊芙：好！

（汤姆走出了教室。）

希德：现在大家说我们打算塑造怎样的反应呢？

乔：我觉得我们应该来点儿复杂的，比如，让他走到课桌那里坐下。

伊芙：可是乔啊，这是行为链啊。走到课桌那儿，再坐下，这涉及两个不同的反应类啊。

乔：哦，是啊。那你打算塑造什么行为呢？

伊芙：让他举起左手，怎么样？这里逐步接近的反应将会属于同一个反应类。

希德：我觉得听起来很不错。我去叫汤姆进来。

汤姆重新走进教室，走向教室中央。他一边走，一边轻微地摇摆着自己的手臂。伊芙则敲响了自己的桌子。汤姆夸张地重复了自己的动作，将自己的左臂和右臂摆动得更大了。伊芙再次敲响了课桌。汤姆站在那里，尽力地摆动自己的右腿。什么声响也没有。随后，他高高抬起了自己的左臂，伊芙敲响了桌子。他将自己的左手完全举了起来，伊芙再次敲响了课桌，全班同学也随之鼓掌欢呼起来。

伊芙：很好，汤姆，我们塑造的就是举起左手。

汤姆：你成功地塑造了我逐步接近举起左手的反应。这点我懂了，但是，行为链又是怎样的情况呢？

乔：这个问题我可以回答：我之前在此也犯糊涂。在我们塑造夸张的手臂摆动这些逐步接近最终行为的反应时，每一次接近的反应与前一次相比都会有略微的变化，摆动得会更为夸张一些。但是，如果我们愿意，我们也可以强化行为链，可以强化几个来自截然不同的反应类中的反应——比如走向一把椅子是一个反应，转过身来又是另一个截然不同的反应，然后再坐下来，这又是一个与前两者截然不同的反应。坐下来与前面的转过身来相比，并非仅有略微的变化，它们是完全不同的两个反应。但是，我们可以将这三个独立的反应串接起来，形成一个行为序列，这就是我们说的行为链。

汤姆：太棒了！我现在明白其中的不同之处了。我现在认为塑造与行为串链之间的不同之处在人类身上也是适用的。

问题

举出一个"人类学生"身上的例子，说明塑造与行为串链的不同之处。

> 在 DickMalott.com 网站上，你还将读到：
>
> 第 8 章　高级学习目标
> 第 8 章　高级进阶
> 罗恩和戴比

第二部分

动因

第 9 章　非习得性强化物、非习得性厌恶刺激和动因操作

第 10 章　特殊的动因操作

第 11 章　习得性强化物与习得性厌恶刺激（条件强化物与条件厌恶刺激）

第9章 非习得性强化物[①]、非习得性厌恶刺激和动因操作

行为分析师认证委员会第4版任务清单

E-01　运用基于前提操作（例如，动因操作与区辨刺激）的干预。

E-10　运用普雷马克原理。

FK-17　非条件强化

FK-19　非条件惩罚

FK-26　非条件动因操作

基础知识

概念

非习得性强化物与非习得性厌恶刺激（FK-17）（FK-19）

希德的学术讨论课

希德：在接下来的两章里，我们会对付心理学家常常提到的一个概念：动机。本章的主要内容是关于**非习得性强化物**（unlearned reinforcers）与**非习得性厌恶刺激**（unlearned aversive stimuli）。在此，我不得不提醒你们，这一章也许是本书最难的一章，我们需要多花点儿时间来学习。

乔：想来本书后面一定还会有一章，标题叫作习得性强化物与习得性厌恶刺激喽？

迈克斯：废话，第11章就是，我都翻到了……

乔：我当然也看到了，迈克斯。那么，非习得性强化物就是说那种不需要人们学习就已经是的强化物喽？也就是说，对于这种刺激或事件，人们具有与生俱来的能力，能用它强化自己的行为。

伊芙：比如食物和水。我们天生就具有被这些实物强化自己的行为的能力。

迈克斯：而且显然，我们并未从父母身上天生地继承那种可以被5块钱强化行为的能力。就是说，这5块钱一定就是习得性强化物喽？我猜它之所以能成为强化物，是因为你可以用这5块钱去买其他强化物。

希德：没错。我们会在后面的第11章里讨论习得性强化物。现在，让我们先看一看非习得性强化物的定义。

> **定义：概念**
>
> **非习得性强化物（非条件强化物）[Unlearned reinforcer (unconditioned reinforcer)]**
>
> ・作为强化物的一个刺激，
> ・它不需要与其他强化物匹配。

希德：好了，我们现在上路了，这一章的学习已经开始了。

希德：在这一章里，我们会涉及一些话题，它们都是在传统心理学中被称为动机的内容——是什么激励人或动物去做事？又是什么影响到他们被激励的程度？然而，传统心理学里的动机这一概念本身是模糊不清的，我们需要引入一些更为精细具体的术语。

> **定义：概念**
>
> **非习得性厌恶刺激（非条件厌恶刺激或非条件惩罚物）[Unlearned aversive stimulus (unconditioned aversive stimulus or unconditioned punisher)]**
>
> ・一个厌恶的刺激，
> ・它不需要与其他厌恶刺激匹配。

[①] 我们在本书第21章之前，不会讨论操作式条件作用（operant conditioning）与应答式条件作用（respondent conditioning）这两个概念及其差异。同时，在本章的学习讨论范围内，我们会尽量避免使用条件化（conditioned）与非条件化（unconditioned）这两个术语。这样做的目的是让读者更容易掌握内容，否则，内容会比现在的还要难。因此，我们在此使用习得性（learned）与非习得性（unlearned）来替代条件化与非条件化。但随着我们逐渐接触到传统的心理学方法，我们也会引入条件化这个术语，更为重要的是，这也与BACB的要求保持了一致。

问题

1. 名词解释：非习得性强化物，并举例说明。
2. 名词解释：非习得性厌恶刺激。

概念

剥夺与餍足

梅与同事们在罗沙·帕克斯学院里最初开始帮助吉米的时候，他们需要使用一些坚实有力的非习得性强化物——主要就是食品。在提供食品强化物的情况下，吉米的学习表现在餐前要好于餐后。换句话说，比起吉米较饱的情况下，当他有点儿饿的时候，强化物更有效力。相比他有些餍足时，在吉米被剥夺少许食品的情况下，强化物更有效力。使用食品强化物时，有点儿饿（被剥夺少许食品）会在两个方面显得更为有利：

- 对于在此之前已经通过使用食品强化物而掌握的行为，食品的剥夺会促进/增强吉米的**表现**（performance）。
- 对于用食品作为强化物的新的行为，食品的剥夺会促进/增强吉米的**学习**（learning）。

我们通过示意图讲解一个典型的教学课程：使用强有力的、非习得性食品强化物对于教学很重要，因此，吉米的很多教学时段都安排在延长的早餐和午餐时段中。

伊芙：吉米，摸你的鼻子。（吉米之前已经掌握了在老师要求下摸鼻子的技能。）吉米完成了。

伊芙：吉米真是个好孩子！（同时喂给了他1/4勺的燕麦牛奶粥。）

伊芙：吉米，摸你的嘴巴。（如此这般，都是些早先已掌握的项目……）

然而，随着早餐临近结束，吉米已经吃饱了燕麦牛奶粥，他已经有点儿**餍足**了①。

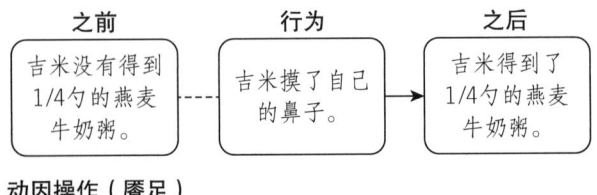

① 在餍足的示意图中，我们去掉了连接"餍足"与"行为"文本框之间的箭头，因为不想让读者误以为餍足导致了行为。实际上，餍足很可能阻止了行为。在剥夺的示意图中，也许我们最好也去掉那个连接"剥夺"与"行为"文本框之间的箭头，不过我们没去掉，至少在这版里还没去掉。

这样，吉米的反应潜伏期增加了，老师需要向他重复下达指令，甚至需要给予一些肢体辅助。也就是说，餍足与吉米的行为**表现**下降有关。

不仅如此，如果伊芙在早餐快结束时开始教一个新的反应，比如，摸耳朵，那么这些食品强化物就不再非常有效力了——这也是餍足带来的损失。换句话说，吉米第二天很可能仍然不会做出摸耳朵的反应，该反应频率会很低。但是，假如伊芙在早餐开始时就教摸耳朵的反应，那时候吉米显然尚处在食品剥夺的状态。

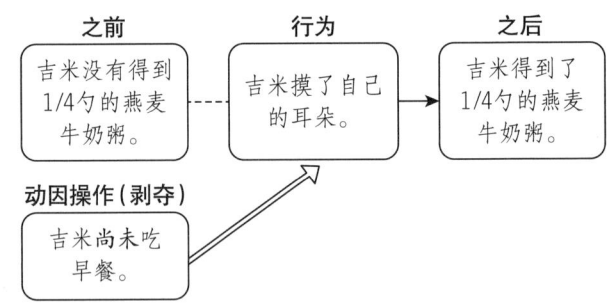

这样的话，到了第二天，至少在没吃早饭之前，吉米很可能对伊芙摸耳朵的所有或大部分指令都能做出正确反应了。教学时的餍足会挫败吉米的**学习**，而剥夺则会促进他的学习。因而，我们得出：

定义：概念

剥夺（Deprivation）

- 扣住强化物，
- 从而促进相关的学习和表现。

这里，所谓**相关的**学习和表现，是指：

- 正在学习的反应是一个能够为**被扣强化物所强化的反应**。
- 之前已经掌握的反应表现是一个能够为**被扣强化物所强化的表现**②。

我们所谓的强化物引发了**学习**是指，以前依联性地呈现该强化物，导致该反应现在更频繁地出现。③

因此，我们所说的剥夺会**促进**学习和表现的意思是：

---

② 尚不确切地知道剥夺对于相关的学习（正在学习的反应是一个能够为被剥夺强化物所强化的反应）有着具体怎样的影响。也许有机体必须在被充分剥夺该强化物的情况下才会去消费该强化物，但是，进一步的剥夺并不能增加该强化物的影响，至少目前我们没有看到这方面的数据支持。不过，剥夺确实会影响到先前被强化的，也就是先前习得的行为的表现频率。

③ 请注意：真要对先前的强化做测验的话，可以停止强化目前的反应，看看反应是否不管怎样都会频繁地出现——至少一直停止到消退过程已经完全发生为止。如果没有目前的强化该反应依然频繁地出现，那么，这个高频反应必定是归因于先前的强化，因为没有任何目前的强化了。

- 强化中的剥夺将在未来这个被强化的反应的频率上，增加该强化物的呈现所带来的影响——**学习**。
- 而且，在该反应的表现中的剥夺会增加先前被强化的反应，即曾经习得的反应的频率——**表现**。

请注意，当我们说表现时，它是指先前被强化的反应的表现，是指在我们再次强化这个反应之前的表现。

简要说就是："你学了，你会了，你可以表现一下了。"在这里，先前的强化物导致你当初去学习一个反应，而你如今可以表现出这个反应。

喔~喔~喔~，上面这几段，你也许得翻来覆去地读上好几遍，因为这些内容的确有点儿难。

不用说，与这个剥夺原理相对的，肯定还有一个关于餍足的原理。

定义：原理

餍足（Satiation）
- 消费足够量的强化物，
- 从而减弱相关的学习和表现。

关于餍足的内容，肯定会让你感到同样的头疼。如果鲁道夫在短时间内消费了大量的食品强化物，那么它就会"太饱了"，那时它也就不会再去消费了。因此，在接下来的一段时间内，食品不再是一种有效的强化物，不能引发更多的**学习**了；而且，在一段时间里，鲁道夫对于先前产生该食品的压杆反应，也会**表现**得不那么频繁。请注意，食品的餍足效果是暂时的，到了第二天（假设鲁道夫在此期间一直未曾吃东西），食品又成为一个有效的强化物了，这样，鲁道夫会像它在吃了大量食品而达到餍足之前那样，又**表现**出同样的高频率压杆反应了，那可以产生食品。也就是说，餍足不同于消退，消退虽然会有自发性恢复的情况，但鲁道夫**不会**出现消退之前那样高的反应频率了。

（发音练习：**餍足**的英语单词 satiation，应该发 say-she-ay-shun。动词形式是 satiate，应该发 say-she-ate，就像说 "Say, she ate a monstrous meal"。英语语法：我们使用**剥夺程序**或者**餍足程序**，就某种强化物去剥夺或餍足鲁道夫。随后，它对于这个强化物处于**被剥夺**或者**被餍足**的状态。瞧瞧，我们的语文能力好生了得。）

另外，你对伊芙只给那么少的强化物（1/4 汤勺的燕麦牛奶粥）怎么看？为什么她不给吉米满满一大勺呢？这是因为：

A. 基于餍足的原理；
B. 她不想让吉米的学习过分依赖于燕麦牛奶粥；
C. 吉米不值得奖励那么多；

D. 基于塑造的原理。

与一次给一满勺相比，如果每次只给吉米 1/4 汤勺的燕麦牛奶粥，就可以有大约 4 倍的强化学习的机会。伊芙想赶在餍足效应出现之前，尽可能多地提供学习机会。在我们的孤独症干预中心里，工作人员会花很多时间将大块的薯片分割成小块，或者把整粒的 M&M 豆切成四分之一块。

问题

1．名词解释：剥夺的原理，并举例说明。
2．名词解释：餍足的原理，并举例说明。

餍足的例子：实验行为分析

性[①]

如果你把一只公兔子和一只母兔子放在一起，它们要做的第一件事会是什么？交配。也许你早就听到过英语当中的一个俚语，叫作像兔子一样交配。好了，接下来，它们要做的第二件事情是什么呢？还是交配。接下来它们做的第三件、第四件事情呢？嘿嘿，你瞧瞧这些兔子们的小日子过得多么富有激情呀！将一对兔子放在一起，在头一个小时里，它们俩可能会交配 15 次。

兔子伴侣就这样，会一直交配下去。你知道它们会持续多长时间吗？有的时候，它们会持续超过 17 个小时。你听到这些之后，是不是觉得自己的身体有点儿虚弱？（当然，这个问题我可不会乱问的噢，我只会有分寸地问那些已婚人士。）好吧，你自己也别太难过了。第一个小时才可以算兔子们的辉煌时刻。它们俩在那之后，要花上 5~10 个小时才能再交配 15 次。也就是说，它们的交配间隔会拉得越来越长，直到最后，它们终将慢下来。这时候，我们人类的步伐也终于能追赶上它们啦。

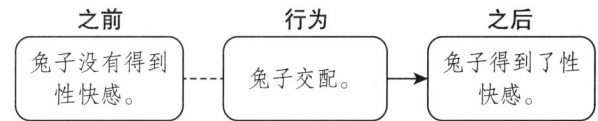

1．兔子交配频率下降，这是一个怎样的例子？
A. 剥夺
B. 餍足
C. 上述两者都不是

[①] 改写自 Rubin, H. B. (1967). Rabbit families and how they grow. *Psychology Today*, December, 50-55; Bermant, G. (1967). Copulation in rats. *Psychology Today*, July, 53-61.

2．在这个例子中，餍足的减弱效果会显示在哪个方面？

A．学习

B．表现

C．上述两者都不是

更多的例子

餍足、剥夺以及强化依联的有效性

一条原理，比如这个餍足原理，要想成为一条基本原理，通常必须在各式各样的情形下都能适用，还须对各个物种都能适用。餍足在此毫无问题。如果老鼠刚刚喝了很多水，那么学习新技能时，水作为强化物的有效性就会变低。而且，老鼠刚刚喝的水越多，它先前已经习得的某项反应，此时的表现也就会越差，出现频率就会越低。例如，老鼠表现出被水强化的压杆动作，其执行的间隔期会越来越长，因为老鼠已经喝了很多水了。

请你将下面这个示意图中空白的部分填上。

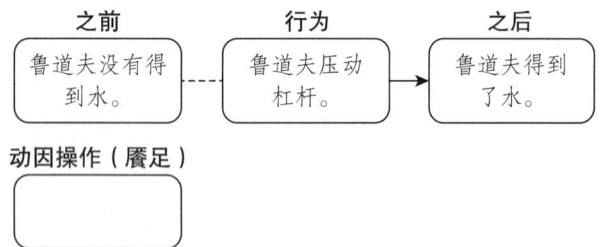

同样的情形也会发生在用食品强化啄击按键行为的鸽子身上。回过头再来看看你自己，看看你往嘴里夹菜的频率。当你即将酒足饭饱的时候，你会发现自己被食品强化的这个夹菜反应越来越慢了，因为你已经吃得差不多了。

所幸餍足并不会永远持续下去，无论对兔子、老鼠、鸽子，还是对人，性刺激、食品和水最终总会重新恢复它们作为强化物的原有的有效性。也就是说，如果停止提供强化物一段时间（剥夺），我们就能重新建立起该强化物的有效性。

在一定范围内，剥夺越大（没有强化物的时间越长），这个强化物就越有效。对老鼠来说，在完全餍足后几天里，性刺激就又会成为一个有效的强化物，支持它去学习新反应；而且，老鼠又会表现出先前已经习得的可以带来性刺激的反应。用食品和水作强化物时，无须太多的剥夺时间，就可以让老鼠从餍足的状态中恢复过来。

请你将下面这个示意图中空白的部分填上。

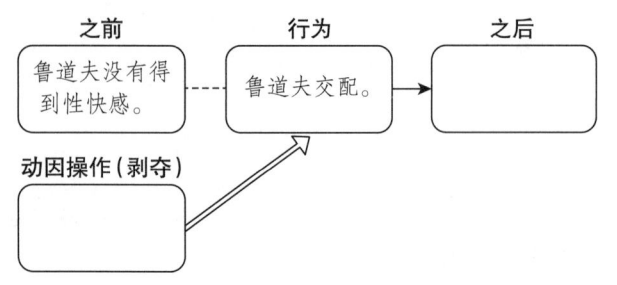

餍足、剥夺以及处罚依联的有效性

对于去除强化物而形成的处罚依联，虽然在此方面的研究并不多，但是，剥夺和餍足同样应该能够影响到处罚依联中的学习和表现。例如，我有一些挺令人讨厌的小动作，耸肩和拉伸脖颈儿。现在请设想一下，我的朋友们做出决定，在我与他们一起吃饭的时候，每当看到我做出这些标志性的小动作，他们就立刻把我面前那碗香喷喷的大米饭拿开 60 秒钟——这是一个罚时出局的处罚依联，暂时去除了一个食品强化物。

再假设，我已经好长时间没有吃过任何东西了——严重的**剥夺**，那么，这个处罚依联就会**增加**我的学习速度，我的小动作的频率就会**迅速降低**。而且，这个处罚依联会将我这个臭名在外的小动作的表现抑制到一个非常低的水平。

再来，假设就在出席这场被几位朋友监督的会餐之前的几分钟，我刚刚吃了满满一大碗的羊肉泡馍——严重的餍足状态下，那么，此时这个处罚依联就会**降低**我的学习速度，我的小动作的频率只会**缓慢降低**。而且，这个处罚依联也**不会**将我这个臭名在外的小动作的表现抑制到一个非常低的水平。也就是说，和强化依联一样，剥夺会提高处罚依联的有效性，而餍足会降低处罚依联的有效性，无论是在学习方面还是在表现方面。

动因操作[①]（FK-26）

请注意，涉及某个强化物的剥夺与餍足程序都会对

[①] 我们与时俱进，将原来通用的建立型操作（establishing operation）替换为当前更为常见的动因操作了。根据迈克早先对建立型操作的定义，拉勒韦等人将动因操作含蓄地定义为一个环境事件、一个操作或者一个刺激条件，它会对有机体产生影响，影响的方式是暂时地改变（a）其他事件在强化上的有效性，以及（b）这样一类行为的出现频率，该类行为之前的后果就是那些其他事件。我的意思是，我们的定义与拉勒韦说的是同一回事，只不过我们用了更直观的方式。我们所说的"学习"和"表现"相当于他们所说的"功能改变"和"行为诱发"。有关建立型操作的更多细节，参见 Michael, J. (1993). Establishing operations. *The Behavior Analyst*, 16, 191-206. 有关动因操作的更多细节，参见 Laraway, S., Snycerski, S., Michael, J., & Poling, A. (2003). Motivating variables and terms to describe them: Some further refinements. *Journal of Applied Behavior Analysis*, 36, 407-414.

拉勒韦和他的同事们将动因操作分成了两个不同的类型：第一种叫**建立型操作**，它是对诸如剥夺这类变量的通用叫法，它可以增加涉及某个特定的强化物或厌恶刺激的学习和表现。第二种叫**废除型操作**（abolishing operation），它是对诸如餍足这类变量的通用叫法，它可以降低涉及某个特定的强化物或厌恶刺激的学习和表现。但为了让我们本书中的术语尽量简单些，我们就只使用动因操作这个广义的术语，它既指建立型操作，也指废除型操作。

（动因操作这个概念是本书中最难理解的概念之一。如果你需要更多的帮助，请登录 DickMallott.com 网站，在《行为原理》的第 9 章，"高级学习目标"一节中有更多的学习内容。）

学习和表现产生影响。由此，我们引出一个更通用的概念——动因操作（motivating operation），它既包括剥夺，也包括餍足，还包括其他的一些程序，关于这些程序，我们会在下一章里讲到。

> **定义：概念**
>
> **动因操作（Motivating operation, MO）**
> - 一个涉及某个强化物或某个厌恶刺激的、
> - 会影响到学习和表现的程序或条件。

剥夺与餍足是最常见的**动因操作**。我这里还可以给出另外一些动因操作的例子，会影响水作为强化物的有效性：剧烈运动、高温以及吃了高盐的食物，这些都会导致脱水，从而增强水的强化价值。动因操作对各类强化物都有影响，这种影响不仅仅存在于实验室里，也存在于我们的日常生活中。

上面的示意图中有一点需要说明一下：在吉米和鲁道夫的例子的依联示意图中，我们画出了另外的一个文本框，这个文本框位于"之前条件"的下面，标示了相关的动因操作，如餍足或者剥夺。除本章之外，我们在本书的其他地方一般不会在示意图中画出动因操作的文本框，但是，这并不意味着没有动因操作在起作用。为了强调示意图中的其他重要部分，我们不会聚焦在动因操作上，但是，在每一个例子中，你都有可能需要考虑动因操作是如何产生影响的。

反身性动因操作

通常，餍足与剥夺并不适用于诸如电击这样的厌恶刺激，例如，在一个逃避依联里所使用到的电击。对于电击这样的厌恶刺激，相关的动因操作只是简单地打开电击（呈现厌恶刺激），这里不存在剥夺和餍足，而在这些情况下，将动因操作与行为之前条件视为一回事才更合理。因此，你无须单独画出一个文本框来表示餍足或剥夺这个变量，而只需简单地在"之前条件"的文本框中标出"电击打开"，这同样能够表示动因操作。我们把这类动因操作称为**反身性**动因操作（reflexive motivating operation）。

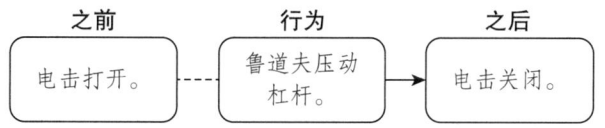

不能说原则：再次提醒

不要说"鲁道夫在星期二会立刻去压动杠杆，因为他知道一压动杠杆就能得到水"，也不要说"鲁道夫在星期二会立刻去压动杠杆，因为他在星期一已经学会了一压杠杆就能得到水"。

那该怎么说呢？你应该说得尽量简单些："鲁道夫在星期二会立刻去压动杠杆，因为星期一时他的压杆得到了强化。"此外，要是你需要紧扣本章的内容，可以加上一句："它在星期一和星期二两天里都被剥夺了水。"

你还要小心，不要说"汤姆吹牛是因为他知道这种吹牛能让自己获得关注"，同样，也不要说"这是因为他学会了从这种吹牛中让自己获得关注"。

那么，你该怎么说呢？还是要尽量简单点儿，只说："汤姆会频繁地吹牛，因为一些蠢货曾经强化了他的这个行为。"

没错，也许汤姆知道导致自己吹牛的行为依联，但很有可能他并不知道。事实上，更大的可能是，汤姆根本就没意识到自己被大多数人视作一个爱信口开河的牛皮匠，他甚至不知道这给自己在结交女朋友的过程中带来了多少麻烦。在生活中蹒跚前行时，我们通常并没有意识到那些控制自己行为的依联，甚至都没有意识到我们的一系列行为，某些人将这些行为组合在一起，定义为我们的"人格"。对此，你感到意外吗？

问题

1. 举例说明动因操作中的剥夺和餍足，说明它们对于涉及强化依联的学习和表现是如何产生影响的。

2. 换作处罚依联的情况，请你像上一题一样，举例说明。

概念

强化物和厌恶刺激的性质

我们前面已经看到了动因操作，比如剥夺和餍足，是如何影响学习和表现的，这些学习和表现涉及某个**特定**的强化物或厌恶刺激。不过，这些**特定**的强化物或厌恶刺激，其本身的变化当然也会影响到学习和表现。

例如，在帮助吉米的工作中，通常，强化物的数量越多，依联性地给予该强化物也就对促进学习越有效。但是，不久之后，你就会到达一种收益下滑的状态，再提高强化物的数量也不会产生更多的促进学习了。如果加大每个回合的强化物数量，那就会增大餍足程度，因而也就会让梅及其同事对吉米进行的干预教学回合减少。这也是为什么最佳的一般策略是要将强化物大小保持在很小但又不能太小的水平上——每次只给予一小点儿食品强化物。在我们与孩子们打交道的实际工作中，我们只使用小颗粒的 M&M 豆，甚至会将小糖豆再分切成小半块来用。我们当然不会对孩子的每一个反应都奖励一大把糖豆的。

类似地，强化物的质量也很重要，它也是决定强化物影响学习和表现程度的一个因素。例如，不是所有食品都有同样的价值。你觉得对你自己来说，奶油圣代和煮白菜，哪一个是更有效的强化物呢？

问题

1. 假设你使用食品作为强化物，教一个孤独症孩子学认身体部位，你该选用多大量的强化物呢？为什么？

2. 接下来，我们该说说这个了：非习得性厌恶刺激——请你给我举个例子吧。

普雷马克原理的案例：教育心理学

幼儿园[1]

摇铃响了起来，老师大喊："跑起来呀！叫起来呀！"3 岁大的孩子们从自己的座位上跳下来，一边跑着一边叫喊着。两分钟的剧烈活动之后，摇铃又响了。这回，老师要求孩子们都回到自己的座位上去，安静地坐在桌旁，眼睛看向黑板。小朋友们眼望老师，听她在黑板前接着讲课。过了几分钟，摇铃又响了起来，老师坐到了自己书桌旁的椅子上，她说："好啦，现在到了你们可以过来推我的时候啦！"于是，小朋友们一边笑一边喊着冲过来推她。他们推着坐在椅子上的老师满教室绕圈。两分钟之后，摇铃再一次响起，老师又带领着孩子们坐回到座位上，继续讲课。当摇铃再响起来时，老师允许小朋友们去踢翻垃圾筐，再后面还允许孩子们在教室里扔塑料杯子。这样的情形持续了将近 3 个小时。老师掌控着全班的小朋友，让他们集中在学业上的时间长度超过了通常所能达到的长度。之所以取得这样神奇的效果，是因为她允许孩子们开展各式各样"无法无天"的自由活动，然后再组织大家回到学业任务上来。当然，只有孩子们行为得当（坐下来认真听讲）并且努力学习，她才会允许他们进行那些快乐的活动。老师是摇铃和活动的主宰，也就是说，游戏依联学业任务。

这所幼儿园可不是一开始就这样的。起初，老师的指挥对孩子们的行为几乎没有影响。当老师要求孩子们坐回自己的座位上时，这帮小家伙常常会继续在教室里疯跑乱窜，有的高声尖叫，有的推翻桌椅。但是，执行这个程序才几天，孩子们就变乖了。比如，当老师要求孩子们坐回座位看向黑板的时候，他们做得比大孩子还要好。

无疑，孩子们的行为乖巧是因为老师强化了他们正确的教室表现。这个程序最大的亮点就是她所使用的奇异的强化物，比如，扔塑料杯子，大喊大叫。有谁会想到这些活动会是强化物呢？

强化物的筛选非常有趣。这位老师用捣乱行为去强化得体的学业行为。当小朋友们第一次来到这个班时，即便有老师在一旁督促他们安静地坐好，他们也是捣乱的时候多，学习的时候少。看来，捣乱比静坐听讲更具有强化效力。老师用孩子们平时更经常自发做出的行为强化他们平时不大出现的行为——这的确有效（依联的、更讨孩子喜欢的捣乱活动强化了不讨他们喜欢的学业任务）。这就是普雷马克原理（Premack Principle）的一个很好的范例。

原理

普雷马克原理[2]（E-10）

为什么有些东西具有强化效力，而另一些却没有？多年来，心理学家一直在通过各种实验试图解答这个问题。最后，他们提出了各式各样的理论，但没有哪一个能解释所有的数据。

大卫·普雷马克（David Premack）博士另辟蹊径。他不讨论具有强化效力的事件或刺激，而是从具有强化效力的活动入手。他不把食品视作强化物，而是把吃食品当作一个具有强化效力的活动。他认为，更经常出现的活动可以强化不那么经常出现的活动，正如上面的捣乱游戏可以强化学业行为，只要让游戏依联学习就行。

假设一只被剥夺水的老鼠在实验仓里，平时花在喝水上的时间要多过它压杆的时间，那么，我们就可以用喝水的机会来强化并维持它的压杆行为。再假设，一只被剥夺食物的鸽子，平时花在吃食物上的时间要多过它啄击塑料反应键的时间，那么，我们就可以用吃食物的机会来强化和维持它啄击反应键的行为。

同样，疯跑乱叫强化并维持了孩子们安静地坐在桌旁认真注视黑板的行为。

注意，普雷马克说的并不是通用的强化物——并不是说有一些活动可以强化其他所有的活动。他说的只是某个特定的活动可以强化另一个活动。在说明一个活动是否具有强化效力时，我们必须要考虑自己所希望强化的反应。阅读这本《行为原理》的频率可能要高于阅读

---

[1] 改写自 Homme, L. E., Debacha, P. C., Devine, J. V., Steinhorst, R., & Rickert, E.J. (1963). The use of the Premack principle in controlling the behavior of nursery school children. *Journal of Experimental Analysis of Behavior*, 6, 544.

[2] 改写自 Premack, D. (1965). Reinforcement theory. In D. Levin (Ed.). *Nebraska symposium of motivation* (pp.123-128). Lincoln, NE: University of Nebraska Press.

其他教材的频率，但是，与哥们儿一起出去玩的频率可能还高于阅读本书呢。因此，我们可以预计，与哥们儿一起出去玩可以强化阅读本书的行为，阅读本书可以强化阅读其他书的行为。

> **定义：原理**
>
> **普雷马克原理（Premack Principle）**
> - 如果一项活动的发生频率高于另一项，
> - 那么，进行高频率发生的活动的机会
> - 可以强化低频率发生的活动。

在用猴子进行的实验中，普雷马克展示了不同活动的相对强化效果。他选取了4种活动：推动杠杆、拉动活塞、拍动合页和开关一扇门。他发现，发生频率最高的活动可以强化发生频率中等的活动。也就是说，中等发生频率的活动会增加，只要普雷马克立刻跟随给予猴子进行最高发生频率的活动的机会。他还证明了进行中等发生频率的活动的机会可以强化低发生频率的活动。

这样，普雷马克给出了本节开头提到的那个理论问题的答案，为什么有的东西具有强化效力？一项活动之所以具有强化效力，是因为它发生的频率要高于另一项活动。那么，我们就要接着问：为什么高频率发生的活动会强化低频率发生的活动？对这个问题，我们尚无很好的解答。此时此刻，我们能回答第一个问题，就应该已经感到很开心了。

再重复一遍**普雷马克原理**——如果一项活动的发生频率通常高于另一项，那么，进行高频率发生的活动的机会可以强化低频率发生的活动。

当我们回答下列问题的时候，就能够体会普雷马克原理的重要性了。在我想要用一项活动去强化某个反应时，如何判断能否把这项活动当作强化物？普雷马克给出的回答是（就是对他的这个原理的再次阐述）：

- 测量预计具有强化效力的这项活动的发生频率。
- 测量你希望强化的那个反应的发生频率。
- 如果你所预计具有强化效力的活动的发生频率高于你希望强化的那个反应，
- 那么，对于那个反应来说，
- 这个预计具有强化效力的活动就将是一个有效的强化物。

问题

1．请举出一个幼儿园里发生的运用普雷马克原理的真实案例。

2．描述一个可以展现强化的相对性的实验，要求描述：
A．被试
B．反应
C．强化物

孤独症进阶[①]

"吉米，你想要点儿什么呢？嘿，你看，这里是不是有很多好吃的呀，嗯？你不打算向我讨要点儿什么来尝一尝吗？"

杰克·李维斯带着儿子吉米坐在餐桌旁，杰克面前摆了一大盘食物，而吉米面前则是一个小活页夹，夹子的封面上贴有一些尼龙搭扣。黏在搭扣条带上的是四张塑封好的小画片，每一张画片上画着一种食品，对应杰克面前那个盘子里的实物。

"我说亲爱的，"艾米·李维斯跟丈夫说，"你干吗不让孩子休息一会儿，你也可以放松放松嘛。"

"好吧，既然你这么说了，那就照你说的办吧，亲爱的。"杰克答道，"他现在真是太固执了，这么多好吃的，就是不肯向我要一口。"

接下来，艾米将会挥舞起自己的理性之锤砸向杰克，不过看热闹之前，我还是先来补补课，介绍一些知识吧。这个封面上带有塑封小画片（图标）的活页夹是图片交换沟通系统（Picture Exchange Communication System, PECS）中的一个工具。这套系统是由安迪·邦迪和洛丽·弗罗斯特这对夫妻搭档在1985年开发出来的，用来为无口语[②]人士提供一条沟通途径。他们至今仍在继续完善和推广该系统。其基本概念非常简单，每一个图标可以被视作我们会说出的一个单词。使用者不

[①] 参见 Bondy, A., & Frost. L. (1990). The picture exchange communication system. *Focus on Autism and Other Developmental Disabilities*, 9, 1-19.

[②] 重要的区别：口语（vocal）与语言（verbal）说的可不是一回事。口语是指运用口腔和声带产生声音；而语言可以意会的模糊含义是指"沟通"。写封信，这是语言行为，但它不是口语行为；自己一边开车一边吹着口哨，这是口语行为，而不是语言行为。在很多情况下，两者都算，我们可以叫它"口语语言行为"（vocal verbal behavior），或者就叫"谈话"。

需要口头说出"果汁"这个词，只需要从这套 PECS 中拿起果汁的图片，并把它交递到别人的手里。交递这个图片就相当于说我要果汁。行为分析学家把这类行为称作提要求（mand），这是个专门的术语，其他人会把它叫作索要（request）或者需求（demand）。虽然"提要求"不是唯一可以在 PECS 应用中出现的语言行为（沟通行为）类型，但它是 PECS 最常见的应用。

"亲爱的，我知道你这一天下来很辛苦了，但我们还是得理性地思考一下。一个小时之前，我们刚刚吃完晚餐。看着盘子里的豌豆、胡萝卜、土豆和鸡肉，吉米很可能根本不会感觉饿。我这个解释不比你说的他很固执更合理吗？还记得 PECS 培训课上老师曾经说过的吗？PECS 最重要的部分之一就是动因操作。"

艾米说得肯定没错。吉米刚刚在晚餐中吃掉满满一盘食物，甚至还为此获得了"真能吃"小奖章。他现在对这些健康美味的食品已经餍足了。正因为他餍足了，所以在 PECS 提要求的**表现**上就大打折扣了。

"嗯，老婆说的总是对的。"杰克说，"我的确忘记了动因操作是处于时刻变化中的。下午吉米还能够很好地索要食物呢，我就以为到了晚上他也会做得同样好。"

为什么吉米在下午提要求能做得那么快那么好？如果你说这是因为他在午餐后的四个小时里一直没吃东西，那就对了！他那正是处于食品被**剥夺**的状态中，会极大促进他的**表现**。

"好吧，我们俩一起来边做边学吧。"艾米说道，"不过，现在如果你想帮助他练习 PECS，我冰箱里有一瓶新买的果汁。我下午也刚给他制作了一张果汁的图标，只不过还没来得及用。"

果汁是另一种**非习得性强化物**，而且吉米也有好半天没有喝点儿什么了，尤其是这种甜滋滋的饮料，他现在被**剥夺**得足够了，可以提要求获得它。然而，吉米从未喝过这种果汁，也没接触过这个图标，他需要**学习**怎么使用这个图标。**动因操作**将影响这一学习。

尽管在这个例子当中使用的只是非习得性强化物，但我们也可以运用 PECS 来对习得性强化物提要求。关于习得性强化物，你将会在后面的第 11 章中读到。

嗯，现在好了，艾米在一旁密切地关注着，杰克成功地教会吉米用这张新图标来交换一小口果汁了。艾米望着他们，父子俩正开心地坐在一起互动，这画面太美了……

初级进阶

斯金纳箱

实验行为分析

餍足

好了，在每一轮用斯金纳箱开展实验之前，你都已经确保老鼠鲁道夫被剥夺水长达 23 小时了，一切都在按部就班地进行：老鼠迅速地学会了压杆反应；这之后，你一将它放入箱内，它就很优美地、不停地压杆——一分钟压动好几次，每次它都会立即得到一滴水。然而，在某个星期一的早晨，当你走进动物养殖房时，忍不住狂吼："谁干的！？是谁忘记把水瓶从老鼠笼子里拿走了？"鲁道夫在周末的这几天里足足喝了个够。所以你现在再把它放进斯金纳箱里时，它几乎不去碰那个杠杆了，一轮实验下来，它只碰了 5 次，而且其中的 2 次，它压完之后甚至都不去舔舐水槽冒出来的水。

1. 这是一个涉及什么的例子？

A. 剥夺
B. 餍足

2. 在这个例子中，餍足伤及：

A. 学习
B. 表现

让我们再来看一个教学悲剧。假设这学期你开始用鲁道夫开展实验了，可是实验室助教老师总是忘记把水瓶从老鼠笼子里拿走（你别说，这种情况在实验室时有发生），在这种情况下，你觉得你的实验计划还能顺利吗？鲁道夫费力才能喝到的那么几滴水，还有多大的强化效力呢？

3. 在这个例子中，餍足伤及：

A. 学习
B. 表现

这样说吧，很有可能，整个行为分析的课程你都已经学完了，你的博士学位也到手了，而餍足的鲁道夫还没学会压杆反应呢！

如果你有幸用老鼠来做实验，那么你就有机会在每一轮实验的后期阶段看到餍足的效果。随着鲁道夫逐渐接近餍足的临界点，它的压杆频率会一路降低。

问题

描述两个斯金纳箱中发生的例子：

A. 第一个是关于餍足对表现的影响
B. 第二个是关于餍足对学习的影响

中级进阶

直接和间接的生物学相关性理论

非习得性强化物

希德：大家注意到了吗？食物和水都是可以直接为我们提供生物学好处的东西，它们对于维持我们身上细胞的健康状态是必需的。谁还能举一些其他的、不提供直接的生物学好处的非习得性强化物的例子？

乔：视觉刺激，这个如何？我曾经观察哈珀博士在动物房里养的那些鸽子，有 50 来只，都被关在鸽子笼里。笼子里的所有鸽子都是脸朝外站的，面向着笼子门上的那个圆孔，那里有着更多的光亮。我从来没见到过一只鸽子是头朝内站着的，没有任何一只是望向黑洞洞的笼子里面的。

伊芙：我家的猫也是这样，它总是坐在窗前，一连好几个小时盯着窗外的院子。

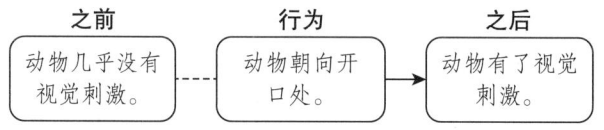

苏：还有我的女儿，她一个小婴儿也总是把头朝向电视机方向，尤其是播放广告和卡通片的时候。

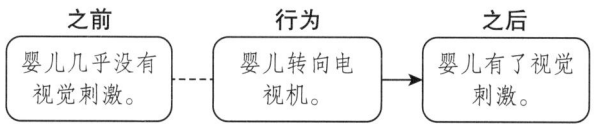

希德：是的，电视台播放那些广告片和卡通预告片时，向来都会高频地制造出视听强化物——每一秒钟都是最新奇的视觉和听觉冲击。各位都曾亲身领教过的。

汤姆：可是，这些与强化物无关呀！

伊芙：我说爱抬杠的汤姆啊，对鸽子和猫来说，视觉刺激强化了它们的转向反应——它们将头转向了门或窗户。

迈克斯：我曾读过巴特勒博士的一篇论文①。一只猴子压动杠杆就可以打开一扇窗户，看到一辆玩具火车在铁轨上跑圈。这个实验明确显示，猴子会去频繁地压动那个杠杆。这个实验也表明视觉刺激可以成为强化物。我认为这就是一种非习得性强化物，因为猴子以前并没有见过小火车。

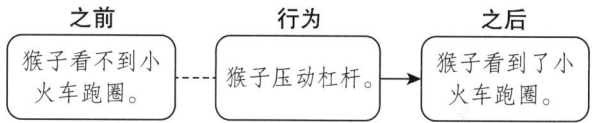

希德：你说得很对。视觉上的变化的确就是一种无直接生物学价值的非习得性强化物。声响也是如此。声响也能成为老鼠的一个温和的强化物——它可以维持低频率的压杆反应。虽然声响的强化效力比不上食品那么大，但比什么都没有要强。还有谁能举出更多的例子来？

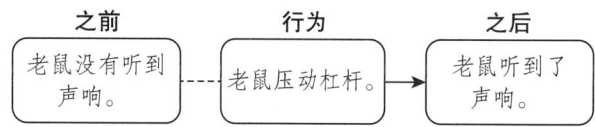

苏：无热量甜味剂，这个怎么样？它也像一种非习得性强化物。人类每年要在咖啡里消耗成吨的这种毫无营养的甜味剂呢。

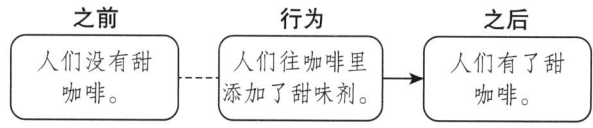

希德：没错。被食品剥夺的老鼠，在压杆反应可以产生糖精水溶液的情况下，会比只产生白水的情况下，反应频率增加一倍。而糖精只是一种调味剂，实际上它没有任何营养价值。②

汤姆：你在实验里也许可以证明糖精是一种强化物，可是，你又怎么证明它不是习得的，而肯定它是非习得的呢？你又怎么知道这种甜味起作用不是因为搭配了

---

① Butler, R. A. (1953). Discrimination learning by rhesus monkeys to visual-exploration motivation. *Journal of Comparative and Physiological Psychology*, 46, 95-98.

② Sheffield, F. D., & Roby, T. B. (1950). Reward value of a nonnutritive sweet taste. *Journal of Comparative and Physiological Psychology*, 43, 471-481.

诸如食品这样的强化物呢？

希德：因为老鼠是在实验室里出生、在实验室里长大的，我们实验人员控制了它们的饮食，去除了所有甜味。如此，就算我们不能 100% 地证明，也差不多可以确定了。

乔：我懂了。但是，有益于我们身体细胞的刺激应该是非习得性强化物，可我还是搞不懂为什么说视觉、听觉和味觉也是。

希德：有一种理论说，对于所有动物（包括我们人类）来说，凡与食物天然相关的刺激或多或少都是非习得性强化物，这是进化而来的结果。这些刺激包括视觉、听觉、嗅觉和味觉。例如，现在有两只动物，它们看到了某个细微的运动，或者听到了某个微弱的声响，这些刺激就是天然关乎食物的，比如是猎物的运动。那么，哪只动物最有可能获得食物，从而更有机会生存下去呢？一只能将眼睛和耳朵转向光亮与声响，更有可能看到和听到目标，并更有可能捕获目标；而另一只，则对这些刺激很麻木。

迈克斯：当然是那只能听、能看的更能捕获猎物了。

汤姆：可是，为什么这就能把视觉、听觉看作强化物呢？

迈克斯：我是这么理解的：视觉和听觉刺激强化了转向光亮和声响的反应，而这种转向反应让动物有更大的可能性去捕获猎物，吃到食物。这样，转向反应就更有可能让动物生存下去。而这种被视觉和听觉强化的转向行为，也就更有可能由生存下去的动物传递给自己的后代。

希德：通常，有些天然与危险相关的刺激就是非习得性厌恶刺激。比如，毫无生活经验的小鸡仔会快速地躲到隐蔽区域，只要它们看到地上出现了老鹰一样的影子。我把这种影子的视觉图像看作是一种非习得性厌恶刺激。小鸡仔跑进了隐蔽区后，它们就逃避了这种厌恶刺激，因而躲入隐蔽区的反应就被强化了。

乔：我敢打赌，如果小鸡仔能通过啄开关而让影子消失，那么这个逃避反应也可以说是习得的。

希德：看待这些间接强化物和间接厌恶刺激有一个有趣的途径：转向光亮和声响的反应，其生物学的重要性在于能够帮助动物（包括我们人类）躲避伤亡（生存下去），但是，自然的依联并不能有效地控制行为。借助生存下去这个强化物的作用，你还没学会转向反应，有可能就已经死翘翘了。

无效的自然依联

之前	行为	之后
动物生存下去的可能性较小。	动物转向刺激。	动物生存下去的可能性较大。

希德：在进化过程中，大自然已经增设了一种机制，我们称之为表现–管理依联，它本身并不重要，但它得以逐渐进化，是因为它确实能够有效控制行为，确实能够帮助我们躲避伤亡（生存下去），而伤亡原先则是自然但无效的生存依联的结果。①

表现–管理依联

之前	行为	之后
动物没有获得视听强化物。	动物转向刺激。	动物获得了视听强化物。

希德：现在，我们有了两种类型的非习得性强化物——一种是可以直接提供生物学好处的，另一种是间接提供生物学好处的。

乔：你说的生物学好处指的就是对身体的好处、对身体细胞的好处吧。

伊芙：比如水和食物，可以直接给你身体的细胞带来好处，而光亮、声音、气味和口味只是间接地给你的身体带来好处，让你有更多可能性去获得食物和水这类可以带来直接好处的东西。

汤姆：那我们今天吃的那些非健康食品又怎么说？这些对我们有害的东西为什么也有这么强的强化效力呢？

迈克斯：我觉得这就要怪到我们老祖宗身上了。甜味曾经是健康食品的一个好指标，比如水果，就提供很多营养成分。但是如今，我们对食品进行加工，可以在任何食品中加糖进去了，所以如今的甜味已经成为一种误导了，它很少能够再被当作营养食品的指标了。

汤姆：我明白了。也许含油脂的食物在祖先那个年代也是如此，比如熏肉。因为额外的脂肪对于我们的祖先有益，有助于他们在简陋的窝里度过严冬。

希德：现在，我们还有两种类型的非习得性厌恶刺激——一种是会直接带来生物学伤害的，另一种是间接带来生物学伤害的。

伊芙：比如，野兽的撕咬，还有变质的食物，都会给我们的身体细胞带来直接的伤害。老鹰的影子，或者很大的噪声，或者变质食品的口味和气味，这些刺激出现时，都只是间接地带来"害处"，因为当你接触到这些刺激时，你的身体有可能会受到伤害。

乔：一个不可思议的事实在于，你也可以把这些间接有害的刺激视作真正有益的东西，因为你会逃避这些非

---

① 其实，这里的分析要远比正文中的复杂。如果视觉刺激不是非习得性强化物，那么它就应该是一种习得性强化物（参见第 11 章）。这样的话，它就该具有区辨刺激的功能（参见第 12 章），在该区辨刺激出现的时候"搜寻"猎物的反应会得到强化。类似地，如果视觉刺激不是非习得性强化物，那么，回避反应（参见第 15 章）就会回避掉攻击带来的痛苦。所以啊，这个问题太过复杂了，我觉得只能把它藏在注释里说一说。

习得性厌恶刺激，或者说，它们会惩罚你对其接近的行为，因此它们会让你保持身体健康。

迈克斯：没错，比如你逃避了变质的食物带来的难闻的气味和糟糕的口味，这样你就不会去吃它了，变质的食物也就不会对你造成伤害了。这很妙！

伊芙：还记得那个孤独症男孩吉米吗？他不停地扑动双手进行自我刺激（参见第6章），难道也是这类非习得性强化物吗？

希德：是的，这也是非习得性感觉刺激强化物，跟光亮和声响一样。

汤姆：可是扑动双手好像不会有助于他的生存啊，甚至间接的好处也没有。

希德：这是个很好的问题。就像你现在正在做的，你在抖腿，每分钟抖200次呢。还有伊芙正在玩弄自己的长发，她把一缕头发绕成卷儿，再放开，再绕。

汤姆：你也一样，从上课开始，你就一直在时不时地捋自己的胡子。

希德：没有吧，我那样做了吗？

伊芙：你是一直在那样做。

希德：噢噢。其实，吉米和我们每一个人基本都是一样的，我们都会自我刺激，只不过我们比吉米做得稍微精巧一些罢了。

乔：你们做得未必比吉米精巧呢！

伊芙：应该说是做得更不引人注目而已。

希德：好吧，伙计们，我认为，我们所有的重复行为都是被某种感觉性强化物所强化的，诸如听觉刺激、触觉刺激、本体感觉刺激或者运动刺激。我推测，这些一般都是有着或者曾经有着生物学价值的非习得性强化物。

乔：就比如说一个物种吧，或者，比如说一个新生婴儿，就是这么回事。这些刺激可以驱动我们在生活环境里运动，让我们从环境中获得生存所需的强化物，比如水和食物。如果没有这些刺激的话，我们的祖先在出生之后就不会四处游走，会死于饥饿或脱水，就不会繁衍后代，而我们也就不会在这里做出什么捋胡子之类的动作了。

希德：我认为你说得很对。当然啦，今天我们在讨论课上谈论的都只是一些推论性的理论。但我认为这些内容很有意义，值得我们做些分析……我真的在课堂上不停地捋胡子吗？……好吧，汤姆，我额外赠送给你1分，你让我知道了我自己的一个自我刺激行为。

问题

1．举一个能够带来直接的生物学好处的非习得性强化物的例子。

2．举一个能够带来间接的生物学好处的非习得性强化物的例子。

3．这里的间接的好处是什么？

4．举一个能够带来直接的生物学危害的非习得性厌恶刺激的例子。

5．举一个能够带来间接的生物学危害的非习得性厌恶刺激的例子。

6．这里的间接的生物学危害是什么？

在 DickMalott.com 网站上，你还将读到：

第9章 高级学习目标
第9章 高级进阶
- 接近强化物与逃避厌恶刺激
- 激励性操作（incentive operation）
- 动因操作、激励性操作与厌恶刺激
- 动因操作：逃避与强化
- 激励性操作：逃避与强化
- 激励性操作：惩罚

第 10 章 特殊的动因操作

行为分析师认证委员会第 4 版任务清单

C-02 描述惩罚可能带来的不当结果并为之制订计划。

C-03 描述消退可能带来的不当结果并为之制订计划。

FK-26 非条件动因操作

基础知识

案例

攻击[①]（FK-26）

疼痛动因的攻击

人类

作为一个家庭模范好男人，希德此时此刻正站在家中地下室的工作台旁，一边哼着小曲，一边在应唐恩的要求，为她钉一块木板。他做得很是得心应手——只猛击三锤子就能把一个钉子砸进木板中去。就这么娴熟地砸啊砸啊，突然，Duang！——这一锤子下去，他没砸到钉子，却砸在了自己的拇指上！"啊！"希德大叫一声，随即将手中的锤子狠狠地扔向了墙壁。

"出了什么事，亲爱的？"地下室门外传来唐恩的询问。

"该死的，什么事！你还好意思问出了什么事！还不是因为你这该死的破木板。你真是蠢到家了，非要让我帮你钉这么一块破木板！"

老鼠

在一个笼子里，趴着两只老鼠。这个笼子很像一个斯金纳箱，不过，里面并没有那个反应杠杆，但是栅格地板上却铺着那种带着不祥之兆的金属条。学习到这里，你一看到那种金属地板条就能预感到这项研究一定与厌恶的电击有关。没错，这里将会出现轻微的电击。不过，这里进行的并不是一个关于惩罚的实验，笼子里并没有逃避杠杆供老鼠去压动。实际上，两只老鼠会立刻用后腿面对面地站立起来，就像两个拳击手那样。但是，就当他们准备开始相互打斗时，电击停止了。它们的打斗非常简短，随后会重新四肢着地，趴回到地板上。每当电击打开时，它们都会重复这样的举动（注意：这不是逃避依联；电击会立即关闭，让老鼠之间打斗的伤害最小化）。

类似的研究是南森·阿兹林（Nathan Azrin）博士当年在安娜州立医院的实验室中进行的。他和同事们的这些实验表明，所有他们试验的各物种的动物，每当接收到诸如电击这样的痛苦刺激时，都会对同伴发动攻击，甚至会对物品发动攻击。

当老鼠接收到厌恶性的电击时，它们会相互攻击；当希德接收到厌恶性的拇指被砸的刺激时，他用锤子攻击了墙壁，或者说他用墙壁攻击了自己的锤子（随便怎么说都行），而且他还用骂人的话攻击了唐恩和整个世界。

消退动因（Extinction-Motivated）的攻击

人类

每当希德买来新的电脑软件，最具强化效力的时刻就到来了，他会在电脑上安装自己的新软件，然后开始摆弄它，并时不时地翻看一下崭新的说明书（他买了太多的软件了，常常搞得分文不剩，这就是那种电脑迷常办的傻事）。眼下这一刻就是如此，书房里的希德已经

[①] 改写自 Azrin, N. H., Hutchinson, R. R., & Hake, D. F. (1966). Extinction-induced aggression. *Journal of Experimental Analysis of Behavior*, 9, 191-204. 多年以来，传统的心理学家一直在谈论"挫折诱发的攻击"，这可能是第一篇通过动物实验研究挫折诱发的攻击的论文。

坐在电脑前三个多小时了，一直在摆弄自己的新软件。突然间，唐恩听到了拳头砸在书桌上的声音，还听到了自己再熟悉不过的希德的那种叫骂声。

虽然知道这不太明智，唐恩还是把头探进希德的书房："出了什么事？亲爱的，你的软件出了什么问题？"

"还能出什么问题！废话！你当然知道出什么问题了！只有我才肯花这么长时间来琢磨这个软件。你倒是说说看！你什么时候也花点儿时间来研究一下呀？这个破软件是我见过的最愚蠢的电脑程序了。他们干脆把日语原文留着，别翻成英文了，翻得这么蹩脚。这也太……令人懊恼了！"

新软件没能带给希德乐趣，他处在消退之中。

鸽子

在一个斯金纳箱里，这回还是有两只动物在里面——两只鸽子，不过这回你看不到那种电击地板条，只能看到一个反应按键和一个喂食器。你觉得陌生的是，在这个大大的斯金纳箱里，一只鸽子被限制在角落里的一个小箱子中，它只能把自己的头从限制箱中探出来；而另一只鸽子可以在大笼子中自由活动，它并不理睬自己受限的同伴，只是去啄那个反应按键，紧跟它的这个反应之后的是出现谷子，它会在3秒钟内吃掉谷子（这是怎样的强化程序？这是连续强化）。这只鸽子安静地啄着、吃着，可是，过了一阵子，食物不再出现了。无论这时候它怎么用力去啄那个按键，用多快的速度去啄，什么都不会发生了。

鸽子的谷子不再有了，它处在消退之中。

此时，这只鸽子会做什么呢？它做得跟希德一模一样。它转向自己的伙伴，开始邪恶地攻击它。这只可以自由活动的鸽子用嘴啄、用翅膀扇自己无辜的伙伴。

分析

我们看到了两个人攻击的例子、两个动物攻击的例子。现在我们把这些例子放在一起，放在更大的行为分析的框架下来谈一谈。

警告：下面要讲的只是理论性的分析，只是对数据的解读，并不能保证所有人都同意这样的分析。

希德的攻击是紧随在拇指被砸之后的，老鼠的攻击是发生在遭到电击时的。在这两个例子当中，攻击都发生在接收到痛苦刺激时。另外，希德的攻击发生在他鼓弄电脑、惯常都能产生强化物，而这一回却失败了的时候；鸽子的攻击是发生在它啄动斯金纳箱里的按键、惯常都能产生谷物强化物，而这一回却失败了的时候。在这两个例子当中，攻击发生在消退时。

无疑，痛苦刺激是一种厌恶条件，而消退也是一种厌恶条件。传统的心理分析会说，厌恶条件（无论是痛苦刺激还是消退）会自然而然地制造出攻击反应（扔东西、骂人或者袭击），但是现在，还是让我们从动因操作的角度来看待这个问题吧。我们说，厌恶刺激也可以是一种动因操作，会影响到涉及**攻击强化物**（aggression reinforcers）的行为学习和行为表现。通常情况下，希德不会扔锤子，也不会骂人，动物也不会去袭击自己的同伴。这些攻击行为一般只在某种厌恶条件建立起具有强化效力的攻击结果（我们称之为**攻击强化物**）时才发生。

通用的例子

厌恶条件动因的强化依联

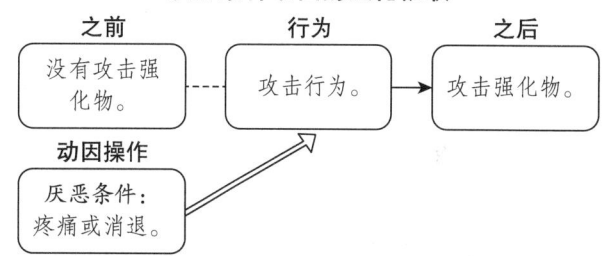

1. 那么，对上面的例子中描述的希德的疼痛动因的攻击行为，我们该怎么套用这样的分析呢？请你将下面这个示意图填写完整。

人类

疼痛动因的强化依联

之前	行为	之后
希德没有攻击强化物。	希德做出暴力的攻击行为。	

动因操作

厌恶条件：希德的拇指被结结实实地砸痛了。

我们认为，在这个例子当中，攻击强化物就是扔出锤子的那种感觉（本体感觉的刺激①）、砸在墙上的声响以及大喊大叫时的感觉和声音。而且，不知道为什么，当喊叫声是骂人的话时好像最具有强化效力！

2. 现在，对上面例子中描述的老鼠的疼痛动因的

---

① 本体感受器（proprioceptor）：名词，一种感觉接受器，主要存在于肌肉、肌腱、关节和内耳当中，它可以通过对有机体自身产生的刺激做出反应从而侦测身体或四肢的运动与位置［拉丁语：*proprius*，个体自己的 +（re）ceptor（接受器）］。本体感的（proprioceptive），形容词。（美国英语词典 The American Heritage® Dictionary of the English Language，第三版，版权 © 1992 年归 Houghton Mifflin Company。电子版由 INSO Corporation 加以注册。保留所有权利。）

攻击行为，再来套用分析一下吧。请你将下面这个依联示意图填写完整。

老鼠
疼痛动因的强化依联

之前	行为	之后
老鼠的牙齿和爪子上没有压力。	老鼠抓咬。	老鼠的牙齿和爪子上有了压力。

动因操作：（空白框）

注意：老鼠的牙齿和爪子上的压力就是我们所说的攻击强化物的例子。

3．现在，再来分析一下上面例子中描述的希德的消退动因的攻击行为。请你将下面这个依联示意图填写完整。

人类
消退动因的强化依联

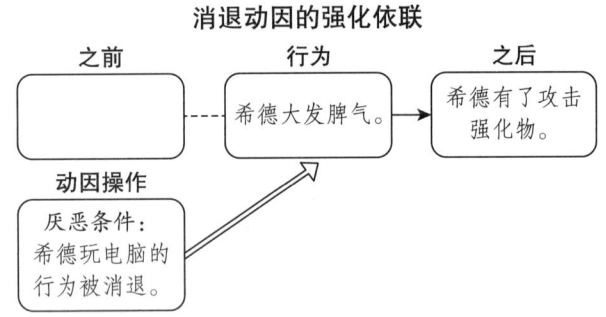

4．现在，再来分析一下上面例子中描述的鸽子的消退动因的攻击行为。请你将下面这个依联示意图填写完整。

鸽子
消退动因的强化依联

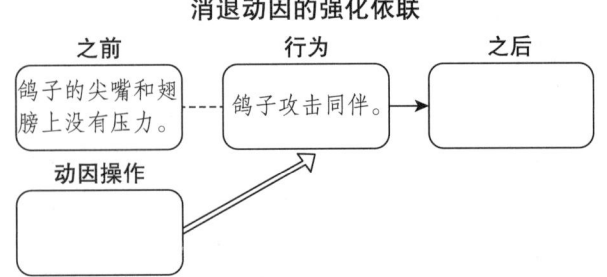

当然，你很可能有所迟疑。攻击行为的出现太自然了，很难想象其中强化扮演着一个角色。所幸的是，阿兹林、哈钦森（Hutchinson）和黑克（Hake）这三位博士用实验证明了这一点。

在接下来的一个实验里，他们在斯金纳箱中放置了第二个按键，并暂时将那只受限的鸽子从斯金纳箱中取了出去。在实验的第一个阶段里，跟前面一样，以连续强化程序提供的食品强化物维持着鸽子的啄击食品按键的反应。随后进入实验的第二个阶段——挫折阶段，实验人员对鸽子的啄击食品按键的行为进行了消退，但此时箱子内已不再有那个受限的被害者同伴供它去攻击了。然而，每当这只攻击者鸽子去啄击那个新按键（受害者进入按键）时，那只受限的鸽子就会被放回斯金纳箱里一小段时间。那么，在这种情况下会发生什么呢？这只攻击者鸽子会去啄击那个受害者进入按键，将受害者同伴放进来，然后去攻击它！而当进行连续食品强化时，它并不会去啄击那个受害者进入按键。

鸽子
消退动因的强化依联

之前	行为	之后
鸽子没有受害者可攻击。	鸽子啄动受害者进入按键。	鸽子有了受害者可攻击。

动因操作：厌恶条件：鸽子啄击食品按键的反应被消退。

可见，在进行令人挫败的消退时，放入受害者鸽子，对于攻击者鸽子来说就是一个强化物，而且无须费力推论就知道，之所以说放入那只受害者鸽子就是强化物，其原因是随后攻击者鸽子可以攻击它。而反过来可以推知，啄击受害者鸽子所带来的刺激是非常有效的攻击强化物，足以强化这种攻击性的啄击。也就是说，攻击者做出攻击是因为攻击行为产生了强化物，即攻击刺激。

然而，他们的实验并没有止步于此。连续强化程序维持了鸽子啄击受害者放入按键的反应，也就是说，每次啄击都会将那只受限的鸽子放进来，让它成为接受更多攻击的受害者。但是，在实验的第三个阶段中，实验人员设置了一个固定比率——70，也就是说，攻击者鸽子要啄击受害者进入按键70次，实验人员才会将受限的受害者鸽子放回斯金纳箱中。结果怎样呢？在食品消退（挫败）的时候，攻击者鸽子会锲而不舍地啄击那个受害者进入按键，直到达到70次，让受害者被放进来。事实上，获得攻击的机会就是一个强大的强化物！这从另一个角度说明，攻击带来的刺激就是强大的强化物——例如，这只鸽子在啄击或击打同伴时获得的那种本体感觉刺激和触觉刺激（触摸刺激）。

总之，厌恶刺激（无论是疼痛还是消退）就是一种动因操作。作为动因操作的功能，它们会影响行为的学习和表现，而这些行为涉及攻击带来的具有强化效力的刺激。这些厌恶刺激会加快攻击行为的学习速度，增加这类攻击行为表现的频率（攻击产生的刺激包括鸽子袭击和啄击同伴时尖嘴上获得的压力，也包括老鼠袭击同伴时牙齿上获得的压力，还包括一个人暴怒砸墙时拳头获得的压力）。我们现在再用两个定义来归纳一下①。

> **定义：概念**
>
> **攻击强化物**（Aggression reinforcer）
> - 攻击举动带来的具有强化效力的刺激。

> **定义：原理**
>
> **攻击原理**（The aggression principle）
> - 对于攻击强化物来说，
> - 厌恶刺激和消退是其动因操作。

攻击举动带来的刺激是什么？ 在身体攻击中它们很明显：老鼠在咬同伴时牙齿和牙龈上获得的压力；象征着爱与和平的鸽子也是如此，它们在暴力啄击同伴时嘴上获得的压力；还有希德，他在捶打工作台时拳头上获得的压力。虽然这些能成为强化物听起来好像很奇怪，但我们推断，它们就是维持攻击行为的强化物。老鼠不会去咬空气，鸽子不会去啄空气，希德也不会去砸空气。换句话说，暴力的身体举动带来的刺激很可能就是一种攻击强化物。

如果这种身体刺激具有如此的强化效力，为什么我们没有时时刻刻地进行攻击呢？ 因为动因操作经常是不存在的。如同所有强化物一样，攻击强化物也需要动因操作。对于这些攻击强化物来说，动因操作就是厌恶刺激的呈现，或者是消退。

那么语言攻击呢，它的攻击强化物是什么？ 这个问题问得好。遗憾的是，在这个问题上的研究极少。人们骂人，甚至在无人聆听的情况下也会骂人，而且，人们只会用自己的语言，绝不会用自己不懂的语言去骂。所以说，这种攻击类型也有着精细复杂的学习历史，但是，我们对这个学习历史并不清楚，我们只确信这是普遍性的。

---

① 反应阻断（response blocking）也许算是攻击强化物的另一种动因操作。例如，假设老鼠每次跑完一段通道就能得到一个食物包。再假设，有一次你在通道的尽头用障碍挡住了路，让老鼠不能再继续接近食物了，这就叫反应阻断，它可以作为攻击强化物的一种动因操作。不过，这也可能只是对跑完通道这个行为进行消退的一个特例。因此，我们在本书中并未将反应阻断列进定义中。类似地，我们还可以对身体限制（physical restraint）做出这样的解读，或者，更简单地说，身体限制本身就是厌恶条件，尽管它也可以被视作反应阻断的一种形式。

撒撒气，或者释放一下，将挫败（消退）所产生的气释放掉，这是不是一种攻击强化物呢？ 撒撒气或者释放一下的说法只不过是一种比喻而已，我们又不是蒸汽机。我们并不会从消退中积攒什么负能量，根本就不存在挫败这种东西，它不是一种物质，可以在我们身体内部积攒，然后必须加以释放的。这种对消退的诗化比喻只会令攻击强化物更有效。这样的诗化比喻带来的问题是让人们以为这种比喻是真实的。因此，这类喜欢通过搞比喻而进行的分析，在某种程度上会鼓励攻击，这对攻击者、同伴以及家人都有害。换句话说，允许吉米攻击人或物品，这样他就可以"撒撒气，或者释放一下，或者表达自己内在的敌意"，这不对。没有任何证据表明攻击行为有益于攻击者的"精神健康"，可我们偏偏经常听到这种说法。甚至很明显，攻击通常是有害的、功能失调的，无论它出现在吉米身上，还是出现在希德身上。我们的忠告是：不要攻击，也不要容忍攻击，在文明社会中，它是件坏事，尽管它具有强化效力。

问题

1. 画出一个依联示意图，用它来表示一个有关疼痛动因的攻击的实验。
2. 画出一个依联示意图，用它来表示一个有关消退动因的攻击的实验。
3. 画出一个依联示意图，用它来表示一个有关获得攻击的机会是有力的强化物的实验。
4. 名词解释：攻击强化物。
5. 名词解释：攻击原理。

案例

微妙精巧的攻击

那个星期天的早晨，唐恩还在睡着，她感觉很不舒服，喉咙有点儿痛；而希德则在六点钟就早早地起床了，现在已经慢走一小时了，他走得慢慢的，走了很远，这是一项非常放松的体育锻炼。当希德回到家时，唐恩刚起来，于是，他一身汗涔涔凑上前亲吻了一下她。他很开心，可又有点儿担心，怕自己这样满身汗地去吻唐恩，对她来说不是强化刺激，而是一个厌恶刺激。

希德开始讲述自己刚才慢走中的乐趣。美丽的初升的朝阳，新鲜的清晨的空气。与唐恩分享这些喜悦的感觉是一个强化物，可是他又担心："还是别了，她会因为今早我能去晨练她却去不了而把这些都当作厌恶刺激的。"

唐恩连擦了好几次因希德的吻而粘到唇上的汗渍，她问道："你今天有什么计划？"

希德说："我打算去图书馆，再查几篇文献，我的博士论文要用。"

唐恩问："难道你还没有足够的参考文献吗？你这只是在拖延吧？你是不是在躲避最难、最令你感到厌恶的那部分任务——动手下笔写论文？"

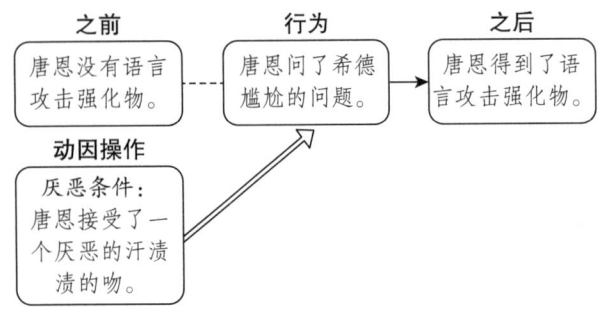

希德答道："是的，你说得没错。"但是他的语气表明他对自己这位行为分析师老婆的话感觉很不爽。

"亲爱的，你是不是为我刚才的话生气了？"她问。

"没有，你说得对。"希德答道。

"但是，我宁愿嫁给一个没有博士学位的人，也不想与一个有博士学位的老公离婚的。"

"不不不，我完全接受你刚才指出的问题，我的确是在躲避最难的那部分任务。顺便说一下，我今天晨练的感觉真的很棒。初升的朝阳一路伴随着我，清晨新鲜的空气实在是太沁人心脾了。我走了好几公里。"

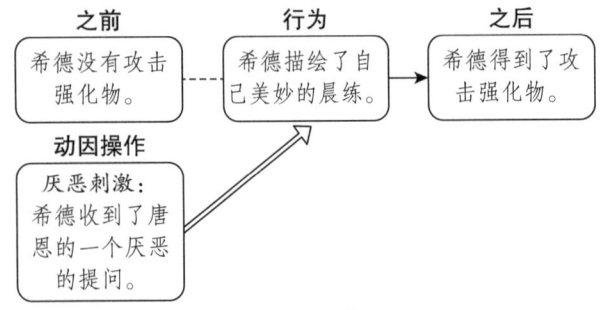

瞧啊！希德就用这么轻描淡写的方式反击了妻子，因为他清楚，向唐恩描绘这个她未能参加的晨练，这一定会让她感觉不爽的。

厌恶刺激将攻击建立成一种强化物，而这种强化物往往太过诱人，总是让人很难抗拒，尤其是当你做出的这种攻击非常微妙，以至于令受害者很难察觉的时候。受害者无法给它贴上攻击的标签，甚至无法将其摘出来。而且，更厉害的是，甚至攻击的发动者自己都完全有可能没有丝毫的自责，因为它实在是太微妙了，让攻击者自己都未能发觉。换句话说，我们不但常常不知道自己为什么要去攻击，甚至，我们往往不知道自己已经在攻击了。

一只母鹅带领着一队自己的鹅宝宝正在慢悠悠地穿过公路，这看上去简直就是一幅世界太平的美好画卷，然而，当一辆本田思域轿车沿着公路开过来的时候，太平景象结束了。希德在车里猛踩刹车，并大按喇叭。

"该死！这群蠢鹅！"他叫道，"它们一清早就在路边嘎嘎地吵，叽叽喳喳地把我吵醒了，现在又挡在这儿让我上课迟到！"

1. 请你填写这例子当中希德的明显攻击的示意图。

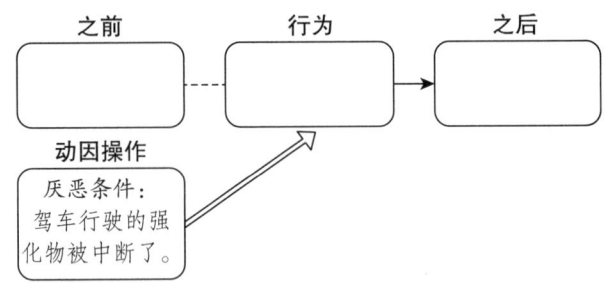

唐恩心里想："可怜的希德哟，他通常可以源源不断地得到的驾车的强化物，可只是被这么稍微中断了一下，他就突然间失去了风度。"漫骂攻击带来的强化物正在牢牢地控制着他。不过，她嘴上说出来的却是："希德，亲爱的，这些鹅好可爱啊！"——对于她来讲，这也是一种温和的攻击，这能让希德产生某种形式的内疚。唐恩之所以这样攻击，是因为她非常讨厌希德爆按喇叭和对那些无害的小动物的漫骂（唐恩的话语之所以具有攻击性，是因为它会让希德感觉有些内疚，因为这些话是在说他不太讲道理，不该将自己的愤怒发泄到那些萌态可掬的小动物身上）。

2. 请你填写这例子当中唐恩的微妙攻击的示意图。

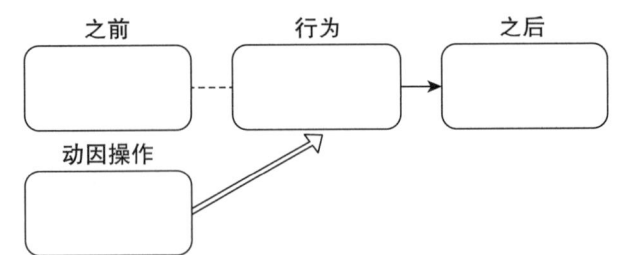

鸽子啄击同伴直至同伴受到伤害，人类漫骂他人直至他人受到伤害。（有一位审稿人认为这个例子欠妥，因为在他的体验里，那种微妙的攻击是摔门、猛关抽屉、给出唐突的回答，以及当你询问"哪儿不对劲吗？"而对方只是给出个简短敷衍的回应，"没什么，都还行！"这位审稿人说得都对，只不过在我的体验里，微妙的攻击往往太过微妙了，以至于我们根本意识不到它的发生，尽管我们的行为正受控于那些攻击强化物。）

此外，在某些情况下，我们的攻击还有可能更为微妙，微妙到只有攻击者自己才能察觉到它，也许我们可以称之为隐蔽攻击（covert aggression）。当你从老板那里走开时，你可能在心里暗暗地咒骂她，因为她刚刚命令你周六还要来加班。你当然不会当着她的面骂，但你暗暗地骂也能得到攻击强化物，只不过这个强化物比你当面骂她所得到的略为逊色一些。在这种情况下，如果你非要获得更高质量的攻击强化物的话，那你就必须要准备承担做出公开辱骂式的悍然攻击可能带来的恶果，而恶果的力量是超过那种更高质量的攻击强化物的。因此，你的解决办法是，采取隐蔽行为，获得质量稍低一些的攻击强化物。

问题

画出3个微妙攻击案例的示意图。

案例

药物成瘾[①]

围绕着药物成瘾以及瘾君子，有太多的神秘说法和道德谴责。很多人认为吸毒者道德沦丧，这些瘾君子要么有某种神秘的精神弱点，要么有某种神秘的遗传弱点——某种邪恶的神秘的遗传模式。但是现在，还是让我们从行为学的角度来思考一下这个问题吧。

问：当你开始做行为分析时，你要问的第一个问题是什么？

答：要分析的反应是什么？

问：很好。对于药物成瘾，你认为其中最主要的反应是什么？

答：自我给药。

问：很好。那你的第二个问题是什么？

答：是什么在维持着这个行为？是怎样的强化依联或者逃避依联？

问：很好。请你给我举出一个有关逃避依联的例子吧。

逃避疼痛

一位住院患者正忍受着强烈的疼痛。如果她按下那个按钮，吗啡就会通过一个静脉注射器自动地滴注到她的血液中。吗啡会减少她的疼痛。

[①] 改写自 Poling, A. (1986). *A primer of human behavioral pharmacology*. New York: Plenum Press; Thompson, T., & Schuster, R. (1964). Morphine self-administration, food reinforcement and avoidance behaviors in rhesus monkeys. *Psychopharmacologia*, 5, 89-94.

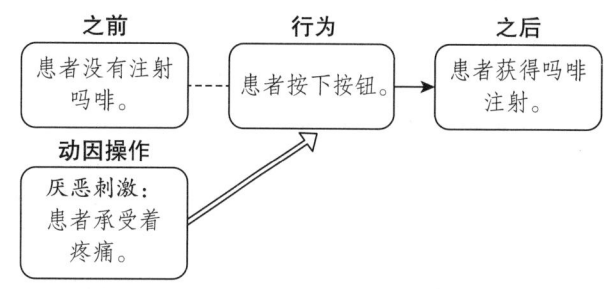

这个例子如何？

逃离戒断症状

刚才的例子说，使用吗啡是一种逃避反应，这与成瘾有什么关系？

药物成瘾的一个特征就是形成了生理依赖。这名住院患者在其疼痛得到彻底治愈后，就会停止按动那个吗啡注射按钮，但之后，他开始有一种厌恶性的生理戒断症状。拯救的方法就是再去按下按钮，再给自己来一针吗啡，这样就可以清除掉那种戒断症状——至少在一段时间内没有了。

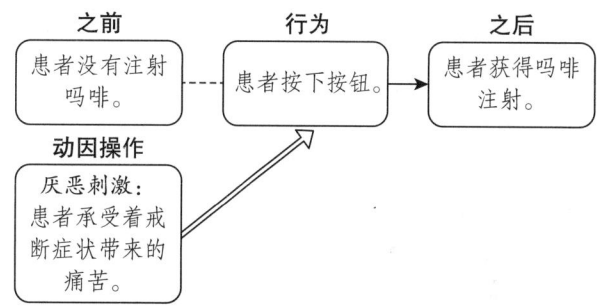

这种戒断症状逃避依联跟前面说的疼痛逃避依联是一样的，只有一点有所不同——动因操作。先前使用过吗啡是动因操作的一部分，它产生了厌恶性的戒断症状。

药物带来的纯快乐

如果认为吸毒成瘾者是因为这样做可以减少疼痛或者可以减少贫穷带来的艰辛，那么人们就会对瘾君子报以更多的同情，但是，如果人们认为瘾君子是为了寻欢作乐而吸毒的——换句话说，毒品是强化物，那么，人们就会更倾向于对瘾君子产生道德上的义愤。因此，在行为学上，这里存在着很大的争论：究竟是什么在维持吸毒，是强化物的呈现，还是厌恶刺激的减少？

换一个表述形式问：被药物强化的这个吸毒行为，对其学习和表现来说，忍受一种厌恶条件，是否就是必需的动因操作？正如我们下面将要看到的，答案是否定的。

特拉维斯·汤普森（Travis Thompson）博士和罗伯特·舒斯特（Robert Schuster）博士，以及他们的学生和同事们，曾经对药物成瘾进行了很多动物研究。他们发现，成瘾性药物在成瘾之前就是非习得性强化物。这些药物包括吗啡、海洛因、可待因和可卡因。换句话说，如果压杆反应会带来一次吗啡注射，那么一只猴子就会压动杠杆。这只猴子并未承受什么生理压力，也未曾对药物有过生理成瘾。这些药物都是非习得性强化物，也就是说，猴子是欢欢喜喜地去做的。

因此，在吗啡或海洛因作为强化物控制学习和表现中，厌恶条件和逃避依联并非必需。

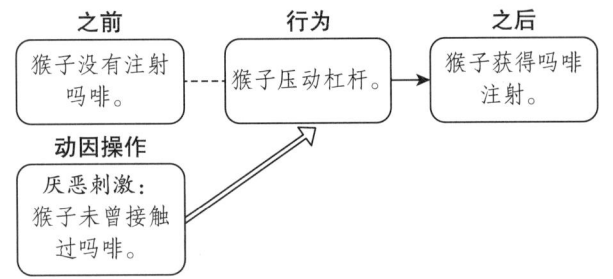

然而，故事还没有完。我们说过，如果在接下来的较长的一段时间里，猴子一直这么打吗啡，那它们就会对吗啡产生耐药性。也就是说，不断加大给药的剂量才能让它们获得同样的生理效应。戒断一天左右就会产生生理不适，而完全戒断的话，有时会导致死亡。

汤普森和舒斯特在研究中提供了两种动因操作，它们都对吗啡非常有效。他们提供的第一种动因操作是对吗啡的剥夺。他们的大多数研究中，一般只会持续6个小时剥夺猴子的吗啡。在这种情况下，它们仍会以中等频率去压动杠杆，只要偶尔某次压杆给它们带来一次即时的吗啡注射。当剥夺吗啡长达24小时的时候，猴子会以惊人的频率去压动拉杆。换句话说，吗啡像大多数强化物那样运作着：在一定程度内，强化物被剥夺得越厉害，这个之前被该强化物强化的反应的表现频率也就越高。

他们还测试了纳洛芬，这种药物是吗啡的一种衍生物，它反转吗啡和其他麻醉品在中枢神经系统的活动。由于这个特性，纳洛芬可以用来抵消阿片类药物的过量使用，有时还会用来鉴定一个人是否已对吗啡成瘾。在被注射纳洛芬之后，吗啡成瘾者会出现戒断症状。汤普森和舒斯特的猴子已经对吗啡成瘾了（只要有机会，这些猴子就去注射足够量的吗啡以满足生理依赖）。当被注射纳洛芬的时候，这些猴子表现得跟被长时间剥夺了吗啡一样，虽然它们并未被剥夺，也就是说，它们的压杆频率大大地增加了。这意味着注射纳洛芬是第二种动因操作，它增加了之前吗啡强化的压杆反应的表现频率。

> 你们中间谁是没有罪的，谁就可以先拿石头打他。
> —— 耶稣基督

> **危险毒品清单**
> 请自查。我使用：
> · 海洛因　　　　· 摇滚
> · 吗啡　　　　　· 尼古丁
> · 可卡因　　　　· 咖啡因
> · 超速　　　　　· 加工糖
> · 巴比妥　　　　· 精制食盐
> · 酒精　　　　　· 动物脂肪
> · 大麻　　　　　· 电视

> 你们中间谁是没有中枪的，谁就可以先去谴责瘾君子。
> —— 理查德·马洛特

问题

1．请画出涉及成瘾药物的三个逃避依联示意图，并填写完整。这三张图的主要区别在于它们的动因操作不同。

2．请描述一个实验，通过该实验表明，自我给药行为不仅仅是靠逃避厌恶条件得到维持的；药物也可以通过强化作用来维持自我给药行为。

3．描述一项研究，表明纳洛芬可以作为一种动因操作。

概念

成瘾性强化物

> 宗教是群众的鸦片。
> —— 卡尔·马克思

作为行为分析学家，我们通常不会去给人贴标签。原因在于：当你给一个人贴上吸毒成瘾者或者酗酒成瘾者的标签时，你就会倾向于认为他们的行为是由所谓的精神颓废或者遗传弱点造成的。这样的话，最终你也就很有可能去谴责这些受害者——瘾君子。你最终会说他们就是有错，要么在精神上，要么在遗传上。相反，我们行为分析学家努力工作的方向只是致力于找出行为依联上的原因，而不是人身上的原因。无论从道义上说，还是从实践上说，行为分析的方法都有可能更优秀。

作为一名行为分析师，我尽可能地不把瘾君子当作讨论重点，而更多地将重点集中在成瘾行为（addictive behavior）上，或者，更好的说法是，重点讨论**成瘾性强化物**（addictive reinforcers）。行为往往是随意的。在斯金纳箱里，它可以是压动反应杠杆；在医院里，它可以是按下按钮启动静脉滴注；在"街头"，它可以是在手臂上勒紧皮带往静脉里推针。因此，我们应该着重关注的成瘾性强化物，而不是成瘾行为。

> **定义：概念**
>
> **成瘾性强化物**（Addictive reinforcer）
> - 一种强化物，
> - 对其重复暴露，
> - 是一种动因操作。

在讨论成瘾性强化物的时候，我们要时刻保持清醒的认识，这些成瘾性药物是非习得性强化物，在变为成瘾性强化物之前，它们就是非习得性强化物了。甚至，在重复使用而成为一种动因操作并因而增加了它们的强化物价值之前，它们就已经是非习得性强化物了。但是，成瘾性强化物与绝大多数其他非习得性强化物（诸如食物和水）有所不同，反复吃食物并不会增加食物的强化物价值（食物从生命的第一天开始就是一种非常强大的强化物）。

> 鸦片是群众的宗教。
> ——理查德·马洛特

你还能想出其他的成瘾性强化物吗？
尼古丁和咖啡因如何？
所有那些精妙的现代药物呢？

问题

名词解释：成瘾性强化物，并举例说明。

孤独症进阶①

攻击行为在孤独症以及其他发育障碍和闭合性脑损伤的儿童与成年人当中都很常见，在接受治疗的人中大约15%的人会出现攻击行为。在本章当中，我们已经看到，疼痛、消退以及其他厌恶事件是如何引发攻击的。在处理一个人的攻击行为时，首要目标之一就是找出该行为的功能，随后才可能采取适当的干预措施。

我们认为，攻击行为的出现往往是因为前面讨论过的这种自动的攻击强化物，而且这些攻击强化物有助于维持攻击行为。但是，通常诸如打人、扔东西或咬人这样的攻击行为，还存在着其他的强化依联。当遇到一个人试图打、咬或抓我们的时候，我们中的大多数人会怎么做呢？我们有可能会退后，与他保持一定的距离。如果那个人向我们靠近，并开始攻击呢？我们有可能就会开始寻思问题的缘由，去问他出了什么事，并给予他一些安慰。或者，我们可能会给他提供一些其他有趣的事物，以分散他的注意力。正是因为我们给攻击行为提供了上面这些各式各样的强化依联，攻击行为也就开始受到那些其他依联的控制了，攻击可能也就因而有了各式各样的功能。下面，我们来看看吉米的例子。

"我真不敢相信，吉米今天居然咬了我！我一定是天底下最糟糕的母亲了，自己的孩子居然如此恨我这个妈妈。"艾米向自己的同学兼闺蜜索菲娅诉说着。

"哦，艾米，你自己也知道你说的才不对呢。"索菲娅说，"天底下最糟糕的妈妈怎么会为了帮助自己的孩子而专门去上夜校修读研究生学位呢？"

"也许我不是，可吉米毫不关心这些。他有时候实在太疯狂了。我真不知道让他去做的那些事情怎么就会惹出这么大的麻烦呢。"

"好了，不如你告诉我究竟发生了什么，然后我们俩也许可以一起开动脑筋来解决问题。"索菲娅说。

这两位崭露头角的行为分析师凑在了一起，开始共同寻找解决方案。在过去的几个月时间里，吉米开始出现咬人和打人的行为。最初只是偶尔出现一次，可最近变得越来越频繁了，带来的麻烦也越来越大。在各种场合下，这些攻击都会出现，有几次艾米知道攻击行为会发生，最有可能出现的是吉米玩玩具小火车的时候。如同很多孤独症孩子一样，吉米在做某些事的时候，包括玩玩具火车时，有着自己仪式性的固定玩法。火车是他最喜欢的玩具之一，他拥有很多很多的小火车，连艾米和杰克都数不清有多少了。李维斯家的朋友和亲戚都知道吉米喜欢火车，所以只要他们一来，就会带给他一辆玩具小火车。但是，吉米并不按通常的玩法来玩这些火车，他喜欢沿着一条线将这些火车按照特定的顺序排列起来。

但是，跟他自己所有的火车比起来，吉米更喜欢他爸爸的那辆极为独特的古董玩具火车。这可是杰克·李

---

① 改写自 Murphy, G., MacDonald, S., Hall, S., & Oliver, C. (2000). Aggression and the termination of "rituals": A new variant of the escape function for challenging behavior? *Research in Developmental Disabilities*, 21, 43-59.

维斯先生的父亲当年亲手为儿子精心制作的一辆玩具火车，那时杰克还是个孩子。如今，这个玩具在杰克心目中有着特殊的地位，尤其在他的父亲去世之后，他将这辆火车精心摆放在一个特制的盒子里。可是，吉米看中了它，并且把它当作了"火车王"。他会将这辆火车放在排成一排的火车队的最前面。本来大家都相安无事，直到几个月前，吉米在玩的时候，弄坏了这辆火车王的一个轮子。从那以后，这辆火车被禁止再玩了。

虽然被禁止玩了，可吉米还是总想要得到它。他能够很巧妙地爬上壁炉，从那台子上拿到这辆玩具火车。然而杰克态度坚决，他要防止这辆火车再被儿子弄坏，于是只要他一看到吉米想要去拿它，就会上前阻止，不让他拿到。他所做的就是在打断或阻止儿子的一个惯有的刻板行为——这是攻击行为最有可能出现的时刻。当吉米被阻止，或者火车被拿走后，他就会大喊大叫，并且开始抓打爸爸。

"他攻击了你丈夫之后，发生了哪些事？"索菲娅问道。

"杰克通常会把他紧紧地抱住。他可不想让吉米弄坏那辆火车，因此，他要么会把火车从这间屋子里暂时拿走，要么会把吉米从这间屋子里带走。可是，杰克大部分时间都要去上班，所以，每天实际上是我在对付吉米。"

每当艾米看到儿子试图去拿那辆火车，或者看到儿子已经在玩弄它时，她都会上前保护它，因为她也知道这个玩具在杰克心中的地位。吉米同样会攻击她，大多是打呀踹呀的举动，偶尔会咬人。

"当这种事情发生时，我尽力保持坚定的态度，但有的时候也坚持不下来。吉米太过明显地表现出焦躁和狂暴，这令我有时无法应对，就会把火车还给他，让他平静下来。我知道这么做不应该，但是，要是不在现场，谁也无法理解我有多难。你有什么更好的办法吗？"

"我有一些想法。"索菲娅说，"我们两个人都清楚，攻击出现的原因之一是它产生了攻击强化物。在你这里，我认为阻止或打断他的刻板就是他攻击行为的动因操作。"

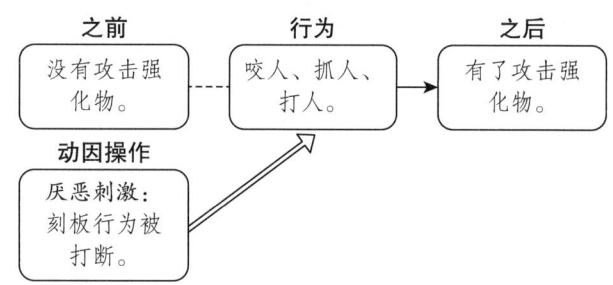

"不过，我碰巧还看到了一篇关于攻击行为的文章，是墨菲和他的同事们做的研究。尽管具体场合有所不同，但是我认为背后的原理是一样的。墨菲小组的研究表明，攻击行为最有可能出现的时候是一个强大的行为链或者仪式在完成前被阻止的时候。这也许正是发生在吉米身上的情况。不过，我认为导致他的攻击行为更有可能出现的因素是，这个攻击行为有时被重新获得的仪式化物品所强化，也就是说，攻击行为被再次获得的那辆小火车所间歇性地强化了。"

"很有道理。"艾米说，"攻击在最初发生的时候，只是在一个厌恶条件下产生了攻击强化物，而且每次他都能得到这些攻击强化物。但现在他有的时候还能重新拿到火车，继续他的刻板仪式，这会进一步增加他的攻击行为出现的频率。"

"太对了。"索菲娅说，"好消息是，墨菲的研究小组发现，如果你能够始终坚持阻止这个刻板行为的发生，那么他也就有时间去学习其他的适当行为了。对付攻击行为并不容易，它有可能在转好之前先变得更加严重，但是我觉得值得去做。"

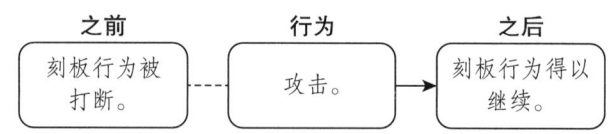

中级进阶

攻击的行为分析理论

攻击行为是习得的吗？

虽然我们的看法存在争议，但我们还是认为攻击行为是习得的。假设一只动物正接受厌恶刺激，或者其行为正被消退，那么，它就将或多或少地学会某种随意的反应，只要这个反应产生了攻击强化物。当一只猴子尾巴被电击时，它就会去咬橡胶管，因为这个咬的反应被强化了，被攻击强化物——牙齿、牙龈及下颚上的压力所强化[①]。罗杰·乌尔里克（Roger Ulrich）和他的学

---

① 改写自 Ulrich, R., Wolfe, M., & Dulaney, S. (1969). Punishment of shock-induced aggression. *Journal of the Experimental Analysis of Behavior*, 12, 1009-1015.

生在1969年通过实验显示了这种行为模式。但是，如果有一种取巧的装置，使得轻轻拉一下绳子就可以产生那些攻击强化物的话，那么我们推测，猴子就会学习这种轻拉绳子的攻击行为。这同人类一样，人们学会了在讽刺性攻击中保持温和与平静。当猴子接收到厌恶刺激时（比如电击尾巴），那些非习得的、天生的或者遗传来的具有强化效力的东西，**就是**猴子的牙齿、牙龈和下颚上获得的压力。对你我来说也是一样，当我们被人电击一下屁股，那些压力也是强有力的强化物。你没听说过"咬紧牙关"①这个说法吗？

因此，我们说，我们的攻击**行为**都是习得的，因为这样的行为会产生攻击**强化物**。但是，攻击强化物本身是非习得的、天生的强化物。正如斯金纳箱当中的老鼠鲁道夫，它学会了压杆是因为这个行为产生了一滴水。水这个强化物本身是非习得的、天生的强化物；压杆是习得的反应，而水是非习得性强化物。同样，攻击是习得的反应，而攻击强化物是非习得性强化物。

乌尔里克和他的学生进一步研究，通过使用更多的电击来惩罚由电击诱发的攻击行为，从而证明了攻击行为的随意性特征。他们惩罚了咬橡胶管，从而减少这个行为。但是，有趣的是，其中一些猴子在咬橡胶管的行为被抑制了之后，会找到其他的方式获取攻击强化物，例如，它们开始咬手指或自己身体的一侧，甚至用指甲抓自己的脸。猴子仍然能制造攻击强化物，只不过它们绕开了会遭到更多电击惩罚的那些行为形态。

攻击的价值是什么？

在我们人类与其他生物一同进化的这个自然环境中，我们的祖先的攻击行为能够让我们避免食物被其他动物抢走（当消退或者挫败使这些食品强化物受到威胁时，攻击强化物就会驱动我们的祖先采取行动）。你一定听说过一句谚语：千万不要从饥饿的人口里夺食。

而且，我们是在一个"要么吃，要么被吃"的世界中进化而来的。如果有动物攻击我们祖先中的一员，痛苦的攻击会产生厌恶刺激，我们奶奶的奶奶的奶奶的奶奶，之所以赢得了最大的生存机会，正是因为这种刺激扮演着动因操作的角色，支持着她老人家的攻击行为。

---

① "咬紧牙关"（"biting the bullet"）这个成语在英语里的字面意思是咬住子弹，虽然它的起源不很清楚，但有一种解释可能正好符合本节内容中我们所说的观点。据说这个成语来自战场实战，士兵在承受巨大痛苦时会咬着一颗子弹（或者诸如皮带什么的），这样的情况常会发生在缺乏麻醉的战场医疗救护中。这当然有可能产生某些攻击强化物，它可以让士兵从疼痛当中分心，从而有助于逃避疼痛。

如今，这类攻击强化物依然存在，尽管它们现在弊大于利——大多数的狮子和老虎如今都被关在动物园里了。我们的祖先离我们已经很遥远了，但是他们当年对攻击强化物的敏感性并未走开。

我要说，假如我们来自一条工厂的流水线，在这条流水线上，我们并非被安装了攻击倾向，但我们的确被安装了攻击强化物，这个攻击强化物很容易被厌恶条件建立起来。在这些厌恶条件下，攻击行为或许有助于生存，至少对我们的祖先是这样的。

为什么战斗上的胜利并不是充分的强化物？

我们之所以掌握了攻击行为，只是因为这种行为能让我们逃避被袭击时的疼痛刺激吗？也许是吧。可是，这种学习过程也许太慢了。在学会攻击而在战斗中生存下来之前，我们也许早已成为别人的盘中餐了。然而，每当我们碰巧主动去打、去咬、去挥拳时，如果这样的攻击行为总能产生攻击强化物的话，那么，高超的打斗反应就更有可能被迅速地掌握，相比之下，如果是通过执行周密的战斗计划从而逃避被袭击时的疼痛，如此才让这一系列周密的行为得到强化，那么这些用行为的掌握就慢多了。

顺便说一句，我们不是说逃避依联没有发挥作用。无疑，对于攻击行为来说，逃避捕食者撕咬的厌恶刺激可以增加强化的效果，而且越来越快的逃避还会塑造出攻击性的打斗技能——可变结果的塑造。但是我们说，这样的逃避依联不会一开始就能单独奏效，一开始，攻击行为必须有一个初始水平，这些攻击行为能够得到攻击强化物的自动强化。

问题

1．攻击**行为**是习得的吗？

A．习得的

B．非习得的（天生的）

2．请解释你的答案。

3．攻击强化物是习得的还是非习得的？

A．习得的（顺便说一下，我们在下一章会讨论更多关于习得性强化物的问题）

B．非习得的（天生的）

4．请解释你的答案。

5．攻击的价值是什么？

6．为什么战斗上的胜利并不是充分的强化物？

> 在 DickMalott.com 网站上,你还将读到:
> **第 10 章　高级学习目标**
> ・精神性烦渴综合征
> ・一名烦渴狂人的真实告白
> ・海狸尾拇指

第11章　习得性强化物与习得性厌恶刺激
（条件强化物与条件厌恶刺激）

行为分析师认证委员会第4版任务清单

E-11　运用匹配程序以建立新的条件强化物。
F-02　运用代币经济与其他条件强化系统。
FK-18　条件强化
FK-20　条件惩罚
FK-27　条件动因操作

基础知识

习得性强化物：行为临床心理学

精神病态的妄言妄语

"贝克博士，院长如今仍然每天晚上都企图溜到我的床上来，但每一次都被我成功击退了。我可不想再养第二个私生子了。"海伦说道[1]。

她一边诉说着，一边不停地把头晃来晃去，蓬乱的棕色头发在她的肩膀上甩来甩去。海伦穿着一条已经褪了色的粉红色印花裙——这是她最喜欢的一条裙子。

这件衣服，海伦穿了15年，自她走进这家州立精神病医院起就在穿了，如今已经很难裹住她那80公斤的身体了；尽管她姐姐每个月来探望她时经常会带来新衣服，她依然穿着它。

今年63岁的海伦坐在椅子上一直不停地说着。她的面前是一张古色古香的橡木大桌。这里是比格斯特医院的心理咨询室，唐恩坐在橡木大桌的另一边。海伦在椅子上说话时一直处于坐立不安的状态，而唐恩则保持平静，眼睛盯着窗外。

在海伦停顿几秒钟的当口，唐恩问她："那么，你昨天参加了什么活动吗？"可是海伦仍旧在那里东拉西扯，答非所问。唐恩开始盘算着如何制订一套干预计划，帮助海伦减少这些精神病态的胡言乱语。

第二天，在工作人员的讨论会上，唐恩说："我为海伦制订了一套方案。"一位精神科护士道："我真希望您能有制胜妙招！这个海伦如今已深陷困境了，她总是出现幻觉，认为有男人在追求她，使她生下了一个私生子。她总是不停地谈论这个男人和她的孩子，严重干扰到了其他住院病人。已经出现其他病人打她，要她闭嘴的事情了。我们尽全力保护她，可我们无法每一次都及时赶到现场。"

护士长说："我怀疑你能否真的帮上忙。海伦在过去3年里一直沉浸在这些妄想中。我们也已经尽了全力去帮她，我担心的是，她除了这些胡思乱想，就再也没有其他话讲了。"精神科医生说："海伦得的是妄想症，这是源自她内心的冲突，使得她对现实世界的感知出现扭曲。她觉得必须向别人表达出自己的烦恼，只有这样才能重新获得自由。她的问题是植根于内心深处的精神错乱的表现症状。"

在这位医生讲话时，唐恩心想：不！海伦的问题绝不是什么植根于内心深处的精神错乱的表现症状，那些只不过是既往的不幸的行为经历造成的结果。她的问题才不需要依靠什么高高在上的、牢牢掌控一切的某种精神力量，将她心理深处的肮脏灵魂像挤牙膏那样给挤出来呢。虽然这位医生的精神诊断说辞听上去令人印象深刻，然而并没能对海伦起多少作用。于是，唐恩提高了音量，说："我希望咱们能换一个视角来考虑，一个也许不容易理解的视角，但是，恳请你们接受我的意见。就算海伦患有精神病，她的妄言妄语也同其他任何类型的复杂的习得性反应是一样的。假如她之所以学会了这个妄言妄语的反应类，正是因为这样做产生了强化物，

---

[1] 改写自 Ayllon, T., & Michael, J. (1959). The psychiatric nurse as a behavioral engineer. *Journal of the Experimental Analysis of Behavior*, 2, 323-334; Ayllon, T., & Haughton, E. (1964). Modification of symptomatic verbal behavior of mental patients. *Behavior Research and Therapy*, 2, 87-97. 本节图表中的数据来自第一篇文章。

那么也许我们就可以运用强化原理来处理她的问题。"

"在我看来，你说得实在没什么道理，贝克博士。"精神科医生说道，"难道有什么东西会强化她的妄言妄语吗？每当她出现这种幻觉行为时，我想任何人都不会去围着她往她嘴里送 M&M 豆吧。"

"你说得没错，琼斯博士。"唐恩回答道，"我也肯定没有谁会给她 M&M 豆，然而，许多控制我们行为的强化物并不都像糖果带来的甜味那样，它们并不是天生的、非习得的、生物学的强化物。所以，如果我们只去留意寻找那些容易被发现的非习得性强化物的话，往往就会错过某些更为微妙的习得性强化物——正是这些**习得性强化物**在真正维持着行为。"

"比如什么呢？"琼斯问道。

"呵呵，某些最为强大的习得性强化物是社会性强化物——由其他人提供的强化物，比如表扬，甚至有时只是简单的关注。"唐恩答道。

"但是，我们肯定没有谁表扬过她的那些妄言妄语。"精神科医生说，"相反，我们从来都是批评她讲这类话的。"

"我知道这听起来有些怪，但是，有的时候就算是负面的关注，也比不关注厉害，也会很有强化效力。这在一些大型养护机构中很常见。在那里，工作人员人手不足，难以与住院患者有充分的互动。在这种地方，能够获得关注的最佳途径之一就是做出奇怪的举动，随后就会有工作人员或者其他患者、到访的人员注意你。即便我们给予的关注在形式上是批评式的，往往也会无意中强化那些古怪的行为。"

"我似乎有点儿明白了。"一位精神科护士说，"可是，当她胡言乱语的时候，我们需要去跟她说话。我们得去安抚她，把她重新拉回到现实中来！"

"我明白你的意思，"唐恩说，"但这会让我们掉入一个陷阱。因为温暖、贴心的安抚对话，最可能成为强大的强化物。因此，就在你努力帮助海伦摆脱她的幻觉时，你也在无意地强化这些妄想行为——这会让这种妄想行为以后出现得更为频繁。"

"我平时没有太多时间与她详细交谈，"另一名护士说，"但至少我会朝她点点头，说些诸如'哦，我理解你'之类的话。如果对她不理不睬，那看起来也太冷漠了。"

"是的，不理睬别人，我们自己往往都会觉得尴尬，但是，一般在他们正表现出不当行为时，这样做对他们恰恰是最好的。"唐恩说。

"你的意思是只要她出现妄想行为，我们在接下来的一整天就都不再理睬她了吗？这好像太残忍了吧。"

"我也觉得那太过分了。"唐恩说，"我们只在她出现妄想举动时，才不去理睬她。我们还应该在她以正常的方式说话的时候，马上把自己手里的事暂时放一放，去关注她。这样，我们就可以消除不恰当的行为，而强化她的恰当行为。"

"你的这种幼稚的做法能否奏效，我还是很怀疑，不过我愿意试一试。"琼斯说。

"我不会怪你的怀疑态度的，琼斯博士。"唐恩说，"我对这个干预很有信心，原因之一就是我的方案与艾龙和迈克尔早在 1959 年在类似案例中所采用的方案一模一样。它当时奏效了，如今，它也应该会奏效。我很感激你愿意一试，就让我们拭目以待，看看结果会如何吧。"

干预

在干预阶段里，护士每隔半小时就会去看看海伦。如果她讲那些精神病态的妄言妄语的话，她们就不理睬她；但如果她以正常的方式说话，就立刻去关注她。在干预开始前的一周里，海伦谈话内容的 91% 是精神病态的。进行了 9 周的干预后，这种精神病态的谈话内容降到了 25% 以下（见图 11.1）。考虑到至少在过去 3 年里，海伦的这个反应类出现的高频率，以及这个行为反应类的复杂性质，这个变化已经相当惊人了。

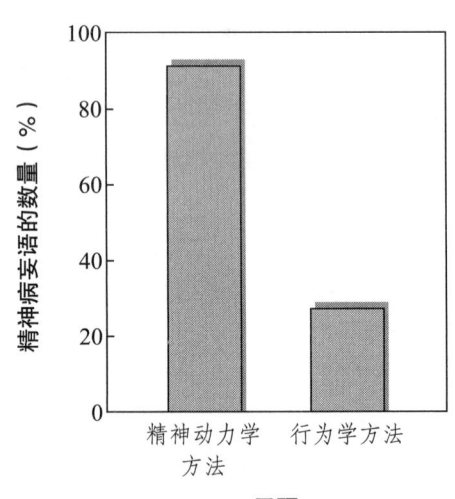

图 11.1　对一位妄言妄语的女精神病患者的正常谈话的差别强化

最后 3 周的干预出现了一些意料之外的干扰，获得了一些"非法的"强化。在第 10 周时，海伦与一位普通的社工人员进行了交谈，这强化了她精神病态式的妄言妄语。海伦甚至跟护士抱怨说："好吧，你既然不听我讲话，那我要求再次见约翰逊小姐，因为她跟我说过，只要我把过去发生在我身上的事情全告诉她，她就能帮我。"

看来关注是一个很强的强化物。社工在场的时候，关注增加了海伦的妄言妄语，而社工离开之后，她在病房里的这种精神病态的话语也增加了一倍，达到了她全部讲话内容的50%左右。另外还出现了两次背离干预的强化，一次发生在一个妇女组织的志愿者团队来医院陪患者开展娱乐活动时，另一次发生在某个医院员工意外走进海伦的病房时。这两种情况里，海伦的妄言妄语都由于外来者的关注而得到了强化。经历了这些意外干扰的强化之后，医院的工作人员不得不又花上好几周的时间，才将海伦的妄言妄语频率再次减少到较低的水平。为了保证消退方案的顺利实施，他们对海伦进行了特别看护，以确保每一个接触海伦的人都能有效地配合干预。

这其实是泰德多罗·艾龙和杰克·迈克尔当年开展的一项真实的研究，我们这里讲述的故事就是以他们的研究作为基础的。当年他们在开展这项研究时，你在本书中读到的大部分研究工作都还未得以开展呢。只有像泰德多罗·艾龙和杰克·迈克尔这类勤于独立思考的人，发挥充分的思考能力，才能认识到精神病态的妄言妄语是一种被强化的行为。而且要想切实执行自己的消退技术以减少这种精神病态的妄语妄语，并检验其效果，这在当时，他们还要有非常大的勇气，因为此前从未有人做过这样的尝试。

问题

1．对于这种精神病态的妄言妄语，精神分析的说法是怎样的？

2．针对这种妄言妄语的行为分析及其干预技术，有哪些反对的说法？

3．画出为了减少这种妄言妄语而运用差别强化的依联示意图。

4．消退程序实施几周后，海伦的妄言妄语突然经历了意外的干扰性强化，这之后发生了什么？

概念

习得性强化物是怎样学习来的？（FK-18）（E-11）

还记得我们关于**非习得性强化物**的定义吗？一种作为强化物的刺激，它不与其他强化物相匹配就能起作用。在此基础上，我们不需要思考太多就能猜到**习得性强化物**的定义。

> **定义：概念**
>
> **习得性强化物（二阶强化物或条件强化物）[Learned reinforcer (secondary or conditioned reinforcer)]**
>
> - 一种作为强化物的刺激，
> - 之所以成为强化物是因为它与其他强化物进行了匹配。

关注就是一个很好的例子。我们前面曾推论，对于海伦来说，关注就是一个很有力的强化物。如果关注是一个习得性强化物，那就意味着以前它对海伦并非总是强化物。关注并非从海伦一生下来就能强化其行为。事实上，只有通过学习，关注才能成为她行为的强化物。关注之所以成为一个习得性强化物，是因为从婴儿时期开始，它就常常与其他的强化物匹配。那么，在婴儿时期，一旦获得了关注，海伦通常可以获得哪些其他强化物呢？有水，有拥抱，还有大人逗她的话。

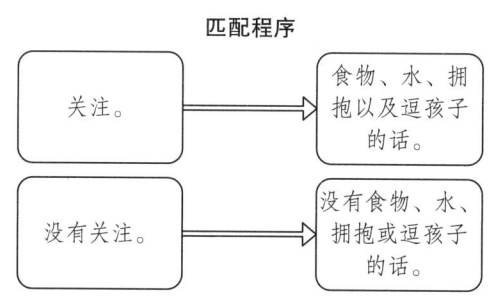

再说一遍，并非海伦一生下来关注就能成为其行为的强化物。需要很多很多的匹配，将关注与其他强化物匹配，才使其成为一个强化物。一旦关注成为一个习得性强化物，它就会像非习得性强化物一样发挥作用，它会增加其紧跟的任何行为的频率。下面的强化依联显示了微笑是如何被关注所强化的。如果关注不能增加一个行为未来出现的频率，那么它就不具备强化物的功能。

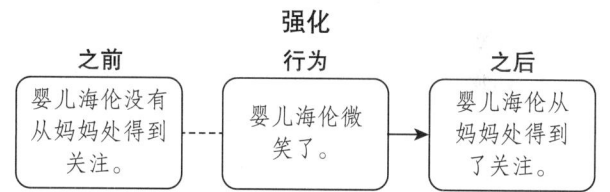

在我们继续讲下去之前，请注意上面的匹配程序的示意图。这个匹配程序实际上涉及了两项匹配：上面的一项正是关注与食物等的匹配，但要让这一匹配有意义，必须要有下面的那一项匹配——没有关注与没有食物等的匹配（至少，在没有关注时，就不大可能获得食物等）。换句话说，如果我们将一个中性刺激与一个原始强化物（original reinforcer）匹配，从逻辑上说，这就意味着将该刺激的不存在与该原始强化物的不存在做匹配。当你自己举一个新的匹配程序的例子或者在考试中遇到这方面的题目时，请你牢记这一点。现在，再回到海伦的例子中来。

海伦长大以后会怎么样呢？任何一个成人要想在饭店里吃上饭，就必须获得别人的关注，进入一家理发店做个新发型时，或者在家里交谈时，都是如此。典型的情况是，最初，关注与诸如食物、水以及安抚之类的非习得性强化物匹配；这之后，它变成一个习得性强化物，并且在一定程度上通过与其他的习得性强化物，诸如交谈或者理发匹配，关注得以继续作为一个习得性强化物。事实上，一般来说，习得性强化物的建立有可能仅通过与其他习得性强化物的匹配就可以实现。

> **定义：程序**
>
> 匹配程序（Pairing procedure）
> • 将一个中性刺激与
> • 一个强化物或厌恶刺激进行匹配。

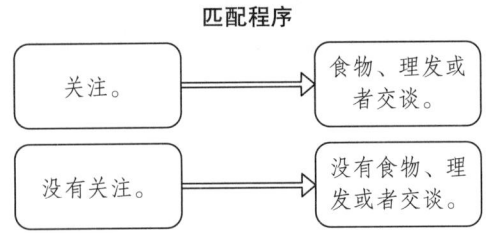

> **定义：原理**
>
> 价值改变原理（Value-altering principle）
> • 匹配程序
> • 将一个中性刺激转变为
> • 一个习得性强化物或习得性厌恶刺激。

人类是社会化的动物，从出生那天起直到死亡，关注都与我们生活中许多最重要的强化物相匹配着。关注是一种强有力但不易被察觉的强化物，它总是在我们不经意间控制着我们的行为。你们觉得是什么隐藏的强化物在控制教授的讲课？如果你不确定，那你就在课堂上睡一觉试一试吧。是什么在强化一个人讲笑话？可以试一试在他讲笑话的当口你起身离去，你就知道了。

通常，社会性的赞许是与关注紧密相连的，但也并非总是如此，海伦的故事就是一个例子。在这个例子中，关注维持着她的不当行为，但那些关注都带有不赞同的意味。在某种情况下，打嗝和排气也会引起具有强化作用的关注，虽然这种关注也是谴责性质的（你不知道什么叫"排气"？去查查字典吧）。有运动嗜好的人，除你的教授之外，你还知道有谁吗？

顺便说一句，尚不清楚在一个中性刺激与一个强化物之间进行匹配需要多长时间。我们可以假定，这发生在几秒钟之内。也许中性刺激与强化物的出现间隔还不到一秒钟。而且，中性刺激的出现也许要略微早于强化物的出现。这里，我们主要想说的是，没有哪个专业的行为分析师会在建立一个习得性强化物的时候，让中性刺激与强化物之间的间隔长到一个小时，甚至不会让它超过几分钟的。我们把这种将中性刺激与强化物或厌恶刺激匹配的过程称为**匹配程序**（pairing procedure）①，我们用**价值改变原理**（value-altering principle）来描述匹配程序的结果②。

请注意，尽管我们在匹配程序的定义中并没有说需要"立刻"，但是，这两种刺激很可能需要在一两秒钟之内相互匹配，理想的情况是在几分之一秒内完成。例如，假设你正在帮助一个孤独症孩子，试图将"好孩子！"的赞扬语打造成一个习得性强化物，你需要将这句话跟其他强化物，比如咬一口好吃的，相互匹配，你肯定打死也不会在说了"好孩子！"之后一个小时才给她吃一口好吃的，要真是那样的话，你死定了，肯定会失败的。而只有当你让这中间的间隔相差不到一秒钟的时候，才更可能有效果呢！

总之，一个中性刺激（事件、活动或条件）与一个原始强化物匹配之后，就成为一个习得性强化物。这个原始强化物可以是一个非习得性强化物，也可以本身就是一个习得性强化物，它在此之前也是通过与另一个强化物的匹配而已经获得了强化价值。

问题

1. 名词解释：习得性强化物，并举几个例子说明它们是如何获得其强化价值的。
2. 名词解释：匹配程序。
3. 名词解释：价值改变原理。

匹配程序和习得性强化物的案例：行为学特殊教育

教吉米社交

对于普通孩子来说，他们往往在不知不觉中就学会了功能性行为和功能性价值观。对于吉米来说，不仅难以学会这些功能性行为和价值观，而且还很容易就学会那些功能失调的行为和价值观，并深陷其中。普通孩子大多是不会去学这些功能失调的行为和价值观的，或者说很快就迈过去了。我们说，吉米的学习史是功能失调的，因此，传统的心理学家给他贴上了"孤独症"的

---

① 很多行为分析师认为，这种类型的匹配与应答式条件作用中的匹配一样，不过，我还是觉得未必那么确定。在第21章中，我们会学习应答式条件作用。在那里，我们会解释应答式条件作用与操作式条件作用之间的不同之处。

② 我们之所以在《基本行为原理》第3版中就引入了匹配程序这个概念和价值改变原理，是因为我们发现，学生们在学习本章时，未能把注意力充分集中于习得性强化物和习得性厌恶刺激是如何被习得的这个重要内容上。

标签。

在已经习得的行为上存在严重缺陷的孩子，往往难以学会重视关注和表扬。换句话说，无论关注还是表扬，都不是社会性强化物。将关注和表扬与其他强化物（食物、安抚和游戏）进行正常的匹配，在普通孩子那里很好办，而在少数孩子那里却往往难以成功。吉米就是这样的少数孩子中的一个，正常的匹配对他无效。

那么，吉米无法学会重视关注与表扬，其后果会怎样？后果是灾难性的。人类是高度社会化的动物，我们意识不到自己是多么依赖这种人际相互协调的精密互动。例如，关注与表扬会持续不断地塑造孩子的行为。

"哦，快看罗德在做什么！他太可爱啦！"

"罗德，爸爸真为你骄傲！"

或者，更为微妙——赞许的一瞥，一个微笑，一次目光对视，甚至，唐恩略微转向罗德的方向——这些都是表扬或给予关注的方式。所有这些，对于罗德和其他大部分孩子都是有力的强化物，但对吉米不是。

我们为什么会认为这非常重要？因为几乎我们所有的正常的人类行为都是从其他人那里学来的。而我们学习正常人类行为的最关键的途径之一就是通过社会性强化，其基本形式就是依联于正常行为的表扬与关注。

因此，如果关注与表扬不能成为吉米的习得性强化物，那么他将无法去学习普通人的一举一动。孤独症坏就坏在这里。他会跟普通人很不一样，于是，他被贴上了"孤独症"的标签——一个精神病儿童。

因此，为了教会吉米像普通人通常所做的那样，做出功能性行为，梅所做的第一步是什么？梅和她的团队成员做了大量的匹配，将关注和表扬与强有力的强化物进行匹配。还记得前面的干预吗？

伊芙：吉米，摸鼻子。

吉米做到了。

伊芙：**真棒**！（并且给了略有些饿的吉米 1/4 勺的燕麦牛奶粥。）

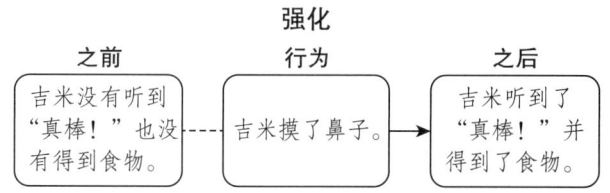

就这样，在单一回合式教学尝试中，发生了许多学习。吉米不仅仅能够在要求摸鼻子时更频繁地做出正确的反应，而且，"真棒"的表扬与一种有力的非习得性食物强化物成功地匹配了，这也是我们在本章中最关心的（伊芙为了进行匹配，当然也可以不要求吉米完成任何反应，只是同样地匹配着使用原始强化物去强化吉米的某个反应，而她现在的这种做法可以让她最大限度地利用自己的干预时间）。

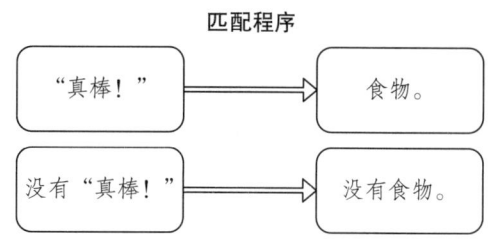

各种类型的关注与表扬同各种类型的有力强化物进行了足够多的匹配之后，关注与表扬也就成为吉米很强有力的习得性强化物了，就像对于我们大多数人一样。

随后，梅的团队就可以在吉米的教学中使用这些习得性社会性强化物了，将它们作为主要的工具，并且通常最终能够脱离使用那些诸如食物等非习得性强化物。这点很重要，有两个原因：第一，这是在为吉米日后进入普通教育系统的课堂做准备，在那里，社会性强化物才是主要的教育工具；第二，这是在为吉米的随即教学做准备，随即教学通常是发生在孩子与其他人，尤其是与其父母之间的互动中。

泛化型强化物：临床行为学

用于精神病患者的代币经济（F-02）

泰德多罗·艾龙在完成我们前面讲的那个海伦精神病态妄言妄语案例中的开创性工作之后，拿到了博士学位，来到了位于伊利诺伊州的安娜州立医院，在那里，他跟着南森·阿兹林博士一起工作，开展了第一项使用代币经济的研究。他们在一家精神病院里，用代币经济帮助住院患者学会并维持正常行为。跟他先前的工作一样，艾龙这一回的研究面对的依然是那些常年住在精神病院的病房里的精神病患者。这些患者是女性，她们在语言和社交行为上都存在着严重的问题。①

这项在病房里开展的代币经济干预非常有意思，很值得我们专门讲一讲。住院患者通过做出对集体有益的反应，从而赚到一些小的金属代币。有益的行为包括提供餐桌上的服务、擦洗地板、整理要洗的衣物、在小卖部中卖东西、播放电影、领导旅游队伍，以及协助护士工作。患者还可以通过其他行为获取代币，比如自我梳妆。

她们可以用这些代币交换到后备强化物（backup

---

① 改写自 Ayllon, T., & Azrin, N. H. (1965). The measurement and reinforcement of behavior of psychotics. *Journal of the Experimental Analysis of Behavior*, 8, 357-383.

reinforcers）① （已经与习得性强化物匹配过的强化物）。例如，患者如果有足够的代币（4～30 枚），就可以换到某间卧室，这样就相当于可以间接地挑选自己的室友。而不能拿代币换卧室的，就只能睡在闲置的宿舍了。她们还可以选择与自己一起进餐的伙伴（1 枚代币）；可以获得带锁的橱柜来装自己的物品（1 枚代币）；可以租一把专用的私人椅子而不必与其他患者共用（1 枚代币）；可以租一个屏风遮挡自己的床铺（1 枚代币）；可以在有人陪护或者无须陪护的情况下离开自己的病房（2 枚代币）；可以在有人陪护下去附近的镇上逛 1 个小时（100 枚代币）；可以与一名工作人员做 10 分钟的私下交谈（20～100 枚代币），而且还可以通过额外的代币延长聊天时间（与病房医生、护士以及医院牧师进行社交互动的最初 5 分钟，无须支付代币）；可以用 1 到 10 枚不等的代币作为交换，参加自己选择的宗教活动。

其他后备强化物还包括看电影、去舞会、收听收音机和收看电视的独享机会，以及参加医院组织的活动，比如跳舞（所有这些都需要 1～3 枚代币）。此外，她们的代币还可以换取其他可以消费的物品，比如额外的服装、化妆品、书籍和书写材料，以及一些特殊需要的东西，比如盆栽植物和宠物鹦鹉（1～400 枚代币）。

怎样才能建立起习得性强化物呢？我们是将其与已经存在的强化物匹配。关注很可能已经成为并且持续作为海伦的一个习得性强化物（我们这些人也一样），因为关注曾经而且一直在与许多其他强化物匹配着，诸如食品、交谈和服务。但是，在艾龙和南森的代币经济研究中，他们的服务对象都是有语言的成年人，因而这里并不是直接将代币与那些强化物匹配，而是通过语言说明来进行匹配。工作人员只是简单地告诉患者，他们可以用代币换取各种各样的后备强化物，这样就可以将代币建立成为一种习得性强化物了。艾龙和阿兹林并未进行直接的匹配。②

艾龙和南森在研究中所使用的这种代币具有非常广泛的用途，因为患者可以用代币去换取各式各样的强化物。我们把这种类型的强化物称为**泛化型习得性强化物**（generalized learned reinforcer）。③

> **定义：概念**
>
> **泛化型习得性强化物（泛化型二阶强化物或泛化型条件强化物）**［Generalized learned reinforcer (generalized secondary reinforcer, or generalized conditioned reinforcer)］
> - 一个习得性强化物，其之所以成为强化物
> - 是因为它已经与各式各样的强化物匹配了。

换句话说，泛化型习得性强化物就是一种特殊类型的习得性强化物。一个刺激（事件、活动或者条件）可以成为一种习得性强化物，只要它与某个**单一类型**的后备强化物匹配就可以。但是，**泛化型**习得性强化物必须**与各式各样的其他类型**的强化物匹配，比如上述案例中住院患者可以用代币换取的种种特权。通常，这些不同的后备强化物会与各自不同程度的剥夺相关。

一个习得性强化物要想有效，只有当动物被剥夺了其他强化物时才行，习得性强化物通过与这些被剥夺的其他强化物相匹配才能获得具有强化作用的属性。由于泛化型习得性强化物是通过与各式各样其他强化物相匹配而获得强化的价值，所以动物无须被剥夺特定的某一种强化物。不过，动物可能还是需要被剥夺至少某一类型的相关强化物。出于这个原因，泛化型习得性强化物在大多数时候都会是有效的。

在代币经济中，一位住院患者通常不会将自己前一天甚至前一周获得的所有后备强化物都消费光。因而在这种情况下，她至少有某些后备强化物是被剥夺的。例如，虽然她们刚刚外出散步了，但她有可能还未与牧师交谈呢，或者还没看过本周的电影，或者还没有得到某种贵重的化妆品。因此，泛化型习得性强化物（比如代币）在某些行为干预中很有用，原因就在于：在任一时刻都至少有一种用代币换取的后备强化物对个体是具有强化效力的（即比起单一使用的强化物，比如薯片，代币很少有"餍足"的问题）。

---

① 在本书当中，在一些情况下，我们倾向于说将一个中性刺激与一个原始强化物或者原始厌恶条件进行匹配；而谈论代币时，我们则倾向于说，代币与后备强化物进行了匹配，并且用来交换后备强化物，即支持代币经济的强化物。这种表述上的差异不是什么大问题。

② 泰德和南森还以另一种关键的方式充分利用了患者的语言技能。在本书的最后几章里，你将会看到，行为依联实际上是间接作用的、规则掌控的强化类似物，而非直接作用的强化依联。工作人员将这些依联告诉住院患者，也就是说，向住院患者提供了描述这些依联的规则（比如，如果你自己整理床铺，你将得到一些代币）。控制患者行为的是这些描述依联的规则陈述，而非依联本身，至少最开始时是这样的。考虑到工作人员是在每天结束时给住院患者发代币，而不是在行为发生时就发，上面的说法就显得尤为正确。不过，你现在无须对此太过烦恼，我们会在第 22 章中详细讲解这种规则掌控的行为。

③ 致教师：一开始我们就说了，在本书第 21 章之前，我们不会去讲解操作式条件作用和应答式条件作用之间的差异，而且我们在谈及任何操作现象时还刻意回避了相伴地使用条件这个词，因为我们觉得，在操作式条件作用和应答式条件作用这两种情况下再使用条件化这个术语会让学生区分这些概念时难上加难。因此，我们在涉及操作式条件作用现象时使用习得性这个术语，而在涉及经典应答式条件作用现象时使用条件化这个术语。但是，我们也引入了条件化这个术语，这样便于我们讨好那些不那么挑剔或者说不那么迷信的老师。更重要的是，这可以让我们与 BACB 的要求保持一致。

致学生：本书的术语（括号内为更传统的 BACB 的术语）：强化物（正强化物）、习得性强化物（条件强化物）、强化（正强化）、强化（条件强化）。

> **定义：概念**
>
> **代币经济（Token Economy）**
> - 一种泛化型习得性强化物系统。
> - 人们可以将获得的泛化型强化物存起来，并可以
> - 在之后用来交换各式各样的后备强化物。

顺便说一句，有些代币经济是存在时间期限的。例如，如果你在年底前不用掉这张优惠券，它就会失效。而且，请注意上面的定义当中，"代币"的意思得到了扩展。代币通常是指你可以拿在手里的一套独特的物件，比如地铁进站卡、赌场的筹码、扑克筹码，还有钱。我们认为这太过局限了，会排除掉很多代币经济。有时候，"代币"可以是在一张纸上做出的标记，而并不是个体可以抓在手里的一套独特的物件。

泰德和南森的研究甚至为我们自身所处的经济系统提供了某些观察视角。在他们的研究中，代币所起的作用就像钱对你我所起的作用一样。代币是泛化型习得性强化物，钱也是。代币与钱都是通过与其他强化物的直接匹配或者语言匹配，而获得强化物的价值。

但是，泰德和南森的实验的主要实践目的是展示少量的工作人员如何每周 7 天、每天 24 小时地通过代币经济管理好 44 名住院患者（这里的工作人员包括一位行为分析师、一位护士，以及五位助理——说起来，这是一个典型的医护人员与住院患者之间的人数比例）。这种代币经济可以让我们在同一时间里服务于大量的住院患者。这套方法在其他机构中也获得了成功，它给很多本已无望的机构带来了希望。

哦，我们简直是太激动了，光顾得在这里描述这套方法，差点儿忘了说结果。非凡的战绩：各种适当的行为的频率上升了，每名住院患者每天富有成效的工作时间达到了 6 个小时（见图 11.2）。

我们要指出的是，你不会碰巧地取得这样一项伟大的成就，尤其是像泰德和南森这种情况，他们是在一个崭新的领域进行的。当时，他们花了一年半的时间进行了前期研究，然后才开始这项实验。没有哪样好东西是轻而易举得来的，至少在科学领域没有。

问题

1. 名词解释：泛化型习得性强化物，并举例说明。
2. 描述一个在精神病院中开展的代币经济研究。
   - A. 被试是谁？
   - B. 其中的反应都是些什么？
   - C. 后备强化物有哪些？
   - D. 行为分析师是如何将代币建立成为泛化型习得性

强化物的？
   - E. 研究结果如何？

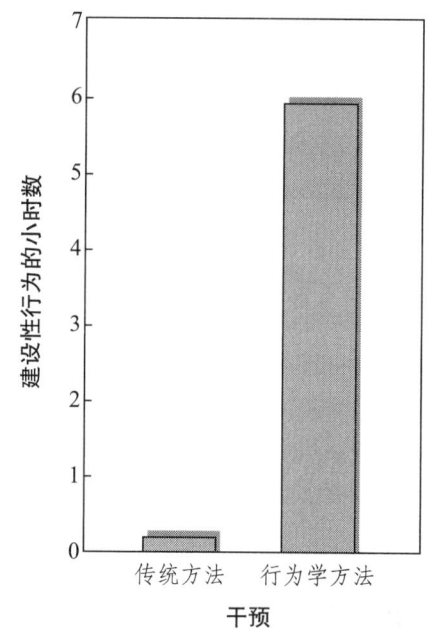

图 11.2 运用代币经济增加精神病院住院患者每日平均的建设性行为

概念：学校行为心理学

代币经济与补习教育

堪萨斯大学的蒙特罗斯·沃尔夫博士和同事们曾经开展过一个项目，帮助贫困儿童跨越障碍，接受健全的教育。他们帮助了 16 位五年级和六年级的学生，这些学生的阅读水平测试成绩比同年级学生的平均成绩落后了至少 2 年。他们都来自堪萨斯城的低收入家庭，这些家庭大多数都有 5 个以上的孩子。这些贫困家庭靠福利救济维持生计，而且孩子的父亲常常不在身边。他们的家长自愿将孩子送进蒙特罗斯·沃尔夫博士举办的这个补习班。①

蒙特和同事们在一所教堂的地下室里成立了这个班。除了平时上学，这些学生在每天放学后，以及每个周六的上午，都要到这个特殊补习班里来，持续了两年半。暑假里，这些孩子除周日外，每天上午也要来这里。

蒙特他们使用了代币经济，但所用的习得性泛化型强化物是检查时的对钩，以此作为他们所使用的代币形式。老师在学生正确完成了作业之后，就在学生的文件夹上打一个对钩作为检查标记。学生最初进入这个班级时，老师会在他们圆满解决完每个问题之后就给予这种

---

① 改写自 Wolf, M., Gives, D. K., & Hall, R. V. (1967). *Experiments with token reinforcements in a remedial classroom.* 未发表的文稿。

习得性泛化型强化物。随着学生们的进步，他们有了更高的作业完成率，也有了更高的作业准确度，这时，他们获得习得性泛化型强化物所需要完成的作业的数量和难度也渐渐地提高了。有时，学生们会跟老师谈判，讨论一定数量的作业该得到的对钩标记的数量。

- 学生可以用这些习得性泛化型强化物交换到各种后备强化物，包括每周有趣的野外游玩、每天的小零食、学校商店里的物品，甚至是钱，以及购物的机会。

这些孩子们主要有三种常见的途径来获取代币：

- 完成普通学校的学习任务。
- 完成布置的家庭作业和补习班布置的补习作业。
- 每6周一次的学业报告单上取得好成绩（分数A会得到最多的代币，分数F则得不到任何代币）。

老师还对学生运用了其他基于强化物的干预程序。他们运用普雷马克原理来分配学生喜欢的和不喜欢的学业任务；较为优秀的学生会给予更多的责任担当，比如，帮助指导其他同学，或者帮助给其他同学的作业打分；每个月出勤优异的学生会得到可观的额外奖励；如果一名学生的平均成绩在为期6周的时间段里进步了，那么就可以为这名学生办一场聚会；老师还会搞一些知识竞赛或趣味问答之类的游戏日活动，让整个班级获得更多乐趣；如果一名学生在普通学校里的测验中得了A，这个成绩也可以计入在补习班里的每周成绩单中，这样他或她就可以为自己的小组赢得糖果。

此外，行为分析师还采用了几项惩罚依联以减少不当行为：

- 在两个半小时一次的课程中，闹铃会随机响起三次。如果有学生在闹铃响起时没有坐在自己的位子上，那么在黑板上，在他们的名字后面，他们会得到一个负分标记。
- 学生还会因其他的扰乱行为而得到负分标记，比如打斗。
- 另外，普通公立学校的老师也可以给在他们班上的那些学生进行加分或者减分。他们只要向这个补习班的老师写一份报告就可以了。①

每天课程结束时，负分标记最少的学生的文件夹里会得到一大笔额外的正分标记。这相当于其他学生失去了赚取这份额外强化物的机会。但还不止这些，得了不止4个负分标记的学生，就会失去一项特权，比如当天放学时不能去学校商店。② 行为分析师还用强化物鼓励家长支持自己孩子的学业行为。沃尔夫和他的团队在学校商店里安排了对于学生家庭来说感兴趣的物品。学生可以使用自己的优秀成绩赚到的对钩标记为家庭购买这些物品。

这个项目还对老师采用了习得性泛化型强化物。如此，蒙特·沃尔夫和同事们也支持了有效的教学工作。只要一名学生的6周成绩报告表明他的平均成绩比6周前有进步，他们就会发给助理老师10美元的奖金。

这真是一项非常优秀的干预计划，也许只有能够熟练运用习得性泛化型强化物的人才能够设想出来。但是，它真的有效吗？是的。每次补习课程结束后，学生们经常要求继续完成他们的功课。此外，尽管这个补习班的上课时间占据了周六以及大多数节假日，但这个补习班的学生出勤率还是达到了约85%（学生们通过投票，自愿决定要在所有学校假期中都来这里上课，然而，老师还是画了一条线，感恩节和圣诞节不必上课）。

学生们很努力，但是他们真的学进去了吗？是的，而且成绩斐然。在实施代币经济前的两年里，在学习能力倾向测验（scholastic apfitude test, SAT）中，这些学生们每年平均提高了0.6个等级分。在使用代币经济的那一年里，在SAT中，他们一年平均提高了1.5个等级分。而类似的一组学生（对照组），未实行这种习得性泛化型强化物干预计划，他们在同期一年平均只提高了0.8个等级分。在那一年里，这些学生的成绩报告单上，平均分从D上升到了C，而对照组实际上则未见进步（见图11.3）。③

该干预项目的成本效益比如何？值得吗？每位学生在这个班上一学年平均赚到了250美元——这算是花费很小的习得性泛化型强化物，而对我们来说，将一个原本没有这样机会的贫困孩子教育好，培养他日后进入社会成长为一名有价值的公民，才是巨大的强化物。

---

① 公立学校的老师很可能在这些学生做出相关行为之后，立刻告诉学生要给他们加分或者减分，尽管这个加分或者减分将会在较晚的时候才由补习班老师来完成。公立学校老师立刻说出的这些话，很可能也是一种习得性强化物或者习得性厌恶条件，这取决于这些话涉及的是加分还是减分的约定。但是，参照本章一开始我们对简单匹配程序的定义，公立学校老师的这种加分减分的告知与实际的加分减分之间无疑存在着很大的延迟，因而这样的告知无法通过简单匹配程序获得其强化或厌恶的价值。实际上，这些告知的强化价值或厌恶价值一定是通过某种语言上的、规则掌控的、与匹配程序相类似的一个过程获得的。这个匹配过程对于动物以及无语言的人类是无法奏效的。

② 同样，这些行为依联给正分和负分标记所赋予的额外的强化和厌恶性质，也一定是因为这之前还有过一个复杂的与匹配程序类似的过程，这同样是一个通过语言的、规则掌控的过程。

③ 遗憾的是，16名学生当中有一名年纪较大的六年级学生在春季学期结婚了，同时从这个班和普通学校退学了。因此，这个结果中不包括她的情况。

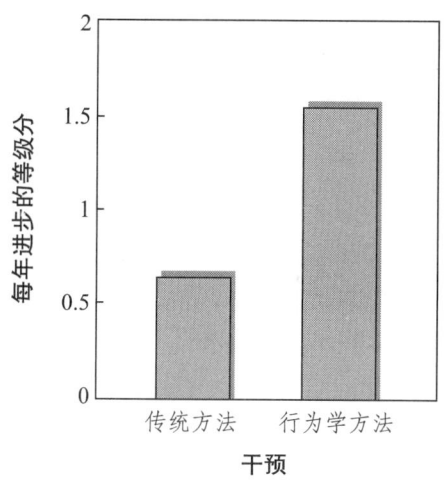

图 11.3　通过代币经济促进补习教育

问题

1．描述一个应用习得性泛化型强化物帮助补习学校中的学生的案例。

    A. 这里的习得性泛化型强化物是什么？

    B. 后备强化物有哪些？

    C. 用到了哪些不同的强化程序？

    D. 惩罚依联是怎样的？

    E. 行为分析师是如何激励班级里的社会性强化的？

    F. 他们是如何激励家长支持自己孩子的学业表现的？

    G. 学生们的学业成绩结果如何？

2．名词解释：代币经济。

概念

习得性厌恶刺激（FK-20）

1岁的罗德坐在小桌前，手里拿着一把小勺，正在用力搅苹果酱，把四周弄得一塌糊涂。这让希德很恼火："**不！不许这样！我说了，不许再弄了！**"啪！罗德的小手挨了希德轻轻扇来的一掌。

与厌恶刺激进行匹配

"不！"	→	扇来一掌。
没有"不！"	→	没有扇来一掌。

唐恩瞪了一眼希德，希望他能对儿子温柔一点儿，而罗德仍坐在那边，嘴里不停地咿咿呀呀着，过了没多久，他又开始鼓捣苹果酱了，又弄得一团糟。这回，唐恩快速地抢在希德之前出手干预了。她只说了一个字："不！"罗德还在那里鼓捣。她又说了一声"不！"但这次她立刻从罗德那里拿走了苹果酱和勺子。

与强化物的失去进行匹配

"不！"	→	失去苹果酱。
没有"不！"	→	有苹果酱。

这样，"不！"就与厌恶刺激（比如扇一掌）以及强化物的失去（比如苹果酱被拿走）可靠地匹配了。这也是一个**价值改变程序**，它让"不！"成为一种**习得性厌恶刺激**。

> **定义：原理**
>
> **习得性厌恶刺激**（Learned aversive stimulus）
>
> - 一种具有厌恶性的刺激。
> - 它之所以具有厌恶性，是因为它与另一个厌恶刺激进行了匹配。

还记得前面讲的**价值改变原理**吗？匹配程序将一个中性刺激转变成一个习得性强化物或者习得性厌恶刺激。我们已经看到了，价值改变原理解释了习得性强化物被创造出来的过程。现在，罗德的故事又向我们展示了在价值改变原理下习得性厌恶刺激的创造过程。将"不！"与各种厌恶事件和强化物的失去相匹配，这就让"不！"变成了一个强有力的习得性厌恶刺激。但是，我们怎么知道"不！"对罗德来说是厌恶的呢？因为它惩罚了在这之前出现的行为。当然，"不！"、扇一掌、苹果酱被拿走，这些刺激组合在一起，很快就形成了一个有效的惩罚依联，抑制了罗德鼓捣苹果酱的行为。但是最后只需几声"不！"依联于不当行为，不当行为就会停止。这就是很好的证明，证明了"不"已经变成了一种习得性厌恶刺激。例如，每当罗德去抓自己膝盖上的伤痂时，唐恩都会说"不！"

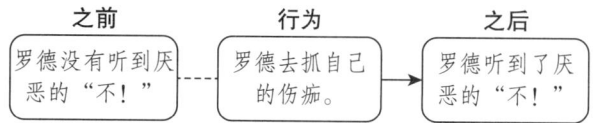

唐恩的几声依联性的"不！"就足以让抓挠伤痂得到惩罚，罗德就会停止抓挠，他的伤口也就会得以痊愈。

对于我们大多数人来说，"不！"这个字眼已经与各式各样的厌恶刺激以及各式各样强化物的失去成功匹配了。因此，例如，就算我们并没有被人拿走苹果酱，"不！"也还是令人厌恶的。所以，就如同我们拥有泛化型习得性强化物一样，我们还拥有泛化型习得性厌恶刺激。它在我们的生活中极可能扮演着非常重要的角色，尽管目前我没看到有关这方面的研究。[**泛化型习得性厌恶刺激**（generalized learned aversive stimulus）是指一种习得性厌恶刺激，它之所以具有厌恶性，是因为它已经与各种各样的其他厌恶刺激或厌恶条件，或者各种各样的强化物的失去进行了匹配。]

总之，当一个中性刺激（事件、活动或者条件）已经与原始的厌恶刺激匹配了，这个中性刺激就变成了一种习得性厌恶刺激，而这里的原始的厌恶刺激可以是非习得性的厌恶刺激，也可以是习得性的厌恶刺激。

问题

1. 名词解释：习得性厌恶刺激，并画出示意图，举例说明一个习得性厌恶刺激的形成：
   - 通过与一个厌恶刺激进行匹配
   - 通过与一个强化物的失去进行匹配
2. 说一说我们是怎样知道"不！"是一个习得性厌恶刺激的。

匹配程序与习得性厌恶刺激的案例：行为学特殊教育

继续教吉米社交

前面说了，对于那些尚未掌握足够的功能行为的孩子，以及那些已经学到很多功能失调行为的孩子来说，关注与表扬往往还未成为有效的习得性强化物。但是这可能只是一部分原因。我们认为，批评同样往往还未成为一种对他们有效的习得性厌恶刺激。这意味着我们更难以用轻微的惩罚程序来抑制那些功能失调行为。

假如"不！"、皱眉头、摇头或者其他形式的批评对一个孩子都不是有效的厌恶刺激，那么你可以想象这样的养育会有多么艰难。事实上，我们可以想一想所有那些自己能够做得出的正常的人类行为，再想一想那些自己不会去做的非人类行为，我们之所以不去做，正是因为社会性批评带来的厌恶性。彬彬有礼、排队等待、不扰民、不在图书馆里大喊大叫、人家问你问题时你会回答、伸出自己的援助之手，等等，这些都有社会性批评在后面扮演着重要的角色，这甚至比社会性表扬和关注还要重要，我们从中学会了与人交往的正常和文明的方式。

因此，你可以想象得出，梅和她的团队在帮助吉米将批评建立成为一种有效的厌恶刺激的时候，需要付出多大的努力。

伊芙：不！吉米！不！

随后，伊芙使用了肢体限制，用力将吉米的手按在他的膝盖上，直到他不再继续扑动。肢体限制对大多数人来说都是厌恶的，对吉米好像也如此。

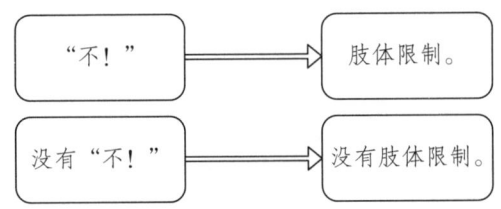

厌恶的肢体限制与"不！"匹配了，于是，"不！"就变成了一个厌恶刺激，此外还有伊芙的皱眉头和批评的语调，它们也变成了厌恶刺激。经过足够多的匹配，一般说来，老师就可以不再使用非习得性的、肢体接触的厌恶刺激（比如肢体限制），而可以依靠习得性的、厌恶的批评了。这也是在为吉米日后进入普通学校做准备，为他以后能够与他人（比如父母）在不同场所互动做准备，让他能继续好好学习，继续表现出恰当行为。

概念

习得性强化物与习得性厌恶刺激是如何失去强化价值和厌恶价值的？

如果我们停止将习得性强化物与其他一些强化物进行匹配，那会发生什么呢？比如，如果我们停止将"好棒！"与食物匹配，会发生什么呢？

去匹配（unpairing）程序

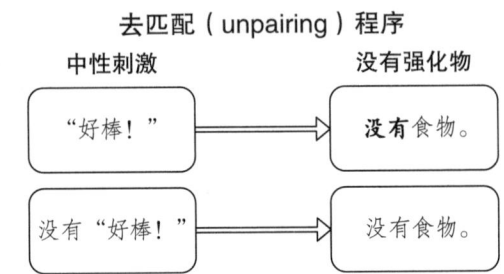

这之后，"好棒！"就会失去对吉米的强化价值。

那么，如果停止将习得性厌恶刺激或厌恶条件与其他一些厌恶刺激或厌恶条件进行匹配的话，会发生什么呢？比如，如果我们停止将"不！"与肢体限制匹配，会发生什么呢？

与厌恶条件的去匹配

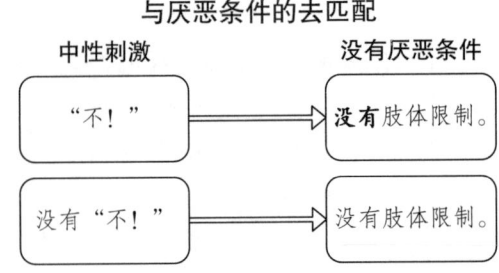

你肯定猜到了，"不！"将会失去它的厌恶价值。

去匹配，最常见的原因就是在习得性强化物（或习得性厌恶刺激）出现之后，未能立刻呈现原始强化物（或原始厌恶刺激），不过，我们还可以通过其他途径来实现去匹配。我们可以让食物连续不断地呈现，这样，食物与"好孩子！"以及其他任何东西的匹配程度就无差了。

消退与习得性强化物／习得性厌恶刺激的去匹配

习得性强化物失去强化价值是因为它不再与原始强化物匹配了，但这不是消退。消退是指不再让一个强化物依联于一个反应。上面给出了去匹配程序的示意图，下面再来看看消退程序的示意图。

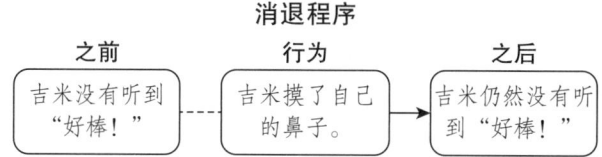

消退程序

而且，去匹配的结果也不同于消退的结果。去匹配的结果是，习得性强化物失去了它的强化价值，并且该习得性强化物也将不再强化任何反应了；但消退的结果是，之前被强化的反应的频率也会下降，然而该习得性强化物仍然可以对其他该强化物所依联的反应具有强化效力。

类似地，去匹配的结果也不同于停止惩罚依联的结果。去匹配的结果是，习得性厌恶刺激失去了厌恶价值，并且该习得性厌恶刺激将不再惩罚任何反应了。但停止惩罚依联的结果是，之前被惩罚的反应的频率也会增加，不过该习得性厌恶刺激仍然可以对其他该厌恶刺激所依联的反应具有惩罚效力。

	去匹配与消退	
	去匹配	消退
过程	呈现习得性强化物而不呈现非习得性强化物	不再呈现依联于反应的强化物
结果	习得性强化物失去了强化价值	反应频率下降（但强化物并未失去其价值）

问题

1. 举例说明习得性强化物和习得性厌恶刺激是如何失去其价值的。
2. 这与消退和停止惩罚依联有什么不同之处？

概念

条件型刺激

在学习这本书的过程中，你会遇到很多次考试，而自打上一次考试结束，你压根儿就没再翻开过这本书。这问题还不大，但是，当距离考试日期越来越近，而你还把本书放在书架上接灰尘，那么问题就会变得越来越严重，你也会越来越焦虑了。情况变得越来越令你觉得厌恶。虽然你还没有开始冒冷汗，但那感觉也差不多了。最后，情况实在是太令你厌恶了，于是你做出了一个逃避反应，翻开书，学习起来。令你厌恶的情况立刻开始好转。你读了书，划了重点；又读了一遍，还做了习题，并且背下了定义；你简直做好了准备，要在考试中冲击满分了。现在，你信心满满，就算马上就要开考，对你来说，目前也几乎没有值得厌恶的了。

那么，这里你感到厌恶的情况究竟是什么呢？是没有学习这本书吗？不是。你这辈子大部分时间都没有学习这本书，而且，就算你对行为分析一无所知，那也未必是一个厌恶条件。我们再看，离考试日期越来越近，这本身也不是令人厌恶的。令人厌恶的是两者的**结合**，离考试日期越来越近，而你还未学习，还没准备好，这才是令人厌恶的。我们把这种结合在一起的情况称为条件型刺激（conditional stimuli）。这里，条件型的意思是取决于。没有学习，这并不是令人厌恶的（至少对我们大多数人如此）；离考试日期越来越近，这也不是太令人厌恶的（至少对我们大多数人如此）；但是又没学习又临近考试，这就是令我们厌恶的了（至少对我们大多数人如此）。我们说，这种厌恶状况中的任何一个要素要令人厌恶，都**取决于**另一个要素的呈现。这两者的结合才是令人厌恶的。没有学习的厌恶性**取决于**考试临近。或者，反过来，考试临近的厌恶性**取决于**尚未学习。

再举一个例子。正当你要离开家门去参加周末晚会时，妈妈说："亲爱的，你打扮得很得体。"听到这话，你立刻跑到镜子前去打量自己，想看一看哪里出了问题。因为你知道，只要妈妈觉得好，那一定有什么地方会让你感觉不妙。妈妈有意表达的赞美相当于一种贬损，它不是强化物，而是一种厌恶刺激。然而，如果你的男友说："嘿，瞧啊，你看上去真酷！"这种赞美才真是赞美，是鲜花漫天般的强化物。"你看上去很棒！"这句话是强化物，其条件是它是从热恋男友嘴里说出来的。这句话也可以是厌恶刺激，其条件是从你妈妈嘴里说出来的。有意表达的赞美究竟是强化物还是厌恶刺激，取决于出自谁之口。

只有当其他刺激呈现时，有些刺激才可成为习得性强化物或者厌恶刺激，也就是说它**取决于**其他刺激的呈现。我们把这样的刺激称为**条件型刺激**。

> **定义：概念**
>
> **条件型刺激（Conditional stimulus）**
> - 只有当刺激中的各种要素
> - 结合在一起的时候，
> - 才具有其价值或功能，
> - 否则，单独的这些要素可能是中性的。

问题

1．名词解释：条件型刺激。
2．举例说明条件型厌恶刺激。
3．画出一个依联示意图，讲解其中一个要素为何是厌恶的。

习得性强化物与语言学习

婴儿在开始说话之前要喃喃自语好久，有谁曾注意过婴儿用他们自己的语言咿咿呀呀吗？你可以去听听日本婴儿的咿咿呀呀，那听起来简直就像日语。这是为什么呢？

我们在前面已经看到，中性刺激在与非习得性强化物匹配后，会变成习得性强化物。当这种匹配最初发生在一个婴儿身上时，许多中性刺激就会获得强化的特性。婴儿的父母在喂食、换尿布和照顾孩子的时候都会说话，而这些父母说话的声音会与那些强化物（食物、安抚，等等）匹配，这样，父母的说话声音就变成了习得性强化物。

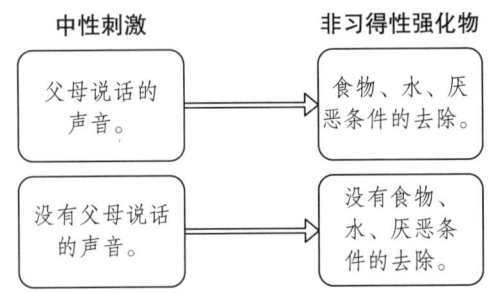

当婴儿开始发出声音时，这些声音就是习得性强化物，会自动地强化他们的发声行为。

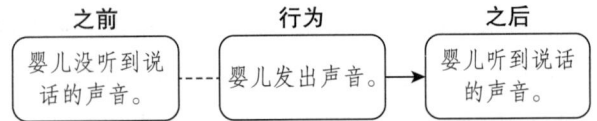

但是事情的发展不会就此止步。婴儿发出的声音与父母的说话声音越相像，与发音不像的相比，它所具有的强化效力就越强。在这里，婴儿发出的这些声音被差别强化了，并且我们还看到了可变结果的塑造。随着婴儿的发音越来越接近爸爸妈妈的话音，它所带来的强化物也就越来越好，并会一直这么塑造下去，最终将这种行为塑造成了说话。

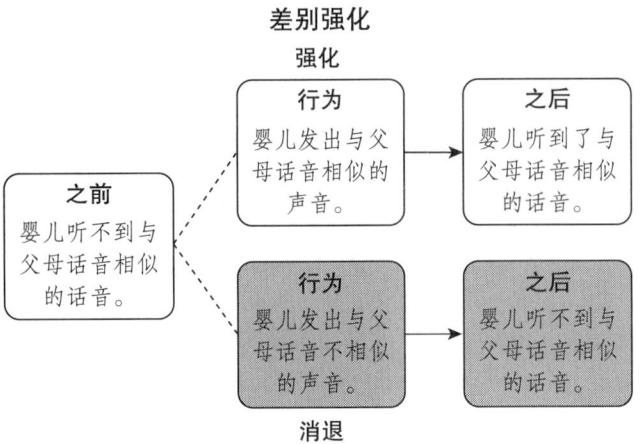

渐渐地，婴儿发出的非语言的声音整体上开始变得越来越像语言了，尤其是越来越接近父母的方言了，尽管此时婴儿的这种咿呀学语尚不具备语言的功能。

问题

为什么日本婴儿的咿咿呀呀像日语，而美国婴儿的咿咿呀呀像英语？

概念

享乐型和工具型习得性强化物和厌恶刺激[1]

我们是冒了很大的风险才决定把这一节的内容放在这里的。之前，我们只是将这部分内容藏在后面"中级进阶"的厚重阴影里，现在，我们决定把它拿到前面来，放在"基础内容"的阳光之下。这是因为享乐型（Hedonic）和工具型（Instrumental）强化物的概念实在是太重要了，不由得让我感到害怕，生怕你们错过这部分内容。而且，我们还需要借助这些内容来讲解"孤独症进阶"中的一个重要话题。

鸽子与咔嗒声响／灯的亮灭

好了，现在请你们做好准备，我要讲我这辈子最欣赏的实验之一了。正是这个实验，刷新了我的三观，改变了我看待世界的方式。这个实验是由乔·齐默尔曼博士和保罗·汉福德博士完成的，他们在斯金纳箱里放进了一只鸽子波莉，并用一套程序给波莉开发出了一个令人振奋的习得性强化物。这个斯金纳箱的墙上有一个小洞，实验人员会从小洞外面送上来一个小小的食物杯，因此，只要波莉将自己的头从小洞探出来，她就可以吃

---

[1] Zimmerman, J., & Hanford, P. V. (1966). Sustaining behavior with conditioned reinforcement as the only response-produced consequence. *Psychological Reports*, 19, 391-401.

到食物（鸟食）。当食物杯升上来时，这个斯金纳箱内的室灯和反应按键上的灯就都会灭掉；还有一盏为那个食物杯照明的小灯就会亮起。此外，当食物杯上升到指定位置时，还会有咔嗒的一声响。3秒钟之后，斯金纳箱的室灯和反应按键灯又都会重新亮起，食物杯会下降，波莉无法再够到食物，就会把头缩回斯金纳箱。她无须去啄击那个按键以获取食物，而只需在听到那咔嗒声响并且看到室内的灯灭掉而食物杯的照明灯亮了的时候，探头出洞就可以了。

齐默尔曼和汉福德平均每3分钟进行一次这样的3秒钟匹配——将非习得性强化物（鸟食）与相对中性的刺激（咔嗒声响、室内灯熄灭及食物杯的照明灯亮起）匹配。研究人员这样做是希望声响与光亮变化的组合能成为一种习得性强化物。

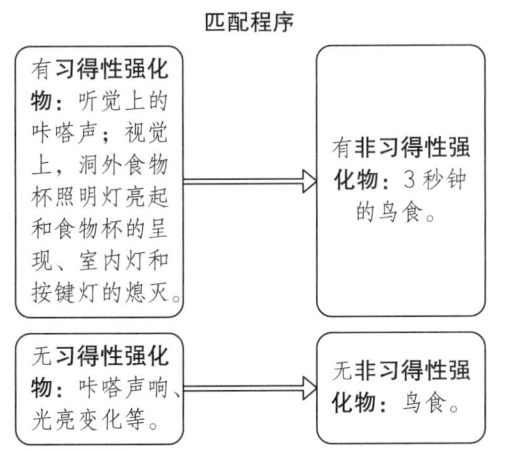

最终，每当这种刺激组合（咔嗒声响和光亮变化）出现时，波莉就会把头伸出洞外并吃到鸟食强化物。

但是，他们此时仍然不知道这种刺激组合是否已成为一种习得性强化物了。目前，这种刺激组合出现在反应之前，而非之后，也就是说，这种刺激组合就出现在鸽子探头出洞吃到鸟食之前。齐默尔曼和汉福德接下来需要让这种刺激组合依联于一个反应，看看该反应的频率是否会增加，也就是说，要看这种刺激组合是否会强化该反应，是否的确成了一种习得性强化物。

于是，他们开始只使用这种声光刺激组合来塑造波莉啄击反应按键的行为，他们希望这种声光组合会是一种习得性强化物。在塑造过程中，他们不使用任何非习得性强化物，不用鸟食，只使用刺激组合。为了确保非习得性鸟食强化物与之无关，他们每次只提升食物杯半秒钟，这令波莉来不及伸头出洞吃到鸟食，但那咔嗒声仍然会出现，食物杯照明灯也仍然会短暂地亮起。并且，为了双保险，他们还在那个洞口覆盖了一块清晰的塑料挡板，这样可彻底防止鸽子得到非习得性鸟食强化物。

结果会发生什么呢？当然啦，他们成功了。波莉当然学会去啄击那个按键了。齐默尔曼和汉福德成功地建立起一个习得性强化物。其实这倒也算不上什么大的成就，因为在他俩之前，很早就已经有许多研究人员做了这类实验。

不过呢，嗯……这样吧，让我们假装站在精神分析的立场上来问些问题吧，只在这里，假装片刻。我们可以这么说齐默尔曼和汉福德，还有之前的那些研究人员，其实并未"真的"建立起什么强化物，他们只是戏弄了一下自己的实验动物而已；波莉并不是真的"想得到"那些咔嗒声和光亮的开闭；波莉其实只是"想要"那些非习得性强化物出现，只想吃鸟食；波莉未能"识破"这帮可恶的实验人员只是在戏弄她。

为了反驳这些，齐默尔曼和汉福德进行了更为复杂一些的实验：找出了针对每种强化物的行为。波莉啄击按键时，他们不再每次都给予强化，而改为每隔1分钟强化一次，而且依然只提供那些习得性强化物。这样，每过一分钟，波莉啄击按键，就可以得到短暂的咔嗒声和光亮等，但并不能获得食物。而在每一分钟过去之前的其他时间里，波莉啄击按键的反应则不产生任何作用（这叫作1分钟的固定时距强化程序，详见第18章）。而且，平均每3分钟的时间里，如果波莉没去啄击按键，食物杯等也会呈现一次，每次3秒钟，伴随着声音和光亮，让波莉就像之前那样吃到食物，这样做的目的是维持那些声光组合的刺激作为习得性强化物。

结果会发生什么呢？波莉继续啄击按键，每分钟3至8次——这不是一个特别高的频率，但也不低。请注意，每当习得性强化物（声光组合）跟随在她啄击按键反应之后时，并没有与非习得性强化物（鸟食）相匹配。这看上去好像一个"去匹配"程序，让习得性强化物变成"不被习得的"，让它失去了强化波莉啄击按键的效力。

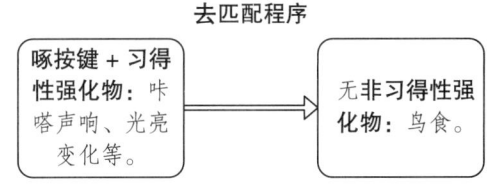

事实上，经过多次这样的"去匹配"程序，波莉啄击按键后，食物杯上升至洞口，她也的确不再去食物杯那里了；事实上，啄击按键后，食物杯升上来了，她甚至也不再去看它一眼了。但是，请记住，平均每3分钟，这个食物杯仍然会上来一次，如果波莉在这段时间里没去啄击按键的话；而这时，她仍会像原先一样，立刻就跑过去从食物杯中获取非习得性的鸟食强化物。

现在，让我们再假装一回精神分析学家发表些怀疑意见吧：那么，这是不是说，波莉已经"识破"了自己啄按键而来的食物杯的呈现是个假招数,"知道"这不会带来非习得性鸟食强化物?是不是说,她以前之所以学会了啄按键反应,只是因为那时她没"意识到"那其实是残酷戏弄她的一个把戏,而现在,她"觉醒了","意识到"自己啄按键后食物杯的上升只不过是一场骗局?是不是可以说,现在她啄按键反应之后紧随着到来的食物杯等东西,都已经失去了其习得性强化物的价值了?是不是说,她现在不会再啄按键了?你怎么看?

你要是觉得这只老鸟这么聪明,那她接下来将会停止自己的那种徒劳的啄按键行为了吧?错了!波莉继续啄击按键,即便她"知道"自己不会因啄按键而得到非习得性强化物。换言之,就算这只老鸟"知道"自己啄击按键不会紧跟着带来食物,习得性强化物仍然保持着强化啄击按键反应的效力。事实上,只要那些不能吃的习得性强化物继续强化啄击反应,这只鸽子就会继续啄击按键。她一直啄呀啄,每天一个小时左右,如此继续下去(好吧,在啄了至少6个月后,齐默尔曼和汉福德都觉得烦了,去做别的实验了)。

为什么呢?为什么这些习得性强化物没有丢失其强化效力呢?你还记得吧,平均每隔3分钟,如果波莉还未啄击按键的话,这些习得性强化物仍然会与非习得性强化物进行一次匹配。此外,事实上,齐默尔曼在他的其他研究中还发现,如果他真的彻底停止了这些习得性强化物与非习得性鸟食强化物的匹配,那么这些习得性强化物就不再是强化物了,鸽子也就不会再去啄按键了——她的啄按键反应会消失。

但是,只要齐默尔曼和汉福德偶尔地将这些习得性强化物与非习得性强化物匹配,波莉就会一直啄下去,即便她"知道"这种啄击永远不会再带来鸟食。好了,你以为自己不是鸽子,你的脑袋才不会像鸽子那么蠢,对吧?——你又错了。这种事在你我身上都会出现,不管我们的脑子多么聪明……或者说,可能就是因为我们太自作聪明了。

你与微笑 / 谢谢 / 挥手

你站在站台上,火车开始起动,缓缓驶离。这时候你看见一个很有魅力的陌生人透过车窗正盯着你。他传递过来的那种魅力就像时尚杂志封面上模特给你的感觉一样。你朝他微笑,那个帅哥也对你回以微笑,而且还挥了挥手。你也向他挥手还礼。火车越开越快,渐渐地驶离车站,开进了茫茫黑夜,那个帅哥也被它永远地从你的生活里带走了。

现在,你不得不承认,那个帅哥盯着你,这一幕对你来讲就是一个强化物,一个习得性强化物,而他那微笑和挥手则是更加有力的习得性强化物。你还不得不承认,如果你的微笑能够让那位驶入夜色里的陌生帅哥回给你更多微笑和挥手的话,你会一直保持微笑,直到自己面部发僵。这一幕多像电影里的旧时光啊,孩子们站在铁道旁,向那呼啸而过的火车司机不停地招手,火车司机回以挥手,强化了这些孩子们天真的招手——这是一种习得性强化物的交换。就算孩子们知道火车司机不会扔下一袋糖果给他们,这种事情也会发生。情况跟你一样,你也知道不可能有机会跟那位加速消失于夜色中的陌生帅哥约会或干点儿什么了。

也许,我们身体深处都有一颗鸽子一样的脑袋。只要习得性强化物与其他强化物至少偶尔地匹配,它就会继续强化我们的行为,即便有时我们知道自己不会得到后备强化物。

还不相信吗?你这样想:如果火车上那位陌生帅哥不是对你的亲切微笑还以微笑和挥手,而是朝你吐出了舌头,还伸出两只手放在耳边扇呼着朝你做鬼脸。你不得不承认,这将是一个极具杀伤效力的习得性厌恶刺激,让你耿耿于怀很久,会长期抑制你以后再向火车上的陌生人微笑。而且,你也知道,一个陌生人的粗鲁并不会与什么后备的厌恶刺激相匹配,至少对你不会有,但是你会很在意,即便一位陌生人的粗鲁并不会真的碍你事。如果你在上班路上开车时被人愤恨地按了喇叭,你会一整天都不快活。西格蒙德·弗洛伊德说得对,我们不是真正的理性动物,我们只是一直在为理性而奋斗而已。只要积极的关注与后备强化物在其他场合有偶尔的匹配,那么,积极关注就会保持其强大的习得性强化物的价值;只要消极的关注与后备厌恶刺激在其他场合有偶尔的匹配,消极关注就会保持其强大的厌恶价值。

享乐型和工具型习得性强化物和厌恶刺激

因为没有更合适的术语,所以我把这类习得性强化物和习得性厌恶刺激称作**享乐型的**[若你喜欢,用享乐主义的(hedonistic)也行],就是说,即使在它们很明显不会带来后备强化物或后备厌恶刺激的时候,本身也具有强化效力或厌恶价值(英语中,享乐型的和享乐主义的本意是追求"快乐"和回避痛苦)。与享乐型刺激相对的,我称之为**工具型习得性强化物和厌恶刺激**(instrumental learned reinforcers and aversive stimuli)。工具型的结果也具有强化效力或者厌恶价值,但是,它们只是因为能够产生后备强化物或后备厌恶刺激,从而具有工具性质。也就是说,对于工具型而言,后备强化物或后备厌恶刺激的出现是必需的。例如,在快餐店对于把沙拉这一后备强化物吃进嘴里来说,塑料叉子是一件很有用的工具，当它有用的时候，你会四处找塑料叉子，它在你吃沙拉什么的时候是工具型的，即塑料叉子是一个工具型强化物。但它不是享乐型的，你不会在你并不需要塑料叉子的时候四处寻找它。你也不会在站台上闲逛，希望哪个陌生人扔给你一把塑料叉子。（我也许不该拿一个具体物件来讲解这个工具型，比如叉子。工具型未必是指这样一个具体物件。例如，鲁道夫在喝到那滴水之前，必定会先听到滴水的声响；你在打电话跟父母要钱之前，必定会先听到电话里的响铃声。滴水声和响铃声都是工具型习得性强化物，因为它们都是获得后备强化物所必需的，带有工具的性质，尽管它们并不是像叉子那样的具体实物。）

（我至今尚未想出有哪个习得性厌恶刺激可以只是工具型的，而不是享乐型的。如果你能想出一个来，请告诉我。）

享乐型和工具型习得性强化物和厌恶刺激都是通过与后备强化物或后备厌恶刺激匹配而获得其价值的，但享乐型刺激可以在匹配程序明显停止的场合下，仍维持其强化价值或厌恶价值，只要这个匹配程序会继续出现在某些其他场合即可，而工具型刺激在匹配程序明显停止的场合就会失去其价值。

神奇的是，享乐型习得性强化物和厌恶刺激（hedonic learned reinforcers and aversive stimuli）真的存在。（顺便说一句，这里，我们不清楚为什么有的是享乐型的，而有的只是工具型的，你的博士论文就研究一下这个问题，怎么样？）

我们的文明世界是建立在享乐型习得性强化物和厌恶刺激之上的

媒体最喜欢炒作，爱夸张地说这个世界正在如何如何地走向野蛮，因为高速公路上到处都蔓延着路怒症，尤其在加州（你懂的，加州人嘛），但是，让我感觉到兴奋的并不是那些公路上的暴脾气，反而是公路礼仪。大多数人，在大多数时候，都是非常有礼貌的。例如，前方出现了交通堵塞，两条车道的车必须要汇合进一条

车道去。这时候会发生什么呢？你前方同一条车道上那辆车并线过去了，你本可以很轻易地紧跟着他的车一块并线过去，但你很有礼貌地停下来，等旁边另一条车道上头一辆车先并线过去。那条车道上的下一位也有礼貌地让你接下来先并线，那时你无须等待，可以轻轻松松地并线前行。每个人都是如此。大多数时候大多数人都会彬彬有礼，尽管大家彼此之间其实只是黑夜里的陌生过客。如果你不顾顺序抢先并线了，那最坏的结果也就是你会被后面的一辆车或者两辆车愤怒地鸣笛骂了。那又怎样？那可是个大问题。

我说那可是个大问题，是想说社会性的批评是个大问题，即使这种批评来自夜晚你遇到的一个丑陋的陌生过客，这个陌生人将永远不会有机会在给你的一闪而过的批评上添加更实质的后备厌恶刺激。社会性批评是一个习得性的享乐型厌恶刺激。我们应该感谢达尔文告诉我们的知识，你的祖先已经在进化过程中为你加载了享乐型成果，它正在恰如其分地强化或惩罚着你的行为，因为我就是那个在你旁边车道上的丑陋的陌生人，我正在不耐烦地按顺序等着并线呢。我认为，要不是我们对享乐型习得性强化物敏感的话，尤其是对享乐型习得性厌恶刺激敏感的话，我们的这个世界才真的会走向野蛮。

当然，我们都看见过，也都痛骂过那些不守规矩的司机，他们执意在我们耐心地循序等待时，无理地超车抢线。除非他是一个正急匆匆赶路去医院等老婆生孩子的人，若真是这种情况，那也就不足以建立起享乐型习得性厌恶刺激了。谢天谢地，这种人基本上都被堵在北京的二环路上了。

问题

1. 对于齐默尔曼和汉福德的研究，请你：
   A. 描述他们的实验程序
   B. 描述他们的实验结果
   C. 解释这些结果的惊人之处
2. 什么是享乐型习得性强化物？请举出一个例子。
3. 什么是享乐型习得性厌恶刺激？请举出一个例子。

孤独症进阶

享乐型强化物

孤独症孩子常常会沉迷于享乐型强化物，就像鸽子波莉那样，或者说你和我也会那样。例如，很多孩子缺乏我们认为的适当的游戏技能，于是，我们做的第一件事往往是教他们玩拼图。我们会从最简单的开始教，那种立体的、一共只由五块组成的拼图，然后逐渐塑造他们的拼图技能，直到他们能够熟练地拼好15~20块平面拼图。这个过程中，我们使用M&M豆、薯片和击

掌等来塑造行为。一开始，在他每拼好一块时就给予薯片，后来，在他拼好完整一幅之后再给予薯片，再后来，渐渐地没有薯片了，甚至也没有击掌了。而在自由活动时间里，孩子就常常会自己拿出拼图来，在宝贵的游戏时间里把它们拼好。这个活动太有趣了。但是有趣在哪儿呢？就是看看拼好的一幅画的乐趣吗？不全是。他们拼好之后往往又会把它拆掉，有时又会再去拼。

去拼拼图本身就是快乐所在——它就是强化物！这其实是对自己周围环境的一种控制，越熟练越好！它是有力的习得性强化物。为什么？因为对我们所有人包括孩子们来说，对环境的控制越娴熟，获取的强化物越多（并且获取它们的速度越快）。像把薯片放入嘴里而不是耳朵里、打开电视、偷玩妈妈的 iPad，这些难道只对孩子才如此吗？对你我这样的成年人就不会了吗？也许吧，可是，我自己当年也曾经有一次居然花了整整 8 个小时玩俄罗斯方块，那时候它刚刚在美国流行。你呢？想想看，自己曾花在那些愚蠢的电子游戏上的时间最长有多长？为什么会这样？都是为了控制自己的环境！越熟练越好！这本身就是一种强大的习得性强化物。

制造一个习得性强化物

动因是在帮助孤独症儿童时要面对的一个大问题。换句话说，我们往往很难找到对他们有用的强化物，尤其当我们离开了 M&M 豆和薯片时，就会很难办。我们很想使用习得性强化物，比如表扬，但这更加困难。最常见的一个错误就是我们面对的是无口语的孩子，却使用了口语表扬——那个孩子不说话也听不懂口语。"乖乖，你做得真棒！""宝贝你太厉害啦！""我太为你骄傲了！"这些表扬，对于那些孩子来说，只是噪音而已——没有意义，也没有强化效力。如果你一定要用口语表扬的话，就该保持最简单的、固定的词语和音调。"真棒！""真棒！""真棒！"并且，必须要"立刻地"跟上 M&M 豆或薯片。不要再去浪费时间，诸如在 M&M 豆包装袋里翻找，挑出一个合适颜色的，取出来，再把它分成两半，再递给孩子半颗。就在你做这些的时候，那个孩子已经躺到地板上去了，在那里摇晃自己的身体呢。因而，此时你去强化的乃是他在地板上的摇摆举动。结合本章的学习内容，你这里要做的是立即将 M&M 豆与"真棒！"匹配。通过足够的匹配，让"真棒！"有机会成为一个有力的习得性强化物。你应该把那半颗 M&M 豆就藏在你的手掌中，希望它在孩子做出正确反应之前别融化掉就好。你说"真棒！"的同时要立刻给他。当然，你可不敢自己把它吃了，虽然快到饭点了，你也有点儿饿了。（M&M 豆的广告口号是"只融在口，不融在手"，这简直是专为那些不熟练的行为训练师而准备的。）

（顺便说一句，不要自以为是地使用多种多样的口语表扬形式，你以为那样可以让他学习语言，可事实上他要是那样就能学得进去的话，他早就学会了。）

当你制造一个习得性强化物时："真棒！"⇒ M&M 豆。"真棒！"⇒ M&M 豆。……你就要匹配，匹配，再匹配。在制造一个习得性强化物"真棒！"时，你应该每次都精确地以相同的方式说出来，但这很难；而且，对于孩子来说，他甚至可能很难区分"真棒！"与其他周围的语音有什么不同。曾经有人用一个金属响板作为中性刺激来与 M&M 豆匹配，结果很有效，这个响板既独特，又总能发出相同的声音，而且还便于携带。

渐渐地，你才会不只使用"真棒！"了，而要开始用到各种不同的词语、不同的语调来建立习得性强化物了——我们先把那个响板放一边儿去吧。然而，由于为孤独症孩子建立起有力的习得性强化物存在太多的困难，但是，让他们拥有强效的习得性强化物又是一件极为重要的事情，因此，我们必须确保真的建立好一个之后，才继续往其他花样上扩展。

（在我们的例子当中，我使用了 M&M 豆和薯片，因为它们是人们实际使用的，也因为我在使用它们时很开心，我觉得咬薯片的声音太好听太可爱了。我当然知道，它们不是健康食品，而被认为是垃圾食品。你要是能用好葡萄，或者其他什么新鲜水果的话，那你不仅很能干，而且还有可能帮助孩子延年益寿呢。）

不要做描述性的表扬

孩子不会说话，也听不懂口语，而你所假定的强化物却是描述性的表扬。"你洗手洗得真棒！""你把一样的配在了一起，做得真棒！""你把外套挂得真棒！"这些他都听不懂！别这样！你应该只说一个"真棒！"或者，打一下那个响板就够了。

（只有在这个孩子获得了比较好的语言技能之后，才能使用这类描述性的表扬，而且此时，这类表扬更多的作用是一个"线索"，用以提示他下次应该怎么做，而不是用作对你所描述的那个特定行为的强化物。）

如何将说话的声音变为习得性强化物[1]

前面我们说过，婴儿不是只会咿咿呀呀，他们的咿咿呀呀是接近其父母说话的声音的。为什么？因为这些

---

[1] Fronapfel-Sonderegger, B. (2012). *Teaching language to children with disabilities using combined direct reinforcement and stimulus-stimulus pairing*. Unpublished doctoral dissertation. Western Michigan University, Kalamazoo, MI.

说话的声音已经变成了习得性强化物。但是，很多孤独症孩子甚至不会咿呀学语。为什么？也许就是因为这些说话的声音从未成为他们的习得性强化物。许多孤独症孩子是完全无口语的，有些只会尖叫，还有一些只会偶尔发一些音节，但他们中的很多人从来不学习说话。

然而，行为分析师要对此进行矫正。布丽吉德曾经将说话的声音与强化物进行了匹配。例如，她先说 3 次"mmm"，就给孩子 M&M 豆，然后在孩子吃 M&M 豆的时候，她再说两次"mmm"。首先是先说然后给 M&M 豆，然后直接将"mmm"与 M&M 豆的美味进行匹配。如果这个孩子在布丽吉德第 3 次说出"mmm"之前也发出了"mmm"的话，就能立刻得到 M&M 豆。

布丽吉德从一个单音开始，逐渐塑造出了一个单词，比如，从"e"到"ese"再到"cheese"。他们还通过三个简单的步骤塑造孩子说出了"goldfish"这个单词，如此等等。另外，每天每当孩子说出一个"魔法"词，训练师就把这个词表述的那个东西作为强化物拿给孩子。结果，孩子学会了使用这些词来获取强化物，而不像原先那样只是靠扯拽他人去获取自己拿不到的薯片，或者干脆发脾气。非常酷！这对孩子，对他们的家庭，对整个世界，都非常重要。

社会性强化物

然而，并不能说行为分析师和这些孤独症儿童由此就走出了困境。总的来说，我们与这些孩子还有很长很长的路要走。我们可以很好地教这些孩子索取强化物了[在技术术语上，我们称之为提要求（mand）]："吉米，我们要学习了，你想要什么呢？""薯片！"你对此会感到惊讶吗？

接下来，我们还可以教这些孩子对各种各样的物品进行命名。"牛""卡车""天线宝宝""妈妈"。（不一定非要按照这个顺序来教。）他们应该差不多每命名一个物品都能得到一些薯片。然而，我们还是很难让孤独症孩子与我们开展对话，单纯为了对话而进行的那种交谈，我们很难让孤独症孩子在交谈过程中获取快乐，很难让他们只是由于我们表示出对他们所讲的内容感兴趣就和我们交谈。他们往往很少在意我们，很少在意我们对他们的关心，很少在意我们的表扬，甚至很少在意我们存在与否。唉，除非我从兜里拿出一部 iPhone，里面装满了游戏，或者我手里拿着一袋薯片。

也就是说，接下来我们要面临的巨大挑战是，将其他人建立成为这些孤独症孩子的享乐型习得性强化物，而不只是工具型强化物，其他人不能只是一个获取薯片的工具。如果我们能让孤独症孩子与我们共度的时间有你去微信、微博上获取某些看上去微不足道的小小社会性强化物所花的时间的一半，那么，我们才算差不多赢下了这场战斗。是啊，想想看，你昨天在微博、微信上得到了多少个"赞"，被圈了多少次，得到了多少条评论和邀请？（当然，享乐型社会性强化物并不是全部，但这是很大的一块。另外，也有很多孤独症孩子能够像你我一样对社会性表扬感兴趣，但这绝对只是极少数的。大部分孤独症孩子甚至连你是否在房间里都不关心。这是需要投入大量时间开展研究的领域之一。）[顺便说一句，命名（tacting）是行为分析中的一个专用术语，意思是对"牛""卡车""天线宝宝""妈妈"等事物贴上指称的标签。再顺便说一句，正如我脸书上的一个朋友指出的，你当然需要使用多种不同的强化物来教对"牛"的命名，而不能只用薯片，否则，"牛"的口语功能就只相当于一个特定的"提要求"，是在索要薯片了。这位朋友说得很对，在面对孤独症儿童时，我们必须时刻保持警觉，否则就会搞得一团糟。]

初级进阶

斯金纳箱：实验行为分析

习得性强化物

如何为老鼠鲁道夫建立一个习得性强化物呢？将水与铜水斗的咔嗒声匹配，水斗每次从蓄水槽升起，穿过铝制地板时都会撞击，发出这种咔嗒的声音。

现在，根据前面讲的价值改变原理，咔嗒声应该会在它与水进行了充分的匹配之后，变成一个习得性强化物。

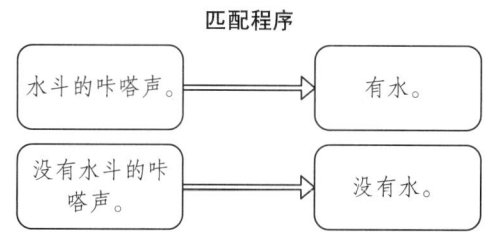

匹配程序

我们把这部分实验称为**水斗训练**（dipper training）。如果你打算成功地塑造出鲁道夫的压杆反应，那么让水斗的咔嗒声成为一个有效的习得性强化物就是至关重要的。我们来看看这个过程：鲁道夫在笼子的另一端，他向杠杆处轻轻转身，此时你让水斗发出咔嗒声。由于这一咔嗒声已经是一习得性强化物了，这个声响强化了鲁道夫朝向杠杆的转身。接下来，你要求鲁道夫转得更彻底一些，直接面向杠杆，然后你再给它呈现魔法般的水斗咔嗒声。①

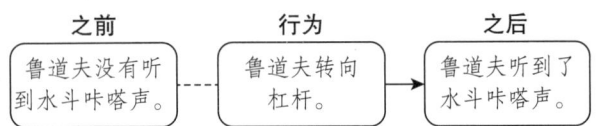

当然，你必须要确保咔嗒声与水的出现间隔时间非常短暂。这样，你就得以让鲁道夫小心翼翼地去触摸那个杠杆了。你明确地训练出了一个触摸杠杆的反应。

习得性强化物与动因操作

将水斗咔嗒声与水匹配就制造出了一个习得性强化物，但是，如果鲁道夫不被剥夺水，就不可能实现，必须要有一个动因操作。如果鲁道夫刚刚喝饱了水，再将咔嗒声与水进行匹配就极有可能不灵了。同样的道理适用于制造出泛化型习得性强化物的情况。为了制造出泛化型习得性强化物，我们可以有时将咔嗒声与水匹配，有时将咔嗒声与食物匹配。但是当我们这么做的时候，必须要确保是在老鼠分别被剥夺了水和被剥夺了食物的情况下来训练。这样，在以后，无论它被剥夺了水，还是被剥夺了食物，还是两者都被剥夺了，咔嗒声都会是一个有效的习得性强化物。

三个容易犯糊涂的问题（FK-27）

警示：有三大问题经常会让同学们犯糊涂。

第一，我们之所以把一个强化物称为习得性强化物，是因为该刺激作为强化物的价值是习得的（是匹配程序的结果）。但我们并不是因为某个强化物能够导致学习，就称之为习得性强化物。所有强化物，不论是习得的还是非习得的，都能够导致学习，只要它跟随在一个反应之后就行。例如，水是一个强化物，能够导致学习，但水是非习得性强化物，而不是习得性的。所以说，所有强化物都能导致学习，但并非所有强化物都是习得性强化物。

---

① 不过，假设经常在鲁道夫自己在笼子的另一端抓痒痒时发出咔嗒声，5分钟之后，它才溜达到水注处并得到水，那么，这就不是我们所说的将咔嗒声与水匹配了，这里的延迟太久了。所以，你要是用这种方式浪费你的强化物的话，你得到的只不过是对鲁道夫逐渐进步的压杆反应进行时间粗放型的塑造。

第二，鲁道夫无须做出一个会产生咔嗒声的反应，从而让咔嗒声成为一个习得性强化物。在让咔嗒声变成一个习得性强化物的匹配程序中，我们可以从斯金纳箱里彻底去掉那个杠杆。我们所需要的只是匹配。但是，鲁道夫必须要做出一个能够产生咔嗒声的反应，这样才能**体现出**咔嗒声已经成为一个习得性强化物。

第三，我们无须对鲁道夫剥夺这种咔嗒声，从而让咔嗒声成为一个有效的强化物，但我们必须剥夺鲁道夫的水，这样，建立在水之上的咔嗒声强化物才会有效。

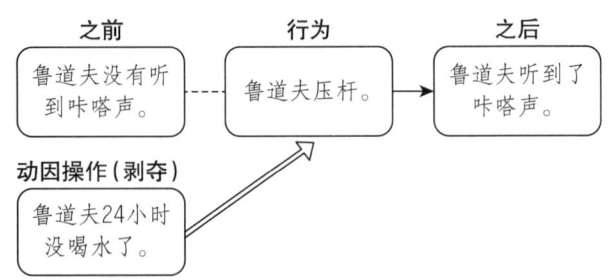

对吉米来说也是一样：我们无须为了让表扬成为一个有效的强化物而剥夺对吉米的表扬。事实上，要使表扬成为一种有效的强化物，必须剥夺他的至少一种非习得性后备强化物，而这些后备强化物已经与表扬匹配过了。

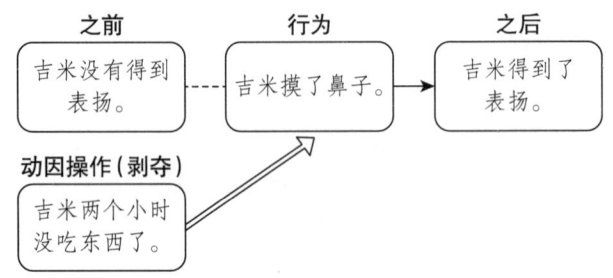

尽管并非所有行为分析师都同意，但我还是认为，如果要让习得性强化物有效的话，关键的动因操作是剥夺非习得性后备强化物，而不是剥夺习得性强化物。而且，我还认为大多数的行为分析师只要仔细地将分析从应用于人类的研究转回斯金纳箱里，去看一看那个更为简单也更为清晰的世界，就会同意我的看法。尽管我怀疑剥夺习得性强化物不是一个有效的动因操作，但我还是把这个程序的术语告诉你们吧，它叫作**条件动因操作**（conditioned motivating operation）或**代理动因操作**（surrogate motivating operation）。

问题

1．画出斯金纳箱中制造**习得性**强化物的示意图。

2．我之所以认为水是一个**习得性**强化物而不只是一个非习得性强化物，是因为水帮助鲁道夫学会了压杆反应。

（请小心！）

A. 对

B. 错

3. 鲁道夫必须做出产生咔嗒声的反应，这样才能让咔嗒声**成为**一个习得性强化物吗？

A. 是

B. 否

4. 鲁道夫必须做出产生咔嗒声的反应，这样才能**体现出**这个咔嗒声已经成为一个习得性强化物吗？

A. 是

B. 否

5. 要想使习得性强化物有效，关键的动因操作是什么？

A. 剥夺习得性强化物

B. 剥夺后备强化物

（例如，食物已经与表扬匹配了。）

斯金纳箱：实验行为分析

习得性强化物

最终，只要习得性强化物偶尔地与非习得性强化物匹配，它就会继续强化该反应，即便该反应不再产生非习得性强化物了。但是，正如我们在前面提到的，停止匹配程序会导致习得性强化物失去其强化价值［这里不要跟操作性消退（operant extinction）搞混了，消退是指强化物不再依联于该反应了］。因此，依联性的咔嗒声会强化任何一个反应，比如，鲁道夫拉动斯金纳箱天花板处悬垂下来的一个链子。只要这个咔嗒声有时候与水进行了匹配，它就会无限期地维持拉动链子的反应，尽管这样的匹配并不需要紧随在拉动链子的反应之后。

精神病态的妄言妄语——行为学革命的种子

1959年，泰德多罗·艾龙和杰克·迈克尔发表了第一篇针对人们所称的精神疾病或者精神障碍的患者所进行的行为学研究。他们的研究包括海伦的案例和第6章里提到的不安分的精神病患者露西尔的案例。这篇论文的基础是泰德多罗·艾龙的博士论文的工作。很少能有一篇博士论文对我们这个学术领域产生如此深远的影响。

那时候，我还在哥伦比亚大学读博士，正在用斯金纳箱进行实验行为分析的研究。这篇文章对我们研究生的激励效果非常强烈，我们将它视作一篇应用已有的科学原理帮助精神病患者的先驱文献。

科学家在实验室中已经通过动物实验发展出了这些行为原理。当时，我们自己也在进行这类基础性的研究工作。能看到这样的文章，我们感到非常高兴，这是科学理论应用到重要的人类问题上的成果。从此，面对那些批评我们的研究与人类事务无关的人时，我们更加自信了。泰德和杰克的文章表明我们的研究与人类事务是息息相关的。但在我们眼里更为重要的是，它不仅回击了那些质疑，而且证明了我们所做的实验研究并不是虚浮的，绝非只是把金钱和时间浪费在无用的智力游戏上。

这篇文章还表明，在实验行为分析与应用行为分析之间可以建立起一条强大的纽带。临床医学研究有着生物学和化学的支持，工程技术的发展有着物理学和化学的支持，但遗憾的是，实验行为分析尚无法支持临床心理学的实践——而且，很大程度上它至今也没能提供支持。许多或者说大多数临床心理学的实践可能都缺乏足够的科学证据。很遗憾，只有很少的科学证据能够支持传统的临床心理学。如果缺乏科学脊梁的支持，临床心理学就永远无法像临床医学那样显示其用途并获得尊重。

这时，泰德多罗·艾龙和杰克·迈克尔出现了。他们没有禁锢于传统的临床心理学，相反，他们的实验开创了一个崭新的天地——应用行为分析。从此，我们有了一块有着坚实的科学脊梁（实验行为分析）的应用领域（应用行为分析）。自1959年起，应用行为分析开始阔步攀登，走进临床医学，逐渐彰显出它的用途并赢得了尊重。与此同时，传统心理学在这个方向上却停滞不前，几乎没有取得什么进步。

行为分析在解决人类的问题上开创了革命性的方法，这些问题涉及很多传统领域，包括临床心理学领域、教育心理学和学校心理学领域、特殊教育领域、社会工作领域，以及工业和组织心理学领域。如今，我们已经有了坚实的科学证据的基础和实践，能够帮助人们生活得更美好；我们不再只依靠直觉、传统和迷信了。尽管我们仍有许多有待学习的东西，但今天，我们的科学与实践是最具实力的，我们能够越来越系统地理解人类世界的规律，能够更有效地帮助人类世界更好的运作。实验行为分析和应用行为分析，虽然这两者在名字上有所不同，但它们之间存在着已被证实的、不可分割的牢固结合。

问题

为什么说艾龙-迈克尔的研究如此重要？

精神病态的妄言妄语——性功能障碍就在听者的耳朵里

还记得海伦的那些妄言妄语吗？关于她的私生子和追求她的那些男人。这种妄言妄语是典型的，存在行为问题的精神病患者在他们的奇谈怪论中经常会出现这类有关性话题的妄语。传统的临床心理学认为，这揭示了患者的性功能障碍。但是，如果我们从强化的角度来分析这种精神病妄语的话，就会有另一番解释了。患者的任何一个行为问题跟其他任何人一样，都是自己的行为技能库当中一个被强化了的反应。如果传统的临床医生给予这类带有性暗示的妄语特别的关注，那么这种关注就会强化这类妄语，而带有性暗示的妄语也就会越来越频繁地出现。

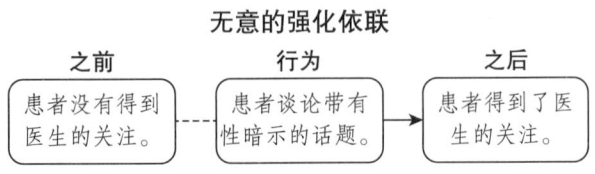

如果说"深深埋藏的"性功能障碍真的存在的话，那么，它不是存在于这些有行为问题的患者身上，而是存在于那些……人身上。

问题

精神病院的住院患者经常会有一些涉及性话题的奇谈怪论，而且频率很高，请你画出一个行为依联示意图来解释这种现象。

课外补习教育的道德伦理

最近这些年，我们的社会对处境不利的文化群体给予了更多的关注。早年，整个社会都倾向于认为，贫困的人就该贫困。他们之所以贫穷是因为他们甘愿选择贫穷；他们缺乏道德品行，缺乏为了成功而付出的努力；他们懒惰无能，除了低下的地位，他们什么都不配得到。我们从来都不清楚究竟是哪里出了问题才导致出现了穷人。是因为不幸的遗传因素呢，还是因为贫瘠的环境呢？不管是哪种情况，富人总是认为穷人就该接受那些降临在他们身上的不幸，成功人士也无须同情那些不幸的人。很多年以前，人们对于身处精神病院的病人其实也是这种态度，认为这些人有行为缺陷，他们就应该承受这些缺陷所带来的痛苦。

今天，我们大多数人都在为一个更理性、更人道的世界观而奋斗。大多数文明人如今都认为，我们应该尽一切努力去帮助他人克服贫穷背景所带来的困难和限制。我们对一个社会的评价，不应该只看它如何对待成功的强者，相反，我们更应该看它如何对待社会中那些毫无防御能力的弱者。当代的许多文明社会在对待社会中弱势群体的问题上已经进步了——如今比历史上任何时期都要好了。

当今的许多社会在帮助那些不太幸运的弱势群体上投入了很多时间、金钱和人力资源。可惜的是，如果缺乏对行为规律的正确理解，这些投入带来的益处不可能很大。在帮助不幸的弱势群体的工作中，有大量来自行为分析的贡献，我们对参与这场行为学的运动感觉很好。当我们看到蒙特罗斯·沃尔夫及其同事的工作时，我们特别为自己是行为分析师而感到自豪。他们创造性地使用了习得性泛化型强化物，成功地帮助了一群文化贫困背景下的学生，这对我们来说，太励志了！

中级进阶

研究方法

习得性强化物的证明

这里有个大问题：

1. 鲁道夫稳定的触摸杠杆反应能很好地证明水斗咔嗒声是一个习得性强化物吗？

    A. 能

    B. 不能

它是个不赖的证明，但不是最好的证明。之所以说鲁道夫稳定的触摸反应是个不赖的证明，是因为如果没有水斗咔嗒声作为习得性强化物的话，很难塑造出逐步接近的触摸杠杆反应，尤其如果这个实验是在一个相当大的斯金纳箱里进行的话。大笼子会让鲁道夫距离杠杆更远，如果没有水斗咔嗒声作为习得性强化物的话，那就更难以让它朝着杠杆移动了。

那为什么又说这个稳定的触摸不是最好的证明呢？因为也存在一种可能，尽管可能性不大：鲁道夫可能只是被水而没有被咔嗒声强化了触摸杠杆反应。如果鲁道夫有听力障碍，根本听不到咔嗒声，你也能得到同样好的实验结果——虽然这不大可能，但总是有可能的吧。

那么，怎样才算更好的证明呢？清空蓄水槽里的水，然后只用咔嗒声来训练出一个新反应，比如它将杠杆压到底的反应。假设你计划让鲁道夫从触摸杠杆的反应转变为真的去把杠杆压到底，而你所使用的只有依联于该反应的水斗咔嗒声，那么，原先再怎么质疑的人都会相信那咔嗒声就是你得到的一个习得性强化物。

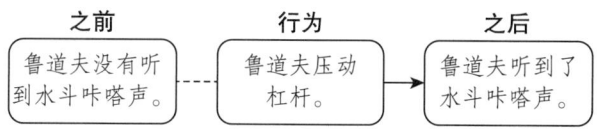

如果你想给我们一个真正的印象深刻的惊喜，那你就该只用这个水斗咔嗒声去训练一个崭新的反应，比如拉动那条链子——那根从斯金纳箱天花板顶部垂下来的链条。

2. 假设鲁道夫有听力障碍，听不到声响，但它仍然学会了压杆反应。这意味着水是一个习得性强化物吗？

A. 是

B. 不是

记住，习得性强化物原本是个中性刺激，由于与其他强化物匹配才变成了强化物。水是强化物，即便它不匹配也是。只是因为水这个强化物帮助鲁道夫学会了压杆，那也不能因此就说压杆反应证明了水是一个习得性强化物。

问题

怎样才能提供更好的证据证明水斗咔嗒声真的是强化物？

研究方法

确定代币作为强化物的有效性

排除环境富饶的观点

让我们再来看一下泰德多罗·艾龙和南森·阿兹林在精神病院中使用代币经济的案例。他们想要知道代币是否真的扮演了有效的强化物角色。也许，患者觉得任务本身就有足够的强化效力呢？或者，代币的使用在泰德和南森那里可能就是一个带有主观色彩的典型的迷信行为呢？为了确定代币作为强化物的有效性，我们的第一个念头就是：应全面停止发放代币。但是，我们在前面的章节里已经知道，这样的程序并不够科学。为什么呢？一个东西之所以能成为强化物，就是因为它会增加它所紧紧跟随的行为的出现频率。也许，这些精神病患者的良好表现仅仅是因为代币本身的呈现，以及得到代币时他们所获得的关注呢？也许，这种关注和代币本身就让患者很开心，所以他们才表现良好呢？换句话说，也许这些代币并不一定要跟随那些反应，这里需要的只不过是患者单纯地获得这些代币——这就是一种关于环境富饶（environmental enrichment）的看法。

为了排除这种环境富饶的看法，我们需要确保患者仍然能够获得代币，但这些代币不再立刻跟随目标反应了。于是，艾龙和阿兹林在每天早上一开始就发给患者代币，无论他们接下来是否完成任务。这样，代币依然呈现，但不再立刻跟随反应了。

这种非依联式代币持续发了20天，这个组的患者的工作量从每天44小时下降到了每天只有1小时。我们可以把这看作一种消退：每个患者在有机会做出任何反应之前就获得了这些可能的强化物，而之后的反应却不会再产生额外的代币了。行为数据上的下降是我们实施消退程序时预期会发生的情况。这些数据表明，在依联阶段里，这些代币的确扮演有效的强化物的角色，维持着他们的适当行为。

小结：依联性强化物作为一种对照程序

这些研究方法中的概念比较难懂，因此，我们有必要小结一下。

- 单纯地扣住可能的强化物（消退），并不是一个足够好的对照程序，无法充分体现一个强化依联的运作情况。为什么？因为扣住该可能的强化物也会去除两种可能的因果变量：
  1. 涉及这些可能的强化物的呈现过程的依联。
  2. 这些可能的强化物本身。

- 但是，你可以**非依联地**（noncontingently）呈现这些可能的强化物，这样你就可以只去除依联（两种可能的原因之一），但又不会去除强化物本身。如此就将混杂在一起的变量分离开了。如果非依联地呈现这些可能的强化物的时候，它们不再维持表现的话，我们就可以确信这些可能的强化物的确是**真实的**强化物，并且证实**依联地**呈现这些强化物是很关键的。

排除偶然性

还有一种质疑认为，艾龙和阿兹林只不过太幸运了。也许，当他们停止这种依联性强化物程序之时，正好气温变化，或者正好出现什么其他偶然事件而降低了反应频率呢？因此，患者这种工作量的降低，也许并不是因为非依联性强化物程序，而是因为某种不可控的因素。

反驳这种质疑的一种方法是，停止该消退程序，并重新开始强化程序。也就是说，运用倒返设计。在艾龙和阿兹林这样做了之后，这个患者组的工作量立刻又回升到原先的平均每天44小时了。如此，对于代币能有效强化患者进行工作就再没有什么可值得怀疑了（见图11.4）。

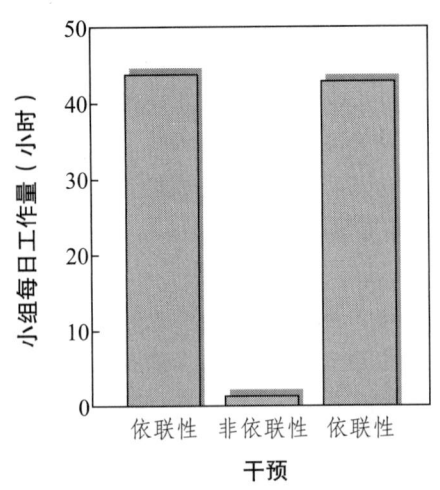

图 11.4 运用倒返设计呈现依联的价值

勤劳的心愿虽然是美好的，但它总是需要一点点强化物的

请注意患者所说的与他们所做的之间的关系。在非依联性强化物阶段的第一部分，有几位患者仍继续工作了几天。他们还说："我觉得即使放假了我也要工作。""我想在这儿帮助干活，这里的人手实在不够。"可是，慢慢地，最终几乎所有患者都不再工作了。这时他们说："我可不会在得不到任何好处的情况下干活。"其实这种事情也会发生在我们身上，就跟发生在这些精神病患者身上一样。当我们对这类不会得到强化物的工作做得越来越多的时候，我们赞美这些无强化物的工作的话语也就会越来越少。

作为对照程序的非依联性强化物（第二部分）

为了确定依联的重要性，使用非依联性强化物会更好，而不是单纯地停止给予强化物（消退）。为什么？

为了回答这个问题，让我们再来看一个例子。在我的班上，学生们都学习刻苦而且成绩优异。为什么？我认为这是因为我每节课会分配这本书的一章，并且每节课会就课本内容对他们进行小测验，每次的小测验成绩都会作为期末成绩的一个重要部分。也就是说，我认为小测验的成绩就是一个习得性强化物。我认为，要点就在于我将这些小测验成绩**依联**于他们测验中的答题表现。依联起了作用。

但我的同事对这个依联有异议，认为它不重要。于是，我继续分配章节，并继续做这种小测验，但我不再给出测验成绩了。如果我这么做了，那么，大多数学生都不会再那么努力学习了，在小测验时成绩会变糟糕，最终也就学不到什么东西了。

那时，我就可以对同事说："瞧吧，分数的依联很重要。"

可是，他们还是笑我，说扣住小测验成绩（消退）并不能证明什么，说我应该继续给他们小测验高分，但要与小测验中的答题表现脱钩——我应该去掉依联，但仍保留分数。白给分，这也可以让我表现出对学生的关怀，这样，学生感动了，就会依然努力学习，就会依然在小测验中有好的答题表现，也就依然会学到那么多东西了。

我说："好吧，但是现在，如果我的学生把测验搞砸了，那么就证明不仅仅分数才是关键的，关键的是分数的确依联于测验中的答题表现。"如果分数依联于表现的时候学生做得好，分数非依联于表现的时候学生做得差，那么就说明依联是重要的，而不仅仅是分数的存在本身是重要的。

保留非依联性的分数，但去除掉依联，这就是一个好得多的对照程序，可以有力地证明依联性的分数，而非分数本身，才是学习努力和考试优异的真正原因。

（顺便说一句，在学习和测验之后远远超过60秒，我才给出分数，那么，测验－分数的依联就不是真正的强化依联。我们将在第22章中看到，这是一种回避依联的类似物。）

问题

1．如何运用非依联性强化物确定依联的重要性？
2．为了确定依联的重要性，使用非依联性强化物更好，而不是单纯地停止提供强化物（消退）。为什么？
3．如何运用一个倒返设计来确定依联的重要性？

在 DickMalott.com 网站上，你还将读到：
第 11 章　高级学习目标

第三部分

刺激控制

第 12 章　区辨

第 13 章　复杂的刺激控制

第 14 章　模仿

第 12 章 区辨

行为分析师认证委员会第 4 版任务清单

D-03　运用辅助与辅助渐褪。
E-02　运用区辨训练程序。
F-06　运用随机教学。
FK-29　区分区辨刺激与动因操作。

FK-34　条件型区辨
FK-35　刺激区辨
FK-44　提要求
FK-45　命名

基础知识

概念：行为学动物训练

基于强化（正强化）的区辨训练（E-02）（FK-35）

凯勒·布里兰的脑袋被一支手枪径直指着，他站在那里，深深地呼吸。那支手枪被固定在一个框架上，扳机上系着一根绳子。绳子的另一端绑在了一只活生生的鸡的嘴上。如果这只鸡扯动了绳子，枪就会响，子弹就会射穿布里兰的脑袋。布里兰一动不动，站了几秒钟，然后向一侧迈开一步。随后这只鸡立刻扯动了绳子，子弹射入布里兰刚才所站位置后面的靶心。布里兰从口袋取出一些玉米粒，喂给了那只鸡。到这时候，他才擦了擦自己额头上的汗水。

布里兰是斯金纳教授的第一批研究生中的一员，也是一位著名的动物训练师。他曾经运用强化手段训练出了能够玩轮滑、打棒球的鸡，训练出了能够进行脱衣舞表演的猪。这里，布里兰只是想让他的这只鸡学会只有当他没挡住靶子时才开枪，他可不想成为第一位为行为分析而牺牲的烈士。①

你可能会说，玉米粒强化了鸡拉动扳机的行为。你说得没错。可是，你可能会问："当布里兰站在靶子前时，这只鸡怎么就不开枪？"你的第一个念头可能是，那不过是一只鸡。但我觉得你不会放弃思考，就这么马虎过去。你很可能还会想，鸡知道要是开枪杀了布里兰，就没人喂它玉米了。然而，这种想法犯了唯心主义的错误，错误地想象鸡会克制自己，它害怕"杀死一位能够喂自己甜玉米粒的行为分析师"。

在前面的章节中，我们曾讨论过强化与消退。我们用强化增加一个行为的频率，用消退去除一个行为。现在，我们想要往强化与消退的程序中添加刺激。因此，如果布里兰没站在靶子之前（刺激）被呈现，开枪（反应）就能带来玉米粒（强化物）；以后在无布里兰的靶子呈现时，开枪反应发生的频率会增加。

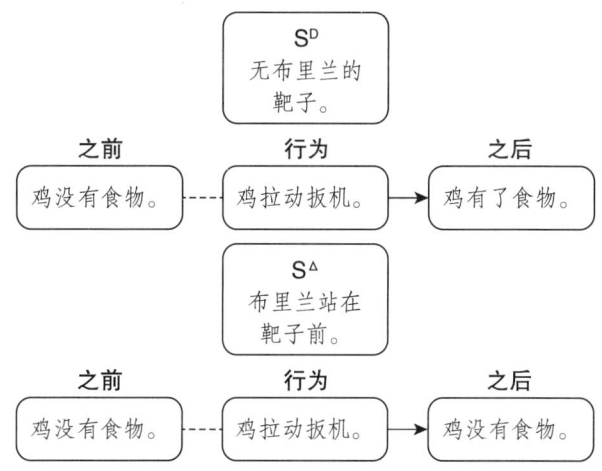

同样，如果布里兰（刺激）呈现，开枪（反应）就**不能**产生玉米粒（强化物）；以后在布里兰呈现时，开枪反应发生的频率会**减少**。

我把无布里兰的靶子叫作**区辨刺激**（discriminative stimulus, S^D），而把布里兰叫作 **S-delta**（S^Δ）。在这个案例中，区辨刺激或者说 S^D 引发了一个反应，因为以前该刺激呈现时，该反应产生过强化物。S^Δ 让该反应出

---

① 后来经玛丽安·布里兰证实，我们才知道凯勒·布里兰当时实际上使用的是一支玩具枪和玩具子弹，并非真枪。不过我们所讲授的背后的行为原理是一样的。

现的频率下降，因为以前该刺激 S^Δ 呈现时，该反应不产生强化物（S^D 的发音为 "ess dee"，S^Δ 的发音为 "ess delta"）。为了将这两个刺激所扮演的角色讲得更清楚，我在下面将两个依联示意图画在了一起。

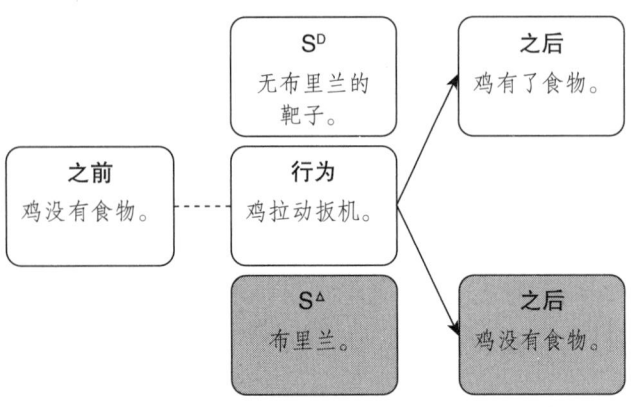

> **定义：概念**
>
> **区辨刺激（Discriminative stimulus, S^D）**
> - 当该刺激呈现时，
> - 某个特定的反应将会被强化或被惩罚。

这里的关键之处是要理解：S^D 的定义意味着还存在一个 S^Δ 的刺激，S^Δ 呈现时，该反应将会更少地被强化或被惩罚。①

---

① 顺便说一下，本书中对于 S^D 和 S^Δ 的定义都是程序性定义。也就是说，我们是在谈及所使用的程序时而做出的定义——在本案例中，我们是在谈及一个强化依联的出现还是不出现时而对这两个概念做出了定义。在我们的定义中，我们并没有说，当 S^D 呈现时，动物是否会做出某个特定的反应。换句话说，S^D 或 S^Δ 是否有效地控制了动物的行为，这在我们的程序性定义当中并不涉及。你的教授有可能会在我们在本书中的关于 S^D 的定义中再添加一句：并且，当其呈现时，该反应会更多（或者更少）地出现。究竟是更多地出现还是更少地出现，取决于该刺激是针对强化还是针对惩罚的 S^D。

对于这两个概念，还有一个更为通用但比较少见的定义：在 S^D 呈现时强化或惩罚出现的可能性会更大，而在 S^Δ 呈现时强化或惩罚出现的可能性会更小。换句话说，强化并非在 S^D 呈现时必然出现，也并非在 S^Δ 呈现时被彻底抑制。

我们谈及刺激时，指的是刺激条件或者刺激的某个特定的数值。例如，S^D 可以是黑暗（光的强度将会是零），我们在此不会进行"死刺激测验"（dead-stimulus test）或者测试灯泡是否烧坏。

最后，我们的这个 S^D 的定义中说，S^D 是这样一个刺激，当该**刺激呈现时**，某个特定的反应将会被强化或被惩罚。这里的呈现是什么意思呢？在定义强化物的时候，我们会运用 60 秒测验之类的限制。也就是说，我们不愿意在对鲁道夫进行区辨训练时，灯灭掉 60 秒钟之后，它才有机会去压动杠杆。那样的话，这就很可能会成为一次无效的练习。事实上，超过了 60 秒，就超出了我们所说的**呈现**的含义，那样我们就只能把这种假定的 S^D 叫作"类似 S^D 的刺激"了，而非真正的 S^D。虽然这种类似 S^D 的刺激也可以控制像你我这样有语言能力的人类，但也许这只是因为我们有着受规则掌控的行为。关于这一点，我们会在本书的后面章节中讨论，但请别拿这去欺负鲁道夫。

> **定义：概念**
>
> **S-delta（S^Δ）**
> - 当该刺激呈现时，
> - 某个特定的反应将不会被强化或被惩罚。

请看我们上面画出的区辨依联示意图，其中有几点特性需要注意：

- 它们其实有两个依联，一个 S^D 依联，一个 S^Δ 依联。
- 两个依联的之前条件是相同的。
- 两个依联的反应也是相同的。
- S^Δ 依联一定是一个消退或者恢复。

布里兰使用了一个**区辨训练程序**（discrimination-training procedure）。在这个程序中，当一种刺激（S^D，无布里兰的靶子）呈现时，强化一种反应；而当另一种刺激（S^Δ，布里兰）呈现时，消退该反应。最后，S^D 呈现时该反应出现的频率大于 S^Δ 呈现时该反应出现的频率，这时候，我们说发生了**刺激控制**（stimulus control）或者**刺激区辨**（stimulus discrimination）。这就是一个关于布里兰的**区辨训练程序**。刺激控制逐步发展直到最终完美。训练结束的时候，这只神枪手家禽在布里兰挡在靶子前面时就不会开枪，而总是在他不在靶子前面时才会开枪。

> **定义：程序**
>
> **区辨训练程序（Discrimination-training procedure）**
> - 当一个刺激呈现时，
> - 强化或惩罚一个反应，
> - 而在另一个刺激呈现时，
> - 消退该反应
> - 或者允许该反应得以恢复。

> **定义：概念**
>
> **刺激区辨（刺激控制）[Stimulus discrimination (stimulus control)]**
> - 当一个刺激呈现时，一个反应出现的频率
> - 比另一个刺激呈现时该反应出现的频率更高，
> - 这往往是区辨训练程序的结果。

记住：刺激的英文单数形式是 stimulus，复数形式是 stimuli，而 stimuluses 这种错误的词汇是普通人才会说的，他们没有文化，不像你，花了钱，接受了教育，阅读了这本书。

问题

1. 名词解释，并画出示意图举例说明以下概念：
A. 区辨训练程序
B. S^D
C. S^Δ

2. 在布里兰演示的案例中，鸡拉动扳机的强化物是什么？
A. 布里兰没有被打中
B. 食物

3. 为什么那只鸡在布里兰站在枪口下的时候不拉动扳机？
A. 因为这可能要了布里兰的命。
B. 因为这个反应未被食物强化过。

4. 陈述刺激区辨的原理，并举例说明。

基于逃避（负强化）的区辨训练

现在是下午 5 点钟，你置身于大都市的晚高峰中。每个人都在匆匆忙忙地往家赶，各种汽车全部开出来，挤上大街，到处都是喇叭声，人流在街上涌动着。你此时又累又饿又冷，可离家有 50 公里，你又没有车。这还不够吗？天还下着雨。哦，我忘了告诉你，寒风呼啸着，吹得你头晕脑涨。多么令人厌恶的环境啊！你看见了一辆空载的出租车开了过来，绝望中你毫不犹豫地向他招手，示意他停下来，可是在你前面已经有人先招手了，你错过了这辆车。随后，你又看见了一辆出租车开来，可是，里面已经坐了两个人。这回你并没有招手。为什么？因为一辆载客的出租车是一个 S^Δ，这个刺激呈现时，你招手叫车的行为以前未被强化。你只有在 S^D 呈现时才会招手，也就是出租车里没有乘客时才会招手，因为当它呈现时，你招手叫车通常都会让出租车停下来接你上车，尽管你也遇到过被拒载的时候。

使用逃避进行的区辨训练

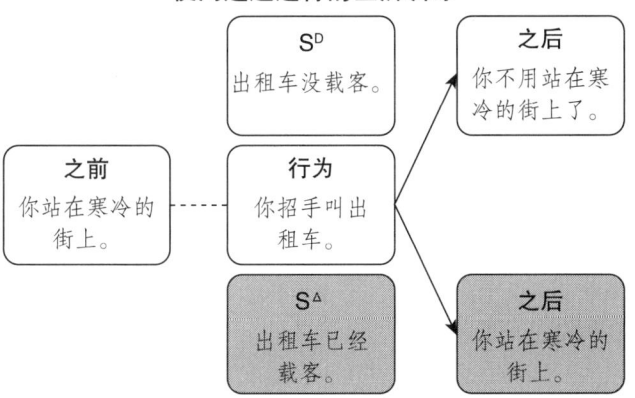

我们这里描述的就是一个涉及逃避依联的区辨训练程序。反应是什么？招手叫出租车。厌恶条件呢？还有什么能比又累又饿且风雨交加更让你感觉厌恶的。逃避依联是什么？招手叫到车，坐进温暖舒适的车里，就会让你逃离这种风雨交加且令人精疲力竭的城市街道。最后，招手叫停出租车正是在一个完美的刺激控制之下的行为：你只有在出租车没有载客的情况下才会招手，而如果它已经载客你就不会招手。

注意，我们定义和使用 S^D 和 S^Δ 的时候，不只是根据强化物的呈现带来的强化加以界定的，也可以根据厌恶条件的去除带来的强化（逃避）加以界定。

问题

画出这个基于逃避的区辨训练的示意图。

案例：行为学校心理学

多重 S^D 和 S^Δ：教一个失足少年阅读[①]

乔斯·德尔加多才 14 岁，但已经进了 9 次少管所了。跟很多失足少年一样，他的首要犯罪目标锁定在学校。曾经有一次，他用气枪击碎了学校的灯泡和窗户。当然，他还抽烟、喝酒，甚至偶尔会喝得酩酊大醉；他偷窃，习惯性地撒谎，说出的脏话会让成年人都感觉脸红。乔斯的生长环境就是一个满是失足青少年的家庭，他在家里的 11 个孩子中排行第 5，上面的 4 个哥哥都因违法行为被少年法庭制裁过。

他的家庭生活根本谈不上正常，他父亲只上到小学五年级。他的父母也曾经试图管控乔斯的行为，靠的只是谩骂和滥用体罚，但无济于事。

虽然乔斯在学校已经上到八年级下学期了，可是他的阅读能力仍然只有二年级的水平。学校教师将他从一个班转到另一个班，目的只是让他离开自己的视野。他们不想再管他了。尽管几乎没人能够帮得上乔斯，但是仍有两个人认为自己能做到。他们是来自少管所感化部的主任威廉姆·巴特菲尔德和行为分析师阿瑟·斯塔茨博士。多年来，斯塔茨一直致力于对关于阅读的实验分析研究，并开发了基于行为理论的阅读矫正项目。许多人认为我们帮不了这类失足少年，因为他们已经从根子上无可救药了，但斯塔茨和巴特菲尔德不信邪，他们认为只要老师运用了适当的教学程序，乔斯就一定能学会阅读。他们认为，阅读能力就是一系列可以区辨的反应（discriminated response），是可以通过强化来学习的（这里所说的可以区辨的反应是指在区辨刺激控制下的反应）。

---

① 改写自 Staats, A. W., & Butterfield, W. H. (1965). Treatment of non-reading in a culturally deprived juvenile delinquent: An application of reinforcement principles. *Child Development*, 36, 925-942.

他们为乔斯准备了很多专门的故事，每个故事都有一套新的单词。书面词汇对于读出那些词汇来说就是区辨刺激。在开始一个新故事课程之前，巴特菲尔德向乔斯展示每一个区辨刺激单词，并要求他做出正确的阅读反应。如果乔斯回答正确，就能得到一个代币。每一个单词，不仅是恰当的口语反应的 S^D，也是不恰当的口语反应的 S^Δ。例如，shoe（鞋）这个书面单词，是口语发出 shoe 这个反应的 S^D，是口语发出 hat（帽子）或者其他不正确反应的 S^Δ。

当乔斯无法对一个单词做出正确反应时，巴特菲尔德就告诉他正确的反应，然后让乔斯看着这个单词重复一遍。巴特菲尔德反复呈现每个区辨刺激单词，直到乔斯能在无辅助的情况下对每个单词都做出正确反应为止。

在四个半月的时间里，乔斯一直在巴特菲尔德的帮助下学习。他们一共遇到了 761 个单词是乔斯不会读的。而在课程结束后，乔斯能够在故事课文中正确读出其中的 585 个了。

乔斯对一篇故事课文中的一个段落的每个区辨刺激单词都做出正确反应时，就能得到一个代币。这个时候，巴特菲尔德就会继续让他读这篇课文的一个新的段落。如果乔斯做出了错误反应，巴特菲尔德就会纠正它，并把该段落放在一边，之后再回来重新阅读。如此直到乔斯对课文中的每一段都完全掌握为止，这时候，那些单词就算对乔斯的反应执行了适当的刺激控制。

巴特菲尔德用扑克筹码作为给乔斯的代币。这些扑克筹码是非习得性强化物还是习得性强化物呢？由于乔斯可以用扑克筹码来买各种东西，因而扑克筹码获得了习得性的强化价值。乔斯可以用代币交换的东西有鞋、发油、唱片、冰淇淋圣代、去学校的准入证，以及他弟弟参加一个补习班的钱。

乔斯很努力。在总共 40 次的阅读课程里，他做出了 64000 多个单词的阅读反应。他得到的强化物总计价值 20.31 美金。此外，除这一强化依联之外，他更加合作，也更加关注他人了——在传统的教学项目当中，失足少年这样的表现是很少见的。只要很少的一点儿美金，就能取得很大的成就，关键是恰当地做好行为依联。

这提示我们，失足少年并非从根子上不可救药。他们在适当行为和合作行为能够得到强化的环境中，就会做出恰当的行为表现，但是，如果他们无法通过恰当行为产生合法的强化物时，就会做出不当行为以制造非法的或不被许可的强化物。

斯塔茨和巴特菲尔德除了教乔斯大声朗读，还教他学习默读。让我们来讨论一下教默读的情况吧。为了强化针对某个区辨刺激单词做出的正确的阅读反应，老师必须要知道学生正在读哪个单词，并且听到他的阅读反应。这在口语朗读的时候没问题，但是老师如何将这个方法运用于默读的教学呢？

在乔斯掌握了用口语朗读一个故事之后，巴特菲尔德就要求他默读这个故事。巴特菲尔德还提醒他，理解这个故事非常重要，因为随后要问他问题。

巴特菲尔德和斯塔茨要做的第一件事就是让乔斯有可能对故事聚精会神。如果不看书本，那也就不可能阅读。因此，看着书本是这条正路上向前迈出的一步。因此，他们差别强化了看着书本的视觉反应。他们大约每 15 秒钟进行一次差别强化。如果乔斯在可以提供强化物时正在看着书本，那么他就会得到一个代币。这套方法很奏效。乔斯将大部分时间都花在了看着书页文字上。

乔斯在开始默读的时候出现了一些问题，他经常会发出些小的声音，并且会动嘴唇。因此，只要他在阅读一个故事时不发出声音、不动嘴唇，就能得到一个代币。结果他的嘴唇运动减少了。

但是，很难知道乔斯是否在读每个区辨刺激单词，因此，为了确保他真的阅读了，他被要求必须在阅读之后写出一组问题的答案，每答对一个问题可以得到一个代币。每当出现一个拼写错误，他就必须先改正，然后才能获得代币；要是答错了，他必须在重新阅读这一段之后，改正错误答案，才能获得代币。

在乔斯完成了 20 个故事的学习后，他接受了一次对所学单词的复习评估测验。同样地，每做出一个正确反应，他能得到一个代币。当他对一个区辨刺激单词做出错误反应时，必须对该刺激单词重复做出反应，直到做对为止。乔斯在第一次复习测验中，对 761 个区辨刺激单词中的 430 个做出了正确反应。

从乔斯的阅读成就测验的分数中，我们就能很容易地看到单词区辨训练带来的效果。在八年级下学期，乔斯的阅读能力只有二年级水平（2.0），但经过四个半月的特殊训练，他的阅读能力从 2.0 提高到了 4.3 年级水平——这四个半月的进步比他过去八年半在校的进步还大。

乔斯在学校中的总体表现也随着他的阅读成就测验成绩的提高而显著地进步了。乔斯通过了所有课程，体育得了 C，商务得了 D，英语得了 D，数学得了 D。这些成绩对你们来说也许不值一提，但你要看看他以前的学业状况，在过去的八年半在校时间里，乔斯的每一门课程都是不及格。

乔斯在校的行为表现也开始有所改善了。在训练的第一个月里，他有 10 次不良表现被记过：干扰课堂，2 次；课堂上顶撞老师，2 次；校内乱窜，2 次；拖沓，4

次。而在第二个月，他只被记过了 2 次，分别是在操场上打架和制造恶作剧。第三个月里，他也得到了 2 次记过，分别是在数学课上打岔和在课堂上骂人。而最后的一个半月里，他在学校里未做出一次被记过的不良行为。

写到这里，我真心希望能够看到乔斯的案例就此画上一个完美的阶段性句号。我们都希望有完美的结局。然而很遗憾，故事仍在继续。训练中的乔斯在学业成绩和在校表现上都取得了进步，但还远远不够。当他回到自己居住的少年犯管教所里时，没有人再帮助他改善行为了。乔斯经常会作弄那里的服务人员，还会制造许多小麻烦，虽然情节轻微，但都很惹人厌烦。因此，随后他被送往一所针对男性少年犯的工厂学校。也许，乔斯还没达到能完全脱离开特殊的强化程序而继续保持进步的那个水平，但斯塔茨和巴特菲尔德无法再帮助他了。这很可能意味着乔斯在接下来接受义务教育的几年里，学业即使有进展，也是微乎其微的。也许，乔斯最终会成为一个与社会格格不入的人，会度过不快乐的余生，他的成就以及对社会的贡献有可能不足以弥补他造成的破坏。遗憾的是，他进入的是传统的少年犯管教所，而没有机会进入我们前面提到的那种少年成就之家，不然或许还能获得更好的挽救。

问题

画出巴特菲尔德和斯塔茨用区辨训练程序教一个失足少年阅读的依联示意图。

基于惩罚（正惩罚）的区辨训练

朱克通过一个健康养生狂热分子搞的地下非法网络，得到一个在国际上都臭名昭著的古老秘方，用来烹制一种传说中的古法燕麦粥，这个古老秘方号称挖掘自密歇根卡拉马祖周边某处的偏村僻壤。朱克现在已经准备好了营养丰富、香气四溢的汤，里边有苹果汁、葡萄干、香蕉、苹果、纯香草精和肉桂，接下来，他要做的就是端起这只平底锅，把它拿过水槽，倾倒出半杯浓稠的、秘制的、非速溶的古法燕麦粥。他伸手抓住了铝锅的柄，"啊！"他的手被烫伤了。①

---

① 接下来还会发生什么呢？这并不是关键，但如果你感兴趣的话，那么我讲给你听。是这样的：朱克最后会停止叫骂，拿起一把小餐刀，走到自己的玻璃花房中，切下一片芦荟的大叶子（这东西长得很大，占据了花房很大的空间），然后把它劈开，摘取出一些里面的黏糊糊的绿色叶肉，将其涂抹在他被烫伤的手掌上，于是，他的疼痛立刻缓解了。这是一个完美的逃避依联：糟糕的疼痛，将一些黏糊糊的芦荟涂抹在疼痛的手掌，没有了疼痛。因此，你要是下次被意外烫伤或割伤的时候，也想这样经历一个有效的逃避依联的话，那就可以像他这样试一试。反正这种草药，效果嘛，嘿嘿，谁用谁知道。

最后，朱克终将成为一个能够熟练烹制古法燕麦粥的烹调师。那时，对他来说，铝锅中煮沸的液体已经是一个有效的**基于惩罚的区辨刺激**（punishment-based discriminative stimulus）了。这个刺激呈现，朱克赤手抓铝锅手柄就会带给他一个痛苦的结果。因此，刺激控制就形成了，他不会去抓滚烫的锅柄了。

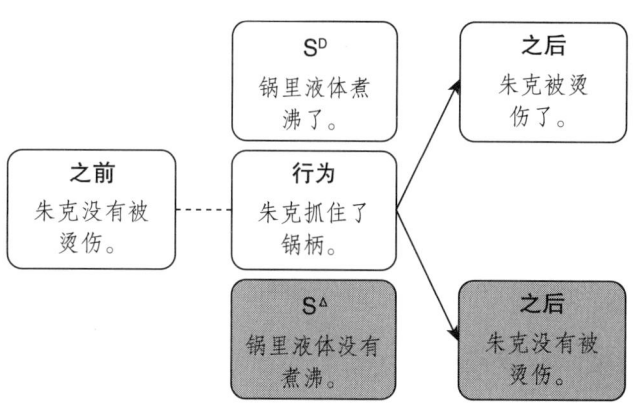

学聪明的朱克现在会做出一个测试反应了。他会小心翼翼地用食指先去摸一下锅柄。如果不是很烫，他才会去把锅拿起来。也就是说，他食指上感觉到的合适温度是一个基于惩罚的 S^Δ，在该 S^Δ 呈现时，被烫伤的惩罚依联就不会起作用。朱克食指上感觉到的滚烫温度则是另一个基于惩罚的区辨刺激。

我们知道，其他行为学课本中不会讨论基于惩罚依联的刺激控制这一冰冷的问题，但是，由于这种刺激控制实际上极大地帮助我们保护自己的身体免受伤害，因此我们觉得，把这个问题摆到你面前，引起你的注意，这才是最真诚的做法。

问题

请你分别举例解释基于惩罚的区辨刺激和基于惩罚的 S^Δ，并画出两者的依联示意图。

对比

基于强化的区辨刺激与基于惩罚的区辨刺激

一个刺激如果总处于一个强化依联或逃避依联之前，那它就会获得因果功能。这意味着以后只要这个刺激呈现，就会引发该反应的出现。例如，乔斯看到了写有字母"SHOE"的卡片（S^D），就会念出"shoe"的发音（反应），这是因为此前他一旦这么做就能得到代币和表扬（强化物），区辨训练程序的结果就是，只要有这个卡片的呈现，就会引发乔斯做出这个正确的反应。卡片上的字母就是一个基于强化依联的 S^D。

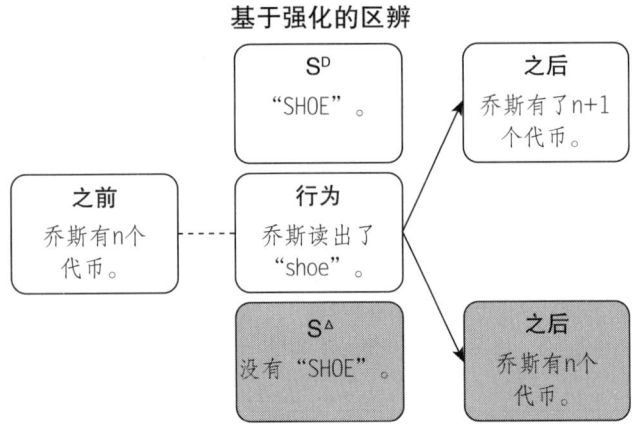

相反，一个刺激如果总是出现在一个惩罚依联或处罚依联之前，那它就会获得抑制功能。这也就意味着以后只要这个刺激呈现，该依联中的那个反应发生的频率就会减少。巴特菲尔德先生（S^D）一出现，乔斯默读时的动嘴唇（反应）就会很少出现，为什么？因为只要巴特菲尔德在旁边，乔斯一动嘴唇就会失去获得代币的机会。动嘴唇而依联性地失去获得代币的机会，就是一种特殊类型的惩罚依联（我们后面还会详细讲到），因此，巴特菲尔德的出现就是一个基于惩罚的S^D。**基于惩罚的S^D就是：当该刺激呈现时，一个反应将会被惩罚**。

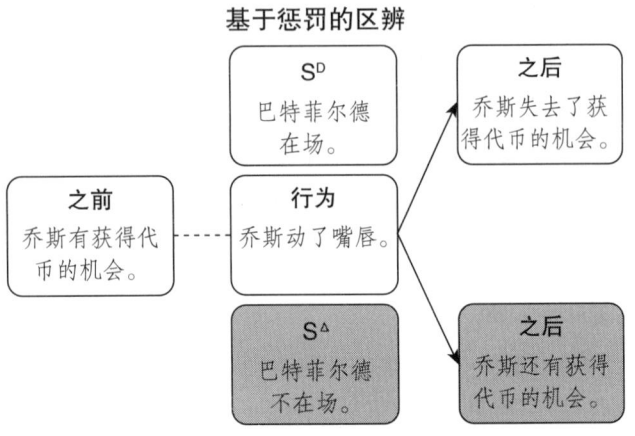

但是，惩罚可以有两种发生形式——不只是通过去除（或防止呈现）一个强化物，也可以是通过呈现一个厌恶条件。因此，巴特菲尔德的在场也可以是一种基于厌恶条件的呈现的S^D。不同于拿走一个强化物，他还可以在乔斯每一次默读却动嘴唇的时候给予厌恶性的评论。这样的话，动嘴唇的频率也会在巴特菲尔德出现时下降。

同样，当你妈妈在场（基于惩罚的S^D）的时候，你说脏话骂人（反应）的举动就会更少出现，因为以前她的在场总是会带来她对熊孩子的一通说教斥责（厌恶刺激）。而当你妈妈不在身边的时候，你又会是什么样子呢？这就是基于惩罚的S^Δ——没有惩罚依联。

基于惩罚的S^D在惩罚中所扮演的角色，与基于强化的S^D在强化中所扮演的角色一样。在这两种情况下，S^D刺激都与行为依联有关。基于惩罚的S^Δ在惩罚中所扮演的角色，也与基于强化的S^Δ在强化中所扮演角色一样。在这两种情况下，S^Δ刺激都与行为依联的不存在有关。[①]

我们的行为往往处在基于强化的S^D及S^Δ和基于惩罚的S^D及S^Δ的共同控制之下。收到信件通常是一个很大的强化物，所以，墙上钟表的指针指向邮差该来送信的时间，这就是一个S^D，让你该去看看信箱了，而钟表指针位置过早，则是一个S^Δ。

请补充完成下列示意图。

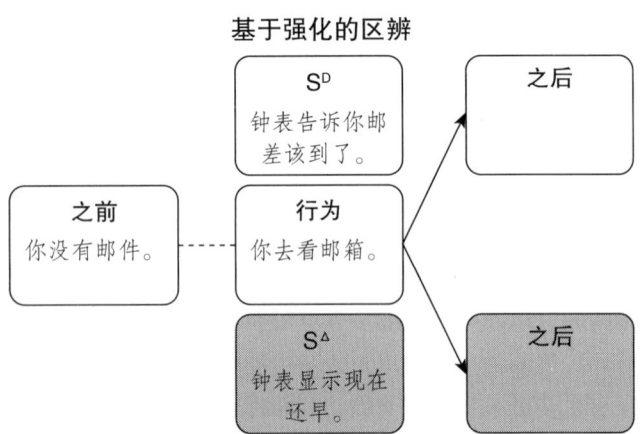

假如你住在乡村，就像我这样，下雨的声音和景象对于去看看邮箱来说就是一个基于惩罚的S^D。相反，没有雨声而且干燥的路面，那就是基于惩罚的S^Δ。

因此，你可以从中看出，这四种刺激条件是如何相互结合对你的行为施加了刺激控制。

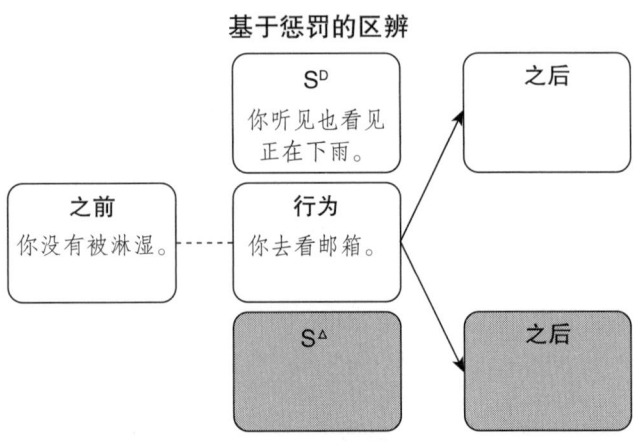

[①] 另外一种对S^D和S^Δ的定义是这样的：S^D——当该刺激呈现时，行为依联是可操作的。S^Δ——当该刺激呈现时，行为依联是**不可操作的**。这种定义方法与我们的方法是一致的。我尚不知有哪本出版物中讨论了针对惩罚的S^D和S^Δ的术语问题（如果你知道，拜托你告诉我）。有些人偏爱将S^Δ定义为：当该刺激呈现时，行为出现的频率很低或者根本不出现。也就是说，这种定义认为消退和惩罚都出现在S^Δ呈现的时候。我觉得一般说来我们应该根据程序而非程序的效果来定义程序性术语。而且，我还认为，在讨论惩罚与消退的区别时，就算不再加进S^Δ的概念，也已经够让同学们伤脑筋了。当然喽，你的教授也许不同意我说的，那么，你就应该听他的，你的教授永远是正确的。

问题

1. 基于强化的区辨刺激与基于惩罚的区辨刺激之间有什么相似的地方？
2. 举出一个基于强化的区辨的例子，画出它的依联示意图。
3. 举出一个基于惩罚的区辨的例子，画出它的依联示意图。

斯金纳箱：对比

差别强化程序与刺激区辨程序

在我们对比差别强化和刺激区辨程序之前，让我们先来看看简单的、非区辨性的、非差别性的强化。

非区辨性的、非差别性的强化程序

我们强化老鼠鲁道夫的任何压杆反应时，基本上不会管它的压杆力度是强是弱。也就是说，我们只是根据它的功能（它对环境产生的效果）——将杠杆压下，来对这个反应类下定义。

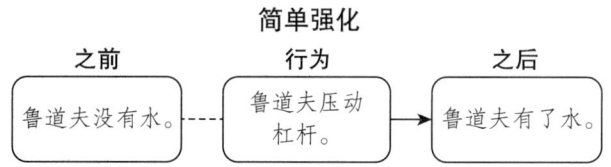

现在，我们再来对比一下差别强化和刺激区辨程序。

差别强化程序

在差别强化中，我们综合运用了强化与消退，强化某一个反应类而消退其他的反应类。因而被强化的这个反应类的出现频率相对于那些未被强化的反应类就会增加。

例如，在老鼠实验室里，我们开始时强化任何压杆反应，基本上不论老鼠的压杆力度是强是弱。① 也就是说，我们根据其功能（它对环境产生的效果——让杠杆向下移动）定义了这个初始的反应类。

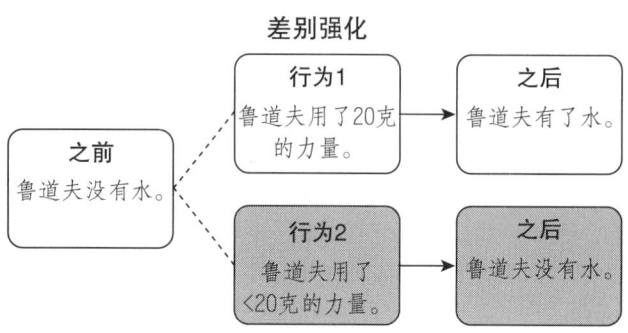

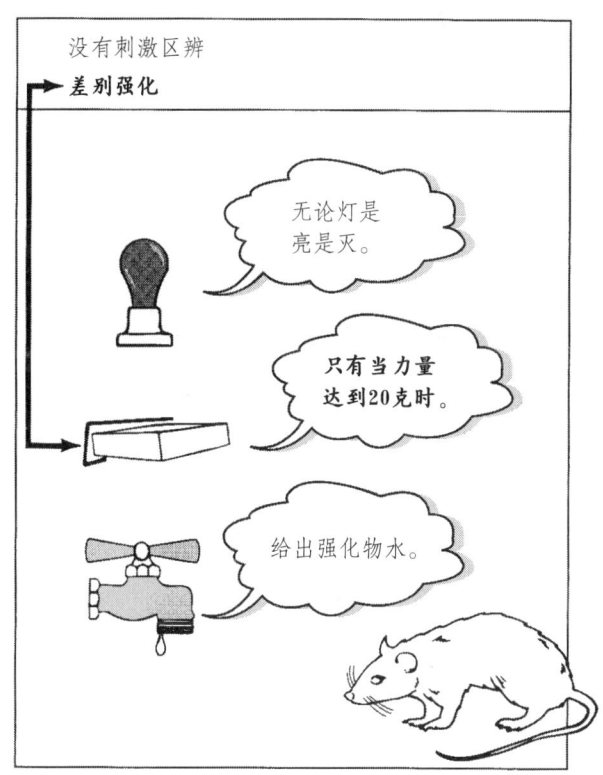

在起始的无差别强化之后，我们开始进行差别强化。现在，我们只强化那些压杆力度至少20克的反应，消退那些力度小于20克的反应。也就是说，我们将初始的一个大

---

① 请注意，这里之所以说基本上，是为了尽量避免让一个复杂的问题更为复杂化。这个复杂的问题就是，只要我们说强化压杆反应，我们就是在沿着力度这一维度在进行差别强化了，不管我们有没有这个打算。因为如果老鼠不使出足够的力量，这个反应就不足以压动杠杆。我们不可能在丝毫不涉及最基本的差别强化程序的情况下去强化一个反应。不过，通常我们只在明确地要沿着某个反应维度去改变一个反应的频率时，才会考虑运用差别强化程序来对这个依联进行分析。

反应类分成了两个小反应类（亚类）。这样，我们前面是根据反应功能（压下杠杆）而定义的一个大反应类，而现在我们是根据力度这个反应维度来定义出两个反应亚类。

刺激区辨程序

在简单的刺激区辨程序里，我们同样是结合了强化与消退，但是，通常我们只针对一个反应类，而不会针对两个或多个反应类，这点和差别强化程序是不一样的。例如，在简单的刺激区辨程序中，我们只针对根据杠杆被压下这个功能而定义的反应类。

在刺激区辨中，有所变化的地方是刺激，而反应是不变的。在刺激区辨中，我们强化一个刺激呈现时的反应类，并且消退另一个刺激呈现时的**同一个反应类**。因此，例如，我们强化灯亮（S^D）时的压杆反应，而消退灯灭（S^Δ）时的这个压杆反应。

（这里我们并不关心该反应的力度大小，只要它足够导致杠杆向下移动就好。）

总之，在上面的差别强化例子中，我们用了**两个反应类**（至少20克力度的压杆反应和小于20克力度的压杆反应），而只用了**一种刺激**（灯光）。但是，在刺激区辨的例子中，我们只用了**一个反应类**（压杆），而使用了**两种刺激**（灯亮和灯灭）。

差别强化程序与刺激区辨程序

	一种刺激	两种刺激
一个反应类	无差别化或无区辨	刺激区辨
两个反应类	反应差别化	结合了差别化和区辨

差别惩罚程序和基于惩罚的刺激区辨程序

当然，在差别惩罚程序和使用惩罚依联的刺激区辨之间也存在着一样的不同之处。例如，在差别惩罚中，当压杆力度小于20克的时候，该反应会产生电击和食物，但如果压杆力度达到至少20克的话，就只产生食物（当然，灯一直都是亮着的）。这样，相对于大力度的压杆反应，小力度压杆的反应频率就会下降。和上面举出的差别强化程序的例子一样，这个差别惩罚程序的例子也是涉及两个反应类和一种刺激。

现在，我们再来看基于惩罚的刺激区辨程序。当灯熄灭时（基于惩罚的区辨刺激），压杆反应会产生电击和食物；而当灯亮起时，压杆反应只产生食物。于是，灯灭的刺激抑制了压杆，而灯亮的刺激则引发了压杆。和上面举出的基于强化的刺激区辨程序的例子一样，在这个基于惩罚的刺激区辨程序的例子当中，也是涉及一个反应（压杆），但是有两种刺激（灯亮和灯灭）。

我们的日常生活中有很多例子不仅涉及差别强化和差别惩罚程序，也涉及刺激区辨程序。当父母坐在车上时，我们就会更小心地驾驶；在教堂里，我们的说话声音会更低；当教练在身旁时，我们的练习会更卖力；当跟那些正在学习英语的人说话时，我们会说得比较慢；当客人来访时，我们吃饭会更讲究礼节。这一切都因为存在与某种S^D或S^Δ相联系的差别强化程序或者差别惩罚程序。

问题

1. 对比差别强化程序与刺激区辨程序。

A. 要能够将上面那三个示意图中的气球内的内容填写完整。

B. 要能够给每张图画出依联示意图。

C. 要理解并能够填写上面那个表格。

2. 举例说明涉及强化依联的差别强化程序和刺激区辨程序，同样，举出涉及惩罚依联的例子。

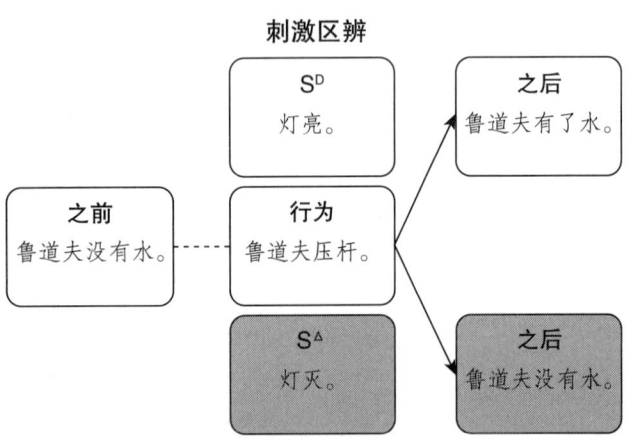

案例：教育心理学

多重 S^D 和 S^Δ：贫困儿童（第二部分）[①]（F-06）

还记得前面讲的故事吗？梅的朋友们问她能否在她的学校里为 15 名来自贫困家庭的黑人孩子开设一个学前班。这些孩子的 IQ 测验成绩比全美的平均成绩低了 21 分。他们的问题大多出在糟糕的语言能力上。例如，这些孩子不会使用形容词，诸如颜色、大小和数量。梅的目标是提高他们运用描述性形容词的能力。她对此问题的解决策略总是一样的：如果一个行为的出现频率不足，我们就去强化它。于是，老师们开始按照梅的要求去做了。

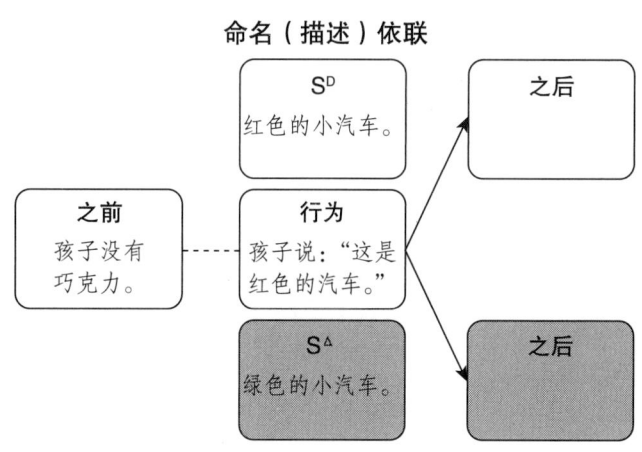

开始的时候，老师在每天上午 3 小时的教学时段里对所有使用"颜色-名词"的词汇组合表达都给予强化，这个 3 小时的教学时段包括早餐、结构化时间以及自由游戏时间。每当听到学生正确使用了"颜色-名词"的词汇组合表达，老师就会微笑着表扬他。这个程序一共执行了 102 天，可是，孩子们的"颜色-名词"的词组表达频率并没有上升！老师们因而开始失去信心了，他们得出的结论是，这些孩子的技能库里根本就没有这些单词，或者即便有，这些孩子也不会正确使用。但梅却从没有对这套强化策略有过丝毫的怀疑，这只不过是战役的开始阶段。

可是，到底哪里做错了呢？在这些孩子当中，只有 1 个孩子平均每小时使用 1 次"颜色-名词"组合表达，而另外 10 个孩子则完全不使用。老师无法强化那些根本就不出现的行为。

因此，梅开始让老师们使用另一套程序——区辨训练程序。她要将不同的颜色建立成 S^D 和 S^Δ，以此控制"颜色-名词"的表达反应。例如，对于说出红色的汽车这个反应，一辆红色的小汽车就是 S^D，而对于说出红色的汽车这个反应，一辆绿色的小汽车就是 S^Δ。老师会向孩子出示各种颜色的各种物品，然后指着一个，比如一辆红色的小汽车，问孩子这是什么。如果孩子正确地说出红色的汽车，老师就会表扬他并给他一点儿小零食（如果这个孩子说出了正确的颜色，但没有说出物品名称，那老师就会表扬他，然后要求他说出完整的词组，再奖励小零食）。

1. 请你将下面的依联示意图填写完整。

从老师们在训练课上建立起的刺激控制来看，区辨训练的效果非常好。经过 50 天的训练，已经有 6 种颜色成功地对 8 个孩子的命名反应形成了恰当的刺激控制，另外 7 个孩子则能有 9 种颜色形成了恰当的刺激控制。这些成果虽然来之不易，但孩子和老师都很满意。

现在，这些颜色所施加的恰当的刺激控制虽然已经成为孩子们的物品命名技能了，但还远远不够。梅和她的团队在取得小胜利之后，又有了新的烦恼：在训练课程之外的日常生活里，这些孩子仍然几乎从不使用他们学到的颜色描述形容词。虽然这个小组正确使用颜色形容词的平均水平从每小时 0.5 次提高到了 1.8 次，正确使用"颜色-名词"组合表达的平均水平从每小时 0.2 次提高到了 0.4 次。但这对于 50 天的艰苦努力来说太微不足道了。

梅不停地问自己：如果这些孩子现在不能提高自己的语言能力，那他们的未来会怎么样？我将如何面对那些对我的干预方案感到失望的老师们？我该如何跟我父亲开口，他是那么以我为骄傲，因为我在努力为黑人社区提供帮助。帮帮我吧！

梅下决心不再沮丧，而是要开始处理问题。于是，她走进一间教室，在角落里坐下，观察孩子们和老师的互动情况。梅注意到，这个班的孩子使用"颜色-名词"的组合表达要比平时多。为什么呢？老师总是要求孩子正确使用颜色形容词以得到自己想要的玩具。例如，一个孩子用手指着一块插板玩具组块，向老师索要它，老师把那个组块拿在手里，等孩子正确使用颜色形容词进行索要之后，才会把它递给孩子。

2. 请你将下面的依联示意图填写完整。

当然，梅暗暗地对自己说，这一点我怎么以前没有想到呢？如果孩子无须费劲使用"颜色-名词"的组合表达就能够得到自己想要的玩具的话，那他们干吗还要去说呢？但是，获得玩具能够成为强化物，并且能强化他们在更自然的情境中使用颜色形容词，这需要老师开展**随机教学**（incidental teaching）。他们要差别强化使用"颜色-名词"的组合表达的行为。也就是说，老师

[①] 改写自 Hart B, M., & Risley, T. R. (1968). Establishing use of descriptive adjectives in the spontaneous speech of disadvantaged preschool children. *Journal of Applied Behavior Analysis*, 1, 109-120.

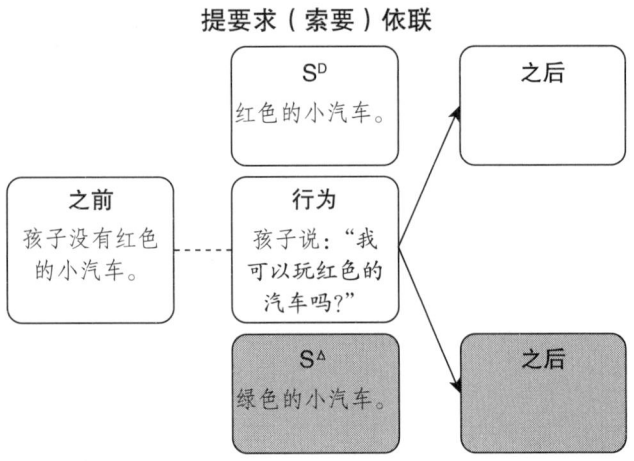

应该只强化正确的"颜色-名词"组合表达，这样，物品颜色就能够对孩子正确使用"颜色-名词"组合表达形成准确的刺激控制了。

> **定义：程序**
>
> 随机教学（Incidental teaching）
> - 在学生的日常环境里，
> - 有计划地运用
> - 行为依联、
> - 差别强化，
> - 以及区辨训练。

于是，梅让自己幼儿园里的所有老师都开展随机教学。只有当孩子正确使用了"颜色-名词"组合表达之后，老师才把他想要的玩具给他。老师在接下来的19天中开展了随机教学，他们也将这种随机教学应用于教孩子索要零食。光是索要饼干或水果是不够的，现在，这些孩子必须学会索要棕色的巧克力、黄色的香蕉、红色的苹果、红色的小汽车、蓝眼睛的玩偶、白色的熊、橙色的飞机、粉色的芭比娃娃连衣裙，等等。这很有效果。孩子正确使用"颜色-名词"组合表达的平均频率从每小时0.4次提高到了14.2次。换言之，如果老师只是在孩子正确说出"颜色-名词"组合表达后马上给予口头表扬，孩子们在命名物品时使用颜色形容词的比例只有22%；而当老师在孩子正确地使用"颜色-名词"组合表达时，依联性地给予实物，孩子们在命名物品时使用颜色形容词的比例上升到了75%。

梅用事实给出了证据，老师们这回相信自己完全能够帮助这些孩子们提高语言能力了。这些贫困孩子并非天生的弱者，他们的问题只是环境依联的问题。在这里，语言教学的传统方法未能奏效，而行为分析师则出手不凡。

训练迁移（Transfer of training）

你学习行为分析到了这一页，对强化的效力应该不会再感到意外了吧。而且，你现在应该同样不会感到意外的是，老师举起手中的一辆红色小汽车，问孩子："这是什么？"孩子不只是答"这是一辆汽车"，而更多地会说"这是一辆红色的汽车"。① 但是，正如梅和她的那些老师们以及全世界大多数人一样，你可能也会感到惊讶的是，对颜色形容词的训练，并不会从训练场合迁移到教室的其他区域、游戏场合和吃点心的场合中去。

为什么大家会对此感到惊讶呢？我觉得是因为大家都这么想：既然孩子很清楚地**知道**了小汽车的颜色，那么他怎么会在其他场合下不使用这个颜色名称呢？

有这种惊讶困惑的人，其实是掉进了前面我们讲过的"不能说原则"的禁区里了，说了知道这个词。孩子们确实**知道**小汽车的颜色。对于那些语言技能熟练的说话者来说，在复杂语言应用的上下文当中使用知道这个词，这种用法也许还有意义，但是在这里，绝对不是那种情况。这些孩子根本算不上语言技能熟练的说话者，而颜色形容词也远远算不上复杂的语言。

如果我们能尽可能地像对斯金纳箱里无语言的老鼠鲁道夫那般开展行为分析，我们就不会那么频繁地把事情搞砸了。同样，我们越能小心地避开循环论证和实物化的怪圈，诸如避开知道这类词汇，我们也就越不会犯晕。

说一说，红色的汽车的 S^D 是什么？要是对前面的那个示意图做略微详细的阐释的话，那么 S^D 就是老师举起一辆红色的小汽车，并问："这是什么？"

再说说，红色的汽车的 S^Δ 是什么？这一回，要是对前面的那个示意图做更为详细的阐释的话，这个 S^Δ 可就远远不止是老师举起一辆绿色的小汽车并问"这是什么"了。只要是孩子生活中与 S^D 不相关的事物，那就都是 S^Δ。只要老师没有举起一辆红色的小汽车问"这是什么"，那所有东西都是。

请你将下面的依联示意图填写完整。

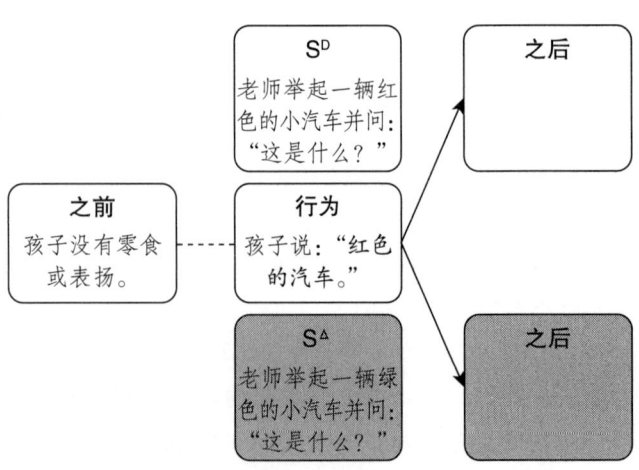

---

① 作者关于本书印刷格式的说明：在本书的大多数部分，我们都是将对话内容放在双引号之内，但在本章节中，我们用楷体字来表示那些在上下文中或许是对话的语句，之所以这样做，是以此来表示楷体字部分是所谓的语言操作（verbal operants）。

那么，我们还有可能会遇到这种情况，红色的小汽车就在旁边，但老师并没有问："这是什么？"这对于孩子说出"红色的汽车"，它也是一个 S^Δ。为什么？因为在这种场合下说出"红色的汽车"从未得到过零食的强化。

因此，孩子在其他场合不索要红色的小汽车，我们对此并不感到惊讶，事实上，如果孩子索要了红色的小汽车，我们才会惊讶。为什么这么说呢？第一，这之前，除了老师拿着车问他："这是什么？"孩子在其他任何情况下说出"红色的汽车"都未被强化过，因此，其他场合对于说出"红色的汽车"的反应来讲都是 S^Δ。

第二，在训练课上，孩子说出"红色的汽车"的这个反应得到过强化，被表扬和零食强化。因此，如果孩子的动因操作是他手里没有那辆红色的小汽车时，孩子也就当然不会说"红色的汽车"，因为过去说"红色的汽车"这个反应是被表扬与零食强化的，而不是被获得这辆小红车本身而强化的。

第三，假如孩子真的说出"我可以得到那辆红色的汽车吗？"那才真会令我们感到震惊呢。因为这个反应在此之前的任何场合都未被强化过（我们会在第 28 章中深入讨论训练迁移问题）。

语言行为（A.K.A.[①] 语言）（FK-44）（FK-45）

前面我们探讨了如何教孩子学习使用形容词，现在让我们把这个探讨再进一步，揭开语言的面纱。

当老师拿着一辆红色的小汽车问学生"这是什么？"时，学生会说出红色的汽车，这种说出物品名称的反应，在行为学上的术语是**命名**（tacting）。当孩子们正确地命名了红色的小汽车后，他们就能从老师那里得到零食和表扬。命名是语言的形式之一。**语言行为**（verbal behavior）[②] 是行为学的术语，指的就是语言（language）。在命名中，反应的形式（比如，红色的汽车或者绿色的汽车）是由 S^D 决定的（比如，老师拿着红色的汽车问"这是什么？"），命名的强化物通常是得到旁观者的表扬。在这个案例中，老师正在向孩子教新形式的命名项目，因此，他们在表扬的基础上添加了零食作为强化物来奖励正确的命名。

[①] A.K.A（also known as），即"也被称为"，这是常出现在 FBI 通缉令当中的一个词。我对于行为分析师同行们多少会做一些比较苛刻的要求，虽然使用普通日常用语有时也能说得清楚，但我要求行为分析师一定得使用那些高大上的专业术语（比如，语言行为、要求、命名）。我们专业人士都会用到这些术语，所以你最好也能牢牢地掌握它们。

[②] Skinner, B. F. (1992). *Verbal behavior*. Acton, MA: Copley Publishing Group.

行为学中对于索要（request）反应的术语是**提要求**（mand）。提要求与命名是语言行为中两种不同类型的反应。提要求通常是被获得索要的物品或事件而强化的，而不是被表扬强化的。因此，当获得物品或参与事件是一个强化物的时候，人们会提要求。换句话说，一个动因操作（没有红色的汽车）通常会引发个体的索要（提要求）反应。

在训练无口语服务对象的语言能力时，比如帮助智力障碍或孤独症儿童时，行为分析师除了训练命名之外，还会明确地训练提要求，这一点不同于传统的教学，传统的教学重点在于教命名，而且天真地以为命名的技能会自然而然地转化为提要求的技能。而且，行为分析师通常在一开始就进行提要求训练，因为这更容易开展随即教学，有助于减少问题行为。由于这种对于提要求技能的重视，经过行为分析师干预的服务对象能够更为迅速地掌握更多的语言行为。

提要求是一种语言行为，它指明了强化物。例如，"请把辣椒酱递给我"这个提要求行为，指明了该反应的强化物就是辣椒酱。**提要求**——一种语言关系，该反应的形式是由一个动因操作决定的。"请把辣椒酱递给我"这一语言反应形式就是由没有辣椒酱这个动因操作决定的。

命名这种语言行为，其反应的形式受 S^D 控制，而非受强化物控制。例如，"那是一瓶辣椒酱"这一命名反应，强化物可能是听者的认同，而不是获得那瓶辣椒酱。那瓶实际的辣椒酱就是 S^D，它导致个体说出"那是一瓶辣椒酱"。**命名**——一种语言关系，该反应的形式是由一个非语言 S^D 决定的。[③]

对比：提要求与命名

	提要求	命名
也被称为	索要	描述
由什么引发	动因操作	S^D
被什么强化	获得索要的物品	表扬

顺便说一句，一定要避免那种常见的或者想当然的错误，不要错误地以为行为分析师在使用语言行为这个表达术语时说的只是发声行为（vocal behavior）或者口语语言行为（对话，talking）。不！在行为分析师的口里，语言行为还包括听、读、写以及手语，等等。语言行为中的语言（verbal）是指语言（language），而绝不只是发声（vocal），当然，在某些字典当中，或者在日常谈论当

[③] 作者关于本书印刷格式的说明：在本书的大多数部分，我们都是将对话内容放在双引号之内，但在本章节中，我们用楷体字来表示那些在上下文中或许是对话的语句，之所以这样做，是以此来表示楷体字部分是所谓的语言操作。

中，往往认为语言（verbal）的意思是口语（spoken）。①

问题

就本节提高孩子描述性形容词的使用频率的干预案例，分别画出其中的两个刺激区辨程序的示意图。

A. 区辨训练程序：命名（描述）依联
B. 区辨训练程序：提要求（索要）依联

辅助（D-03）

希德的学术讨论课

汤姆：在使用强化时，行为出现了，我们才能强化它，但罗宾逊博士的那些孩子，他们的大多数行为的操作水平都太低了，无法强化。在这种情况下，我们到底该怎么办呢？

希德：你提出了一个很好的问题。老师最初教孩子使用"颜色–名称"的词组时，是如何做的呢？

乔：老师给予孩子口语指导，比如，"告诉我，这辆小汽车是什么颜色的？"

希德：对！这就是一种**语言辅助（verbal prompt）**。首先，老师通过辅助——在反应之前呈现一个附加的刺激，来帮助孩子使用"颜色–名词"的组合表达。老师按照每个孩子的需要给予不同的辅助。最为明确的辅助就是在提问之前老师先说出正确的反应，比如，"这辆小汽车是红色的。这辆小汽车是什么颜色的？"比较间接的辅助是老师先说出一种颜色，或者发出它的起始音节，或者利用旁边一个孩子刚刚正确回答过的一个物品的颜色来发问。

乔：我知道了，巴特菲尔德和斯塔茨在教乔斯阅读时也曾使用辅助。还记得吗？当乔斯读错一个单词的时候，巴特菲尔德就告诉他正确的反应。然后乔斯要看着这个单词再重复一遍那个正确的反应。巴特菲尔德会反复呈现区辨刺激单词，直到乔斯在没有辅助时也能够对每个单词都做出正确反应为止。

希德：对。语言指导无疑可以作为一种辅助。你们谁还能想出其他方式去辅助行为吗？

苏：我能。记得第7章里那个芭蕾舞老师，库皮特女士吗？她除了给邦尼进行语言讲解，还做了两件事。一是对每一个动作都做出示范，让邦尼可以看到如何才能做得正确；二是在每个动作上对邦尼的腿部姿态进行肢体指导。所以我觉得，除了在行为发生之前的辅助之外，还可以在行为表现期间进行辅助，比如从肢体上指导一个行为。

乔：她做的就是一个**肢体辅助（physical prompt）**。

希德：你说得很对。汤姆因为提出这个重要问题而得到1分加分。乔和苏的发言也可以各得1分。总结一下我们今天的讨论：**我们可以通过语言讲解、示范和肢体指导来辅助行为**。

定义：概念

辅助（Prompt）
- 附加的刺激，
- 可以提高正确反应的可能性。

苏：我不由地觉得，辅助只是 S^D 或 S^Δ 的附加品。

伊芙：那么，辅助与常规的 S^D 或 S^Δ 有什么不同之处？

苏：辅助不能独立存在。"小汽车是红色的"这是一个辅助，附加于 S^D "这辆小汽车是什么颜色的？"但是这个辅助不能独立存在。假如老师只说"小汽车是红色的"，那么这本身通常不是一个让孩子说出"小汽车是红色的"这一反应的 S^D。但是，它作为附加于 S^D "这辆小汽车是什么颜色的？"的刺激，就能够辅助正确反应的出现了。

乔：我觉得辅助是一种线索提示。它通常是对正确反应给出的一个线索，比如老师说"rrrr"，这就是在提示红色（red）。这种辅助或提示就是一个不完整的反应。而且，就像你说的，它本身不具备 S^D 的功能。

问题

1. 名词解释：辅助，并举例说明。
2. 说说有哪三种辅助，说出名称并各举一个例子加以说明。

行为学特殊教育

教吉米准备做一名学生

当梅最初开始帮助吉米时，吉米满地乱跑。梅发现这样无法教学，吉米尚不具备做一名合格学生的能力。

1. 梅要做的第一件事就是，确定一名合格的学生应该怎样做，换句话说，梅要开展：

A. 差别强化
B. 塑造程序
C. 任务分析
D. 动因操作

梅通过分析认为，好学生首先需要做到的任务就是坐下来，看着老师，并且不会沉溺于竞争性行为

---
① 关于语言行为的更为详细的讨论，可以参见 Catania, A. C. (1998). *Learning*. Upper Saddle River, NJ: Prentice Hall.

（competing behavior），比如自我刺激行为。于是，梅从坐下来这个任务开始，她会在吉米每次按要求坐下时给予他食物强化物。

2．请将下面这个吉米区辨训练程序的示意图填写完整。

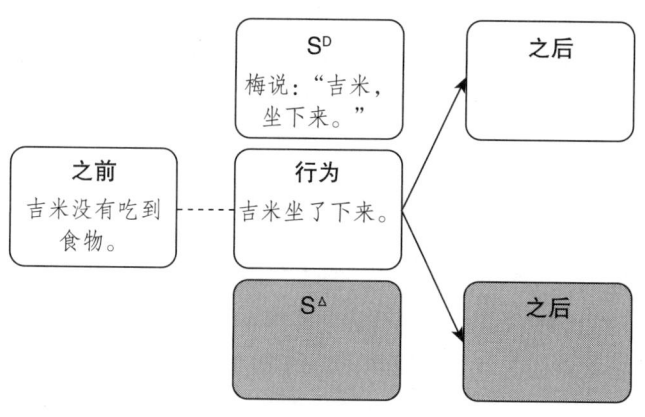

3．最初，吉米在呈现 S^D "吉米，坐下来"时，根本不会坐下。梅会抓住他，让他坐下来。这是什么？

A. S^D
B. 辅助
C. 动因操作
D. 任务分析

随着训练不断取得进展，梅渐渐地撤出了这种肢体辅助，减小拉吉米坐下的力量，直到最后，她只要轻轻地伸手搭在吉米的肩膀上就行了。最终，她完全撤除了这种辅助。

问题

1．对于这个在刺激控制下学会坐下的程序，请你画出示意图。

2．描述其中用到的肢体辅助程序。

初级进阶

斯金纳箱[①]

学习区辨的鸽子

现在，让我们再回到斯金纳箱里去看一看。在这里，你该如何演示刺激区辨呢？斯金纳的展示实验是通过让鸽子啄击一个反应按键来进行的。这个按键时而亮，时而暗（它是由按键后面的光源照亮的，灯光可以穿透按键——这叫穿透式照明）。当按键亮的（S^D）时候，鸽子啄击按键可以得到食物；而当按键暗的（S^Δ）时候，它啄击按键则不能获得食物。这个刺激控制非常有效，鸽子的头会像装了弹簧一般前后伸缩。如果在它啄击按键的半途中，灯突然灭掉了，这只鸽子会在触击按键之前猛然刹停；而如果在鸽子收回自己头的半途中，灯又突然亮起，那它就会立刻返回啄击状态。

顺便提一下，大部分用动物进行的关于刺激控制的基础研究用的都是类似的这种装置。实验人员一会儿呈现 S^D，再一会儿呈现 S^Δ，然后记录每种刺激呈现时的反应频率。

请你就上述用鸽子进行的演示实验将下面的行为依联示意图填写完整。

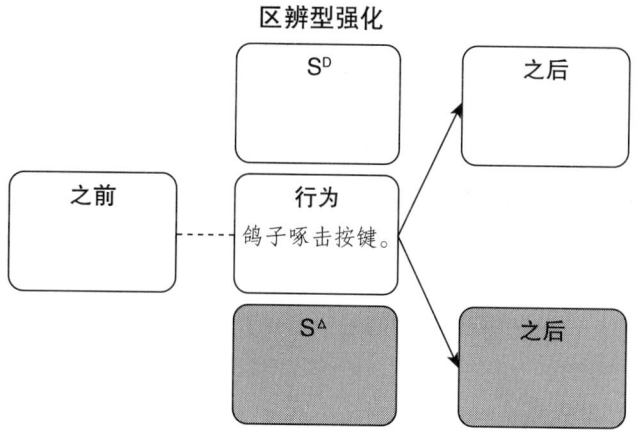

问题

画出一个行为依联示意图，描述一个用鸽子进行的刺激区辨实验。

有效的区辨训练所需的几项要求

预关注技能

还记得前面讲的巴特菲尔德和斯塔茨是如何教乔斯阅读的吗？一开始，他们要确保乔斯能看着单词（S^D）。让自己能够看向文字是让书面单词能够控制乔斯的阅读行为的前提。如果你不相信我们说的，那你就去试一下不看着书而读出书上的内容。让自己朝向区辨刺激，这在某些行为分析师那里，被称为预关注技能（preattending skills）。

[①] 改写自 *Learning and Behavior* (a motion picture). Columbia Broadcasting System, "Conquest" series.

感知觉能力

当然，要发展预关注技能，就需要有感知觉能力（sensory capabilities）。你需要有视觉、听觉、触觉、味觉和嗅觉，才能让刺激控制自己的行为。例如，如果你无法听到，那么口头指令就不能控制你的行为。（当然，有时候，虽然你能听到，而且也的确听见了你弟弟在喊你，可他的呼喊也还是不会控制你的行为。这是什么情况？谁能说说？）

明显的刺激

不过，即使你有感知觉能力，也有预关注技能，可某些刺激仍然不会控制你的行为。为什么只有环境中的某些刺激才会控制你的行为，而其他刺激却不会呢？刺激控制的有效性在一定程度上取决于该刺激是如何呈现的。有些刺激的呈现要比其他刺激更明显。明显的刺激与环境背景形成鲜明对比，可能是因为这个刺激更大、更为明亮、更为响亮，或者更为独特，等等。你是否有过因为违章停车而被贴交通违章罚单的经历？如果你看得仔细的话，也许会发现罚单底部有一行微小的文字说明，告诉你如果在1小时之内赶到最近的违章处理站的话，你只需支付一半的罚款。可是那些微小的文字往往不会控制你的阅读行为。相反的情况，比如，你也看到过"小心疯狗"的警示标牌吧？如果那些标牌醒目的话，那么，多半在疯狗看见你之前，你就能先看见它。刺激越明显，它控制行为的可能性也就越高。

区辨训练程序

发展出刺激控制的另一个要求是该刺激呈现时的行为依联的历史。例如，假设我们将一个刺激与一个强化依联匹配，只有之前当这个刺激呈现时，做出一个反应会不断产生一个强化物时，未来当这个刺激出现，该行为才会更频繁地发生。为什么你总是跟室友讲黄段子？因为她喜欢听，你一讲，她就乐坏了。哦，你的室友太淘气了！切，其实你更淘气！

问题

列出实现有效区辨训练的4个前提条件，分别举例说明。

责怪父母[①]

接触孤独症儿童的人，每当遇到孩子在教室里大发脾气的时候，往往就会责怪孩子的父母。也许，最初孩子学会发脾气这个行为的确是由于在家时的某些强化依联，但是，如果在教室里发脾气的事情在继续，那么就是因为有人在教室里对这种行为给予了强化。如果你强化老鼠鲁道夫在灯照亮时的压杆行为，并且消退它在灯熄灭时的压杆，那么鲁道夫在灯灭时就不会再去压杆了。因此，你应该确信，即便父母在家里时仍然会强化孩子的发脾气行为，而你只要在学校里不再强化它，那它就会停止，当然了，是逐渐地停止下来的。

但是，如果这种渐进过程显得有些长，你可能就会去差别强化不兼容的行为（incompatible behavior），正像巴布·埃策尔和杰克·格维尔茨做的那样。他们所面对的那些极端困难，也许是你根本不愿意去碰的，但他们最终还是取得了成功。他们帮助的那些孩子都不足4岁，其中一个是只有6周大的托尼，还有一个是20周大的比尔，他们俩都是重度哭闹的孩子，而这些孩子所处的两种环境之间的差异程度，不像家和幼儿园这两个地方的差异那么大，他们是在同一所儿童医院的实验室和育婴房这两个环境中。

就像这世界其他任何地方的"好"保姆一样，这个育婴房里的护理人员都对孩子充满了爱心，每当孩子哭时都给予关注和安抚。例如，比尔一哭，她们就会坐下来抱起他摇晃他。而在实验室里，这两个婴儿仍然会继续大哭特哭。在几天的时间里，比尔经过了9次干预，每次15分钟，托尼经过了15次干预，每次15分钟，本来是可以使用消退的，让消退发生，当然是渐渐发生的。然而，巴布并不是坐等消退的渐渐起效，而是强化不兼容的微笑行为。作为强化物，她会说："乖孩子！"并对孩子点头，还回以微笑。结果呢？微笑从最初的接近0，上升到每分钟超过1次。而啼哭则在实验室里降到了0，**尽管在育婴房那边对啼哭的强化还在继续。**这里，我给你一个道义上的忠告：不要责怪孩子的父母，专心去做你该做的消退和对不兼容行为的差别强化（differential reinforcement of incompatible behavior）吧。

问题

1. 请举出一个责怪父母的例子。

2. 为什么说责怪父母从刺激区辨的概念上讲存在不妥之处。

3. 举例讲解，在行为分析师的实验室里应用对不兼容行为的差别强化，克服了孩子在育婴房里惯出来的行为问题。

[①] 改写自 Etzel, B. C., & Gewirtz, J. L. (1967). Experimental modification of caretaker-maintained high-rate operant crying in a 6- and a 20-week-old infant (infants tyrannoterarus): Extinction of crying with reinforcement of eye contact and smiling. *Journal of Experimental Child Psychology*, 5, 303-317.

中级进阶

对比

区辨刺激与之前条件（FK-29）

学生和专业人员似乎经常会将行为之前条件与 S^D 搞混，所以，我们在这里来理清一下这两个概念。假设一个孩子的妈妈听力正常，但是孩子的爸爸听力是受损的。那么，妈妈在场的视觉形象很可能就是一个 S^D，该刺激呈现时，孩子索要食物的行为会得到强化；而爸爸在场的视觉形象对于索要食物的行为则是一个 S^Δ。

接下来，我们再假设，这孩子已经几个小时没有吃东西了，那么很自然，他在肚子里没有食物的情况下要比有食物的情况下更多地提出食物要求。而在妈妈出现的情况下比爸爸出现的情况下提出食物要求的频率更高。行为之前条件与 S^D 拥有一些共同的特性，这两者都出现在行为之前①，而且都会增加行为的频率。

然而，你必须将区辨刺激与之前条件区分开来。之前条件要早于具有强化效果的之后条件，但它并不能保证强化物一定呈现，而 S^D 则确实能够保证强化物更有可能紧随行为之后呈现。例如，这个孩子没有食物（之前条件）并不意味着他一提要求就一定能得到食物；如果旁边没有人，提要求并不能带来食物。然而，当妈妈在场时，孩子的提要求就会带来食物，虽然妈妈在场也并不能保证孩子就会在意她（妈妈在场也并不能保证孩子没有食物这个之前条件，也不能保证孩子在更早的时候已经被剥夺了食物）。

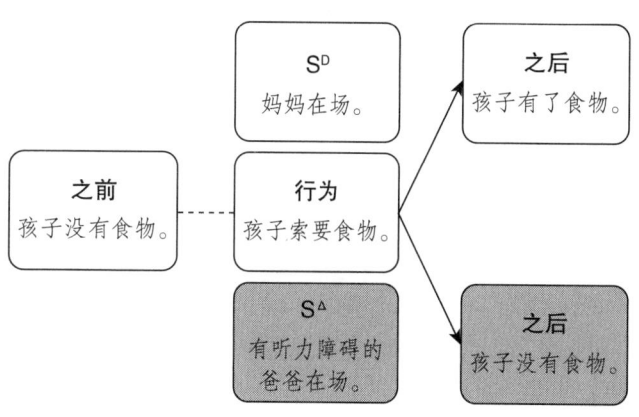

要想让强化发生，往往既需要之前条件，也需要区辨刺激。如果之前条件不存在，那么某个特定事件就不会成为强化物；如果刺激控制已经建立了，而区辨刺激却不存在，那么这个会带来强化物的行为也就可能不会发生，因为它不会被强化。

区辨刺激与之前条件

	之前条件	S^D
出现	在行为前	在行为前
效果	增加行为	增加行为
将使得之后条件具有强化效力	是	否
使得强化物出现的可能性增加	否	是

1．大多数人在逃避依联中难以区分之前条件（动因条件）和 S^D，现在，你的机会来了，让大家知道你是一个不糊涂的聪明人：请你解释一下在这种情况下的区辨。

2．这一次，老鼠鲁道夫将本书作者我——马老头关进了斯金纳箱。当电击被打开时，马老头就会压下杠杆逃避电击。这里的电击是什么？

A. 之前条件

B. S^D

（大多数人都会错误地说电击是 S^D。也许我们再来看一个更好的例子，你就明白为什么电击不是 S^D 了。电击来了，但是压杆反应只有在灯亮时才能关闭电击。而当灯灭的时候，马老头就是把肉拳头拍破了，压杆也不能停止电击。可怜的马老头哟！）

3．亮灯是什么？

A. 之前条件

B. S^D

---

① 亲爱的老师：我们在本书中放弃了三种表述方式：我们不使用前提刺激（antecedent stimuli）、前提条件（antecedent condition）和前提（antecedent）这几个常见的简易说法。我们不再使用这三个词作为概括的术语来涵盖本书中所用的动因操作、之前条件和 S^D 的概念，因为我们觉得使用那三种表述方式会很容易让专业人员以及学生们将这三个概念混淆。我们也不再使用激起（evoke）、激发（evocation）和激发性（evocative）这几个词汇，因为我们发现学生们很难理解这几个词汇。取而代之的，我们会用更为简单的词语来表述，或者使用引发（cause）之类的词汇，这么做当然也有风险，可能会冒犯一些人，这些人认为引发意味着最终或唯一的原因。此外，前面我们也已经提到了，我们不再使用反应可能性（response likelihood）和反应概率（response probability）这两个词汇，因为杰克·迈克尔认为我们应该停止使用这些词。我们一贯反对像反应概率这类近乎比喻性或者假想性的用词（如果一个反应每分钟出现 100 次，那它的概率是多大呢？）。而且杰克让我们相信，反应可能性这个词也不怎么样。我们发现，反应频率（response frequency）是一个完美的表述，可以很容易地替换那类词汇，无论是在指相对频率还是指绝对频率时，都可以。换句话说，它既可以用于回合教学式的训练场合，此时反应概率算是一个合适的术语，它也可以用于自由操作（free-operant）的场合，在那种场合下，反应概率这个词就是比喻性的说法了。不过，对于上述的所有三个方面，本书的术语变化依然具有兼容性，不会影响你继续偏爱使用那些传统术语，它们之间并不矛盾，可以和谐共存。

4．电击是什么？

A．之前条件

B．S^D

5．请你将马老头的困境画成一个示意图。

区辨型逃避

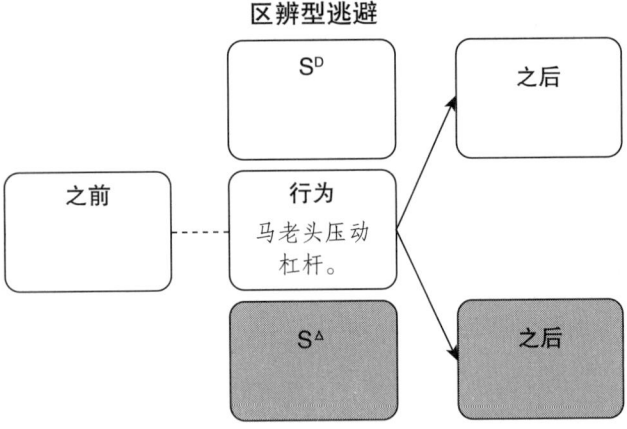

问题

1．将基于强化的区辨刺激与之前条件对比的表格填写完整。

2．画出一个基于逃避的区辨的示意图。

对比

区辨刺激与操作物

有些学生甚至专业人员往往会将操作物（operandum）与区辨刺激搞混。因此，这里我们有必要再来对两者进行一下对比。

> **定义：概念复习**
>
> **区辨刺激（Discriminative stimulus, S^D）**
>
> - 当该刺激呈现时，
> - 某个特定的反应将会被强化或被惩罚。

> **定义：概念**
>
> **操作物（操纵物）[Operandum (manipulandum)]**
>
> - 环境的一个组成部分，
> - 有机体对其进行了操作（操纵）。

有几个名词的英文复数形式很令人头痛：刺激的英文，stimulus 是单数，stimuli 是复数，可不是 stimuluses 哟！操作物的英文，operandum 是单数，operanda 是复数。manipulandum 是单数，_____ 是它的复数。这些都是拉丁文，只有聪明人才会用的哟，但是，我们这不也用上了嘛。只要我们不把它们的复数形式搞错，就不会有人看得出我们是在假装聪明人了。

斯金纳箱

1．灯亮时，鲁道夫压动杠杆就会得到一滴水。当灯灭时，鲁道夫再怎么压动杠杆，它也不会得到水。那么，这灯是鲁道夫操作（操纵）的东西吗？

A．是

B．不是

（提示：灯挂在箱子顶上，鲁道夫甚至根本碰不到它。）

2．鲁道夫的反应会在灯亮时被强化吗？

A．会

B．不会

3．那么，这灯是什么？

A．S^D

B．操作物

那杠杆是什么？好的，杠杆是鲁道夫的操作物。没有杠杆就没有压动杠杆的行为，这个行为也就不会被强化。那么，这个杠杆对于同一个反应来说，可以既是 S^D 又是操作物吗？这里就是出现混乱的最关键地方。请看：

> S^D 涉及的是获得强化的机会。
>
> 操作物提供的是做出反应的机会。

我们现在来分辨一下做出反应的机会与获得强化的机会，**前提是你有机会做出某个反应**。S^D 涉及的是在有可能出现一个反应时获得强化的机会。如果斯金纳箱里面有一个杠杆，那么鲁道夫就可以去压动它，那这个杠杆就提供给鲁道夫一个做出反应的机会。

但是，这与获得强化的机会不同。当灯灭时，虽然斯金纳箱有杠杆，就算鲁道夫一直疯狂地压动它，这个压杆反应也不会带来水。而当灯亮时，鲁道夫才有了获得强化的机会，这时候它压杆就能得到一滴水。**灯亮就是 S^D，杠杆就是操作物**。对于同一个反应，杠杆不能既是操作物又是 S^D。

1．请就上述的例子画出鲁道夫的依联示意图。针对图中的行为方框里的内容，标出操作物，但是，我们先要复习一下定义：**S-Delta（S^Δ）**——当该刺激呈现时，某个特定的反应将不会被强化或被惩罚。

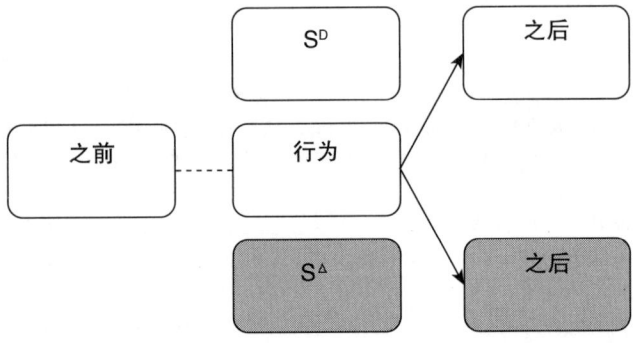

正如杠杆并不是压杆行为的 S^D，同样的道理，斯金纳箱本身也不是压杆行为的 S^D。杠杆与箱子都只是环境的一部分，与做出反应的机会有关。假如一个反应发生了，斯金纳箱也与获得强化的机会无关。

下面，再说另外一个区分 S^D 与操作物的办法。

2. S^D 是什么？
A. 该反应被强化的机会
B. 该反应被做出的机会

3. 反应杠杆是什么？
A. 该反应被强化的机会
B. 该反应被做出的机会

4. 斯金纳箱是什么？
A. 该反应被强化的机会
B. 该反应被做出的机会

这样，你就能避免将获得强化的机会（S^D）与做出反应的机会（操作物或者含有操作物的环境）搞混淆了。

对比

区辨刺激与非区辨型强化依联

有时候，你会很难找出 S^D，那么就去找找 S^Δ。如果没有 S^Δ，也就没有 S^D。你问一下自己，该反应是否在有**机会**发生的任何时候都会被强化？如果回答是，那么这就意味着没有 S^D。其实，这是一个**非区辨型强化依联**（nondiscriminated reinforcement contingency）——该强化依联不涉及 S^D。换句话说，这个强化依联可能并不总会出现，但它出现时也并不呈现任何特殊的刺激（S^D）。然而，在绝大多数非区辨型强化依联的例子中，这种强化依联的确是在所有时间里都存在的，每天24小时、每周7天地存在。也就是说，不存在 S^Δ 条件，事实上，只要操作物存在，这个反应就会被强化。

另一种情况，如果你有一个 S^Δ，那么你就一定有一个 S^D，这也就是一个**区辨型强化依联**（discriminated reinforcement contingency）——该强化依联只有当 S^D 呈现时才会运作，而当 S^Δ 呈现时，它不运作。如果一个反应从未被强化过，那么只要简单地称之为消退就够了。当然，我们还有区辨型和非区辨型的逃避和惩罚。

斯金纳箱：非区辨型强化依联

这一次，你调整了斯金纳箱，将鲁道夫的儿子放了进去。天真无邪的它头一次来到这里。箱子里没有任何特别的灯，只有你实验室的照明灯。但是，这回你对斯金纳箱有个重大的调整，你可以随意拔掉或者插入那个反应杠杆。你塑造了它的压杆反应，然后，你开始一会儿插入一会儿拔出这个杠杆。

1. 这个实验涉及 S^D 吗？
A. 涉及
B. 不涉及

记住：**区辨刺激**是这样一个刺激，当它存在时，某个特定反应将会被强化或被惩罚。这次听起来那个反应杠杆似乎是 S^D，但它还是操作物，而操作物不能再是 S^D 了。你可能会想，将杠杆插入斯金纳箱，它就成了 S^D，而抽出来，没有杠杆了，就是 S^Δ。但是，请你这样思考：当有机会出现压杆反应的时候，压杆反应是否每一次都会被强化？是的。S^D 就是关于获得强化的机会的，而不是做出反应的机会。操作物的呈现基本上保证了**做出反应**的机会，而 S^D 的呈现则基本上保证了该反应被**强化**的机会（请注意，在某些程序中，即便呈现了 S^D，反应也可能只是偶尔被强化，但关于这一点，你别着急，我们会在第17章中详细讲解）。

2. 那么，在斯金纳箱里，杠杆的插入/抽出，这个实验是关于什么的呢？
A. S^D
B. 非区辨型强化依联

再来看看你熟悉的场景，你在斯金纳箱里加一盏灯，灯亮了，你就强化它的压杆反应，灯灭了，你不强化。

3. 那么这时候，这个实验是关于什么的呢？
A. S^D
B. 非区辨型强化依联

记住：**如果你觉得 S^D 也是操作物，那就错了，这里可能就不存在 S^D**。但也别着急，我们生活中大部分时候可能遇到的都是非区辨型强化依联。当你瘙痒的时候，你就会抓挠而从厌恶条件中得到缓解，这种瘙痒总是有效的，基本上不需要管什么灯亮不亮。

应用行为分析：非区辨型惩罚依联

还记得前面讲过的韦尔玛和格里磨牙症的实验案例吗（第4章 惩罚）？紧随着磨牙行为在其脸颊上贴一个冰块，这就是一个非区辨型惩罚依联（nondiscriminated punishment contingency）。虽然这个依联并非时刻都被执行，但是不存在什么功能性的 S^D 可以体现实验人员的在场，因为韦尔玛和格里两位都是失聪的盲人。

小结

我们的小结能够让你更好地掌握下列原则。

> **定义：区辨型依联的图示原则**
>
> S^Δ 测验（S^Δ test）
> - 是否还存在一个 S^Δ？（如果没有，那么也就不存在 S^D。）
>
> 相同的之前条件的测验（Same before condition test）
> - S^D 和 S^Δ 的之前条件是不是同一个？
>
> 反应测验（Response test）
> - S^D 和 S^Δ 的反应是不是同一个？
>
> 消退／恢复测验（Extinction / Recovery test）
> - S^Δ 依联是否总是消退或恢复？
>
> 操作物测验（Operandum test）
> - S^D 是否与操作物不同？
>
> 不同的之后条件的测验（Different before condition test）
> - S^D 和 S^Δ 的之后条件是不是不一样？

问题

掌握区辨型依联的图示原则，并能够用于识别 S^D 的存在与否。

> 在 DickMalott.com 网站上
>
> 第 12 章　高级学习目标
>
> 第 12 章　高级进阶部分
>
> 为什么辅助有用？

第 13 章　复杂的刺激控制

行为分析师认证委员会第 4 版任务清单

E-01　运用基于前提操作（例如，动因操作与区辨刺激）的干预。
E-10　运用普雷马克原理。
FK-17　非条件强化
FK-19　非条件惩罚
FK-26　非条件动因操作

基础知识

我们为何能够在一个全新的场合中做出正确的反应呢？对于一个陌生的场合，既然我们以前没有到过这里，那么正确反应就不会有在这里出现的机会，也就更谈不上被强化了。这类复杂的、全新的刺激控制，正是本章要讨论的主要内容。大多数对行为分析的批评也集中于此。有人错误地以为行为分析无法解释这种复杂的、全新的刺激控制。可惜，这些批评家们没有读过我这本书，没有读过这一章，他们不了解本章中将要介绍的那些研究工作，这实在太悲催了。

概念训练案例：实验分析

鸽眼看人[①]

人是什么？柏拉图把人定义为一种没有羽毛的、两条腿的动物，于是，他的论战对手，狡猾的狄奥根尼把一只拔了毛的鸡带进了学院。学院的院士们因而不得不修改原来的定义。他们经过思考，最后宣称："人就是一种没有羽毛的，有两条腿的，有宽宽的、平平的指甲的动物。"

你用不着花多少时间，就能想出不符合这种定义的例外情况。你可以想出符合此定义却不是人的一种动物；你也可以想出不符合此定义的动物，但它确是一个人。比如，黑猩猩符合定义，但它不是人；而缺了胳膊或者腿的人，虽然不符合定义，但他还是一个人。

要想用一系列的规则来描述或定义人这个概念，这几乎是不可能完成的任务。更有趣的是，我们虽然不能给人这个概念做出一个完美的定义，但我们仍然能够正确地使用这个概念。看来，我们基本上是凭着直觉知道人是什么。这也表明当我们说自己在做什么的时候，我们其实也是在凭**直觉**（intuition）进行表述。当我们凭直觉做出行为时，这些行为正受控于我们无法定义的某个概念。

我们虽然不会给出一个正式的定义，但我们可以这样说：**直觉**［**直觉控制**（intuitive control）］——受控于由人们无法定义或无法描述的一个概念或一系列依联。

请注意，某个概念，你也许能定义它，也许不能定义它，但最有趣的是，定义本身的文字表述并不会对你的行为施加控制。例如："我虽然不算是一个艺术家，但我也知道什么是好的艺术。"即便是一位艺术家，可能也很难给出一套规则让你能用来分辨艺术的好坏，而艺术家自己则能够在某种可靠的控制之下，分辨出好的艺术的刺激特征。好艺术和坏艺术的直觉概念，对于艺术家的行为执行着刺激控制。

一位文艺女青年曾经问爵士乐大师费兹·华勒（Fats Waller）："你能给爵士乐下个定义吗？"费兹答道："亲爱的，如果你不知道爵士乐是什么，那我也没办法告诉你它是什么。"也就是说，爵士乐对费兹的行为执行了直觉性刺激控制。当他点上一支雪茄，坐在一架钢琴旁开始演奏时，他的指尖流淌出来的绝不会是维也纳的华尔兹。

[①] 改写自 Herrnstein, R. & Loveland, D. H, (1964). Complex visual concepts in the pigeon. *Science*, 146, 549-551. 学生们可以通过一个简单程序来重复这个原创的实验结果，只需要利用简单的装置就能在本科生的实验室里做到，花费不会超过 10 美元。参见 Malott, R. W., & Siddall, J. W. (1972). Acquisition of the people concept in pigeons, *Psychological Record*, 31, 3-13. 假如你准备做这个实验，请你写信给我，把你们成功的喜讯告诉我。

你自己又怎么样呢？也许你可以说出经典摇滚、重金属摇滚、朋克、新浪潮等音乐类型的区别，但你没法一一定义它们，或者说，那些概念正在对你的行为施加着直觉控制，对不对？

既然没有人知道这些直觉性概念是如何定义的，那它们又如何对人们的行为进行刺激控制呢？我们就来看看人这个概念吧。直觉性的刺激控制有可能是这样发展起来的：一个小女孩正确地指着一个人，或者指着一张图片上的人，孩子说"人"，于是她的父母表扬她，强化了她的这个行为。而当这个小女孩指着一幅大猩猩的图片说"人"的时候，她的父母会告诉她"不对"，这可以算是一种对错误行为的柔和惩罚。很多次这样的尝试之后，一个关于人的直觉性的概念就开始对这个小女孩的行为执行起刺激控制了。

赫恩斯坦博士和洛夫兰博士曾经在哈佛大学进行了有趣的实验，研究了直觉性概念的学习过程。这些科学家证明，即便是鸽子的行为，也能够受控于人这个概念——更严谨的说法是，鸽子的行为会受控于人的图片这一概念。当然，与此同时，鸽子的行为还受控于非人这一概念。

训练

赫恩斯坦和洛夫兰使用了一个直截了当的概念训练程序。他们在斯金纳箱里放了一只鸽子，这个箱子里还有一个显示屏，上面会投影出各种图片（每次只播放一张）。实验人员强化当图片上有人的时候鸽子啄击按键的反应；但当图片上没有人时，他们就不予强化。这样，有人的图片对于啄击按键反应就是 S^D（区辨刺激），而无人的图片就是 S^Δ。

这些图片拍摄自各种场景，比如乡村、城市、宽阔的水域、草坪以及大草原。有的图片上是单个的人物，也有的是几个人，或者被物体部分遮挡的人、穿戴整齐的人、局部穿衣服的人、裸体的人，有男也有女，有各种年龄的、各种种族和各个阶层的人。你看到了，赫恩斯坦和洛夫兰使用了大量而丰富的刺激，S^D 包括很多不同的有人的图片，而 S^Δ 则包括各种无人的图片。

人这个概念很复杂。据我们所知，这个实验是首次对于无语言的动物进行人这样一个复杂概念的教学尝试。但是，正确的刺激控制很快就对鸽子的行为起作用了。事实上，鸽子有的时候似乎犯了错误，但实验人员仔细观察后发现，那张图片中在不显眼的角落里的确藏着一个人。对于图片中是否有人，鸽子的表现毫不逊色于实验人员。

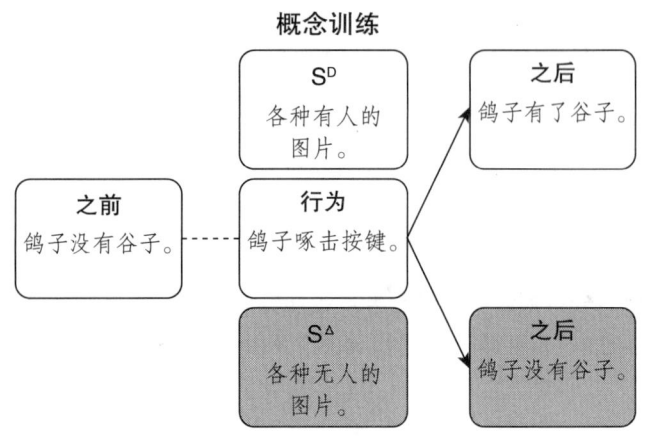

测试

上面我们看到了斯金纳箱中鸽子啄击按键的反应可以处于人和非人的概念的控制之下，而且，这种概念并非只体现在训练中用到的那些特定的刺激上。实验人员开展了很多这样的概念训练之后，他们用全新的图片对鸽子进行了刺激泛化的测试。

结果

当实验人员出示一张崭新的有人或者无人的图片时，鸽子可以对其做出正确反应。这是概念控制（如对概念做出正确反应）最为重要的一个方面，其结果就是在新场合中能够做出正确反应。

讨论

因此，这个经典实验的要点就在于，概念化刺激，比如有人的图片，可以对鸽子的行为执行刺激控制。就如同电子乐这个概念化的刺激可以对你的行为施加刺激控制一样，能够让你正确地将一首音乐称为电子乐。

1．虽然本节的标题都已经写清楚了，实验也给你们分析了，但还是会有许多学生认为只有人类的行为才会受到概念化的刺激控制。你怎么看？

A．概念控制只对人类起作用。

B．它对其他动物也起作用。

2．对你的答案做出解释。

请注意，我们并没有说人和鸽子拥有概念，而是说，它们的行为处于概念的刺激控制之下。虽然有点儿啰唆，但是这可以帮助我们把目光集中在概念实质是关于什么的这个问题上，概念是一系列的刺激，而且，它们要么执行刺激控制，要么不执行。

问题

警示：本节内容的学习需要格外小心，因为有些同学在考试中经常在下面这道题上搞砸。

对于上面所讲的教鸽子学习有人图片和无人图片的概念的实验：

A. 请你画出这个训练的依联示意图。
B. 测试程序是怎样的？
C. 结果如何？

概念

刺激类、刺激泛化以及概念训练（FK-11）（FK-37）

赫恩斯坦和洛夫兰运用一个**概念训练程序**（concept-training procedure），对鸽子的啄击按键反应建立起了**概念控制**（conceptual control），让鸽子的反应能够受人这一概念的控制（说白了就是教了人的概念）。这样的程序比简单的区辨训练程序要复杂得多。简单的程序只使用单一 S^D 和单一 $S^Δ$（比如，绿灯和红灯）。不过，与使用单独的两个刺激不同，赫恩斯坦和洛夫兰使用的是两个刺激类（有人和无人）。这里让我们简要地来讲一讲刺激类。

> **定义：概念**
>
> **概念训练（Concept training）**
> - 当一个刺激类呈现时，
> - 强化或惩罚一个反应；
> - 而当另一个刺激类呈现时，
> - 则消退该反应
> - 或者允许该反应恢复。

刺激类的定义与反应类相对应。一个刺激类（stimulus class）包括一系列具有共同特征的刺激。在赫恩斯坦和洛夫兰的实验中，一系列的刺激，人的图片，具有的共同特征就是图片上至少有一个人。这个刺激类还具有另一个共同的行为学特征：所有有人的图片都对啄击按键反应起到了 S^D 的作用，而无人的图片则对啄击按键反应起到了 $S^Δ$ 的作用。刺激类的另一个叫法就是**概念**（concept）。

> **定义：概念**
>
> **刺激类（概念）[Stimulus class（concept）]**
> - 具有某种共同物理特征的
> - 一系列刺激。

我们知道，概念化刺激控制（conceptual stimulus control，或者简单点儿的说法叫概念控制）的发生，要满足两个条件：

1. 观察者对于一个刺激类当中的所有刺激（包括以前未经历过的新的刺激）做出类似的反应。
2. 但是，观察者对于该刺激类之外的其他刺激（包括新刺激），并不会做出此种类似的反应。

当观察者对不同的刺激做出相似的反应时，我们称之为出现了**刺激泛化**（stimulus generalization）。赫恩斯坦和洛夫兰先在呈现特定的有人的图片时，强化鸽子的啄击按键反应，后来，这种强化的效果泛化到其他的新的有人的图片上。这样，**概念化刺激控制**既包括在一个概念或者一个刺激类之内的泛化里，也包括在不同概念或不同刺激类之间的区辨里。要想建立概念化刺激控制，就必须强化某个刺激类或某个概念呈现时的一个反应，并且消退其他刺激类或其他概念呈现时的该反应。

> **定义：概念**
>
> **刺激泛化（Stimulus generalization）**
> - 一个刺激呈现时的
> - 某个行为依联
> - 对于另一个刺激呈现时
> - 该行为的频率产生影响。
>
> **概念化刺激控制（概念控制）[Conceptual stimulus control（conceptual control）]**
> - 经过概念训练，
> - 某个反应在一个刺激类呈现时会更多地出现，
> - 而在另一个刺激类呈现时更少地出现。

往往，行为分析的批评者总爱说我们的方法太过局限，但这些批评者并不知道概念训练可以解释，一个人或动物在新环境中，先前从未经历过的环境中，为什么会做出适当的反应。而且，正如你前面看到的，概念化刺激控制的解释能够让我们理解甚至预测在新环境中适当反应的出现。①

请注意，概念训练的定义与刺激区辨训练的定义几乎完全一样，只是其中一个词有所不同：概念训练说的是刺激类，而刺激区辨训练说的是单个刺激。然而，这一字之差带来的不同可就大了去了。两者的不同之处就相当于说，无论从哪个方向上，离得远也好，离得近也好，哪怕你的闺蜜穿着不同的衣服，你都能认出她来（你闺蜜这一刺激类），而不仅仅是比如只能从一个特定的角度（单个的刺激）才能够认出她来。

假如我们的行为非常有限，只有在接受过特定训练的场合下才能做出正确的反应，那么，我们早就被这个世界彻底打垮了，因为每一天、每一刻，我们所处的

---
① 概念训练虽然有时是研究人员、教师或者家长故意而为的，但大自然对概念训练也同样有着贡献。

环境都会与先前所经历过的略有不同。但同时，这些不同环境也有相似之处。它们通常就会落入某些概念之中。可能是餐厅的概念，也可能是食物的概念，或者教室、老师或同学的概念。我们在早先呈现的那些概念的例子当中得到了训练，泛化到新的例子上，仍然能相应地做出反应。我们看到，这种在刺激类当中进行泛化的有价值的能力，在人和非人的动物，比如鸽子身上都具备。鸽子在我们给它出示新的照片时，也能准确地做出反应。

因此，鸽子的行为可以处于复杂概念的控制之下，比如人或非人的概念。我们并不知道鸽子关于人的概念的精确边界。如果我们给鸽子出示一张稻草人的照片或者一张猩猩的照片，那时会发生什么？鸽子会把那当作人还是非人呢？很有可能，如果鸽子没有经过用这类照片进行的专门训练，那它的行为就不可能完美地处在概念控制之下，这在人类行为上也是一样的。如果没经过专门的区辨训练，我们可能也会过度泛化，把人和大猩猩或稻草人混为一谈。这就如同幼儿会过度泛化，把其他男人都喊作爸爸。

问题

1. 名词解释：刺激类（概念），并举例说明。
2. 名词解释：刺激泛化，并举例说明。
3. 名词解释：概念化刺激控制（概念控制），并举例说明。
4. 名词解释：概念化区辨训练程序（conceptual discrimination training procedure）。

概念训练的案例：实验分析

鸽子的艺术鉴赏入门课[①]

下面这个实验是对赫恩斯坦和洛夫兰经典实验进行的一个更新颖的，也更令人振奋的扩展。这个实验是由日本庆应义塾大学的渡边茂博士和他的同事们完成的，这所大学也是日本的行为分析中心。

训练

给第一组鸽子出示的幻灯片由印象派大师莫奈的画和立体派大师毕加索的画组成（幻灯片会从后面投影到鸽子的反应按键上）。当莫奈的画投影出来时，啄击按键的反应就会得到食物的强化，而当毕加索的画投影出

[①] Editors. (1995). Animals-everyone's a critic. Breakthroughs in science, technology, and medicine. *Discover*, 16 (Number 5, May), p.14. [感谢约翰·埃什尔曼（John Eshleman）将这篇文章缩写并刊发于行为学公告板网站（Behavioral Bulletin Board of Compuserve）。]

来时，啄击按键的反应会被消退。第二组鸽子则正好反过来——毕加索的画投影出来时，啄击按键的反应会被强化，而莫奈的画投影出来时，啄击按键的反应会被消退。经过20次左右的训练课程之后，区辨就非常清楚了。第一组鸽子可以表现稳定地只啄动莫奈画投影的按键，而第二组鸽子只啄毕加索的画，几乎不会出错。

请你将下面这个关于毕加索组的训练依联示意图填写完整。

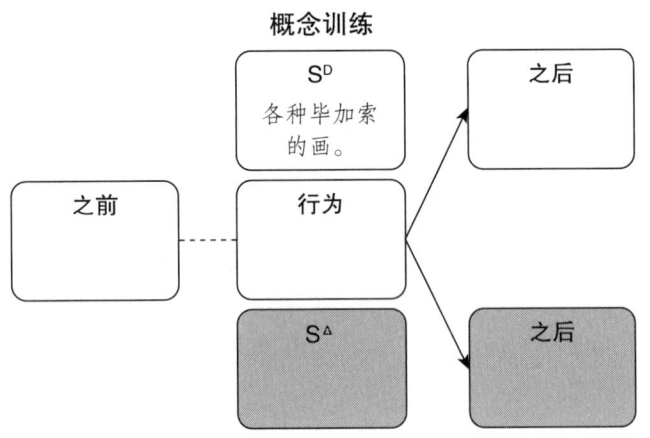

测试与结果

热爱艺术的渡边和同事们随后用新的莫奈和毕加索的画进行了泛化测试。啄莫奈的画的鸽子果然会去啄新的莫奈的画，但不会去啄新的毕加索的画；而啄毕加索的画的那组鸽子所做的正好相反。

随后，研究人员更进一步，他们给鸽子出示印象派画家雷诺阿和立体派画家勃拉克的画。训练过的啄印象派莫奈的画的鸽子会去啄印象派雷诺阿的画，但不啄立体派勃拉克的画；而训练过的啄立体派毕加索的画的鸽子正相反，会去啄勃拉克的画，但不啄印象派雷诺阿的画。很显然，啄莫奈的画的鸽子已然是激情四溢的印象派的粉丝了，而啄毕加索的画的鸽子则成长为立体派艺术的狂热拥趸。

实验人员得寸进尺，打算把这些鸽子逼上艺术绝路。他们把艺术画的颜色去掉了，只投影黑白的作品。然而，完美的刺激控制依然维持着。

随后，他们索性赶尽杀绝，在投影时都故意虚掉焦点，模糊边缘轮廓，让这些艺术画的影像都变得同样模糊不清。可是，完美的刺激控制依然维持着。

我虽然不了解日本的情况，但我知道，如果在美国，这些鸽子足以成功地通过任何艺术鉴赏课程了。现在，要是有谁能用爵士乐和波尔卡音乐来重复这个实验的话，我想爵士乐大师费兹·华勒也就能安心长眠了。

问题

1. 对于这个教鸽子毕加索画派艺术概念的实验：
   A. 画出训练依联的示意图。
   B. 这个实验的测试程序是怎样的？
2. 实验结果如何？

案例和非案例

概念控制和其他概念

接下来，让我们再来简要地看几个这方面的案例，也再看几个相关但有可能引起混淆的其他概念的案例，这样我们可以更好地让这些知识对你的行为施加正确的概念控制。首先，你可以把下列 9 个概念仔细看一遍，然后再去读下面的案例，并从列出的这些概念中选出一个你认为最适合的概念解释你刚读到的案例。在阅读的时候，你可以先用一张卡片、一张纸，或者手遮住我们提供的答案，这有助于你用尽全力，学习得更为透彻。

概念

1. S^D
2. S^Δ
3. 基于惩罚的区辨刺激
4. 简单的区辨训练程序
5. 刺激区辨（刺激控制）
6. 刺激类（概念）
7. 刺激泛化
8. 概念化刺激控制
9. 概念化区辨训练程序

案例

问题

一系列的人物图片。你觉得这是上述概念中的哪一个？你答对了，很不错，你无须作弊就能答对，这很开心不是？你现在可以看看下面提供给你的答案了。

我们的答案

这当然是刺激类，也叫作概念。这个案例是本书中最早给出的关于刺激类的例子。不过，这只不过是一道小小的热身题。

问题

希德将一个红苹果和一个黄香蕉摆在罗德面前。有的时候他让罗德去指红苹果，有的时候他让罗德指黄香蕉。红苹果和黄香蕉是什么？

我们的答案

这里有点儿难度，有陷阱。苹果既是 S^D 也是 S^Δ。当希德说"指红苹果"的时候，对于指向它的反应来说，它是一个 S^D，而当希德说"指黄香蕉"的时候，它就是一个 S^Δ。黄香蕉的情况也是同样的，你可以自己照葫芦画瓢地说一说。

而且，一个红苹果本身只算是**单个刺激**，它不能形成一个刺激类。记住，你需要有一堆不同的红苹果，有了这样**一系列的刺激**，才能形成一个刺激类。

问题

红苹果的甜味强化了罗德吃它，而绿苹果的涩味不会强化。几周之后，罗德渐渐地就不再去吃绿苹果了，但会继续吃红苹果。这里的红苹果是什么？

我们的答案

一个刺激类或概念（一回事）。你也许会选择 S^D 作为答案，这也对，但是不够精准。原因就在于我们谈论的是很多不同的红苹果，所以，这些红苹果都只是一个被我们称作"红苹果"的刺激类中的组成部分。（顺便说一句，这是一个概念训练的例子，妈妈天然地成了训练师，关于这一点，在前面的注释里谈到过。）

问题

红苹果和绿苹果对于罗德吃的反应执行了怎样的控制？

我们的答案

概念化刺激控制。同样这里选择"刺激控制"的话，答得就不够精准。

问题

这也是一个刺激泛化的例子吗？为什么？

我们的答案

是的，这是刺激泛化——在红苹果这个概念下的各种实物之间进行了刺激泛化，以及在绿苹果这个概念下的各种实物之间进行了刺激泛化。

问题

罗德成长为能够区辨苹果的小吃货，这种训练程序叫什么？

我们的答案

概念化区辨训练程序。因为吃的反应在许多不同的红苹果呈现时得到了强化，而且在许多不同的绿苹果呈现时被消退了（也许甚至算是被惩罚了）。

问题

罗德每一回见到他的叔叔本，就会看着他笑，并说"糖！糖！"这总能让本掏兜拿出一块大白兔奶糖来递给小家伙。但是，身为牙医的吉姆叔叔可从来不想牺牲自己侄子的口腔健康来换取这样的片刻欢乐。于是，渐渐地，罗德只巴结本叔叔。用行为学术语说，本是什么？吉姆又是什么？

我们的答案

本是要糖行为的 S^D，吉姆是 S^Δ。我们只有一个本和一个吉姆，因此，不能说我们有刺激类（至少我们从描述的情节当中没有看到刺激类）。

问题（这题只有优秀学生才配回答）

假设读完本章之后，拿新的案例来考你，你能够区辨出它属于简单的刺激控制还是属于概念化刺激控制了。那么，这个发生在你身上的例子是怎样的情形？

我们的答案

概念化刺激控制。一个概念或者一个刺激类包括了刺激控制的各种例子，另一个刺激类包括了概念化刺激控制的各种例子。

问题（这题只有优秀学生才配回答）

再假设，我们只给你讲解过一个简单的刺激控制的例子和一个概念化刺激控制的例子，那么在这种情况下，你无法对一个新的例子区辨出它是简单的刺激控制还是概念化刺激控制。但是，如果用我们讲解过的那两个例子来考你的话，却考不倒你。那么，这种发生在你身上的情况又是怎样的例子呢？

我们的答案

这只是平常的刺激控制而已，因为每一个组刺激里只有一个例子。

对比

区辨与泛化

泛化与区辨正好相反。如果观察者对于两个不同的刺激做出了几乎一样的反应，那么，这个观察者显示出的泛化较多而区辨较少。另一方面，如果观察者在两种不同的刺激呈现时的反应不同，那么，这个观察者展示出来的区辨较多而泛化较少。区辨越多，泛化就越少；反之亦然（一边多，另一边就少）。

通常，如果两个刺激在物理性质上相似，那么，它们之间就更可能出现泛化，而难以建立起良好的区辨（刺激控制）；如果两个刺激完全不同，那么，它们之间就很少会出现刺激泛化，但很容易建立起区辨（刺激控制）。

例如，假设你有两个妹妹，萨莉和萨拉，她俩只相差一岁。你可能有时候会搞混她俩，也就是说，你有可能对萨莉做出了曾经被萨拉强化的反应。比如，你招呼萨莉时喊"萨拉！"你的被萨拉强化的历史泛化到了萨莉身上。但是，她们并不是非常相像，会对你呼唤名字的行为执行某些刺激控制，你大多数情况下能够对她俩做出精确的区辨。

现在，我们再假设，这姐妹俩是异卵双胞胎——她们的形象可能要比普通姐妹更为相似。这很可能会给她们俩带来更多的泛化和更少的区辨。再进一步假设，萨莉和萨拉是同卵双胞胎姐妹，还总爱穿一样的衣服，而且姐妹俩觉得最有趣的事情之一就是令别人把她俩搞混，看着那些善意且无辜的朋友们犯晕。面对这种情况，我们基本上只有泛化，很难再谈什么区辨和刺激控制了。

问题

区辨与泛化有什么不同？

概念

刺激维度和渐褪[①]

要想理解渐褪程序，首先要理解**刺激维度**这个概念——刺激的特征。我们通常把它理解为物理特性，诸如形状、表面的光滑程度、大小、高度、重量、光泽度、颜色或者明暗程度。

> **定义：概念**
>
> **刺激维度**（Stimulus dimensions）
> - 刺激的物理特性。

当谈及刺激维度时，往往是在说刺激与刺激之间的各种不同之处。例如，房子与汽车显然在多个维度上有所不同——大小、形状、重量、材料，等等。物体之间

[①] 改写自 Whaley, D., & Welt, K. (1967). Uses of ancillary cues and fading techniques in name discrimination training in retardates. *Michigan Mental Health Research*, 1, 29-30.

如果在越多维度上存在不同，也就越容易建立区辨性刺激控制（discriminative stimulus control）。因此，在房子与汽车之间很容易建立区辨。你绝不会跳入房子里，打算开着它去上学（你怕是连离合器也找不到，也挂不上挡）。

与此类似，物体之间如果在越少维度上存在不同，那它们对我们的行为也就越难建立区辨性刺激控制。例如，你很难分辨出一个高尔夫球是好的（S^D）还是坏的（S^Δ）。两个球在很多维度上都非常相似，只是在一两个很精细的维度上，比如圆度、弹性和表面硬度上稍有不同。

因此，如果想要建立这样的区辨，你先要用到一个好的高尔夫球（S^D）和一个坏的高尔夫球（S^Δ）。要想让这个区辨更容易，可以把坏球（S^Δ）涂上绿色，这样就能很容易地分辨出哪个是好球哪个是坏球了，虽然这是在一个它们原本无关的刺激维度上来进行分辨的。然后，逐渐地褪除S^D和S^Δ之间的差别，将绿色渐褪为白色。渐渐地，好球与坏球之间的不同只有圆度、弹性和表面硬度了，而这些真正有关的刺激维度已经成为唯一的区辨依据了。这时候，两个球的颜色已经完全一样，很难从颜色上区辨了，而我们仍然能够正确地区辨好球和坏球。我们把这个程序叫作**渐褪**。

> **定义：概念**
>
> **渐褪程序（Fading procedure）**
> - 最初，S^D与S^Δ除了在有关的刺激维度上存在不同之外，还至少在一个无关的维度上存在不同，
> - 随后，S^D与S^Δ除了在有关的刺激维度上，在所有其他无关的维度上的不同减少，
> - 直到最后，S^D与S^Δ只在那些有关的维度上存在不同。

问题

1. 名词解释：刺激维度，并举例说明。
2. 名词解释：渐褪，并举例说明。

无错误区辨的案例：行为学校心理学教"阅读"[1]（E-12）

梅对吉米使用了渐褪技术。首先，她和自己的团队老师给吉米出示一张在白色背景上写着吉米名字的卡片；还给他出示另一个人的名字：苏珊，用同样的字体和颜色，写在同样的卡片上，但是卡片的背景是黑色的。

她们告诉吉米："拿起有你名字的卡片。"随后用葡萄干强化他的正确反应。当吉米在40次尝试中都拿起那张正确的卡片之后，她们将吉米的名字从白色的卡片上去掉了，把它写在一张稍微不那么白的卡片上，卡片背景是轻度灰色的。这时候，两个刺激的不同还是很明显。在吉米又一次无错误地完成40次尝试之后，她们将卡片的背景变为深灰色的。每当吉米完成40次正确的反应尝试，她们就引入更深的灰度背景。这样，经过11次的渐褪之后，写有吉米名字的卡片就与写有苏珊名字的卡片一样是黑色的。

渐褪在开始时让两张卡片沿着一个维度，即背景灰度，尽可能地不一样。另一个维度是这两张卡片上的文字不一样。文字的不同一直保持着，而老师改变了背景的灰度。结果如何呢？一开始，吉米的反应处于两种非常不同的刺激——两种背景灰度的控制之下。随后，老师缓慢地减少两个灰度的区别，慢到吉米不会出错的程度。这样的渐褪技术建立起一种不会出错的区辨——**无错误区辨**（errorless discrimination）。在这样的区辨训练程序中，接受训练的人能够不犯一次错误地做出正确反应。

> **定义：概念**
>
> **无错误区辨程序（Errorless discrimination procedure）**
> - 使用渐褪程序，
> - 在训练中不犯错误地
> - 建立区辨。

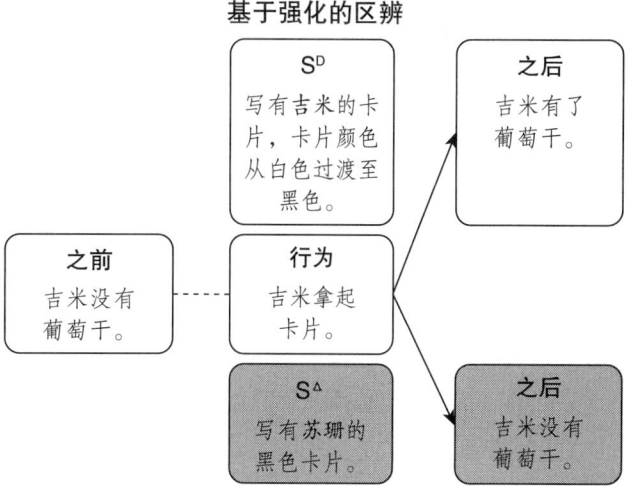

基于强化的区辨

问题

名词解释：无错误区辨训练，并举例说明。

对比

反应塑造、刺激渐褪和强化物减少

大家很容易将刺激渐褪与反应塑造搞混，或者与另

---

[1] 改写自唐纳德·L.惠利（Donald L. Whaley）对一家发育障碍机构里的一名女孩所做的个案研究。

一种我们称之为强化物减少（reinforcer reduction）的程序搞混。首先，我们复习一下什么叫**反应塑造**：在使用反应塑造之前，先要确定好目标——最终行为。我们选取一个接近最终反应的中间行为，强化它，然后再强化逐步接近最终反应的行为。我们把强化标准逐步提高，要求反应越来越接近最终反应才给予强化，直到接受训练的人最后能够做出最终反应。我们所强化的反应类型会随着该反应频率的增加而渐进地变化。我们最初强化的反应，虽然是朝着最终反应迈进的，但它可能与最终反应只在表面上有相似之处。我们随后很快会抛弃它，将它转变为更接近最终反应的一个行为。

乍看起来，**刺激渐褪**可能与反应塑造很相似，因为两者都有事物在渐进地变化，但是，与反应塑造不同，刺激渐褪程序当中的渐进变化涉及的只是刺激而不是反应。因此，在反应塑造当中，反应本身在差别强化的作用下发生变化，而在刺激渐褪当中，反应保持不变，变的是刺激的值。

另外还有一种相似的渐进变化，它涉及一种强化物被另一种取代——**强化物减少**。举一个常见的例子：我们可能在最开始时用初级强化物，比如，用冰淇淋之类的食物来强化孩子的反应。随后，我们逐渐减少了食物奖励的数量或频率，代之以表扬或其他社会性强化物。再比如，老鼠在学习一个新反应的时候，一开始的强化可能是获得3颗食料，但后来它掌握了这个反应，这时候只需要1颗食料的强化就可以维持该反应了。我们用强化物减少的概念来指所有这些变量——强化物在时间分布、数量和种类上的减少。渐进的强化物减少，在行为分析计划当中占很重要的部分。

上面说的这三种程序在概念上是相互独立的，其中任何一个的发生可以不影响另外两个。在实践中，我们发现，同时使用其中两种程序，甚至使用全部三种程序，对于获得我们所期望的结果会很有益处，也很有必要。我们可能还会使用强化物减少来转移控制，将附加的表现管理依联产生的控制转移到某种内在、自然的依联上。下面的表里，我们对比了这三种渐进变化技术——反应塑造、刺激渐褪和强化物减少。

渐进变化的技术

程序	应用领域	目的
反应塑造	反应差别化	产生一个有机体原本不会的反应
强化物减少	强化物的种类和数量	维持已经掌握的反应或者建立特定的反应模式*
刺激渐褪	刺激区辨	让某个反应受控于原先并不起控制作用的刺激

* 我们可能也会使用强化物减少来转移控制，将附加的表现管理依联产生的控制转移到某种内在的、自然的依联上。

问题

1．给下面的每个技术举一个例子：
A．塑造
B．渐褪
C．强化物减少
2．这三种程序之间有什么不同？
3．它们之间又有什么相同之处？

孤独症进阶

简单一点儿好

"好的，凯莉，请你摸一下红色。"
"好的，凯莉，请你摸一下绿色。"

凯莉没有任何语言，缺乏语言技能，所以，无论你说什么，那些话对她只不过是一些杂乱无章的、也许只有很少很少区别的声音而已。想象一下，你自己只会说英语，可是有人把上面那些内容用口语向你发号施令，其中包括他用日语说了红色和绿色，然而这些叽里呱啦对你来说，只不过声音上稍有不同而已。非要你听懂，这根本没门。对于凯莉来说，现在也是这种情况，你就饶了她吧。你只需要说：

"红色。"
"绿色。"

请不要把你的 S^D 埋藏在一大堆乱码般的唠叨中。

"可是，她怎样才能知道我要她去摸卡片呢？"

这不能靠向这个可怜的孩子扔出一大串无意义的唠叨来实现。还记得塑造吗？你应该塑造凯莉摸的反应，对她把手移向桌上卡片的每一个越来越接近目标的行为进行强化（但愿你在开始做区辨训练前就已完成了这个教学）。

"可是，她怎么才能掌握'摸'的意思呢？"问得好！好在我们马上就会谈到这个问题了。

第二次"蠢驴奖"① (FK-34)

现在，让我再大声地喊几句吧：那个人叫吉娜·格

---

① Green, G. (2001). Behavior analytic instruction for learners with autism: Advances in stimulus control technology. *Focus on Autism and Other Developmental Disabilities*, 16, 72-85.

林，就是她，让我觉得自己简直是一头蠢驴；也正是因为她，我在自己的职业生涯里第二次获得了"蠢驴奖"。你可得听清楚了，我不是说她是蠢驴，而是说我自己是蠢驴。就像第3章里我讲过的布莱恩·艾瓦塔一样，吉娜令我获得的这个奖，彻底击碎了我的自命不凡。她指出了一个显而易见的事实，一个被我和大多数行为分析大腕们忽视多年的事实。

我们教凯莉区辨红色与绿色。为了保持简单，我们一开始时只教红色。

我们将红色的卡片放在桌子上，说："红色。"最终，她每次都能摸这张红色卡片了——成功率逐渐达到或接近100%。而且当然，她在每一次正确触摸之后都能得到"真棒！"的表扬，以及时不时匹配的薯片等当下她最爱的强化物。

随后，我们再从头做起，把红色卡片放到一边去，开始只教她绿色的卡片。

"绿色。"她立刻就会去摸。"真棒！"实际上，她在第一个教学时段里就达到了100%的正确率。她真是太聪明了！我们觉得自己也太聪明了！接下来，教学要进入第二个时段了。

我们将红色和绿色的卡片都摆放在桌子上，基本上每次尝试时，会随机地调换卡片的左右位置，也随机地给出作为S^D的"红色"和"绿色"。结果，她的成绩立刻跌到了50%。她有可能只是随机地摸一下红色的卡片或者摸一下绿色的，或随机地摸一下右侧的卡片或者左侧的；也可能每次都只摸那张绿色的卡片，因为前面她刚刚训练过这张；还有可能，她每次只摸右手边那张卡片，因为她是右利手，摸那一张最为方便。

"哦！这个凯莉一点儿也不聪明！"我们自己也一点儿都不聪明。

在我们进行的前两个阶段的训练中，都是单一卡片的训练，凯莉无须听我们说什么，甚至无须看那张卡片的颜色，她就能达到100%的正确率。她可以是个聋人，也可以是个色盲。但是，到了第三阶段，情况不同了，两种颜色同时呈现，而且有两种口语指令在变换着发出。

我们在尝试着建立一个非常复杂的区辨——条件型区辨（conditional discrimination）。我们试图将绿色的卡片建立为触摸该卡片的S^D，条件是我们说出"绿色"这个S^D；并且将红色的卡片建立为触摸该卡片的S^D，但同样条件是我们说出"红色"这个S^D。但是，我们还没有做S^Δ测验（上一章里讲的，这么快就忘记了？）：这里有S^Δ吗？如果没有，你也就没有S^D。

因此，要想让凯莉注意到卡片的颜色，就必须将前两个教学阶段一股脑地扔掉，直接开始使用两个颜色和两个口语指令的教学。而现在，我们有了四种复杂的刺激，每一种刺激都含有两个成分。这里的S^D是（"绿色"+绿色的卡片）和（"红色"+红色的卡片）。凯莉听到"绿色"并且必须还看到绿色的卡片，两者结合在一起，才是正确摸卡片的S^D；同样，另一个S^D也是如此，两种S^Δ也是如此，比如（"红色"+绿色的卡片）就是正确摸卡片的S^Δ。

那么，吉娜·格林对此是怎么做到的呢？她指出了一个明显的事实，你需要至少两个S^D来教这样一个区辨。很明显不是吗？只有蠢驴才不去这么做是吧？但是，不幸的是，我们很多人都没看出这一点来，即便现在，也大有人在。你该不是这种人吧？

我和我的学生们把这叫作吉娜·格林原理：你需要至少两个S^D才能教这样一个同时的区辨。如今，在我们的孤独症中心里，我们会定期地审视自己的训练方案，看看有没有违反吉娜·格林原理。我们总是会时不时地在某个复杂的训练程序当中找出问题，发现自己无意中违反了这个原理。我们甚至已经把吉娜这个名字当作动词来用了，会说："把你的程序吉娜一下，才能确保它有效。"

感谢你呀，吉娜。因为你，我们的孩子才能学得更好。

跟随指令

"可是她怎么懂得'摸'这个词的意思呢？"

训练跟随指令，这是我这样的"蠢驴奖"获得者必须迈过的最后一道门槛。

我第一步训练的是摸鼻子，确保口语指令这个S^D很简单：

"鼻子。"→凯莉摸了自己的鼻子。→强化物（6秒钟的动画片视频）。

当然了，这里面涉及大量的反应塑造，直到在我每一次说"鼻子"的时候凯莉都能够准确地摸自己的鼻子。

然后，我开始教凯莉一听到我说"耳朵"就把双手放在耳朵上，因为听到这个单词就那么做着实挺萌的。你觉得这时会发生什么？你猜对了，每当我说"耳朵"时，凯莉就去摸自己的鼻子。真是头蠢驴啊！骂谁呢？骂凯莉吗？不，不，当然不是在骂她，是骂我自己呢！我简直就是掉进吉娜·格林原理大坑里的一头蠢驴——你需要至少两个S^D才能教一个这样的区辨。

我只是沉浸在塑造出凯莉摸鼻子反应的成功之中，结果根本没有预料到自己已经走歪了，我需要同时去教"鼻子"和"耳朵"的区辨。

我本应该怎么做呢？我应该在第一个教学时段里就随机轮换地说出"鼻子"和"耳朵"的指令。这样做有可能需要花费更多时间来完成（说"鼻子"就摸鼻子）的训练，但是，都在相同的教学时段里同时训练两个不同的 S^D 和反应，总体上花费的时间会更少。

接受性语言[①]

在我们的孤独症干预中心里，有很多像凯莉一样的孩子，他们没有语言，没有任何一种语言行为。虽然我们与孩子都要付出艰苦的努力，才有可能帮助他们学会提要求、命名和跟随指令，但最终我们还是取得了很大的成功。他们的进步非常非常令人满意，也让我们为自己能够成为行为分析师而感到骄傲。

然而，有时候我们遇到的孩子在前进过程中存在着严重的声音屏障。我们能够教会他们各种各样的视觉区辨，甚至教会他们物品的配对，但在教他们最简单的听觉区辨时，尽管我们月复一月地付出了诸多努力，却依然毫无成效。"红色""红色""绿色"……噢，太困难了！你真的会想哭的。到时候你就知道了，你也许真的会哭的。不过我会说，你还是省省吧。

但也许你不会就此善罢甘休的。你会琢磨，也许听觉区辨就是比视觉区辨要困难吧，尤其是这种单词之间的区辨。也许区辨环境声音比区辨单词要容易一些吧，甚至可能对你我来说就是如此。比起区辨"红色""绿色"这类单词来说，也许区辨手鼓、沙锤、响板和会发出嘎吱响的玩具发出的声音要容易一些吧。

而这些也就是周婉添博士所想到的，她在干预一个名叫道森的孩子时，就使用了这样一组发声玩具，只不过她把这些玩具的发声功能都去掉了。（哦，介绍一下，道森是我们这里一个 6 岁大的孩子，他就是那种存在所谓声音屏障的孩子。虽然他可以模仿单个音节，但是尽管我们做了种种努力，他还是没能掌握接受性语言——他"听不懂"单词。评估表明，他的接受性语言和表达性语言能力只达到 9 个月大的婴儿的发育水平。）

周婉添在教学课桌下面放了另一组同样的发声玩具，然后，她伸手去触动桌子下面的那组教具中的一个玩具，开始了一个训练尝试：

S^D（手鼓的敲击声）→道森摸一下摆在桌面上的手鼓。→道森得到了一块薯片或者当时他喜欢的其他什么东西。

渐渐地，道森可以很准确地区辨这些环境声音了，

可以一听到桌子下面发出的声音就去摸一下摆在桌面上的那个发声玩具。然后，婉添开始引入其他物品，最开始时是一个杯子，桌面上摆有一个杯子和三个之前曾经教学用过的发声玩具。在一些回合教学中，S^D 是某个玩具发出的环境声音，而在另一些回合教学中，S^D 则是婉添说出的"杯子"，这个时候如果道森摸了杯子，就会得到一个强化物。渐渐地，他可以反应得很准确了。接下来，婉添去掉了桌面上的一个发声玩具，而添加了一只手套。现在，只有两个发声玩具，以及"杯子"和"手套"这两个物品了。道森又学会了在老师说"手套"时去摸手套这个新物品了。最终，道森的桌面上摆放了四种新物品（都是些不会发出环境声音的物品），每当婉添说出任何一个的名称，他都能准确地去摸一下那个物品了。就这样，道森学会了对口语单词做出反应，而且能够区辨这些口语单词；道森在学习**接受性语言**——这是巨大的成功。

孩子之间有不同：试错与布伦达的大脑[②]

让我们穿越回去，回到洛瓦斯的眼睛尚未盯上孤独症的那个年代。当时，我们正在用斯金纳箱研究鸽子的区辨学习过程。例如，教鸽子啄绿色的按键，而不是啄红色的按键，或者更复杂点儿的——教它与模板配对地啄，如果给鸽子出示的模板按键是绿色的，它就啄绿色按键。我们只使用了简单的试错训练程序——啄对了与模板颜色相同的按键，鸽子就能得到鸟食，否则就得不到，啄错了，此次尝试回合也就随之结束了，接下来会开始下一个回合的尝试，很简单吧，这就是试错的程序。

但是，当我们将这套区辨学习过程从斯金纳箱中拿出来，应用到对孩子的教学时，我们需要使用的是纠正程序（correction procedures），也就是说，每当孩子犯错了，他将会立刻得到辅助，进而做出正确的反应——任何一次错误都不会被放过。只有当反应在辅助之下正确完成了，我们才会继续进行下一个回合的尝试。当然，当孩子做对了的时候，就可以得到强化物——显然，这样的一个程序要比斯金纳箱里的那个尝试错误程序稍微复杂一些。

尽管这听上去感觉好像很不错，但是否真的有必要去搞这么一套复杂而烦琐的纠正程序呢？这个问题是克丽丝滕·盖斯福德·拜拉在她的博士论文研究中提出来的。带着这个问题，她在几个孩子身上开展了教学。其中，对于小凯莉和阿莉莎来说，不管是使用简单的试错

[①] Chow, W. T. (2010). *Using Environmental Sounds to Initiate Receptive Language Training for Children with Autism*（未发表的博士论文）. Western Michigan University, Kalamazoo, MI.

[②] Gaisford, K. L. (2010). *Trial and Error, Delayed Prompting, and Reinforcement of Prompted Responses in Teaching Receptive Identification of Pictures*（未发表的博士论文）. Western Michigan University, Kalamazoo, MI.

程序，还是使用复杂一些的错误纠正程序，对这两个孩子学习接受性语言区辨产生的效果是一样的。这很酷。但是，对于另一个孩子基娅拉来说，她通过简单的试错程序而掌握学习内容所花费的时间是使用错误纠正程序时的三倍。在使用简单的试错程序教学中，另一个孩子布伦达却什么也没学会，只有在错误纠正程序中她才掌握了那些学习内容。因此不能一刀切，必须因人而异。有些孩子的确非常需要这种复杂而烦琐的纠正程序。

让我们再把目光从孩子身上扩展到整个人类。好吧，再回到早年，那时候，很多学者都拒绝承认心理学是一门科学：它哪儿能算科学；根本就没有两个人是一模一样的嘛；我们每个人都是独特的个体嘛；讲人类的心理学本身就不符合科学定义嘛！幸运的是，这类谬论如今已经不常听到了。

然而，如果离开了中枢神经系统的研究，行为分析仍然无法独立而明确地成为一门科学。大多数人都希望能够径直地走进布伦达的大脑中去，去看一看究竟为什么她必须要有纠正程序的支持才能学习，而她的几位同学却不需要。当然，没有两个人的大脑是一模一样的！人与人之间总是存在着不同，这也是砸向行为分析的一记重拳。

也许这算是一击，但也许这根本就不算什么。在把孩子推进核磁共振仪器去对他们的大脑做成像分析之前，我们也许更应该做的是将行为分析的边界再往外推一推。或许我们应该让自己内心深处的科学精神展现出来，发扬体内的科学家精神，更全面地审看一下孩子的行为历史，看看孩子是否有过什么经历，看看是否这些经历导致了他们的种种不同，比如，孩子们在学习接受性语言时，对于纠正程序的需要有所不同。有可能，布伦达尚未有机会去掌握某些关键的必要技能，而这些必要技能才可以使得她无须纠正程序就能学会接受性语言。或者，还有可能，她现在已有的某些技能会干扰她在简单的试错程序中的学习。对于这些，我们尚未对这些原因进行广泛的审视，至少这说明我们做得还远远不够。

其实，我们上面这些高谈阔论当中最具普遍性和实用性的一点在于，要想学习一个新技能，就必须找出那些必要的前备技能，只有这样，我们才能确保在教孩子学习新技能的时候，孩子已经拥有了那些前备技能，而不是盲目地开展教学，那样注定会失败的。

此外，在克丽丝滕博士论文涉及这一部分的内容中，最具直接的实用性意义之处在于，我们也许应该定期地评估每一个孩子，看看他究竟是无须纠正程序就能够轻松快步学习呢，还是必须接着使用这样一个程序来帮助他进步呢？换句话说，要看这个孩子在接受了更多的使用纠正程序进行的训练后，是否已经能够在简单的试错程序中就能学习了。

行为分析这门科学已经走过漫长的道路，但对于研究者个人来说，远远没到停止探索的时候。

辅助依赖

在教孩子学习区辨时，我们经常会给予辅助，而最后的目标是褪除这些辅助，让他们在区辨刺激本身的刺激控制之下自己就能做出正确的反应。"摸宇航员"，然后我们指一下那个宇航员的图片，如果这时孩子摸了这张宇航员的图片，他就能得到一块薯片。同样的方法，我们还教了消防员、士兵，等等。通过逐渐增大我们的手指与那张图片之间的距离慢慢地褪除辅助，最后，我们完全褪除了这个辅助。这听上去非常棒不是？只不过这种方法实际当中往往不能取得成功。当我们完全褪除辅助的时候，孩子的准确率就立刻滑落到随机乱认的水平了。将刺激控制从辅助成功地转移到教学内容的区辨刺激上，这往往真的很难。我们在褪除辅助上经常会遭遇失败。

克丽丝滕在她的博士论文当中是这么做的。她使用了一种延迟辅助："摸宇航员。"等待3秒钟，然后她再去指那张宇航员的图片。如果布伦达摸了宇航员的图片，她就能得到一块薯片。这很棒！不过，布伦达偶尔也会在克丽丝滕给予点指辅助之前就去摸一张图片。一开始，她只有随机的三分之一的机会能摸对那张图片，并能因此而立刻得到强化物。然而，在这种立刻就能获得的强化物发出的效力作用下，布伦达这种在辅助之前就做出的反应的准确性越来越高。由于立刻就能获得的强化物要比延迟而来的强化物更具效力，她在辅助前做出反应的频率也就越来越高。不久之后，她的反应就全部是立刻做出的，而且几乎都是正确的。比起延迟强化，哪怕只延迟了3秒钟，立即强化的效力也要强大得多，因此，克丽丝滕所教的4个女孩在这种延迟辅助之下都获得了学习上的成功。这才真是棒呢！

本书前面的章节里就曾经反复讲解过即时性（immediacy）的重要性：一个中性刺激必须立即与一个强化物匹配，才能成为一个习得性强化物。强化物要立即紧随一个反应才能具有最大的效力，而且这样我们才能够确保不会意外地强化某个非目标反应。在孩子做出正确反应之后，如果我们好半天了还在四处摸寻着强化物给他，那么在延迟的这段时间内，行动快速的小孩子很可能就会做出某个非目标性的反应。本节当中，我们又添加了一个例子：延迟辅助技术奏效，由于立即获得的强化物比延迟得到的强化物更加有效，因此，孩子会在辅助之前就做出反应，这样，她的行为也就会越来越受控于 S^D，比如受控于宇航员的图片。

但是，不要因此而认为布伦达会做成本效益分析，她不会对自己说："多等3秒不值当，我现在就要径直去触摸那些图片中的某一张，这样我也许马上就能得到薯片了。"布伦达不具备这种货比三家、讨价还价式的语言能力，她只是自动地做出了反应，她的反应之所以是在正确图片的刺激控制之下做出的，是因为她的正确反应已经得到了强化。她无意识地学习，无须思考——这与你和我的学习过程很相似。你学习英语才不是因为你经过思考认为自己说英语会比说日语更有机会吃到早餐呢。这种学习是非故意的、无意识的，它是自动的。

同样，不要认为我们与生俱来地就拥有一种行为倾向，就能将手指物品视作一种辅助。不要假设这样的手指点指对你有用，它就一定对小布伦达也有用。很有可能，你要花掉好几袋薯片才能教会她沿着你的手指方向看过去并触摸你所指向的物品，直到这时，你才能将手指点指用作一种辅助。（在一些初学者眼里，手指点指看上去是很自然的事情：我还记得曾经有一位初学行为分析的学生信心满满，认定自己不需要去塑造鲁道夫的压杆反应，而只要用手指指向杠杆，鲁道夫就能看着他的手指指示而去做出压杆行为——别笑，我真的有过这么一位萌萌哒的学生。）

泛化教学及其复杂性

在这几个章节里，我们一直都在强调，在帮助孩子的过程中，你应该力求简单化——简单的 S^D，简单的习得性强化物，控制住自己的描述性表扬，但这引发了我们脸书上一些粉丝们的惊呼："难道你要将我们的孩子们终身囚禁在一个简单化的世界里吗？！"

不是的。我们这么做，只是为了在孩子们尚未准备好之前，避免将他们的生活搞得过于复杂化。我们需要小心翼翼地一步一个脚印地前进，从"咔嗒声"到"好！"再到"大衣挂得很好！"再到"请把你的大衣挂好，然后去另一间屋子的书架那里把你那本关于宇航员的图画书拿过来"。

要警惕那些自然主义者，要坦然地拥抱非自然。你与孩子一起坐在课桌前进行回合尝试训练，这看上去很不自然。而让孩子满屋乱跑，像风一样自由，碰上教学机会了就教一下，再时不时地递给他一个温暖、充满爱意的微笑，极偶然的情况下你才会递给他一块薯片，这一切看上去好像很自然、很健康。然而，在我们的真实生活当中，没有哪一样是所谓自然的。阅读、写作、敲键盘、聊天，甚至上微博、微信，这些都不是自然的。那种所谓自然只发生在石器时代，发生在那些坐在山洞里抓虱子的我们的祖先那里。拥抱不自然吧！拥抱这种学习结构吧，走到桌旁，去与孩子一起开展回合教学吧。但是……

但是，接下来要建立起普遍性的训练。要系统地但不能过早地增加表扬的词汇，从"好！"到"哇！"到"酷！"从只是你在桌旁夸他"好！"到他的大块头同伴在运动场上声嘶力竭地夸赞他"好！"这位粗嗓门的大块头可不一定是你哟，你也没那大块头的肌肉不是？没错！我们需要进行随即教学，但绝不能把自然主义那一套当作借口，把对随即性的强调当作一种托词，来为自己不去对所要教的技能开展细致的行为分析而找理由，为自己无法系统地构建孩子的技能库而找理由。（事实上，对于这个问题，行为分析本身就有着一整套成熟的方法，叫作自然教学策略，我们曾经在第12章里描述的哈特和里斯利的研究工作就是这个教学策略研究的开端。）

初级进阶

日常生活中的刺激泛化

"Their going they're two."你看看，这语法对吗？"They're going there too."嗯，这回才是对的。

上面那句错话里至少还有一个单词（going）是正确的。也许你才不会在一句只有四个单词的句子里就错了三个单词呢，但你就从来没犯过类似的错误吗？比如，"What's going on **hear**？"其实本来想用的单词是 **here**。我们大家当然都很清楚这些单词各自的意思，当我们注意到这些错误时，我们发誓要纠正错误。我们都懂语法，只不过处在一种自动驾驶的状态中，类似汽车上的定速巡航那种状态，无须对每句话都做思考。但是，这是怎么回事呢？这是刺激泛化——我们的书写行为至少部分是在句子与我们所要描述的事件的刺激控制之下的。我们不会写出"斯金纳箱去那里三次"这种句子,但是我们的书写还是部分处于单词发音的刺激控制之下,而且我认为,我们在写字和打字的时候会自言自语,默念那些单词,至少我自己是这样的;而我们默念的文字虽然不会真的发出声响,但其读音对我们的书写执行着某些刺激控制。因此,我们偶尔会将"their"误打成"they're",这类笔误很多。鸽子波莉啄他的按键,而我们其实也在啄自己键盘上的按键;而且,她偶尔会出错,我们也一样,偶尔会出错,这是因为存在不恰当的刺激泛化。

日常生活中的概念泛化

杰克,你穿上这套新衣服看上去真是帅呆了,简直让我无法抗拒。

杰克?!我的名字叫朱克!梅,你怎么回事?你还在想着你的前任男友杰克吗?这太令我伤心了。

不,朱克,很抱歉!我真的从来没有去想过他。真的!这只是一个单纯的反应泛化,只是因为朱克和杰克两个名字太像了。朱克,真的很对不起。我很清楚你们之间的不同,他只是个不折不扣的渣男而已,而你才是完完全全的胜利者。我说的

这些都是真话。朱克,别走,朱克!

这里,虽然我很同情可怜的朱克,但我更同情可怜的梅。而且,我还得说我特别理解梅,因为,就在刚才敲键盘写下前面那段话时,我就错将朱克打成杰克了,而且打错了两次。不过我认为这里发生的可能要比简单的反应泛化复杂得多。梅很可能在这之前就犯过类似的错误,即便她的前男友名叫蒂龙,她也有可能会犯这种错误。她有可能会对朱克说:蒂龙,你看上去真帅!……为什么会这样?因为朱克和蒂龙属于同一个概念类——男朋友,无论他们谁是现任,谁是前任,也无论她多么爱眼下这位,或者多么厌烦原来那位,这当中首要的刺激类就是男朋友。

你在这种相当复杂而精妙的概念性刺激类上,诸如男朋友或女朋友,或者在你的三个孩子之间,犯过这种过度泛化的错误吗?我们来找出一位妈妈,她有两个孩子,而且都是男孩或都是女孩,她从来没有叫错过两个孩子的名字,从来没有在自己深爱的她的孩子这个概念性刺激类上犯过过度泛化的错误,这样的妈妈你真的能找到吗?你要是真的找到了,我肯定就怀疑你的听力有问题了。

中级进阶

斯金纳箱:实验行为分析

刺激泛化梯度 [1]

刺激泛化与刺激区辨基本上是相反的。一方面,我们说两个刺激执行了刺激控制,是指当这两个刺激各自呈现时,个体会做出**不同的**反应,例如,鸽子只有当 S^D 呈现时才去啄动按键,而 S^Δ 呈现时鸽子不去啄。这就是**刺激区辨**(stimulus discrimination)。

另一方面,我们说一个刺激所执行的刺激控制泛化到了另一刺激上,是指当这两个刺激各自呈现下,个体会做出相同的反应。例如,假设对一只鸽子用 S^D 进行过大量的训练,但很少用 S^Δ 训练它,那么,这只鸽子很可能在 S^Δ 呈现时,反应频率与 S^D 呈现时同样高。这就是**刺激泛化**(stimulus generalization)。S^D 的控制泛化到了 S^Δ。

格特曼和卡利什在他们的经典实验里就展示了这样

一个类似的刺激泛化。

使用间歇强化进行的训练

在训练阶段里,实验人员训练鸽子当一个训练刺激呈现时——黄绿色灯光(波长为550微米的光)透过反应按键照射过来时,去啄击这个按键(注意,在整个实验过程中,该按键灯光是一直亮着的)。他们使用间歇强化程序,也就是偶尔地强化鸽子在黄绿色灯光呈现时的啄击反应(可变时距强化程序),大多数啄击按键的反应并不给予强化。

注意:这里我们并没有将训练刺激称为 S^D,为什么?因为这里没有 S^Δ(这个黄绿色灯光一直亮着),我们必须要有 S^Δ 才能有 S^D,这一条原则你还记得吗?

训练程序:间歇强化

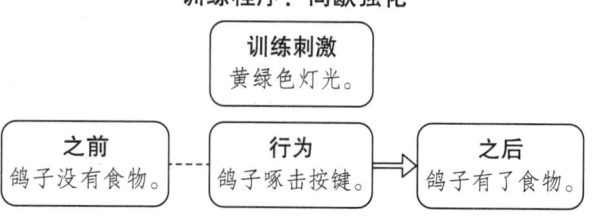

---

[1] Guttman, N., & Kalish, H. I. (1956). Discriminability and stimulus generalization. *Journal of Experimental Psychology*, 51, 79-88.

在消退中进行测试

当鸽子在黄绿色灯光呈现下的反应很稳定了，格特曼和卡利什就开始运用消退程序来测试泛化。他们除了用训练刺激（原先的黄绿色灯光）之外，还使用了一组测试刺激（穿透照亮鸽子反应按键的各种新的灯光颜色）。使用消退程序意味着在测试中鸽子啄击按键是不会产生强化的。实验人员呈现了 11 种不同颜色，从蓝色到红色，每种颜色呈现几次，以随机的方式呈现这些颜色，每一种颜色的光持续 1 分钟，然后换成下一种颜色。

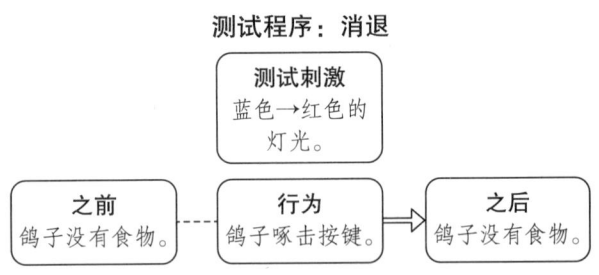

你应该知道，颜色（色调）是一种自然的刺激维度（这是光的波长的物理维度）。颜色是自然有序排列的。你在观看彩虹的时候或者观察一束白光通过三棱镜的时候，就可以看到这个刺激维度，即光谱效应，让颜色一个挨一个按照它们的波长有序地排列。例如，你可以看到橙色比红色更为接近黄绿色。

请注意，这里重要的是这个测试程序涉及了消退——任何刺激的呈现，无论是呈现训练刺激还是呈现测试刺激，反应都不给予强化。他们为什么要这么做呢？他们为什么不继续强化训练刺激呈现时的反应，而消退测试刺激呈现时的反应呢？他们这样做的目的是减少区辨训练的影响。他们要测量"自然的"刺激泛化的数值，不被刺激区辨训练的效果所干扰，以免给结果带来误差。

另一种可以采用的测试程序是间歇地强化所有反应——包括呈现训练刺激时的反应和呈现测试刺激时的反应，但是这样的话，训练效果可能会给结果带来太大的误差，表现出太多的刺激泛化。

此外，还要注意：在原来的黄绿色训练刺激呈现时啄击按键的反应会得到强化，而在 10 种测试颜色呈现时不会得到强化（事实上，在训练程序中，根本未呈现过测试颜色，那时候只呈现了黄绿色的训练颜色）。因此，我们要是把黄绿色的训练刺激叫作 S^D，把其他 10 种测试刺激叫作 S^Δ 的话，这多少有些勉强。①

结果

你觉得会发生什么？随着颜色与原先的黄绿训练色

越来越不相似，鸽子也就越来越少地做出反应了；当原来的黄绿色灯光呈现时，鸽子做出的反应最多，在黄色灯光呈现时，反应会少一些；当橙色灯光呈现时，反应会更少；当红色灯光呈现时，反应最少。同样，当灯光颜色从黄绿色开始，沿着光谱的另一个方向变化，变成绿色，再变成蓝绿色，最后变成蓝色，鸽子的反应频率也会越来越低（见图 13.1）。

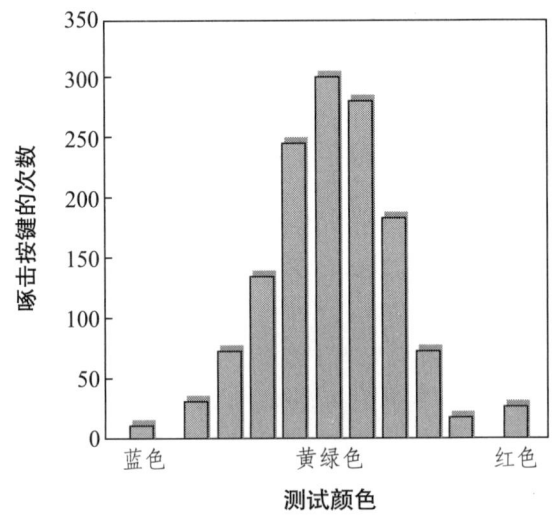

图 13.1　刺激泛化梯度

> **定义：概念**
>
> **刺激泛化梯度**（Stimulus-generalization gradient）
> - 该反应梯度表明，
> - 随着测试刺激
> - 变得越来越不同于训练刺激，
> - 刺激控制在增加。

格特曼-卡利什的实验是一个典型的关于刺激泛化的实验：我们先强化一种刺激呈现时的反应，然后，在改变该刺激某个特性的情况下，对这个反应进行测量。当这个被改变的刺激呈现时，反应越多，我们就说这个刺激泛化的程度越大。

刺激泛化的实验通常会产生一个**刺激泛化梯度**（stimulus-generalization gradient）。这样的梯度显示的是，随着刺激的某个特性与强化中曾用过的区辨刺激的不同逐渐越来越大时，反应频率就会下降。换句话说，两个刺激越不相似，刺激泛化就越少，区辨也就越好。（**梯度**是指事物改变的程度，比如一条路变陡峭的度数。**刺激泛化梯度**是指当测试刺激逐渐地不同于训练刺激时，反应频率改变的程度。）

当测试刺激变得与黄绿色的训练刺激更不相似时，鸽子的反应频率也就随之下降了。测试刺激执行了较少的刺激控制。

---

① 不过，你的老师要是给出了与我有所不同的见解，你也别太震惊。

问题

1．对于展示刺激泛化的这个鸽子实验：
A．画出训练程序的依联示意图。
B．画出测试程序的依联示意图。
C．画出结果的图示。

警示：要格外认真地学习这部分内容，因为学生们在测验中往往答不好这道题。

2．名词解释：刺激泛化梯度，并举例说明。

对比

泛化的数量与区辨的数量

我们先来看一下图 13.2 中的原始梯度。这张图的数值与前面所讲的格特曼和卡利什实验中的那张图的结果是一样的，只不过作这张图时，我们用折线将代表数值的小方框连了起来，也就是说，这里给出的是一张折线图，而不是之前的柱状图。此外，我们还在图上添了一条假想的刺激泛化梯度——这条折线是我们自己编造出来的。

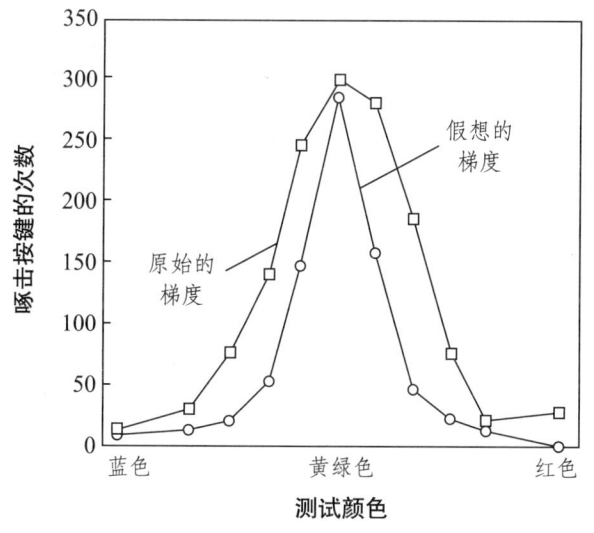

图 13.2　刺激泛化梯度

1．这条假想的梯度与原始的梯度相比，在从黄绿色训练刺激到其他测试刺激的刺激泛化上，反映了更多还是更少的刺激泛化？
A．假想的梯度反映了更多的刺激泛化。
B．假想的梯度反映了更少的刺激泛化。

2．这条假想的梯度与原始的梯度相比，在黄绿色训练刺激和其他测试刺激的刺激区辨上，反映了更多还是更少的刺激区辨？
A．假想的梯度反映了更多的刺激区辨。
B．假想的梯度反映了更少的刺激区辨。

在训练刺激与测试刺激之间，刺激泛化越少，刺激区辨就越多，也就是说，刺激控制越大。**刺激泛化的数量与刺激区辨（刺激控制）的数量成反比。**

这条假想的梯度反映了更多的区辨和更少的泛化。

3．请你在上面那张图里再画出一个梯度来，让它反映出更少的区辨和更多的泛化。

你画出的刺激泛化梯度应该是比较平缓的。

假如我们运用区辨训练建立一套训练程序，替代格特曼和卡利什所使用的那套训练程序（他们让鸽子在训练时一直处于只有黄绿色灯光刺激中）。也就是说，我们可以交替呈现黄绿色灯光和其他颜色的灯光，在黄绿色灯光呈现时强化鸽子的啄击按键反应，并消退其他颜色呈现时的反应。

4．那么，这里的黄绿色灯光是：
A．S^D
B．S^Δ

5．其他颜色的灯光是：
A．S^D
B．S^Δ

6．如果使用了这样的区辨训练程序，我们很可能会得到怎样的梯度呢？这个梯度更接近：
A．图 13.2 中画出的那条反映了更多刺激控制的假想梯度。
B．你后来在上面第 3 题中画出的那条更为平缓的反映了更少的刺激控制的假想梯度。

问题

解答上面那几个问题。

科学与客观性

你肯定已经读过无数次威廉·冯特的故事，甚至耳朵都听出茧子了。他于 1879 年在德国莱比锡创立了第一个心理学实验室，自此，原来只算作哲学的一个分支的心理学开始逐渐发展成一门自然科学。我们心理学家也从那以后历经无数磨砺，为了一个目标而拼搏，我们想要让心理学越来越科学，让它在学术王国中得到越来越多的尊重。

冯特最大的贡献在于他将心理学带进了实验室，使它成为一门实验科学。在实验室里，他可以精确地控制自变量，比如呈现闪烁的彩色灯光，这样他在实验室里就可以客观地测量自变量的物理特性了。然而，他没能让因变量也客观起来，未能客观地测量因变量的物理特性；相反，他要研究被试自己进行内省（要他们去看自己的内心深处）。当研究被试看到那些客观事物时，比如看到闪烁的彩色灯光时，冯特让他们描述自己的主观体验。这种主观体验报告的最大问题是，我们无法确保实验被试的报告是否准确，很难确保他们不犯糊涂，甚至不说谎。对此，我们无法检测。

然而，到了20世纪30年代早期，继承了桑代克和巴甫洛夫衣钵的B.F.斯金纳出现了，他在哈佛大学的实验室里开始了自己的动物研究。他的研究让因变量具有了客观性，正如冯特让自变量有了客观性一样：他无法要求老鼠描述自己的主观体验，取而代之，他计算了老鼠的压杆反应。不久之后，他又用了一套电子机械设备来记录老鼠的那些杠杆反应——获得了最彻底的客观性。

从那之后，我们行为分析师终于站稳了坚实的科学脚跟，拥有了不容置疑的因变量——通过物理的、电子的、机械的测量手段，记录下老鼠的压杆和鸽子的啄键反应。无须再去判断什么，也就不存在那些会影响科学实验结果的谎言和主观偏见。从此，行为分析可以理直气壮地成长为一门自然科学了。

到了20世纪50年代中期，在艾龙和迈克尔的开创性实践的引导下，行为分析师开始着手从基础研究向应用研究扩展，将动物的行为原理从斯金纳箱里应用到人类的研究上，在精神病院这样的地方开展了实践。在这样的应用当中，情况发生了更加复杂的变化，变得更加难以确保科学的客观性，尤其对于因变量来说。例如，我们应该把罗德刚才发出的那个声音算作啼哭，还是只把它算作抽噎的声音呢？应该把艾瑞克用力将书拍在桌子上的行为算作发脾气，还是只视作他的一种年轻气盛的男性阳刚的行为举止呢？鲍伯在写作任务当中暂停了120秒，尽管他没有搞破坏，但应该把这种停顿算作不在完成写作任务吗？如果是暂停60秒呢？30秒呢？假如马克只是做了鬼脸，并看了一眼那个他曾经用来威胁赫布的锤子，是否应该把这算作他的一次攻击行为呢？最后那一次网球发球，我们应该把它算作正确的击打吗？芭蕾课上的那个旋转动作呢，怎么样才能被计作正确动作？安德鲁的那个发音，我们应该只把它算作一声咕噜呢，还是算比较接近说出了"口香糖"呢？梅拉妮现在能够持续地大声讲话了，那我们应该怎么确定这个行为干预已经算成功了呢？

上面列举的这些因变量，其中有一些也许看似同样具有客观性，跟鸽子啄击反应的电子机械化记录一样客观。然而，当你和你的同事各自独立去记录这些反应的时候，你会惊讶地发现，你们俩的意见居然经常不统一。例如，在梅拉妮的说话声音是否足够大的问题上，你俩的看法会不一致。在两个独立的观察者之间，往往很难达成一致（观察者之间的信度）。不过，将**观察者间一致性**（interobserver agreement, IOA）当作一种必要条件，这为行为分析师提供了一种解决方法，让许多主观性因变量具有更多的客观性。这种方法给了我们更大的信心，能够确认自己的研究结果没有误差；我们因而有了更大的信心，让别人在重复我们的研究时也能得到同样的结果。因此，我们更有信心认定，应用行为分析仍然是一门自然科学而非主观的伪科学（我们将在第29章深入讨论IOA）。

因变量会带有主观性，这里有两个方面的含义。

1. 当没有对一个公开的、可观察到的因变量进行物理测量时，我们做出的判断只不过依赖于观察者个人的判断，比如在判断梅拉妮说话的声音有多大的时候。然而，假如我们有了良好的观察者间一致性的话，那么是否就可以说我们对于梅拉妮说话音量的主观测量有了更多一些的客观性呢？也并非如此，只能说更为可靠了一些而已。（当然，如果我们使用了一种电子音量监测仪来测量她说话的音量，那么，我们就能够明确地说自己获得的是客观的因变量了。）

2. 因变量带有主观性的另一方面的含义是，观察者给出的报告仅仅是基于自己个人的内心体验或自己的感觉、自己的思想、自己的个人举动（比如，看到冯特提供的视觉刺激时，参加实验的人的主观体验）。

在以下两种情况下，我们有可能无法对公开的、可观察到的因变量进行任何物理测量。

1. 尽管在技术上可以获得某种物理测量的手段，但在实际中我们却没有去采用，比如，我们没有使用电子音量监测仪测量梅拉妮说话的音量，而依靠个人观察者的判断。

2. 当在技术上不可能获得某种物理测量手段时，比如，如果我们需要去测量梅拉妮说话声音的可爱程度的话。这世界上还没有可爱程度测量仪这种神器呢！你和我只能靠自己的判断来评价她说话的可爱程度；我们往往必须做出主观判断，而且需要致力于独立地做出主观判断并取得观察者间一致性。

定义：概念

主观测量（Subjective measure）
- 测量的标准不能完全基于物理指标，
- 或者，被测量的事件是个人的、内在的体验。

客观测量（Objective measure）
- 测量的标准完全基于物理指标，
- 而且被测量的事件是公开的，因而能够被多个人观察到。

请注意，判断一段音乐是不是爵士乐，也是个主观判断。（世界上不存在爵士乐识别仪，不过，我们当中也确有那么一些爵士迷，一听见那种音乐就浑身痒痒，脚抖个不停，他们的这种举动倒很像一台正在工作的爵士乐识别仪。）因此，非得要有费兹·华勒、艾灵顿公爵和赫比·汉考克这几位爵士乐大佬一起达成 IOA，才好对某张 CD 做出更好的判断，帮你判断应该将这张 CD 摆放在爵士乐专辑收藏区，还是应该摆在疯克音乐专辑收藏区，或是干脆扔进垃圾堆里去。换句话说，主观测量基本上就是一种直觉判断，是复杂的刺激控制。我们认定梅拉妮的语言很可爱，或者认定马克的那一瞥和做出的鬼脸是一种攻击行为，就点击"是"这个按键，而这是复杂的刺激控制的一种形式，正如给鸽子呈现有人的图片时，或者给它呈现莫奈的画作时，鸽子就去啄击按键一样。只有使用有人的图片或者莫奈的画作进行了很多的训练之后，这些刺激才会对鸽子啄击按键的反应产生可靠的直觉控制。你对于判断那是否算作一个攻击举动，或者那声音是否足够响、是否可爱，同样需要经过很多训练，然后你在测量这些因变量时才能获得可靠的直觉控制，你与同事之间也才可能达成更高的 IOA。

问题

1．名词解释：主观测量，并举例说明某个测量具有主观性的两个原因。

2．名词解释：客观测量，并举例说明。

3．在主观测量中，观察者间一致性有什么作用？请举例说明。

烧脑开始

前面我们讨论了概念训练和概念化刺激控制，现在让我们站开几步，思考一分钟，审看一下我们手里的任务。我们现在正在学习的内容是本书当中相当耗脑力的一个部分，远比灯亮压杆就有水、灯灭压杆就没有水那些复杂得多，也要微妙得多，烧脑得多。

概念化刺激控制就已经是一个非常烧脑的问题了，在本书中，我们一共讲了两百多个概念。看到一个行为学术语就能写出相应的定义，这是个很费脑筋的事情，但其难度也只不过属于那种灯亮压杆就出水级别的。而要为这两百多个概念中的每一个都配上新颖的例子来，可就真的是个烧脑的活儿了，费劲程度远远超过那种灯亮压杆就出水的级别。事实上，如果你能够正确地将本书的两百多个概念每一个都与一些简单或复杂的人类行

为案例挂上钩的话，那么，你简直就有了行为分析学博士级别的能力了。

好吧，现在，我们就来看看模板配对（matching to sample）的事吧。从这里开始，我们将进入极为耗费脑力的内容，你可要准备好了，准备接受一场极限挑战吧！

模板配对（E-13）

鸽子

鸽子波莉啄击的按键是一个塑料圆盘，绿色的灯光会从下面穿透照射上来［模板按键（sample key）］。

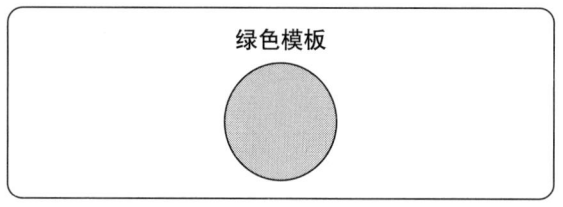

然后，另外两个反应按键亮起［比对按键（comparison keys）］，模板按键的右侧是一个绿色的比对按键，左边是一个红色的比对按键。

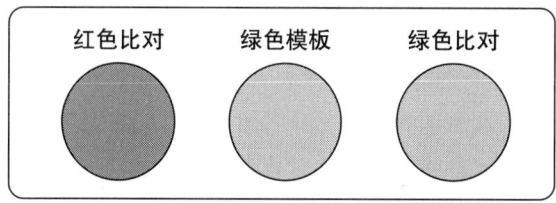

波莉啄绿色的比对按键（它与模板按键是配对的），就能有 3 秒钟的时间吃谷子（强化物）。模板按键时而是绿色的，时而是红色的。有时候绿色的比对按键在右侧，红色的在左侧，也有的时候，它们的位置会互换一下。无论哪种情况，波莉只要去啄那个与模板配对的比对按键，这个反应就会得到强化；而如果啄了那个不配对的比对按键的话，这个反应就会被消退。结果，波莉学会**模板配对**了。

> **定义：概念**
>
> **模板配对（Matching to sample）**
> - 根据模板刺激
> - 选择相应的比对刺激。

孤独症儿童

吉米摸了一下桌上的一只跑鞋（模板刺激），苏坐在他的对面。

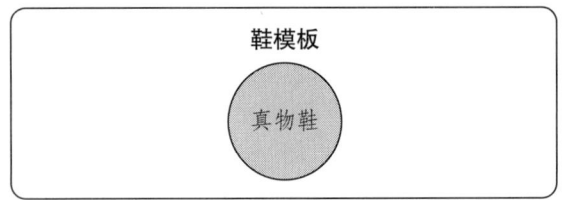

然后，苏在桌子上摆了两个刺激——一个是一模一样的一只跑鞋，另一个是一个杯子［这两个是比对刺激（comparison stimuli）］。两个比对刺激分别摆放在那只模板刺激跑鞋的两侧。

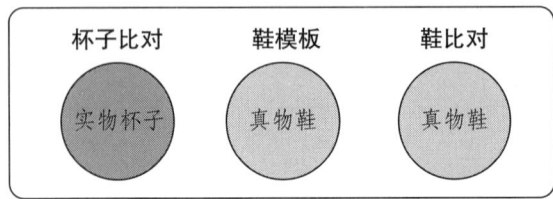

吉米正确地摸了那个作为比对刺激的跑鞋（他成功地与模板配对了），于是苏打开了托马斯电动小火车的开关，小火车开动了3秒钟，以奖励他的正确配对。训练过程中，会有一半的时间用杯子当作模板刺激。此外，有一半的时间，两个比对刺激的摆放位置是调换过来的。

在这样的一组刺激能够控制吉米的模板配对之后，苏就会加入新的刺激，比如一个玩偶和一个汤勺。接着，吉米跟着苏开始把物品的图片当作模板刺激，而继续用三维实际物品作为比对刺激。再接下来，他们开展了刺激类的配对，比如，模板刺激是一只跑鞋，而比对刺激是一只皮鞋（两种鞋属于同一个刺激类——鞋）。怎么样，很棒吧？

而且，他们还开始做起了拼图游戏。首先，模板刺激是拼板上凹陷的兔子轮廓坑，吉米会从一组包括4种比对刺激的动物拼块中挑选出兔子拼块，并转动这个兔子拼块（比对刺激），把它真的拼入拼版的轮廓坑（模板刺激）里去，让小兔子回家。没错，这里我们所做的，仍然是一种与模板配对的训练。

如此一步步地，吉米逐渐扩展了技能，这些技能将有助于他在日后成长为一名普通学校中的学生。这种甚至更为复杂、更为精妙的模板配对就是吉米进步道路上的一节台阶。现在，吉米已经能够在一个没有轮廓形状约束的长方形拼图板上拼出8个拼块组成的图了，他最终将这些8~10厘米宽的、边缘线条毫无规则但相互咬合的拼块拼成了一幅简单的图画。

这一切可不是自然而然发生的，也不是轻轻松松发生的，而是吉米一步一个脚印积累出来的大进步。

普通教育的学龄前儿童

4种颜色的积木横向排成了一排：红色、绿色、黄色和蓝色（它们一起构成了一个模板刺激），瑞秋拿着另外四块这4种颜色的积木，她要把它们按照同样的红－绿－黄－蓝的顺序排列起来（她构建起比对刺激）。她做的就是一种模板配对。她完成的这个任务是尚无语言的学龄前儿童智商测验中常见的一个项目。

大学生

在白色的背景上，红色条纹构成了一个复杂的几何图案，其中有一个部分缺失了（这个复杂的几何图案就是模板刺激）。在模板刺激的下方，给出了4个比对刺激，每一个都是不同的几何图案。苏选取了其中一个比对刺激，它正好能够填补那个复杂几何图案的模板刺激。苏成功地进行了模板配对，她完成了有语言的成年人的智商测试上的一道题目。

这种神秘的IQ测试其实并不神秘，只不过是从各式各样的从简单到复杂的习得技能中抽取一些来作为测试题目而已。

鸽子（高级课程）

鸽子波莉啄击绿色灯光的模板按键。

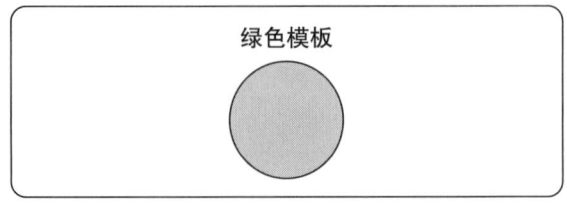

然后，比对按键亮起，其中一个写有"绿色"的文字，另一个写有"红色"的文字。

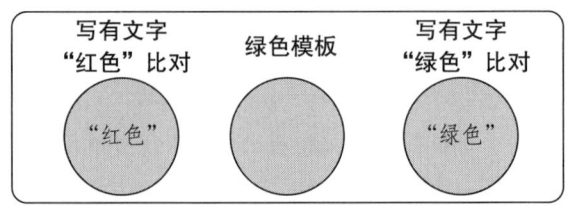

现在波莉做的叫**符号性模板配对**（symbolic matching to sample）——在这种模板配对中，模板刺激与比对刺激之间的关系是人为设定的。对于波莉来讲，之所以说这种关系是人为设定的，是因为我们完全可以去强化她将绿色灯亮起与文字squig配对，而将红色灯亮起与squag配对。我们不说波莉在阅读文字，因为阅读这个行为会涉及更复杂的刺激控制，但是粗粗一看，她好像就是在阅读，不是吗？波莉棒不棒？［在我们最开始的例子里，模板刺激与比对刺激在物理上是相同的，有时候我们称之为**同一配对**（identity matching）。]

问题

名词解释：模板配对，并举例说明。

A. 斯金纳箱中的例子
B. 孤独症儿童的例子
C. IQ 测试中的例子

高级进阶①

刺激等价——把名字和脸联系到一起②（FK-12）

几个轻狂的少年喝着啤酒，不系安全带，驾驶着一辆拉风的皮卡，呼啸而过，最后，车子东晃西歪地冲出了道路，猛烈地撞上了一棵挺拔高大的橡树。19 岁的阿尔在这场车祸中最终得到一张广泛弥散性脑损伤的诊断书。如今，那场车祸已经过去了 11 年，虽然阿尔一直接受着传统的脑损伤康复训练，但他仍然不认识自己每天见到的那些治疗师。这在脑损伤病例当中很常见——患者丧失了某种符号配对能力，无法将口语名称或者文字单词（比对刺激）与其所代表的实际物品、人物或事件（模板刺激）相配对。但是，也像很多其他脑损伤患者一样，阿尔却能够完成某些其他类型的符号配对，比如，当唐恩念出一个治疗师的名字（模板刺激）时，阿尔可以将这位治疗师的名字的书写文字（比对刺激）与唐恩的读音配对，而且当唐恩指着一个名字的书写文字（模板刺激）时，阿尔也可以念出来，将名字的读音与名字的文字配对，也就是说，阿尔依然可以"阅读"。

经过 11 年的传统康复治疗，阿尔仍然需要看着一块事先写好的时间安排表才能知道接下来将要来帮助他的治疗师叫什么名字，有语言治疗师、作业治疗师、康复治疗师，等等。他无法进行人物-姓名的符号配对，这令他的独立能力很受局限，他无法像普通人那样发挥出自己的功能。

---

① 之所以在本章增加了"高级进阶"这部分内容，是因为这个主题太重要了，我们不得不引入这一节内容，而且，这个概念太过复杂。如果我们说它只有中级进阶的难度，那就是一种误导，这种误导会让我们良心不安。不过，我们觉得自己已用尽洪荒之力，将这部分内容讲解得尽可能清楚了。因此，假如在全宇宙范围内，你还能在别的地方找到比这更清晰的讲解，那请你一定告诉我们，下一版我们就是抄袭也要把它弄来。

② 改写自 Cowley, B. J., Green, G., & Braunling-McMorrow, D. (1992). Using stimulus equivalence procedures to teach name-face matching to adults with brain injuries. *Journal of Applied Behavior Analysis*, 25, 461-475. 这是布莱恩·考利的硕士论文，他当时在位于卡本代尔的南伊利诺伊大学学习行为分析与治疗专业，那也是一家重要的行为分析中心。顺带说一句，文章作者之一吉娜·格林可是一位大师，她是孤独症领域最杰出的研究者和实践者之一，曾经是行为分析协会的主席。

符号性模板配对

现在，是时候对阿尔进行一些行为训练了。唐恩说"马克"（模板刺激），阿尔就用手指一下马克的彩色照片（左边的那个比对刺激）。唐恩说"太对了！"（假设这是一个习得性强化物。）

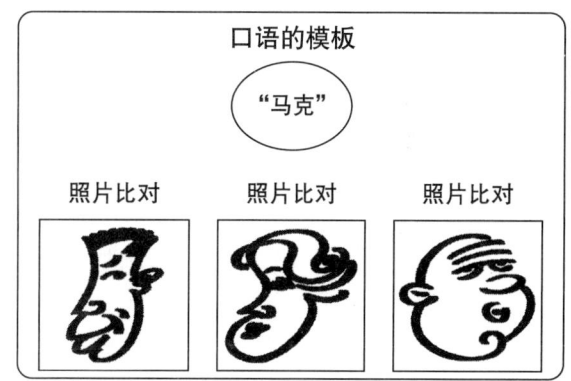

随后，她开始了新一回合的尝试，说"贝芙"。可是这回阿尔还是指了马克的照片，没有去指贝芙的（你也不知道谁是贝芙吧？我告诉你摆在中间位置上的是贝芙的比对照片），于是唐恩说"再试一次"。当阿尔指对了贝芙的照片，唐恩就说"这回对了"，然后再进入下一个回合。

一个月之后，唐恩帮助阿尔成功地掌握了这种配对，当唐恩念出阿尔的三位治疗师中任何一位的名字时，阿尔都能够正确指出人物照片。这一共经历了 2160 个回合的教学，阿尔终于基本上能够完美地将照片与念出的名字配对了。没错，训练的回合可真不算少，但是，经过这样的密集行为训练，他们花了 1 个月的时间做成了 11 年传统治疗师未成功做到的事情。可是，在传统的专业人士那里，还是很少有人认可这种密集训练的重要性。

对称性

然而，故事到这里还没结束。在阿尔练习听见唐恩念出名字就去指照片之前：

（口语的名字）→（照片）

阿尔同样无法做到的还有，当唐恩指照片时，他无法说出那个人的名字。

但现在，经过这种从口语的名字到照片的训练，他也能在唐恩指一张照片时就报出这个人的名字了：

（照片）→（口语的名字）[1]

这可是一个新的刺激控制，而且这并不是一个简单的成就，是很有可能让阿尔和唐恩再进行一个月密集训练才能达到的成就。

你可能会说："废话，如果阿尔知道这是马克的照片，那他当然就知道马克是照片中那个人的名字。"其实还真不一定。鸽子波莉就做不到这样，尚未拥有真正的语言行为（语言）的吉米也做不到。比如，你可以让波莉或者无语言的吉米进行符号性模板配对，他们在给出绿色的时候，去啄或摸一个任意设定的符合，如文字绿色。

（绿色）→（文字"绿色"）

但是，你给他们出示文字绿色，他们却并不会去啄或摸绿色。[2]

一旦用常识或者精神分析中的词汇进行解释，你就会遇到这种麻烦，比如当你用知道这个词时，你说："如果阿尔知道这是马克的照片，那他当然就知道马克是照片中那个人的名字。"使用这样的常识或者精神分析中的词汇就会让我们的分析变得草率。还是让我们回到斯金纳箱里去吧，波莉的符号配对能够将我们带回现实，剥去我们根深蒂固的假想，让我们变得更为严谨。

阿尔所达成的，我们称之为**对称性**（symmetry），即由于阿尔经过训练，他听到名字就能捡起正确的那张照片，因而他也能够在看到照片时说出人物的名字。

对称性

训练：（口语的名字）→（照片）
结果：（照片）→（口语的名字）

---

[1] 当我们讨论模板配对时，无论是同一配对还是符号配对，我们谈论的是将比对刺激与模板刺激配对，绝不是在谈比对反应与模板刺激配对。更准确地说，我们可能会说，阿尔将他自己念出名字的这个声音刺激（比对刺激）与唐恩念出名字的声音刺激（模板刺激）进行了配对。同样，我们后面会看到，阿尔会暗暗地念出名字，这里的比对刺激是阿尔听见自己在暗暗说出的刺激，他暗暗地"对自己说"。当然，阿尔产生这个比对刺激的反应相当复杂，实际上，说出语音的名字远比只用手点指一下那个文字名字（比对刺激）要复杂得多。

[2] 行为分析师早已经在无语言的动物身上进行了出色的研究，研究了刺激等价等相关现象。不过，这些研究的方法与我们在课文中所描述的相当不同。课文中描述的案例和干预程序让我们坚持认为无语言的动物不可能达到诸如对称性等等的成就。

换句话说，名字和照片所施加的刺激控制是对称的——它可以双向地起作用。所谓对称，就是说，如果 A=B，那么 B=A（比如，如果 1+2=3，那么 3=1+2），这些，你当年的代数老师就教过你的。

理论

那么，脑损伤的阿尔是如何做到这点的，而波莉和无语言的吉米却都无法实现这种符号配对的对称性呢？我们并不确切知道，但是，我们有一个理论，唐恩说"马克"，阿尔就说"马克"，即：

（口语的"马克"）→（口语的"马克"）

当阿尔触摸马克的照片时，尽管可能只是很隐蔽的，隐蔽在他呼吸之下，但他暗自地这样说了。

（马克的照片）→（暗自的口语的"马克"）

而这时唐恩会说"你做得很对！"这也强化了阿尔触摸马克照片和他暗自说"马克"的行为。因此，当唐恩指着马克的照片并问"这是谁？"的时候，阿尔很轻易地就提高了原本暗自隐藏在嗓音之下的"马克"的音量，大声地说出了"马克"，这个反应在之前的 2160 个回合的训练中一直被强化着。

（马克的照片）→（放开的口语的"马克"）

但是，波莉和吉米都不会说"绿色"，他们俩因此也就没有那福气了，不可能通过这种对称性刺激控制（symmetrical stimulus control）的测试。

传递性

还有一个比这种对称性刺激控制更令人惊奇的结果。前面我们说过，阿尔在训练开始之前就可以将文字书写的名字与唐恩念出的名字做配对。

（口语的名字）→（文字的名字）

而经过了 2160 个回合的训练，阿尔还能将人物照片与唐恩念出的名字相配对。

（口语的名字）→（照片）

而且，由于有对称性刺激控制，阿尔还可以在唐恩指照片时说出那个照片里人物的名字。

（照片）→（口语的名字）

于是，这里的一个成就是：经过了2160个回合的训练，阿尔能够将文字书写的名字与照片配对了；也就是说，当唐恩指马克的照片时，阿尔能够去指马克的文字名字了。

> （照片）→（文字的名字）

而且，阿尔不需要另外接受符号性模板配对训练，无须再进行涉及照片与文字名字的配对训练程序，他现在就可以完成这样的配对。这也是一种新的刺激控制，之所以说它是新的，是因为它的这个对于某个刺激的"正确"反应之前从未被强化过。这里，无论是刺激还是反应，本身并不是新的，但是对于这个刺激的反应是新的，因此，我们得到的是一个新的刺激控制。同样的道理，波莉和吉米都无法取得这样的成就，只有有语言的阿尔才能。

在这里，阿尔所达成的，我们称之为**传递性**（transitivity），即阿尔经过训练，听到名字就能够选对照片，同时，他听到名字也就能选对文字书写的名字，因此，现在当阿尔看到照片时，就能够正确选出该人物的文字名字，反之亦然。也就是说，文字名字和照片所施加的刺激控制存在传递性关系。所谓传递性，就是指，如果A=B，且B=C，那么A=C；还有，如果A＞B，且B＞C，那么A＞C，等等。这些基本上都属于代数课第一年你就该掌握的内容。

传递性[①]

> 训练：（口语的名字）→（文字的名字）
> 训练：（口语的名字）→（照片）
> 结果：（照片）→（文字的名字）

理论

这是为什么？带有一些推测性质的说法是这样的：当阿尔看到马克的照片时，要么能在心里，要么能在口中直接说出"马克"，如同前面描述的他在训练当中学会的那样。

> （照片）→（口语的名字）

而且，他早就能够将文字书写的名字与唐恩口语报出的名字配对了。

> （唐恩说出的名字）→（文字的名字）

---

① 这其实是在唐恩开始帮助阿尔前阿尔就已经通过某种训练而获得的。

因而，现在他只要将文字书写的名字与自己说出的名字配对就行了。

> （阿尔说出的名字）→（文字的名字）

于是我们现在得到的，在术语上叫作行为链：阿尔看见马克的照片，然后说"马克"，他听到了自己刚刚说出的这个单词的声音，而这个声音作为一个S^D控制了他。即便不再呈现照片，他也能正确指出文字书写的"马克"。

> S^D（照片）→反应（阿尔说出名字）→S^D
> （名字的口语声音）→反应（阿尔指文字书写的名字）

当唐恩指着一个治疗师的照片时，阿尔就能够正确地指出文字书写的名字，尽管他并没有专门做过这样的训练。

反身性

除了对称性和转换性，这里再提一个不必特别看重的术语：**反身性**（reflexivity）。

反身性是指简单的、非符号性的模板配对的结果，比如波莉将红色与红色配对，或者吉米将鞋与鞋配对。类似地，即便在唐恩训练之前，阿尔也能够将文字书写的名字与一模一样的文字的名字进行配对，能将照片与同样的照片进行配对。也就是说，他的行为已经处于反身性刺激控制（reflexive stimulus control）之下了。反身性，指的就是A=A，这还是你头一堂代数课就学的内容吧？是的，姑娘们、小伙子们，你们那些年学的数学终于派上用场了。

现实当中的意义

如果阿尔不能处于对称性和传递性刺激控制之下，那么他需要的可能就不止一个月了，也许再经过好几个月的训练，才能掌握口语名字、文字名字和照片之间的各种两两配对。再比如，你在进行阅读教学的时候，同样会遇到大量的单词与刺激，这种刺激控制会让你节省下大把大把的教学时间。

这个干预还带来了另一个具有现实意义的成果：阿尔在唐恩的帮助和训练下，在康复中心的日常生活中获得了实际的应用。他现在可以当着那些训练师的面叫出他们的名字了，而不光是对着照片说了。这意味着，当阿尔想要跟自己的物理治疗师谈话时，就能直接去找她并认出她来。阿尔现在的日常生活能够更加独立了。[②]

---

② 如果再讲解一些更复杂但也更具有实际应用意义的刺激等价训练的案例，那实在会超出我们的目标，也会超出本书的篇幅。但是，这样的案例还有很多，在普通学前教育中，研究人员就曾经运用刺激等价来教孩子们阅读、书写和算术。

刺激等价

如果一组人为设定的符号刺激中的所有刺激相互之间都具有反身性、对称性和传递性（例如，马克的文字名字、口语名字和他的照片），那么行为分析师大多会说，这样的一组刺激构成了一个**等价类**（equivalence class）。等价类是通过**刺激等价训练**（stimulus equivalence training）而形成的，就像阿尔进行的那种符号配对训练一样。刺激等价训练非常有用，因为你无须对所有的两两组合都去进行符号配对训练，就能够获得这样的等价类，你只需针对其中几个这样的两两组合进行专门的训练，然后，其他一些反身性的、对称性的和传递性的刺激控制关系就会自然出现，正如你在阿尔的这个案例中看到的。这种无须专门训练就出现的刺激控制关系，我们称之为**自然出现的关系**（emergent relations）。

等价类与刺激类

刺激类（概念）是指一组具有某些共同物理特征的刺激（例如，红苹果这个概念在颜色、大小、形状和味道等方面具有共同的物理特征，没有两个红苹果是完全相同的）。等价类是指一组人为设定的符号刺激，它不需要拥有共同的物理特征（例如，口语的"马克"这一刺激，还有文字书写的"马克"这一刺激，它们与马克的照片之间并没有共同的物理特征。事实上，它们只是人为设定的符号刺激）。等价类是人为设定的类，只是通过符号性模板配对、刺激等价训练才形成的类。现在，哲学家们可能会这样质问我们，刺激类天生就是一个类，无论我们是否进行过概念训练。进行概念训练的唯一原因只是让我们的行为处于那些早已天然存在的概念的控制之下。但是，只有在我们进行了等价训练之后，等价类才会出现，才会让这个等价类当中的各种刺激对接受训练的人具有等价的功能。这里我讲的内容太难了，有没有？

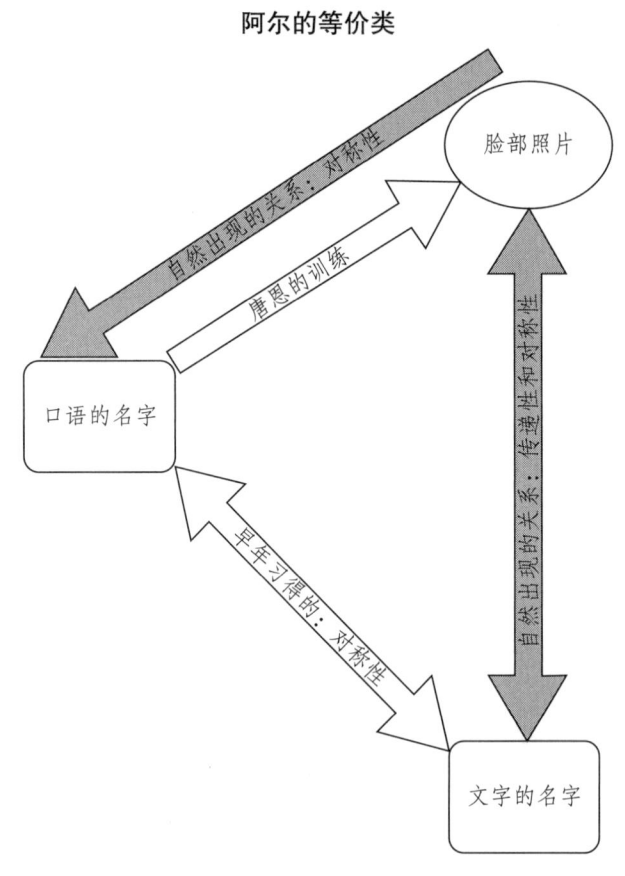

阿尔的等价类

问题

描述一个运用刺激等价训练帮助脑损伤患者将人脸与书面名字及口语名字相配对（反之亦然）的干预案例。

A. 这个干预中的等价类是什么？
B. 这个干预中的自然出现的关系是什么？
C. 这个干预中的传递性关系是什么？
D. 这个干预中自然出现的对称性关系是什么？
E. 只为考考你玩，说一说：这个干预中的反身性关系是什么？请说出一个来。
F. 这个刺激等价训练中的具有现实意义的两个结果是什么？

在 DickMalott.com 网站上，你还将读到：

链接到电子版的讲解，它可以帮助你掌握刺激等价这个非常难的学习内容

第13章　高级学习目标
第13章　高级进阶
- 刺激等价

第 14 章 模仿

行为分析师认证委员会第 4 版任务清单

D-03　运用辅助与辅助渐褪。

D-04　运用示范与模仿训练。

基础知识

模仿的案例：行为学特殊教育

帮助一名智力障碍儿童建立模仿[①]（D-03）（D-04）

在西雅图的菲尔克瑞斯特学校（一家康复中心）里有一名 12 岁的女孩马里亚，她有极严重的智力障碍。马里亚只能偶尔发出一些自言自语的咕噜声，只能对比如"过来""坐下"这样一些简单的口语指令做出反应。她直到 7 岁才能走路，到 12 岁才能自己穿衣服、自己吃饭，才开始学习自己上厕所。不过，她具有不错的手眼协调能力，能够做出一些简单的动作，比如扭动门把手开门。

有一次，唐纳德·贝尔博士造访菲尔克瑞斯特学校，学校的一名工作人员把马里亚引见给他，说："贝尔博士，我们已经为这个小姑娘尽了全力，但我担心还是做得太少。她实在太可怜了，好像木讷得什么也学不进去一样。不知道你能不能运用你的强化技术来帮帮她。"

于是，贝尔博士带着两名研究生罗伯特·彼得森和詹姆斯·舍曼来帮助马里亚。这些行为分析师先花了几天的时间观察马里亚。例如，他们每天陪她在病房里玩上几个小时。在这样的游戏过程中，他们反复让她模仿一些简单的反应，比如拍手或挥手，可马里亚总是无法模仿。他们也观察到，在其他一些时候，马里亚能够做出其中一些动作。他们因而得出结论：马里亚不能模仿。他们认为，也许正是由于马里亚缺少模仿技能，才导致她在功能行为的学习中难以取得进展。可以想象，如果一个孩子无法模仿，那他的学习将会是多么困难啊。

> **定义：概念**
>
> **模仿（Imitation）**
> - 模仿者的行为方式
> - 受控于
> - 示范者的相似行为。

干预

干预的第一天，一位研究生在马里亚吃午餐前来帮助她。他说"这样做"，并举起了自己的手臂。马里亚只是看着他。于是，这个行为分析师又重复了几次，可马里亚都没有反应。[②]最后，他通过**肢体辅助**帮助她做出了反应。他再一次说"这样做"，并举起自己的手臂，不过这一回，他拉着马里亚的手，帮她举过了她的头顶。随后他夸赞道"很好"，并给了她一勺食物。

> **定义：概念**
>
> **肢体辅助（肢体引导）[Physical prompt（physical guidance）]**
> - 训练师在肢体上移动受训者的身体，
> - 使之接近目标反应。

经过几个提供肢体辅助的教学回合，这位行为分析

[①] 改写自 Baer, D. M., Peterson, R. F., & Sherman, J. A. (1967). Development of imitation by reinforcing behavioral similarity to a model. *Journal of the Experimental Analysis of Behavior*, 10, 405-415.

[②] 如今在教模仿时，基本上应该只做一次示范（最多两次），然后马上给予肢体辅助，但当时贝尔和他的同事们做出多次示范，目的在于确定马里亚的问题并非只是因为注意力的缺乏，而的确是因为她不会模仿，即使是连续多次给她机会她也做不到。

师开始逐渐减少自己的辅助，只是部分地抬高马里亚的手臂，让她自己继续完成剩下的动作，而且一旦她做到了，就强化她的反应。他继续减少自己的帮助，直到马里亚能够无须协助做出举手臂的反应，然后立刻给她一口食物并表扬道"很好"。偶尔地，马里亚会在他尚未示范的情况下就举起自己的手臂，这个时候，他并不强化这个反应，这个反应也就逐渐被消退了。渐渐地，只有当他说"这样做"并举起自己的手臂时，马里亚才会举起自己的手臂。

在这里，我们可以看到一个简单的刺激区辨。当 S^D（行为分析师说"这样做"并举起自己的手臂）呈现时，反应发生（马里亚举起自己的手臂），并且他会强化这个反应（给予食物和表扬）。而当 S^Δ（行为分析师什么也没说，也没举起自己的手臂）呈现时，他不强化这个反应（马里亚举起自己的手臂）。

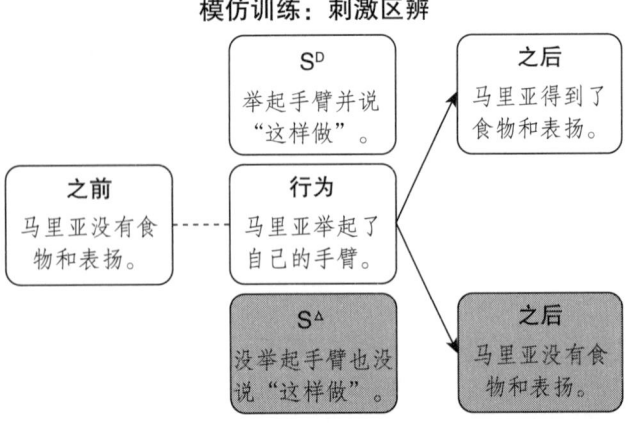

模仿训练：刺激区辨

但是，区辨训练并非这里的全部内容，这里还有反应差别化的内容。马里亚不光要在正确的时机做出反应，还必须做对这个反应。因此，行为分析师只强化她的举起手臂的反应，而不会强化比如她的抓鼻子的反应。这里对举起手臂的反应进行了差别强化。

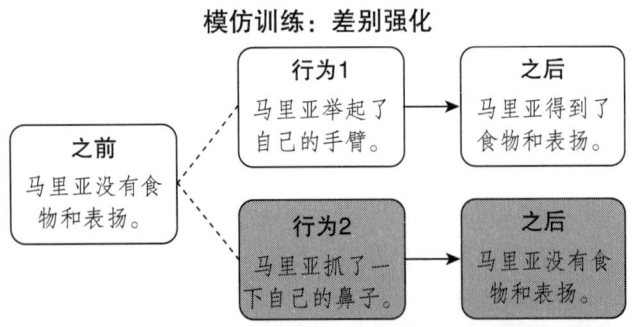

模仿训练：差别强化

在马里亚的举起手臂的反应能够很好地接受刺激控制，并且很好地差别化了之后，行为分析师继续运用同样的区辨训练和差别强化技术，又建立了其他几个模仿反应。在这些训练中，其中一个是训练师说"这样做"并用左手拍桌子。他在这里引入了一个新的模仿 S^D，最开始时需要进行一些塑造和肢体辅助。不过，对于每一个逐步渐进的反应，塑造和肢体辅助都会越来越少，这也正是反应差别化程序的一部分。当教到第 7 个新反应时，马里亚刚完成一个模仿点击鼻子的动作，这时候，行为分析师说"这样做"并第一次拍击了一下椅子扶手。马里亚立刻就模仿了这个反应，也拍击了一下椅子扶手。这是她做出的第一个之前从未被强化过的模仿反应。对之前多个模仿反应的强化，这时候已经**泛化**至这个新反应了。

> **定义：概念**
>
> **泛化型模仿**（Generalized imitation）
> - 对示范者的
> - 一个反应的模仿，
> - 而这个特定反应的模仿
> - 之前未被强化过。

马里亚终于做出了一个**泛化型模仿**（generalized imitation）[①]。行为分析师终于松了一口气。只进行了 7 个反应的模仿训练，泛化型模仿就出现了。接下来事情似乎就好办多了。为了继续让马里亚掌握泛化型模仿，训练师进行了下一项反应的教学，他拍了桌子的腿，并等了几秒钟，好让马里亚做出同样的动作。但是，什么也没发生。10 秒钟过去了，马里亚仍然什么都没做。他只好再依次将马里亚之前掌握的那些反应拿出来。对之前强化过的这些模仿反应，他再次一一给予了强化，然后，他再一次回到拍击桌子腿的那个反应，可马里亚还是没有模仿这个动作。看来，他们还有很长的路要走。马里亚还需要很多训练才能真正建立起稳定的泛化型模仿。

他们只好再返回去，继续辅助和塑造反应。直到又继续建立了两个模仿反应之后，马里亚才再一次出现了一个泛化型模仿。马里亚刚刚模仿了一个平伸左臂的动作，这时候，行为分析师第一次示范了一个左手臂画圆圈的动作，她立刻模仿了这个动作。接下来，他们继续依次练习了马里亚已经掌握的模仿。训练师仍然会对那些之前被强化过的模仿反应每次都给予强化，但他会小心地不去强化拍椅子和手臂画圈。这两个泛化型模仿反

[①] 关于模仿的第一个定义，我们也可以相对于第二个泛化型模仿的定义而称之为常规模仿（regular imitation），或者称之为被强化的模仿（reinforced imitation）。但是，我们在本书中还是倾向于就这么简单地称之为模仿，只不过我们要知道，它是指被强化的模仿。还要注意的是，我们还可以这么定义泛化型模仿：受示范者行为的刺激控制的、与示范者的行为相似的、之前未被强化过的模仿者的行为。但这样的定义就是对我们自己来说也显得太长、太烦琐了。因此，我希望大家就理解成对示范者的反应的模仿就行了，这其实说的是一回事。

应也维持了下来；尽管混在其他接受强化的那些模仿反应当中的这两个反应，很多次下来都并未被强化过，但它们也没有消退。也许，马里亚的行为与他人的行为的一致性，正在她身上变成一种非常有力的享乐型强化物，这其实跟发生在我们身上的情况一样！（还记得我们在第11章里讲的吗？）

接下来，行为分析师说"这样做"并站了起来，但是这一回，依然有必要对马里亚的这个模仿反应进行塑造。事实上，直到第23个新的反应教学之后，她才又出现了一个新的未经强化的模仿。这个模仿反应是点击肩膀。首次示范的新反应，马里亚就能正确且未经强化地模仿，这种反应的成功百分比在逐渐升高。经过训练，她模仿了大约120个不同的反应之后，终于能够模仿任何一个未被强化的新反应了。这些新反应当中，有些反应比以前掌握的显得更为有趣，比如涂鸦、几何拼版、钻桌子、投掷玩具飞机、捏动玩偶，等等。虽然还是对很多反应进行了强化和塑造，但临近这项教学研究结束的时候，马里亚只要几个回合就能够掌握大部分的反应了，而在这项研究刚开始时，训练师要对她的每一个反应都进行大量的塑造、肢体辅助和强化。在最初的那10个新反应的教学中，平均每个新的模仿反应需要花费3节课才能建立起来，而建立好了20个反应之后，每个新的模仿反应平均只要不到半节课的时间就能学会了。在这项干预的后期阶段，新的模仿反应的掌握速度依然保持在这种较快的水平上。

接下来，他们开始试着建立更复杂的、按顺序进行的多个反应的模仿，这也叫作**行为链**。一开始，他们先只训练两个反应的行为链（详见第20章）。当天教马里亚的行为分析师按照顺序连续模仿两个反应，比如举起左手臂，然后站起来，马里亚按同样的顺序模仿出两个反应后，行为分析师给予强化。在马里亚掌握了这个有两个反应的行为链之后，训练师开始逐渐增加反应链当中的反应数量，最多时达到了7个。行为分析师用各种反应链对马里亚进行了训练，只经过了10个小时的强化，她就可以正确地模仿一长串的反应了。甚至有时，这样的反应链中还含有马里亚之前从未做过的新反应。

在马里亚对几乎所有新的动作反应都可以模仿了之后，行为分析师开始教她语言行为了。最开始，行为分析师说"啊"。他重复了多次，也尝试过其他一些语音，而且中间还穿插了马里亚会的普通动作反应。可马里亚总是只模仿动作反应，对发音反应却不做模仿。看来，动作反应的模仿训练并未能将技能泛化到发音反应的模仿上，尽管马里亚偶尔是可以发出自言自语的咕噜声的。（顺便说一句，西密歇根大学的布里安娜·哈特利·克鲁克斯在其毕业论文中提道：她发现，儿童往往能够从模仿玩玩具泛化出对运动的模仿，甚至泛化出对口语单词的模仿。）

这些行为分析师要塑造马里亚的发音反应，就要强化她逐渐接近发音的反应。于是他们将发音反应混合在一个主要由动作反应组成的反应链当中。第一次进行这种教学时，行为分析师说"这样做"，然后，从椅子上站起来，走到房间的中央，再转向马里亚，说"啊"，然后再回到自己的座位上。于是，马里亚也立即从自己的椅子上跳起来，走到房间的中央，并转向行为分析师，随后，她做出了一个古怪的面部表情，似乎与训练师说"啊"的表情有些接近，只是仍然没有发出声音。这已经很不错了，做出这种面部表情就是在向成功迈进，训练师马上强化了这个反应。几个连续的回合下来，马里亚的面部表情与训练师做出的越来越像，渐渐地，她开始出现了发音反应。他们继续强化这些反应，强化越来越接近示范的发音，直到最后，马里亚终于说出"啊"，说得像老师一般好。而那个动作反应链也变得越来越短，最终，示范者只是坐在座位上说"这样做"并发出"啊"，而马里亚也就跟着模仿出了这个发音反应。

通过这种方法，他们塑造了马里亚对简单声音的模仿，并且将其与越来越长、越来越复杂的发音相结合，直到最后，将这些反应合并成有意义的单词。经过20小时的发音模仿训练，马里亚可以模仿出"嗨""OK""马里亚"以及一些物品的名称了。

等到马里亚的模仿技能库扩展得比较大了，他们开始让新人做示范者，以此确定她是否能够模仿新示范者的行为。马里亚也做到了。她不仅能模仿其他男性示范者，也能模仿女性示范者，表现得跟模仿原先的训练师一样好。这可是一个很重要的成绩，如果马里亚只能模仿一两个老师，那她就不可能学习更多的功能行为。

顺便再多讲几句后面的故事，参与这项干预计划的其中一位研究生，罗伯特·彼得森，后来继续帮助马里亚，并有计划地由此开展了自己的博士论文研究。罗伯特在向学术委员会提交自己的研究开题计划时说，他打算使用模仿训练来教马里亚20个反应，并再用其他程序教她另外的20个反应，从而比较各种变量对这两种反应类的影响。学术委员会中有一位教授对强化原理的有效性并不是很熟悉，他对此提出了异议。这位教授觉得自己在教那些普通的大学生时就已经够麻烦的了，因此，他认为罗伯特花大量时间去教一个有智力障碍的孩子学习这么多新行为，这太不切实际了。但罗伯特回答说，运用模仿刺激和强化，他预计只花一两个小时就够了。此言一出，这位持怀疑态度的教授颇感震惊。但是，罗伯特的预计最终变成了现实，他示范给马里亚怎么做，她就能怎么做——她表现得像一个聪明孩子一样。

分析

你可能会问：是什么在维持马里亚的模仿行为？你，一个学习行为分析的学生，理所应当是一个聪明绝顶的人，你的怀疑也许只是希望知道食物和社会性强化究竟是不是其中的主要因素？可是，如果是一位比你笨的普通读者，他对这个问题的理解自然比你差劲，他可能会说："简直太愚蠢了，这项研究的整个目的就是证明可以得到未经强化的泛化型模仿啊！"这时，你也许会这样回答他："当然喽，只不过你没能理解这里面的精妙之处。"

事实上，这个案例中的行为分析师已经证明了，对于某个**特定**反应来说，虽然未给予直接强化，马里亚也能做出该模仿反应，**但是在这个未经强化的模仿反应出现之前，一定发生过对一些其他模仿反应的强化。**他们之前强化了一些模仿反应，因而模仿的刺激控制能够泛化到其他未被强化的反应上。而且，有可能出现的最好的情况是，即便马里亚在没有明确的强化的情况下做出了更加稳定的模仿反应，她的这种模仿也能偶尔地得到训练人员的强化。她身处的环境对模仿有着自然的强化依联，而周围工作人员的那些额外的强化是对自然强化的补充。我们会在下一小节当中对这些自然依联做更深入的讨论。

问题

1．名词解释：肢体辅助，并举例说明。
2．名词解释：模仿，并举例说明。注意，可不要举泛化型模仿的例子哟。
3．名词解释：泛化型模仿，并举例说明。
4．训练模仿，我们需要一个区辨依联和一个差别强化依联（differential reinforcement contingency）。
   A．对
   B．错
5．解释上一题中你给出的答案。
6．画出依联示意图，示意如何帮助一个从未接受模仿刺激控制的孩子建立起模仿。
7．说说你将如何帮助这个孩子建立起泛化型模仿。
8．为了获得泛化型模仿，我们必须强化一些模仿反应。
   A．对
   B．错
9．你怎样证明已经成功建立了泛化型模仿？

模仿的外加依联与内在依联

在马里亚的案例中，行为分析师外加了一个依联来强化模仿。我们再来看一个关于模仿的例子，看看其中的外加依联（added contingency），也看看另一种不同的模仿依联。

让我们想象一个场景，这是父母与孩子在一起时最常见的场面。希德拿起一罐汽水，喝了一大口，罗德在一旁看着，然后也拿起这罐汽水喝了一口。希德拍了拍罗德的后背并夸赞了他（一个外加的强化关联）。这也许是掌握模仿的最主要方式，如果模仿者（罗德）的行为与示范者（希德）的行为相似，就会被他人（希德）强化。

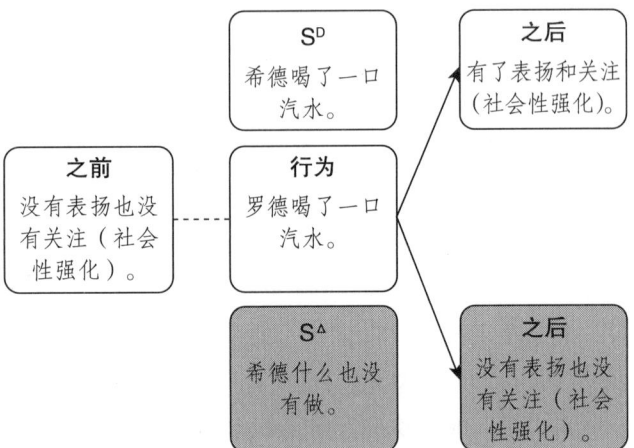

罗德模仿行为的外加强化依联

在这个例子当中，示范者的行为（希德喝汽水）是一个 S^D，当它呈现时，模仿者的相似行为（罗德喝汽水）就会有更大的可能产生外加的强化物（希德的表扬和关注）。

然而，这里还存在另一种内在的强化依联——罗德喝汽水带来的甜味。而也许正是这种内在依联（build-in contingency），才让我们的这个强大的模仿技能库得以一直维持着。当别人做出某个反应就会得到强化物时，如果我们也做出相似的反应的话，往往也会有机会得到类似的强化物。为什么我们认为掌握模仿是一项伟大成就，原因就在这里。

问题

举出一个模仿的例子，讲解其中的外加依联和自动的内在依联。

案例

运用过度模仿建立正常的语言技能 ①

我们正在一所医院的走廊里走着，耳边突然传来了音调很高的歌声：

快去告诉罗蒂姑妈！
快去告诉罗蒂姑妈！
快去告诉罗蒂姑妈！
大灰鹅死翘翘啦！

转过一个拐角，我们看到了唱歌的人，原来是一个7岁大的小男孩。我们并没有停下脚步，继续往前走，可是总觉得有什么地方不对劲儿。好像以前在哪儿见过这个小男孩？哦，没错，是他，迪基，我们上一次见他的时候他才3岁半，他是一个孤独症孩子。陶德·里斯利博士和蒙特罗斯·沃尔夫博士曾经通过训练，帮助他适应了配戴眼镜，这成功地保住了他的视力。没错，就是他！于是，我们转过身，往回走，看到迪基的确依然戴着眼镜。现在他看上去适应得很好，在走廊里边走边欢快地唱着歌，这让我们感觉很开心。我们走过去，跟在他后面，很想跟他聊几句，了解一下这个孩子几年来进步的情况。我们在他身后喊他："等一下，迪基，我们想跟你聊聊。"

迪基停止了唱歌，但继续往前走着。他边走边喊，而且声音越来越大，他喊道："等一下，迪基，我们想跟你聊聊。等一下，迪基，我们想跟你聊聊。等一下，迪基，我们想跟你聊聊。等一下，迪基，我们想跟你聊聊！等一下，迪基，我们想跟你聊聊！"

这让我们警觉起来，于是我们跑了过去，把手搭在他肩膀上问他："迪基，你怎么了？"

他停下脚步，却开始跺脚，眼里闪着泪花，大声喊道："想要打屁股！想要打屁股！想要打屁股！！想要打屁股！！！"

这一下子让我们觉得心烦意乱。我们本以为迪基得到了很好的行为塑造，可现在看来想错了。虽然我们尽全力安抚他，但不起作用。我们开始担心这种安抚会强化迪基的这种问题行为，于是就离开了他。

几个月后，我们得到一个机会，看到了迪基的病例，我们发现医院的工作人员又请过一次陶德·里斯利和蒙特罗斯·沃尔夫两位博士过来帮助迪基。一开始，他们观察到迪基几乎从不索要任何东西，从不提问，也

---

① 改写自 Risley, T., & Wolf, M. (1967). Establishing functional speech in echolalic children. *Behavior Research and Therapy*, 5, 73-88.

从不发表评论。尽管他有时会模仿别人的行为，但在被要求模仿时，他却从不按指令做。因此，他们决定先着手帮助迪基去掉那些不适当的模仿，而维持住那些合适的模仿。

描述简单的过往事件

与帮助马里亚的情形一样，他们对迪基的训练也是选在吃饭的时候进行，这样他们就可以在社会性表扬的基础上加上食物这一强化物。直接帮助迪基的是医院的一位病房护理员。第一天，她用手举起一张圣诞老人的图片，并提供**语言辅助**（verbal prompt）："这是圣诞老人。你说'圣诞老人'。"迪基没有任何反应。接着，她举起一张猫的图片，说"这是猫。你说'猫'"。迪基还是没有任何反应。她继续将手里的5张图片全部出示完，然后再把它们混在一起，打乱顺序，重新做了一遍。每次她报出图片的名称，就要求迪基同样报出名称来。

> **定义：概念**
>
> **语言辅助**（Verbal prompt）
> - 附加的语言刺激，
> - 用以提高正确反应的可能性。

后来，在这位护理人员第三次逐个报出图片名称时，她出示了一张猫的图片，并提供语言辅助："这是猫。你说'猫'。"迪基随即反应道："这是猫，你说'猫'。"当然，这并不是护理员所希望得到的完全精确的反应，但在开始阶段这已经算是很棒的了。她立刻说："好孩子！"并喂他吃了一口饭。强化奏效了。迪基开始越来越频繁地模仿了。经过一周的强化，他已经可以很熟练地模仿每一个语言辅助了，也会模仿护理员在训练课上讲出的全部话语。不过，护理员只强化迪基在适当时刻出现的模仿行为，也就是在她要求模仿时才出现的反应，而不强化那些她没有要求时就出现的模仿反应。

迪基的语言反应受控于护理员所说的词语，但是那些图片似乎与之并不相干。迪基很少看，甚至懒得看它们。相反，他坐在椅子上的时候会时不时地转来转去、扭来扭去。为了让迪基的语言行为受控于图片的刺激控制，护理员采用了一个**期待程序**（anticipation procedure）：她举起卡片并停了几秒钟之后才给出语言辅助。如果迪基在她提供辅助之前就正确地报出了图片名称，他就能快速地得到一口食物，而等语言辅助出来之后才报的话，那他得到食物的速度就会比较慢。

模仿性语言辅助

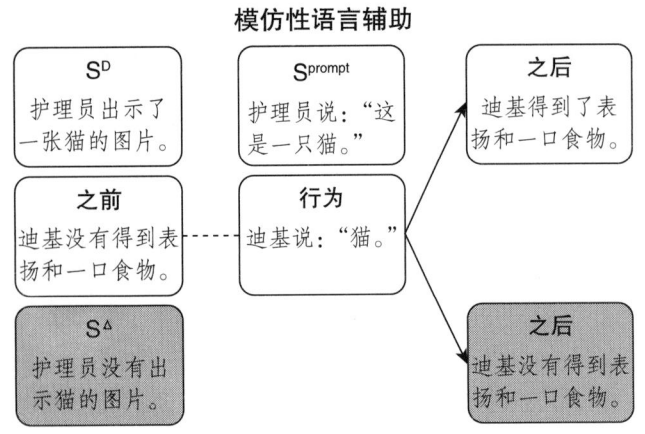

（请注意：在这个示意图当中，我们将 S^D 和 S^Δ 挪到了左侧，把中间位置腾出来，让给 S^{prompt}。）

现在，你也许要问，为什么迪基不先等护理员给他语言辅助"这是猫"了呢？这个辅助本来是很有效地控制着迪基说"猫"的。为什么后来出示猫的图片就能控制他说"猫"呢？

因为这里的干预是对潜伏期短的回答的差别强化。护理员出示图片后，如果迪基立刻做出反应，他就能早一点儿得到表扬和食物，跟他等护理员给出"这是猫"的辅助之后再做反应相比，那些强化物来得要更快。

对潜伏期短的反应的差别强化

（这个差别强化的示意图与前面那个模仿性语言辅助的示意图基本一样，我们只是希望能讲解得更清楚一些而做了少许改动。）

通过这样的期待程序，迪基命名物体的能力渐渐地就处于没有语言辅助，而只有图片的控制之下了。经过三周的强化，迪基的语言行为能够准确地处于10张不同的图片刺激控制之下了。这时候，护理员开始用日常生活中的物品和图片来训练迪基，迪基能够越来越轻松地报出它们的名称了。

描述复杂的过往事件

尽管迪基的表现很不错，但语言行为可不只是命名图片和物品。语言行为的一个主要优势在于我们可以谈论已经不在眼前的事物。那么该如何强化迪基的语言行为，让其能够处于现场环境之外的刺激的控制之下呢？

为了解决这个难题，护理员先带迪基到户外玩秋千或者玩滑板，然后她会把他领回屋内，问他："你刚才在屋外干什么了？"如果他在几秒钟之内没有反应，护理员就提供模仿性的语言辅助，说道："我荡秋千了。"随后，她会强化迪基对这个辅助刺激（S^{prompt}）的模仿。

1．请你将下面这个依联示意图填写完整。

模仿性语言辅助

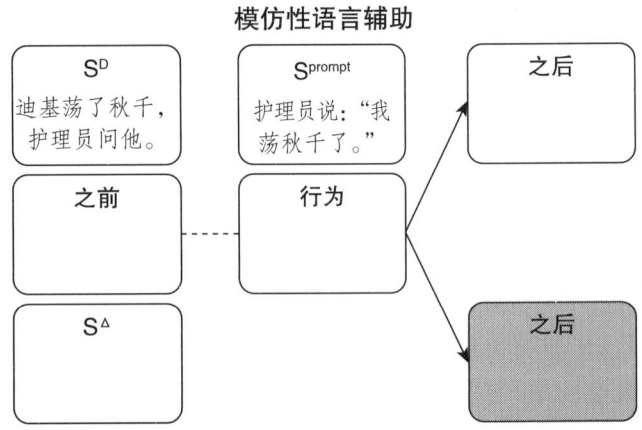

（请注意：要小心 S^Δ，这里存在陷阱。要知道，这里的 S^D 有两个必要的成分，一个是迪基荡了秋千，此外还有一个成分，就是护理员向他提问。因此，缺少其中任何一项，都是 S^Δ。）

渐渐地，迪基开始可以在护理员给予模仿性语言辅助之前就作答了。很自然地，护理员问完之后，越快速地作答也就能越早地得到强化物，比等她提供语言辅助之后再答要早。对于那些快速作答的训练回合，其依联示意图与上面那张图很相似，只不过没有 S^{prompt}。

这个训练过程也是通过对潜伏期短的回答的差别强化。

2．请你将下面这个依联示意图填写完整。

对潜伏期短的反应的差别强化

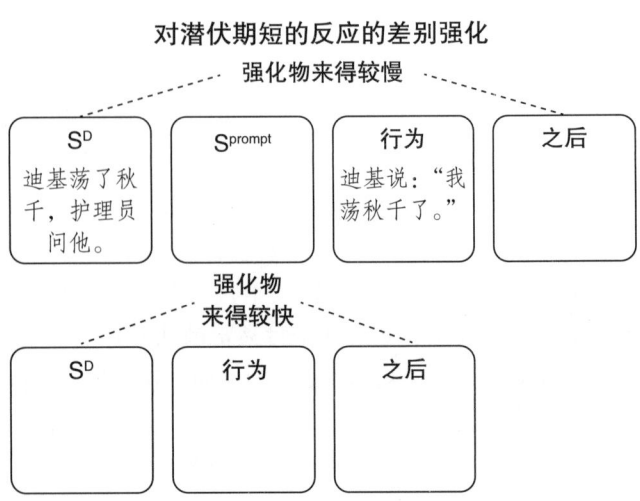

结果，迪基的作答渐渐地越来越快，直到最后，他几乎无须等待语言辅助了，这时候，他的作答更像一个正常的回答了。①

随后，迪基开始学习回答其他问题，比如，"你叫什么名字？""你住在哪儿？"如果他不回答这些问题的话，护理员就给予语言辅助，并强化他的正确的模仿反应。

经过几周的训练，迪基对口语刺激的模仿能力突飞猛进，尽管他的模仿行为还存在很多问题。比如，有的时候，他在回答问题之前会先模仿一遍提问，而且他还常常会颠倒人称代词，如，他提出喝水的要求时会说"你要喝水"。

迪基离开这家医院后，他的父母继续训练他（我们认识到，这正是孤独症儿童获得有效训练的一个重要方面）。大约六个月之后，在父母的训练下，迪基能够完美地使用代词了，而且会经常主动提出要求和表达意见，尽管仍有很多其他不适当的模仿反应。他后来进入了华盛顿大学的一所实验幼儿园，在那里待了两年。这所幼儿园里的许多教学程序都使用了强化原理。两年之后，他的语言技能得到了进一步的提高，这为他进入公立学校接受特殊教育做好了准备。

这时，迪基的语言行为能力相当于5岁儿童的水平。也就是说，经过密集的行为分析训练，他学习语言的速度正在接近普通儿童。从那以后，正常的语言行为

---

① 在正文里，我们把迪基荡了秋千当作S^D的一个组成部分，如果你为此而感到困惑，或者你想起我们在前几章里曾经说过，S^D不能出现在做出反应的机会之前超过60秒，那么，我必须大大地为你点赞，你真是一个思维缜密的好学生！事实上，我们这里写得的确有些浪漫了，这应该是一种规则掌控的S^D的语言类似物（rule-governed verbal analog to an S^D）。这种S^D类似物能够对迪基的行为执行刺激控制，这表明他在获得正常的语言技能库方面取得了很大的进步。

即使你并没有因为我们将迪基荡了秋千当作S^D的一部分而感到困惑，我也会毫无保留地为你点赞，你仍然是一个思维缜密的好学生！因为你正在静静地等待着机会，等待着一个更能展示你缜密思维的激动人心的时刻。

给他带来的自然发生的强化物，似乎就能维持并不断扩展他的语言技能库了。

几十年来，涌现出了大量的行为分析师成功运用强化技术帮助存在严重学习问题的人的案例，迪基的故事只是其中的一个。今天的迪基在功能上已经基本接近普通人了。从这项具有开创性的研究开始，许多人成功地运用了类似的干预技术，尤其是伊瓦尔·洛瓦斯和他的学生们，更是取得了非凡的成就。

问题

1．名词解释：语言辅助，并举例说明。
2．画出一个依联示意图，说明如何通过语言辅助来利用过度的模仿，并建立起更加恰当的语言行为，让语言行为受控于更为正常的刺激控制。
· 画出一个表现刺激控制的建立程序的示意图，其中的刺激是当时呈现的。
· 画出一个表现刺激控制的建立程序的示意图，其中的刺激或事件是当时不呈现的。
3．在这两个案例中，用示意图表示其中的对潜伏期短的反应的差别强化程序。

模仿的重要性

能够模仿，这非常重要，这几乎是我们在教孤独症儿童时要做的第一件事。我们要运用行为分析来帮助这些孩子建立正常的行为技能库和价值观。模仿的重要性不仅仅体现在模仿本身的力量上，正如你即将看到的，它还是学习语言最为关键的因素。如果你不先学习模仿，就有可能永远学不会系鞋带。可以想象一下，如果离开了模仿，你如何去教一个无语言的孩子系鞋带呢？任何一项技能，只要它的复杂程度超过你屁股痒痒时去挠一挠，那么，你要想掌握它，就需要模仿。

初级进阶

模仿的案例

外星人的广告入侵

"我至高无上的宇宙女王！"
"有什么事？我忠实的谋臣。"
"仍有一个星球未能被我们征服。"
"居然还有不服的，这怎么可能？"
"我们努力了，但他们就是一直不肯臣服。"
"这个不肯屈服的星球叫什么名字？"
"他们自己称之为地球。"
"哦，我听说过这个名字。"
"如果能得到您的恩准，我至高无上的女王，我想

尝试一个新的策略。这是我从地球上偷学来的，它可是地球人最耀眼的智谋之一。"

"什么样的策略？"

"他们管这叫作多米诺效应。"

"这我倒是头一次听说。"

"假如我能够削弱地球上最强大的那个国家——美国，进而能够击垮它，那么，其他所有国家就会接二连三地倒下去。"

"那你怎么才能削弱这个强大的美国呢？"

"我有一种绝顶强大的药——只要我们能够骗他们吃下这种药。"

"这种药就是你推倒头一块多米诺骨牌的棍子吗？"

"是的。我计算过，这种药可以让美国每年付给我们至少 500 亿美金。"

"这么一大笔钱，足够我们用来填补星际债务的亏空啦！"

"用上这种药，他们每年还会自相残杀，干掉 25000 多人呢！特别是被干掉的都是年轻力壮的青年人。"

"你的妙计简直让我有点儿不寒而栗了。"

"我的计划是，让那些青年人在高中阶段就有 95% 以上的人吃上我的药。"

"妙啊！"

"随后，他们中的 1200 多万人将会对我的药成瘾。"

"你刚才不是说这是地球上最强大的国家呢，这明明是一个愚蠢透顶的国家嘛。既然这个药这么可怕，怎么能让他们上当呢？难道这个药的味道很棒吗？"

"不。我尝过，它的味道糟糕得很。我们需要加很多糖之类的东西进去。"

"他们也不会那么轻易地被糊弄吧？"

"赚到大钱之前，自然要先花点儿小钱嘛。"

"我就知道你会来这手。说吧，要多少？"宇宙女王把手伸向了自己的钱包。

"需要 400 多万。"

"是用来生产这个药吗？"

"不是。这钱是用来付给那些运动员的，让他们在电视上消费我们的药。美国的孩子们每天花在看电视上的时间超过了他们上学的时间。"

"然后呢？"

"还要在报纸、杂志以及互联网上投放广告，尤其是那些大学生们经常看的媒体。"

"然后呢？"

"然后我就告诉这些年轻人不吃药就不够酷。大学生最爱相信这种话了。"

"你在开玩笑吧，他们不可能蠢到那种程度。"

"请女王相信我。这些人很容易被糊弄，而我已经为他们设计好了陷阱。"

"哦？"

"为了引诱他们上钩，我会先散布一种流言，就说这些人之所以吃药，是因为他们自己意志薄弱，并不是因为我每年花了 400 万的广告费。"

"他们才不会相信呢！"

"恕我直言，我至高无上的主人，他们会信的。然后，我再传播另一种流言。我要诱使他们相信，他们吃药的根源在于自身的某种神秘的遗传因素。"

"如果他们当真听信了这些胡扯的流言，那他们就活该成为第一块被推倒的骨牌。你这种每年能赚他们 500 多个亿、消灭他们 25000 多人的神药叫什么名字？"

"我打算用我们星球的名字来命名这个神药。"

"酒？"

这里提到的所有数字可都是真实的，这些统计来的数字可不是段子。要是我打算搞垮美国，我也会喊："再来一瓶多瑟瑰吧！如果这世界上最有趣的人都喝多瑟瑰啤酒，那你干吗不喝？"模仿[①]很神奇吧？美国有 2 亿 5000 万只待宰的羔羊，错不了的。我的喜羊羊、美羊羊、灰太狼……

———————
① 请注意，这是一种特殊形式的模仿，叫作延迟模仿（delayed imitation），这个模仿行为发生在示范行为过去了相当长一段时间之后。换句话说，如果你是在模仿那个广告中的世界上最有趣之人喝啤酒的行为，那么在你看到他喝啤酒和你亲自喝啤酒之间极可能存在着相当长的一段时间间隔。这个延迟模仿背后的过程非常复杂：很可能存在某种规则掌控的模仿类似物，比如，你也许是到了第二天的某一刻才突然喊出一句："来瓶多瑟瑰啤酒！一杯在手，前程我有！"不过，这也很有可能是一种真的模仿，是泛化型模仿的一种形式。

中级进阶

怎么知道这真的是模仿?

还记得我们前面讲的关于**模仿**的定义吗?模仿者的行为方式受控于示范者的相似行为。这里所说的**行为方式**一般是指反应的形态。①

我们所说的模仿者的行为方式受控于示范者的相似行为指的是,由于经历过某个特殊的强化依联而导致模仿者的行为与示范者的行为相似。在这个特殊的强化依联的历史中,模仿者的行为所得到的强化依联于该行为与示范者行为的相似性。例如,当妈妈说"mama"时,婴儿跟着说"mama",这时妈妈就会给予孩子具有强化效力的热烈的关爱。妈妈之所以对这个行为给予强化,至少部分原因是孩子的行为与自己的行为相似。

在给模仿下定义时,我们的意思**不仅仅**是模仿者的行为与示范者的行为相似。如果模仿者与示范者双方的行为相似只是因为它们都受控于同样的依联,那这就不叫模仿。

例如,当震耳欲聋的声音出现时,所谓的模仿者与所谓的示范者都用双手捂住了自己的耳朵,但这不算模仿。这里,两者存在相同的依联,都是对大的声响的逃避,是它在维持着两个人的行为。在这样一个逃避依联中,去除厌恶条件(大的声响)并不要求两者行为一定相似。

因此,要确定你说的确实是模仿,就必须要看到模仿者的行为确实处于示范者的行为的刺激控制之下。换句话说,必须要看到两者行为的相似性确实不受第三个因素的控制。当模仿者的某个行为与示范者的行为相似时,而且,示范者行为的变化会让模仿者的行为也产生相似的变化,这时候我们才能说这个人在模仿。

理论

泛化型模仿

我们在前面给出了泛化型模仿的**定义**——对示范者的反应的模仿,且之前这个反应的模仿未被强化过。我们在前面还指出了,只有当其他一些模仿反应一直在被

---
① 对于大多数非发声行为(nonvocal behavior)而言,其形式都是很容易被看见的(外显的),但是,发声行为(vocal behavior)有些隐蔽,只不过反应的结果是可以被观察到的(也就是说,我们可以听见声音)。当模仿发生时,我们通常假定反应是可以被观察到的。不过,有一些模仿,反应的产物是相似的,而反应的方式却不相似,这也可以算作模仿,比如,在你听到有人用吉他弹出了一支曲子之后,你模仿着用口哨吹出这支曲子来。

强化时,泛化型模仿才会发生。现在,我们讲一讲关于泛化型模仿的理论,解释一下为什么对其他一些模仿反应的强化会维持其他未被强化的模仿反应。

你也许会问,还用解释?我干吗还要再听这个?我干吗还要了解泛化型模仿的理论?前面我们不是已经讲过简单的刺激泛化了吗?我们强化鸽子啄击绿色的按键,就能泛化出它啄黄绿色按键的反应,不是吗?不就是因为刺激泛化吗?而我们强化马里亚模仿摸鼻子,也就能让她模仿摸椅子,不是吗?这不就是刺激泛化吗?

对,但也不对。马里亚摸了椅子,而且你之前未曾强化过她的这个反应,但是这个结果也并非完全来自简单的刺激泛化。我们并不知道马里亚这么做的确切原因,但是,行为分析学家曾经做过其他研究,他们问孩子们哪些模仿反应会带来外加的强化物,而哪些不会。这些孩子知道这些。他们有可能会说:"你摸鼻子之后我也立刻摸自己的鼻子,你就会给我一口好吃的,但是,你摸了椅子之后我也立刻摸椅子,你却什么也不给我。"也就是说,**孩子仍然会继续去做那些不予强化的模仿反应,即便他们知道这些反应不会得到行为分析师的强化**。孩子并没被你糊弄住,可他们还是表现出了泛化型模仿,这是为什么?泛化型模仿的理论要讲的就是这个。我们要用一个理论来解释为什么会有泛化型模仿,即便模仿者明知研究人员不会依联性地对这种泛化型模仿给予任何外加的强化物,为什么他们还会表现出泛化型模仿。

> **定义:理论**
>
> **泛化型模仿的理论**(The theory of generalized imitation)
> - 泛化型模仿发生的原因是
> - 它会自动产生模仿强化物。

马里亚的行为会与示范者的行为相一致。正确的模仿会自动产生视觉和内在的刺激——马里亚所看到的和感觉到的自己的行为与示范者的行为是一致的。这种自动化的、模仿性的、具有强化效力的刺激强化了马里亚对新反应的模仿,而那些对新反应的模仿之前并未得到过行为分析师的强化。

不过,在继续讲这个理论之前,先暂停一下,做个简要回顾。

> **定义：概念**
>
> 模仿强化物（Imitative reinforcers）
> - 模仿者的行为
> - 与示范者的行为
> - 相一致而产生的刺激，
> - 它具有强化物的功能。

回顾

如何建立习得性强化物

还记得**习得性强化物**的定义吗？一个刺激、事件或条件，它之所以成为强化物，是因为它与其他强化物进行了匹配。例如，老鼠鲁道夫每一次压动反应杠杆，你就在水斗里给它送上一滴水；而你向上拉动水斗给鲁道夫喝水时，金属材质的水斗都会咔嗒一声撞击到斯金纳箱子的底部。如果没有咔嗒声，也就没有水。

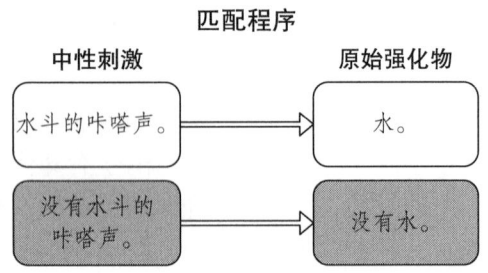

这样，你就将水斗的咔嗒声与水这个强化物匹配上了。咔嗒声因而成为一个习得性强化物。

于是，你可以利用这个咔嗒声塑造老鼠的新行为了——比如，训练它拉动链条。你可以在斯金纳箱子的顶部吊一根链子下来，每当鲁道夫的行为逐渐接近拉动链条的行为时，你就让水斗发出一次咔嗒声。不过，现在你并不用真的把水送入水斗，这样鲁道夫每次得到的只是咔嗒声和一个没有一滴水的水斗。但是，由于你已经将咔嗒声与水这个强化物匹配了，所以咔嗒声本身具有了强化价值，能够有效地强化鲁道夫的那些逐渐接近拉动链条的行为了。

小结一下，你将咔嗒声与一个已经存在的强化物——水做了匹配。这种匹配使得咔嗒声成为一种习得性强化物。随后，你利用这个习得性强化物强化了一个新行为。现在，我们再回到习得性模仿的理论上。

如何建立习得性模仿强化物

你通过将咔嗒声与水做匹配，已经为鲁道夫建立了一个习得性强化物。运用同样的方法，行为分析师可以通过将模仿带来的刺激与一口好吃的和一两句表扬匹配起来，从而为马里亚建立一个习得性模仿强化物（learned imitative reinforcer）。对于马里亚来说，这种刺激就是她的视觉和肌肉的感觉（本体感觉刺激），这是她看到和感觉到自己的行为与示范者一致时所获得的。

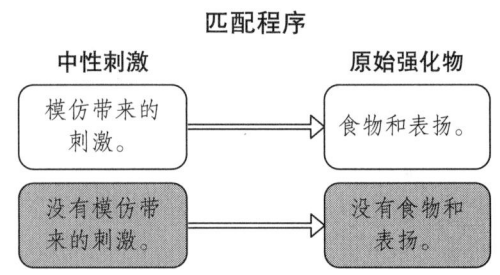

记住，正如我们在第11章里说过的，匹配程序实际上包含了两个方面的匹配：如果我们将中性刺激（模仿带来的刺激）与原始强化物（食物和表扬）相匹配，这在逻辑上意味着要将这个刺激的不存在与那些强化物的不存在相匹配。如果你要自己创造匹配程序的例子，或者在测验中遇到这样的问题时，你可要把这一条牢牢记住。现在，我们再来说说马里亚。

虽然行为分析师不得不千方百计地将这种模仿刺激建立成习得性强化物，但实际上，这些刺激会自动地紧随在马里亚对示范者的模仿之后出现；行为分析师本身无法提供这种刺激。因此，一旦模仿刺激成为习得性强化物，这种习得的模仿强化物就会自动跟随在马里亚每一次的正确模仿之后。这也意味着，即使是新的模仿，也会自动产生习得性模仿强化物（马里亚看到和感觉到自己的行为与示范者一致时所带来的刺激）。

前面还讲过，要想训练模仿，既要有区辨依联，也要有差别强化依联。同样的道理，要想维持泛化型模仿，我们也既要有区辨依联，也要有差别强化依联。

泛化型模仿：区辨依联[①]

之前	行为	之后
	S^D 示范者做出了一个新反应。	马里亚有了习得性模仿强化物 S^r。
马里亚没有习得性模仿强化物 S^r。	马里亚做出了这个新反应。	
	S^Δ 示范者没有做出新反应。	马里亚没有习得性模仿强化物 S^r。

[①] 我们用 S^r 代表习得性强化物，用 S^R 代表非习得性强化物。

因此，**泛化型模仿的理论**（theory of generalized imitation）告诉我们，马里亚的泛化型模仿反应出现的原因是，它们自动产生了习得性模仿强化物——她的行为与示范者的行为一致而带来的刺激。换句话说，模仿强化物成了一种享乐型强化物。

泛化型模仿：差别强化

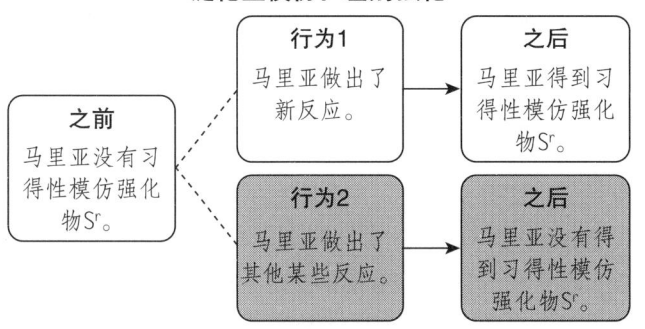

问题

1．名词解释：模仿强化物，并举例说明。

2．画出示意图，说明我们如何建立习得性模仿强化物。

3．名词解释：泛化型模仿的理论，并举例说明。

4．画出泛化型模仿的示意图，说明其中的：

A．区辨依联

B．差别强化依联

5．我们为什么需要讲一个泛化型模仿的理论？

语言行为（语言）

模仿是学习语言的先决条件

在罗德的第一个生日晚会上，全家人都聚在一起，兴冲冲地等着看他将第一块巧克力蛋糕塞入自己的小嘴里。唐恩说："希德，快准备照相机啊！"

"酱机！"罗德模仿道。

"来啦！"希德说。

"奶那！"罗德模仿道。

"我们来给他吃蛋糕吧！"唐恩切了一块蛋糕。

"蛋糕！"罗德模仿道。

大家全笑了起来，唐恩拥抱了罗德。

你已经看出来了，在这里，声音是一个非习得性强化物，而且，我们认为，声音的非习得性强化效力有可能有助于婴儿最初的牙牙学语。我们前面还说过，婴儿的咿呀学语会逐渐地被塑造成为他们自己语言的发音。之所以会这样演变，是因为他们自己语言的这些发音是一种习得性强化物，这种强化物会差别强化婴儿产生这些发音的行为。

现在请你做好准备，我们下面要讲一个相当难区分的知识点。我们曾经说过，婴儿的语音会跟自己的父母相像，这是因为婴儿的这些语音本身就是一种**简单**的习得性强化物。现在我们说，婴儿的语言之所以会很像自己的父母，还因为他们在模仿父母，因为这些语音是**模仿性**的习得性强化物，而与简单的习得性强化物相比，模仿性的习得性强化物需要比较特殊的训练。

孩子对父母的发声行为的模仿会通过两种情况得以维持（在本章的前面已经讲了这两种主要因素）。

- 首先，模仿的发音反应产生了习得性模仿强化物，这与之前的其他模仿反应一样，它们已经产生过这种模仿强化物。

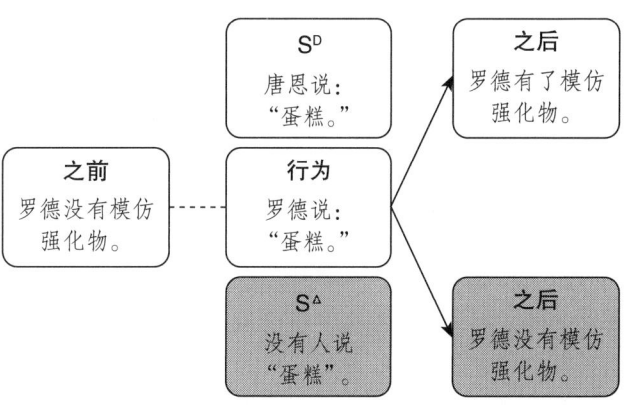

- 其次，语音模仿行为还会被社会性强化物或其他强化物所强化。

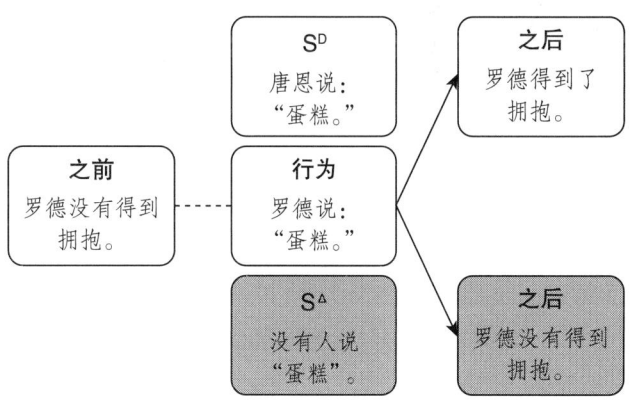

因此，在罗德学习语言的过程中，他具备大量的模仿技能库是必要的基础条件。前面我们已经看到了，一个未能建立起模仿技能库的孩子，在学习目标行为时，通常是极为艰难的。现在，我们看到，模仿技能库对于语言行为的学习起着尤为重要的作用。没有泛化型的模仿技能库，模仿性语言反应也就不可能出现（如果罗德没有泛化型的模仿技能库，那就不可能在唐恩说"蛋糕"时跟着说"蛋糕"）。就算这种模仿反应恰巧出现了，那也不会被模仿强化物所强化。没有泛化型的模仿技能库，罗德与唐恩之间的行为一致性也就不具备强化效力。

如果模仿强化物不存在，那么泛化型模仿就不存在。在模仿强化物不存在的情况下，增强模仿反应的唯一途径就是用外加的一个行为依联来对每一个反应进行强化。前面我们已经看到了，外加的强化依联可以增加模仿反应（比如马里亚的案例），但是很遗憾，对于不会模仿的孩子，他们的父母在发现孩子显现出严重的语言缺陷之前，很少会使用密集的外加强化依联。

问题

为什么说泛化型模仿对于语言学习至关重要？

不当行为的泛化型模仿

3岁的罗德对他的泰迪熊说"好孩子"，这是希德和唐恩最常夸他的一句话。这又是怎么回事？难道说罗德已经成长为有史以来最年轻的行为干预师了吗？当然不是。罗德说"好孩子"，这让唐恩和希德很惊讶。他们从未有意地教他这么说。

这表明泛化型模仿一直都存在。罗德的行为与他父母的行为之间的相似是一种模仿强化物，它在其中发挥着作用。但是，罗德让他的父母真正感到震惊的一刻是他自发地模仿了希德骂人的话。然而很不幸的是，当罗德说出那些脏话时，至少在最初几次时，父母很难不表现出震惊的表情，甚至还会大笑出来。而这恰恰是在为罗德的小粗口添油加柴。我在这里可不是拿着假想出来的例子耸人听闻地制造紧张气氛，事实上，这些年来，在我们的早期行为干预学前学校中，就有好几个可爱的孤独症小孩子，尽管他们的语言能力并不好，却能说出最脏的脏话，脏到让他们的父母都尴尬抬不起头来。

研究方法

充分显示强化作用的对照条件

假设教你行为分析的老师邀请你和你的一个朋友一起到他家做客。再假设你的朋友没读过本书，缺乏对行为原理的了解。大家在一起聊了一个多小时，其间你注意观察了老师5岁的女儿。跟所有行为分析师家的孩子一样，这个小女孩非常讨人喜欢，简直是你见过的最快乐的孩子（真的，行为分析师家的孩子都这样迷人）。她不吵闹，又很守规矩，而且很活泼，很会玩儿，玩得还特别充实。你还观察到，正如大多数行为分析师一样，老师对自己的孩子很满意，而且会经常通过给予关注、示爱，甚至时不时地给女儿吃一块美味的水果来表达自己的这种满意。

你当然会注意到，这位身为行为分析师的老爸，每次都是在女儿做出某个开心的反应之后，才会给予她那些强化物。和你一起去的那位幼稚的朋友，也对这位老师的欢乐家庭生活感到很惊奇。不过你很清楚老师是一位强化原理的运用高手，因而对此并不感到意外。你向朋友解释说，"欢乐"并不是温暖的小棉袄，欢乐是一系列得到强化的反应。那位老师就是在间歇式地强化自己女儿的行为，强化她的那些快乐的行为，强化那些让她自己拥有欢乐时光的行为。

你的朋友则认为，你不强化欢乐，欢乐也来了。他质疑道，这些欢乐在一个温暖有爱的家庭里自然会更有可能出现——这位行为分析老师的家就是这样温暖的家。你反驳说，光有温暖和爱还不够，更重要的是要在欢乐行为出现之后立刻提供温暖和爱意。

你们俩都认同温暖和爱意是重要因素，你知道这些因素必须紧随在我们期望的欢乐行为出现之后，而你的朋友则持异议。他认为，女孩的某个行为之后是否紧跟着她父亲的温暖爱意，这无关紧要。这位朋友说，你什么时候表现出温暖爱意都无所谓，只要你表现出来就行了。现在，你该怎么应对这场争论呢？

没错，你说对了，你应该通过一个实验来证明。但问题是，你要开展怎样一种实验呢？有些人的科学研究素养比你低，这些人有可能会设计一个简单的消退对照程序来进行实验。也就是说，会停止用温暖爱意这些假设的强化物，然后看那些欢乐行为的出现频率是否会下降。

而你比那种人聪明，你当然知道，这种简单的消退对照程序并不好。假如你只是简单地撤除了温暖爱意，可以预期，女孩的那些欢乐行为的频率必将下降。不过，你的朋友也会做出同样的预期。他会说，你从这个家庭里拿走了温暖爱意，那么欢乐当然也就随之而去了。

你有一个聪明的头脑，你当然还知道必须让这些可能的强化物一直存在于这个场合之下，但必须确保它们不会紧随着欢乐反应的出现而出现。也就是说，如果温暖爱意还在，你的朋友就会预期欢乐也还在。然而由于温暖爱意不再紧随在欢乐行为之后，因而你就能预期欢乐也会消失不见了。

你要做的就是等，等到女孩不欢乐的那一刻，这时候，你给予孩子温暖爱意。在接下来的几天时间里，你反复这么做。你的朋友应该预期欢乐仍然会保持下去，因为温暖爱意一直都在，尽管不再依联于欢乐行为。但你会预期欢乐将减少，因为温暖爱意这个强化物不再依联于欢乐行为了。

顺便说一句，在第7章的最后，我们曾经讨论过另一个充分的对照条件——可变时间的刺激呈现，假定的强化物的呈现独立于反应的发生。不过，如果可能的话，最好使用本节所说的这个程序，因为在反应未发生时呈现强化物，可以有效地防止对该反应的意外强化。而且，这也是一种通过防止强化物呈现而带来的惩罚，因而你可以看到反应频率更快地下降，会比用可变时间强化来得更快。

问题

警示：一定要认真仔细地学习本节内容。因为在考试当中，有太多的同学在下面这两个问题上栽了跟头。

1. 为什么说消退并不是证明强化作用的最好的对照程序。
2. 怎么做才最好？

在 DickMalott.com 网站上，你还将读到：

孤独症进阶
第 14 章　高级学习目标
第 14 章　高级进阶
- 刺激一致性（stimulus matching）与模仿
- 泛化型模仿的原理
- 泛化型模仿的刺激控制

第四部分

复杂的行为依联

第 15 章　回避

第 16 章　由避免而带来的惩罚［对其他行为的差别强化（DRO）］

第 17 章　比率程序表

第 18 章　时距程序表

第 19 章　并存依联

第 20 章　行为链与对低频率行为的差别强化

第15章 回避

行为分析师认证委员会第4版任务清单
FK-31　行为依联

基础知识

案例：行为医学

希德挺直了腰板 [①]

问题

朱克悄悄地站在希德办公室的门口。希德并没发现他，仍然静静地坐在自己的办公桌前。他用胳膊支在桌面上，把自己的头埋在双掌之间。朱克盯了老朋友好几分钟才开口说话。他用很温和的语气问道："出了什么事吗，希德？"

希德缓缓地抬起头，但眼睛并不直视朱克。尽管希德戴着深色眼镜，但朱克还是看出希德的眼睛有点儿发红。"出了什么事吗，希德？"朱克又问了一遍。

"没什么。"

"你看上去一副很无助的样子。"

"我感到很郁闷。"希德仍然没有接触朱克的目光。

朱克走进希德的办公室，然后关上了门。他从角落里拉过一把虽有些破旧但还算舒服的布艺椅子，坐了下来。"什么事让你这么郁闷？"朱克问。

希德沉默了片刻，答道："是我的学生让我感到郁闷。我为他们操碎了心，可他们并不领我的情。我以为他们会把我当朋友，可是就连我最好的学生乔也辜负了我。"

"我知道你工作一直非常出色，而且我也相信你的学生们都很感激你。"朱克说。

"他们要是真的感激我的话，就不会那样谈论我了。"

"他们怎么说的？"

"他们叫我的外号。"

"叫你的外号？什么情况？"朱克问。

"我那天暗中听到了乔，还有苏，还有迈克斯在一起的谈话。听到他们谈一个人时，称其为'小老头'。我愣了好一会儿才意识到他们这是在说我！这实在太可恶了！给谁起这种外号都不应该啊！"

朱克强忍着笑，没有暴露在脸上。他想起10年前，作为大学新生，自己和希德一起走进比格斯特大学时的情景。其实，那时候大家就已经叫他"小老头希德"了，只是大家好像从来不会当面这么叫他罢了。当然，大家这么叫也很形象，因为当年希德在校园里平时的形体姿态看上去就很老气横秋。现在他的身形更颓了，远远地看过去，的确像一位老人。

希德就像猜出了朱克在想什么，补充道："当然，他们这么叫我是很形象，我现在看起来是不算漂亮。可是，你想，他们多少总该对我尊重些吧，总不能……我当然也希望自己能够拥有完美的身材体型，但是，如果我站得笔直的话，就会感觉不自然。我也不是没有试图让自己的身体笔直过，可我总是会忘记应该保持住这种身姿，在不知不觉中又回到——那种'小老头'的状态。我们无法改掉终生伴随的某个坏习惯。"希德的眼睛耷拉下来，只是盯着自己面前的桌面。

"你刚才说什么？希德。难道你说的是行为原理中的一个新理论吗？'无法改掉终生伴随的某个坏习

[①] 改写自 Amin, N., Rubin, H., O'Brien, E, Ayllon, T., & Roll, D. (1968). Behavioral engineering: Postural control by a portable operant apparatus. *Journal of Applied Behavior Analysis*, 1, 99-108.

惯？'这么说也太蠢了吧，好像在说'既然花了很长的时间才让身形变得那么糟糕，那就必须要花很长的时间才能恢复原来的好身形'。这不是那些头脑简单的诗人才说的话吗？优美的形体姿态只不过是一种行为，而你，可是一位行为分析师哟！所以，还是快打起精神来吧！"

"一边去，少烦我！"希德说。

被希德这么骂，朱克回过味来，他心想，我这是活该啊！我忘记了戴尔·卡耐基曾经说过的一条重要的通用原则：当一个人遇到麻烦时，他最看重的是同情，而不是解决方案。于是，朱克定了定神，把姿态放低，开始向希德输送了一大堆同情，然后，再慢慢回到他自己的那条通用原则上：不要再抱怨麻烦了，要去解决麻烦。朱克慢慢地劝服希德把他遇到的这个麻烦和他妻子唐恩说一说。在希德家，唐恩是一个有实战经验的行为分析师，而希德只是个理论家。

解决方案

周六的早上，希德和唐恩坐在早餐桌前，两人决定一起寻求解决问题的方案。唐恩说："第一个问题是：我们要管理或者要矫正的行为是什么？"

"我的这种小老头一般的塌肩驼背的形体姿态。"

"我觉得未必。"唐恩说，"对于你来说，塌肩驼背也许是某种反应的不存在呢？当你不去做某件特定的事情时，就自然而然地变成这种塌肩驼背的姿态了。"

"好吧，那么，我的反应应该是挺起腰板站直。"希德说。

"那么，接下来我们该说说这个反应的强化物了。"

"拥有一个挺拔巍峨的牛仔身姿，就像克林特·伊斯特伍德在电影里演的那样，并且，再也没有人在背后嘲笑我了。不过，这些好像不会起作用的啊！"

"这是因为你站直了也达不到这种效果。就算笔直地站上一分钟，你也不会成为克林特·伊斯特伍德的，而且即使你站直了，也不能保证别人不再伤你的心。"唐恩说道。

"也是呀。可是，总不能我一站得笔直，就让谁递给我一颗 M&M 豆吧。"

"不。我们需要的是某种自动化的强化程序，它能时时刻刻地跟在你身上。让我先来查阅一下《应用行为分析杂志》上以往的研究文献吧。"

《应用行为分析杂志》是行为分析师的圣经。唐恩通过检索，从中找到伊利诺伊州安娜市安娜州立医院的内森·阿兹林博士与他的同事们所写的一篇研究报告。在这篇报告中，唐恩找到了解决方案。

于是，在比格斯特大学的设备技术人员的帮助下，唐恩和希德制作了一个背带装置，希德可以将这个装置穿戴在自己的身上。①

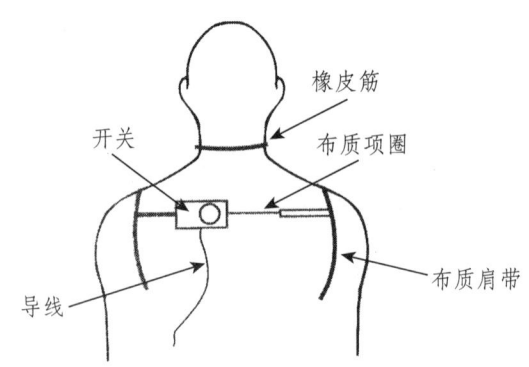

这个装置的后背部分包括一个弹簧开关，两端分别由一根橡皮筋固定。如果希德没能站直或者坐姿歪斜，这个弹簧开关就会被触发打开。只要他没能保持良好的站姿，他的肩膀就会塌下，橡皮筋就会被拉扯而激活开关。开关打开后就会发出一种中等响度的音频，这对大多数人来说都是一种厌恶条件，至少当它出现在社交场合时（这相当于一种电子放屁声）。这个小设备上还安装了一个 3 秒钟的计时器元件，当希德未能保持自己的形体姿态时，他就会听到计时器发出的轻微的滴答声，之后再过 3 秒钟，厌恶的音频就会出现。

结果

如此下来，这个程序运行得非常有效。行为干预之前，希德总是会塌肩驼背。而当他穿戴上了这套装置之后，几乎在所有时间里都避免了自己的塌肩驼背。去掉这个穿戴装置之后，他仍然能够在大多数时间里避免自己的塌肩驼背②（见图 15.1）。他希望自己不久之后在基本不穿戴这个装置的情况下也可以保持住良好的形体姿态。不过，即使他需要一直穿戴这套行为学装置，也不算什么大不了的麻烦，这总比很多人用的那种为了保持健康良好身姿而穿戴的刚硬的背脊支架要轻松得多。

概念

回避依联

现在，让我们再来看一下这位"小老头"——我是说希德，看看这个行为干预当中涉及的依联。我们可以把阿兹林团队开发的这套程序视为**回避依联**（avoidance

---

① 此图的引用已征得原作者和出版社的许可，引自 N.Azirin, H. Rubin, F. O'Brien, T. Ayllon, & D. Roll. (1968). Behavioral Engineering: Postural control by a portable operant apparatus. *Journal of Applied Behavior Analysis*, 1, 102. 版权归实验行为分析协会所有，1968。

② 重磅讨论话题：为什么在这个回避依联去掉之后，回避行为还能维持这么好？为什么这个回避依联的去除不算一种消退？

contingency）。希德通过保持良好形体姿态（即站得笔直和坐得笔直）而回避厌恶音频的呈现。

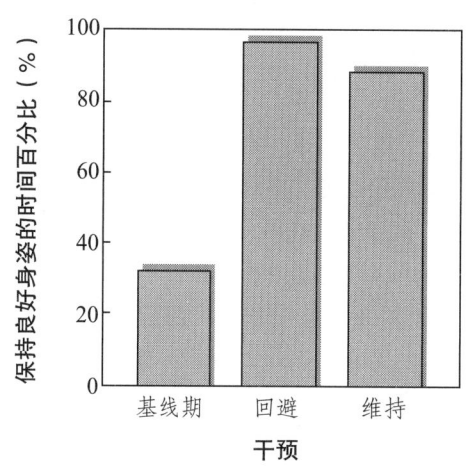

图 15.1　通过保持良好身姿而回避厌恶音频

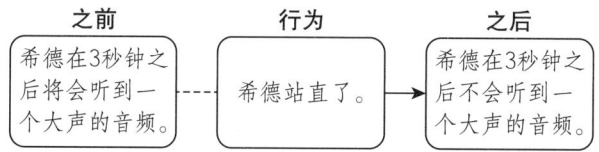

而且，这里还有另外一个刺激。还记得那个计时器发出的滴答声吗？这个警告刺激（warning stimulus）总是在厌恶的音频发出前的 3 秒钟发出。如果希德能一直保持住自己的笔挺身子，就不光能回避那个厌恶的音频，也能回避这个滴答声的警告刺激了。①

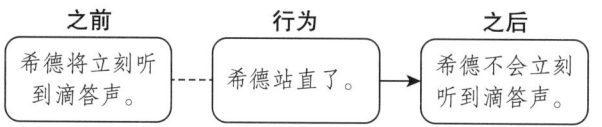

定义：概念

回避依联（Avoidance contingency）
- 依联于反应，
- **防止**呈现
- 一个厌恶条件，
- 导致该反应的频率**增加**。

在背后操纵这个依联的是**回避原理**（avoidance principle）：如果一个反应过去防止了某个厌恶条件的出现，那么未来这个反应的频率将会增加。[请注意，越是立即出现的厌恶条件，回避依联就越有效。换句话说，延迟梯度（delay gradient）适用于回避，正如它适用于强化。但这里会更复杂一点儿，需要小心：在回避当中，我们所谈论的延迟是指反应发生与如果反应不发

---
① **重磅讨论话题**：意念和自我意识在这种干预当中扮演了怎样的角色？

生则厌恶刺激将会出现之间的时间延迟。例如，假设厌恶条件将会在几秒钟之内马上出现，那么，防止此厌恶条件的出现，会极大地强化该回避反应。可是，假如厌恶条件在大约 60 秒钟的时间内不会出现的话，那么对它的防止，就算是能够强化回避反应，也只是很轻微的强化。而且，假如厌恶条件在好几分钟内都不会出现，那么，对它的防止就有可能根本不会强化那个回避反应。]（此外还应注意，回避依联是一种强化依联。也就是说，回避依联会增加回避反应的频率。这是一个通过防止厌恶条件呈现而带来的强化。）

回避依联一直在支撑着我们的生活。让我最能理解回避依联的是在一次开车的时候。那一回，我驾车奔驰在一条八车道高速公路上，往芝加哥赶。

此时此刻，要么你完美谨慎地驾驶，要么你就要玩完了。

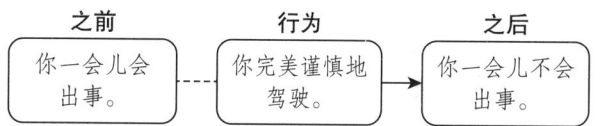

事实上，回避依联不仅在维持着我们汽车的完美运动，还一直在维持着我们身体的熟练运动。好好走路，我们就可以避免由绊倒、摔跤、撞墙和撞门框带来的痛苦。

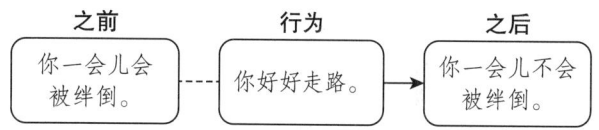

也许，正是因为我们能轻而易举地避免那些轻微的厌恶后果，我们才小看了这些令人厌恶的回避依联在生活中所扮演的重要角色。这些回避依联在塑造行为的过程中非常有效，以至于非要等到我们老了的时候，才会认真地看待它。我们现在走路走得实在太好了，反倒根本没有意识到回避依联的存在。

但是，当你作为一名新手，初玩滑旱冰的时候，可就不一样了。初学滑旱冰的你一定会痛苦地意识到这些依联——啪嚓！你用锤子钉过钉子吗？那么你也有可能已经遇到过其中的回避依联，就在你的手指头与锤子接触的那一刹那——咔嚓！你用刀切过菜吗？切土豆片的时候？咔嚓！你用过电锯子吗？用它切圆木。啧啧！想想心里就一阵凉不是。

问题

1. 名词解释：回避依联，画出一个示意图，说明它可以用于：

A. 促进良好的身体姿态。

B. 维持良好的汽车驾驶。
C. 维持良好的行走。

2．画出一个强化笔直站姿的回避依联示意图。

案例：发育障碍
对厌恶条件的回避（轻微厌恶性的过度纠正）

吉米的目光[①]

苏在帮助孤独症儿童吉米的过程中，运用了对替代行为的差别强化来减少他的捣乱行为。作为希德讲授的行为分析课程中的实践部分，乔和伊芙也一起在梅的学校里帮助吉米。几个人的齐心合力能比苏单独工作为吉米带来更多的帮助，然而他们却没有取得多少进展。于是，行为分析师梅过来观察他们的一节教学课，指出了其中可能存在的问题。

"当我们在某个训练项目上遇到困难的时候，都应该这样问问自己：这个学生是否已经有了必要的先备能力？我们目前所遇到的问题就是，对于大多数教学项目，目光接触就是一个必要的先备能力，而我注意到，吉米一直在东张西望，就是不看你们两个。所以，你们首先应该在这个问题上下些功夫。"

于是他们着手在这个问题上行动起来，每个小节做20个回合的训练，每天做10小节："看我……真棒！"伊芙递给吉米一小块他最爱吃的食物——腊肠。伊芙和乔带着吉米，终于取得了一些进展，但是，进展并不大。吉米与他们的目光接触提高到了训练回合的24%，而经过1000个回合的训练，在这样的回合式教学程序中，这个比率再也无法提高了。他们只好又去找梅求教。

"好的。在行为分析的伦理要求上，你们做得很不错。你们一直在使用强化物，不仅使用了习得性强化物——社会性表扬，还使用了非习得性强化物——吉米最爱吃的食品，腊肠。"梅讲评道。[②]

"可是效果并不够好。"伊芙说。

"是的。伦理准则中有一条说：服务对象有权获得有效的干预。这条准则告诉我们，吉米有权获得有效的干预，即使该干预涉及厌恶控制。所以，你们现在应该

[①] 改写自 Foxx, R. M, (1977). Attention training: The use of overcorrection avoidance to increase the eye contact of autistic and retarded children. *Journal of Applied Behavior Analysis*, 10, 488-499. 也可以参见 Harris, S. L. (1975). Teaching language to nonverbal children with emphasis on problems of generalization. *Psychological Bulletin*, 82, 565-580.

[②] 参考 May, J. G., Risley, T, R., Twardosz, S., Friedman, P., Bijou, S., & Wexler, D. (1975). *Guidelines for the use of behavioral procedures in state programs for retarded persons*. Arlington, TX: National Association for Retarded Citizens.

试一试厌恶控制，因为它可能很有效，而且前面你们已经投入了充分的努力，使用了非厌恶性的程序。"梅说，"理查德·福克斯在安娜州立医院里曾经发展出一个基于过度纠正的回避程序。"

"噢！是的。"乔说，"就是让服务对象就自己的问题行为进行过度的纠正。我们在前面的第4章，关于惩罚的那一章里学习过。当安将医院病房搞得一团糟时，她就会被要求将房间整理得比原先还要整洁。但是，我们又该如何将这种过度纠正用在吉米身上呢？"

"你们无须使用惩罚依联，而应该使用一个回避依联。当吉米回答你提问时看着你，他就避免了一个轻微厌恶性的过度纠正程序。"梅答道，"可如果他不看你的话，那么你就采用福克斯那样的做法。站到吉米身后，告诉他向上看、向下看、向前看。如果他不做，你就用手来引导他的头部，让他朝这三个方向保持15秒钟。然后再回到你的目光接触的训练程序中去。"（注意，这是一个过度纠正程序，尽管其中涉及肢体辅助。）

伊芙和乔运用了福克斯的回避程序，立刻取得了效果：开展回避程序的第一天，吉米的目光接触就从24%上升到了74%。到了第10天，他能做到97%的回合里有目光接触了（见图15.2）。最后，吉米能够"注意"他们俩了，现在伊芙和乔可以继续下去，准备开展更高级的语言训练了。

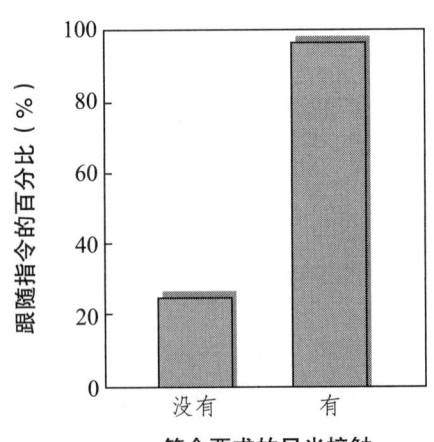

图15.2 通过回避过度纠正改善目光接触，进而改善跟随指令的表现

问题

1．画出这个帮助一个孤独症儿童进行目光接触的

行为依联示意图。

2．这是什么依联？

A．对厌恶条件的回避

B．对强化物失去的回避

C．逃避

D．惩罚

（要想在回答这些问题时更有信心，就去看一看本章或本节的标题吧。）

目光接触[①]

希德的学术讨论课

汤姆：我对"吉米的目光"这一小节有疑问。我认为目光接触并不真的是注意所必需的。我可以在不看人家的情况下去注意那个人，更不必说与他目光接触了。

迈克斯：而且，我就算在与别人目光接触时，有的时候也并没有注意到这个人在说什么或做什么。

伊芙：况且，在某些文化当中，与说话者目光接触是一种不礼貌和不尊重人的表现，因此，有些人会尽可能地避免与他人目光接触。

希德：我同意你们说的，你们都说得很好。但是，设想一下，如果你很难让某个人的行为处于你说出的话的控制之下，这时候你就会着急。说得直白一点儿，设想一下，如果你很难让某个人听你说话，那将会是多么麻烦的事呀！那个人也许正好在看电视，这时候，假如你去关掉电视，然后等他看向你之后，再开始跟他谈话，你是不是觉得这样你所说的会更可能影响这个人的行为？

乔：就是嘛！我们这本书又不是在讲什么生物学知识，或者讲什么文化领域的事情——我们这里讲的目光接触的要求，只是一个比较粗略的概括性原则。

迈克斯：没错，就是这样的。这里所谓的**目光接触的概括性原则**，是指如果你难以让一个人听你说话，那么你就应该确保在你说话之前先获得他的目光接触。

希德：对。虽然目光接触并不是让别人跟随你的指令的充分条件，也不是必要条件，但是，它会很有帮助，尤其是在你帮助孤独症或发育障碍儿童，或是在帮助有学业问题的学龄儿童时。卡罗琳·哈姆雷特、索尔·阿克塞尔罗德和史蒂芬·屈施纳曾经搜集了很多的相关研究数据，支持这个概括性原则。

[①] 本节内容改写自 Hamlet, C. H., Axelrod, S., & Kuerschner, S. (1984). Eye contact as an antecedent to compliant behavior. *Journal of Applied Behavior Analysis*, 17, 553-557.

问题

根据本书的说法，如果某个人（比如一个孤独症儿童）不听你说，你该如何让他的行为处于你的口语指令的刺激控制之下呢？

概念

回避失去的依联

希德的邪恶原罪

正值7月4日美国独立日，烈日炎炎，气温高达39℃，街上不见过往车辆。这一刻，对于希德来说，正是骑自行车的绝好时间。他骑着车驶过当地那家危险的乳制品美食店——那家店释放出高胆固醇、高脂肪、高糖的种种诱惑。希德感到很自豪，他经受住了考验，拒绝了那些美味食品的邪恶诱惑。但是，在烈日下骑了一个小时之后，在返回的途中，他再次经过那家店时，实在忍不住了，进去买了草莓、香草和蓝莓三个口味的冰淇淋球——7月4日独立日嘛，作为一个爱国者，理当来点儿特别的庆贺。接下来，希德继续骑车往家赶，他一只手控制着车把，保持平衡，另一只手拿着他的蛋筒冰淇淋。他要尽全力保证平稳，不让蛋筒顶上摇摇欲坠的冰淇淋球晃掉了，他还要尽快地舔，不让它们在火辣辣的阳光下化成汤。

希德就这样，边保持平衡边快速舔冰淇淋。这种事他以前从来没有做过，但他现在必须这么做，依联于这一行为，可以回避强化物（冰淇淋）的失去。

捣蛋三剑客与回避被罚时出局

曾经有一段时间，梅的学校里有三个调皮捣蛋的七年级孩子。尽管班上的老师使用了代币经济，仍未能制服这捣蛋三剑客。于是，她加入了一个罚时出局的干预程序。之所以使用罚时出局，是因为这三个孩子待在教室里对他们来说似乎就是一种强化物：他们很少迟到，而且基本不旷课（虽然老师恨不得他们少出现在课堂上）。

起初，梅建议这位老师使用基于罚时出局的传统惩罚程序，但是，经过功能分析，看了孩子们捣蛋行为的基线数据之后，梅不打算这么做了。这些孩子在课堂上捣乱的行为简直五花八门，实在无法特别指定对哪些行为应该使用罚时出局来惩罚。于是，她决定采用回避依联，让这三个捣蛋鬼都可以通过努力学习完成任务，避免从教室里被罚时出局。每隔一段时间，老师会用计时器设定几分钟的时间。如果当计时器响起时捣蛋鬼在认真地学习，那就可以待在教室里。如果某个家伙走神、东张西望、吹口哨、打瞌睡、随意下座位、做鬼脸、扔纸团，等等，做了任何与学习无关的事情，那他就会被罚到大厅里去站 3 分钟。不过，你当然懂得，老师绝不会把他们几个人一起罚到大厅里去的，而是严格地每次只罚一个人。这是另一个回避失去强化物带来的强化。

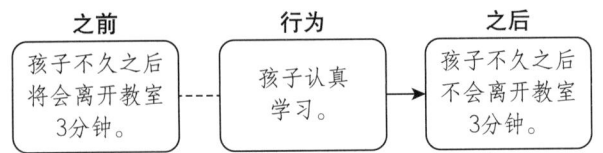

此外，只有这位老师能够看到自己的计时器，那些捣蛋鬼们对此毫无线索，这样他们就无法盯着计时器，无法偷懒耍滑，耍小聪明，他们不知道何时会响铃，而只能一直认真学习（该反应可以避免被罚时出局）。比狡猾，还是梅和老师更胜一筹吧。①

定义：概念

回避失去的依联（Avoidance-of-loss contingency）
- 依联于反应，
- 避免强化物的**失去**，
- 导致该反应出现的频率**增加**。

在背后操纵这个依联的是**回避失去的原理**（principle of avoidance of loss）——如果一个反应过去避免了强化物的失去，那么未来该反应的频率将会增加。

再强调一遍，请注意，这仍是一种强化依联，因为它增加了反应频率。它是一种回避强化物的失去而带来的强化。

问题

名词解释：回避失去的依联，并画出示意图举例说明。

案例：行为学校心理学

回避斥责②

现在是纽约的夏天，森特里奇镇上的 8 名学生参加了一个暑假补习班。这几个孩子中，有的上一年级，有的上二年级，还有的上三年级。在常规的学校课程中，这 8 个孩子的阅读或数学成绩都糟糕透顶，其中有 6 个孩子还存在行为问题。补习班的老师面临的主要挑战是，如何才能让这几名学生长时间地专心于功课，他们只有做到认真上课，才可能完成自己的学业任务，而不

---

① 铃声只是一种对老师的提示，并非孩子们的行为依联中的一部分。

② 改写自 Pfiffner, L. J., & O'Leary, S. G. (1987). The efficacy of all-positive management as a function of the prior use of negative consequences. *Journal of Applied Behavior Analysis*, 20, 265-271.

是像原先那样把时间都浪费在大声叫喊、在座位上跳上跳下，或者坐在那里发呆，甚至打斗——反正你能想象出他们调皮捣蛋的各种行径。

老师一开始只使用强化来奖励他们认真学习——表扬、褒奖性活动，以及公开展示他们完成的作业，等等。无疑这比什么措施都没有要好，但还不够好。随后，老师又增加了更多的强化物——五角星、课间休息、拼图玩具、涂色、看漫画书、帮老师跑腿办点儿差事，以及其他多种超级好玩的强化物。这对他们的认真学习有好处，但仍然不够。

最后，老师决定看看这个问题的另一面。除了呈现强化物强化认真学习的行为之外，何不再加上另一种依联——基于厌恶条件的依联？老师用的这个厌恶条件只是一种简短而特定的斥责——"乔伊斯，回到你的座位上去！认真做功课！""乔伊斯，别干坐着！认真做功课！"

现在，问题来了：这是一种怎样的厌恶控制依联？

A. 呈现斥责而对偷懒的惩罚

B. 回避斥责

好吧，在本书的第 2 版当中，我们把这个例子写在了"惩罚"那一章里。我们学校里的一名学生看了以后说我们错了，说下面这个依联示意图是错误的。

错误的依联示意图

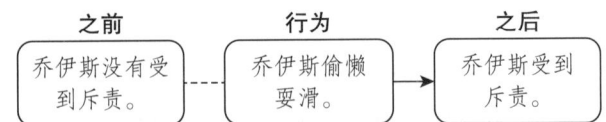

这位同学说，偷懒耍滑是一个很大的反应类——它包括了什么都不做，而什么都不做不是行为。什么都不做无法通过我们前面说过的死人测验。死人就是什么都不做。好吧，假如躺在坟墓里的死人抬起了自己吓人的脑袋，你会怎么样？我们要把他翻过去！如果我们误以为这里存在着一个强化依联，那么实际上这里面存在的是一种惩罚依联；而假如我们以为这里存在着某个惩罚依联，那么实际上这里存在的是一种强化依联——很有可能就是回避依联。也就是说，不是对偷懒耍滑（不认真做功课）的惩罚，而是对认真学习的强化。在这个例子当中，强化通常都是以这种回避依联的形式存在的。

乔伊斯怎样才能避免受到斥责呢？认真学习。

正确的依联示意图

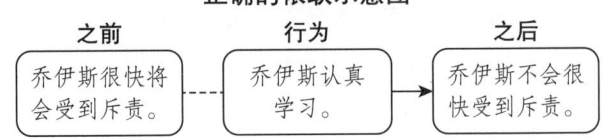

最后，这两种依联组合在一起发挥了作用——对认真做功课这个行为的强化，以及对简短斥责的回避（这

其实真的是另一种形式的强化）。这8名学生最后都步入了正轨，他们的认真学习在学业上见到了成效。当只有强化程序时，他们用在认真完成功课上的时间约为59%，后来老师加入了回避程序，认真完成功课的时间提高到了80%（见图15.3）。

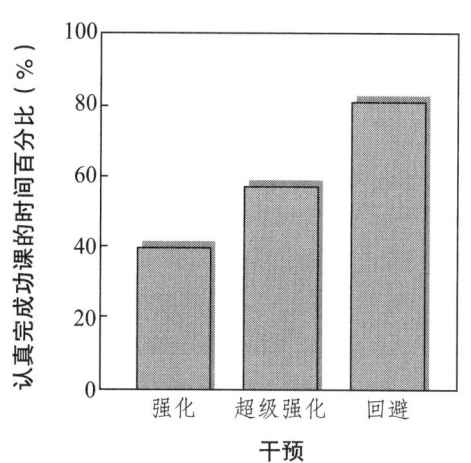

图 15.3 回避对课堂上偷懒耍滑行为的斥责

问题

描述这个使用回避依联帮助学生认真学习的案例，画出其依联示意图，并标注出依联的名称。

对比

逃避与回避

我们来看一看这两种非常相似的强化依联——一种是**对厌恶条件的回避（防止）**（这是我们在本章学习的），另一种是**厌恶条件的去除**（我们在前面学习过的逃避依联）。

对于**回避**，该反应防止接受到某个厌恶条件。例如，在福克斯采用的程序里，在他们的教学项目中，只要吉米看向伊芙或乔，他就回避了一个轻微厌恶性的过度纠正程序。当这种回避程序发挥作用时，吉米看着两位老师的反应就大大增加了。

对于**逃避**，该反应导致了某个厌恶条件的去除。假设，伊芙和乔在每一次要求吉米看过来的时候，就播放一个带有轻微厌恶性的音频；再假设，吉米只要看着他们，就能够逃避这种声音。那么，当这种逃避依联发挥作用时，吉米的目光接触也会大大增加。

简要地说，这两种依联是相似的——回避，防止某种厌恶条件被呈现，而逃避，则是去除了已经被呈现的某个厌恶条件。

问题

比较逃避与回避。

初级进阶

斯金纳箱

回避厌恶条件

不管怎么说，这些回避依联比较容易把人搞蒙。为了把它们讲解得更清楚一些，我们还是来看看最简单的例子吧——到斯金纳箱里去看。下面的四个小节分别讲解四种不同类型的回避。

有提示回避

蜂鸣器（警告刺激）响起，3秒钟后，就会有一个轻微但厌恶的电击出现，持续几秒钟后，电击和蜂鸣器响声都会停止。然而，假设老鼠在蜂鸣器（警告刺激）响起后的3秒钟之内压下杠杆，蜂鸣声就会停掉，老鼠也就能够避免受到电击（电击不会出现了）。再假设，如果老鼠等电击来了之后再去压动杠杆，电击和蜂鸣声也都会随之停止。

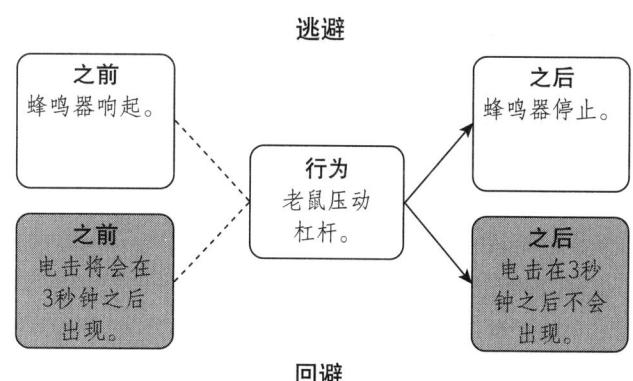

经过一些训练（暴露在这些依联下），逃避电击的依联就会控制压杆行为。电击一旦出现，老鼠就会去压杆。

那么，继续暴露在这些依联之下会发生什么呢？老鼠就会开始在蜂鸣器响起后的3秒钟之内去压动杠杆。在蜂鸣器响起期间，老鼠的压杆不仅使蜂鸣器停止发出声响，而且回避了电击。这里，我们把蜂鸣器的响声称为警告刺激，因为它出现在厌恶刺激之前，但一开始，蜂鸣器响声只是一个中性刺激——中性的意思是，它既不是强化物，也不是厌恶刺激。而经过反复与厌恶刺激匹配，蜂鸣器响声不再是中性的了，它变成了厌恶刺激。

因此，对于有提示回避程序的另一种解读是，我们可以只将它看作一种本书前面讲到过的、不过这里是通过复杂的方式进行的**匹配程序**——将一个中性刺激与一个强化物或厌恶条件进行匹配。而匹配程序又引入了前面讲到过的另一个原理，**价值改变原理**——匹配程序将一个中性刺激转变为一个习得性强化物或习得性厌恶条件。①

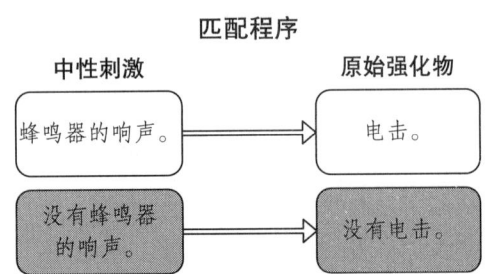

顺便说一句，将某个回避依联称为**有提示回避**，是因为有警告刺激（比如蜂鸣器的响声），它提示了厌恶条件的出现。不过，我们过一会儿就会看到，这其实是一个带有误导性的术语。

连续反应回避

不过，上面说的并不适用于希德。希德也可以避免计时器的滴答声，避免厌恶的音频响声。他是怎么做到的呢？他是通过持续地保持自己的良好身体姿态做到的。

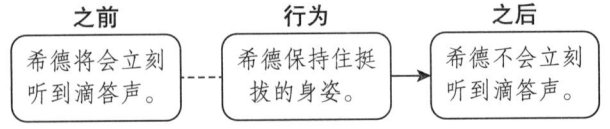

我们怎样才能把这些放到斯金纳箱里去再现呢？我们怎样才能在老鼠鲁道夫身上建立起这样连续的回避反应的依联呢？好吧，我们也许可以这样做，只要鲁道夫持续地下压杠杆，它就能防止蜂鸣器发出声音来。

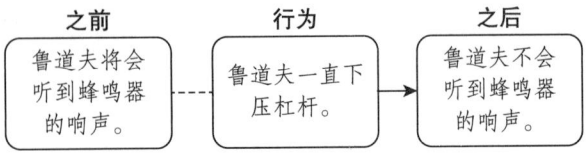

现在，希德通过保持住自己的形体姿态，不仅回避了厌恶的音频响声，而且回避了此前出现的滴答声。

---

① 有些行为分析师认为，这里只是逃避依联在直接地控制着行为。他们认为，这里所谓的回避依联的作用不过是确保蜂鸣器的响声有过充分的匹配历史，从而变得足够厌恶，这样终止蜂鸣器的响声将会强化该逃避反应。

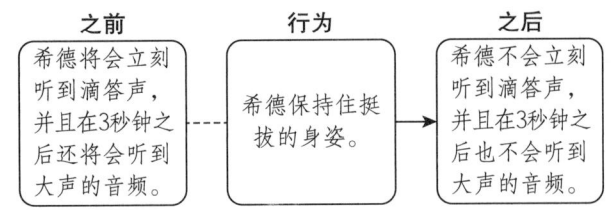

只是短暂地站直，然后又恢复那种习惯性的小老头姿态是不够的。希德必须做出连续反应（continuous response），一直保持这种反应（一直身姿挺拔）才能回避掉那个滴答声。

我们也可以设计一个类似于发生在希德身上的这种组合套装式的依联：老鼠鲁道夫只要一直将杠杆压下，就能回避预先出现的蜂鸣器响声，而且也将回避如果不下压杠杆3秒钟之后就会到来的电击。

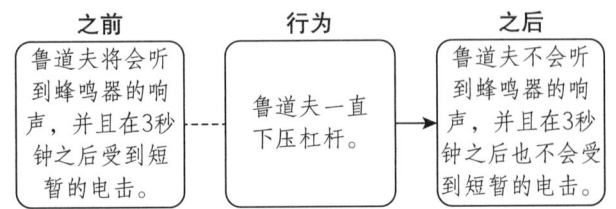

请注意，连续反应回避并不是一定要有这种组合套装，比如，滴答声与音频响声的组合，或者蜂鸣器的响声与电击的组合。希德对滴答声的回避和鲁道夫对蜂鸣器响声的回避，本身就已经是连续反应回避的例子了。

无提示回避

回避的另一种情况是无提示回避（noncued avoidance）。如果老鼠只是坐在那里，什么事情也不做，那么每隔20秒就会出现一个短暂的电击（电击与电击之间有20秒的时距），而且电击前没有警告刺激。如果老鼠压动杠杆的话，那么这个电击会推迟20秒出现（反应与电击之间有20秒的时距）。这样，如果这只老鼠每隔19.99999秒就去压动一次杠杆的话，他就永远也不会受到电击了。我们还可以略微地改变这个依联，让反应与电击的时距为30秒，那么，只要老鼠每隔29.99999秒去压动一次杠杆，他也永远不会受到电击了。

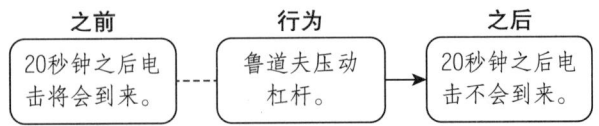

大量使用这种回避程序的研究工作已经在猴子身上进行了。猴子们很快就发展出以适度频率出现的稳定反应，从而回避了几乎所有的电击。

这样的依联是**无提示回避**，因为没有任何显而易见的所谓"警告刺激"（例如，没有蜂鸣器的响声）。

对强化物失去的回避

关于对强化物失去的回避，目前，我们尚不知道任何确切的在斯金纳箱里的研究工作，但是，这里有一个明显的例子：被剥夺了水的老鼠鲁道夫正在一个水碗边喝水。而你是一个害人精，你每隔20秒就会把水碗从斯金纳箱中拿出去，并在箱子外面放置10秒钟。而如果鲁道夫拉动了一个链条，那么你在20秒钟之内就不再坑害他——这是一个对强化物失去的无提示回避。假如鲁道夫每隔19.99999秒就拉动一下链条，那么他就能彻底回避水的失去。

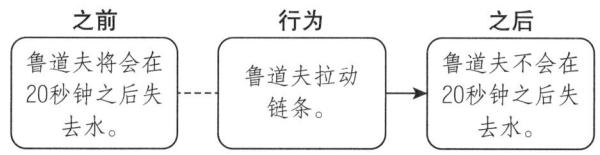

对强化物失去的回避

据我所知，尚未有人真的开展过这项实验。对于那些本科生、硕士研究生甚至博士研究生来说，这也许是个很有意思的研究项目。你感兴趣吗？能做成功吗？如果你打算去做，到时候可别忘了跟我们透露一下啊！

这里恐怕你很容易将回避强化物的失去与处罚依联搞混，可得小心了。下面我会给出一个相应的处罚依联的示意图。

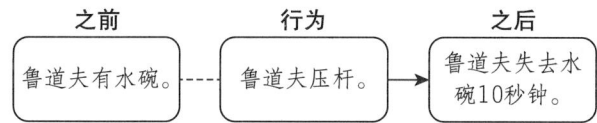

处罚（强化物的失去）

也就是说，在处罚依联中，如果某个特定反应发生，那么强化物就会被去除；而在回避依联中，如果某个特定反应不发生，强化物才会被去除。在回避依联里，强化物的去除**不**依联于该反应。

问题

1．画出斯金纳箱当中有提示回避的依联示意图。

2．画出维持希德挺拔身姿这个案例中涉及连续反应回避的两个例子的示意图。

3．画出斯金纳箱当中连续反应回避的两个例子的示意图。

4．画出斯金纳箱当中无提示回避的示意图。

5．画出斯金纳箱当中回避强化物的失去的示意图。

6．在回避强化物失去当中，强化物的去除是否依联于某个特定反应？为什么？

7．下面这个问题可有点儿难度了，本章中，捣蛋三剑客所接受的回避被罚时出局的干预属于下面哪一种类型的回避呢？

A. 有提示的对强化物失去的回避

B. 无提示的对强化物失去的回避

C. 连续的对强化物失去的回避

日常生活中的回避

要没有回避依联，我们的日常生活早就一团糟了。可以说，要是没有回避依联，你甚至早就夭折了，根本没机会读到我这本宝书中关于你该多么感恩回避的这部分精彩内容。说真的，老弟，想想你上一次驾车去硬石餐厅的情节。在高速路上，要没有回避依联，要不是你一路小心避免意外的发生，你根本就到不了那儿。所以，每当车头哪怕稍微没有对准前方道路时，你就会看到车头向马路牙子稍许偏斜，而这种视觉景象就是一种厌恶刺激，而且这种刺激实在是太细微了，细微到你甚至根本没有意识到它的存在，但你还是会轻轻地向另一侧打转方向盘，从而逃避这样的厌恶刺激。这个逃避反应同样太细微了，细微到你根本没意识到它的存在。然而最终的结果就是让你成功地避免了一场交通事故，没有让你为交通事故的统计数据增添一个案例，至少在那趟路途中没有。

你正坐在餐桌前认真地阅读本节内容，时不时地用荧光笔在书上标画重点。你把荧光笔放在桌上，暂时停止了阅读，静静地思考刚刚读到的那段文字，品味其中的深刻含义，并联想起自己在日常生活中所遇到的各种回避案例。就在这不经意间，你瞥见自己的那支荧光笔正在缓缓滚动，眼看就要跌下桌子了。虽然它掉下去也不算什么大麻烦，但你眼前出现的这个场景仍是一个轻微的厌恶刺激，你立刻伸手抓住了那支荧光笔，然后把它稳当地摆在桌面上，如此就逃避掉了这个厌恶刺激，从而也避免它滚落到地板上。

当然还有喽，你仔细阅读本章内容可以避免自己在随后的测验当中不及格；不过，其实这里的情况还要复杂得多，它是一种基于语言的回避形式，关于这种回避，我们会在本书的第22～24章中进行讨论。

问题

举一个日常生活中的回避依联的例子，说说你是如何从中受益的。

中级进阶

对比

对厌恶条件的回避与厌恶条件的呈现带来的惩罚

对厌恶条件的**回避**而带来的强化与厌恶条件的**呈现**而带来的惩罚,两者有着明显的界限。不过在这里,我们还是很有必要把这条界限画得更清楚一些。你准备好画线用的笔了吗?

我们把一个事件当中的哪个行为视作其中的关键反应,这将决定我们如何看待其中的依联。我们来看一下唐恩那个干预完美身姿的依联。假如我们认为这个关键反应是希德的那种佝偻体态,那么,滴答声和音频响声就是对这个反应的惩罚,于是我们也就有了一个惩罚依联(阿兹林及其同事就是这么看待这个问题的)。而在本章前面的讲解中,我们把完美身姿当作关键反应,于是,我们就有了一个回避依联——完美身姿回避了一个厌恶条件。

这是不是对同一件事存在两种说法——惩罚佝偻身姿是一种说法,而用回避依联强化良好身姿是另一种说法呢?或者,在这里,我们是否可以区分出两个不同的依联?在这里,我们姑且认为这是两件完全不同的事。为什么这么说呢?

在回答这个问题前,我们先复习一下我们最爱的那个死人测验——如果是死人能做到的,那它就不是行为。

死人就是佝偻着身子呀,他们才没有什么良好身姿呢——至少在他们僵硬之前。因此,佝偻着身子无法通过死人测验。

下面我再给你提供一个不那么毛骨悚然的分析:每当希德毫不费力、无所事事时,他就会佝偻着自己的身子。因此,佝偻着身子就是什么也不做,是一个非行为。那么,对于这种无法通过死人测验的假设的行为该怎么分析呢?我们应该**把死人翻过来**,去针对那个相反的行为。佝偻着身子的相反行为是什么呢?是保持良好身姿。而且,当我们翻转死人时,原先我们以为会有一个惩罚依联,这时,往往最终也就自然地变成一个回避依联了。因此,保持良好身姿对于希德来说是费劲的,正是这个反应让他回避掉了那个计时器的滴答声。

总之,如果我们从惩罚依联上翻转死人,就总会得到一个大活人身上的回避依联。这里的内容让你感觉挺头疼的了吧?我们也许可以再看一个例子。

行为超人的惊奇探险

你与你最要好或最喜欢的女友、男友或配偶一起前往迪士尼乐园游玩。你走进那里的"鬼屋城堡",迈进一间不可思议的收缩屋。我的天!看啊!这里发生了什么?这房间的天花板正在下降,慢慢地朝你压下来。你感觉自己简直就像站在一个电梯井的最底部,头顶上的电梯正在缓缓下坠。哈哈,太好玩儿了!它过一会儿就该停下来了,你们咯咯咯咯地不停地乐一会儿就行了。

可是,天花板并没有停下来,它一直在下降。一开始,它让那些个儿高的人被迫低下了头,随后,除小孩子之外,所有人都不得不弯下身子。哦!这玩笑开得有点儿大了!屋内开始有人尖叫,有人大骂,还有人开始捶打墙壁。可是,天花板还是没有停下来,依然继续往地板上压下来。你站在惊恐的女友或者男友或者配偶身边,周围还有一群无辜的游客,大家眼前浮现的只有绝望的濒死景象——完了,我们都会像被压扁的虫子一样被压扁了!

此时的你,不动声色地撩起自己的外衣,露出里面亮蓝色的紧身衣,露出了穿在紧身衣外面的猩红色内裤,你的胸口上印着标志性的黄底红字"BM",那可是你的名号的缩写字母,跟"S"代表"Superman"一样,你的"BM"的意思就是"行为超人"(你要是女生就写BW——行为女超人)。你单膝跪下,抬起自己的两只手臂,掌心向上,举过头顶,你用尽自己的神圣行为力量,向上托举那不断下压的天花板。你现在全身紧张,肌肉绷起,念念有词,头上大汗淋漓(美国东海岸的人常常是这副样子)。可是,你能阻挡住下压的天花板吗?你能将四周无辜的游客们从即将被压扁的尴尬死法中拯救出来吗?你的死敌,那个疯狂的精神分析巫师,难道他能吗?

然而,这时候,你能够从《行为原理》这本宝书当中找到力量,这本书里的文字在你的头脑中奏响了一个个教诲的声音。当你拼命托举着天花板时,你念念有词,而那些话就是来自这本宝书的,你在问自己:

我是在做一个主动的反应吗?

当然了,作为内裤外穿的超人,我当然是在做一个主动的反应。

我这样往上托举着天花板是目标反应吗?

最好是这样吧!

我这是在回避被压扁的尴尬的死亡吗?

试试看吧!

这是一个回避依联吗？

没错，准确地说，这是有提示回避，它是逃避和回避的结合。

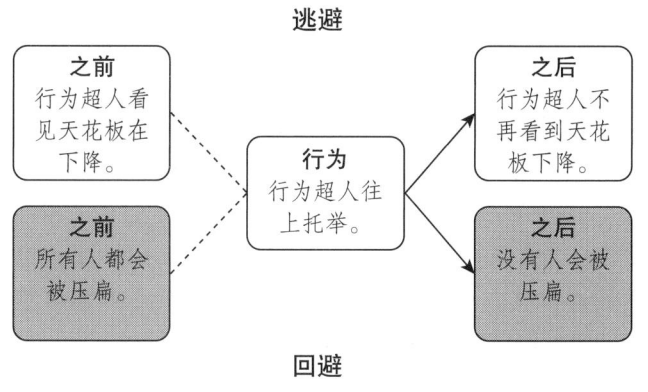

如果我什么都不做，就那么彻底放松下来的话，会被惩罚吗？

对啊，死人测验现在就要显灵了。

小心啊，天花板又下降了1厘米！

我的意思是，这不会受到惩罚，你不能惩罚什么都没有的非行为。

好了，天花板被你顶上去了10厘米。

惩罚一个非行为（不往上托天花板）就会掉入死人测验的陷阱。因此，我们翻转死人，选择不托的反面，就是托，同时选择惩罚的反面，就是回避。

这下清楚了吧，帅哥美女们！BM（BW）做出的是一个回避反应。事实上，他（她）必须保证能一直通过死人测验，不然的话……不然会怎样？你懂的。

死人测验是区分回避与惩罚的一种方法。这里还有第二种方法，有时你也可以求助于这种方法：**所谓的受惩罚的反应是否真的只是一个大的反应类，其中包含了各种可以想象得到的反应？如果是的话，那么我们遇到的就是一个回避依联，而不是一个惩罚依联。**

考虑到你只是个行为普通人，不用像超人那样去托天花板，那你就看看自己那些诸如挖鼻子、挠屁股、说黄段子或者走神打盹的一些例子吧。如果我们拿这些当例子去谈论关于对一个无限庞大的反应类进行惩罚的话，那看起来没什么意义。事实上，我们应该谈论的是一种回避依联，它能够强化一些更小的、类似托天花板这样的反应类。

下一回，行为普通人如果问：我们遇到的是不是一个基于回避强化物失去的依联？或许我们也可以试着用这种方法来解决这个问题。那么，你一定知道该怎么去回答了。

问题

用一个具体的例子对比回避厌恶条件而带来的强化与厌恶条件呈现而带来的惩罚。

- 请你在例子当中应用死人测验。
- 如果所谓的接受惩罚的反应类大到没边儿了，那么讨论这个可以被惩罚的反应类就无意义了。请你对此给出解释。

对比

差别惩罚与差别回避

在第7章里，我们举过几个差别惩罚的例子：对不标准的芭蕾舞动作和非淑女行为的反应类进行惩罚。在那些案例当中，受惩罚的反应类的频率都下降了，未受惩罚的反应类的频率上升了——正确的芭蕾舞动作和淑女行为。这两个案例当中，没有其他选项：要么做的是错误的舞蹈动作，要么做的是正确的动作；要么像个淑女，要么不像。

由于没有其他选项，我们也可以将这种差别依联视作回避依联：正确的舞蹈动作和举止像淑女，这回避了厌恶条件——被罚以固定舞姿站立或被罚反复走楼梯。因此，在没有选项的情况下，差别惩罚和差别回避，这两种依联是一回事。

对比

对强化物失去的回避与强化物的去除带来的惩罚

前面比较了回避厌恶条件而带来的强化与呈现厌恶条件而带来的惩罚——这很有难度，会让你犯晕。好吧，趁你还没彻底晕倒，我们再来做一个对比，比较一下**回避强化物的失去**而带来的强化与前面讲过的——**去除强化物而带来的惩罚**（处罚依联）。

让我们再来看看梅对付那三个捣蛋鬼的干预工作吧。她使用了避免强化物失去的回避依联。认真学习就可以避免被罚时出局，避免"留在教室内"这个强化物的失去。

好的，但是，我们能否将梅的这个程序看作一个去除强化物而带来的惩罚呢？如果非要这样说，那我们惩罚的反应是什么？不认真学习。瞧，又掉进了死人测验的大坑！记住，一旦我们谈论的是对诸如不学习和不做功课这种非行为的强化或者惩罚，事情立马就会变得毫无意义。把一个面包圈放在你面前，你偏偏只盯着中间那个窟窿，那你就等着挨饿吧。

好吧，那我们能不能说梅惩罚了乱扔纸团、乱下座位、故意捣乱呢？虽然可以这么说，但这样说的话，我们很有可能是错的。梅并没有针对扔纸团建立一个依联。如果她真的要建立的话，那差不多应该是这样的：只要这三个捣蛋鬼中有一个扔了纸团，这个干坏事的家伙就会立刻被罚时出局。这样，我们谈论的就算是一个处罚依联。

然而，实际当中的依联并非如此。在梅的回避依联中，捣蛋鬼可能扔了十几次纸团仍然未被罚时出局，为什么不被罚呢？因为有可能虽然他袭击了自己的小伙伴，但他在老师的计时器铃声响起之前又继续学习了，这样的话，他的确是在学习，也因此避免了被罚时出局。

此外，梅只是特别指定了可以避免被罚时出局的反应，但她并没有特别指定将会受到惩罚的反应。

对强化物失去的回避与去除强化物带来的惩罚

	对强化物失去的回避	去除强化物带来的惩罚（处罚）
涉及强化物的去除*	是	是
强化物的去除依联于某个特定反应	否	是
保持强化物依联于某个特定反应	是	否
目标行为的频率	增加	降低

* 要是更精确些的话，也可以这么说，涉及强化物的去除或者强化物去除的可能性。原因是：假如一个人总是做出回避反应，那么也就不存在实际上强化物的去除了，但总是存在如果他不做出该反应就会去除强化物的可能性。再假如，一个人从未做出过某个被处罚的反应，那么，同样也就不存在实际上强化物的去除，但仍然总是存在如果他做出该反应就会去除强化物的可能性。

问题

用两个具体的案例（比如，认真学习的依联和扔纸团的依联），比较对强化物失去的回避与去除强化物带来的惩罚。

- 说明每一个依联如何符合上表当中各个格子里的内容。
- 应用死人测验。
- 如果非回避的反应类太大了，大到没边儿了，那么讨论这个可以被惩罚的反应类就没有意义了。请你对此给出解释。

对比

警告刺激与区辨刺激

在本章当中，我们一直在使用一个术语——**警告刺激**，下面我们进一步对这个术语加以解释。之所以拖到现在才讲解，是因为我们在前面用这个术语已经把内容讲得比较清楚了。

> **定义：概念**
>
> **警告刺激（Warning stimulus）**
> - 在厌恶条件
> - 之前出现的一个刺激，并
> - 因而成为一个习得性厌恶刺激。

我们在讨论有提示回避时才使用警告刺激这个术语。还记得吗？蜂鸣器响起，再过3秒钟电击就会到来，会持续几秒钟。如果老鼠在蜂鸣器响起后的3秒钟之内压动杠杆，那么蜂鸣器就会停止发出响声，老鼠也将回避掉电击（电击就不会再来了）。蜂鸣器响声就是出现在电击呈现之前的刺激。

传统的行为分析师在分析这个依联时，将这个警告刺激看作一个区辨刺激，但我认为不应该这么看。我们先来复习一下区辨刺激的定义——当该刺激呈现时，某个反应将会被强化。对于有提示回避，这意味着什么呢？好吧，传统的看法是，警告刺激（蜂鸣器响声）就是这个当其呈现时反应（压杆）将会被强化（蜂鸣器响声终止或回避电击）的刺激。

然而，我认为最好还是**将警告刺激的呈现视为一个行为的之前条件——动因条件**（motivating condition）。也就是说，如果说警告刺激呈现时，逃避／回避反应将会被强化，那么相当于说，当无食物这个刺激呈现时，获取食物的反应将会被强化。你必须有一个无食物的动因条件，才能让获取食物具有强化效力。这就比较靠谱了。假设，在斯金纳箱中，对于老鼠逃避电击的情形来说，这里的电击是行为的之前条件，是动因操作，但它不是 S^D。在老鼠有"动力"去压动杠杆之前，电击一定存在。再假设，我们将蜂鸣器响声与电击匹配，因而让蜂鸣器响声变为一种厌恶条件，这样老鼠在斯金纳箱中就可以逃避这个厌恶的蜂鸣器响声了。而在此，蜂鸣器响声就是一个之前条件，是动因操作，但它不是一个 S^D。我们怎么才能为这种逃避蜂鸣器响声的行为依联建立起一个 S^D 呢？我们可以在里面加入一盏灯，作为 S^D。当灯亮起时，压杆反应可以逃避蜂鸣器响声；而当灯熄灭时，压杆反应不能逃避蜂鸣器响声。灯，而非蜂鸣器响声，才是 S^D。我们在为有提示回避的依联建立 S^D 的时候，情况也是一样的。

现在，你可以歇歇，请深吸一口气，然后来看看下面这个示意图。别慌！你只需要花一两分钟就能看明白这是怎么一回事了。它很有逻辑，很有意义。一旦你理解了，你自己画这种示意图时就再也不会有问题了，也无须再去死记硬背所有细节了，你差不多仅凭逻辑就能知道是怎么一回事了！①

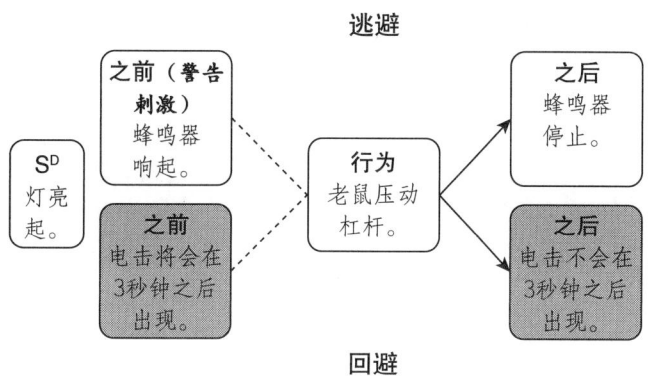

请注意，下面这个示意图中的 S^Δ 依联是一个消退依联。

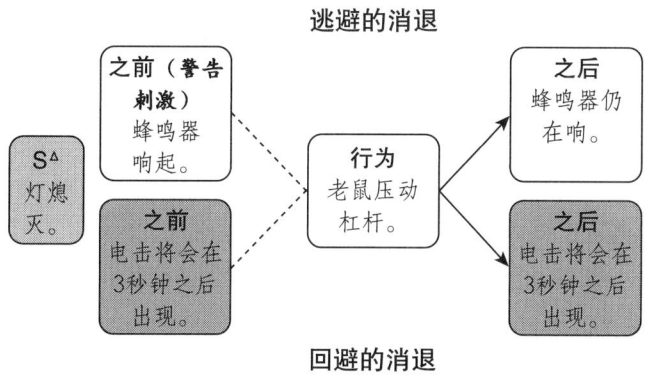

还有困惑吗？就算有，我也不会批评你的，这部分内容实在有点儿难。不过，如果你想要彻彻底底地搞懂这部分，那就来 DickMalott.com 网站吧，来做做我为这章准备的家庭作业吧。

问题

1．名词解释：警告刺激，并举例说明。
2．画出一个带有 S^D 和 S^Δ 的有提示回避的依联示意图。
3．描述一个涉及区辨刺激的逃避或回避依联的例子，并解释该依联中警告刺激与区辨刺激之间的不同。
4．在依联示意图中，应该把警告刺激放在哪里？

研究方法

使用预研究帮助我们整装待发

在前文中，回避依联的干预程序在理论上可以帮助希德，让他保持一个良好的身体姿态，但在实际当中，唐恩和希德遇到了当初阿兹林团队遇到的问题，随

---

① 传统术语中使用的警告刺激和提示（cue）似乎反映了行为学领域早期的一些糊涂认识，说明最初研究回避的研究者们也犯了常见的错误，误将行为之前条件当作了 S^D。这个术语给如今的学生在学习道路上制造了一些麻烦。抱歉。

后，他们采取了同样的解决方案。他们遇到的问题就是假警告——厌恶的音频会在即便希德保持良好身姿的时候也响起。当希德转动肩膀回头时，背部会短暂地呈弓形，因而会激发那个音频发生器。为此，他们给这套装置增加了一个 3 秒钟的计时器。它能提供 3 秒钟的自由时间，在这段时间里，希德无须保持自己的身姿，也无须把背挺得笔直。

当希德伸展手臂时，他的肩胛骨就会移动，就会激发计时器。于是，他们将肩带绑在他的肩胛骨上面。当希德向前弯腰时，这也会激发计时器。于是，他们又增加了一个倾斜开关，在希德前倾角度不超过 10 度时，它就能避免计时器开始计时。现在，他们准备正式投入使用了，而这一切凝聚了他们的诸多努力，需要他们先对最初的干预进行认真的改进和完善。这诠释了**关于伟大创新的一条通用原则**：新点子只有在你至少进行了三次修改之后才会有用。

这个有效程序的开发过程里出现的种种插曲，让我们得到了另外两条通用原则。

- 对任何一个新点子，在实际应用前，你需要留出时间对它反复进行修正（开展预研究）。
- 当你的伟大的新点子第一次未能奏效时，甚至第二次、第三次也未能奏效时，不要放弃。

问题

关于伟大创新的通用原则是什么？举例说明。

有提示回避和条件型厌恶刺激

吉米的目光

在本章前面的内容当中，我们读到了利用回避依联帮助吉米与老师进行目光接触的案例。我们当时只画出了这个回避依联的示意图，但这个回避依联只有在老师说"看着我"之后才能奏效，因此，这里我们得到的其实是一个有提示回避的依联。那么，问题来了，这里的警告刺激是什么？换句话说，这个逃避依联的之前条件是什么？

我们的第一个答案也许是，"看着我"是之前条件，因为吉米听到"看着我"之后两秒钟，就会接受一个过度纠正。

嗯，不过这只说对了一部分，而非全部。问题是"看着我"与经典的斯金纳箱里的逃避/回避实验中的蜂鸣器响起有所不同。最主要的不同之处在于，那个蜂鸣器响起后直到老鼠压杆做出逃避反应才会停止，或者直到电击呈现才会停止。而吉米的老师并**没有**一直说"看

着我~我~我~我……",直到吉米看过来才停止,或者直到两秒钟过去了,要对他进行过度纠正时才停止。实际上,老师只是简短地说出"看着我",随后的两秒钟是沉默的,然后吉米才会接受过度纠正。但是现在,即便吉米立刻看向老师,他也无法逃避刚刚已经听到的"看着我"了。那么,吉米看向老师时真正逃避掉的是什么呢?

下面的内容会让你很费脑筋:我认为吉米逃避的是几个刺激的组合。我认为他逃避的刺激既源于他未看着老师,也源于他刚刚听到"看着我"。吉米未看老师的脸以及他刚刚听到的"看着我"是复合刺激或条件型刺激,该刺激与过度纠正进行了匹配。因此,我们可以说,吉米未看老师已经成为一种习得性厌恶刺激,条件是他刚刚听到了"看着我"。只有这两种刺激的组合才会与过度纠正形成匹配,其中任何一种刺激本身都没有与过度纠正形成匹配。例如,"看着我"之后立刻跟随老师脸部的视觉形象,这并不与过度纠正相匹配。

这样,我们有了一个**条件型刺激**:一个刺激的各个要素,只有当它们都组合在一起时才具有价值或功能,否则,单独的要素只是相对中性的。在这个案例当中,我们拥有的条件型刺激是一种**条件型(组合型)厌恶刺激**;没有老师脸部的视觉形象是厌恶的,条件(与之组合的)是老师刚刚说出"看着我"。

我说了,这一段内容是很费脑筋的。

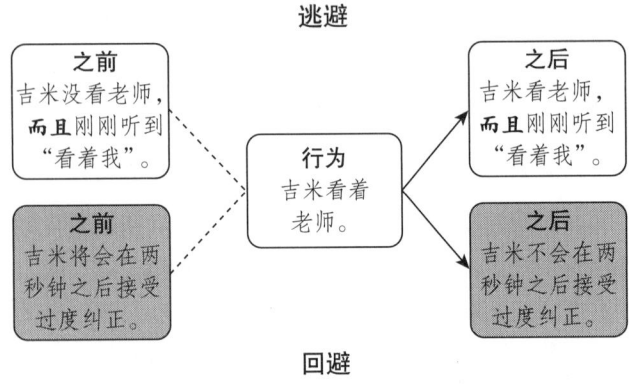

希德的佝偻身姿

我的一名学生曾经指出,希德站姿端正就回避了蜂鸣器响声,这个依联也是一个有提示的逃避/回避依联,因为希德逃避了一个条件型的习得性厌恶刺激。好吧,我听了这位学生的质疑之后,花费了一个小时、两罐健怡可乐,才终于画出了下面这个示意图。我从中得出结论,这位学生说的是正确的。

由此,我推测,希德最开始使用这套行为学矫姿装置时,只有当他听见计时器的滴答声响起时,他未站直

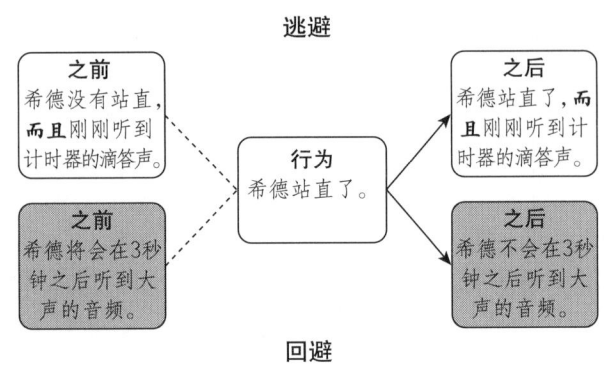

(佝偻身姿)而带来的本体感觉刺激才会是一种习得性厌恶刺激,这是条件型厌恶刺激。于是,这个示意图当中的依联就起作用了。然而,如果希德基本上一直穿戴着这套装置的话,那么我推测,佝偻身子带来的本体感觉刺激可能已经变成一种简单的习得性厌恶刺激了,而且会继续厌恶下去,因为这些刺激会一直与大声的音频相匹配,即使给这个发出温柔的滴答声的计时器安上消音器,它们也会继续厌恶下去。

问题

针对这个基于理查德·福克斯研究的目光接触训练程序,请你画出它的逃避/回避依联示意图。

目的论

目的论(teleology)是用未来的事情解释当前的事,说的是未来导致了过去。下面就是一段关于目的论的说法:我们的祖先进化出了耳朵和鼻子,因此我们这些后人才有了这些部位来戴眼镜。如今绝大多数人都会觉得目的论的说法存在逻辑错误。尚未发生的事情会影响现在正在发生的事,对于我们来说,这听上去很不合理。例如,耳朵和鼻子的进化显然不会受到科技进步的影响,眼镜的发明是在进化出耳朵和鼻子若干万年之后才出现的。眼镜的发明才不会导致我们进化出耳朵和鼻子呢。

之所以要在本章谈及这个目的论,是因为有一些更喜欢做理论思考的学生曾经问我:回避依联是不是一种目的论说法?它是不是在逻辑上存在错误?这些学生之所以会问出这个涉及目的论的问题,是因为我们在讲之前条件时说:老鼠**将会**在20秒之后受到电击。

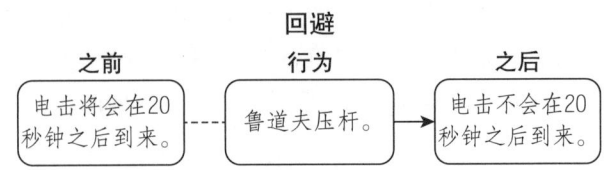

我们还是先画出上面这个依联示意图来看看吧,示意图中的箭头从之前条件开始,指向反应,这表示之前

条件导致了该反应。换句话说，这看上去像在说，避免未来的电击导致了现在的压杆行为，对不对？

错！我们可从来没有说过在回避依联当中，避免未来的电击导致了现在的压杆反应。事实上，我们说的是，过去发生过的压杆反应避免了电击，这强化了这类压杆反应，所以压杆反应增加了。

也许我们再看一下通用的强化依联示意图可以帮助你理解回避依联。

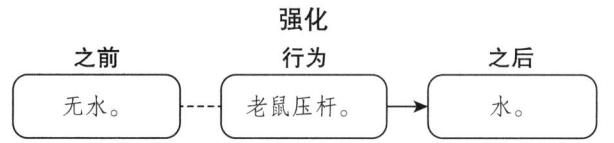

我们知道，在上面这个依联当中，斯金纳箱中的老鼠在一开始时是不会压动杠杆的，哪怕他被剥夺了水。但是，通过塑造或仅仅碰运气，他最终确实压动了杠杆，并且得到了一滴水。水就强化了压杆反应，它的压杆频率于是增加了。

强化物增加了它所跟随的反应，回避厌恶条件增加了它所跟随的反应，这两者的结果都不会影响过去的行为，而都会增加未来的行为。因此，示意图中从之前条件到反应的这个箭头代表的真正含义只是之前条件早于行为。

问题

1. 什么是目的论？
2. 为什么说我们的回避依联示意图并不是一种源于目的论的解释？

在 DickMalott.com 网站上，你还将读到：

孤独症进阶
第 15 章　高级学习目标
第 15 章　高级进阶
· 回避的理论
· 分子理论：两因素理论
· 摩尔理论：厌恶刺激频率的总体降低
· 分子理论与摩尔理论的对比
· 并存的回避依联与惩罚依联

第 16 章 由避免而带来的惩罚［对其他行为的差别强化（DRO）］

行为分析师认证委员会第 4 版任务清单

D-15 运用正惩罚与负惩罚。

D-21 运用差别强化（例如，对其他行为的差别强化，对替代行为的差别强化，对不兼容行为的差别强化，对低频率行为的差别强化，对高频率行为的差别强化）。

基础知识

概念

避免厌恶刺激的去除而带来的惩罚[1]

希德说："我眼睛里进了一粒沙子，疼死我了！"（这的确是一个厌恶刺激。）

"坚持一下，我去拿个棉签帮你把它弄出来。"唐恩说。

她手里拿着棉签，开始了救援行动。"希德，你现在必须坚持不动，这样我才能帮你把沙子弄出来。"（去除厌恶刺激。）"要是你不停地眨眼睛的话，我根本就没办法弄啊！"（避免厌恶刺激的去除。）

这样的一个避免依联因而有可能对眨眼行为带来惩罚。如果真是这样的话，那么希德就应该做一个积极配合治疗的好病人（少眨眼睛），唐恩也才能反复尝试自己的救援行动，帮他把那个该死的沙粒从眼睛里取出来。

避免厌恶刺激的去除而带来的惩罚

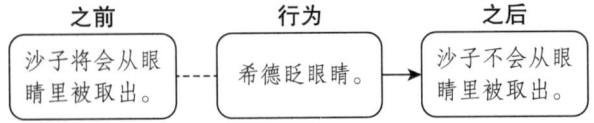

还记得那个牧羊人与爪子上有木刺的狮子的寓言吗？所有人都会为这个勇敢的牧羊人喝彩，他有胆量帮助狮子从它爪子上取出一根木刺。但是，你们有谁想过那头狮子吗？想一想，这头狮子同样是多么勇敢啊，每一次牧羊人试着给它拔刺的时候，如果它不能坚持住而晃动自己的爪子，那可就惨了。这与希德和唐恩的例子是同样的依联——狮子的动作反应将会避免那根厌恶木刺的去除。

1. 请你将下面这个示意图填写完整。

避免厌恶刺激的去除而带来的惩罚[2]

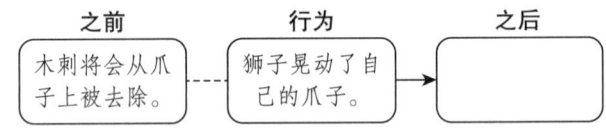

这些依联都不是刻意而为的，这个世界本来就是这么运作的。你还记得你跟你哥哥打斗的情景吗？他将你的双手扭在身后（这是个厌恶刺激），你不停地叫喊："放开我，你个混蛋！"而他就会把这个依联解释给你听，他回应道："我才不会放开你呢，除非你停止骂我混蛋。"——这就是一个惩罚依联——反应（骂混蛋）避免了厌恶刺激（你的胳膊被反扭）的去除。

2. 请你画出被哥哥欺负这个例子的行为依联示意图，图中的行为是你骂哥哥混蛋。

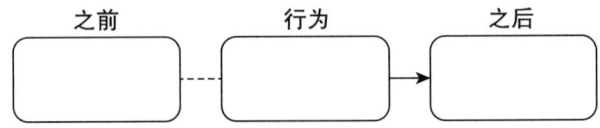

在背后操纵这个依联的是基于**由避免而带来的惩罚的原理**（principle of punishment by prevention）：如果一个反应过去避免了厌恶刺激的去除，那么这个反应的出现频率

---

[1] 是的，没错，我们很清楚地知道这里应该使用依联这个词，但只有斤斤计较的小心眼儿才会非要这么刻板地坚持永远保持一致呢。

[2] 请注意，在这个依联示意图里，我们并没说狮子真的晃动了自己的爪子，我们只是说，**如果**它动了自己的爪子，那么木刺就无法被去除。换句话说，我们在此只是要提醒你，这个行为依联示意图并不是说出现了某个行为，而只是说如果该行为的确出现了将会发生什么。

就会减少。这就是避免厌恶刺激的去除而带来的惩罚。

> **定义：概念**
>
> **避免厌恶刺激的去除而带来的惩罚（Punishment-by-prevention-of-removal contingency）**
> - 依联于反应，
> - **避免去除**
> - 一个厌恶刺激，
> - 导致该反应出现的频率**下降**。

下面这段话或许有助于你理解这个避免依联：假如，一个人什么也不做，厌恶刺激就消失了，而如果他做出了一个受惩罚的反应，则该厌恶刺激就不会消失。那么，在这种情况下，你遇到的就是一个避免厌恶刺激的去除而带来的惩罚。

问题

名词解释：由避免而带来的惩罚依联，并画出示意图举例说明。

案例

比尔的自抽脸部的行为[①]

比尔是一位有极重度智力障碍的青年，他在一家州立机构里生活了十多年。他经常会狠力抽打自己的脸，这使得他总是一副鼻青脸肿的样子。行为分析师亨利·科尔特着手对他开展一系列的行为分析干预，每次干预持续15分钟。在干预中，亨利每隔15秒钟就会喂比尔一勺稠厚的麦芽奶昔。但是，只有当比尔在每个15秒钟的时距内不抽打自己脸部的时候，亨利才会提供给他奶昔；如果他抽打了自己，那么亨利就要等45秒钟之后才会再次给他一勺奶昔。[②]

实际中的避免强化物的呈现

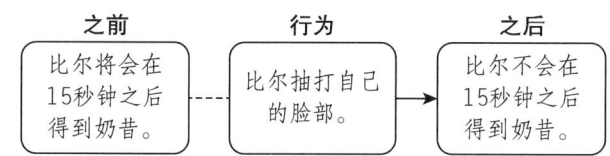

[①] 改写自 Corte, H.E., Wolf, M. M., & Locke, B. J. (1971). A comparison of procedures for eliminating self-injurious behavior of retarded adolescents. *Journal of Applied Behavior Analysis*, 4, 201-213. 图16.1 也源自该篇论文。

[②] 我知道也许有人很想详细了解这个程序，好吧，具体是这样的：在45秒钟时距内的头30秒钟出现抽打自己脸部的行为，那么，这不影响给予一勺奶昔。但是，如果是发生在45秒钟时距的后15秒钟内，那么，这会避免奶昔的提供，而且比尔会重新等45秒钟。（这里相当复杂，我很抱歉在这里提及这个细节，不过，如果不提及的话，总是有些人会问这个细节。）

> **定义：概念**
>
> **避免强化物的呈现而带来的惩罚依联（Punishment-by-prevention-of-a-reinforcer contingency）**
> - 依联于反应，
> - **避免**
> - 一个强化物的呈现，
> - **导致该反应出现的频率下降。**

那么，这里亨利使用的是一种什么样的依联呢？只要比尔表现得好，他每隔15秒钟就会得到一勺奶昔（强化物），但是如果他抽打自己的脸，那他在45秒钟之内就不能再得到奶昔了。因此，抽打自己脸的反应避免了奶昔这个强化物的呈现。这种对正常发生的强化物呈现的避免，抑制或者惩罚了比尔的自抽行为。换句话说，亨利使用的是一种惩罚依联。更准确地说，他使用的是**避免强化物（奶昔）的呈现而带来的惩罚依联**。

在背后操纵这个依联的是**避免强化物的呈现而带来的惩罚的原理**（principle of punishment by prevention of a reinforcer）：如果一个反应过去避免了强化物的呈现，那么这个反应的出现频率就会减少。

这套干预的效果怎么样呢？比尔的自抽行为快速地下降了，从基线期的每个15分钟干预时段中出现20次反应，下降到使用惩罚依联时的0次反应（见图16.1）。

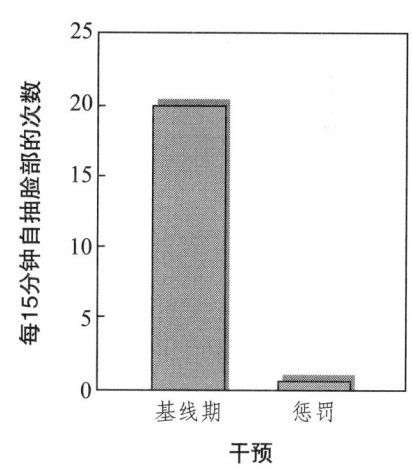

图 16.1　惩罚减少了自抽脸部的行为

问题

名词解释：避免强化物的呈现而带来的惩罚依联，并画出一个运用该依联帮助降低自抽行为的示意图。

对比

避免强化物的呈现与去除强化物

我们来看一下这两个相似的惩罚依联——避免强化物的呈现(我们现在正在学习的)与去除强化物(我们前面学习过的处罚依联)。请注意,这两个惩罚依联都涉及减少与强化物的接触。

所谓**避免**(prevention),指的是反应避免了一个强化物的获取。例如,比尔每一次抽打自己的脸,就会避免正常情况下亨利喂过来的一勺奶昔。在这个依联发挥作用后,比尔的自抽行为就消失了。而所谓**去除**(removal),指的是反应导致了一个强化物被去除。例如,假设比尔正在自己吃一整杯的奶昔,而每当比尔抽打自己的脸时,亨利就会把这杯奶昔拿走一小段时间。这个依联发挥作用后,也可以消除比尔的抽脸行为。

假设的强化物的去除

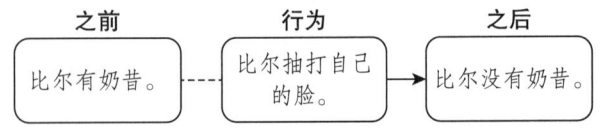

上面这个依联并不是亨利在实际中使用的,而是一个如果他使用的话也能奏效的依联。我们为了更清晰地区分这两种类型的惩罚依联,把它的示意图也画出来放在这里对比。

简而言之,这两种惩罚依联很相似——一种是避免强化物被呈现出来,而另一种是去除已经被呈现的强化物。

问题

举例并分别画出依联示意图,对比避免强化物呈现而带来的惩罚与去除强化物而带来的惩罚。

对比

四种基本的行为依联与它们的避免

我们先来复习一下本书最初几章中讲到的四种基本的行为依联。正如你从下面这张表里看到的,我们有两种条件、刺激或事件,它们是强化物和厌恶刺激。我们还有处理这两种刺激的两个方法,我们可以依联于一个反应来呈现它们或者去除它们。我们呈现或者去除一个强化物或一个厌恶刺激,这决定了我们得到的是强化、惩罚、逃避,还是处罚。(请记住,逃避其实是一种特殊类型的强化,处罚其实是一种特殊类型的惩罚。)

四种基本行为依联的列联表

	呈现	去除
强化物	强化↑	处罚↓
厌恶刺激	惩罚↓	逃避↑

注意:要记住,这里的↑意味着反应频率的增加,↓意味着反应频率的下降。

在本章中,我们所学习的要比这复杂得多。我们将避免加入这四种基本依联,而一旦加上避免,就完全反转了依联的效果。例如,呈现强化物会增加目标反应的频率,这是一个强化依联。但是,避免强化物的呈现则会降低该目标反应的频率,这是一个惩罚依联。加上避免同样会反转其他三种依联的效果,请看下面这张表。

四种基本依联的避免的列联表

	避免呈现	避免去除
强化物	惩罚↓	回避↑
厌恶刺激	回避↑	惩罚↓

问题

1. 填写描述四种基本依联的列联表以及描述它们的避免的列联表。

警告:很多同学在测验中在此跌了跟头哦!

2. 画出描述这四种基本依联效果的示意图以及描述它们的避免依联效果的示意图。
3. 用文字描述这八种依联及其效果。

案例

使用惩罚依联减少一个儿童对牙医的恐惧[①]

"唐恩,格林太太打来电话。"秘书报告说。

格林太太?格林太太是谁?唐恩一边想着一边接过电话。

"唐恩,我是陶德的妈妈。几个月前,您曾经帮助我解决了他的大便问题。"

"哦!是的。"唐恩笑了,她想起那个爱吃泡泡糖的孩子。"陶德现在怎么样?"

"他现在大便自理得很好,但是我们又遇到了一个新问题。我想这回您也一定能够帮得上我。"格林太太说。

"什么问题?"唐恩问道。

"陶德对牙医诊所非常恐惧,我们已经预约了10次,因为他需要那么多的牙科处理。我曾经硬把他拉到那里,可一到那儿,他就脸色发白,浑身哆嗦,就像一条可怜的小狗一般。他会尖叫和打人,所以他从来谈不

[①] 改写自 Allen, K. D., & Stokes, T. F. (1987). Use of escape and reward in the management of young children during dental treatment. *Journal of Applied Behavior Analysis*, 20, 381-390. 本节课文中的数据来自这篇论文。

上配合治疗。在这种情况下，胡克医生根本没法给他看牙，我们已经浪费4次就诊机会了。"

"下一次去看牙医是什么时候？"唐恩问。

"下周二的下午两点钟。"格林太太答。

唐恩如约来到那个牙医诊所，她想看一看陶德在现场的情况。当陶德来到诊所后，牙科护士卡萝尔向陶德讲解过一会儿胡克医生将要做些什么，以及他会有怎样的感觉。随后，胡克医生来了，他说："如果你安静地待着，我就会在结束的时候给你一个奖品。"但是，陶德不吃这套，他开始哭起来，一直紧闭着嘴不肯张口，闷声闷气地哭着。在整整60分钟的就诊时间里，他这样抗拒了52分钟，占了全部就诊时间的88%。最后，他没有看成牙医，当然也没有得到什么奖品。

唐恩从一篇论文当中找到了一个巧妙的干预方案。这是西弗吉尼亚大学的基思·艾伦当年所做的博士论文，西弗吉尼亚大学是一家重要的行为分析研究中心。唐恩需要牙科护士卡萝尔的帮助，她们俩联起手来，在下一次去看胡克医生之前，带领陶德进行了一些练习。在练习中，卡萝尔对陶德说："当我们给你做牙科治疗时，你要是能安安静静地躺着，那你就成了一名医疗大助手。一旦你成了医疗大助手，我们就会停止一会儿对你的牙科处理，让你休息一下。"然后，卡萝尔打开了一个没有钻头的牙钻，逐渐将它靠近陶德的嘴边。只要陶德不捣乱，唐恩就允许陶德每3秒钟"休息一下"。（每次陶德出现捣乱举动，就会避免厌恶的钻头声的结束，直到捣乱过后再等3秒钟，钻头声才停下来。如果他在每个3秒钟内都出现捣乱行为的话，那卡萝尔就一直都不关闭钻头。这就是一个惩罚依联——避免厌恶刺激的去除而带来的惩罚。）

避免厌恶刺激的去除而带来的惩罚

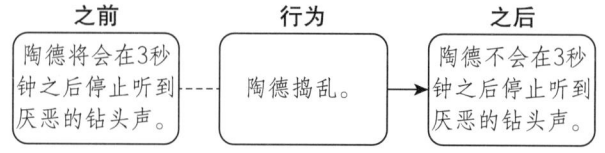

当陶德不能保持安静的时候，唐恩和卡萝尔就不跟他说话，而且回避任何目光接触，并且略微转过身去，但卡萝尔的钻头会继续开着，继续对他"进行处理"（因此，陶德的捣乱行为在这里还受到了去除关注的惩罚——处罚依联）。

处罚

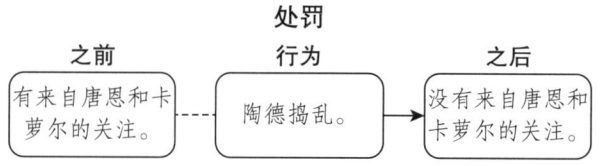

在陶德能够稳定地保持安静3秒钟之后，唐恩将标准提高到了10秒钟。这时候，每10秒钟的时距内出现的第一次捣乱行为就会避免钻头的厌恶声响的停止，因而受到惩罚。在陶德能够稳定地保持安静10秒钟之后，唐恩就将标准提高到20秒钟，最终达到了30秒钟。

在陶德掌握了安静应对钻头的技能之后，她们开始对牙科诊所中陶德最害怕的另外5个医疗程序进行干预：牙齿检查、口腔吸水、麻药注射（无针头）、放置橡皮垫以及修补牙齿的程序。

唐恩和卡萝尔还加入了第三种惩罚依联：她们会定期地表扬陶德，并给他小贴纸，除非他出现了捣乱行为——避免强化物的呈现而带来的惩罚。她们将小贴纸贴在一张彩色的提示卡上，卡上画着一个被切成6块的馅饼。提示卡被挂在陶德头上的牙科灯上，这样他就能很容易地看到它。每当陶德挣得了全部的贴纸，就能将整幅图画贴完整了，这张图也就归他了，这可真是个对所有人都管用的强化物啊。

避免强化物呈现而带来的惩罚

在陶德对每一项牙科程序都能坚持30秒钟不出现捣乱行为之后，唐恩和卡萝尔对他进行了一个6分钟的测试。在每一次真的去见牙医就诊之前，她们都会做这个测试。在测验当中，她们对全部的6个诊疗程序分别做了1分钟的测试。如果陶德能在每个诊疗程序中成功地让自己的捣乱行为不超过15秒钟，就算通过了测试，然后，胡克医生就会走进来，开始真正的牙科治疗。但是陶德有两次未能通过牙科诊疗程序测试，因此，唐恩和卡萝尔针对他失败的那些牙科程序进行了更多的练习和测试。

不久之后，陶德做好了准备，可以面对胡克医生了。在真正的牙科治疗开始前，陶德从一组很便宜的玩具当中选择了一个。卡萝尔将这个玩具放在柜台里，并对陶德说，如果他能成为胡克医生在治疗过程中的医疗大助手的话，那这个玩具就送给他，让他带回家。随后，她们渐渐地提高了标准：只有当陶德比上一次就诊时的捣乱行为减少了15%时，他才能得到这个奖励玩具。最后，她们给陶德定下的标准是：至少在30%的就诊时间里不捣乱——这是一个普通孩子能做到的水平。

这项干预成功了！陶德的捣乱行为从一开始占就诊时间的88%下降到最后的不到15%（见图16.2）。也就是说，用传统的方法，陶德在每小时里会有52分钟在捣乱，而在行为学干预之下，他每小时的捣乱时间不超过 6 分钟了。而且，唐恩和卡萝尔每次给陶德做练习的时间也越来越少。她们在头两次就诊前花了 45 分钟来做练习，而到了第 5 次就诊时，只花了 6 分钟做练习。又一次，格林太太把唐恩当成了女神。而这也给胡克医生留下了深刻的印象，他让卡萝尔和唐恩继续运用同样的程序对另外 4 个孩子进行干预。这套干预程序对这些孩子都很奏效。

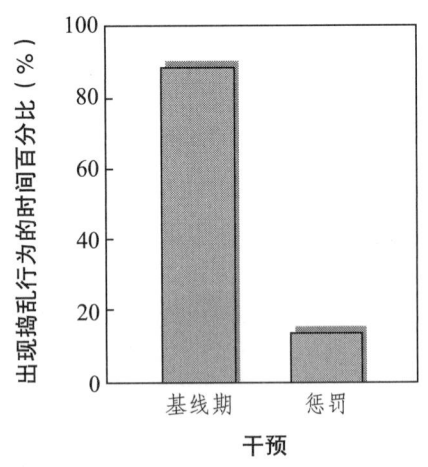

图 16.2　惩罚减少了牙科就诊时的捣乱行为

分析

最初，我们认为这套程序涉及的是逃避依联和强化依联，还涉及塑造。因此，我们曾经将这个个案研究放在"塑造"一章里，但是，陶德·纳多伊指出，这些都是惩罚依联（陶德·纳多伊可不是这个故事当中的那个小陶德，他是我行为分析研究生研讨课上的一名学生）。因而，现在我们在这个关于惩罚的章节里来讨论这个案例。下面说说我们是如何发生这样的转变的。

这里的逃避行为是什么？什么样的行为会由于逃避依联而得到强化？

对逃避依联进行的错误分析

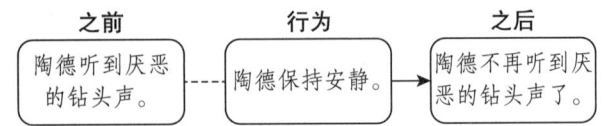

保持安静是行为吗？它能通过死人测验吗？死人能做出这个行为吗？

没错！死人能够保持安静。然而，行为是死人做不出来的举动，因此，这也就意味着保持安静不是行为。

那么，怎样才能找到我们应该分析的行为呢？

翻转死人！保持安静的反面是什么？

是捣乱行为吗？

是的。那么，怎么才能找到恰当的依联呢？

翻转那个死人的依联。逃避厌恶刺激带来的强化，其反面是什么呢？

避免厌恶刺激（厌恶的钻头声）的去除而带来的惩罚。

避免厌恶条件的去除而带来的惩罚

因此，这是一个惩罚依联——避免厌恶刺激的去除而带来的对捣乱的惩罚。之所以说这是惩罚，是因为这降低了捣乱的频率。

那么，那些表扬和小贴纸的强化物又该怎么说呢？

只要陶德不捣乱，它们每隔几秒钟就会到来。对此，一位稚嫩的新手可能会做出如下的分析：

对强化依联进行的错误分析

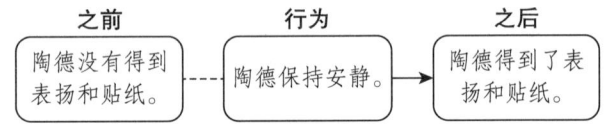

但是，我们有位老朋友——死人，在他的帮助下，我们不会再如此轻易地被愚弄了。在这里，我们再一次看出，保持**安静**不是行为。因此，我们应该再一次翻转死人，将捣乱作为要分析的行为；并且，我们还要翻转死人的依联，找到强化物的呈现而带来的强化的反面——避免强化物的呈现而带来的惩罚。

避免强化物的呈现而带来的惩罚

于是，我们得到了另一个惩罚依联，但是这一回，它是一个由于避免强化物的呈现而带来的对捣乱行为的惩罚。

再看，唐恩渐渐地增加了对陶德无捣乱行为的持续时间的要求。这是一个塑造程序吗？

这个问题比较难。因为它要是塑造的话，那么这个持续时间就应该是被塑造的行为的一个维度。如果保持安静是一个行为的话，那么持续时间就可以看作保持安静的一个维度。然而，保持安静不是行为，我们要分析的行为是捣乱。唐恩也不是在渐渐地改变捣乱行为的持续时间，事实上，她改变的只是依联发挥作用时的持续时间。所以，这不是塑造。

我们还可以从另一个角度来看这个问题：要记住，

我们要分析的反应是捣乱。因此，如果这是塑造的话，唐恩应该是在渐渐地增加或减少（在本案例当中是减少）陶德捣乱的持续时间，那些表扬和贴纸的失去是依联于捣乱的。她也许会在开始时只惩罚持续10秒钟的捣乱，进而塑造持续时间变得越来越短的捣乱行为。那么，她应该逐渐地缩短自己能够允许的捣乱持续时间的长度。但是唐恩并没有这么做，事实上，她直奔最终行为，惩罚哪怕持续时间极短的捣乱行为。因此，这也再次说明唐恩所做的不是塑造。

问题

描述一个干预案例，它运用基于避免的惩罚依联减少了一个孩子在牙科治疗过程中的捣乱行为。请你说出其中的：

A. 反应类
B. 惩罚依联
C. 结果
D. 主要的依联是惩罚而不是逃避的原因
E. 这不是一个塑造程序的原因

初级进阶

斯金纳箱

惩罚：避免厌恶刺激的去除

我们尚不知道谁曾经做过这种避免厌恶刺激的去除的实验，但是，或许这么做就可以了。我们将一只老鼠放进斯金纳箱里，并通过每压一次杆就产生一滴水来强化它的压杆反应。当老鼠掌握了压杆技能后，我们再在老鼠继续压杆时打开一盏明亮的照射灯（对于实验室小白鼠来说，明亮的光线是一个轻微的厌恶刺激，因为它们的红眼睛缺乏必要的色素保护）。如果老鼠停止压杆5秒钟，那么灯就会被关掉。压杆避免了厌恶亮光的去除，因而这形成了一个惩罚依联，会降低老鼠的压杆频率，尽管这个压杆反应会产生具有强化效力的水。

你为什么要强化压杆反应呢？因为这样就可以确保出现一个频率足够高的反应，进而也就可以展示这个惩罚依联的效果了。（每当你要运用一个惩罚依联时，你都需要有一个反应来接受惩罚，因而你就需要用一个强化依联来让这个反应出现。）从某种意义上说，这个强化依联与这个惩罚依联相互竞争以控制这个行为。①

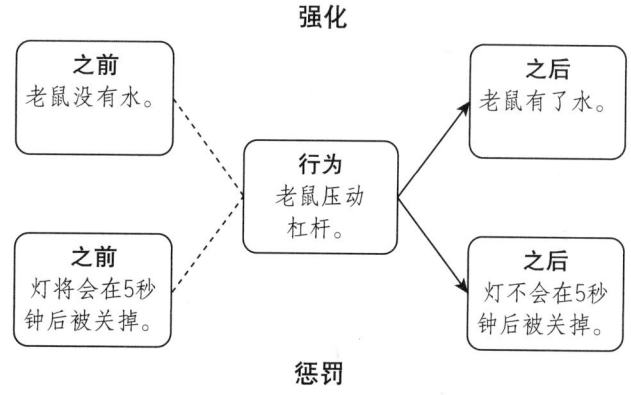

问题

画出斯金纳箱当中这个避免厌恶刺激的去除而带来的惩罚程序的示意图。

---

① 和第4章一样，我们在本章的基础知识一节当中复习了惩罚的案例，看我们能否在这些依联示意图当中添加这样的能够维持行为的强化依联。此外，也如同第4章一样，这些案例都没有涉及用以找出强化依联的功能分析，而我们只能勉强地推测那些强化依联可能是什么。

中级进阶

争议：对比

由避免而带来的惩罚与对其他行为的差别强化（DRO）（D-21）

还记得前面讲到的比尔吗？那个有极重度智力障碍的年轻人，经常用力地抽打自己的脸部，以至于总是把自己搞得鼻青脸肿的。在此，我们再来讨论一下亨利·科尔特所使用的减少这个问题行为的程序，但是这回让我们从强化的角度来讨论，而不是从惩罚的角度来谈。

亨利每隔15秒钟会给比尔一勺奶昔，如果比尔在这15秒钟里不抽打自己的脸的话。传统上，行为分析师把这个依联称作对其他行为的差别强化（differential reinforcement of other behavior, DRO）。换句话说，亨利强化了除自抽脸部之外的其他所有行为——亨利差别强化了非自抽脸部的行为。

你可以这样看：假设一个 15 秒钟的无抽脸行为的时距。在这 15 秒钟的时距内，会出现其他行为；而在这个时距结束时，比尔会得到一勺奶昔，这时候，奶昔强化了他的其他行为，尤其是靠近这个时距结束时出现的那些行为（也就是在奶昔呈现之前出现的行为）。

对除了抽脸之外的其他行为的差别强化

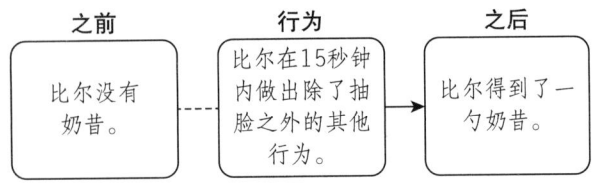

在前面，我们将这描述为一个避免强化物的呈现而带来的惩罚——比尔的抽脸行为避免了强化物奶昔的呈现。因此，我们在这里也再一次将这个惩罚依联的示意图画出来。

避免奶昔强化物的呈现而带来的对抽脸行为的惩罚

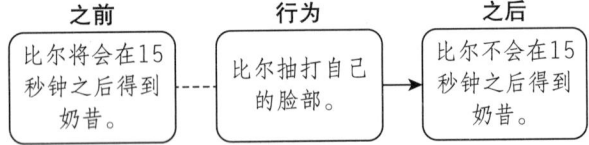

那么，问题来了：我们既可以将这个依联视为避免强化物的呈现而带来的惩罚，也可以视为对其他行为的强化，那么这两种看法是否都对呢？是不是说我们用哪种说法都无所谓呢？我们的看法：不对；我们认为，你如何看待这个依联，这很有所谓。

还记得我们在前面说过的吗？我们主张把眼睛盯在面包圈上，而不要盯着中间的那个空洞。要把眼睛盯在行为上，而不要盯在非行为——非自抽脸部上。亨利并非真的想要用这个依联来增加什么其他行为，他想要做的只是减少比尔的自抽脸部。我们认为，一旦我们谈论的是强化非行为或者强化其他行为，我们就有可能失去目标。这里，这个目标就是减少某个特定的反应——自抽行为出现的频率，它才是这个依联要针对的反应。简而言之，我们认为，对其他行为的差别强化这个术语会产生误导，不过，很多行为分析师并不这么认为——事实上，你的导师也许就不这么认为，你自己可能也不这么认为。那么，好吧，我索性把它的定义给你写出来：
对其他行为的差别强化——如果目标反应在一个固定时距内未出现，那么强化物就会在这个时距之后被呈现。（这个时距通常是从上一次强化物的呈现或者上一次目标反应的出现开始计时，哪一个最后发生就以哪一个为准开始计时。）

> **定义：概念**
>
> **对其他行为的差别强化**（Differential reinforcement of other behavior, DRO）
> - 在一个固定时距之后，
> - 如果目标反应在该时距内未出现，
> - 就会呈现强化物。

我们之所以在此向你提供 DRO 的定义，是因为这个概念实在太受欢迎了；但是我们真的认为，除非是为了沟通上的需要，否则你不必使用这个定义。

问题

1. 举例说明对其他行为的差别强化，并画出你所举的例子的依联示意图。
2. 从避免强化物的呈现而带来的惩罚与对其他行为的差别强化这两个视角进行分析是否都对？请阐释你的观点。

> 在 DickMalott.com 网站上，你还将读到：
> 孤独症进阶
> 第 16 章　高级学习目标
> 第 16 章　高级进阶
> - 吉米的撞头
> - 避免强化物的呈现而带来的惩罚（DRO）与替代行为程序
> - 体现强化作用的充分的控制条件

第 17 章　比率程序表

行为分析师认证委员会第 4 版任务清单

D-02　运用适当的强化参数与强化程序表。

D-08　运用回合尝试教学与自由操作教学。

D-17　运用适当的惩罚参数与惩罚程序表。

FK-21　强化程序表与惩罚程序表

基础知识

案例

拿骚的潜水少年

巴哈马拿骚的码头熙熙攘攘，聚集着来自世界各地的游客，尽管他们的身材、外貌、年龄和性格各不相同，但他们的脖子上都挂着沉重的相机，宛若他们的身份标志牌一样。在中美洲炙热的阳光照射下，这里的游客皮肤都晒得通红，人人都戴着太阳镜，汗流浃背。巴哈马星号、迈阿密号、阿丽雅德妮号，还有任性号……一艘艘从迈阿密驶来的游轮停靠在码头上，整个海港涌满了来自异域的猎奇的人流。

港湾里的海水清澈湛蓝，一群巴哈马当地的少年早早就准备好了，他们聚集在码头上，在那里等待着机会的到来。所有游客在获得登岸许可之前，暂时还不能踏上巴哈马的陆地，而这些少年也还不能近身向游客们索要小礼品。

"嘿，太太，你往海里扔一枚硬币吧，看我把它捞上来！"

于是，时不时会有游客将一枚硬币抛进海湾清澈的海水中。当硬币刚刚飞出游客的掌心时，这些少年就开始扑打起水面，热切地盯着那一枚在空中飞翔的硬币，如同一群猫在紧紧盯着空中飞过的一条沙丁鱼。随后，漩涡翻滚，他们在海面上消失了，全都潜入水下，追逐着那枚正在往五米深的海底下沉的硬币。不一会儿，潜水的少年一个个开始返回水面，其中必定有一个少年将自己的手高高地举过头顶，洋溢着胜利的笑容，向周围所有人骄傲地展示着他的战利品。在他的手中，一枚硬币在阳光下熠熠发光。

我曾经非常着迷地把一个下午最美好的时光都花在对这群巴哈马少年的观察上了。我注意到其中的一个男孩，他与其他伙伴比起来个头要小，在这种潜水竞逐当中，他毫无优势可言。这个少年有一双棕色的眼睛，在海水的长期浸泡下，已经变得有些深红。我看到他至少有 20 次，或许有 30 次潜入水下，但随后两手空空地返回水面，大口大口地喘着气。看到他越来越累，我最后甚至希望他别再下潜了，我直接给他钱算了，可就在这时，一名游客又向海里扔了一枚硬币。这一次，我没有盯着他，我想这一回他应该已经爬上了一根码头木桩，在那上面休息呢。哦，不，他在那儿！他从水下跃出，右手高高地举过头顶，小小的手指间紧紧地夹着一枚硬币。他向四周所有人炫耀着自己的战利品，然后充满活力地一下从水中跃上了码头。而这时，又有一名游客扔出了硬币，他随即第一个跳回了水中。

概念

强化程序表

这位巴哈马少年的行为，展示出了我们在日常生活中有时就能看到的一个行为特征：并非每一次尝试都能带来成功。这里的成功，就是我们说的强化。因此，对于这种强化的出现并不会跟随在每一次反应之后的情况，行为分析师提出使用这样一个术语，即间歇强化（intermittent reinforcement）；另外还有一个术语，叫作连续强化（continuous reinforcement），行为分析师用它来描述强化总是出现在每次反应之后的情况。例如，你的教授每次讲段子时你都笑，那么，你就是在以一个**连续强化**程序表（continuous reinforcement schedule）强化他讲段子的行为。

> **定义：概念**
> **连续强化（Continuous reinforcement, CRF）**
> · 强化物跟随于每一次反应。

如果你只是偶尔对一个段子发笑，那你就是在以一个**间歇强化**程序表（intermittent reinforcement schedule）强化他讲段子的行为。

> **定义：概念**
> **间歇强化（Intermittent reinforcement）**
> · 强化物只是偶尔地跟随于反应的强化程序表。

连续强化要比间歇强化明确得多。换句话说，就算知道间歇强化在起作用，也必须知道一个反应进行多少次才会产生一次强化，以及在什么条件下才会产生强化。**强化程序表**（schedule of reinforcement）指的就是强化出现的这种特定方式。

> **定义：概念**
> **强化程序表（Schedule of reinforcement）**
> · 强化出现的方式，它涉及
> · 反应次数、
> · 强化之后所经历的时间、
> · 反应之间的时间间隔，
> · 以及刺激条件。

连续强化通常在对难度较高的行为进行塑造或维持时效果最好。还记得第8章里的安德鲁吗？他曾经沉默无语长达19年，直到最后在行为分析师的帮助下重新开口说话。行为分析师在最开始时强化安德鲁的嘴唇运动，进而强化他每一个越来越向正常说话迈进的行为，然后再强化他发出的模糊语音，帮助他向构成一个单词的方向迈进，最后强化他的说话。行为分析师运用了连续强化程序表；换句话说，她强化了安德鲁每一个符合当前塑造阶段强化标准的行为。假如她只是运用间歇强化的话，那她对安德鲁开口说话的塑造工作就很难成功，甚至根本就不可能实现。

问题

1．名词解释：间歇强化，并用这个术语描述和讲解潜水少年竞逐硬币的行为。

2．名词解释：连续强化，并举一个日常生活中的例子。

3．名词解释：强化程序表。

4．哪种类型的强化程序表在行为塑造中效果最好？请举例说明。

概念：实验行为分析
固定比率强化程序表

在斯金纳箱里，行为分析师曾经对间歇强化做过广泛的研究，其中最常见的一种就是**固定比率程序表**（fixed-ratio schedule）。例如，鲁道夫必须要压动杠杆达到固定的次数才能得到一次强化。

> **定义：概念**
> **固定比率（FR）强化程序表[Fixed-ratio（FR）schedule of reinforcement]**
> · 强化物依联于
> · 固定次数的反应中的最后一次反应。

如果是一个相当大的比率，比如说100次反应才得到一次强化物，那么，在这种情况下，反应通常会出现一种固定的模式——反应高频率地出现，直到强化物出现，随后，在再次开始之前会有一个反应暂停。

> **定义：原理**
> **固定比率的反应（Fixed-ratio responding）**
> · 反应被强化之后，
> · 在一段时间内，反应不再出现；
> · 随后，反应再次以稳定的高频率出现，
> · 直到下一次强化物出现。

在图17.1中，水平方向（x轴/横坐标）表示时间，每一根竖线则代表一次反应；而在这个比率为8的例子中，每当第8次反应结束时，会获得一个强化物（用五角星表示）。每一个强化物之后，竖线是空的，这表明反应在一段时间内没有出现。这个处于消费强化物之后与下一次特定比率的反应开始之前的暂停，被称作**强化后暂停**（post-reinforcement pause）。在现实当中，仅仅8次反应的固定比率也许尚不足以产生这样一个明显的强化后暂停，至少对于经过良好训练的老鼠来说还不够。

强化后暂停也是通过固定比率而获得维持的行为的一个特征。暂停的时间长度与比率的大小是成正比的。比率越大，暂停时间就越长；比率越小，暂停时间也就越短。在极小的固定比率程序表中，强化后暂停可能会短得让人无法发现。

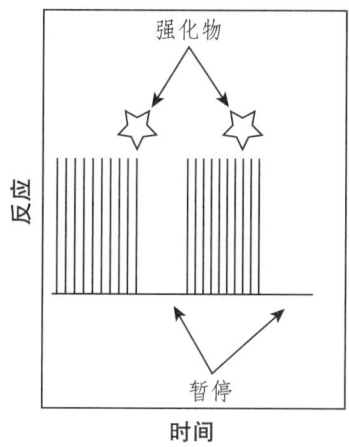

图 17.1 非累积图

如果要建立一个高数值的比率强化程序表,那我们就应该渐进地提高比率,从 2 次反应到 4 次反应,再到 6 次反应,直到更高的比率,而且需要在每一个比率上进行大量的训练并提供大量的强化物,否则,反应就会消退。因此,**建立间歇式被强化的行为时,有一条通用原则**:首先要采用连续强化,当反应能稳定地高频出现时,再渐进地增加强化的间隔。

最终的比率越高,从较低的起始比率开始逐渐地引向最终比率也就越重要。如果我们追求的比率过高过快,那么反应就会消退。这种由于程序错误而导致的消退就是所谓的比率过度。

通过逐渐提高要求,我们就可以将维持行为所需的强化物数量降至最低。渐渐地,我们最后能够使用极少的强化物维持一个高频的行为。杰克·芬德利博士曾经渐进地让一只鸽子以 FR 20000 的比率做出反应:鸽子做出 20000 次啄击后才得到几克谷物。尽管此时得到的谷物只比在通常的强化程序中得到的多一点儿,但这只鸽子却能不知疲倦地快速啄击差不多一天的时间。①

但是,鸽子是怎么数到 20000 的呢?如果你问出了这个问题,那说明你对于固定比率程序表还存在一个常见的误解。计数并不是执行一个固定比率程序表所必需的。不管这只鸽子是否计数,在鸽子做出所需数量的反应之后,强化总会出现。固定比率程序表的有效性绝对不取决于计数能力!这只鸽子只是啄呀啄,直到强化物到来。

时常会有学生对固定比率程序表的要求感到困惑,所以,再说得详细一点儿。假设鲁道夫的压杆反应以 FR 120 的固定比率得以强化,那就意味着他第一次压杆的时候没有得到水,第二次没有得到水,一直到第 119 次都没有得到水,但是他的第 120 次压杆会产生一滴具有强化效力的水。随后,鲁道夫将会重新开始,在接下来的这一轮中,同样地,它的第一次压杆不会产生任何东西,如此一直到它的第 119 次压杆也不会产生任何东西,但它的第 120 次压杆又将产生强化物。前面的 119 次压杆反应所具有的效果,只是让鲁道夫离会得到强化的第 120 次压杆越来越近。而且,人和其他动物一样,通常在每次获得强化物之后都会暂停一会儿,尤其是在有一个很大的固定比率的强化程序表的情况下。但是,固定比率程序表并未要求他们必须这样做,他们可以花最短的时间风驰电掣地做出反应,暂停的时间也很短,只够他们去捡起辛辛苦苦得来的强化物;或者他们也可以优哉游哉地做出反应,慢腾腾的速度足以让实验人员昏昏入睡。无论怎么做,只要做到了固定次数的反应,他们就能得到强化物,并接着开始新一轮的固定比率。

问题

1. 名词解释:固定比率强化程序表,并举例说明。
2. 举例说明:强化后暂停。
3. 在固定比率强化程序表中,暂停时间的长短与比率的大小之间的关系是怎样的?
4. 如何才能逐步实现高比率的要求?
5. 行为分析师所说的"比率过度"是什么意思?
6. 要让鸽子按照固定比率 20000 的强化程序表做出反应,它必须要能够计数自己的反应次数吗?为什么?
7. **警告**:这里有一个同学们经常栽跟头的地方:按照一个固定比率程序表而进行的反应有哪些要求?例如,按照该程序表做出反应的这个家伙必须要能够计数吗?

概念:实验行为分析

累积图

另一种数据作图的方式是累积图(cumulative graph),或者叫累积记录(cumulative record)(见图 17.2)。研究强化程序表时,行为分析师经常会使用这种类型的图。下面是对鲁道夫按照 FR 120 做出反应时的累积记录。

我们用纵轴来表示反应的累积频率(cumulative frequency of responses),相对应地,在非累积图中,我们在纵轴上只是标出了反应。在这两种图中,横轴所代表的意思是一样的。

---
① 基于 1971 年我们与杰克·芬德利博士的私下沟通。

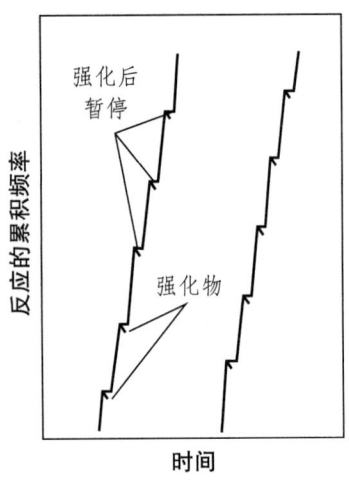

图 17.2　累积图

在累积记录中，我们可以看到，鲁道夫做出第一次反应之后，继续快速地压杆，直至完成比率要求的次数而得到强化物。我们还可以看到"强化后暂停"，那里的直线斜率为 0，是水平线。这表明，在一段时间内没有反应出现，随后，鲁道夫又重新开始了压杆反应。非累积图和累积图在行为分析师描述行为和行为变化时都会用到。

问题

分别画出一个累积频率图和一个非累积频率图。

概念

可变比率强化程序表

现在，我们再来看另一种比率程序表——**可变比率（VR）强化程序表**（variable-ratio schedule of reinforcement）。我们将它产生的行为模式称为**可变比率反应**（variable-ratio responding）。

> **定义：概念**
>
> **可变比率（VR）强化程序表 [Variable-ratio（VR）schedule of reinforcement]**
> - 强化物依联于
> - 可变次数的反应中的最后一次反应。

> **定义：原理**
>
> **可变比率反应（Variable-ratio responding）**
> - 可变比率程序表产生的
> - 几乎没有任何强化后暂停的
> - 高频率反应。

CRF 和 FR 分别是连续强化和固定比率这两种强化程序表的英文字母缩写，VR 则是可变比率强化程序表的英文缩写。我们在这个符号后面跟一个数字来表示特定数值的 VR 程序表。这里可以拿 VR 50 举例，讨论这个特定数值的程序表。如果你以为这里的 50 表示的是反应次数，那你说对了。可是，这个 50 与 FR 50 里的数字含义不同，它并不表示一组反应，或者说不代表一个固定的反应次数，在可变比率里的 50，是指获得强化物所需的一个平均反应次数。

对于如何清楚地用日常生活中的例子讲解可变比率程序表，我曾经很头疼。幸好我在网上向其他行为分析师发出了求助信息，他们给了我好多好建议。（我在本书中引用他们所给出的这些好例子，我想他们应该不会在意这些文字的版权问题吧。）

- 史蒂夫·斯塔德在"蠢莱坞"星球上的美好时光里，经常能偶遇一些美女。他最爱用的搭讪的话就是"嗨，美人，你是什么星座的？"不管你信不信，反正我信了，他这么做有时真的会得到强化。不过很有可能，这是一个很大的可变比率程序表的强化，对吧？而且不幸的是，这里还有一个很小的可变比率程序表的惩罚呢。[1]
- 普贝森特·保罗借口说自己近来对文化人类学萌生了兴趣，于是他获准从父母那里借来他们收藏的《国家地理杂志》的旧刊，其实，他只是为了能偶尔翻看那些原始部落的裸胸女孩的照片。他这个翻杂志而获得强化物的程序表大约为 VR 350。[2]
- 我家那只训练得不咋地的狗狗，能听从我的命令坐下。有时，它要听我连续下达好几次"坐下"命令之后，才会让我看到"狗狗端坐"的具有强化效力的情景，也有时，它听到我的第一声"坐下"就会执行命令。这里不是要讨论我家的狗狗的表现管理依联是如何明显的差劲，我要说的是，这里有一个可变比率程序表正控制着我下达"坐下"命令的行为。[3]
- 老师有时会发现淘气的鲍伯在欺负其他小朋友，但很多次鲍伯掐人或打人的时候，他并没有被老师抓住。当鲍伯被抓时，他就会被罚时出局 5 分钟。我们以为，这里就是 VR 惩罚。我们推测，在现实生活中，VR 惩罚要比 VR 强化更常见。

---

[1] 感谢西密歇根大学的行为治疗师莱斯特·赖特，为我们用虚构的故事写了一个如此清晰的例子。
[2] 感谢俄亥俄州立大学特殊教育专业的研究生萨亚卡·隐多，要是看到我把她那天真无邪的例子写在这里，她也许会羞红了脸。
[3] 感谢我在西密歇根大学组织行为管理专业的校友丹·西科拉，他不仅给出了一个很好的可变比率的例子，而且还证明了，不涉及性的例子也可以很有趣。

- 电视迷保罗的电视机出毛病了，屏幕画面时不时地翻滚，这让保罗很恼火。不过，这时他若上去敲打电视机，画面可能就不再翻滚了，电视图像也就没那么惹他生气了（除非他最讨厌的那个主持人巴尼出现在屏幕上）。但是，有时他敲一两下，画面就会停止翻滚，而有时他却不得不对着电视机多敲打好几下（这真是一个 VR 逃避的好例子）。
- 此外，家长时常会通过具有强化效力的满足孩子的要求，或者提供某种能分散孩子注意力的强化物来逃避孩子的哭闹和纠缠，这是一种典型的恶性社交循环。这是一个对孩子的哭闹和纠缠行为进行的可变比率程序表的强化。我们将会在第18章中看到，这类间歇强化会使得行为对消退产生更多的阻抗——让我们更难以去除该行为。

那么，前面那个巴哈马潜水少年的例子呢？它最有可能是哪一种强化程序表呢？

A. 连续式的
B. 固定比率的
C. 可变比率的

我们的现实世界，会对某一次尝试给予回报，而对另一次尝试却不予回报，这也许就是一则谚语所说的："如果第一次没有成功，那就不断尝试。"根据强化的可变比率程序表，我们只能推定：尝试得越多，反应也就越会产生强化物。

此外，间歇强化是一个概括性的术语，它不仅包括固定比率程序表和可变比率程序表，还包括我们将要讲到的其他程序表，比如固定时距程序表和可变时距程序表。因此，不要误以为间歇强化只表示像可变比率这一种类型的程序表。

问题

1. 名词解释：
   A. 可变比率强化程序表
   B. 可变比率反应
2. 再来回顾一下拿骚的潜水少年们，他们的强化程序表是哪一种？
   A. 连续强化
   B. 固定比率
   C. 可变比率

案例

逃避和处罚的比率程序表

亚萨科是维克多大学药学专业的学生。每周六下午，她都会与化学学习小组的同学们一起在自己的公寓中碰头开会。她住在珊瑚礁公寓的四层，楼下住着一位脾气很暴躁的比尔先生。

每到周六上午，亚萨科会在同学们到之前用吸尘器清扫自己的公寓。她刚一打开吸尘器，比尔先生就会拿起一个扫帚向上敲击自己房间的天花板，与此同时，他还会气势汹汹地骂人，叫嚣要杀了亚萨科。

在敲击了 12 下之后，比尔先生的暴力表现吓到了亚萨科，她连忙关掉了吸尘器。不一会儿，比尔先生也安静了下来。但是，过了几分钟，亚萨科开始担心朋友来了会觉得自己的房间太脏太乱，于是，又打开吸尘器开始做清洁。没过多久，比尔先生再一次发飙。就这样，她和比尔先生进进退退，他敲一会儿，她就停掉吵人的机器一会儿，然后过几分钟，她再打开机器一会儿，循环往复，直到她彻底清洁完毕。

不过，这里我们感兴趣的是比尔先生的行为。是什么在强化他敲击天花板的行为呢？是亚萨科关掉了吵人的吸尘器。那么，这是一种怎样的强化呢？是去除厌恶条件而带来的强化（负强化），是一个逃避依联。现在，我们再假设，亚萨科第一次关掉吸尘器之前，他敲击了 12 下，随后一次他敲了 10 下，再后面是 14 下、6 下、16 下，最后一次他敲了 14 下。那么，这是一个怎样的程序表？这是一个去除厌恶条件带来的可变比率强化程序表。比尔先生反应的平均次数是 12，因此，我们这里得到的是 VR 12。

现在，再来看一个例子。上三年级的娜斯蒂·内德经常会在课堂上欺负别的孩子。他每干三次坏事，老师汤姆平均只能抓住他一次。老师一旦看到，就会对内德执行 5 分钟的罚时出局。这里我们得到的是一种怎样的依联？"那要看你对谁来说了！"如果你先来这么一句反问，那就太棒了！在社交场合里，很重要的一点就是要明确我们到底在分析谁的行为。这里，我们要分析学生内德的行为。假设待在教室里的强化效力要大过被罚时出局，那么我们得到的就是一个处罚依联。那么，这里是怎样的程序表呢？这里是一个平均值为 3（VR 3）的可变比率处罚程序表。

问题

1. 请举例说明去除厌恶条件带来的强化的可变比率程序表。

2．请举例说明可变比率惩罚程序表。

对比：强化物与强化

复习

还记得**强化物**的定义吗？——跟随在一个行为之后而**呈现**的任何刺激，它能够**增加**该行为未来出现的频率。而相对应的，**强化**的定义是——强化物依联于一个反应而**呈现**，导致了该反应频率的**增加**。

那么请回答下面的问题：

1．一小团食物对于被剥夺食物的老鼠来说是：
　A. 强化物
　B. 强化

2．依联于被剥夺食物的老鼠的压杆反应而立即提供一小团食物，导致老鼠压杆频率的增加，这一小团食物是：
　A. 强化物
　B. 强化

3．一枚硬币对于缺钱的教授来说是：
　A. 强化物
　B. 强化

4．依联于缺钱的教授祈求加薪的行为而立即给他一枚硬币，导致教授祈求加薪的频率增加，这一枚硬币是：
　A. 强化物
　B. 强化

问题

重要的考试提示：一定要知道强化物与强化的区别，要保证自己不会在此犯糊涂，在考试中不能糊涂，以后也不能糊涂。

初级进阶

案例

日常生活中的强化与惩罚的比率程序表

希德的学术讨论课

乔：我现在有点儿急火攻心了。我花了两个小时，希望想出一些日常生活中的例子，可就是没能想出来。我认为日常生活中的例子并不多。

迈克斯：不过在实验室里，行为分析师就可以毫无困难地实现固定比率程序表。

乔：没错。但是，在自然环境中并不是总能实现这种强化或惩罚的程序表。

伊芙：而且，我们也不会经常从社会中和周围其他人那里得到这种固定比率程序表的强化物。比如说，教授就不会按照固定比率程序表来给我们打分。

希德：你们说得都不错。我也认为，固定比率程序表的强化和惩罚与我们现实世界当中的强化程序表并没有太多的直接关系。但是，对固定比率行为的研究可以让我们更好地理解类似程序表的作用。

乔：我连一个例子都找不到。

希德：好吧。那么，可变比率程序表呢？它们在我们的日常生活当中总是很常见吧，就像时不时来敲门的推销员一样。

迈克斯：是的。比如拉斯维加斯的老虎机，反应是将一枚硬币塞入老虎机并拉动手柄。这个塞硬币和拉手柄的反应在做出可变的次数之后，就能得到强化了。

乔：我觉得这套比率程序表的说法只是在实验室中假想出来的，跟每个人的日常生活几乎没什么关系。

迈克斯：你够牛！

乔：我来做个预测吧。我预测，凡是你们能举得出来的日常生活中的比率程序表的例子，肯定都不是。我敢说，它们只不过涉及某些刺激控制，比如钟表和日历。我还敢说，它们还涉及你们没有考虑到的习得性强化物，可能还有厌恶控制，你们也没提及。

迈克斯：我这老虎机的例子，你又怎么说呢？它难道不是纯粹的可变比率吗？

乔：它才不是呢！

第一，这里涉及除吐出来的游戏币之外的习得性强化物。

迈克斯：你指的是什么？

乔：比如，屏幕上显示的那些水果图标，一个接一个地出现的那种——一个草莓，然后，哇，又一个草莓，然后……该死！怎么是个柠檬！"哎呀，我差一点儿就赢了！"两个草莓并列排在一条线上，这就是一个大大的习得性强化物。

第二，在所谓的可变比率结束时，你得到的强化物的数量是可变的。也就是说，有时你只能得到一枚游戏币，有时能得到 10 枚，有时能得到 18 枚，等等。这些和行为分析师在斯金纳箱里研究过的比率可不一样吧。

第三，老虎机的比率的数值远比专业实验室里斯金纳箱中通常所用的比率要小得多——斯金纳箱里的可变比率经常是平均 100 次反应强化 1 次，VR 100。而你在赌场里才不会这样呢。如果这台机器有 100 多次不回报来玩的客人，那客人就要暴动了。

希德：乔，你这里说了一个很有意思的观点。实际当中，赌场客人投进去的硬币，平均每投 100 元，老虎机会将其中的大约 95 元返回客人。

汤姆：这么说，行为分析师也太逊了，他们的强化程序表居然解释不了赌博。所有的赌场都倒闭掉算了，那样也省得我们去操心什么赌博合法化了。

伊芙：我们还都清楚，行为分析师在比较赌博与典型的可变比率程序表时，有些东西可能被忘记了——他们从来没有考虑过兴奋感。我去过雷诺，那里的赌场的确非常刺激。我觉得其中一个兴奋点就是那种接近成功的失败。可能就像刚才乔说的，两个草莓排成一排这种情况，那可不光是乔所说的习得性强化物，还有比这厉害的呢。这种几乎就要赢了的情况，会让人感觉特别刺激。因此，这里我还要加上**第四条：情绪反应本身是具有强化效力的**。

希德：伊芙，分析得很棒！我来小结一下，典型的赌博不同于一般研究中的可变比率强化程序表的地方在于：

- 在赌博的可变比率当中，从头至尾散布着很多其他习得性强化物。
- 赌博当中货币性质的强化物的数量会随比率而变化。
- 赌博中的比率通常要远远小于专业的斯金纳箱里的那种实验中的比率。

这些因素结合在一起，在赌博比率上产生了情绪强化物，而这在斯金纳箱中进行的可变比率程序表的实验中是不存在的。

因此，我们可以看到，在典型的赌场里，在一个很简单的任务中会加进很多种强化物，这令赌场生活变得远比斯金纳箱里的那种生活更有强化效力。也许就因为如此，愿意把时间花在拉斯维加斯的人远比愿意花在斯金纳箱上的人要多。实验行为分析师要是跑一趟拉斯维加斯的话，那简直能抵消六个月的枯燥的实验室生活呢。

对比：斯金纳箱与赌博

	典型的斯金纳箱中的可变比率程序表	典型的赌博程序表
多种穿插其中的习得性强化物	否	是
强化物的数量会随比率而变化	否	是
小比率	否	是
情绪强化物	否	是

我们发现，人们在日常生活中遇到的行为依联或多或少是一些连续强化或者连续惩罚，或许只是偶尔没得到强化物或者没得到厌恶条件。它们看上去并非我们一开始想的有那么大的间歇性。例如，如果你咬一个红苹果，它基本上总会是香甜的；如果你摸一个火炉，那基本上总会被烫着；如果你坐在一把椅子上，那基本上椅子总是能安安稳稳地支撑住你的。只是偶尔，我们的世界会扭曲，会有人把你的椅子撤掉，但这种事并不太经常发生。

问题

比较典型的赌博依联与在那种专业研究实验室而非学生入门实验室中的斯金纳箱里面通常实现的可变比率程序表，说出两者之间的四个不同之处。

警告：这道题很有可能关系到你的成绩能不能得 A。

中级进阶

回合尝试程序与自由操作程序（D–08）

大多数在斯金纳箱里的研究涉及的都是**自由操作反应**（free-operant responding），动物可以"自由地"以任何频率做出反应（例如，每分钟压杆 1 次到每分钟压杆 100 次）。事实上，如果动物在得到强化物前可以做出 1 次以上的正确反应的话，那么这很可能就是一个自由操作程序。这里也许并没有 S^D，但即便有，动物通常在每次 S^D 呈现时也会做出很多次反应。这些反应可以被连续地强化，也可以被间歇地强化。也就是说，在自由操作程序当中，每次反应之后，并没有 S^Δ 立刻出现，因此，在每一次反应与下一次的 S^D 之间，不存在回合间隔（intertrial interval）。

回合尝试程序

斯金纳箱里的灯亮起，鲁道夫压杆，咔嗒，鲁道夫得到一滴水,并且灯灭了,鲁道夫再次压杆,这回什么也没有得到。过了几秒钟,灯又亮起,鲁道夫再一次压杆,再一次被水强化。① 这就是一个**回合尝试程序**(discrete-trial procedure)的例子——这里有 S^D,一个单一反应,一个结果,随后跟着一个 S^Δ(回合间隔),然后,下一个回合开始。当单一反应出现时,S^D 结束,且鲁道夫立刻获得了一个强化物或立即带来了 S^Δ 的呈现。这里,我们无法测量鲁道夫的压杆速度,但我们可以测量鲁道夫压杆的潜伏期。

在教室里

我们来看看回合尝试程序与自由操作程序在教室里的情况。在这里,梅和她的同事们将这两种程序都用在贴有孤独症标签的小男孩吉米身上。

回合尝试程序

苏与吉米面对面坐在一张小课桌前,她将几个物品摆在桌面上。

第一个回合

S^D②:苏说:"马。"

反应:吉米指了马。

结果:苏说:"很棒!"(对吉米而言,这是一个习得性强化物。)

S^Δ(回合间隔):苏什么也没说。

第二个回合

S^D:苏说:"杯子。"

反应:吉米指了杯子。

结果:苏说:"很棒!"

S^Δ(回合间隔):在教室里的这个回合尝试程序,其基本特征与前面讲的斯金纳箱里的是一样的:**有一个 S^D,一个单一反应,一个结果,随后跟着一个 S^Δ(回合间隔),然后,下一个回合开始**。这里也是如此,一个 S^D(也许与上一个回合相同,也许是一个新的),一个单一反应,一个结果,随后跟着一个回合间隔。接下来,苏开始了下一个回合的教学。

第三个回合

S^D:苏说:"鞋。"

反应:然而这次吉米指了小汽车。

结果:于是,苏进入了所谓的**纠正程序**:她说"鞋",同时指了鞋,然后,她再次说"鞋"。这次吉米指了鞋。苏说:"很棒!"这样,纠正程序就结束了。(我们可以将整个纠正程序视作第三个回合教学的一个结果。)

S^Δ(回合间隔):在用于帮助**孤独症**儿童的行为学方法当中,人们会大量使用这种回合式教学程序。这种训练已经被证实非常有效,以至于孤独症儿童的家长经常会要求所在学区为自己的孩子提供这种回合式教学训练,导致对有经验的行为分析师的需求大大增加了。

自由操作程序

现在我们来看另一种训练程序。

S^D:苏和吉米坐在点心桌旁。

反应1:吉米说:"果汁。"

结果:苏给他吸了一口果汁。

反应2:吉米说:"果汁。"

结果:苏又给他吸了一口果汁。

S^Δ:苏和吉米不在点心桌旁。

请注意,这个在教室中的自由操作程序,其基本特征与斯金纳箱里的也是一样的。这里可以有 S^D,也可以没有 S^D;随后,可以有多个反应,这些反应要么被连续地强化,要么被间歇地强化。在教室中的自由操作程序当中,在每一次反应结果呈现之后,没有 S^Δ,在结果之后与下一次的 S^D 之间,也不存在回合间隔。

在上面这个果汁的案例中,吉米的反应被连续地强化,而在下面这个案例中,他的反应是被间歇地强化的。请注意,下面这个程序中仍然没有 S^Δ,也不存在回合间隔。

吉米和苏坐在结构化的游戏区地板上。

反应1:吉米捡起一个玩具,把它放进了储物箱中。

反应2:又放了一个玩具进去。

反应3:又放了一个。

结果:在所有玩具都被放进储物箱后,苏说:"真棒!吉米,现在你要玩什么呢?"

在这个案例中,我认为不存在 S^D,至少对于每一次单个反应不存在 S^D。前面讲过的操作物测验能够告诉我们,每一个玩具都只是一个操作物(就如同鲁道夫的杠杆一样),而并不是 S^D。

无论是在教室里,还是在斯金纳箱里,回合尝试程序中的两个回合之间都是有间隔的,这是它与自由操作

---

① 这个回合尝试程序的例子是我们构想的——事实上,它很少或者说几乎没有在斯金纳箱里真正实现过。

② 但愿你还记得这个概念的定义:S^D——当该刺激呈现时,行为将会被强化或被惩罚。复习一下第 12 章所讲的区辨刺激的概念,会有助于本节内容的学习。

程序的不同之处。

现在，假设你用鲁道夫来开展一个区辨实验：反应杠杆上方的灯亮起时，压杆反应会以一个可变比率程序表得到强化。当灯亮起（S^D）时，鲁道夫的压杆平均每20次会被强化一次，但当灯熄灭（S^Δ）时，这里就变成了一个消退环境。现在，你每两分钟就轮换一下 S^D 和 S^Δ——灯亮起两分钟，然后再熄灭两分钟。你可以记录下鲁道夫在 S^D 和 S^Δ 呈现时的压杆频率，看看它的压杆频率在 S^D 呈现时是否高于在 S^Δ 呈现时，从而就能看出这盏灯是否对它的压杆反应施加刺激控制了。现在我问，在这个实验里，你使用的是回合尝试程序呢，还是自由操作程序呢？

我们用下面的对比表格来解答这个问题。这里有 S^D 和 S^Δ 吗？有，但这并不是绝对的判断依据，因为在自由操作程序里，有时也会有 S^D 和 S^Δ。

对比：回合尝试程序与自由操作程序

	回合式	自由操作
有 S^D 和 S^Δ 吗？	有	有时有
有回合间隔吗？	有	通常没有
测量的是什么？	潜伏期或准确度	频率

这里有回合间隔吗？没有。你准备选择自由操作程序了吧，且慢……

这里你测量的是什么？频率。啊！这才是关键！因此，仅仅因为有 S^D 和 S^Δ，并不能判定它是一个回合尝试程序。

问题

举例：

A. 斯金纳箱里的一个自由操作程序
B. 斯金纳箱里的一个回合尝试程序
C. 教室里的一个自由操作程序
D. 教室里的一个回合尝试程序
E. 有区辨刺激的一个自由操作程序

在 DickMalott.com 网站上，你还将读到：
孤独症进阶
第 17 章　高级学习目标
第 17 章　高级进阶
• 寻找日常生活中的可变比率

第 18 章 时距程序表

行为分析师认证委员会第 4 版任务清单

D-02　运用适当的强化参数与强化程序表。
D-20　运用反应独立（以时间为基础）的强化程序表（即非依联强化）。
FK-21　强化程序表与惩罚程序表
FK-39　行为动量

基础知识

现在，我们来看看**依赖于时间、基于时间的强化程序表**。在大多数这样的强化程序表中，经过一段时间之后，出现的第一个反应才会获得强化的机会。

概念：实验行为分析

固定时距强化程序表

首先，我们来看看**固定时距（FI）强化程序表**（fixed-interval schedule of reinforcement）：在这种程序表中，从上一次强化之后，经过一个固定的时间间隔，强化的机会才会再次出现，而强化物的提供是依联于反应的。例如，对于一个 FI 2′ 的程序表来说，上一次强化过去 2 分钟之后，强化机会才会再次出现。根据这种程序表，在规定的时距过去之后，再出现的第一个反应就会产生强化物。

费尔斯特和斯金纳曾经在斯金纳箱里用鸽子研究了固定时距强化程序表。图 18.1 就是一个累积反应记录，它描述了鸽子的啄击反应在一个固定时距程序表下被谷物强化的情形。在刚刚被强化后的一段较长的时间里，鸽子不再做出任何反应。一段时间后，鸽子做出了一些反应。然后，随着时间的推移，它做出了越来越快的反应，到这个时距的结尾，鸽子会以极高的速度做出反应。这种特有的反应模式就是固定时距强化程序表的典型反应模式。这种累积记录图的形状被称作**固定时距扇贝曲线图**（fixed-interval scallop）。

> **定义：概念**
>
> **固定时距（FI）强化程序表** [Fixed-interval (FI) schedule of reinforcement]
> • 强化物依联于
> • 上一次强化机会之后，
> • 经过固定的时间间隔后
> • 出现的第一个反应。

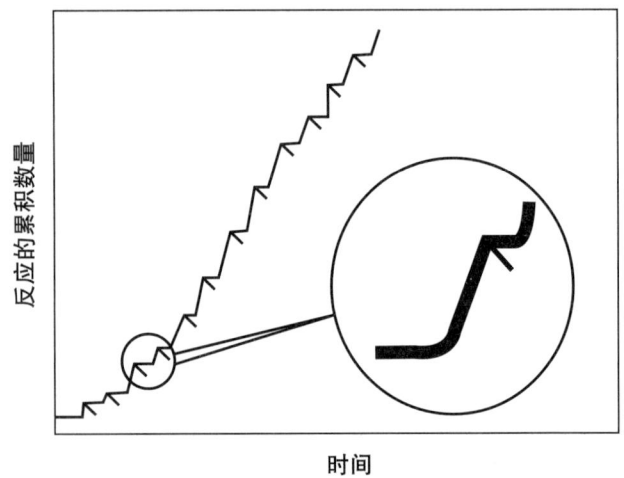

图 18.1　固定时距为 2 分钟的程序表

这里所说的扇贝可不是指某种海鲜哟，而是一种曲线，它很像贝壳上的那种波浪曲线。一组固定时距扇贝曲线看上去就像那种装饰花边一般的波浪曲线。上图中，在固定时距扇贝曲线的某个局部，我们用一个圆圈放大了其中的细节，让你可以更清楚地看到这种扇贝形的模式。在动物接受固定时距训练的头几周里，这种模式是很典型的[1]。（经过大量的训练，固定时距程序表的累积记录会变得跟相应的固定比率程序表的图很相像——强化之后有一个暂停，然后反应很快加速，达到一个稳定的高频率。）

> **定义：原理**
>
> **固定时距扇贝曲线图（固定时距反应）[Fixed-interval scallop (Fixed-interval responding)]**
>
> - 固定时距程序表往往会产生一个扇贝曲线图——
> - 反应速率会逐渐加快，
> - 最后在强化即将到来时
> - 反应的出现频率很高，
> - 而在强化之后的一段时间内，该反应不出现。

问题

1. 名词解释：固定时距强化程序表，并举一个斯金纳箱中的例子。
2. 请解释固定时距程序表的概念与固定时距**行为原理**（即**扇贝曲线图**）之间有什么不同。在考试当中，很多同学会在此犯糊涂。

日常生活中存在固定时距程序表的例子吗？

下面来看几个行为依联。它们经常会被当作固定时距的强化例子，但其实都不是。随后，你就会发现，现实生活中大部分时候远比在斯金纳箱里通常进行的那种简化的实验设置复杂得多，但我还是希望你在寻找日常生活案例的过程中，能够学会运用那些来自斯金纳箱中的基本行为原理和概念，用它们对纷繁复杂的现实世界中的微妙的行为依联进行分析。

乔的学期论文

学习行为分析的学生往往会凭第一感觉拿某些日常生活的事情当作固定时距强化程序表的例子，但是，对这些依联仔细进行分析后就会发现它们并不是。下面我们就从这些具有欺骗性的例子中挑出一个来进行剖析。

希德在自己主持的学术讨论课上布置了一篇学期论文。我们来看看乔在完成这篇论文的过程中的行为。希德是在开课的第一天布置下这篇论文的，因此，乔在截止日期前有15周的时间来完成他的文章。图18.2是乔在这样一个时间要求下对这篇论文开展工作的一个累积记录。X轴是周数，Y轴是他累积花费在论文上的小时数。

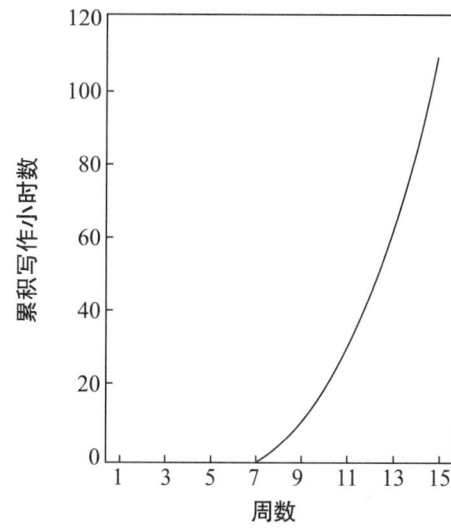

图18.2 关于乔的论文写作的一个错误的固定时距扇贝曲线图

希德布置作业后的第一周，乔没有在这篇论文上花半点儿时间，我在图上画作0；第2、3、4、5、6、7周都是如此，乔未在论文上花任何时间；最后，在第8周，他花了5个小时，用来为自己的论文选择一个合适的主题，他与其他人交流，包括跟导师交流，还去找了些资料来读；接下来的一周里，他为论文而付出的努力略微增加了一些；又过了一周，又略微增加了一些；随后，一周接一周地，他的努力一直在慢慢增加；而到了最后一周，他疯狂地待在图书馆里，待了很长时间，他对自己的这篇论文的写作表现出非常焦虑的样子。

你可以看到，这个按周作图的工作小时数的累积记录，与我们前面讨论过的固定时距扇贝曲线图在形式上很像。一开始，乔完全不工作，后来，他一周接一周地小幅度增加自己的工作时间。直到最后，截止日期将至时，为了能让自己的论文达到要求，乔开了夜车。[2]

对乔的论文写作程序表的分析

你认为乔的工作是处于一个固定时距强化程序表之

---

[1] 每次上课，总会有至少一个学生来问我如何给这个时距计时。我们有两种方法，它们能获得同样的结果。假设你现在要实施一个10分钟的固定时距程序表。10分钟一过，你就等鲁道夫做出反应，这样你就可以向它提供强化物。假设它又过了两分钟才做出反应并得到强化物。那么，你是应该从提供强化物那一刻开始计时下一个10分钟时距呢，还是从强化物已备好，只等鲁道夫准时做出反应就能得到的这一刻开始计时呢？事实上，这两种方式都可以，因为鲁道夫通常会准时做出反应，它会以一个极高的速率做出反应，这样无论如何，一旦10分钟时距过去，强化物备好，它就能在1~2秒钟之内得到它。因此，这两种计时下一个固定时距的方法都能很有效地起作用。

[2] 关于学生写长篇论文时的拖延情况，我们的确没有很好的数据来呈现他们的拖延模式。大多数行为分析师认为这种拖延类似固定时距扇贝曲线图，但现实中可能出现的情况是，学生会一直拖延到自己真的感觉恐慌时才突然开始开足马力，火力全开，不顾一切地把日日夜夜都花在任务上，直到写完论文为止。如果是这种情况的话，那就不会是扇贝曲线图了，而只是一条无反应的平直的直线，跟着的是一条表示最大量反应的大斜线了。

下的吗？看下面这几段文字时，请你先仔细思考，试着回答这个问题，然后再看看我们提供的答案。

我们认为这不是。这种有截止日期的论文写作的程序表与真正的固定时距程序表所要求的大不相同。

1. **早期的反应会产生什么影响吗？** 在固定时距程序表中，强化出现之前的反应会产生怎样的影响呢？换句话说，鸽子在固定时距的时间结束之前，啄击按键的反应会产生什么效果呢？什么效果都不会有。在斯金纳箱里，鸽子可以把屁股一沉，稳稳当当地伏在那儿，只等时间到了之后，再做出简单的一啄，只需这样就完全可以产生谷物。

但对于论文写作的程序表来说，强化到来之前出现的那些反应会产生哪些影响呢？换句话说，截止日期之前所做的那些工作会产生哪些影响呢？影响是巨大的。在大学里，你不可能把屁股一沉，稳稳当当地坐在那儿，只等截止日期一到，再简单地做一个反应就齐全了，你必须在截止日期之前就好好用功才行。事实上，论文写作的程序表更像一个比率程序表，而非时距程序表。乔至少要对论文写作付出起码的努力才可能通过这门课，更别说他追求卓越，希望自己的论文成绩得 A 了。

2. **在日常生活中，你付出的越多，往往得到的也就越多。** 在固定时距程序表中，增加啄击反应数对于所获得的强化物的数量有什么影响吗？没有。在论文写作的程序表中呢？通常，在论文写作上越努力，得到的成绩也就越好——强化物越大。

3. **相关的反应类是什么？** 日常生活中的例子往往涉及不止一个反应类，而我们往往会犯晕，不知道其中哪一个反应类才更接近斯金纳箱里的鸽子啄击按键的反应。在乔的这个例子中，有一个通常在截止日期后才发生的反应倒更像鸽子的啄击反应呢。哪个反应？不是论文写作，这个反应应该发生在截止日期之前。你再想想……是什么呢？答案是向老师交论文。这个反应与强化物——分数靠得最近。因此，上交论文最像啄击反应。

如果你在截止日期之前就上交论文会发生什么呢？这个反应也有效，它也会产生分数强化物。通常，你不必等到截止日期到来再上交已经完成的作业。当然，如果你提前上交论文的话，你的教授没准儿会激动得犯心脏病（你可别把教授的心脏病当作强化物哟）。①

而鸽子在时距程序表中早早地啄击会发生什么呢？我们前面已经反复说了，什么也不会发生。

4. **日常生活往往会涉及日历和钟表。** 什么反应在功能上最像鸽子的啄击呢？上交论文最像。因此，如果能对乔上交论文的累积记录作图的话，那我们也许就能得到一个固定时距的扇贝曲线图了。也就是说，乔会不会在截止日期前早早地上交一次论文，然后，随着截止日期的临近，他上交论文的频率越来越高，直到截止日期到来时，他最后一次上交论文？当然不会，乔才不会这么做呢！

为什么他不会这么做？为什么我们画不出扇贝曲线图？因为乔有日历和钟表呀！在这个时距结束之前他都不会上交论文的；只有当日历告诉他这个日子到了，钟表告诉他这个钟点到了，他才会上交论文。

那么，在斯金纳箱里，你该如何对那个时距程序表做些变化，让它与此最为相像呢？你应该把乔的日历和钟表交给鸽子。简化一些，我们只需给鸽子一个钟表——只需一个简单的装置，在时距结束时，钟表上面那个大大的分针就会走进一块黑色区域。当分针走入黑色区域时，我们将这种刺激状态称作什么？区辨刺激（S^D）。钟表上的时间如此呈现时，鸽子啄击按键就会产生谷物（并且会让钟表重新开始计时）。而我们将分针走入白色区域的刺激状态称作什么呢？S^Δ。这时鸽子得不到谷物。

如果在固定时距程序表中加入这种简单的钟表运用，并且"教会鸽子认识时间"（让鸽子的啄击反应处于钟表的刺激控制之下），那么，得到的是怎样的一种强化程序表呢？我们得到的是一个简单的区辨程序表 [有时也叫它 **多重程序表**（multiple schedule）]——在 S^Δ 时消退，而在 S^D 时连续强化（只不过每一个 S^D 都会在鸽子反应得到强化物时立刻结束）。

你觉得鸽子在这种简单的区辨程序表下会怎么反应呢？它不会啄击，直到钟表告诉它时距结束了——直到是时候了——直到 S^D 出现了。这就跟乔的情形一样，他不会上交论文的，直到日历和钟表告诉他时间到了。到了那个时候，鸽子会啄击按键而得到食物，乔会上交论文而得到一声谢谢，如果老师跟他客气的话。

5. **日常生活通常会涉及截止日期。** 固定时距过去了，鸽子的强化物就是可得的了。它下一次的啄击就能够产生食物了。要是鸽子多等几分钟再去啄击，那会发生什么呢？没什么特别的，它仍然会得到食物。

---

① 这只是个低级的玩笑，谁让师生之间天然存在着一种敌对关系呢。当然了，你的教授犯了心脏病肯定不会是你的强化物，你说呢？

最后一次上课的日子到了，乔该交论文了。如果他等几周再交，那会怎么样呢？他会失去让希德给他分数的机会。他前面付出的努力只能得到零分。换句话说，希德和大学的行政部门对学期论文写作的程序表已经给定了截止日期，而典型的固定时距程序表里是没有截止日期的。

6. 日常生活往往还会涉及强化物的滞后呈现而无法强化目标反应。鸽子啄击之后多久能得到食物呢？它立刻就能得到。乔写好论文并上交之后多久才能得到分数呢？就算希德很勤快，也要在几天之后才能给出分数。这个延迟太久了，无法强化乔的论文写作和上交论文的行为。实际上，一套非常复杂的依联控制着乔的论文写作，与最终分数对他的论文写作的简单强化相比，它要复杂得多。关于这些复杂的依联，我们会在后面几章中进一步讨论。

7. 学期论文程序表的小结。有的时候，一个表格的神奇效果要强过一万句话。下面就是见证神奇的时刻。

对比固定时距程序表与学期论文程序表

特点	固定时距程序表	学期论文程序表
早期的反应会产生什么影响吗？	否	是
工作越努力，得到的越多吗？*	否	是
相关的反应类清晰吗？	是	否
有日历和钟表吗？	否	是
有截止日期吗？	否	是
存在强化物的严重滞后吗？	否	是

* 这里所说的"工作越努力"是指，比如更频繁地啄击按键或压杆，或者花更多时间写作或写出更长篇幅的论文。这里所说的"得到的越多"是指，比如更多的食物或更高的分数。

鸽子与美国国会

在斯金纳箱里，鸽子按固定时距程序表啄击按键，这个累积记录是什么样子的？是一个固定时距扇贝曲线图。鸽子会在获得强化物之后暂停很长一段时间，然后，又开始啄击，啄击频率逐渐增大，直到下一次提供强化物的时间到来之前，在最后时刻，她的小嘴会尽其所能地不停啄击。

在华盛顿特区，美国国会典型的法案通过的累积记录又是什么样子的呢？也是一个扇贝曲线图，跟鸽子的累积记录非常相像。国会议员们从年度休会（我猜这是一个强化物）中返回之后，国会的法案通过会暂停几个月，然后，他们通过第一项法案，接着，他们通过法案的频率开始逐渐增加，一直到下一次休会之前，在最后时刻，国会总能掀起一个法案通过的小高潮。

那么，问题来了。国会通过法案是不是按固定时距的程序表而得到强化的呢？就像鸽子啄击按键那样的呢？换句话说，法案的通过是一个扇贝曲线图，但这个曲线图是否就是固定时距强化程序表带来的结果呢？在一个优秀的学术期刊上，曾经有一篇经过同行评议的优秀论文，论文的作者给出答案为：是。这是该篇论文给出的观点。

然而，作为一个最爱向偶像拍砖的人，我下面的一节内容就是要证明，国会并**不是**在按固定时距程序表行事。事实上，国会的程序表中的各个方面与固定时距程序表都不相似。这里，我们在分析前，假设国会必须在通过最低数量的法案之后才能休会，这些法案是国会领导人已经向国会承诺进行讨论的。如果休会期到来时，国会没有通过（或者无法投票表决）足够数量的法案，那他们就不能休假，直到他们完成任务。在下面的分析中，我要问的问题与前面那个乔的论文写作案例中所问的问题是一样的。

1. 早期的反应会产生什么影响吗？如果国会在确切知道可以得到休会这个强化物之前就做出反应，那会发生什么？当强化物最终成为可获得的，那些早期做出的反应会影响强化物的获取吗？对于鸽子的那个固定时距程序表来说，早期做出的反应不会产生任何影响，但在乔的论文写作的程序表当中，他的早期反应对自己按时完成论文并获得好成绩具有重大影响。现在，对于国会通过法案来说，早期做出的反应有什么影响吗？绝对有影响。国会在真的通过一项法案之前，需要做大量的基础工作。（没错，做这些基础工作与通过法案并不是同一个反应类，但它是很有效的行为。）

2. 工作越努力，产生的强化物越多吗？或者说，至少，越努力工作，就越能防止强化物变少吗？在鸽子的固定时距程序表当中，假设有两只鸽子，获得强化物的时距为1分钟。啄得快的鸽子在1分钟的时距中会做出20~40次反应，而啄得慢的鸽子只做出2~4次反应（以这样的速度啄击，啄得慢的鸽子基本上就不会错过强化物）。啄得慢的鸽子只做了最少量的工作，那么啄得快的鸽子会比啄得慢的鸽子得到更多的食物吗？不会。他们都能平均大约每分钟得到一份食物。在乔的论文写作程序表中，如果他更努力地写论文，就会得到更好的分数吗？当然会。假如国会议员们都游手好闲地干坐着，等着休会假期的到来，他们的休假会变短吗？肯定会变短的。要知道，国会必须在预先设定的开会日期回来工作，因此，如果休会晚了，那他们的假期也就缩短了。[值得一提的是，尽管通过法案这个行为或许并不是一个可被强化的反应单元（reinforceable response unit），但这里我们是把它视作为可被强化的反应单元。]

3. 最后的反应（以及相关的反应类）是什么？ 在扇贝曲线图的最后，强化物的呈现真的依联于曲线期之内所出现的反应类中的某个反应吗？是的。要想获得强化物，在固定时距过去之后，强化物处于可获得的状态时，鸽子必须做出最后的啄击按键反应。在乔这里，曲线期内他的反应类是论文写作，但他想要论文被接受的话，就不能等截止日期到来之后再去写论文的最后几行了。就算他在截止日期到来之前就早已完成论文，并在截止日期就要到来时交给他的教授，教授也会非常开心地接受他的论文的。同样，国会议员不会等到该休会的时候才去通过最后一项法案从而获得休假的。如果他们在休会前通过了所有法案，那么当休会的时间到来时，他们就可以自由地休假，不需要再通过任何法案了。对于乔来说，他最后的反应是上交论文；对于国会来说，在截止日期到来之后没有什么最后的反应，依联于该反应可以获得休假。

4. 强化物是立刻呈现的吗？ 强化物总是紧随在特定反应之后的60秒钟之内（这样才足够快地强化该反应）的吗？对鸽子的啄击来说，是的。但对于乔，他不会在上交论文后的60秒钟之内就得到分数，至少我所见过的大学从来没发生过这种事。同样，国会也绝不会在通过最后一项法案之后，在60秒钟之内立刻获得休假。

5. 计时器呢？ 鸽子看得懂钟表和日历吗？当然不能。如果鸽子能的话，等到固定时距结束后再啄击一下那个按键就够了——这样的话，那个固定时距曲线图也就不存在了。乔在写论文期间会去看钟表或日历吗？或者，至少他会根据日历或钟表来安排自己的功课吗？当然会。否则，他也就根本不用管什么截止日期了。而国会呢？当然也会。

6. 截止日期是用来获得强化物还是用来获得全部强化物的？ 对于鸽子的固定时距程序表来说，它能让鸽子一直待在斯金纳箱里，从而获得全部60次已经安排好的强化物（一种常见的程序）。因此，她当然没有什么截止日期之说。而对于乔上交论文呢？他当然有截止日期了，否则，他就可以一直拖着，永远不用交论文了。对于国会通过法案呢？是的，他们要想得到完整的休假，那就有一个截止日

期。因此，对于乔和国会议员们来说，他们必须打起精神来拼命干活，才能避免失去获得最大的强化物的机会——对于乔，那是得到A的成绩，对于国会，那是完整足期的休假。任何时候，只要遇到有截止日期的情况，我们都会有一个回避依联。在这两个案例里，回避的是获取强化物或获取最大强化物的机会的失去。国会通过法案还存在其他回避依联——回避选民的愤怒，如果国会不在会期内通过合理数量的立法事项的话，这种民愤就会出现。

7. 固定时距的底线。 跟乔的案例一样，从多个角度对这些依联进行比较，我们会发现，国会通过法案的行为依联跟固定时距强化程序表一点儿关系都没有，事实上，它更像一个固定比率程序表，而不像固定时距程序表。不过，就算我们套用固定比率程序表，也不够精确。我们根据这些比较做了下面这个表格，现在请你把它填写完整。

问题	鸽子的真正的固定时距	国会的虚假的固定时距
早期的反应会产生什么影响吗？	否	是
工作越努力，得到的越多吗？	否	是
最后的反应与前面的反应一样吗？		
存在强化物的严重滞后吗？		
存在其他依联吗？		
有日历和钟表吗？		
有截止日期吗？		

8. 对国会来说，真正的固定时距强化程序表应该是什么样的？ 我们根据上面这个表格，按着顺序一路往下看着说。国会在休假前通过法案应该没有任何影响。因此，议员们更加努力地工作也不起任何作用。当休假的时刻到来时，他们只需通过一项法案，就能在60秒钟之内离开华盛顿特区，来到迈阿密的海边浴场，晒晒太阳，品品朗姆酒，喝喝可乐。哦，对了，由于没有钟表和日历，他们通过法案的累积记录应该是一个扇贝曲线图，现实当中也还真是这样，而且他们无须对任何一项法案做任何准备，可以想也不用想地就通过它。最后，他们只要通过最后一项法案就能获得同样长度的假期，因为没有截止日期一说。

好了，现在你和我都很清楚了，国会的法案通过并不是被固定时距程序表强化的，那么，为什么这个杰出而高端的行为分析期刊的那么多优秀的作者、审稿人，还有编辑，都在此栽了跟头呢？好吧。我猜他们实在是太渴望展示行为分析的价值了，太渴望展示他们在斯金纳箱里开展的基础研究的价值了，从而做出了这样简单

化的推论,却没能进行足够的缜密思考,这在我们行为分析师当中都是时不时会犯的错误。我的真实目的不是沉醉于通过向偶像拍砖而获得的强化物,我也不是想用这来打击你,打击你用基础的斯金纳箱研究所获得的行为原理来分析日常生活中的事件。实际上,我正是在鼓励你这样做,只不过要小心再小心,比那些最有智慧的行为分析师曾经做的还要小心。要留心自己的智慧偏差和文化偏差。

现在,我们来快速地看一些日常生活当中的案例。

其他的非案例

电视节目表

好吧,也许论文写作的程序表不是一个很好的固定时距程序表的例子,那么,每周六晚上11:30 收看《周六午夜秀》怎么样?这不是一个 7 天的固定时距程序表吗?

我们先来画出它的示意图吧。

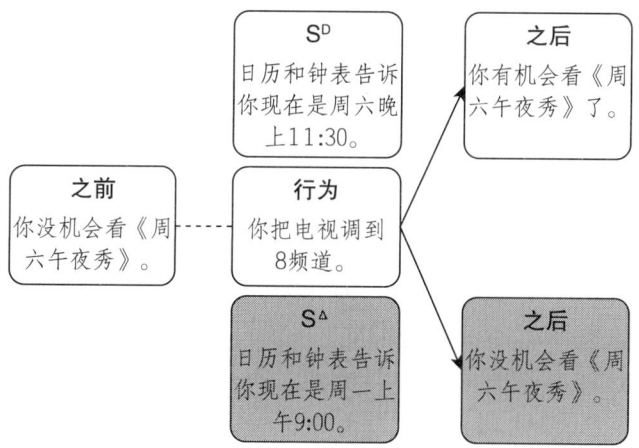

《周六午夜秀》节目表跟我们说的固定时距程序表也存在一定的距离。这里有两方面的问题。

问题 1:你有日历和钟表,而鲁道夫没有。假如你也没有,那你可能就会像鲁道夫那样做出反应。你大约会在周二早上就开始每隔几分钟打开一次电视机,并随着时间的推移,做出反应的频率越来越快,直到周六晚上 11:30,你的遥控器都被你按得冒烟了。幸运的是,对于你和你的遥控器来说,你打开电视机的行为处于一个良好的刺激控制之下。因此,按照电视节目表收看电视并不是一个固定时距的间歇强化程序表的例子。

问题 2:你有截止日期,而鲁道夫没有,至少它在一个简单的固定时距程序表中没有。假如你在周六晚上 11:30 这个截止时间到来时没有打开电视机,那你就会错过一部分甚至全部的强化物——《周六午夜秀》节目。鲁道夫没有截止日期,只要它的固

定时距过去了,他就可以在任何一个他喜欢的时间去压动杠杆,因为强化物依然在那里等着他呢。

实际上,你的这个电视依联只是一个对失去获得强化物的机会的回避依联。强化物就是完整的《周六午夜秀》。

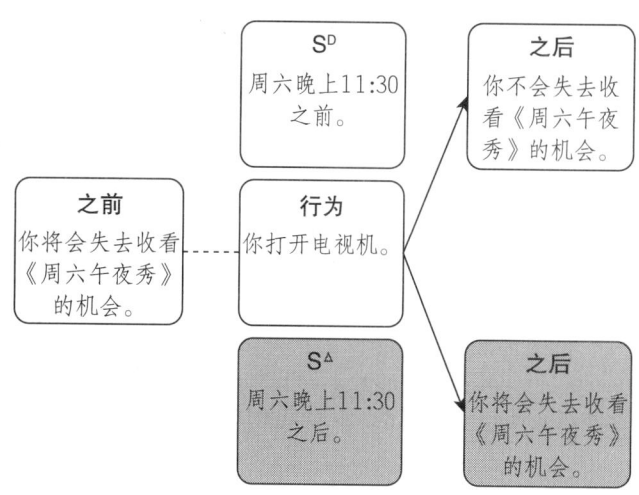

那么,扫一眼自己的手表,这个行为好像有点门儿,也许更像鲁道夫的那种固定时距程序表吧,但这个例子也不是一个完美的例子。因为你扫一眼自己的手表而获得的视觉提示,扮演了 S^D 或者 S^Δ 的角色,它控制着你下一次去看表的行为,你其实还处在一个回避程序表中。

工资程序表

准备再来看一个?在每两周的最后一天,你就能拿到两周一结的工资,这个例子怎么样?这肯定是一个两周的固定时距吧?还是让我们先来画出它的示意图吧,不过这回完全由你自己来画。

1. 请将这个工资依联的示意图填写完整。

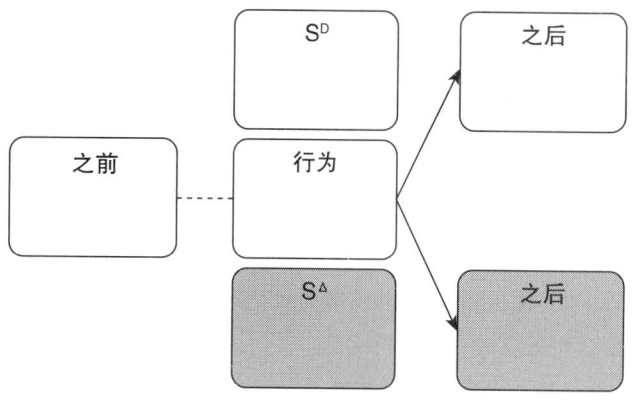

2. 这个示意图表明,获得两周一付的工资,这个行为是:

A. 按照一个两周的固定时距强化程序表而获得强化。

B. 处于刺激控制之下,并且每当 S^D 出现时都会获得强化。

C. 处于刺激控制之下，并且按照一个两周的固定时距强化程序表而获得强化。

3. 如果获得工资真的是按照一个两周的固定时距强化程序表而被强化的，那么，我们就应该能看到这个行为：

A. 在两周之内，会有一个固定时距扇贝曲线图，这个的确发生了。

B. 在两周之内，会有一个固定时距扇贝曲线图，但这个并没有发生。

C. 只有当支票开给你时才发生一次，这个的确发生了。

D. 只有当支票开给你时才发生一次，但这个并没有发生。

案例

不过，我们也并非一无所有。下面这个例子是一名学生提供给我的。你看美剧《宋飞正传》正看得津津有味的时候，插播的广告来了，于是，你换台，去看《杰里·斯普林格脱口秀》，但你会不停地换台回去看播放《宋飞正传》的那个频道。随着广告时间的推移，你换台的频率也越来越高。经过漫长而痛苦的等待，你最后一次的切换终于被屏幕上《宋飞正传》的画面强化了。这就是一个非常不错的时距程序表的例子。如果每次广告时段的长度是固定的，那么这就是一个固定时距的强化程序表。这里还有一个被我们称作**限时保留**（limited hold）的东西，意思是，你重回美剧频道的时间越晚，你失去的强化物也就越多。

尽管这个《宋飞正传》的例子很不错，但我们还是认为在日常生活当中极难找到纯粹的程序表的例子。因此，如果以后你听到谁在谈论现实生活当中时距程序表的例子，一定要保持质疑态度。要记住，这些例子都是例外，而非常规。

问题

1. 描述学期论文写作的行为依联，将其与固定时距强化程序表进行对比。

警告：要想答对这道题，你必须知道并理解上面所讲的6点不同之处，而且要能正确填写上面那样的表格。

2. 描述美国国会法案通过的行为依联，将其与固定时距强化程序表进行对比。

3. 画出周末打开电视机收看某个节目的回避依联示意图，并给出两个理由来说明这是不是固定时距程序表的好例子。

4. 画出你获得两周一结的工资的行为依联示意图，并解释这是不是固定时距程序表的好例子。

我们对这些日常生活进行分析，主要目的在于指出，在现实当中几乎不存在那种斯金纳箱中的、纯粹传统意义上的强化程序表。

案例

鸽子的迷信[①]

斯金纳博士将鸽子放进了一个很大的斯金纳箱中，这里的空间足够鸽子往任何方向走六七步。这个鸽子笼里放置着普通的强化物供应装置，也就是一个鸟食喂食器。不过，这里的喂食器与反应按键并没有连接在一起。斯金纳博士把鸽子放进去后，就马上启动一个15秒时距重复计时的计时器。每个时距的最后，喂食器会移动上来几秒钟，让鸽子能够接触到，让它有时间吃一点儿谷物。请注意，不管鸽子在做什么，每个15秒时距的最后，喂食器都会移动上来。换句话说，喂食器的移动上升与鸽子的行为无关，就算箱子里没有鸽子，它也会移动上来。

当斯金纳博士第一次将鸽子放入箱子时，鸽子立刻就开始趾高气扬地四处溜达，挠挠地板，啄啄这儿，啄啄那儿。15秒钟后，喂食器上来了。正好在这之前，鸽子突然逆时针转了一圈，食物的呈现正巧强化了这个逆时针转圈行为。鸽子吃到谷物之后，又开始在箱子里大摇大摆地走动起来。但是，就在下一个15秒钟过去前，鸽子很快做了几次逆时针转圈，而后，喂食器又来了。

从此，这只鸽子有了一个规律的、刻板的行为模式——快速而执着地逆时针转圈。只有当喂食器出现时，它才会停止转圈，立刻过去吃谷子。如果哪个人正好在这个实验进行到此阶段时来这里参观，那他肯定会说这只鸽子没了方向，看起来好傻，或者说它喝醉了。

用同样的流程对另一只鸽子进行了实验，结果那只鸽子被意外强化出了一个晃头的行为，就像公牛晃动一个被自己的犄角挑起的斗牛士一样。经过几次这种意外的巧合的强化训练，只要斯金纳先生把这只鸽子放入斯金纳箱中，它的晃头行为就会高频地出现。其他鸽子发展出一种将头前后荡来荡去的钟表运动，它们体验这种重复性的意外强化物依联时，就好像沉醉在某种无声的旋律中一般。

[①] 改写自 Skinner, B. F. (1948). Superstition in the pigeon. *Journal of Experimental Psychology*, 38, 168-172.

分析：实验行为分析

固定时间程序表与迷信行为

斯金纳在此使用了一个**固定时间强化程序表**（fixed-time schedule of reinforcement）。在这个程序表当中，无论动物的行为是怎样的，只要经过一个固定的时间段，就都会呈递强化物。也就是说，不管动物有无反应，强化物都会在特定时间段结束时被呈递。斯金纳设定的是每15秒钟呈递一次谷物，而这个强化物的呈递与鸽子的反应无关。

> **定义：概念**
> 固定时间强化物呈递程序表（Fixed-time schedule of reinforcer delivery）
> - 经过一个固定的时间段之后，
> - 与反应无关地
> - 呈递强化物。

我们已经看到，如果我们与反应无关地按照固定时间程序表呈递强化物，将会发生什么。这种程序表就是产生**迷信行为**（superstitious behavior）的一个途径。因为强化物的呈递只跟时间有关，所以鸽子发展出了转圈、晃头等各种古怪的反应模式。

在固定时间程序表里，强化物的出现并不需要一个反应，但在固定时距程序表里则是需要的。在固定时距程序表当中，在时距过去之后，反应必须出现，随后才会有强化物的呈递。

> **定义：概念**
> 迷信行为（Superstitious behavior）
> - 做出某个行为，该行为好像导致了
> - 某些特定的后果，
> - 但其实并非如此。

鸽子做出的行为（转圈或晃头），就好像这些反应会导致接下来跟随着的某些特定事件（谷物强化物会被送来），但其实并非如此。

跟鸽子的这种迷信行为一样，巧合或意外的强化可以解释人类的某些迷信行为。例如，棒球运动员往往会发展出某些迷信行为。一次成功的击球可能会意外地强化发生在击球之前的一个行为。结果，这位击球手每次都会在投手扔球过来之前，先刻板地用球棒敲击地面两次，但这种行为其实并**不会**产生成功的击打，这只是一个意外强化的结果。

请注意，这里讲的迷信行为与我们听到"迷信"这个词时会想到的那些行为是截然不同的。大多数典型的迷信行为，比如，你把盐弄撒了之后会把盐抛向身后，或者在人行道上走路时刻意避开地面上的裂缝，这些迷信行为都是受控于语言行为的。当我们还是孩子时，曾听到过某个荒唐的说法，于是，这个说法最终可能会在我们这一辈子当中都很好地控制着我们的行为，尽管这个说法其实只是些胡言乱语而已。

问题

1. 名词解释：固定时间强化物呈递程序表。
2. 描述斯金纳博士演示强化物呈递的固定时间程序表的鸽子实验，请说出其中的：
   A. 反应类
   B. 强化程序表
   C. 强化物
   D. 结果
   E. 这个程序表所产生的通用行为类型的名称
   F. 这项干预在其他方面的有趣的特点
3. 名词解释：迷信行为。
4. 举例描述意外强化对人产生的作用。
5. 用意外强化的原理来分析你的例子。

概念

可变时距强化程序表

行为分析师研究了很多种基于时间的强化程序表的作用。**可变时距（VI）强化程序表**［variable-interval (VI) schedule of reinforcement］就是其中的一种。在这种程序表中，从上一次获得强化算起，经过可变的时间间隔，强化又变成可以获得的了。这里，强化物的呈递依联于反应。经过可变的时间间隔就可以获得强化了。这个程序表的具体数值在书写时记在字母缩写 VI 之后。例如，VI 2′ 的程序表是指平均经过两分钟，强化就是可以获得的了。

> **定义：概念**
> 可变时距（VI）强化程序表［Variable-interval (VI) schedule of reinforcement］
> - 强化物依联于
> - 自上一次获得强化算起，
> - 一个可变的时间间隔**之后**
> - 出现的第一次反应。

请注意，经过一个平均的时间间隔，强化就变成可以获得的了。在一个 VI 程序表当中，比如 5 分钟之后，强化是可以获得的了，但是，动物必须做出适当的反应才能真的得到强化物,直到它做出了适当的反应。虽然时间的流逝本身能够带来强化的机会,但是动物必须随后做出反应才能真正获得强化物。而在时距结束之前做出的正确反应并不会带来强化。既需要时间间隔,又需要时间间隔过去之后的正确反应,只有这两个条件都满足了,强化才会随之实现。

我们来小结一下 VI 程序表的特征。

- 获得强化的机会是随着时间的流逝而到来的,因此,我们可以把 VI 程序表称作基于时间的程序表。
- 两次获得强化的机会之间的时间间隔长度是可变的,因此,我们称之为**可变时距**。
- 虽然获得强化的机会是否出现只受时间的影响,但是动物必须在时距结束之后做出反应,才能使强化发生。时间本身永远无法带来强化物。

可变时距程序表会产生怎样的行为呢?图 18.3 是鸽子被谷物强化的啄击反应的一个累积反应记录。

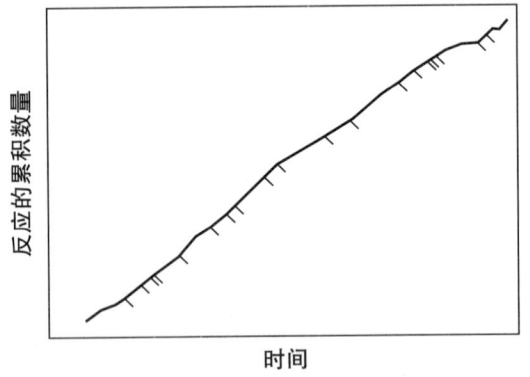

图 18.3　2 分钟的可变时距程序表

这只鸽子在一个 2 分钟的可变时距程序表之下行事(VI 2′ 程序表是指获得强化的机会平均每两分钟出现 1 次)。当机会到来时,这只鸽子需要去啄击按键才能得到强化物。你可以从这个累积记录曲线的斜率中看到,鸽子很有规律地啄击,但啄击速度与你前面在比率程序表中所看到的不同。通常,两次强化机会之间的平均时距越短,啄击频率就越高。因此,假如两次强化机会之间相距两个小时或三个小时,那么我们能够预计,鸽子的反应速率会很低,也许 10~15 分钟才有 1 次啄击。而假如强化机会出现得很频繁,那么反应速率就会很高。

你还可以从这个累积记录中看到,强化不是有规律地发生的。有时,强化物出现后几秒钟就又可以获得强化物了,而有时要再等好几分钟。有时候,从一次强化到下一次强化之间,鸽子做出了很多次反应,而在另一些时候,鸽子做出的反应数量并不多。反应的数量取决于这两次强化之间的可变时距。但这个可变时距程序表最重要的一方面在于,它产生了一个稳定的反应速率。请注意,累积记录中鸽子只在个别几个点上未做出反应,整个曲线几乎就没有平直的区域,从头到尾,整个记录的斜率趋向平稳和均匀。这个可变时距程序表打造出来的是一只稳定而非特别快速地工作的鸽子。这里没有真正的强化后暂停,除了鸽子去消耗谷子的那一会儿,她从未停止过啄击。她吃完谷子就立刻回到自己那种从容不迫的工作状态中去了。

> **定义:原理**
>
> **可变时距反应**(Variable-interval responding)
> - 可变时距程序表会产生
> - 适中的反应速率,
> - 而且几乎不存在强化后暂停。

问题

1. 名词解释:可变时距强化程序表,并举例说明。
2. 可变时距程序**表**的概念与可变时距**反应**的原理之间有什么不同?在考试当中,很多人会在这道题上犯晕哟。
3. 描述一个可变时距为 2 分钟的强化程序表(VI 2′),其程序和行为结果是怎样的?
4. 列出可变时距程序表的三个特征。
5. **学生经常失分的一道题**:在一个可变时距强化程序表下,在提供强化物前,反应必须先出现吗?
6. 相对而言,描述可变时距程序表下的反应速率:
- 如果时间间隔比较小的话。
- 如果时间间隔比较大的话。

概念

消退与强化的程序表

前面已经讲了,反应会通过两种途径产生强化物:

- 连续强化:每个反应都会产生强化物。
- 间歇强化:只有一些反应会产生强化物。此外,我们还讨论了四种经典的间歇程序表。

间歇强化的经典程序表

	固定	可变
比率	固定比率	可变比率
时距	固定时距	可变时距

对于间歇强化的这四种经典程序表,我们可以给出一个通用的说法:**与连续强化比起来,间歇强化会让反**

应对消退具有更大的阻抗。还记得前面讲的吗？消退程序是指，不再强化一个之前被强化过的反应，从而使该反应频率降低。因此，如果我们停止强化的时间足够长，那么这个反应就会停止。

如果反应是在连续强化程序表之下得以维持的话，当我们停止强化时，该反应就会被迅速消退；而如果反应是在间歇强化程序表之下得以维持的话，当我们停止强化时，该反应被消退所需的时间会更长。尽管我们彻底撤除了间歇强化，动物也会在较长的一段时间内继续反应。因此，我们说，间歇强化产生了更大的**消退阻抗**（resistance to extinction）。

> **定义：概念**
> 消退阻抗（Resistance to extinction）
> - 一个反应被消退之前，
> - 反应的数量，或者
> - 花费的时间。

> **定义：原理**
> 消退阻抗与间歇强化（Resistance to extinction and intermittent reinforcement）
> - 相较于连续强化，
> - 间歇强化
> - 让反应
> - 对消退具有更大的阻抗。

一些通过间歇强化程序表产生的行为要比通过其他强化程序表产生的行为更能阻抗消退。间歇程序表与连续强化的差异越大，产生的行为就越会阻抗消退。例如，一个固定比率为10000的强化程序表[①]，会使得行为对消退的阻抗远远大于一个固定比率为10的强化程序表所产生的。但只要是间歇程序表，就会比连续强化程序表所打造出来的行为更阻抗消退。因此，如果我们

[①] 没错，你的确可以用一个极端的10000的强化比率来维持鸽子的啄击反应。当年我在丹尼森大学教书时，我就在一项同时性区辨（simultaneous discrimination）训练中让鸽子波莉这样做过，她会全天去啄击 S^D 按键。每当波莉的区辨反应正确地啄击到第10000次之后，我就会立刻慷慨地给她吃几分钟谷子，而不是通常的只给吃3秒钟。当然，我也是从低比率开始的，只是渐渐地增大了比率，以防出现比率过度。来上我课的学生有时会谴责我居然在自己的课上也使用类似这么狠的程序表，这或许是因为他们中有的人正在承受着比率过度带来的苦头；或许是因为我没有足够缓慢地增大作业量；也可能是因为他们对相当于只吃几分钟的鸽子食物的强化物数量不满意。

要避免一个行为没有接触到强化就消失，我们就应该使用间歇强化。

问题

1. 名词解释：消退阻抗的概念，并举例说明。
2. 名词解释：消退阻抗的原理，并举例说明。

对比

时距强化程序表与时间强化程序表（D-20）

之所以要在此提出一个"固定时间程序表"，最主要的原因之一就是想把它与固定时距程序表进行对比。我们干吗要吃饱了撑的，做这么一件事呢？这是因为很多学生经常会犯这样一个错误，在谈论固定时距程序表时，说得好像在谈论一个固定时间程序表，说得像不管动物是否做出反应，强化物都会被提供似的。

学生们经常会这么说："在一个固定时距强化程序表中，鸽子啄击按键的频率会增加。随后，在固定时距过去后，鸽子就获得了强化物。"错！当固定时距过去后，鸽子的**下一次反应**产生了强化物（当然，在时距结束之前的反应是没有任何作用的）。

不要犯这种错误。事实上，大家都要牢记，在时距程序表中，时间的流逝只是带来了强化的**机会**（opportunity for reinforcement），但仅有时间并不足以让鸽子真正地获得强化物。动物要做出一个反应才能让强化发生。这第二项要求确保了强化物的呈现依联于一个特定的行为。

因此，固定时间强化物呈递程序表与固定时距程序表，两者的相同之处是：它们都涉及在强化物呈递之前经过一个固定的时间段；两者的不同之处是：时距程序表要求这个时间过去后出现一个反应，而时间程序表不需要。

时距程序表与时间程序表

	时距	时间
涉及时间	是	是
需要反应	是	否

问题

对比固定时间强化物呈递程序表与固定时距强化程序表。**不少学生在这道题上栽过跟头哟**！

初级进阶

对比

比率强化程序表与时距强化程序表

强化物什么时候出现?

还记得吧?在比率程序表中,强化物跟随在一定数量的反应之后。如果这个程序表是固定比率的话,那么,强化物就跟随在一个固定数量的反应之后。而且,经过初始阶段的强化后暂停之后,反应以一个高速而稳定的频率发生,直到下一次强化物的呈递。但如果程序表是可变比率的话,那么,强化物会跟随在一个可变数量的反应之后。在可变比率程序表中,反应高频率地发生且几乎不存在强化后暂停。

在时距程序表中,强化物跟随在一段时间间隔后的第一次反应之后。如果这个程序表是固定时距的话,那么,反应在刚强化后不会立刻发生,但会随着时间的流逝而增加频率。在时距的最后阶段,反应会非常迅速。我们把这种反应模式称为固定时距扇贝曲线。如果这个程序表是可变时距的话,那么,强化物跟随在一个可变的时间间隔后出现的第一次反应之后。在可变时距程序表当中,反应以一个稳定的频率出现,而且几乎不存在强化后暂停。

反应频率与强化频率之间是什么关系?

1. 在比率程序表下,你反应得越快,你每小时内获得的强化物就越多。

A. 对
B. 错

2. 在时距程序表下,你反应得越快,你每小时内获得的强化物就越多。

A. 对
B. 错

理论上,在比率程序表下,只要反应速度足够快,每小时内就能获得无限的强化物。而在时距程序表下,只需要反应快过最短的时距,而更快的反应并无益处。例如,在固定时距为1分钟的程序表下,就算你比超人还快,你每小时也不可能获得60次以上的强化物。

但是,你不要认为鲁道夫"知道"自己在比率程序表当中反应得越快每小时就能得到越多的强化物。事实上,如果他在一个固定时距程序表下待得足够久,也许几个月后,他的反应速度快得就像他在相应的比率程序表下一样。也就是说,他反应得很快,远远超过了他获取最大量强化物所需的速度。不要把老鼠的理性看得同我们人类一样。

问题

警告:请你严肃对待下列问题,以前有学生就是因为在此不够严肃,结果到手的A级成绩飞掉了。

1. 理解并填写下面这个小结表格。也就是说,对强化的比率、时距和时间程序表,从下列这些方面进行对比:

A. 强化的可获得性
B. 所导致的行为

2. 理解比率程序表和时距程序表中反应频率与强化物频率之间的关系。

3. 在下图中,分辨出四种基本的强化程序表的累积记录。

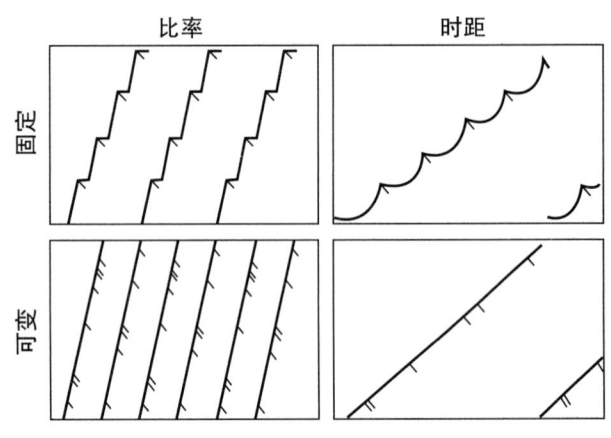

图18.4 强化的基本程序表

图18.4是对四种基本的强化程序表的累积记录做出的一个模式化示意图:固定比率、可变比率、固定时距和可变时距。反应的累积数量为纵轴(y轴或纵坐标),时间为横轴(x轴或横坐标)。小斜刻度线表示强化物的呈递。累积记录越陡(越接近垂直线),反应频率越高。水平线表示的是随着时间的流逝而未出现反应。比率程序表显示出最高的反应频率,而固定程序表显示出最久的强化后暂停。

强化的比率、时距和时间程序表的对比

程序表	强化物跟随于	行为
比率	一定数量的反应	
固定比率	固定数量的反应	反应被强化之后,在一段时间内反应不出现,随后反应以高速稳定的频率出现,直到下一次强化物的呈递

续表

程序表	强化物跟随于	行为
可变比率	可变数量的反应	反应高频率地出现，而几乎没有强化后暂停
时距	一定时间间隔后的第一次反应	
固定时距	固定时间间隔后的第一次反应	强化之后不会立刻有反应发生，随后，反应频率随着时间的流逝而慢慢增加，一直到该时距的最后 1/4 的时间，反应会高频率地出现（固定时距扇贝曲线）
可变时距	可变时间间隔后的第一次反应	反应以一致而稳定的频率出现，几乎没有强化后暂停
时间	一个时间区段之后，无论有无反应	
固定时间	固定的时间区段之后，无论有无反应	典型情况下不会产生行为，除非产生的是意外强化导致的迷信行为

问题

画出并识别出四种基本的强化程序表的累积记录图。

为什么间歇强化会增加消退阻抗？

消退阻抗的原理（principle of resistance to extinction）说的是：间歇强化会比连续强化让行为对消退具有更大的阻抗。这没错，但为什么呢？当我们对斯金纳箱中的老鼠的辛勤工作报以更低频率的强化时，为什么老鼠反而做得更努力而不是更懈怠了呢？乍看上去，这不合情理呀！

你是想听一个极为复杂但更精确的解释呢，还是想听一个简单些的解释呢？想听简单的，那好吧。

老鼠**很容易**"分辨出"**连续强化**与消退之间的区别。为什么？因为在连续强化中，所有反应都会产生强化物；而在消退中，所有反应都没有强化物。换句话说，老鼠很容易"分辨出"高频强化与没有强化之间的区别。

但是，老鼠**很难**"分辨出"**间歇强化**与消退之间的区别。为什么？因为在间歇强化中，只有偶尔的某些反应会产生强化物；而在消退中，所有反应都不产生强化物。换句话说，老鼠很难"分辨出"只是偶尔出现的强化与没有强化之间的区别。

因此，由于对老鼠来说，消退更似间歇强化，因而接受过间歇强化训练的老鼠在消退期间就会继续做出反应，就像它们曾经在间歇强化下所做的那样。由于消退与连续强化太不一样了，曾接受连续强化训练的老鼠就会很快停止反应。

也就是说，老鼠很快地区辨了连续强化与消退，但很严重地泛化了间歇强化与消退。换句话说，刺激泛化可以解释为什么间歇强化要比连续强化让行为对消退具有更大的阻抗。①

问题

为什么间歇强化要比连续强化让行为对消退具有更大的阻抗？

---

① 我在本书第 3 版中对此做过更详尽的、在技术上更准确的、玄学意味更少的解释，但很少有学生看得懂，因此，我只好勉强回到本书现在这种更简化的、更表面化的、带有些许玄学意味的解释上来了。我相信这样的解释能让学生们学起来更轻松。但是，对于你们当中的好学生来说，还是应该去我的 www.dickmalott.com 网站上看看原先那一版的内容。

· ·

中级进阶

对比

消退阻抗与反应强度（FK-39）

在斯金纳的学术生涯早期，他引入了一个反应强度（response strength）的概念——描述一个反应有多强。我们有多种方法测量一个反应的强度，例如，反应频率（比如，按 VI 程序表啄击按键的频率）和消退阻抗（比如，在我们停止这个 VI 程序表后啄击按键的频率）。近些年，行为分析师开始使用行为动量（behavioral momentum）这个概念（简单地说，就是对干扰的阻抗，比如，对电击、消退或餍足导致的反应频率下降的阻抗）。

但是，还记得早前我们讲过的实物化错误吗？即把一个过程或一项活动称为一个事物。斯金纳在引入反应强度这个概念之后不久就否决了它。他认识到反应强度就是被实物化了，就如同他自己曾经批评过的传统心理学的那种循环实物化一样的东西，比如，弗洛伊德的那套自我、本我，或者所谓智力和人格的概念。为什么这个人在聚会时会跟很多人讲话？因为她有一个外向合群的人格。为什么这只鸽子如此频繁地啄击按键？因为它的啄击具有很高的反应强度。

即便我们说反应强度并不会导致高频率的啄击，但这个概念的实物化特性还会带来很多其他问题。例如，消退阻抗往往被说成对反应强度的测量。对于间歇强化（比如 VI 程序表）会比连续强化产生更大的消退阻抗（更高的行为强度）这样一个有违直觉的事实，行为分析师们往往会小题大做。这是否意味着要想建立一个强大的反应就总是应该去运用间歇强化呢？假设我们在斯金纳箱里有两个反应按键，并且运用并存强化程序表（concurrent schedules of reinforcement）——一个按键是 VI 1′ 的程序表，另一个按键是连续强化。那么，是不是啄击 VI 1′ 按键的反应要强于啄击连续强化按键的反应呢？就是说，鸽子更多地啄击 VI 1′ 的按键呢？有些人认为是这样的，但他们错了。通常，鸽子最后几乎只去啄击那个连续强化的按键。那么，从消退上看，反应强度是 VI 1′ 的更高，而从并存程序表（concurrent schedules）上看，连续强化的反应强度更高。现在麻烦了，我们有两种测量行为强度的方法，但测量结果却是相互矛盾的。这就是实物化的问题之一。像这样，你对同一个东西有了两种截然不同的测量，那个东西很可能就是被实物化了。你最好将其抛弃，原因之一就是这两种截然不同的测量互不相容。换句话说，不存在所谓的反应强度，这只是用来做解释的一种虚幻的说辞。事实上，你在这里拥有的只是消退当中的一个反应频率和并存程序表下的两个反应的相对频率，没有什么反应强度。

问题

请说明反应强度这个概念中存在的问题。

在 DickMalott.com 网站上，你还将读到：

孤独症扩展部分

第 18 章　高级学习目标

第 18 章　高级扩展部分

- 为什么限时保留的运作方式是那样的呢？
- 为什么间歇强化会增加消退阻抗？

第 19 章　并存依联

行为分析师认证委员会第 4 版任务清单

B-11　实施成分分析以确定一个干预组合里的有效成分。

D-21　运用差别强化（例如，对替代行为的差别强化、对不兼容行为的差别强化）。

E-08　运用匹配律并识别影响选择的因素。

FK-40　匹配律

基础知识

案例：行为临床心理学

游戏与自我刺激[①]

梅与学习行为分析的大学生们组成一个团队，继续为吉米这个孤独症孩子提供服务，帮助他向更为正常的方向成长。在一个装满了玩具的房间，吉米可以一连待上好几个小时，但完全无视那里的玩具。有时他会干坐着，直勾勾地盯着看，目光呆滞；有时他会将嘴角向外向下翻，不停地做鬼脸（露出上排的牙齿），或者张开手指，在自己的眼睛前方挥舞；有时他会不停地旋转上身，或者用力地反复揉搓眼睛、鼻子、嘴、耳朵、头发；有时他会把不能吃的物品放进嘴里；还有的时候，他会前后左右摇晃身体、卷舌头、弹牙齿，或者在嘴里鼓捣唾液并发出声响；还有的时候，他会反复地同时抖动双腿、碰撞双膝，或者绷紧全身拼命发抖，或者将双腿拧绞在一起，还有的时候……吉米简直就是一本活生生的目录大全，展示了各种病态的自我刺激反应［自我刺激反应的强化物是它们所产生的感觉刺激，通常也被称作刻板行为（stereotypy）］。任何人看到吉米这个样子，都会有一种心碎的感觉。

但是，吉米这些糟糕的外在表现只不过是他悲伤故事中的一小部分。要是吉米像其他孤独症孩子一样的话，那么，他高频率的自我刺激行为也就意味着他的预后将会很糟糕——很有可能，他将会终生伴有孤独症或精神病态般的种种症状。而如果梅和她的团队能够减少他的自我刺激行为，他或许有机会建立起更具功能性的技能库。

因此，干预团队在罗莎·帕克斯学院实施了一套密集的干预计划。在梅的督导下，苏和马克斯首先使用食物塑造吉米的适当的游戏技能（即具有社交适宜性的游戏）。他们用一本彩色图书和一些玩具，让吉米将几何形状的玩具放到适当的位置上。在吉米获得最低限度的游戏技能之后，他们记录下他在 44 次、每次 5 分钟的教学时段里出现的自我刺激和适当游戏的基线值。吉米自我刺激的时间是 100%，而游戏的时间大约占 13%[②]。

然后他们加入一项比较粗略的惩罚依联。每当吉米表现出自我刺激行为的时候，他们会厉声说道："别这样！"并迅速地猛拍一下或者短暂地抓住吉米参与自我刺激行为的身体部位。按道理，该惩罚依联[③]对吉米来说是厌恶的，而对马克斯来说，则确定无疑是厌恶的，马克斯每次猛拍吉米的手时，一定会向后缩一下。吉米病态的自我刺激行为的频率实在太高了，马克斯和苏的全部工作就是追踪吉米的行为，并惩罚那些不适当的反应。苏专门负责吉米腰部以下的自我刺激行为，而马克斯则专门负责腰部以上的自我刺激行为。

[①] 改写自 Koegel, R. L., Firestone, P. B., Kramme, K. W., & Dunlap, G. (1974). Increasing spontaneous play by suppressing self-stimulation in autistic children. *Journal of Applied Behavior Analysis*, 7, 521-528. 本节中的图表也源自这篇文章。

[②] 请注意，因为这两类行为是并存的（即它们是同时出现的），所以我们无须将 100% 和 13% 相加来得到一个 113%。

[③] 需要指出的是，本案例改写自 1974 年发表的一篇文章，如今，很少再有使用这类厌恶控制程序的干预了。事实上，在我们的森林前沿学习中心（WoodsEdge Learning Center），我的学生们在为有孤独症行为和特征的孩子们提供服务时，甚至都不会使用"不"这个词来减少不当行为或功能失调行为。

结果如何呢？在每次5分钟、一共50多次的教学时段里，吉米的自我刺激行为的时间下降到了13%的低水平，而他的适当游戏的时间增加到了85%以上（见图19.1）。至少，在这个小小的干预目标上，吉米已经开始表现得像个普通小孩了。当然，他们还有很长的路要走，很多的工作要做。

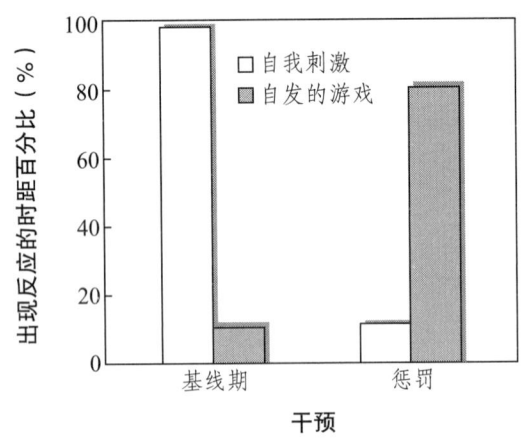

图 19.1　通过惩罚自我刺激行为来增加一名孤独症儿童的游戏行为

分析

吉米有两个同时发挥作用的强化依联，它们分别针对相互有些兼容的两个反应类——某些形式的自我刺激行为和正常的游戏行为。

也就是说，在基线期，吉米正常游戏的大多数时间里，同时表现出了自我刺激行为。但是，从另一个角度来说，在绝大多数情况下，自我刺激行为与正常游戏行为是不兼容的；当他们惩罚自我刺激行为的时候，这个反应类出现的频率自然会下降，而与此同时，正常游戏行为的频率就变得更高了。

或许可以这样理解：吉米和其他孤独症儿童实际上在正常游戏中获得的强化物上并没有太多的不同。当吉米有机会进行正常游戏的时候，他就会那么做；而正常游戏内在的强化依联就会奏效。但是，很遗憾，吉米的问题恰恰在于他并没有太多的机会正常地游戏。为什么没有？因为他的自我刺激行为要远远多过他的正常游戏行为。他的自我刺激使得他没有太多机会进行正常游戏。

因此，自我刺激的内在的感觉强化物（sensory reinforcers）过于有效地强化了自我刺激行为，而正常游戏的内在强化依联却无法充分有效地强化正常游戏。只有当他们加入第三个并存依联——对自我刺激的惩罚时，才能充分压制自我刺激，从而让吉米有机会获取正常游戏所带来的强化物。

自然依联（Natural Contingency）：通常在表现管理之前就可以获得的依联。其目的不是管理表现。它通常是内在或自动的，而非外加的。

表现管理依联（Performance-Management Contingency）：当自然依联无效或者令表现朝错误方向推进时，直接用来管理表现的依联。

注意：不要混淆自然依联和非习得性强化物。例如，当吉米表现出破坏行为的时候，他的父母关注了他，在不知不觉中强化了他的破坏行为。尽管该依联是一个自然依联，因为它的存在先于表现管理，并且不是旨在管理吉米的表现的，但他们的关注是一个习得性强化物。因此，在自然依联和表现管理依联中都可以找到习得性和非习得性强化物以及习得性和非习得性厌恶条件。

问题

画出一项使用对自我刺激行为的惩罚来增加正常游戏的行为干预所涉及的三个依联示意图。

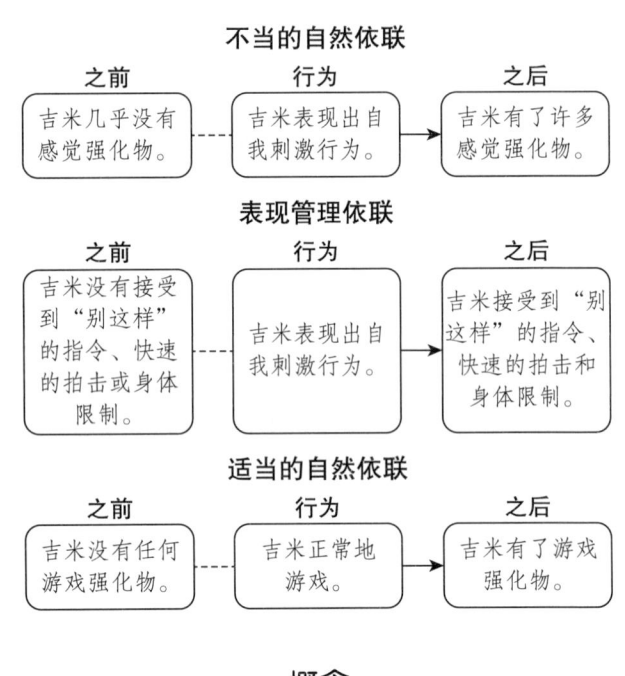

概念

并存依联

并存意味着同时。因此，并存的两个东西同时存在。这也就意味着**并存行为依联**（concurrent behavioral contingencies）是同时可以获得的（available）。要注意，我说的是可以获得的：它们就坐在那里等着你，但是，它们在当下可能并不发挥作用。例如，如果你从教学楼的二层窗户跳出去，有两个依联在同时等着你：首先，快速下降带来的刺激感——一个强化物，至少对于玩蹦极的人来说是这样的；然后会有骨头断裂所带来的疼痛，这对于除极端怪异的人之外的所有人来说都是一个厌恶条件。但是，除非你真的跳了，否则，这样一对并存依联是处于休眠状态的。在一个依联中对行为做了明确的说明，仅仅凭此并不意味着行为真的要发生。这个道理也适用于并存依联。

还记得格蕾丝吗？当她处于压力情境中，就像她的家人变得吵闹时，她的抽动秽语综合征有时就会发作①。在那种情况下，同时存在两种不同的逃避依联。首先，当格蕾丝表现出抽动秽语综合征的病态反应特征的时候，她逃避了有压力的场合。（这并不意味着格蕾丝是有意识地这么做的——还记得那个无意识学习的拇指抽动的案例吗？）

不当的逃避依联

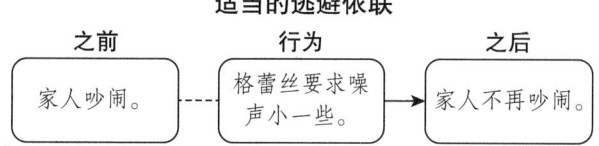

或者，在戈尔戴蒙德博士和格拉斯博士的建议下，她可以更恰当地逃避。她可以简单地要求家人安静下来，以自己的医学病症为理由，向大家发出这种请求。

适当的逃避依联

因此，病态的逃避依联是在抽动秽语综合征的反应之后紧跟着厌恶的吵闹的终止。然而，同时可以获得的、健康的逃避依联是在恰当的要求之后紧跟着厌恶的吵闹的终止。再说一遍，需要理解，如果两个依联是同时**可以获得的**，那么它们就是并存的，而无须真的同时发挥作用。也就是说，尽管格蕾丝并没有同时骂人和发出请求，这两种依联也是同时可以获得的。

同样要牢记的是，依联是个"如果……，那么……"的陈述，比如，**如果**格蕾丝骂人，**那么**家人就会停止吵闹——这不意味着她就一定会骂人；**如果**你跳出楼房，**那么**你就会把腿弄断——这不意味着你必须要跳。

> **定义：概念**
>
> **并存依联**（Concurrent contingencies）
> - 一种以上的强化或惩罚依联
> - 是同时可以获得的。

戈尔戴蒙德还报告了拉尔夫的案例。拉尔夫是一名会计，爱抽烟。对拉尔夫而言，病态的逃避依联是抽一根烟就可以使自己短暂地逃避厌恶的文案工作；而并存

---

① 改写自 Goldiamond, I. (1984). Training parent trainers and ethicists in nonlinear analysis of behavior. In R. Dangel & R. Polster (Ed.). *Parent training foundations of research and practice*. New York: Guilford Press.

的、健康的依联是锻炼或喝杯茶的行为也能使他短暂地逃避那些厌恶的文案工作。格蕾丝和拉尔夫都有两个不同的逃避依联，在这样的依联当中，都有一个不同的逃避反应以终结相同的厌恶条件。

并存依联也控制了吉米的行为：在基线期，感觉刺激依联于自我刺激行为；而同时，其他刺激，包括感觉刺激，是依联于正常游戏的。在干预期，苏和马克斯添加了另一个并存依联——依联于自我刺激的厌恶刺激。

四类并存依联

需要指出的是，我们对并存依联做出的定义表明有四类并存依联。

1. **同时可以获得的依联**是针对两个肢体上**兼容的反应**（compatible responses）。老师可以通过给布莱克一点儿关注来强化他的看书行为，而从流鼻涕中解脱出来可能会强化他擤鼻涕的行为——这是正常情况下可以兼容的两个反应，因为他可以同时看书和擤鼻涕。

兼容行为

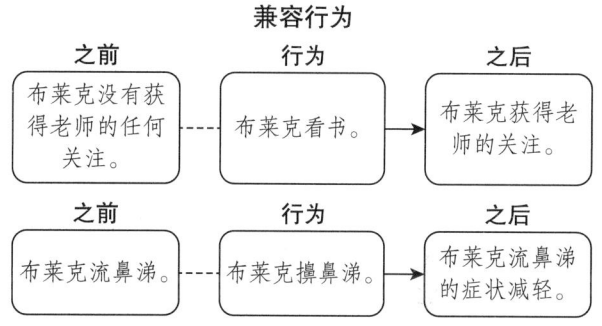

2. 针对一个**单一反应**（single response）的、同时可以获得的**兼容依联**（compatible contingencies）。老师关注布莱克可能强化了他看书的行为，而有趣的阅读材料可能也会强化他看书的行为——这是针对一个单一反应的两个兼容依联。这两个依联是可兼容的，因为它们都会造成反应频率的增加。当然，兼容的两个依联也可以都是惩罚依联，它们都会造成反应频率的减少。

兼容依联
强化

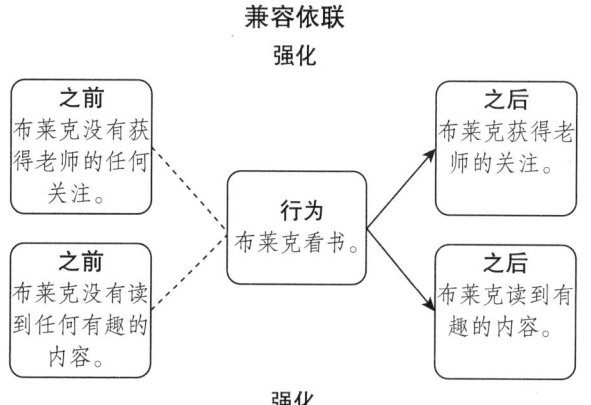

强化

3. 针对一个**单一反应**的、同时可以获得的**不兼容依联**（incompatible contingencies）。老师可以强化布莱克看书的行为，但是每当布莱克拿起书时，他的同桌可能会朝他扔纸团——这是针对同一个单一反应的两个不兼容的依联。这两个依联是不兼容的，因为其中一个造成该反应频率的增加，而另一个造成该反应频率的降低。

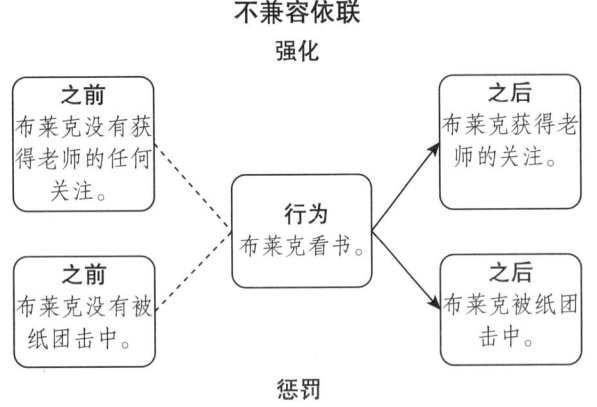

不兼容依联

4. 同时可以获得的依联是针对两个肢体上**不兼容的反应**（incompatible responses）。老师可以强化布莱克看书的行为，而同桌可以强化他说悄悄话的行为——两个不兼容的反应。①

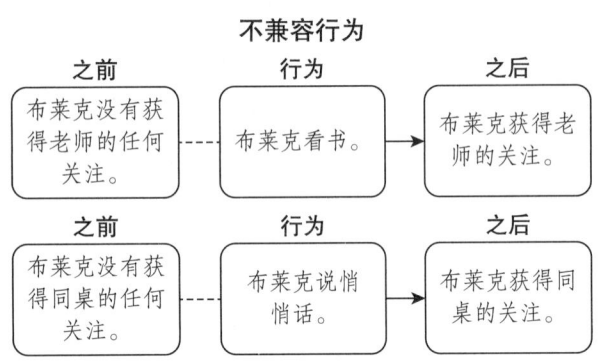

不兼容行为

问题

1. 名词解释：并存依联，并简要地举出三个例子。
2. 回忆一下凯格尔等人的文章《通过抑制孤独症儿童的自我刺激行为来增加自发游戏》（即梅对自我刺激行为的惩罚）。这是一个并存依联的例子吗？
   A. 是
   B. 不是

---

① 当两个同时可以获得的兼容或不兼容的依联是针对**相同的反应**的时候，它们被称作**联合依联**（conjoint contingencies），而不是并存依联。不过，在本书当中，我们只需简单地将所有同时可以获得的（即并存）依联都统称为并存依联，这样做对我们来说已经足够了，我们不需要对联合依联和并存依联做进一步的术语上的区分。如果你想进一步阅读关于行为术语的全面且权威的论述，请参见 Catania, A. C. (1998). *Learning* (4th ed.). Upper Saddle River, NJ: Prentice Hall.

提示：读书时，要经常查看你正在阅读的章节的标题，将它们与你正在阅读的内容联系起来。

3. 我们对并存依联的定义表明有四种类型的并存依联，它们是哪四种？请你为每一种并存依联的案例画出依联示意图。

案例：语言行为与孤独症

并存依联与干扰语言学习的因素②

吉米刚到罗莎·帕克斯学院的时候，他没有任何语言技能（即没有语言），而且已经被贴上孤独症的诊断标签。他无法命名（标出事物名称），无法提要求（索要），等等。他之所以未掌握这些语言技能，是因为强化依联不够充分。

针对语言行为的替代行为的并存强化依联③

在最初的学习过程中，语言行为的依联是最明显的。父母通过对许多语言行为的强化帮助孩子建立语言技能库。但是，你已经知道，其中不止一个强化或惩罚依联在同时起作用。有时，控制行为的依联实际上干扰了语言行为的学习。总之，接下来你很快就会看到，有三类并存依联会干扰语言学习。

当行为依联是强化替代的非语言行为，而不是强化语言行为的时候，替代行为的频率就会上升。这些非语言行为将与语言行为发生直接的竞争。④尽管作为竞争者的强化语言行为的依联是一个并存强化依联，也是同时可以获得的，但语言行为的依联终于还是败下阵来。

作为语言行为替代物的破坏行为

让我们闪回到吉米 18 个月大的时候：吉米在厨房里蹒跚学步，发出婴儿特有的快乐的咿呀声。他今天还没有吃东西，他很饿，开始呜咽起来。于是，吉米的妈妈艾米抱起他，安抚他。吉米开始啼哭。艾米把他放下，递给他平时最喜欢的玩具。吉米开始跺脚。艾米绝

---

② 本节内容改写自 Drash, P. W., & Tudor, R. M. (1993). A functional analysis of verbal delay in preschool children: Implications for prevention and total recovery. *The Analysis of Verbal Behavior*, 11, 19-29. 这篇文章对语言学习进行了令人印象深刻的、近乎革命性的理论分析。

③ 为了便于描述干扰语言学习的各种因素，我们在这个虚构的吉米的案例中将所有干扰因素都展现了出来，在真实生活里，虽然全部因素都有可能发挥作用，但可能只是其中的一部分因素起作用。

④ 我们甚至会更进一步地说，强化像用手点指这样"简化的"语言行为可能也会干扰"真正的"语言行为（说话或手语）。尽管斯金纳对语言行为的定义也包括其他方式的沟通（比如用手点指），只要它们有相同的功能，但那就不是我们真正所指的语言和语言行为了。如果小吉米可以通过用手点指来获得他想要的一切，就算他能够发展出真正的语言，他很可能也不会非常快地发展出这些真正的语言。

望地问吉米想要什么。吉米却一屁股坐到地上,挥动着小拳头乱捶乱打,最后,艾米给了他一瓶奶。吉米停止哭泣,喝起奶来。一个机会就这么失去了,吉米本来有可能做出接近语言表达需要(要求)的反应,并可以获得强化。相反,吉米的破坏性哭闹行为却被强化了。

在这个例子里,说出"牛奶"这一恰当的提要求行为和不当的破坏性哭闹行为的并存依联是同时起作用的——但破坏行为被强化了,并因而变成频率增加的行为。

当行为依联支持破坏行为的时候,这些行为就会阻止可以被强化的语言行为的出现。

针对发声的口语要求的强化依联

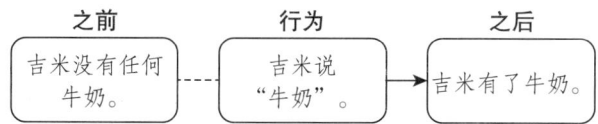

我们可以看到,破坏行为的强化依联就是这样维持着一个不兼容的反应。但是让我们短暂地回过头来思考一下,是什么维持着艾米在吉米发脾气的时候给他牛奶的行为呢?对了,逃避吉米那让人讨厌的哭泣。

艾米是恶性社交循环的受害者。

现在,回到我们的要点:你已经看到破坏行为如何被确立为语言行为的一个替代物了。实际上,破坏行为和语言行为发挥着相同的功能,但非破坏行为(nondisruptive behavior)也是可以替代语言行为的。

针对破坏行为的强化依联

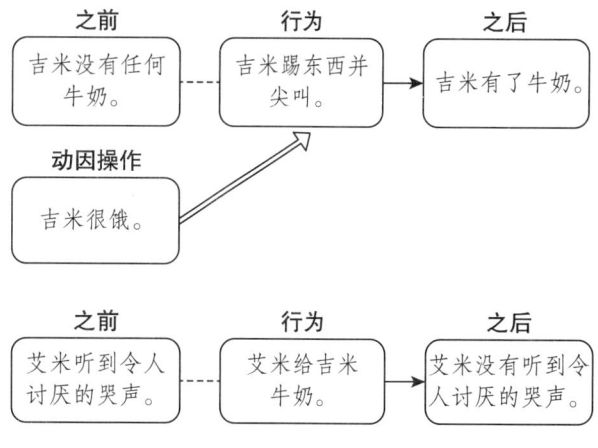

作为语言行为替代物的非破坏行为

吉米看着放在架子上的一个皮球,艾米立即把球拿给他。后来,球滚到了沙发下面。吉米盯着球,吉米的表哥杰森把球拿了出来,将它滚给吉米。艾米微笑着看着两个男孩,说道:"杰森,你真是一个很棒的表哥。"杰森笑了起来。

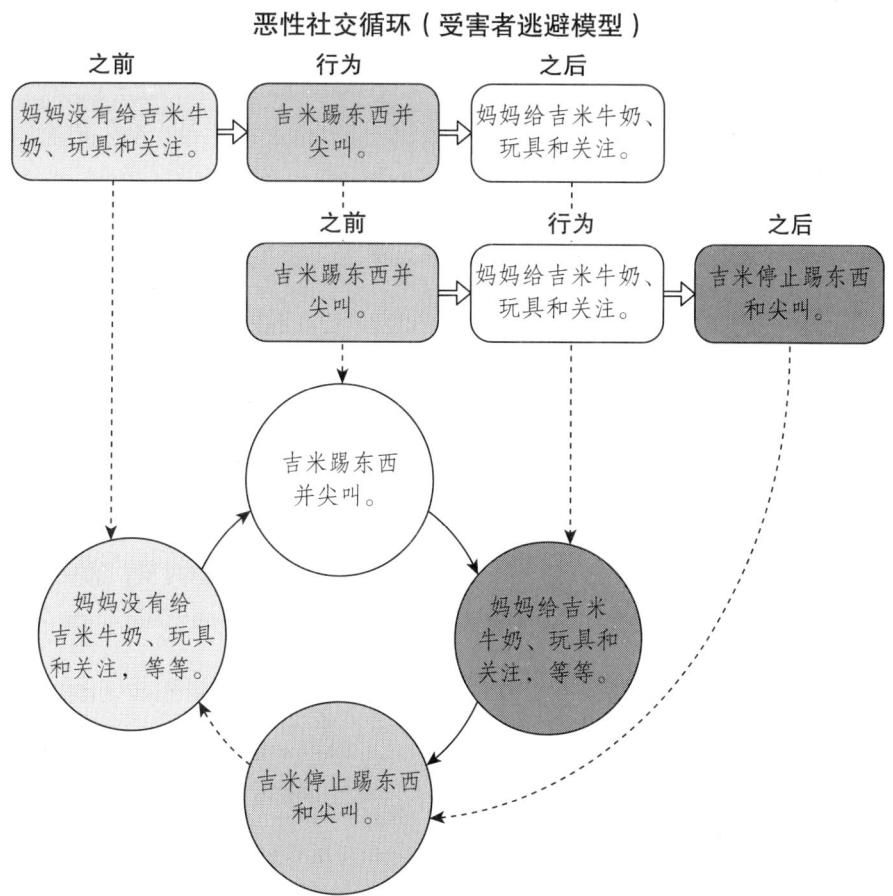

盯着看、点指和做手势可以作为语言提要求（verbal mands）的非语言替代物。当父母和家人强化非语言替代物的时候，这些替代物的频率就会上升。遗憾的是，它们与语言提要求仍然是不兼容的。①

那么，艾米为什么要强化吉米的这些替代语言提要求的非语言方式呢？可能有两个原因。首先，对于大多数父母来说，想到自己的宝宝有一个未被满足的需求，这是一个令人厌恶的刺激。其次，她也回避了吉米因未得到自己想要的东西而可能出现的各种发脾气行为。

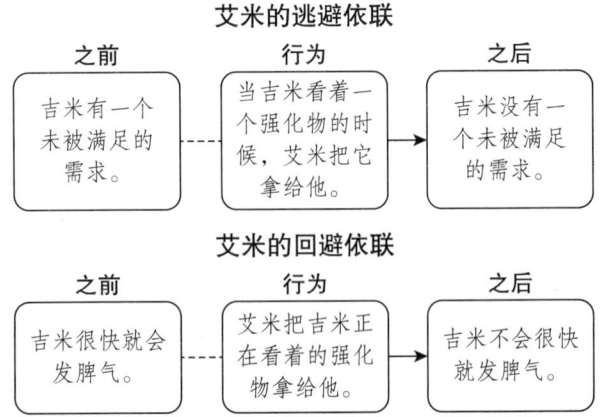

对其他家人让小孩开心的任何行为，孩子的父母通常都倾向于给予强化，比如，艾米就表扬了杰森在吉米看着球的时候帮他把球拿回来的行为。

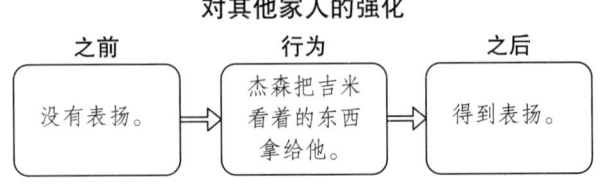

注意：我们在这里并不是说艾米是一个坏妈妈。艾米是一个很棒的妈妈，但不知怎么回事，也许是因为某些小小的意外，或者是因为一系列不引人注目的小意外，吉米的行为和价值系统朝着错误的方向发生了偏移。

通过惩罚抑制语言行为

艾米的头有些疼，而这时，吉米正好在试图获取她的关注，他说："哞，哞，哞。"（这是他接近发出"妈妈"的一种表达。）艾米此时把吉米抱起来就可以强化他的语言反应。

然而，艾米却对着吉米吼道："干什么呀？！"

吉米安静下来，他的语言行为已经被惩罚了。有时候，大人会不小心惩罚而不是强化孩子的语言行为，这并不意味着这样的父母就是"糟糕的父母"。回想一下你自己遇到的那些吵吵闹闹、叽叽喳喳的2岁小孩。在某些场合下，他们的那种叽叽喳喳的确令人非常讨厌。父母也许并无打算惩罚语言行为，只是想通过无意的攻击行为来回应厌恶刺激。

抑制语言行为的惩罚依联与支持语言行为的强化依联可能是同时发挥作用的。（这里，我们并不是说如果孩子的语言行为只是偶尔受到一次惩罚就会是一个大问题，但如果一位妈妈患有慢性头疼的话，那么她的宝宝在学习语言上可能就会遇到很大的困难。）到处都有并存依联。在日常生活中，与简单孤立的行为依联相比，也许我们遇到的更多的是并存依联。正如你在上面看到的，运用并存依联这个概念能够有效地帮助我们解开吉米以及许多像吉米一样的孩子无法学会说话的谜团。

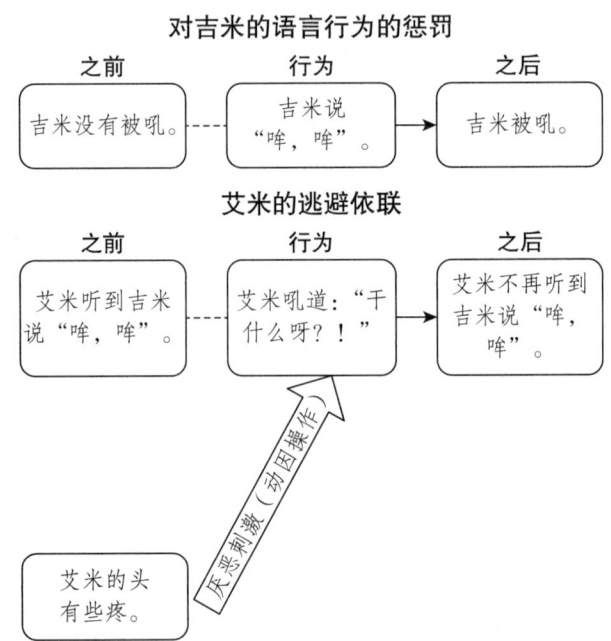

干扰语言学习的另外两个因素②

另外还有两个因素会干扰语言学习，它们都与缺少学习单元（学习机会）有关。一个**学习单元**（learn unit）是指：①做出反应的时机，②反应，以及③该反应的结果（本质上就是一个依联）。③ 尽管缺乏学习机会本身

---

① 许多行为分析师认为，点指和做手势也分别是语言行为的一种形式，是不发声的提要求（索要）。我认为这样就削弱了语言行为和语言这两个概念的价值。我认为最好将这些行为视作提要求的非语言替代形式，正如我们认为鲁道夫按压杠杆的反应不是语言行为，不是语言，不是提要求，不是让实验者给它一滴水的索要；相反，鲁道夫按压杠杆的反应只是因获得水而被强化的一个简单行为，正如吉米用手点指一杯水只是一个简单的行为，该行为因获得水而被强化。

② 本节也改写自前面提到的德拉舒和图德关于语言学习的令人印象深刻的理论分析。

③ 在我们看来，一个学习单元（或学习机会）本质上是一个行为依联，但我们发现，在教学中使用学习单元这个概念来谈论行为依联也许更为方便。学习单元这个词是由道格·格里尔最早提出的 [Greer, R. D., & McDonough, S. H. (1999). Is the learn unit a fundamental measure of pedagogy? *The Behavior Analyst*, 21, 5-16.]

并不明确地涉及并存依联,但学习单元是所有学习的基础,因此,在探讨语言学习的时候,有必要对学习机会加以考虑。正如我们下面将要看到的,缺乏学习单元至少有两个原因,一个是无人在旁边对语言行为进行强化,另一个是周围虽然有人,但也许对语言行为没有要求。

周围没有人强化语言行为

艾米将1岁的吉米放进护栏,打开电视儿童节目《芝麻街》,里面有巴尼。"谢天谢地,有这么一只我看了就烦的紫色恐龙!要是没有这个电视节目的话,我哪能腾出时间准备晚餐啊?"她离开了房间。

吉米看到了电视里那只紫色恐龙的毛绒玩偶,这是一个很大的强化物,但他是否会试图去提要求(索要),得到这只恐龙呢?很可能不会。这个行为在他独处时不会被强化。如果他大部分时间都是这样独自一人在护栏里度过的话,就不会有足够的说话的学习单元(获得强化的机会)。

艾米不在房间里的时候,即使吉米说出了接近"巴尼"的词汇,他这个说出"巴尼"的行为也不会得到强化,因此,这个行为将会被消退。

也许,一小时电视节目所带来的对提要求的消退,哪怕是每天一小时,也不会对孩子学习提要求产生什么负面影响。但是,如果孩子一天里的大部分时间都缺乏与成人的互动,那就会让学习单元变得很少。①

家长不对行为做出要求

当孩子的学习速度看上去似乎很缓慢的时候,父母可能会认定自己的孩子存在生理或神经上的障碍,尽管它们并不存在。因此,他们可能就不会再要求自己的孩子做出某个特定的行为以便获得强化物了。如此,孩子得到的学习单元就会更少。一个孩子获得的学习单元越少,他看起来就越"落后"。因此,父母因为自己的孩子看上去似乎存在发育迟缓,于是就降低了对孩子行为的要求,而父母的这种做法实际上会让问题就这么持续发展下去了。

此外还有一些父母,他们的孩子确实患病或者存在肢体障碍,这些疾病或障碍原本对孩子的语言行为(说话)没有任何直接的影响,但这些父母可能也不要求他们的孩子说话,因为他们担心那样做会造成更多身体上

---

① 克里斯·罗克(Chris Rock)是一位聪明绝顶的社会批判家,他就学习单元对语言学习的必要性给出了很多深刻的评论,尽管他所使用的并不是我们这些行为学术语。

的问题。例如,如果孩子有哮喘,父母可能就不再要求孩子做出语言行为,因为担心这个"压力"会引起哮喘发作。

父母要求孩子做出语言反应而带来的惩罚

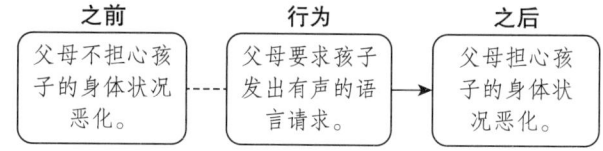

有时,上述两个因素可能会共同起作用:孩子与细心的父母在一起相处的时间不够充足;同时,即便父母在身边,也不要求孩子做出语言反应,因而也就不会强化语言反应。无论具体的情况如何,其结果对于孩子来说都是一样的:学习单元变少,学习变少,语言行为(语言)变少,甚至完全没有。

干扰语言学习的生理问题

有的时候,孩子的身体问题会对涉及语言学习的行为依联造成影响。这听上去也许像陷入了本书前面讲过的那种医学模型的迷思,但其实不是。你在前面已经学习过,婴儿牙牙学语的声音听起来很像父母的语言,因为父母的声音是习得性强化物;而且你也已经知道,孩子模仿父母发声的语言行为,也是因为父母的这些声音是习得性强化物。但是,听力损失会阻碍学习有声的语言行为,因为这让父母的声音成为习得性强化物的可能性变小了。当然,有听力损失的孩子依然可以学习语言,但他们的语言学习通常是滞后的,因为他们没有及早获得所需的特殊训练。

尽管有很多让人印象深刻的特例,但大多数时候,专业人员和家长们会犯一种循环论证的逻辑错误,即推断行为问题存在某个生理上的原因,尽管没有任何生理证据表明存在这种生理原因。这就是实物化错误。他们将一切归咎于大脑,然后不再认为有责任去找出最有可能造成问题的行为依联,不再认为有责任去找出所需要的行为训练依联,以消除语言问题或至少减少语言问题(我们不是暗指他们故意将责任归咎于大脑而逃避寻找行为依联的责任,这也许只是无意识的逃避)。

问题

1. 听力障碍会如何影响孩子的语言学习?
2. 为什么说某些人在寻找行为问题的原因时犯了实物化错误?

带孩子外出就餐——简直太危险，熊孩子太可怕[①]

"梅，我再也无法忍受了。那两个小家伙简直让我抓狂了！"朱克说道，"我姐姐和她老公要去圣·弗兰西斯科共度他们的第二次蜜月，她问我是否愿意在这10天里帮忙照顾她的两个儿子。当时听起来似乎是件很简单的事，可那两个乳臭未干的熊孩子到我家才住两天，我就打算让我的姐姐赶快取消他们的蜜月了。我都说不清这两个小屁孩儿哪一个更烦人，是罗伯还是罗伊，是3岁那个还是5岁那个！"

"你不是号称镇上最棒的男人，号称能够解决任何人的问题的男人吗？到底发生了什么事情呀？"梅问道。最近几天，朱克——梅的男朋友——打来的每通电话好像都是围绕着他的这两名新同伴的。

"梅，我可不想让人来开我玩笑，我想要的就是有人能来帮我，或者至少给我一些建议。"朱克答道。

"好吧，要不你和我，还有那两个小家伙，我们今晚一起到外边吃个饭吧！"梅说道。

"那真是太好了！你可以亲眼看看罗伯和罗伊是怎么摧毁餐馆的！"朱克答道。

这天晚上，他们一行四人去了朱克最喜欢的一家馆子——巴黎之家，他的预言变成了现实。这两个男孩到处乱跑，一会儿站在他们的椅子上，一会儿跑来跑去、打来打去、踢来踢去；他们哭闹着、抱怨着、命令着、哼着曲、唱着歌；他们用勺子相互打斗，还经常打断朱克与梅的谈话；而两个大人正打算认真地讨论如何对付这两个熊孩子。所有这些都发生在他们等待服务员上菜的短短20分钟的时间里。当菜上来的时候，这两个男孩的确安静了一些，只是一些而已，两个孩子嘴上还在不停地抱怨，吵着说自己想要一份快乐儿童套餐，而不想要"那种东西"（大块牛排）。

在他们开车回家的路上，朱克说道："从现在开始，我要把他们锁在客房里，每天就给他们丢两个冷热狗！"

"朱克，这不好笑。我认为我们可以解决这个问题。我读过肯·鲍曼在佛罗里达州立大学做的博士论文，他在论文里已经给出了解决办法。"

分析与干预

梅和朱克确实借用了肯·鲍曼以及佛罗里达州立大学研究团队所开发和测试的干预方法。整体上，我们可以认为这套干预方法的目标就是对不同的并存依联进行管理。

首先，让我们考虑其中的破坏行为——跑来跑去、打来打去，等等。这些行为并非无缘无故地发生的，它们源自这两个男孩的行为历史，源自过去的强化依联。这些依联中有些涉及父母那具有强化效力的关注（有时，被责骂要比完全被无视更具有强化效力）；然后，还有兄弟间给出的具有强化效力的反应（例如，当罗伊打罗伯的时候，罗伯哭了）；还有诸如唱歌、击打、蹦跳和奔跑这些活动带来的具有强化效力的感觉刺激。

因此，所有这些依联都在同时发生着作用。有时，罗伊击打桌子所获得的具有强化效力的感觉反馈会占据主导地位并控制这个击打行为。之后，击打所带来的刺激会失去其强化作用的新鲜性，而与弟弟哭泣有关的强化依联可能会取而代之。结果就是罗伊去击打罗伯而不再是击打桌子。就这样，一个接一个，从一个并存依联到另一个并存依联，从一个破坏行为到另一个破坏行为。

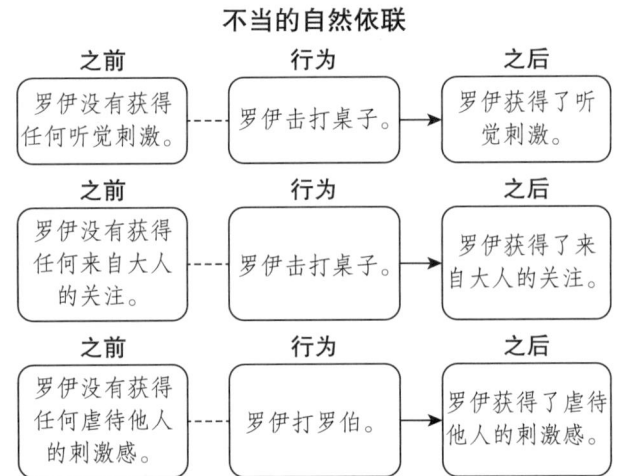

不当的自然依联

这些依联都是不当的，因为它们都强化了不当的破坏行为。为了战胜这些不当的、破坏性的依联，朱克增加了一些他自己的并存的表现管理依联。他详细地告诉两个孩子应该怎么表现，或者更准确地说，告诉他们不要怎么表现：不要跑来跑去，不要打来打去，等等。也就是说，他给了他们绅士行为的规则。这些规则表明，一些新的惩罚依联会同时发挥作用。朱克的谴责会依联于两个孩子的错误行为（至少朱克希望自己的谴责比他姐姐的更令两个孩子厌恶）。

他还说道："如果你们俩表现得像小绅士的话，我就会真心为你们感到骄傲。"这意味着朱克所希望的是一个并存的惩罚依联，它的基础是：如果他们俩表现不好，就无法让朱克为他们感到骄傲（一个假定的强

[①] 改写自 Bauman, K. E., Reiss, M. L., Rogers, R. W., & Bailey, J. S. (1983). Dining out with children: Effectiveness of a parent advice package on pre-meal inappropriate behavior. *Journal of Applied Behavior Analysis*, 16, 55-68. 本节中相关的图也源自这篇文章。

化物）。

然后，他去除了一些依联。他让他们靠着墙壁坐着（这可以预防他俩满餐馆地乱跑，因而也就预防了他俩接触到相关的强化依联）。他还让他们坐在桌子的两边（这在一定程度上有助于预防两个小家伙接触到与打斗有关的强化依联）。他将他俩的餐具移走，直到晚餐上来才把它们拿回来（这可以预防他俩接触到涉及敲击餐具和玩弄餐具的强化依联）。

等待用餐时，当他俩表现得很绅士的时候，或者更准确地说，当他俩没有表现出破坏行为的时候，他会给他们每人一块他们最喜欢的饼干。

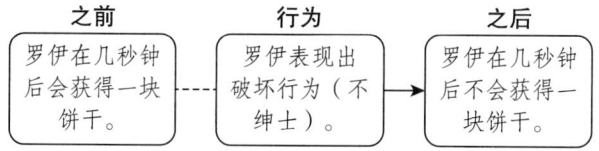

这个并存表现管理依联是哪种依联？

A. 强化

B. 处罚

D. 回避强化物的失去

D. 避免强化物的呈现而带来的惩罚

此外，在餐前等待期间，朱克会给他俩每人一些可以玩的小玩具——另一个并存依联。他希望如果他们玩玩具的话，那么表现出破坏行为的可能性降低。

这个罗伊玩具依联是尝试运用对不兼容行为进行差别强化的一个例子。

结果

梅做惯了科学家，在他们四人第一次用晚餐的时候，她习惯性地记录下了两个熊孩子在餐前时间段的行为基线数据。后来，她又记录下了他们再次用晚餐时餐前时间段里的行为数据，此时，朱克已经开始着手运用鲍曼的干预方案。两个孩子都表现出很大的进步（见图19.2），这样的进步让朱克几乎打算马上和梅结婚了，打算抚养他们自己生的孩子——只是几乎而已，其实他还没有完全做好结婚的准备。

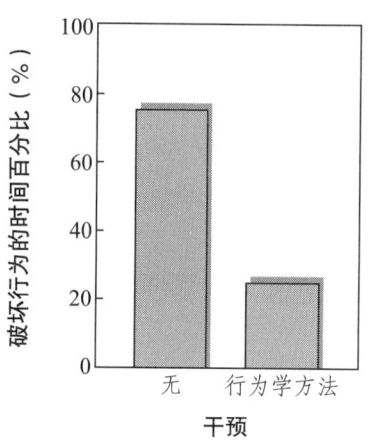

图 19.2　孩子们等待晚餐时的破坏行为

问题

画出行为依联示意图，解释用于减少孩子在等待晚餐时的破坏行为的行为干预。包括：

A. 一些不当的自然依联

B. 两个并存的表现管理依联

案例：行为学儿童与家庭咨询

与孩子们一起购物——顶多是项危险的活动①

鲍曼的行为学干预集成包给朱克留下了深刻的印象。当他在带罗伯和罗伊去购物的过程中遇到类似的问题时，不由得想要尝试另一套行为干预集成包（这套干预集成包是由鲁斯蒂·克拉克和来自堪萨斯大学以及约翰尼·卡克儿童研究中心的一个团队共同开发的）。

在最初几次购物中，两个男孩在商店的各个角落乱窜，随意玩弄任何一件东西，不管这东西能碰还是不能碰，总是在不停地问："买这个吧？"而且还会大吵大闹。因此，朱克告诉他们，如果他俩表现得好的话，那么购物结束的时候就可以给这哥儿俩每人2美元去买一些东西。他将表现得好定义为跟随在朱克附近，避免做出前面提到的那些不好的举动。每当他俩捣乱时，朱克就会告诉他们，他们的那2美元刚刚被扣除了25美分。

也就是说，朱克使用了一种特殊的惩罚或处罚依联（避免强化物的呈现而带来的惩罚）。每当一名男孩表现不好的时候，朱克就告诉这个孩子，他将无法得到本来可以得到的25美分。因此，在这里我们得到的一对并存依联是：一个是基于不良行为表现带来的内在的社会

---

① 改写自 Clark, H. B., Greene, B. F., Macrae, J. W., Mcnees, M. P., Davis, J. L., & Risley, T. R. (1977). A parent advice package for family shopping trips: Development and evaluation. *Journal of Applied Behavior Analysis*, 10, 605-624. 本节中的数据图也源自这篇文章。

性强化物的强化依联；另一个是基于被告知不会得到25美分的处罚或惩罚依联。①

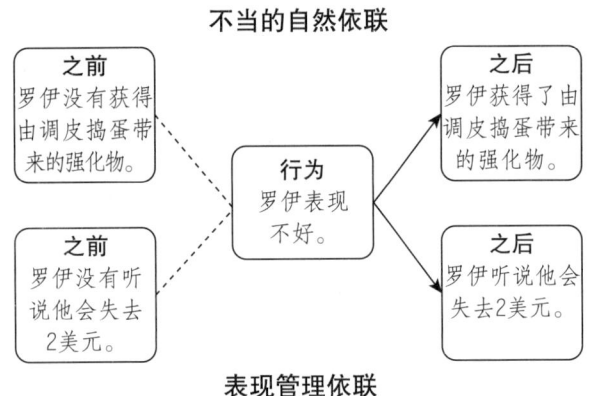

表现管理依联

但朱克做的还不止这些。他还一直与两个男孩谈论在商店里正在做的事情。例如，他会问他们在哪儿才能找到他想买的东西，这通常是朱克确信这两个小家伙可以看到那个商品时才会问的。他们会一起讨论物品的价格和质量，讨论他们将要用这个商品做什么，还会讨论他们经过的货架上陈列的那些有意思的商品。最后，他会问他们玩具区或糖果区在哪儿，然后他们就可以用那2美元中当前剩余的钱去购物。当然，他会对两个小家伙参与讨论的行为时刻回以高频率的表扬。

这里，朱克给这组并存依联像拌沙拉一样加入了另一项强化依联。这个强化依联在一定程度上成功地减少了破坏行为，因为与朱克谈论购物活动和进行捣乱的行为是不兼容的。这些强化依联涉及朱克频繁的表扬，也涉及有趣的对话本身内在自然的强化物。

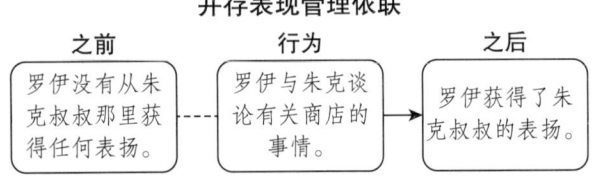

并存表现管理依联

朱克叔叔的表扬依联是在对不兼容行为进行差别强化。

这里要指出的是，那些对话起着两种作用：它们强化了与捣乱行为有些不兼容的讨论行为，而且这可以教两个孩子了解消费者的恰当行为，了解购物中心的环境。

鲁斯蒂·克拉克的这种干预集成包有效果吗？当然有。孩子的捣乱行为和捣乱言论立即从79%下降至14%（见图19.3）。对此，梅这样评论：通过运用鲁斯蒂

---

① 你在下一章中会读到，这实际上是一个避免强化物的呈现而带来的惩罚的**类似物**（analog）。为什么呢？因为它违反了60秒规则。如果没有出现会被惩罚的反应的话，超过60秒才会呈现25美分。你现在暂时不必在此太费心思，我们会在后面的章节里对此进行更详细的讨论。不过，从另一个角度来看，这个依联实际上也通过了60秒的测验，因为朱克会在60秒之内就告诉表现不好的孩子他将要失去25美分了。

的行为干预方案，这两个小家伙现在的表现比她和朱克逛商店时朱克的表现还要好。朱克听了很无语。

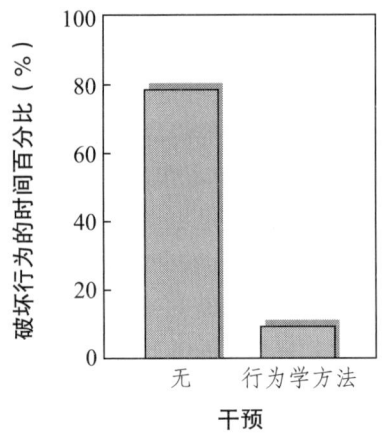

图19.3 运用强化和惩罚减少孩子们购物期间的破坏行为

两个孩子对此的感受又如何呢？也就是说，社会效度如何？这哥儿俩很喜欢这个干预。怎么会不喜欢呢？他俩每人失去的一般不超过50或75美分，而且朱克也不再像以前那样对他俩那么凶了。在基线期里，朱克在43%的时间里都会指责、怒吼、责骂和恐吓他们，但是在行为干预期间，他干涉两个小家伙的时间只有9%。这还不是全部，这期间他讲出的具有教育意义的话语的时间比例从25%上升至91%（见图19.4）。

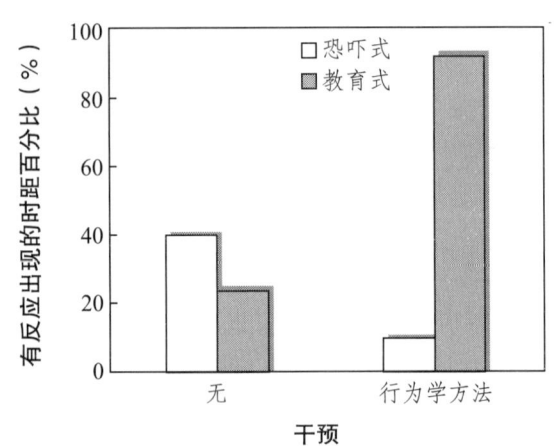

图19.4 减少恐吓式言论并增加教育式话语

朱克感觉又如何呢？他的社会效度数据是怎样的呢？他说自己现在要做的事情比以前多了，但都是值得的。除此之外，每次去商场购物，他在每个孩子身上的花费平均减少了几美元。虽然不能说朱克叔叔就是为了省点儿钱，但事实上……

问题

画出示意图，说明一项用来减少孩子购物期间破坏行为的行为干预中的自然依联和表现管理依联。

并存依联的案例：行为学校心理学
多动的男孩厄尔[①]

厄尔还是婴儿的时候，他的父母和祖父母就已经开始残暴地殴打他，导致他1岁时头骨破裂、脑组织受损。厄尔3岁时被充满爱心的养父母收养了，但为时太晚。厄尔已经无法适应这个世界对他的正常要求了。到9岁时，厄尔仍然在上二年级，而且总是制造麻烦。他几乎从没有把时间花在学习上。相反，他总是在教室里说话，东张西望，盯着窗外，敲打东西，坐在座位上时也会动来动去，东碰一下西捅一下，还下座位四处游逛。他与班上同学之间的玩耍方式就是推他们、掐他们、打他们，向他们猛冲猛撞——破坏人家的学习和游戏。他甚至在教室里猛推自己的课桌，去撞其他来不及躲闪的同学和室内物品。由于比同班同学大两岁，他可以凭自己的块头优势去欺负其他孩子。

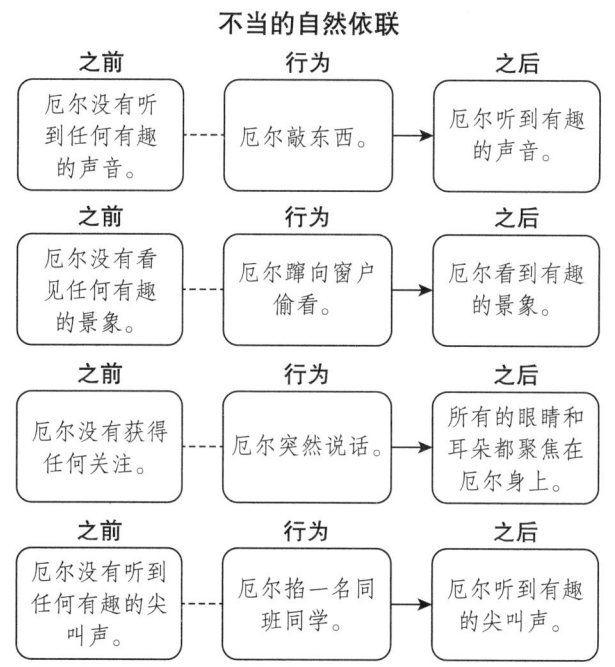

可见，教室里有各种各样自然的依联在维持着厄尔的各种破坏行为。

学校行政人员把俄勒冈大学心理诊所的杰拉尔德·帕特森博士请了来。杰拉尔德·帕特森博士知道这样一条通用原则：**行动规则**（action rule）：改变行为，要用行动，而不是言语。

事实上，正是他帮助我们认识到了这条规则。杰拉尔德博士知道，传统的方式不起作用。如果只是把孩子叫到办公室来，然后通过谈话的方式做一些心理辅导，那是没用的。相反，杰拉尔德博士直接去了问题的发生地——教室，在这里，才会有使用行动而不是言语的机会。到了该上M&M豆的时候了。[②] 杰拉尔德博士在厄尔的桌面上放了一个盒子，盒子里有一个灯泡、一个电子机械设备的事件计数器，它是一个看起来像汽车里程表的装置。杰拉尔德告诉厄尔，把注意力集中在学业任务上，他就可以获得糖豆和钱币。规则是这样的：在每10秒一计的时间段结束的时候，如果厄尔在这整段时间里完全专注在自己的学习任务上，灯会闪烁，计数器也会发出咔嗒一声，并记录一次。然后，在每个干预时段结束的时候，厄尔就会得到和计数器记录的数值同样数量的M&M豆——也就是说，每认真学习10秒就能获得一个强化物。每天这样的干预时段持续时间从5分钟到30分钟不等，因此，厄尔每天上完课后会变成一位9岁的小富翁，吃得美美的，同时获得了更好的教育和学习成绩。

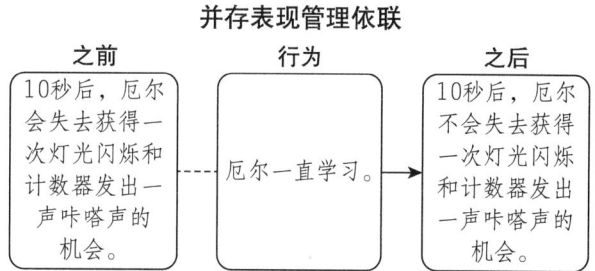

灯的闪烁和咔嗒声响渐渐地变成了习得性强化物，由于使用了语言类似物的匹配程序，它们与M&M豆和钱币的延迟呈现匹配起来了。杰拉尔德博士通过事先口头告知厄尔每次干预时段结束时会进行交换，将它们匹配到了一起。

这个并存表现管理依联是哪种依联？
A. 强化
B. 处罚
C. 回避强化物的失去
D. 避免强化物的呈现而带来的惩罚

顺带提一下，这是一个**连续反应**回避的例子。厄尔必须一直保持认真学习才能回避强化物的失去，就像第15章里的希德一样，他必须一直保持自己的笔直身姿才能回避那令人厌恶的咔嗒声响。

[①] 改写自 Patterson, G. R. (1965). An application of conditioning techniques to the control of a hyperactive child. In L. P. Ullman & L. Krasner (Eds.). *Case studies in behavior modification* (pp.370-375). New York: Holt, Rinehart & Winston.

[②] 当然，有时候，某些言语可以和许多行动一样有效——例如，当有人喊道："着火了！"有时候，当所选择的干预显然是说一些话的时候，我们这些行为矫正者就会这么去做。然而，人们经常会犯这样一种错误：在需要采取实际行动来去除问题行为的时候，在需要改变强化和惩罚依联来去除问题行为的时候，却试图仅仅通过讨论问题来去除问题行为。比如，在传统的谈话式心理治疗中，人们就经常犯这样的错误。

那么，其他孩子怎样看呢？他们不会嫉妒厄尔得到的特殊优待吗？我们的经验表明，不会。其他同学会与我们一样，懂得像厄尔这样的孩子很需要特殊的帮助。他们似乎都很乐于看到厄尔获得这样的帮助，尤其是这样做就可以避免厄尔再欺负同学了。但是，杰拉尔德博士没有草率地去冒这个险，而是把全班同学都带进这个游戏中。他告诉同学们，他们也能分到厄尔这些特殊财富的一部分，他们越少打扰厄尔，厄尔就会将越多的财富分享给大家。如此，整个团队合作的结果之一就是，每当一个干预时段结束时，老师会宣布厄尔当天的分数，厄尔的同学们会报以热烈的掌声。同学们经常会走到他的桌子那里去核查他的分数，并给他想要的一些社会性表扬。毫无疑问，这些也都强化着厄尔的学习行为。

在干预之前，厄尔有 25% 的时间是花在干扰课堂的捣乱行为上的，但是在杰拉尔德的帮助下，厄尔干扰课堂的时间下降到了 5% 以下——这大致是大多数普通孩子的平均水平。事实上，在一个两小时的干预时段内，他是全班最勤奋的学生。在操场上，厄尔也变得更听话了，破坏性减少了。他真正能与其他孩子一起玩耍了，不再去欺负人。在四个月的时间里，厄尔有生以来第一次有朋友们去他家里找他玩。他在阅读补习课上也取得了一定的进步。

这项研究让我们印象深刻。它表明，如果做了该做的事，你就可以控制几乎任何行为。问题在于，大多数人不去做该做的事。大多数人给孩子贴上一个标签就算解决问题了，就可以不再管这个孩子了。他们给厄尔贴的标签是"多动症"，关于这个标签，粗略解释就是"一个人胡闹到让人厌烦的地步"。幸运的是，有像杰拉尔德这样的行为分析师，他们如此尽力地给予帮助，而且脚踏实地，做到了极致，做到了每 10 秒就提供一个强化物。只要这样做可以挽救一个孩子，他们就会去做。

问题

请用肢体上不兼容反应的并存依联这个概念描述一个用来减少多动行为的行为干预方法。

A. 画出一种不当的自然依联的示意图。

B. 画出并存表现管理回避依联的示意图。（提示：要记住，这里的结果不是回避 M&M 豆和钱币的失去，而是回避更直接的某些东西的失去。）

概念

对不兼容行为的差别强化（D–21）

分析

让我们再看一看"多动的"厄尔。可以同时获得的强化依联是针对两个肢体上不兼容的反应类的。第一个反应类是破坏行为，混乱局面和他人的关注强化了这些反应。第二个反应类是学习行为，社会性表扬、灯的闪烁和计数器的咔嗒声强化了这些反应。（M&M 豆和硬币也许来得太晚而无法强化这个反应类；老师宣布了厄尔当天的分数后全班报以的掌声也是一样，来得太晚，可能也无法强化这个反应类。）

杰拉尔德·帕特森博士所使用的程序叫作**对不兼容行为的差别强化**（differential reinforcement of incompatible behavior, DRI）。

为了减少厄尔的破坏行为，杰拉尔德使用回避强化物的失去来强化肢体上与破坏行为不兼容的行为——他强化了厄尔持续学习的行为。这两类行为在肢体上是不兼容的，因为厄尔在持续学习的同时做出破坏行为的可能性基本上为零。杰拉尔德通过与回避强化物的失去有关的依联来强化持续学习的行为。这个依联要比强化破坏行为的依联更具强化效力。因此，随着不兼容行为（学习行为）持续时间的增加，不当行为的频率就下降了。

> **定义：概念**
>
> **对不兼容行为的差别强化**（Differential reinforcement of incompatible behavior, DRI）
> - 强化依联于一个行为，
> - 该行为与另一个行为是不兼容的。

要注意的是，杰拉尔德并没有简单地选择任何已有的不兼容行为，而是选择了有价值的不兼容行为。因此，他不仅减少了厄尔的破坏行为，还增加了厄尔的学习行为。达到一箭双雕的效果。

另外，我们还可以看一些其他涉及对不兼容行为进行差别强化的并存依联干预。例如，总的来说，吉米的自我刺激行为在肢体上与正常的游戏行为是不兼容的。因此，对吉米的自我刺激行为的自然内在的强化依联差别强化着与正常游戏不兼容的行为。也就是说，对不兼容行为的差别强化并非一定要有专业行为分析师来添加表现管理依联；有时候，日常环境就能差别强化与一些行为（正常游戏）不兼容的行为（自我刺激）。

问题

名词解释：对不兼容行为的差别强化，画出用于减少破坏行为（多动）的这个干预案例的表现管理依联示意图和一个不当依联的示意图，解释对不兼容行为的差别强化是如何用于减少破坏行为（多动）的。

对比

对不兼容行为的差别强化与对替代行为的差别强化

不当的自然依联

杰拉尔德并没有实施功能分析以确定维持厄尔破坏行为的强化物，因此，在上一节的示意图当中，我们只是猜测，比如，我们认为一些听觉刺激、视觉刺激和社会性表扬可能是强化物。再来考虑另一种可能：假定厄尔所有的破坏行为都是被老师的关注维持的，也就是说，每当厄尔表现出捣乱行为，老师就责骂他。毫无疑问，老师事先已经认定自己的责骂对厄尔而言是厌恶的，进而认定责骂他的破坏行为是一个惩罚依联。然而，在课堂上任何形式的关注，通常都会成为维持破坏行为的强化物。

表现管理依联

现在让我们来看一个假设的表现管理依联（并非杰拉尔德实际当中所做的）。假定每当厄尔学习10秒钟，老师就轻拍他的肩膀或者朝他说一声"好孩子"，以此来给予关注。这里，老师基本上使用的是曾经强化了厄尔破坏行为的强化物——关注，只不过关注在这里强化的是更为适当的一个替代行为——学习。这就是差别强化中的一个特殊形式，被称为**对替代行为的差别强化**——用产生相同强化结果的特定的适当反应取代不当反应（参见第7章）。

我们在上一节里讨论过，认真学习与破坏行为是不兼容的，只不过现在认真学习产生的强化物与我们推测的破坏行为产生的强化物是相同的。对替代行为进行差别强化的时候，如果我们事实上同时对不当行为进行消

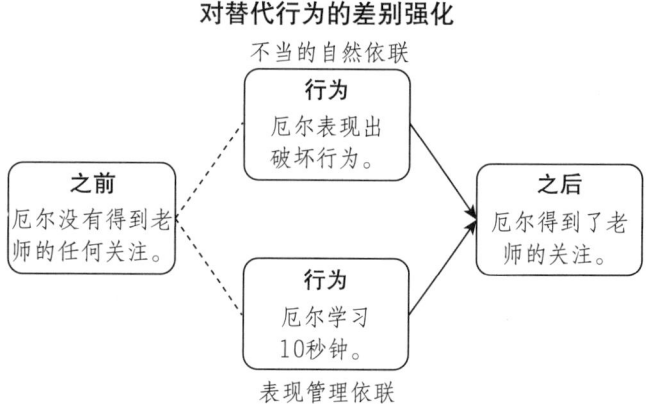

对替代行为的差别强化

退，那么效果会最好——在本案例里，就是指老师停止对厄尔的破坏行为给予关注。

因此，DRA和DRI的相同之处在于它们都涉及针对两个不同反应（适当的反应和不当的反应）的并存依联。两者的不同之处在于，对于DRA而言，替代的适当行为产生的强化物与原来的不当反应产生的强化物永远是一样的；而且原来的反应和替代的反应之间通常并非不兼容。但是，对于DRI而言，原来的反应和替代的反应一定是不兼容的，强化物通常也是不同的。

我们该如何决定使用哪一种差别强化程序呢？如果我们希望个体能够获得同样的强化物，但目前产生该强化物的行为是不当的或有害的，那么就使用DRA。这样，我们就去教一个能够产生同样强化物的替代的适当行为。如果我们的主要关注点在于让一个不当行为停止，而不在乎个体是否可以获得维持该不当行为的特定强化物，那么就使用DRI。这样，我们就针对一个与原有不当行为不兼容的新行为，引入一个新的强有力的强化依联。我们需要使用一个我们认为足够强大的强化物来征服原来的强化依联。

（记住：事实上，杰拉尔德所使用的是在前面一节中用示意图说明过的DRI回避依联，而非本节示意图所表示的DRA强化依联。）

问题

用一对相似的例子来对比DRA和DRI。

初级进阶

争议
症状取代

希德的学术讨论课

汤姆：你们行为分析师都有一个大问题：总是只处理症状，却不解决更根本的精神疾病。你们总是处理问题的表面信号，而不是针对更根本的问题本身。

乔：你又来了，这不就是那迂腐陈旧的医学模型嘛！

汤姆：你非要这么认为的话，当然可以把它说成医学模型，但是，你那些肤浅的行为学方法往往会失败。你只是处理症状，而不是更根本的精神疾病。我完全可以确定，另一个症状还会出现。精神疾病的新症状必定会取代你处理掉的旧症状。

希德：很有意思的问题。我也认为你是从医学模型的角度讨论的。我们是如何给医学模型下定义的呢？

马克斯：医学模型是看待人类行为的一种视角，它认为行为仅仅是一个根本性的心理疾病的表面症状。

乔：马克斯，太牛了你！没看书就能说得跟第1章里写的一模一样。

伊芙：当行为成为一个问题的时候，医学模型认为，背后的根子是疾病。问题行为仅仅是反映了根本性精神疾病的一个症状。

汤姆：对，你应该治疗疾病，而不是症状。你不应该只是去除某个特定的问题行为。如果这样做的话，疾病会在同一个地方用另一个问题行为取而代之。这就好像你让一个病人的体温降下来了，就以为治愈了整个人一样。

> **定义：错误的原理**
>
> **症状取代的迷思**（Symptom substitution myth）
> - 问题行为是根本性的精神疾病的症状。
> - 因此，如果去除了一个问题行为（"症状"），
> - 另外一个问题行为就会取而代之，
> - 直到去除根本性的精神疾病为止。

希德：我认为这里有两个问题：

- 去除一个问题行为，另一个问题行为就取而代之，这种情况发生过吗？
- 如果发生过的话，这说明行为学方法在心理学上算什么呢？

汤姆：这的确发生过，说明行为学方法太肤浅了。

乔：你说的确发生过什么？居然能让你拿这种不经大脑思考的精神分析的论调来当攻击的武器了，怎么回事？

汤姆：让我来告诉你发生了什么吧。马克斯和苏最近一直跟着梅·罗宾逊博士开展他们的实习。他们在为一个叫吉米的孤独症孩子提供服务，这个小孩喜欢自我刺激。虽然他们最终帮助吉米去除了一种类型的自我刺激行为，但现在吉米又表现出另一种自我刺激行为了。

希德：这倒是一个关于这个问题的好例子。

汤姆：简直是一个完美的例子。他们刚抑制了一种类型的自我刺激行为，就出现了另一种类型的自我刺激行为。可见行为学的这套方法忽视了最根本的精神疾病。

苏：恰恰相反，我倒认为用行为学来解释这个结果才更有道理。我更愿意从针对相竞争的行为的并存强化程序表的角度来解释。感觉刺激强化了行为，因而我们抑制了一个产生某种感觉强化物的行为。但这就给另一个不那么强有力的感觉强化物腾出了空间，得以有机会强化另一个行为。

乔：这就好像一个电影放映厅里满座了，你就会选择去看第二喜欢的电影一样。但是，你不会把这称为症状取代，也不会认为这就反映了更为根本的精神疾病。

苏：这样的解释同样适用于自我刺激。它并不是一个根本性的疾病的表面症状。只是在没有其他更强大的依联能够同时强化与自我刺激相竞争的行为的时候，通常出现的就是自我刺激行为了。

不当的自然依联

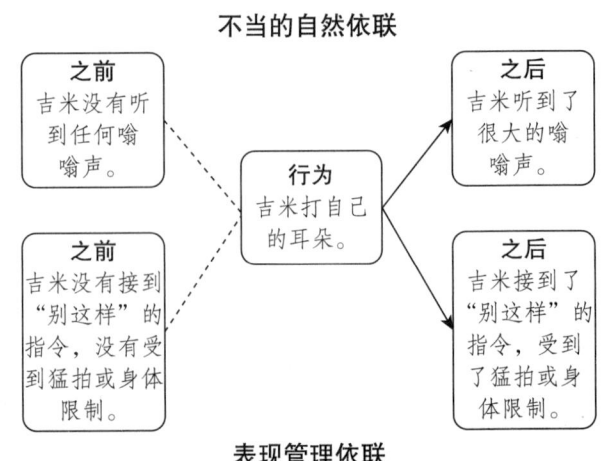

表现管理依联

马克斯：除此之外，梅的干预团队也的确努力试图抑制吉米所有类型的自我刺激行为，不管这些行为伴随着怎样的感觉强化物。这样，取而代之的是另一个并存

的强化依联,这个依联支持我们认为的正常健康的游戏行为。首先,你在强化吉米打自己耳朵的自然依联的基础上增加一个并存的惩罚依联。①

马克斯:这样,吉米就停止了打自己的耳朵,然后,你在强化吉米按压自己眼睛的自然依联的基础上,再增加一个并存的惩罚依联。

不当的自然依联

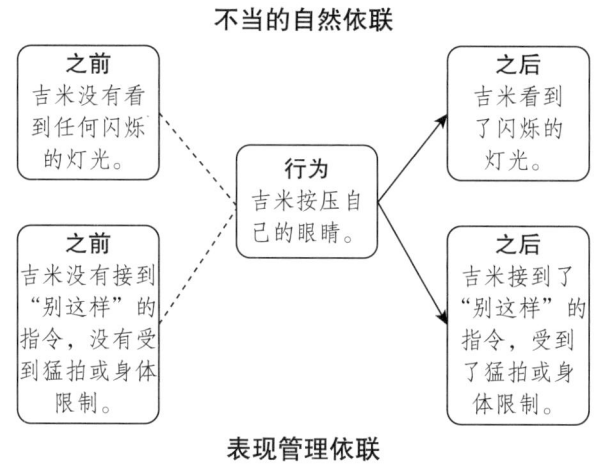

表现管理依联

马克斯:于是,吉米停止按压自己的眼睛。这之后,他正常游戏的适当的自然强化依联就可以占据上风了。

适当的自然依联

马克斯:最后的结果是,吉米开始正常地游戏了。

苏:那么,为什么持精神分析论调的人会在症状取代这个问题上如此胡搅蛮缠、大费周章呢?

希德:我觉得持精神分析观点的人并非真的关心某个特定的行为学干预所取得的成功的实践结果。相反,我看他们只是关心那些理论上的问题,总是在试图批驳行为主义。他们一直将症状取代当作证据,试图说明行为只是由某些更根本的心理疾病造成的,而不是由环境中的强化依联和惩罚依联造成的——而这正是行为分析的基础。

汤姆:你是说症状取代根本就不存在吗?

希德:是的,"症状取代"不存在。我同意说,去除一个问题,有时会出现另一个问题。但是,大多数行为分析师都认为将这称为"症状取代"是错误的。我们认为,新行为的出现并不能证明新旧两个行为是某种东西的表面症状,尤其说那是根本性的精神疾病的表面症状。它们只不过是在并存的强化依联和惩罚依联

---

① 这些依联示意图与前面吉米的例子中的依联示意图是相似的,只是作图方式略有不同。

控制下的行为。我认为这才是最直截了当的分析。

乔:换句话说,虽然这本书的作者将症状取代当作一个技术概念,但其实并不认为这是一个行为学的概念,不支持用它做出的那种解释。它就是一个错误的概念。

马克斯:我对这场辩论补充说明一点。你们这些人总是因为我提前阅读本书的内容而笑话我。不过,至少本章内容我都读了,可我不清楚你们中有谁已经读完了本章。还记得游戏与自我刺激那一节内容吗?那部分指出,当我们成功地去除吉米功能不良的自我刺激行为时,他"正常"游戏的频率就增加了。现在,可以确定的是,你们肯定不会把这种情况称为"症状取代"!

伊芙:我也补充说明一点。我们应该牢记,两个依联是可以同时存在的,虽然在当前的情况下,由于行为没有发生,其中一个依联因此而没有接触到行为。这也就意味着这个依联在当前的情况下是看不见的。例如,吉米的游戏依联是存在的,尽管他此时并没有在游戏。而如果他开始游戏的话,那么游戏的依联就会变得更加明显可见了,情况就是这样的。

希德:不过,本书第1章中作者们说过:"这并不意味着行为问题有的时候不是源自根本性的生理问题——例如,脑损伤或唐氏综合征。"但是,我们不会像那些传统的心理学家那样误用医学模型,不会错误地创造出所谓的根本性的精神疾病,并把它当作原因,用来解释可观察到的问题行为。

我的一名学生指出,功能评估能够非常好地解决症状取代的问题。通过使用功能评估,行为分析师可以很好地了解维持那些功能不良行为的强化依联。这种依联往往是一个逃避依联,即功能不良的行为(比如发脾气或攻击行为)逃避了厌恶的、劳神费力的任务,比如一些回合式训练任务;也有时,该依联是一个社会性强化依联,功能不良的行为从他人那里得到了关注。此外,功能不良的行为也可以是受控于其他强化依联或逃避依联的,比如获得糖果或玩具,虽然这种情况不那么常见。

如今,行为分析师更可能采取的做法是消退那些功能不良的行为,并差别强化更适当的替代行为,而不再是使用惩罚依联来抑制功能不良的行为,像上面示意图中对吉米所做的那样。例如,他们会建立起一个更适当的反应,从而让孩子逃避令其厌恶的困难任务;他们还可能对任务进行调整,从而能够对努力完成任务的行为提供更高频率的强化。

两种观点：如何看待一个行为自动取代另一个行为

问题	精神分析式的医学模型	行为分析
一个问题行为是否会取代另一个？	总会如此	有的时候会
适当行为是否会取代问题行为？	不予置评	有的时候会
什么导致了行为取代？	根本性的精神疾病	并存的强化依联
有什么意义？	行为分析太过肤浅	需要继续努力，直至并存的各个行为依联得到解决

在吉米的案例中，如果实施功能评估的话，可以推测，结果也许会表明那些功能不良的行为是被其产生的感觉刺激自动强化的。因此，行为分析师也许可以消退这种自我刺激行为（阻断该行为的启动，预防吉米完成会产生那些刺激的动作）；同时，他们也许还可以使用比自我刺激更强有力的强化物对不兼容的行为进行差别强化。

问题

1．名词解释：症状取代，并举例说明。
2．针对你举出的例子，你应该如何从并存依联的角度展开行为学的分析？请画出行为依联示意图。
3．关于精神分析式的那套医学模型和行为学方法之间的争议，行为学的分析有什么理论意义？

提示：莘莘学子，请牢牢掌握左边那个表格。

中级进阶

案例

并存依联：在键盘上睡觉

午夜12点。在过去的5个小时里，希德一直坐在他的电脑前——他在做什么？是在写自己的博士论文吗？才不是，那本来是他应该做的事，但他却一直在电脑上撒欢儿，沉醉在一场电子盛宴中，这项活动让他觉得自己获得了比其他任何事情都更大更强的强化。他在刷脸书！

此时此刻，他与另外15名行为分析师一起堕落在网络聊天中。这些人中，有的远在北边的英属哥伦比亚的维多利亚，有的在南边的委内瑞拉的加拉加斯，还有的在遥远的日本东京。这些人一直在争论睡觉是不是行为，以及强化原理是否适用于睡觉。

希德的下巴逐渐地往胸口耷拉下来，随后，他的脑袋猛地俯冲了一下，电脑发出"哔"的一声。他睁开眼睛一看，电脑屏幕上出现了由他的左手小指按出的一串"zzzzzzzzzzzzz"。而在这条信息的下面，一位远在俄亥俄州立大学的朋友回复："希德，你就用这么一串'zzzzz'来评论我的说法吗？你也太没品了。"

"我只是开个玩笑啦。"希德马上用手指敲打键盘回复道。他的眼睛又闭上了，下巴慢慢地垂了下去，随后他快速地摇晃了一下脑袋，睁开了双眼。希德热爱与伙伴们在网上搞这种辩论，不想错过每一次争执的每一句话。然而，现在各方意见正在飞速地刷屏中，就算他完全清醒，也无法跟上全部信息了，但他还在硬撑着。

凌晨2:20：依然硬撑着。

凌晨2:21：彻底撑不住了；开始耷拉着脑袋坐在椅子上，无精打采。

凌晨2:31：电脑屏幕闪烁着，这之后的10分钟里，希德没有再做出任何反应，电脑自动进入休眠状态。人类与机器之间或许并没有那么不同。

早上7:10：希德的嘴唇获得了一个亲吻，一只手穿过他的头发，一个声音传进他的耳朵："可怜的希德，你准是一整晚都在忙自己的博士论文，就这么在电脑前睡着了。你今天早上8点还有一个安排好的会议呢。"

早上8:06：希德冲进心理系教学楼——斯金纳礼堂。

分析

问题

写博士论文时闭上眼睛（迈向入睡的一步）和在网上与伙伴们聊天时闭上眼睛有什么不同？

答案

总共2小时21分钟。希德在周一的夜里与网友们在脸书上聊天，最后，他于凌晨2:21做出最终的入睡闭眼的反应；但是，到了周二，他写自己的博士论文时，12点就做出了入睡反应。也就是说，希德周一多熬了2小时21分钟。为什么呢？

好了，我们可以将这些事件看作针对肢体上不兼容的反应的并存的强化依联，或者，看作针对相同反应的不兼容的依联。

针对肢体上不兼容的反应的并存的强化依联

写博士论文的时候，可能有一些并存的依联。随着希德的写作顺利进行，智力上的刺激与成功作为强化物也许强化了写作行为，而且，随着不断取得的进展，他对无法毕业的担忧也会逐渐减少，这可能也强化了论文写作的行为，但与此同时，他投入的智力消耗有可能也惩罚了写作行为。

就在同一时刻，逃避令人厌恶的困意会强化希德闭上眼睛的行为。虽然希德可能已经很努力了，但他不能同时睡觉和写作。因此，最终当电脑屏幕右下角的时钟显示为午夜 12 点的时候，睡觉赢得了这个夜晚——逃避了困意不断增加而带来的厌恶条件，最终在这个针对不兼容反应的并存强化依联中取得了胜利。

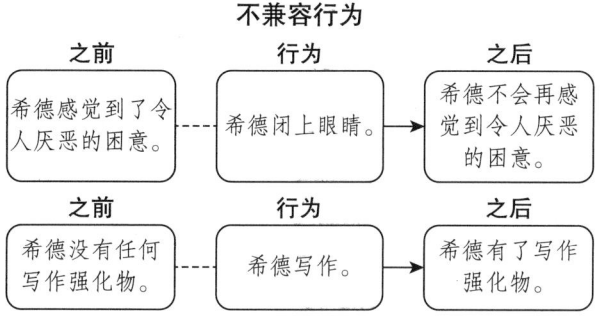

强化希德与网友们在网络上交谈的那个依联（或那组依联）要比支持他写作的那些依联更强大，因此，在对抗强化闭眼睡觉的逃避依联时，坚持网聊的时间比坚持论文写作的时间要长一些。

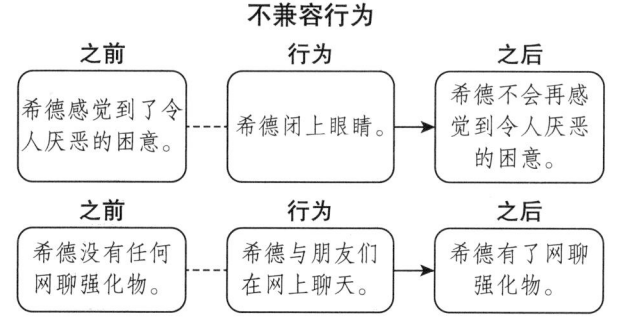

针对相同反应的不兼容的并存依联

现在，让我们用另一种不同但同样有效的思考方式来看看希德的这个情况。这里，我们不看不兼容的写作行为，而看写作强化物的失去是如何影响希德闭眼睡觉的行为的。

我们看一下希德聊天时闭眼睡觉的处罚依联，就会看到聊天强化物的失去。

跨越全球的网聊持续得更为长久，它取得局部的胜利，在影响坐在电脑前的工作活动的并存的逃避依联与处罚依联中，获得了更为有利的平衡。这样的网聊带来的社交上、智力上的强化物也许尤为强大，而聊天中的脑力消耗也许相对轻松得多。因此，直到屏幕上的时钟数字到凌晨 2:21 时，睡意才最终赢得这个夜晚。没错，闭眼睡觉的逃避依联最终总会获胜的。

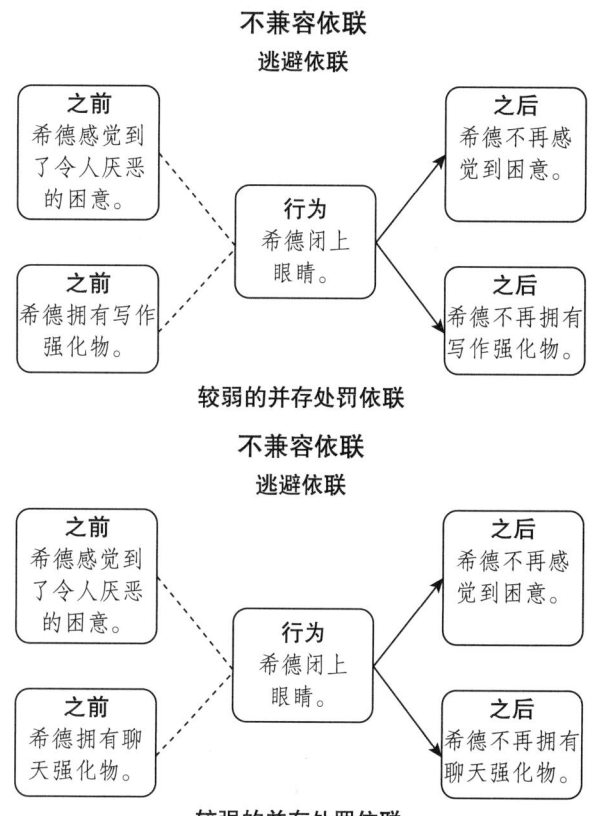

附带提一下，在本书前面关于惩罚、处罚以及由避免而带来的惩罚的章节中，我们曾指出，通常存在一个强化依联在维持着被惩罚的行为。这样的惩罚依联和强化依联的组合，也正是对相同反应的不兼容的并存依联。

问题

1. 请你运用针对肢体上不兼容反应的强化和逃避的并存依联的知识，画出一个示意图，说明你在学习时保持清醒和你在玩耍时保持清醒的情况（例如，你在写作业时和你在与朋友们聊天时的情况）。

2. 同样地，再画出一个示意图，说明其中的不兼容的并存的逃避和处罚依联情况。

研究方法

干预（治疗）集成包（B-11）

行为科学

科学基本上离不开分析。事实上，我们用来研究行为的方法,甚至被直截了当地称作"行为分析"。那么,分析的含义究竟是什么呢?是对各个局部加以探究以找出它们的基本特征。在科学中,分析通常是指对各种变量进行探究以确定(找出)其中哪些是自变量(哪些因素会导致我们所得到的结果)。正如我们在前面看到的,实验行为分析和应用行为分析都涉及严谨细致的实验设计,在这些实验设计中,要保持各种可能的自变量的恒定,从而可以测量某个单一的自变量对因变量的影响程度。如果我们试图同时改变多个自变量,那么就会面临混杂变量的风险,有可能将一个变量产生的影响与另一个变量产生的影响混淆在一起。

提供行为干预服务

可是,还记得前面讲的朱克与梅的案例吗?他们运用肯·鲍曼的干预方案帮助孩子们在外出吃饭时减少了捣乱行为。他们和肯·鲍曼一样,都没有事先进行分析以确定关键的自变量。相反,他们一股脑地将各种干预都放了进去,只为让两个熊孩子的表现好起来,就差往里面扔餐具了。他们至少同时在 7 个自变量上进行了改变:①朱克告诉两个孩子关于绅士行为的规则;②他说:"如果你们表现得像小绅士的话,我真的会为你们感到骄傲。"③他让他们靠墙而坐;④他让他们分别坐在桌子的两边;⑤他把他们的餐具先撤掉,等晚餐上来之后才拿回来;⑥在等待上餐的这段时间里,当两个小家伙表现得绅士时,他会给每人一块他们爱吃的饼干;⑦他给兄弟俩每人一些小玩具供他们玩耍。

这是否意味着朱克和梅以及肯是糟糕的科学家呢?不,他们并不是在试图做科学研究,并没有试图确定自己所使用的各种自变量中到底哪一个才能让熊孩子不折腾。他们根本没有时间来进行这类分析(这种分析在经济上不划算)。朱克和梅所做的是提供行为干预服务。他们试图提供行为干预,以期实现一个特定的结果——两个小家伙安分守己。为了做到这一点,他们一次改变了多个自变量。也就是说,他们使用了行为分析师通常所称的治疗集成包(treatment package)。[我们偏爱干预集成包(intervention package)的说法,这样可以更好地避免沾上医学模型的意味。]

> **定义:概念**
>
> **干预(治疗)集成包** [Intervention (treatment) package]
> - 同时
> - 添加或改变一些自变量,
> - 以实现一个目标结果,
> - 而未对每一个自变量单独产生的效果进行检测。

通常,在应用场合提供行为干预服务时,我们是被雇来实现某个特定结果的,而不是受邀进行科学分析的。对自变量开展具体的、科学的应用行为分析,这可能需要花费太多的时间和金钱。在这些情况下,使用干预集成包通常会更为经济划算。

不过,有时单独对每个自变量的效果进行评估,可能要比将各种自变量整合在一个干预集成包里更为经济划算。例如,**如果某个自变量的使用非常昂贵,而且预计将来会反复使用这个自变量,那么,我们也许就需要对它单独产生的效果进行评估**。在鲍曼的干预集成包里,假设除前面列出的那 7 个自变量之外,还有第 8 个自变量,那是一套计算机化的监控与反馈系统,每小时使用费高达 200 美元。这时你就肯定需要对这套东西进行独立的评估,从而确定这笔花费是明智的。当然,让两个孩子坐在桌子两边,这个可没什么花费,不值得去做单独评估。

当然,不管是否运用干预集成包,我们都必须对干预的效果进行实证评估,都需要确定是否得到了自己所期待的结果。

技术开发

那么鲍曼和他的团队呢?他们是在做应用行为分析研究呢,还是在提供行为干预服务呢?也许他们所做的介于这两者之间。他们所做的叫技术开发(technology development)。他们在开发技术,在通过实践开发并展示能够有效实现目标结果的行为技术。他们的目的并不是对这项技术当中涉及的每个自变量都单独做行为分析。这里需要重申,我们也许会对某个自变量的单独效果进行评估,前提是这个自变量的使用很昂贵,而且预计以后会被反复使用。

什么时候应该使用干预集成包?

基础科学	从不使用或很少使用;我们不想冒混杂多个自变量的风险
技术开发	有时,当不值得对一个干预集成包里的各个成分进行单独分析的时候,我们就会只对该干预集成包进行整体的评估。但是,如果某个成分很昂贵且将会被反复使用的话,那么就需要对它进行单独的评估
提供行为干预服务	通常,我们会使用干预集成包。因为我们只是为了获得好的干预结果,而且往往承担不起对每个成分进行评估所需的时间和金钱,除非其中的某个成分很昂贵并且将会被反复使用,否则没有单独评估的必要

问题

1. 名词解释:干预(治疗)集成包,并举例说明。

2．讨论如何从下列视角看待干预集成包的使用：

A．科学的应用行为分析研究

B．技术开发

C．提供行为干预服务

D．干预的经济学

3．在以下各种情况中，通常哪一种**最不**适合使用干预（治疗）集成包？

A．科学的应用行为分析研究

B．技术开发

C．提供行为干预服务

4．如果一项干预中的某个成分很昂贵而且将会被反复使用，那么，你应该将它和其他成分整合在一起，成为治疗集成包，而不是对该成分进行单独评估。

A．对

B．错

斯金纳箱：实验行为分析

并存依联与匹配律（E-08）（FK-40）

做基础研究的科学家经常会使用并存强化程序表来研究不同的偏好（preferences）。通常，他们会针对肢体上不兼容的反应采用两种并存的可变时距强化程序表（例如，对鸽子啄击左侧按键的行为，使用一种1分钟的可变时距强化程序表，而对它啄击右侧按键的行为，则使用另一种1分钟的可变时距强化程序表）。

多数情况下，研究人员对两种程序表使用相同的强化物（某种特定的鸟食混合物）。通过这样的并存的可变时距强化程序表，研究人员研究了大量的影响啄击偏好（比如更多地啄击左侧按键而非右侧按键）的因素。例如，他们可以调节可变时距程序表，从而让左侧按键上获得强化的频率更高；他们也可以增加强化物的数量，或者增加从啄击按键到实际获得强化物之间的延迟时间。有时，他们甚至会给一个程序表安排量少但立即给予的强化物，而给另一个程序表安排量多但延迟给予的强化物。

研究人员并不总是在两种程序表中使用相同的强化物，他们也会采用并存的可变时距程序表研究对各种强化物的偏好。例如，哈罗德·米勒博士就曾经拿鸽子比较了三个不同强化物的质量，这三个强化物分别是小麦、大麻和荞麦。①

为什么有那么多研究者对这类实验研究感兴趣呢？因为这类研究看上去有助于让行为分析成为一门可以精确量化的科学，这样，在这门学科里，科学家就可以用数学方程式来描述人类和其他动物的行为了。

用于描述这种数据的最常见的方程式或许要数理查德·赫恩斯坦（Richard Herrnstein）博士提出的匹配律（matching law）了。② 赫恩斯坦的匹配律的一种版本是这样表述的：在两个并存的强化程序表中，反应的相对频率等于（相当于）强化物的相对频率。③

$$\frac{啄击左侧按键的数量}{总的啄击的数量} = \frac{左侧按键上获得的强化物数量}{总的强化物数量}$$

或者，啄击左侧按键的数量百分比 = 左侧按键上获得的强化物数量百分比。

假设，鸽子在1小时的实验时段里，啄击左侧按键产生60个强化物（60秒可变时距程序表，VI 60″），而啄击右侧按键产生30个强化物（120秒可变时距程序表，VI 120″）。那么左侧按键上获得的强化物数量百分比就是：

$$60 / (60 + 30) = 66\%$$

而这就意味着，总的啄击数量中有66%是啄击左侧按键的。[这里需要指出的是，我们并不是说反应的频率等于强化物的频率；我们说的是反应的**相对**频率（百分比）等于强化物的**相对**频率（百分比）。]

因此，如果66%这个数值是针对啄击左侧按键的，那么，鸽子66%的啄击反应就会落在左侧按键上。[这里所说的数值（value），是指强化物的诸多方面，例如，强化物的频率、数量、延迟时间和质量。没错，数值这个词，乍看之下带有我们明令禁止的实物化的嫌疑。]

定义：原理④

匹配律（Matching law）

- 当两个不同的反应
- 各自以不同的强化程序表获得强化时，
- 两个反应的相对频率
- 等于这两个强化程序表中的
- 强化的相对数值。

这个匹配律有两方面的贡献：科学家可以借此精确地量化描述一组并存依联产生的数据，而且可以借此预

---

① Miller, H. L. (1976). Matching-based hedonic scaling in the pigeon. *Journal of the Experimental Analysis of Behavior*, 26, 335-347.

② Herrnstein, R. J. (1961). Relative and absolute strength of response as a function of frequency of reinforcement. *Journal of the Experimental Analysis of Behavior*, 4, 267-272.

③ Baum, W. M., & Rachlin, H. C. (1969). Choice as time allocation. *Journal of the Experimental Analysis of Behavior*, 12, 861-874.

④ 要了解匹配律背后的理论及相关研究，参见Mazur J. E. (1998). *Learning and Behavior* (4th ed.). Upper Saddle River, NJ: Prentice Hall.

测一组新的并存依联中的行为。例如,米勒用鸽子进行了下面的实验:首先,他运行一对并存强化程序表,其中**小麦**是啄击一个按键获得的强化物,而**荞麦**是啄击另一个按键获得的强化物。他将鸽子置于这样的程序表下,直至鸽子在两个按键上都形成稳定的啄击反应频率。然后,他改变程序,运行另一对并存强化程序表,这一回,他依然使用**荞麦**作为两种强化物中的一种,但用**大麻**取代了小麦作为第二种强化物。他再次将鸽子置于这个新的强化程序表下,直至它对两个按键的啄击反应的偏好稳定下来。最后,他将第一回并存依联中的**小麦**强化物放回来,而保留第二回并存依联中的**大麻**强化物。根据鸽子对**小麦**与**荞麦**之间的偏好数据,以及对**大麻**与**荞麦**之间的偏好数据,他就可以运用匹配律预测出鸽子对**小麦**与**大麻**的偏好了。这真是一个不错的小把戏。

还有一个令人印象深刻的小把戏:赫恩斯坦甚至发现在只使用单一的强化程序表时,也可以运用他的匹配律对反应做出量化的精确预测①。也就是说,他最初开发的这个方程式,原本只是应用于并存强化程序表,现在的结果表明,它也适用于单一的强化程序表!(不过,这是一个很复杂的故事。如果你真的想了解更多细节,就去查看参考文献吧。②)

问题

说一说什么是匹配律,描述一个可以应用匹配律的场合。

---

① Herrnstein, R. J. (1970). On the law of effect. *Journal of the Experimental Analysis of Behavior*, 13, 243-266. 你在图书馆里或上网时,也可以去找一下伊恩·艾尔斯(Ian Ayres)的《胡萝卜与大棒》(*Carrots and Sticks*),这部书被视作行为经济学的经典著作之一,反过来,它也涉及与匹配律有关的那种量化分析。

② 在第 5 章里,我们讲过效果律——行为的效果决定了我们是否会重复该行为。匹配律是效果律的一个特例,即一个行为依联的效果受到并存的相竞争的行为依联的影响。

在 DickMalott.com 网站上,你还将读到:
孤独症病因学的相关文章。

第 20 章　行为链与对低频率行为的差别强化

行为分析师认证委员会第 4 版任务清单

D-06　运用串链。

D-21　运用差别强化（例如，对其他行为的差别强化，对替代行为的差别强化，对不兼容行为的差别强化，对低频率行为的差别强化，对高频率行为的差别强化）。

FK-25　单一刺激的多重效果

基础知识

案例：行为医学

脑瘫孩子南希[①]

南希是一个 5 岁的小姑娘，金发碧眼，非常讨人喜欢。她穿着一件蓝色的连衣裙，裙子的领口、袖口和褶边处都装饰着白色的蕾丝边，下面穿着洁白的紧身裤和黑漆皮鞋。她是那样一种小孩，当她在宽阔整洁的草地上一边欢笑奔跑，一边向天空吹泡泡时，你见到了会巴不得手里有台相机拍下这一幕；她是那样一种小孩，你真希望能在一个五月的阳光灿烂的下午，看到她站在郁金香丛中，身后是白色尖桩的篱笆，篱笆后面是白色的乡村小屋。

然而，她没有在草地上奔跑过，也没有在白色篱笆前站立过。事实上，在她所经历的 5 年生命时光里，她从未奔跑过，甚至从未站立过。不知怎的，如此可爱的蓝白色服装与她的形象并不搭配。一切似乎都有些格格不入，因为她那条白色的紧身裤总是脏兮兮的。

南希患有脑瘫。医生曾经断言，尽管做了手术，她也永远无法走路了，但医生还是建议唐恩·贝克博士来看看这个小女孩，只盼着也许行为分析能够给她提供哪怕一丁点儿的帮助。于是，唐恩真的来了。她观察了南希，看到南希的双腿因为缺乏使用而变得很脆弱，就那样躲在脏兮兮的白色紧身裤里。她还看到，南希的妈妈喊南希出来见见来访的心理学家时，小姑娘坐在地板上，快速地挪到了自己跟前。唐恩将这一幕带给自己的悲伤掩藏起来，脸上带着微笑，抚摸了南希的脸颊。唐恩拼命地想，希望行为分析一定要能为这个孩子提供一些帮助。

干预

唐恩做的第一件事就是开展任务分析——分析走路的分解动作。首先，南希必须要能双膝跪立；然后，她必须要能双脚站立；最后，她必须要能借助拐杖行走。这些都是南希必须要能表现出来的行为链的主要成分。

我们把这样一个反应序列称作**行为链**[behavioral chain，有些人把它叫作**刺激-反应链**（stimulus-response chain）]。南希最开始只是坐在地板上，而这个姿势就是

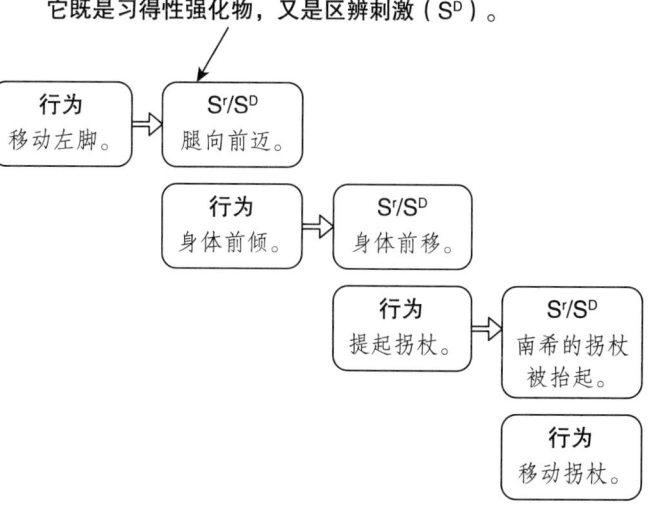

[①] 改写自 O'Neil, S. (1972). The application and methodological implications of behavior modification in nursing research. In M. Batey (Ed.). *Communicating nursing research: The many sources of nursing Knowledge*. Boulder, CO: WICHE.

一个区辨刺激（S^D），在该刺激出现时，双膝跪立的反应将会被跪立成功所强化。双膝跪立又是一个区辨刺激（S^D），在该刺激出现时，双脚站立的反应又会被站立成功所强化。最后，双脚站立是一个区辨刺激（S^D），在该刺激出现时，借助拐杖行走的反应将会得到强化。

虽然基线评估表明，南希从未站立过或行走过，但是她确实偶尔会跪立起来。因此，唐恩从强化南希的跪立开始着手干预。只要南希跪立，唐恩就会毫不吝啬地给她表扬，偶尔还会给她一勺冰淇淋，或者让她玩几分钟玻璃弹珠。

在南希可以稳定地跪立之后，唐恩会在她扶着柜子站立起来时才给她冰淇淋这一强化物。而后，唐恩再次提高标准：南希必须要跪立起来，再站立起来，然后扶着柜子走几步之后，才能获得冰淇淋。

接着，唐恩用一根绳子取代柜子，让南希抓着，在她行走时为她提供支撑。渐渐地，唐恩减少了给南希的支撑，同时还要求她走的距离越来越长，然后才能得到冰淇淋。

从某一天起，南希可以仅靠抓着唐恩的一只食指行走了。随后，南希可以只抓住30厘米长的木棍的一端行走，另一端由唐恩抓着。接着，南希靠中间用一根弹簧连接的两个木把手作支撑。再往后，南希可以借助一根拐杖了，唐恩在旁边帮助她移动这根拐杖。最后，南希在没有唐恩的任何帮助的情况下，走过整个房间之后，才能够获得冰淇淋和弹珠。

终于，这个原来被判定永远无法走路的小姑娘走起来了！

这还不够。唐恩必须减少外加的强化物。首先，她停止使用冰淇淋与弹珠；随后，表扬的频率也下降了；最后，强化我们行走的正常强化物也能维持南希的行走了——这些强化物通常就来自我们随心所欲地到达自己想去的地方。不过，对于南希来说，她行走需要付出的努力远比我们多得多，因此，唐恩要求南希的父母时不时地给予一些社会性强化物。

此外，南希的父母还必须完全消退南希此前已经建立好的在地板上坐着移动的行为，确保只有当南希向他们走过去的时候，才能获得她想要的社会性强化物和正常的生理性强化物。如果南希只是坐在地板上挪动过去，那她就不会得到那些强化物。也就是说，他们必须确保自己和整个环境能够有差别地强化南希行走的反应，而不强化如坐着挪动的行为。

唐恩花了多长时间训练南希掌握跪立、站立、靠拐杖行走这个行为链呢？一周？两周？不，花了60周！每周4次、每次30分钟的教学——总共花了240个教学时段。当然，如果唐恩再做一次的话，她能够减少所花费的时间，但仍然需要投入大量的时间。这是一项艰难的任务，如果唐恩和其他开发出这些技术的人们没有做出这番努力的话，南希将永远无法行走。[①]

如果你想成就一番大事业，就必须充满激情。为人类谋取幸福，需要你满怀热忱地运用行为分析拯救世界。如果你打算帮助一个像南希这样的小女孩，连续为她服务60周，直至她能够行走，并从此拥有更多幸福和尊严，那你就要充满热情地全身心投入，并对行为分析拥有无须解释的信念。一个懒虫是无法胜任的。

问题

画出教一个脑瘫孩子行走的行为干预的示意图。

概念

行为链（D-06）

至此，我们已经看到了一个行为链——南希跪立，然后站立，最终行走。我们还可以对她的行走分解出包含更具体步骤的行为链，事实上，唐恩也必须这么做。行走对我们来说，是那么容易，那么自然，以至于我们都没有留意到它其实是一个复杂的行为链，尤其是如果还在其中加入使用拐杖的话。让我们开始吧：左脚向前，身体前倾，提起拐杖，将拐杖前移，把拐杖放下，右脚向前，挺起腰杆，右脚放下——随后你会重复整个行为链，其中每个单独的反应都会将你置于一个新的姿态上，这个新的姿态又对下一个反应起着区辨刺激（S^D）的作用。

定义：概念

行为链（Behavioral chain）

- 一个刺激和反应的序列。
- 每个反应都会产生一个刺激，
- 该刺激会强化前面那个反应，
- 而且，是后面那个反应的
- 区辨刺激（S^D）或者操作物。

我们的生活中充满了行为链：看到盘子里的土豆泥，我们举起勺子（操作物），将手中的勺子插入土豆泥。插入土豆泥的勺子于是成为我们将勺子举起来的区辨刺激（S^D）。被举起来的盛满土豆泥的勺子于是成为我们将勺子放进嘴里的区辨刺激（S^D），如此这般。然

---

① 在第8章里，我们讨论过塑造与塑型的区别。在这个案例中，可能两者都占了一些。南希可以自己跪立起来，因此，增加该行为的频率可能涉及塑造，但是，在帮她增加行走距离和提高行走独立性时，很可能也涉及塑型。

后我们合上嘴巴，把勺子拉出来，咀嚼口中的土豆泥，吞咽下去，手里拿着勺子准备去舀下一勺土豆泥——每个反应都产生了一个刺激，紧接在该刺激之后，出现了下一个反应。

传统意义上，我们认为行为链当中的一个反应会产生一个结果，该结果既是那个反应的强化物，又是下一个反应的区辨刺激（S^D）。但是，在标准的斯金纳箱中，行为链又是怎样的呢？鲁道夫用鼻子触碰墙上的小圆点，该反应的结果是一根铁链下降到斯金纳箱里。鲁道夫拉动铁链，铁链被拉动的结果是一盏灯亮了，随后鲁道夫按下杠杆，结果是一滴水出现了。现在，乍一看，我们可能会认为那根降入斯金纳箱里的铁链是一个区辨刺激（S^D），但其实它并不是。这根铁链是一个操作物，就像斯金纳箱里的杠杆一样。铁链不是一个让反应得以被强化的机会（S^D），只是提供了做出反应的机会（操作物）。如果铁链不在那里，鲁道夫就不能拉动它。①

同样地，我们手里的勺子可能更多的是一个操作物，而不是区辨刺激（S^D），就像鲁道夫的杠杆一样。我们手里必须有勺子才能用它来盛土豆泥。

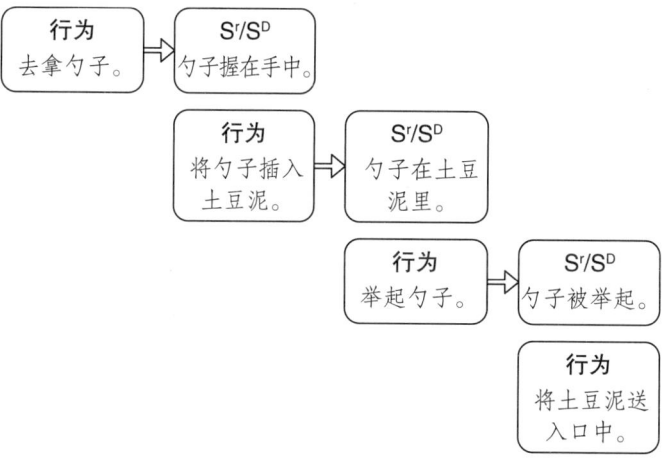

问题

名词解释：行为链，举出一个餐桌上的例子，并画出这个例子的示意图。

原理

双重功能链接刺激（FK–25）

我们前面曾说过，一种传统的分析有助于我们理解行为链，这种分析认为，一个反应带来的刺激实际上具有两个功能：它既是下一个反应的区辨刺激（S^D），同时也是产生该刺激的反应的习得性强化物。[当然，针对行为链最终那一环节的强化物通常是一个非习得性强化物，并且可能没有区辨刺激（S^D）的作用。]

让我们再看看上面那个吃土豆泥的例子。这次我们要重点强调一下刺激的**双重功能**（dual functioning）。

- 看到土豆泥是一个刺激，该刺激出现时，我们拿起勺子。②
- 看到并感受到手里握着勺子，这强化了将勺子拿起来的行为。（如果你尝试去拿勺子，但勺子却总是从你手中滑落，那么试着去拿起勺子的行为就不会得到强化。）
- 但同时，看到并感受到手里握着勺子，这也具有区辨刺激（S^D）的功能。该刺激出现时，我们将拿着勺子的手移向土豆泥的行为就会得到强化。（空着手移向土豆泥的话，要么不会得到强化，要么会把手弄得一塌糊涂，让自己难堪——这里我们讨论的可是糊状的土豆泥，而不是炸薯条哦。）
- 看到并感受到勺子插进了土豆泥里，这强化了你将勺子移向土豆泥的行为。（如果在你的勺子接近土豆泥时总是有人把土豆泥拿开，那么，我们讨论的就是一个消退依联，令你沮丧的消退。）
- 而同时，盛满土豆泥的勺子又成为你将勺子喂向自己嘴巴的区辨刺激（S^D）。

因此，吃土豆泥这个例子表明，行为链中的一个刺

---

① 感谢布拉德·弗雷斯维克，他建议我们将操作物也纳入行为链的定义当中。在1993年8月的一次行为原理的研究生学术研讨课上，他就提出了这个问题。

② 看到土豆泥，这个刺激的作用分析起来也很复杂，我们放在注释里说一说。在本书第3版里，我们将看到土豆泥当作一个区辨刺激（S^D），说它出现时，拿起勺子会得到强化。但在一次研讨课上，我遇到了一名学生，他认为这样的分析过于肤浅。拿起勺子的强化物是什么呢？从前面的示意图中可以看出，强化物就是勺子握在手中。那么，我们凭此是否就可以说，假如你没有看到土豆泥（S^D），但拿起了勺子，难道勺子就不握在手中了吗？这显然不对。因此，既然不存在预示着强化不出现的刺激（S^Δ），也就不存在任何区辨刺激（S^D）了。

如果看到土豆泥不是区辨刺激（S^D），那它是什么呢？它是一个动因操作（也称为建立型操作）！但是要想理解这一点，我们要来看一看迈克尔给动因操作下的更为具体的定义：**动因操作**是对动物产生影响的环境事件、操作或刺激条件，它会暂时地改变（a）其他事件的强化效力，以及（b）这样一类行为的出现频率，该类行为之前所产生的后果就是那些其他事件。[Michael, J. (1993). Establishing operations. *The Behavior Analyst*, 16, 191-206.] 那么，看到土豆泥与这有什么关系呢？看到土豆泥，这是一个刺激，它增加了你手握勺子的强化效力。在没有看到土豆泥或其他需要用勺子盛的美味时，你手握勺子就不会是一个强化物。

话虽如此，但对于拿起勺子来说，当然存在区辨刺激（S^D），那就是看到勺子本身。看到勺子，这对于伸手去拿这个行为来说，就是一个区辨刺激（S^D）。看到勺子时，伸手去拿，其结果就是将勺子握在手中。这个区辨刺激（S^D）并没有让手握勺子具有强化效力。当然了，这并不完全符合我们前面给区辨刺激（S^D）下的定义，但是，求求您可怜可怜我们吧，太较真儿的话，整个这一章，我们都得写满这种又复杂又难啃的注释了。

激可以同时起到习得性强化物的作用和区辨刺激（S^D）的作用。对于产生该刺激的反应而言，这是一个习得性强化物（S^r），而对于行为链中的下一个反应而言，这又是一个区辨刺激（S^D）。

> **定义：原理** ①
>
> **双重功能链接刺激（Dual-functioning chained stimuli）**
> - 行为链中的一个刺激，
> - 强化了先于该刺激的反应，
> - 并且，它是之后紧跟着的反应的区辨刺激（S^D）或操作物。

你将手放在汽车的点火钥匙上，这对于转动钥匙来说是一个区辨刺激（S^D）。汽车引擎的运转，既强化了你转动钥匙的行为，同时也是给汽车挂挡的一个区辨刺激（S^D）。所以说，启动汽车这个例子也体现了**双重功能链接刺激**（dual-functioning chained stimuli）这一原理。

问题

名词解释：双重功能链接刺激的原理，并举例说明。

概念

顺向串链

建立一个行为链，最显而易见的方式是采用**顺向串链**（forward chaining）。唐恩对南希就是这么做的。她是从行为链的第一个环节开始的，即南希的跪立，并且通过强化把这个环节建立好了。然后，她加入了下一个环节——南希的站立。最后，她加入了最终的一环——南希的行走。这个行为链的建立是从初始环节向最终环节顺向前进的（参见右面的示意图）。

库尔特·马奥尼、基思·瓦格嫩和李·梅尔森等人也采用这种顺向串链对普通儿童和智力障碍儿童进行如厕训练。首先，他们强化行为链中的初始反应：当孩子走向厕所时，训练师就会给她一小口好吃的，并拍手表扬道："好姑娘！"——这是一个外加的强化依联。然后，训练师加入下一个环节，孩子褪下裤子，这也会产生那些外加的强化物。孩子掌握了头两个环节之后，训练师再加入坐在马桶上或面向马桶（视情况而定）的环节。然后，教孩子排便和最后的提裤子。这就是顺向串链，因为训练师是从初始环节（走向厕所）开始训练的，并一环接一环地向着最终环节（提裤子）前进。①

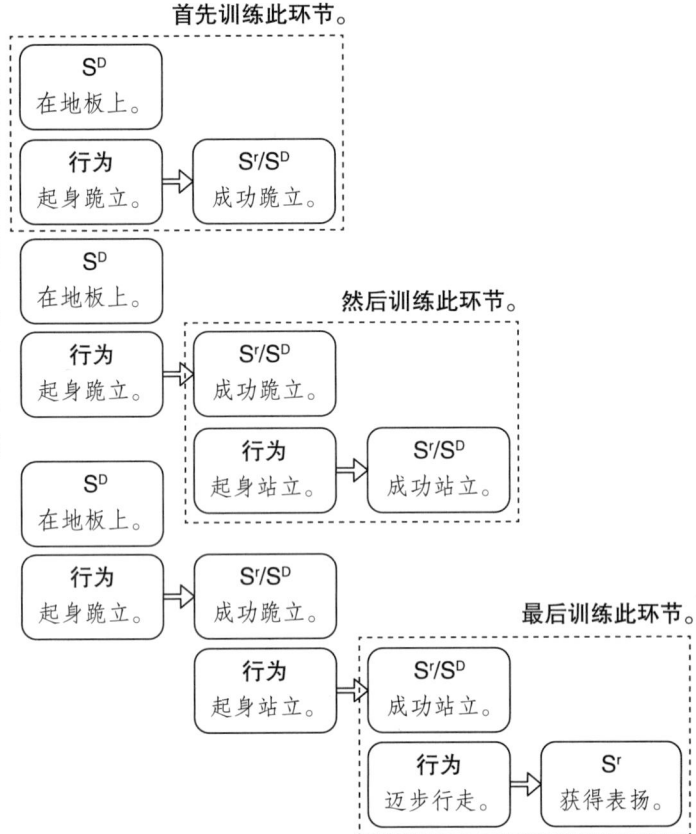

顺向串链

当然，训练师和家长们最终会停止使用包括食品和表扬在内的外加强化依联。这之后，这个行为链靠自己维持着。该行为链中的每一个反应产生的刺激既是之前反应的强化物，又是之后反应的区辨刺激（S^D），这体现了双重功能链接刺激的原理。例如，看到马桶，这强化了靠近它的行为，也是褪下裤子的区辨刺激（S^D）。顺带说一句，这个如厕训练的行为干预对普通儿童和智力障碍儿童都产生了很棒的效果。

> **定义：概念**
>
> **顺向串链（Forward chaining）**
> - 建立起一个行为链中的第一个环节，
> - 然后依次加入后续的环节，
> - 直到掌握最终环节。

菲利普·威尔逊和他的同事们采用顺向串链帮助有极重度智力障碍的人士掌握了一套居家用餐的技能。他们的任务分析表明，在这个行为链中有三个主要的行为序列，每一个主要的行为序列都可以看作一个包含很多环节的行

---

① 出于两个原因，我们专门论述了这个关于双重功能链接刺激的原理，而并没有把它放在行为链的定义当中来谈。首先，从逻辑上说，有可能存在这样的行为链，其中并没有既是区辨刺激（S^D）或操作物，又是强化物的刺激。[例如，有可能除最后的那个刺激外，所有刺激都起着区辨刺激（S^D）的作用，而最后那个刺激则可能是让整个行为链得以运行的强化物，而并没有得到任何内嵌于该行为链中的习得性强化物的支持。] 其次，专门论述双重功能这一概念也许能减少学生们在学习行为链时经常会遇到的困惑。

① 改写自 Mahoney, K., Van Wagenen, K., & Meyerson, L. (1971). Toilet training of normal and retarded children. *Journal of Applied Behavior Analysis*, 4, 173-181.

为链。例如，用餐前的行为序列包括走向工作台，拿起勺子和叉子，等等。用餐的行为序列包括双手抓住菜盘，将它举起来，将它放在邻座人的手里或者放在邻座餐盘的20厘米处。用餐后的行为序列包括站起来，拿起餐盘，将餐盘送到洗涤台。这些行为链一共包含30个环节。①

他们运用顺向串链的方式是这样的：从用餐前的行为链的第一个环节开始：走向工作台。在干预对象已经掌握了一个环节之后，训练师就加入下一个环节——例如，拿起勺子和叉子。

训练师采用不同水平的辅助，最有力的是肢体辅助，低一档的是示范行为链中的行为环节（拿起勺子和叉子），再低一档的是语言指导（"约翰，拿起勺子和叉子"），最终，辅助会渐褪，直到该行为链中前面一个反应产生的刺激已经成为下一个反应的有效的区辨刺激（S^D）。[走向工作台，进而看到工作台，这一刺激成为拿起勺子和叉子的区辨刺激（S^D）。] 然而，菲利普和他的团队最初建立该行为链时，行为链中的那些反应产生的自然或内在的结果却不足以强大到能够起到强化物的作用，而且也没有起到区辨刺激（S^D）的作用。因此，他们一开始必须使用辅助，并且外加强化依联。

在干预对象掌握整个行为链的过程中，表扬和小零食强化了各个环节的表现。掌握一个主要行为序列的所有环节平均需要30次、每次6分钟的训练。由此可以推算出，教一名极重度智力障碍人士掌握一套居家用餐的技能大概需要9小时的训练——这工作量不算少，但是很值得，至少在那些负责直接看护他们的工作人员看来，这些训练工作很值得。付出巨大努力的目的就是帮助那些智力障碍人士尽可能过上接近普通人的生活。

问题

名词解释：顺向串链，并画出示意图，讲解上述应用于训练脑瘫儿童行走的案例。

概念

全任务呈现法②

唐·霍纳和英戈·凯莉兹在帮助智力障碍青少年掌握刷牙技能时，采用了顺向串链的一种变化形式，称作

全任务呈现法（total-task presentation）。首先，他们对刷牙这一行为链进行了任务分析，将其分解成了15个环节。这些环节包括拿起牙刷，握住牙刷，润湿牙刷，拧开牙膏的盖子，接下来刷牙齿的各个表面，最终是将牙具收好。

与顺向串链不同，在全任务呈现法中，学生要将这个行为链的15个环节的每一个环节全部操作一遍，然后再从头来过。也就是说，学生不必在稳定掌握了一个环节之后再前进到下一个环节，相反，他们的教学程序是，老师先告诉学生执行这个行为链中某一个环节的反应，如果未能奏效的话，老师就会示范这个反应，并给予语言指导的辅助。如还未奏效的话，老师就会在给予语言指导的同时使用肢体辅助。然后，他们会前进到这个刷牙行为链的下一个环节，再次采用这样的教学程序。每当学生完成这个行为链中的一个环节的反应时（例如，拧开了牙膏的盖子），老师就会给予表扬。

假如他们开始练习这个行为链，执行到学生需要拧开牙膏盖子时，如果学生无法完成这个反应，那么，老师就会拉着学生的双手，辅助他完成拧开盖子的动作，直至将牙膏盖子完全拧下。然后，他们再前进到下一个环节——将牙膏挤在牙刷上。要注意的是，这时学生依然未掌握拧开盖子的行为技能，下一次再练习这整个刷牙行为链时，学生仍然需要一些辅助，尽管辅助程度会低一些。因此，有可能出现这样的情况，学生掌握各步骤的顺序与行为链中环节的顺序是不一致的（比如，先掌握了步骤3、7、12和13，而仍然需要继续学习其他步骤）。

> **定义：概念**
>
> **全任务呈现法（Total-task presentation）**
> - 同时训练
> - 一个行为链里的所有环节。

这些学生一般经过30天、每天1次的训练就都能掌握全套的刷牙技能了（他们每天完成一遍这个行为链）。③

问题

名词解释：全任务呈现法，并举出两个例子，描述其中的：

- 反应类
- 强化依联
- 预想的强化物

---

① 改写自 Wilson, P. G., Reid, D. H., Phillips, J. F., & Burgio, L. D. (1984). Normalization of institutional mealtimes for profoundly retarded persons: Effects and noneffects of teaching family-style dining. *Journal of Applied Behavior Analysis*, 17, 189-201.

② 改写自 Horner, R. D., & Keilitz, I. (1975). Training mentally retarded adolescents to brush their teeth. *Journal of Applied Behavior Analysis*, 8, 301-309; Cooper, J. O., Heron, T. E., & Heward, W. L. (1987). *Applied Behavior Analysis* (p.353). Columbus, OH: Merrill.

③ 行为分析师、老师或训练师怎样决定使用全任务呈现法，还是使用其他形式的行为串链方法呢？学生的能力越低，行为链越长，就越可能需要使用逆向串链或者顺向串链。

- 干预结果
- 干预中其他有意思的特征

概念

逆向串链

逆向串链（backward chaining）是建立行为链的第三种主要方法。顺向串链是先建立行为链的第一个环节，然后再建立第二个，如此下去。而逆向串链的方向与此相反，先建立最后的那个环节，然后再建立倒数第二个，如此下去。

例如，贝丝·苏尔寿-阿扎洛夫和罗伊·梅耶建议对那些掌握算术技能有困难的学生使用逆向串链。比如，用逆向串链来教孩子做两位数的乘法。首先，要对两个数相乘的过程进行任务分析。每个反应以及得出的数字就是这个行为链中的一个环节。例如，你将两个数字相乘并写下结果，或将两个数字相加并写下结果。为了让你更好地理解这一点，请看下面这道几近完成的算术题：①

$$
\begin{array}{r}
42 \\
\times\ 23 \\
\hline
126 \\
+\ 840 \\
\hline
???
\end{array}
$$

这里，行为链的最终一个环节是将 126 和 840 相加，然后写下 966。但愿学生接触到乘法时，他的技能库里已经有了这一环的技能。然后，我们往后退，来看下一个环节：

$$
\begin{array}{r}
31 \\
\times\ 24 \\
\hline
124 \\
+\ ??? \\
\hline
???
\end{array}
$$

学生需要完成大量的练习题，这些练习题都涉及两位数乘法计算这一行为链的最后两步的运算。成功完成这些练习题之后，学生们就算准备好了，可以练习涉及整个行为链的题目了，可以从行为链的第一个环节开始运算了。

$$
\begin{array}{r}
67 \\
\times\ 89 \\
\hline
??? \\
+\ ??? \\
\hline
???
\end{array}
$$

可以看到，借助这种逆向串链法，学生们可以独立地掌握复杂的乘法运算行为链。他们所需要的只不过是一些指导和几页乘法练习题。第一页上的练习题都是几近完成的，而第二页上的练习题就不那么完整了，直至他们做到最后一页，那上面就都是需要从头开始运算的复杂乘法习题了。

> **定义：概念**
>
> **逆向串链（Backward chaining）**
> - 建立起一个行为链里的最终环节，
> - 然后加入之前的环节，
> - 直至初始环节被掌握为止。

逆向串链的案例

穿衣服

要不是为了帮助不会穿衣服的人学习穿衣服，我们自己不会花很多时间思考如何穿衣服这类日常任务。假设要你去教一位智力障碍人士自己穿衣服，那么以往看似非常简单、顺理成章的一件事，现在对你来说就变得困难复杂起来了。穿裤子这个行为如今变成一项巨大的工程，我们最好从行为链的角度对此进行分析，可以使用逆向串链来帮助这名干预对象掌握这个技能库。②

使用逆向串链时，要从最终环节开始，逆向行进。也就是说，我们要先给他穿上裤子，将裤子差不多提到顶儿，甚至可能需要帮他把双手放在裤腰上，并给出区辨刺激"提上裤子"。我们需要强化他的这个反应，可以使用表扬之类的习得性强化物，或者使用糖果之类的非习得性强化物。甚至，就这么一个简单的反应本身，也许就需要进行一些塑造。在这之后，可以准备训练该行为链的下一个环节，比如，将他的裤子提至膝盖附近，停留在那里，并给他下达区辨刺激"提上裤子"。之后，这个行为链的下一个教学环节也许是从脚踝处向上提裤子，并接着按照上面描述的标准程序完成剩余步骤。最终，我们只要将裤子放他面前并下达教学指令"穿上裤子"就行了。

逆向串链的案例

用勺子吃东西

当吉米刚到罗莎·帕克斯学院的时候，他不会自己吃东西，甚至不会拿起勺子和握住勺子。我们来看看迈

---

① 改写自 Sulzer-Azaroff, B., & Mayer, G. R. (1986). *Achieving educational excellence* (pp.244-245). New York: Holt, Rinehart & Winston.

② 改写自 Breland, M. (1965). Foundation of teaching by positive reinforcement (pp.127-141), 以及 Caldwell, C. (1965). Teaching in the cottage setting (pp.159-163). 这两篇文章都收录于 G. J. Bensberg (Ed.). *Teaching the mentally retarded*, Atlanta: Southern Regional Education Board.

克斯是如何使用逆向串链帮助吉米学会用勺子吃东西的。一开始，迈克斯在勺子里盛满苹果酱（对于吉米而言，这是一种强化效力极高的食物），把勺子放在吉米的手上，并帮助吉米抬手把食物送进嘴里。从很大程度上来说，吉米只是被动地坐在那里，全由迈克斯帮助他完成这些动作。

经过几个回合这般提供肢体辅助的教学，迈克斯撤去了自己的手，让吉米自己将食物放入口中，这样吉米就完成了这个行为链的这一环节。这个反应被建立起来之后，迈克斯在离吉米的嘴巴更远一些的地方就放开了手。又经过一些回合的教学，迈克斯只帮助吉米将勺子盛满果酱就行了，再往后，吉米很快掌握了用勺子盛果酱这个最后的教学内容。

我们可以如此这般建立很多类似的行为链，而这些通常都是智力障碍人士和孤独症人士所缺乏的技能。我们经常需要耐心地运用逆向串链来帮助他们。行为分析师全身心投入，取得前所未有的成果，成功地帮助那些有障碍的人们过上更有尊严的生活。我们也完全可以将这种逆向串链的方法用在对普通儿童的训练上，尤其应用在孩子的生活自理技能的学习上。

问题

名词解释：逆向串链，并举出两个例子，描述其中的：
- 反应类
- 强化依联
- 预想的强化物
- 干预结果
- 干预中其他有意思的特征

概念：临床行为学

对低频率行为的差别强化[①]（D-21）

迈克斯很快发现，吉米·李维斯在用勺子吃东西这一领域并没有完全摆脱困境。吉米一学会使用勺子，就开始狼吞虎咽地吃东西，速度快到1～3分钟就能吃完饭，而大多数人一般要花15～20分钟。他这样会把餐桌搞得狼藉一片，连同他自己也会被弄得一塌糊涂。吉米这种吃东西的做派实在是太令人讨厌了，他的父母依然不可能带他去餐馆吃东西；而且这种快速进食在15%的情况下会导致他餐后发生呕吐。

迈克斯做的第一件事是去查阅《行为矫正》这本期刊，从中找到了西卡罗来纳中心的朱迪思·弗费尔博士和她的同事们写的一篇文章，西卡罗来纳中心是一家服务于智力障碍人士的机构。在这篇文章里，朱迪和她的团队为一个有智力障碍的14岁女孩设计了干预方案以解决她快速进食的问题。迈克斯以此为基础，再次将吉米吃东西的行为视为一个行为链，并进行了分析。该行为链包括以下环节：吉米舀取一勺食物，将它移向自己的嘴边，把它放在嘴里，咀嚼食物和最终吞下食物。

通常，我们通过对最初的行为环节进行干预，就可以消除整个行为链或者控制整个行为链的频率。也就是说，如果可以终止或减慢最初的行为环节，那么随后的环节必然也可以被终止或减慢了。现在，迈克斯并不想消除这个行为链，但他的确想降低这个行为链的频率。为了降低频率，反应之间的间隔时间（inter-response time）就需要拉长。反应之间的间隔时间越长，就意味着整体的频率越低。因此，他决定降低吉米吃东西这个行为链当中最初几个环节的速度，即降低吉米端起一勺食物并移向嘴边的速度。为了实现这一点，迈克斯采用了这样一种行为依联，叫作**对低频率行为的差别强化**（differential reinforcement of low rate, DRL）。

吉米将食物移向嘴边的强化物是什么呢？这个强化物很可能就是食物入口的机会。因此，迈克斯让这个机会依联于一个低频率的反应——低频率地将食物移向嘴边，这不是说要吉米必须缓缓地移动自己的手，而是说吉米吃完一口饭之后至少等待2秒钟才可以再去吃下一口。如果吉米不等的话，又会怎样呢？那样的话，迈克斯就会将吉米拿勺子的手放回桌子上，从而避免对那个反应进行强化（记住，这里迈克斯假定的强化物是将一勺食物放入口中的机会）。

> **定义：概念**
>
> **对低频率行为的差别强化（Differential reinforcement of low rate, DRL）**
> - 只有当一个反应与前面的反应
> - 相隔至少一定的延迟时间时，
> - 才对该反应给予强化。

因此，迈克斯有差别地消退了快速进食的行为（吉米在吃完前一勺食物之后，不到2秒又将一勺食物放入口中的行为），并且，他有差别地强化了一个频率较低的进食行为（吉米在吃完前一勺食物之后，至少过了2秒才将另一勺食物放入口中）。随着吉米进食速度渐渐地慢下来，迈克斯开始逐渐提高要求，将吉米进食时两勺之间的时间间隔从至少2秒钟提高到至少5秒钟。

[①] 本节内容以简化的形式改写自 Favell, J.E., McGimseuy, J. F., & Jones, M. L. (1980). Rapid eating in the retarded: Reduction by nonaversive procedures. *Behavior Modification*, 4, 481-492. 图20.1 也源自这篇文章。

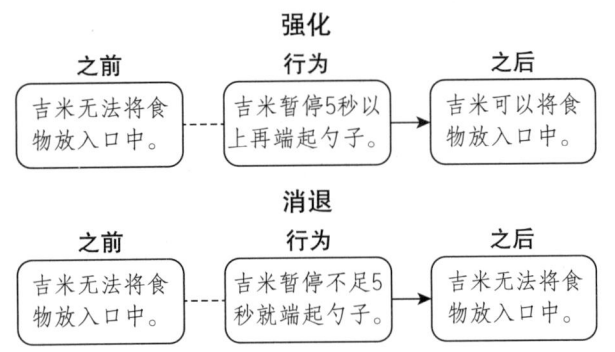

这个方法奏效了,吉米吃东西的频率从每分钟大约22勺降低到了每分钟大约7勺(见图20.1)。

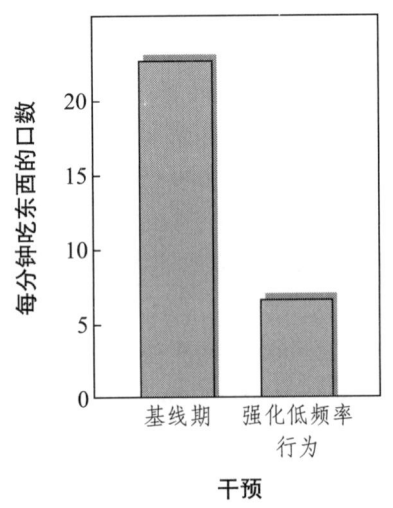

图20.1 减少高频率:对低频率行为的差别强化

而且,李维斯夫妇也可以维持吉米这种适当的进食行为了,他们会时不时地表扬吉米慢慢进食的行为,也会时不时地避免(消退)他快速进食的行为。也就是说,他们间歇地运用了对低频率行为的差别强化。成效还不止这些,吉米用餐后也不再呕吐了,也不会在吃饭时把一切都搞得一塌糊涂了。这让他的父母能够偶尔带他外出,去餐馆就餐——全家人有了一起品尝美食的快乐时光。

(关于这个程序,有一个需要注意的地方:假设吉米已经进步到5秒的DRL,但他不停地在只暂停4秒的情况下就将勺子移向嘴边,他就这样反复做了10次,每次都只暂停4秒,总共40秒。那么,他端起勺子的行为有几次被强化了呢?0次。他必须要暂停至少5秒,迈克斯才会强化这个反应。也就是说,每一次吉米做出反应,5秒钟的计时就会被归零并重新开始,否则这就会成为一个5秒的固定时距强化程序表。)

问题

名词解释:对低频率行为的差别强化,并用这个概念描述一个减少过快进食行为的干预,描述其中的:

- 反应类
- 强化依联
- 消退依联
- 预想的强化物
- 干预结果
- 干预中其他有意思的特征

概念:行为学校心理学对比

减少或消除不当行为的方法[①]

我们前面刚刚学习的是最后一种用来减少行为的程序,现在,让我们逐一来看看各种减少行为的程序的利弊。行为分析师常常认为惩罚是用来减少严重问题行为的最有效的方法,但是,如果能够找到让人感觉更舒服的某个替代方法,他们自然就不会去使用惩罚了。事实上,不仅是行为分析师,这个世界上所有的人都会这么想,这么做。因此,行为分析师一直在不断探索其他的干预程序,尝试运用各种程序降低不当行为的出现频率,并增加适当行为的出现频率。在本章的前面部分,我们介绍了降低反应频率的最后一种干预程序,现在,再来好好看一下所有可以用来降低行为频率的程序,看一看这些程序的优点与缺点。(不要因为看到每种方法都有利有弊而感到沮丧。某些缺点其实不算什么,运用某个程序而带来的好处,往往会超过它的那些缺点。)

惩罚依联

如今,我们通常已将惩罚的使用当作最后的招数了。我们在降低不当行为的频率时,会先去尝试寻找**最少受限制的替代方法**(least restrictive alternative)。如果较少受限制的干预程序失败了,干预对象所拥有的**接受有效干预的权利**,就会要求我们考虑采用惩罚程序。在使用惩罚程序或消退程序去除不当行为时,我们通常也会加入强化程序来增加适当的行为。

---

① 改写自 Carr, E. G., & Lovaas, O. I. (1983). Contingent electric shock as a treatment for severe behavior problems. In S. Axelrod & J. Apsche (Eds.). *The effects of punishment on human behavior* (pp.221-245). New York: Academic Press; Cooper, J. O., Heron, T. E., & Heward, W. L. (1987). *Applied behavior analysis* (pp.378-464). Columbus, OH: Merril; Durand, V. M. (1987). "Look homeward angel": A call to return to our (functional) roots. *The Behavior Analyst*, 10, 299-302; Homer, A. L., & Peterson, L. (1980). Differential reinforcement of other behaviors: A preferred response elimination procedure. *Behavior Therapy*, 11, 449-471.

优点

惩罚的好处在于，它通常是有效的，其效果往往是立竿见影的，而且能够持续很长时间。此外，惩罚很容易实施。如果内在的强化依联在维持着不当行为，而行为分析师又难以中断这个强化依联，无法实施消退，这个时候，惩罚就更有用了。

缺点

马克·杜兰德（Mark Durand）博士指出，有人会质疑说："如果没有被许可的话，我们（没有任何）权利将疼痛与苦难施加于人，不管预期的结果是怎样的。"但是，我们在之前的讨论中讲过，干预对象拥有获得有效干预的权利，倡导这项权利的人士对上述质疑持相反的观点。他们也许是这么看的：适当的惩罚程序所"施加"的"疼痛与苦难"往往要比外科手术程序所"施加"的"疼痛与苦难"小得多。也就是说，由于缺乏有效干预而带来的成千上万美元的医疗账单与朝脸上喷点儿雾相比，哪一个更令人厌恶呢？

惩罚的一个问题在于，它的效果可能并非永久性的。也就是说，你停止使用惩罚依联后，不当行为有可能最后还会恢复，但是，这种情况对于强化来说也是一样的：一旦你停止使用强化依联，适当的行为也可能会被消退。因此，从某种意义上说，对惩罚持批评态度的人总是做不到标准一致，他们并没有对强化做出同样的批评。

马克·杜兰德博士进一步做出批评。他认为在使用惩罚的时候，我们并不是在对造成不当行为的原因进行处理，因为造成不当行为的原因是维持该不当行为的那个强化依联。他认为，只有当我们成功地去除了这个原因——这个强化依联，或者，只有当我们成功地为与之竞争的适当行为建立起一个更强有力的强化依联，这时候，才算真正地解决了问题。而惩罚的拥护者则认为，我们不可能在任何时候都能很好地控制相关的强化依联，至少在实践层面上，这是无法做到的。

使用惩罚的另一个问题在于，它要求有充分的监督以确保未被滥用。比如，假设一位毫无自我保护能力的干预对象做出了令人厌恶的行为，接着，工作人员就有可能使用惩罚程序，问题在于，他们可能更多地，而且是以一种具有攻击性和侵犯性的形式使用惩罚程序，而不是把它作为预先计划好的表现管理程序加以使用。因此，我们必须要严密监督惩罚的使用。而且，干预对象有可能会模仿他们的教师、训练师、家长或者其他表现管理者的行为，如果这些表现管理者使用惩罚，那么干预对象也有可能会跟着做同样的事，那可不是我们所希望的。

此外，惩罚涉及厌恶条件，而厌恶条件具有动因操作的作用，因而会增加攻击行为的强化价值。因此，当我们使用惩罚的时候，有可能导致攻击行为的增加。事实上，在应用行为分析指导下使用惩罚，有的时候会产生攻击行为，但也有的时候不会。不管怎样，这肯定是一个需要我们认真考虑的问题。

另外，还有一个潜在的问题是，惩罚发生的整个场所以及使用惩罚的人有可能会成为厌恶条件。这样，干预对象就有可能试图回避或逃避这个场所和这个人。同样，这种逃避和回避行为，有的时候会出现，也有的时候不会出现。

还记得过度纠正吗？在这个惩罚程序中，依联的厌恶条件是要求干预对象必须做出更多的补偿，要比纠正不当行为带来的麻烦还费劲（例如，干预对象把房间搞得像垃圾堆一样乱后，就必须要努力将房间整理得比之前更好）。有时，这个程序需要高度训练有素的工作人员投入大量的时间和精力，尤其是当干预对象很抵触，不肯对自己制造的麻烦进行过度纠正的时候。

有的时候，过度纠正以及其他惩罚程序也许还存在另一个问题，你自认为的某个厌恶条件其实并非真的厌恶条件。比如说，有数据表明，过度纠正中所涉及的肢体接触有可能实际上强化了本想要惩罚的反应。

处罚依联

要记住，处罚依联是惩罚的一种形式，是依联于不当行为的出现而去除一个强化物。而罚时出局是处罚依联的一种特殊形式，在罚时出局中，一段时间内会失去某个强化物（例如，当山姆出现捣乱行为时，唐恩就要求他坐在椅子上面对着墙壁，接受罚时出局）。

优点

通常使用罚时出局是很容易的（例如，你只要命令孩子走出房间，于是孩子就出去了）。大多数老师和家长都觉得罚时出局不像呈现厌恶刺激的正惩罚那样令人不快，因此他们更倾向于使用这种程序。而且，罚时出局见效快且成效稳定。

缺点

如果干预对象很强壮，块头跟表现管理人员差不多，那么他能否配合，有时会是一个问题。

而且，要想让从当前的环境中被罚出去成为一个厌恶条件，那么当前的这个环境就必须是具有强化效力的环境。也就是说，从一个无聊的环境中被罚出去，并不会惩罚不当行为，甚至更糟的是，当前的环境也许包含某项正在进行的困难任务，这种情况下的罚时出局实际上反而会强化不当行为（比如发脾气）。

也有反对使用罚时出局的声音，甚至已经有两个案例闹上了法庭。不过，在这两个案子中，法庭的判决都倾向于支持谨慎且专业地运用罚时出局。

避免强化物的呈现而带来的惩罚（对其他行为的差别强化）

在使用避免强化物的呈现而带来的惩罚的时候，反应会阻止本来即将到来的强化物的呈现。例如，在第16章的高级进阶部分里，我们根据马西娅·史密斯的研究工作，描述了梅如何使用这一程序来减少吉米的撞头行为。具体做法就是，吉米出现撞头行为，梅就不呈现他所索要的食物。大多数时候，行为分析师把这个程序称为**对其他行为的差别强化**。不过，我们认为还是将其看作惩罚程序而非强化程序更有道理。

优点

无论是将它看作惩罚程序还是强化程序，一些人都会觉得这个程序比较容易让人接受，因为它不涉及厌恶刺激，比如会给身体带来疼痛的刺激。

看上去，这是一个相当有效的可以减少不当行为的干预策略。这种策略尤其适用于这样的情况：我们一开始只要求干预对象在较短的时间内抑制不当反应，随后再逐渐拉长这个时间长度。

缺点

首先，即便是技术水平很高的专业人士有时也难以使用这个程序来减少行为。其次，许多表现管理者仍需要将它与其他惩罚依联结合使用，才能获得最大的效果。再次，要想取得成功，这个程序的实施需要工作人员接受过良好的训练，并且需要他们投入大量的时间。

消退

优点

消退有时也被称作一种"生态方法"（ecological approach），即改变干预对象所处的环境。在实践当中常会这样做——比如，老师将两名不守规矩的学生分隔开来；再比如，老师将一名总是盯着窗外的学生换到一个远离窗户的座位上。为什么说这是消退呢？两名学生都不守规矩，他们的捣乱行为很有可能是彼此互相强化的，而将他们分隔开来之后，虽然他们仍然可能不守规矩，但那种捣乱行为得到的强化就会变少。对于盯着窗外的学生来说，虽然他仍然有可能不看课本不看作业，但坐得离窗户远了也就看不到窗外那些有意思的东西了，得到的强化也就少了。因此，尤其从生态学的角度上说，这就是消退的优势，它不要求老师做出特别有技术含量的应对，也无须老师密切地监控学生的行为以便对适当行为立刻提供强化物或者对不当行为立刻呈现惩罚物。

当然，我们也可以使用"普通的"消退，即允许同样的行为在同样的场合出现，但不允许我们所预想的强化物出现。比如，一个孩子在课堂上捣乱，如果获得同班同学额外的关注是强化物的话，那么老师就可以指导其他同学尽可能无视这个孩子的捣乱行为。

缺点

某个特定的不当行为的强化物往往并不能被清晰地确定出来，另外，我们有时很难让自己去执行消退。例如，我们很难忽视一个正在发脾气的人，无论这个人是小孩还是成人。当处在消退中的孩子持续做出自伤行为时，如果干预人员面对这种场面时只是袖手旁观的话，那实在是一个令他们自己都会感觉厌恶的做法，根本无法做到。而且对于小孩来说，这种自伤行为有可能过于激烈，会导致身体上的伤害（也许正因为如此，才有那么多孩子和成年人变成了惯于发脾气的火药桶）。消退的另一个问题在于，我们有时很难控制那些维持不当行为的强化物，尤其当强化物内嵌于行为当中，是自动化的时候，就更是个问题了——比如，抠鼻孔的行为。而当强化物由他人提供的时候，也会出现问题，比如，那些少年犯同伙之间的彼此强化。

基于生态方法的消退还有一个特殊的问题。它的程序也可以被看成一个区辨训练程序。对两名学生的捣乱行为来说，把他们分隔开来是一个 S^Δ（这个刺激预示着将不会得到强化），但把他们聚到一起就是一个 S^D（这个刺激预示着将会得到强化）。从某种意义上说，这种方法只是将问题行为掩盖住了，实际并未改变孩子们的技能库，一旦彼此强化不当行为的小伙伴聚在一起，那些捣乱行为仍然不会减少。回避一个依联并不等同于改变了这个依联，而且，只要无法永久地回避那种场合，麻烦迟早会出现，这就很成问题了。

最后，自伤行为的频率往往在消退初期会增加（反应的爆发），这可能会让干预对象受到严重的身体伤害。

对低频率行为的差别强化

要注意的是，我们之所以使用对低频率行为的差别强化，并非因为该行为本身是不当的，而是因为我们希望降低该行为的频率。

优点

如果我们希望反应发生但又不以那么高的频率发生，那么或许应该选择的干预方法就是对低频率行为的差别强化。这可能会涉及的情况是，行为产生的强化物太过强有力，使得该行为的频率高得令人无法接受，比如，快速吃东西、在课堂上频频举手、反复提问题或者不停地说话。

缺点

如果我们希望完全去除某个行为，那就不该选择这种干预方法了。为什么呢？因为真正的差别强化依联要求反应至少会偶尔出现，从而可以产生强化物。因此，如果只是想要完全消除某个不当行为，那么采用其他任何程序基本上都可能会比这更有效。

对不兼容行为的差别强化

我们先复习一下第19章里有关对不兼容行为的差别强化程序的讨论。对不兼容行为的差别强化（DRI），是对一个行为给予强化，而该行为与另一个行为是不兼容的。杰拉尔德·帕特森博士采用这种程序减少了厄尔在课堂上的多动行为。就像厄尔的例子一样，我们往往会对一个适当的行为进行强化，而这个行为与想要去除的不当行为是不兼容的。

问题是，我们是否可以用对不兼容行为的差别强化来取代厌恶控制呢？DRI程序的倡导者认为，不是仅仅强化随便一种不兼容行为就够了，相反，应该寻找那些在功能上不兼容的行为，这样的行为对干预对象及其所生活的社会环境是具有价值的。而且，这个行为一旦建立起来，要能产生内在的、固有的、具有极大强化效力的后果，从而足以维持这一不兼容行为。

从某种意义上说，DRI程序背后的理论基础是：如果一个人没事可做，那么他就有可能会沉溺于各种不当行为之中，包括令人厌恶的、有害的自我刺激行为，甚至破坏环境的行为，等等。你的老祖母也许最了解这一点了，她常常叮嘱："游手好闲，必会惹是生非。"

优点

相对于基于惩罚的干预程序，大多数人更愿意接受基于强化的干预程序。此外，如果我们能认真地选择好替代行为，最终自然环境就能很好地维持这个行为，而无须我们持续不断地给予帮助。

缺点

必须要有一个可提供给不兼容行为的强化物，而且要比控制不当行为的强化物具有更大的强化效力，但这个要求并不是总能得到满足。在实际操作中，表现管理者往往看似通过强化不兼容的行为能够有效地抗衡不当行为，但只要表现管理者没有继续外加一些强化依联，就无法抗衡不当行为了。这里我们也许就能看出，要想为不兼容行为找到内在的强化依联，而且强化效力还要比不当行为获得的强化物高，这的确是一件很困难的事。最后，除使用对不兼容行为的差别强化这一程序外，表现管理者常常不得不使用某些形式的惩罚程序作为补充。这表明在没有惩罚助力的情况下，他们往往对差别强化程序能够奏效缺乏信心。

对替代行为的差别强化

在第3章中，梅和苏珊采用的是由卡尔和杜兰德开发出来的一个干预程序，用以减少孤独症男孩吉米的暴力捣乱的逃避行为。他们采用的是对替代行为的差别强化——用一个特定的适当行为替换掉原来的不当行为，而且产生出相同的强化结果（比如，去除或减少某个厌恶条件，或者呈现某个具有强化效力的条件）。

优点

作为该程序的倡导者，马克·杜兰德博士指出，各类惩罚依联只是暂时抑制了不当行为，并不能消除不当行为的原因。对于由强化物呈现所维持的行为，要想实现长久的干预效果，就必须去除强化物（消退），或者采用动因操作技术以减少动因水平，或者更有效地强化某个不兼容行为，或者为干预对象提供一个更能被接受的方式以获取同样的强化物（对替代行为的差别强化）。

缺点

行为分析师们在此可能遇到的问题是，由于一时未能对这样的一套程序进行充分的运用或研究，因而无法制订出一套易于执行、可以获得稳定效果的干预方案。因此，至少在目前，要想用好这个程序，使用者需要对当前相关的行为依联进行相当细致的功能评估，这样才能找出不当反应的强化依联究竟是什么，从而确定如何用更适当的反应取代那一行为依联中原有的不当行为。

动因操作

马克·杜兰德博士还建议重新设计不当的逃避行为发生的环境。比如，某个训练项目对干预对象来说也许过于令人困难了，因此，参与这样的学习项目可能会过于令人厌恶，于是干预对象做出了不当的逃避行为。通常更好的做法是，重新设计这个训练项目，让干预对象能够获得更多的成功，因而不会觉得任务那么令人厌恶，也就不会那么频繁地表现出各种逃避行为了，这样，也就不需要差别强化一个更适当的替代性的逃避行为了。

同样，合适的教学环境（比如教室）也许要比不合适的环境（比如操场）所具有的强化效力低得多。那么，被允许早点儿离开教室去操场很可能会强化捣乱行为。因此，更好的做法就应该是重新设计课堂活动，使其中包含更频繁且更有效的强化物。

这里为什么要按照动因操作划分这类干预呢？还记得吗？动因操作是涉及特定的强化物或厌恶条件的、会影响学习和表现的程序。因此，降低训练项目的厌恶性就能够减少逃避反应的表现，增加教室里的强化物也会减少逃往操场的表现。

降低强化物的效力（餍足）

对强化物做好预判，在学生做出由该强化物所维持的不当反应之前，就要提供这个强化物。为了降低某个习得性行为的结果的强化价值，还要注意不要把这个结果与其他强化物进行匹配。

降低厌恶条件的效力

还记得吧，食物剥夺可以将食物建立成强化物。减少厌恶特性也可以降低非厌恶条件的强化价值。

扣住或减少厌恶条件（餍足的类似物）

孩子正在认真学习一节颇有难度的课程，出了许多错而几乎没有得到什么强化物——这就是一个令人沮丧的厌恶体验。广义上的厌恶事件，尤其是令人沮丧的事件，都是动因操作，会增加攻击行为的强化价值。

因此，我们可以通过让课程变得容易些，不那么令人沮丧，不那么令人厌恶，从而具有更大的强化效力，这样可以减少攻击行为的自动强化价值。如此，我们不仅可以让孩子的攻击行为减少，还能让孩子取得更好的学习成绩。

让一个课程不那么令人沮丧，减少其厌恶特性，从而使攻击行为的强化效力变小。作为逃避反应的攻击行为所获得的强化也就不那么有效了。

另外，确保干预对象获得充足的睡眠，这也是一个动因操作，可以降低习得性的厌恶环境以及令人沮丧的环境的厌恶特性。反过来，这也会让攻击行为或逃避行为的强化效力变小。

优点

这个方法的最大优点之一在于，除降低不当行为的出现频率之外，可以整体改善干预对象的生活质量，让他们所参加的训练或教育项目更具成效。此外，与所有其他取代惩罚的方法一样，这个方法对于各方参与者来说，很可能更容易被接受。

缺点

这个方法最严重的问题在于，它可能是一件工程浩大的工作，以至于难以实施，或者，它有可能会因为耗时太久而无法实现。例如，作为本书的作者，我们已经投入上千小时的努力，就是想让你现在读的这本书尽可能地拥有内在的强化效力，让你不会讨厌这本书。学生们也反馈说，我们已经做得很不错了，但是，我们做得还不够，仍然不能让本书拥有的强化效力足够强大，大到让大多数学生都喜欢阅读本书而不去看电视，除非他们的老师还对本书增加了额外的依联——考试依联。

同样，为孤独症人群和智力障碍人群提供服务的行为分析师有可能也会遇到类似的问题。因此，我们有如下策略建议：要想立即减少不当的逃避行为，也许需要使用一些诸如对替代行为的差别强化的程序。但要牢记，各种各样的逃避行为，无论是适当的还是不当的，都表明干预对象的生活本不该如此，而这也就意味着我们应该更加努力地降低生活或训练项目的厌恶特性，让它们具有更高的强化效力。

减少不当行为的各种程序：小结

我们从整体上看一下前面讨论的各种降低不当行为的频率的程序。

1. 惩罚
- 惩罚依联
- 处罚依联
- 避免强化物的呈现而带来的惩罚（对其他行为的差别强化）
2. 消退
3. 强化
- 对低频率行为的差别强化
- 对不兼容行为的差别强化
- 对替代行为的差别强化
4. 动因操作

下面这个表格总结了各个程序的优缺点。

减少不当行为的方法

程序	优点	缺点
惩罚	有效 立即见效 能抗衡内在的行为结果	人们反对 效果是暂时的* 不能解决问题的原因 需要大量监督 可能会产生攻击行为 厌恶特性可能会泛化 可能会比较耗时 预想的厌恶条件有可能其实是强化物
处罚	比惩罚更能为社会所接受 往往更容易使用 稳定 快速	配合会是一个问题 必须有具有强化效力的环境 仍有人反对
基于避免的惩罚（DRO）	更能为社会所接受 有效	难以实施 需要训练有素的干预人员 费时费力 有其他更好的程序
消退	更能为社会所接受 有效 不费力	找到并控制强化物比较困难 忽视问题行为比较难做到 有可能处于刺激控制之下 有可能出现消退爆发
对低频率行为的差别强化（DRL）	更能为社会所接受 不会完全消除行为	不会完全消除反应
对不兼容行为的差别强化（DRI）	更能为社会所接受 自然环境下可能可以维持	需要有强有力的替代强化物 可能只有中等的有效性
对替代行为的差别强化（DRA）	更能为社会所接受 能解决问题的原因	应用起来比较困难
动因操作	更能为社会所接受 可改善干预对象的生活质量 能解决问题的原因	可能难以操作 可能不会完全有效

＊人们最常把"效果是暂时的"这种反对意见指向惩罚依联，但实际上，如果这个依联被去除而其他的依联未能取而代之的话，那么所有依联的效果都是暂时的。因此，这个反对意见其实适用于我们对干预做的任何选择。

问题

1．减少不当行为的频率的9种程序分别是哪些？（参见小结表。）

2．说出每种程序的一个优点和一个缺点。（参见小结表。）

3．举例说明如何应用每一种程序。

初级进阶

斯金纳箱

逆向串链

我们想要老鼠鲁道夫表现出这样一个行为链：首先，拉动一条从天花板垂下的铁链，这会打开一盏灯；然后，按压杠杆，造成水斗滑动并带来一滴水，在水斗到来的时候会发出一声轻微的咔嗒声；然后，鲁道夫喝掉水；接着，你把灯关掉，为下一回合做好准备。

> 老鼠拉铁链→灯亮→老鼠按压杠杆→水斗发出咔嗒声→老鼠走近水斗→得到水

我们在无语言的动物身上建立行为链时，通常会采用逆向串链。在这个例子中，你该如何操作这个逆向串链呢？

如果这是鲁道夫头一次进入斯金纳箱的话，那么你应该从水斗训练开始。也就是说，你将水斗的咔嗒声建立成一个走近水斗的区辨刺激（S^D）。这很容易。每当鲁道夫在水斗周围游荡的时候（可不是仅在水斗上方逗留），你将水斗下沉进水槽，再抬起，水斗进入斯金纳箱，伴随着一声可以听得到的咔嗒声。

> 水斗发出咔嗒声→老鼠走近水斗→得到水

这个咔嗒声是一个区辨刺激（S^D），因为在咔嗒声出现之后走近水斗会被一滴水所强化，而在其他时候则不会被强化（无咔嗒声就是S^Δ）。

一旦你对鲁道夫完成了水斗训练，就可以在这个行为链上后退一步了。你可以在灯亮的时候（S^D）强化压杆行为，并在灯灭的时候（S^Δ）消退压杆行为。可以推测，水斗的咔嗒声具有双重功能：现在，它既是走近水斗的区辨刺激（S^D），又是压杆的强化物。

> 灯亮→老鼠按压杠杆→水斗发出咔嗒声→老鼠走近水斗→得到水

然后，你再沿着行为链向后退一步，将灯的开启作为强化物去强化拉动铁链的行为。

> 老鼠拉动铁链→灯亮→老鼠按压杠杆→水斗发出咔嗒声→
> 老鼠走近水斗→得到水

现在，灯光也呈现出了双重功能：既是按压杠杆的区辨刺激（S^D），又是拉动铁链的强化物。

一旦你完成了对鲁道夫的训练，它应该就能每分钟完成几次这样的行为链了。而且你会体验到整个实验带给你的强化作用，其强化效力跟鲁道夫体验到的差不多。

行为分析师最初是在斯金纳箱里用老鼠发展出了逆向串链的程序。我们可以看看为什么。假设你打算对老鼠试用一下顺向串链，那么需要沿着顺向串链的方向，每加入一个新的行为环节，就让水斗发出咔嗒声来强化该行为环节。经过训练的老鼠最先发展出来的是一个简短的行为序列或者行为链，它完成第一个环节后，就会走近水斗，得到水。

> 老鼠拉动铁链→水斗发出咔嗒声→
> 老鼠走近水斗→得到水

现在，你顺向前进一步，在拉动铁链后面添加一个按压杠杆的反应。

> 老鼠拉动铁链→老鼠按压杠杆→水斗发出咔嗒声→
> 老鼠走近水斗→得到水

但是，要想添加按压杠杆这一步，必须先消退你和鲁道夫努力半天才训练成功的拉动铁链这一行为环节。

> 老鼠拉动铁链→水斗没有发出任何咔嗒声

结果，你和鲁道夫所体验到的是乱成一团的经历，整个经历毫无强化效力。

不过，我们在对学生使用顺向串链时，这些麻烦可能就不会出现，因为学生不需要像老鼠那样，跑向水斗中断行为序列才能获得强化物。例如，我们也许可以采用顺向串链来训练孩子穿裤子，只需在他完成行为链中的每个环节后，夸他一句"好孩子"。当孩子掌握了前面的环节后，再添加新的环节。如果行为分析师只是简单地把从动物实验室里获得的逆向串链的具体训练策略直接应用在有语言的人身上，这就太过照本宣科了，但是，对于动物和无语言的人来说，逆向串链的策略也许仍然是我们的最佳选择。

顺带说一下，这里需要注意的是，不存在针对拉动铁链这一反应的区辨刺激（S^D）。灯灭是行为之前的条件，而灯亮是行为之后的条件。只要灯是灭的，拉动铁链就会让灯重新亮起。请记住，要想有一个 S^D，就必须有一个 S^Δ。比如，如果只有在蜂鸣器发出嗡嗡声的时候，拉动铁链灯才会亮，那我们才有了一个 S^D，蜂鸣器响就是这个 S^D，而蜂鸣器不响就是 S^Δ。要牢记这个测验：没有一个 S^Δ 的话，也就没有 S^D。

此外，还需要注意的是，我们通常认为，行为链只有从第一个环节到最后一个环节这么一种方式。例如，我们必须将双脚放进裤腿中，才能把裤子拉到腰间；必须把裤子拉到腰间，才能拉上拉链并扣上扣子。但是，假设我们要训练一个人布置餐桌，那么，先放勺子还是先放叉子，可以随意。尽管在这类训练当中，尤其当干预对象有比较严重的障碍的时候，帮他们建立起一件事总是在前而另一件事总是在后的有序的行为链也许还是很有必要而且很有益的。也可以这么说，对于我们讨论的大多数行为链而言，可以把每一个反应看作下一个反应的前提条件，而当行为序列可以随意时，这种说法就不适用了。

问题

用示意图解释如何在斯金纳箱里使用逆向串链。

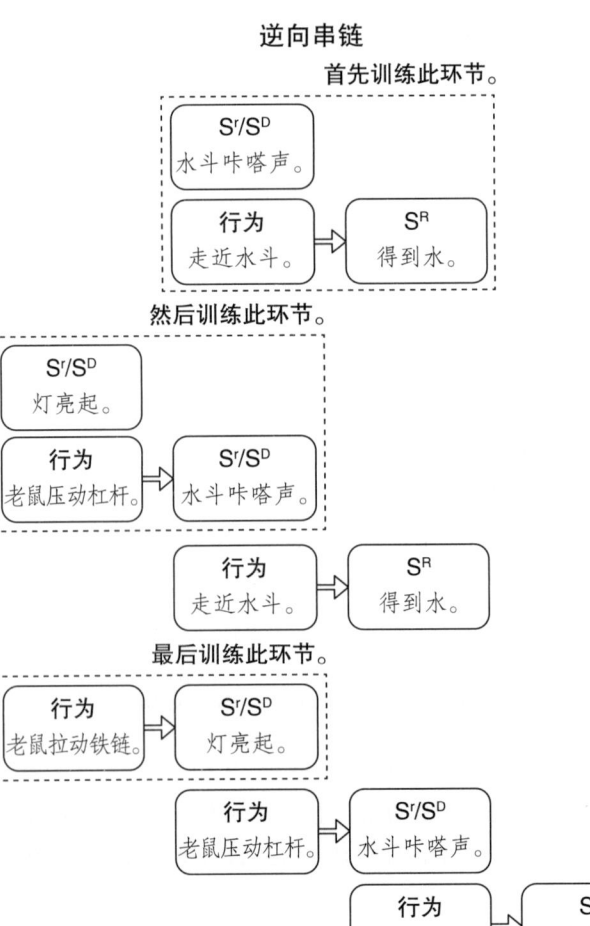

斯金纳箱

双重功能链接刺激

现在让我们从双重功能刺激这个角度,再来看一下鲁道夫的行为链。我们用本书一贯使用的方式在下面画了一系列行为依联示意图。在每一个依联示意图中,行为的之后条件(after condition)是一个具有双重功能的刺激,它既是前一个反应的 S^r(强化物),又是下一个依联示意图中接下来的那个反应的 S^D(区辨刺激)。

在拉动铁链的反应中,请不要错误地将区辨刺激与行为的之前条件(灯是灭的)混淆起来(这里没有区辨刺激,灯灭并**不是**拉动链条的区辨刺激)。

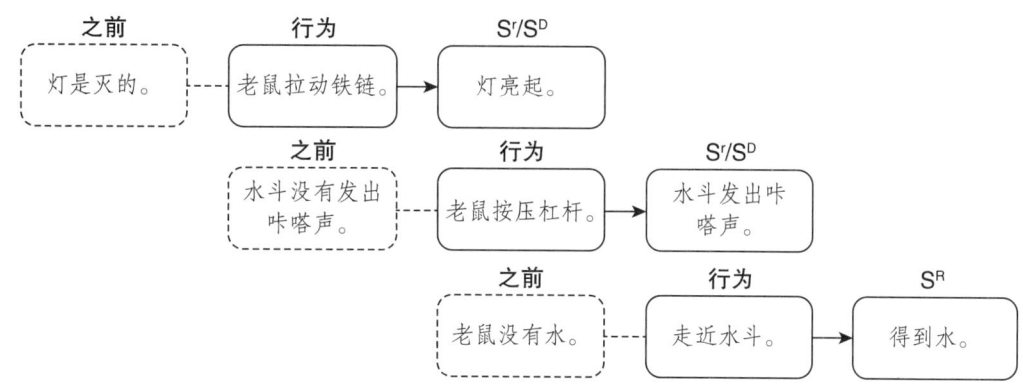

双重功能链接刺激

问题

用依联示意图说明斯金纳箱中具有双重功能的链接刺激。

非链接式行为序列

通常,行为分析师对付的都是像行为链这样的行为序列(刺激-反应链:一系列的行为环节,其中的每一个反应都会产生针对下一个反应的刺激或操作物)。但是,也有一些行为序列似乎并不是以这样的方式运作的。我们来思考一下针对"the"这个单词的打字的例子:一开始打出"the"这个单词,也许是一个刺激-反应链。为了说明这个观点,我们来看一下这个行为链当中刺激与反应之间的一些神经环节。

S^D(看到或听到或想到单词"the")→神经冲动传导至与打出"t"有关的肌肉→打出"t"→与打出"t"有关的肌肉产生的神经冲动→本体感觉接受器→S^D(感受到刚刚已经打出了"t")→神经冲动传导至与打出"h"有关的肌肉→打出"h"→与打出"h"有关的肌肉产生的神经冲动→本体感觉接受器→S^D(感受到刚刚已经打出了"h")→神经冲动传导至与打出"e"有关的肌肉→打出"e"

但是,每一个神经冲动从肌肉传导至接受器,再从接受器传导至下一组肌肉,这是要花费时间的,比一名训练有素的打字员打出"the"所花费的时间还要多。也就是说,随着打字员越来越熟练,这个行为序列也变得越来越快速,快速到让这个由神经冲动和打字反应构成的行为序列已经不再能成为一个行为链了。当训练有素的打字员打出"t"而获得本体感觉刺激时,他已经打出了"h"——这个神经信息来得太晚了,以至于不会产生任何帮助。技能高超的打字员打字母的速度太快,这让我们无法将这个行为序列描述成行为链。在打字员打长篇文稿时,用不着等所有神经冲动的传导完成,他就已经干完了工作,关上电脑,迎着下班的高峰期回家了。

或许,我们可以用更好的方式描述这个过程:单词"the"是独立的3个打字反应的区辨刺激(S^D),即打出"t""h"和"e"。但是,它对于打出"t"来说,是一个有着短暂的潜伏期(非常快)的区辨刺激(S^D),而对于打出"h"来说,它有着中等的潜伏期(不是非常快),而对于打出"e"来说,它有着更长的潜伏期(最慢)。因此,当看到或听到或想到单词"the"的时候,训练有素的打字员会同时开始敲打出全部的3个字母,只不过存在略有不同的潜伏期。当然,像我这样中等水平的打字员有时就会将这些潜伏期搞混乱,因而错误地打出"teh"。[1]

问题

举例说明非链接式行为序列。

---

[1] 关于潜伏期或反应时间的讨论,如今也许不再像当年人们所认为的那么可靠了,但如果你想了解更详细的关于非链接式行为序列的观点[传统上被称作动作项目(motor programs)]——虽然它带有更多认知心理学派的说法,可以参见 Mazur, J. E. *Learning and Behavior* (4th ed.) (pp.329-333). Upper Saddle River, NJ: Prentice Hall. 也可以参见 Catania, A. C. *Learning* (4th ed.) (pp.124-126). Upper Saddle River, NJ: Prentice Hall.

斯金纳箱

对低频率行为的差别强化

在鲁道夫被剥夺了水的几小时之后，你将它放回斯金纳箱里。这次你将行为串链的训练程序收了起来，只是让那盏灯（S^D）一直亮着。通常，这意味着鲁道夫每次压杆都会被一滴水强化。但是，你懂的，这本书你都读到这儿了，才不会还玩这么简单的把戏。我们不会止步不前的。这回我们要来差别强化低频率的压杆行为。我们要求在强化鲁道夫的下一个反应之前，它必须暂停，比如说，至少 10 秒钟。

这意味着什么呢？它压杆会获得一滴水（这第一滴来得很容易）。3 秒之后，它再次压杆。对不起，太快了。又过了 2 秒，它又压了一次。对不起，不给水。再过 1 秒？还是不给。再过 5 秒？不给。再过 12 秒？好，给水！这回它在上一次压杆后等了 12 秒，我们可以强化这回的反应了。为什么？因为 12 秒大于 10 秒，而我们的要求是，鲁道夫从上一次压杆到再一次压杆之间必须等待至少 10 秒，不然就没有任何强化物。

这样，如果鲁道夫在做出下一次反应之前只等待 5 秒钟，那么依然不会产生强化物。在下面这个示意图中，每条竖线（|）表示 1 秒钟的流逝。

$R \rightarrow S^R |||R||R||R||||R|||||||||||R \rightarrow S^R ||||||R$，等等。

在前一次获得强化物之后，鲁道夫冲回杠杆那里，再次压动杠杆，可是从上一次压杆算起，只过了 2 秒，因此这回没戏。然后，又过了 5 秒，它压杆，还是什么也没有。又过了 11 秒，它一压，这回有了，太好啦！鲁道夫又得到了一滴水。

我们也可以将这看作一个差别强化程序，就像差别强化力度、形态或任何其他的反应维度一样。而在这里，我们是在差别强化行为的低频率。因此，我们可以看到，在前一个反应之后立即发生的反应会被逐渐消退，而经过了至少 10 秒暂停的反应则会得到强化，因而就会出现得越来越频繁。经过几次训练课程，鲁道夫大约会有一半的反应能够暂停至少 10 秒了，而且大多数过早的反应也都是暂停时间非常接近 10 秒的，比如，暂停了 8 秒或 9 秒——功亏一篑。

上面这一切与反应频率有什么关系呢？假定在连续强化期间，鲁道夫每次压杆之间的时间间隔平均为 2 秒（大致上就是它走向水斗，饮用那一滴水，再回到杠杆处所需要的时间）。它按压杠杆的频率会是多少呢？每次按压间隔 2 秒，1 分钟有 60 秒，每分钟有多少次按压呢？60 秒除以每次反应所需要的 2 秒，等于每分钟 30 次反应。他平均每分钟做出 30 次反应，因此平均频率是每分钟 30 次反应。

对低频率行为的差别强化的结果是怎样的呢？比如说，鲁道夫的速度下降了，每次压杆之间平均有 12 秒的暂停（总体上，暂停的时间比它正常所需的时间要长）。那么每分钟它会压杆多少次呢？60 秒除以每次反应所需要的 12 秒，等于每分钟 5 次反应——这是它的平均频率。我们因此可以看到，通过对低频率行为的差别强化，平均频率（例如，每分钟 5 次）比连续强化条件下的平均频率（例如，每分钟 30 次）要低得多。

这与吉米的狼吞虎咽进餐有怎样的联系呢？鲁道夫下压金属杠杆，然后需要等上至少 10 秒，再次下压杠杆，才能获得一滴水。吉米端起勺子移向自己的嘴边，然后需要等上至少 5 秒，再次往嘴边送勺子，才能获得真正将勺子送入口中的机会。这两个案例都使用了对低频率行为的差别强化。

对低频率行为的差别强化是一个不容易理解的依联。你应该要求你的教授为你做一个相应的演示。要实现这一点，最佳方式是把教授假装成老鼠，而你是水斗。然后，你强化教授的压杆行为，但只强化他在上一次压杆之后暂停至少 10 秒钟才再次出现的压杆反应。可以一试，很有意思，也很有教育意义。

问题

说说在斯金纳箱里如何实现对低频率行为的差别强化。

过于快速的进食

如何看待很多智力障碍人士都有过于快速进食的问题呢？是不是他们的大脑有什么问题才导致他们吃得那么快呢？我们不这么认为。我们怀疑快速进食是一种自然的方式。动物并没有什么好的用餐礼仪。它们径直去吃食物，食物很好吃。这好味道就是一个强化物。你在一分钟内吃越多口，在一分钟内获得的味觉强化物也就越多。

我们认为，我们正常的、礼貌的、有节奏的进食方式源于父母对我们的大量训练。我依稀记得我父母过去经常叨叨："迪克，慢点儿吃，别那么狼吞虎咽的。如果你再这么个吃相的话，我就让你到猪圈里跟猪一起吃了。"（我们觉得大多数家长在培养用餐礼仪时，更常使用的是惩罚依联而不是强化依联。）顺带告诉大家，我父母并没能完全成功地减慢我的进食速度，他们把余下的矫正工作留给了我的朋友们。因此，假如你们哪天看到我吃相难看的话，请别客气，尽管给我来点儿矫正性的反馈。

为什么很多智力障碍人士无法掌握慢节奏进食的技能库呢？也许正是出于同样的原因，他们也无法掌握很多其他功能适当且能为社会所接受的技能库。其中一大因素可能就是社会性的后果，无论这种后果是强化物还是厌恶条件，对于许多智力障碍人士而言，它都不会像对于普通人那样强有力。而且，很多智力障碍孩子的语言技能不好，这使得多数家长几乎无法运用规则来教导他们学会良好的用餐礼仪。此外，他们的模仿技能库往往较弱，这可能也会有影响。总之，我们认为，许多智力障碍人士之所以无法掌握适当的进食方式，是因为他们没能接触到和我们一样的惩罚依联与强化依联。

问题

为什么很多智力障碍人士的用餐礼仪不佳？

斯金纳箱里的对比

对低频率行为的差别强化（DRL）与固定时距（FI）

对低频率行为的差别强化与固定时距的强化程序表之间有什么不同呢？好吧，回答这类形而上学的问题的最佳办法就是反问一句，怎么才能做到 DRL 或 FI？要把问题放回斯金纳箱里去！对，就这么干！（在下面的表格中，我们并不是真的在描绘鲁道夫在斯金纳箱里的实际举动；表格中对它的举动的描述，只是为了让你能清楚地看出对低频率行为的差别强化和固定时距之间的不同之处。）

问题

请非常仔细地研究下面这个表格，要保证自己能在测验或考试中阐释对低频率行为的差别强化和固定时距之间的不同之处。

比较 DRL 60″ 和 FI 60″

鲁道夫所做的	你（实验人员）所做的	
	DRL 60″——强化物依联于一个反应，该反应与前一个反应之间有至少 60 秒的间隔	FI 60″——强化物依联于一个反应，该反应是前一次强化过去 60 秒之后出现的第一个反应
鲁道夫进入斯金纳箱，并按压杠杆。65 秒之后，他再次压杆	DRL 60″. 你强化第二个反应（无论你是否强化，第一个反应不重要）	FI 60″. 你强化第二个反应（无论你是否强化，第一个反应不重要）
现在，鲁道夫开始每 10 秒压杆一次，如此持续了 5 分钟	DRL 60″. 你在整个 5 分钟内没再给过鲁道夫任何强化物。为什么不给呢？因为它一直未能暂停至少 60 秒；而在 DRL 60 秒中，强化物是一个反应，该反应与前一个反应有至少 60 秒的间隔，但是鲁道夫却从未暂停 10 秒以上。每当鲁道夫做出反应的时候，就相当于将计时器归零，重新开始计时一般	FI 60″. 你强化前一个强化物过去 60 秒之后出现的第一个反应。因此，在整个 5 分钟内，你会强化 5 次反应，1 分钟一次。在每 1 分钟流逝之前的反应不产生任何影响。鲁道夫既可以尽可能快地做反应，也可以慢慢地做反应，可以慢至每 60 秒一次的最低值，而它的反应频率对它获得强化的频率没有任何影响
现在，鲁道夫每 60 秒压杆一次，如此持续了 5 分钟	DRL 60″. 你强化每一个反应，因为鲁道夫在每一个反应之间都等待了你规定的 60 秒。在这 5 分钟里，它得到 5 个强化物	FI 60″. 这里，你也强化每一个反应。而在这 5 分钟里，鲁道夫再次得到 5 个强化物

在 DickMalott.com 网站上，你还将读到：
孤独症进阶

第五部分

应答式条件作用

第 21 章　应答式条件作用

第 21 章 应答式条件作用

行为分析师认证委员会第 4 版任务清单

FK-13　反身性关系（US-UR）

FK-14　应答式条件作用（CS-CR）

FK-15　操作式条件作用

FK-16　应答式–操作式交互作用

基础知识

案例

蝙蝠侠[①]

凌晨 3 点，在 6 岁儿子的尖叫声和小狗斯波特的狂吠中，摩西惊醒了。他跑进萨米的房间，看见孩子蜷缩在床边哭喊着。自家的小狗斯波特在屋外吠叫着，叫声离萨米这间屋子的窗户越来越近。房子的大门吱呀响了一声，紧接着，浴室的门又吱呀响了一声，随后，一道黑影从卧室门外闪了过去。

摩西对萨米说："儿子，冷静。"

然后，他走向门口，问道："那里有人吗？"他知道的，那里肯定有一个人。

呜呜的警笛声从远处传来，离这所房子越来越近。三辆警车呼啸着，停在房前的道路上，不停闪烁的红色警灯给这里带来一种万圣节一般的怪异效果。

道路上，邻居拉索先生带着哭腔向警察喊道："就在这座房子里！就在这座房子里！"

摩西打开灯，看到自家房子的正门是敞开的，四名全副武装的警察冲进房子。随后，摩西看到闯进来的那个家伙在走廊的尽头，被吓得木呆呆地站在那里，手里还抱着摩西家的 42 寸平板电视。

带队的警察喊道："投降吧！老老实实地，保你什么事都没有！"

小偷最后被警察戴上了手铐，推上停在离房子最近的那辆警车里，扔在用铁丝网封闭好的后座上。

危险过去了。多亏了他们的邻居拉索，小偷一开始试图闯入拉索家的时候，他就报了警。

这个事件很快就结束了，但是它所产生的后果却一直持续下去。打那以后，萨米一到晚上就害怕。他不想去睡觉，只有在摩西坚持要求下，他才会去睡。萨米非要灯一直亮着，而且还要摩西待在房间里陪着他一起睡。这个小男孩为了让自己一直保持清醒，会做各种各样的活动，常常会一直玩他的蝙蝠侠玩具，玩到让摩西心烦意乱。最后的结果就是每天夜里大部分时间这对父子都无法入睡。

摩西是一位单身爸爸，独自抚养萨米，没有帮手。他的主要时间都花在了自己的皮革工厂上。通常他清早 6 点半就要赶到工厂，检查夜班最后时段的工作，还要监督夜班和白班的交接。可是现在，被吓坏的儿子每天晚上都要他陪伴，弄得他很晚才能睡，搞得他早上常常迟到。萨米从学校带回家的考试成绩也开始变得越来越差，而他过去一直是一名优等生。为此，摩西只好向唐恩寻求专业的帮助。

唐恩要求摩西对萨米感到害怕的每个夜晚都做好记录，还让摩西给萨米准备一个手电筒，但只有在他觉得害怕的时候才能短暂地开一下，不能整晚亮着。

十天后，摩西带着萨米来见唐恩。

第一次见面，唐恩就注意到 6 岁的萨米特别喜欢蝙蝠侠，他读过所有的蝙蝠侠漫画书，从不错过任何一个蝙蝠侠的电视节目，会一遍又一遍地看蝙蝠侠电影，玩蝙蝠车玩具和蝙蝠侠拼图。他最爱做的就是在房间里穿

[①] 改写自 Jackson, H. J., & King, N. J. (1981). The emotive imaginary treatment of a child's trauma-induced phobia. *Behavior Therapy and Experimental Psychiatry*, 12, 325-328.

他的蝙蝠侠斗篷和戴蝙蝠侠面具，假装要给这个世界带来正义。萨米还在自己的房间里为自己想象中的朋友罗宾留了一张床，将隔壁邻居拉索先生称作阿尔弗雷德——蝙蝠侠故事中的那位管家。于是，唐恩决定利用这些观察到的信息。

唐恩：萨米，闭上你的眼睛，想象你正在和你的爸爸一起看电视。看，你就在那儿，穿着自己的睡衣。蝙蝠侠的电视节目刚好结束了，爸爸告诉你睡觉时间到了，就在这时，蝙蝠侠不知道从哪里冒了出来，就坐在你旁边。你要尽最大的努力来想象这一切。现在，你能看到蝙蝠侠正坐在你旁边吗？

萨米：能。

唐恩：你能告诉我蝙蝠侠穿着什么吗？他的衣服是什么颜色的？

萨米：他穿着蓝黑色的衣服和靴子，还带着一把枪。

唐恩：哦！你能看到他带着一把枪？

萨米：是的，他需要用枪来对付坏蛋小丑。

唐恩：萨米，真是太棒了！想象一下，现在蝙蝠侠告诉你他需要你的帮助，要你帮他去完成一项任务，去抓住坏蛋和其他恶人，任命你为他的特别助手。但是，他想要你先去自己的卧室里睡觉，等他需要你时，就会来召唤你。你多么幸运啊，被他选中了，能够去帮助他。

萨米：好的。

唐恩：现在爸爸把你放在你的床上，把所有灯都打开，把三扇百叶窗都拉上。蝙蝠侠也在那里看着你，他像往常一样威武强壮，在一旁看着你。你要尽自己所能地清晰地想着这一切。现在，你能看到吗？

萨米：是的，我能看到爸爸和蝙蝠侠在我的房间里，所有的灯都亮着。

唐恩：好吧，如果你害怕的话，就举起自己的手指。

唐恩接下来重复地引导这种幻想，但是每次重复，她都会将厌恶程度逐渐增加的情节呈现出来——打开一扇百叶窗，打开两扇，三扇都打开了；一盏灯关了，两盏灯关了；爸爸先是在旁边说话，后来离开房间；小狗斯波特先是在远处叫，后来跑到窗前叫；房屋的大门吱呀响了一声，再后来是浴室的门吱呀响了一声；一个黑影从窗外闪过，再后来是在房间里闪过。

萨米如果感到害怕，就会举起自己的手指。他一举起手指，唐恩就会问他是否能看到蝙蝠侠在旁边，蝙蝠侠在做什么，蝙蝠侠的衣服是什么颜色的，等等。

唐恩按照这样的策略进行了四次干预。在前三次干预中，她将厌恶程度逐渐增加的情节都加进了幻想。在第四次干预时，她把所有那些情节都复习了一遍。

摩西对萨米感到害怕的那些日子做了记录。在基线期，也就是在唐恩对萨米开始干预的10天前，这个小男孩每个夜晚都会感到害怕，但在唐恩的行为干预期里，萨米感到害怕的夜晚的数量逐渐下降。在第36天至第60天这段时间里，萨米只有3个夜晚感到害怕。此后，唐恩对这个案例进行了追踪，在接下来3个月的时间里，她再也没有记录到这方面的问题。蝙蝠侠的小助手最终找回了平静的生活。

问题

描述一个消除对黑暗的恐惧的干预案例。

A. 描述产生焦虑的场合。

B. 产生焦虑的场合有哪些具体的成分？按所产生的焦虑程度的递增顺序列出这些成分。

C. 如何使用幻想来摆脱对黑暗的恐惧？

概念

恐惧症

萨米的问题在他这个年龄的孩子中是很常见的，通常这被描述为黑暗恐惧症（害怕黑暗）。传统上，我们所说的**恐惧症**（phobia）是指一种长期的、强烈的、非理性的害怕。[①]

引起这种害怕的刺激本来是中性刺激，这些中性刺激之所以获得了厌恶特性，是因为它们与其他已经可以引起害怕的刺激联系在一起了。

那些患病并接受医生诊疗的幼儿，当医生再次接近时，就会哭喊或表现出其他情绪行为。这些在生命早期就生病的孩子看见医生的同时还经历了打针等厌恶事件，因此医生一出现就会引起他们的害怕反应。这种害怕反应往往会泛化到其他人物身上，尤其是那些穿着白大褂的人，甚至在某些情况下，会泛化到普遍的陌生人身上，这种现象并不奇怪。

之所以要强调恐惧症的非理性层面，是因为个体所

[①] 不过，对该问题的这种描述方式有可能产生误导，因为它暗示有一个叫作恐惧的东西，有一个叫作害怕的东西。事实可能更为简单，尽管更难描述：警告刺激是一个习得性厌恶刺激。这种习得性厌恶刺激的终止强化了逃避行为。那种警告刺激也会产生生理的、情绪的条件反应（conditioned responses），包括像萨米的尖叫和哭喊这样的情绪反应，但也并不是总会产生这样的反应，至少有时这种反应是无法测量到的。因此，当我们说萨米害怕黑暗的时候，只是要表达：黑暗对萨米来说是一种习得性厌恶刺激，并且可能是一种条件刺激（conditioned stimulus，参见第24章）。恐惧本身没有任何特别的、根本性的、心理学上的重要性，它只是表示使用这个词的人认为：某人觉得一个刺激是厌恶的，而这本身是非理性的，因为该刺激以后并不会与其他厌恶刺激再次匹配了。

面对的情境其实在通常情况下是不会对其产生任何伤害的。恐惧症患者常会去咨询临床心理学家。面对诱发情境而做出的恐惧反应是真实存在的，我们可以直接观察到这些反应，它往往会涉及回避与逃避反应。有时，这种逃避或回避反应相当极端，甚至可能会给患者自身或周边的人造成伤害。恐惧症患者即使没有表现出外显的、引人关注的逃避或回避反应，也会表现出其他情绪反应，比如，表情怪异而痛苦、肢体僵硬、脸色苍白、心率加速或血压上升。

通常，患有恐惧症的服务对象来到治疗师的诊室时，并不知道或者并不记得究竟是什么事造成了自己的恐惧。有些传统的治疗师花费了一次又一次的治疗时段来试图寻找出那些引起恐惧的情境，但是，就算知道了那些引起恐惧的情境，似乎也并不能减少服务对象的恐惧反应。

问题

举出一个关于恐惧症的例子。

伊万·巴甫洛夫

巴甫洛夫，这个名字是不是听起来很熟悉？伊万·巴甫洛夫博士在发现应答式条件作用时，就已经是一位世界闻名的生理学家了。在他关于腺体和内分泌系统的研究中，他通过外科手术将导管植入狗的腺体以测量它的分泌量。为此，他必须要用束带把他的实验狗长时间地套住，这也就意味着他的研究助手拉斯柯尔尼科夫需要经常去给被套住的狗喂食。通常，当给这些狗呈现食物时，它们就会分泌唾液。你在给自家的宠物狗喂食时就能观察到这一现象。但一段时间之后，巴甫洛夫和他的助手注意到一个奇怪的现象：每当拉斯柯尔尼科夫走进实验室时，即使手里没有食物，狗也会分泌唾液，就好像拉斯柯尔尼科夫本人就是狗的午餐一样。

巴甫洛夫从自己先前的研究中得知，唾液的分泌是一种反射反应，是所有食物被剥夺的动物看到食物时就会有规律地出现的反应。巴甫洛夫凭借自己的生理学知识，弄不明白为什么他的狗只有在看到拉斯柯尔尼科夫时会分泌唾液，而它们看到迪米特里、拉斯普京或者巴甫洛夫本人的时候，却不分泌唾液。

这一观察让巴甫洛夫开启了研究应答式条件作用的实验之旅。他像早先一样，用束带将一只狗套了起来。他给狗吃肉糜，和其他种类的食物一样，肉糜立即引起了唾液分泌。现在，呈现肉糜的时候，他还同时摇响一个铃铛。经过连续很多次的喂食，巴甫洛夫将铃声与肉糜的呈现稳定地匹配了起来。

每一次喂食时，铃声与肉糜的匹配都引起了唾液分泌。经过最初多次这样的匹配，巴甫洛夫接着又开展了一系列的喂食实验，这回他不呈现肉糜而只呈现铃声。你不用多想或许就能够猜到，这个铃声就像那位助手的出现一样，引起了唾液分泌。巴甫洛夫是这样推论的：铃声响起时的唾液分泌源于他之前将肉糜与铃声进行了匹配。铃声刺激产生的唾液分泌反应取决于早先的情况。

这个具有历史意义的实验决定了此后很多年里心理学的发展。甚至时至今日，心理学家仍在追随着巴甫洛夫的思想开展他们的实验。

问题

1. 伊万·巴甫洛夫是谁？
2. 巴甫洛夫和他的同事们最大的发现是什么？

概念

应答式条件作用（FK-13）（FK-14）

巴甫洛夫提出了一套术语来描述自己的条件化程序（conditioning procedures）。他将总能引起唾液分泌的食物或肉糜称为**非条件刺激**（unconditioned stimulus, US）。肉糜无须先前接受条件化程序就能引起唾液分泌。巴甫洛夫将这种由肉糜诱发的唾液分泌反应称为**非条件反应**（unconditioned response, UR），而将铃声称为**条件刺激**（conditioned stimulus, CS）。条件刺激要想产生唾液分泌，只有事先将其与肉糜的呈现进行匹配才行。他将仅有铃声出现时产生的唾液分泌称为**条件反应**

定义：概念

非条件刺激（Unconditioned stimulus, US）
- 产生非条件反应的刺激，
- 无须事先与其他刺激进行匹配。

非条件反应（Unconditioned response, UR）
- 由非条件刺激的
- 呈现所诱发的
- 非习得性反应。

条件刺激（Conditioned stimulus, CS）
- 通过事先与另一种刺激进行匹配
- 而获得其诱发属性的刺激。

条件反应（Conditioned response, CR）
- 由条件刺激的
- 呈现所诱发的
- 习得性反应。

（conditioned response, CR）。我们用条件化这个术语来描述条件刺激与非条件刺激的匹配程序①。

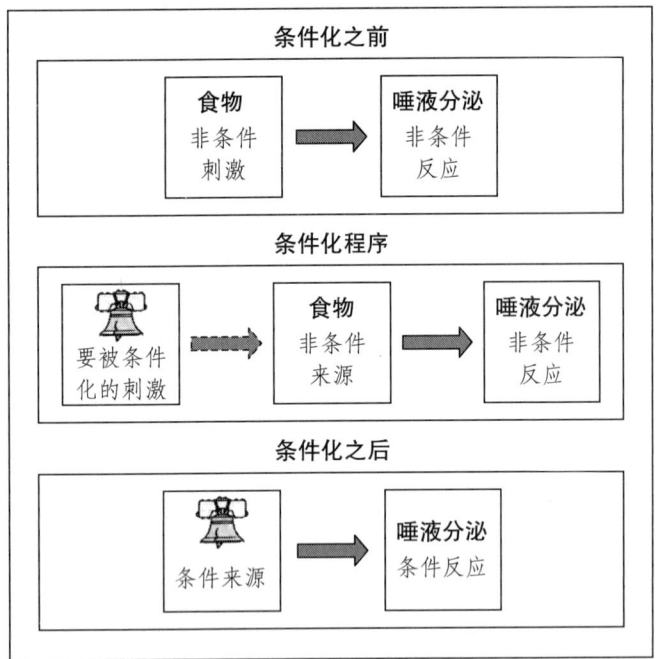

问题

名词解释：
A. 非条件刺激
B. 非条件反应
C. 条件刺激
D. 条件反应

害怕与橄榄球

星期六，比格斯特大学的校友日。这天上午，一场校友橄榄球比赛正在进行。绅士朱克亲自出山，打四分卫。第一节的时候，人声鼎沸，或者至少有梅、唐恩和希德为他呐喊助威。此时此刻，朱克眼看对方的魔鬼后卫朝他迎面狂扑而来。砰的一声，那个凶猛的畜生扑撞上来，朱克结结实实地被直接撞倒在地。朱克顿时感觉到背部一阵疼痛，胃部开始痉挛，心率上升，肾上腺素快速分泌。他用力将这个凶猛的后卫从自己身上推开，差点儿抑制不住冲动，一拳冲对方的头盔面罩打过去，随后，他只是大声地骂了一句。

第二节中，朱克再次看到那个魔鬼后卫朝他冲上来。他的胃部又开始痉挛，心率上升，肾上腺素快速分泌。这一次，他急忙向右向后做出闪避动作，接着又向右闪躲，然后猛然起步前冲，一直冲过了底线。他表现得就像他当年作为比格斯特大学校队主力时一样矫捷与迅速。

激活综合征（activation syndrome）是一组平滑肌生理反应，会影响到胃部、心脏、腺体，等等。它是一种由疼痛刺激所诱发的非条件反应，能提升我们的力度与速度，常常使我们能够更可靠、更迅速地**逃避**那些疼痛刺激（朱克逃避了那个凶猛后卫的冲击）。

不过，激活综合征也可以成为一种条件反应，由（之前与疼痛刺激匹配过的）条件刺激所诱发。它同样能提升我们的力度与速度，使我们更可靠、更迅速地**回避**那些疼痛刺激，让我们为战斗或躲闪做好准备（朱克在第二节中回避了那个凶猛的后卫）。

当条件刺激诱发激活综合征的时候，我们将这个激活综合征称为一种**情绪反应**（emotional response）。

合在一起看

狗看到食物而诱发了唾液分泌，黑暗诱发了萨米的激活综合征（在这个例子里，我们将激活综合征的情绪反应称为恐惧），这两个应答式条件作用的过程是一样的。在萨米的案例中，黑暗已经与喧闹声以及闪烁的警灯相匹配了。同样的应答式条件作用过程导致了朱克见到冲上前来的魔鬼后卫时所诱发的激活综合征情绪反应，我们可以把这种情绪反应称作恐惧或愤怒。

总之，大多数心理学家认为，我们通过应答式条件作用过程或者巴甫洛夫式条件作用过程而习得情绪反应。不断地将引起激活综合征的刺激与中性刺激进行匹配，会使得我们对这些中性刺激产生条件化的恐惧反应。有的时候，一次匹配就可以将一个事件或一个物品建立成条件化的厌恶刺激，就像萨米对黑暗的恐惧这种情况。

对比

应答式条件作用与操作式条件作用（FK-15）

应答式条件作用程序有别于我们在之前各章中所讨论的程序。我们前面讲到的那些程序，总是会谈及行为的结果。产生强化物或去除厌恶条件的反应，其出现频率将会增加，而产生厌恶条件或去除强化物的反应，其频率将会降低。在以前讨论的那些案例中，我们主要的关注点是反应的结果。例如，在一个实验箱中，老鼠按压杠杆，从而操纵了一个产生食物的机械装置。类似地，一头熊做出了攀爬反应，这使它能够靠近树上

---

① 最初，条件刺激是指一个条件型刺激（conditional stimulus），该刺激只有在与另一个刺激（通常是非条件刺激）进行匹配之后才能诱发反应。要指出的是，在条件化程序的示意图中，在要被条件化的刺激与随后的刺激之间画有一个虚线箭头而非实线箭头。这虚线用于表明要被条件化的刺激先于随后的刺激，但并不造成或引起随后的刺激。

装满蜂蜜的蜂房。我们所说的**操作式条件作用**（operant conditioning）这一学习过程中，反应是由该反应产生的结果直接维持的（直到这一章，我们讲解和讨论的都是操作式条件作用①）。

在**应答式条件作用**（respondent conditioning）中，强化（如我们所定义的那样）并不起作用。对应答式条件作用的唯一要求是非条件刺激与条件刺激多次一起呈现。在这样的匹配之后，条件刺激产生条件反应。条件反应与非条件反应在许多方面是相似的，尽管它们是由不同的刺激所诱发的。②

应答式匹配与操作式匹配

需要着重指出的是，应答式匹配（respondent pairing）的结果不同于操作式匹配（operant pairing）的结果。应答式匹配发展出的是条件化的诱发刺激［条件刺激（CS）］，而操作式匹配发展出的是习得性强化物。而且应答式条件诱发刺激与习得性操作式强化物不是一回事。

首先，它们的相似之处有以下几点。

- 让我们从相似最明显的地方说起——应答式匹配与操作式匹配都涉及匹配。在这两种情况中，在一个中性刺激呈现之后，一个发挥作用的刺激立即出现。在应答式条件作用中，铃声与肉糜匹配；而在操作式条件作用中，水斗的咔嗒声与水匹配（当然，我们在操作式条件作用中也可以将铃声与肉糜匹配，反之亦然）。
- 另外，在应答式匹配与操作式匹配中，中性刺激都获得了与之匹配的刺激的功能（铃声获得了肉糜的功能，而咔嗒声获得了水的功能）。

再来看看不同之处。

- 在应答式条件作用中，匹配导致中性刺激（铃声）变成一个条件刺激。也就是说，中性刺激或多或少地获得了与非条件刺激相同的诱发功能（铃声可以诱发唾液分泌）。
- 在操作式条件作用中，匹配导致中性刺激变成一个习得性强化物或习得性厌恶条件。也就是说，中性刺激或多或少地获得了与非习得性强化物或

非习得性厌恶条件相同的强化价值或厌恶价值。因此，在水与水斗咔嗒声匹配之后，咔嗒声就可以强化压杆反应了。③

> **定义：概念**
>
> **应答式条件作用**（Respondent conditioning）
> - 将中性刺激
> - 与非条件刺激进行匹配，
> - 从而使得中性刺激
> - 获得了非条件刺激的
> - 诱发属性。
>
> **操作式条件作用**（Operant conditioning）
> - 跟随在反应之后的、
> - 具有强化效力的结果
> - 增加该反应未来的出现频率，且
> - 跟随在反应之后的
> - 厌恶结果
> - 减少该反应未来的出现频率。

传统上，心理学家已经从程序水平和行为水平上对应答式条件作用和操作式条件作用做出了区分。下面这部分解释了一些主要的不同之处。

- 通过操作式条件作用程序，我们在反应之后呈现一个结果。通常，我们并不关心是什么刺激造成了最初的反应。在操作式条件作用中，在我们能够强化一个反应之前，必须等待该反应的出现（也就是说，一滴水依联性地呈现，能够增加鲁道夫以后的压杆频率，而在这之前，它必须先去压动杠杆）。
- 在应答式条件作用中，非条件刺激立即产生非条件反应。在巴甫洛夫的研究中，他一引入肉糜，唾液分泌立即出现。因而，无论任何时候，只要需要，我们就可以创造出非条件反应。我们只需要将非条件刺激与条件刺激相匹配。也就是说，铃声出现时就会产生唾液分泌。要让铃声产生唾液分泌反应，并不需要在唾液分泌反应出现之后依联性地呈现该铃声。
- 心理学家历来认为，我们可以对涉及自主神经系统和平滑肌（它们控制着我们的胃肠道和血管）的反应实施应答式条件作用程序，但是，他们又

---

① 好吧，那为什么要等到这一章才引入操作式条件作用，或者说才引入条件作用这个术语呢？这是因为许多初学者更容易想到的是应答式条件作用，甚至，就算我们是在讨论操作式条件作用，也容易想偏了。因此，我们一直拖到现在，准备好对它们进行明确区分的时候才引入这些术语。

② 很多写书、写文章的人会将非条件刺激称作强化物，我们则更倾向于单独使用这些术语，从而清晰地将操作式条件作用与应答式条件作用这两种不同的程序区分开来。

③ 许多行为分析师不会对操作式匹配和应答式匹配加以区分，因为它们在程序上是一样的。他们似乎假定应答式条件作用解释了中性刺激为何成了习得性强化物或习得性厌恶刺激。对此，我们不是那么确定，因此，我们更喜欢根据结果对操作式匹配和应答式匹配加以区分，看所产生的是习得性强化物还是条件化的诱发刺激。

认为，我们无法对这些反应实施操作式条件作用程序。我们确实可以对心跳、腺体分泌以及瞳孔缩放等反应施加应答式的条件化程序，但心理学家的说法也不对，我们有时也可以对平滑肌和腺体的反应施加操作式的条件化程序。因此，传统的区分方式有时并不成立。

- 一直以来，心理学家还认为，我们可以操作式地条件化骨骼肌的反应，例如，四肢的反应，但他们又说，我们无法应答式地条件化这些反应。对于一些粗大肌肉的反应，我们确实可以操作式地加以条件化，比如，奔跑、走路、抓住物品以及书写等。然而，事实再一次证明心理学家的这种说法也还是不对。我们有时也可以应答式地条件化一些粗大肌肉的反应，比如，我们的脚受打击时，腿部的收缩反应，或者医生敲打我们的髌腱检测反射弧时的膝跳反应。这再一次说明，传统的区分方式有时并不成立。
- 长久以来，心理学家还认为，涉及自主神经系统和平滑肌的反应都是"非自主的"。他们说，我们只有通过应答式条件化程序才能对"非自主的"行为加以条件化。他们一贯认为骨骼肌反应才是"自主的"。因此，他们说，只有通过应答式条件化程序才能对"自主的"行为加以条件化。但是，这种凭自主和非自主做出的区分也许并不是很有效、很清晰或者很有用。粗略地说，**自主**指的是，当别人要你做出一个特定的反应时你就能做到，而当别人要你做出一个特定的反应你却做不到时，那么这个反应**也许**就是非自主的。例如，如果有人要你减慢心率，过去的观点认为你做不到，那么我们就应该把心率视为非自主的反应。
- 另一个区别是，只有通过应答式程序才能加以条件化的反应不是自主控制的，但个体能够调节那些可被操作式条件化的反应。然而，这么多年以来，我们很明显地看到，这样的限制条件存在一些例外情况。有时，我们有可能应答式地条件化骨骼肌反应，例如，"惊吓"反应（这些反应本身可能是非条件化的应答式反应）。我们也可以操作式地条件化一些涉及平滑肌和腺体的反应。如此，传统的区分方式是不是让你觉得不太靠谱呢？

对应答式条件作用和操作式条件作用的传统区分

特征	应答式条件作用	操作式条件作用
程序	中性刺激和非条件刺激出现在反应之前	跟随在反应之后出现具有强化效力或惩罚效力的结果

续表

特征	应答式条件作用	操作式条件作用
反应发生	在实施条件化程序之前不需要出现对刺激的反应	反应必须先出现才能被条件化
涉及的有机体部位	通常是腺体和平滑肌	通常是横纹肌
反应控制	通常是"非自主的"	通常是"自主的"

这一节回顾了传统上对操作式条件作用和应答式条件作用的区分。你在大多数传统的教科书上会看到这样的区分。它们都有一定道理，但也都没有真正把这两种条件作用区分开来。我们认为，更为重要的一个区别是程序上的不同，一个是基于条件刺激（CS）的，一个是基于区辨刺激（S^D）的，我们会在后面一节里对这个不同点加以探讨。

问题

1. 名词解释：
   A. 应答式条件作用
   B. 操作式条件作用
2. 参照上面的表格，列出传统上应答式条件作用和操作式条件作用之间的三个不同之处。

案例

条件化恐惧

约翰·B. 华生和罗莎莉·雷纳曾经在一个11个月大的婴儿身上条件化了一个恐惧反应。这个婴儿名叫阿尔伯特，是研究团队中一位护士的儿子。从各方面的表现上看，阿尔伯特都是个很健康的婴儿，所以实验人员才选他来进行这项研究。与许多同龄孩子不同，阿尔伯特在大多数时间里并不爱哭闹，他是个快乐的孩子。在开展这项研究之前，他们思考了很久，因为恐惧毕竟有可能给阿尔伯特带来真实的困扰和不适，但他们最后确认这对阿尔伯特来说不会有风险。（这项实验是在1920年进行的，如果放在今天，研究计划必须先经过伦理委员会的审查，并且很有可能会被否决。我们也曾考虑是否应该把对这项研究的介绍从本书的这一版中删掉，因为我们深深地怀疑它在伦理上与现代观念不符，但最后我们还是决定把这节内容留下来。尽管这项研究在伦理上备受质疑，但它仍然是一个经典的研究，信息量极大，并且非常能说明一些问题。或许，本来不应该做这项研究，但既然已经做了，那就把它写在这里吧。）[1]

华生和雷纳发现大声的噪声会惊吓到阿尔伯特，让

---

[1] 改写自 Watson, J. B., & Rayner, R. (1920). Conditioned emotional reaction. *Journal of Experimental Psychology*, 3, 1-4.

他害怕。例如，用小锤击打一个可以发生共振的金属音叉，产生的声音会令他害怕。经过连续两次或三次敲打金属音叉，阿尔伯特就会表现出恐惧反应，包括啼哭。但是，阿尔伯特对环境中的其他物品并不会表现出不安。在不同的时间，在阿尔伯特无哭闹的情况下，华生和雷纳会向他呈现一些动物和物品：白老鼠、兔子、小狗、猴子、玩具，还有点燃的报纸。阿尔伯特通常会试图伸手去够或靠近这些物品。他们决定让这个孩子建立起对白老鼠的恐惧反应。

开始时，实验人员从篮子里取出一只老鼠并拿给阿尔伯特看。他最初会用左手够老鼠。当他的手差不多就要摸到老鼠的时候，他们就击打那个金属音叉。阿尔伯特激动地跳了起来，向前倒下，并把脸躲在床垫里，但他并没有哭。阿尔伯特接着又尝试用右手去触摸老鼠。当他再一次就要摸到老鼠时，实验人员再次击打金属音叉。阿尔伯特又猛然跳了起来，向前倒下，呜咽起来。

一周后，他们再次向阿尔伯特呈现这只老鼠，但这次没有敲击金属音叉发出的大声响，阿尔伯特只是盯着老鼠，并没有去摸它。随后，实验人员把老鼠移近一些，当老鼠的鼻子触到阿尔伯特的左手时，他缩回了左手。他开始伸出左手食指，准备去够老鼠的头，可就在接触到老鼠的头之前，他突然把手缩了回去。

然后，华生和雷纳测试阿尔伯特对彩色积木的反应。他捡起积木，朝地上扔积木，敲击积木。在后面的测试中，他们经常会提供给阿尔伯特积木玩，这样可以让他平静下来，也得以评估他在一般状态下的情绪水平。每当实施条件化的程序时，实验人员就会撤走这些积木。

接着，华生和雷纳连续三次在呈现老鼠的同时敲击金属音叉以制造大声响。第一次，阿尔伯特开始尝试去接触老鼠，但最终却向右侧倒下。在接下来的两次尝试中，他直接向右侧倒去，枕在自己的双手上，脸背向老鼠，但他并没有哭。然后，实验人员只呈现老鼠，阿尔伯特就会皱着脸、呜咽着，快速地朝左边撤。再下一次，他们同时呈现老鼠和大声响，阿尔伯特受到猛烈的惊吓，啼哭起来，但并没有倒下。

华生和雷纳随后只是单独呈现老鼠，阿尔伯特就会开始哭泣，并且几乎立即向左侧猛然转身，跌倒在左侧，用四肢撑起身体，快速爬开。

我们可以看到，经过多次匹配，单独的老鼠就可以引起回避行为和啼哭。起初老鼠是中性的，但现在它显然已经变成了一个诱发恐惧的物体。在华生和雷纳建立起该反应的五天之后，他们对阿尔伯特开展了进一步的系列测试。首先，他们向他呈现老鼠，他啼哭着转过身，几乎要奋力爬开。之后，他们给他呈现彩色积木块，他接受了积木块，咯咯地笑了起来。接着，他们再次引入老鼠，阿尔伯特也再一次四肢着地地快速逃窜。很显然，老鼠依然会引起阿尔伯特的回避反应，而积木则引起了他的游戏反应。

为了看看这个回避反应是否泛化到了其他有生命的物体上，实验人员随后又向他呈现了一只兔子。阿尔伯特会倾斜身体，尽量远离这个动物，并呜咽着，直至大哭起来。当他们用兔子触碰他时，他会把脸藏进床垫里，一边哭着一边爬开。接着，他们又向他呈现了一条狗。小狗并没有像兔子那样引起明显的反应。而当他们把一件皮毛外套覆在狗的身体侧面的时候，阿尔伯特又迅速转身远离。

阿尔伯特会哭着转身远离所有类似白老鼠的物品，而且，好像物品与毛茸茸的白老鼠越相似，反应就越明显、越激烈。他对兔子的反应是极端的，但对棉花的反应就很不明显。在本书前面的章节里，我们将这种现象称作刺激泛化——对相似刺激做出相似的反应。

华生和雷纳认为，现在已经成功地给阿尔伯特建立起一种恐惧，如果他们不加以干预来去除这种恐惧的话，它会伴随阿尔伯特一生。干预程序可以是渐进地改变阿尔伯特对毛茸茸的物体的体验，直到它们能够让阿尔伯特感到愉悦。通过这样的干预，他们也许就可以消除前面通过实验建立起来的恐惧。然而遗憾的是，他们没来得及完成这个实验的干预部分，就在他们准备开始实施这最后的一系列实验程序时，阿尔伯特离开了那里。

让我们再来回顾一下：在阿尔伯特身后敲击金属音叉，发出的声音引起了他的恐惧反应。这种对大声响的反应在所有婴幼儿身上都很常见，这可能是一种反射性的非习得性行为。所以，敲击金属产生的声音无条件地引起一种非习得性恐惧反应，因而可以将该声音称为非条件刺激；我们还可以将华生和雷纳击打金属音叉而产生的恐惧反应称为非条件反应，因为它们是对大声响的一种自然反应。而白老鼠则起着条件刺激的作用，华生和雷纳将其与非条件刺激，即大声响，进行反复的匹配。多次匹配之后，白老鼠本身就会引起恐惧反应，而对白老鼠的恐惧反应是条件反应。这个程序与巴甫洛夫在条件化唾液分泌反应中所使用的程序是一样的。

问题

举例描述条件化恐惧反应的过程，说说其中的：

A. 非条件刺激（US）

B. 非条件反应（UR）

C. 条件刺激（CS）

D. 条件反应（CR）
E. 程序

高阶应答式条件作用

在操作式条件作用中，将中性刺激与习得性强化物相匹配，而不是将中性刺激直接与非习得性强化物相匹配，这样，就可以创造出**高阶的习得性强化物**（higher-order learned reinforcer）。例如，先将水斗的咔嗒声与水斗里的水匹配（咔嗒声→水），就有可能创造出一个习得性强化物。然后，再将铃声与咔嗒声匹配，而不是将铃声直接与水匹配（铃声→咔嗒声），这样就有可能创造出一个高阶的习得性强化物。进而试着将灯光闪烁与铃声匹配，就还可能创造出一个更高阶的习得性强化物，依此类推，还可能创造出越来越高阶的习得性强化物。但是，高阶习得性强化物离非习得性强化物越远，它的强化价值就会越弱，直至毫无强化价值。目前还没有足够多的研究检验以这种方式创造出来的习得性强化物最多可以达到几阶。

类似地，在应答式条件作用中，将中性刺激与条件刺激相匹配，而不是将中性刺激直接与非条件刺激相匹配，这样，就可以创造出**高阶的条件刺激**（higher-order conditioned stimulus）。例如，先将铃声与某些食物匹配（铃声→食物），就有可能创造出一个条件刺激。然后，再将灯光闪烁与铃声匹配，而不是将灯光闪烁直接与食物匹配（灯光→铃声），这样就有可能创造出一个高阶的条件刺激。进而试着将灯光闪烁与蜂鸣器声响匹配，就还可能创造出一个更高阶的条件刺激，依此类推，还可能创造出越来越高阶的条件刺激。当然，高阶的条件刺激离非条件刺激越远，它的诱发效力也就越弱，直至毫无诱发效力。创造一个高阶的条件刺激的程序被称作**高阶条件作用**（higher-order conditioning）。

> **定义：概念**
>
> **高阶应答式条件作用**（Higher-order respondent conditioning）
> - 通过将一个中性刺激与
> - 一个已经确立好的条件刺激相匹配，
> - 从而建立起一个条件刺激。

问题

名词解释：高阶应答式条件作用，举例说明，并与高阶操作式条件作用进行对比。

应答式消退与操作式消退

在操作式条件作用中，停止强化依联并允许反应继续发生，就能消除一个原先被强化的反应。例如，鲁道夫按压杠杆却不再产生一滴水了，那么鲁道夫渐渐地就会停止按压杠杆。

类似地，在应答式条件作用中，呈现一个条件刺激但不再紧跟着呈现非条件刺激，这样就可以消除一个原先被条件化的刺激。例如，我们摇响铃声，但不再呈现食物，渐渐地，小狗斯波特听到铃声就不会再分泌唾液了。也就是说，条件刺激被消退了，听到铃声分泌唾液的条件反应也不再出现了。

> **定义：概念**
>
> **应答式消退**（Respondent extinction）
> - 呈现条件刺激，
> - 但未将其与非条件刺激
> - 或者已经建立起的条件刺激
> - 相匹配，
> - 条件刺激会失去其诱发效力。

波尔卡问题

每当唐恩的祖母听自己最爱的舞曲专辑《六个荷兰胖子整天演奏最爱的波尔卡》时①，小罗德就开始哭。老祖母只好屈服于罗德独特的音乐品味，每次都赶忙跑去关掉那冒犯了小罗德的音乐。

唐恩对此感到奇怪，罗德的啼哭是一种应答式反射吗？简简单单的波尔卡舞曲就能自动诱发啼哭？难道这是因为波尔卡舞曲与疼痛之类的某个非条件刺激匹配过了？或者说，这是一个逃避依联的例子吗？罗德的哭泣是由去除厌恶音乐而得到了直接强化吗？也就是说，音乐究竟是一个应答式诱发刺激呢，还是一个操作式厌恶刺激呢？

操作式逃避依联看起来是这样的：

操作式逃避条件作用

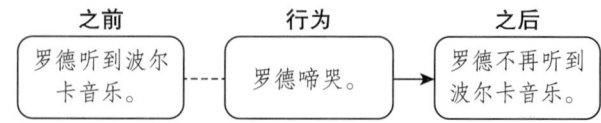

之前	行为	之后
罗德听到波尔卡音乐。	罗德啼哭。	罗德不再听到波尔卡音乐。

唐恩觉得或许她不应该让小罗德成为家里的音乐独裁者，因此，她要尝试消除这种啼哭。

1. 请你填写下面的消退示意图。

---

① "六个荷兰胖子"这个乐队名字如果在政治上不正确的话，请不要对此过于义愤填膺，这个乐队的名字并不是我们创造的。这是一支真实的乐队（你可以搜一下），这张专辑也是我祖母最爱的专辑。

逃避行为的消退

之前	行为	之后

2. 这是一个应答式消退,还是操作式消退?(提示:示意图中画有一个反应,这应该已经向你透露了答案。)

A. 应答式消退

B. 操作式消退

3. 假如罗德的啼哭**无法**被消退,那么唐恩就应该怀疑啼哭是:

A. 应答式行为,而音乐是一种应答式诱发刺激

B. 操作式行为,而音乐是一种厌恶的之前条件

对比:应答式消退和操作式消退

程序	操作	为了消退的发生,反应的出现是不是必需的?	(消退后的)结果
应答式消退	停止将条件刺激(CS)与非条件刺激(US)进行匹配	非必需	条件刺激(CS)最终停止诱发条件反应(CR)
操作式消退	依联于反应的发生,停止呈现强化物或停止去除厌恶条件	必需,或者说,如果没有反应依联的话,就不会有任何效果	有时,反应频率会先增加,然后减少,最终达到反应的操作水平

问题

1. 名词解释:应答式消退,并举例说明。

2. 从以下几方面说说应答式消退和操作式消退之间的异同点:

A. 程序

B. 操作

C. 结果

友情警告:答不好这个问题的话,就很难在本章测验中取得好分数。

3. 请描述如何运用操作式消退来确定一个刺激究竟是应答式的诱发刺激还是操作式的行为之前条件。

案例

菲尔的恐惧症[①]

琼斯先生对他 10 岁的儿子菲尔说:"你一定会喜欢动物园的,在那儿我们会看到大象和猴子,会玩得很开心,所以,我们都乖乖的,好吗?"

---

① 改写自 Lazarus, A. A. (1960). The elimination of children's phobias by deconditioning. In H. J. Eysenck (Ed.). *Behavior therapy and the neurosis* (pp.114-122). London: Pergamon.

菲尔说:"好的。"

菲尔为去动物园做着准备,穿戴整齐,在这个过程中,他一直保持着出奇的安静。菲尔的妈妈问他感觉还好吗,菲尔嘴上说感觉很好,但是,就在他们准备上车时,他却躲进了卫生间。家人在车里等他,15 分钟过去了。

"太荒唐了。"琼斯先生说道。

又过了 15 分钟,琼斯先生下了车,说:"我一定要把这个孩子的问题纠正过来!"

琼斯先生走进房间,看到菲尔站在卫生间门外。当他的爸爸走近他时,小男孩低下头,看起来很局促不安。

"我受够了。"琼斯先生一边说一边抓起菲尔的手。他半拉半拖着菲尔朝车子走去。在离车大约 9 米的地方,菲尔停下了脚步,不肯往前移动。琼斯先生把他拽进车里,重重地关上车门。

"现在,菲尔,我们可以……"琼斯先生的话还没说完,菲尔已经小脸儿煞白,豆大的汗珠正从他的头上滑落下来,滑过他的脸颊,目光呆滞无神。突然间,菲尔爆发出了痛苦的哀号,整个街区的邻居都能听到,他那小小的身躯在哭嚎中颤抖着。

琼斯先生只好把菲尔领回家里,然后再回到车里,其他人都还在那里等着呢。

"好吧,我们只能另找时间去动物园了。"琼斯先生说道。全家人只好都下了车,慢慢地往家里走。

两年前,菲尔经历过一次车祸。从那以后,他就非常害怕汽车了。他的这种害怕是真实存在的,而且不断给他自己和家人带来困扰与痛苦。在拉扎勒斯博士那里,菲尔的问题在几分钟内就被诊断为一种对汽车的恐惧症,这类恐惧症偶尔会在某些儿童身上出现。拉扎勒斯博士知道,菲尔对汽车的害怕是习得的,因此,也能够通过干预来去除这种对汽车的恐惧症。

在第一次干预时段中,拉扎勒斯博士与菲尔交谈,详细了解这个孩子。他发现菲尔非常喜欢巧克力。第二次干预时段里,拉扎勒斯着手治疗菲尔的恐惧症。在与这个孩子交谈时,拉扎勒斯会将话题引向火车、飞机、公共汽车等各种交通工具。谈论那些交通运载工具似乎与真正的乘车离得很远,但就是这样的刺激,最初也会诱发菲尔轻度的害怕反应。不过,拉扎勒斯博士对菲尔的这些反应很敏感,并进行了密切的监控。每当菲尔表现出害怕时,他不会去安抚这个孩子,也不会试图靠交谈来劝说孩子不要害怕。而当菲尔自愿对这样的话题做出积极的评论时,他就会立刻给他一块他最爱的巧克力。到第三次干预时段,菲尔就可以自如地、详尽地谈论各种类型的交通工具了,而没有表现出任何害怕。拉扎勒斯认为菲尔已经做好准备,可以进入下一个阶段的

干预了。

拉扎勒斯说："今天我们来玩个游戏吧。"他从口袋里掏出一个东西，那是一辆玩具小汽车。菲尔立刻向后退了几步，看着拉扎勒斯，似乎对两人之间的友情产生了怀疑。不等菲尔说什么，拉扎勒斯就掏出了一块巧克力，放在桌子上。然后，他又拿出了另一辆小汽车，继续玩了起来。他用手推着两辆玩具小汽车，让它们正面相撞。菲尔的脸变得煞白，额头开始冒汗珠。拉扎勒斯似乎没有注意到菲尔，也没注意到他的害怕状态，依然沉浸于自己的游戏当中，一遍又一遍地表演玩具小汽车之间的各种事故。很快，菲尔的脸色开始恢复了，并慢慢地朝拉扎勒斯靠近。这时，拉扎勒斯突然对自己刚才着迷的汽车游戏失去了兴趣，他递给菲尔一块巧克力，并和他聊了起来。然后，他再一次回到自己的小汽车游戏中去了。

随着菲尔越来越靠近拉扎勒斯和那些"事故频发"的玩具汽车，他得到了越来越多最爱的巧克力，也得到了拉扎勒斯越来越多的关注。只要在每一次的汽车事故游戏中，菲尔没有表现出任何害怕，那么他随后就能得到一块巧克力。很快，菲尔开始触摸玩具小汽车，而且不再有任何明显的害怕迹象了。后来，拉扎勒斯和菲尔又花了好几个小时用玩具小汽车来玩这种事故游戏，在游戏当中，穿插有吃巧克力的休息时间。菲尔玩得非常开心。

最后，拉扎勒斯和菲尔开始在户外玩游戏，拉扎勒斯把一辆车停在附近。他们又花了数小时的时间坐在车里讨论菲尔经历过的那次事故。只要菲尔能够自如地参与谈论这个话题，没有表现出任何害怕，就会立刻从好朋友拉扎勒斯那里得到好几块巧克力和很多的关注。过了一段时间，两个人开始了假想式的短途的汽车驾驶。有一天，拉扎勒斯在口袋里掏了半天，装作要找出一块巧克力的样子，接着，他说："对不起，菲尔，现在没有巧克力了。我们一起去买一些吧！"拉扎勒斯一边对菲尔这么说着，一边启动了引擎，把车开动了起来。同时，他一如既往地密切观察着菲尔。菲尔并没有露出丝毫的害怕迹象。虽然商店只在一条街开外的地方，但是他并不急，而是慢慢地兜到那里去。他们一到商店就买了大量的巧克力，然后回到车上。他们继续开着车在镇上四处逛，俩人有说有笑，就像在旅行一般。菲尔吃着巧克力，看着风景。渐渐地，他找到了旅行的乐趣。

当他们回到菲尔家的时候，琼斯先生正在车道上等着。菲尔从车里跳了出来，跑向爸爸，谈论刚才的奇妙旅程。菲尔随后又把拉扎勒斯和自己的爸爸丢在一边，跑进房子，把自己的冒险之旅说给妈妈听。菲尔的爸爸说："我想是时候了，我们可以准备外出郊游了。"

"听起来这主意很棒。据说每年这个时候去动物园看看很不错。"拉扎勒斯微笑着说。

你也许会好奇，为什么这种恐惧症会持续很久，为什么它不会消失呢？这个问题的关键在于，患恐惧症的人会回避那些能带来恐惧的情境，因而也就总是没有机会消退这种恐惧。要想更自然地消除菲尔的恐惧症，就需要他多次乘车出行，可他却总是回避这样的情境。因此，假如不做行为干预，一个人也许会永远维持这种非理性的恐惧症。

问题

请描述上述用以去除对汽车的恐惧症的干预程序。

对恐惧症的操作式干预[①]

对于菲尔而言，汽车曾一度成为厌恶刺激，它存在两种不同的刺激功能。

- 首先，它扮演了厌恶刺激或动因操作的角色，支持着操作式逃避和操作式回避行为。因此，当汽车或者与汽车有关的刺激出现的时候，菲尔就会做出回避或逃避反应，比如走开。这些反应可能也被周围人的关注所强化了。
- 其次，汽车或者与汽车有关的刺激扮演了条件化诱发刺激的角色。还记得吧，菲尔一看到汽车就开始冒汗，并且浑身发抖。

由此可见，恐惧症可以涉及操作式条件作用和应答式条件作用之间的交互影响。

拉扎勒斯采用操作式条件化策略消除了菲尔的恐惧症。他使用巧克力和关注作为强化物，并且差别强化菲尔靠近汽车的行为。这个程序包含行为塑造。他强化了那些越来越接近乘车的反应，而乘车是最能诱发恐惧的情境。还记得吧，塑造可以产生出新反应，或者产生出个体技能库中已有但当前出现频率不高的反应。菲尔的案例就属于第二种情况。菲尔有着不错的身体机能，能够玩小汽车玩具，也能够乘坐汽车，这些反应他以前都做出过，早已是他技能库里的一部分了，只是在干预之前，这些反应根本不出现，所以，拉扎勒斯通过干预再次将反应塑造了出来。

莱坦伯格用强化式练习（reinforced practice）这个通用术语来描述这种强化应用，即在治疗恐惧症的过程中呈现强化物，从而增加接近厌恶刺激和诱发恐惧的刺

[①] 要了解更全面的有关儿童恐惧症的行为干预策略的综述，请参考 Ollendick, T. H. (1979). Fear reduction techniques with children. *Progress in Behavior Modification*, 8, 127-168.

激的行为。我们则认为，这种程序可能还涉及应答式消退——反复呈现条件化的诱发恐惧的刺激（汽车），但并不将其与非条件刺激（车祸）进行匹配。结果，汽车失去其诱发条件化的恐惧反应的效力。①

问题

1．举例说明恐惧症是如何在操作式条件作用和应答式条件作用下演变出来的。

2．为了去除针对汽车的恐惧症，采取的操作式条件化策略是怎样的？请加以描述。

概念

系统脱敏

系统脱敏（systematic desensitization）或许是使用最广泛的针对恐惧症的干预方法。该方法最早是由沃尔普于1958年开发的。不同于强化式练习，在系统脱敏中，有这样一个假定：要想成功消除恐惧行为，就不能出现焦虑。在系统脱敏中，治疗师要训练服务对象做彻底放松。随后，按照从低到高的层级顺序，先呈现最不容易引起害怕的刺激，一直到最容易引起害怕的刺激。服务对象必须彻底放松，这样才能在每一个层级上的刺激呈现时，让害怕得以抑制。②

> **定义：概念**
>
> **系统脱敏（Systematic desensitization）**
> - 将放松
> - 与引起害怕的刺激相结合，
> - 这些刺激是按照层级设置的，从最不让人害怕的刺激开始，一直到最让人害怕的刺激。

---

① Leitenberg, H. (1976). Behavioral approaches to treatment of neuroses (pp.124-167). In H. Leitenberg (Ed.). *Handbook of behavior modification and behavior therapy*. Englewood Cliffs, NJ: Prentice Hall.

② 近期的研究表明，放松并不像最初认为的那么关键，更关键的因素是暴露（exposure）。服务对象需要经历刺激，并且然后不会有任何不好的事情出现，这样可以实现脱匹配。事实上，有些研究还指出，放松实际上会阻碍这个脱匹配的过程，它会让服务对象做出回避，不去充分经历那些引起害怕的刺激。

可以通过真实的方式或者想象的方式开展系统脱敏。在**真实脱敏**（in vivo desensitization）中，服务对象使用放松技术来直面真实的引起害怕的情境。不过，这种系统脱敏也可以在治疗师的诊室中开展，而不用让服务对象直接接触真实的诱发害怕的环境。服务对象不用真正体验那些会引起恐惧反应的类似的刺激情境，只要在诊室里在放松的同时去想象那样的情境就可以了。

运用系统脱敏法的治疗师偏爱通过指令来诱导服务对象进入半催眠的放松状态。等服务对象深度放松时，治疗师让他想象各种环境下的情境，或者想象那些通常会引起轻度恐惧反应的刺激。如果服务对象可以在想象这些情境的同时依然保持放松，治疗师就会让他继续想象另一个更接近他所声称的会诱发重度恐惧反应的情境。最后，治疗师让服务对象想象那个可能会诱发最高限度的害怕反应的情境。如果服务对象能够想象那个情境并依然保持深度放松的话，服务对象就算摆脱了恐惧症。

完成这些程序之后，服务对象应该能够离开治疗师的诊室，并且面对真实情境也不会再出现恐惧反应了。这虽然看似不大可能，但服务对象通常可以达到这个目标。系统脱敏的个案报告表明，治疗师运用这套程序成功地治疗了很多恐惧症行为。如今，这套策略与其他行为策略的结合，已经让恐惧症反应在治疗师眼里变成了一个比较容易处理的问题。

在本章前面的内容中，唐恩运用的就是系统脱敏的一种变化方式，用来让萨米摆脱对黑暗的害怕。她使用的方法叫**情绪意象式**（emotive imagery）干预。不同点在于：在系统脱敏中，治疗师会使用肌肉放松反应来抑制害怕，而在情绪意象式干预中，治疗师则使用想象的情境来诱发一些积极的、愉悦的、可能具有强化效力的情绪反应，而据推测，这些反应能够抑制害怕反应。

问题

1．名词解释：系统脱敏，并举例说明。

2．情绪意象式干预与系统脱敏有什么不同的地方？

初级进阶

条件化恐惧症

前面我们讨论华生和雷纳的实验时说过，实验人员成功地对阿尔伯特条件化了恐惧症行为后，阿尔伯特的妈妈很快就将儿子带离了这个实验。华生和雷纳原打算在条件化之后还要将恐惧消除，他们认为有责任这么做。但孩子的离开使他们不由得想，阿尔伯特可能终生都会伴有这个恐惧症。更进一步的猜测是,阿尔伯特长大成人之后,也许已经完全忘记这种恐惧症最早是在怎样的情境中发生的,但他有可能会去寻求心理分析的帮助,抱怨自己总是对裘皮、毛绒衣物等各种毛茸物品感到莫名的害怕。华生和雷纳还推测,假如阿尔伯特遇到的那些充满善意的治疗师未能得知这个恐惧症的真实来源,他们可能会将阿尔伯特的问题与其幼年时期对母亲的爱挂上钩。

事实上,对恐惧症的临床治疗方法在过去十年里已经有了很大的变化。标准化的治疗方式要么基于理性行为的理论,要么基于某些并不成功的理论。行为分析师已经可以运用应用行为分析的策略成功地消除恐惧症了,比如,我们介绍的萨米和菲尔的案例。

(这里需要补充的是,我们认为华生和雷纳可能并未成功地建立起具有长久泛化效果的恐惧症,我们怀疑其泛化效果在阿尔伯特回家之后就不会持续多久了,更别说持续到阿尔伯特长大成人了。应答式条件作用产生的效果通常是转瞬即逝的,而且那种效果只在所有条件都刚好满足的情况下才会发生。获得应答式条件作用是很困难的,我们从未听说有学生在实验入门课上就能够展现出应答式条件作用,相比之下,已经有无数的学生操作式地条件化了无数只老鼠的压杆反应。)

对比

抽动秽语综合征的操作式分析与应答式分析

希德的学术讨论会

汤姆:还记得格雷丝吗?我们在第 3 章中研究过她的问题。她有不常见的抽动秽语综合征,会双拳紧握,全身僵硬,身体前后摇动,嘴唇会扭向左边,说起话来虽然艰难但会说脏话。她本人无法控制这种行为。大家还记得吗?[1]

迈克斯:怎么会忘记呢?

汤姆:戈尔戴蒙德和格拉斯认为,格雷丝的这种攻击行为是操作式行为,因逃避厌恶场合而被强化,但我不这么认为。我认为她的攻击行为是应答式行为,是攻击行为出现之前的厌恶条件所诱发的。这些行为是反射性的。例如,亲戚们的吵闹和骚动就是一个应答式诱发刺激,它诱发了格雷丝的抽动秽语综合征的表现,这是一种应答式行为。

---

[1] 改写自 Goldiamond, I. (1984). Training parent trainers and ethicists in nonlinear analysis of behavior. In R. Dangel & R. Polster (Eds.). *Parent training foundations of research and practice* (pp.504-546). New York: Guilford Press.

希德:说得是,我理解你为什么会这么想。在我们的文化里,我们都认为快速的行为是反射性的,而且在我们看来,非自主行为似乎也是反射性的。以前的心理学教科书甚至直接把应答式行为定义为非自主的和自发的,而将操作式行为描述为自主的和蓄意的。

汤姆:那又有什么错呢?格雷丝即时的、膝跳反射一般的、非自主的攻击行为看起来肯定是一种应答式反射。

希德:行为分析师才刚刚开始认识到强化依联的效力。我们也才刚刚开始认识到所谓的"自然"反应通常都是在强化依联控制下的习得性操作反应。

汤姆:那么,怎样才能弄清楚一个行为究竟是被诱发的应答式行为还是被强化的操作式行为呢?

希德:在格雷丝的行为中,有一个特征也许能给你们一点儿提示。如果她的反应实际上是一个复杂的反应序列,就像语言那样,那么,我们看到的就很可能是操作式行为。如果这种反应随文化不同而有所不同,那么,几乎可以确定我们面对的是一个习得性操作式行为——受其行为结果,即强化依联控制的行为。

汤姆:我不明白你所说的与格雷丝的攻击行为有什么关系。

希德:还记得她在每一次攻击结束时总会说的那个单词吗?

汤姆:记得。

希德:好吧,毫无疑问,她说的那个单词是一个习得性的、基于文化的操作式行为。如果她来自法国,受法国文化的影响,那个单词所指的会是一种海洋动物,海豹(法语 phoque,发音接近)。但她来自美国,她说的这个单词就另有所指了。不管怎么说,还没有人证明应答式诱发刺激可以诱发像说出某个单词这样的复杂的操作式反应。

汤姆:可在我听起来,这都是些太过推测性的说法,基本上都只是些理论性的推测。要想说服我,让我信服强化依联控制着她的那种攻击行为,需要更为具体的证据。而且,我觉得这就是一种你无法证明它究竟是哪种情况的事情。

迈克斯:有这样一种方法,它叫作消退。我们来看看反应之后发生了什么。如果格雷丝的攻击行为是受其结果维持的操作式反应,那么你需要做的就是避免那个结果出现,这样的话,反应就会被消除。

苏:那么,假设她的攻击行为再也不能让她逃避那些厌恶环境,假设在客人来访时她必须留在那里用完晚餐。如果她的攻击行为是逃避反应的话,那这样做就应该能消除这些行为;但如果她的攻击行为只是由非条件化的诱发刺激(有可能是压力)所诱发的非条件反应，那么，这些行为应该仍然会继续出现。

问题

就格雷丝的抽动秽语综合征的案例，对其中的操作式反应和应答式反应进行对比分析。

应答式条件作用与身体的调节系统

希德踢糖猴

希德站上了体重秤，惴惴不安地等着看结果。他瞟了一眼电子显示屏上的红色数字。不可能！他抬起左脚。数字跳动了好一会儿，最后又稳稳地回到了相同的数字上。

"唐恩，这个体重秤有问题了。"希德说，"它居然说我这两个月重了将近14斤。不可能的事儿嘛！"

"希德，你最近穿衣服看上去都有点儿紧巴巴的。没准儿呀，体重秤是对的。"唐恩说。

"不可能！我吃的是低脂食物，我天天锻炼，按照健身计划一丝不苟地坚持着。怎么可能两个月增重这么多呢？"

"你没有其他什么变化吗？"唐恩问道，"我看你最近好像多喝了很多可乐吧。"

"什么时候？"

"比如你熬夜写毕业论文的时候。希德，你知道的，一杯可乐的热量有100卡呢！"

"但我需要里面的咖啡因来保持清醒呀！"

"好吧，如果你一定要喝的话，那就接着喝吧，不过至少改喝健怡可乐呀！"唐恩说道，"那样你就能不摄入那么多的糖分了。"

希德还打算争辩，但这时候他又一次看到了脚下的体重秤。于是，他去了商店，买了一箱24罐装的健怡可乐。

当天晚上……

"希德，你看起来疲惫不堪的样子。"唐恩说。

"是的，我没法让自己的眼睛硬睁着。过去半小时了，可我坐在这里却一直停顿在同一段文字上。很可能这些健怡可乐里的咖啡因太少了。"

唐恩想起自己读研究生时读到过的一篇研究文章。希德说的没错，他无精打采是因为他改喝健怡可乐，但这并不是因为健怡可乐所含的咖啡因更少。各位同学，你们猜对了，这一切都与**应答式条件作用**（respondent conditioning）有关（我们这一章主要讲的就是它）。希德遇到的情况并不是因为咖啡因少了，而是关乎应答式条件作用。

当希德摄入糖分时，进入体内的糖就是一种非条件刺激（US），会诱发胰腺分泌胰岛素，而糖的甜味总会稳稳当当地先于这个非条件刺激而呈现。因此，甜味就变成了一种条件刺激（CS），也会诱发胰腺分泌胰岛素。

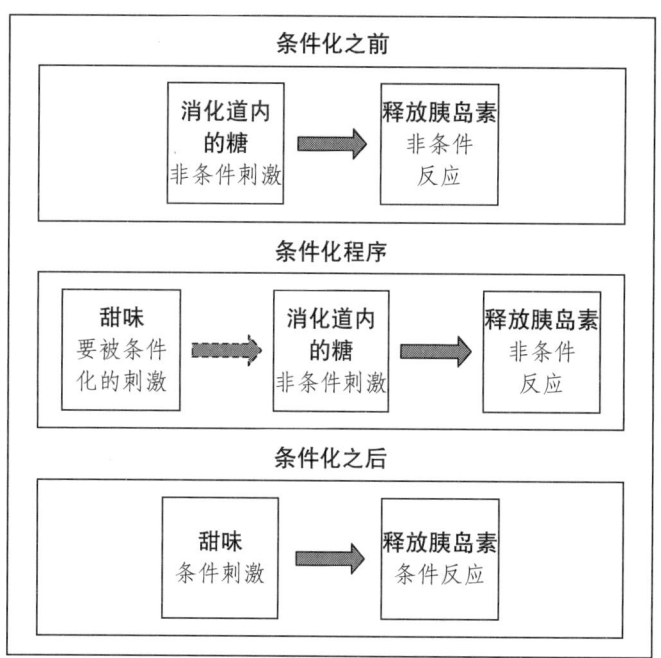

像希德这样的可乐成瘾者，从一直喝含糖的传统可乐转而喝无糖的健怡可乐时，会发生什么呢？健怡可乐的甜味会继续诱发胰岛素的释放。这又怎样呢？是这样的，被释放出来的胰岛素一般会在糖代谢的过程中被消耗掉。但是，如果没有需要消化的糖，释放出来的这些胰岛素就会导致血糖下降，而血糖下降则会导致虚弱或产生昏昏欲睡的感觉。这一切都是应答式条件化程序产生的结果。

对上述复杂的分析做一个总结：希德为什么会昏昏欲睡？这是应答式条件化程序的结果，无糖的甜味诱发了胰腺分泌胰岛素。释放出来的胰岛素会让人精力下降，因为血液中并没有摄入额外的糖分，没有糖代谢来消耗掉这些胰岛素。也就是说，无糖情况下的胰岛素的释放会给身体系统施加额外的负担，让人精力衰退。

唐恩向希德解释，由于应答式消退，健怡可乐的甜味不久就会失去其诱发效力，只要希德继续喝健怡可乐，它的甜味就不再与体内的糖分相匹配了，甜味很快就会停止诱发胰岛素的分泌，也就不会再有多余的胰岛素让他精力衰退了。

问题

1．描述条件化的胰岛素释放现象，并用示意图呈现出这个应答式条件作用的过程。

2．如何使用应答式消退来解决这个问题？

应答式条件作用的案例：行为医学

免疫系统的应答式条件作用

应答式条件作用还会影响身体免疫系统的运作。一项经典研究很好地说明了这一点。实验当中只进行了一次条件化尝试，给老鼠喂食含糖精的甜水（CS），随后，给老鼠注射环磷酰胺（US）。该药物会抑制免疫系统，降低抵抗力，因此对该药物的非条件反应（UR）就是老鼠的免疫系统活性水平降低。

几天之后，给所有老鼠注射少量的外源细胞（免疫系统会因此被调动起来与外源细胞作战）。然后，给一半的老鼠（实验组）喂食有糖精的甜水，而给另一半（对照组）喂食普通的水。实验组老鼠在含糖精的甜水所起的条件刺激（CS）的作用下，诱发了免疫系统活性的降低（CR），因而实验组老鼠的免疫系统无法抵抗外源细胞的入侵，而喝普通水的对照组老鼠则能够抵抗，因为普通的水并未起到条件刺激（CS）的作用，不会诱发免疫系统活性水平的下降。

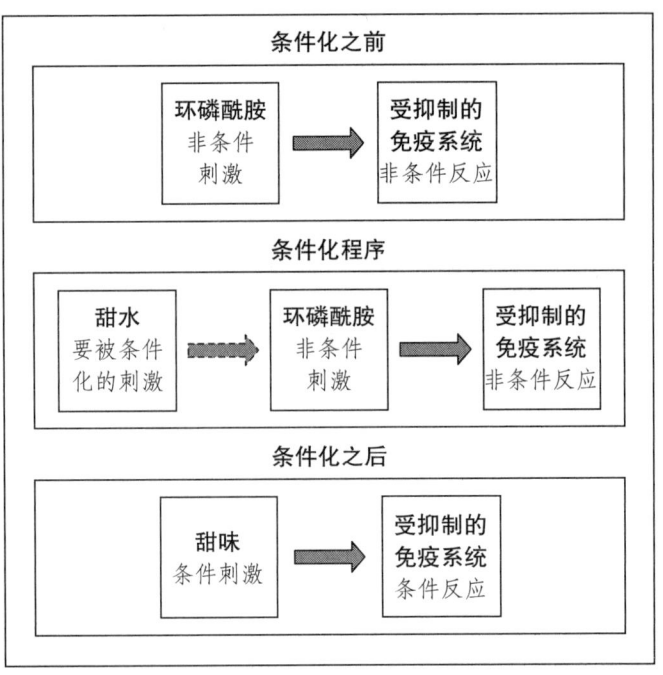

问题

画出示意图，解释免疫系统抑制实验的应答式条件作用。

中级进阶

应答式条件作用中的刺激泛化

假设为了条件化一条狗分泌唾液的行为，将一个低音调的铃声与肉糜进行匹配。之后，这个低音调的铃声就会诱发唾液的分泌。然而，在低音调的铃声与其他铃声之间存在着一些刺激泛化。因此，如果呈现一个高音调的铃声，那它也有可能会诱发唾液的分泌，尽管也许不会诱发那么多。在一个中性刺激通过应答式条件作用而变成一个条件刺激之后，就算条件刺激（CS）有所改变，变得与其在条件化过程中有所不同，也会引起条件反应，只是反应会少一些。

问题

举例说明应答式条件作用中的刺激泛化。

复合式条件刺激：掩盖与阻断

两个中性刺激（例如，铃声和灯光）可以同时与一个非条件刺激（例如，食物）进行匹配，从而形成诱发条件反应的复合式条件刺激。

当两个刺激形成复合式条件刺激（compound conditioned stimulus）时，单独呈现其中任何一个刺激，其结果是预测不到的。通常，两个刺激中的一个刺激会诱发条件反应，而另一个刺激不会诱发条件反应。当这种情况发生时，我们说诱发条件反应（CR）的那个刺激**掩盖**（overshadowed）了另一个刺激。

尽管灯光和铃声一起被条件化了，但只有铃声能诱发唾液的分泌，而灯光却什么也诱发不了。

复合刺激（compound stimulus）中的一个成分可能无法诱发条件反应的原因之一是：不同物种有可能与生俱来地对某一种刺激比对另一种刺激敏感得多。（例如，由于视力差，老鼠通常对声音比对灯光更敏感，这也许可以解释在老鼠身上铃声总是掩盖灯光的现象。）

还有一种方式也许可以让我们获得同样的掩盖：假设我们先将铃声与肉糜进行匹配，这样铃声就变成诱发唾液分泌（CR）的条件刺激（CS）了。然后，再假设我们通过同时呈现铃声与灯光来制造出一种复合刺激。我们将这个复合式铃声–灯光刺激与肉糜进行匹配，从而复合式的灯光–铃声刺激就变成诱发唾液分泌

（CR）的条件刺激（CS）了（参见前面的示意图）。这之后，假设我们分别对铃声和灯光进行测试，有可能会发现铃声能继续诱发唾液的分泌，而灯光不再具有条件刺激（CS）的诱发功能了。铃声还是掩盖了灯光。一个刺激因为与其他某些已经是有效的条件刺激（CS）同时呈现，使得该刺激无法成为有效的条件刺激（CS），对于这种情况，我们说之前有过条件化历史的那个刺激**阻挡**（blocked）了新刺激的条件化。阻挡是掩盖的一个特例。我们在这一节中见识了复合刺激在掩盖和阻挡中的作用，在下一节中将会看到复合刺激在猝死中的作用。

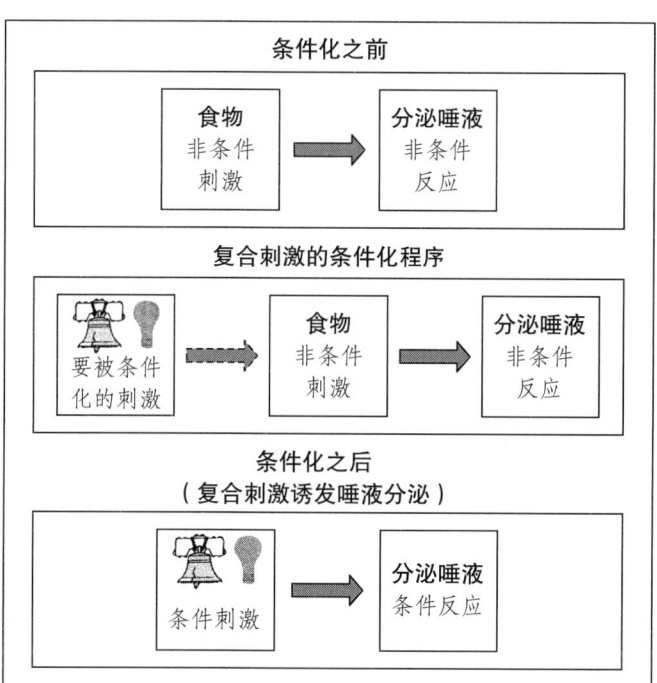

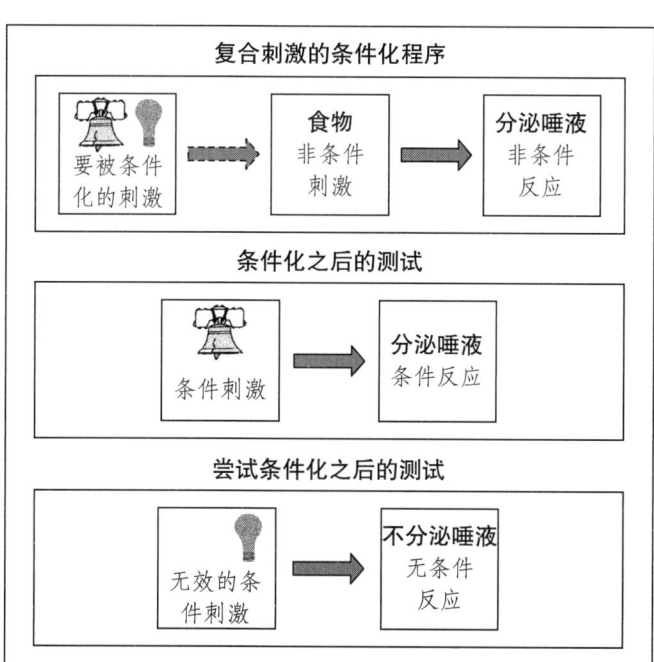

行为药理学

瘾君子为什么要过量使用毒品[1]

这天晚上，某位著名的艺人没有待在客厅里，而是走进了私密的浴室，他在那里给自己注射了海洛因。第二天早上，各大都市报纸都刊登了一张黑白照片，这位著名艺人四仰八叉地死在了浴室地板上。

如果一个人非常频繁地注射那些毒性强烈的毒品，不管这个人是不是著名艺人，他都极有可能最终死于吸毒过量。研究表明，吸毒过量的人往往是在一个新奇的环境里注射过量的毒品。毒性强烈的毒品为什么会与新奇的环境存在这种致命的组合呢？

某些毒品（鸦片、冰毒和可卡因）能够对一种很不同寻常的非条件反应（UR）起到非条件刺激（US）的作用。非条件反应会抵抗毒品产生的效果。毒品不仅会让人兴奋，还会产生一种非条件反应，该反应会抵抗兴奋。因此，吸毒者就需要更高的剂量来获得兴奋。

你可以看出来这是怎么发展的吗？这里有一个非条件刺激（US），它能够诱发非条件反应（UR）。现在，我们需要的是一个条件刺激（CS）——也许就是一个复合刺激，比如，看到客厅和针头刺痛这样一个复合刺激。然后，经过多次匹配，这个复合式条件刺激（CS）也开始诱发抵抗反应（CR）了。

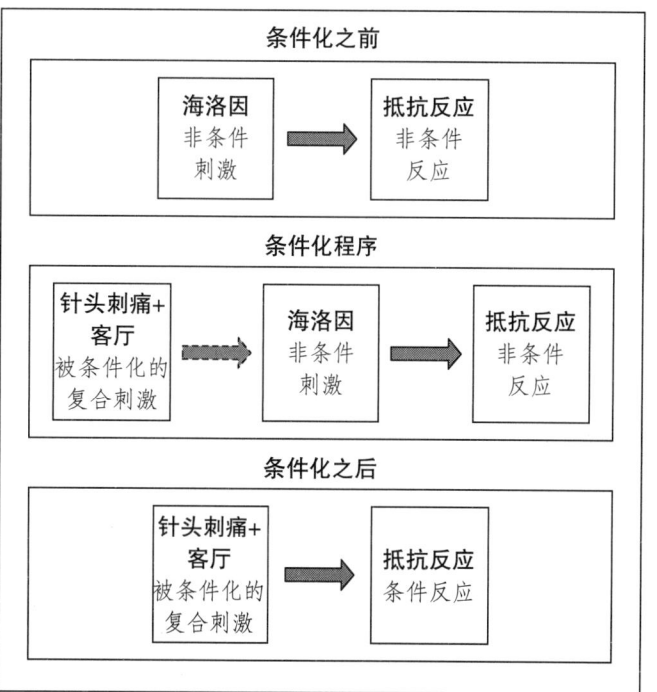

---

[1] 本节内容中的分析源自 Siegel, S., Hinson, R. E., Krank, M. D., & McCully, J. (1992). Heroin "overdose" death: The contribution of drug-associated environmental cues. *Science*, 316, 436-437.

这时候，条件刺激（CS）诱发了条件反应（CR），该反应与非条件反应（UR）结合在一起，引起对毒品的主要效果——获得兴奋——更大的抵抗。因此，瘾君子就必须注射更大剂量的海洛因。

但是，那位著名艺人去浴室注射海洛因时究竟发生了什么呢？客厅和针头刺痛这一复合刺激到了浴室里就不会再诱发某部分的抵抗效应了。[单独的针头刺痛本身不会起作用，它只有在与来自客厅场景的刺激相结合时，才会具有条件刺激（CS）的作用。]

这个瘾君子注射的大剂量只是他通常的吸毒量，但由于没有能起到保护作用的抵抗式条件反应（CR），结果，他死在吸毒过量上。①

对比

条件刺激与区辨刺激

学生乃至专业人员常常会在两个方面混淆应答式条件作用与操作式条件作用。一方面，将中性刺激转变为习得性强化物的操作式匹配程序与将中性刺激转变为条件刺激（CS）的应答式匹配程序，这两者很容易被搞混。对此，我们在本章前面部分已经进行了讨论和阐释；另一方面，区辨刺激（S^D）和条件刺激（CS）也容易被搞混。现在，我们就对此进行一些讨论。②

这里有一个比较难回答的问题：在华生的实验中，那只小白鼠对阿尔伯特的行为执行了怎样的刺激功能呢？它是条件刺激（CS，起应答式功能）还是区辨刺激（S^D，起操作式功能）呢？如果你只是一个旁观者，并不知道华生和雷纳对阿尔伯特做了什么，那你就不可能确切地知道小白鼠究竟是一个条件刺激（CS）还是一个区辨刺激（S^D）。为什么？因为无论是条件刺激（CS）还是区辨刺激（S^D），它都总是会"造成"反应，你总是能看到小白鼠"造成"阿尔伯特的啼哭，但你并不能确切地知道这是由于老鼠起着条件刺激（CS）作用还是由于它起着区辨刺激（S^D）作用。你必须要知道最初匹配的性质才行。

要搞清刺激功能，方法就是去看这个刺激的条件化历史。条件刺激（CS）能**诱发**（elicits）反应，这是因为它曾经与非条件刺激进行了匹配。区辨刺激（S^D）能**引发**（evokes）反应，这是因为反应曾经在该刺激呈现的情况下得到了强化。[要注意的是，按照传统的经典说法，可以用诱发来表示非条件刺激（US）和条件刺激（CS）的功能，也可以用引发来表示条件刺激（CS）、非条件刺激（US）或区辨刺激（S^D）的功能。]为了让一个区辨刺激（S^D）获得引发一个反应的能力，在该潜在的区辨刺激（S^D）呈现的情况下，一个反应与一个结果之间的依联关系（contingent relation）**必须**发生。例如，每当阿尔伯特看到小白鼠就啼哭的时候，我们就通过拥抱他来强化他的哭泣，我们就会操作式地条件化他在老鼠出现时的哭泣行为，然后老鼠的出现就会起区辨刺激（S^D）而不是条件刺激（CS）的作用。

条件刺激（CS）诱发反应是因为它已经与一个非条件化的诱发刺激匹配过了。要记得，这是一个应答式条件作用，不需要依联着行为给出一个结果以使刺激获得其诱发属性。例如，如果一个嘈杂的声音诱发了阿尔伯特的啼哭，然后在这个嘈杂的声音出现之前立即呈现小白鼠，会使小白鼠也成为能够诱发啼哭的一个条件刺激（CS）。③

某些心理学家认为，判断刺激功能的另一种方式是看反应类型。他们说，如果反应涉及平滑肌和腺体，那

---

① 我们对这个毒品研究的分析要比对该研究论文中的传统分析稍微复杂一些。我们质疑的是，熟悉的环境（例如，客厅）本身是否真的已经成为一个条件刺激（CS）了。如果确实如此，那么，每当这个瘾君子走进客厅时，这个环境就会诱发条件反应（CR），然后，这个条件反应会被消退，因为它在一般情况下并不与非条件刺激（US）相匹配。与这种解释相反，我们认为似乎更可信的是，环境与实际使用毒品时所产生的刺激（例如，针头刺痛）进行了匹配，这种组合在一起的刺激成了一个复合刺激。然而，需要指出的是，这并不是一个掩盖的例子，如果是掩盖的话，那么客厅和针头刺痛中的一个会诱发抵抗式条件反应（CR），但情况不是这样的。

② 在传统经典的理论中，大多数学生和专业人员会错误地将习得性强化物称为条件刺激（CS），错误地将区辨刺激（SD）称为条件刺激（CS）。也就是说，错误地把操作式过程认成应答式过程了。在我们的经验里，如果一个学生对操作式过程掌握得好的话，比如，在学习本书前20章时表现得非常好的话，那么，他犯这种错误的可能性就会低得多，而且似乎也很少会把应答式过程误认成操作式过程。

③ 按照传统的经典用法，我们使用诱发（elicit）这个术语来描述非条件刺激和条件刺激的功能；我们可以使用引发（evoke）这个术语来描述条件刺激、非条件刺激或区辨刺激的功能。在这本书中，我们作为作者，不会再对诱发和引发的"贴切使用"上纲上线，不会非要规定诱发仅限于描述条件刺激的行为，也不会规定引发仅限于描述区辨刺激（S^D）的行为，这是因为在字典里或者在日常使用当中，这两个词基本上是一回事。而且，即便教授强调条件刺激（CS）与区辨刺激（S^D）之间的差别之一是前者是诱发而后者是引发，也并不会帮助学生很好地区分应答式条件作用与操作式条件作用。而在学生这边，好像他们也很难看出这两个"关键"词汇之间有什么区别，也就难以看出应答式条件作用和操作式条件作用之间的区别了。这两个词都是指造成（cause）或者引起（produce）一个反应。不过，在本章当中，我们还是倾向于以传统的经典行为主义的方式来使用这两个术语，就当这两个词会产生一定的影响吧。这样做，可以让那些对更为传统的经典方式情有独钟的教授们感觉好一些，让他们能轻松地继续强调这种语言上的区别。

注意：我们说一个刺激诱发一个反应：铃声诱发唾液分泌，但我们从不会说一个动物诱发一个反应，比如，我们不会说狗诱发唾液分泌。而且，我们不会说反应诱发一个刺激，比如，我们不会说唾液分泌诱发铃声（更重要的是，我们从不会说按压杠杆诱发了水）。

么我们可能是在讨论条件刺激（CS）；而如果反应涉及的是骨骼肌，那么我们可能是在讨论区辨刺激（S^D）。尽管通常情况下也许是这样的，但在了解条件化历史之前就这么推断则是错误的。

要记住，我们可以应答式地条件化动作反应，也可以操作式地条件化情绪反应。此外，许多反应都会同时涉及平滑肌、腺体和骨骼肌——例如，呕吐和哭泣。因此，只是通过看反应类型，我们无法轻易地推断出相关的条件化历史，因此，我们仍然无法轻易地确定引发反应的刺激究竟是区辨刺激（S^D）还是条件刺激（CS）。

定义：通用规则

区辨刺激与条件刺激的检验（The S^D/CS test）
- 要确定一个刺激是区辨刺激（S^D）还是条件刺激（CS），
- 需查看其条件化历史：
- 找出可信的非条件刺激（US）→非条件反应（UR）的关系；
- 或者，找出可信的区辨刺激（S^D）→反应（R）→强化刺激（SR）的依联。

让我们从下面这个案例中来看看区辨刺激与条件刺激的检验规则吧。

1. 小狗斯波特在听到主人开狗粮罐头的声音时跑向厨房。关于斯波特跑向厨房的行为，打开罐头的声音起着怎样的作用？（整个过程又是怎样的？）

A. 区辨刺激（操作式条件作用）
B. 条件刺激（应答式条件作用）

这里是否存在一个可信的非条件刺激（US）→非条件反应（UR）的关系呢？

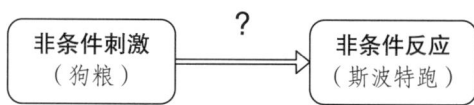

食物是一个条件刺激，诱发了小狗跑这个条件反应，这种说法可信吗？当然不可信，小狗斯波特不会每次都在自己嘴里有食物时还跑。那么，将狗粮与开罐头的声音进行匹配，这不会造成开罐头诱发小狗跑的行为。

那么，是否存在可信的区辨刺激（S^D）→反应（R）→强化刺激（SR）的依联呢？当然存在。

根据斯波特的行为历史可以推断，相当可信的是，当开罐头的声音这个刺激呈现时，跑向厨房就会得到狗粮的强化（至少是间歇地被强化）。因此，开罐头的声音是一个区辨刺激，而不是一个非条件刺激，这种推断似乎可信得多——也就是说，我们在此看到的是操作式条件作用，而不是应答式条件作用。

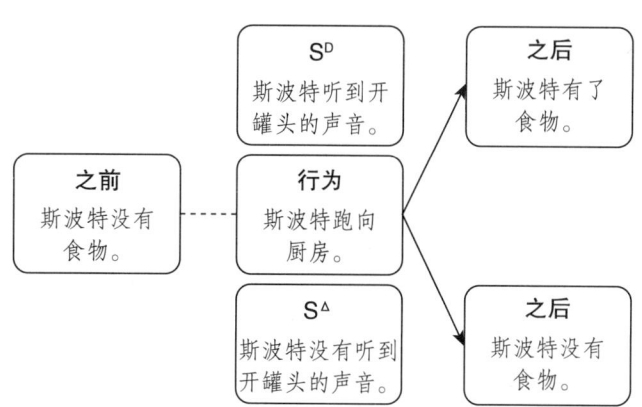

2. 下面这个案例又是怎样的呢？你将食物举起，说"OK"，于是斯波特跳向食物。那么，"OK"是什么？

A. 区辨刺激（操作式条件作用）
B. 条件刺激（应答式条件作用）

（要牢记的是，要想让"OK"成为跳的一个条件刺激，看到食物就必须是跳的一个条件刺激或非条件刺激。那么，你当真认为一旦将食物放入狗食盆中，斯波特就会开始跳吗？巴甫洛夫，让我休息一下吧！）

3. 再看下面这个，又是怎样的？你把食物扔在地面上，斯波特朝它弯下身去。

A. 区辨刺激（操作式条件作用）
B. 条件刺激（应答式条件作用）

我们在前面说过，条件刺激（CS）和区辨刺激（S^D）之间的不同是应答式条件作用和操作式条件作用之间的关键区别。

前面也说了，在区分操作式条件作用和应答式条件作用时，学生和专业人士往往会出现两种常见的混淆，我们也讨论了如何澄清这两种混淆。为了让你——我亲爱的学生，永远不犯这些错误，我们再来总结一下。

首先，经常容易混淆的是，将中性刺激变为习得性强化物的操作式匹配程序和将中性刺激变为条件刺激（CS）的应答式匹配程序。我们已经说明了这两种匹配程序有着不同的结果。在应答式条件作用中，中性刺激变成条件刺激，也就是说，它或多或少地获得了与非条件刺激相同的诱发功能；而在操作式条件作用中，中性刺激变成习得性强化物或习得性厌恶条件，也就是说，它或多或少地获得了与非习得性强化物或非习得性厌恶条件相同的强化功能。

其次，往往容易混淆的是区辨刺激（S^D）和条件刺激（CS）。要想确定一个刺激究竟是起着区辨刺激（S^D）的功能还是起着条件刺激（CS）的功能，需要看这个刺激的条件化历史。其条件化历史会告诉我们该刺激的功能。区辨刺激**引发**反应，这是因为先前在该刺激呈现时反应得到过强化。而条件刺激**诱发**反应，这是因为先前它已经与一个非条件刺激进行了匹配。

问题

1. 阐述条件刺激和区辨刺激之间的异同点。
2. 为什么说仅仅通过看反应类型就推断条件化的历史是有风险的?
3. 描述确定刺激的功能的通用规则,并举例说明。

在 **DickMalott.com** 网站上,你还将读到:
孤独症进阶材料
第 21 章　高级学习目标

第六部分

复杂的人类行为

第 22 章　规则掌控的行为：概念

第 23 章　规则掌控的行为：应用

第 24 章　规则掌控的行为：理论

第 25 章　为表现付出代价

第 26A 章　性

第 26B 章　道德与法律控制

第 22 章　规则掌控的行为：概念

行为分析师认证委员会第 4 版任务清单

E-03　运用指导和规则。

FK-41　依联塑造的行为

FK-42　规则掌控的行为

基础知识

案例：行为医学[①]

玛丽，就要饿死的女人[②]

玛丽就要死于饥饿了。她 37 岁，身高 1.62 米，但体重却只有 38 斤。

玛丽 11 岁时体重 108 斤，当时她是一个胖乎乎的小姑娘。这种健康的 108 斤的体重一直保持到她 18 岁结婚的时候。当时她的医生警告过她，她的性发育还未充分完成，结婚有可能"会使之变得更糟，也有可能会使之变好"。当时的美国正处于第二次世界大战中，加利福尼亚州的住房紧缺，而她新婚的军人丈夫原本住在加州军营里。他俩不得不住在狭小拥挤的公寓里，那里没有厨房，只能去廉价餐馆吃饭。玛丽在性生活方面也存在困扰，她非常想家，经常从加利福尼亚州长途跋涉回自己在弗吉尼亚州的娘家。结婚几个月后，玛丽开始吃得越来越少，体重以惊人的速度下降。医生警告玛丽如果再减重的话，她就应该回家与自己的家人住在一起。她照做了。

可是，回家之后，玛丽的体重仍在持续地减轻。到她 37 岁时，她已经从 108 斤降到了 38 斤。如果玛丽不能增重的话，她就会死于饥饿。而医生们却无法在她身上找到任何医学方面的原因，因此，他们请来了行为分析师，希望能尝试新的干预方法——一种针对进食的社会性强化干预。

他们把玛丽安置于医院的一间病房里，房间里只有一些生活必需品，而将她的社会接触维持在一个最低水平上。玛丽的状态实在太糟糕了，她在没有帮助的情况下甚至无法下床。有一名助手不得不为她的一日三餐提供服务。因此，只有在每次用餐的时候，她才会有一名陪伴者——这名助手。只有当玛丽至少吃了一口饭之后，这个陪伴者才会和她说话。行为分析师们希望用对话来强化她的进食行为。

最开始的时候，每当玛丽朝嘴的方向举起叉子时，她的陪伴者就会和她进行简短的对话，否则就保持沉默。当玛丽有了一些进步后，在她能经常性地伸手去盛取食物的时候，陪伴者就开始要求她将食物举到嘴边，然后才会给予几秒钟对话强化物。强化又一次奏效了，玛丽能经常性地将叉子移向嘴边了。这之后，陪伴者进而要求玛丽咀嚼一些食物，然后才能得到具有强化效力的对话。又过了一段时间，陪伴者只有在玛丽完成吞咽食物的反应之后才进行强化。这就是塑造的策略。

行为分析师还允许玛丽完成用餐后收听广播、留声机或者看电视。如果没完成用餐，她就不能得到这些强

[①] 接下来这三章的内容存在相当多的争议。对相关理论的完整阐释太过复杂，也许已经超出了本书的教学目标。因此，尽管我们在第 24 章中对许多争议话题进行了一些解释，但如果对相关的其他话题的讨论仍有兴趣的话，可以参考一些学术资源，例如：Malott, R. W. (1989). The achievement of evasive goals: Control by rules describing contingencies that are not direct-acting. In S. C. Hayes (Ed.). *Rule-governed behavior: Cognition, contingencies, and instructional control* (pp.269-322). New York: Plenum, 以及 Malott, R. W., & Garcia, M. E. (1991). The role of private events in rule-governed behavior. In L. J. Hayes & P. Chase (Eds.). *Dialogues on verbal behavior* (pp.237-254). Reno, NV: Context Press.

[②] 改写自 Bachrach, A. J., Erwin, W. J., & Mohr, J. P. (1965). The control of eating behavior in an anorexic by operant conditioning techniques. In L. P. Ullman and L. Krasner (Eds.). *Case studies in behavior modification* (pp. 153-163). New York: Holt, Rinehart & Winston. 本节中所用的图表也是以这篇文章为基础的。

化物。最初，他们只要求她吃掉一两口食物，而到最后，他们要求她吃完餐盘里的所有食物，然后才能得到这些娱乐活动。再往后，他们又加入其他的强化物：如果玛丽吃完了自己餐盘里所有的食物，她就可以选择下一餐想吃的食物；可以邀请一名病人和她共进下一餐；或者可以和其他病人一起到餐厅里去吃饭。之后，他们又逐渐引入其他依联式的社会性强化物——与陪伴者一起在医院的院子里散步，还可以获得家人和朋友的拜访；收取信件以及清洗和整理头发也被用作强化物。

就这么一口一口地，一点一点地，玛丽的体重开始增加了。经过3个月的治疗，玛丽的体重增加了将近13斤——差不多每周增加1斤。想象一下，其中有很多人耐心地付出艰苦努力——行为分析师、陪伴者、家人、特别是玛丽自己——所有人的付出最终都得到了回报。

玛丽回家之后，行为分析师要求她的家人继续：①强化她的进食行为，在她吃东西的时候，向她提供表扬和关注等社会性强化物；②不要理睬她，如果到了就餐时间她却不吃饭的话。在父母家经过一年的干预，玛丽的体重增加到了80斤左右（见图22.1），开始过上比较正常的生活了，她的社交和工作也走上了正轨。虽然80斤还是比正常值低，但这差不多已经是她干预之前的体重的两倍了。

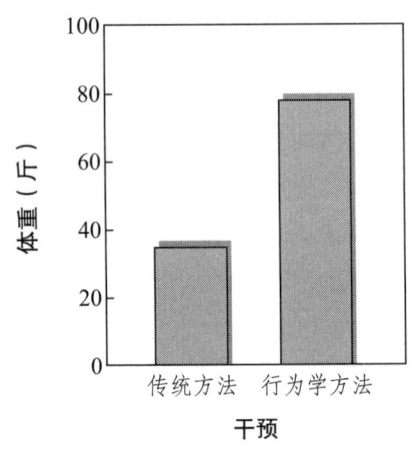

图22.1 运用强化物帮助一名厌食症女性

分析

我认为，玛丽的干预有可能远比最初看上去的复杂。认识到这一点，我花了整整21年的时间。这里可能不仅仅是强化物呈现而带来的简单强化。

为什么说这个干预不只是简单强化呢？为了回答这个问题，先来复习一下我们的定义：**强化物呈现而带来的强化**（reinforcement by the presentation of reinforcers）——以往一个反应出现后的60秒之内紧跟着强化物的呈现或者强化物的增加，那么该反应在以后将出现得更为频繁。在这个案例中，行为分析师的干预很有可能涉及了某些简单的强化依联——比如，陪伴者的对话会较为迅速地紧随在每一次进食反应之后。

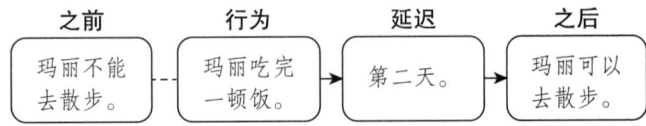

但是，其他那些被认为是强化物的东西呢——选择食物、用餐时的陪伴、下一餐的地点、散步、拜访、信件，还有梳头打扮？玛丽用餐完毕之后，她的陪伴者会立即告知玛丽可以自己挑选第二天用餐的食物、可找人陪伴，等等。因此，如果这些推测的强化物真的是强化物，那么，这种向玛丽做出的告知以及玛丽做出的选择，也可以强化玛丽刚刚结束的进食行为。但是，她是在第二天才真正获得食物和陪伴的，那些东西延迟得太久了，无法强化她的积极进食行为。

我们追求真相的过程中的最初分析

之前	行为	延迟	之后
玛丽不能去散步。	玛丽吃完一顿饭。	第二天。	玛丽可以去散步。

这里可能还涉及了某些别的什么东西。接下来我们再来看一个案例，然后再回来讨论这里可能存在的别的东西究竟是什么。

顺带提一句，玛丽的问题的正式名称叫神经性厌食症（anorexia nervosa）。不过，别被这个炫目的标签糊弄住了。医生、精神病学家和心理学家都很喜欢给人和问题贴上一个标签，但就算给人或问题贴上了标签，也不等于就知道了问题的根源或者找到了解决问题的办法。神经性厌食症所表达的不过是一个人吃得不多，但医生并未找到该问题的医学原因。如果你不加以警惕的话，那么，整件事在逻辑上会形成一个循环论证：为什么玛丽不吃东西？因为她有厌食症。你怎么知道她有厌食症？因为她不吃东西。这就好像在说玛丽不吃东西是因为她不吃东西。贴标签会干扰我们，误导我们，使我们偏离玛丽问题的真正原因——行为依联。

问题

1．神经性厌食症是什么意思？
2．描述并分析针对玛丽厌食症的干预。
3．干预中的哪些部分似乎是基于简单强化的？哪些部分似乎涉及延迟过久而在简单强化中无效的强化物？
4．干预的结果是怎样的？

案例：行为医学

泡泡糖与排便（第二部分）①（FK-41）（FK-42）

还记得陶德吗？前面讲过这个小男孩的案例。他在牙科诊疗过程中很受困扰（参见第16章），唐恩应邀帮助了他。在那之前，他还在排便上有过困扰，我们前面也讲了这个泡泡糖小孩的案例，后来，他妈妈在他每次排便后就立即给他一块泡泡糖，成功地强化了他的排便行为（参见第2章）。

直接作用的依联

之前	行为	之后
陶德没有泡泡糖。	陶德排便了。	陶德获得一块泡泡糖。

但是，第2章中希德指出，这种强化程序如果一直持续下去会很尴尬。

因此，唐恩先成功地采用直接呈现泡泡糖的方法强化了陶德的排便行为，然后成功地帮助陶德在牙医诊所配合治疗。在这之后，唐恩觉得是时候让排便干预更具实用性了，于是，她让陶德的妈妈告知陶德，他们要使用一个新规则。陶德仍然可以时不时地获得泡泡糖，而且无须再依联于排便行为，但是，现在如果他在晚餐前的任何时候排了便，就可以在晚餐之后获得甜点。这很有成效。两年后，陶德每周排便6次——对于一个曾经每周只排便一次的小孩来说，这已经很不错了。

分析

让我们再看一遍**强化物呈现而带来的强化**的定义——以往一个反应出现后的60秒之内紧跟着强化物的呈现或者强化物的增加，那么该反应在以后将出现得更为频繁。现在让我们将这个定义应用于唐恩对陶德的最终干预中。

- 首先，反应是什么？排便（结肠的收缩和括约肌的放松）。
- 这样一组反应是否更可能出现了？是的，与唐恩开始首次干预之前相比，这组反应会更多地出现。
- 强化物是什么？甜点。它真的是一个强化物吗？至少，甜点作为一个强化物足以强化陶德吃它的行为。于是，这让我们看到了希望，我们希望甜点也足以作为强化物支持陶德的排便行为。
- 最后，这个强化物是否在60秒之内紧随在排便行为之后呢？不是！陶德的排便必须出现在晚餐之前。比如，他有可能是在早晨排便，但仍然要等到晚餐之后才能获得这个甜点强化物。

我们追求真相的过程中的最初分析

之前	行为	延迟	之后
陶德没有甜点。	陶德排便了。	几个小时之后。	陶德有了甜点。

这与玛丽的案例一样，这里的问题是：强化物并未在60秒之内紧随在反应之后出现。排便与甜点之间的延迟太长了，这让甜点无法强化排便。但是，排便依然被维持着。

> **强化物必须在60秒之内紧随在反应之后出现以强化该反应。**

看起来有些奇怪。我们对整个强化程序加以思考，就会发现似乎有些不对劲。只要多思考两分钟，也许就可以再想出很多这种特殊的例子。在这些特例当中，都是反应过去很长时间之后强化物才出现，可是强化物似乎依然与产生反应有关。你现在就开始试一试吧，闭上眼睛两分钟，看看自己能想出多少这类特例——延迟提供强化物的例子。例如，报名上大学和几年后才获得大学学位。

两分钟到了吧？记得，时间到之前请不要睁开眼睛。好了，你想到了几个呢？早上去买东西，于是你今天的晚餐就有着落了；提前买票，于是你就能抢到刘德花（不是刘德华）演唱会的门票了；睡前提前设定好闹铃……差不多你生活里做的每一件事情都是如此。②

如果甜点干预不是强化，那它又是什么呢？它是**规则控制**（rule control）。这里的**规则**就是：如果你今天排便了，那么晚餐之后就可以获得甜点。我们之所以认为甜点干预是规则控制，这是因为：假设陶德的妈妈会在陶德每天排便之后在晚餐的时候给他一份餐后甜点，但假定她并没有告诉陶德排便与甜点之间的关系，也就是说，假设她没有告诉他这个规则，那么，餐后甜点还会强化并进而维持陶德的定期排便行为吗？不会，因为甜点延迟太久了。陶德的排便要得以维持的话，就必须要有描述这个行为依联的规则。规则控制了排便。（当然，如果这个规则被证明是假的，妈妈没有给陶德应得的甜

---

① 改写自 Tomlinson, J. R. (1970). Bowel retention. *Behavior Therapy and Experimental Psychiatry*, 1, 83-85.

② 我们认为，在这些非正式的例子中，未来的结果并不会造成当前的事件。我们认为，一些甚至尚未发生的事情并不会导致现在正在发生的事情。在音乐会上拥有座位，这是尚未发生的事，它不会造成你现在预订门票。像刘德花这样不靠谱的无名歌星，她的演唱会很可能会被取消。因此，你会预订门票，即便最终结果是你有了门票，这场演唱会却没有了。虽然演唱会不存在了，但你早先预订门票的行为仍然存在。一个不存在的事情不会造成一个存在的事情。要想说法有逻辑而且稳妥，我们就要确保原因出现在效果（结果）之前。否则，我们就会犯**目的论**的错误——这种论调的错误就是认为未来会影响现在。

点的话,这个规则就会失去其控制效力。)

下面列出几个相关的新概念。不过,还是先来会会我们的老朋友吧:**行为依联**(behavioral contingency)——反应出现的场合(S^D)、反应和反应的结果。

> **定义:通用规则**
>
> **规则**(Rule)
> - 对一个行为依联的描述。
>
> **规则控制**(Rule control)
> - 对一个规则的陈述
> - 控制了该规则中所描述的
> - 反应。
>
> **规则掌控的行为**(Rule-governed behavior)
> - 受规则控制的行为。
>
> **依联控制**(Contingency control)
> - 一个依联
> - 对行为的直接控制,
> - 而不涉及规则。

描述甜点依联的规则指明了区辨刺激(S^D,晚餐前任何时候)、反应(排便)和结果(餐后甜点)。规则的确控制了行为,因此排便是一个**规则掌控的行为**(rule-governed behavior)。在唐恩第二次针对陶德排便行为的干预中,陶德的排便需要这个规则的存在,所以,在这个干预中,排便并不是**依联掌控的行为**〔contingency-governed behavior,或依联塑造的行为(contingency-shaped behavior)〕。

同样的分析也适用于玛丽的案例。例如,描述了餐品选择依联的那条规则指明了反应(进食)与结果(下一餐可以选择食物)。这个规则也的确控制了玛丽的进食,因此,她的进食是规则掌控的行为。要想让这个依联能够控制玛丽的行为,她就需要有这个规则,所以,进食并不是依联掌控的行为,至少在涉及餐品选择依联这个干预内容上不是。

问题

名词解释,并举例说明以下概念:

A. 规则
B. 规则控制
C. 规则掌控的行为
D. 依联控制
E. 依联掌控的行为(依联塑造的行为)

强化何时会无效:强化的问题与强化物的延迟提供

我们在第 1 章中就说过,数据表明,强化物必须在 60 秒之内紧随在反应之后出现才能强化该反应。这一点实在是太重要了,我们要反复提及它。为什么呢?因为就连专业人士也会在此栽跟头。他们有时可能会说出这样的话:"琼斯积极参与总统竞选,并最终当选。因此,她的当选一定强化了她的竞选行为。"这个陈述有什么问题呢?选举结果在总统竞选活动开始很久之后才会正式公布,尤其要看到,她在投票的好多个月之前就开始参与竞选活动了。如果强化物跟随在反应之后超过好几秒钟,那就不会强化该反应了。选举结果跟随在竞选活动之后早已超过 60 秒钟,因此,选举结果不会强化她的竞选行为。所以,即便琼斯在未来选举中的竞选行为频率增加了,也不会是因为她这次当选提供了直接强化。

诚然,延迟提供的强化物通常确实会影响或控制我们的行为。陶德的餐后甜点就已经表明了这一点。赞美也是同样的:早上你穿上一件崭新的毛衣,下午朋友们为这件毛衣赞美了你。这也算不错的强化物,但这对于强化你穿上这件毛衣来说,实在是延迟太久了。也就是说,你是会更经常地穿这件毛衣,但这并不是因为得到了那些赞美的强化。这里面还有别的东西在发挥作用。

并不是延迟强化物本身在控制我们的行为,而是关于延迟强化物出现的可能性的那些陈述在更直接地影响或控制我们的行为。甚至在我们获得延迟的强化物之前,强化物出现的前景就能控制我们的行为。"你今天去参加面试时,一定记得面带微笑,要看着面试官的眼睛,握手之前擦掉你掌心的汗水。只要你听从我的建议,几天之后,你就能从他们的总部收到工作聘用函。"

这些关于延迟强化物以及对延迟强化物做出许诺的案例所涉及的已经不仅仅是一个简单的强化程序了。这里讨论的是规则控制。行为的发生不仅仅是因为依联,还因为有人陈述了规则。陈述规则的人可能是进行该行为的人,也可能是其他某个人,他将这个规则告知进行该行为的人。

问题

请举出一个例子,其中的行为受控于强化物的许诺而非强化物的立刻提供。

截止时间

好吧,前面讲的都还是本章中比较容易的部分。现在开始,我们要加大难度了。前面已经说了,从本书的第 1 版到第 2 版,这之间我花了整整 21 年的时间才认识到我们对某些研究的分析存在问题。我们以往似乎认为它们只涉及简单的、斯金纳箱式的行为依联,但实际上,它真正涉及的是需要规则来施加控制的延迟性结果。后来我又花了10年的时间(从第2版到第5版之间),发现并解决了另一个同样复杂的问题。

原来我认为含有延迟性结果的行为依联是间接作用的强化依联的类似物,但我现在认识到了,生活要复杂得多。这些间接作用的依联大多数都涉及截止时间,这是我们在撰写本书第2版时尚未认识到的一个事实。

陶德的甜点依联

我们前面分析陶德的甜点依联时,漏掉了一个关键的成分——截止时间。

我们追求真相的过程中最初的错误分析

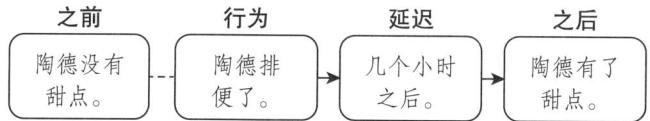

如果陶德要获得甜点,他就不能想什么时候排便就什么时候排便。他必须在晚餐前做出这个关键的反应。他不能一直拖延下去,晚餐时间就是他排便的截止时间。但即便如此,我仍然心存困惑。我又花了几年的时间才弄清楚截止时间的功能究竟是什么。截止时间标示出了区辨刺激(S^D)何时结束。因此,在晚餐截止时间前的时间段是区辨刺激(S^D),这是陶德排便将会有甜点回报的唯一时间段。而该截止时间后的时间段则预示着无强化物的区辨刺激(S^Δ),排便不会有甜点作为回报。

但是至此,我们依然没有完全摆脱困惑。我惊讶地认识到,把截止时间放进依联当中,那么原以为的区辨型强化依联的类似物就变成了区辨型回避依联的类似物。也就是说,如果陶德在晚餐时间前还没有排便的话,就会失去获得甜点的机会。

因此,我们现在对陶德这个甜点依联的最新的、最复杂的分析版本是这样的:

我们最终的分析:区辨型回避的类似物

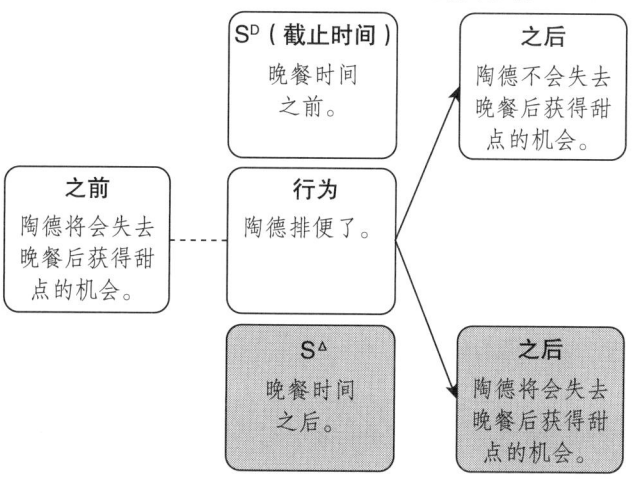

玛丽的散步依联

本章前面的另一案例中也忽视了截止时间。

我们追求真相的过程中最初的错误分析

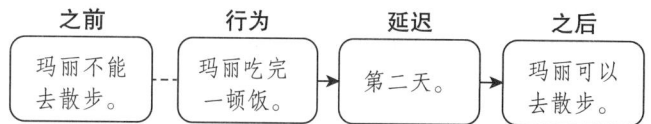

这里我们同样漏掉了一个关键的成分——截止时间,因为玛丽不能想什么时候吃完她的饭就什么时候吃完。她不能一直拖延下去,如果她第二天要去散步的话,饭点结束的时间就是她吃完整顿饭的截止时间。因此,到撰写《行为原理》第5版的时候,我确信用餐时间的结束是一个区辨刺激(S^D)。于是就有了下面的示意图:

我们最终的分析:区辨型回避的类似物

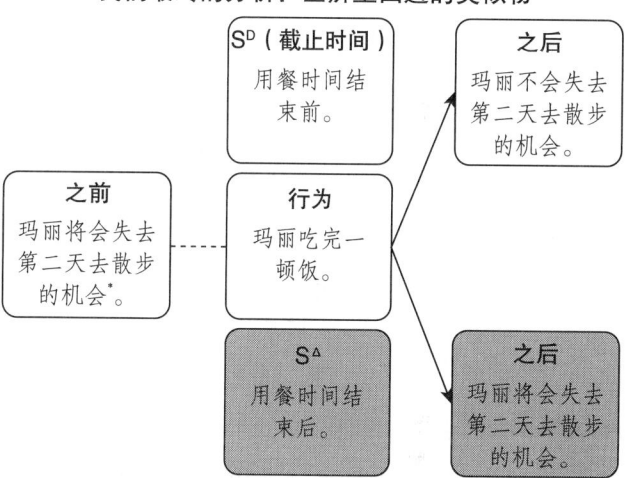

* 注意:有时,我们会将延迟整合到"之前"条件和"之后"条件中,这样就不用像先前版本那样再画一个延迟文本框了。

当然,我为自己搞清楚这一点而颇感自豪,但是,当我开始撰写《行为原理》第6版的时候,我的一些学生解释说,尽管晚餐时间的开始对陶德来说的确是一个真实的区辨刺激(S^D),但用餐时间的结束对于玛丽来说并不算是一个真实的区辨刺激(S^D)。没错,它是一个截止时间,但并非所有截止时间都是区辨刺激(S^D)。为什么不是呢?要想有一个区辨刺激(S^D),也就必须有一个预示着无强化的刺激(S^Δ)。要想有一个预示着无强化的刺激(S^Δ),就必须有机会做出该反应。将杠杆从斯金纳箱中移除,这对于鲁道夫来说不算是一个S^Δ。如果操作物不在那里,它也就无法做出反应。同样的道理也适用于玛丽。用餐时间结束时,玛丽已经失去了吃完整顿饭的机会,余下的食物被移除了或者玛丽必须离开餐桌了。因此,对于玛丽来说,截止时间前的时间才是她有机会做出反应的时间段。

陶德的晚餐和玛丽的用餐之间有一个关键的不同之

处。我们已经确认晚餐开始前的时间对于陶德来说是一个区辨刺激（S^D）——如果他做出反应，就可以获得强化物。晚餐开始后的时间是一个S^Δ——晚餐开始后做出的反应不会让他获得任何甜点。我们也试图把类似的分析强加在玛丽的案例上，但是，我们那么分析是错误的。因为对于玛丽来说，用餐时间不是一个S^D或S^Δ——它不是任何一种刺激。用餐开始，就如同把玛丽放进了斯金纳箱，这只是给了她做出反应的机会，与鼓励她吃东西的强化依联能否发挥作用没有任何关系，这只关系到她首先能否开吃。

因此，在《行为原理》第 6 版中，我们的正式观点是，引入截止时间，将这个依联改变为回避依联。①

问题

1. 举例说明显著延迟的强化的类似物实际上是延迟的区辨型回避的类似物。
   A. 请讨论其中的截止时间的作用。
   B. 请用示意图讲解你的例子。
2. 举例说明显著延迟的强化的类似物实际上是延迟的非区辨型回避的类似物，其中，在截止时间之前的时间段只不过是有机会做出反应的一个时间段。
   A. 请讨论其中的截止时间的作用。
   B. 请用示意图讲解你的例子。

某些重要的区分

前面我们已经临时性地使用了**直接作用的依联**（direct-acting contingency）和**间接作用的依联**（indirect-acting contingency）这两个术语。现在，我们来正式对其加以定义。

> **定义：概念**
>
> **直接作用的依联**（Direct-acting contingency）
> - 反应的结果
> - 强化或惩罚该反应的
> - 依联。

例如，有些依联很可能就是直接作用的依联：老鼠压杆并立即获得一滴水；你扭动自动饮水器的手柄并立即获得水；鸽子啄击按键并立即获得 3 秒钟的吃谷子时间；你将一枚硬币塞入糖果售货机并立即获得一块糖果；你讲了个黄段子，大家立刻发出抱怨，等等——你现在应该明白了，这些依联就是你在本书前面各章节里

---

① 因此，截止时间之前的时间段，要么是一个S^D（区辨型回避依联），要么仅仅是有机会做出反应的时间段（非区辨型回避依联）。

一直在学习的东西——直接作用的依联：结果会在反应发生后的 60 秒之内跟着出现的依联，通常不到 60 秒就会跟着出现。而在间接作用的依联中，结果将在反应发生的 60 秒之后，通常会在更长的时间之后才会跟着出现。

> **定义：概念**
>
> **间接作用的依联**（Indirect-acting contingency）
> - 一种控制反应的依联，
> - 尽管反应的结果
> - 不强化或惩罚该反应。

如果一个依联是间接作用的，那么究竟是什么在更直接地控制行为呢？那就是描述这个依联的规则陈述。任何时候，只要存在一个有效的间接作用依联，就必定有一个规则掌控行为。

例如，有些控制你的行为的依联，很可能就是间接作用的：如果在截止时间之前提交大学入学申请，你就可以避免**三个月之后**失去上大学的机会（如果一切顺利的话）；如果在 4 月 15 日前提交税务文件并缴纳个人所得税，你就可以避免**两个月之后**支付罚款；如果今晚为考试认真复习，你就可以避免**明天**真的考砸了（如果一切顺利的话）。在所有这些案例中，反应可能已经造成了结果（结果可能是依联于反应的），但结果都是延迟很久才出现的，因而无法强化产生该结果的反应。因此，如果依联确实控制了未来的行为，那么一定是间接地实施了这种控制，它并不直接强化造成结果的反应，相反，它通过描述该依联的规则而实现控制。

另外，尽管一个依联可能是间接作用的，但反应被间接强化了这种说法也是不正确的。如果一个行为出现的话，那就是因为它被强化了，而且它是被直接强化了。没有所谓"间接强化"这东西。（在第 23 章中，我们给出了一些可能的强化依联，它们会在间接作用的依联中强化行为。）

> **定义：概念**
>
> **无效的依联**（Ineffective contingency）
> - 不控制行为的依联。

有些依联可能是无效的依联，至少大多数时候是这样的：老鼠按压杠杆，可一小时后才获得了一滴水；每次你微笑，一小时后你心爱的人才给了你一个吻，而且没有告诉你为什么。

假设你对乳糖不耐受，有一天，你喝了一杯牛奶后感到轻微不适。许多人一辈子都受着这样的困扰，却不知道为什么，而且不存在控制他们行为的依联。这里我

们确信，水对于老鼠来说会变得无效。我们敢打赌说，微笑-亲吻，以及牛奶-生病，如果不能陈述出描述这些依联的规则，那么这些依联对于我们人类来说也会是无效的。

无效的依联
如果你不知道规则

之前 | 行为 | 延迟 | 之后
你没有得到亲吻。 | 你微笑。 | 一小时后。 | 你得到了一个亲吻。

注意：这里举的两种依联虽然都不是直接作用的，但其中一种是间接作用的依联，因而是有效的，而另一种则是无效的依联。如果反应在 60 秒之内产生了一个食物强化物，那么这个依联很可能就是直接作用的。如果反应产生了一个延迟的食物强化物，那么**这个依联就不是直接作用的**。对于啄击按键的鸽子来说，延迟的依联会是无效的。对于你来说，将一只火鸡放进微波炉里，这个依联很可能会是有效的（如果你不是个素食主义者的话），但它会是间接作用的，因为即便你使用世界上最快的微波炉，解冻了的火鸡这一强化物的延迟也太久了，因而无法强化你将火鸡放入微波炉的行为。

因此，我们有三类行为依联：直接作用的、间接作用的和无效的。

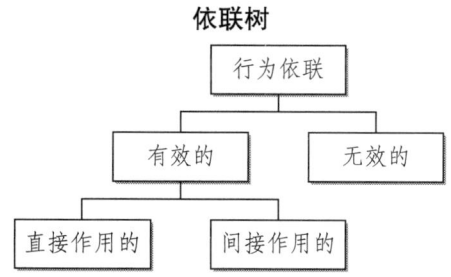

依联树

行为依联
├── 有效的
│   ├── 直接作用的
│   └── 间接作用的
└── 无效的

问题

1. 名词解释，并举例说明以下三个概念：
   A. 直接作用的依联
   B. 间接作用的依联
   C. 无效的依联
2. 画出依联树。

概念

规则掌控的、直接作用的行为依联的类似物

本书通篇讨论的就是一些基本的行为程序。在前面的章节里，我们已经讨论了那些涉及直接作用的依联的程序——例如，强化物呈现而带来的强化程序。然而，行为程序中还有一些涉及非直接作用的依联的类似物。也就是说，由于结果延迟太久才出现，因而那些依联不会强化或惩罚反应。

顺带说一下，这里所说的**类似物**是指：两种程序虽然在某些方面是一样的，但在一些重要的方面并不一样，因而说它们是类似的。例如，假设一个反应出现，在这之后强化物立即跟着出现，该反应的频率因此而增加，这就是强化。

现在，再来看一个类似物：它与强化虽然在某些方面相似，但在另外一些方面却并不相似。一个反应出现了，一天之后一个强化物才跟着出现，该反应的频率也因此而增加；尽管反应的频率增加了，但这并不是强化。这个类似物的程序和结果看上去非常像强化，但并不完全等于强化——反应与强化物之间存在一天的延迟，延迟太久了，因而它算不上强化。那么，一定有某些别的东西在发挥作用。我们会在第 23 章中对这个"别的东西"进行更多的讨论。

的确，非直接作用的依联无法强化反应，然而，描述这种依联的规则却有可能控制相关的反应，尤其当它类似于区辨型回避时，比如，玛丽的散步依联或陶德的甜点依联。

在这两个案例中，依联管理者都向服务对象提供了描述依联的规则（例如，如果你在晚餐前排便了，那么晚餐后就可以吃甜点），这并非偶然。如果没有描述出来的规则，依联也就无法控制服务对象的行为。这些依联看上去像直接作用的依联，但其实不是，我们将其称为**规则掌控的、行为依联的类似物**（rule-governed analogs to behavioral contingency）。

> **定义：概念**
>
> **规则掌控的、行为依联的类似物**（Rule-governed analog to a behavioral contingency）
> - 由于描述依联的规则
> - 而带来的反应的改变频率。

很多应用行为分析的研究采用的程序都是基于规则掌控的、直接作用的依联的类似物，而不是基于直接作用的依联本身。当服务对象是拥有不错的语言技能的人时，差不多都是这种情况。而且，尽管研究人员也许会将自己的研究描述成像在使用直接作用的依联，但实际上，他们通常使用的是规则掌控的类似物。

不过，当行为受到规则控制时，其依联类似物可能会影响规则掌控行为的程度。例如，假设班上一位同学在你耳边低声讲出如下的规则："如果想在测验中取得好成绩，只要把每一章的每一个小节的标题都牢牢地背

下来就好。"再假设,就算你原本有自己的判断,但你还是遵循了他说的这一规则,你只是将所有标题都记牢了。果然,你在测验中取得了 A,往后,你更有可能在下一次测验到来时继续遵守这条规则。相反,假如你遵循了这条规则,结果却是和那个跟你耳语的家伙一起得了个全班最低分,那么,你很可能不会再去遵守那条规则了。

学习-分数依联只是一个强化依联的类似物。分数是延迟很久之后才出来的,因而无法强化你的学习行为。因此,这个依联只是间接作用的(它需要规则的支持),它不是直接作用的(不是直接地强化)。但是,我们可以看到,通过影响规则对行为施加控制,那么这个强化依联的类似物就可以间接地控制行为。当结果确认或违背了一个规则时,我们遵循该规则的频率就会增加或减少。

问题

1．名词解释:规则掌控的、强化物呈现而带来的强化的类似物,并举例说明。
2．举例说明这种类似物是如何间接控制行为的。

案例:行为咨询

闲逛的韦恩遇到电视依联①

韦恩是个 9 岁的男孩,他让妈妈感到很烦心(他们母子也许已经很讨厌对方了)。比如,妈妈会站在后院的走廊里喊他回家吃饭,但韦恩并不会出现。她接着会四下里去找他。找到韦恩的时候,她总是心烦意乱,开始对他大喊大叫。然后,她又会觉得很内疚,觉得自己不该掌掴他,甚至不该威胁要掌掴他。麻烦不止这一点,韦恩的妈妈由于要花时间四处去找不听话的儿子,结果做好的饭菜总是会变冷,她还会因此错过电话,甚至原本计划好的事情。

她带着韦恩来到一家人类发育诊所,在佛罗里达州立大学读研究生的唐纳德·惠利当时正在这家诊所实习,在陶德·里斯利博士的督导下,他承担了帮助韦恩的任务。

唐纳德让韦恩的妈妈使用专门的数据记录表来准确记录韦恩的反应。第一周,唐纳德每天和她联系以尽可能确保她能很好地进行记录。这个程序包括:每天最多在四个不同的时刻从后院走廊里呼唤韦恩(每周一共呼唤 28 次)。如果韦恩在 10 分钟之内出现的话,她就会

---

① 改写自 Whaley, D. L., & Risley, T. (1996). The use of television viewing opportunity in the control of problem behavior. 未发表的手稿。本节中的图也来自这篇文章。

在数据记录表上记下一个加号;否则就记下一个减号,并开始像往常那样出去寻找他。在开始行为干预前,有连续四周的基线期,她每天都遵循这个程序来做。头四周里,韦恩在每周 28 次的妈妈的呼唤中平均只回应了其中的 9 次。

接下来的四周(干预期)里,韦恩的妈妈采用相同的程序,只不过现在每记下一个加号,韦恩就可以看 5 分钟电视;但如果他在 10 分钟之后才回来的话,就不能获得看电视的时间。因为妈妈认为进餐是很重要的事,所以只要韦恩准时回来吃饭,他就可以获得 15 分钟的看电视时间,还可以将这些时间攒在一起,留到晚上看黄金时段的节目。当然,她向韦恩详细告知了描述这个依联的规则。

这项干预奏效了。通过干预,韦恩在每周 28 次的呼唤中平均能够有 27 次做出及时的回应(见图 22.2)。或许,随着韦恩行为的改变,同样重要的是,母子之间的关系也发生了变化。干预之后,她更喜欢与韦恩相处,韦恩感觉与妈妈在一起时也好多了。

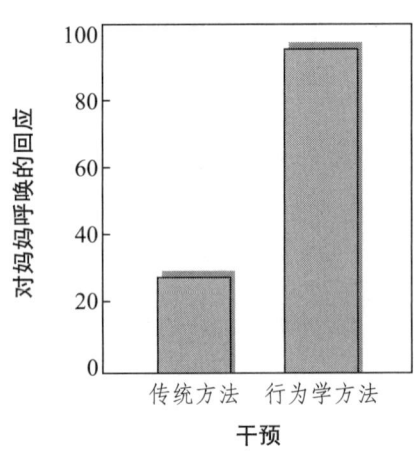

图 22.2 男孩回应妈妈的呼唤——规则掌控的回避类似物

分析

这里我们又得到一个回避失去强化物获得机会的、规则掌控的依联类似物。当然,韦恩不在家通常对他来说并不是一个厌恶刺激,但当他妈妈呼唤他回家吃饭时他不在家就是厌恶的了。这样,我们就有了一个**条件型厌恶刺激**(conditional aversive stimulus),它取决于妈妈的呼唤。对韦恩来说,之所以不在家是厌恶刺激,是因为妈妈已经告诉了他这个规则——如果在我呼唤你之后的 10 分钟之内你依然不在家,你就会失去看电视的机会。这就是一种规则掌控的匹配程序,它制造出一个习得性厌恶条件——在妈妈呼唤之后仍不在家。因此,赶紧回家就可以逃避这个厌恶条件。同时,韦恩赶紧回家

也回避了自己失去看几分钟电视的机会。

问题

1．描述韦恩的案例中家长在教育上的传统策略和行为学策略。

2．画出示意图，并标出韦恩的妈妈在行为干预中所使用的依联。

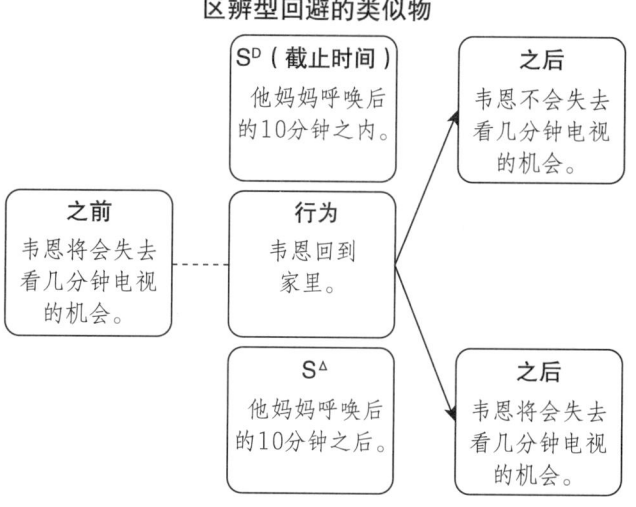

初级进阶

对有语言的和无语言的服务对象进行的应用行为分析

很多涉及直接作用依联的应用，所针对的往往是那些在学习和掌握技能上有困难的、被贴上智力障碍标签的人，而很多涉及依联类似物的应用，所针对的是那些掌握了很多功能性技能的人。这是因为那些被贴上智力障碍标签的人中很多都不具备必需的语言技能，在这些应用中，他们的行为无法受控于规则。不过，多数人都拥有正常的语言技能；如果有可能的话，给出规则会更容易些，通常比不靠规则的支持，只靠设置并维持一个直接作用的依联要容易。当然，有些贴有智力障碍标签的人也的确拥有语言技能，甚至其中有些还具备相当高的语言能力。对于这些人来说，规则掌控的行为也有可能很常见。

规则、指导、请求和不完整规则

先复习一下我们对规则的定义：对行为依联的描述（前提、反应与后果）。举个例子：假如每天都在学习本门课程上花一到两个小时，那你就很可能成为一名学霸。这里的前提是什么？是每一天。反应呢？学习本门课程一到两个小时。可能的后果呢？取得 A 的成绩。

现在，我们从技术上来看，规则只是对一个行为依联的事实描述。从本质上说，给出一个纯粹的规则的人，其实是说："我才不关心你学不学呢，你的这门课程挂不挂科与我无关。我只不过是在告诉你这个行为依联而已。先生们，女士们，我只是说了个事实而已。"

下面这种说法怎么样呢？你每天都应该学习这门课程一到两个小时，这样你就能取得优秀的成绩。这是一个规则，并且添加了你应该遵守这个规则的指导（提要求）。所有的指导似乎都会涉及规则。

那么这个呢？如果你每天都学习这门课程一到两个小时，你就能取得优秀的成绩，那我就会很欣赏你。这是一个规则，并且添加了要你遵守该规则的请求（提要求）。

除可以对规则做加法之外，往往也可以对规则做减法——规则中减掉一两个成分。每天学习行为分析一到两个小时。这里，我们有前提和反应，但是没有后果。我们其实暗示了后果——你会取得好成绩。

再比如"安静！"这条规则含有的成分最少——只有反应，但这里我们其实暗示了前提（现在！）和后果（否则要你好瞧！）。我们将这些称为**不完整规则**（incomplete rules）。有时不完整的规则并不会造成什么特别的问题，它的语境会让其很明确，能够像完整规则一样控制行为。但是，在某些时候，比如，在小学生的教室里，陈述完整规则并对其做补充说明，效果才更好。

问题

1．举例说明规则陈述、指导陈述，以及请求陈述。

2．举例说明完整的规则和不完整的规则。

描述直接作用的行为依联的规则

当一个人能够将描述直接作用的行为依联的规则说出来的时候，会发生什么呢？我们并不能确定。我们很难知道是依联还是规则，或者是两者都在控制行为。我们来看看陶德的泡泡糖依联（唐恩在使用甜点依联之前用到的那个）。妈妈告诉陶德这样一个规则："任何时候（前提）只要你排便（反应）了，就会立刻得到一块泡泡糖（后果）。"每当陶德索要一块他尚未获得的泡泡糖时，妈妈就会提醒他这个规则。但是，他也许早已不再需要这个规则了。有可能，在反应后的60秒之内获得的泡泡糖就已经强化并维持了排便，而根本无须规则了。我们并不确定究竟是什么在控制陶德的排便。

但是，假设妈妈刚一告诉陶德这个泡泡糖规则，他马上就冲进卫生间排便了，那么这又是一种什么情况呢？在这一刻，他正巧感受到出自本能的那种极其强烈的自然召唤，这种可能性不大。因此，我们相当确信，规则正在掌控他的行为。

问题

1. 用泡泡糖依联的案例说明那些描述直接作用的行为依联的规则，其产生的效果是很难说清楚的，很难分辨出究竟是规则控制着行为，还是直接作用的依联控制着行为，还是两者共同控制着行为。请你对此加以解释。

2. 用泡泡糖依联的案例来说明，在什么情况下我们有可能推断出行为受控于规则，该规则描述了一个直接作用的依联。请你对此加以解释。

3. 要想在考试中取得好成绩，你必须要记住，规则既可以描述间接作用的依联，也可以描述直接作用的依联。这一点很容易被忽视，因为我们主要关注的是描述间接作用的依联的规则。

高级进阶

对那些质疑者的强行洗脑

只要你找来一些在看本书之前就学习过行为分析入门知识的人，我敢说其中肯定有不少是我们的质疑者，他们会质疑我们对强化原理的简单化（过度简单化）应用的批评，或者说，会对我们所说的那些比较复杂的规则掌控的行为持怀疑态度。下面这部分内容主要就是为这些人写的。（大多数第一次阅读本书的读者，此时也许能够轻松地接受我们的说法，知道生活中的实际情况远比简单的强化原理复杂得多。）

好吧，依联控制与规则控制之间的差别，就是你家的宠物小狗和你那年幼的弟弟之间的差别。我们来试着做个实验。给你家的宠物狗选出一个低操作水平的反应，一个大约每周才出现一次的反应。[还记得吧，操作水平（operant level）是指干预前的反应频率。]再给你的弟弟这样选一个反应。例如，菲多（这是你家小狗的名字，不是你弟弟的名字，你弟弟该不会正巧也叫这个名字吧？）为你叨取拖鞋，这很可能是一个低操作水平的反应。再比如，你的弟弟说"谢谢"——这也是一个低操作水平的反应。每当小狗取给你拖鞋，就给它一块它最喜爱的狗饼干——但不是马上给，而是第二天才给。对你弟弟说"谢谢"的行为，你也这么做，只不过出于健康考虑，别用狗饼干，也别用人吃的饼干，而要用如今青少年特有的垃圾食粮——电子游戏。每当他说"谢谢"时，你就允许他第二天玩你的任天堂掌上游戏机15分钟。如此进行这个实验一年，认真记录下这两个反应的频率。把你的结果寄给我们。我们预测，取鞋和说"谢谢"的频率都不会增加。我们还预测，你根本就不敢跟我们打赌说能得到相反的结果。一天的延迟对于强化的发生来说太久了。这些特定情况下的狗饼干依联和游戏机依联是**无效依联**——它们不会控制行为。

前面我们说了，依联控制与规则控制之间的差别，就是你的狗和你的弟弟之间的差别。然而，你的狗和你的弟弟带给我们的实验结果是一样的。这也提供了科学证据，表明你弟弟身上有那么一点点类似狗的东西。

好吧，让我们进入这个实验的最后阶段。请你将这个规则告诉你弟弟，告诉他在适当的场合里每说一次有意义的"谢谢"，就能给他带来第二天玩你的任天堂掌上游戏机15分钟的机会。你也可以告诉菲多它的规则，如果你坚持这么做的话。

你准备听听我们新一轮的预测吗？首先，我们预测你弟弟将会很频繁地说"谢谢"，频繁到讨人嫌的程度。其次，我们预测你还是会在每周7天的时间里有6天需要自己去拿拖鞋。菲多会让你深感失望，尽管你一直在耐心地反复给它讲解拖鞋和狗粮的规则。事实上，我们对这些预测有十足的把握，甚至根本不需要你把实验数据寄给我们。

上述表明存在两种有效的行为依联：一种无须语言就能控制行为——菲多取来你的拖鞋之后，你立即给它一块狗饼干。另一种可能会控制行为，但只有当我们引入语言时才会——给你弟弟提供的延迟强化物——只有当你把描述依联的规则告诉他的时候。前面说过，我们将这两种依联分别称为**直接作用的依联**（在60秒内提供狗饼干）和**间接作用的依联**（回避失去一天后获得玩游戏机的机会的区辨型类似物）。也就是说，直接作用的行为依联涉及的是在60秒之内呈现的强化物（以及厌恶条件），这才会产生依联控制。

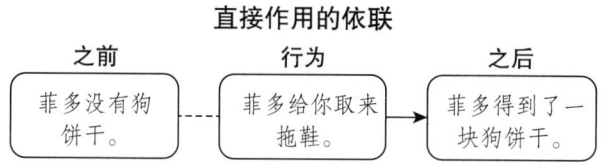

间接作用的行为依联涉及的是描述延迟结果的规则。

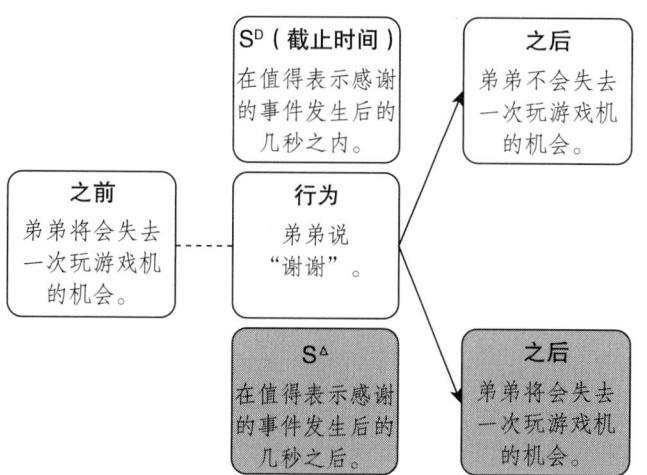

当然，这里有一个截止时间，它使得这个依联类似于回避失去获得强化物的机会，而非类似于简单的强化。弟弟当然不能等到一天结束的时候才说："哦，顺便说一下，今天有一件事，你对我表现得很友善，我现在想在百忙之中抽空为此向你表示一下感谢。"要是这么做，他是不会获得玩游戏机的机会的。

（需要指出的是，质疑者可能认为我们的实验只不过是推测性的，并不能为语言和规则控制的重要性提供支持性的最终证据。你弟弟和菲多除语言能力之外，还在其他许多方面存在不同。比如，坚决反对规则控制观点的人也许会认为，关键的差异才不在语言上呢，而在于菲多用四只脚走路，而你弟弟不是。但是，请记住，只有当我们用语言告诉你弟弟这个描述间接作用的依联的规则时，这个依联才对他起作用。）

问题

用规则掌控行为的观点来分析某些行为，其必要性存在哪些争论？

截止时间的重要性

10月20日，下午6:25。希德开着车飞快地穿过一个居民区。这种高速驾驶让他自己和倒霉的路人都处在伤胳膊断腿甚至失去生命的风险中。一身冷汗浸湿了他的衬衫。他猛然踩下刹车，抓起一个文件夹就从车里跳了出来，不等关紧车门就冲进了联邦快递营业厅的大门。大门外的标牌上写着，营业时间：周一至周五，早上8:00至下午6:30。

他匆匆忙忙地问工作人员："我是不是来得太晚了？"

工作人员脸上堆着装出来的和蔼微笑，回答道："您正好踩着点儿。"

"我要寄一个隔夜送达的快递。要在明天把这篇专题论文文稿交给行为分析协会，否则，我们就无法在行为分析协会的学术会议上演讲了。"

工作人员的脸上又一次堆起了装出来的和蔼微笑，但她心里在想：哦，我们真应该把店名改为拖沓者专用快递。

现在是一天的工作该结束的时候了，她已经很累了，很容易发火。干吗不弄点儿攻击强化物让自己开心起来呢？"你要是早几天完成论文文稿，就可以早早地用普通邮件寄出去了，那样不仅能给你省点儿钱，还用不着以每小时50迈的速度冲进我们的停车场呢。"

希德揉了揉眼睛。

她说："我猜，他们是昨天才告诉你截止时间的吧？"实际上，她根本没这么猜测，她只是在添油加醋地进一步试探以获取那种攻击强化物。

希德又一次揉了揉眼睛，说道："我不是昨天才知道截止时间的，稍早一点儿我就知道了。"

她毫不手软，追问道："哟，是吗，那是什么时候？"

"几个月前。"希德一边小声咕哝着，一边埋头填写邮寄单。

这位步步紧逼的工作人员不再追击发问了，在这位可怜的拖沓者面前，她觉得自己已经占据了道德高地，对此颇为满意。此外，她要尽快关上店门往家赶，一大堆家务事还等着她和她老公处理呢，都是拖延了两个月积累下来的。她的婆婆明天就要造访了，那可是个不好伺候的角色，她不能忍受儿媳家的窗台上有一丝灰尘。

分析

上面的故事是虚构的，我们现在来说说虚构的故事背后的事实。就来看看1999年行为分析协会的会议吧。① 开始时，以每天一到两份的速度向会议提交论文（你甚至在图上看不到它们）。直到截止时间到来的三天前，论文提交的数量才开始变多。图22.3显示了随日期变化的论文提交数。这是一幅胜过千言万语的图。

---

① Dams, P. (1998). The ABA program book: A process analysis. *The ABA Newsletter*, 21(3), 2-3.

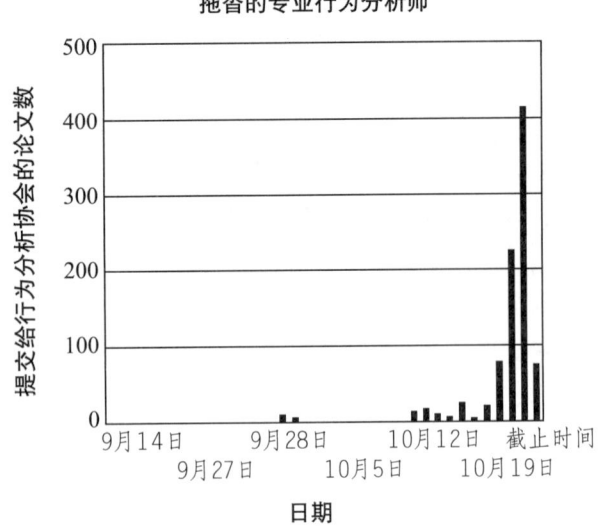

图 22.3 拖沓的专业人员

这是否说明行为分析协会的大多数会员,包括该领域中最著名的人物,都是一群可怜的拖沓者呢?好吧,应该这么说,这群人和其他人一样拖沓,或者说,他们至少不比其他人更拖沓。

那么,为什么会有这么多人如此拖沓呢?是什么造成他们在最后一分钟才把事情做完的呢?我们先来回答第二个问题。

为什么截止时间控制我们的行为?

问题:是什么造成人们在最后一分钟才把事情做完的呢?

回答:是截止时间。截止时间或者至少对截止时间的描述是一个区辨刺激(S^D)。

区辨型回避的类似物

| | S^D
在10月24日截止时间之前。 | 之后
希德不会失去7个月后在行为分析协会演讲的机会。 |

| 之前
希德将失去7个月后在行为分析协会演讲的机会。 | 行为
希德提交自己在行为分析协会演讲的论文。 | |

| | S^Δ
在10月24日截止时间之后。 | 之后
希德将失去7个月后在行为分析协会演讲的机会。 |

解释:在区辨刺激(S^D)出现的情况下,希德提交论文的反应可以回避失去7个月之后在行为分析协会演讲的机会。但是,如果他在截止时间之后才提交的话,提交论文的行为就无法回避失去珍贵的演讲机会。他就会错失良机。

假设没有什么截止时间,我们可以想什么时候提交论文就什么时候提交。假如我们必须在会议开幕那天之前提交论文,那我们就会直到开幕那天才提交。可是这样的话,会议开幕那天依然是一个截止时间。

假设我们可以等会议结束之后再提交,那我估计大多数论文就永远不会被提交了。

我们为什么拖沓?

问题:为什么我们当中有那么多人拖沓呢?

回答:因为直到可以听见截止时间到来前的倒计时的滴答声,我们才会焦虑得出一身冷汗。

直接作用的逃避

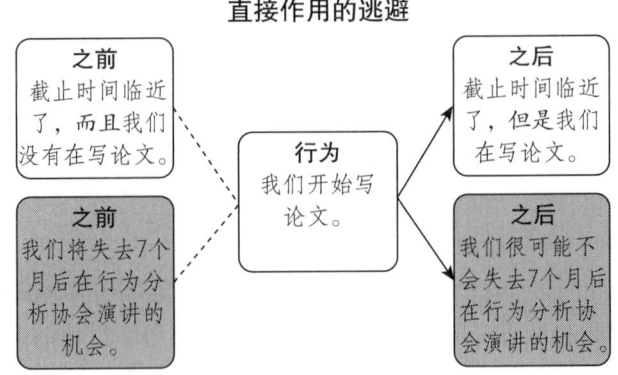

间接作用的回避类似物

解释:我想,事情是这样的。当截止时间日益临近时,希德和他的行为分析同事们无法准时写完论文的风险增加了。我们每个人都有各自对风险的容忍度,或迟或早,随着错过截止时间的风险越来越高,因而也就越来越令人厌恶,使得我们终于开始写论文了。

现在,有些人在截止时间到来前的好几周就开始焦虑了,而另一些人则不会过早地开始焦虑。但对大多数人来说,距离截止时间相当接近但还有那么一些日子的时候,例如,截止时间前4天内,他们的焦虑才变得令人厌恶,才使得他们开始写论文。这种论文写作行为能略微减轻这种令人厌恶的焦虑。

对这种情况的另一种解释是,相比于做出行动,假如我们不做出任何行动,那么逐渐临近的截止时间就会变得更加令人厌恶(条件型厌恶刺激)。因此,希德和我们就会开始逃避,逃避临近的截止时间和我们的不作为结合在一起的这种极端的厌恶状态。于是我们开始行动起来,因而进入一种略微减缓的厌恶状态中——截止时间临近而我们正在行动。截止时间的临近依然是令人厌恶的，但厌恶程度少了一些。这种厌恶程度的略微减少足以强化我们的逃避反应。(鲁道夫会按压能减弱电击强度的杠杆，尽管这样做不会完全关闭电击。)

但是，60 秒测验在这里又会遇到什么情况呢？这里跟在反应之后的结果是超过 60 秒才出现的。因此，赶上截止时间就避免了 7 个月之后的损失，这明显太过久远了，因而无法强化这个论文提交反应。你可以在鲁道夫身上试验一下，试着让它按压杠杆以避免 7 个月之后才出现的电击。这实验绝对不可能成功。

我们的论文写作能够立即减轻不作为的厌恶性，这个事实让我们成功地满足了 60 秒的标准。要没有 1250 位行为学家体验这种截止时间临近带来的焦虑，那就不可能举办任何行为分析协会的学术大会了。

当然，如今有了电子邮件，事情变得容易多了。拖沓者甚至可以再多拖延一些时间再提交，因为现在他们在自己的办公桌前就可以轻轻松松地完成提交任务。但是，我们仍然能够看到和当年一样的提交模式——当大会提交系统刚开始开通时，只有很少量的论文被缓缓地提交上来，而随着截止时间的临近，最后会出现一股疯狂的提交浪潮。

间接作用的回避依联类似物

总之，人们拖沓（把事情搁置在一旁，直至最后一刻），因为他们直到临近最后一刻（截止时间）才开始焦虑。他们在最后一刻的确会把事情完成，因为完成一直被搁置的事情，他们就逃避了这种赶不上截止时间而带来的令人厌恶的恐惧感。

问题

1．为什么许多人会如此拖沓？
2．是什么造成他们在最后一刻才把事情做完？画出示意图，讲解其中的逃避依联和回避依联。
3．我们为什么需要截止时间以控制自己的行为？
4．举例说明人们是如何拖沓直至截止时间到来的。

在 DickMalott.com 网站上，你还将读到：
可以下载有关规则掌控行为的文章
孤独症进阶部分
第 22 章　高级学习目标
第 22 章　基础进阶部分
第 22 章　高级进阶部分
• 回看第 15 章

第23章 规则掌控的行为：应用

行为分析师认证委员会第4版任务清单

E-03　运用指导和规则。

E-04　运用依联契约（即行为契约）。

FK-42　规则掌控的行为

基础知识

应用：行为体育心理学

波普华纳橄榄球队的进攻后卫：反馈与表扬[①]

朱克和雷德当年是队友，两人一起在比格斯特大学打橄榄球。毕业之后，朱克很久没有雷德的消息了，这天突然接到雷德的周日晚餐邀请，朱克当然非常高兴，但他也清楚，长久没有联系的朋友突然邀请，饭局上通常会伴随着求助。果然，两位好兄弟边吃边聊，回忆了大学四年里的光辉岁月。在这之后，雷德说："朱克，我知道你很忙，我也知道你很喜欢孩子，所以，我不知道你能不能帮我一个忙。"

"没问题，雷德，你说，怎么了？"

"我这些年一直在训练波普华纳橄榄球队——你知道的，这是少年队，都是9到10岁的小孩子。我已经在这里干了好几个赛季了。"

"我有所耳闻。雷德，你在教小孩子们橄榄球，我很高兴。"

"是的，我很喜欢孩子，但是，老天不开眼啊，我手下的这帮孩子肯定不知道该怎么打橄榄球，他们是这个联赛赛季里最差的队伍。所有人都瞧不起这支队伍，孩子们自己也很沮丧，觉得自己是失败者——他们也的确是失败者。糟糕的战绩让人心灰意冷，我甚至不想干下去了，但是……你知道的。"

"是，我理解你的心情，你肯定会锲而不舍地教下去的。好吧，你还记得当年柯克伦教练的教诲吗？"

"嗯？"

"更重要的，不是你赢还是输，而是……"

"哥们儿，打住吧！我的队伍一直在输呀！我的队员表现得糟糕透顶呀！"

"雷德，对这事，我是这么看的：橄榄球其实跟商业和产业是一样的，有产品，也有过程。很多人以为，如果成功地叫手下鼓弄出一个好产品来，那么鼓弄过程本身就是自然而然的。但我认为这种看法通常是错误的。我的观点恰恰相反。"

"朱克，你究竟想说什么呀？"

"我想说，你得去看看过程——看看具备了什么才能成功，才能赢下比赛，才能生产出好产品。你要看看生产者必须做哪些事才能生产出高品质的产品；你必须给他们提供反馈，告诉他们在自己该做的事情上究竟表现得怎么样；当他们在分解行为上做得好的时候，你就必须让他们感受到成功，而不能等到终于生产出了大产品时，或者说最终赢得了比赛时，他们才感受到成功。"

"朱克，你现在说话这么高大上了呀，总带着哲学家的韵味啊！你就告诉我怎么做才能赢得比赛吧。"

"首先，你必须把赢得比赛这一点忘掉，也许应该永远忘掉，至少眼下你得彻底忘掉。你必须去关心每一个孩子——你球队中的每一个球员。"

"我当然关心啦！"

"那就必须把你的这种关心落实到行动上。没有行动的关心就是虚的。"

[①] 改写自 Komaki, J., & Barnett, F. T. (1977). A behavioral approach to coaching football: Improving the play execution of the offensive backfield on a youth football team. *Journal of Applied Behavior Analysis*, 10, 657-664. 本节的图来自同一篇文章。

"咱别这样,好不好?朱克,别跟我说教了,你就告诉我要做什么吧!"

"你要将比赛细化成分解的行为——战术。"

"我早就那么做了。"

"这之后,你还要把战术细化成分解反应,对每个战术的每个分解反应,向每个孩子提供反馈和表扬。"

"每一回,孩子们前进了一定的码数,或者得了一分,我都会祝贺他们。"

"很好,但我现在说的是每个战术的每个分解反应。"

"你的意思是说应该更详细些?"

"这正是我说的要点。关注细节,整体的大的产物自然会出现。关注过程,产物就会水到渠成。"

朱克和雷德接连几个周日的下午都在一起吃饭,一起进行任务分析——甚至比朱克原先设想的还要细致,还要繁杂,但也更有趣味性。他们主要分析了三种战术:定向传球、大力横传转移、摆脱拦截后的快速反击。他俩又对每一种战术进行了更加细致的分析,从中得出五个分解动作。例如,对于定向传球,他们分解出四分卫向中场的传球、四分卫向右前位佯传,等等。而且,他们还进一步明确了每一个分解动作中具体的行为序列。

在新赛季的训练开始前,朱克和雷德完成了整个任务分析,并为三种战术中的每一个分解动作制订了一份核查表。雷德从理论上向孩子们讲解了每一个分解动作,并示范了正确的动作,针对所有战术逐个做了训练。在整个赛季的各场混战中,每当球员完成一次进攻战术,就会跑向雷德,雷德做出反馈,给他们展示他对刚刚这次进攻战术的全部五个分解动作的打分情况,并讲解打分的原因。他不仅要指出球员们在这次进攻中做错了什么,更要指出他们做对了什么。他会毫不吝惜地表扬孩子们做出的每个正确的分解动作。每场比赛结束后的第一次训练课上,雷德都会给球员们提供反馈并进行讲解,对这场比赛中的每一次进攻传球战术中的每一个做得正确的分解动作都予以适当的表扬。

结果如何?球队中的每个队员都越打越好了,后卫的整体表现也提高了——战术分解动作的正确百分比和战术的正确百分比都增加了,而传球失误率下降了,四分卫的正确决策率、四分卫的正确拦截率都增加了(见图23.1、图23.2 和图23.3)。每个队员都是赢家,而整个球队也成了赢家。雷德对孩子们的动作细节表现的观察也变得更加犀利了,而队员们对自己的表现的体察也更加敏锐了。

当赛季结束时,雷德对朱克说:"你知道你这项行为干预给我带来的诸多收获当中,我最喜欢的是什么吗?我已经不再训斥这些孩子了,我开始使用表扬了。孩子们快乐多了,我自己也快乐多了。我们球队中的每个队员都更努力了,打得越来越好了,所有人都感受到了更多的乐趣。而且,我们从中学会了团队合作,领悟到了体育精神。"

> **定义:复习——通用原则**
>
> **过程与产物(Process vs. product)**
> - 有时,我们需要
> - 让强化物和反馈依联于
> - 过程的分解反应,
> - 而不仅仅是产物(结果)。

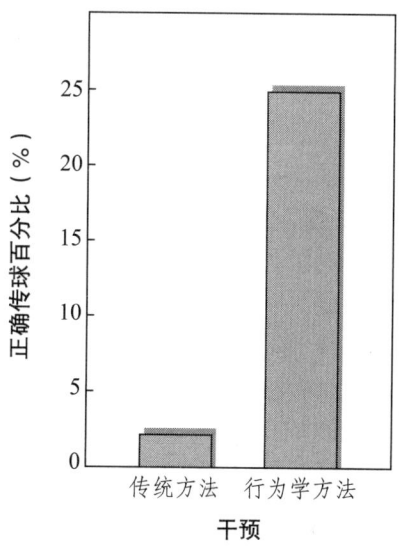

图 23.1 运用规则掌控的回避类似物(与反馈相结合),增加儿童橄榄球队的正确传球

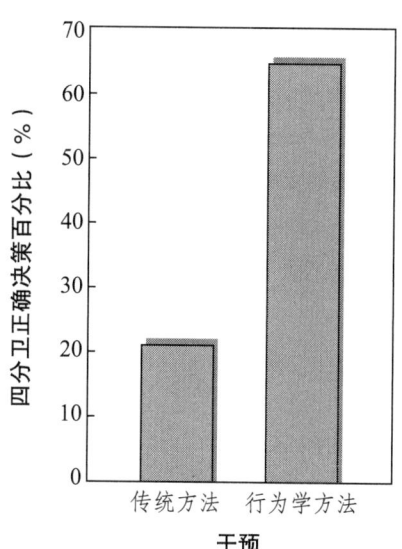

图 23.2 运用规则掌控的回避类似物(与反馈相结合),增加儿童橄榄球队四分卫正确决策

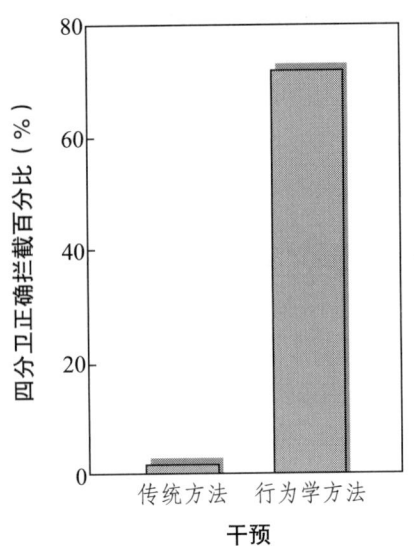

图 23.3 运用规则掌控的回避类似物（与反馈相结合），增加儿童橄榄球队四分卫正确拦截

> **定义：概念复习**
>
> **任务分析（Task analysis）**
> - 对复杂行为
> - 以及行为序列进行分析，
> - 细化成分解反应。

记住，当我们尽管依联于最终产物提供了反馈和强化物，却仍然无法获得足够多的高品质的产物时，我们就需要对过程添加反馈和强化物。

> **定义：概念**
>
> **反馈（Feedback）**
> - 依联于过去的行为而提供的
> - 非语言刺激，或者
> - 语言陈述，
> - 用以指导未来的行为。

很多行为分析师将反馈的功能看作对相关行为的强化或惩罚。虽然我们认为反馈有可能会起到这样的作用，但我们还认为这种功能具有一定的偶然性。当我们说反馈指导行为时，我们说的是它的刺激控制功能，这才是它的核心特征。因此，我们认为，为了让反馈起到对未来行为的提示作用，它的出现应该尽可能地接近那个未来行为。因而与一般观点相反，我们认为它不需要在 60 秒之内紧随在反应之后；但是如果想让反馈发挥强化或惩罚反应的作用，那它就需在 60 秒之内紧随在该反应之后。

这也就意味着，我们认为反馈不是一个基本概念。我们可以简单地将它看作辅助，但是，**反馈是辅助的**

一种特例（或者说类似于辅助），它与产生该反馈的行为类有关。因此，对这类辅助［或辅助类似物（prompt analog）］给出一个专门的名称会方便一些，这个名称就是反馈（feedback）。①

问题

名词解释，并举例说明以下概念：

A. 任务分析
B. 过程与产物的通用原则
C. 反馈

分析

我们这里讨论的究竟是什么？是一个直接作用的依联呢，还是一个规则掌控的、间接作用的依联的类似物呢？对此，我们的思路是：该依联能否控制一个无语言动物的行为？如果能，那么我们讨论的就是一个直接作用的依联；如果不能，那么我们肯定是在讨论一个间接作用的依联——一个规则掌控的类似物。

那么，雷德的依联能否控制无语言的动物呢？假如我们真的很能干的话，也许我们可以训练一只黑猩猩做出一个简单的含有五个分解动作的橄榄球传球动作。每次传球完成时，这只猩猩就一路跑着奔向教练，教练立刻赏给它一根香蕉。（事实上，假如只是在一连串的行为序列完成之后，教练才给猩猩香蕉的话，那我不相信哪个教练能有这本事和耐心，不相信他能训练出这样一只能像那些男孩一样做出复杂传球动作的黑猩猩——尤其是当这只猩猩第一次学习这个技能库的时候。）雷德使用的是间接作用的依联，这个问题非常容易回答。可是，在每场比赛之后的下一堂训练课上呢？这时雷德要给队员们提供赛后反馈。这个问题也很容易回答。显然，这不是简单的直接作用的依联，因为反馈是在实际的比赛行为过去好几天之后才发生的。这里你也许要多动动脑筋了，要搞清楚这是哪一种间接作用的依联。

在本书较早的版本中，我们将本章中大多数的行为依联都描述为强化的类似物。既然我们在前面的第 22 章里已经获得了启示，既然我们已经对无处不在的截止时间更加敏感了，我们已经知道即便在最不起眼的地方都可能有截止时间，那么，在此我们需要留心寻找的目

---

① 我们所说的辅助类似物是指，一个刺激，虽然它具有类似于辅助的作用，但其实只是一个规则掌控的辅助类似物。也就是说，有可能该刺激出现后超过 60 秒才出现反应，因而它对斯金纳箱里的老鼠鲁道夫也许不会起作用。通常反馈出现的好几分钟、好几小时、好几天之后才出现下一个做出反应的机会。反馈能够控制相关行为的唯一方式是，个体就在做出下一次反应之前复述该反馈。因此，也许要点在于，应该在下一次做出反应的机会之前立即给出反馈，而不是上一次反应之后立即给出反馈。这一点与大众普遍的看法是相反的。

标就应该是：回避强化物获得机会的失去的依联类似物。

很棒！可是，这里的截止时间究竟是什么呢？这个问题有点儿难了，因为每一个战术都包含一系列连续的分解反应，不过，在这里，就让我们把截止时间认定为每次战术完成的那一刻吧（至于为什么这么认定，精细的解释也许要再花两页纸的篇幅才能说清）。而且，如果球员在战术完成的那一刻没能做出完美的传球，那么，他也就永远失去了听到雷德对这次战术中各个分解动作给予的具有强化效力的表扬的机会了。

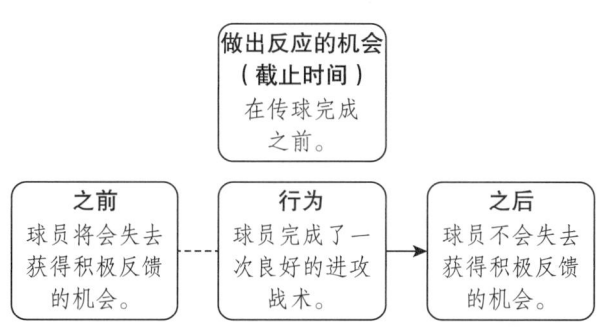

然而，雷德的反馈是一把双刃剑。如果球员无法完成一次良好的进攻战术，他就会得到雷德的纠错反馈。虽然这并不是说雷德要打那个孩子，但那孩子会听到雷德说你搞砸了，这种反馈仍然是很令人厌恶的刺激，不管这种反馈被教练说得多么有技巧，更何况雷德这人并不擅长这种说话技巧。因此，我们在此还获得了另一个回避依联的类似物——回避厌恶批评的依联类似物。

请你用示意图表示出这个回避依联类似物——回避雷德的批评。

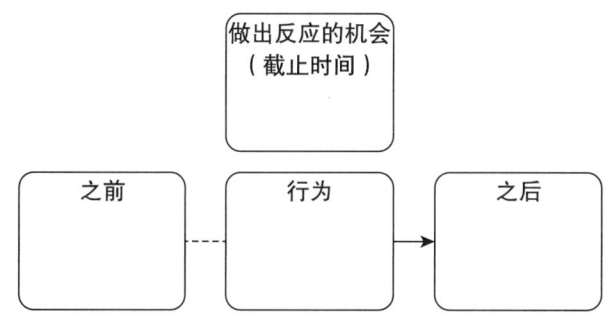

但是，如果只对整个行为序列用回避依联来解释的话，就会忽略反馈这一要点，而这个反馈恰恰是朱克和雷德花了很多时间进行任务分析才得到的干预要点。雷德并没有对整个传球行为的完整行为链提供表扬。他并没有仅仅说"孩子们，你们做得很好"。他实际上说的是："你的第二个分解动作——伴传做得很好，但你在中央交换位置时的动作慢了。"（你试着对那只猩猩这样做做看，再看你的图表能有什么变化！）因此，我们认为孩子们的行为是受控于规则的，比如，"你下一次要还这么伴传，那就很棒了""在中央交换位置时，你要是再加快些速度，就能做得更好了"。

总之，快速敏捷地完成一个复杂的、有难度的传球并非易事。球员也许会倾向于敷衍了事，但如果他没有尽全力的话，就有可能失去获得雷德积极反馈的机会（对所有男孩来说，这是一个强大的强化物）。因此，孩子们会努力地做好战术动作，因为这会避免在几天后的下一堂训练课上失去获得雷德给出的强化物的机会。

问题

请画出示意图，并讲解在应用于体育训练的行为分析程序中，延迟反馈的作用。

应用：教育

公示与揭榜时刻

很多行为分析师采用将服务对象取得的成绩公示出来的办法来帮助管理其行为，而且这么做很有成效。公示的形式也许是挂在墙上的图表，那上面记录着服务对象取得的成绩，这样，服务对象自己，也许还有其他人，都可以看到。

问题

假设每次考试后，教授都将你们的考试成绩张贴在教室外的走廊上，那么，这就是一种公示。这是一个促进学习的直接作用的强化依联吗？你觉得呢？为什么？

我们的答案

公示也许是对其他什么东西的直接作用的强化依联，但不是对学习的。为什么呢？即便你的教授有良心，是个超级大善人，他也不会在考完之后当时就张贴出你的成绩的。这种延迟太久了，因而无法成为对学习的一个直接作用的依联。就算你拼命学习到考试到来的那一刻（你很可能就是这样做的），这种延迟也太久了。因此，这个依联对于学习而言是一个间接作用的依联，但它是哪一种呢？是强化或回避的类似物吗？这里有截止时间吗？假如没有截止时间的话，那它就是一个简单的强化类似物。你就可以想什么时候学习就什么时候学习，想什么时候参加考试就什么时候参加考试，可现实生活中哪有这么便宜的事。你当然必须在考试到来——截止时间——之前完成学习任务。因此，你的学习回避了失去获得好分数的机会，回避了获得差分（祝你考试好运）。

请将下面的示意图填写完整，它表示的是上面所讲的间接作用的依联，其中涉及学习、公示，以及回避失去获得好分数的机会。

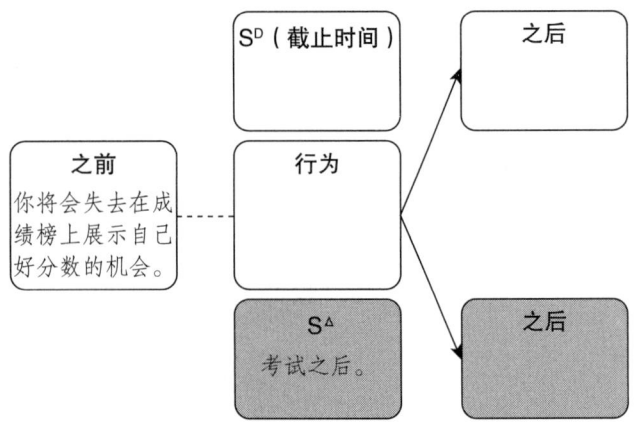

公示对于什么而言才是一个直接强化程序呢?你猜对了——它对观看被张贴出来的分数来说是一个强化程序。别不相信。每回考试之后,第二天,当同学们回到教室时,都会蜂拥在成绩榜前。有机会看到自己的分数就是一个强有力的强化物,这甚至能让一大群蜂拥而上、相互拥挤的看榜学生发生踩踏事件,你在现场时可得小心了。也就是说,强化物(看到分数)强化了看到之前发生的行为。看到分数这个强化物,甚至有可能会强化你用胳膊肘去顶你身边那家伙的肋骨,你一顶就可以更接近榜单,看得更清楚了。

(顺带提一句,要想公示他人的姓名,在这之前也许需要考虑其中可能引发的公共关系问题,甚至是法律问题哟。采用某种匿名编码的方法也许可以产生同样好的效果呢。)

应用:行为医学

神经性厌食症①

图兹和他的同事们比较了两种帮助厌食症病人增加体重的行为依联。有一本出色的教科书是这么描述这两种行为依联的:"在前一种干预方案中,病人每增重0.5千克就会得到依联的强化,采用的是一种个别化的强化程序表。而在后一种干预方案中,如果病人每周增重至少1.5千克的话,就可以不受限制地(非依联地)获得强化物。"

问题

这样的描述有什么问题吗?

我们的答案

- 首先,我们强化的是行为,而不是病人。从广义上说,行为之后的条件是依联于行为而非依联于

病人的。那么之后条件是依联于什么行为的呢?是吃东西,更准确地说,是吃一整天东西这个反应的价值,吃得足够多就可以增加0.5千克的体重。
- 其次,这是一个直接作用的行为依联吗?如果结果是在一天之后才出现的话,就不是。病人并不是刚刚狼吞虎咽,吃下大量食物后就跳上体重秤,接着就去拿自己的强化物。
- 最后,这个间接作用的行为依联是一个强化类似物,还是一个回避失去强化物获得机会的类似物呢?这里有截止时间吗?你现在厉害了,这么难的问题都难不倒你,你敢于不假思索地说:截止时间就是病人称重日结束的那一刻。要注意,病人在截止时间过去之后仍然可以吃东西和称体重,只不过他们不会因此而得到同样的强化物了。

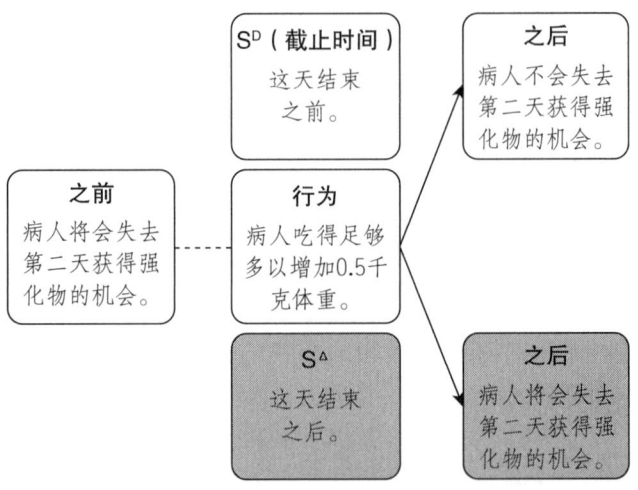

另一个干预方案是,如果你每周吃得足够多,能够增重1.5千克,你就可以毫无限制地获得强化物。

1. 这个规则中隐含的截止时间是什么?
2. 这个行为依联是什么?
A. 强化
B. 强化类似物
C. 回避失去获得强化物机会的类似物
3. 请填写这个行为依联的示意图,并讲解。

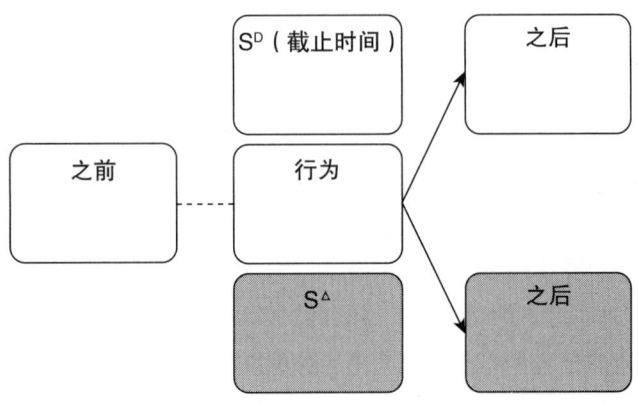

---

① 改写自 Touyz, S. W., Beumont, F. J. V., Glarin, D., Phillips, T., & Cowie, I. (1984). A comparison of lenient and strict operant conditioning programs in refeeding patients with anorexia nervosa. *British Journal of Psychiatry*, 144, 517-520.

好吧，我们够吹毛求疵的了。神经性厌食症病人最后发生了什么呢？他们的体重增加了。这个规则掌控的、回避失去强化物获得机会的依联类似物奏效了。在这里，无论规则描述的是使劲吃，大量增重，从而依联地获得大量的强化物，还是使劲吃，少量增重，从而依联地获得较少量的强化物，两者同样有效。

应用：行为社区心理学

社区应用

行为分析师还经常会帮助处理整个社区所关注的问题，甚至会努力矫正全社区所有成员的行为。下面是一些例子。

交通拥堵与海湾大桥：拼车①

麦凯登和戴维斯曾经研究过这样一个依联事件：在旧金山至奥克兰的海湾大桥上，载乘人数多的车辆可以进入多人专用的快车道，而那些没有拼车的人则只能拥挤在慢车道上。结果呢？拼车增加了，交通运行得更顺畅了。

问题

这对于几个人合拼一辆车上下班是强化吗？

我们的答案

乍一看，这似乎是一个强化依联。大家同乘一辆车，这样做就能获得一个强化物：一条畅通的快车道。也许这的确强化了拼车行为，但我们还应该仔细看看其中更多的行为细节。拼车行为一开始需要的是提前做计划。拼车的人必须提前招募同乘者，还要安排好集合的时间和地点，而这些很可能是最迟在获得强化物之前的那个晚上就要做好的事。因此，强化物出现得太滞后了，无法强化这种拼车的组织行为。如此看来，这似乎是一个强化依联的类似物，但再仔细一看，我们就会发现那个往往隐藏不露的截止时间。这也就意味着我们在此讨论的并不是一个简单的强化程序。

我们觉得通常拼车者会如此向自己描述这个规则：我最好在今晚（截止时间）就组织好这次拼车，这样明天就可以获得那个多人专用的快车道使用特权了。这个规则掌控了他们的行为。也就是说，我们这里谈论的是一个规则掌控的、回避失去获得强化物（在多人专用的快速车道上开车）机会的依联类似物。（他们遵守这个规则就能获得回报，回报将会影响他们以后对该规则的遵守。但是，这个回报延迟太久了，因而无法**强化**对规则的遵守。这在我们所有的案例当中都是如此。参见第24章，那里有更多关于这方面内容的讨论。）

请填写这个组织拼车的回避依联类似物的示意图，并讲解。

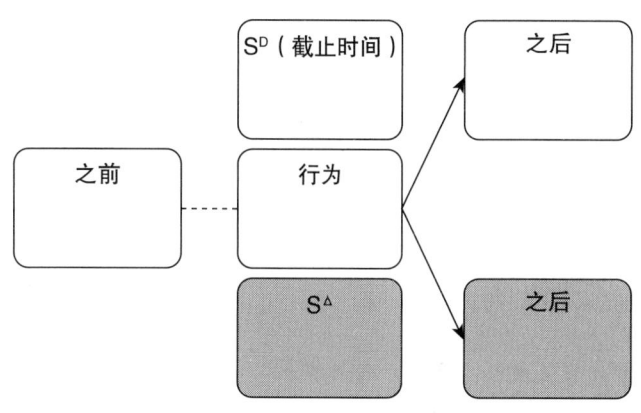

防火护林熊对抗乱丢垃圾②

人类对待资源存在这样一个实实在在的问题行为：就算不用光资源，我们也会把它们扔光。在1971年，全美森林服务处就花费了2200万美元，用来清理那些懒人们扔下的垃圾。

行为分析师又一次前去增援。克拉克、伯吉斯和亨迪给孩子们提供了获得像防火护林熊面罩这样的强化物的机会，只要他们收集垃圾并装满100升容积的塑料袋就能获得。这招奏效了。仅在一个星期六，7个宿营家庭的孩子就捡拾了满满26袋、共计约350千克的垃圾。这么多的垃圾几乎填满了一位行为分析师的汽车的后备箱和后排座上的空间。到了1977年，全美已经有26个国家公园服务处采用了这套行为干预系统。你要么做一个环保积极分子，要么做一个污染环境的家伙。

1. 这里所描述的行为依联是什么呢？要知道，实际上，行为分析师可能并不是在孩子们捡拾了一袋垃圾之后的60秒内就将防火护林熊面罩奖给孩子们的。同样，还要注意，这里很可能存在一个截止时间，比如，行为分析师离开公园之前。

2. 请填写这个行为依联的示意图。

---

① 改写自 McCalden, M., & Davis, C. (1972). *Report on priority lane experiment on the San Francisco-Oakland Bay Bridge*. Sacramento, CA: State Department of Public Works. Cited in Wilson, G. T., & O'Leary, K. D. (1980). *Principles of Behavior Therapy*, Englewood Cliffs, NJ: Prentice Hall.

② 改写自 Clarke, R. N., Burgess, R. L., & Hendee, J. C. (1972). An experimental analysis of antilitter procedures. *Journal of Applied Behavior Analysis*, 5, 1-7.

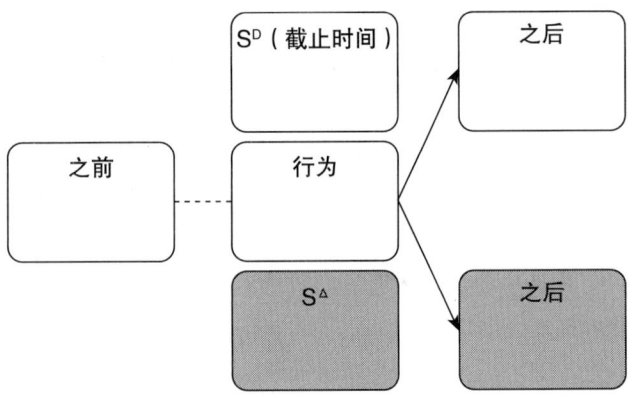

强化物（防火护林熊面罩）被延迟得太久而无法强化清理垃圾的行为，尽管那种对强化物的许诺的确让捡垃圾行为发生了。我们认为，指导教学在这里发挥了规则的作用，控制了孩子们清理营地的行为。你应该能推测出这就是一个规则掌控的、回避失去获得强化物机会的依联类似物。

帮助家长成长：儿童牙科护理[①]

在佛罗里达的一个低收入学区，一所小镇学校的180个孩子当中有51个患有各类牙齿疾病（在20世纪70年代，这些孩子的家庭年平均收入只有5000美元）。学校向一组家长送出一封信，告诉他们孩子存在的牙齿问题，并建议他们去免费的牙科诊所看医生。其中23%的家长听从了这个不错的建议。而另一组家长，学校除向他们送出这封信之外，还另外许诺将会对看牙医的行为奖励5美元作为强化物，这组家长中有67%的人听从了建议。

问题

这是强化吗？

我们的答案

绝对不是。5美元强化物的许诺，只是扮演了规则的角色，它控制着带孩子去看牙医的行为。

问题

这是一个规则掌控的强化类似物吗？

我们的答案

很可能不是，因为我们认为这个案例当中也潜伏着一个隐藏的截止时间。不过，这个截止时间实在非常微妙，因为它并不是由行为分析师设置的。要知道，这些

[①] Reiss, M. L., Piotrowski, W. D., & Bailey, J. S. (1976). Behavioral community psychology: Encouraging low-income parents to seek dental care for their children. *Journal of Applied Behavior Analysis*, 9, 387-396.

家庭非常贫困，生活捉襟见肘。因此，毫无疑问，他们面临着许多有内在截止时间的危机——比如说，如果到了星期五还没去看牙医的话，这个贫困家庭就不会得到5美元，也就没法帮助他们度过这个周末。这甚至可能是一个很紧急的截止时间。

我们为什么如此固执地要求寻找截止时间呢？因为如果没有截止时间的话，那么这种依联类似物就会导致无限期的拖延，而67%的家长并不会无限期地拖延（对此，我们在第24章中会做更多的讨论）。

1. 这是一种怎样的行为依联呢？
2. 请填写这个行为依联的示意图。

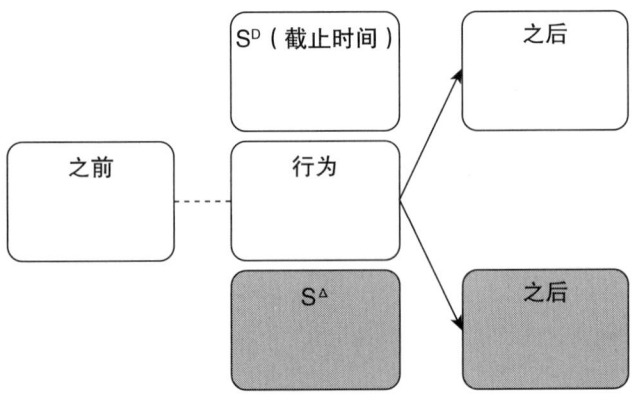

问题

在下列领域中各举出一个研究案例，在这些案例中，都成功地应用了规则掌控的、回避失去强化物获得机会的依联类似物。画出这些行为依联的示意图，并讲解每个例子。

A. 教育
B. 医疗
C. 拼车
D. 垃圾控制
E. 牙科护理

（**警告**：要想在测验中取得好成绩，你就必须答好这道题。）

应用

投篮

下面这段文字是某些人发表出来的看法，而**不是**我们的观点；我们随后会试着指出这些看法的错误。

我们必须要考虑这样一个事实：强化物倾向于条件化（强化）其紧紧跟随的那个反应。假设一位少年在10分钟之前一直在独自练习投篮，而现在她正坐在草坪上观赏花丛中的蜂鸟。如果就在此

时，体育老师说："苏茜，我真高兴，你独自一人练习投篮也能这么认真。"这个表扬也许会让这位年轻人更经常地坐在草坪上看蜂鸟，但不会对她练习投篮产生多大的影响。这个例子有助于我们看清立即强化对适当行为的重要性。

问题

你对上面这段文字分析怎么看？

我们的答案

我们认为这段分析是错误的。我们认为这个例子恰好说明了很重要的一点：不要让那些基本行为概念妨碍我们的常识，即便我们已经成长为像上面那段文字的作者一样优秀的行为分析师了，也要保持谨慎。我们必须要考虑到的事实是：人并不是完全愚蠢的，至少大多数人不是。"强化物倾向于条件化（强化）其紧紧跟随的那个反应"这句话没错。苏茜很可能以后更倾向于经常坐在草坪上，因为那里曾是她获得体育老师表扬的地方。但事实绝非这么简单。

假设我们把时间再往前推 20 分钟，体育老师一直在运用强化程序教学生们练习投篮，而后老师坐在草坪上看花丛中的蜂鸟。就在此时，校长走过来说："珍妮弗，我真高兴，你一直在运用行为依联程序。这是给你的 100 美元奖金。"那么，这会让这位体育老师更频繁地坐在草坪上看蜂鸟吗？现实点儿吧！这位体育老师肯定会离开草坪，闪电般地回去给学生上课。校长刚刚所暗示的规则是：你在教学中对学生们运用了行为依联程序，那你就有可能得到奖金。这个例子说明了规则对于控制适当行为的重要性，即使这个规则会对抗强化物呈现所带来的立即强化效应。在这两个例子里，两个规则都会在对抗中获胜。老师和学生都会离开草坪去完成自己的任务，尽管他们去干其他事可能也会获得强化。这里我们看到的是规则掌控的、强化物呈现而带来的强化依联类似物。

啊……这些都是从《行为原理》第 5 版起就一直在说的东西。不过，我的一名研究生对此颇有微词。他认为这里还存在一个微妙但很重要的截止时间，否则，练习投篮的学生和教投篮的老师就都会无限期地拖延下去。这个截止时间也许是体育馆关门的那个时间，也许是训练课结束的那个时刻，或者其他类似的时间点。因此，在这里我很有可能再一次看到规则掌控的、间接作用的、回避失去强化物（表扬或者 100 美元）获得机会的依联类似物。

在应对间接作用的、规则掌控的依联类似物时，人们会犯两种错误：最常见的就是把间接作用的依联当作直接作用的依联来分析了。也有少数时候，人们会错误地认为间接作用的依联不起作用；他们小看了规则掌控的行为。上面那段关于苏茜投篮案例的分析文字的作者就犯了第二种错误——他认为间接作用的依联不起作用。

问题

1．行为分析师在规则掌控类似物上往往会犯的两种常见错误是什么？

2．举例说明每一种错误，并阐述它们为什么是错误的。

提示：在回答这两个问题时，要能够解释为什么对投篮的延迟表扬会增加投篮的行为而不会仅仅强化坐在草坪上的行为。

警告：那些不能真正理解这些问题的学生通常在考试中表现得不咋地。

初级进阶

假如说教就是教学的话

> 假如说教就是教学的话，那我们早就比现在这个样子聪明多了，但我们现在并没有更聪明，因此，至少到目前为止，说教不是教学。

前面描述的那几个社区应用的例子让我们印象非常深刻，原因有两方面，一个是正面的，一个是负面的。

首先，正面的原因是：行为分析是一种行动导向的方法。当我们遇到一个问题时，不只是纸上谈兵，而是行动起来，行为分析能让我们做点儿事情，帮助我们解决问题。

这个世界最需要的就是行动。我们很高兴自己能够投身于这种行动导向的方法中。上面那些行为分析师运用行为学方法解决了这个世界所面临的一些问题，他们充满想象力的做法感动了我们。他们展示了这场运动的真谛。我们认为，行为分析是一场运动——是心系社会并付诸实践的一场运动。行为分析师绝不只是一群无所事事的象牙塔里的学究。我们行为分析师需要三思而后行，但不要因此而误解我们，我们最终还是会付诸行动，仅仅靠思考是无法到达胜利的彼岸的。

负面的原因是：说教不是教学。所有这些行为分析师，他们在自己的研究论文的开头都指出了这样一点：告诉别人怎么做并不能奏效。虽然我们可以喋喋不休地说教，比如，宣传使用不可再生资源的危害，宣传污染环境的恶劣影响，宣传拼车的好处，等等。可是，这些说教往往起不到任何效果，至少起不到任何长期的效果。本章提到的各个研究案例的作者在论文中都尽力阐明了这一点。

就像海耶斯和科恩说的："让人们好奇的是，通过大张旗鼓的教育运动，向公众做信息宣传，这似乎成为政府部门和能源公司为了控制能源消费而采取的主要策略。"再比如，克拉克、伯吉斯和亨迪说："即便公众知晓了官方的惩戒条例，看到了高速公路上竖立的禁止乱扔垃圾的警示，摆放了垃圾桶，可是这些对于乱扔垃圾的现象仍然产生不了任何影响……而且，在电影院里……播放反对乱扔垃圾的宣传片、公布警告通知、设置大量的垃圾桶……大多都已被证明是无效的……"再比如，一直致力于降低能源消费的西弗和帕特森说："联邦政府在政策推广过程中，已明确向消费者告知了节约能源的重要性，也宣讲了实现节约的具体方法……然而，希伯林的一项关于公寓居民用电消费的研究表明，联邦政府的这种信息宣讲运动并不能对电量消耗产生任何影响。这项研究还表明，一个倡导节约能源的社会团体向公寓居民直接发放劝导信的做法也对电量消耗产生不了任何影响。"再如，赖斯、彼得罗夫斯基和贝利在论文中说："预防和控制牙齿疾病的种种努力，往往都是采用护牙健康教育项目的形式来进行的。这些教育项目走进了各个私立、公立学校，走进了学区的教育系统……还通过大众媒体进行了宣传……这些教育项目确实会成为护牙健康的具体实践……可是，这往往只不过是一些特例，而未能形成常态……"

说教不是教学，或者至少说它不是一个非常有效的行为管理程序。看上去，我们行为分析师在这个问题的处理上似乎能比其他人做得更好一些。我们深知自己的诀窍在哪里。诀窍就是，我们在人们改变自己行为的时候会向他们提供强化物，然后，他们就会那样去做了，否则他们就不会做出改变。很多时候，我们甚至无须立即给出强化物，无须用这些强化物去强化目标行为，强化物也能发挥作用。我们的强化物可以被运用于规则掌控的行为中。

具有讽刺意味的是：行为分析师深知说教不是教学。我们行为分析师知道要提供强化物之类的激励，但是，当行为分析师试图改变那些政府官员或者商务人士的行为的时候，又是怎么做的呢？这些人的职责就是鼓励公民建立起公共意识。很可惜，我们做的也是说教。因此，我们未来的任务之一就是弄清楚如何向这些领导者提供有效的激励物。如果要影响行为，我们就需要找到能够维持目标行为的强化物。

我们必须一直牢记：说教不是教学。只有我们能够聚焦于自己所擅长的（比如，安排好行为依联），我们才更有可能实现目标。

问题

运用上述三个案例说明：仅仅靠信息宣传本身并不足以让人们为了实现自身利益最大化和社区利益最大化而做出行动。

中级进阶

过程与产物

波普华纳橄榄球队懒洋洋的四分卫

波普华纳橄榄球队的这个赛季终于结束了。朱克坐在希德的书房里，他们俩自大学一年级起就是哥们儿，两个人从上第一门课——哈珀教授的心理学101课——就在一起玩了。当时，朱克、希德和梅这门课的成绩都取得了最高的A，而唐恩只是及格。现在，朱克要告诉哥们儿，自己与教练雷德，以及他们率领的那支少年球队取得了胜利，而且是他们的行为训练战胜了旧式的训练。

希德只是坐在自己的椅子上，双脚放在桌子上，身体后仰，闭上了眼睛。过了几秒钟，他开口说道："当你说对过程安排行为依联，而不是对产物安排行为依联的时候；当你谈论将强化物提供给引向成就的行为，而不是提供给最终成就本身的时候，我怎么总是感觉不舒服呢？这让我总是想起当年那位高中校长，一个极为看重过程的家伙。他告诉我们，在学校里，无论去哪儿，我们都必须看上去是严肃认真的好学生。要是我们的着装和发型不能达到他的规定，他甚至不准我们进入布朗克斯中央礼堂的大门。一听你谈论对过程安排行为依联，我就总会想起那个老东西和他的着装规定。"

"哦，我明白你的意思了。我说的做法的确有一定的风险。它需要我们认认真真地做好任务分析，才能确保对正确的行为安排好行为依联。"

希德继续说："当你开始告诉人们该如何完成过程，而不仅仅是依联于最终产物才给予强化物的时候，你必须要留意你自己的个人喜好和文化偏见①。而且，你还必须要确保他们不是仅仅看起来忙忙碌碌的，却并未真正增加产物的数量或质量。这对于表现管理者来说同样是一项艰苦的任务。"

"是的，我们应该只有在不得不对过程（具体的反应）安排行为依联的时候才这么做，只有当我们无法获得期望的产物或成就时才这么做。我发现在体育和工商业活动中，大多数时候是这样的。如果我们既对产物做出安排，同时也对过程做出安排的话，基本上总能获得更好的结果。"

"那么说来，我的那位高中校长，他唯一的问题是忽视了产物——我们实际上学到什么以及学到了多少。他只是将所有精力都集中在我们身上的着装规范和走廊里的行为规范。我们实在是太容易迷失在这种细枝末节上了。一旦陷入这些细节，就会让我们忽视最终目标。"

"的确如此。"朱克答道，"我们需要分析整个系统，而不仅仅分析单个成员的分解行为。我们不仅要关注过程，也应该关注产物。"

总之，对过程安排行为依联，而非仅对产物安排行为依联，需要考虑以下这些问题：

- 首先，要进行一个细致认真的任务分析。
- 要做好准备，付出更多的精力来监控表现。

---

① 希德要说的是，在很多情况下，获得同样产物的办法不止一种。自己偏好的一个过程有可能并不是适合其他人的最佳过程。我们必须要谨记服务对象的个人偏好，而不能局限于我们自己的个人偏好。

- 要避免我们的个人喜好和文化偏见。
- 要区分服务对象是仅仅看起来很忙碌还是真的获得了更好的产物。

如果我们正确地处理了这些问题，那么往往就能对产物产生重大影响。

问题

1. 在什么情况下，我们应该对引向产物的过程安排行为依联，而不是仅对产物安排行为依联呢？
2. 不仅对产物安排行为依联，也对过程安排行为依联，这时，我们需要考虑哪四个问题？

研究方法

多基线设计

朱克知道自己的这个案例被希德抓住不放了。希德向来是不会轻易松手的，他是个专业的质疑者和批评者。这么多年来，朱克一直与希德保持着密切联系，原因之一就是希德拥有一种思维缜密的批评家的技能。如果朱克的分析经得住希德的考问，那才算好的分析。每当他和希德在一起讨论的时候，就仿佛回到研究生院进修一门课程一般。

希德又一次闭上眼睛，几秒钟之后，他又开口问道："你怎么能那么确定是你的行为干预才让雷德的队员们表现出色呢？也许他们接受更多的传统训练也能进步呢？也许你的行为训练只是看上去不错，但真正的原因是那些孩子比上一赛季长大了一岁呢？你不是说过他们去年也在打球吗？"

"你说得对。我并不是在做一个有对照的科学实验，我只是在进行应用行为分析，只是在应用前人的研究结果而已。"

"前面已经有人做过这个实验了？"

朱克知道，如果自己只说"前人"或者"有人"而没有给出那些学者的真名实姓的话，希德仍然会对自己引用的观点保持质疑。可这次他来之前专门去核对了那些参考文献。"当然，科马基和巴尼特在1977年做的研究发表在《应用行为分析杂志》上。他们进行了一项跨三种战术的多基线研究。对每一种战术，他们只有将行为训练运用在特定的程序上，球队的进步才会出现。数据很漂亮。"

问题是，我们怎么就能确信自己的行为干预起了作用呢？怎么才能确信如果没有运用那些行为学招数，队员的表现就不会发生改善呢？我们知道，在干预之前要用好几天甚至好几周的时间来测量基线表现。如果在干预之后能看到表现出现大的变化，也就可以比较确信这些改变是源自行为干预的。但是，这样的改变仍然有可能只是一个偶然。也许，就在我们进行干预的同时，天气发生了变化，而有可能正是这种天气变化而非你的干预造成了表现的改变。不过，基线期和干预期越长，这两个阶段之间的表现差异越大，我们也就越能自信地确认自己的干预才是真正的赢家。不存在什么东西是100%确定的，但你可以趋近于这种100%的完全确定。

为了更接近100%的确定，证明的确是我们的干预影响了所测量的表现，这里有一种方法：重复这个干预或实验。假设朱克对几支不同的球队都实施了同样的行为训练程序，假设他在每次干预之前都采集了基线数据，假设他对各支球队在整个赛季当中的不同时间点进行了这种干预；最后，再假设他每对一支球队进行行为训练，该球队的表现就会进步，那么，这样得到的数据就能够说服希德这样的家伙。我们说，每当我们重复了一个干预或实验，也就是复制（replicate）了一个干预或实验。复制得越多，数据也就越有说服力。

上面这个假设的案例当中，朱克可以做跨球队的复制，而在真实的案例中，科马基和巴尼特做的是跨行为的复制——实际上，是跨战术的复制。他们在对选择性传球战术进行干预之前，对23次训练和比赛进行了基线期观察；然后，在对大力横穿转移战术进行干预前又多进行了10次基线期观察；在这个基础上，最后，他们在对摆脱拦截的反攻战术进行干预前又多进行了10次基线期观察。对这每一种战术，在相应的行为干预启动之后，特定战术的表现才呈现出了稳定的进步。在这个多基线实验设计中，这样的跨战术的多次成功复制，让我们真正相信了行为训练的价值。

我们前面提到过，一个阶段内数据越稳定，就越能相信不同阶段之间发生的改变是确凿的。科马基和巴尼特的研究数据有一些波动，但这些波动主要是在基线期内，而且主要是朝更差的方向的波动——基线期中队员多次得了零分，而在行为干预期内一次零分也没有。因此，这种波动也许更能增强我们的信心，因为这种波动（基线期的低百分比）与行为干预期所提高的百分比是呈现相反方向的。

行为分析师会运用各种实验设计来展现多种因果关系（功能关系）。这些设计中最强有力的一种就是**多基线**（multiple-baseline）实验设计。实验设计就是我们做出的实验安排，比如，改变自变量的数值（例如，我们何时呈现强化物）。我们所说的进行一个多基线设计是指对于每一个复制都拥有一个新的基线。此外，在多基线设计中，我们会在不同的时间点开始新的干预，这样

可以更确信因变量的任何改变都源自自变量的改变（我们的干预）。也就是说，在多基线设计中，我们可以减少这样一种可能性：即我们的因变量的改变源自其他某些因素的偶然变化，某些我们未曾考虑到的因素，例如，气温或湿度的变化。

定义：概念

多基线设计（Multiple-baseline design）
- 一种实验设计，
- 其复制内容涉及
- 持续时间不同的基线期，
- 并且干预开始于不同的时间。

前文中假设的那个朱克的实验，涉及的是跨组的多基线（multiple baseline across groups），而科马基和巴尼特的真实实验涉及的是跨行为（三种不同战术）的多基线（multiple baseline across behaviors）。

问题

名词解释：多基线设计。
A. 它为什么有用？
B. 举例说明一个跨组的多基线设计。
C. 再举例说明一个跨行为的多基线设计。

分析

"内在的"橄榄球：对内隐行为的强化与对规则掌控的行为的强化

希德又向后一仰，闭上了眼睛，就那么静静地坐在椅子那里。一见到这情形，朱克就知道自己还没有完全摆脱希德的盘问。希德发问了："你觉得你这个新的训练方法涉及哪些行为学概念呢？"

朱克回答道："最主要的一点是，我们在此有了一个间接作用的行为依联——规则掌控的、回避失去获得强化物机会的依联类似物。"

"我有点儿怀疑。我想知道其中是否也存在着对内隐行为的直接作用的强化，尽管你没法确知这一点。"

"你想说什么？"朱克问道。

"有可能，当雷德向他的队员们就某个战术的分解行为提供反馈时，队员们也许会在脑海中想象这个战术，运用图像思维来假想技术动作，就像他们真的在那么做一样。比如，雷德说：'现在，说说刚才对那个四分卫的阻挡战术动作……'他的队员们就会用图像思维来视觉化那个阻挡动作。'你刚才那么做，很棒！'雷德的这个表扬强化了队员们所想象的阻挡行为。"

"你的分析很有意思。"朱克说道,"雷德的表扬也许的确强化了球员对那个阻挡动作的视觉化想象,但这与强化真正的阻挡行为是不一样的。如果这种对内隐行为的强化太过强大有效的话,最终的结果会让整支球队的队员光站在那里想象自己的战术,而对方早就把他们打得落花流水了。"

"非常有意思。"希德说,"不过,我暂且假定你说得对。我们能够比较有把握确定的只有一件事:雷德的表扬强化了队员们的想象——至少如果当得到表扬时他们正好在进行战术想象的话。但我们无法假定想象战术的这个反应一定会转变成为实战中的执行战术的反应。不过,看起来想象还是很有帮助的。"

"哦,想象那些战术动作也许能帮助这些孩子们发展出更精确的规则,这些规则描述了队员们应该如何做。然后,当他们再次回到赛场上,在混战中体验那些分解动作序列时,他们就自己默念这些规则。"朱克说道,"例如,教练说'要佯装带球冲锋的话,就要把腰弯得再低一些'。一旦有了足够的涉及强化与惩罚的直接作用的依联的训练,这些直接作用的依联就有可能会控制正确的行为序列,而那些规则控制也许就退出了。"(注:规则除了可以描述间接作用的依联,还可以描述直接作用的依联。)①

当你读到内隐(covert)这个词的时候,也许会联想到政党竞选时相互窃密之类的暗箱操作行为,但这里所说的内隐,只是指"私密的""在个人内部的"。因此,我们所说的**内隐行为**(covert behavior)指的是发生在个人内部的私密行为,例如,思索、图像思考、想象、做梦和幻想。我们这里所说的强化内隐行为(reinforcement of covert behavior)指的是对私密的、内部的行为的强化,例如,对思索与图像思考的强化。此时实际的强化物可能是外部的,例如,雷德的表扬,当他表扬球员的某个战术动作时球员正在想象那个战术动作。

定义:概念

内隐行为(Covert behavior)
- 私密行为(不为外在的观察者所见)。

如果雷德在表扬他的球员实现的完美战术时,球员们正在神游于昨天晚上看过的电视节目,这种情况下,你认为会发生什么呢?我猜会发生两件事:首先,表扬会发挥出强化物的作用,多多少少能强化他们当时正在进行的神游行为,尽管雷德并没有打算强化那个行为。其次,它还会发挥出规则掌控的反馈的作用。球员们在这样的情况下,更可能会陈述这个规则并遵循这个规则,这个规则告诉他们下一次还要运用同样的方式来执行战术。

在强化内隐行为时,强化物可以是内在的或者私密的,例如,当某个人因为某个好玩的事情而咯咯地笑起来时。我们推测,幽默所固有的或内在的强化依联强化了这种思维。

强化能够对内隐行为发挥作用,
正如它对外显行为发挥作用一样。

内隐的反义词是外显(overt)。外显行为是公开的或者外部的,是可为他人所见的。思考有趣的想法是内隐的,而咯咯咯地大声笑出来是外显的。

问题

1. 名词解释:内隐行为,并举例说明。
2. 举例说明:强化内隐行为。
3. 强化内隐行为在行为训练中可能起到怎样的作用?这些作用存在怎样的局限,如果有局限的话?

分析

从规则控制转移至依联控制

希德微笑着说:"此时此刻,我可以就坐在这里,想象四分卫做战术传球时默念着规则:'啊,教练刚才教我的那个规则是什么来着?哦,对了,是这样的。'可就在此时,嘭的一下!对方防守队员伸过来的一双凶猛的手抓住了这位可怜的四分卫。"

"当然啦,一旦我们身处比赛当中,那时一切都必须是自动化的,根本没时间谈什么规则。这也就是球员们必须要在平时努力做好练习的原因。他们一直练习各个传球战术,直至自己的动作变得越来越自动化,直至他们最后可以凭感觉做出那些传球战术动作,直至做对了动作后的感觉就能够强化他们自己的行为,直至直接作用的强化和惩罚依联能够控制他们的行为。"

橄榄球运动员从规则控制转移到依联控制是很普遍的。我们往往是在规则的控制下开始一个复杂的反应序列的,但随着我们重复这个行为序列,反应渐渐地会受控于直接作用的依联。例如,在美好的旧时光里,有一种被称为手动换挡的汽车,需要用左脚来踩离合器踏板,随后再缓缓地踩下油门踏板。然后,要找准当口儿再换挡。手动挡汽车操作起来确实很复杂。首先,新手

---

① 另一种可能性是,想象与这一切没有什么太多的关系。语言反馈可能已经够具体了,因而球员们再回到球场上时,只重复反馈所生成的规则就够了,而那些出现的任何想象是无关紧要的。

司机要学习描述这一套反应序列的规则，但在他掌握驾驶手动挡汽车的技术之后，这个行为已经受控于他正确换挡的感觉了，司机甚至再也记不起最初的规则了。

你在西班牙语课上造句时，会学到这样一个规则：要将形容词放在名词之后，而不能放在名词之前。但你在墨西哥玩了一个夏天之后，你就不再需要默念这个规则了。这时候，你说和写西班牙语的句子更多地受控于直接作用的依联——句子发出的声音。你的西班牙语现在说得越来越流畅了，也越来越凭直觉了。

这里所说的直觉符合我们在第13章提到的**直觉**（直觉控制）的定义——受控于人们未定义或未描述的一个概念或一组行为依联。这与依联控制一样。这里要说的是，当人们谈论运用自己的直觉时，实质上就是指其行为在受依联控制。我们认为直觉控制这个说法有用：它让我们避免了实物化错误，避免了生造出某个虚构的词汇，就像用直觉这个词汇来解释现象；相反，这个说法可以让我们以一种实用且认真的方式来谈论那些直觉现象。

定义：原理

从规则控制转移至依联控制（Shifting from rule control to contingency control）

- 通过重复反应，
- 控制往往从描述直接作用依联的规则的控制
- 转移至该直接作用依联本身的控制。

要注意的是，当我们谈论从规则控制转移至依联控制时，我们所讨论的是一个直接作用的依联，即结果在反应后的60秒之内出现；而如果规则描述的是一个间接作用的依联，那么我们不会期待有这种转移。试想一下，你努力学习，因此期末时你会获得一个好分数。显然这是受控于规则的。然而这里很不巧的是，由于这里涉及的是一个延迟的结果，因而你需要不停地跟自己重申这个规则。在这里，现在学习，然后期末获得一个好分数，永远都无法变成自动化的；它永远不会像打橄榄球、开车或者讲外语那样，永远不会从规则控制转移至依联控制。类似地，认真编写本书，也永远不会从规则控制转移至依联控制。尽管我们对这本书已经尽心尽力地出了好几版了，但我们坐下来开始写作却从未变得自动化，它永远是受规则掌控的。学习与写作受控于涉及延迟结果的间接作用的依联，因此，这个控制永远不会转移至自动化的、直接作用的依联——真遗憾。

现在让我再多说几句，进一步完善对学习与写作行为的分析。我个人的体验以及我对他人的观察表明，我们遇到的最大困难在于如何让自己坐下开始学习或写作。然而，一旦我们开始了，持续下去就会比起头容易得多。这表明，一旦我们开了头，就会有某些内在的强化依联在维持着学习与写作。事实上，在写这本书的时候，我们花费了大量的精力让其充满尽可能多的内在强化依联——格调不高的段子、日常生活中的案例、运用行为分析帮助他人，以及可能带有智力解谜趣味的分析。读者已经告诉我们，我们成功地做到了这一点。而且，我真心热爱写作，只要我开始动手写了，那些内在的强化依联，包括自说自话的段子、智力解谜一般的逻辑分析、摆弄文字以求表述清晰——所有这些，都是很棒的强化物。遗憾的是，对于大多数人来说，在大多数情况下，迫近的截止时间所带来的威胁才能真正让他们坐下来开始学习或写作。那些内在的强化依联，往往无法有效地强化坐下来的行为，因而也就无法有效地让其从规则控制转移至依联控制。

问题

1. 从规则控制转移至依联控制的原理是怎样的？请举出三个例子（例如，打橄榄球、开车、说西班牙语），并讲解这些例子是如何体现这个原理的。

2. 举例并解释在哪种情况下无法将规则控制转移至依联控制。

可强化的反应单元

假设老鼠鲁道夫拉动铁链，会立即点亮一盏灯；然后它立即走向杠杆，立即去按压杠杆，立即就能听到水斗的咔嗒声响；它立即俯下身，立即舔了一下水斗，并立即得到了一滴水。这就是一个行为链。这滴水或直接或间接地强化了整个反应序列。因为在这个行为链中，任何环节之间没有任何超过60秒的停顿间隔，所以这滴水强化了整个行为链而不仅仅强化了最终的环节，即舔舐水斗；在这个行为链中，所有的行为环节都会由于这个强化而得以按照正确的顺序更多地出现。也就是说，整个行为链就如同一个单一反应一样，就像一个单一的、可强化的反应单元。

再假设，该行为序列是这样运作的：老鼠鲁道夫拉动铁链，3分钟之后，点亮了一盏灯；然后，又过了3分钟，它走向杠杆；3分钟之后，它按压杠杆；3分钟之后，听到水斗发出咔嗒声；再过3分钟……以此类推。由于有这样的3分钟停顿间隔，这滴水不会强化整个反应序列，尽管它有可能会强化最后舔舐水斗的行为。因为在反应序列中，存在超过1分钟的停顿间隔，那么这个序列就不是一个可强化的反应单元。

可强化的反应单元（reinforceable response unit）是一个反应或反应序列，在这个反应或反应序列中，不存在任何超过60秒的干扰。在序列结束时所提供的强化物，将会或直接或间接地强化整个序列。

然而，一个可强化的反应单元，就算它并不含有任何60秒的停顿间隔，其本身持续时间可能也会远远超过60秒。例如，在圣克劳德州立大学，杰里·默滕斯有一个占据了满满一大间实验室的反应链装置。老鼠要花5分钟的时间才能完成整个行为链，但行为链最后出现的强化物还是强化了整个反应单元，因为这个经过完美训练的行为链不含有任何60秒以上的停顿间隔。

曾经有一个来我这里访学的行为分析博士给出过这样一个关于强化的例子：你去上大学4年，最后获得一个学士学位。

问题

这个例子有什么问题？

我们的答案

这里有好几个问题。首先，获得学位，毫无疑问，跟随在最终的反应之后远超60秒。去上大学4年，这当然不是一个可强化的反应单元。即便是最拼搏的学生，在这4年当中也会有很多次走神超过60秒的时候。

贯穿全书，我们一直在认真负责地确保书中大多数案例涉及的都是可强化的反应单元。但是，既然现在讨论的主要内容是规则掌控的依联类似物，那么，我们也顺带谈论一下规则掌控的、可强化的反应单元的类似物。**规则掌控的、可强化的反应单元的类似物**（rule-governed analog to a reinforceable response unit）是含有60秒以上的间隔停顿的反应单元。

之所以要在此讨论反应单元的类似物，是因为当人们描述依联类似物时，所陈述的规则往往涉及反应单元的类似物。例如，如果病人吃得足够多而增重了0.5千克，那么就可以获得强化物，这里可以肯定的是，在他们摄入所要求的3500卡热量时，这期间里有着60秒以上的停顿间隔。

再来看另外一个例子，几乎所有最拼命学习以求在考试中取得高分的学生，就算他们上厕所时都书不离手，肯定也会有很多次超过60秒的休息。

但是，并非所有的依联类似物都涉及反应单元类似物。例如，顺畅的话，橄榄球比赛不会含有60秒以上的停顿间隔，虽然球员们在60秒之后才会得到教练雷德的反馈。

问题

1．什么是可强化的反应单元？举例说明。
2．什么是可强化的反应单元的类似物？举例说明。

回避依联类似物为什么不是直接作用的依联

勤于思考或者爱钻牛角尖的学生常常会琢磨，回避依联的类似物究竟算不算真正的直接作用的回避依联？例如，让我们再来看一看前面说过的拼车依联，参看下面的示意图。

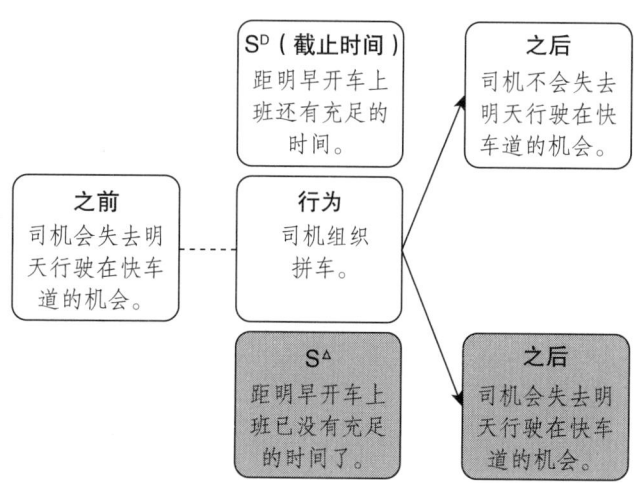

这些勤于思考的学生会这样说：当司机在前一天晚上组织好拼车后，她就会立即知道自己成功地回避了失去第二天行驶在畅通无阻的快车道的机会。因此，这肯定是一个直接作用的依联。

我们的回答是：好……吧！好吧，我们应该再继续深入地讨论一下这个问题。在这里，我们实际上拥有两个依联，一个是间接作用的，一个是直接作用的。间接作用的依联是我们前面用示意图表示过的回避依联的类似物。直接作用的依联或多或少就是那些勤于思考的同学所提出的得知自己成功了的依联。

直接作用的逃避依联

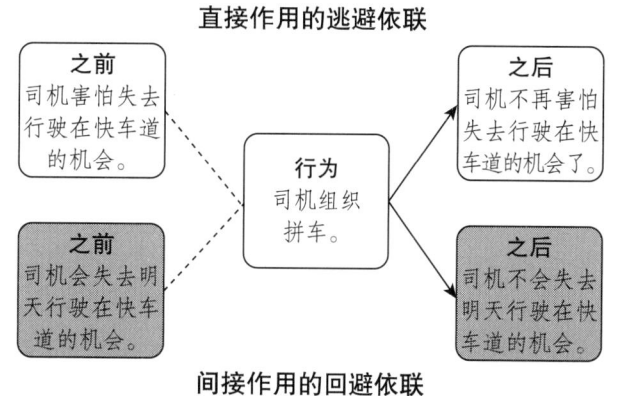

间接作用的回避依联

因此，一旦组织好拼车，司机确实就逃避了对失去快车道机会的害怕。没错，这是一个直接作用的依联。

而且，我们将在第24章中看到，这个依联是关键性的。但是这个逃避依联不是在此本来要讨论的依联，我们在这里一直讨论的是回避依联。由于行为结果要延迟到第二天，因此，这其实是一个规则掌控的、间接作用的、回避依联的类似物——它类似于回避失去获得强化物的机会（行驶在快车道的机会）。

我们在此使用了害怕这个词，因为它很简单，便于直观地理解，而且，斯金纳这位前辈大牛也曾使用过这个术语。但是，当我们使用这个术语的时候，许多研究方法论的行为主义者就会感到坐立不安。因此，下面我们给出一个更精确的，或者说至少更为具体的方式来讨论这个问题。

在这个逃避依联中，行为之前的条件是一个条件型厌恶刺激。（还记得第11章的内容吗？**条件型刺激**的定义——只有当刺激中的各种要素结合在一起的时候才具有其价值或功能，否则，单独的这些要素是相对中性的。）这个条件型厌恶刺激当中的两个因素，一个是逐渐接近的截止时间，另一个是还未组织好拼车。逐渐接近的截止时间只有与还未组织好拼车结合在一起的时候才是厌恶的。而当司机成功地组织好了拼车，那么逐渐接近的截止时间就不再是厌恶的了。因此，通过组织拼车，司机逃避了这个条件型厌恶刺激。我解释得太棒了（希望如此）。

问题

1．请解释：为什么规则掌控的、间接作用的回避依联其实都会涉及延迟的行为结果？请用示意图举例说明。

2．描述一个相应的直接作用的逃避依联。用示意图举例说明。

3．描述条件型刺激的概念，并用其讲解你的例子。

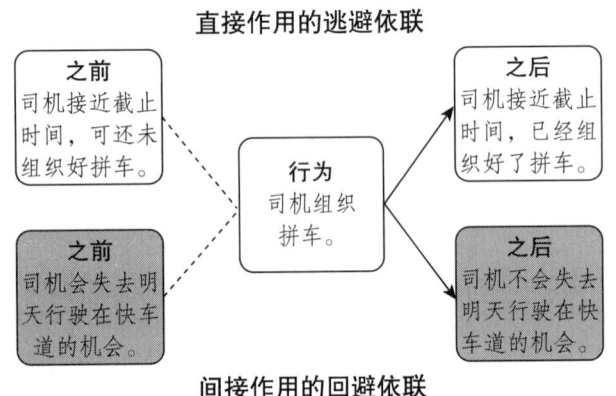

在 DickMalott.com 网站上，你还将读到：

孤独症进阶部分

第23章　高级进阶部分

- 看待延迟结果的一个传统视角
- 规则在本质上是概念吗？

第 24 章 规则掌控的行为：理论

行为分析师认证委员会第 4 版任务清单

E-03　运用指导和规则。

E-04　运用依联契约（即行为契约）。

F-01　运用自我管理策略。

FK-42　规则掌控的行为

基础知识

案例：大学教学

希德尼·J. 菲尔茨博士[①]

细心的人会注意到，又一滴泪珠顺着朱克的脸颊滑了下来，坐在他身边的梅就注意到了。希德走上讲台，接过自己的博士学位证，这一瞬间，台下的朱克热泪盈眶，他的激动甚至超过了自己当年拿到硕士学位证的那一刻，也超过了当年他看到梅拿到博士学位证时的那一刻。

问题

作为比格斯特大学心理学系最有前途的博士生，希德以破纪录的速度完成了所有的学习课程，且全部科目的成绩都是 A。他已经为自己的博士毕业论文收集了足够的数据资料，剩下的唯一任务就是将毕业论文写出来，然后进行博士论文答辩了。因此，心理系的全体教职工通过投票，一致同意给希德提供一份助理教授的职位。当然，他要在当年秋季新学期开始之前，也就是要在这个夏天里完成他的论文写作并通过论文答辩。

但是，希德在这个暑假中并没有写完自己的博士毕业论文。事实上，他几乎就没开始动手写作。而秋季一开学，希德基本就没空写毕业论文了。这问题还不算大，只要他在来年的暑假期间完成论文也还不成问题。然而，到来年暑假结束时，希德的论文依然没有完成。系主任警告希德，如果到下一年 4 月份他还没毕业的话，就不会与他续签助理教授的工作合同了。希德感到非常尴尬，自己当初可是本系的一位宠儿啊，如今就要堕落成一名弃儿了。可是，他的毕业论文的写作依然处于停滞状态中。

究竟出了什么问题呢？虽然写博士毕业论文是一件非常艰难的事，也可以说是希德遇到的最艰难的一件事了，但是他有能力完成这个任务，能力并不是问题的关键所在。问题的关键在于：他没有去完成。除将论文写出来之外，他已经完成了所有其他的事情。他在图书馆里做了更为充分的文献阅读；他学会了运用新的电脑软件来提高写作质量、加快写作速度；他建立好了一个数据库，规整了他需要的所有参考文献；他将房间打扫得干干净净——差不多每天都那么打扫；他还开辟了一个菜园子……但他就是没有开始写论文。他打算要写，他下定决心去写——就在明天开始写，明天他打扫干净房间之后就动手。但到了第二天，他却走进菜园，摆弄那些花花草草去了……诸如此类的事情一再发生，他只是偶尔去写两笔论文稿，只是碰一碰这件艰难的事情。日复一日，就这么拖着，整个夏天过去了。

解决办法（E-04）

在系主任警告他有失去职位的危险之后，又过去了两个月，希德的毕业论文也才写了几页纸。于是，他找

[①] 希德·菲尔茨是本书虚构的一个人物，如有雷同也不奇怪。在现实生活中，有许多博士生最后完成了自己的博士毕业论文，他们饱受无效依联的折磨，痛不欲生。本节中有关希德的内容虽然是虚构的，但代表了普遍的案例。本节中的图表数据是真实的，本节改写自 Dillon, M. J., & Marlott, R. W. (1981). Supervising masters theses and doctoral dissertations. *Teaching of Psychology*, 8, 195-202, 以及 Garcia, M. E., Malott, R. W., & Brethower, D. (1988). A system of thesis and dissertation supervision: Helping graduate students succeed. *Teaching of Psychology*, 15, 186-191.（本章相关的数据都来自这篇文章。）

到了好哥们儿朱克，指望能得到他的帮助。

朱克：你现在需要的是一个行为学研究工作监督系统（behavioral research supervisory system）。

希德：我搞不懂你说的这个东西是什么，不过，这里面用到的词都是我非常喜欢的。

朱克：这套表现管理系统与我在大多数工商业咨询中运用的那个表现管理系统是一样的。它是表现契约的一种形式。而我说的这个契约，是专门为开展硕士论文和博士论文研究工作而设计的。

希德：在运用表现契约或者行为契约的时候，我把要做的任务写下来，列成一份清单，交给我的契约负责人。

> **表现管理规则 1：将任务写下来。**

希德：那么你有时间吗？来做我的契约负责人——我的表现管理者。

朱克：我可没有时间，也没有意愿做你的表现管理者。不过，像你这个难度这么大的案子，我实在想不出还有谁能管理好，看来也只能我上了，你就等着欠我一个大大的人情吧。我答应你。但前提是你必须愿意全力以赴。之前我有这样的经验，竭尽全力管理他人的表现却无法添加有效的行为依联。在这套行为学研究工作监督系统当中，学生完成契约后通常都能依联性地获得成绩、学分或者金钱，那么你打算选择什么作为你完成契约的结果呢？

希德：我真的很需要完成博士毕业论文，我都快绝望了，这样吧，我完成每份契约会有两个依联性的结果：我已经注册了毕业论文的学分，因此，如果我没有完成好这些契约的话，就会失去一些论文学分，这个后果怎么样？此外，我还愿意掏些钱出来，用来管理我的表现。我可以在你那里存 50 美元，我做得差劲的时候，你就从中扣除一部分钱。

朱克：我们的赌注还得下得重一些。你给我写 10 张支票，每张 5 美元，收款人写美国纳粹党，并且，要在每张支票的备注里写下："尽管我是个犹太人，但我非常欣赏你们的工作，因此，我希望为你们捐款。"每一次你做得差劲的时候，我就会寄出一张这样的支票。哈哈。

希德：太狠了吧，朱克，你能不能下手轻一些？

朱克：绝不能太轻，哥们儿。我要的就是施加压力；我就是想要你知道，每次你未完成契约上的任务时，你就是在帮助自己最厌恶的人——美国纳粹党。

希德：我觉得你真是变态到家了。如果必须这么做才能满足你这个施虐狂的话，那也只好这么做了。

朱克：我是不是应该给你加点儿甜头呢？比如，每次你完成了一份契约，我就退还给你一张这样的支票？

希德：这倒不必。我若能稳步扎实地迈向毕业，实现毕业这一目标就足够让我尝到甜头了。我愿意像你说的这样，身处间接作用的行为依联之下，我知道这是基于回避失去论文学分和回避失去美元的依联类似物。

> **表现管理规则 2：存在有效的行为后果。**

朱克：好吧，那么我们需要每周会面一次，这样你可以向我出示你的白纸黑字的写作成果，用它作为证据来表明你完成了自己承诺的各项任务。同时，你还要向我出示你订立的下一周的表现契约——下周你将要执行的任务清单，还要标出你打算在各项任务上投入的工作时间。

希德：我们真有必要每周都会面吗？你不觉得那有点儿麻烦吗？

朱克：要的，这真的很有必要。每周会面的监督日就是一个截止时间。这样的话，你本周任务的完成就不能拖延超期。这种每周都设立的截止时间，就是我们对付拖延的最好的预防措施。

> **表现管理规则 3：如果不能每周进行一次监督的话，表现就会变得像果冻一般摇摆不定①。**

下页列出的那个表格就是希德和朱克为第 1 周准备的契约（请注意：表现契约实际上就是一组规则，所有详细列出的表现都是规则掌控的行为）。

朱克：下面就是我们很可能会用到的一些表现管理依联：只要哪一次你没有完成契约上的任何一项任务，我就会寄出一张你的支票。如果本学期内第二次出现你的累积契约分数的完成率百分比低于 90%，那么你就会被扣去 2 个博士论文学分，你就必须重新去学校注册那些学分。这里面我还顺带给你的下周契约中加了一项任务，你下周要把表现契约拿去给你的导师哈珀博士看，让他同意这种扣除学分的做法，可以吗？

> **表现管理规则 4：清晰详细地列明行为依联。**

希德：比如说，按这个表格所要求的，在下一次与你会面接受表现管理监督之前，我必须完成对论文数据的分析。如果我没能完成这项任务，就会失去获得 2 个契约分的机会，这样我的累积契约分的完成率百分比就会下降，那我离失去 2 个论文学分的危险就更近了。

---

① 其实，我们本来并不想用"果冻"这个词来打比方的，只不过这样可以更接地气一些。

朱克：就是这样。但是，我们也有回避失去获得强化物（2个论文学分）的机会。

希德：事实上，这是一个规则掌控的、回避失去强化物的依联类似物，因为失分会发生在每周咱们会面的时候，这极有可能是在我完成了论文数据分析之后的60秒开外——我想这种延迟至少会有60秒以上。

朱克：的确是这样。你的回避反应将能成功地避免失去获得2分的机会，只要它发生在区辨刺激（S^D）出现的期间内（本周会面之前）。

行为学研究工作监督系统表现契约

签约人：希德
表现管理者：朱克

任务	证据	小时数		得分	
		时间量	完成与否	契约分	所得分数
撰写引言8个小时	4页新写的论文	8		8	
与导师哈珀博士见面讨论论文写作进展（每两周一次）	讨论的笔记	1		1	
分析数据	做2张图	2		2	
画出计分图（累积图和非累积图）	更新后的图	0.1		1	
准备下一周的契约（在与朱克会面之前）	新契约	0.2		1	
与朱克见面	这显然很好证明	1		1	
总计		12.3		14	

定义：概念

表现契约（行为契约或依联契约）[Performance contract (behavioral contract or contingency contract)]

- 一份书面陈述的规则，它描述了
- 适当的行为或者不适当的行为，并且描述了
- 这些行为应该发生和不应该发生的具体情况，以及
- 对这些行为的外加的后果。

结果

在实际当中，这一切并不是那么容易。即便希德有了这么一个表现契约，他仍然要与拖延魔鬼做斗争，况且助理教授的工作占用了他很多时间，甚至已经比全职工作量还要大。在这个学期余下的时间里，他因表现契约一共失去了40美元和2个论文学分。他获得的累积契约分的平均值（与完成的任务量大致相当）是88%。

他每周花在博士论文上的时间大约是13个小时。而在他必须要向研究生院提交论文的前3周里，他在论文上的周平均工作时间达到了35个小时。他最终成功了：通过了论文答辩，续签了助理教授合同，他的博士论文被学术期刊接受，就等着发表了。现在，他是希德·J.菲尔茨博士了！博士哟，他可以成为行为分析领域中的一位趾高气扬的家伙了。

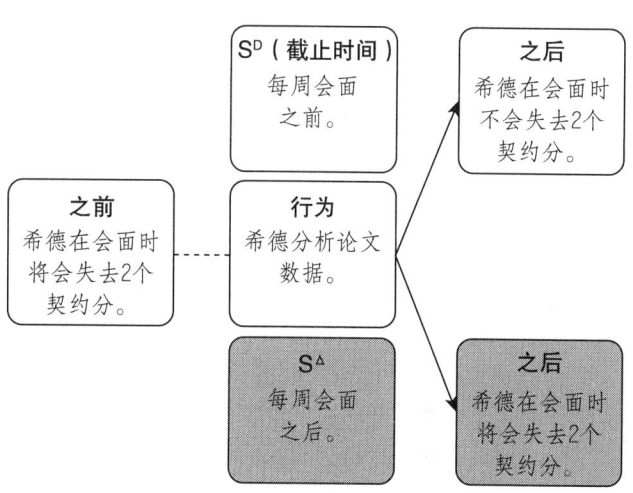

如图24.1所示，行为学研究工作监督系统的确能够帮助学生。①

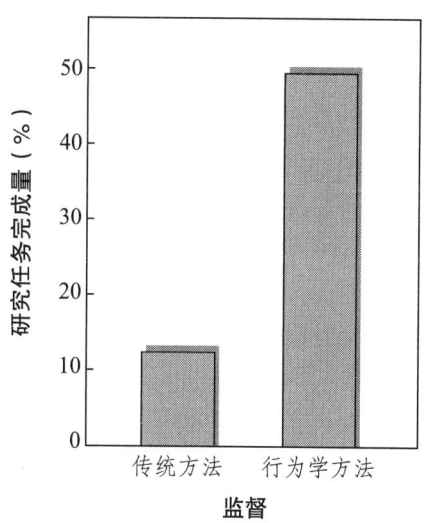

图24.1 研究项目、硕士论文和博士论文的完成情况

问题

1．请你说说行为学研究工作监督系统的应用，举例说明表现管理的4个规则。

2．名词解释：表现契约，并举例说明（它不一定要包含多个行为）。

---

① 这些数据来自加西亚等人的研究（Garcia, 1988）。它们代表了在加西亚的研究中所完成的研究项目、硕士论文和博士论文的百分比；当然，在该研究结束之后，其他研究项目和学位论文任务最终也得以完成。

理论

规则如何掌控我们的行为?

在第22、23章中,我们给出了理论性比较强,也比较有争议的观点,即行为分析师面对的很多行为依联其实并不是直接作用的强化依联或惩罚依联——这有悖于行为分析师早先做出的假设。在这一章里,我们将继续给出一些更具理论性的,也更具争议性的,关于规则如何控制行为的观点。

下面我们再回到希德·J.菲尔茨博士和他使用的行为学研究工作监督系统这个案例上,不过在对此进行理论分析之前,我们先来复习一下本书前面已经讨论过的一些重要问题,然后再展开理论分析。

第一,环境对行为主要施加了两种类型的心理学控制——**操作式控制**(受控于行为的较为直接的结果)与**应答式控制**(受控于行为之前的诱发刺激)。本书前面所接触到的大多数行为都是受控于直接结果的。

第二,尽管我们并没有真的这么说过,但我们实际上已经暗示只有这两种控制,再没有其他任何控制了。不过,很多人讨厌这种暗示,而且这种狭隘的思想显得有些没道理(我们在第22章中提到过),尤其是当你看到所有人都在为自己的长远目标而努力奋斗,却没有什么明显的直接强化物,没有什么表现管理者会每隔几秒钟就向他们的嘴里丢巧克力豆时——在这些案例当中,看起来就是**间接作用的依联**在控制着我们的行为。

第三,我们在第22章中还指出,**规则控制**可以解释间接作用的依联产生的影响——这些间接作用的行为依联的结果由于延迟过久而无法强化或惩罚引起结果的行为。那么,这是否意味着应该丢弃那种狭隘的观点呢?那种观点认为,我们所有的行为,要么受控于立即的操作式过程,要么受控于立即的应答式过程。这是否意味着我们应该认为,生活中除了铃声、除了立即呈现的一口食物、立即呈现的善意微笑,或者立即停止的电击,还应该有点儿什么呢?

不,我们仍然认为只有那两种控制过程,只不过响铃、吃东西和停止电击,可以比我们原先认为的更微妙。我们认为我们并不狭隘,相反,我们秉持着严肃、严谨的态度,对于行为分析的这些关键问题,我们不会放任自己去选择那些看似简单实为肤浅的错误答案。我们认为,运用本书第一部分给出的那些简单概念,行为分析师就能够真正地理解人类心理的所有奥妙,深刻领悟其中的丰富性和复杂性。

是的,我们还要做一些严肃认真的解释。规则控制可以解释间接作用的依联产生的影响,但现在我们必须讨论一个新问题——第四个主要问题:如何解释规则控制?好吧,少安毋躁,因为下面我们要开始讨论真正更具理论性,也更具争议性的观点了。

理论

作为语言(类似的)匹配程序的规则陈述

要记住,行为分析师使用规则这个术语时,指的是对一个行为依联的描述。大多数行为分析师都认为,规则所起的作用是基于强化或基于惩罚的区辨刺激(S^D)。也就是说,他们认为规则是刺激,当它存在时,其所描述的反应将会得到强化或惩罚。可这样的话,也就意味着规则的不存在就是基于强化或基于惩罚的S^Δ,当这个S^Δ刺激出现时,反应不大可能得到强化或惩罚。然而,规则往往并非如此运作。

例如,不管有没有人给你定一条规则,让你知道你会多么喜欢吃水果慕斯,水果慕斯的美味同样会强化你吃它的行为。不管有没有人警告过你用手指去触摸汽车电瓶两极是有危险的,电击带来的疼痛同样会惩罚你那种触摸行为。然而,也许有人会向你陈述这样的规则,说你会喜欢吃水果慕斯,但你不会喜欢触摸电极。虽然这样的规则不是区辨刺激(S^D),但仍然很可能会掌控你的行为。下面的分析也许看起来过于局限于区辨刺激的应用,但还是来看一看这种理论性的解释,看它能否让你觉得有些道理。

规则陈述会让不服从规则变成一个厌恶条件。例如,你对自己陈述这样一条规则:如果我不开始阅读这一章,我就无法为测验做好准备。你陈述了这条规则后,偷懒行为会带来一个厌恶条件(有人将这种厌恶条件称为"恐惧""内疚""焦虑"或者"紧张")。因此,陈述规则但又不作为,就像在逃避实验中开启了电击一样,而完成功课就是这个逃避反应。有可能,一开始读书做功课就能略微缓解这种厌恶,而完成功课会让你彻底逃避这个规则生成的厌恶条件(rule-generated aversive condition)。现实当中,你是这样的吗?

因此,当规则描述了一个间接作用的依联时,依然有直接作用的行为依联在控制着规则掌控的行为。例如,考试低分或者在考试中的不佳表现大大延迟于学习行为,而无法成为控制学习行为的直接作用的行为依联的一部分。延迟出现的分数只能间接地影响学习行为。但是,我们认为,所有的操作式控制都要求存在直接作用的行为依联。因此,此理论说明,这个直接作用的行为依联是一个基于习得性厌恶条件的逃避依联,而该习得性厌恶条件源自对规则的陈述。这个直接作用的依联就是减轻不遵从规则而带来的厌恶条件。

问题

1. 对规则陈述所起的作用的传统解释是什么？
2. 本书作者的反对意见是什么？
   A. 说说本书作者的理论。
   B. 举例说明这个理论分析。

警告：测验中，学生往往因为在此题上失分而考砸了。

理论

自我管理失败的错误归因（F-01）

很多年前，我自认为对心理学做出了首个重大贡献。我发表了下面这一高明见解：自我管理的关键问题在于我们的行为受控于直接的结果，而非延迟的结果。因此，我们无法完成那些会带来长远利益的事情。（后来，我重读了斯金纳的一本书，发现在我说这些之前，他早就发表过同样的见解了。很可能，我只是从他那里获取了这个思想，后来又忘记了出处而已。）

前些年，我又自认为对心理学做出了首个重大贡献。我发表了下面这一高明见解：自我管理的关键问题并**不**在于延迟的结果无法控制我们的行为。延迟的结果产生的控制失效并**不是**我们无法做到对我们具有长远利益的事情的原因。（后来，我重读了斯金纳的《强化依联》一书，发现在我说这些之前，他早就发表过同样的见解了。很可能，我又只是从他那里获取了这个思想，后来又忘记了出处而已。教训：对于斯金纳的书，如果你只读一遍，你就体会不到自己只是个二手思想的街头贩子，不会因此感到羞愧，你会自认为是象牙塔尖里绝顶聪明、富有洞察力的创造者呢。）于是，现在我们要指出下面这样一个错误的迷思。

> **定义：错误的原理**
>
> **自我管理失败的错误归因**（The mythical cause of poor self-management）
>
> - 自我管理失败
> - 是因为直接结果对我们行为的控制
> - 强于延迟的结果。

这种错误归因的一个常见说法是这样的：由于我们无法延迟满足自己的欲望，因而也就无法根据长远的最大利益去行动。你肯定不止一次听到这样的训话了：你们这一代的问题就在于你们不能延迟满足自己的欲望。与父辈们比起来，你们差得太远了，太贪图即时享受了。好吧，就算自打亚里士多德那个年代起，这是头一次老一辈人对晚辈人表示不满（怎么可能！这种抱怨从亚里士多德那时起就一直存在），我们也依然认为这种说法是错误的。

对于上述这些，我们之所以称之为"错误的原理"和"错误的归因"，是因为我们认为自我管理的失败并**不是**由于延迟的结果不能控制我们的行为。不错，我们认为，延迟强化不会奏效。但由于存在规则掌控的行为，延迟的结果以及描述这些延迟结果的规则却可以控制我们的行为。我们**的确**认为存在其他造成自我管理失败的因素，下面我们就会讲到。

在第22章中，我们举过一些例子来说明描述延迟结果的规则有可能会控制行为：你的弟弟说了"谢谢"，**一天之后**他就可以玩你的任天堂掌上游戏机了；你寄出某个杂志的订单，**几周之后**你就会开始定期收到这本杂志了；你申请了大学，**几个月之后**你就会收到招生部门的来信了。

在第23章中，我们也举过一些例子来说明描述延迟结果的规则有可能会控制行为：橄榄球运动员做出正确的战术，**几分钟之后**他们就会从教练那里得到延迟的反馈和表扬；你用功读书然后参加一场考试，**几天之后**你就能看到张贴出来的成绩；患有厌食症的玛丽吃完一顿饭，**几个小时之后**就可以获得强化物。我们还看到了好几个运用于社区的行为心理学案例（尤其是关于环境保护方面的），这些案例都说明了描述延迟结果的规则很有可能会控制行为。

所有这些例子表明，我们可以很容易地让行为受控于描述延迟结果的规则（只要这些结果是很有可能出现的、有重大影响的）。反过来说，因为让行为受控于描述延迟结果的规则没有什么难度，这说明人们未能去做符合长远的最大利益的事情，其原因并不是结果的延迟。然而，虽然延迟的结果能够轻易地控制行为，但这也**并不**意味着延迟的结果能够强化或惩罚行为。我们只能说，如果我们能够陈述规则，而且规则描述了含有延迟结果的行为依联，那么，延迟的结果就会稳定地影响我们的行为，尽管这种影响是间接的。

那么，行为学上对自我管理失败的错误归因说的是什么呢？它是说，我们没有能力应对延迟的结果（延迟满足），这是我们在自我管理上有麻烦的主要原因。与之恰恰相反，我们认为，延迟的结果并不会给我们造成那么大的问题。当然，这是一个很有争议的观点（所以我们才将这部分内容放在本书临近结束的地方）。多年来，行为学家一直认可的是另外一种观点，因此很难扭转他们的想法。没错，绝大多数让人无法自拔的魔鬼般的乐趣和欢愉都涉及立即到来的强化物。

不管怎样，我们的行为总是受控于直接的强化物和直接的厌恶结果。我们总是在并存依联的海洋里游荡徜徉，但是，当规则陈述了相当数量的、很可能出现的结果时，它可以成为我们的救生筏，哪怕这个结果是延迟出现的。这些规则作为我们所需要的语言匹配程序（verbal pairing procedures）而发挥作用，制造出了结果具有厌恶性的有效依联，而这种有效依联的确能够抗衡那些魔鬼般的诱惑。当你看到一名警察手里拿着雷达测速仪时，你就会很快把车速降至限速标志以下，就算警察当时允许你风驰而过，他也会兴冲冲地在几天后给你寄出违章通知单的（他们记下了你的车牌）。再说一遍，直接依联是一切的根本。只不过详细描述延迟结果的规则会建立起这样一种直接依联，这种直接依联是基于恐惧、内疚或其他什么称谓的东西，随便你对这种能够让你乖乖服从的某种内心的苦难怎么称呼。

在下一节里，我们将告诉你我们所认为的导致自我管理失败的行为学上的真正原因。

问题

按照本书作者的说法，结果的延迟对自我管理失败的影响重要吗？

A. 请给出解释。

警告：测验中，学生往往因为在此题上失分而考砸了。

B. 请举出几个例子来说明你的解释。

理论
微小但累积式的结果

如果结果的延迟并不是大问题，那么究竟什么才是呢？我们认为，最大的问题在于当一个特定的行为的直接结果太过微小时，该结果无法强化或惩罚行为，尽管这个结果累积起来的影响可能会很大。例如，一勺冰淇淋的有害效果也许太微小了而无法惩罚吃这一勺冰淇淋的反应，可是这种有害的效果一定会在不经意间悄悄地、慢慢地毁掉你，让你越来越臃肿。这样微小而有害的效果只有累积起来才会显示出威力。

停下来仔细想一想，是不是这回事儿？当然，一勺冰淇淋的危害太小了，无法惩罚吃这么一勺而产生出的微乎其微的罪恶行为。质疑者会回应说："是的，但那些有害效果只有在很长一段时间的延迟之后，才会累积起来变成有重大影响的结果。只要你们解释不清楚关于延迟的问题，我们就仍然会认为结果的延迟才是人们吃冰淇淋的主要原因，尽管它有着致命的结果。"

是的，吃冰淇淋的有害结果并不隶属于惩罚吃冰淇淋这一行为的直接作用的依联。原因有两个：其一，直接的有害结果太微小了；其二，重大的有害结果延迟太久了。但是，关于结果为何不是直接作用的惩罚依联的一部分，这个问题不是我们此时要问的，我们要问的是下面这个。

问题

我们为什么那么难以遵守这种具体说明此类结果的规则呢？

我们的答案

我们认为，人们难以遵守这样的规则：它们描述了微小且只有累积起来才具有重大影响的结果。例如，假设有下面这样一个规则：如果多吃一口冰淇淋，你就会增重20千克，血压会升至危险区，动脉会出现栓塞，而且还会出现轻微的心脏病发作。吃一小口冰淇淋肯定会造成所有这些恐怖的事情；不过，这些可怕的事情要在吃掉这一口冰淇淋后过去刚好一年时才会发生。但是，要记住，只要这么一小口，就会造成这一切。

假设这个规则是真的，我想，只要相信这个规则，就算是那些质疑者，肯定也会认为大多数人将因此放弃这一小口冰淇淋的，仿佛这一小口冰淇淋通着220伏电，而他们正站在水池中一般。也就是说，描述延迟的灾难性结果的规则也会有效地控制我们的行为。

但是，下面这样的一个规则就不大能很好地控制我们的行为了，虽然这个规则才是真实的，而且我们大多数人也会相信它的真实性：如果你继续吃冰淇淋之类的东西，你就会逐渐增重20千克，血压会逐渐升至危险区，动脉会逐渐出现栓塞，而且很有可能会出现致命的心脏病发作（可不仅仅是一次轻微的心脏病发作哟）。成千上万的人都知道并且相信这个真实的规则，可是这个规则依然不能很好地控制人们的行为。为什么呢？因为多吃一口冰淇淋并不会有害，就算吃下整整1升也不会有害。我就再吃那么一口，然后就停下不吃了。你当然每次都会有停下不吃的时候，但是，这些微小却不间断累积起来的结果终会要了你的命。

而且，这些累积起来的结果可能是代价高昂的，比如，你有一张信用卡，那你就很有可能遇到下面这种情况。虽然我并不清楚这个月从信用卡中消费了多少钱，不过我确信没有消费太多，那么，这些新唱片专辑，我就只买这3张吧……哦，哈，这张也买了吧，谁叫它正在打折呢。没错，信用卡上的透支就是这样发生的，你的债务以微小但累积的方式慢慢增大，直至你掉进深渊。想想吧，信用卡透支后，你向男朋友或女朋友发信息求助该多没面子，这付出的代价该多大。这就是微小但累积式的后果！

问题

1．请举例说明为什么描述微小但累积起来会产生重大影响的结果的规则往往无法控制我们的行为。

2．现在，请改变这个规则，让改变后的类似的规则有可能控制我们的行为，在这个规则中，累积式的结果虽然是延迟的，却是单一的结果。

3．名词解释：自我管理失败的错误归因。

理论

不可能的结果

但还有更多其他的情况。

在美国，如果每个人乘车时都能系好安全带的话，那么每年会有数千条生命被挽救，会有数万起造成伤残的事故得以避免。而且，绝大多数人如今都已经清楚地了解到安全带可以挽救生命，但是，假如没有罚款通知单这种威胁性的特殊强迫手段，很多人就是不能做到每次都系好安全带。即便有了这种强迫手段，依然会有人不系好安全带。事实上，当初没有"要么系好安全带，要么接受违章罚单"这个选择压力时，只有不到20%的人能够做到每次上车就系好安全带。

还有，在美国，如果每个人都能进行安全的性行为的话，我们其实是可以消灭艾滋病和其他性传播疾病的。然而事实正好相反，这些疾病正在消灭我们。

诸如此类的蠢事说明什么？说明我们的文化濒临灭亡了吗？不，我们认为，这说明遵守那些描述低概率结果的规则实在是太难了。也就是说，在任何一次特定的驾车途中，你遭遇严重交通事故的概率是非常非常低的，但如果你是一位职业冒险家，或者是一名好莱坞特技演员、职业赛车手、撞车大赛的驾车手，那你肯定会系好安全带了，至少在你进入工作状态的时候会。为什么呢？因为这里厌恶结果出现的概率要比你开车去超市时高得多。

在艾滋病问题上也是类似的。眼前这位可爱的姑娘或小伙子，作为携带者的概率很低，那有什么必要自找麻烦使用安全套呢？然而，如果你知道眼前这位有艾滋病的话，你肯定会进行绝对绝对绝对安全的性行为的。正是这种低概率在要我们的命。

问题

举例说明为什么描述不可能结果的规则往往不能控制我们的行为。

理论

自我管理失败的真正原因

现在，我们先总结一下刚才讨论过的：人们很容易遵守的规则是描述间接作用的、带有延迟结果的行为依联；只要这样的结果是重大的且很有可能出现的（购买飞机票，那么就可以在周末使用它），那么人们就会很容易遵守这些规则。当然，人们也会很容易遵守的规则是描述直接作用的、带有重大且很有可能出现的结果的行为依联（最后一次的登机广播）。这与结果是否延迟没有太大关系。但是，人们难以遵守这样的规则，它所描述的行为依联可以称为无效依联——有着微小的，却是累积式的结果的行为依联（比如节食），或者是有着那些不大可能出现的结果的行为依联（比如系好安全带）。

> **定义：原理**
>
> **容易遵守的规则**（Rules that are easy to follow）
> - 描述的结果
> - 重大
> - 且很有可能出现。
> - 延迟与否并非关键因素。
>
> **难以遵守的规则**（Rules that are hard to follow）
> - 描述的结果
> - 要么太微小（尽管往往累积起来会有重大影响），
> - 要么不太可能出现。

我们将行为分析的原理划分为基本原理和高阶原理。**基本原理**（basic principles）包括强化、惩罚和刺激控制的原理。对于这些原理，我们没法用更基础的行为分析原理来解释了。**高阶原理**（higher-order principles）所包括的原理则说明了怎样的条件会使规则容易遵守或难以遵守。我们认为，最终一定会有人能用强化和惩罚这样的基本原理来解释这些高阶原理。有时我们并不知道某个原理究竟属于基本的还是高阶的。赫恩斯坦的概率匹配律就是这样的一个例子，它究竟属于基本原理还是高阶原理，大家对此并未取得共识。

我们还需要指出的是，上面这两个关于容易遵守和难以遵守的规则的原理还只是新生事物，它们不像效果律或者本书中其他大多数原理那样已经根深蒂固了，它们尚未被广泛接受，但我们还是认为它们很重要，应该让你们了解。

作为上述几段的总结，让我们来看看这个示意图，它展示了两类规则与三类依联之间的关系。

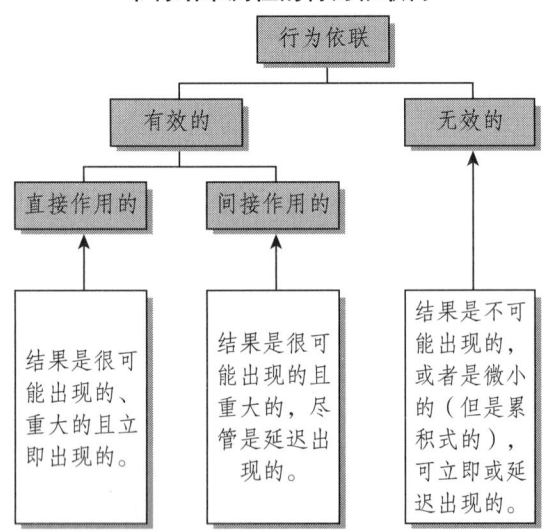

因此，我们有两类规则——**容易遵守**的和**难以遵守的**。容易遵守的规则描述了两类行为依联——直接作用的和间接作用的。行为依联若是直接作用的，结果必须含有全部三个属性：较为立即出现的、很有可能出现的、以及重大的。（例如，在斯金纳箱中，如果一滴水与其所跟随的反应之间有着太大的延迟，或者这滴水的出现概率太低，又或者这滴水量太少了，那么，这滴水就不会明显地强化压杆行为。我们说过，延迟超过60秒才出现的强化物通常不会强化反应。关于强化物出现概率的研究数据目前还比较少，但可以猜测，如果概率低至十万分之一的话，那么这个概率实在太低了，必然使得这个行为依联无法有效地强化反应。）行为依联若是间接作用的，结果必须是延迟出现的，但很有可能出现且是重大的。（如果结果没有延迟，那么这个依联就是直接作用的。倘若结果既不是很有可能出现的，又不是重大的，那么描述这个依联的规则就不会控制行为——规则难以得到遵守。）

难以遵守的规则描述的是无效的依联。若行为依联无效的话（对于有语言的人类来说），不管结果是否延迟出现，它一定要么是不可能的，要么是微小的。根据这些讲解，我们现在可以对前面提到的那个错误原理进行纠正了。

> **定义：原理**
>
> **自我管理失败的真实原因**（The real cause of poor self-management）
> - 自我管理失败是因为
> - 规则控制的失败，
> - 这些规则所描述的结果
> - 要么太微小（尽管往往累积起来会有重大影响），
> - 要么不太可能出现。
> - 延迟与否并非关键因素。

问题

1. 名词解释：容易遵守的规则，并举例说明。
2. 名词解释：难以遵守的规则，并举例说明。
3. 画出并讲解带有结果属性的行为依联树。
   警告：这道题对你能否在测验中得到好分数很关键。
4. 名词解释：自我管理失败的真实原因。

理论

关于微小但累积起来会有重大影响的结果以及不可能的结果，有什么问题吗？

正如我们看到的，一个行为依联尽管不是直接作用的，但仍然有可能是有效的。而对于有语言、受规则掌控的人类而言，只有当结果实在不大可能出现或者实在太微小的时候，这个行为依联才是无效的，就算这些结果累积起来会有重大影响。

为什么不可能出现的且微小的结果往往无法控制我们的行为呢？好吧，之所以这样的行为依联无法控制我们的行为，甚至无法间接地控制我们的行为，是因为描述这些行为依联的规则是难以遵守的。

那么，为什么这些规则是难以遵守的呢？ 根据理论分析，这是因为这些规则未能发挥有效的语言匹配程序的作用。也就是说，对这些规则的陈述未能创造出充分的厌恶条件。例如，下面描述的这个低概率结果的规则：我应该系上安全带，因为如果不系上的话，就会有一百万分之一的可能性让我丢掉小命。对此规则的陈述未能让不服从规则变成足够厌恶的状态（比如恐惧、焦虑等状态，随便你怎么称呼这种状态）。因此，逃避违背规则的状态，并不能强化你系上安全带的行为，尤其是当系安全带时还要花费一点儿力气，这会招来你些许厌恶。同样的道理也适用于下面这个规则，此规则描述的是微小但具有累积式重大影响的恶果：我不应该吃这份高热量的巧克力圣代，因为我如果吃掉它，我的脂肪就会略微增加，就会不那么美丽、不那么健康了，只不过这样的变化肉眼看不出来而已。这样的规则陈述同样无法使得违背规则变成足够厌恶的状态。因此，进入那种违背规则的状态并不会惩罚饕餮享受的行为，尤其圣代的美味还是个那么强大的强化物。

那么，为什么描述低概率结果的规则陈述或者描述微小但具有累积式恶果的规则陈述不会创造出充分的厌恶条件呢？ 对不起，我们现在还在寻找这个问题的答案。你对此有没有什么高见？

要知道，这部分内容属于行为分析的前沿领域，涉足前沿领域总是有风险的。也就是说，这部分内容要比前面的内容更具理论性，也更有争议。不过，我已经用尽全力了。在 dickmalott.com 网站上，你可以查看更多关于规则的有效性会因人而异这方面的讨论。

问题

1．对于有着不可能出现的结果或有着微小却具有累积式重大影响的结果的行为依联，我们的行为为什么倾向于不受其控制？

2．说说我们在本节中的理论分析，用它解释为什么描述那些行为依联的规则通常无法控制人们的行为。

理论

我们为什么错过截止时间？

再来看看另一个例子。前面已经论证了人们可以容易地遵守描述延迟结果的规则，只要这个结果是重大的而且是很有可能出现的。然而，我们准备出发的反应（比如，完成家务、准备行囊以及启程前往机场或火车站）与登机或上火车的结果，两者之间虽然往往有一小时以上的延迟，可有时我们还是会错过或者差点儿错过飞机和火车。这种现象与前面论证的东西是不是有矛盾呢？我们认为并不矛盾。

我们认为，着手行动准备出发，其中就涉及了难以遵守的规则，但这并不是由于出发的结果距离着手准备的行为之间存在太久的延迟。相反，根据我们所做的理论分析，之所以难以遵守这个规则，是因为完成家务、准备行囊以及到达机场究竟需要花费多少时间并不清晰。而且，大多数人总是过于乐观，倾向于低估自己完成这一切所需要的时间。因此，由于我们天真地以为自己仍然有充裕的时间，因此未能遵守这样一条规则——我得抓紧了，而违背这个规则也不会制造出一个非常厌恶的条件。因而对这个并不太厌恶的条件的逃避，无法强化我们真正抓紧的行为。

我们在开始准备行囊之前总是能再拖延1分钟。我们可以一直拖到电视剧《宋飞正传》播完；我们可以再收拾一下房间，打扫得更干净一些。多拖延1分钟的结果实在太微小了，通常只有当很多很多这样的1分钟积累起来之后才会显示出严重性，这时，你就掉进了焦虑的大坑里——"哦，天哪，我要赶不上航班了！"

因此，我们的理论是这样的，总体而言，无法如期赶上截止时间的问题在于很难在延后的截止时间之前，估计出完成大量任务所需要的时间，从而带来微小但具有累积式重大影响的结果。无法如期赶上截止时间的问题不在于结果的延迟。

记住这条规则：完成一项任务所需要的时间，总是你计划花费的时间的两倍，甚至就算你已经将这条规则考虑在计划之内了。

问题

举例说明为什么无法如期赶上延迟的截止时间是因为结果微小但具有累积式重大影响，而不是因为结果的延迟。

理论

表现管理的秘密

那么，又该如何使用这个理论解释表现管理呢？

它给了我们一个全新的视角。对于如何对这个问题进行表现管理，它给了我们一个崭新的答案。不过，我们还是先来复习一下这个：

> **什么时候需要表现管理？**
> 当自然依联不能有效地支持适当行为时，
> 我们需要表现管理。

现在，请你放松一些，不要这样一脸学究气地盯着我[①]。你知道我们这里所说的自然依联是什么意思，它指的就是我们在工作中、在家里、在学校和日常生活中存在的那些行为依联——就是因为这些依联出了问题才会请行为分析师过来处理。在这里，我们所说的自然，并不是指"正确的"。自然依联是指自动的、内置的（内在的）、非安排好的依联，而非外加的（外在的）、

[①] 我还指望你们可能会想把"学究气"（pedantic）这个单词加入你们常用的高级词汇库中呢，尽管我不会在测验中考你们这个单词（有朝一日，你会因此感谢我的）。pedantic 是形容词，特征是狭隘地、徒有其表地、自以为是地关注书本知识和正式的规则，比如，对细节有着一股学究般的认真。*The American Heritage® Dictionary of the English Language* (3rd ed.). Copyright © 1992 by Houghton Mifflin Company. Electronic version licensed from INSO Corporation.

安排好的依联。

此外，这里所说的适当行为是指什么呢？行为可以做两件事：①增加个体和集体与有益条件的长远接触；②减少个体和集体与有害条件的接触。（通常，有益条件就是指强化物，而有害条件就是指厌恶条件，虽然并非总是如此。）

没有语言的服务对象

> 如何管理没有语言的服务对象的行为？
> 我们添加或去除直接作用的依联，以补充无效的自然依联，并且/或者去除不当的自然依联。

例如，记得前面提到过的韦尔玛和格里吗？她们患有重度智力障碍，都有非常严重的磨牙症，严重的磨牙几乎毁掉了她们所有的牙齿。磨牙行为与牙齿损毁之间的自然的（生理的）依联是无效的。为什么是无效的？因为磨牙的有害结果太微小了而无法惩罚这个行为。这一有害结果只有在累积起来之后才会显示出严重恶果。

我们在第4章中描述了罗纳德·布朗特和他的同事们所使用的惩罚程序。他们添加了一个直接作用的惩罚依联——每次服务对象磨牙时，就将一块冰块放在服务对象的脸上几秒钟。磨牙行为出现的时间百分比从大约60%降到了3%。

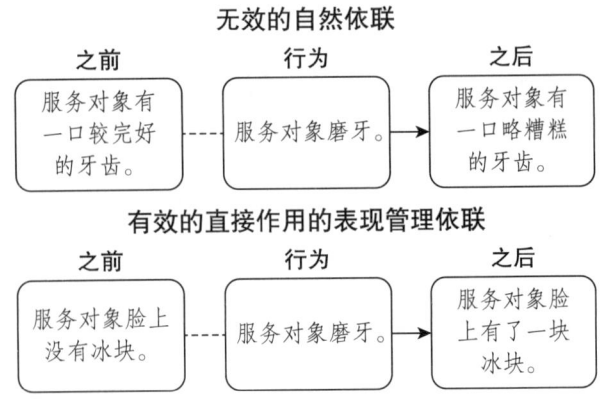

顺便说一下，要是为了保证完整，我们其实应该在这个示意图中再画出一个有效的自然依联——一个维持磨牙行为的依联。你的第一反应也许认为磨牙是个应答式行为，而不是操作式行为，并因此认为这种行为并不是由强化依联所维持的。无论说它是一个应答式行为还是一个操作式行为，要想确切地证明都很困难，但有几个原因让我们倾向于认为它是操作式的：首先，磨牙要涉及骨骼肌，而骨骼肌通常是受操作式控制的。其次，磨牙显然是受冰块惩罚依联的操作式控制的。那么，如果磨牙是一个操作式行为的话，其中的强化物是什么呢？可能是牙齿咬合所带来的攻击强化物。这两位女患者在咬合和嚼磨自己的牙齿时，该行为带来了内在的刺激。外界的厌恶条件可能会增加这种内在刺激的强化价值。这种刺激就是我们所说的攻击强化物。

理论

有语言的服务对象与无效的自然依联

布朗特的冰块干预表明，对无语言的服务对象，我们可以运用一个有效的直接作用的依联，从而补充一个无效的自然依联，但对有语言的服务对象呢？我们认为，下面这个回答就是规则掌控的行为这个理论做出的一个重要贡献。

> 如何管理有语言的服务对象的表现？我们往往会对无效的自然依联添加间接作用的依联。也就是说，我们对难以遵守的规则添加容易遵守的规则作为补充。
> （当然，有时我们也会添加或去除直接作用的依联。）

回顾一下在第23章中所讲到的那些社区问题的案例。在一项研究中，尽管家长知道自己的孩子存在牙齿问题，但他们中的大多数人还是不会带孩子去免费的牙科诊所看医生。为什么？这可能就是因为描述自然依联的规则是难以遵守的。这里的自然依联是什么呢？逃避厌恶条件的依联类似物？也许并不是。这些孩子存在口腔健康问题极有可能不会太令家长厌恶，因为这个问题并不明显——孩子没有出现牙疼的情况。假如孩子因为牙疼而总是哭闹的话，那绝大多数家长肯定会马上带孩子去看牙医的。

那么，这里的自然依联是什么呢？我们认为这是一个无效的回避依联类似物。描述该依联类似物的、难以遵守的规则是这样的：如果今天你带孩子去看了牙医，那么他们就能回避明天增加的极其微量的龋齿。去看牙医不是逃避当前的厌恶条件，但能回避未来的、极其微量增加的厌恶事件。

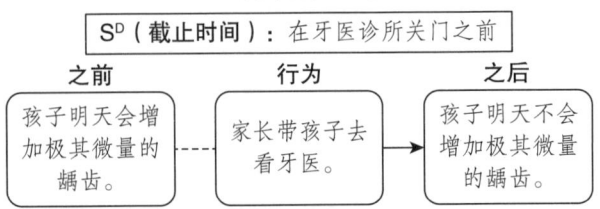

这个看牙医的回避依联类似物是这样运作的：家长当天带孩子去看牙医，就避免了孩子的龋齿极少量的增加，而不去看牙医的话，孩子的龋齿就会增加。

为什么回避依联能够控制老鼠的行为，而这个看牙医的回避依联类似物却无法控制家长的行为呢？也许，这是因为压杆的老鼠回避的是相当重大的东西——如果不压杆的话，几秒钟之后电击就会到来。而家长当天带孩子去看牙医回避的只是极其微小的东西——龋齿在一天内的增加量，就算牙医也无法检测出一天之内龋齿的增加量。

也许这就是家长难以遵守带孩子去看牙医的规则的原因，它的结果是微小的，只有累积起来才会有重大影响。如果家长当天没带孩子去看牙医，并不会有什么大事发生——只不过龋齿多发展了一天，多出现一点点而已。因而家长总是会推迟一天，第二天带孩子去看牙医，也许会再推一天去看牙医。我们怀疑大多数家长虽然有打算带自己的孩子去看牙医，但就是总没能找到时间去这么做。我们的意思并不是说这种拖延累积起来的恶果不会令家长感到厌恶，自己孩子的牙齿不良总是令人厌恶的，但是，家长对这种牙齿不良再多发展一天不会感到过多的厌恶。

然而，许多人会争辩说看牙医的回避依联类似物是无效的，因为严重的牙齿问题的结果是过于延迟的，但是我们认为延迟对于有语言的人来说基本上是不相干的。下面让我们从另一个角度来看看这一点。

理论

有语言的服务对象与有效的间接作用的表现管理依联

为了帮助理解本书所提出的这个理论分析，让我们先来看这样一个预测：假设 5 美元看牙医的规则成功地减少了家长的拖延，因而说它是有效的，那么，这里还存在另外的规则，也应该是有效的，因为这个规则也能减少贫困家长的拖延，这些贫困家庭的家长同样重视自己孩子的牙齿健康。这个规则就是再限制性地加上一个截止时间：要获得免费的牙齿治疗，你必须今天就带孩子去牙科诊所。过了今天，免费服务将会因政府缩减对社会服务的支持而终止。

我们推测这是一个容易遵守的规则，尽管龋齿的出现是延迟的，但几乎所有相信这个规则的家长都会当天带孩子去看牙医。为什么呢？因为这里的结果虽然是延迟的，但该结果却是重大的（严重的龋齿），而且是很有可能出现的（肯定会出现龋齿）。总之，我们认为关键不在于结果的延迟与否，而在于被回避的厌恶事件尽管累积起来会显示出恶果，但是其微小的属性却让规则相当难以得到遵守①。然而事实上，在玛克辛·赖斯和

---

① 感谢伊冯娜·欣格（Yvonne Hueng）对分析本节这个假设的依联提供了很多帮助。

她的同事们进行的行为干预中，她们向家长提供了 5 美元，让他们带孩子去看牙医，最终，这个干预使得帮助孩子的家长的数量从 23% 增加到了 67%。

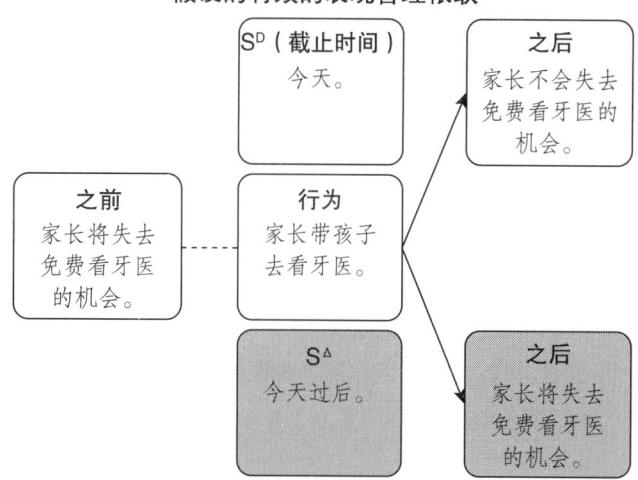

假设的有效的表现管理依联

那么，这是否意味着家长爱这 5 美元胜过爱自己的孩子呢？当然不是。可为什么这个 5 美元规则遵守起来就容易得多了呢？也许是因为 5 美元规则只允许少量拖延。想一想，这些贫困家庭的平均年收入只有 5000 美元，他们的生活实在很紧巴，可能经常会出现家庭赤字。而那 5 美元恰好可以让他们立刻去买某些急需或急用的东西，比如，餐桌上足够的食物。如果他们拖延的话，也许就要忍受一个没有晚餐的日子。这是一个非常有力的防止拖延的规则。

也就是说，当规则描述的是自然依联时，多拖延一天只不过会产生很小的效果——只是龋齿多发展了一天而已。但是，有了表现管理规则，多拖延一天的不作为就会产生很大的效果——比如，食物短缺的一天。

在技术上更精确的说法是：要使这个自然依联成为一个回避依联，就要使厌恶结果足以支持回避反应，而这里所回避的事件（龋齿多发展一天）的结果太过微小而不足以令家长厌恶，也就不足以支持回避反应（该厌恶结果只有累积起来才会显示出重大影响）。而在有效的表现管理的回避依联类似物中，所回避的事件（失去了为家庭晚餐购买足够食物的机会）却是足够令家长厌恶的，从而能够支持回避反应（带孩子去看牙医）。

对贫困家庭来说，这 5 美元的依联也许暗含着一个截止时间：你必须在牙科诊所关门之前到达那里，才能回避失去今天在自家晚餐上花费 5 美元的机会。这个"失去今天花费 5 美元的机会"有些复杂，需要对此多做些讨论。

为什么说他们在赚到 5 美元之前，今天却拥有花 5 美元的机会呢？这是说，在牙科诊所关门之前，他们就

依然有机会挣得这5美元并随后花掉它。而在诊所关门之后，他们就不再拥有这个机会了。假如钱包总是瘪瘪的，而今天却有花5美元的机会，这可是一个不小的强化物。因此，这个依联是一个间接作用的、回避失去强化物的依联类似物，不是回避失去5美元（他们还没有赚到5美元，也谈不上失去5美元），而是回避失去今天花5美元的机会。

无效的自然依联

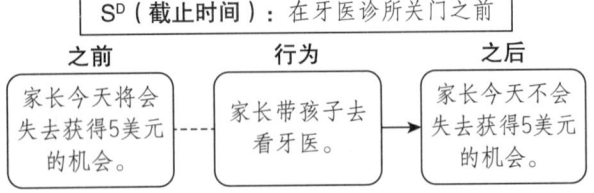

有效的间接作用的表现管理依联

顺带说一下，上述对这个案例的分析，我们称之为**表现管理的三个行为依联的模型**（three-contingency model of performance management）。我们用这个模型来阐述表现管理的必要性，讲解间接作用的表现管理依联的有效性。如果表现管理依联是直接作用的，例如，在用冰块接触磨牙患者的脸颊那个案例中所看到的，这时我们就不需要其中的第三个行为依联了。

> **定义：模型**
>
> **表现管理的三个行为依联的模型**（The three-contingency model of performance management）
> - 这三个关键的依联是：无效的自然依联，
> - 有效的、间接作用的表现管理依联，以及
> - 有效的、直接作用的依联。

表现管理的三个行为依联的模型
无效的自然依联

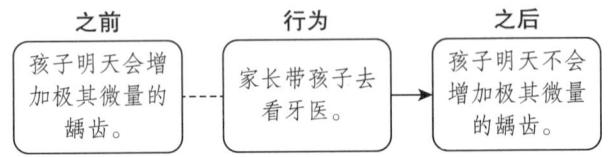

有效的间接作用的表现管理依联

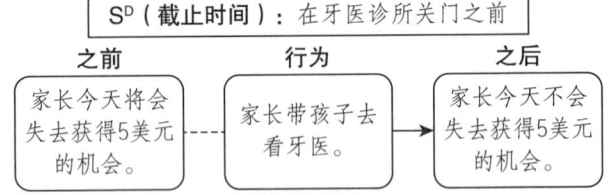

有效的直接作用的理论依联

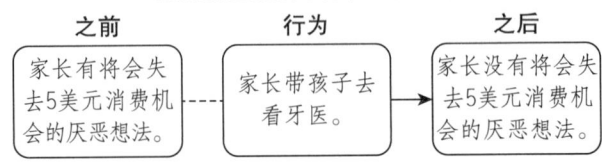

另外，我们这里指出在美国有一些低收入的人没有足够的钱来买晚餐，请不要以为我们这种说法过于荒诞。确实有许多贫困孩子忍受着饥肠辘辘而上床睡觉。在赖斯这个干预项目的服务对象中，就算很多家庭没有处于饥饿的窘境，但那些家庭仍然有可能当晚没有足够的钱去看电影，或者没钱给汽车加油，或者面临着其他的物质匮乏。

最后，我们还要做一个理论分析，这个分析可以说具有更大的推测性，我们用它来回答下面这个问题：**明确陈述或隐晦暗示有截止时间的规则为什么有效**？也就是说，我们如何运用基本的行为原理来解释5美元规则的价值，以及这种含有截止时间的规则的重要性呢？这里直接作用的强化依联是什么呢？

我们前面说过，陈述这样的规则会导致不遵守规则变成一个充分厌恶的条件，因而逃避该厌恶条件就强化了遵守规则的行为。也就是说，只要想到今天会失去花费5美元的机会，或者会失去必需的免费牙科护理，这样的想法就会是足够厌恶的，因而逃避这种想法就强化了去看牙医的行为。但想到龋齿只是不明显地多发展了一天，这个想法并不会是足够厌恶的。

家长陈述了这样一个规则，我今天必须带孩子去看牙医，否则我今天将失去花5美元的机会。这样的规则陈述就是一个**匹配操作**（pairing operation）的语言类似物。它导致了不遵守规则变成一个习得性的、厌恶的、**行为之前的条件**，因为这种不遵守规则会带来厌恶的、失去急需的5美元机会的想法。

这里要说的是，当谈论第三个行为依联，即有效的直接作用的依联时，一定会有一些行为分析师对于出现了恐惧、焦虑乃至厌恶想法这些概念感觉不爽。不过，我们可以梳理得更清楚一些，虽然这种梳理会让我们的讲解显得更复杂一些。在第三种依联中，厌恶的行为之前条件是一个条件型厌恶条件：接近截止时间（牙科诊所关门的时间）**以及**还未做出反应（还没带孩子去看牙医）。家长去除掉这两个条件型元素中的一个就可以逃避厌恶条件，也就是说，带孩子去看牙医，这样距离诊所关门的时间越来越近也就不再是厌恶的了。

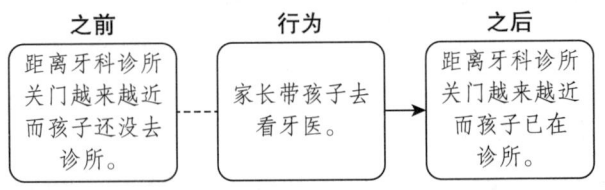

截止时间

这不是自相矛盾吗？我们既说人们总是错过截止时间，又说截止时间往往对于进行良好的表现管理很关键。不矛盾。我们经常错过的是那种有延迟的截止时间，但是会很体面地赶上很快就会到来的截止时间。前面提出表现管理规则3时就强调了即时性，该规则指出：如果不能每周进行一次监督的话，表现就会变得像果冻一般摇摆不定。也就是说，如果想让截止时间稳定地控制行为，那它应该至少一周内就要出现。

好吧，可是既然说规则必须明确指出很快就会到来的截止时间，但又说结果的延迟并不是问题，这不是又在自相矛盾吗？不矛盾。规则是可以指明一个延迟的结果，但也应该指明一个很快就会到来的截止时间。例如，如果你本周就能读完这一章，你的老师会在学期末的时候给你100美元。这里的截止时间是很快就会到来的，因此，这个规则能够很好地控制哪怕是最会偷懒的学生的行为，尽管这100美元的结果要等很长一段时间才能到来。

有语言的服务对象与低概率的结果

前面一直讨论的是微小但具有累积式重大影响的结果的问题，以及缺乏截止时间的问题。那么，低概率结果的问题会是怎样的呢？全美范围内驾车不系好安全带的问题是怎么回事？例如，在北卡罗来纳州把系好安全带写入本州法律后，安全带的使用率估计从原先的20%上升到了49%。而当将驾车不系安全带定为所谓的一级违法行为时（这也就意味着从此警察可以对不遵守驾车须系安全带规则的司机直接开罚单了），安全带的使用率进一步上升到了78%。而安全带的使用率从49%上升到78%，伴随而来地，交通死亡率下降了12%，重伤率下降了15%。

对此应该如何解释呢？当系好安全带被列入法律的时候，被法律制裁的概率就有所增加了，而当不系安全带变成一级违法行为时，被法律制裁（罚款）的概率或许进一步增加了（厌恶结果的程度也随之增大了）。这时候，不遵守规则的厌恶结果出现的概率也就足够高了，因此带来了相当不错的遵守规则的行为，也挽救了相当多的生命。

问题

1. 什么时候需要表现管理？请举例说明。
2. 如何对没有语言的服务对象进行表现管理？请举例说明，并画出行为依联示意图。
3. 如何对有语言的服务对象进行表现管理？请举例说明，并画出行为依联示意图。
4. 针对让家长带孩子去看牙医这个案例，应用三个行为依联的模型来进行讲解。
5. 名词解释：表现管理的三个行为依联的模型。

理论

对拖延的分析 [①]

在这一节中，我们要回答两个问题。

1. 为什么像希德那样的好学生竟会如此艰难地完成自己的博士论文呢？
2. 行为学研究工作监督系统为什么能如此有效地帮助希德完成自己的博士论文呢？

首先，为什么如此艰难？人们往往错误地认为，如果某人不去做某事，就是因为此人对这事不在乎。可是，希德很在乎。他非常努力，勤奋工作，为的就是拿下自己的博士学位。他也非常热爱自己的工作，并不想失去助理教授的职位。问题就是拖延。希德总是在自家的房子和花园里闲荡，跟自己说什么就只再闲荡一小时左右。他也并不是在回避自己的博士论文，事实上，一旦开始动笔写起论文来，他很享受这种写作；可他偏偏就是要去自己的番茄园，去做那些不需要费脑子的园艺活儿，就是不去写论文。

而且，前面我们也已经讨论过了，通常的行为学解释在这里并不适用。这里的问题并不在于他的毕业还早得很，也不在于他付出努力而获得的结果会太过延迟。

问题的关键是，在给定的一个小时里，希德的论文写作所能取得的进展与他所需要获得的进展总量相比，实在太少了。他拖延一个小时，或者拖延一整天，其危害后果也没什么大不了的。因此，他的行为不受这个无效规则的控制，这个无效规则说的是：我这一小时应该进行论文写作，这样我就可以朝着获得博士学位和保住我的助理教授职位的目标取得一丁点儿的进展。

这个规则描述了只有累积起来才有重大影响的微小结果。因此，陈述此规则不会让不写作变成一个非常厌恶的条件。因此，就算他陈述了此规则，开始论文写作，也不会减少什么沉重的内疚、恐惧、焦虑之类的厌恶条件，因而不会获得强化。

可是这不意味着希德没有为自己的问题而感到极度沮丧，不意味着他不害怕失去自己的教职。这只意味着他现在开始论文写作也不能减少多少恐惧。为什么不能

[①] 如果希望对有关拖延及其解决策略有更多更深入的了解，可以参见 Malott, R. W. & Harrison, H. (2012). *I'll Stop Procrastination When I Get Around to It*. Kalamazoo, MI: Behaviordelia.

呢？因为他完全可以等几分钟再开始写作，这与他现在就立刻动手写作没多少不同。这问题就大了！

因此，我们先重新表述一下第一个问题：**如果没有帮助的话，为什么希德，以及成千上万像他一样聪明勤奋的研究生会虚度自己的时光而迟迟无法毕业呢**？下面是我们的回答。

陈述有关立即开始写作的规则不会生成一个非常厌恶的条件。用更通俗的话说，恐惧或焦虑不够大。因此，真正开始动手写作只能减缓轻微的厌恶条件，或者说缓解轻微的恐惧或焦虑状态，甚至根本就没有多大的缓解。那种厌恶条件的轻微缓解不足以强化开始写作这一逃避反应。

此外，有些学生抱怨说我们这里在违背自己制定的规则，即不要谈论非行为。不，我们没有违反这一规则。在分析一个反应的时候，不应该谈论非行为，但可以把非行为作为一个刺激加以谈论。例如，殡葬服务人员总归要运用死人测验的。

问题

1. 为什么好学生经常难以完成自己的博士论文呢？请将你的答案应用于你自己的博士论文写作上哟！

2. 难道他们真的不在乎毕业的事情吗？请加以解释。

3. 毕业是延迟的结果，可这是问题的关键吗？请你解释。

分析：大学教学

行为学研究工作监督系统

现在来看看我们的第二个问题。

- **为什么行为学研究工作监督系统可以提供有效的帮助？**

因为这套系统提供了表现管理。当自然依联无法有效地支持适当行为时，我们就需要进行表现管理。自然依联经常无法有效地支持硕士论文和博士论文的写作行为，而且与此类似，它甚至无法支持人们写一张明信片。

对有语言的服务对象，我们经常会在无效的自然依联的基础上添加间接作用的行为依联，从而进行表现管理。我们会添加容易遵守的规则来补充难以遵守的规则。朱克就添加了比较容易遵守的表现契约的规则。这个新规则是：在本周五下午3点与朱克会面之前，希德必须完成一共12.3个小时的全部工作量，否则，他的代价是将会至少失去5美元，以及遭遇某些难堪的事件，而且还会令他更加接近失去2个论文学分。这个结果是很有可能出现的，而且代价重大，因而这就是一个容易遵守的规则。

此外，希德可以拖延的时间有个限度。他最多只能拖延到星期五的凌晨1点钟左右，那时候，留给他的时间刚好够他完成12.3个小时的工作，并让他有时间完成刷牙之类的生活自理任务。这也就意味着当希德的时间还富余的时候，他的不写作行为将会变得越来越厌恶（因为不去写论文就会冒出越来越多的将要失去金钱等想法）。最后，他的这些想法变得极其厌恶，以至于他不得不坐下来开始写作才能逃避这种厌恶条件。现在，希德也许并不会等到最后一分钟才开始工作，不过可以推测，他在周四和周五坐在电脑前的时间会比周一和周二时要多得多。

那么，**为什么行为学研究工作监督系统可以提供有效的帮助**？针对这个问题，我们的理论性答案如下：在研究工作监督系统中，表现契约产生了规则，规则清晰地说明了你在何时不工作是有危险的；这些清晰的规则所指明的结果是很有可能出现而且是重大的，这些规则是有效的语言匹配程序，能支持对着手工作的强化。

在**无效的自然依联**中，每一分钟的工作带来的是微小的进展，尽管累积起来最终会完成研究工作（并因而得以毕业），这是一个无效的间接作用的强化依联。**有效的表现管理依联**可以是间接作用的，因为它应对的是有语言的研究生的行为。这个间接作用的行为依联涉及避免失去明确且可观的分数，尽管这一结果是延迟的，而分数的损失会使希德离失去一些金钱和学分更近一些（有效的间接作用的依联）。在该**理论性的、有效的直接作用的依联中**，行为学研究工作监督系统的规则陈述所带来的厌恶性会明确、可观且立即地减少（有效的、直接作用的逃避依联）。注意：**如果没有任何截止时间的话，陈述那些规则不会让不遵守规则变成一个令人厌恶的条件。相当快就会到来的截止时间是核心。**我们可以用三个行为依联的模型总结上述所有内容。

请将下列示意图填写完整。

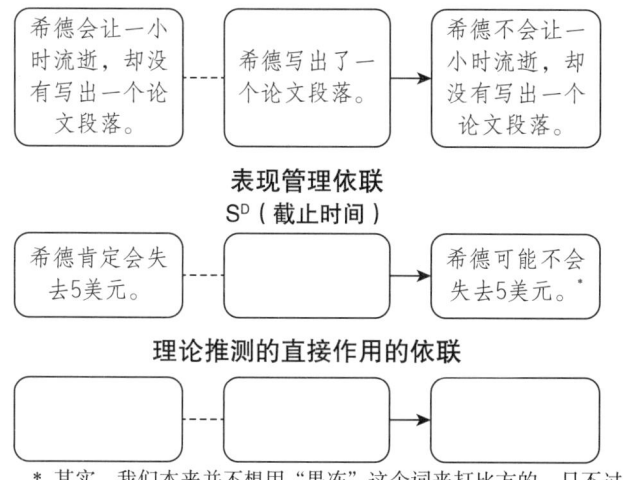

*其实，我们本来并不想用"果冻"这个词来打比方的，只不过这样可以更接地气。

为了有一个可强化的反应单元，我们只需对一个论文段落的写作进行分析，而不是分析整篇博士论文的写作。但是，写整篇博士论文这个庞大的任务是由一系列较小的可强化的反应单元组成的，比如写一个段落。多写一个段落的结果本身并不足以作为强化物维持写论文段落的行为，失去5美元才足以维持该行为。要注意，写作第一个论文段落的截止时间并不是周五下午3点；周五下午3点是他将失去5美元的时间。而希德最迟要开始写作第一个段落的截止时间是周五下午3点到来前的12.3个小时。也就是说，反应的截止时间与强化物将会失去的时间并不一定是一样的。

必须始终牢记的一点是：**为增加或维持行为而制定的表现管理契约须指明的结果一定是**

- 重大的，而且是
- 很有可能出现的。

问题

1．行为学研究工作监督系统为什么可以提供有效的帮助？请举例解释各个要素。

2．以完成博士论文写作为例子，描述三个行为依联的模型。

3．为增加或维持行为而制定的表现管理契约中应该使用何种结果？

中级进阶

理论

结果的可能性与重要性的交互作用

我简直身处仙境之中——我穿着泳裤，坐在一块大礁石上，南美西海岸加拉帕格斯群岛咸水湖宁静祥和、晶莹剔透，尽收眼底。26℃的气温、明媚的阳光，这是游泳的绝佳环境。船长鼓励我们每个人都下水一游。然而此时，晶莹剔透的水里浮出一群鲨鱼，一共有六条之多，有一到两米那么长。啊，仙境中也有危险啊！这些鲨鱼并没有阻止和我结伴游玩的那位法国朋友，也没有阻止作为导游的厄瓜多尔船长。但是，它们阻止了我，尽管船长反复向我保证说没有任何问题，说自己曾经多次与鲨鱼一同在水里游泳。

毫无疑问，船长说得很对。毫无疑问，鲨鱼攻击的概率很低。可是，鲨鱼攻击带来的伤害结果却极其重大。描述这个不可能出现的但影响极其重大的结果的规则当即阻止了我下水，尽管在如此完美的仙境里游泳，其强化依联对我也会起作用，而且这种强化依联对我的法国朋友和厄瓜多尔朋友正在发挥着作用。

还有一次，我下班回家时，把雨伞落在了车里，广播里说第二天早晨可能有雨（那也就是说，也可能不会下雨）。如果我不把雨伞拿回屋里，第二天被淋湿的概率是相当高的，但是，这个结果的重要性很低。描述这个中度可能发生的但只有轻度重要性的结果的规则，对我的行为没有任何作用，我直接上床睡觉了。

无疑，一个规则是否控制我们的行为，是由该规则所描述的结果出现的可能性以及结果的重要性所决定的。如果结果是重要的（例如，鲨鱼的攻击），那么规则就会控制我们的行为，即使这个结果的出现概率相当低。如果结果不重要（短暂的淋雨），那么规则就可能不会控制我们的行为，即使这个结果的出现概率相当高。

不过，还是有很多人难以遵守系好安全带的规则。

有一位研究生鹫尾由纪子认为，问题不在于真实的概率，而在于想象中的概率。我们看过电影《大白鲨》之后，就会凭想象认为鲨鱼攻击的概率很高。她的这个观点挺不赖的。同样的道理，看过《大白鲨》之后，凭想象认为的后果的重要性（严重性）也很可能会高很多。

理论

我们可以建立起一个没有厌恶控制的世界吗？

20世纪60年代的嬉皮士和今天的大多数行为分析师之间有什么共同之处吗？有，两者都天真地认为我们可以建立起一个没有厌恶控制的世界。

为什么我们无法建立起一个没有厌恶控制的世界？

我们所处的物质世界充斥着厌恶控制（例如，触摸热灶台时的惩罚依联，打开空调时的逃避依联）。当然，我们一直在试图努力设计出一个便捷、友善、宽容的世界——在这样的世界里，我们不会不小心碰到热灶台；在这样的世界里，自动恒温器总会在我们出现逃避反应之前就调好了空调温度。但除非我们最后躲回子宫里去，否则我们总要对付各种偶尔出现的、轻微厌恶的现实事件。

而且，在现代心理学的世界里，更是随处可见另一种形式上更为微妙的厌恶控制——截止时间。截止时间是一个日期和时间，如果在这之前你还没有做出正确反应的话，那么某些坏事就会发生。这种坏事也许是一个厌恶条件的出现：睡觉前如果你不关窗户，那么醒来时你的鼻子上就会结霜。这种坏事也可能是失去当前拥有的或者未来可能拥有的某个强化物：如果夜露降临之前你没收拾好自己的园艺工具，那它们就会生锈。

这些截止时间里，所涉及的结果往往是延迟很久的，因而无法直接强化或惩罚造成这些结果的行为。相反，根据我们前面讲的规则掌控行为的理论，截止时间设置出了会间接控制我们行为的回避依联，会让我们避免冻得牙齿打战，或者避免失去干净的工具。

这些厌恶结果间接地控制了我们的行为。人们会陈述带有截止时间的行为依联的规则。例如：我必须在大约15分钟之后将蛋糕从烤箱里取出来，否则它会被烤焦。这样的规则陈述让不遵守规则变成了一个习得性的厌恶条件。"哦，我的天啊！15分钟到了！我差点儿忘了。"① 我们会通过遵守规则而逃避这个厌恶条件："失

---
① 根据行为分析，这里发生了什么？我无法陈述这个规则。或者，我的行为不受控于先前所陈述的规则；之所以失去了控制，是因为离规则陈述已经过去了一段时间。从某种意义上说，如果我们一直重申该规则，我们就不会出问题，就像反复念叨我们刚刚在电话本上查到的电话号码一样，那样的话，号码是不会被忘记的。

陪一下，我得去把蛋糕取出来。"

再举一个例子：上课准备工作（学生必须准备好要交的作业，而老师必须给学生上一次的作业打出分数）。你会对自己陈述这个规则：到上课时，我必须做好准备，否则我会被视作坏学生的。随着上课时间的临近，这种厌恶条件（恐惧、焦虑，管它叫什么呢）在增加，会到让你额头冒汗的程度，最后，你达到了对该厌恶条件的容忍阈值，于是做出逃避反应——行动起来，为上课做准备，当然了，你总是在最后一刻才这么做。

截止时间可以涉及间接作用的厌恶条件，比如，遭受寒冷或者被老师视为坏学生。它也可以涉及间接作用的强化物，比如，美味的饼干或者被老师视为好学生。但不论哪种情况，直接作用的依联都是逃避厌恶条件的行为依联；通过立即逃避或减少一个习得性厌恶条件，我们就可以有效地对付截止时间，这个习得性厌恶条件就是由不遵守描述带有截止时间的依联的规则而带来的。（人们经常会抱怨截止时间给自己带来的强大压力——厌恶条件，而这种抱怨为这个分析提供了某些具有社会效度的证据。）

为什么我们不能居住在一个只有强化物而没有任何厌恶条件的世界里呢？

因为我们的世界中有很多像被热灶台烫疼的疼痛刺激这样的厌恶条件，而且这个世界还有很多截止时间。幸亏这些截止时间控制着我们的行为，不过，只有通过逃避习得性厌恶刺激（不遵守相关规则而带来的恐惧或焦虑）才能实现这种控制。

但是，为什么我们不能仅靠强化物呈现而带来的强化就做好上课准备呢？

如果我们是斯金纳箱里的鸽子，如果我们的体重降低至自由进食时的80%，而且没有任何其他维持不兼容行为的并存依联的话，我们是可以做到的；如果我们每读一页书，实验人员就喂我们一口好吃的，那我们就能早早地在截止时间到来之前完成上课准备。

好吧，但是为什么没有那么狠的剥夺，我们就不能使用足够强大的习得性泛化型强化物来强化做好上课准备的行为呢？

假设你每读一页书就能得到10美元，可就算这样，也很可能没用，你仍然会处于拖延状态之中。你并不是立刻就要用这10美元。因此你总是可以过一会儿再去看书，现在先睡一会儿再说。只有两件事能阻止你的这种拖延：①立刻需要这10美元（饥饿，可以拿它买点

儿吃的），或者②逃避截止时间临近的这一习得性厌恶刺激，因为截止时间到了之后你就再也挣不到那10美元了。

那么，为什么不将强化物变成任务的一部分呢？

好吧，我们试着回答一下。内在的强化物正是本书的主要特征之一。我们一直竭尽全力在书中内置尽可能多的强化物，大多数学生告诉我们说我们干得不错。然而，学生通常什么时候才会阅读本书呢？当然，在就要上课之前。就算是文学专业的，那些教文学的老师也同样需要靠截止时间的厌恶控制来让学生去阅读莎士比亚、海明威和厄普代克这些伟大作者的伟大作品。因此，当面对的是像我们这样不够伟大的作者时，教行为分析的老师毫无优势可言。就算海明威能够在自己的著作当中填满令人无法抗拒的强化物，这也依然不是一个通用的解决方案，因为哪儿有那么多海明威啊？

结论

因此，这个物质世界本身就有内在的厌恶控制，并且要靠截止时间带来的厌恶控制才能实现对规则的遵守。而且，仅靠外加的非习得性强化物、外加的习得性强化物，或者内在的强化依联，我们实际上并不能真的躲开对厌恶控制的需求。然而，我们可以试着让自己尽量少接触厌恶事件。我们可以试着让厌恶控制尽可能不那么令人厌恶。轻微但稳定的厌恶控制是必需的，可是这并不意味着我们就应该对孩子、对朋友或对手下员工大声呵斥，也不意味着我们在不顺心时就该放纵自己的坏脾气破坏我们的环境。实际上，其中的真实意味是，我们可以试着让人们之间的互动变得极具强化效力，从而使大家尽力做好每一件事来避免失去这些互动（尽管我们不应该为了一直鞭策人们就总是拿强化物的失去当作威胁）。

问题

1．为什么不能建立起一个没有厌恶控制的世界呢？
A．我们的物质世界所提供的两类厌恶控制是什么？
B．带有截止时间的厌恶控制的作用是什么？
2．为什么我们不能仅靠强化物呈现而带来的强化就做好上课准备呢？
3．为什么没有那么狠的剥夺，我们就不能使用足够强大的习得性泛化型强化物来强化做好上课准备的行为呢？
4．为什么不将强化物变成任务的一部分呢？

在 DickMalott.com 网站上，你还将读到：
可下载有关表现管理的三个行为依联的模型以及关于如何不再拖延的文章和教学材料。
第24章 高级学习目标

第25章 为表现付出代价

行为分析师认证委员会第4版任务清单

E-04 运用依联契约（即行为契约）。

本章内容可在 www.MySearchLab.com 网站上获取

案例：行为学校心理学

一个五年级的班级

这是直接作用的依联，还是间接作用的依联？
这个干预是通过代币呈现而实施强化的一个例子吗？
为什么说这是规则掌控的行为？
总是存在的截止时间
强化或回避的类似物
规则陈述是匹配程序中的一个语言类似物
这个规则为什么能控制学生的行为？

案例：行为学社会工作

邻里青年团助手

指明表现
表现糟糕时首先你应该做什么？
给予反馈
接下来你应该做什么？确保每个人都知道自己的工作正进行得有多棒
威胁要开除？

为表现付出代价
这是直接作用的依联，还是间接作用的依联？
这是通过呈现美元而实施强化的一个例子吗？
为什么说这可能是规则控制？
总是存在的截止时间
规则陈述是匹配程序中的一个语言类似物
这个规则是如何控制助手的行为的？

案例：行为学社会工作

针对失业青少年的工作训练

这是直接作用的依联，还是间接作用的依联？
规则陈述是匹配程序中的一个语言类似物
这个规则是如何控制学生的行为的？

案例：组织行为管理

你可以依靠它

表现管理的三个行为依联的模型

第26A章 性

本章内容可在 www.MySearchLab.com 网站上获取

性

- 我是一个被困在男人身体里的女人（第一部分）
- 男性举止
- 变性
- 我是一个被困在男人身体里的女人（第二、三、四部分）
- 干预程序：如何让变性者减少对男性图片的性唤起
- 概念
- 高阶应答式条件作用
- 应答式消退与操作式消退
- 变性：涉及道德与法律的一个个案研究
- 带来性强化物的行为是先天的，还是习得的？
- 性别化的行为是先天的，还是习得的？
- 性刺激的强化价值是习得的，还是非习得的（先天的）？
- 性刺激的不同来源的强化价值和惩罚价值是习得的，还是先天的？
- 证明我们先天的性的可塑性的其他数据
- 如果性取向不是先天的，那它是后天选择的吗？
- 生物决定论的证据
- 对同性恋者的厌恶和恐惧是先天的，还是习得的？
- 我的观点
- 性的定义
- 干预还是不干预
- 重要的事

第 26B 章　道德与法律控制

本章内容可在 www.MySearchLab.com 网站上获取

以目标为导向的系统设计

- 所有生命的福祉
- 规则、资源与行为依联

为实现美好生活的行为依联

- 道德控制的成本与收益
- 法律控制的成本与收益
- 尊重他人的观点
- 道德与法律控制中的厌恶基础
- 我们为什么需要地狱以获得道德控制？
- 天堂在道德控制中扮演怎样的角色？
- 俗世的人文主义又是什么角色？
- 法律控制又是什么角色？

- 道德与法律控制为什么会失败？
- 获得有效干预（治疗）的权利
- 事实真相 1：如果必要的话，我们应该在什么时候使用厌恶控制？
- 事实真相 2：谁应该获得资源？
- 事实真相 3：谁应该做出改变，个体还是社会？
- 事实真相 4：谁来做决定？

心理学的五个哲学观点

- 心灵主义
- 精神心灵主义与物质心灵主义
- 认知行为矫正
- 激进行为主义
- 方法论行为主义

第七部分

跨时间与空间的行为稳定性

第 27 章 维持

第 28 章 迁移

第 27 章 维持

行为分析师认证委员会第 4 版任务清单

J-12　规划维持。

基础知识[1]

寓言

大块头鲍勃的牛

从前,在一个名叫"美国未来农场"的地方,两位身材壮硕的农场少年正在争论着,他们要比一比,看谁更强壮。

大块头鲍勃说:"我赌 5 美元,我可以用双手把你家那头小母牛举起来。"

小巨人梅尔笑道:"你能举起我家的比尤拉?不!可!能!它有半吨重。这个赌我跟你打定了。"

大块头鲍勃走了过去,鼓着的嘴里发出了哼哼声。他用尽全力,双手将牛抱着往上举,可最后他还是跌倒在比尤拉旁边。鲍勃不情愿地交出了 5 美元,对梅尔说:"好吧,这次算我输了。但是,我还要和你打个赌。我拿我的这辆小卡车,再加上放在车上的那支 5.58 毫米口径的步枪当赌注,赌你的比尤拉。我赌在一年之内,一定能抱起一头半吨重的牛。"

"好,咱们就这么说定了!"小巨人梅尔答道。

无巧不成书,就在这一周,在大块头鲍勃的父亲的农场里,一头小牛犊出生了。这头小牛犊刚出生时的重量大约为 25 千克。从此,每天上学前,大块头鲍勃都会去抱举那头小牛犊。随着小牛的体重一天天增加,鲍勃的力量也一天天变大。但是,当小牛长到 200 千克的时候,大块头鲍勃开始感觉很吃力了,他要用尽全力才能刚好把小牛抱离地面(而在此之前,他很早就已经无法将小牛举过头顶了,而小牛刚出生时,他用一只手就能将其举起来)。

小牛还在长大,大块头鲍勃的力量也在增加,而小巨人梅尔也时刻关注着大块头鲍勃的进步。当他看到鲍勃已经能将一头 450 千克的小牛抱起来的时候,他感到有些紧张了。于是,他想出了一个有失公平的主意。他说:"大块头鲍勃,我爸爸要我明天去农展会把比尤拉卖掉。所以,要么你今天就抱起一头半吨的牛,要么咱们的打赌就此取消吧。"

对于大块头鲍勃来说,他还没有达到能抱起半吨小牛的力量水平,可是不久之后银行就要登门清查了,银行要来冻结他父亲的农场了。如果今天他能够赢得比尤拉,那明天他自己就可以去农展会把它卖掉,这样自家的农场贷款就可以先偿还一期了,银行的那帮人也就不会来家里制造麻烦了。接下来,他和父亲就可以等到自家的作物丰收后再将银行贷款全部付清了。

大块头鲍勃单手拎来一袋 50 千克重的种子,将袋子搭在 450 千克的小牛的背上(假如你就是不喜欢量化

---

[1] 如果想了解更多关于本章和下一章所讲述的内容的支持文献和对比资料,可以参见 Esch, J. W. (1987). In response to Kohler and Greenwood's "Toward a technology of generalization." *The Behavior Analyst*, 10, 303-305; Kohler, F. R., & Greenwood, C. R. (1986). Toward a technology of generalization: The identification of natural contingencies of reinforcement. *The Behavior Analyst*, 9, 19-26; Johnston, J. M. (1979). On the relation between generalization and generality. *The Behavior Analyst*, 2, 1-6; Kimberly, K. C., & Bickel, W. K. (1988). Toward an explicit analysis of generalization: A stimulus control interpretation. *The Behavior Analyst*, 11, 115-129, 以及 Stokes, T. F., & Baer, D. M. (1977). An implicit technology of generalization. *Journal of Applied Behavior Analysis*, 10, 349-367。(最后一篇文章是该领域的经典之作,是其他各篇文章及方法的起点。)

分析的话，我们也可以简单直接地告诉你，现在的总重量是半吨）。然后，他表现出一副信心满满的样子，下蹲，伸手，他那两只结实粗壮的巨大手臂搂在了小牛的肚子下，缓缓地向上抬起。慢慢地，小牛被他抱起来啦！只见小牛的肚子一点一点地升高了，可是，大块头鲍勃就是无法将四只牛蹄全都抬离地面。用尽全力，挣扎了整整两分钟之后，最终，大块头鲍勃瘫坐在地。

小巨人梅尔笑道："我新卡车的钥匙在哪儿呢？"

"等一下。你知道的，我可以有三次机会。"

然后，大块头鲍勃又费力尝试了一次，但这次他甚至表现得更糟糕。

大块头鲍勃足足休息了 5 分钟，而此时此刻小巨人梅尔却坐进了他那辆小卡车里，按动着喇叭，像在吹响胜利的号角。大块头鲍勃最后一次慢慢地走到这头变得有些局促不安的小牛旁边。噢，一切都在此一举了，他的小卡车、5.58 毫米口径的步枪、他家的农场、获得农业奖学金进入比格斯特大学的机会，还有深爱的贝蒂·苏——苏的老爹是不会让女儿跟一个穷困潦倒的小子在一起的。如果在这最后一举中无法抱起这头半吨的牛，农场就无法避免被银行查封，他也就真的变成一个穷小子了。

大块头鲍勃挺了挺胸，笔直地站在那里定了定神儿，然后用力活动了几下双臂，接着又做了三次下蹲运动，最后，他伸出双臂，揽在牛肚子下面，然后，开始缓缓向上用力将牛托起来。小牛一厘米一厘米地被大块头鲍勃抱得越来越高。牛在上升，继续上升，最后，四只牛蹄全都离开地面 15 厘米高。大块头鲍勃将牛揽在双臂中，转了整整一圈，接着走向脸色苍白的小巨人梅尔面前，将牛放了下来。这回轮到大块头鲍勃大笑了："来吧，上车，我要开着我的小卡车去取我家的新牛比尤拉，它已经是我的啦！"

难以置信，对吗？如果你这么觉得，那是应该的。在这个乡村神话中，大块头鲍勃日积月累地坚持做一件事，天天钻进牛圈去举小牛。这个神话的鸡汤寓意于，只要你每天增加一点点，最终你所获得的成就将是无可限量的。然而事实是，只要每天都增加一点点，你可以获得很大的成就，可终归有个极限。现在，让我们再看一个类似的心理学神话。

争议

永久行为的神话以及间歇强化的神话

你听说过永动机吗？听说过人们对它的追求吗？这种机器一旦转动起来，就能自己产生能量，而且能量永远不会用尽。它不再需要更多的输入——不需要再加油，不需要再供电，不需要再摇动曲柄来让机器转动。（这样的话，永动机就能包揽人类所有的工作，而我们都可以退休了。去佛罗里达吧，等到那时候，我们只将时间全都花费在寻找长生不老药上就行了。）我们每个人都希望出现这样的永动机，但永动机并不存在。

在行为学家中，也有人常常会陷入类似的没有结果的寻找中。行为学家也会试图寻找永久的行为干预（perpetual behavior intervention）：**我们矫正了一个行为，而被矫正的行为自身就能得以维持，我们永远不再需要提供其他行为结果了**。这就是永久行为的神话。一旦你进行了干预，改善的行为就会永远持续下去，从此不再需要更多的输入——不再需要进行更多的表现管理，不再需要签订更多的行为契约。我们每个人都想要这样的永久行为干预，但永久行为干预并不存在——至少当你最需要它的时候，它不存在。

所有人都希望能够快速地解决问题。牧师希望每周日只传道一小时，听道的信徒就能在接下来整整一周的生活中都充满美德；心理分析师希望每周一做一小时的精神分析，服务对象就能在一整周的生活中都心理健康；老师希望每周三讲上一小时的课，就能让学生的生活从此永远充满对知识的探求。

我们每个人都会很幼稚。这个世界并没有那样简单的解决之道。

> **不存在任何简单的解决之道。**

那些试图探求永久行为干预的行为学家，在寻找的过程中往往会感到绝望。他们曾经试图借助间歇强化程序表来获得那种永久性的维持，例如，运用可变时距的强化程序表或者可变比率的强化程序表。为什么呢？

好吧，先来复习一下消退阻抗这一概念——在一个反应被消退之前该反应出现的数量或时间。再复习一下消退阻抗的原理——间歇强化比连续强化更能让反应抵抗消退。在寻求永久的行为干预的过程中，有一种缺乏逻辑的说法是这么推论的：先运用连续强化来建立某些适当的行为，然后再改变强化程序表，使用越来越少的强化物，从而建立起越来越强的消退阻抗。最后，强化变得极少，消退阻抗变得极大，以至于我们可以完全停止强化。此后，这个人就可以持续地做出该反应，而且没有极限。这种说法就是我们所说的间歇强化的神话：我们可以逐渐地降低强化频率，直到最后行为无须强化就能得到维持。这就如同说，那个大块头鲍勃一点点地增加自己举起的重量，渐渐地增大自己的力气，直至最后，他能举起几乎任何重物而没有极限。然而真相是：

有极限。那么，这种广受欢迎的号称经过一个强化越来越少的过程就能造就出无限的消退阻抗的说法究竟算什么呢？它和大块头鲍勃的农场神话故事在本质上是一样的。有极限才是真的。

道理是这样的：我们的身体受制于物理规律，包括重力规律。我们的行为受制于行为规律，包括效果律。重力规律告诉我们，如果没有支持，我们的身体就会坠落。同样，效果律告诉我们，如果没有被强化，我们的行为就会停止。（复习一下：效果律说的是，行为的效果决定了我们是否会重复该行为。）

尽管没有什么永久行为干预，我们仍然可以通过两种方式来持续地维持好的行为表现并抑制不当的行为表现。本章的第一部分要讨论的就是，我们怎样才能获得这样的结果，但这里我们绝不是打算抛开效果律去谈行为维持。

> **定义：概念**
>
> **表现维持**（Performance maintenance）
> - 在最初建立表现之后，
> - 表现的持续。

这里仍然有一些地方会让人感到困惑，因此，有必要再重申一下本节要点：**不存在什么无限的消退阻抗，所以你也就别指望用这种不存在的东西来无限地维持表现了。**

问题

1. 什么是永久行为干预的神话？
2. 什么是间歇强化的神话？
3. 效果律与这些神话有怎样的关系？
4. 名词解释：表现维持。

案例：学校行为心理学

丛林中的吉姆，社会化的攀爬者 ①

在学前班里，吉姆的大部分时间都花在了百无聊赖的四处游走中。他一会儿玩两下这个游戏，一会儿又跑去玩另一个，他一直逃避参与那些体育活动，也很难为外界环境所吸引，对周围的事物不会表现出感兴趣的样子。偶尔，他也会试着参与其他孩子的游戏，可每一回游戏都会在他笨手笨脚的行动中被破坏掉。每回到了最后，都是老师赶过来给他当救兵。

老师很想让吉姆参与体育活动，这样他就有机会

① 改写自 Johnston, M. K., Kelly, C., Harris, F. R., & Wolf, M. M. (1965). An application of reinforcement principles to the development of motor skills of a young child. 未发表的文稿。

与其他孩子一起开展建设性的游戏。老师希望他能通过这些游戏学习到更多更好的社会技能。不过，在开始执行干预之前，他们先设计好了强化程序，并测量了吉姆在基线状态下的表现。老师发现，吉姆在25%的时间里都是自己一个人闲荡，呆呆地站着或四处游走；而他在75%的时间里会独自做些安静的事情，比如玩沙子。

测量了基线表现之后，就可以开始执行这套强化程序了。当吉姆走过单杠的时候，老师就会和他说话，冲他微笑，拍拍他的肩膀，并拿来一些东西和他一起玩。而在其他时候，老师就忽视他，各自忙着做别的事情。在这个强化程序的帮助下，吉姆走近单杠的时间逐渐多了起来——不知怎么回事，在单杠附近的区域里生活会更美好，尽管吉姆很可能并没意识到在单杠附近活动会得到更多的强化物，甚至他可能根本没意识到自己开始在这个新的区域闲逛了。（因此，社会性强化的直接作用的行为依联很可能已经控制了吉姆的行为，而这很可能并不是受规则掌控的。）

过了一段时间，吉姆开始触摸单杠了，甚至会短暂地爬上去。从这时开始，老师只在他爬单杠的时候才强化他，单单是留在单杠区内的话，不会再向他提供强化物了。通过这样的方式，老师采用逐步接近的方法塑造出吉姆爬单杠的行为。于是，经过一共9天的强化，吉姆有67%的时间在爬单杠。随着这个过程的顺利推进，他的攀爬也不像原先那么笨手笨脚了，虽然他的身手还赶不上人猿泰山的幼年时期，但已经很不错了。（当吉姆玩梯子、台阶箱和其他任何脚手架式的运动玩具时，老师也开始给予他某些喜欢的社会性强化物。）

然而，在游戏教室里，老师不能将所有的时间和精力都花在吉姆身上，不能一直强化吉姆的体育运动行为，于是，慢慢地，他们要求吉姆爬单杠的次数越来越多，然后才会提供具有强化效力的关注。（通过这种方式，老师从使用连续强化程序表过渡到使用成本效益更高的间歇强化程序表，这里很可能是一种比率强化，虽然采用可变时距强化程序表可能也会获得同样的效果。）

而且，随着时间的推移，老师减少了强化物的数量。在干预即将结束时，吉姆的体育活动行为只会得到老师的简单的点头致意。当干预结束时，吉姆所获得的关注与这个学前班里其他孩子获得的是一样多的，而他自己已经能将1/3的时间花在运动项目上了（在干预之前，吉姆在这些活动上所花的时间不足1/10）。在第二年秋季吉姆再回到学前班的时候，他一半以上的时间会花在那些充满活力的户外玩耍上，这已经跟其他普通孩子的表现一样了（见图27.1）。

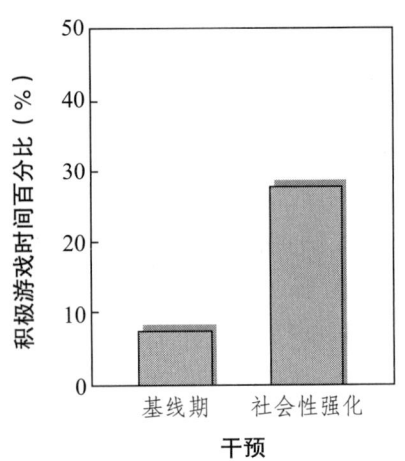

图 27.1 采用社会性强化来塑造一个冷漠孩子的积极游戏行为

问题

描述本节这个增加社交退缩的幼儿参与积极游戏互动的行为干预。
- 其中的行为是什么?
- 各种强化物是什么?
- 最初的强化程序表是什么?后来的强化程序表又是什么?

概念

设置行为圈套来维持表现[①]（J-12）

乍一看,老师好像陷入了那种间歇强化的神话,在寻求那种令人迷惑的永久行为干预。但是,很可能并非如此。随着老师在频率和持续时间上逐渐降低他们外加的社会性强化,玩单杠本身的自然强化依联同时也正逐渐控制了吉姆的玩耍行为。因此,最终吉姆不再需要外加的强化依联了,自然的强化依联就已经足够了。这就是一个**行为圈套（behavior trap）**的例子。

> **定义：原理**
>
> **行为圈套（Behavior trap）**
> - 使用外加的强化依联,
> - 增加了行为的频率。
> - 然后,自然的强化依联
> - 可以强化行为,
> - 而且,这些自然的依联
> - 可以维持该行为。

我们继续深入了解行为圈套的概念。假设吉姆从未在单杠上玩耍过,那么天然内嵌于这种玩耍中的强化物当然也就不会帮他去掌握足够的玩耍技能。或者,假设吉姆只是偶尔去玩一玩单杠,却又几乎没有什么玩单杠的技能,那么,他的玩单杠行为可能仍然无法接触到那些自然的强化依联,或者至少他未能经常地接触那些自然的强化依联,因而也就无法帮助他去掌握更多更复杂的玩单杠技能。而这些正是老师用社会性强化物来帮助他弥补的,他们让吉姆以足够高的频率去接近单杠,于是有两件事情发生了:①吉姆掌握了良好的攀爬技能,并且②玩单杠带来的自然喜悦也会频繁地强化他攀爬的行为,并最终"骗"他去爬单杠。因此,老师的行为干预引导吉姆的行为进入一个行为圈套。行为圈套是一套程序,它运用一组渐变的强化依联（从人为的强化渐变成自然的强化）,从而掌控了行为,并让行为不再消失。

最初,行为圈套（行为学圈套）[②]是指,在个体掌握了一个行为之后,非刻意安排但可以维持该行为的社会性强化物,但其实这个概念的外延超出了最初的定义范围。例如,在一个人学会阅读之后,阅读过程中内在的、自然的强化依联就可以维持阅读行为了。

而且,去除厌恶刺激而带来的强化,也应该可以建立行为圈套。

行为圈套是一个很棒的东西,但当你需要它的时候,它并不总是存在。因此,当你成功地让行为高频率发生的时候,你可不要转身就走,仅凭假设就认为行为圈套将会自然而然地过来接管并维持这个行为。情况往往是,看起来应该会顺理成章地出现行为圈套的时候,却并不会出现。

问题

名词解释:行为圈套,并举例说明。

案例：行为医学

行为圈套、延长的项目以及 13 岁的迪基[③]

还记得第 8 章里提到的那个有孤独症的 3 岁男孩迪基吗?沃尔夫、里斯利和米斯使用冰淇淋作为强化物,运用差别强化技术,帮助迪基戴上眼镜,从而挽救了他

[①] 改写自 Baer, D. M., & Wolf, M. M. (1970). The entry into natural communities of reinforcement. In R. Ulrich, T. Stachnik, & J. Mabry (Eds.). *Control of human behavior* (vol. 2, pp.319-324). Glenview, IL: Scott, Foresman.

[②] 相对于旧术语行为学圈套（behavioral trap）,我们更倾向于使用行为圈套,因为它更能强调被引入圈套的是行为。[当然喽,你甚至可以独树一帜地说行为学的行为圈套（behavioral behavior trap）,但是我说,你还是别来这套了!]

[③] 改写自 Nedelman, D., & Sulzbacher, S. I. (1972). Dicky at thirteen years of age: A long-term success following early application of operant conditioning procedures. In G. Semb (Ed.). *Behavior analysis and education*. Lawrence, KS: University of Kansas, Follow-Through Project.

的视力。令人开心的是，迪基并非一直需要外加的冰淇淋强化物。之所以这么假定，是因为"能够看清"这一自然的强化依联将会维持迪基戴上眼镜的行为。也就是说，迪基掉入了一个行为圈套。看得更为清楚，这个自动的强化物维持了迪基的表现：那些强化物"骗"迪基戴上了眼镜，并挽救了他的眼睛。

还记得第14章里提到的那个有孤独症的7岁男孩迪基吗？那时，里斯利和沃尔夫，还有迪基的父母，通过运用模仿、语言辅助和区辨训练技术帮助迪基学会正常的对话。迪基又一次掉入了一个行为圈套，因为说话的自然的强化物逐渐维持了他的表现——他继续正常地说话。

由于持续提供给迪基的这些干预服务，他的整体智商从3岁时的无法测量提升到了13岁时的81分，而他的语言智商达到了106分。不仅如此，他的进步是如此之大，后来他可以进入公立学校的普通班级上课了。虽然迪基仍然有一些孤独症的行为，例如，摇晃和拍手，但他已经有很大的进步了。例如，他可以使用与其年龄相当的高级词汇开展较长的对话了。借助适当的行为干预、行为圈套，以及其他支持系统，主要的行为技能库会发生变化，并且能够得到维持。

我们最后一次听到迪基的消息是在他三十多岁的时候，那时，他住在华盛顿州的一个有监护的公寓里，做着一份得到监督的保洁工作。有好几篇文章都描述了迪基所参与的研究工作，而迪基自己还珍藏着其中一些文章的复印件。

问题

行为圈套是如何帮助孤独症男孩迪基继续佩戴眼镜的？如何维持他的对话行为的？

案例：行为医学

发育障碍养护机构中一个小女孩的回归①

在一家帮助发育障碍患者的服务中心里生活着一个年幼的小姑娘，名叫莎莉。她几乎无法走路，甚至无法用双手做出最简单的动作。她无法说出一个完整的句子，甚至不会说出物品的名称，但她能模仿其他人的单词发音。她的技能非常匮乏，就连接受所谓的智力测验都难以配合，因而他人也就未能测出她的技能水平。

由于莎莉的腿部肌肉力量非常弱，而且协调很差，在尝试骑自行车或参与其他体育活动的时候，她无法体验到任何自然的强化依联。因此，托德·里斯利博士使用糖果来强化她的体育活动。他在一个固定的框架上安装上一辆自行车，这样，每当她踩踏板的时候，车轮就会转动起来。第一阶段里，托德强化她坐在自行车上的行为。随后的阶段里，每当她转动自行车车轮五圈时，一个自动的糖果分发器就会给她一小块糖（固定比率5）。在她完美地做到这一步之后，要求也开始逐渐提高了，直到后来她要转动很多次车轮才能获得一块糖。同时，托德以微小的幅度一点一点地调整车后轮的转动阻力，这样莎莉就需要用更大的力量才能踩动踏板。

经过几个月这样的训练，莎莉的肌肉能力已经发展得很棒了，她可以连续踩动自行车几个小时并吃到糖果强化物。当她获得足够的协调能力和肌肉力量后，托德将自行车从固定的架子上取了下来。并通过运用强化技术让莎莉学会了在道路上骑自行车。而一旦莎莉可以自由地骑自行车，她就不再需要外加的糖果强化物了。在这之后，她可以像普通孩子那样连续骑自行车好几个小时。她的行为掉入了一个与骑自行车相关的自然强化依联的圈套之中。

与此同时，托德还开展了一项长期而且密集的行为干预项目，改善了莎莉的语言技能、对各种刺激的回应能力，以及命名物品的能力。他还训练了莎莉玩游戏和做拼图。例如，其中一项干预是，托德说出一个单词，如果莎莉重复该单词，他就迅速地给她一小块糖果，有时还会拍着她的头说"真棒"。在实施这个干预程序的几个月之后，莎莉已经能够命名物品了，并且最终能够使用短句子进行交谈了。

经过一系列的训练，莎莉取得了很大的进步，托德可以使用标准的智力测验来测试她的技能了。莎莉的智商得分增加了，已经足以让她离开这家养护机构，进入一所公立学校的特殊教育班了。假如不是托德·里斯利博士运用那些密集的行为干预程序开展帮助，莎莉很可能会一直待在那家养护机构里。

分析

莎莉骑自行车的案例展示了行为圈套对表现的维持。莎莉原本既缺乏行为技能，也缺乏肢体力量，无法支持她从骑自行车的活动中接触到自然的强化依联，她需要里斯利通过行为干预，从外加的强化依联中得到帮助。但是一旦她拥有了力量和技能，骑自行车的自然强化物就形成了一个有效的行为圈套，维持着骑自行车的行为。

问题

1. 描述上面这个帮助发育障碍儿童拥有骑自行车

---
① 源自与托德·里斯利的私人沟通（1965）。

所必需的力量和技能的干预程序。

2. 在这里，行为圈套起到了怎样的作用？

运用间歇依联来维持表现

在第 15 章中，我们讨论了琳达·菲夫纳和苏珊·奥利里为了帮助小学生在补习班上专注于课业任务而实施的干预项目。他们采用了并存的依联，包括使用各种好东西进行强化，同时使用对斥责的回避，最终成功地让学生专注于课业任务的时间从 41% 增加至 80%。

现在的问题是，他们可以减少斥责的频率但依然维持学生专注于课业任务的表现吗？当他们突然停止斥责时，学生专注于课业任务的时间降低到了 47%，但当他们在 6 天的时间内缓慢地将斥责减少到低水平时，学生专注于课业任务的时间仍然保持在 87% 这一水平上。这表明，一旦我们获得高频率的回避反应，那么对间歇式出现的厌恶条件的回避也就可以发挥作用了。

问题

1. 描述上面这个维持补习班学生认真学习的表现的干预程序。
2. 这个干预程序体现出了什么要点？

维持住依联，就能维持住表现

还记得彼得吗？我们在第 4 章里提到的那个发育障碍男孩，每天在校的 6 小时之内，他掐人、踢人、打人以及推拉别人的次数平均是 63 次。斯蒂芬·卢斯和他的同事们采用依联性的锻炼作为一个惩罚程序，几天之内就取得了很大的进步，让这个男孩的暴力肢体攻击行为减少到了每天平均两次的水平。

这很棒，但是我们怎样才能让彼得一直如此冷静下去呢？很简单：就是继续采用这种依联性的锻炼。他们也的确是这么做的，而且很有效。26 天后，彼得的肢体攻击行为降到每天只有 1 次了。

永久表现契约

在前面的章节中，我们讲述了**表现契约**这个概念——一份书面的规则陈述，描述了适当或不当的行为，行为应该发生或不应该发生的场合，以及针对该行为的外加的结果。反正，表现契约是我用来维持自身良好行为的最有用的工具。四十多年来，我一直在使用表现契约，用它来打破那古老的拖延魔咒。要是没有表现契约，这本书的第 1 版可能都写不出来，更别提一版再版，直至现在的第 7 版了。我在自己的工作上、饮食上，还有健身锻炼上，只要是你能说得出来的地方，都运用了表现契约。我使用过各种表现管理方法：我与表现管理者每周一次，甚至每天一次，进行面对面的会谈；我还曾与一位素未谋面的表现管理者每天进行电话交谈（我叫她"良心"，她供职于维多利亚大学约瑟夫·帕森博士的"良心国际"慈善组织）。我现在仍然在使用表现管理，用它来确保自己在暗暗迫近的截止时间到来之前完成自己的笔头工作，完成出版社要求的对书籍章节的修订。

这里我要说的是：往往，并没有可以温柔地抓握住你的表现的行为圈套，让你朝着正确的方向不断前进。这一点对于饮食、锻炼和写作而言似乎是确定无疑的。我们享受把这些事情做完的状态，甚至享受做这些事情的过程，但这些还不够。未经刻意安排的依联是微小的，只有累积起来才能显示出价值。因此，大多数人都需要某种契约才能实现最优的表现。大多数人需要容易遵守的规则，就算这样的规则所描述的行为依联并不是直接作用的。我们需要规则描述的是有重大影响并且很有可能出现的结果，即使这个结果是延迟的。

如果你发现自己不依赖帮助就无法完成某件重要的事情，也不要因此就觉得自己是个失败者，即便是专业的小说家也需要不断地与恶魔的诱惑相抗争。而胜利者总会运用各种目标设定、量化数据（如字数统计）和绘图策略来管理自己的表现[1]。想象一下，他们与良心国际组织打交道时是什么情形。

> **维持住行为依联，就能维持住表现。**

永久表现契约的意思是，如果能够使用表现契约来一直维持自己适当的表现，我们就会一直从中受益，会受益终生。我们不会只把使用表现契约当作一个阶段性的经历。比如，假定你想减肥，并且在瘦身成功之后还要一直保持下去，那么你就不应该只是节食到自己达到理想的目标体重，然后就又回到尽情放纵的大吃特吃状态。你要做的是在余下的生命中一直坚持健康饮食。我们认为永久表现契约才是维持终生健康饮食的最佳方式。同样的道理也适用于健身锻炼和文章写作，适用于生命中所有那些容易被托辞摧毁的目标。

问题

1. 举一个维持惩罚依联的例子，用以维持对不当行为的抑制。

---

[1] 改写自 Wallace, I., with introduction by Pear, J. J. (1977). Self-control techniques of famous novelists. *Journal of Applied Behavior Analysis*, 10, 515-525.

2．当没有行为圈套来维持表现时，你应该怎么做？请举例说明。

要点

本章的要点是什么？要点就是，要维持一个频率已经提高的表现，唯一的办法就是维持某个支持该表现的行为依联。这个支持表现的依联无论是服务对象当前正在接触到的内在的自然依联，还是表现管理者必须一直提供的外加的表现管理依联，都不重要。要避免犯那种传统心理学的错误，不要以为一旦真的成功地矫正了行为，行为就会自己维持下去。这不对。**没有支持行为的依联，行为就不会得到维持。**

问题

本章的要点是什么？

中级进阶

表现管理者回家之后或者博士生完成博士毕业论文之后，要做什么呢？

很难开发这样一种行为管理系统，它可以让服务对象在几年的时间里一直都能维持着所需要的行为。一部分原因在于，行为分析师跟其他人一样，本身也受控于直接作用的和间接作用的行为依联。发表在学术期刊上的许多文章都是研究生的博士毕业论文，但是当学生做完博士毕业论文的研究，证明完自己所做的干预工作有效之后，就厌倦了那种吃方便面苦读的生活，会想去过一种更体面的生活。因此，他们也就没有能力足够长久地逗留在研究领域，无法让自己做研究的表现维持下去。

然而，开发一项可维持的技术，这是一个相当重要的问题，甚至如今有些行为学学术期刊制定了收稿政策，只发表那些提供了至少 6 个月追踪期数据的文章。这应该有助于推动我们这个领域朝正确的方向发展。

有一种解决办法，也许可以让学生去训练那些直接为服务对象提供护理的工作人员，让他们学会如何去维持干预。然而遗憾的是，要想让这个办法起作用，就必须要有行为依联来支持这些工作人员开展维持干预的行为。但是，"真实世界"里能支持这种维持的依联是很罕见的。

在 DickMalott.com 网站上，你还将读到：
孤独症进阶部分
第 27 章　高级进阶部分
第 27 章　高级学习目标

第 28 章　迁移

行为分析师认证委员会第 4 版任务清单

J–11　规划刺激泛化与反应泛化。

J–12　规划维持。

基础知识

概念

训练迁移

"应用行为分析的问题在于，行为改变无法迁移到行为分析师的实验室之外。"

"无法迁移？你指的是什么？"

"好吧，假设你在实验室里为某个有问题行为的人提供服务。假定你的服务对象不再开口说话了，假定你运用强化程序逐步重建起他的说话行为。现在，你成功地强化了他在实验室中的说话行为。可是，这能迁移到他的病房宿舍区吗？而且，就算迁移了，这个行为能持续出现吗？或者说，他的病房宿舍区的条件会让他再次不说话吗？"

我明白了，她这是在跟我叫板，她很清楚我始终强烈倡导使用应用行为分析的强化原理。然而，我也知道她这不只是为了挑衅我，她在自己授课的心理学课堂上就曾经批评过行为原理的运用。我必须要让她相信行为原理的有效性，这样她才有可能不在课堂上继续说自己那套歪理来误导学生了。除此之外，我当时只是我们心理学系的一名新教员，而且这是我的第一份工作。我还得巴结她，给她留下一个深刻的印象，于是，我答道："你说的全是彻头彻尾的毫无意义的话，而且，这些话表明你对行为原理缺乏了解。"

她的表情告诉我，我的确给她留下了深刻的印象。我接着说："我们行为分析师肯定会对行为改变在迁移过程中的两件事非常关注。首先，我们必须确保**干预的环境与服务对象所处的正常环境是相似的**；然后，行为改变才会迁移到正常环境中去。实际上，处理这个问题的一个好办法是到患者所处的正常环境中去进行干预，而不是在实验室里做干预。"

"其次，我们必须确保服务对象的**正常环境能够维持我们建立起来的行为改变**。例如，服务对象需要去掉某些不当行为。我们可以消除那些不当行为，但是接下来，要确保在服务对象所处的正常环境中那些不当行为不会再次被强化。比如，关注有可能会强化不当行为；对此，一种做法是：我们可以强化一些其他行为——那些可以更有效地获得关注并且在社交上更为适当的行为。那么，服务对象所处的正常环境里就可能不再有机会强化不当行为了。"

"当我们想要强化某些缺失的行为时，就必须面对如何维持行为改变的问题。因而，我们必须确保强化程序在服务对象所处的正常环境中也会发挥作用，从而让建立起的行为不会消失。"

"一种解决办法就是，**在服务对象所处的正常环境中，强化那些能够成功获得强化物的适当行为**。服务对象所处的环境可能在一开始时不足以有效地强化那些适当行为，而一旦对那些适当行为进行了强化，他所处的环境就有可能有效地维持那些行为。或许由于处在一个不当的环境中，孩子没能学会如何说话。但是如果我们在实验室里塑造出了足够数量的语言反应，那么维持大多数语言行为的自然强化物就有可能同样维持这个孩子的语言行为。我们将这些自然强化物称为行为圈套。"

我停顿了一下，期待着出现具有戏剧化的效果，然后，双眼直勾勾地看着对方的眼睛，说："所以，你看啊，我们是可以将行为改变迁移到服务对象的日常环境中去的，并在那里得到维持。"

我期待着她从椅子上跳起来，绕过书桌，冲到我的面前，然后热情地在我背上猛拍一掌，喊道："你讲得太棒啦！我真惭愧没早点儿认识你，没早点儿从你这里听到事实真相，我应该向你道歉。"然后，我还会很帅气地回答说："哈哈，您不用道歉。我知道我们这些刚入职的老师都需要证明一下自己。"随后，我还会做出一副教养良好、谦卑宽容的样子。

然而，实际情况却相反，那个固执的家伙只是盯着书桌，嘴里吐出的只是几个"嗯哼"。

我只好试探性地问："那么好吧，你觉得我说的有点儿道理吗？"

"有点儿吧。"她嘟囔了一声，然后低头翻看起桌上的文件来。

我走出她的办公室，感觉自己为全人类做了一件大好事。现在，她再也不会去跟她的学生说什么应用行为分析无法将干预效果迁移至其他刺激情境中因而无用的鬼话了。

可是过了几天，我经历了一件事，着实给我上了一堂极其有价值的课，而且，类似的经历，后来我又遇到了好多次。别人告诉我说，听到她的学生在讨论她刚上的一堂课。学生们说，她在课堂上又批判应用行为分析，说它没有太大价值，因为它的效果无法迁移，这些话还给学生们留下了深刻的印象。至少，现在一个清楚的现实摆在这里，我试图矫正她的行为的干预效果，并未从她的办公室迁移到她的课堂上。从此之后，我开始意识到，如果一个人没有激烈反击我的观点的话，那么，可能只意味着这个人不打算跟我继续争辩罢了。

上述这些对话并非牵强虚构或脱离实际的，也不全是凭空假想出来的。类似的对话每天都会出现，出现在不同的诊所、机构和公立学校中。其中的核心分歧在于：行为分析师，无论在实际当中是一位心理学家，还是幼儿园老师，或是其他的专业人员，他们运用行为学策略（消退、强化、刺激控制），改变了服务对象、学生或者实验被试的行为。行为分析师成功地改变了患者的行为，正在为他们带来福祉。

然而，批评者虽然承认对行为的改变最初是成功的，但他们又说这种改变很浅薄，说行为分析师并没有真的治愈服务对象的问题。尽管行为改变了，但是那不会持续下去，或者不会在服务对象的日常环境中得以维持。在这样的批评中，治愈这个词是关键。批评者使用这个词就是在将行为问题视作疾病。当然，面对疾病，你除了去治愈它，还能做什么呢？如果真的治愈了，疾病也就不会再悄悄回来了（这又是一个医学模型的迷思的问题）。

运用强化原理改变过行为的人会同意这个批评意见的。他们也许会这样回复质疑：行为改变的确可能不会永久持续下去，也可能无法在不同环境中都一直持续下去。但是，这并不意味着最初的行为问题就是疾病，也不意味着行为干预要被看作一种对疾病的治疗。行为干预做的是在特定的环境条件下对行为加以矫正。行为干预的工作开始于改变行为，而终结于在其他环境下让行为更长时间地维持下去。

大多数行为分析师都很清楚行为改变之后的迁移过程中将会涉及的问题。一般来说，他们也很清楚自己应该如何应对。为了提高在训练环境之外的情况下行为得以维持的概率，他们会让服务对象在训练环境中接触到与外部世界相类似的压力、张力和刺激条件。如果行为分析师能慢慢地将外部世界的某些刺激因素逐渐引进来，那么服务对象的行为就可以更容易地从训练环境迁移到社区环境当中去。但是，这样的程序有些时候是不现实的，花费会很高，而且需要太多的时间。这时候，行为分析师就必须找出某个新策略来解决这个问题，否则就只好承认自己缺乏时间、金钱或控制力来解决问题。然而，在应用行为分析中，训练迁移一直都只是一个技术问题，而不是一个根本性的理论问题。

> **定义：概念**
>
> **训练迁移（Transfer of training）**
> - 在一个地点、
> - 一个时间
> - 所建立起的表现，
> - 进而出现在不同的时间和地点。

问题

1．名词解释：训练迁移，并举例说明。

2．应用行为分析的批评者是如何评价训练迁移和表现维持的？

3．对此，行为分析师可能会做出怎样的回应？

降低刺激控制而增加迁移（J-11）

我们在第4章和第24章中讨论过韦尔玛和格里的案例。她们都有极重度的智力障碍，由于长期不停地磨牙（磨牙症），她们几乎毁光了自己的牙齿。罗纳德·布朗特和他的同事们运用了一个温和的惩罚依联程序，当她们磨牙的时候，把冰块短暂地放在她们的脸上，最终，在干预时段里，将她们的磨牙行为的出现频率从 62% 降到了 3%。

他们还检验了这个行为依联的效果能否迁移到其他时段里，在那些非干预时段里，他们没有实施这个行为依联程序。他们在这个迁移检验中发现，其他时段里磨牙的出现频率是 27%。这虽然不像实施惩罚依联的干预时段的 3% 那么好，但也比基线期的 62% 要好得多。而且，这个结果得来不费吹灰之力——在其他时段里并没有人在专门管理她们的表现。

之所以会取得这样可观的迁移效果，可能是由于存在较少的刺激控制。在这个惩罚依联中，区辨刺激（S^D）和 S^Δ 刺激之间几乎没有差别。尤其对于又盲又聋的韦尔玛来说，她能感受到的主要差别就是自己刚刚是否磨牙了，随后自己的脸上是否有冰块。

研究者们指出，如果他们能在一天之内分散地开展短暂但频繁的训练，而不是每天只在集中的两个时间较长的教学时段里进行训练，那样他们或许可以进一步减少这些刺激控制。

我们再把以前讲述的相关内容过一遍吧，因为有些学生对这部分内容实在感到困惑。我们在复习旧内容的过程当中，还会引入一些本节所讲的新内容。现在开始复习，请你完成下列选择题。

1. 刺激区辨（刺激控制）——

A. 通过一种区辨训练程序，让反应在一种刺激呈现的情况下比在另一种刺激呈现的情况下出现频率更高

B. 通过一种区辨训练程序，让反应在一种刺激呈现的情况下与在另一种刺激呈现的情况下出现频率几乎相同

2. 刺激区辨与刺激控制是同一回事。

A. 对

B. 错

3. 在 S^D 和 S^Δ 呈现的情况下，反应出现的频率相同，这说明

A. 刺激区辨较少

B. 刺激区辨较多

4. 在 S^D 和 S^Δ 呈现的情况下，反应出现的频率相同，这说明

A. 刺激控制较少

B. 刺激控制较多

5. 在 S^D 和 S^Δ 呈现的情况下，反应出现的频率相同，这说明

A. 刺激泛化较少

B. 刺激泛化较多

6. 刺激泛化的反面是刺激控制（刺激区辨）。

A. 对

B. 错

7. 假设不实施惩罚依联时，韦尔玛和格里磨牙的频率与实施惩罚依联时差不多一样低，那么，这说明

A. 刺激泛化较多

B. 刺激泛化较少

8. 假设不实施惩罚依联时，韦尔玛和格里磨牙的频率与实施惩罚依联时差不多一样低，那么，这说明

A. 刺激控制较好（刺激区辨较好）

B. 刺激控制较差（刺激区辨较差）

问题

1. 请你解释在前面这个减少磨牙的干预案例中刺激控制与训练迁移之间的关系。

警告：有相当多的学生在测验中未能答对本题。你要确保自己搞懂这道题。

2. 就算你已经搞懂了，你还要确保自己能够正确回答出上面那几道选择题。保不齐其中的哪个题目就出现在测验当中。

案例：发育障碍

明智地过马路 [①]

问题

事实 1：过马路会危及人的生命。在美国，每年有 4000 人死于过马路。

事实 2：为了帮助发育障碍人士过上更好的生活，相关的服务机构一直在努力让障碍人士从养护机构中搬离出来（所谓去机构化），引导他们进入更为正常的环境（所谓正常化）。正常的环境对"正常"人来说就已经够危险了，何况对于那些存在行为问题的障碍人士呢。

解决方法

西密歇根大学的特里·佩奇为了完成自己的硕士论文，与布莱恩·艾瓦塔及南茜·尼夫一起进行了一些帮助发育障碍人士的工作。这几位行为分析师为 5 名发育迟缓的年轻男子提供了服务，他们开发了一个不用带学生上街就能教会他们独立过马路的干预项目。

他们使用广告板搭建了 4 种城区街道模型，用这些模型来对 5 位发育障碍人士进行教学。这种街区模型里有街道、房子、树木、人、车、停车指示牌、交通信号灯，以及一个指示"走或停"的行人信号灯。

---

① 改写自 Page, T. J., Iwata, B. A., & Neef, N. A. (1976). Teaching pedestrian skills to retarded persons: Generalization from the classroom to the natural environment. *Journal of Applied Behavior Analysis*, 9, 433-444.

特里和他的同事们对安全过马路的行为链进行了任务分析。例如，按照行人信号灯的指示过马路会涉及：在十字路口停下，在"走"的信号出现后的5秒之内开始穿过马路，在过马路时要看一看左右两边的情况，还有在到达马路另一边之前绝不要停下来。

这些训练包括让学生把一个行人玩偶从街区模型上的一个位置移动至另一个位置。学生正确完成了行为链中的所有环节之后，就能得到老师的表扬。学生做错的时候，就要接受模仿训练，先由训练老师示范一次应该怎么做，然后再给学生一次做出正确反应的机会。

不过，我们在此要看的是这个训练项目当中最具有创新意义也是最为关键的部分。接受训练的学生必须要说出那个行人玩偶正在做什么。这样做的根本意义在于，学生必须说出安全过马路这个任务中的每个行为环节的规则。

研究结果

这些学生都学会了在教室里正确地安全移动玩偶，而更重要的是，他们还学会了在熙熙攘攘的真实大街上让自己安全地移动。在所有17个需要做出正确反应的情况中，在基线期，他们平均只能做对4.3个，而到训练结束时，已经增加到了15个。在追踪期（训练结束之后的第35天，见图28.1），他们做对了全部17个反应。你觉得这个训练项目好吗？会给它打几分呢？

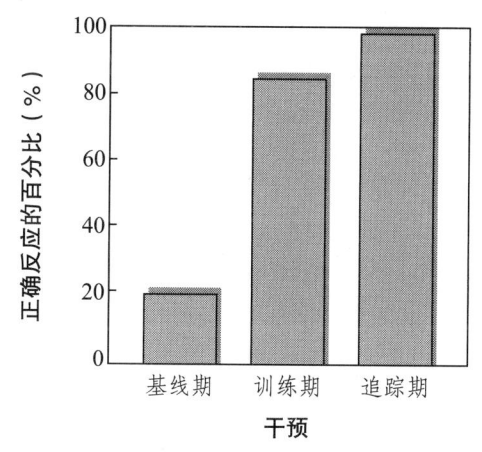

图28.1 借助街区模型进行安全过马路训练迁移

问题

描述上述这个干预程序是如何帮助发育障碍人士掌握一组安全过马路的技能的。请具体说出这个案例中的：

A. 任务分析

B. 训练环境

C. 训练程序

D. 所训练的反应

E. 强化物

F. 测试环境

G. 所测试的反应

警告：你要想在本章的测验中取得好成绩，就必须能够把这些细节写出来。

刺激泛化是不够的

现在，来看看这里到底发生了什么。行为分析师总是怀着一颗惴惴不安的心试图将训练迁移到新的环境中去，而在特里和他的同事们这里，他们几乎不费吹灰之力就获得了近乎完美的训练迁移。

许多行为分析师会错误地认为这就是刺激泛化。所谓泛化，通常是指刺激泛化和反应泛化（反应诱导）。但是，这种看法让我们总是感觉哪儿有点儿不对头。刺激泛化多多少少有"搞混"的意思。也就是说，它意味着较差的刺激控制，意味着无法进行刺激区辨。然而，尽管这些障碍人士的智商都在60分左右，但他们仍有能力分辨出教室桌面上的那些用广告板制成的街区模型，也能分辨出它们与那些由真实汽车、真实树木等物体构成的4种真实的街区之间的差异。这些发育障碍人士肯定能分辨出挪动一个小小的行人玩偶与他们自己在街上行走之间的差异。他们肯定也能分辨出自身与他们在桌上来回推动的那些行人玩偶之间的差异。

事实上，模型与实物之间的物理相似点非常少。就算对于鸽子而言，我们可能都很难让它们在这两者之间获得任何刺激泛化，更别说人类了。

那么，反应泛化又如何呢？你觉得用自己的手去移动玩偶和用自己的双脚移动身体，这两者会在同一个反应类里吗？你觉得它们在诸如反应形态等某个反应维度上具有足够的相似性吗？你觉得它们发挥着同一种功能（即产生相同的结果）吗？也就是说，将人偶移动到玩具街道的马路另一边，这和你自己行走到真实街道的另一边是一回事吗？对于这些问题，你大概已经用一连串的"不"来回答了。

假设你正在训练一只普通的黑猩猩，准备让它学会在模型街道上将玩偶进行正确的位置移动。那么，你觉得这种玩偶移动而获得的强化效果与这只黑猩猩穿过真实街道时所获得的强化效果，在哪个方面会是一样的？你觉得增强玩偶在模型上过街的安全性就会增强黑猩猩穿过真实街道的安全性吗？不！不可能的。

我们当然希望你对上面全部的问题做出的回答都是"不可能！"——这里不存在什么刺激泛化，也不存在什么反应泛化。鸽子和黑猩猩不仅能够看得出模型与现实之间的差异，而且我们还认为，鸽子和黑猩猩看不出两者之间的相似之处。也就是说，对人类来说，我们在一条模型街道上移动一个玩偶与我们亲身在一条真实街道上行走，这两者之间存在某些相似之处，这在我们人类看来是非常自然的，直觉上也是显而易见的。因此，在我们为有孤独症行为特征的、无语言的孩子提供服务时，我们会很震惊地看到，一个没有接受过大量训练的孩子虽然能够对妈妈的照片叫出"妈妈"，却不能对他的妈妈本人叫"妈妈"。

问题

1．刺激泛化与刺激控制是一回事。
    A．对
    B．错
2．在 S^D 和 S^Δ 呈现的情况下，反应出现的频率相同，这说明
    A．较少的刺激控制
    B．较多的刺激控制
3．在 S^D 和 S^Δ 呈现的情况下，反应出现的频率相同，这说明
    A．较少的刺激泛化
    B．较多的刺激泛化
4．刺激泛化的反面是刺激控制（刺激区辨）。
    A．对
    B．错
5．接受训练的人可以轻而易举地区辨模型搭建的训练环境与街上的真实世界之间各方面的差异。
    A．对
    B．错
6．接受训练的人在模型搭建的训练环境与街上的真实世界之间的很多方面上出现了**刺激**泛化。
    A．对
    B．错
7．接受训练的人在模型搭建的训练环境与街上的真实世界之间的很多方面上出现了**反应**泛化。
    A．对
    B．错
8．他们的这个训练迁移是刺激泛化和反应泛化的一个很好的例子。
    A．对
    B．错

规则掌控的行为可否支持训练迁移？

那几位有发育障碍的学生的确实现了巨大的迁移，但我们已经确认，刺激泛化和反应泛化并不是其中的原因。那么，原因会是什么呢？其实在前面我们已经给出过一个小小的提示了。我们认为，这个成功的训练迁移是规则掌控的行为的一个案例。学生在接受使用玩偶、玩具车、模型街道路口等教具进行的过马路训练时，需要学习把规则说出来。学生对规则的陈述，掌控着他们移动玩偶的行为。例如，我们猜测，呈现特定的过马路的模型场景，就是学生说出"路口要停下"或者简单地说出"停"的区辨刺激（S^D）。

在这里，尽管这些年轻人被划为发育障碍人士，我们仍然必须考虑他们复杂的行为历史。例如，我们认为，模型和真实的街道路口隶属于相同的"刺激类"：这不是因为它们在物理上的相似性，而是因为这里存在一个精妙的、基于语言的行为历史。① 从本质上说，有人已经告诉过他们，模型模拟的过马路场景就"代表着"真实的过马路场景。因此，当真的过马路时，在十字路口处就有可能诱发出"停"的语言反应（尽管这并不是通过某个简单的刺激泛化的过程而实现的），并且其中隐含的规则有可能会让他们停下来。

当然，上面的这些分析并没有经过严格验证，它本应该属于本章进阶部分的内容，而不应该被放在这里。但是，我们认为传统的从泛化角度做出的分析实在太具误导性了。在真正得到验证的东西出来之前，我们至少应该在此向你提供一些值得反复品味思索的东西。就算是我们自己，虽然我们能够在正确的十字路口正确地横穿马路，但要细究起来，这里也需要从行为历史入手，需要研究这种规则掌控的训练迁移是如何产生的，以及在这个过程中，为什么语言行为发挥着重要作用。

问题

描述本节所述的安全过马路的训练和迁移过程中规则控制的作用。

案例：学校行为心理学

卡尔的多个行为问题的矫正②

问题

老师想把 5 岁的卡尔·香博踢出幼儿园了，他有太

---

① 之所以在这里给刺激类加上引号，是因为这很可能是某种规则掌控的刺激类**类似物**（rule-governed analog to a stimulus class）。不过，我们还没见到有哪项研究对产生这种刺激类类似物的行为过程进行过深入探讨。

② 改写自 Patterson, G. R., & Brodsky, G. A. (1996). A behavior modification program of a child with multiple problem behavior. *Journal of Child Psychology and Psychiatry*, 7, 277-295.

多糟糕的行为了。比如，卡尔每次和妈妈分别后就开始咬人、踢人、扔玩具、尖叫和哭喊。老师的腿上到处是青一块紫一块的伤痕，有好多次老师被他折腾得快喘不上气来了。卡尔的妈妈报告说，卡尔时不时地会尿失禁（尿床）。卡尔的言语能力也不够成熟，存在一些轻微的发音缺陷。而且，他很难跟大人好好相处，给他穿衣服或喂饭都很困难。卡尔的妈妈认为自己的孩子可能发育迟缓，可是他的智商测试结果却在正常范围之内。

不过，卡尔的妈妈认为自己孩子的那些行为问题实在是太极端了，而且已经持续了很久，不可能再改变了。她说卡尔非常顽固。每天早晨带他去学校时，她就开始担心儿子的行为。例如，就在来这里向行为分析师求助的前一周，卡尔的妈妈送儿子上幼儿园时，卡尔还曾用牙齿紧紧咬住妈妈的连衣裙，不让她离开，不让她把自己留在学校。或许，有一件事与此相关，那是在卡尔两岁时，因为怀疑他得了白血病，于是让他在医院里住了好几天，进行相关的诊断检查，值得庆幸的是，最后的检查结果是阴性的，但自从那次在医院待了那么几天，卡尔就变得非常难带了，每次要把他交给保姆看护时，妈妈都很难离开。

卡尔与其他孩子的互动也很少，而且主要的互动方式就是推人、用肘部顶人、掐人、踢人，甚至有一次差点儿把班上的一个孩子搞窒息了。因此，其他小朋友在大多数时间里当然也就总是躲着他。老师会在卡尔发脾气的时候上前试图安抚和宽慰他，平时还需要一直待在他的旁边，以防他严重伤害到其他小朋友。

在幼儿园里，卡尔几乎所有的时间都在发脾气、生闷气或者攻击其他孩子。他很少会去平静地做游戏或者独自玩耍。老师只能把自己的大部分时间都花在处理卡尔上，因而觉得无法分身去管理整个班级。最终，老师只能表示遗憾，要将卡尔开除——让他离开这所幼儿园！老师觉得自己已经无法帮助他了，而且他也占用了老师太多时间，老师无法有效地给其他小朋友们进行教学了，还要时刻为其他孩子的安全担忧。

干预

眼看儿子卡尔就要被开除了，香博太太只好前往俄勒冈大学儿童指导诊所，在那里，她见了杰拉尔德·帕特森博士和布罗德斯基博士（记得吧，前面我们讨论过他们有关多动症儿童的研究）。在诊所的首次面谈之后，香博太太同意把卡尔带到帕特森博士的实验室来，但是她心里很怀疑在这里的尝试能否成功。

在实验室里

第二天，她把卡尔带到了实验室门口，但是卡尔拒绝进去。

"帕特森博士，这回你知道我说的是什么情况了吧，什么都不管用。"

"没关系。"杰拉尔德说道，然后探过身去要抱起卡尔，但是卡尔马上开始尖叫，还猛踢他的大腿。杰拉尔德最终还是成功地抱起了这个尖叫哭闹的孩子，把他带进了实验室。当他们经过实验室器材的时候，卡尔开始踢这些器材，因为他没法再踢到杰拉尔德了。

杰拉尔德把他带进一个小房间，关上门，用自己的脚踝把卡尔压在地板上。在卡尔尖叫、乱咬、乱扔东西的同时，杰拉尔德只是尽全力防止卡尔伤害自己，他端坐在那里，一副淡定的表情，要多无聊有多无聊的样子。他只在卡尔平静下来的时候才会去看他，并与他说话。杰拉尔德告诉卡尔，只要发脾气，他就必须待在那儿。

此时，布罗德斯基博士将香博太太带进了旁边的一个房间，在那里，他们可以通过一扇单面镜观察到卡尔和杰拉尔德。香博太太吓坏了。"我就知道这不会管用的。帕特森博士只是在让事情变得更糟。看啊，他现在把卡尔按在地板上了，这只会让卡尔更加不安。他为什么不去安抚一下卡尔呢？应该让卡尔感觉就像在自己家里一样啊。也许我应该进去帮帮忙才好。"

"香博太太，一切都会没事的。你看，任何时候，只要卡尔一发脾气就会有人关注他。他在班上发脾气的时候，你会去陪他，或者老师会过去抱他，给他讲故事。所有这些关注都强化了卡尔的发脾气行为。"布罗德斯基博士耐心地解释道。

"但是，当卡尔感到害怕和不安的时候，我们必须做点儿什么来宽慰他，要让他知道我们爱他啊！"

"是的，但问题是，当我们那么做的时候，我们就是在强化他的发脾气行为。这使得他以后可能也经常发脾气。"

"我想我懂你的意思，但是，帕特森博士把卡尔按在地板上的举动看上去太残忍了。如果允许我进去待上几分钟，卡尔就会停止哭泣了。"

"是的，你说的也许是对的。如果你现在就进去的话，我相信你能够让卡尔停止哭泣。但问题是，如果你进去并使他停止了哭泣，那么你的这种关注就会强化他的哭泣行为。下一回遇到这种情况时，他就更有可能再次大哭起来。我们现在的重点不在于考虑如何让卡尔马上停止哭泣，我们要做的是帮助他在未来的日子里摆脱这种发脾气的行为。您看，如果我们只是急于把眼前的问题平息下去的话,那么我们就会给未来制造出更多的麻烦。"这就是**恶性社交循环**的道理!

"好吧,我想你说得对,因为你是专业人士。但是这样的做法与我的天然母性截然相反,这对我来说实在太难了。"

"没错,这的确很难,但从长远来看,会有回报的。"

过去了大约 30 分钟,卡尔平静了下来,他不再发脾气了。然后,杰拉尔德放开了他,并允许他和妈妈离开诊所——**对不当的逃避行为的消退**,消退了他被按住时的发脾气行为。这里需要注意的是,杰拉尔德告诉了卡尔一个规则——发脾气并不能让他自己逃脱肢体限制,也不能让他离开这个房间,因此说杰拉尔德在这里也应用了**规则掌控的行为**。

第二天,香博太太不得不强拉硬拽地把卡尔带到诊所。卡尔刚一走进诊所,就抗拒与杰拉尔德一起去游戏室。杰拉尔德再一次将他硬抱了起来,卡尔还是又踢又叫,哭喊着,叫嚷着。在游戏室里,杰拉尔德再一次用自己的脚踝将卡尔按在地板上。但是这一回,卡尔只发了 30 秒的脾气。他一停止发脾气就可以离开了——对不当的逃避反应的消退。布罗德斯基对香博太太解释道:"你看,今天卡尔很快就停止了哭闹。如果我们每一天都不强化卡尔的哭闹行为,那他在接下来的一天就会哭闹得少些。"

几天之后,卡尔开始能够自己走上实验室的台阶了,他也因此回避了被硬抱进去的厌恶刺激——**对厌恶条件的回避**。

布罗德斯基继续对香博太太解释道:"现在,杰拉尔德将要帮助卡尔学会如何在家里、在学校以及在其他地方有适当的行为表现,但我们先要在实验室里完成这种教学,暂时还不用真的带卡尔去外边进行实地练习。我们会使用一些玩具人偶,强化卡尔去描述在各种假象的环境当中这个玩具人偶应该做出怎样的适当行为。我们希望这样可以强化卡尔对玩偶的适当行为的描述,这种描述将会迁移到卡尔在真实环境中自己的行为表现之中。"

杰拉尔德向卡尔出示了一个奇怪的小箱子。"这是一个'卡尔箱'。它里面有一个闹铃。当闹铃响的时候,我就会在你的杯子里放一颗 M&M 豆。现在,你看到这个玩偶小男孩了吗?它的名字叫亨利。另一个女性玩偶是亨利的妈妈。我们把它们并排放在一起。看到了吗?小亨利正紧紧地抓着他妈妈的手。他是害怕了吗?"

没有回答。

"现在,你看玩偶妈妈俯下身去对亨利说'今天一定会是美好的一天,对吗,亨利?'现在亨利害怕吗?"

"不害怕了。"卡尔箱里的闹铃立刻响了,一颗 M&M 豆掉进了卡尔的杯子中。

"现在,玩偶妈妈拉着小亨利的手,走出他们的房子。小亨利在害怕吗?"

"不害怕,他为什么要害怕呢?他和他的妈妈在一起呀!"

"小亨利问:'我们要去哪儿?'他妈妈说:'我们要去看医生呀。'小亨利现在害怕吗?"

"是的,他害怕,他不想去看医生。"

"但是小亨利有没有开始哭起来呢?还是像一个勇敢的小男孩,继续跟着妈妈走呢?"

"他没有哭。他跟着妈妈走。"

卡尔箱响了,一颗 M&M 豆掉进卡尔的杯子里。

"小亨利的妈妈现在松开了他的手,他们接着走进了医生的诊室。小亨利这时候害怕吗?"

"不,他不是特别害怕。"闹铃再一次响了,一颗 M&M 豆掉进了他的杯子。

"最后,他们走进了医生的诊室,亨利的妈妈先走了进去。亨利会跟着她进去吗?"

"是的,他跟着进去了。"

闹铃响了,又一颗 M&M 豆掉进卡尔的杯子。卡尔很快就把 M&M 豆吃掉了。

"亨利这时候害怕吗?"

"害怕。"

"他是待在房间里呢,还是离开了呢?"

"他待在房间里。"

闹铃响了,卡尔又得到了一颗 M&M 豆。

第一次教学持续了 15 分钟。杰拉尔德和卡尔用玩偶进行了 6 个序列事件的模拟,卡尔一共得到了 30 颗 M&M 豆——**强化**了他对小男孩玩偶的适当行为的口语描述,并期望这种训练能够迁移到卡尔身处类似场合自己的行为上。

第二天,卡尔还是发脾气,拒绝进入诊所。因此,又一次,杰拉尔德把他抱起来带进了游戏室,他一路上都在发脾气。但当他们到达游戏室后,卡尔的发脾气行为就立马停止了。这一次,玩偶模拟教学持续了 20 分钟,卡尔得到了 30 颗 M&M 豆,外加一艘玩具塑料船。

在家里

在游戏室的教学结束之后,两位行为分析师与香博太太进行交谈,卡尔旁听。行为分析师要求香博太太在每次卡尔与妈妈分离时,如果没有表现出害怕,就给他一个强化物,当卡尔表现得很合作的时候,也给他一个强化物。此外,他们还要求香博太太描述自己给卡尔强化物的 4 个场合,并把这个描述的记录带给行为分析师看。卡尔在一旁饶有兴趣地听着整个对话。

不表现出害怕的行为依联是什么呢？很有可能就是（对表现出害怕的）**惩罚**，是**避免强化物**（比如M&M豆）**呈现**而带来的**惩罚**（这里你要知道：不表现出害怕，它无法通过死人测验）。

表现出配合的行为依联是什么呢？很可能是**强化**，是对按照要求做事情这一行为的强化。

在幼儿园里

与此同时，杰拉尔德还向幼儿园老师进行了讲解，告诉他们完全可以去除卡尔的问题行为，只要能在幼儿园处理好卡尔的一些问题，他们就会成功。老师看着自己大腿上的青紫，愉快地表示愿意接受指导。这天，杰拉尔德带着卡尔箱来到了幼儿园。在休息时，他告诉卡尔，每次他和别的小朋友玩耍时，没有攻击人家的话，闹铃就会响（一个习得性强化物）。这个不攻击行为的行为依联是什么呢？很有可能是（对攻击行为的）**惩罚**，是**避免强化物**（闹铃响）**呈现**而带来的**惩罚**。

此外，如果卡尔的表现在可接受的范围之内，杰拉尔德也会表扬他（希望这是另一个习得性强化物），表扬他正确发起的社会互动。这很有可能是一个**强化依联**。

杰拉尔德还告诉卡尔，他可以在零食时间将自己获得的糖果分给其他小朋友。

在第一个10分钟的干预时间里，卡尔一直表现得很棒，他为自己和同学们共赢得了70颗M&M豆。

研究结果

经过9天的干预，卡尔在幼儿园发脾气的时间从最初的每天30~35分钟降到了0。在接下来的3个月里，时不时进行一些追踪观察，在这期间，卡尔再也没有发脾气（见图28.2）。

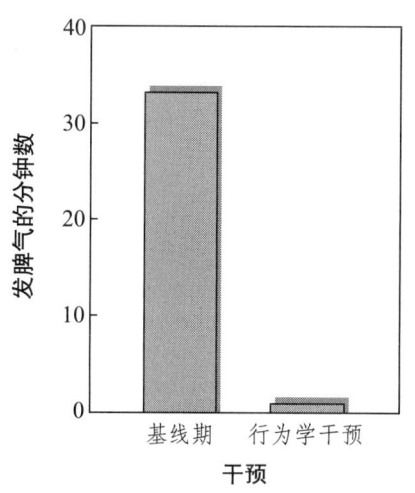

图28.2　从实验室到幼儿园的训练迁移：发脾气

而且，通过干预，卡尔独处的时间也减少了，从基线期35%的独处时间降到了0%，并且在接下来的3个月时间里一直都维持在0%的水平（见图28.3的第一对柱状图）。

卡尔拒绝听从老师指令的次数百分比从最初的大约25%降到了0%，并且在接下来的3个月里一直维持在该水平上（见图28.3的第二对柱状图）。

其他小孩之所以躲避卡尔，很可能是因为他会推人、用肘顶人、踢人和掐人。杰拉尔德认为，如果消除了这些行为，那么同学们就可能会更多地与卡尔互动了。因此，他表扬卡尔适当的互动行为，比如，对话、微笑、玩耍和触摸。卡尔发起积极互动的次数百分比从最初的8%增加到了20%，后来下降至15%，该水平在其后的3个月中一直维持着（见图28.3的第三对柱状图）。

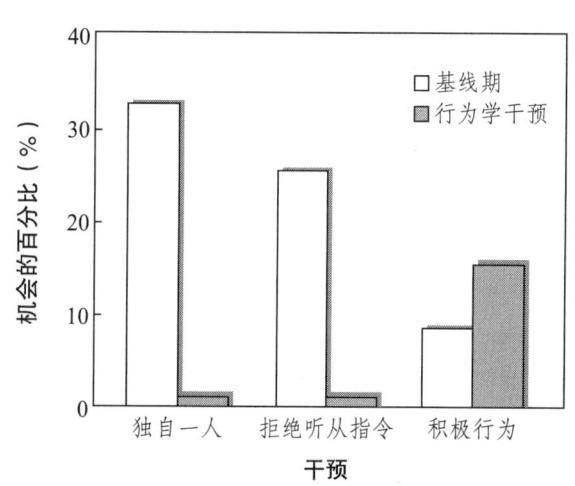

图28.3　从实验室到幼儿园的训练迁移：多种行为问题

同学们向卡尔发起的积极互动也从最初的几乎是0%的水平增加到了8%，然后降至4%，并在其后的3个月里一直维持在该水平上。需要指出的是，这个数据是杰拉尔德开始对卡尔与同学之间的积极互动进行强化之前，做了20分钟的观察记录而获得的。因此，这些数据反映的是幼儿园强化方案之前的训练迁移。

卡尔的父母和老师都说卡尔这个小男孩"变了"。他不再那么躲避社会接触了，而且对社会性强化物有了更多的回应。尽管卡尔仍然会有冲动的时候，但他已经不再发脾气了，也不再将自己孤立起来了。不久之后，妈妈、老师和卡尔自己都认为不再需要外加的表现管理依联了。总之，行为依联的巧妙运用改变了卡尔的整个生活。冒着犯"实物化"错误的风险，我们或许敢说，行为依联改变了他全部的人格，改变了他整个人。

分析

当年我和惠利将卡尔的这个案例写进本书的第 1 版时,我们还不知道"规则掌控的行为"这个概念——那时还没有人知道它。因而,当年这个案例的结果让我们颇感困惑。但现在,我们可以比较容易地理解这个案例了,尤其理解了实验室内的对玩偶模拟的强化是如何迁移到卡尔在实验室外的行为的。帕特森博士的这项研究发表后,又过去了 10 年,当我们看到佩奇等人发表的那篇关于教安全过马路的研究论文时,才从中受到启发。如果从"规则掌控的行为"这方面进行思考的话,我们对这个案例的理解就会更加清晰。杰拉尔德虽然并没有直接将规则教给卡尔,但也差不多算是教了。其实,他强化了卡尔对正确行为的描述。现在,我猜测,卡尔对正确反应的口语描述并没有泛化到他自己能够在现实中真正做出该反应。其实,当他进入真实情境时(例如,在幼儿园里),卡尔会对自己陈述该规则,而该规则会掌控他的行为。(虽然后知后觉几十年,但如今要是让我来教卡尔的话,我会直接教卡尔在恰当的时候对自己说出规则,例如,"如果我不惹麻烦,就能得到一颗 M&M 豆"。)

而且,规则掌控的行为还有可能在从训练场合到测试场合(在这个例子中是家里)的迁移过程中起到另外一个作用。回忆一下,在行为分析师向卡尔的妈妈讲解规则的时候,卡尔在一旁有意识地听着。他们实际上说了,"当卡尔不制造麻烦时,就给他一颗 M&M 豆(也就是说,卡尔的问题行为会阻碍自己获得 M&M 豆)"。卡尔很快学会了配合遵从,这表明他的行为受控于规则而不是受控于直接作用的行为依联,或者说他的行为除了受直接作用的行为依联控制,还受规则的控制。为什么这么说呢?因为如果卡尔不知道规则,避免强化物的呈现而带来的惩罚就很可能无法那么快地抑制他的问题行为。[任何时候,只要干预涉及指导(即规则),那就很有可能存在规则控制,即使这个规则描述的是一个直接作用的行为依联。不过,这里说的只是一个粗略的大致原则,因为某些直接作用的惩罚依联也能产生快速的抑制。]

此外,杰拉尔德还告诉卡尔这样一个规则:如果卡尔和其他小朋友玩耍,而且不攻击人家,那他和其他同学就都会得到糖果,结果卡尔在 10 分钟内就获得了 70 颗 M&M 豆,这表明该行为是受规则掌控的。

因此,这项研究也许是一个关于规则掌控的行为在实现训练迁移中的重要性的较好的例证。它还表明,好行为可以掉入行为圈套。正如帕特森和布罗德斯基指出的那样,行为分析师的工作或许只是将服务对象的适当行为迁移到自然环境中去,进而确保自然环境强化并维持适当行为①。

问题

1. 利用上述减少卡尔问题行为的干预案例,请你举例并解释:
   A. 恶性社交循环
   B. 对不当的逃避行为的消退
   C. 使用对厌恶条件的回避依联来训练适当行为
   D. 避免强化物的呈现而带来的惩罚
   E. 强化依联

2. 实验室中的玩偶模拟训练是如何迁移到家中和幼儿园里的真实活动中的?请你从规则控制的角度进行分析。

案例

班级里的规则掌控的行为②

自从梅·罗宾逊收到了教育局的一封来信,心里就阴云密布。教育局将要在年底关闭罗莎·帕克斯学院。他们宣称对她的工作评价很高,但就是没有钱。梅觉得这很讽刺,心想"他们可真是重视我的工作啊"。她呆坐在那里,脑袋埋在双手中,"才没人真的在乎这些孩子呢,才没人真的看重我们已经做出的成绩呢"。

听到有脚步声接近自己的办公室,梅立刻从遭人轻视的哀怨角色中摆脱出来,恢复了自己作为罗莎·帕克斯学院校长和创办人的身份。

杰克·李维斯像以往一样,迈着大步走进梅的办公室。他第一次拜访这里已经是 6 个月之前的事了,而在这半年里,吉米·李维斯也取得了很大的进步,虽然他有时仍会发脾气,但是那些最具攻击性和破坏性的行为已经没有了。他还能说一些短语了,知道许多常见物品和强化物的名称,学会了自己穿衣服和上厕所。

"罗宾逊博士,你为我儿子所做的实在太神奇了。我和艾米真的是感激万分。"

"杰克,听到你这么说,真是太好了。但是你、你

---

① 我的一名学生提出了质疑:这真的是迁移吗?因为他们在现实的迁移场合,在家里和幼儿园里,也都使用了 M&M 豆。这个质疑很棒。我们的答案是:很有可能是迁移。假如没有之前在实验室里的训练,那么有可能,即使 M&M 豆作为强化物,他们也不会在迁移场合里获得那么好那么快的改变的行为表现数据。不过,他们需要再开展一项实验,对比之前有训练和之前没有训练的条件下迁移场合中的行为表现,这样才能去除混杂变量并确定迁移场合中行为改变的真正原因。

② 改写自 Guevremont, D. C., Osnes, P. G., & Stokes, T. F. (1988). The functional role of preschoolers' verbalization in the generalization of self-instructional training. *Journal of Applied Behavior Analysis*, 21, 45-55.

的妻子艾米，还有吉米，做出的努力是最多的。像吉米这样的孩子，如果父母不能将自己大部分的生命致力于帮助他，他的表现是无论如何也无法接近普通孩子的。你和艾米已经做得很棒了。我们在学校为孤独症孩子提供的服务，需要孩子的父母跟着我们在家里也开展干预工作，否则干预效果是无法迁移到家里的。"

"罗宾逊博士，这很有趣。但是在吉米所有的进步里，你知道我们最看重的是什么吗？他正在变成一个让人喜爱的、充满柔情的小孩。以前，他只是视我们为家具。现在他对待我们就是在对待他喜欢和关心的人。我简直等不及了，很想看看明年的这个时候您会帮助他进步到什么程度。"

"杰克，我很抱歉。尽管有你的帮助，你甚至还和学校董事会进行过争辩，但是，这里不会再有明年了——至少罗莎·帕克斯学院不会有了。明年这里将会变成一个停车场。"

"可恶！我以为我们已经赢下了那场辩论。我们现在需要的是更多的数据，证明这所学校有多么好。"

"杰克，糟糕的是，董事会不是总能被数据说服的。"

"好吧，我认识一个人，她的生活建立在数据之上——她是我在俱乐部认识的一个朋友，是个电脑工程师，凭借着数据进行决策评估，改进了生产线，赚了很多钱。她还向那些能让她相信是有价值的人类服务和教育项目捐了很多钱。她说大多数人类服务和教育项目都只是在吹牛——浪费钱。

她认识我们家的吉米，吉米的进步给她留下了深刻的印象。她也知道你需要支持。只是她极具科学批判精神，她在等着你证明吉米可以取得学业上的进步。不仅如此，她认为吉米需要在更普通的特教班学习，这样的班级有一名老师和多名孩子，而不是只在你用的一对一训练之中才能学习。她说她需要看到一个更具成本收益效果的教学程序。

"在推土机进来拆掉学校之前，你只有几周的时间了，但如果你能把这件事做成，我想她肯定会拯救这所学校的。"

尽管梅认为很难有挽回败局的机会了，但她还是把吉米放进了一个特教班里，马克斯正好在这个班里开展自己的行为分析实习。可是情况一团糟：吉米只能正确完成 1% 的功课。梅和同事们每周为吉米服务的时间已经是满满当当的了，而现在，他们还必须要加班加点地工作。

训练吉米进行自我指导

还记得前面讲过的刺激配对吗？就是选出与模板刺激相同的比对刺激（第 13 章）。吉米在配对任务上没有问题，所以现在可以开始让他进行一些更为传统的学业任务了，这些任务至少可以给那位最具批判性思维的电脑工程师留下深刻的印象。现在，梅要教的刺激配对所用的刺激是书面词汇中的常见字母顺序，如下表当中的这个。

刺激配对任务

模板刺激	比对刺激
	mick
	dock
ock	luck
	clock
	sick

每节课上，吉米都会进行一系列诸如此类的训练。他要将最后几个字母与模板刺激相配的比对刺激单词圈出来。但是，梅现在想要吉米做的是能够像班上其他同学一样，自己解答这样的作业，而不是非要有一个训练师在旁边为他提供一步一步的学习指导。梅希望吉米能够自己给自己进行学习指导。

梅要吉米在每次去解答一个新的刺激配对问题时，能够自己给自己进行一系列的问题导向式的学习指导。下面的表格里列出了吉米给自己的一些学习指导。

问题导向式学习指导

类型	自我指导
问题导向	"我应该先做什么？"
任务陈述	"我应该圈出有相同字母的单词。"
引导自我陈述	"不是这一个，所以不会圈它。"或者"是这一个，所以我圈它。"
自我认可	"做得真棒。"

还记得内隐行为（个人的、外部观察者无法看到的行为）吗？还有与之相反的概念，外显行为（公开的、外部观察者可以看到的行为），还记得吗？是让吉米自言自语呢，还是大声说出来呢？梅计划先训练吉米外显的自我指导，然后再过渡到内隐的自我指导。他们之所以从外显的自我教学开始，是因为这样做，正确行为能够被观察到并被强化。

伊芙是训练师，她与吉米一起在集体教室隔壁的单间教室里学习。首先，她运用标准的一对一训练策略——**示范**、强化、特定的反馈以及惩罚。她**示范**在解答问题时进行自我指导，吉米**模仿**她的做法。她会表扬吉米正确的自我指导（**强化**）。当吉米犯错误时，她会给予**特定的反馈**，例如："你的学习指导是说对了，但你没有圈出正确的答案。"如果吉米再犯同样的错误，她会把吉米的笔拿走，转身背对他，让他接受 5 秒钟的

罚时出局（惩罚）。

他们不希望伊芙的出现成为吉米进行自我指导的区辨刺激（S^D），因此，每次训练课的最后10分钟里，伊芙都会站到吉米的身后去。每次训练课结束时，伊芙会告诉吉米："把你今天学到的学习指导用到马克斯老师的班上去，在那里用它来帮助你完成作业。"

在训练课上，吉米的进展很好。在5次20分钟的训练课里，吉米的配对准确率从1%提高至86%。

为训练迁移而进行的训练

但这还不够。伊芙每次进行一对一训练的当天，吉米会继续和其他五个孩子一起在马克斯老师的班上上课。在那里，他要再次完成同样类型的单词字母配对任务，尽管他在与伊芙的一对一训练中有良好的表现，但这时他的准确率仍然很低（2%）。训练并没有发生迁移。伊芙和马克斯似乎都已经可以听到推土机朝着罗莎·帕克斯学院开过来的声音了。梅似乎也听见了，只是她淡定地假装没听见。

"吉米的进步很符合预期进度。"她告诉这两位慌张的手下，"我们的这项干预是以大卫·盖芙蒙特、帕梅拉·奥斯尼斯和特雷弗·斯托克斯所做的研究为基础的。我们可以进展得更快，但还需要一些基线数据，这样才能说服那位神秘的具有理性批判精神的电脑工程师，告诉她我们在这里也能开展真正的应用行为分析。"

"马克斯，接下来的几天，我希望你能告诉吉米，让他在做功课时，大声说出伊芙所教的那些学习指导。"

"假如吉米不说那些学习指导，我该怎么办？"马克斯问道。

"问得好。我们还需要运用一个规则掌控的惩罚类似物的程序。如果吉米的作业得分低于75%，而且没有大声说出自己的学习指导，那么就告诉他：'你得再做一份作业，因为你没有充分地运用你的学习指导。'"

这个程序起作用了。在马克斯要求吉米进行自我指导的第一天，吉米的作业准确率飞升到了85%。在整个12天的时间里，他的作业平均准确率是89%，而且，即使在伊芙不再要求吉米进行自我指导后（回到基线），准确率也保持在大致相同的水平上（94%）。

针对内隐的自我指导的训练

随后，伊芙又花了三天的时间教吉米使用内隐的自我指导。她说："吉米，我想要你做作业的时候，默念你学到的学习指导。"在接下来的21天里，马克斯老师继续要求吉米在课堂上默念学习指导。看起来这个干预奏效了：吉米的作业平均准确率是95%，在干预回到基线期时，马克斯不再告诉吉米要进行自我指导时，吉米的作业平均准确率仍然维持在大致相同的水平上（98%）（见图28.4）。

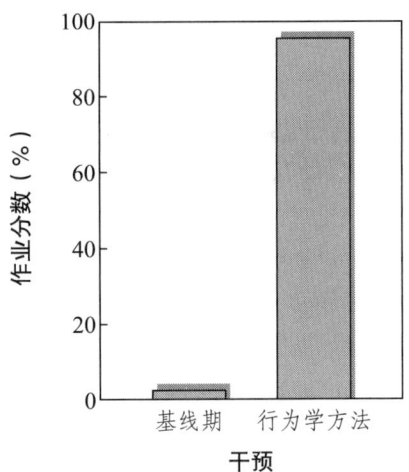

图28.4 从实验室到班级，使用自我指导的训练迁移

分析

梅向杰克·李维斯出示一张图表，上面呈现了吉米的完美数据，而杰克把它呈现给了那位神秘的、颇具批判精神的电脑工程师。但是这位理性思维者依然心存怀疑，她要的不仅仅是一张图表，她一定要自己观察一下吉米。梅很担心班上出现的外来成年人会严重干扰吉米的行为表现，可要想保住这所学校，她就别无选择。

大考验的一天来到了，在马克斯老师的教室后面，坐着紧张的梅和杰克，还坐着那位高冷的充满批判精神的冷静的电脑工程师，他们一起看着吉米快速地完成自己的作业，完成作业后举手示意，最后100%做对。之后，这位心服口服的电脑工程师写下一张20万美元的支票，支票的收款方是罗莎·帕克斯学院。她微笑着将支票放在梅颤抖的手中，这时的梅口干舌燥，几番努力之后，才说出"谢谢你"这一句话。

电脑工程师问道："你是怎么做到的？"

梅答道："首先，我们训练吉米陈述一系列的规则，那些规则会告诉他如何完成作业。当他遵守这些规则的时候，我们就表扬他。"

电脑工程师问："你们为什么不只训练吉米完成学业任务，还要去管那些规则呢？"

"两个原因。"梅说，"第一，对于像吉米完成作业这样复杂的任务，学习规则，然后用规则提示自己，似乎要比不使用规则而只完成学业任务来得容易（不过，关于这一点，我们还需要更多的数据支持）。第二，将规则陈述从训练环境迁移到正常环境中，这可能要比只迁移规则所描述的行为来得容易（不过，关于这一点，我们同样需要更多的数据支持）。"

梅接着说："我们还训练了吉米即使在看不见训练师的情况下，也能陈述规则并遵守规则。而在集体课堂上，我们还给了他另一项规则，就是要他在写作业时把解答问题的规则说出来。我们还告诉他，如果他刚做完的作业完成得不好，他就必须再做一份作业。最后，我们告诉他应该默念那些解决问题的规则，而不再是大声说出来了。"

"罗宾逊博士，我很喜欢你的风格。"电脑工程师说，"你的工作方式跟我很相像。你不是想当然的人，你会抓住整个程序中的每一个微小部分——解答作业题时的那些具体的规则，训练孩子在看不见训练师的情况下的表现，教他在集体课堂上陈述规则，告诉他表现不好时适用的规则，教他默念解答问题的规则。"

"谢谢。"梅说道。

"坦白地说，"电脑工程师接着说，"我认为大多数教育工作者和社会服务工作者都太过想当然了。他们未能充分地对细节进行考虑，也就没法得到想要的结果。罗宾逊博士，在这样的学校课堂里，能见到一位真正的科学家，我真是太高兴了。"

梅轻轻地点点头，收下了这个赞美。她的手终于不再颤抖了。

> 不存在任何简单的解决之道。

问题

描述上述案例中从一对一训练课向集体课堂实现训练迁移的程序。

A. 描述这套程序中的每一个步骤。
B. 说说规则在每一个步骤当中所起的作用。
C. 总体的结果如何？

关于维持与迁移的总结（J-12）

很多人常常对行为表现的维持以及在新环境中的迁移感到困惑。因此，我们来回顾一下第27章和第28章的内容，解开这种困惑。

很多人混淆了刺激泛化和反应泛化与这两章所讲的表现的维持和迁移[①]。在测试环境中的表现，如果与训练环境中所建立的行为表现类似的话，迁移就发生了。

[①] 在本书中，根据上下文语境，我们使用迁移（transfer）这个词，而不使用更常用的泛化（generalization）这个术语，目的就在于减少混淆。要想了解在同样语境下较早使用训练迁移（transfer of training）这个术语的文献，可以参见 Kazdin, A. E. (1975). *Behavior modification in applied settings* (pp.212-228). Homewood, IL: Dorsey Press.

例如，训练环境可能是教室，而测试环境可能是在家里。训练环境中的行为干预可能会涉及强化依联或惩罚依联，或者，可能会涉及规则控制所支持的强化类似物或惩罚类似物。

无语言服务对象的训练迁移

有时候，我们需要对无语言的服务对象进行干预（如前面讲到的韦尔玛和格里，她们是两位不停磨牙的极重度智力障碍女士）。

我们怎样才能让这些无语言的服务对象实现训练迁移呢？必须要依靠刺激泛化和反应泛化。要想让刺激泛化和反应泛化出现，测试环境就必须至少在物理特征上与训练环境具有某些相似点，而且所测试的反应也必须至少在物理特征上与所训练的反应具有某些相似之处。

无语言服务对象的表现维持

另外，怎样才能让这些无语言的服务对象实现表现维持呢？必须要维持原先在训练环境中所实施的强化依联或惩罚依联。为了实现这一点，我们可以采用以下两种方式中的一种。

1. 让测试与训练相似

如果测试中的刺激和反应与训练中的刺激和反应非常相似，那么就会发生刺激泛化和反应泛化（也就是说，彻底的刺激区辨和反应差别化就绝不会出现）。（例如，在又聋又盲的韦尔玛和格里身上，磨牙行为→冰块的行为依联就是如此。）我们之后就必须时不时地将服务对象送回训练情境中去，接受训练时使用的行为依联。这样，我们就可以时不时地给服务对象的表现打一支加强针。也就是说，交替呈现测试和训练情境可以让训练中的强化依联或惩罚依联继续影响行为表现，从而让表现在测试情境中得以维持。（在韦尔玛和格里的案例中，这种情况就发生了，通过时不时地再次引入冰块惩罚依联，抑制了她们的磨牙行为的出现，甚至在周围没人时，磨牙行为也得到了抑制。）

2. 让测试与训练不同

但是，如果测试中的刺激和反应与训练中的刺激和反应差异非常大，那么就不会发生刺激泛化和反应泛化（也就是说，确实发生了刺激区辨和反应差别化），至少最终不会发生泛化。这样的话，训练环境中所建立起来的表现就不会在测试环境中得以维持和延续。在这种情况下，为了在测试环境下能够维持表现，就必须要确保训练环境下出现的强化依联或惩罚依联，类似地，在测试环境下也能出现，至少要时不时地出现。为了做到这一点，我们可以采用以下两种方式中的一种。

2a. 行为圈套

有时候，测试环境中会包含一个行为圈套，其中的自然依联会自动地强化或惩罚行为表现（例如，前面讲的吉姆玩单杠的案例）。

2b. 外加的依联

然而，生活并不总是那么简单地运转的。有的时候，我们需要偶尔在测试环境中加入额外的行为依联以维持表现（例如，补习班里的那些学生需要老师时不时的斥责才能维持他们的学习表现）。

这里要说的就是，天下没有免费的午餐。如果没有支持性的行为依联，表现就不会永远维持下去。（值得一提的是，同样的分析也适用于那些有语言的服务对象，他们可能没有意识到表现管理依联，因而无法陈述描述那些依联的规则。例如，我们可以对一名抑郁症患者的积极语言表述进行社会性强化，但无须向这名服务对象指明其中涉及的行为依联。）

有语言的服务对象的训练迁移

我们来思考一下无语言干预（例如，针对无语言的服务对象）之后的训练迁移。肯定存在简单的刺激泛化和反应泛化。也就是说，这里之所以获得训练迁移，是因为我们没有实现刺激区辨和反应差别化。如果我们实现了严格的刺激控制，那就不会获得训练迁移。

但幸运的是，有语言的干预并不是这样的。有语言的服务对象可以在训练当中掌握规则，然后，使用这些规则就可以掌控他们在测试环境中的行为。尽管他们可以完美地区辨出训练环境和测试环境，尽管他们可以完美地分辨出训练反应和测试反应（例如，前面讲的发育障碍人士掌握安全过马路技能的案例），但他们可以在新的测试环境中使用那些规则。

有语言的服务对象的表现维持

规则控制还能帮助我们在没有自然的直接作用的强化依联和惩罚依联的情况下维持表现。例如，在普通生活带给我们的训练当中，我们学习过这样的规则，假如不缴税，那就会遇到大麻烦。事实上，每年要缴税的时候，我们每次都会做出回避反应（去纳税），尽管山姆大叔从未真的把我们抓起来扔进监狱。虽然对这个问题，我们几乎没有开展过什么实验研究，甚至连理论探索的工作也很缺乏，但是看起来，规则控制的确有可能有助于维持某些特定的行为。

下面的表格给出一些总结。

小结：对比有语言和无语言的服务对象的迁移和维持

	无语言	有语言 [①]
迁移	刺激和反应的相似性	规则
维持	行为圈套或外加的依联	规则

看着这个表，理解一下，维持意味着训练效果的维持。它也许并不总是专指维持高频率的反应。例如，我们可能希望维持训练中所使用的惩罚依联的效果。在这种情况下，我们想要维持的是一个低频率的反应。此外，无语言干预的一些训练特征，也能够帮助有语言的服务对象实现训练迁移与表现维持，只是相对来说不那么重要，至少对于训练迁移是这样的。

小结：对比有语言和无语言的服务对象的迁移和维持

无语言	有语言
你无法有规则	你可以有规则
因此训练环境和测试环境必须在物理特征上是相似的，才能获得训练迁移	因此训练环境和测试环境不必在物理特征上相似的，就可以获得训练迁移
也就是说，我们需要更多的刺激泛化和更少的刺激区辨	也就是说，我们不需要太多的刺激泛化；即使有较多的刺激区辨，我们也可以获得迁移
例如，无语言的格里和韦尔玛。由于她们又聋又盲，无法区辨训练条件和测验条件，因此，他们有很棒的表现维持，也有很棒的训练迁移	例如，接受过马路训练的那些有语言的学生。训练环境的模型与真实的过马路环境有很大的差异。尽管存在那些明显的差异，他们仍然有很棒的训练迁移。这个案例中未涉及维持问题

问题

对比针对无语言和有语言的服务对象的训练迁移和表现维持。

A. 画出小结表格并填空，描述这个对比及其重要性。**即使我把表格顶行的标签改变了，你也要能填对哟。**

B. 针对表格中所涉及的各个方面举例加以说明。

[①] 当然，针对无语言的服务对象的干预程序也适用于有语言的服务对象。

中级进阶

研究方法

干预集成包

帕特森博士和布罗德斯基博士为了矫正卡尔的多种问题行为,使用了一个干预集成包。**干预集成包(治疗集成包)**是指同时添加或改变一些自变量,从而实现预期的结果,而不是单独检验每一个自变量的效果(参见第19章)。

他们的这项研究是一个很好的例子,它告诉我们在诊所这样的应用场所里开展科学研究时会出现的一个问题。如果他们只是在实验室,或者只是在研究型幼儿园里开展这项工作,那他们的做法可能会有所不同。他们可能会尝试实施一种单一的程序(例如,只是玩偶扮演)并观察产生的效果。如果无效,他们可能会再加入其他一些程序(例如,班级里的强化类似物)。他们无须从一开始就惴惴不安地要取得令人印象深刻的结果。

而在实际当中,他们需要尽可能快地帮助卡尔。否则,卡尔就有可能被幼儿园勒令退学了。他们需要获得快速的结果,这就是他们使用干预集成包的原因,而不是采用那种一次只检验程序的一个方面的做法。这样的研究表明,通过他们的多种干预,一些重要的结果发生了,但是它并没有指明其中关键的起控制作用的变量。此时,我们不知道实验室里的依联类似物、玩偶扮演程序、家里的依联类似物,以及学校里的依联类似物各自所起的单独的重要作用。

不过,我们的确知道整个干预集成包极大地改变了卡尔的行为。因此,现在值得对类似的孩子开展更为系统的研究,以找出行为改变的准确原因。

我们应该强调,这项研究的重要性在于,一个干预集成包可以控制卡尔的行为,尽管研究中并没有精确地指明究竟是哪些变量在控制行为。重复这样的研究并仔细分离出所有因素将是非常昂贵和耗时的。因此,当我们一开始没有机会开展一项完美的精细研究的时候,我们应该先把研究做下去,做到当前我们所能做到的最好程度。这正是帕特森和布罗德斯基在这项有价值的探索性研究中所实现的。

问题

1. 在矫正卡尔的多种行为问题的过程中,为什么帕特森和布罗德斯基使用了一个干预集成包,而不是一次只考察一个自变量呢?

2. 如果让你来做一个后续研究,分离出该干预集成包中重要的带来行为改变的自变量,你该怎么做呢?

在DickMalott.com网站上,你还将读到:

第28章 高级进阶部分
- 迁移:困惑之处
- 行为的维持
- 表现问题和学习问题不是一回事
- 无须练习,我们常常能维持动作技能
- 没有练习,我们常常无法维持语言技能
- 我们为什么不能维持语言技能?

第28章 高级学习目标
孤独症进阶部分

第八部分

研究方法

第29章　研究方法

第 29 章　研究方法

行为分析师认证委员会第 4 版任务清单

A-08　评估并解释观察者间一致性。
B-03　系统布置自变量以呈现它们对因变量的效应。
B-05　运用倒返设计。
B-06　运用交替处理（即多成分）设计。
B-07　运用变标准设计。
B-08　运用多基线设计。
I-04　设计并实施一整套的功能评估程序。
J-08　根据干预的社会效度来选择干预策略。
FK-01　行为的规律性

基础知识

本章会总结前面已经讨论过的一些话题，并且会进一步讨论一些新的话题。希望本章能够为你们解答三个问题：为什么应该做行为分析？应该如何做行为分析？以及应该如何评估行为分析？

为什么应该做行为分析？

为了理解这个世界

本书中，我们已经重点在实践层面讲解了行为分析这门科学的意义，着重强调了行为分析这门科学对改善我们在这个星球上生活所做出的贡献。之所以这么做，是因为：这是大多数行为分析科学和技术的目标；这是最容易理解的；这是学生们在开始阶段最为感兴趣的。事实上，我们的口号就是：

> 用行为分析拯救世界。[1]

然而，行为分析还在理论层面有着科学意义。有一种观点是，各门科学，包括行为分析，都有其自身存在的价值。更准确地说，有一种观点是，我们对人、对世界以及对整个宇宙的科学理解无论能否帮助我们拯救这个世界，它都是有价值的。按照这样的观点，科学，包括行为分析，就如同美术和音乐。即使科学无法对拯救这个世界做出很多的贡献，也能让这个世界成为一个更好的居住场所，从而让这个世界更值得我们去拯救。正如我们为了艺术而艺术，我们也是为了知识而求知。

我们也崇尚纯粹知识的价值。行为分析最让我们喜欢的地方之一就在于，它让我们得以观察和理解人类以及与我们有亲缘关系的动物们的行为（心理本质）。因此，我们有这样一个口号：

> 用行为分析理解世界。

之所以应该做行为分析，有两个原因：用它来拯救世界和理解世界。

为了建设一个更美好的世界

我们说，人文主义的终极目标应该是为这个世界中的生命谋福祉。**为世界谋福祉也是行为分析的目标**，这应该是所有专业的目标。因此，我们应该专注于设计出让人们开心、健康、拥有创新能力的系统，这样的系统能够让人类的潜能最大化地发挥出来，为世界的福祉做出贡献。

我们是改变行为的专业人员。我们对问题加以分析和处理，这些问题有可能会影响到个人、团体、社区、生态系统乃至子孙后代。我们的目的是理解行为，理解

---

[1] 针对那些迂腐学究的质疑，我们应该谦虚些，不说用行为分析拯救世界，只说致力于造福人类。某些对本领域有些了解的老学究也会认为行为分析根本无法拯救世界，因为我们所知道的还很不够，除了行为学，我们还需要生物学、物理学、政治科学等的帮助。而且，又有谁能说出这个世界被拯救之后会是什么样子呢？在这里，我想要说的是，你们就饶了我吧，让我图个口头爽快吧。这只是一个口号而已，只是一个粗略的行动纲领而已，一个带有政治、宗教和哲学意味的呐喊而已，一句玩笑而已——带了一些愤世嫉俗的理想主义色彩。

究竟是什么在维持行为。我们的目标是改变那些危害这个世界的行为，维持那些有益于这个世界的行为。我们的目标是利用自己的专业建设一个更加美好的世界。

无须费多大的力气，我们就能找到很多行为分析可以发挥影响力的领域。只需稍微想想你自己的家庭：父母、伴侣、儿女，以及朋友、老板、宠物狗，还有你自己。你能够发现哪里有问题吗？你能够看出哪些地方需要做出改善吗？

你会致力于改善自己的生活质量——让自己身体健康、心理健康吗？你会帮助其他人吗？会帮他们拥有更有质量的生活，帮助他们遵守健康的饮食计划和锻炼计划吗？你会努力减少母女之间、兄弟姐妹之间、夫妻之间、员工与雇主之间、政府与百姓之间、同事之间以及朋友之间的种种冲突吗？（我们甚至与自己本身也存在着冲突；很多人与自己的冲突甚至远比与其他人的冲突还要多。）你会为了拥有一个更好的环境而努力减少水污染和空气污染吗？你会努力缓和不同国家之间的冲突吗？你会努力防止饥饿、疾病和战争（包括核战争和常规战争）吗？行为分析师已经开发并测试了一整套有效的行为改变技术，这也正是本书全篇所阐述的。现在是时候了，上面提及的那些广阔领域，都在等着我们去施展这项技术，并让它得以验证，得以发展。所以说，建设一个更美好世界的方式之一，就是将行为分析作为我们的一个筑造工具。

问题

科学，包括行为分析在内，其两个主要目标或价值是什么？

应该如何开展行为分析？

效果律（FK-01）

我们为什么会像我们曾经所做的那样去做呢？行为分析给出了一个主要答案。

> **定义：原理复习**
>
> **效果律（The law of effect）**
> - 我们的举动的效果
> - 决定了我们是否会重复这些举动。

在行为分析师看来，正是这个基本原理让行为分析与其他心理学流派区别开来。对于行为分析师而言，行为的原因并不在于无意识的思想，不在于个体本身，也不在于认知，更不在于什么超自然的力量。相反，行为的原因在于环境的依联，行为的直接效果或结果才决定了该行为未来的发生情况。

强化

如果行为频繁出现，那么某个事件、刺激或条件就强化过该行为。强化行为的方式有：强化物的呈现、厌恶条件的去除、避免厌恶条件的出现，或者避免强化物的去除。例如，蒂娜是一名狂热的吉他演奏家。是什么维持着蒂娜弹吉他的行为呢？下表给出了可以维持该行为的四种行为依联。蒂娜弹吉他①使得观众进入演奏室听音乐，②减少了自己的肌肉紧张和压力，③避免了她弟弟的哭泣，以及④避免了观众离开演奏室（参见下表）。

强化依联			
行为关系	结果	行为依联	对行为依联的描述
呈现	强化：认真聆听的听众	强化	呈现一个强化物：认真聆听的观众进入演奏室
去除	厌恶条件：肌肉的紧张、压力	逃避	去除一个厌恶条件：肌肉不再紧张，不再有压力
避免呈现	厌恶条件：弟弟的哭泣	回避	避免厌恶条件的呈现：避免了弟弟的哭泣
避免去除	强化物：认真聆听的听众	回避	避免强化物的去除：避免了认真聆听的听众离开演奏室

惩罚

如果蒂娜没在弹吉他，那么她为什么没弹呢？这也有四种可能性：①该行为不在她的技能库里；蒂娜没弹吉他也许是因为她还没有学会怎么弹，或者因为她弹吉他的能力已经消退了；②存在生理上的限制，她的手受伤了；③她缺少预备技能，她不会给吉他调音；④某些事情可能惩罚了她弹吉他的行为。

惩罚弹吉他的行为依联有可能来自：①厌恶条件的呈现；②强化物的去除；③避免强化物的呈现，或者④避免厌恶条件的去除。

下表给出了会惩罚蒂娜弹吉他的四种行为依联。她弹吉他可能会：①产生令人讨厌的不和谐的琴声；②导致听众离开演奏室；③避免自己听到窗外鸟儿婉转美妙的声音，或者④避免某个讨厌的来访者离开自己的家。

惩罚依联			
行为关系	结果	行为依联	对行为依联的描述
呈现	厌恶条件：令人讨厌的不和谐的琴声	惩罚	呈现厌恶条件：聆听不协调的吉他声
去除	强化物：认真聆听的听众	处罚	去除强化物：认真聆听的观众离开演奏室
避免呈现	强化物：鸣唱的鸟儿	避免强化	避免强化物的呈现：无法听到鸟儿们唱歌
避免去除	厌恶条件：讨厌的来访者	避免逃避	避免厌恶条件的去除：讨厌的来访者留在演奏室里听她弹琴

下面这个表格总结了所有我们在本书前面学习过的直接作用的行为依联；它是前面两个表格的合并。我们来看一看。

直接作用的行为依联				
行为关系	结果	行为依联	对行为依联的描述	行为频率
呈现	强化物	强化	呈现强化物	增加
呈现	厌恶条件	惩罚	呈现厌恶条件	减少
去除	强化物	处罚	去除强化物	减少
去除	厌恶条件	逃避	去除厌恶条件	增加
避免呈现	强化物	避免强化物的呈现而带来的惩罚	避免强化物的呈现	减少
避免呈现	厌恶条件	回避	避免厌恶条件的呈现	增加
避免去除	强化物	回避强化物的失去	避免强化物的去除	增加
避免去除	厌恶条件	避免厌恶条件的去除而带来的惩罚	避免厌恶条件的去除	减少
无		消退	停止强化依联	减少①
无		恢复	停止惩罚依联	增加

直接作用与间接作用的行为依联

我们来看看行为的直接结果：直接作用的强化依联与惩罚依联。**间接作用的行为依联**涉及延迟的结果，这些依联本身并不强化或惩罚行为。只有**直接作用的行为依联**才会强化和惩罚行为。直接作用的依联涉及的是立即的、重大的并且很有可能出现的结果。

那么，我们所感兴趣的行为依联，如果涉及延迟的、微小的或者不大可能出现的结果，又会是什么在控制行为呢？我们之前讲过，一定会有直接作用的行为依联正在某处偷偷隐藏着。规则这个概念，就是在此处发挥作用的。规则描述了一个行为依联。我们认为，它是一个匹配程序的语言类似物。规则陈述会将不遵守规则建立成为一个厌恶条件。遵守规则就会因厌恶条件的减少而得到强化。这是直接作用的逃避依联在控制着行为，而不是间接作用的依联中所指出的行为结果在控制行为。

例如，是什么在控制你的期末论文写作呢？你所处的环境刺激诱发你陈述这样一个规则，比如"如果我不是现在就开始准备写期末论文的话，这门课就会挂掉"。这样的规则陈述会把荒废时间建立成为一个厌恶条件，比如"恐惧"或者"焦虑"什么的。你应该对这种厌恶条件颇为感同身受吧？马上开始准备自己的期末论文，你就逃避或减少这个厌恶条件，并因而强化你的认真学习。正是这个直接作用的逃避依联强化了你的论文写作，而不是这门课程的好分数这个延迟的结果在起强化作用。

如何进行功能评估（I-04）

我们曾在第3章中指出，如今的行为分析师在试图消除不当行为之前会问：是什么在维持着该行为？或者在试图强化适当行为之前会问：是什么在阻碍着适当行为的出现？他们会问："这个问题行为对服务对象而言发挥了什么功能？"或者可能会换一种不那么带有功利色彩的问法："这个行为与其具有强化效力的结果之间的功能（因果）关系是怎样的？"当适当行为出现得不够多时，也可以问类似的问题。例如，"行为与其具有惩罚效力的结果之间的功能关系是怎样的？"也就是说，"有效的、维持着不当行为并抑制适当行为的自然依联究竟是什么？"在实施行为干预之前，系统地、实证地寻求这些问题的答案，就叫作**功能评估**②。（有些时候，功能评估有可能因为更多地关注有效的、自然的、具有竞争力的行为依联而出现纰漏，有可能会忽略这样一种可能，即针对适当行为的自然依联也许只是不起作用，即便不存在其他与之相竞争的依联。）

> **定义：概念复习**
>
> **功能评估**（Functional assessment）
> - 对问题行为的
> - 依联
> - 进行的分析。

这里需要提醒的是，我们通常要在干预之前进行功能评估。

下面这个标为"功能评估的步骤"的表格列出了

---

① 当然，有时我们会先遇到一个消退爆发，即在该行为频率降低之前先出现行为频率的增加。

② 启发自 Durand, V. M. (1987). In response: "Look homeward, angel": A call to return to our (functional) roots. *The Behavior Analyst*, 10, 299-302.

功能评估中的一部分叫作**功能分析**，即行为分析师人为地构建出一个环境，用以分析导致行为问题的依联。

我们推荐的进行功能评估的步骤。在每个步骤中，回答列出的问题就能够提供有关行为问题的依联的信息。这个表格还给出了功能分析的各个步骤之间的关系。

为了举例描述功能评估的这六个步骤，下面使用了一个半虚拟的案例。这个案例中的一些真实情况来自我们的卡拉马祖孤独症中心的前身，克罗伊登街道学校里的一个残障学前班，早年我们在此进行了孤独症干预方面的实践。大多数的功能评估都是针对控制不当行为的依联的。因此，我们这里举的也是关于如何处理杰森的捣乱行为的案例。杰森是一名孤独症儿童，当时在这个学前班里接受了回合式教学训练。

1. **行为**。杰森有大量的捣乱行为（例如，离开座位、抢夺教具、躺在地板上、脱掉衣服、离开学习区）。他应该做出的适当行为包括在回合式教学训练中配合完成学习任务。他的捣乱行为的频率非常高，常常把实习老师搞得掉眼泪。通常他花在捣乱上的时间远比他花在学习上的时间多。

2. **行为之前的条件**。杰森正在做一个比较难的任务，而且此时他几乎未能得到太多的关注，也远不如他在捣乱时所获得的各种关注来得生动有趣。

3. **行为之后的条件**。直接结果是什么呢？通常有两种：他逃避掉了回合式教学任务，这个任务有可能存在难度，因而是令他厌恶的；另外，老师追他、抓他并劝诱逼迫他坐下来完成自己的任务，这些都有可能是各种形式的社会性强化。

4. **动因操作**。动因操作是什么？对于逃避依联，我们不用对动因操作和行为之前的条件再做区分了，因此，这里的动因操作就只是他做困难任务，这是令他厌恶的。对于社会性强化依联，我们通常也不用处理习得性强化物（关注之类的社会性强化物）的动因操作，因此，在这里我们可以跳过动因操作这一步。

5. **S^D 和 S^Δ**。这里的 S^D 和 S^Δ 是什么？我们注意到，在面对没有经验的老师时，杰森的捣乱行为要比他面对有经验的老师时多得多。因此，我们猜测没有经验的老师有可能是 S^D，而有经验的老师则有可能是 S^Δ。也就是说，无论相关的行为依联是逃避困难任务还是无意中得到了社会性强化物，有经验的老师可能更擅长消退他的捣乱行为，因而成为捣乱行为的一个有效的 S^Δ。

6. **行为依联**。什么样的行为依联在维持这个捣乱行为？正如前面所说的，它可能是对厌恶的困难任务的逃避，以及/或者是获得关注的社会性强化。

如果没有进行功能评估的话，我们通常会认为捣乱行为是由逃避维持的，而且，对于我们试图阻止逃避过程中有可能会不小心对该行为提供社会性强化这样一种可能性，我们也许并不是非常敏感。与帕梅拉·奥斯内斯讨论之后，我们开展了完整的功能评估，评估结果表明，很多与小杰森类似的孤独症孩子，他们的捣乱行为往往是社会性强化的结果。

此外，经过与奥斯内斯的讨论，我们开始尝试在这些孤独症儿童做功课时，或者，至少在他们没有做出捣乱行为时，加大他们获得社会性强化物和物理性强化物的奖励力度。我们的目标定为只要孩子们表现得好，就让他们在强化物的海洋里畅游。无论捣乱行为是由逃避维持的还是由关注维持的，我们的新策略似乎都是有效的。如果捣乱行为是由关注维持的，那么，杰森在做功课时就能够获得足够多的关注，那他也就不值得将自己的时间用在搞破坏和不做功课上了。如果捣乱行为是由逃避维持的，那么，当他完成厌恶的困难任务时，外加进来的那些强化物可以抵消任务的厌恶性，因而可以降低捣乱逃避行为的出现频率。

功能评估的步骤——我们需要确定什么？	
1. 行为	目标行为是什么？ 有哪些例子？ 有哪些非例子？（会出现哪些其他行为？） 在基线条件下行为发生得有多频繁？
2. 行为之前的条件	行为之前的条件是什么？ 是强化物、厌恶条件，还是中性条件？（有可能不止一个）
3. 行为之后的条件	行为之后的条件是什么？ 是强化物、厌恶条件，还是中性条件？（有可能不止一个） 行为之后的条件是否重大？ 行为之后的条件是不是很有可能出现的？ 行为之后的条件是不是立即出现的？（如果不是，那么起维持作用的依联就不是直接作用的） 长远的结果是什么？
4. 动因操作	动因操作是什么？
5. 区辨刺激	区辨刺激是否存在？如果存在，是什么？
6. 行为依联	是否存在一个直接作用的依联，它是什么？（最好能画出示意图） 强化（强化物的呈现） 惩罚（厌恶条件的呈现） 处罚（强化物的去除） 逃避（厌恶条件的去除） 回避（避免厌恶条件的呈现） 避免强化物的呈现而带来的惩罚 回避强化物的去除 避免厌恶条件的去除而带来的惩罚 **或者**，是不是不存在任何直接作用的行为依联（即消退）？ 如果有的话，行为和行为之后的条件之间存在哪种依联类似物？（哪种间接作用的行为依联在发挥作用？）

应该开展功能评估吗？

许多行为学家认为，我们需要分析行为，这样才能选择干预策略，但真是这么回事吗？我们凭什么一定要去做行为分析呢？不当行为出现得过于频繁时，难道不能直接用个处罚依联吗？或者，当某个行为出现得太少时，难道不该用个强化依联吗？我们真的需要去分析维持行为的依联吗？真的需要进行功能评估吗？

每当道格把电视机的音量开得很大时，他的妈妈雪莉就会高声训斥他，因为太大的电视声让她没法集中注意力完成自己的学业。尽管她高声训斥，道格的这个不当行为仍然维持在较高的频率上。雪莉并没有做什么功能评估，只使用了一个处罚依联的类似物。她给出了这样一条规则：每一次道格开大电视机的音量，他就会少看5分钟的《辛普森一家》，而这是他最喜欢的电视剧。这很可能会奏效，而且她不需要做功能评估。

然而，如果做功能评估的话，那我们就可能会想出更多的干预策略。例如，道格可能存在听力障碍，那么，他可能只是需要一个助听器。或者，给道格一副耳机，给雪莉一副耳塞，这对双方来说也许都是理想方案。或者，一个简单的消退程序可能也会很有效，在道格开大电视机音量时，雪莉什么也不说，如果此时雪莉大声呵斥会强化道格开大音量的行为的话。（对于大多数不熟悉行为分析的人来说，这种情况听起来似乎是不可能的，也就是说，这里初看起来是厌恶条件的大声呵斥，实际上在某些情况下却是一个强化物。）

功能分析也许能给出比处罚依联类似物更具人性化且同样有效的干预方案。相对于处罚依联的干预（雪莉有可能在忙碌时错过实施这个惩罚依联），功能分析给出的干预方案也许更能够迁移至多种场合（助听器），或者更容易维持（立体声耳机）。总之，相对于那些不是根据功能分析而策划出来的干预，功能分析给出的干预可能具有更高的成本收益率、更少的干扰、更人性化、更适于迁移以及更能得以维持。

问题

1. 什么是效果律？
2. 名词解释：功能评估。
3. 请你列出开展功能评估时要问的6个问题，并逐一举例解释。
4. 应该在设计干预方案之前还是之后开展功能评估？请加以解释。

应该如何评价行为分析？（预备知识）

至此，我们已经复习了行为分析这门科学为实现人类目标所提出的口号——我们的目标是为这个世界中的生命谋福祉。我们认为这也应该成为行为分析师的目标。从普遍意义上讲，我们说，包括行为分析在内的科学，其目标或价值就在于拯救世界以及理解世界的运作规律。此外，我们还探讨了如何开展功能评估才能设计出更好的干预方案，从而更有助于拯救世界。下面将要复习的是，如何才能确定所要处理的问题的确具有社会重要意义，如何确定我们的策略的确有助于拯救世界。接下来，我们还将复习如何确认采用的干预方案真的对这个世界产生了影响，或者至少，对这个世界的某个小部分产生了影响。

概念

社会效度（J-08）

社会效度要告诉我们的是，我们是否为服务对象选择了他们认为的具有社会重要意义的**目标行为**——这样的目标行为才值得通过干预加以改善。在一定程度上，**社会效度**还会告诉我们，不管干预的结果是好是坏，它是否被社会接受。

> **定义：概念**
>
> **社会效度（Social validity）**
> - 干预的目标、
> - 程序，以及
> - 结果，
> - 对于服务对象、
> - 行为分析师，以及
> - 社会而言
> - 具有社会可接受性。[①]

> **目标行为（Target behavior）**
> - 被测量的行为，
> - 因变量。

范豪滕在其研究论文中指出，我们应该使用社会效度评估程序来决定目标行为、判断目标行为的最优水平

[①] 改写自 Bernstein, G. S. (1989). In response: Social validity and the report of the ABA task force on right to effective treatment. *The Behavior Analyst*, 12, 97, 以及 Wolf, M. M. (1978). Social validity: The case for subjective measurement, or how applied behavior analysis is finding its heart. *Journal of Applied Behavior Analysis*, 11, 203-214.

以及干预的结果①。如果干预让表现连最低的社会期望值都达不到的话，那我们仍然是失败的。行为干预也许能够帮助吉姆的分数从 E 提高到 D，但是社会有可能并不认为 D 就已经足够好了。

两种常用的估计社会效度的方法是社会比较和专家主观评价。**社会比较**（social comparison）是指将接受干预的服务对象的表现与相当的或"正常的"对照组进行对比。如果服务对象在干预下的表现与对照组类似，那么干预就是成功的。另一种方法，**专家主观评价**（subjective evaluation of experts）涉及的是熟悉服务对象的人士或者专业人士的评价。

> **定义：概念**
>
> **社会比较（Social comparison）**
> - 接受干预的
> - 服务对象的表现
> - 与相当的或"正常的"对照组进行对比。
>
> **专家主观评价（Subjective evaluation of experts）**
> - 专家评价
> - 目标行为和结果的重要性。

社会比较和专家主观评价都有各自的局限性②。在社会比较中，常模数据有可能与服务对象的功能程度关系不大，而专家主观评价也不能保证专家的判断就是干预成功的最佳评判标准。同时采用这两种方法也许可以攻克这些难题。

全面地评估社会效度还可以告诉我们干预的适宜程度。例如，即使吉姆得到全 A 的成绩，但如果干预方案要求老师投入太多的工作，超出了他们认为的适宜程度，那么这个干预也是失败的。

问题

1. 什么是社会效度？
2. 描述两种评估社会效度的方法以及它们各自的局限性。

概念

侵入式观察与非侵入式观察

如何才能发现问题行为？答案就是观察，但我们必须尽量避免在采用侵入式的评估程序时给自己的观察带进污染。卡兹丁指出，大多数行为评估程序都是侵入式的，并且会在干预之外独立地对干预结果产生影响。③

> **定义：概念**
>
> **侵入式评估（Obtrusive assessment）**
> - 在服务对象意识到
> - 正在进行观察的情况下
> - 测量其表现。
>
> **非侵入式评估（Unobtrusive assessment）**
> - 在服务对象没有意识到
> - 正在进行观察的情况下
> - 测量其表现。

有时，被评估的行为在侵入式的情况下和非侵入式的情况下差别很大。例如，对小学课堂上的学生的行为进行观察，如果老师站在黑板前睁大眼睛来看这些学生的话，那他观察到的是一个安静用功的班级。然而，当老师离开教室时，各种吵闹就会冒出头来了。

我们可以采用非侵入式的直接观察，让常规情况下就在服务对象所处的环境里的人来进行观察，从单面镜的后面观察行为，使用隐蔽的摄像机进行录像，或者对行为产物进行评估。

评估行为产物一般都使用非侵入式方法，比如，**行为记录**和**实体证据**。**行为记录**可以包括被逮捕次数、出席名单或者服务对象的入院次数。**实体证据**是行为已经发生了的直接证据，即行为的直接结果。例如，为了研究学业行为，可以查看学生的书面作业和写的作文。为了研究抽烟行为，在与服务对象协商之后，他每天只能从一个烟盒里拿自己要抽的香烟，这样就可以计算出烟盒里剩余的香烟数量。为了研究节食行为，可以让服务对象每周称一次体重，从而看他是否执行了饮食控制的要求。

下面的例子说明了行为记录和实体证据之间的区别。比如，你有一个表现契约，要让自己每天完成两页的论文写作。每天结束时，你可以在图表上记录下自己完成的页数，可以每周一次地将自己的累积图交给你的表现管理者查看，这就是行为记录。但是，你可能知道自己爱耍滑头，你对自己也没有信心，那么你就应该提交写出来的真实的每一页论文，并注明完成的日期，这就是实体证据。不过，这两者都是行为产物。

行为产物不是对行为的直接测量，它是行为的结果而非行为本身。然而，为方便起见，或者为了评估的非

---

① Van Houten, R. (1979). Social validation: The evolution of standards of competency for target behaviors. *Journal of Applied Behavior Analysis*, 12, 581-591.

② Kazdin, A. E. (1982). *Single-case research design*. New York: Oxford University Press.

③ Kazdin, A. E. (1979). Unobtrusive measures in behavioral assessment. *Journal of Applied Behavior Analysis*, 12, 713-724.

侵入性，我们会用到行为产物①。

> **定义：概念**
>
> **行为产物（Products of behavior）**
> - 行为已经发生了的
> - 记录或证据。

问题

1．名词解释：侵入式评估程序，并举例说明。
2．名词解释：非侵入式评估程序，并举例说明。
3．名词解释：行为产物，并举例说明。

概念

测量单元

测量基本单元包括频率、持续时间和力度。违反一次自己的饮食控制计划并不会让你变胖，但每天都违反一次或者即便每周都违反一次，你就可能会胖起来。吸一支烟并不会杀了你，但一天吸20支，连续吸20年就可能会。你和朋友吵一次架可能没事，但如果每次你一开口就跟他吵架，那你们的朋友关系可能就要结束了。纵观本书，我们已经学习了许多涉及频率测量的例子了。例如，陶德每周排便的次数，吉米在每10秒记录一次的时间段里捣乱性逃避反应的时距百分比，唐恩每天咬指甲的次数，鲍勃的攻击行为的次数。

持续时间是指反应持续的时间长度，比如，罗德哭泣持续的分钟数。**力度**是指反应的强度。我们前面学习过一些这样的例子：增大梅拉妮的发音音量、增加老鼠鲁道夫按压杠杆的力度（以克为单位）。

> **定义：概念**
>
> **持续时间（Duration）**
> - 一个反应
> - 从开始
> - 到结束的
> - 时间。
>
> **力度（Force）**
> - 反应的强度。

问题

名词解释，并举例说明下列行为测量单元：
A．频率
B．持续时间
C．力度

测量的例子：组织行为管理

塞缪尔·迪伊的玩具工厂

下面这个案例是半真实半虚构的。塞缪尔·迪伊已经在这家塑料玩具厂担任三年的首席执行官了。这家工厂隶属于一家小型的塑料玩具制造公司。在过去的几个月里，订单增加了，而且预计本年度剩下几个月里的订单数也会超出历史最高水平。尽管销售部门为此欢心庆贺，生产部门却忧心忡忡。当前的很多物流运输都延迟了，所有人都急着寻找能够准时供货的厂家。

这家玩具厂里有10台塑压机，采取每天3班每班8小时的工作制。塑压车间每周开工5天，每天24小时运作。迪伊已经不知道还能做什么了。所有人都跟他说玩具厂需要更多的塑压机，可迪伊买不起更多的塑压机了。在决定做些什么之前，他想要先评估一下公司塑压机的使用情况。迪伊要求每班岗的质量控制监察员每小时就去巡视一次塑压车间，记录每台塑压机是否在运作。

经过一周的数据记录，迪伊发现，全部10台塑压机加在一起，平均每天只运行了72个小时，而且这是在三班倒工作制下的情况。10台塑压机平均每天运行时间在第一班岗期间是12个小时，在第二班岗期间是36个小时，在第三班岗期间是24个小时。但总共72个小时太少了！要知道一天有240个可能的生产小时（每班岗8个小时×10台塑压机×3班岗=240个小时）。72个小时只是玩具厂30%的生产能力。迪伊想，这肯定是比较特殊的一周。因此，他让监察员继续对接下来几周的情况进行数据收集，但是数据一致表明，公司的塑压机确实只运行了30%的时间。而且让人吃惊的是，第二班岗期间塑压机的运行时间要比其他两个班岗都多。这没有道理呀！迪伊想不出什么理由可以解释第二班岗里的生产效率比另外两个班岗高。

对数据充满疑惑的他决定亲自一探究竟。他接连几天在第二班岗的下午3点到晚上11点这段时间走进车间。他来到控制间，这是厂房里他最偏爱的地方。那间办公室是当年他当经理时亲手设计的。在那里，他可以观察到整个塑压车间的情况而又不会被人注意到。他让自己的手表每一小时响一下，这时他就会通过玻璃窗向外看，并记录下此时有多少塑压机正在运作。

---

① 但是，如果你打算对人类行为进行非侵入式评估的话，通常你需要从接受评估的服务对象那里获得知情同意，或者，至少要从其家人或法定监护人那里获得知情同意。在当今这个世界里，就算"老大哥"要进行监控活动，他也需要获得人类被试研究评审委员会的许可。

第二天，迪伊比较了一下记录。第二班岗的监察员计算出的是 30 个小时的运行时间，但迪伊自己计算出的只有 20 个小时。于是，他对两组数据进行了如下的分析：对于给定的某一小时，如果他和监察员两人都认为塑压机正在运行，那他就写下**运行**；如果两人都认为塑压机处于停机状态，他就写下**停机**；如果两人对于塑压机的状态持不同意见，他就写下**有分歧**。如此记录出的一致与分歧，形成了下面这个表格。

塑压机	3 p.m.	4 p.m.	5 p.m.	6 p.m.	7 p.m.	8 p.m.	9 p.m.	10 p.m.
1	运行	运行	有分歧	有分歧	运行	运行	运行	运行
2	有分歧	有分歧	有分歧	有分歧	有分歧	停机	停机	停机
3	运行	运行	有分歧	有分歧	有分歧	有分歧	运行	运行
4	停机	停机	停机	有分歧	有分歧	有分歧	运行	运行
5	停机	停机	有分歧	有分歧	停机	有分歧	有分歧	有分歧
6	有分歧	有分歧	有分歧	运行	运行	有分歧	有分歧	有分歧
7	停机	停机	停机	停机	有分歧	有分歧	运行	运行
8	有分歧	有分歧	有分歧	有分歧	有分歧	有分歧	有分歧	有分歧
9	停机	停机	停机	停机	停机	停机	停机	停机
10	有分歧	有分歧	有分歧	有分歧	运行	有分歧	有分歧	运行

如表所示，我们会发现，迪伊和第二班岗的监察员一致认为 1 号塑压机在下午 3 点处于运行状态，也一致认为 2 号塑压机在晚上 8 点处于停机状态。但对于 4 号塑压机在下午 6 点是处于运行还是停机状态有分歧。迪伊发现，自己的观察中只有 48% 与第二班岗的监察员的观察是一致的。

为什么两人的观察记录的一致性这么低呢？迪伊又回去查看了自己的记录，他注意到，在工人调整塑压机以做好准备要开始塑压时，第二班岗的监察员记下的是**运行**。例如，下午 6 点的时候，工料操作人员在装填塑料原料之前，正在清洗 2 号塑压机的进料斗，而这时候第二班岗的监察员记下了**运行**，尽管此时塑压机并未开始运行。而迪伊此时记下的则是**停机**，因为他只有当塑压机生产玩具时才会记下**运行**。他还发现，有些天，第二班岗的监察员在头 4 个小时里每半个小时就会走进塑压车间进行巡查，而这班岗的后 4 个小时里，监督员则待在自己的办公室里看书做功课，但她却将自己的记录当作每小时一记。这当然也会造成她的观察与迪伊的观察不一致。

于是，迪伊把所有监察员都叫来，向他们解释什么叫作"塑压机**运行**"。他要求监察员只有当塑压机生产玩具零件时才能写下**运行**，而不能在它附近有人工作、拆卸塑模、清洗塑压机的时候，或者在修整前几天塑压好的产品零件时记为**运行**。他还对观察程序进行了认真的解释。要求每小时的监察必须在该钟点的开头时分进行，并且持续时间不超过 10 分钟。他还告诉监察员会有其他人同时独立地对塑压机运行时间进行记录，以提供比较数据。

迪伊还训练了维修部门的监察员，让他们也追踪塑压机运行时间，追踪方式与质量控制部门的监察员完全一样。而且，维修部门的监察员与质量控制部门的监察员彼此之间绝对看不到对方的记录。这之后，迪伊再比较他们每天各班岗的记录，结果 99% 的观察是一致的，他这回相信了这些数据。

迪伊根据这些数据了解到，虽然塑压机大致只有 25% 的时间是处于运行状态的，但总体上，三班岗之间不存在什么表现上的差异。他这下知道了，生产部门的效率非常低下。迪伊持乐观的态度，他相信通过表现管理，自己能让生产效率有显著的提高。没有必要再买塑压机了。这让他感到极大的宽慰！

概念

观察者间一致性（A-08）

迪伊发现他们最初对塑压机运作情况的测量是不可靠的，他采用**观察者间一致性**（interobserver agreement）的方法发现了这一现象。

> **定义：概念**
>
> **观察者间一致性（Interobserver agreement）**
> - 两个或多个独立的观察者
> - 所做出的观察之间的
> - 一致性。

观察者间一致性强制要求我们清晰地定义关键行为或行为产物，从而让两位或多位观察者可以独立地获得相同的观察记录。第二班岗的监察员对塑压机运行状态有着不同的定义，那么她与迪伊的记录当然也就不同。但这种差异只是反映了对"塑压机运行"的定义不充分。

有时，观察者会受个人偏见的影响。例如，塑压机运行的数据有可能受到第二班岗的监察员对该班上司的讨好程度的影响。如果她认为高运行状态的数据记录会让上司受益，那么她报告的塑压机运作次数就可能比一位中立的观察者所报告的要多。

只对记录观察的标准做一次复习是不够的。随着时间的推移，观察者倾向于改变自己对行为的定义。因此，数据的变动也可能是观察者对观察标准的定义发生了变化造成的，而不是因变量真的发生了变化造成的。这就是我们为什么应该在数据收集期间定期地复习观察标准。

观察者间一致性还强制要求我们明确地阐述程序。比如，迪伊必须告诉第二班岗的监察员一定要在每个钟点开始的时候进行记录，因为事实表明，该监察员会在一小时里对她来说比较方便的时间进行观察。此外，迪伊自己是在每班岗8小时的每一小时都进行一次测量，而那位监察员只是在头4小时进行了测量。因此，他们的观察者间一致性理所当然高不了。

此外，迪伊确保自己和监察员独立地进行观察，即使他们是在同一时间对同一事情进行着观察。也就是说，他们彼此之间无法看到对方在记录表上记下的东西，否则，这些监察员有可能会有意无意地受到诱惑，要去拍老板迪伊的马屁，总是迪伊写什么，就跟着写下一样的内容，即便这些监察员有时对老板的记录有异议。如果观察者之间不能做到独立的话，那么观察者间一致性就毫无意义。

迪伊之所以得出了48%的观察者间一致性比率，是因为他在此计算了**点对点一致率**（point-by-point agreement ratio），这是一种应用行为分析研究中用于推算观察者间一致性的最常用的方法。这个比率可以告诉我们是否应该相信此观察记录。从上面的记录表中可以看到，迪伊与监察员都认同塑压机运行了17个小时（将所有**运行**的记录相加），也都认同塑压机停机了21个小时（将所有**停机**的记录相加）；而他们在其他42个记录上存在分歧（将所有有分歧的记录相加）。根据这些信息，迪伊采用以下步骤计算出点对点比率。

1. 他将所有一致的记录相加：17个运行小时加上21个停机小时，等于38个小时。
2. 然后，他计算出所有可能的记录：将全部38个一致的记录加上42个不一致的记录，这样就得到第二班岗的一共80个可能的观察记录。
3. 最后，他计算出点对点一致率：他将38个一致的记录除以80个可能的记录，再乘以100%。这个结果是47.5%，四舍五入后是48%。

在最初的观察中，第二班岗监察员与迪伊只在48%的时间里是一致的。也就是说，他们做出的观察记录是不可靠的，是无法相信的数据。通常情况下，行为分析师认为，只有当一致率高于80%的时候，数据才是可靠的。不过，读到这里的时候，你可以放下心来，因为迪伊和监察员最后达到的观察者间一致性远高于80%的标准了，这是迪伊努力让测量标准和测量程序都取得一致的结果。要想获得良好的观察者间的信度并不容易，但这是我们进行干预之前的一个基础；否则，我们就无法评估自己的干预是否有效。此外，读到这里时，你也已经知道，迪伊可以对塑压机操作者的表现进行良好的客观测量了，因而他能够可靠地测量出工作表现，并且可以实施一个为表现付出代价的干预方案，通过干预，消灭运货延迟，增加顾客满意度，提高工人的工资，而且他不需要再购买昂贵的新机器了，而最初这个购买方案可是所有人都提议的、被认为是常识性的解决方案。赢、赢、赢，这是一个共赢的结果。

技术上所说的客观性和主观性

在第13章中，我们引入了主观测量和客观测量的概念。我们指出过，客观测量是科学的基础，如此才能实现对物理世界和心理世界的可靠理解。而且，客观性也是应用技术的基础，比如，像迪伊所做的组织行为管理工作那样。假如迪伊只相信自己关于塑压机是否得到充分利用的主观意见，那么他就有可能去购买昂贵的不必要的新塑压机，这就有可能最终导致自己的公司破产。遗憾的是，很多首席执行官都对自己的主观评判过度自信，这可能会给他们的公司带来灾难性的后果。事实上，在做重要决策前，他们很需要采取那种具有高度观察者间一致性的客观测量。

问题

1. 名词解释：观察者间一致性，并举例说明。
2. 用点对点一致性程序解释如何计算出观察者间一致性比率。如果给你提供一组不同的观察者采集的数据，你应该知道如何进行计算。

应该如何评价行为分析？（研究设计）

案例

巫师与背疼

圣克鲁什–达什弗洛里什是葡萄牙的一个只有500人

左右的小镇，维多利亚·索萨的丈夫在镇上开了家小杂货店。她们全家住在一栋两层的带有葡萄牙殖民时期风格的小楼里，家人都住在楼上，而楼下是她们家开的杂货店。

维多利亚如今35岁，但她看上去有55岁了。随着岁月流逝，她的体重增加得太多了，看上去已经完全不像摆在梳妆台上的结婚照里的那个女孩了。当年结婚时，她梦想着美好的未来。而如今，她只能怀想曾经拥有的那些美妙的日子。生活并没有像她原先希望的那样发展。

在她过完35岁生日的几天后，她生下了奥兰多，这是她的第9个孩子。维多利亚希望奥兰多是自己的最后一个孩子了。此前她还多次流产过。维多利亚自己感到很内疚，因为她生奥兰多的时候，并没有像当年生第一个孩子卡洛斯时那样充满期待。在怀孕的这9个多月里，她并没有对新生命的未来怀有什么梦想。怀孕对她来说只是一个负担。她就是这样，怀孕，生产，一路走下来。她曾经的美好幻想如今都变成了担忧："我们付得起上学、买衣服、买鞋子和看医生的费用吗？在这么一个房子里，我们还能再养活一个小孩吗？"

就在奥兰多出生后不久的一天，维多利亚要弯腰抱起奥兰多。就在她慢慢抱起婴儿的时候，她发出了一声惨叫。她的丈夫赶忙从一楼的杂货店跑上楼梯。到了楼上，他看见维多利亚弯着腰，几乎无法抱住奥兰多了，她的嘴扭曲着，额头在冒汗。

他忙问："出什么事了？"

过了好一会儿，维多利亚才低声答道："我的背……好疼……我站不起来了。"

维多利亚的丈夫抱过奥兰多，然后帮助维多利亚挣扎着躺回床上。

第二天，她的嫂子玛蒂尔德带来了一个消息："镇上所有人都在谈论一个拥有超能力的巫师。那是一位可以使用魔力治愈任何疾病的牧师。他只要看你一眼，就能告诉你哪儿出问题了。他出手一次就能治好你。我们请他来治疗你的背痛吧。只需花10个埃斯库多。"玛蒂尔德接着还列出了一长串被巫师治好的人的名字，治愈的疾病有失明、癌症、溃疡、郁闷……只要是你能想到的病，都能治。背疼当然不在话下了。

玛蒂尔德和维多利亚驾车翻山越岭，路上花了整整三个小时才到达目的地孔迪镇。一路上维多利亚疼得厉害。玛蒂尔德虽然有一张长长的皱巴巴的道路方向图，但还是迷路了好几次。不过最后他们知道自己到达目的地了。在他们面前排着长长的队，一直从公路上延伸到一所有个破旧花园的简陋房子里。维多利亚和玛蒂尔德走到队伍的末尾，足足排了好几个小时，期间一直与周围的人聊着彼此的经历。这里的每个人都在讲述自己与疾病和疼痛抗争的历史。巫师是他们最后的希望。除了那种具有高度质疑精神的人之外，所有人都认定巫师很厉害。

玛蒂尔德先进去见到巫师，她想请巫师治疗自己经常发作的偏头痛。出来的时候，她满脸笑容，对维多利亚说："轮到你了。"

这是一个长宽大约都是4米的房间，没有窗户，没有门（只有一个开放的入口），也没有椅子，只有满是尘土的地板。靠南面的墙上摆放着一个祭坛。那是一张木制的大桌子，上面放着圣母玛利亚、耶稣基督和圣约瑟夫的粗糙的雕像。鲜花、燃香和点燃的蜡烛占据了桌子的剩余空间，这让维多利亚想起自家镇上教堂里的那种熟悉的气味。相互重叠的海报和宗教画作贴满了墙壁。这位70岁的老巫师，穿着一件破旧肮脏的衣服，端坐在祭坛前满是灰尘的地板上。维多利亚颤抖着，但还是强忍着疼痛弯下身去。

巫师问她感觉如何。维多利亚回答说："这几天我的背疼得简直要了我的命，我实在受不了。"

巫师说："放心吧，从今往后，你再也不会感觉到疼痛了。"巫师让她跪下，然后让她闭上眼睛。

巫师用手抚摸着维多利亚的额头，说："放松，本周之内，你就能被治好。"巫师低声念起咒语来，手依然放在她的额头上。维多利亚感觉自己放松了下来，感觉疼痛被带走了。然后，巫师站起身来，围着维多利亚绕起了圈，一边绕一边继续默念咒语。

巫师摸着她的背下部，问："是这儿疼吗？"

维多利亚点点头，表示是的，巫师说："我可以感受到你的疼痛。"

又念了一段咒语之后，巫师说："你回到家后，就泡个热水澡，每周都泡一次。此外，你每天至少要步行15分钟，然后你就再也不会背疼了。"这时，巫师停顿了一会儿，随后加上一句："10个埃斯库多。"

维多利亚的动作反应很慢，缓缓地从钱包里掏出了钱。巫师将钱放进了一个坛子里，这个有两升容积的坛子里几乎已经装满了钱，都是今天得到的。维多利亚步履蹒跚地走出了小屋，她的脸上挂着自信的笑容。

巫师说对了。维多利亚后来不再背痛了，并且，她也成了这个巫师的又一位信奉者。

概念

个案研究

想象一下，如果你的背下部也很疼，疼得你必须弯着腰，疼得你洗手时都需要把手肘倚靠在水池边上，那你就能理解这种背痛对于维多利亚来说是件多么痛苦的事了。维多利亚对治好背痛的结果感到非常惊喜。然而，你永远不可能在《新英格兰医学杂志》上读到这种巫师做的心灵医学干预。为什么不可能读到？无疑，原因不用说你也清楚。然而，即便在此我们能够独立地对维多利亚的背痛进行非常细致的测量，依然会遇到混杂变量带来的种种麻烦。

> **定义：概念复习**
>
> **混杂变量（Confounded variables）**
> - 同时改变了两个或多个自变量，
> - 因而无法确定哪个变量造成了因变量的改变。

例如，维多利亚的背痛有可能几天之后不知怎么的就消失了。这也就是说，睿智的老巫师所做的心灵干预与肌肉痉挛随时间而正常缓解的情况混杂在了一起。因此，这种肌肉的正常缓解是与心灵干预混杂在一起的一个自变量（可能的原因）。这种混杂让我们不能确定是心灵治疗导致了背痛的消失。

这就是此类前实验性质的、逸事型的**个案研究**带来的麻烦。你永远无法确定究竟是什么导致了什么。

> **定义：概念**
>
> **个案研究（Case study）**
> - 对涉及混杂变量的
> - 应用性干预的结果，或者
> - 自然变化的条件带来的结果
> - 进行的评估。

个案研究并非设计糟糕的实验，相反，它可以是一个能够产生特定结果的干预。例如，巫师进行的那套魔法般的干预并不是要证明自己的魔法有效，而是要通过干预去除维多利亚的背痛。巫师的干预与维多利亚背痛的去除，合起来就成了一项个案研究，假如我们（可能尝试性地）把这当作巫术力量的证据。

类似地，生活在如今这个文明时代的人，常常人到中年就大腹便便了。这种自然发生变化的情况，并非证明年龄增加就会导致体重增加。然而，这种体重与年龄之间相关的特定案例，可以成为个案研究，让我们以此作为证明年龄对体重影响的证据。由于这只是一个简单的个案研究，因而其中涉及了不同变量之间的混杂，例如，年龄原因也许与其他可能的原因相关，因而混杂在了一起，比如，卡路里摄入量的增加，或者消耗卡路里的锻炼的减少。

顺便说一下，这里所说的原因，指的就是自变量；这里说的影响，指的就是因变量。

个案研究是最为初级的被试内研究设计。在个案研究中，干预往往在收集基线数据之前就被引入，这实际上会让我们无法排除混杂变量，也就无法检验自变量对因变量的影响。因此，我们认为，个案研究只是一种前实验性质的研究设计。研究人员在谈论个案研究的缺点时，还有一种说法，说它无法排除对**内部效度**的威胁。

> **定义：概念**
>
> **内部效度（Internal validity）**
> - 研究设计
> - 能够消除混杂变量的程度。

在一个具有内部效度的研究中，一次只呈现一个自变量（不存在变量混杂的情况）。如果我们消除了自变量之间的混杂，就能更好地确定是哪些自变量造成了因变量的变化。这应该是所有研究设计的目标。

> **定义：概念**
>
> **研究设计（Research design）**
> - 布置实验或干预的不同条件，
> - 从而减少自变量之间的混杂。

前面说过，个案研究是一种初级的研究设计，因为它不能避免对该研究设计的内部效度的威胁（即自变量之间存在相互混杂），但它仍然具有重要的价值。例如，弗洛伊德的职业生涯就是建立在对临床个案研究的报告以及他具有见解的分析的基础上的。但现在是时候来看看更有力的研究设计了。下面这些研究设计可以更好地消除混杂变量，从而让我们更清楚地了解是什么造成了什么。

概念

简单基线设计

弗兰克是一位被送来接受心理干预的年轻人。他会一连好几个小时扇自己的脸，所以服务人员需要将他束缚起来。幸运的是，我们在开始干预之前收集了反应频率的基线数据。

在每次30分钟一共11次无束缚的观察期里，弗兰克扇自己脸的频率从每小时600多下，下降到几乎为0，而我们还没有做任何事情！这仅仅是基线而已。

> **定义：概念复习**
>
> **基线（Baseline）**
> - 实验或干预中的一段时期，
> - 该时期内，在不做干预的情况下
> - 对行为进行测量。

假设我们每天让弗兰克服用一剂镇静剂，希望这能使他不再扇自己的脸。假定我们使用了该药物，却没有事先收集好基线数据。那么，这看起来好像药物导致了扇脸行为的下降。此后，弗兰克在未来的生活中，很可能会毫无必要地一直服用该药物。

为弗兰克收集数据的例子说明的正是研究设计中的一个要点：在实施干预之前必须收集基线数据。

> **定义：概念**
>
> **简单基线设计（Simple baseline design）**
> - 一种在干预前
> - 收集基线数据的
> - 实验设计。

与没有基线的个案研究相比，**简单基线设计**能更好地消除混杂变量。如果我们有一个长期的稳定的基线，并且在改变自变量的数值时，跟随着因变量而出现猛然且足够大的变化的话，那么简单基线设计就是很合适的。否则，我们还需要其他更有力的实验设计才能排除混杂变量导致的对内部效度的威胁。

概念

倒返设计（B-05）

在第12章中，梅率领的教师团队只有在孩子使用"颜色–名词"的组合中提出要求时，才会给他们想要的玩具，例如，绿色的小汽车、红色的苹果[①]。随着干预的推进，孩子使用"颜色–名词"组合的频率从每小时0.4次增加到了每小时14.2次。但是，这种简单基线设计仍然无法让梅完全确信正是自己的干预才导致了行为增加。或许使用"颜色–名词"组合的增加总是会自然而然地出现呢，或许有其他某些混杂变量才真正导致了"颜色–名词"频率的增加。应该怎样才能弄清楚自己的干预是否真的导致了行为变化呢？

梅让团队老师去掉这个干预（也就是说，倒返到最初的基线条件）。这就被称为**倒返设计**。当倒返到基线条件时，无论孩子是只使用单一的名词，还是使用"颜色–名词"的组合，他们都能获得所要求的零食和玩具。在接下来的18天里，梅一直持续着这种倒返至基线的条件。充分的事实表明，"颜色–名词"组合的出现频率降低到了每小时7.4次[②]。现在，梅更加有信心了，认定要求孩子使用"颜色–名词"组合的确增加了这种语言能力的出现频率。事实上，她对这一认定持有足够的自信，因此18天后她并没有继续维持基线条件，并没有要探究"颜色–名词"组合的使用频数是否最终会减少至原来的基线频数，即每小时0.4次。

> **定义：概念**
>
> **倒返设计（Reversal design）**
> - 一种实验设计，
> - 其中，在干预（实验）和
> - 基线这两个条件之间，
> - 我们进行了倒返，
> - 由此确定因变量是否随着
> - 这些条件（自变量）的改变
> - 而改变。

行为分析师经常又将倒返设计称为 **ABA 设计**。A 代表基线条件，而 B 代表干预。在 ABA 设计中，第二个基线期跟随在干预期之后。通常，如果在两个基线条件下的表现相似且不同于干预条件下的表现，那么，你就可以相对自信地认为干预改变了表现。最有可能的是，你已经排除其他各种混杂变量。连续地进行 ABA 重复，像 ABABABA 这样重复，可以增加内部效度。倒返设计比简单基线设计提供的证据更具说服力，可以证明干预导致了变化。

然而，对于某些过程，我们无法倒返，例如，训练过程。假设我们实施了某个训练项目来教某人开车，当停止这个训练项目时，自然强化物将会维持这个人的驾驶技能而无须再由我们继续提供训练了。因此，在这种情况下，我们无法使用倒返设计来证明训练项目的有效性。此外，如果返回到基线太危险的话，那么我们也不会使用倒返设计。假设我们在帮助一个存在严重自伤行为的孩子，并且假定在干预条件下这个孩子的自伤频率下降到接近0。这个时候，我们不会为了排除混杂变量带来的对内部效度的干扰而倒返，不会再想回到危险的基线条件。我们还需要一些其他的研究设计。

---

① 改写自 Hart, B. M., & Risley, T. R. (1968). Establishing use of descriptive adjectives in the spontaneous speech of disadvantaged preschool children. *Journal of Applied Behavior Analysis*, 1, 109-120.

② 本书中的这些故事性的案例，其基本情节和数据都是来自真实的学术研究，而且故事的结果也与研究结果完全一致，对此，你会感到吃惊吗？参见 Hart, B. M., & Risley, T. R. (1968). Establishing use of descriptive adjectives in the spontaneous speech of disadvantaged preschool children. *Journal of Applied Behavior Analysis*, 1, 109-120.

概念

多基线设计（B-08）

在第 23 章里，朱克帮助雷德训练橄榄球队的年轻队员们[1]。他们着力训练了三种战术：定向传球、大力横传转移、摆脱拦截后的快速反击；他们还将这三种战术分别进行了任务分析，分解出了五种行为成分。例如，对于定向传球，分解出了四分卫向中场的传球、四分卫向右前位伴传，等等。而且，他们还进一步明确了每一个行为成分中具体的行为序列。

然后，朱克和雷德针对每一种战术的行为成分列出了一份清单。这里的基线是采用传统训练方法：教练针对战术给出语言描述，并且当队员们在场上踢球时从场外给出指导建议。教练还对队员做得好的地方以及需要改善的地方都给出了反馈。这里的干预则包括：展示并讲解经过任务分析的正确的行为清单，而且会提供频繁的依联式反馈，对正确战术表现给予赞扬。

假设朱克对每一支球队收集了持续时间长短不一的基线数据，然后，他每次只对一支球队实施干预方案，那么，这样的设计就被称作跨组**多基线设计**（multiple-baseline design across groups）。

> **定义：概念复习**
>
> **多基线设计**（Multiple-baseline design）
> - 一种实验设计，
> - 其复制内容涉及
> - 持续时间不同的基线期，
> - 并且干预开始于不同的时间。

在多基线设计中，干预可以跨行为、跨情境、跨组或跨被试地开展。它就如同多个倒返设计，其中干预在不同时间点跨不同的基线开展实施。如果各个干预期的表现发生了针对各自基线的一致性变化，那么我们就可以自信地认为干预导致了这种变化。

案例

驾驶员教育[2]

1991 年，犹他州的高中生里大约有 23% 未能通过驾驶员教育课程。在犹他州，这意味着这些学生无法获得驾驶执照。这是个问题，其严重性并不只是这些人没法开车去参加晚餐聚会。不能开车与社会孤立、社会依赖以及贫困相关。大多数未能通过驾驶员教育课程的学生（94%）都是因为无法通过书面测验科目。于是，犹他州立大学的贝尔等四位行为分析师开发了一个行为训练项目，用来帮助那些很可能考试失败的高中生，帮助他们通过书面测验。

这个项目包括每天 10 分钟的高度结构化的同伴指导课程。一位高中生同伴会提出各种关于复杂驾驶操作的问题，包括倒车、转弯和超车。同伴指导员还会采用语言描述和画图的方法示范正确的答案；随后，还会鼓励被指导的学生回答问题时使用快速且准确的作答方式（流畅作答）。同伴指导员还会提供直接的反馈，并记录被指导学生的表现。

巴特是一名智商正常的 16 岁男生。他已经有过一次没通过驾驶员教育课程的经历了，而且再考他也未必能通过。他很幸运地参与了这个项目。除有同伴的指导之外，他每天还会接受指导员给出的 1 分钟快速测验，测验内容包含 3 种任务：右侧方倒车、向左转弯和超车。在开始进行指导之前，指导员收集了几天的基线数据，然后在训练过程中，每天都对他进行测验。图 29.1 显示的就是巴特的部分数据结果。这张图可有点儿深奥，你先深吸一口气再来仔细阅读。

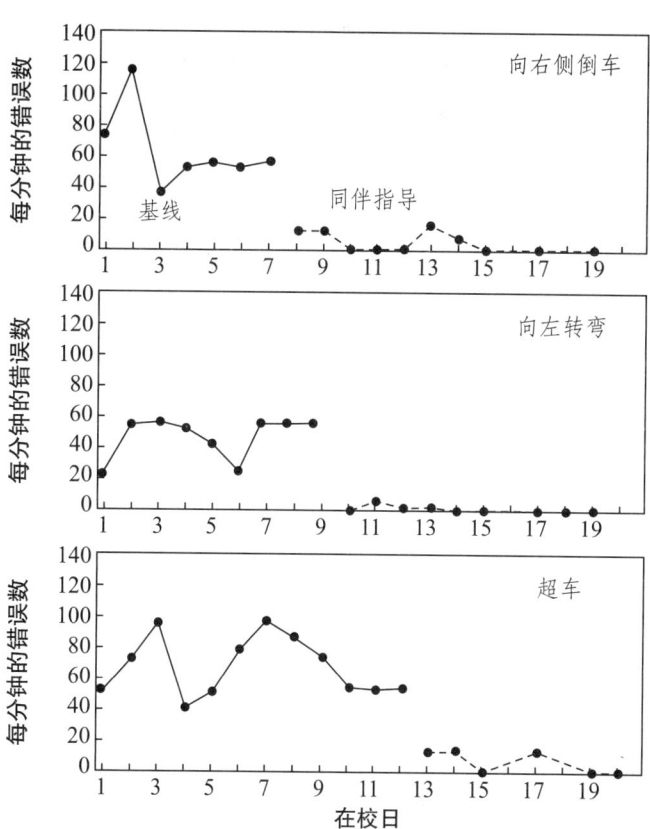

图 29.1 行为学指导和驾驶员教育

---

[1] 改写自 Komaki, J., & Barnett, F. T. (1977). A behavioral approach to coaching football: Improving the play execution of the offensive backfield on a youth football team. *Journal of Applied Behavior Analysis*, 10, 657-664.

[2] 改写自 Bell, K. E., Young, K. R., Salzberg, C. L., & West, R. P. (1991). High school driver education using peer tutors, direct instruction, and precision teaching. *Journal of Applied Behavior Analysis*, 24, 45-51.

指导员所采用的测量指标之一是巴特每分钟所犯的错误数。请看最上面那张图的第一个数据点。第 1 天，对于向右侧倒车的问题，巴特在书面回答和画出示意图的快速测验当中犯了 80 个错误（写错一个字母或画错一根线条就算一个错误）。继续看这张图就会发现，在头 7 天里，也就是基线期里，巴特每分钟至少犯 40 个错误。在这之后，开始了每天 10 分钟的行为学结构化同伴指导课程，巴特的错误率马上就降到了每分钟只犯 8 个错误，并持续减少，很快减少至每分钟犯错数为 0 了，只是在第 13 天时，他出现了一点儿小反弹。

由此看来，似乎这种行为学的同伴指导课程的确对巴特有帮助。然而，你并不能完全确信。也许这个进步只是一个巧合呢？也许他那位成天叽叽喳喳的姐姐去上大学了，因而巴特终于可以自己静静地认真读书了。

贝尔和同事们控制了这种可能性。我们来看看中间的那张图。行为分析师在向左转弯这个任务上多收集了两天的基线期数据，然后才开始对这个学习任务进行同伴指导干预（同伴指导向左转弯的数据位于图上数据连线断开处的右侧）。当比较这两组图的时候，就会发现，向右侧倒车任务的错误率下降的同时，向左转弯任务的错误率并没有下降。直到第 10 天，针对向左转弯任务的同伴指导开始后，这个任务的错误率才下降。

而且，我们很难说是第 8 天他姐姐的离开（或者其他什么事件）才导致巴特向左转弯任务在第 10 天突然发生改善。因此，行为分析师可以相对自信地认为，同伴指导导致了错误率的降低，因为他们有结束于不同日子的两个基线，而且都是从基线之后引入同伴指导的那天开始，表现突然发生变化。也就是说，他们成功地运用了多基线实验设计。

不过，他们还想要更加自信。也许可怜的巴特有不止一个叽叽喳喳的姐姐，另一个姐姐是在第 10 天离开家去上大学的（或者，随便她去干什么了），虽然这不太可能，但也许就是这么巧呢？因此，最下面的那张图使他们树立了更强大的自信——他们安排了第 3 个基线。这个基线（针对超车任务的）直到第 12 天才结束。可以确信的是，错误率从没有指导的基线期的最后一天的每分钟 60 个错误，降低到了第 13 天指导干预开始时的每分钟 18 个错误。应该没有谁会那么倒霉地家里有 3 个叽叽喳喳的姐姐吧，而且每当行为分析师开始一个干预，其中一个姐姐就刚好在那天离家去上大学。就算存在其他某些积极因素的变化，那些变化也不可能总是碰巧伴随着每一回干预的开始而出现吧。因此，可以确信，三个表现的改善就是源于三个同伴指导的干预。

总体上看，对于这些多重基线中的每一个基线，基线期内任何一天的错误率都比干预期的任何一天的错误率要高。而且，每次干预一开始，错误率就会立刻下降。多基线设计的完美运用，看来可以非常有效地排除一种可能性，即干预结果可能是其他某些因素造成的巧合变化，而不是行为指导造成的。

顺带说一下，巴特后来通过了自己的驾驶员教育课程，通过了驾驶考试，获得了驾驶证。他每天开车 40 公里去上班，而且在随后的 8 个月里没有发生过事故，也没有收到过交通罚单。他做得已经比 1/3 以上的同班同学要好了。你的驾驶技术怎么样？

概念

变标准设计（B-07）

在过去的两个月里，你每一天都下定决心开始锻炼了——明天就开始。可是，你没穿一次运动服，没去一次健身房，没去户外慢跑过一次，你压根儿就没开展任何锻炼，你做得就是那些常规的日常活动，比如按按电视机的遥控器什么的，却从来没有真正想要去进行塑身运动。

人们往往在其他各种办法都不灵的时候会去寻求应用行为分析的帮助，你也是如此。你给"良心国际"组织[①]打了个电话。在电话那头的一位女性的帮助下，订立了一份表现契约（行为契约），它依据的是回避失去强化物的依联类似物这个行为原理。你除了每天要花费一些电话费，还在"良心国际"组织的账上存了 200 美元，用它作为处罚金。从周一到周五，如果你哪天没能去学校的健身房完成一定的锻炼任务，就要报告给"良心国际"，这样你就会损失 5 美元。

你的身材实在太差了，你觉得对自己这样的初练新手来说每天 10 分钟的锻炼就不错了。因此，如果你哪天没有连续锻炼 10 分钟的话，你就会失去 5 美元。在每周 5 天、每天大约锻炼 10 分钟的表现坚持了几周之后，你将最低标准提高到每天 20 分钟。现在，如果你继续只锻炼 10 分钟的话，你就会失去 5 美元。每过几周，你就将自己的锻炼标准提高 10 分钟，直至最后，标准提高到了每天锻炼 60 分钟。如此，你每天的表现水平就必须达到你当天所规定的标准才行。几个月内，你只有 3 次未达到标准，同时，你也很少会超过锻炼标准。

6 个月之后，你开始怀疑了，你想知道订立这个契约到底值不值。它每天都要付出一些费用，另外还有其他的麻烦事。也许，这个表现契约对你的成功并不是真的很重要；也许你应该跟"良心国际"说再见了，然后

[①] 关于"良心国际"组织的现代版本，你可以登录 stickk.com 获得更多信息。

完全依靠自己开展锻炼。

但你还是感到有些紧张。你与"良心国际"的合作进展得一直都很顺利，你担心自己如果停掉这个表现契约，塑身锻炼就会土崩瓦解，很有可能需要再花上 5 年的时间，自己才能重新集聚起足够的行动力再次启动锻炼。你把这些问题一一报告给了极具同情心的"良心国际"组织，对方告诉你说，其实你已经为自己的疑惑找到了解决方法，你所做的就叫作**变标准设计**。

变标准设计是一类比较特殊的实验设计。在这种实验设计中，实验者采用不同数值的自变量来重复实验，并测量因变量的改变。如果因变量的数值随着自变量的改变而发生系统的变化，那么，碰巧出现的混杂变量就有可能被排除掉。这样我们就可以获得内部效度，因而认为自变量和因变量之间有可能存在因果关系或者功能关系。对于变标准设计，进行改变的自变量的数值，就是要满足行为依联所要达到的标准。

> **定义：概念**
>
> **变标准设计（Changing-criterion design）**
> - 一种实验设计，
> - 其中实验重复涉及
> - 有不同数值标准的干预。

在你的这个表现契约中，进行改变的标准就是你为了回避失去 5 美元而需要锻炼的分钟数。"良心国际"组织指出，你的锻炼量发生了系统的变化，并且你每次改变自己的标准，锻炼量都会立刻发生变化。这也意味着，你的表现契约这一干预集成包里，一定有些什么东西在起着关键作用。虽然你并不知道自己是否需要所有的干预成分——每天的锻炼目标、每天给"良心国际"组织打电话报告以及每天的回避依联类似物（潜在的 5 美元的损失），但是你相信在这些成分中至少有一部分在起着关键作用。通过变标准实验设计，你已经证明了自己的表现契约与锻炼量之间的因果关系或功能关系。

在上面这个假设的案例之外，我再添加一些个人的数据。我年轻时，在给这本书的第 2 版写这一部分内容的时候，正好在进行马拉松训练，并且我也与"良心国际"组织签订了行为契约，每天要跑 10 公里、20 公里乃至 30 公里。跑不够公里数的话，我也要付出 5 美元。当我可以只跑 20 公里时，我还从未跑过 30 公里，而当我可以只跑 10 公里时，我从未跑过 20 公里。我也几乎没有被罚付过 5 美元。正是这一非正式的变标准设计让我相信，那年春天我在马拉松比赛中的表现，得益于我与"良心国际"组织之间签订的表现契约，虽然我与这个组织之间的联系是很脆弱的。

所有的实验设计都会涉及两种不同条件下的比较，一个是实验条件，一个是对照条件，这两者之间进行了比较，或者是不同实验条件之间的比较。在前面，我们看到，变标准设计涉及的是在不同反应要求之间对表现的比较（例如，回避罚款所需要的不同锻炼量、获得水这个强化物所需要的按压杠杆的不同力度，或者获得一个成绩 A 所需要完成的家庭作业量的不同百分比）。如果表现程度倾向于与不同的标准相匹配，那么我们就可以比较安全地得出结论，认为自己所运用的依联正在控制行为。这是一种很棒的实验设计，但它只局限于评估行为依联的有效性。下面这种设计则更具有普遍的意义。

概念

交替处理设计（B-06）

还记得第 4 章中的大卫吗？他 21 岁，在一个服务于智力障碍人士的养护机构里住了 9 年。大卫有高频率的刻板行为，比如，摇头晃脑、盯着手、反复摆弄物品，等等。这些刻板行为严重到让他无法参与职业安置，无法学习提高生活质量的新技能，并且让他的家人觉得很丢脸。

约旦等人（在第 4 章所描述的研究中）采用了**交替处理设计**，相对于基线条件，比较了视觉遮蔽和温和教学法的有效性。视觉遮蔽所采用的是一种惩罚依联，即每当出现刻板行为时，训练者就会用一只手遮住大卫的眼睛，用另一只手扶着他的后脑勺 5 秒的时间。温和教学法是指几乎不采用任何口头指令，而只采用手势信号。这种干预包括肢体引导、强化适当行为，以及消退不当行为，但不采用任何惩罚。而在基线条件下，没有实施任何干预程序。

在开展训练的每一天，实验者分别在三个 30 分钟的训练期内实施这三种不同的程序。也就是说，他们每天都交替开展这三个不同的实验条件——视觉遮蔽、温和教学和基线。行为分析师采用这种交替处理设计，对同一个被试比较两种或多种干预方法。

> **定义：概念**
>
> **交替处理设计（Alternating-treatments design）**
> - 一种实验设计，
> - 其中实验重复涉及
> - 在相同的总体条件下，
> - 或者，在相同的实验阶段里，
> - 以交替的顺序
> - 呈现自变量的不同数值
> - 并测量同一个因变量。

也就是说，在两个或多个特定的干预（自变量的不同数值）之间反复。

为了体会这种实验设计的价值，我们把它和其他的实验设计做一个比较。实验人员还可以采用**被试间实验设计**（between-subjects design）或者**组间实验设计**（between-groups design）。可以只对一个服务对象或一组服务对象采用温和教学法，而对另一个服务对象或另一组服务对象采用视觉遮蔽，并对第三个服务对象或第三组服务对象实施基线条件。然后，实验人员比较这三个服务对象或这三组服务对象的刻板式自我刺激的数量。

如果实验人员用到了三个不同的服务对象，那么他就无法确信自我刺激的差异一定是这三种不同的实验条件（干预）导致的。这里的问题在于实在很难确定我们面对的是三个相同的服务对象。也许这三个服务对象最初就有着各自不同的自我刺激频率；也许他们受到干预的影响也不尽相同。因而就存在一种可能，三种干预程序所获得的结果之间的差异也许源自三个服务对象之间的个体差异，这就很难排除不同服务对象这一混杂变量。

在组间实验设计中，我们会将一大群服务对象随机分配到三种干预程序中，比较它们之间的表现。这种设计也存在一些问题。首先，很难获得有相似行为问题的一群服务对象；其次，当我们的数据是组内的平均值而非个体服务对象的表现时，干预效果的细节很容易被忽视。

另外一种方法就是只为大卫一个人提供干预，但对他连续地实施这三种实验条件，也许一周是基线，一周是温和教学法，再接下来一周是视觉遮蔽。然而，这样不容易确定这三周就是大体上相同的。也许第一周比其他两周天气更热呢，或者也许不管实施哪一种实验条件，大卫在第三周时自我刺激就是比较少呢，也许他的自我刺激行为会随着他逐渐熟悉训练老师而减少呢？也就是说，也许这三种干预条件之间的差异与干预本身并无关系。这种设计很难排除上述这些以及其他一些混杂变量，而这些混杂变量会威胁实验的内部效度。

交替处理设计可以很巧妙地解决所有这些问题。通过针对同一个被试——大卫，从而确保三种实验条件下的被试是相似的。通过在同一天实施全部三种条件（但每天以不同的顺序交替），从而确保三种条件实施的日子是相似的。

然而，实验人员使用这种设计必须付出代价，就是实验条件之间存在**交互作用**的可能性。当我们将一名实验被试暴露于一种以上的实验条件时，总会遇到实验条件之间交互作用的风险。交互作用的风险是指，暴露于一种实验条件有可能会影响另一种实验条件的效果。例如，温和教学法的倡导者有可能会认为，如果实验人员不将大卫也暴露于视觉遮蔽的惩罚依联的话，那么温和教学法将会更加有效。由于实验人员对大卫采用了相同的训练老师、相同的任务和相同的训练场所，这种交互作用的风险会更高。

> **定义：概念**
>
> **实验交互作用**（Experimental Interaction）
> - 一种实验条件
> - 影响另一种实验条件的结果。

因此，交替处理设计具有下列优点：

- 在所有处理中，被试是相同的。
- 处理的条件基本上是相同的。
- 可以直接对单一被试的数据加以分析，而无须将数据取平均数之后再分析。

交替处理设计的一个缺点是：

- 无法排除实验的交互作用。

仅凭一个实验很少能解决复杂的理论或实践问题，比如温和教学法和惩罚依联孰优孰劣的问题。我们需要温和教学法的拥护者以及惩罚依联的拥护者开展更多此类细致的实验。当然，每一个实验设计都有其设计上的优点和不足之处，但实验能够推动我们更好地理解这个世界是如何运作的，让我们知道如何让这个世界运作得更好。

问题

1．名词解释，并举例说明以下概念：
A．研究设计
B．内部效度
C．实验交互作用
D．观察者间一致性

2．名词解释，并举例说明以下研究设计：
A．个案研究
B．简单基线
C．倒返
D．多基线
E．变标准
F．交替处理

3．个案研究为什么是一种前实验研究设计？

4．举例说明收集基线数据的重要性。说说如果我们不收集基线数据会发生什么。

5．多基线设计有哪些优于倒返设计的地方？

6．在驾驶员教育的案例中，举例说明其中的多基线设计，解释行为学同伴指导的价值。

7．交替处理设计的优点和缺点分别是什么？

结果的普遍性

在本章中,我们强调了开展科学研究的重要性,它能为这个世界谋福祉。而且,我们还指出,科学,特别是行为分析,将会从两个方面为世界的福祉做出贡献。首先,它可以作为实现目标的一种方式,它是一种更能获得身心健康和行为健康的方式。再有,科学的贡献还在于其本身就是目标:了解物理世界、生理世界以及行为世界的事物是如何运作的,这会让生活本身更具有强化效力,就像美术、音乐和体育一样,即便其结果几乎不带有功利性价值。

我们已经讨论了功能分析在提升行为分析对普遍的幸福安康的贡献方面的作用。我们也讨论了研究方法对确保我们发现有效的因果关系或功能关系的作用——内部效度。最后,我们来说说**外部效度**或结果普遍性这一概念。

外部效度是指,你在自己的实验中所展示出来的因果关系或功能关系,在实验条件之外的情况下的有效程度。外部效度意味着你的研究结果的普遍性。例如,让我们想象一下。

在 20 世纪 30 年代,有一个名叫斯金纳的人,他在相对简单的几个斯金纳箱里放进了几只简单的老鼠,然后施加少量简单的行为依联。结果,他发现了一些简单的行为原理和概念。或许,这本没什么大不了的。但是在接下来的七十多年的时间里,成千上万的行为分析师,其中有科学家,也有一线的实践工作者,发现那些简单的原理和概念本质上适用于人类与非人类的动物的所有事情。而且他们还发现,对行为原理的应用可以改善所有这些事情,无论这些事情是什么。斯金纳在其实验箱中从老鼠那里获得的研究结果,可以推广应用到智力障碍儿童身上,帮助他们学习系鞋带;可以推广应用到父母身上,帮助他们与自己的孩子和平共存;可以推广应用到博士研究生身上,帮助他们完成自己的学术论文;还可以推广到公司老板身上,帮助他们赚取利润并让自己的员工受益。这些就是**外部效度**。

问题

名词解释:外部效度,并举例说明。

深度思考

伦理

我们已经讨论了认真评价我们的干预并在发现某些事情有效时发表结果的道德必要性,因为我们的结果或许能帮助更多的人,而不仅仅是我们所服务的小孩(p. 117)。而且,应用行为分析和行为分析师认证委员会对专业伦理都有很多要求和阐述。但我认为有一个领域是没有被考虑到的——就像对待我们研究中的豚鼠那样对待我们尝试去帮助的孩子。

无论何时,当我们开展研究尝试找到最佳方法来教我们的孩子掌握某些特定技能时,我们在道德上还有义务确保一旦研究完成,孩子实际上是能够使用该技能的。例如,作为研究者在开发一项程序去训练概念的时候,我们想要确保实验尽可能纯净,尽可能没有混杂变量的干扰。我们想要确保真的是自变量带来他们在概念掌握上的进步,而非他们的妈妈在家里和孩子相处的一些什么东西造成的。为了保证这一点,我们常常会教一些与孩子生活无关且永远不会有关的概念。虽然我们的实验是纯净的,但我们的良心不应该是这么冷冷的纯净。时间一直在紧逼着这些孩子。我们需要给他们尽可能多的具有功能性的有用训练,如果我们真的要帮助他们实现那些每个人都想要的生活,就不能浪费他们的任何宝贵时间,只教他们无意义的音节和无意义的图片。

是的,一些著名的行为分析师认为,实验中的孩子所付出的时间正是这样的孩子为获得我们所提供的优质服务而付出的代价,但这种说法听起来总带有些许高高在上的研究人员自我圆场的意味。等你做硕士或博士论文的时候再来认真考虑一下这个问题吧。说得容易,做起来难。

定义:概念

外部效度(External validity)
- 实验的结论
- 在多种条件下的适用程度。

在 DickMalott.com 网站上,你还将读到:
第 29 章 更多关于概念的例子

第九部分

工作与研究生院

第 30 章　工作与研究生院

第 30 章　工作与研究生院

本章内容可在 www.MySearchLab.com 网站上获取

从这里出发，我应该去向何处？
从这里出发，我不应该去向何处？
我怎样才能找到对路的研究生专业？
有哪些好的硕士和博士学习专业？
有哪些好的硕士学习专业？
ABA 认证的专业项目
有哪些好的国际专业项目？
我应该取得怎样的学位——学士、硕士、社会工作硕士、教育硕士或博士？
　学士学位
　硕士、社会工作硕士及教育硕士学位
　博士学位

组织行为管理＋孤独症＝度过困难时期的解决方案
给临床研究生院的忠告！
硕士的工作
我在哪儿可以找到一份工作？
行为分析师认证委员会
我如何进入研究生院学习？
我的 GPA 较低，我该怎么办？
我的 GRE 较低，我该怎么办？
我应该辅修哪些专业？
我应该获取哪些经历？
时间表
我可以拖延多久？

术语表

成瘾性强化物（Addictive reinforcer）
一种强化物，对其重复暴露，是一种动因操作。

攻击原理（Aggression principle）
对于攻击强化物来说，厌恶刺激和消退是其动因操作。

攻击强化物（Aggression reinforcer）
攻击举动带来的具有强化效力的刺激。

交替处理设计（Alternating-treatments design）
一种实验设计，其中实验重复涉及在相同的总体条件下，或者在相同的实验阶段里，以交替的顺序呈现自变量的不同数值并测量同一个因变量。

回避的类似物的原理（Analog to avoidance principle）
如果一个间接作用的依联能够增加或维持表现，那么它就是一个回避的类似物。

厌恶刺激（负强化物）[Aversive stimulus (negative reinforcer)]
跟随在一个反应之后的、被去除（终止）的一个刺激，而且增加了该反应未来出现的频率。

回避依联（Avoidance contingency）
依联于反应，防止呈现一个厌恶条件，导致该反应出现的频率增加。

回避失去的依联（Avoidance-of-loss contingency）
依联于反应，避免强化物的失去，导致该反应出现的频率增加。

逆向串链（Backward chaining）
建立起一个行为链里的最终环节，然后加入之前的环节，直至初始环节被掌握为止。

基线（Baseline）
实验或干预中的一段时期，该时期内，在不做干预的情况下对行为进行测量。

行为（Behavior）
肌肉的、腺体的或者神经电子的活动。

行为分析（Behavior analysis）
关于行为原理的研究。

行为圈套（Behavior trap）
使用外加的强化依联增加了行为的频率。然后，自然的强化依联可以强化行为，而且，这些自然的依联可以维持该行为。

行为链（Behavioral chain）
一个刺激和反应的序列。每个反应都会产生一个刺激，该刺激会强化前面那个反应，而且，是后面那个反应的区辨刺激（S^D）或者操作物。

行为依联（Behavioral contingency）
一个反应出现的场合，该反应与该反应的结果。

个案研究（Case study）
对涉及混杂变量的应用性干预的结果，或者自然变化的条件带来的结果进行的评估。

变标准设计（Changing-criterion design）
一种实验设计，其中实验重复涉及有不同数值标准的干预。

首先要对假设的强化物进行核实（Check the assumed reinforcer first）
在打算花大量时间去强化某个行为之前，要确认所使用的是真正的强化物。

认知行为矫正（Cognitive behavior modification）
一种通过矫正认知结构而矫正行为的方法。

认知结构（Cognitive structure）
一种导致行动的假设的实体；是动物看这个世界的方式，包括动物的信念和期望。它是物质的，但本身不是行为。

概念训练（Concept training）
当一个刺激类呈现时，强化或惩罚一个反应；而当另一个刺激类呈现时，则消退该反应或者允许该反应恢复。

概念化刺激控制（概念控制）[Conceptual stimulus control (conceptual control)]
经过概念训练，某个反应在一个刺激类呈现时会更多地出现，而在另一个刺激类呈现时更少地出现。

并存依联（Concurrent contingencies）
一种以上的强化或惩罚依联是同时可以获得的。

条件型刺激（Conditional stimulus）
只有当刺激中的各种要素结合在一起的时候，才具有其价值或功能，否则，单独的这些要素可能是中性的。

条件反应（Conditioned response, CR）
由条件刺激的呈现诱发的习得性反应。

条件刺激（Conditioned stimulus, CS）
通过事先与另一种刺激进行匹配而获得其诱发属性的刺激。

混杂变量（Confounded variables）
同时改变了两个或多个自变量，因而无法确定哪个变量造成了因变量的改变。

依联控制（Contingency control）
一个依联对行为的直接控制，而不涉及规则。

连续强化（Continuous reinforcement, CRF）
强化物跟随于每一次反应。

对照条件（Control condition）
该条件中的自变量不含有预设的关键数值。

对照组（Control group）
不暴露于预想的自变量关键数值之下的一组被试。

内隐行为（Covert behavior）
私密行为（不为外在的观察者所见）。

截止时间原理（Deadline principle）
要想让一个正在作用中的依联能够增加表现或维持表现，那就应该引入一个截止时间。

死人测验（Dead-man test）
如果一个死人也能做到，那它极有可能不算行为。

因变量（Dependent variable）
对客体行为的测量。

剥夺（Deprivation）
扣住强化物，从而促进相关的学习和表现。

不同的之后条件的测验（Different before condition test）
S^D 和 S^Δ 的之后条件是不是不一样？

差别惩罚程序（Differential-punishment procedure）
只惩罚一组反应而不惩罚另一组反应。

对替代行为的差别强化（Differential Reinforcement of Alternative Behavior, DRA）
停止对一个不当反应的强化，并转而对一个适当反应进行强化。

对不兼容行为的差别强化（Differential reinforcement of incompatible behavior, DRI）
强化依联于一个行为，该行为与另一个行为是不兼容的。

对低频率行为的差别强化（Differential reinforcement of low rate, DRL）
只有当一个反应与前面的反应相隔至少一定的延迟时间时，才对该反应给予强化。

对其他行为的差别强化（Differential reinforcement of other behavior, DRO）
在一个固定时距之后，如果目标反应在该时距内未出现，就会呈现强化物。

差别强化程序（Differential-reinforcement procedure）
只强化一组反应而不强化另一组反应。

直接作用的依联（Direct-acting contingency）
反应的结果强化或惩罚该反应的依联。

区辨训练程序（Discrimination-training procedure）
当一个刺激呈现时，强化或惩罚一个反应，而在另一个刺激呈现时，消退该反应或者允许该反应得以恢复。

区辨刺激（Discriminative stimulus, S^D）
当该刺激呈现时，某个特定的反应将会被强化或被惩罚。

不能说原则（Don't-say rule）
对于无语言的生命体，不能说其期盼、知道、想、发现、为了（或者，这样他/她/它就能……）、试图、建立联系、联结、学会了去做、想象、理解。对于所有生命体，都不能说想要。

双重功能链接刺激（Dual-functioning chained stimuli）
行为链中的一个刺激，强化了先于该刺激的反应，并且，它是之后紧跟着的反应的区辨刺激（S^D）或操作物。

持续时间（Duration）
一个反应从开始到结束的时间。

实物化错误（Error of reification）
将一个行为或过程称为一个东西。

无错误区辨程序（Errorless discrimination procedure）
使用渐褪程序，在训练中不犯错误地建立区辨。

逃避依联（负强化依联）[Escape contingency（negative reinforcement contingency）]
依联于反应，去除一个厌恶刺激，导致该反应出现的频率增加。

实验组（Experimental group）
暴露于预想的自变量关键数值之下的一组被试。

实验交互作用（Experimental Interaction）
一种实验条件影响另一种实验条件的结果。

外部效度（External validity）
实验的结论在多种条件下的适用程度。

消退（Extinction）
对一个先前被强化的反应，停止其强化依联或逃避依联，导致该反应出现的频率降低。

消退／恢复测验（Extinction／Recovery test）
S^Δ 依联是否总是消退或恢复？

渐褪程序（Fading procedure）
最初，S^D 与 S^Δ 除了在有关的刺激维度上存在不同之外，还至少在一个无关的维度上存在不同，随后，S^D 与 S^Δ 除了在有关的刺激维度上，在所有其他无关的维度上的不同减少，直到最后，S^D 与 S^Δ 只在那些有关的维度上存在不同。

反馈（Feedback）
依联于过去的行为而提供的非语言刺激，或者语言陈述，用以指导未来的行为。

固定时距扇贝曲线图（固定时距反应）[Fixed-interval scallop（fixed-interval responding）]
固定时距程序表往往会产生一个扇贝曲线图——反应速率会逐渐加快，最后在强化即将到来时反应的出现频率很高，而在强化之后的一段时间内，该反应不出现。

固定时距（FI）强化程序表 [Fixed-interval（FI）schedule of reinforcement]
强化物依联于上一次强化机会之后，经过固定的时间间隔后出现的第一个反应。

固定结果的塑造（Fixed-outcome shaping）
随着表现越来越接近于最终行为，而强化物或者厌恶条件的价值没有变化的塑造。

固定比率（FR）程序表 [Fixed-ratio（FR）schedule of reinforcement]
强化物依联于固定次数的反应中的最后一次反应。

固定比率的反应（Fixed-ratio responding）
反应被强化之后，在一段时间内，反应不再出现；随后，反应再次以稳定的高频率出现，直到下一次强化物出现。

固定时间强化物呈递程序表（Fixed-time schedule of reinforcer delivery）
经过一个固定的时间段之后，与反应无关地呈递强化物。

力度（Force）
反应的强度。

顺向串链（Forward chaining）
建立起一个行为链中的第一个环节，然后依次加入后续的环节，直到掌握最终环节。

功能评估（Functional assessment）
对问题行为的依联进行的评估。

泛化型模仿（Generalized imitation）
对示范者的一个反应的模仿，而这个特定反应的模仿之前未被强化过。

泛化型习得性强化物（泛化型二阶强化物或泛化型条件强化物）[Generalized learned reinforcer（generalized secondary reinforcer, or generalized conditioned reinforcer）]
一个习得性强化物，其之所以成为强化物是因为它已经与各式各样的强化物匹配了。

以目标为导向的系统设计（Goal-directed systems design）
首先要设定系统的最终目标，然后要设定不同水平的中间目标以实现最终目标，最后要设定起始目标以实现那些中间目标。

分组研究设计（Group research design）
实验至少在两个被试组中开展，且每个组内所有被试的表现数据通常以均值（平均值）的形式呈现。

高阶应答式条件作用（Higher-order respondent conditioning）
通过将一个中性刺激与一个已经确立好的条件刺激相匹配，从而建立起一个条件刺激。

模仿（Imitation）
模仿者的行为方式受控于示范者的相似行为。

模仿强化物（Imitative reinforcers）
模仿者的行为与示范者的行为相一致而产生的刺激，它具有强化物的功能。

随机教学（Incidental teaching）
在学生的日常环境里，有计划地运用行为依联、差别强化，以及区辨训练。

自变量（Independent variable）
由实验人员系统操控的变量，能够对因变量产生影响。

间接作用的依联（Indirect-acting contingency）
一种控制反应的依联，尽管反应的结果不强化或惩罚该反应。

无效的依联（Ineffective contingency）
不控制行为的依联。

知情同意（Informed consent）
对一项干预表示同意，该干预是实验性的或者是有风险的。被试或其监护人被告知了其中的风险和收益，并且被告知有权停止该项干预。

初始行为（Initial behavior）
至少会以很低频率出现的沿着某种有意义的维度能够走向最终行为的行为。

中间行为（Intermediate behaviors）
更为接近最终行为的行为。

间歇强化（Intermittent reinforcement）
强化物只是偶尔地跟随于反应的强化程序表。

内部效度（Internal validity）
研究设计能够消除混杂变量的程度。

观察者间一致性（Interobserver agreement）
两个或多个独立的观察者所作出的观察之间的一致性。

干预（治疗）集成包 [Intervention (treatment) package]
同时添加或改变一些自变量，以实现一个目标结果，而未对每一个自变量单独产生的效果进行检测。

可能是规则控制（It is probably rule control）
如果一个人知道规则，而结果是延迟的，或者一听到该规则，表现就改变，那么这就可能是规则控制。

潜伏期（Latency）
从提供做出反应的信号或机会开始到反应开始之间的时间。

效果律（Law of effect）
我们的举动的效果决定了我们是否会重复这些举动。

习得性厌恶刺激（二阶厌恶刺激或条件厌恶刺激）[Learned aversive stimulus (secondary or conditioned aversive stimulus)]
一种具有厌恶性的刺激。它之所以具有厌恶性，是因为它与另一个厌恶刺激进行了匹配。

习得性强化物（二阶强化物或条件强化物）[Learned reinforcer (secondary or conditioned reinforcer)]
一种作为强化物的刺激。它之所以成为强化物，是因为它与其他强化物进行了匹配。

法律规则控制（Legal-rule control）
基于物质性后果而特别添加了行为依联类似物以及外加了直接作用的行为依联而形成的规则控制。

匹配律（Matching law）
当两个不同的反应各自以不同的强化程序表获得强化时，两个反应的相对频率等于这两个强化程序表中的强化的相对数值。

模板配对（Matching to sample）
根据模板刺激选择相应的比对刺激。

唯物主义（Materialism）
认为物理的（物质的）世界是唯一的真实的信条。

物质心灵主义（Materialistic mentalism）
认为心灵是物质的而不是精神的信条。

医学模型的迷思（Medical-model myth）
对于人类行为的一种错误观点——认为行为只是一种潜在心理病症而带来的一种症状。

心灵主义（Mentalism）
认为心灵导致行为发生的信条。

方法论行为主义（Methodological behaviorism）
将心理科学限于只有那些可以被两个独立的人能直接观察得到的自变量和因变量上的方法。

心灵（Mind）
一种导致行为的假设的实体或实体集合。它可以是物质的，也可以是非物质的，但它本身不是行为。

道德（伦理）规则控制 [Moral (ethical) rule control]
特别添加了行为依联类似物而形成的规则控制。这种控制指明了社会性的、宗教性的或超自然的后果。

动因操作（Motivating operation, MO）
一个涉及某个强化物或某个厌恶刺激的、会影响到学习和表现的程序或条件。

多基线设计（Multiple-baseline design）
一种实验设计，其复制内容涉及持续时间不同的基线期，并且干预开始于不同的时间。

自我管理失败的错误归因（Mythical cause of poor self-management）
自我管理失败是因为直接结果对我们行为的控制强于延迟的结果。

客观测量（Objective measure）
测量的标准完全基于物理指标，而且被测量的事件是公开的，因而能够被多个人观察到。

侵入式评估（Obtrusive assessment）
在服务对象意识到正在进行观察的情况下测量其表现。

操作物（操纵物）[Operandum (manipulandum)]
环境的一个组成部分，有机体对其进行了操作（操纵）。

操作物测验（Operandum test）
S^D是否与操作物不同？

操作式条件作用（Operant conditioning）
跟随在反应之后的、具有强化效力的结果增加该反应未来的出现频率，且跟随在反应之后的厌恶结果减少该反应未来的出现频率。

操作水平（Operant level）
强化之前的反应频率。

过偿纠正（Overcorrection）
对于不当行为的一个行为依联，它要求当事人做出费力的反应，以完成更多的任务，而不只要纠正该不当行为所造成的影响。

匹配程序（Pairing procedure）
将一个中性刺激与一个强化物或厌恶刺激进行匹配。

简约（Parsimony）
不使用不必要的概念、原理或假设。

为表现付出代价（Pay for performance）
代价依联于特定的成绩。

处罚依联（负惩罚）[Penalty contingency (negative punishment)]
依联于反应，去除一个强化物（正强化物）导致该反应出现的频率降低。

表现契约（行为契约或依联契约）[Performance contract (behavioral contract or contingency contract)]
一份书面陈述的规则，它描述了适当的行为或者不适当的行为，并且描述了这些行为应该发生和不应该发生的具体情况，以及对这些行为的外加的后果。

表现维持（Performance maintenance）
在最初建立表现之后，表现的持续。

肢体辅助（肢体引导）[Physical prompt (physical guidance)]
训练师在肢体上移动受训者的身体，使之接近目标反应。

普雷马克原理（Premack Principle）
如果一项活动的发生频率高于另一项，那么，进行高频率发生的活动的机会可以强化低频率发生的活动。

过程与产物（Process versus product）
有时，我们需要让强化物和反馈依联于过程的分解反应，而不仅仅是产物（结果）。

行为产物（Products of behavior）
行为已经发生了的记录或证据。

辅助（Prompt）
附加的刺激，可以提高正确反应的可能性。

惩罚依联（正惩罚依联）[Punishment contingency (positive punishment)]
一个厌恶刺激（负强化物）依联于一个反应呈现，导致该反应出现的频率减少。

避免强化物的呈现而带来的惩罚依联（Punishment-by-prevention-of-a-reinforcer contingency）
依联于反应，避免一个强化物的呈现，导致该反应出现的频率下降。

避免厌恶刺激的去除而带来的惩罚（Punishment-by-prevention-of-removal contingency）
依联于反应，避免去除一个厌恶刺激，导致该反应出现的频率下降。

激进的行为主义（Radical behaviorism）
以行为原理的术语来描述所有心理学问题的方法。

自我管理失败的真实原因（Real cause of poor self-management）
自我管理失败是因为规则控制的失败，这些规则所描述的结果要么太微小（尽管往往累积起来会有重大影响），要么不太可能出现。延迟与否并非关键因素。

惩罚之后的恢复（Recovery from punishment）
对一个先前被惩罚的反应停止其惩罚依联或处罚依联，导致该反应出现的频率增加，达到惩罚依联或处罚依联之前的水平。

强化行为（Reinforce behavior）
强化的是行为而不是人。

强化依联（Reinforcement contingency）
依联于反应，呈现出一个强化物，导致该反应出现的频率增加。

强化物（正强化物）[Reinforcer (positive reinforcer)]
紧跟一个反应之后出现的、能够增加该反应发生频率的一个刺激。

信度测量（Reliability measurement）
对独立观察者获得的因变量和自变量的测量结果进行比较。

技能库（Repertoire）
一整套的能力。

研究设计（Research design）
布置实验或干预的不同条件，从而减少自变量之间的混杂。

消退阻抗（Resistance to extinction）
一个反应被消退之前，反应的数量，或者花费的时间。

消退阻抗与间歇强化（Resistance to extinction and intermittent reinforcement）
相较于连续强化，间歇强化让反应对消退具有更大的阻抗。

应答式条件作用（Respondent conditioning）
将中性刺激与非条件刺激进行匹配，从而使得中性刺激获得了非条件刺激的诱发属性。

应答式消退（Respondent extinction）
呈现条件刺激，但未将其与非条件刺激或者已经建立起的条件刺激相匹配，条件刺激会失去其诱发效力。

反应类（Response class）
一系列反应，它们之间（a）在至少一个反应维度上相似，或（b）共享同样的强化或惩罚效果，或（c）发挥同样的功能（产生同样的结果）。

反应维度（Response dimensions）
一个反应的物理特性。

反应测验（Response test）
S^D 和 S^Δ 的反应是不是同一个？

反应形态（Response topography）
相对于身体其他部位而言，一个反应的各个分解动作的顺序（运动的路径）、形式、位置。

反应代价依联（Response-cost contingency）
依联于反应，去除实实在在的强化物，导致该反应出现的频率降低。

倒返设计（Reversal design）
一种实验设计，其中，在干预（实验）和基线这两个条件之间，我们进行了倒返，从而评估这些条件的效果。

规则（Rule）
对一个行为依联的描述。

规则控制（Rule control）
对一个规则的陈述控制了该规则中所描述的反应。

规则掌控的、行为依联的类似物（Rule-governed analog to a behavioral contingency）
由于描述依联的规则而带来的反应的改变频率。

规则掌控的行为（Rule-governed behavior）
受规则控制的行为。

容易遵守的规则（Rules that are easy to follow）
描述的结果重大且很有可能出现。延迟与否并非关键因素。

难以遵守的规则（Rules that are hard to follow）
描述的结果要么太微小（尽管往往累积起来会有重大影响），要么不太可能出现。

相同的之前条件的测验（Same before condition test）
S^D 和 S^Δ 的之前条件是不是同一个？

餍足（Satiation）
消费足够量的强化物，从而减弱相关的学习和表现。

强化程序表（Schedule of reinforcement）
强化出现的方式，它涉及反应次数、强化之后所经历的时间、反应之间的时间间隔，以及刺激条件。

S-delta（S^Δ）
当该刺激呈现时，某个特定的反应将不会被强化或被惩罚。

S^Δ 测验（S^Δ test）
是否还存在一个 S^Δ？（如果没有，那么也就不存在 S^D。）

区辨刺激与条件刺激的检验（S^D/CS test）
要确定一个刺激是区辨刺激（S^D）还是条件刺激（CS），需查看其条件化历史：找出可信的非条件刺激（US）→非条件反应（UR）的关系；或者，找出可信的区辨刺激（S^D）→反应（R）→强化刺激（SR）的依联。

通过惩罚进行的塑造（Shaping with punishment）
除了越来越接近最终行为的行为之外对所有行为进行差别惩罚。

通过强化进行的塑造（Shaping with reinforcement）
只对越来越接近最终行为的行为做差别强化。

从规则控制转移至依联控制（Shifting from rule control to contingency control）
通过重复反应，控制往往从描述直接作用依联的规则的控制转移至该直接作用依联本身的控制。

恶性社交循环（受害者逃避模型）[Sick social cycle (victim's escape model)]
为了逃避加害者的厌恶行为，受害者无意地强化了该厌恶行为。

恶性社交循环（受害者惩罚模型）[Sick social cycle (victim's punishment model)]
加害者的厌恶行为惩罚了受害者的适当行为，而受害者适当行为的停止无意地强化了该厌恶行为。

简单基线设计（Simple baseline design）
一种在干预前收集基线数据的实验设计。

简单化行为主义者的错误（Simplistic behaviorist error）
人不思考。

简单化生物决定论者的错误（Simplistic biological-determinist error）
类似的行为就是同源行为。

简单化认知主义者的错误（Simplistic cognitivist error）
老鼠思考。

单一被试研究设计（Single-subject research design）
只对一个被试实施整个实验，尽管该实验可以复制到多个其他被试上。

社会比较（Social comparison）
接受干预的服务对象的表现与相当的或"正常的"对照组进行对比。

社会效度（Social validity）
干预的目标、程序，以及结果，对于服务对象、行为分析师，以及社会而言具有社会可接受性。

精神主义（Spiritualism）
认为世界分为物质的和精神的两个部分的信条。

精神心灵主义（Spiritualistic mentalism）
认为心灵是精神的（非物理的）信条。

自发性恢复（Spontaneous recovery）
被消退行为的暂时的恢复。

刺激类（Stimulus class）
具有某种共同物理特征的一系列刺激。

刺激维度（Stimulus dimensions）
刺激的物理特性。

刺激区辨（刺激控制）[stimulus discrimination (stimulus control)]
当一个刺激呈现时，一个反应出现的频率比另一个刺激呈现时该反应出现的频率更高，这往往是区辨训练程序的结果。

刺激泛化（Stimulus generalization）
一个刺激呈现时的某个行为依联对于另一个刺激呈现时该行为的频率产生影响。

刺激泛化梯度（Stimulus-generalization gradient）
该反应梯度表明，随着测试刺激变得越来越不同于训练刺激，刺激控制在增加。

专家主观评价（Subjective evaluation of experts）
专家评价目标行为和结果的重要性。

主观测量（Subjective measure）
测量的标准不能完全基于物理指标，或者，被测量的事件是个人的、内在的体验。

迷信行为（Superstitious behavior）
做出某个行为，该行为好像导致了某些特定的后果，但其实并非如此。

症状取代的迷思（错误原理）[Symptom substitution myth (erroneous principle)]
问题行为是根本性的精神疾病的症状。因此，如果去除了一个问题行为（"症状"），另外一个问题行为就会取而代之，直到去除根本性的精神疾病为止。

系统脱敏（Systematic desensitization）
将放松与引起害怕的刺激相结合，这些刺激是按照层级设置的，从最不让人害怕的刺激开始，一直到最让人害怕的刺激。

目标行为（Target behavior）
被测量的行为，因变量。

任务分析（Task analysis）
对复杂行为以及行为序列进行分析，细化成分解反应。

最终行为（Terminal behavior）
不在技能库中的行为，或者未以我们所期待的频率发生的行为；它是干预的目标。

泛化型模仿的理论（Theory of generalized imitation）
泛化型模仿发生的原因是它会自动产生模仿强化物。

表现管理的三个行为依联的模型（Three-contingency model of performance management）
这三个关键的依联是：无效的自然依联，有效的、间接作用的表现管理依联，以及有效的、直接作用的依联。

罚时出局依联（Time-out contingency）
依联于反应，去除与一个强化物的接触机会，导致该反应出现的频率降低。

混杂变量（To confound variables）
同时改变或允许改变两个或多个自变量，因而无法确定哪个变量导致因变量的改变。

代币经济（Token Economy）
一种泛化型习得性强化物系统。人们可以将获得的泛化型强化物存起来，并可以在之后用来交换各式各样的后备强化物。

异常行为的牙膏理论（Toothpaste theory of abnormal behavior）
异常行为是病态之人的身体内流露出来的，就像从牙膏管里挤出来的牙膏一样。异常行为源自内在的压力。

全任务呈现法（Total-task presentation）
同时训练一个行为链里的所有环节。

训练迁移（Transfer of training）
在一个地点、一个时间所建立起的表现，进而出现在不同的时间和地点。

非条件反应（Unconditioned response, UR）
由非条件刺激的呈现所诱发的非习得性反应。

非条件刺激（Unconditioned stimulus, US）
产生非条件反应的刺激，无须事先与其他刺激进行匹配。

非习得性厌恶条件（非条件惩罚物）[Unlearned aversive condition（unconditioned punisher）]
一个刺激是厌恶的，尽管这不是与其他厌恶条件匹配的结果。

非习得性强化物（非条件强化物）[Unlearned reinforcer（unconditioned reinforcer）]
作为强化物的一个刺激，它不需要与其他强化物匹配。

非侵入式评估（Unobtrusive assessment）
在服务对象没有意识到正在进行观察的情况下测量其表现。

价值改变原理（Value-altering principle）
匹配程序将一个中性刺激转变为一个习得性强化物或习得性厌恶刺激。

价值（Values）
习得的和非习得的强化物和厌恶条件。

可变时距反应（Variable-interval responding）
可变时距程序表会产生适中的反应速率，而且几乎不存在强化后暂停。

可变时距强化程序表[Variable-interval（VI）schedule of reinforcement]
强化物依联于自上一次获得强化算起，一个可变的时间间隔之后出现的第一次反应。

可变结果的塑造（Variable-outcome shaping）
随着表现越来越接近于最终行为，而强化物或者厌恶条件的价值有变化的塑造。

可变比率反应（Variable-ratio responding）
可变比率程序表产生的几乎没有任何强化后暂停的高频率反应。

可变比率（VR）强化程序表[Variable-ratio（VR）schedule of reinforcement]
强化物依联于可变次数的反应中的最后一次反应。

语言辅助（Verbal prompt）
附加的语言刺激，用以提高正确反应的可能性。

警告刺激（Warning stimulus）
在厌恶条件之前出现的一个刺激，并因而成为一个习得性厌恶刺激。

行为分析师认证委员会

◆ 第4版任务清单[①] ◆

行为分析师认证委员会第4版任务清单主要包括三个部分：第一部分：行为分析的基本技能，涵盖行为分析师在工作中针对服务对象所开展的任务，这些任务也许不是针对所有服务对象的，但它们是基本的、常用的技能和程序。第二部分：以服务对象为中心的职责，涵盖涉及行为分析临床应用的任务，这些任务是针对所有服务对象的，且适用于绝大多数临床情境。第三部分：基础知识，涵盖在成为行为分析执业者之前就应掌握的概念。这部分所呈现的并非行为分析执业者将会开展的任务，而是他们必须理解的基本概念，以便能够开展上述两部分涉及的任务。任务清单是教师的教学资源，也是未来的行为分析师的学习工具。未来要取得行为分析师和助理行为分析师资格认证的人员必须对这些主题有全面深刻的理解。

行为分析师和助理行为分析师资格认证考试中所有的题目都与行为分析的基本技能及以服务对象为中心的职责这两部分的任务挂钩。为了评估受试者对这两部分内容的理解，行为分析师和助理行为分析师资格认证考试均会针对这两部分的每一项任务设置一至两道考题。

基础知识部分的主题不是通过一定数量的考题直接加以评估，而是通过与上述两部分的任务有关的考题间接加以评估。例如，针对以服务对象为中心的职责部分下的任务J-11"规划刺激迁移与反应迁移"的考题可能会涵盖基础知识里的第36项"界定反应迁移并举例"或第37项"界定刺激迁移并举例"。

伦理与专业行为规范被纳入任务清单的每一个部分。行为分析师认证委员会的《行为分析师专业纪律、伦理标准和负责任行为准则》[②]是该任务清单的重要辅助资料。获得行为分析师认证委员会认证的持证者必须按照专业纪律和伦理标准开展工作，并根据行为准则组织工作。未来的持证者应该对上述文件有全面的理解，包括但不限于在第4版任务清单所规定的专业实践任务框架中理解伦理行为的重要性。因此，涉及特定任务的相关伦理议题的考题也将出现在资格认证考试中。

[①] 译注：行为分析师认证委员会已发布第5版任务清单（可在www.bacb.com网站查看），按计划，它将于2022年1月1日生效。

[②] 编注：《行为分析师专业纪律、伦理标准和负责任行为准则》(*Professional Disciplinary and Ethical Standards and Guidelines for Responsible Conduct for Behavior Analysts*)，现已修订为《行为分析师专业伦理执行条例》(*Professional and Ethical Compliance Code for Behavior Analysts*)。可参看《行为分析师执业伦理与规范（第3版）》，[美]乔恩·S.贝利，玛丽·R.伯奇著，美国展望教育中心译，华夏出版社，2018。

行为分析的基本技能

A. 测量	
A-01	测量频数（即计数）。
A-02	测量频率（即单位时间内的次数）。
A-03	测量持续时间。
A-04	测量潜伏期。
A-05	测量反应之间的间隔时间（IRT）。
A-05	测量发生百分比。
A-07	测量达到标准所需的教学回合数。
A-08	评估并解释观察者间一致性。
A-09	评价测量程序的准确性与信度。
A-10	使用等间距图设计、描绘与解释数据。
A-11	使用累积图设计、描绘与解释数据以呈现数据。
A-12	设计并实施连续测量程序（例如，事件记录法）。
A-13	设计并实施不连续测量程序（例如，局部时距或全部间距记录法、即刻抽样法）。
A-14	设计与实施选择测量。

续表

B. 实验设计	
B-01	运用应用行为分析的维度（参见Baer, Wolf & Risley, 1968）评价干预是否在本质上属于行为分析。
B-02	评述并解释行为分析的文献。
B-03	系统布置自变量以呈现它们对因变量的效应。
B-04	运用撤除设计。
B-05	运用倒返设计。
B-06	运用交替处理（即多成分）设计。
B-07	运用变标准设计。
B-08	运用多基线设计。
B-09	运用多试探设计。
B-10	运用组合设计。
B-11	实施成分分析以确定一个干预组合里的有效成分。
B-12	实施参数分析以确定自变量的有效值。
C. 行为改变的考虑事项	
C-01	描述强化可能带来的不当结果并为之制订计划。
C-02	描述惩罚可能带来的不当结果并为之制订计划。
C-03	描述消退可能带来的不当结果并为之制订计划。
D. 行为改变的基本元素	
D-01	运用正强化与负强化。
D-02	运用适当的强化参数与强化程序表。
D-03	运用辅助与辅助渐褪。
D-04	运用示范与模仿训练。
D-05	运用塑造。
D-06	运用串链。
D-07	实施任务分析。
D-08	运用回合尝试教学与自由操作教学。
D-09	运用语言操作作为语言评估的基础。
D-10	运用仿说训练。
D-11	运用提要求训练。
D-12	运用命名训练。
D-13	运用对话训练。
D-14	运用听者技能训练。
D-15	运用正惩罚与负惩罚。
D-16	确定并应用惩罚物。
D-17	运用适当的惩罚参数与惩罚程序表。
D-18	运用消退。
D-19	运用强化与惩罚及消退的组合。
D-20	运用反应独立（以时间为基础）的强化程序表（即非依联强化）。
D-21	运用差别强化（例如，对其他行为的差别强化，对替代行为的差别强化，对不兼容行为的差别强化，对低频率行为的差别强化，对高频率行为的差别强化）。
E. 行为改变的特定程序	
E-01	运用基于前提操作（例如，动因操作与区辨刺激）的干预。
E-02	运用区辨训练程序。
E-03	运用指导和规则。
E-04	运用依联契约（即行为契约）。
E-05	运用独立、交互及相互团体依联。
E-06	运用刺激等价程序。
E-07	布置行为对比效应。

E-08	运用匹配律并识别影响选择的因素。
E-09	布置高概率索要序列。
E-10	运用普雷马克原理。
E-11	运用匹配程序以建立新的条件强化物。
E-12	运用无误差学习程序。
E-13	运用样本匹配程序。

以服务对象为中心的职责

F. 行为改变系统	
F-01	运用自我管理策略。
F-02	运用代币经济与其他条件强化系统。
F-03	运用直接教学。
F-04	运用精准教学。
F-05	运用个别化教学系统（PSI）。
F-06	运用随机教学。
F-07	运用功能性沟通训练。
F-08	运用增强替代沟通系统。
G. 确定问题	
G-01	在案例开始前，回顾已有档案与数据。
G-02	对可能影响服务对象的生理与医学变量加以考虑。
G-03	对服务对象进行初步的评估以确定转介的问题。
G-04	使用非技术性语言解释行为学概念。
G-05	使用行为分析（非心灵主义）术语描述与解释行为，包括内隐事件。
G-06	与支持服务对象或为之提供服务的其他人员合作提供行为分析服务。
G-07	在应用行为分析的个人专业能力范围内开展工作，并在必要时寻求咨询、督导与训练，或者进行转介。
G-08	确定并进行环境改变以减少对行为分析服务的需求。
H. 测量	
H-01	根据行为的维度以及观察和记录的实际情况选择一个测量系统以获得具有代表性的数据。
H-02	选择进行观察的计划表以及记录的时间段。
H-03	为了对相关的量化关系进行有效地沟通而选择数据呈现方法。
H-04	评价水平、趋势与变异量上的改变。
H-05	评价可观察到的变量之间的时间关系（教学内、教学间、时间序列）。
I. 评估	
I-01	以可观察到的和可测量的术语来定义行为。
I-02	以可观察到的和可测量的术语来定义环境变量。
I-03	设计并实施个别化的行为评估程序。
I-04	设计并实施一整套的功能评估程序。
I-05	组织、分析与解释观察到的数据。
I-06	针对必须加以建立、维持、增加或减少的行为给出建议。
I-07	设计并实施偏好评估以确定可能的强化物。
J. 干预	
J-01	使用可观察的和可测量的术语讲解干预目标。
J-02	根据评估结果和现有的最佳的科学文献确定可能的干预。
J-03	根据任务分析来选择干预策略。
J-04	根据服务对象的偏好来选择干预策略。
J-05	根据服务对象当前的技能库来选择干预策略。

J-06	根据支持性环境来选择干预策略。
J-07	根据环境和资源限制来选择干预策略。
J-08	根据干预的社会效度来选择干预策略。
J-09	在应用实验性设计来展示干预效果时,确定并讨论在实践上和伦理上的考虑。
J-10	当希望一个行为减少的时候,选择一个适当的替代行为予以建立或增加。
J-11	规划刺激泛化与反应泛化。
J-12	规划维持。
J-13	适时选择关键行为作为干预目标。
J-14	安排教学程序以促进生成式的学习。
J-15	根据不同形式呈现的数据做出决策。
K. 实施、管理与督导	
K-01	为行为服务提供持续的档案记录。
K-02	对负责实施行为改变程序与相应干预设计的人员,建立管理他们的的行为依联。
K-03	对负责实施行为评估与行为改变程序的人员,基于其能力为他们设计并开展训练。
K-04	设计并应用有效的表现监控与强化系统。
K-05	设计并应用监控系统以管理程序上的完整性。
K-06	向行为改变的执行者主体提供督导。
K-07	评价行为计划的有效性。
K-08	为直接或间接消费者提供行为分析服务上的支持
K-09	争取其他人的支持从而使服务对象在自然环境中维持其行为技能库。
K-10	当不再需要服务时有序地安排结束服务。

与 BACB 第 4 版任务清单相辅的基础知识

按照行为分析的哲学假设进行解释和行动	
FK-01	行为的规律性
FK-02	自然选择(种系、个体、文化)
FK-03	决定论
FK-04	经验主义
FK-05	简约
FK-06	实用主义
FK-07	行为的环境解释(与心灵主义相对)
FK-08	区分激进行为主义与方法论行为主义。
FK-09	区分行为的概念分析、行为的实验分析、应用行为分析与行为服务提供。
对下列概念做名词解释并举例	
FK-10	行为、反应、反应类
FK-11	环境、刺激、刺激类
FK-12	刺激等值
FK-13	反身性关系(US-UR)
FK-14	应答式条件作用(CS-CR)
FK-15	操作式条件作用
FK-16	应答式-操作式交互作用
FK-17	非条件强化
FK-18	条件强化
FK-19	非条件惩罚
FK-20	条件惩罚
FK-21	强化程序表与惩罚程序表

FK-22	消退
FK-23	自动强化与自动惩罚
FK-24	刺激控制
FK-25	单一刺激的多重效果
FK-26	非条件动因操作
FK-27	条件动因操作
FK-28	传递性、反身性、替代性动因操作
FK-29	区分区辨刺激与动因操作。
FK-30	区分动因操作与强化效应。
FK-31	行为依联
FK-32	时间连续性
FK-33	功能关系
FK-34	条件型区辨
FK-35	刺激区辨
FK-36	反应泛化
FK-37	刺激泛化
FK-38	行为对比
FK-39	行为动量
FK-40	匹配律
FK-41	依联塑造的行为
FK-42	规则掌控的行为
区分语言操作和非语言操作	
FK-43	仿说
FK-44	提要求
FK-45	命名
FK-46	对话
测量概念	
FK-47	确定行为的可测量的维度（例如，频率、持续时间、潜伏期、反应之间的间隔时间）。
FK-48	描述使用连续式测量程序与间断式测量程序（例如，部分间距或全部间距记录法、瞬时时间抽样法）的优劣。

译后记

（一）

　　这本《行为原理》我一拿到手，才翻看一章就喜欢上了，下决心一定要翻译出来，让所有准备学习应用行为分析的中国读者都能看到这本好书。与我之前读过的行为分析教科书不同，这本书非常有趣，易读易懂。就像作者在书中多次说到的，本书的阅读过程本身就自带高效强化物，让可能枯燥的理论学习变成一次愉快的知识旅行。

　　本书是可作为相关专业本科生和研究生的教科书，其知识框架稳固而严谨地搭建在经典的科学研究基础之上，层层推进，通过一套盘旋而上的知识展开体系。而且，本书作者专门考虑了那些为考取认证行为分析师（BCBA）执照的读者的理论课程学习的需要，紧贴国际应用行为分析协会的学业要求大纲，在每一章的开篇都给出了相应的重点提示。

　　最让我欣喜的是，《行为原理（第7版）》差不多每章都特别增加了"孤独症进阶"一节。因为作者很清楚，在孤独症干预领域中，行为分析是最具科学依据、取得最多实证效果的方法；大多数行为分析师在学成之后都会投身于帮助孤独症人士的工作中去，且在全世界范围内，孤独症领域的行为分析师人才一直严重紧缺。

　　作为双胞胎孤独症孩子的家长，从孩子接受诊断之初，我就非常幸运地从北京大学第六医院郭延庆教授那里接触和学习了行为分析这套科学方法，十多年来坚持运用这套科学方法，帮助自己的孩子取得了持续的进步。我本人是从事医学分子生物学基础研究的科研人员，受过几十年系统的科学训练，因而即便在诊断之初的痛苦迷茫之中，在面对市面上五花八门的自称可以用于孤独症干预的方法时，仍然能够理性地分辨出哪些靠谱，哪些不靠谱；哪些是真正具有科学实证的，哪些只是传说。从那时开始直到现在，我一直推崇应用行为分析，鼓励家长和老师掌握相应的技术，始终未曾动摇。

　　这本书让我非常欣赏的一点是它的激进的行为主义态度。多年来，我的体验是，对于行为学的基本原理，人们似乎一听就懂，但一用就错，原因就在于日常生活中我们被太多的来自报刊杂志或者网络媒体上的所谓的"心理学"鸡汤包围了，一些广为流传的诸如心灵主义的东西更令一般读者喜闻乐见，太多的充满玄虚味道的东西影响了我们运用纯正的行为学思路看待这个世界。我认为，在入门学习行为分析课程时，理应采用一种激进也是严谨的态度的课程"颠覆"那些日常思维。本书做到了这一点！

　　我本人并非心理学专业人士，因此，翻译过程中对一些专业术语把握不足。本书的共同译者陈墨博士，本科和硕士毕业于北京师范大学特殊教育学专业，并在美国明尼苏达大学心理学系获得行为学专业的博士学位，拥有认证行为分析师－博士级（BCBA-D）资质，她学霸级别的专业背景和实践真知，为全书的翻译和校订工作起到了定海神针的作用。尽管如此，在行为分析以及孤独症干预方面，长期以来，相当多的专业术语在国内出版物和日常使用中缺乏较为统一的中文译法，甚至一些关键术语在不同书籍或者不同场合的中文翻译存在着较为混乱的现象。在翻译之初，我们有心借此书的出版，统一或规范化相关术语的翻译。为此，我们参考了大量的专业文献，并请教了很多相关的专家。根据我们对其他国家行为分析专业推广的了解，译法的不同其实会对学习者带来一定的影响。希望通过本书，大家可以接受并使用我们的译法，在学习过程中减少不必要的困惑。

　　本书前20章是我利用业余时间翻译的，后7章是陈墨博士翻译的。除了本职工作外，因为还要照顾两个孤独症孩子，需要付出大量的精力，因此，我的翻译进程一直比较拖沓。为了督促我的翻译进度，编辑对我运用了一套行为管理：我押了一笔钱在编辑手里，并给自己制订了一个进度表，每周报告。如果进度完成，我会得到鼓励；如果我的进度未达标，那么，押金就会被取出一部分，作为赞赏金付给某位经常用"冰箱妈妈理论"攻击孤独症群体的畅销书作家。这个厌恶刺激非常厉害，一想起自己的钱可能会去资助这种人，我就立刻鼓足精神，认真完成自己的翻译计划。这个干预非常有效，它让我免于拖延症的困扰，保证我积极地翻译完这本书，我的钱也没流向不该去的地方。这套有效的行为干预的方法，就是本书当中第 23 章所系统讲解并生动举例描述的"行为契约"管理程序。感谢本书，让我在翻译过程中就领略到行为原理的强大应用。

最后，真诚地感谢秋妈妈的理解和支持，是她对整个家庭的倾情照顾，才让我有精力投入翻译工作；更要感谢我的双胞胎儿子——秋歌和秋语，正是他们的成长，才将我带入行为分析这个知识领域。

秋爸爸

2018 年 12 月

（二）

从拿到书稿翻译任务到此刻写译后记，已将近七年的时间；这期间，我从最初接触严格行为学训练时的困惑，到之后着迷于行为原理和实验控制的魅力，再到如今开始反思行为学（尤其是激进行为主义）。与物理世界不同，人是复杂的，有语言，有各种情绪和想法，这本书里阐述了影响人类行为的两种基本方式：依联控制和规则掌控；行为学家致力于理解行为背后的运作机制，并运用这些行为原理来为人类谋求福祉。相应地，人类世界的复杂性也会不断推动行为科学和行为原理的发展，真诚地希望这本译书能让更多的人对行为科学产生兴趣。

陈墨

2018 年 12 月

图书在版编目（CIP）数据

行为原理：第 7 版 /（美）理查德·W.马洛特（Richard W.Malott），（美）约瑟夫·T.沙恩（Joseph T.Shane）著；秋爸爸，陈墨译. —北京：华夏出版社，2019.10（2023.3 重印）

书名原文：Principles of Behavior: 7 ed

ISBN 978-7-5080-9707-7

Ⅰ. ①行… Ⅱ. ①理… ②约… ③秋… ④陈… Ⅲ. ①行为分析 Ⅳ. ①B848.4

中国版本图书馆 CIP 数据核字（2019）第 030100 号

Copyright © 2014, 2008, 2004 Taylor & Francis.
ISBN 978-0-205-95949-5

Authorised translation from English language edition published by Routledge, an imprint of Taylor & Francis Group LLC. All Rights Reserved. 本书原版由 Taylor & Francis 出版集团旗下 Routledge 出版公司出版，并经其授权翻译出版。版权所有，侵权必究。

Huaxia Publishing House is authorized to publish and distribute exclusively the Chinese (Simplified Characters) language edition. This edition is authorized for sale throughout Mainland of China. No part of the publication may be reproduced or distributed by any means, or stored in a database or retrieval system, without the prior written permission of the publisher. 本书中文简体翻译版授权由华夏出版社独家出版并限于中国大陆地区销售。未经出版者书面许可，不得以任何方式复制或发行本书的任何部分。

Copies of this book sold without a Taylor & Francis sticker on the cover are unauthorized and illegal. 本书封面贴有 Taylor & Francis 公司防伪标签，无标签者不得销售。

北京市版权局著作权合同登记号：图字 01-2014-5279 号

行为原理：第 7 版

作　　者	［美］理查德·W.马洛特　　［美］约瑟夫·T.沙恩
译　　者	秋爸爸　陈　墨
责任编辑	刘　娲　贾晨娜
责任印制	顾瑞清
出版发行	华夏出版社有限公司
经　　销	新华书店
印　　装	三河市少明印务有限公司
版　　次	2019 年 10 月北京第 1 版　2023 年 3 月北京第 5 次印刷
开　　本	880×1230　1/16 开
印　　张	31.25
字　　数	1056 千字
定　　价	168.00 元

华夏出版社有限公司 网址：www.hxph.com.cn　地址：北京市东直门外香河园北里 4 号　邮编：100028
若发现本版图书有印装质量问题，请与我社营销中心联系调换。电话：（010）64663331（转）